本书为

国家社会科学基金重大招标项目"秦汉三辅地区建筑研究与复原"

国家社会科学基金项目"秦与西汉都城研究"

的阶段性成果

昆明池考古发现与研究

中国社会科学院考古研究所
西安市文物保护考古研究院 编

科学出版社

北 京

内 容 简 介

本书集中收集迄今为止最主要的关于汉唐昆明池遗址的考古资料和学者研究成果。通过整理，将之前多年来不同作者零散发表在各种期刊、杂志的考古简报、简讯、研究成果等各种资料进行了集中梳理，在进行科学编排后，提供给历史学、考古学学者使用。

可供考古学、文献学、秦汉史、书法篆刻等方面的专家学者参考阅读。

图书在版编目（CIP）数据

昆明池考古发现与研究 / 中国社会科学院考古研究所，西安市文物保护考古研究院编. —北京：科学出版社，2024.6

ISBN 978-7-03-077708-9

I.①昆… Ⅱ.①中… ②西… Ⅲ.①人工湖–文化遗产–考古发现–研究 Ⅳ.①K878.44

中国国家版本馆 CIP 数据核字（2024）第 018402 号

责任编辑：王琳玮 / 责任校对：邹慧卿
责任印制：肖　兴 / 封面设计：金舵手

科学出版社 出版
北京东黄城根北街 16 号
邮政编码：100717
http://www.sciencep.com
北京汇瑞嘉合文化发展有限公司印刷
科学出版社发行　各地新华书店经销
*
2024 年 6 月第　一　版　开本：889×1194　1/16
2024 年 6 月第一次印刷　印张：43 3/4
字数：1240 000
定价：488.00 元
（如有印装质量问题，我社负责调换）

凡　例

　　《昆明池考古发现与研究》为系统收集昆明池考古与研究资料的论文集，主要收集中华人民共和国成立以来发表的昆明池考古与研究文章，分类编排。

　　因部分文章年代久远，为尊重历史，在体例等方面做如下说明：

　　1. 注释体例各文内尽量统一，注释中出版信息不全的文献保持原状。

　　2. 历史地名如"霸水""灞水"、"支渠""枝渠"、"滈""镐""鄗"、"揭水陂""竭水陂"，及同一古人人名的不同写法，保留发表时原状。

　　3. 尽量查证文中引文，因作者引文出处不同而造成的引述差异保留原有写法。

　　4. 行政区划以发表文章为准保留原样。

千年水景数昆池（代前言）①

一、文献中的昆明池

1. 昆明池的开凿

昆明池是上林苑中最重要的池沼。据《汉书·武帝记》载，元狩三年（公元前 120 年）"发谪吏穿昆明池"，注引臣瓒曰："《西南夷传》有越巂、昆明国，有滇池，方三百里。汉使求身毒国，而为昆明所闭。今欲伐之，故作昆明池象之，以习水战，在长安西南，周回四十里。"以谪吏事，亦见《史记·平准书》：

> 法既益严，吏多废免。兵革数动，民多买复及五大夫，徵发之士益鲜。于是除千夫五
>
> 大夫为吏，不欲者出马；故吏皆（通）谪令伐棘上林，作昆明池。

《史记索隐》引《黄图》略同，"昆明池周四十里，以习水战"，注引荀悦语，"昆明子居滇河中，故习水战以伐之也"。《汉书·五行志》的记载还将昆明池开凿与当年大旱联系，"元狩三年夏，大旱。是岁发天下故吏伐棘上林，穿昆明池"。

昆明池的第二次扩修，见《汉书·食货志》，元鼎元年（公元前 116 年）"越欲与汉用船战逐，乃大修昆明池，列观环之。治楼船，高十余丈，旗帜加其上，甚壮"。嗣后昆明池"习战"的练兵传统，至昭帝始废，即《初学记·地部下》昆明池下载"至昭帝幼冲，不复习战。于中养鱼，以给诸陵祠"。

王莽新朝之后，汉祚东迁，昆明池依然存在。谢承《后汉书》载东汉初邓禹驻军昆明池，"赤眉盆子去长安，西入右扶风。邓禹至长安中昆明池，率诸将斋戒，择吉日入城，谒高帝庙，修礼祠祭，劳赐吏士"。东汉天子偶尔到长安时也会有临幸昆明池之举。如《后汉书·孝安帝纪》载延光三年（124 年）安帝"祠高庙，遂有事十一陵，历观上林、昆明池"。

这一传统被后世帝王延续。如《魏书·帝纪四·世祖》载太平真君七年二月（446 年）魏武帝"幸昆明池"，《魏书·帝纪七·文帝》载太和二十一年四月（497 年）文帝"戊寅，幸未央殿、阿房宫，遂幸昆明池"。《周书·帝纪三·孝闵帝》载孝闵帝元年四月（557 年）"欲观渔于昆明池，博

---

① 本文改编自刘瑞：《昆明池的考古发现与研究概述》,《昆明池研究》,陕西科学技术出版社，2014 年。

士姜须谏，乃止"。《周书·帝纪四·明帝》载明帝元年六月（559年）"幸昆明池"①。《隋书·帝纪二·高祖》载开皇十一年七月（591年）、十三年七月（599年）高祖两次"幸昆明池"。

唐代皇帝临幸昆明池的记载更多。如《唐会要》卷27"行幸"载武德九年（626年）高祖"幸昆明池，习水战"。卷28"蒐狩"载"贞观五年正月十三日（636年），大狩于昆明池，蕃夷君长咸从"。《旧唐书·代宗本纪》载代宗"幸昆明池踏青"，《旧唐书·武宗本纪》载武宗"车驾幸昆明池"等，并因此而留下很多吟咏昆明池的诗歌。

2. 昆明池的规模

传世文献记载了昆明池的大小规模。《三辅黄图》引《三辅旧事》，"'昆明池周三百三十二顷，中有戈船各数十，楼船百艘，船上建戈矛，四角悉垂幡旄葆麾，盖照烛涯涘'。《图》曰：'上林苑有昆明池，周匝四十里。'"《史记·平准书》索隐按：《黄图》云"昆明池周四十里，以习水战"。而《西京杂记》也载，"武帝作昆明池。……池周回四十里"。《长安志》引《三辅故事》则作"昆明池盖三百二十顷"。三百三十二顷相当于今天的15.306平方千米，周匝"四十里"，约为16560米。不管是332顷，还是320顷，昆明池在作为上林苑中最大水域的同时，也是历代都城近郊最大的人工水体（杭州西湖5.66、南京玄武湖3.7、北京昆明湖2.1平方千米）。

3. 昆明池的疏浚与废弃

文献记载了汉唐时期多次疏浚昆明池的活动。《魏书·帝纪四·世祖》载太平真君元年二月（440年）"发长安人五千浚昆明池"。唐代明确的疏浚有两次。第一次为《唐会要》卷89"疏凿利人"，载贞元"十三年七月（797年），诏曰，昆明池俯近都城，蒲鱼所产，宜令京兆尹韩皋充使修堰"。《旧唐书·本纪·德宗》于此载同。《册府元龟》卷14"帝王部·都邑"还载是年"十一月，韩皋奏准敕涨昆明池、修石炭、贺兰两堰，并造土堰，开淘湖渠，都用钱七千四百三十贯文"，表明当时从七月下诏准备施工，到十一月已完成疏浚。第二次疏浚见《旧唐书·本纪·文宗》大和九年（835年），"时郑注言秦中有灾，宜兴土功厌之，乃浚昆明、曲江二池"。嗣后京兆尹欲继续整修昆明池，但被天子多罢。此外《册府元龟》卷135"帝王部·愍征役"还载，"开成元年十月（836年），京兆尹薛元赏奏昆明池条造功毕，欲大为其防。上曰，时方凝沍，筑堤可否？元赏曰，正当人闲。上曰，王者动作必法时令，不计人闲，遂罢之"，之后就再未见昆明池疏浚维护之举。

据顾祖禹《读史方舆纪要》卷53昆明池曾引《括地志》，谓唐贞观中曾有修昆明池之举。《括地志》已佚，今本《括地志》为后人辑本，并无其所引"贞观中修昆明池"条内容。而从尚存的类书、正史、杂史等各类文献看，也均不载此事，因此对唐贞观时是否开展昆明池疏浚之事，目前还难确定。

宋人宋敏求著《长安志》指出，在其到长安时见"昆明池……今为民田"。想来在唐祚灭亡首都东迁后，失去国家力量维护的昆明池应渐废弃而为农人所据。这样，从汉武帝开凿始，约略到唐

---

① 《册府元龟》卷113"帝王部·巡幸"载孝闵帝"二年六月辛未辛昆明池"。

代灭亡止，昆明池前后持续约 1027 年。

4. 昆明池景观

石鲸、牛郎、织女石刻，是文献记述的昆明池中最重要"地标"。当然，楼船也是与昆明池相关的重要内容。

《三辅黄图》引《三辅故事》，"池中有豫章台及石鲸，刻石为鲸鱼，长三丈，每至雷雨。常鸣吼，鬣尾皆动。一说甘泉宫南有昆明池，池中有灵波殿，皆以桂为殿柱，风来自香"。又曰："池中有龙首船，常令宫女泛舟池中，张凤盖绣风为饰，建华旗，作棹歌，棹歌，棹发酸也。又日棹歇讴，舟人歌也。杂以鼓吹。帝御豫章观临观焉。"引《关辅古语》曰："昆明池中有二石人，立牵牛、织女于池之东西，以象天河。"引张衡《西京赋》曰："昆明灵沼，黑水玄沚。牵牛立其右，织女居其左。"谓"今有石父、石婆神祠在废池，疑即此也"。

当然，作为以训练水军为主要功能的昆明池，在池中开展的水军演练当然是其最壮观之景。《西京杂记》载，"武帝作昆明池。欲伐昆吾夷。教习水战。……昆明池中有戈船楼船各数百艘，楼船上建楼橹，戈船上建戈矛，四角悉垂幡旄旍葆麾盖，照灼涯涘。余少时犹忆见之"。

文献载昆明池周有宫观建筑，"列观环之"。有宫名可靠者大体有以下数宫：

（1）宣曲宫，《三辅黄图》载，"宣曲宫，在昆明池西。孝宣帝晓音律。常于此度因以为名"。陈直先生指出，《汉书·司马相如传·上林赋》云："西驰宣曲。"张揖注云："宣曲，宫名，在昆明池西。"

（2）豫章观，《三辅黄图》载，"豫章观，武帝造，在昆明池中，亦曰昆明观。又一说曰：上林苑中有昆明池观，盖武帝所置。桓谭《新论》云：'元帝被疾，远求方士。汉中送道士王仲都，诏问所能，对曰：能耐寒。乃以隆冬盛寒日，令祖载驷马于上林昆明池上，环以冰，而御驷者厚衣狐裘寒战，而仲都无变色，卧于池上，嚗然自若。'即此也"。

（3）白杨观，《三辅黄图》载，"白杨观，在昆明池东"。

（4）细柳观，《三辅黄图》载，"细柳观，在长安西北。《三辅旧事》曰：'汉文帝大将军周亚夫军于细柳，今呼古徼是也。'"陈直先生指出，《汉书·司马相如传·上林赋》云："掩细柳。"郭璞注云："观名也，在昆明池南也。"

西汉灭亡，上林苑废弃，昆明池不再地处上林苑中成为城郊胜景。唐代已有明确记载，昆明池周出现大臣的宅邸。如《新唐书·李客师传》载李客师"致仕，居昆明池南"。

二、昆明池考古

考古学家在汉唐昆明池所在西安地区开展考古工作时，多次对昆明池展开探寻，考古学逐渐成为昆明池研究的主力。目前为止的昆明池考古前后开展了 7 次：

（1）1935 年，西京筹备委员会陈子怡先生实地调查昆明池，发表《由昆明池而溯及镐京丰邑》，讨论了昆明池的所在及范围①。

（2）1943 年，中央研究院历史语言研究所石璋如先生开展陕西关中考古调查，在长安秦渡镇灵台发现"汉代之寺基"，丰镐村发现"昆明池深约五公尺至七公尺，从西向东遗迹尚存"②。

（3）1955 年左右，顾铁符先生调查西安周边西汉石雕艺术，重点考察昆明池侧牛郎、织女石刻③。

（4）1961 年，中国科学院考古研究所在确定镐京遗址范围时，对昆明池"进行了广泛的钻探。钻探的范围达 400 余万平方米。……将与镐京有密切关系的汉昆明池范围大部探出"④，到"1963 年春完成昆明池等古代水道的铲探工作"。遗憾的是，这次钻探工作图纸在"文革"中遗失，1980 年主持该项工作的胡谦盈先生据笔记等对昆明池范围进行了探讨⑤。

（5）1983～1984 年，陕西省考古研究所在开展镐京调查中发现汉唐陶片。1984～1986 年，陕西省考古研究所在对五号建筑遗址发掘中，发现五角形下水管道、汉代水井，发掘判断为周代建筑⑥，胡谦盈先生认为其并非周代遗存⑦。据相关资料，其应是与昆明池有关汉代遗存。

（6）2005 年，中国社会科学院考古研究所汉长安城工作队对汉唐昆明池遗址进行勘探试掘，"基本探明了遗址的范围、时代、进水渠、出水渠、池内高地以及池岸建筑遗址的分布等情况，并在遗址以北探明了另外两个古代水池——镐池与彪池遗址"⑧。

（7）2012 年至 2023 年底，中国社会科学院考古研究所与西安市文物保护考古研究院联合做出的阿房宫与上林苑考古队，对昆明池遗址开展考古勘探与试掘。2015 年以来，配合陕西斗门水库建设，对勘探发现遗存开展较大面积发掘。经考古确定，昆明池水来自秦岭石砭峪，从香积寺向西流淌，到西甘河村西后北流至石匣口村西，在一个庞大的进水区内，通过"鱼嘴"控制流量、流速后将来水引入昆明池与漕渠，而多余之水则通过位于昆明池池岸西侧的沟渠向北排入沣河。

在昆明池南侧、东侧发现向东北延伸的大型沟渠。其上承石砭峪来水，并在昆明池东侧两处地点接受昆明池向东排出之水。经发掘确定，沟渠时代从汉延续至唐，与文献所载的汉唐漕渠的时代与走向、及漕渠与昆明池的关系吻合，应为漕渠。

经考古确定，昆明池北岸位于今丰镐村南高地，顶部残宽约 20～40 米，底部宽约 80～110 米，

---

① 陈子怡：《由昆明池而溯及镐京丰邑》，《西京访古丛稿》，民国二十四年（1935 年）。

② 石璋如：《传说中周都的实地考察》，《"中央研究院"历史语言研究所集刊》，1949 年，第二十本，下册。

③ 顾铁符：《西安附近所见的西汉石雕艺术》，《文物参考资料》1955 年 11 期。

④ 中国科学院考古研究所资料室：《中国科学院考古研究所一九六一年田野工作的主要收获》，《考古》1962 年 5 期。中国科学院考古研究所资料室：《关于〈中国科学院考古研究所 1961 年田野工作的主要收获〉的补充说明》，《考古》1962 年 8 期。

⑤ 胡谦盈：《汉昆明池及其有关遗存踏察记》，《考古与文物》1980 年 1 期。

⑥ 陕西省考古研究所：《镐京西周宫室》，西北大学出版社，1995 年。

⑦ 胡谦盈：《丰镐二京都城遗址的考古工作概况及其主要收获》，《三代考古纪实》，中国社会科学出版社，2009 年。

⑧ 中国社会科学院考古研究所汉长安城考古队：《西安市汉唐昆明池遗址的钻探与试掘简报》，《考古》2006 年 10 期。

厚约5～8米。西岸位于上泉村东南向南经斗门镇至石匣口村。在西岸线南侧发现一出水口，池内水流向西侧的沟渠。南岸线从石匣口村北向东随地形延伸，西端为昆明池的进水口所在。东岸线在石匣口村东北折至万村西后向北。四周池岸线的海拔在401米左右。池中无岛屿，池最深不超过3.3米。在东岸线的南部、北部各有一条东向出水沟渠，将池水东向导入漕渠。东岸线北段分早晚两期，早期池岸从西汉沿用至唐代，晚期池岸为唐代扩大昆明池后所形成，并向北新出现一出水口。早期昆明池面积约14.2平方千米，唐代扩大后达15.4平方千米[①]，与文献记载基本相符。

如文献所载，"昆明池周三百三十二顷""周匝四十里"，其在宋代已湮为农田，并被现代村庄、厂房等叠压，开展昆明池考古面临着各种困难，需经长时间工作方能逐步接近于其历史真相。

三、昆明池研究

历年以来的昆明池研究，主要但不限于以下几个方面：

1. 昆明池开凿原因和功能

昆明池开凿原因和功能密切相关，虽文献明载昆明池为汉武帝向西南夷、南越用兵而开凿，但学者对此却并不认可。在不少学者坚持昆明池开凿原因和功能为训练水军的同时，还有不少学者进行了更多功能的探索。目前在此问题上的争论，主要有以下几个方面：

（1）训练水军。1958年陈秀云先生指出，昆明池开凿可以习水战"昆明池是一个'人工湖'，它把交水堰塞起来，造成一个大水坝，用来练习水战"[②]。1983年，范浩先生指出昆明池修建是为"操练水军，开展模拟的海战"[③]，王冠倬先生指出"汉武帝为征伐南粤，在长安挖昆明池训练水军"[④]。1984年邢湘晨先生指出"汉武帝要伐昆明夷，在长安开了一个昆明池训练水师"[⑤]。1996年史念海先生指出，"说法虽然不同，都是以昆明池作为训练水师的场所"[⑥]。1998年王志杰先生认为"把镐池扩建为昆明池……为下南粤的海军水师作操练基地"[⑦]。2000年黄仁宇先生指出，汉武帝"打算进攻西南夷，就在长安附近凿地作昆明池，以便习练水军"[⑧]。2002年李天民先生指出，"汉武帝为讨身毒国而建昆明池习水战，是对中国皇家园林军事演练功能的进一步发展"[⑨]。2006年辛德勇

① 中国社会科学院考古研究所 西安市文物保护考古研究院 阿房宫与上林苑考古队：《西安汉唐昆明池水系的考古勘探与试掘（2012～2016）》，《中国文物报》2017年3月24日。

② 陈秀云：《汉武帝时代的水利工程》，《华南师范学院学报（社会科学）》1958年2期。

③ 范浩：《汉武帝与昆明池》，《航海》1983年6期。

④ 王冠倬：《从文物资料看中国古代造船技术的发展》，《中国历史博物馆馆刊》1983年总第5期。

⑤ 邢湘晨：《我国淡水养鱼史资料谈》，《中国农史》1984年3期。

⑥ 史念海：《环绕长安的河流及有关的渠道》，《中国历史地理论丛》1996年1期。

⑦ 王志杰：《西汉三辅之园林景观》，《文博》1998年6期。

⑧ 黄仁宇：《汉武帝》，《领导文萃》2000年8期。

⑨ 李天民：《论中国古代皇家园林的军事功能》，《军事历史》2002年6期。

先生指出"汉武帝开凿昆明池的目的，也只是为了造一片辽阔的水域，来练习水军，既不是为了给漕渠开拓水源，也不是像现在许多学者所说的那样，是为了给长安城建一座蓄水库"①。

2013年逢文星先生在探讨中国古代水军训练的过程中，注意到汉武帝"乃作昆明池以习水战"，并且"岁时讲肄，修武备"，形成西汉至北宋"昆明池习水战"的模式。同时指出"从西汉至北宋，这种以内陆封闭'池''湖'为基地的水军演练，都带有一定的仪式性和象征性，但由于脱离了真实的水战环境，因而对实战的意义不大"②。

（2）解决长安城水源。1958年黄盛璋先生指出，认为昆明池的开凿是为扩张汉长安城的水源③。1984年杜思植、杜甫亭先生指出，"昆明池在今斗门镇东南古河道的洼地上，面积约10平方千米，是调节城市供水的人工水库。……昆明池的开辟是汉城发展用水量增加的结果"④。1988年黄频英先生指出"由于城市的发展，沉水和掘井已无法满足用水需要，于是，在汉武帝时，开凿了昆明池，把其水引入长安"⑤。1991年颜元亮先生指出，昆明池开凿"主要作用是向长安城供水"⑥。1994年马正林先生指出"西汉开凿昆明池也完全是为解决长安城的水源"⑦。

同年曹尔琴先生也指出，"昆明池由西汉长安的蓄水库演变为唐长安的游赏池沼"，"说是为了练习水兵修凿昆明池，但却不曾在这里练习水兵。实际上它成为长安城最大的蓄水库，对长安城的供水具有重大意义"⑧。1998年杜鹏飞、钱易先生指出"昆明池一向都以为是为伐云南昆明国练习水军而凿，其实它的主要用途还是为了解决长安城的水源问题"⑨。2001年辛玉璞先生指出"汉武帝修昆明池的重要目的是补充长安城用水"⑩。

（3）解决漕渠和汉长安城水源。1981年李遇春先生指出，"上林苑中的昆明池，它的开凿，主要着重于解决漕渠和明渠的水源"⑪。稍后马正林先生也提出近似意见，"汉长安城位于龙首原的西北麓，是从城的西南开渠引水，从今南堰头截断交河，使其不再西流入沣，改向北流，穿过细柳原，注入昆明池。昆明池就是今斗门镇东南的洼地，面积约为10平方千米。这是汉长安城的人工蓄水库。从昆明池北出的一条渠道称为昆明池水，经过揭水陂的调节后分成几支，供应汉城内外。

---

① 辛德勇：《西汉时期陕西航运之地理研究》，《历史地理》2006年总21期。

② 逢文星：《我国古代的水军训练》，《中国海事》2013年6期。

③ 黄盛璋：《西安城市发展中的给水问题以及今后水源的利用与开发》，《地理学报》1958年4期。

④ 杜思植、杜甫亭：《对西安城市供水问题的探讨》，《陕西师大学报（自然科学版）》1984年1期。

⑤ 黄频英：《汉代城市经济功能引人注目》，《当代财经》1988年5期。

⑥ 颜元亮：《中国古代的水库（上）》，《水利天地》1991年6期。

⑦ 马正林：《汉长安城总体布局的地理特征》，《陕西师大学报（哲学社会科学版）》1994年4期。

⑧ 曹尔琴：《从汉唐昆明池的变化谈国都与水的关系》，《中国古都研究（第十二辑）——中国古都学会第十二届年会论文集》，1994年。

⑨ 杜鹏飞、钱易：《中国古代的城市给水》，《中国科技史料》1998年1期。

⑩ 辛玉璞：《潏水神禾原河道开凿时间考评》，《西安教育学院学报》2001年2期。

⑪ 李遇春：《汉长安城的考古发现和研究》，《河南师大学报（社会科学版）》1981年2期。

从昆明池东出的一条渠道称为昆明故渠，除与汉城供水渠道相通外，还有接济漕渠水量的任务"①。1986 年贺忠辉先生指出，"在上林苑内穿凿了周围四十里的著名昆明池，主要解决漕渠和明渠的水源"②。1990 年吕卓民先生指出，"汉武帝时开凿昆明池，昆明池地处长安城上方，位置比长安城高出一阶地，除向东引出昆明渠与漕渠相通外，又可以作为长安城的引水源"③。1994 年徐卫民先生指出，"建昆明池是为了操练水军，讨伐西南夷"，"昆明池是长安城西南的总蓄水库，供应汉长安城内外的用水"，"随着长安城的扩大，人口的增加，于是乃修昆明池"④。

2004 年秦建明先生提出，"昆明池的修建原因在中国古代园林史上非常奇怪，汉武帝为了攻打远在几千里外一个有湖泊的昆明国，而不惜大兴民力，在京城旁修建这样一处训练水军的大湖，昆明池的名字便由此而来。结合后来对昆明池的利用情况看，其中也不免包含有帝王为其游乐享受之投资找一个堂皇冠冕借口的成分"。指出"昆明池水面宽阔，除了演习水战，其游乐功能特别突出。……昆明池自沣河上游引水，在汉长安城西南高地上形成一个巨大的湖泊，这使昆明池具有了多种的功能：一是保证汉长安城的供水，二是调节漕运水源。实质上这是其最为重要的功能，至于训练水军、水上游览、养鱼基地、摹拟天象，则是其附属作用了"⑤。

（4）训练水军＋解决漕渠水源。1978 年武伯伦先生指出，"昆明池的开凿原为训练水军，但也能解决漕渠和明渠的水源问题，当时的昆明池水量极其丰富，是一个大型蓄水库"⑥。

（5）训练水军＋游乐场所。如 1986 年张骅先生指出，昆明池"既是水兵操练场所，又是上林苑中著名风景区"⑦。1992 年基口准先生提出，"挖昆明池，意在演练水军（与京城用水也有关系）。其实，这是演练和娱游兼而有之的"⑧。

（6）训练水军＋解决漕渠水源＋游乐场所。1979 年步履先生指出，"修昆明池原为训练水军，也解决了漕渠和长安城内明渠的水源问题；但主要还是供皇家贵族游乐的场所"⑨。2000 年李昭淑先生指出，开凿昆明池"目的是蓄积水量，形成人工湖，利用广阔水域，训练水军和旅游，调节漕渠水量"⑩。

2002 年李令福先生指出，"仅引沈水已不能满足城市用水的要求，必须有个稳定而持久的办法来适应新形势，武帝元狩三年（公元前 120 年）开凿昆明池就主要是为了解决这个问题，而且也真

---

① 马正林：《由历史上西安城的供水探讨今后解决水源的根本途径》，《陕西师大学报（哲学社会科学版）》1981 年 4 期。

② 贺忠辉：《汉长安城》，《文博》1986 年 4 期。

③ 吕卓民：《西安城南交潏二水的历史变迁》，《中国历史地理论丛》1990 年 2 期。

④ 徐卫民：《西汉上林苑的几个问题》，《文博》1994 年 4 期。

⑤ 秦建明：《汉上林苑与昆明池》，《文博》2004 年 3 期。

⑥ 《西安历史述略》编写组：《西安历史述略（选刊连载三）》，《西北大学学报（哲学社会科学版）》1978 年 1 期。

⑦ 张骅：《古代长安的苑囿》，《文博》1986 年 2 期。

⑧ 基口准：《秦汉园林概说》，《中国园林》1992 年 2 期。

⑨ 步履：《汉代的长安》，《人文杂志》1979 年 1 期。

⑩ 李昭淑、徐象平、李继瓒：《西安水环境的历史变迁及治理对策》，《中国历史地理论丛》2000 年 3 期。

正地达到了目的"，"汉武帝开凿昆明池为了操练水军，讨伐西南夷诸国，这一目的不能否认。但昆明池的功能绝不仅此一点，它作为长安城的总蓄水库，通过沈水及其支渠足以有效地供应汉长安城内外各宫殿园林区的生活、生态与生产用水，同时还作为上林苑中的重要园林游乐区发挥着重要作用。而且操练水军的作用是暂时的，后两项功能则是持久的，越向后越能显现出来。从其历史发展过程看，向京师供水应是昆明池的主要功用"①。2010 年王作良先生指出，"昆明池，是汉武帝为了训练水军，以打通西南通道、迎战当时的滇国和南越而修凿的。在汉唐盛世，昆明池一直承担着训练水兵、供给都城用水及航运的实际功用，同时也是皇室贵族、文人墨客游赏的胜地"②。

（7）解决长安城水源＋游乐场所。1995 年马正林先生指出，"昆明池不仅是长安城的人工蓄水库，而且也是上林苑中风光最优美的地方"③。1997 年张骅先生提出，"汉武帝在上林苑中凿了昆明池，水面达 3250 亩，既解决城市供水，又操练水军，同时又是巨大的水上园林风景区"④。

2013 年张宁、张旭先生指出，"汉朝修建昆明池的主要原因，当为长安城供水并调节漕渠。……以昆明池'穿池习战'之说虽不可信，但是昆明池亦曾发挥水军训练与水军检阅之功能。……建于上林苑中的昆明池本身就承担着供王公贵族游玩观赏的功能，而且此项功能应不亚于昆明池作为长安城供水、蓄水水库的重要性。……昆明池所开辟出的在人工湖泊进行大规模水产养殖的功能"，"汉武帝修建昆明池的根本原因还是为长安城供水并满足其游乐观赏的需求"⑤。

2007 年杨金辉先生在认为"昆明池以操练水师而著称，具有强烈的军事色彩，但是为操练水师而开挖的说法是不足为信的"后，提出"城市供水和调节漕运是其开挖的主要缘由"，而"皇家游乐是其开挖的重要原因"⑥。不过在同年发表的另一文中，杨金辉先生认为昆明池具有"历时短暂而影响深远的水师操练功能"，"昆明池操练水军的意义却非同凡响"，认为"昆明池是我国较早的城市供水水库，城市供水和调节漕运是其开挖的真正缘由和根本用途"，同时指出"昆明池在操练水军、水上游乐、城市供水、调节漕运乃至水产养殖诸多方面分别发挥了重要的作用，在不同的历史时期内，其功能也是各有侧重、不断变化的"⑦。

（8）长安城供水＋训练水军＋游乐＋鱼鳖养殖。2005 年中国社会科学院考古研究所汉长安城工作队指出，"一方面可能是因为当年大旱，所以考虑都城附近需要一个大水池，以保障以后旱时各方用水有充足的水源；另一方面，从臣瓒注看是为习练水战，以伐西南夷之越巂、昆明国，武帝元鼎初年再次修建昆明池，其目的也是练习船战，以伐南越。训练水战的目的想必是达到了。此外，昆明池作为上林苑中一处重要的风景池苑，成为帝后的游乐之地。再者，昆明池中还放养大量

① 李令福：《论西汉长安城都市水利》，《中国古都研究（第十九辑）——中国古都学会 2002 年年会暨长江上游城市文明起源学术研讨会论文集》，2002 年。

② 王作良：《汉唐长安昆明池的功用及其文化与文学影响》，《长安大学学报（社会科学版）》2010 年 3 期。

③ 马正林：《论汉长安园林》，《陕西师大学报（哲学社会科学版）》1995 年 4 期。

④ 张骅：《论水与六大古都》，《文博》1997 年 2 期。

⑤ 张宁、张旭：《汉昆明池的兴废与功能考辨》，《文博》2013 年 3 期。

⑥ 杨金辉：《试论长安昆明池的开挖缘由》，《西安文理学院学报（社会科学版）》2007 年 3 期。

⑦ 杨金辉：《长安昆明池的兴废变迁与功能演变》，《贵州师范大学学报（社会科学版）》2007 年 5 期。

鱼鳖，供应陵墓祭祀、太官和长安市场，成为重要的水产品养殖地"。

2008 年刘振东、谭青芝先生指出，"习练水军成为修建昆明池的重要目的之一"，同时认为"给长安城以及上林苑提供水源，应是兴建昆明池的另一个重要原因"，此外它还具是"以水景为特色的池苑"，并"成为饲养鱼鳖等水产品的理想场所"①。同年李令福先生也指出，"昆明池当时在训练水军、生产鱼鳖、游览行猎、摹拟天象、供水首都诸方面发挥着巨大的军事、经济、园林、文化和水利的多重效用"②，2014 年李令福先生再做进一步阐述③。

2019 年刘永加先生指出昆明池是汉武帝海军训练基地，"西汉强大的海军一步一步发展起来，成为统一国家和保卫海防的重要武装力量"，同时昆明池"还发挥了供给都城水源、给宫廷和市民提供水产、为当时市民提供风景休闲地、干旱时浇灌农田甚至还有平稳漕运水系的功能"④。

（9）训练水军＋长安城供水＋养殖＋漕渠供水＋航运。2010 年王作良先生在论述了昆明池训练水军等功能后，还提出"在汉唐两代的很长时期内，昆明池还具备航运之利"，"汉武帝修建昆明池后，连通了滮池和滴池。其中的一支从池东开口引水，东流横穿灞河，注入通向黄河的漕渠，为漕渠上源"⑤。2014 年刘庆柱先生梳理指出昆明池具有"政治军事功能""长安水运功能""汉长安城市用水功能"的同时，指出其开凿是"汉长安城上林苑发展需要"，同时具有水产之功能，并指出其"功能虽然有多种，但是其不同时期并不一样"⑥。

当然，也有学者注意到文献中位于长安之外的其他"昆明池"⑦。张桦、亿里先生还讨论分析了唐代昆明池的功能⑧。

2. 昆明池的范围与规模

昆明池的规模在文献中有明确的记载，在昆明池研究中，在学者将昆明池"落实"确定四至的过程中，就其范围和规模出现多种意见：

（1）北至丰镐村南，南至石匣口、西至斗门镇。该意见由黄盛璋先生在 1956 年提出，认为"昆明池的南边是石匣口，这是汉石闼堰堰交水入昆明池之口。……昆明池的北边在斗门镇及丰镐村南"⑨。

（2）北至丰镐村、南至斗门镇稍南、西至斗门镇、东至常家庄。该意见由王世民先生在 1958

---

① 刘振东、谭青芝：《汉唐昆明池杂议》，《汉长安城考古与汉文化——纪念汉长安城考古五十周年国际学术研讨会论文集》，科学出版社，2008 年。

② 李令福：《论汉代昆明池的功能与影响》，《唐都学刊》2008 年 1 期。

③ 李令福：《汉唐昆明池的建设、功能及其演变》，《昆明池研究》，陕西科学技术出版社，2014 年。

④ 刘永加：《昆明池：汉代水军的摇篮》，《中国水运报》2019 年 4 月 28 日。

⑤ 王作良：《汉唐长安昆明池的功用及其文化与文学影响》，《长安大学学报（社会科学版）》2010 年 3 期。

⑥ 刘庆柱：《关于汉代昆明池功能探讨——兼谈昆明池保护与利用的历史借鉴》，《昆明池研究》，陕西科学技术出版社，2014 年。

⑦ 姚生民：《汉甘泉昆明池遗址考》，《咸阳师范学院学报》2006 年 3 期。

⑧ 张桦、亿里：《唐代昆明池的建设及其功能》，《中国古都研究》（第二十八辑），三秦出版社，2015 年。

⑨ 黄盛璋：《周都丰镐与金文中的京》，《历史研究》1956 年 10 期。

年提出，认为"今传说之昆明池遗址在斗门镇东，常家庄西，丰镐村南，南缘在斗门镇稍南，该处地势较低，而以白家庄附近为甚，夏秋之交常有积水"。并指出"今北常家庄附近有石婆庙，斗门镇东南有石爷庙，……虽然我们不能肯定牛、女的位置未曾移动，但亦未见曾经移动之记载，而石爷、石婆之庙由来已久，似当相去不远。如是则今之昆明池遗址正在其间"[①]。

（3）北至斗门镇、常家庄、白家庄，南至石匣口。该意见由徐锡台先生在 1962 年提出，认为"常家庄西，斗门镇和白家庄以南有一片洼地，南至中丰店和石匣口，地势很低，经钻探不到一米深就出水。在这片洼田内，无汉及汉以前的遗物。相反，在斗门镇、白家庄等地，不但有西周遗迹与遗物，而且还有仰韶与客省庄第二期文化遗物。此外，在中丰店也有仰韶与客省庄第二期文化遗物出现。石匣口虽无西周及周以前的遗物，但有大量的汉代瓦片，而这里地势也比较高，当地人们斗门镇与石匣口之间洼地为汉昆明池。依文献证明汉昆明池遗址也当在这里"[②]。1982 年徐锡台先生再次重申了这个意见[③]。

（4）北至上泉、丰镐村土堤、南至石匣口、西至张村、马营寨、白家庄东、东至孟家寨、万村。该意见由主持完成首次昆明池勘探的胡谦盈先生 1963 年提出，"池址是一片面积约十多平方千米的洼地，地势比周围岸边低 2～4 米以上。池址南缘就在细柳原的北侧，即今石匣口村。东界在孟家寨、万村的西边。西界在张村、马营寨、白家庄之东。北界在上泉北村和南丰镐村之间的土堤的南侧"[④]。并指出"昆明池废弃时亦即现存池址，应该是唐代的范围。今南丰镐村一带的汉代的建筑群，部分沦没于昆明池中，当是汉以后浚池或扩建时破坏了的，或许唐代昆明池的范围比汉代的范围要大一些"[⑤]。1980 年胡谦盈先生进一步指出，"现存池址即唐昆明池的范围，实际上包括了西周滈池和汉代昆明池两个池址在内"。并进一步界定出"汉昆明池的具体范围：北缘在今北常家庄之南；东缘在孟家寨、万村之西；南缘在细柳原北侧，即今石匣口村；西界在张村和马营寨之东。池址总面积约 10 平方千米"。同年李遇春先生指出，"据勘探，昆明池遗址的位置与范围，在今北常家庄以南，东面在孟家寨、万村以西，南面在细柳原北侧石匣口村，西界在张村和马营寨之东。昆明池总面积约 10 平方千米。有些河道的遗迹，有待今后去探查"[⑥]。

2014 年李健超先生"据 1933 年西京筹委编制的万分之一地形图"，并按 1963 年"中国社会科学院考古研究所对汉昆明池的踏察所定的范围绘出的汉代昆明池范围"重新划定昆明池范围，北至丰镐村，西至斗门镇，南界在石匣口村北侧堰下张村南侧，东缘在孟家寨、万村西侧一带[⑦]。

（5）北至常家庄南、南至石匣口、西至马营寨、张村、东至孟家寨。该意见由卢连成先生在 1988 年提出，"唐代几次较大规模的浚修工作，使得昆明池范围有所扩大。根据胡谦盈先生的实际

① 王世民：《周都丰镐位置商榷》，《历史研究》1958 年 2 期。

② 中国科学院考古研究所沣西发掘队：《陕西长安鄠县调查与试掘简报》，《考古》1962 年 6 期。

③ 徐锡台：《论周都镐京的位置》，《陕西师大学报（哲学社会科学版）》1982 年 3 期。

④ 胡谦盈：《丰镐地区诸水道的踏察——兼论周都丰镐位置》，《考古》1963 年 4 期。

⑤ 胡谦盈：《丰镐地区诸水道的踏察——兼论周都丰镐位置》，《考古》1963 年 4 期。

⑥ 李遇春：《汉长安城的考古发现和研究》，《河南师大学报（社会科学版）》1981 年 2 期。

⑦ 李健超：《昆明池历史演变与地理环境》，《昆明池研究》，陕西科学技术出版社，2014 年。

踏测和考古调查，指出经过几次浚修后的唐昆明池址实际上包括了汉代昆明池和西周镐池，镐池故址在唐代已沦没于唐昆明池之中。汉代昆明池址南缘在细柳原北侧，即今石匣口，东界孟家寨，万村之西；西界在张村和马营寨之东；北缘在今北常家庄之南。池址总面积约 10 平方千米"[①]。1996年刘庆柱先生提出，"上林苑主要建筑集中在汉长安城西南部的昆明池附近，在今长安县常家庄以南，石匣口村以北，孟家寨、万村以西，张村、马营寨以东，面积约 10 平方千米"[②]。

（6）位于斗门镇、石匣口村、万村和南丰村之间。该意见由中国社会科学院考古研究所长安城工作队 2005 年开展第二次昆明池考古勘探后提出，认为昆明池"东西约 4.25、南北约 5.69 千米，周长约 17.6 千米，面积约 16.6 平方千米。遗址内有普渡、花园、西白家庄、南白家庄、北常家庄、常家庄、西常家庄、镐京乡、小白店、梦驾庄、常家滩、太平庄、马营寨、齐家曹村、新堡子、杨家庄、袁旗寨、谷雨庄、五星村、北寨子、南寨子、下店等 20 多个村庄，遗址周边有南丰村、大白店、万村、蒲阳村、石匣口、堰下张村、斗门镇、上泉北村、落水村共 9 个村镇"[③]。

（7）位于丰镐村、斗门镇、石匣口村、万村之间。该意见是中国社会科学院考古研究所与西安市文物保护考古研究院联合组成的阿房宫与上林苑考古队在 2012～2016 年对昆明池遗址开展第三次考古勘探后提出，认为"昆明池北岸位于今丰镐村南高地"，"西岸位于上泉村东南向南经斗门镇至石匣口村北。南岸线从石匣口村北向东随地形延伸，西端为昆明池进水口所在。东岸线在石匣口村东北折至万村西后向北"[④]。

对昆明池大小的意见主要有以下几种：

（1）三百三十二顷。1957 年俞伟超在讨论昆明池石刻的过程中，指出"昆明池有若干顷之言，则应从《玉海》中出。《玉海》卷二百七十一引《三辅故事》昆明池地三百三十二顷"[⑤]。

（2）10 平方千米。如前引胡谦盈、李遇春、卢连成、刘庆柱先生意见。

（3）14.7 平方千米。1988 年郭声波先生指出，"隋唐昆明池范围与汉代略同，周回 40 里，占地 320 顷，折今 14.7 平方千米。在今斗门镇东，万村西"[⑥]。2008 年李令福先生指出，"汉代昆明池规模巨大，周长 16.6 千米，面积 14.75 平方千米"[⑦]。

（4）16.6 平方千米。如前引，在 2005 年中国社会科学院考古研究所汉长安城考古工作队开展考古勘探后提出，并认为"唐代在重修时，将有些地方的池岸（如南池岸）扩大了，致使其规模较

---

① 卢连成：《西周丰镐两京考》，《中国历史地理论丛》1988 年 3 期。

② 刘庆柱：《汉长安城的考古发现及相关问题研究——纪念汉长安城考古工作四十年》，《考古》1996 年10 期。

③ 中国社会科学院考古研究所汉长安城工作队：《西安市汉唐昆明池遗址的钻探与试掘》，《考古》2006 年10 期。

④ 中国社会科学院考古研究所 西安市文物保护考古研究院 阿房宫与上林苑考古队：《西安汉唐昆明池水系的考古勘探与试掘（2012～2016）》，《中国文物报》2017 年 3 月 24 日。

⑤ 俞伟超：《应当慎重引用古代文献》，《考古通讯》1957 年 2 期。

⑥ 郭声波：《隋唐长安的水利》，《唐史论丛》（第四辑），三秦出版社，1988 年。

⑦ 李令福：《论汉代昆明池的功能与影响》，《唐都学刊》2008 年 1 期。

汉代有所增大"①，2007 年指出"唐代昆明池的范围与汉代大体相当"②。

（5）14.2～15.4 平方千米。2017 年阿房宫与上林苑考古队指出，"早期昆明池约 14.2 平方千米，唐代扩大为 15.4 平方千米，池中无岛屿，池最深约 3.3 米"③。

此外，1999 年杜鹏飞、钱易先生指出"昆明池即可蓄水 3549.7 万立方米，相当于一座中型水库"④。2000 年李昭淑等指出"引用潏河和滈河的水，水域面积广阔，周界约 20km"⑤。2003 年金戈先生认为"汉长安西的昆明池，周长 20 多 km，曾是汉代著名的造船基地，许多楼船都在此池建造"⑥。

昆明池的深度，学者讨论不多。

2000 年胡谦盈先生指出，"唐代昆明池北部即古代镐池范围内，一般距地表深 2～3 米时发现生黄土，中心部位要深一些，在 4～5 米时发现生黄土。池址南部即汉代昆明池，使用洛阳铲一般无法钻探到池底。据地质勘探队的同志说，他们在池址内打眼时，一般距地表深 0.5～1 米见黑色淤泥层，3～4 米以下见淤沙层，再深又是淤泥层，大概在 6～8 米才发现生黄土池底，局部地方深达 10 多米才到池底"⑦。2017 年阿房宫与上林苑考古队指出，昆明池最深不超过 3.3 米。

3. 昆明池进水、出水及周边水道

作为汉唐都城附近最重要的水利工程之一，历年来学者在开展都城研究时多会涉及到京郊昆明池，如郭声波⑧、曹尔琴⑨、马正林⑩、徐卫民⑪、裴琳娟、林源⑫、潘明娟⑬等先生从不同角度，对昆明池与都城关系开展研究。而在专门的汉唐长安时代都城附近水道、池沼的复原研究中，如黄盛

---

① 中国社会科学院考古研究所汉长安城考古队：《西安市汉唐昆明池遗址的钻探与试掘简报》，《考古》2006 年 10 期。

② 张建锋、刘振东：《汉唐昆明池遗址》，《中国考古学年鉴·2006》，文物出版社，2007 年。

③ 中国社会科学院考古研究所、西安市文物保护考古研究院、阿房宫与上林苑考古队：《西安汉唐昆明池水系的考古勘探与试掘（2012～2016）》，《中国文物报》2017 年 3 月 24 日。

④ 杜鹏飞、钱易：《中国古代的城市排水》，《自然科学史史料》1999 年 2 期。此说由吴庆洲先生提出。

⑤ 李昭淑、徐象平、李继瓒：《西安水环境的历史变迁及治理对策》，《中国历史地理论丛》2000 年 3 期。

⑥ 金戈：《中国古代交通与水（下）》，《海河水利》2003 年 5 期。

⑦ 胡谦盈：《汉昆明池及其有关遗存踏查补记》，《胡谦盈周文化考古研究选集》，四川大学出版社，2000 年。

⑧ 郭声波：《隋唐长安的水利》，《唐史论丛》（第四辑），三秦出版社，1988 年；《隋唐长安水利设施的地理复原研究》，《暨南史学》（第 3 辑），暨南大学出版社，2004 年。

⑨ 曹尔琴：《从汉唐昆明池的变化谈国都与水的关系》，《中国古都研究》（第十二辑），山西人民出版社，1994 年。

⑩ 马正林：《汉长安城总体布局的地理特征》，《陕西师大学报（哲学社会科学版）》1994 年 4 期。

⑪ 徐卫民：《汉长安城对周边水环境的改造与利用》，《河南师范大学学报（哲学社会科学版）》2007 年 6 期；《汉昆明池的兴修及其对长安城郊环境的影响》，《陕西师范大学学报（哲学社会科学版）》2008 年 4 期。

⑫ 裴琳娟、林源：《试论汉长安城水系统与城市发展的关系》，《华北建筑》2010 年 9 期。

⑬ 潘明娟：《汉长安城给排水系统及其启示》，《唐都学刊》2017 年 1 期；《旱涝灾害背景下的汉长安城水资源利用》，《苏州大学学报（哲学社会科学版）》2020 年 1 期。

璋①、史念海②、李宪霞③等先生的相关论述，更将昆明池作为其中重要一环进行深入研讨。

对昆明池在何处进水、何处出水和与周围相关水道的问题，学界讨论颇多，分歧明显：

1935年陈子怡先生指出，昆明池"未凿以前，此地原为上古之灵沼及周代之滴池。然规模狭小；汉武帝扩而大之"，认为昆明池的前身是周的灵沼、滴池，在昆明池开凿后滴池"为昆明所吞并"。其梳理文献后判断，"昆明池既以灵沼、滴池合并，东凿西堰，以还其太古之形势，故至今略同西文B之形。……不知者每以为昆明池由平地开凿而成，此则揣测之误"。认为在北魏新浚昆明池后，昆明池规格有较大变化，规模变小。认为"昆明之凿，亦非澄泓一池，独处上林苑中已也。南有来源，北吐长流，皆与此池息息相通"，"丰水正流不入昆明，在南有枝津通交水；至昆明正西，又有小沟通昆明池，凡此皆为昆明池水调剂盈绌之用也"，"今之丰水由太平峪水高冠峪水丰溪三水合流为上源，北流有皂河一枝西注而入之。其地在今乾河及堰头之南。乾河当即汉故渠也；而此枝流正当其南，水经注枝渠之道，大约即在此耳"，认为沇水"即潏水也，今名皂河，即漕河之转音。其流由昆明故池之东，入而复出。在汉亦是昆明主流。特北魏新浚之后，池不及古，此水遂遗于池外耳"，认为昆明故渠位于东部，为漕运所需而开凿，昆明池水由昆明池北口流出。2007年杨金辉先生提出，"昆明池当是在灵沼的基础上加以挖深和扩大而成的"，"汉代昆明池并不是在当时的平地上向下挖掘出的一个人工大湖，而是在一个面积广大的古老天然湖泊基础上进行整治修建而成"④。2013年张宁、张旭先生指出，"元狩三年对昆明池的兴治是以通浚、扩大固有湖泊、池沼为主的"⑤。

1958年黄盛璋先生指出，"昆明池的水源是交水"，昆明池北出之水注沇在凤阙南，东出之水经河池陂与沇水会后东流到灞水西后分二支，一北注渭，一东流经华县、华阴至潼关合于渭口，指出昆明池有四口，"南口为水源所入，北口和东口为宣泄水量，供应汉城内外，西口则是调节水量之用"⑥。1962年黄盛璋先生指出，沇水枝津不是漕渠水源，"它的水源乃是昆明池"，"昆明古渠绝不是和汉城南城平行"，"昆明故渠迳明堂区东流不远就北折与复盎门外古渠接"⑦。

1979年马正林先生指出，"西汉时从南堰头堰交水北流，穿过细柳原，流入昆明池，……汉代修石闼堰堰交水北流，交水应该不再西流入沣。但根据《长安志》所引《水经注》的记载，交水至石竭（即石闼堰）后，分为二水，一水西流入沣，一水穿过细柳原，北注昆明池。估计这种情况是西汉以后的事情，因为昆明池是汉长安城的人工蓄水库，面积约10平方千米。如果仅有部分交水流入，不会成为茫茫巨浸。西汉以后长安城长期废不为都，石闼堰失去维修，交水的一部分自然沿

① 黄盛璋：《关于〈水经注〉长安城附近复原的若干问题》，《考古》1962年6期。
② 史念海：《环绕长安的河流及有关的渠道》，《中国历史地理论丛》1996年1期。
③ 李宪霞：《汉长安城的湖泊陂池及其作用》，《秦汉研究》（第2辑），陕西人民出版社，2008年。
④ 杨金辉：《长安昆明池的兴废变迁与功能演变》，《贵州师范大学学报（社会科学版）》2007年5期。
⑤ 张宁、张旭：《汉昆明池的兴废与功能考辨》，《文博》2013年3期。
⑥ 黄盛璋：《西安城市发展中的给水问题以及今后水源的利用与开发》，《地理学报》1958年4期。
⑦ 黄盛璋：《关于〈水经注〉长安城附近复原的若干问题》，《考古》1962年6期。

故道入沣了"①。"昆明池向西退水入津的渠堰就在今堰下张村（堰址已挖出）"②。

1980年胡谦盈先生指出，1963年他"在池址东半部即万村西北约1千米处，发现一块高出周围地面约2.5米的高地"，认为是一个"汉昆明池中的一个孤岛"，"与孤岛相对峙的池址东岸，有一条东西向的带状洼地。我们沿带状洼地往东铲探约400米（按：每隔30～50米钻一孔），发现耕土下即黑色淤泥或淤沙，它是一条水流故道。《水经注·渭水》：'泬水又北迳长安城西与昆明池水合，水上承池于昆明台，故王仲都所居也。'郦道元在此说的所谓昆明池水，指的约略就是这股水流故道"。同时还指出，"在昆明池西岸中部，即张村和马营寨之间，还发现一条从昆明池通往沣河的水流故道。水流故道西南流向。故道中心地势凹陷，比两旁地面低1～2米。铲探之，水流故道宽200～300米（按：铲探时以发现淤泥或淤沙为准。至于当时池水水流似乎不会有这样宽，可能是池水流向经常左右移动改流造成的现象）"。认为"郦道元在此记载从昆明池流入沣河的所谓昆明池水，指的大概就是这条水流故道"。并指出，"黄盛璋同志认为《水经注》记载注入沣河的那条昆明池水位置，是在今张村之南。水流故道流向为东北"，但"在那里没有发现任何水流故道的痕迹，因为那一带的地势较高，铲探之，于耕土下往往发现黄生土而不见水流故道淤泥，所以黄同志划定的昆明池水位置及其流向与这里的实际情况是有较大出入的"。

1983年马正林先生指出，"把汉代漕渠的水源归根为昆明池，这显然是不对的。因为开凿昆明池是比漕渠开凿后九年的事。当然，昆明池成为漕渠的一个新水源后，漕渠水流丰沛，渠道淤积减缓，这也不可否认"③。

1984年杜思植、杜甫亭先生指出昆明池的"引水口在今西堰村"，"昆明池有四个功能各异的开口，南为进水口，西为泄水口，北、东为引水口"，"昆明池东出一支，称为昆明故渠，为漕渠供水"④。朱士光先生指出"汉长安城西南的昆明池……都是利用低洼湿地的自然地形修成的"⑤。

1985年灵洁先生指出，"昆明池水来自交水，它的建成，为长安城提供了新的水源。"⑥张骅先生指出"漕渠西起长安，引渭水入昆明池"⑦。

1988年郭声波先生指出，昆明池"水源有二：交水渠起石炭堰（汉曰石闼堰），沣水渠又名贺兰渠，起自贺兰堰，二渠合流于石匣口入池。昆明池下游一归沣水，一入镐池，北流为镐水，隋开皇间为漕渠所截"⑧。米登山先生指出，"凿昆明池（面积约有十平方千米）引交水入古城"⑨。

① 马正林：《汉长安城兴起以前西安地区的自然环境》，《陕西师大学报（哲学社会科学版）》1979年3期。

② 马正林：《汉长安城兴起以前西安地区的自然环境》，《陕西师大学报（哲学社会科学版）》1979年3期。

③ 马正林：《渭河水运和关中漕渠》，《陕西师大学报（哲学社会科学版）》1983年4期。

④ 杜思植、杜甫亭：《对西安城市供水问题的探讨》，《陕西师大学报（自然科学版）》1984年1期。

⑤ 朱士光：《汉唐长安地区的宏观地理形势与微观地理特征》，《中国古都研究（第二辑）——中国古都学会第二届年会论文集》，1984年。

⑥ 灵洁：《古都西安》，《历史问题研究》1985年2期。

⑦ 张骅：《秦汉时期关中几项水利工程》，《文博》1985年2期。

⑧ 郭声波：《隋唐长安的水利》，《唐史论丛》（第四辑），三秦出版社，1988年。

⑨ 米登山：《古都西安建设新探》，《唐都学刊》1988年3期。

　　1990 年吕卓民先生在研究交水与潏水历史变迁后，指出其所调查的交河河道与杜思植、杜甫亭先生的意见一致，今交河"是人工所为"。"实地考察，今香积寺以下故河道大体上正可注入昆明池，北接镐池"，认为昆明池的水源为滈河，"南面是潏水入池的进水口，东面既有潏水入池的进水口，又有昆明池给漕渠引水的出水口，北面为昆明池退流入渭之口，西面的水口，《长安志》云为昆明池水注丰之通道，也起着排泄昆明池水的作用"。文献中石闼堰的位置，吕卓民先生认为当在香积寺附近①。

　　1991 年李丙寅先生认为"昆明池系引沣水而筑成"②。1992 年陈绍棣先生指出，"由于城市规模扩大，人口增多，武帝时在城西南郊修建昆明池，作石闼堰使西流入沣河的潏水北流穿过细柳原，注入昆明池"③。

　　1994 年曹尔琴先生指出"昆明池水源也就取之于西组诸河，其中包括交河。水源要用人工渠道引来。第一种引水工程是石闼堰，也叫石碣。石闼堰可以堰水北流，经过细柳原下，北流入昆明池，这是昆明池的主要水源。第二种工程是以昆明池为中心开凿的。交河从昆明池南面流入，昆明池水又西出进入沣河，昆明池东出之水叫昆明故渠，也就是漕渠。漕渠出昆明池后东北流入潏河"，"它四面各有水口，南口入水，水多时又从西口排出，东口和北口则是供长安城用水的出水口。上述这些工程是以昆明池为中心的系统水利工程"④。

　　同年马正林先生指出，"昆明池的水源来自交水。西汉中叶在今长安县的西堰头村修筑石闼堰，《水经注》称为'石碣'，堰交水北流，穿过细柳原，流入昆明池"，"从昆明池北出之渠，《北经注》称为昆明池水，流经今南丰镐村、镐京乡之东，秦阿房宫遗址之西，在三桥镇西南注入揭水陂"，"从昆明池东出之水，《水经注》称为昆明故渠。昆明故渠流经今河池寨北，又东横绝潏水，又东经汉明堂（今大土门）南，又东流而北屈，在安门（南墙中门）之东注入王渠"⑤。徐卫民先生指出，"昆明池的水源来自交水。交水本是东流入沣的，汉武帝作石闼堰，堰交水水北流，穿过细柳原，流入昆明池，石闼堰遗址在今天堰下张村"⑥。

　　1996 年史念海先生指出，"鄗水自有源头，其源头为今交水"，"今交水发源于南五台西的石砭峪，西北流经香积寺南，西流入于丰水。今香积寺西尚有故河道，当地称为干河，西北通到石匣口。石匣口为昆明池南的进水口，这当是滈水北流的故道"。指出"交水流入昆明池，其中当然包括一部分丰水。这条丰水枝津的具体所在，已不可确指。其与交水汇合的地方应在今香积寺西南，交水尚未折向西北流的所在。昆明池水源也来自潏水。……潏水故道就是现在的皂河。皂河和昆明池遗址之间尚有一段距离，势须有渠道相通，才能彼此贯注"，"昆明池排水的水道自然是鄗水"，

　　① 吕卓民：《西安城南交潏二水的历史变迁》，《中国历史地理论丛》1990 年 2 期。
　　② 李丙寅：《略论汉代的环境保护》，《河南大学学报（社会科学版）》1991 年 1 期。
　　③ 陈绍棣：《汉唐长安规划比较之我见》，《中国历史博物馆馆刊》1992 年总 17 期。
　　④ 曹尔琴：《从汉唐昆明池的变化谈国都与水的关系》，《中国古都研究（第十二辑）——中国古都学会第十二届年会论文集》，1994 年。
　　⑤ 马正林：《汉长安城总体布局的地理特征》，《陕西师大学报（哲学社会科学版）》1994 年 4 期。
　　⑥ 徐卫民：《西汉上林苑的几个问题》，《文博》1994 年 4 期。

"还有一枝是西入丰水。入丰水处就在周人所建的灵台之南,其地在今户县东北,已近于渭水了。然而相当多的水流,则是注入漕渠。漕渠可以作为昆明池排水的渠道,实际上漕渠的开凿都是对于昆明池水的利用。……漕渠引水的地方当在昆明池的南端,而不在其北部"①。

1997 年昌森先生指出,"漕渠曾引用过昆明池水以补其水量之不足,但绝不是以昆明池为唯一水源"②。2000 年吴宏岐、雍际春先生指出,"自元狩三年以后,漕渠的水源有二,一为渭水,另一为昆明池水"③。2001 年辛玉璞先生在探讨了潏水在神禾原水道的形成时间,在其所绘制的《潏水神禾原河道与杜正伦开挖川流示意图》中,在香积寺向西北绘出一条引向昆明池的古河道,表明昆明池之水来自南侧④。

2002 年李令福先生指出,"昆明池的水源来自交水,是在交水上作石碣。……为控制水位,昆明池西岸也有一条通向丰河的渠道,起着调节池水水位的作用。……南面设堰取洨潏合流的交水,在池东、北两面各开一渠直接或通过沈水间接地供应汉长安城都市用水,其西侧又开人工渠以通沣河来调节水位。昆明池已经基本具备有引水、蓄水、排水诸功能,是一个较为复杂而又自成体系的综合性都市水利工程"⑤。2008 年再次重申上述意见⑥。

2005 年中国社会科学院考古研究所汉长安城工作队在勘探昆明池的过程中,"在池的东岸边发现进水渠 2 条,在池的西岸和北岸边发现出水渠 4 条,在池内发现高地 4 处,在南岸和东岸上发现建筑遗址 3 处"。认为"昆明池的进水口在东岸,虽为两个,实为一渠分岔所致,汉唐时期应变化不大。从进水渠的走向看,其水源来自古沈水的可能性较大。经在石匣口村至蒲阳村一线的昆明池南岸反复钻探,没有发现任何渠道的痕迹。主要的出水口在西岸,出水渠通至古丰水或镐水(丰水支津)。至于北岸的三个出水口,靠西的一个出水口应为汉代昆明池水通往北面镐池的水口,唐代夯填成堤,废弃不用;东边的两个水口可能汉代就有,唐代又用大卵石筑砌,二出水渠汇合后向东流去,从渠的走向看,很可能又流回到古沈水。该渠或即《水经注·渭水》记载的'昆明故渠'"⑦。

2008 年刘振东、谭青芝先生认为"在昆明池未修建以前,这里棘草丛生,野兽出没",其"针对学术界存在昆明池的水源来自南边的意见,在石匣口村至蒲阳村一线的昆明池南岸一带反复钻探,没有发现任何渠道的遗迹。昆明池的南岸为地势较高的细柳原,现今原面仍然十分完整,所以,昆明池的进水口不在南岸",同时"昆明池北岸的排水渠道应该就是'昆明池水'","通过对水

---

① 史念海:《环绕长安的河流及有关的渠道》,《中国历史地理论丛》1996 年 1 期。

② 昌森:《汉漕渠水源自渭河》,《中国历史地理论丛》1997 年 4 期。

③ 吴宏岐、雍际春:《〈水经·渭水注〉若干历史水文地理问题研究》,《中国历史地理论丛》2000 年 2 期。

④ 辛玉璞:《潏谁神禾原河道开凿时间考评》,《西安教育学院学报》2001 年 2 期。

⑤ 李令福:《论西汉长安城都市水利》,《中国古都研究》2002 年 18 期。

⑥ 李令福:《汉昆明池的兴修及其对长安城郊环境的影响》,《陕西师范大学学报(哲学社会科学版)》2008 年 4 期。

⑦ 中国社会科学院考古研究所汉长安城工作队:《西安市汉唐昆明池遗址的钻探与试掘简报》,《考古》2006 年 10 期。

理的分析，我们认为沈水以西并不存在一条通向汉长安城的引水渠，《水经注》所述'昆明故渠'的上段，即沈水以西段，可能是将进水渠误认为出水渠了。至于昆明故渠的下段，即沈水以东段，则很可能在沈水流注昆明池水口以北的某个地方，于沈水东岸开口引水，向东经汉长安城南郊的明堂之南，再向东继而北折，流入东城墙外的护城壕沟内，经霸城门向北侧城注入渭水。推想这个引水口可能会在流经揭水陂一带的沈水东岸"[①]。

2012～2013 年中国社会科学院考古研究所与西安市文物保护考古研究院联合组成的阿房宫与上林苑考古队在昆明池勘探过程中，在汉唐昆明池下发现一条大型沟渠，"位于镐京遗址东、南方，大体呈西南—东北向，在镐京遗址东侧存在较多曲折，长约 4200、深 2.5～3 米。G1 的南端与另一条西北—东南向的窄条形沟渠连通，此沟渠已勘探的部分长约 900、宽 25～70、深 4～5 米，因其北侧暂未勘探，具体的长度及走向待定"[②]。2017 年判断"据文献记载，沟渠为滈水"[③]。

2014 年袁仲一先生在开展昆明池生态环境的分析中，指出"大体可以肯定的是沣水和滈水是昆明池的水源"[④]。同年李健超先生"据 1933 年西京筹委编制的万分之一地形图"，重绘昆明池图，认为昆明池水源应来自香积寺向西的一条河道，"由堰头村向西北有条谷道，又西北经楼子村、三角村之间，又西北经孙家湾村东，又西经徐家寨西，又西北经姜仁村南、西，又西北经西渠里村西，又西北至普贤寺，至石匣口，入昆明池"[⑤]。

2017 年中国社会科学院考古研究所与西安市文物保护考古研究院联合组成的阿房宫与上林苑考古队在 2012～2016 年对昆明池遗址开展专题考古勘探后提出，"昆明池水来自秦岭石砭峪，在香积寺向西到西甘河村西后北流至石匣口村西"，并指出"在昆明池南岸线南侧发现大型沟渠，其从昆明池进水口区东部取水后东流，在蒲阳村西北折向东北，在下店村北流，并先后接纳昆明池东侧排出之水。经试掘，沟渠的时代从汉至唐，与文献所载汉唐漕渠的时代与走向基本吻合，判断其为漕渠"。首次在昆明池侧发现了文献记载的漕渠，并确定昆明池"东岸线上发现东向出水沟渠，将池水引入东侧漕渠"[⑥]。2019 年冯晓多先生就昆明池进出水口等问题的考古学研究情况进行了分析[⑦]。

---

① 刘振东、谭青芝：《汉唐昆明池杂议》，《汉长安城考古与汉文化——纪念汉长安城考古五十周年国际学术研讨会论文集》，科学出版社，2008 年。

② 中国社会科学院考古研究所 西安市文物保护考古研究院 阿房宫与上林苑考古队：《西安市汉唐昆明池遗址区西周遗存的重要考古发现》，《考古》2013 年 11 期。

③ 中国社会科学院考古研究所 西安市文物保护考古研究院 阿房宫与上林苑考古队：《西安汉唐昆明池水系的考古勘探与试掘（2012～2016）》，《中国文物报》2017 年 3 月 24 日。

④ 袁仲一：《昆明池生态环境浅析》，《昆明池研究》，陕西科学技术出版社，2014 年。

⑤ 李健超：《昆明池历史环境与地理环境》，《昆明池研究》，陕西科学技术出版社，2014 年。

⑥ 中国社会科学院考古研究所、西安市文物保护考古研究院、阿房宫与上林苑考古队：《西安汉唐昆明池水系的考古勘探与试掘（2012～2016）》，《中国文物报》2017 年 3 月 24 日。

⑦ 冯晓多：《关于昆明池的考古学研究综述——兼论汉昆明池的出水口与进水口问题》，《唐都学刊》2019 年 4 期。

4. 昆明池内及周围建筑

1963 年胡谦盈先生指出，"在南丰镐村、孟家寨、石匣口村、花园村、上泉北村等地，分别发现有夯土建筑故基或石柱础，地面上散布着大量的汉代瓦片。文献记载昆明池旁或其附近有宣曲宫、白杨宫、细柳宫等建筑群。现在我们虽然还不便粗疏地去推断哪处故基就是某宫的建筑，但它们都是昆明池旁的离宫别馆的遗迹，当不成问题。"并指出，在"池址中部靠北即常家庄一带，地势较高，像是池内的孤岛。《三辅故事》云：'昆明池中有豫章台'，这个孤岛似乎就是豫章台的所在"①，"鄗水和交水只是一条水道，鄗水的上游为交水，交水的下游不为鄗水"。2005 年，中国社会科学院考古研究所汉长安城工作队在勘探昆明池的过程中，在昆明池南侧、东侧发现汉代建筑。

5. 昆明池的渔业生产

昆明池水域广大，水美鱼肥，文献中对此记载颇多。《西京杂记》载"武帝作昆明池，欲伐昆明夷，教习水战。因而于上游戏养鱼。鱼给诸陵庙祭祀，余付长安市卖之"。《刘宾客嘉话录》也载"昆明池者，汉孝武所制，捕鱼之利，京师赖之"。现代学者在进行渔业研究中，常常提到此点。

1974 年陕西省水产研究所理论小组指出，汉代昆明池中养鱼"是我国劳动人民经过战国和先秦二百多年的养鱼实践，由小水面发展到大水面的具体例证"②。1982 年余华青先生在讨论秦汉时期渔业的文章中也当然涉及了包括昆明池在内的上林苑池沼养鱼③。邱锋、施鼎均先生在讨论淡水渔业养殖时，都提到秦汉时期的池沼养鱼④。1983 年路玉海先生指出"昆明池是我国养鱼最早的一座水库"，"是汉代首都长安附近的一座相当规模的渔产基地"⑤。1984 年邢湘晨先生也讨论了昆明池的养鱼问题⑥。1992 年王子今、穆骏、高粱等先生均在讨论秦汉渔业问题时，论及了昆明池养鱼⑦。2001年赵天改先生指出，"昆明池是当时有名的水产养殖地，……昆明池鱼的产量很大，除祭祀外，还出售以供长安市民食用……至北朝不废"⑧。

---

① 胡谦盈：《丰镐地区诸水道的踏察——兼论周都丰镐位置》，《考古》1963 年 4 期。

②。陕西省水产研究所理论小组：《法家路线促进了我国古代池塘养鱼业的发展》，《陕西水利科技》1974 年 6 期。

③ 余华青：《秦汉时期的渔业》，《人文杂志》1982 年 5 期。

④ 邱锋：《中国淡水渔业史话》，《农业考古》1982 年 1 期。施鼎均：《我国古代的养鱼业》，《中国水产》1982 年 1 期。

⑤ 路玉海：《汉代淡水养鱼与昆明池》，《陕西水产》1983 年 2 期。

⑥ 邢湘晨：《我国淡水养鱼史资料谈》，《中国农史》1984 年 3 期。

⑦ 王子今：《秦汉渔业生产简论》，《中国农史》1992 年 2 期。穆骏：《陕西古代的渔业和资源保护》1992 年 3 期。高粱：《中国古代渔业概述》，《农业考古》1992 年 1 期。

⑧ 赵天改：《关中地区湖沼的历史变迁》，陕西师范大学硕士论文，2001 年。

6. 牛郎织女与石鲸

牛郎、织女石刻是文献中与昆明池有关的最重要石刻。1955 年顾铁符先生著文介绍了包含牛郎织女石刻在内的西安附近汉代石雕艺术[①]，但对石刻哪个是牛郎、织女仅袭旧说而未讨论。1957 年俞伟超著文指出，顾铁符先生"把牵牛、织女弄颠倒了"[②]，认为传为牛郎的石刻实是织女，传为织女的石刻实是牛郎。1979 年汤池先生指出"常家庄村北——汉昆明池东边的石雕是牵牛像，斗门镇内——汉昆明池西边的石雕是织女像"[③]，认同俞伟超先生的意见。

1980 年胡谦盈先生在认同俞伟超先生意见同时，指出"二石像现在位置也就是汉代的原址"，并指出"在'牛郎'石像东北约 100 米和 200 米处，分别发现两处西汉遗址"，"在'织女'石像西北约 250 米和 350 米处，也分别发现两处西汉遗址"，"上述两组建筑的布局，一组位于'牛郎'东北方，另一组位于'织女'西北方，二者遥相对峙，情景犹如二石像隔河对峙一样。这现象似非偶合，也许两组建筑和二石像存在着一定的联系"[④]。

2005 年中国社会科学院考古研究所汉长安城工作队指出，"牵牛、织女二石像，一个位于斗门镇，在昆明池西岸上，另一个位于北常家庄之北，经在该石像附近钻探，全为淤泥，说明石像已不在原来的位置，推测西汉时期石像应在昆明池的东岸上"[⑤]。从其叙述看，认为在斗门镇的为牵牛像，在北常家庄的为织女像，与顾铁符先生意见一致，此外还指出织女像非原址，与胡谦盈先生意见不同。

2007 年田军、陈雪华先生对牛郎织女石刻的艺术价值进行了梳理，指出其"观赏功能是其首选，应该属于中国古代早期园林装饰雕塑的代表作"[⑥]。

2008 年刘振东、谭青芝先生认为，"织女像（当地人称'石婆'）现存于昆明池北部西岸的斗门镇，其位置与文献记载大体相符；牵牛像（当地人称'石爷'）现存于昆明池中的北常家庄之北，推想原来应在今南丰村一带的池岸附近。昆明池北部的东西两岸相距相对较近，石像分立两岸，以象征天河两边分立的同名二星，构成一道天地合一的壮美风景"。并进而认为"牵牛、织女石像原来立在池北部的东、西岸边，可能用来观测昆明池的水位，同时也起到镇守昆明池的作用"[⑦]。

《三辅黄图》载，"昆明池有石鲸，每至雷雨，常鸣吼，鳍尾皆动"。2016 年晏新志先生在开展的长安城太液池和昆明池内石鲸的对比时指出，"汉代昆明池中放置石鲸鱼时间早于太液池"，"汉代石鲸鱼造型应源自海洋中的须鲸。海洋中的须鲸体形优美，从鼻孔喷出的水柱又直又高，选择以它雕塑成湖中景观和祈雨瑞物符合古代人们对自然界特定动物的景仰膜拜心理和科学认知水平，也

[①] 顾铁符：《西安附近所见的汉代石雕艺术》，《文物》1955 年 11 期。

[②] 俞伟超：《应当慎重引用古代文献》，《考古通讯》1957 年 2 期。

[③] 汤池：《西汉石雕牵牛织女辨》，《文物》1979 年 2 期。

[④] 胡谦盈：《汉昆明池及其有关遗存踏察记》，《考古与文物》1980 年 1 期。

[⑤] 中国社会科学院考古研究所汉长安城工作队：《西安市汉唐昆明池遗址的钻探与试掘简报》，《考古》2006 年 10 期。

[⑥] 田军、陈雪华：《试析长安斗门汉牛郎织女石刻像的艺术价值》，《美术观察》2007 年 10 期。

[⑦] 刘振东、谭青芝：《汉唐昆明池杂议》，《汉长安城考古与汉文化——纪念汉长安城考古五十周年国际学术研讨会论文集》，科学出版社，2008 年。

是汉代人不断追求丰富而多彩精神世界时代特色的表现"[1]。同年，蒲汀汀认为，昆明池内石鲸的出现，"也许和霍去病的'祁连山'一样，由于种种原因无法使之与原景还原，所以也要借用一些石雕来表现其中的意味"，而"无论是石鲸还是牛郎织女，也许一开始只是为了建造一个整体环境，而后衍生出来的神仙鬼怪之说，可能也只是后人在这些冷冰的石头上寄托了自己的理想"[2]。

7. 昆明池与镐京

《三辅黄图》载，"武帝初穿池得黑土。帝问东方朔。朔曰：西域胡人知之。乃问胡人。胡人曰：劫烧之余灰也"。《类编长安志》卷八：

劫灰，《关中记》，昆明池，汉武帝习水战。尧治水，停舡于此池。盖尧时已有污池。汉武因而深广耳。《曹毗志》，恪曰，汉武凿昆明池，极深悉是黑灰，无复土举。朝不解，以问东方朔。朔曰，臣愚，不足以知之。可试问西域胡。帝以朔不知，难以劾问。至后汉明帝时，外国道人来洛阳，有意方朔言者，试以武帝时灰黑问之。胡人曰，《经》云，天地大劫将尽，则劫烧。此劫烧之余灰。乃知朔言有旨。

"劫灰"一词即与汉武帝开凿昆明池有关。考古学发达之后，现在我们已可确定，汉武帝穿池时所见的"黑土""黑灰"，应是在汉代之前人类活动所形成的文化堆积。

与昆明池关系最密切的古代遗存，当然是著名的周都镐京，"史家记录周都镐京位置一向以都址附近的滈池为据，大家一致认为它就在今日西安西南的沣河东岸，位靠昆明池的北部，故址部分或大部分沦没于昆明池遗址之中"[3]，因此对昆明池与镐京关系的讨论一直较多，大体集中于以下方面：

1935年陈子怡先生指出，其之所以探讨昆明池的目的是为确定周之镐京。即"地理上之遗迹，时古者率多湮没，惟较近者尚存梗概。在考证上溯流穷流，先致力于近者，较为易明，且少误解。……今于未述镐京以前，有一事当预先证明者，即昆明池是。此而不明，对于镐京即不能按部指实。故今先加一楔子，以为讲昆明池之地步"[4]，即，研究昆明池为探讨镐京之必须。

1956年黄盛璋先生在探讨周都丰镐的过程中绘制了《丰镐地形图》，图中昆明池位于石匣口村向北到斗门镇之间，指出"镐京部分遗址为昆明池破坏既是肯定的，因此勘查镐京必须跟昆明池的北边一同考察。镐京观及其遗址都偏在丰镐村的北面，去昆明池遗址较远，而根据我们采取直线测量，自蒋家寨至此已超过十千米，比唐里十八里要多出一些，因此我们认为镐京的遗址，应该自丰镐村的东南边至昆明池遗址北边一带，连同昆明池一同勘查"[5]。1958年王世民先生对此提出不同看法，认为"镐京在唐长安城西，即小昆明池附近"[6]。

---

[1] 晏新志：《汉长安城太液池、昆明池石鲸考》，《文物天地》2016年6期。
[2] 蒲汀汀：《西汉大型石刻的功用探讨》，《人间》2016年23期。
[3] 中国科学院考古研究所丰镐考古队：《1961—62年陕西长安沣东试掘简报》，《考古》1963年8期。
[4] 陈子怡：《由昆明池而溯及镐京丰邑》，《西京访古丛稿》，民国二十四年（1935年）。
[5] 黄盛璋：《周都丰镐与金文中的夆京》，《历史研究》1956年10期。
[6] 王世民：《周都丰镐的位置》，《历史研究》1958年2期。

　　1963 年胡谦盈先生根据考古工作成果，"初步弄清遗址和昆明池的关系，遗址位于昆明池北，遗址在建筑或浚治昆明池时被破坏一些。这现象与古史记载镐京位于昆明池北、都址部分或大部分沦没于昆明池中等说法是符合的"①。

　　1964 年夏鼐先生在总结新中国考古发现时指出，"1961—62 年在沣东做了钻探和试掘，勘测了昆明池遗址，同时确定了池畔的西周住址的大致范围。这样，不仅确定了镐京的遗址是在池北（一部分已沦陷入池中），并且对于这里所出的西周陶器，也作了分析和分组"②。1979 年保全先生延续了这个意见③。

　　1982 年徐锡台先生指出，"斗门镇、白家庄、花园村、普渡村、上泉北村、洛水村等地西周遗址，就是周都镐京遗址的一部分。镐京的范围定比今天斗门镇和白家庄等一带西周遗址还要广得多，可惜斗门镇和白家庄以南的西周遗址，已被汉武帝于元狩三年春穿昆明池破坏了一部分"④。

　　1988 年卢连成先生梳理丰镐二京文献记载、考古调查、勘探与发掘资料，认为"汉代昆明池址南缘在细柳原北侧，即今石匣口，东界孟家寨，万村之西；西界在张村和马营寨之东；北缘在今北常家庄之南；池址总面积约 10 平方千米。镐池故址在汉昆明池之北，其范围向北不超过'斡龙岭'，向南不超出北常家庄，向东西两侧不超过唐代昆明池址的东西两岸"⑤。

　　1990 年马正林先生指出，"汉武帝时开凿昆明池，破坏了镐京遗址，致使镐京遗址的大部分沦入池底，已难于找到它的踪迹了。在开凿昆明池时所发现的人类活动的遗物和灰烬，正是镐京遗址的铁证"⑥。

　　1991 年李文实先生指出，"汉时于此凿昆明池，入唐则堰丰水、潏水均汇入昆明池，镐京的遗址，因而遭到了破坏"⑦。1995 年卢连成先生指出，"因遭西汉上林苑和昆明池的破坏，镐京的总体布局已不明晰"⑧。2000 年李令福先生指出"镐京遗址西濒沣水，东至丰镐村，北界沣水与滈池，南部已为汉唐昆明池所毁"⑨。2004 年秦建明先生指出，"昆明池开挖之时，破坏了许多古代遗址，其中包括西周的镐京遗址的一部分"⑩。

　　2008 年刘振东、谭青芝先生指出，"镐池以东（包括东北、东南）是一片十分广阔的原地，这里西北临滈池，西部面向镐池，东部开阔高平，再往东即到古沈水，应是适宜建都之地。只是该地域西周时期的遗址鲜有发现，所以还未引起人们的注意。这一地域现今分布着许多大型砖瓦窑场，

---

①　中国科学院考古研究所丰镐考古队：《1961—62 年陕西长安沣东试掘简报》，《考古》1963 年 8 期。

②　夏鼐：《我国近五年来的考古新收获》，《考古》1964 年 10 期。

③　保全：《西周丰镐遗址》，《文物》1979 年 10 期。

④　徐锡台：《论周都镐京的位置》，《陕西师大学报（哲学社会科学版）》1982 年 3 期。

⑤　卢连成：《周都丰镐两京考》，《中国历史地理论丛》1988 年 3 期。

⑥　马正林：《论西安城址选择的地理基础》，《陕西师大学报（哲学社会科学版）》1990 年 1 期。

⑦　李文实：《北京与长安两古都今昔对比研究》，《青海民族学院学报》1991 年 3 期。

⑧　卢连成：《西周金文所见京及相关都邑讨论》，《中国历史地理论丛》1995 年 3 期。

⑨　李令福：《周秦都邑迁徙的比较研究》，《中国历史地理论丛》2000 年 4 期。

⑩　秦建明：《汉上林苑与昆明池》，《文博》2004 年 3 期。

已将原面严重破坏，希望能尽早开展一些考古工作"①。

2013 年周宏伟先生在系统开展西周都城问题的研究中，"镐京遗址一带除了昆明池外，没有更大的湖泊水体，昆明池的前身应当就是周代的辟雍"，"所谓'穿'昆明池，当不是今天绝大部分学者所理解的在平地新开凿出一个昆明池，而当是指模仿周人把灵沼所在的这片洼地疏浚、注水后形成的巨大水体称为昆明池"②。

8. 昆明池与上林苑

因昆明池开凿于上林苑内，因此在有关上林苑的研究成果中，多会涉及到昆明池。如徐卫民③、马正林④，而秦建明先生还专门就上林苑与昆明池的关系展开研究⑤。近年来刘晓达先生从昆明池、建章宫太液池的开凿出发，探讨了汉武帝时代的"天下"观⑥。郝思嘉、刘晓明从园林景观角度探讨了昆明池水景空间，认为"昆明池初次对天人合一理念进行形象化表征，承载古人神仙思想的寄托，雕塑巧妙形成对景，连带周围建筑一起象天法地"，并对昆明池的保护和开发提出建议⑦。

9. 昆明池的保护与展示

从文献记载和考古发现看，昆明池在唐代之后已废为农田，久为废墟而成文人凭吊之处。新世纪以来随着西安地区的快速发展，昆明池的保护迅速提上日程。

2014 年刘庆柱先生指出，"昆明池遗址的保护是我们涉及昆明池遗址所有工作的'前提'，因此笔者认为这里的保护工作是第一位的。而保护又要求其'原真性'保护，不能是'变味'的保护。当然保护的目的是利用，不能说保护就是为了保护，那将是人类没有意义的活动。但是当我们谈到利用的时候，一定要牢记'科学'地利用"，"昆明池遗址的'原真性'保护，首先是其空间范围的确认，其次是历史功能的最大延续，再次是环境风貌的一致性"，"必须是对子孙万代'负责任'地利用，不能'竭泽而渔'地利用，更不能'唯利是图'地利用，绝不能'破坏性'地利用"⑧。

同年，李毓芳先生指出，"认为对文物古迹利用的前提是保护，而保护的目的是利用和发展其主要功能，使它更好地服务于现代社会，服务于全体人民"，"昆明池保护的原则"，"主要就是要保

---

① 刘振东、谭青芝：《汉唐昆明池杂议》，《汉长安城考古与汉文化——纪念汉长安城考古五十周年国际学术研讨会论文集》，科学出版社，2008 年。

② 周宏伟：《西周诸都城问题试解》，《中国历史地理论丛》2014 年 1 期。

③ 徐卫民：《西汉上林苑的几个问题》，《文博》1994 年 4 期。

④ 马正林：《试论长安园林》，《陕西师大学报（哲学社会科学版）》1995 年 4 期。

⑤ 秦建明：《汉上林苑与昆明池》，《文博》2004 年 3 期。

⑥ 刘晓达：《汉武帝时代的上林苑与"天下"观——以昆明池、建章宫太液池的开凿为论述中心》，《美术学报》2017 年 3 期。

⑦ 郝思嘉、刘晓明：《汉代上林苑昆明池水景空间研究》，《城市建筑》2022 年 12 期。

⑧ 刘庆柱：《关于汉代昆明池功能探讨——健谈昆明池保护与利用的历史借鉴》，《昆明池研究》，陕西科学技术出版社，2014 年。

证昆明池的原真性"，"保证在昆明池遗迹中的水面面积，这是最重要的"，"另一方面就是一定要让昆明池与周边环境协调一致"。指出，"利用的思想基础应是要把昆明池的历史功能和现实功能统一起来，现实的功能要充分尊重历史功能，可以在历史的功能之上有所发展，但决不可违背文物古迹要充分得到保护的原则"①。

同样在 2014 年，王建国先生提出，"为了实现对昆明池的科学开发和利用，就有必要对其资源进行全面深入的考古、勘察，进而进行科学合理的规划……要加快对昆明池区的考古勘探，组织召开考古学界、史学界、水利学界、规划学界等专家学者论证会，听取不同意见，依据国家相关法律法规，尊重历史文脉，体现人与历史、现代与历史的交流，使之主体化、情景化和特色化，进而制定合理科学的保护开发规划"，并"复原部分历史遗存"②。

四、昆明池研究与保护展望

学者对汉唐昆明池的讨论持续日久，在不断取得共识同时，尚有不少问题需"相向而行"。

目前学界分歧较大的问题集中在两个方面：一是为何开凿昆明池，即在昆明池功能的认识上歧见颇多；二是在昆明池入水、出水及周围水道等问题上，历史学家、历史地理学家与之前多次考古资料、考古学家意见大相径庭，各执己见而不能定。

就昆明池开凿原因或功能所在的分歧而言，我们可将其大体分为单一功能和多功能两种意见。学者提出的单一功能，既有按文献提出的训练水军说，也有根据后世用途提出为长安城水源说等；多功能说中，既有将训练水军与供应长安城水源结合意见，也有将训练水军与游乐功能结合意见；在水源说中还存在为汉长安城供水和为漕渠供水等意见分歧；而其游乐功能、渔业功能、航运功能等，有时会与前述功能"排列组合"，形成不同的意见。

正如冯晓多先生指出的，在昆明池功能分析中，学者"多用后世记载以论汉昆明池当世之功能，显然没有将问题与历史时代背景相结合，忽略了历史的发展，而将主观想法切入史实，以后世之论来衡量前代史实而作笼统概括"，"汉长安昆明池修建的初衷与后续所显现出来的主要功能是随着时代背景、社会需求而不断演化的，但不能因此而忽视修建之初衷，同时还应考虑汉武帝本人的好大喜功的个体细节"③。2022 年其再申此说，认为"汉长安昆明池修建初衷及其后续所展现出来的主要功能是随着时代背景、社会需求而不断演变的，然而需要强调的是不能因此而忽视其修建初衷"④，这与刘庆柱先生 2014 年提出昆明池功能在"不同时期并不一样"的看法一致。也就是说，昆明池开凿的主要目的是主功能，其后来出现的则都是附带功能，不能将前因后果混为一谈。

从文献记载看，文献中言之凿凿，昆明池是为训练水军而"穿"，这个功能还被后世很多天子尊奉，直到清乾隆皇帝还据旧典在城西建昆明湖训练水军，成为我国两千多年都城发展的一个重要

---

① 李毓芳：《昆明池的保护与利用问题》，《昆明池研究》，陕西科学技术出版社，2014 年。

② 王建国：《昆明池的历史演变与现代开发初探》，《兰台世界》2014 年 22 期。

③ 冯晓多：《关于长安昆明池的若干问题再议》，《陕西历史博物馆论丛》（第 27 辑），三秦出版社，2020 年。

④ 冯晓多：《汉代长安昆明池修建初衷再审视》，《秦汉研究》（第 17 辑），西北大学出版社，2022 年。

传统，因此汉代昆明池的开凿目的和主要功能，当然只能是训练水军。学者提出的诸如为长安城供水、养鱼、航运、游乐等的功能，都是在为训练水军而"穿"昆明池后所产生，非其开凿"初心"，都是在开凿后产生的"次生"功能，不能将不同时期功能混为一谈。

在昆明池给漕渠供水的问题上，史念海等先生很早就已指出，漕渠开凿的时间早于昆明池开凿9年，因此在这九年中尚无昆明池，自然不存在昆明池给漕渠供水的问题和所谓的供水功能。但是在昆明池开凿之后，由于昆明池之水向东流入漕渠，那当然就产生了昆明池为漕渠输水的功能。

历史学家、历史地理学家从文献记载出发，坚持昆明池进水当位于石匣口村一带的意见，被2012年以来的考古工作所证实。而昆明池所取之水，也确定并非交河，而是从石砭峪流下来的潏河，在香积寺附近西流，在石匣口村西侧注入昆明池，与李健超等先生的意见基本一致。在大量文献中明确记载的昆明池附近存在的漕渠，之前未曾发现，在2012年以来的新时代昆明池考古工作中得到确认，表明文献记载无误，之前历史学家、历史地理学家对学术认知的坚持，值得敬佩和传扬。"从1961年、2005年和2012年以来的昆明池考古看，当考古资料与文献记载出现不一致的情况后，除要慎重考虑是不是存在文献记载或传抄有误的情况外，同样也要慎重考虑是不是考古资料本身存在不足。""如果从昆明池考古的'经历'看，在历史考古学中，在坚持开展田野考古的同时，也应对传世的各种历史文献，自觉给予充分的重视。那种认为传世文献和考古资料都很真实的判断、将文献和考古资料不断'神化'而不允许质疑的做法、轻易否定文献而盲从考古资料的做法，都不可取"①。

汉唐昆明池考古发现与历史研究的一次次突破，都是各时代学者在学术问题研究中求真务实的坚持与坚守中获得。期待新时代昆明池考古工作的不断推进，与昆明池相关的研究不断取得重要成果。

唐代大诗人杜甫在大历元年（766年）写就的《秋兴八首》第七首中咏叹了都城长安的昆明池，"昆明池水汉时功，武帝旌旗在眼中"，其壮阔的诗句至今为人称颂。

刘庆柱先生十年前指出，"保护昆明池遗址，恢复古代昆明池的水库功能，服务于建设世界大城市，是当今保护与利用昆明池的第一要务"。古人曾以"异常崇敬的心情缅怀着昆明池昔日的繁华"，随着昆明池考古与保护工作的不断推进，汉唐盛景想来会陆续重现。

---

① 刘瑞：《从汉唐昆明池考古看历史考古学的文献自觉》，《中国史研究》2021年3期。

目　录

千年水景数昆池（代前言）

考 古 发 现

发掘简报

昆明池研究

1. 昆明池功能

2. 昆明池与上林苑

3. 昆明池与长安

4. 昆明池与水利

5. 昆明池石刻

6. 昆明池与镐京

7. 昆明池保护

考古发现

发掘简报

中国科学院考古研究所一九六一年田野工作的主要收获（节选）

中国科学院考古研究所资料室

　　1961 年，我们的田野工作主要是在陕西、河南、湖北、内蒙古四个省、自治区进行的。山西、山东、甘肃的三个工作队，大部分时间用于整理资料，没有做田野工作。现依时代先后将一年来田野工作的主要收获介绍如下。

　　……

二、殷周时代

　　……

（四）陕西长安丰镐地区的新发现

　　丰镐地区，1961 年进行了广泛的钻探。钻探的范围达 400 余万平方米。沣河西岸，在张家坡发现西周时代的墓群，大原村发现西周时代的窑址群。沣河东岸，则将与镐京有密切关系的汉昆明池范围大部探出，昆明池西北的花园村、普渡村一带有面积很大的西周时代遗址。

　　张家坡附近出土的一批西周铜器是很重要的发现。53 件铜器中，有铭文 11 组，字数最多的师旂簋达 99 字。经送请郭沫若院长研究，认为，器非作于一家，亦非作于一时，年代早的约当成王前后，年代晚的则为西周中叶或其以后，可能是周室东迁时的一个窖藏。铭文的内容，在西周的官制、器制和文字上都有新的贡献（郭院长所作《长安县张家坡铜器群铭文汇释》在《考古学报》1962 年 1 期发表）。

　　这些发现，对探索丰镐二京的位置都有一定的意义。

三、汉唐时代

（一）汉长安城的勘探

　　汉长安城城垣的范围和一些城门的位置，过去几年早已勘查清楚（简报见王仲殊：《汉长安城考古工作的初步收获》，《考古通讯》1957 年 5 期、王仲殊：《汉长安城考古工作收获续记——宣平城门的发掘》，《考古通讯》，1958 年 4 期）。1961 年在城内进行的钻探，探出了主要干道，确定了长乐、未央二宫的范围。由于发现了主要干道，十二座城门的位置也全部得到肯定。

文献记载："长安城中八街。"这次钻探出的十条干道，除通向长乐宫的霸城门、复盎门二短街外，长街恰好八条。通向未央宫的，西安门短街曾于 1960 年探出，章城门街尚待勘探。长街的宽度为四五十米，路土厚三十厘米左右。

城西南隅的未央宫，西南两墙保存较好，西宫墙距西城墙 30 米，南宫墙距南城墙 50 米。长乐宫的宫墙破坏较甚，大部已断续不相连接，范围较未央宫为大。

（二）唐长安城的勘测和西市的发掘

1961 年唐长安城的工作，主要有城垣、街道、里坊的钻探和实测，以及西市的发掘。

外郭城的范围和城门的位置，复查结果与陕西省文管会 1957 年探测的情况大体相同（见陕西省文物管理委员会：《唐长安地基初步探测》，《考古学报》1958 年 3 期），唯尺寸稍有出入。皇城和宫城的范围重新做了实测，尺寸与 1961 年所测也略有不同。

城内的街道，已将皇城以南大部探出，与文献记载大体相符。通向城门的各街都较宽，其中又以贯穿城中央的街最宽，南北向自明德门至朱雀门的朱雀街宽 150 米左右，东西向自春明门至金光门的街宽 120 米左右。不通向城门的各街都较窄，最窄的是"顺城街"。各街的两侧大都有水沟。

皇城和金光、春明二门以南的里坊都已探出，保存情况一般不好。坊墙大部被破坏，金光门南群贤、怀德二坊和皇城南的长兴、兰陵二坊坊墙保存尚好，距当时的街道很近，一般为三四米，有的紧挨着街侧的水沟。

目前除城东南隅的曲江池和东北、西北两隅的街道里坊尚待钻探外，长安城的全面勘测工作已基本告一段落。

西市在 1959、1960 年两年都做过钻探和发掘（简报见中国科学院考古研究所西安唐城发掘队：《唐长安城西市遗址发掘》，《考古》1961 年 5 期），经过 1961 年的复查，对其形制了解得更加清楚。坊的周围有夯土坊墙（西、南两墙和门址已无存），沿墙内有街道。市内四条街道纵横交错呈井字形，两侧有砖砌的水沟。在北街中部南侧发掘的一些房屋基址，长 5～7、宽 3～4 米，面积不大，形制简陋，附近又发现井、灶各十余座，以及埋置瓮、罐的圆坑等，应是当时的店肆遗址。

（三）唐洛阳东都城的勘探

唐洛阳东都城城垣和一些门址，1959、1960 年做过勘查（简报见中国科学院考古研究所洛阳发掘队：《隋唐东都城址的勘查和发掘》，《考古》1961 年 3 期）。1961 年在洛河以南城的西南部进行了钻探，现已确定定鼎门街和厚载门街的位置，探出了定鼎门街东第一街以西的里坊。

定鼎门街是东都城的中轴大道，由今关帝庙定鼎门遗址向北，与周公庙西的应天门遗址相对，残长 3000 米，保存最宽处为 121 米。厚载门街在定鼎门街西约 1000 米，破坏较严重，仅残存

1000 余米，最宽处为 45 米。

里坊以定鼎门街两侧的保存较好，大致呈正方形。坊墙遗迹尚未发现。厚载门街东侧和迤西的里坊，因街道路土多破坏无存，范围已无法探明。坊内的布局，据定鼎门东明教坊的普探得知，有南北两街，纵横交错呈十字形，宽约 14 米。

（原载《考古》1962 年 5 期）

关于《中国科学院考古研究所一九六一年田野工作的主要收获》的补充说明

中国科学院考古研究所资料室

《考古》1962 年 5 期刊登的《中国科学院考古研究所一九六一年田野工作的主要收获》一文，其中有关昆明池的钻探工作一项，我们综合材料时有些疏忽，以致与事实有所出入，经负责该项工作之中国科学院考古研究所沣东工作组来信指出，现补充说明如下。

（1）昆明池自汉以后至北宋初湮为民田，曾经多次修浚，见于文献记载的即有魏太平真君元年（《魏书·世祖纪》）、唐贞观年间（《括地志》）、唐贞元十三年（《旧唐书·德宗本纪》）、唐太和九年（《旧唐书·文宗本纪》）四次。因此，现在的昆明池遗址应是唐末废弃时的范围，不应简单作"汉昆明池范围"。

（2）1962 年我们仅钻探了常家庄以北的地区，即昆明池最北的部分，因此应做"少部探出"。

（3）唐长城勘测一项中，"皇城和宫城的范围重新做了实测，尺寸与 1961 年所测也略有不同"，1961 年系 1960 年的笔误，一并更正。

（原载《考古》1962 年 8 期）

1961～1962年陕西长安沣东试掘简报

中国科学院考古研究所丰镐考古队

史家记录周都镐京位置一向以都址附近的滈池为据，大家一致认为它就在今日西安西南的沣河东岸，位靠昆明池的北部，故址部分或大部分沦没于昆明池遗址之中①。所以，我们在探索镐京故址时，就必须连同并首先勘测昆明池及其相关诸水道。1961～1962 年底（约七个月），我们的主要工作是勘测昆明池遗址。与此同时，我们也还着重考察了昆明池附近的西周遗址，并在遗址内的斗门镇、花园村、白家庄和洛水村等地区做过钻探和试掘。关于昆明池及其相关诸水道，待工作告一段落以后另文介绍。在这里，我们只谈西周遗址的一些工作收获。

一

根据我们多次调查，位靠昆明池并和它有打破关系的西周遗址仅发现一处。遗址在昆明池的西北部，即今洛水村、普渡村和斗门镇一带。这个西周遗址很早就被发现了。先后来到这里做过考察的人很多②。这次工作仅是过去工作的继续。

这个遗址的范围很大（图一），它的北缘在洛水村北村边，南缘在斗门镇略南，东缘界于昆明池，西缘南部紧接斗门镇，北半部则在鄗水即丰水支津故道的东岸③。总面积约 4 平方千米。遗址地

---

① 《史记·秦始皇本纪》集解引孟康曰："长安西南有镐池。"《太平寰宇记》卷二十五引皇甫谧《帝王世纪》："镐池即周之故都也。"《史记·周本纪》集解引徐广曰："镐，在上林昆明池北，有镐池。"《水经注·渭水》："渭水东北与鄗水合，水上承镐池于昆明池北，周武王之所都也。……自汉（武）帝穿昆明池于是地，基构（搆）沦褫，今无可究。"《永乐大典》本，文学古籍刊行社，1955 年。《汉书·地理志》："武王治镐，"颜师古注："今昆明池北镐坡是。"《元和郡县图志》卷一"长安县"："自汉武帝穿昆明池于此，镐京遗趾（址）沦陷焉。"（《丛书集初编》）。

② 徐炳昶、常惠：《陕西调查古迹报告》，《国立北平研究院院务汇报》1933 年 6 期；考古研究所陕西省调查发掘团通讯组：《1951 年春季陕西考古调查工作简报》，《科学通报》1951 年 9 期；石兴邦：《丰镐一带考古调查简报》，《考古通讯》1955 年 1 期；苏秉琦、吴汝祚：《西安附近古文化遗存的类型和分布》，《考古通讯》1956 年 2 期；中国科学院考古研究所沣西发掘队：《陕西长安鄠县调查与试掘简报》，《考古》1962 年 6 期。

③ 鄗水即丰水支津，见胡谦盈：《丰镐地区诸水道的踏察——兼论周都丰镐位置》，《考古》1963 年 4 期，图一的丰水支津故道。东岸是钻探后测量出来的，西岸未经钻探，图上河床宽度的数字是不准确的。在这里我们为便于说明西周遗址的西缘，故用虚线表示河床位置。

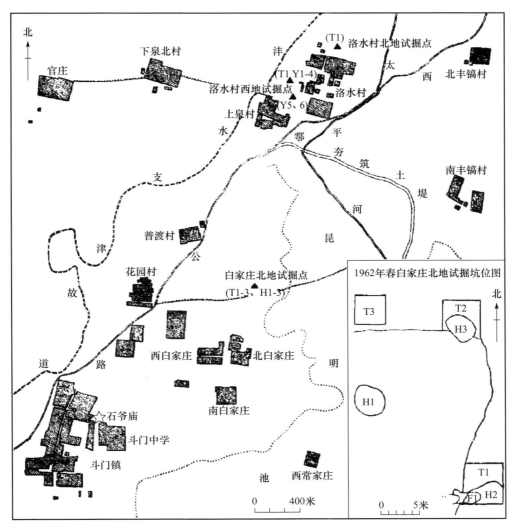

图一　沣东西周遗址试掘位置图
（图中上泉村为上泉北村之误）

面上西周遗物俯拾皆是，灰层堆积在断崖里到处都可以见到。文化堆积密集且厚的地区，目前查明有三处：①在长安县立斗门中学一带。这里的堆积破坏严重，中学南部和西北部全遭破坏，中学东北约60米以外的地方也被破坏了很多，只有中学及其东、西两侧各约70米以内被保存下来，估计其面积有十五万平方米。②在洛水村和上泉北村一带。这部分堆积保存得更少，除洛水村北边、西边各留下一个土墩（北边土墩面积约四千平方米，西边土墩面积约两千平方米）和上泉北村及其东40米以内诸地外（面积约五万平方米），其余地方均遭破坏。介于上泉北村和南丰镐村之间的土梁，是昆明池北界的夯筑土堤（图二，1、3）。土堤中部的夯土内，夹杂着大量的西周陶片；今太平河东岸的土堤北侧底下，尚残留着未经扰乱过的西周窖穴堆积（图二，2），由此可见这一带的西周遗存，在建筑或浚治昆明池时确实被破坏了不少。土堤西北部即今洛水村一带的西周文化堆积，是唐代以来因人们不断起土而陆续被破坏了的[1]。③在遗址中部偏东，即西鄂公路以东、白家庄以

① 胡谦盈：《丰镐地区诸水道的踏察——兼论周都丰镐位置》，《考古》1963年4期，190页。

北，估计其面积有四十万平方米。这一地区西周堆积基本上保存完好。经钻探查明，这里的西周文化堆积普遍深达 2 米以上，遗存相当丰富。

图二　昆明池北界夯筑土堤

1. 土堤远望　2. 堤下压的西周窖穴　3. 土堤中部断面

这个西周遗址的延续时间很长，从周初到周末。但各个不同阶段的西周遗存的分布因工作刚开始，尚不能确切地指明，需要今后继续深入了解。过去在斗门镇 [①] 和普渡村 [②] 曾先后发现西周墓葬，至于遗址内其他地点是否还有西周墓葬，也是今后要注意解决的一个问题。

二

我们在白家庄北、洛水村西和洛水村北三个地方，曾分别做过小规模的试掘。

（1）在距白家庄北约 0.5 千米处布了三个探方，总面积约 80 平方米。这里的文化层的堆积比较简单，农耕土下面是一层约 0.3 米厚的浅黄色土，土质纯净，含物极少，只出土几块唐宋时代的残瓦片。以下是西周文化层。西周文化层下面是黄生土。

西周文化层是由早期和中期两层堆积构成的。这次发掘早期堆积不多，只在探方 T1 内发现了一个房子（F1）。各探方内的一般灰土堆积和三个窖穴（H1 位于探方 T1 西边的土壙里，窖穴上半

---

① 考古研究所陕西省调查发掘团通讯组：《1951 年春季陕西考古调查工作简报》，《科学通报》1951 年 9 期。

② 石兴邦：《长安普渡村西周墓葬发掘记》，《考古学报》1954 年 8 期；陕西省文物管理委员会：《长安普渡村西周墓的发掘》，《考古学报》1957 年 1 期。

部已毁，只清理出窖穴的下半部），都是属于西周中期的。

出土遗物，计石制工具有斧、刀、"锤头"、球和磨石等五种（图三）。铜制工具和用具有镞和锥两种。蚌制工具有刀，装饰物有圭形薄片和带穿或不带穿的圆形泡。骨制工具和用具有铲、镞和锥；占卜用的有卜骨；装饰物只有簪一种。这次出土的骨簪数量较多，制作都很精致。有作长条四棱式，有作长条圆锥式，个别于簪头顶面嵌镶一颗绿松石，还有一种下体作圆锥状，顶端约4厘米一段被雕琢成凤形（？），形象生动（图四）。陶制品除一颗弹丸和一件罕见的泥塑牛头（图五）以外，都是陶器残片，计炊器有甗和鬲，储器有瓮，盛器（包括食器和水器）有簋、豆、盆、盘、尊、盂、罐和"三足器"等。此外还发现少量作建筑使用的残瓦片。

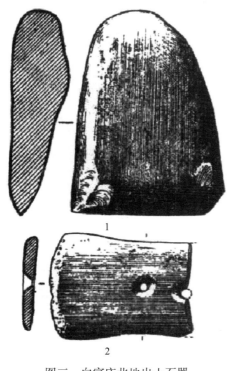

图三 白家庄北地出土石器
1. 斧（F：128） 2 刀（F：126）

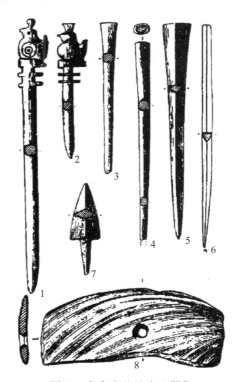

图四 白家庄北地出土器物
1～5. 骨簪（F1：27、F1：13、H3：1、F1：8、F1：12）
6. 铜锥（F1：33） 7. 骨镞（H1：3） 8. 蚌刀（F1：10）

我们在早期和中期两种堆积内，均发现制造骨器的迹象。出土的遗物，除了在前面已经提到过的磨石以外，主要是发现大量的有锯痕、锉痕或削痕的骨头和骨料。多是牛骨，也有少许鹿角和其他种类的兽骨。半成品骨器只得锥一种，不过堆积内出土的铲、镞、锥和簪等骨器，无疑都是这里出产的成品。

房子F1位于探方T1的西南部，房子西半部上口早已被削掉，东半部上口也被年代较晚的西周窖穴扰乱了一些，只有房子北壁中部的坑壁保存原来的高度，距地表深约0.6米被发现（房子深约2.3米）。房子构造异常简陋，是从当时生土地面向下挖掘的长方形土坑，坑四角均呈弧形（图六）。房门向西。房内西端靠南侧有一条斜坡路通往外面。靠南墙壁下，有三个浅小的凹穴。在中间的凹穴内（图六，4）发现三件能黏对复原的陶器，计为簋F1：2、罐F1：3、豆F1：4。或许这些凹穴是专门用来储存东西的。房内居住面平坦，地面上有一层约 5 厘米厚的路土硬面。东半部的地面曾用火烧烤过，表面呈红色。房子四壁十分粗糙，没有加工整治，壁面凹凸不平。

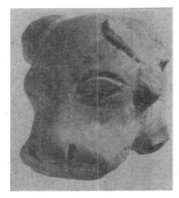

图五　白家庄北地F1出土陶牛头（F1：15）

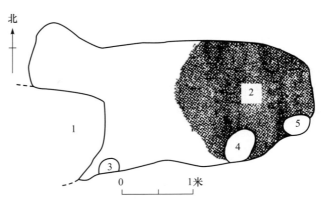

图六　白家庄北地房子（F1）平面图

1. 斜坡路　2. 红烧土范围　3～5. 凹穴

（2）在洛水村西边约 40 米处的长方形土墩南端布了一个探方，面积是 30 平方米。此外，在探方 T1 东边的土壕里，还发掘了六个烧陶窑址。这里的文化堆积要比白家庄北地复杂一些。农耕土下是一层约 0.4 米厚的浅黄色土，包含物极少，只出土几块唐宋时期的残瓦片。在这层土下发现一个洞室墓的墓道，它破坏了西周晚期堆积。在探方东北部发现一个西周晚期窖穴（H1），在西南部发现一个西周早期的窖穴（H2）。西周早期窖穴的西南部，破坏了一个属于"客省庄第二期文化"的窖穴。

在这里发现西周工具、用具和装饰物的数量不多，计有石斧、石刀、磨石、陶纺轮、骨簪和蚌泡等十多件。出土陶器残片数量较多，其中有十多件能粘对复原。陶器种类，计炊器有鬲、鬲和甗，储器有瓮，盛器有段、豆、盆、尊、盂和罐子等。此外还发现很多建筑中使用的残瓦片。

我们在这里发现西周晚期的陶窑群，现在已部分或完全暴露在地面上或断崖里，根据初步统计就有十多个。我们在探方 T1 东边的土壕里，选择发掘了六个；其中有四个位于探方 T1 正东，另外两个位于探方 T1 的西南。这六个烧陶窑址都是残缺不全的，但根据各个窑的残存部分，仍然还可以判明它们同属于一种型式，只是陶窑的火膛，在构筑上略有变化。下面以第 5 号窑址为例子，来加以说明（图七、图八）。

窑址包括陶窑和窑前的竖穴两个部分。陶窑在西，竖穴在东，二者是相连在一起的。竖穴平面呈不规则形。上半部早已残毁，现只残存着下半部。竖穴西北部是挖在"客省庄第二期文化"的窖穴堆积上，其余部分是挖在黄生土上。竖穴东、西、北三边的壁面，上下近于垂直，东南壁呈斜坡状，表面残留着路土面，是出入的通道。竖穴东半部底面凹凸不平，表

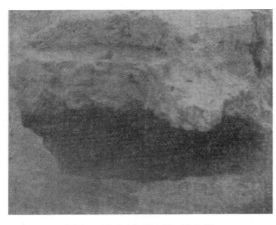

图七　洛水村西地第5号窑址

面没有成层的路土面。西半部底面相当平坦，地面上有一层约5厘米厚的路土硬面。陶窑南半部被破坏。窑是由火膛、窑室和窑箅组成，火膛是一个从竖穴西南壁底下向内掘进去的横洞。横洞口和横洞平面均呈椭圆形；洞口以内的切面呈半圆形。窑室距竖穴西南壁约0.4米。下半部是从当时地面掘下去的圆形坑（残高约0.26米），上小下大若覆斗状。上半部已经被破坏，可能是用草泥土做的圆拱顶，顶中间穿一个洞作为烟囱[①]。火膛和窑室之间隔着一层厚0.35～0.4米的黄生土，即为窑箅，是造窑时留下来的。窑箅平面呈圆形，里面有直立的椭圆形箅孔；现存三个（完好的一个），推测原来可能是五个，即中间一个，东、南、西、北各一个。火膛内壁被火烧烤成红色。窑室和窑箅可能由于受热温度较高，表面普遍形成一层约8厘米厚的青灰色土，质地十分坚硬。

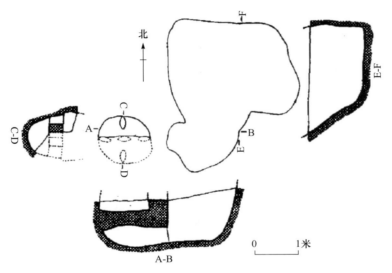

图八　洛水村西地第5号窑址（Y5）平、剖面图

在火膛底部留下约20厘米厚的草本和木本植物灰烬，其中还夹杂着大量的牲畜粪便灰烬。在其他五个窑火塘内也有同样发现，可见牲畜的粪便也是当时烧陶的燃料，也可能作保存火种使用。

在发掘时，陶窑和竖穴内塞满灰土。灰土内包含着大量的陶片，并有很多废品残片。另外还出土少许未经烧制的器皿陶坯。陶片种类数量最多的是盂和罐，其次是豆和瓦，最少的是鬲和瓮，其他窑址出土的遗物与第5号窑址相同，由此可见，这些窑是生产多种多样成品的，有生活上使用的各种器皿，也有建筑上使用的瓦，这个现象，似不同于专门生产某种成品的窑址。

（3）在洛水村北土墩的南端开了一个探方，面积是20平方米。探方内包含着三种不同时代的文化堆积。农耕土下面是唐代堆积，出土很多瓦片、罐片和瓮片。清除唐代堆积之后，在探方南部发现一个西周时代的长方形井。这个井打破的可能是仰韶堆积，井掘至2.5米时停作，仰韶堆积未清理。

---

　　① 窑室内的堆积大部被破坏，出土从顶部倒塌下来的草泥红烧土块不多，只有十多块碎片。不过和这种窑构造相同的窑址，我们于1959年春季在沣西马王村附近曾发现过。其中马王村北地第一号窑保存比较完好。在发掘时，窑室内堆满了从顶部倒塌下来的草泥红烧土块；另外根据窑室（残高约0.7米）的弯曲弧度，判明上部是个圆拱顶，顶中间开一个洞作为烟囱。我们认为这个窑的顶部构造和马王村北地第一号窑是相同的。

图九　洛水村北地井内（H1）的西周瓦片

井已发掘部分出土大量的西周建筑遗留，主要是瓦片和涂抹着"白灰面"的草泥土。这些建筑遗留，当是附近的西周建筑毁弃以后被填进井里的。我们希望解决这两种遗物的相互关系，因此将井内未掘部分的堆积暂时保存下来，留待明年的工作中再加研究。因为这个井未作到底，现在我们还不便粗疏地去推定它属于西周哪一期的遗迹。但值得注意的是，井已发掘部分出土约1500千克瓦片。一件完整标本（洛北H1：1）重4.75千克，个别较厚的标本坯要重一些，估计可能超过此数。如以每块瓦重5千克计算，则井里已出土300块。井内堆积未发掘部分用探铲查过，可知道下面仍然有大量瓦片。这批资料，无疑将使我们对西周瓦的形制有较多的认识（图九～图一一）。

图一〇　西周瓦H1：1

图一一　西周瓦H1：2

三

　　根据白家庄、洛水村两个地点地层的排列，可以分为早、中、晚三期。白家庄北地包括早期和中期两种西周堆积，洛水村西地包括早期和晚期两种西周堆积。西周早、中、晚三个不同阶段的陶器有比较明显的区别。

　　早期绳纹粗红陶所占比重较大；薄胎磨光泥质红陶和灰陶也是这个时期特有的。中期以后，绳纹粗红陶数量减少，绳纹粗灰陶相应增多。早期罕见的素面泥质灰陶在中期已经占有相当的比重。到晚期，绳纹粗灰陶和素面泥质灰陶就占据着主要的地位。

　　早期印纹多，纹样有圆圈和云雷纹等。中期常见凹沟纹（瓦纹）。晚期流行弦纹和篦纹。绳纹是西周早、中、晚三个时期普遍使用的一种陶纹，但它们在风格上却各有不同的特点。早期绳纹多纤细紧密，纹痕深而且清晰。中期绳纹变粗变浅，绳痕显得疏松。晚期流行的绳纹，纹理缭乱，绳痕粗大松散；同时由于纹痕过浅，绳子痕迹往往模糊不清楚（图一二）。

　　陶器多属于模制和轮制，完全用手捏成的很罕见。在制作方法和技术上，早期器皿做得一般比较端正，陶胎厚薄不均匀的现象少见。此外还有相当数量陶器，模制或轮制以后再加整治，口部或肩部表面被打磨光滑，如尊、盆和部分罐子等。以上特点，到中期便渐渐衰退和消失了。总的趋向

图一二　西周陶器纹饰拓片

1～3、5、6. 早期　4、8、10、12、13. 晚期　7、9、11. 中期

是，时代越晚，器皿制作得越粗糙，如晚期的陶器，陶胎厚薄不均匀的现象相当普遍；另外还有相当数量的陶器模制或轮制成器以后，由于整治草率，或者根本不加工整治，表面往往十分粗涩，如盂和罐子的下半部就常常残留着清楚的指模或刮削的痕迹。

早期和中期陶器种类比较多，晚期则异常简单。西周早、中、晚三个不同时期，分别有其典型器皿。如尊（标本白 F1：40；图一三，13）见于早期。盘（标本白 H1：8；图一三，30）和泥质瓦纹"三足器"（标本白 H1：9；图一三，24）见于中期[①]。甗（标本洛 Y2：10；图一三，31）见于晚期。两个时期或三个时期都有的器皿，在器形上则属于完全不同的型式。即便在型式上近似或者相同，但在数量上也有多与少之分。下面我们打算重点介绍鬲、豆、罐和盂等四种，其他一律以图和表来概括说明。

鬲　早期常见的型式（标本洛 H2：18；图一三，3），是三足间的分裆向内陷入甚深，鬲底中

---

①　"三足器"的形制比较特别，上部像个深腹罐，底下接上三个空足。这种器皿，在长安普渡村西周中期墓葬中曾有出土（陕西省文物管理委员会：《长安普渡村西周墓的发掘》，《考古学报》1957 年 1 期，图版伍，4）。

间至三足内侧各有一股粗大的凸脊。凸脊上饰以成组的竖行粗绳纹。足的横断面近似三角形。中期鬲流行的型式（标本白 H2：11；图一三，4），是鬲足间的分裆不向内凹陷。鬲足和鬲底三股凸脊比早期鬲的矮一些。凸脊上的成组的竖行粗绳纹，只饰于足尖部分。足的横断面仍然呈三角形。晚期鬲的特征是（标本洛 Y2：2；图一三，11），鬲足间的分裆不向内凹陷，鬲底中间至三足内侧无凸脊，也无成组的竖行粗绳纹。足的横断面呈圆形。实足、圆鼓腹的所谓仿铜式陶鬲，是西周常见而独具一格的形制①。早期常见的是分裆式（标本洛 H2：19；图一三，6），晚期流行的是平裆式（标本洛 Y2：11；图一三，10），中期分裆和平裆两式都有。

　　豆　豆的基本特征是浅盘，盘下接一个"空腹"的把柄。豆的形制演变，十分突出地集中表现在把柄部分。早期豆的把柄长而且粗壮（标本白 F1：4；图一三，19。标本洛 H2：1，图一三，27）。中期豆的把柄，比早期豆的细了很多（标本白 H1：10；图一三，20）。晚期有两式：I 式是短把豆（标本洛 Y5：1；图一三，28）；II 式是细把豆，把柄中部多有一周粗大的凸棱（标本洛 Y5：10；图一三，25）。以上二式豆，以 II 式为多见。

　　罐　早期器形一般比较粗大，常见的有两种完全不同的式：I 式（标本白 F1：41；图一三，2）撇口，微卷唇，圆肩，平底；在肩、腹分界处往往对称立有两个方形或"鹰嘴式"的竖耳。下腹饰绳纹，口部和肩部多被打磨光亮；个别肩上饰印纹或绳纹。II 式（标本白 F1：3；图一三，1）唇沿外侈，圆肩，圜底。罐子外壁饰绳纹，于绳纹上再横绕若干周凹弦纹；只饰绳纹而无弦纹的，尚未见到。中期流行的也有两种不同的式：I 式（标本白 H3：20；图一三，7）喇叭口，圆肩，小平底；肩上多对称贴有两个带横穿的绳子式的罐耳。罐子外壁多饰交错细绳纹，口部经过打磨，但打磨得不够平滑光亮。II 式（标本白 H3：21；图一三，5）小口，微卷唇，圆肩，平底。这种罐子不饰绳纹，只在肩上横绕饰以若干组（每组二三条）凹弦纹。有的再在各组凹弦纹间贴上若干个圆饼状的泥饰。晚期流行的罐子和中期 II 式相似，但根据罐形的局部变化，仍然还可以区分为两种：I 式（标本洛 Y5：11；图一三，8）小口，折肩，平底；II 式（标本洛 Y2：12；图一三，9）小口，有颈，圆肩，小平底。罐形显得瘦长。

　　盂　早期陶盂数量不多，到中期和晚期则十分流行。早期形制是沿唇外侈，浅腹，平底。外腹壁面饰绳纹（标本白 F1：42；图一三，16）。中期有二式：I 式（标本白 H2：12；图一三，22）和早期盂的器形接近，但鼓腹部位比较靠近口部，壁面不饰绳纹，只在上腹横绕若干周凹弦纹。II 式（标本白 H2：13；图一三，21）和 I 式的区别，主要是盂的沿唇宽阔近平，内沿唇有显著的折棱。

---

　　①　陶盘是仿铜的，它在西周遗址和墓葬中是一种比较少见的器皿。长安张家坡第 222 号墓（西周中期）曾有出土（中国科学院考古研究所：《新中国的考古收获》，文物出版社，1961 年，图版叁陆，2；又见中国科学院考古研究所：《沣西发掘报告》，文物出版社，1962 年，图版七三，4）。

　　这种鬲在西周时代十分流行，但它未见于殷代，目前似乎也少见或未见于东周（这种鬲在春秋早期可能尚存在，但为数不会很多）。分布地区即被发现的地点，目前不限于在沣东，也不限于在陕西境内，山西和河南等省也有出土。如河南陕县上村岭（中国科学院考古研究所：《上村岭虢国墓地》，科学出版社，1959 年）、山西洪赵县坊堆村（山西省文物管理委员会：《山西洪赵县坊堆村古遗址墓群清理简报》，《文物参考资料》1955 年 4 期）、山西芮城县东庄村（黄河水库考古队山西分队于 1958 年春在村南发掘时曾有出土，报告在整理中）。

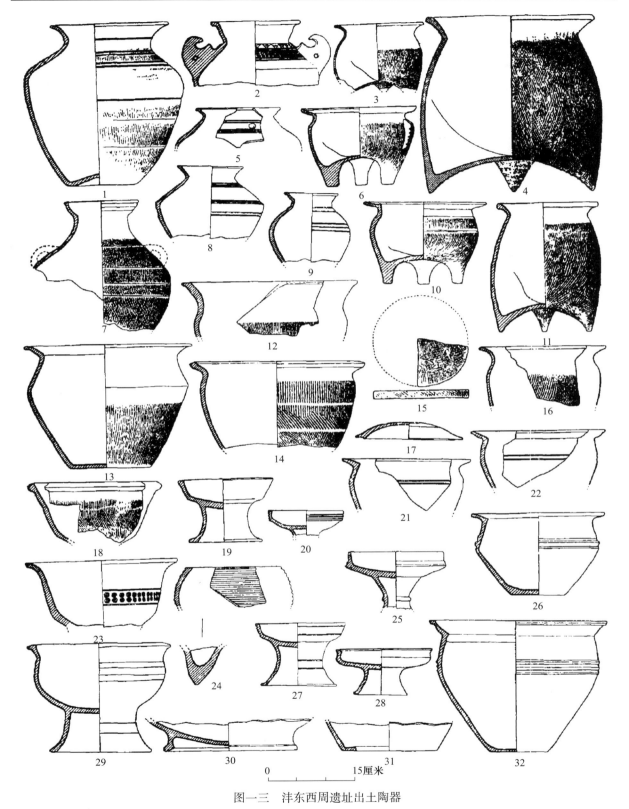

图一三　沣东西周遗址出土陶器

1～3、6、12、13、15、16、19、27、29. 早期　4、5、7、14、17、20～22、24、30. 中期　8～11、25、26、
28、31、32. 晚期　18、23. 早期和中期都有（器号见表一）

晚期也有二式：Ⅰ式（标本洛 Y5：12；图一三，26）和中期Ⅱ式相似，但器形显得瘦长，盂自口沿向下约 4 厘米一段的腹壁向内陷入，外腹中部表面隆起一周粗大的凸棱。Ⅱ式（标本洛 Y2：7；图一三，32）深腹，平底，口沿面上有一周宽带凹沟。从上述似不难看出，盂形制演变顺序的基本特征，是由浅腹到深腹；口部沿唇由外侈到内沿有折棱（沿唇宽阔近平），或在沿面上压入一周宽带凹沟。

段、甗和瓮等器的区别见西周陶器分期表（表一）和图一三。

表一　西周陶器分期表

期 \ 器	尊	盘	三足器	甑
早期	图一三，13，泥灰陶 白 F1：40			
中期		图一三，30，泥灰陶 白 H1：8	图一三，24，泥灰陶 白 H1：9	
晚期				图一三，31，泥灰陶 洛 Y2：10

期 \ 器	鬲		豆	
早期	图一三，3，粗灰陶 洛 H2：18	图一三，6，粗灰陶 洛 H2：19	图一三，19，泥灰陶 白 F1：4	图一三，27，泥灰陶 洛 H2：1
中期	图三，4，粗红陶 白 H2：11		图一三，20，泥灰陶 白 H1：10	
晚期	图一三，11，粗灰陶 洛 Y2：2	图一三，10，粗灰陶 洛 Y2：11	图一三，28，泥灰陶 洛 Y5：1	图一三，25，泥灰陶 洛 Y5：10

期 \ 器	罐		盂	
早期	图一三，2，泥灰陶 白 F1：41	图一三，1，泥灰陶 白 F1：3	图一三，16，泥灰陶 白 F1：42	
中期	图一三，7，泥灰陶 白 H3：20	图一三，5，泥灰陶 白 H3：21	图一三，22，泥灰陶 白 H2：12	图一三，21，泥灰陶 白 H2：13
晚期	图一三，8，泥灰陶 洛 Y5：11	图一三，9，泥灰陶 洛 Y2：12	图一三，26，泥灰陶 洛 Y5：12	图一三，32，泥灰陶 洛 Y2：7

期 \ 器	盆		段
早期	图一三，12，泥灰陶 白 F1：43	图一三，29，泥灰陶 白 F1：2	图一三，18，泥灰陶　白 F1：43 图一三，23，泥灰陶　白 F1：44
中期	图一三，14，泥灰陶 白 H1：14		这两种段主要流行于早期，中期为数不多
晚期			

续表

期 ＼ 器	器盖	甗	瓷	瓦	备注
早期	图一三，15，粗灰陶 白 F1：50	多见	少见	未见	1. 白——白家庄北地 2. 洛——洛水村西地 3. F 代表房子 　H 代表窖穴 　Y 代表窑址
中期	图十三，17，泥灰陶 白 H2：8	少见	多见	少见	
晚期		未见	多见	多见	

　　通过 1961～1962 年的工作，我们对沣东西周遗址的面貌有个轮廓的认识。主要的收获：首先是了解了遗址的大致范围。其次是对试掘点的西周陶器做了初步的分析和分期，从而使我们对这个遗址的延续年代（指西周时期）有了比较明确的认识。其三，初步弄清了遗址和昆明池的关系，即遗址位于昆明池北，遗址在建筑或浚治昆明池时被破坏一些。这一现象与古史记载镐京位于昆明池北、都址部分或大部分沦没于昆明池中等说法是符合的。其四，这次在洛水村北的一个西周井里发现大量的西周瓦。这些瓦和涂抹有"白灰面"的草泥土共存。在这里发现这些西周建筑遗留，不是偶然的，在其附近当有规模宏伟的西周建筑基址。这类建筑，应该属于当时的所谓"权贵"人物占有，而不属于当时的劳动人民所有。所以这个发现对探讨镐京中心所在是有帮助的。

执笔：胡谦盈

（原载《考古》1963 年 8 期）

汉昆明池及其有关遗存踏察记

胡谦盈

关于昆明池的历史沿革，故池所在位置，以及池堙被毁时即唐代昆明池的范围等问题，笔者在拙稿《丰镐地区诸水道的踏察——兼论周都丰镐位置》[①]（以下简称《踏察》）一文中已有详论。至于汉代昆明池的范围，及其有关的昆明台（或称豫章台），"牛郎""织女"二石像，白杨观，细柳观，宣曲宫等遗存的应在位置，该文中都未加具体分析和讨论。《踏察》发表后不久，笔者发现个别地方，所指观址位置有不确之处，如豫章台的所在地望。在这里，笔者打算就上述问题做些补充介绍和论述，作为《踏察》的续篇（图一）。

一、汉代昆明池

笔者在《踏察》中指出："（唐）昆明池遗址今日从地面上仍然清晰可辨。池址是一片面积约十多平方千米的洼地，地势比周围岸边低 2～4 米以上。池址南缘就在细柳原的北侧，即今石匣口村。东界在孟家寨、万村的两边。西界在张村、马营寨、白家庄之东。北界在上泉北村和南丰镐村之间的土堤南侧。"又说，"今南丰镐村一带的汉代建筑群（按：指的是"牛郎"石像东北约 100 米处的西汉夯土建筑基址），部分沦没于昆明池中，当是汉以后浚池或扩建时被破坏了的，或许唐代昆明池的范围比汉代的范围要大一些。"又说，"（西周）滈池是在彪池之南，故址已沦没于昆明池之中。估计其应在位置，向北不超出'翰龙岭'，向南不超出北常家庄，向东向西则不超出昆明池北半部的东、西两岸。"后经我们具体铲探核实[②]，证明笔者在《踏察》一文中所划定的唐代昆明池范围是准确的。当时估计西周滈池故址位置，以及唐代昆明池的范围比汉代的范围要大一些的意见，也是符合客观实际的。也就是说，今北常家庄一带（包括"石婆庙"在内）成为昆明池内的孤岛，是汉以后浚池或扩建昆明池时才出现的现象。在此以前，那孤岛和池址东北岸诸地是彼此相连接的，今"牛郎"石像紧靠孤岛岸边，石像东北一带西汉建筑夯土基址部分沦没于昆明池中，似可说明这一点。所以，现存池址即唐昆明池的范围，实际上包括了西周滈池和汉代昆明池两个池址在内。今"牛郎"石像以北至"翰龙岭"之间的洼地，原是滈池旧址。汉代昆明池的位置，是在今北

---

① 胡谦盈：《丰镐地区诸水道的踏察——兼论周都丰镐位置》，《考古》1963 年 4 期。

② 按：我们于 1963 年春完成昆明池等古代水道的铲探工作。遗憾的是古代水道实测图等物于"文化大革命"后查无下落。笔者在下面谈及的铲探情况，根据是个人记忆和工作日记。

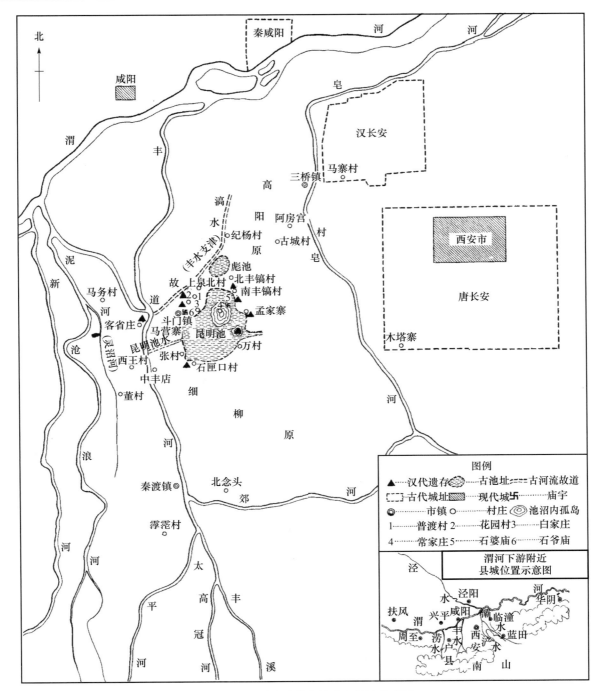

图一　汉昆明池及其有关遗存位置示意图

常家庄村以南。汉昆明池的具体范围：北缘在今北常家庄之南；东缘在孟家寨、万村之西；南缘在
细柳原北侧，即今石匣口村；西界在张村和马营寨之东。池址总面积约10平方千米。我们于1963
年春勘测昆明池故址时，曾在池址东半部即万村西北约1千米处，发现一块高出周围地面约2.5米
的高地。经铲探，高地原来面积约有一万多平方米，残存（1963年）面积约3500平方米。在高地
北半部，从地面向下深约0.5米处发现一层10厘米厚的红烧土居住面，红烧土居住面以下是黄色
生土。我们在高地北侧一个露头及其周围地面上，发现不少西汉板瓦残片和一些"上林"、"千秋

万岁"、云纹瓦当残片。此外还找到三块大卵石柱础。由此可见，这高地应是汉昆明池中的一个孤岛。在孤岛上，原有西汉建筑。另外，与孤岛相对峙的池址东岸，有一条东西向的带状洼地。我们沿带状洼地往东铲探约 400 米（按：每隔 30～50 米钻一孔），发现耕土下即黑色淤泥或淤沙，它是一条水流故道。《水经注·渭水》："沈水又北迳长安城西与昆明池水合，水上承池于昆明台，故王仲都所居也。"①郦道元在此说的所谓昆明池水，指的约略就是这股水流故道。此外，我们在昆明池西岸中部，即张村和马营寨之间，还发现一条从昆明池通往沣河的水流故道。水流故道西南流向。故道中心地势凹陷，比两旁地面低 1～2 米。铲探之，水流故道宽 200～300 米（按：铲探时以发现淤泥或淤沙为准。至于当时池水水流似乎不会有这样宽，可能是池水流向经常左右移动改流造成的现象）。宋敏求《长安志》卷十二"丰水"条引《水经注》："丰水出丰溪。西（北）流分为二水：一水东北流为支津；一水西北流。又北，交水自东入焉。又北，昆明池水注之。"②郦道元在此记载从昆明池流入丰河的所谓昆明池水，指的大概就是这条水流故道。黄盛璋同志认为《水经注》记载注入丰河的那条昆明池水位置，是在今张村之南。水流故道流向为东北③。但我们在那里没有发现任何水流故道的痕迹，因为那一带的地势较高，铲探之，于耕土下往往发现黄生土而不见水流故道淤泥，所以黄同志划定的昆明池水位置及其流向与这里的实际情况是有较大出入的。

二、汉昆明池旁诸遗存

汉代昆明池旁有众多的离宫别馆建筑。《史记·平准书》："是时越欲与汉用舡（船）战逐，乃大修昆明池，列观（《汉书·食货志》下作馆）环之，治楼舡（船）高十余丈，旗帜（《汉书·食货志》四下作织）加其上，甚壮。"④由此可见，过去我们在昆明池旁及其附近的南丰镐村、孟家寨、石匣口村、花园村和丰西的客省庄等地⑤发现的西汉建筑遗存，当属于司马迁说的昆明池"列观环之"的观址遗留无疑。兹分别加以讨论。

（一）昆明台和豫章观

据《三辅黄图》记载，豫章观是西汉武帝时建筑⑥。豫章观在西汉铜器铭文中屡见。如西安高窑村出土的第 9 号铜鉴，其铭文曰："上林豫章观铜鉴容五石，重九十九斤。初元（西汉元帝年号）三年受东郡。"⑦

① 郦道元：《水经注》，《永乐大典》卷一万一千一百三十四，中华书局，1960 年。
② 宋敏求：《长安志》卷十二《长安县》（毕校《思贤讲舍校刊》，光绪辛卯）。以下凡引《宋长安志》均此。
③ 黄盛璋：《关于〈水经注〉长安城附近复原的若干问题》，《考古》1962 年 6 期，图一。
④ 《二十四史》，百衲本，商务印书馆，1958 年。
⑤ 中国科学院考古研究所：《沣西发掘报告》，文物出版社，1962 年；胡谦盈：《丰镐地区诸水道的踏察——兼论周都丰镐位置》，《考古》1963 年 4 期。
⑥ 张宗祥：《校正三辅黄图》，古典文学出版社，1958 年。以下凡引《三辅黄图》均此。
⑦ 西安市文物管理委员会，《西安三桥镇高窑村出土的西汉铜器群》，《考古》1963 年 2 期，图三，1。

关于豫章观的所在地望，史书有明文记载。列举于下。

班固《西都赋》："集乎豫章之宇，临乎昆明之池，左牵牛而右织女，似云汉之无涯。"①

张衡《西京赋》："乃有昆明灵沼，黑水玄阯（沚），周以金堤，树以柳杞，豫章珍馆，揭焉中峙，牵牛立其左，织女处其右，日月于是乎出入，象扶桑与濛汜。"薛综注："小渚曰阯。"又曰："皆豫章木为台馆也。"

《西京赋》又曰："相羊乎五柞之馆，旋憩乎昆明之池。登豫章，……"薛综注："豫章，池中台也。"② 潘安仁《西征赋》："乃有昆明，池乎其中。……昔豫章之名字，披玄流而特起，仪景星于天汉，列牛女以双峙。"③

《三辅故事》："（昆明）池中有豫章台及石鲸。"④

《三辅黄图》："豫章观，（汉）武帝造，在昆明池中，亦曰昆明观。又一说曰：上林苑中有昆明池观，盖（汉）武帝所置。桓谭《新论》云：元帝被疾，远求方士，汉中送道士王仲都。诏问所能，对曰：能忍寒（《长安志》引下有暑字）。乃以隆冬盛寒（《长安志》引作暑）日，令袒载驷（《长安志》引作驰）马（《长安志》引下有车字）于上林昆明池上，环以冰，而御驷者厚衣狐裘寒战（此二句《长安志》引作环水而驰，御者厚衣狐裘寒战），而仲都无变色，卧于池上，曛（《长安志》引作晖）然自若（若下《长安志》引有夏大暑日，使曝坐，环以十炉火，不言热，又身不汗十九字），即此也。"⑤

郦道元《水经注·渭水》："氵皂水又北迳长安城西与昆明池水合，水上承池于昆明台，故王仲都所居也。"⑥

从上述引文，可以得出两点认识：①汉代昆明池内有一个孤岛，名曰昆明台，或称豫章台。其次，在孤岛上有西汉"名宇"建筑，名曰豫章观，或称豫章馆，或称昆明观。所以，史记昆明台，或豫章台，或昆明观，或豫章观，或豫章馆，所指地望是一处。②关于昆明台的具体位置，据《水经注》记载，是在通往氵皂水的昆明池水附近，即所谓"'昆明池'水上承池于昆明台"。我们在汉昆明池一节中已经讨论过，今北常家庄一带是唐代昆明池内的一个孤岛。这个孤岛是汉以后才出现的。汉昆明池的北缘，是在今北常家庄之南。所以，过去笔者在《踏察》中估计豫章台在今北常家庄一带的意见，是不确切的。万村西北约 1 千米处有一个孤岛，由于它位于汉代昆明池中，位置在通向氵皂水的昆明池水附近，且与昆明池水相对峙，在孤岛上又发现有西汉建筑遗留，这些现象与文献记载昆明台和豫章观的情况均吻合。因此我们认为那个孤岛约略就是昆明台；台上的西汉建筑故址似乎就是豫章观旧址。

---

① 《文选》第一卷，《万有文库》，商务印书馆，1931 年。以下凡引《文选》均此。

② 《文选》第二卷。

③ 《文选》第十卷。

④ 乐史：《太平寰宇记》卷二五《长安县》内引，化龙池藏版。

⑤ 张宗祥：《校正三辅黄图》，古典文学出版社，1958 年。

⑥ 郦道元：《水经注》，《永乐大典》卷一万一千一百三十四，中华书局，1960 年。

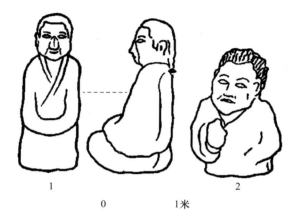

图二　"牛郎"织女"二石像
1. 织女　2. 牛郎
（引自顾铁符：《西安附近所见的西汉石雕艺术》，
《文物参考资料》1955 年 11 期）

（二）"牛郎"织女"二石像（图二）

我们在前节引征班固、张衡和潘安仁的赋中，已经知道汉昆明池旁立有"牛郎""织女"二石像。这两件西汉石雕刻，实物至今尚在。目前它们被妥善保护。在此以前，一个石像在今北常家庄"石婆庙"内，另一个石像在今斗门镇"石爷庙"内。俞伟超同志认为，"石婆庙"内的石像是男相，即"牛郎"。"石爷庙"内的石像是女相，即"织女"。这二像现在所处方位，和古代文献记载"牛郎"在东，"织女"在西，是一致的[①]。其说甚正确。在这里，笔者要补充和进一步探索的问题是，二石像的上述位置是否就是汉代的原址。

自汉以来，"牛郎""织女"二石像的位置是否被挪动过，古史佚记。但二石像位于汉昆明池何处，史书记载是十分明确的。列举于下。

《后汉书·班固列传（三十上）》："集乎豫章之宇，临乎昆明之池，左牵牛而织女，似云汉之无崖。"注："汉宫阁（阙）疏曰，昆明池有二石人，牵牛、织女之象也。云汉，天河也。"[②]

《雍胜录》："旁有二石人，象牵牛、织女，立于河东、西。"[③]

从以上引文可知，"牛郎""织女"二石像的位置，不是立在汉昆明池池址的东西两岸，而是立在"河"即池旁一股水流的东西两岸。这股河流的走向，按一石像在河东，一石像在河西，则它应该是一股南北向的水流。

现在我们来考察二石像的上述位置，究竟位于汉昆明池何处？如前所述，唐昆明池包括西周滈池和汉昆明池两个池址在内。滈池故址位于唐昆明池北部，即"斡龙岭"南侧。汉昆明池的北缘，是在今北常家庄之南。今北常家庄一带包括"石婆庙"在内，是唐昆明池中的一个孤岛。在汉代，这孤岛和昆明池东北岸诸地是相连接的。也就是说，今北家庄孤岛至池址西岸，原是滈池和汉昆明池之间的一条南北流向水道，它是在汉以后才被并入昆明池范围的。所以，今"牛郎"位于北常家庄"石婆庙"中，"织女"位于斗门镇"石爷庙"中，其所在位置，正是汉昆明池北的一条南北向水流的东、西两岸。由此可见，二石像现在位置与史书记载其位置是一致的。这就表明，二石像现在位置也就是汉代的原址了。

---

① 俞伟超：《应当慎重引用古代文献》，《考古通讯》1957 年 2 期。
② 《二十四史》，百衲本，商务印书馆，1958 年。
③ 顾祖禹：《读史方舆纪要》卷五三"昆明池"条引，中华书局，1955 年。

此外，我们还发现一种有趣的现象。在"牛郎"石像东北约100米和200米处，分别发现两处西汉遗址。前者是一处夯土台基址，基址部分沦没于唐代昆明池内。后者未见夯土台基址，只发现石柱础和很多西汉板瓦残片（此遗址位于前者正北）。在"织女"石像西北约250米和350米处，也分别发现两处西汉遗址。前者是一处夯土台基址（位于斗门镇北长鄠公路之间），基址残存南北长40、东西宽20米（此基址在50年代初尚完整，到1975年，台址上部基本破坏）。后者未见夯土台基址，只发现石柱础和西汉瓦残片（遗址位于夯土基址正北）。"牛郎""织女"二石像是否有附属建筑？史书佚记。但上述两组建筑的布局，一组位于"牛郎"东北方，另一组位于"织女"西北方，二者遥相对峙，情景犹如二石像隔河对峙一样。这现象似非偶合，也许两组建筑和二石像存在着一定的联系。

（三）白杨观

白杨观，在西汉诗人的著作中就有记载。杨雄《羽猎赋》："然后先置乎白杨之南，昆明灵沼之东。……"注，"服虔曰，白杨，观名也。"[1] 关于白杨观的所在地点，史书也有明文记载。《三辅黄图》："白杨观，在昆明池东。"[2]

经过多次踏查，迄今在汉昆明池东岸边只发现一处西汉遗址。遗址位于孟家寨村的东南，靠近昆明池旁。在这遗址内，我们未见到夯土台基址，只发现西汉瓦和"上林"瓦当、云纹瓦当残片。此外还发现大卵石柱础，这遗址也许就是白杨观的所在地。

（四）细柳观

关于细柳观的所在地点，史书有以下两种不同的记载。

司马相如《上林赋》："登龙台，掩细柳。"郭璞注："（细柳）观名也，在昆明池南。"[3]
《三辅黄图》："细柳观，在长安西北。"[4]

按汉长安城西北滨渭。自汉以来，渭水河床不断由南往北推移，今日的秦代咸阳城，其中几乎有半个城址被淹没于渭河及河滩之中。由此可见，渭河南岸在西汉时代显然比现在要更靠近于长安城址。另外，汉长安城西，是有名的建章宫所在地。这样，则汉城西北郊在当时可供建筑宫、观之地实在有限，况且迄今在那一带也未发现宫、观一类的建筑基址。因此我们认为，《三辅黄图》的"在长安西北"的"北"字，似属"南"字的误刻，后来以讹传讹。如果我们这个判断不错的话，则上述两条史料所记细柳观址地点是一处，即今昆明池南细柳原北侧。观址名曰细柳，也许是因观址位于细柳原而得名吧！

① 见《文选》第八卷；又见《汉书·杨雄列传（五七上）》。
② 张宗祥：《校正三辅黄图》，古典文学出版社，1958年。
③ 见《文选》第八卷；又见《史记·司马相如列传》正义和《汉书·司马相如列传》颜注引郭璞语。
④ 张宗祥：《校正三辅黄图》，古典文学出版社，1958年。

如前所述，今在细柳原北侧昆明池南发现一处西汉遗址。遗址位于今日石匣口村西约 400 米处，位靠昆明池岸。这个遗址被破坏严重，周围地面上散布着大量西汉瓦片和一些大卵石柱础，但未发现夯土台基址一类的遗迹。这里也许就是细柳观的所在地。

（五）宣曲宫

宣曲宫，在西汉铜器铭文和汉赋中均有记载。西安高窑村所出第 14 号铜鼎铭文有："上林宣曲宫，……"① 司马相如《上林赋》有："西驰宣曲。"② 关于宣曲宫的所在地点，史家一致认为它位于汉昆明池西。列举于下。

> 《史记·司马相如列传》索隐："汉书音义曰，宣曲，宫名，在昆明池西。"③
> 《文选·上林赋》："西驰宣曲"注："张揖曰，宣曲，宫名，在昆明池西。"
> 《三辅黄图》："宣曲宫，在昆明池西。"
> 《汉书·东方朔列传》颜注："宣曲，宫名，在昆明池西。"④

按汉昆明池北缘在今北常家庄之南，其西缘在马营寨和张村之东。从昆明池往西约 1 千米即到沣河。这地段的地貌概况，介于马营寨和张村之间有昆明池水故道。昆明池水故道以北诸地，除马营寨和斗门镇以外，其余多属低洼的沙土地，考古工作者在那里从未发现过古代遗址。在昆明池水故道以南，即张村及其以西一带的地势较高，但在那里也没有发现过西汉遗存。所以，宣曲宫故址不在沣河之东，而是在沣河之西。1955 年我们在沣西客省庄发掘时，曾在村东靠沣河西岸旁发现一处面积宏大的西汉建筑基址⑤，尔后，笔者在客省庄东堡子南边和西堡子还分别发现西汉建筑基址遗留⑥，由此可见，这里应是一处重要的西汉建筑群所在地。这与《汉书·东方朔列传》

---

① 西安市文物管理委员会：《西安三桥镇高窑村出土的西汉铜器群》，《考古》1963 年 2 期，图五，1。又《小校注阁金文拓本》卷十一有汉宣曲宫鼎，因出土地点不甚明确，故未列入文内。

② 见《文选》第八卷。

③ 《二十四史》，百衲本，商务印书馆，1958 年。

④ 《二十四史》，百衲本，商务印书馆，1958 年。

⑤ 见《沣西发掘报告·序言》。按：我们在《报告》中介绍西汉遗存比较简略。其实这个遗址的面积较大，内涵异常丰富。从夯土台往南约 120 米长（即客省庄东堡子北村边）的沣河西岸露头里，均发现有西汉时代的夯土墙或墙基。在夯土墙基的上面，覆盖着未被扰乱过的西汉瓦片堆积。当时我们在夯土台以南约 50 米处，开 5 米 ×5 米探方 8（或 10）个，挖掘到西汉堆积时未往下掘。在这个发掘点里，普遍发现西汉房基，在房基内外均埋有陶质水管管道。当时由于揭露面积太少，未弄清楚建筑的形制。

⑥ 客省庄东堡子南边的一处西汉建筑，位于长鄠公路两旁，靠近灵桥。这处西汉遗址被破坏严重，公路以北在很早以前就是一深坑，常年积水，但在坑的南、北、西三边露头里，均残留有西汉遗存，主要是板瓦瓦片，另外还有卵石柱础。1975 年秋笔者旧地重游，在深坑周围的露头里，也还见到与上述相同的西汉遗存。

客省庄西堡子西汉建筑遗址位于村内偏西，1955～1959 年，社员在建造房屋内不断挖出西汉遗物，如陶质管道、瓦片和卵石柱础等。

记载宣曲宫是一组而不是一座建筑的情况相吻合①，另外，这里又位于汉昆明池正西。因此，我们认为客省庄一带，很可能就是宣曲宫的所在地。

　　附记：插图是已故的陆式薰同志绘制的。今发表于此，以作纪念。

（原载《考古与文物》1980 年 1 期）

---

① 《汉书·东方朔列传》："后乃私置更衣，从宣曲以南十二所中休更衣，投宿诸宫。"

汉昆明池及其有关遗存踏查补记

胡谦盈

一

有位朋友对笔者说："根据班固《西都赋》,张衡《西京赋》和潘安仁《西征赋》的记载,'牛郎'石像应立在豫章台附近,所以我引用你前文(《丰、镐地区诸水道的踏察——兼论周都丰、镐位置》)的说法,现文所指豫章台的位置不对。"其实,过去笔者也是受汉赋影响而误认豫章台在"石婆庙"一带的,后来经过钻探查明汉昆明池北界在北常家庄村南,才明白"石婆庙"一带成为池内孤岛是唐代的事情,汉代豫章台(也称昆明台)是在今日万村西北 1 千米处的池内孤岛上。这与《水经注》记载昆明台位置是相吻合的。一般地说,文献记载以年代早者为贵,但汉赋是文学著作,谈及山川、庙宇用词浪漫形象化而无明确的具体位置,而北魏《水经注》是专门记录山川古迹的具体位置的,二者是属于完全不同性质的作品。所以《水经注》记载昆明台位置与实际情况相符,汉赋谈及的情况只能说明汉昆明池附近有"牛郎"石像和昆明台等古迹。

二

1961~1963 年我们勘测昆明池址时,在池址西岸曾钻探出两条水流故道,实测图在"文化大革命"时期丢失了。现据工作日记补述如下。

(1)位北一条水道是流入镐水的,它的东口在昆明池西北角的夯土堤岸南侧,西北距上泉北村约 50 米。水道往西南流向,距今普渡村西北约 350 米处从东岸流入镐水。20 世纪 60 年代初期,这条水道西端约 150 米长的一段故道因砖厂取土烧砖全遭破坏。水道残长约 400 米,南北宽 25~30 米,深 3~3.5 米。水道距地表深 1~1.5 米处发现黑色淤泥。水道东端约 50 米一段的南、北两旁岸边是使用大卵石砌筑起来的。1954 年春笔者和吴汝祚同志在那里调查时,石头砌筑的岸堤基本保存完好,堤高 3~3.5 米。到 20 世纪 60 年代初期也就是我们钻探昆明池址时,卵石岸堤已大部被毁,局部地方残留下半部。1975 年秋笔者旧地重访,那里的地形地貌已是面目全非,水道东口石头岸堤建筑已无迹可寻了。

(2)位南即介于张村和马家寨之间那条水流故道,文中已有介绍,这里补记以下情况。

水道东口的南、北两旁是用卵石砌筑起来的岸堤,它在 20 世纪 60 年代初期已大部被毁,仅残存近底部分，残高 0.5～1 米。北岸石头建筑残长约 40 米，南岸石头建筑残长只有 10 米。水道的底面，东口约 50 米一段是用红色和灰色的页岩大石板铺设而成，由东往西地形变低呈坡状，高差约为 1.8 米。水道石板底面以西，是一个因水流冲刷而形成的不规形凹坑，土坑直径 30～40 米，坑深 1.5～2.5 米。

上述两条水流故道，位南一条见于北魏《水经注》记载，它是汉代昆明池流入丰水的昆明池水。位北一条水道是唐代昆明池西岸的一股流向滴水的故道。它是唐代贞观年间开凿的，见于《括地志》记载，"贞观中修昆明池，丰、滴二水，皆悉堰入，无复流派"（顾祖禹《读史方舆纪要》卷五三"昆明池"条引）。但"丰、滴二水，皆悉堰入，无复流派"引文似有讹字或脱句。首先，池址西岸两条水道均位于高阳原上，水道底部比高阳原西边洼地高出 2～3 米，比今日沣河水面高出 4 米以上，丰、滴二水是不可能由低处往高处流入昆明池内的。其次，北魏《水经注》明确记载位南那股水是流入丰水的，而且该水流故道东端的底面地势东高西低呈斜坡状，以及故道东口 50 米外有一个因水流冲刷而形成的深土坑遗迹为证。最后，昆明池的水源是从池东岸引入沈水——即今皂河。所以，笔者认为池西岸两条水道不是堰入丰、滴二水用的，它们应该是用来调节昆明池内蓄水水位的。

三

唐代昆明池北部即古代镐池范围内，一般距地表深 2～3 米时发现生黄土，中心部位要深一些，在 4～5 米时发现生黄土。池址南部即汉代昆明池，使用洛阳铲一般无法钻探到池底。据地质勘探队的同志说，他们在池址内打眼时，一般距地表深 0.5～1 米见黑色淤泥层，3～4 米以下见淤沙层，再深又是淤泥层，大概在 6～8 米才发现生黄土池底，局部地方深达 10 多米才到池底。我们钻探昆明池遗址时，在池址周围岸边及其附近地区，都没有发现古代因挖掘昆明池而堆积起来的面积广大的填土层。而且位于昆明池旁的西汉建筑——如白杨观、细柳观以及"牛郎""织女"二石像两处附属建筑群等基址，都是挖在生黄土里的。上述情况充分表明：①汉昆明池原来是一个面积广大的十分古老的天然湖泊。②文献记载所谓汉武帝"穿昆明池"（见《汉书·武帝纪》），是对自然湖泊进行整治以及在其附近地区建筑离宫别馆，而不是在当时的地面上向下挖掘出一个面积"周回四十里"的人工湖——昆明池。

1983 年春于考古所

（原载《胡谦盈周文化考古研究选集》，四川大学出版社，2000 年）

西安市汉唐昆明池遗址的钻探与试掘简报

中国社会科学院考古研究所汉长安城工作队

昆明池是汉、唐都城长安城郊的一处重要池苑，遗址位于今陕西省西安市长安区斗门镇、细柳镇一带，西户铁路横穿遗址的北部，沣惠渠贴着遗址的南缘流过（图一）。以前对昆明池遗址曾做过考古调查[①]。这次中国科学院考古研究所汉长安城工作队受西安历史文化名城研究会的委托，于2005年4～9月对遗址进行了考古钻探、试掘和测量，基本究明了遗址的范围、时代、进水渠、出水渠、池内高地以及池岸建筑遗址的分布等情况，并在遗址以北探明了另外两个古代水池——镐池与彪池遗址，取得了一系列考古收获。

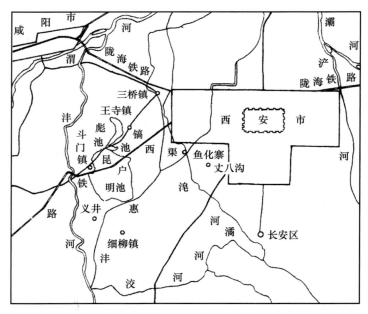

图一　昆明池遗址位置示意图

一、昆明池遗址

通过钻探和测量，得知昆明池遗址大体位于斗门镇、石匣口村、万村和南丰村之间，其范围

---

①　胡谦盈：《丰、镐地区诸水道的踏察——兼论周都丰、镐位置》《汉昆明池及其有关遗存踏察记》，《胡谦盈周文化考古研究选集》，四川大学出版社，2000年。

东西约 4.25、南北约 5.69 千米，周长约 17.6 千米，面积约 16.6 平方千米（图二）。遗址内有普渡、花园、西白家庄、南白家庄、北常家庄、常家庄、西常家庄、镐京乡、小白店、梦驾庄、常家滩、太平庄、马营寨、齐家曹村、新堡子、杨家庄、袁旗寨、谷雨庄、五星村、北寨子、南寨子、下店等 20 多个村庄，遗址周边有南丰村、大白店、万村、蒲阳村、石匣口、堰下张村、斗门镇、上泉北村、落水村共 9 个村镇。在池的东岸边发现进水渠 2 条，在池的西岸和北岸边发现出水渠 4 条，在池内发现高地 4 处，在南岸和东岸上发现建筑遗址 3 处。下面按池岸、进水渠、出水渠、池内高地、岸边建筑的顺序，分别加以叙述。

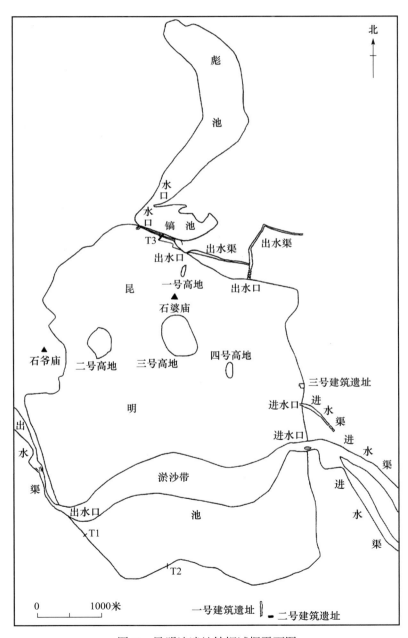

图二　昆明池遗址钻探试掘平面图

（一）池岸

1. 西岸

位于上泉北村、斗门镇和石匣口村西一线。其南端始于石匣口村西北角以西 80 米处，向北经堰下张村东侧，到马营寨村中部大致沿老韦斗路向北，在斗门镇以南西户铁路南侧约 70 米处向东、向北折，经斗门中学东北角以北 120 米处向西北延伸，经斗门磷肥厂的西南部，与一条西南—东北走向的条状高岭——"郿坞岭"相接（西岸的北段就位于这条高岭的东南侧），又向东北经花园村西、普度村西、上泉北村东南、落水村南与北岸相接。

我们在堰下张村与石匣口村之间的西岸布了一条探沟，编号为 T1（图三；图四，3）。从 T1 的试掘情况看，西岸的地层堆积可分三层，以 T1 东壁剖面为例说明如下。

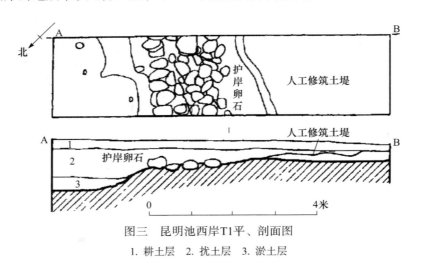

图三　昆明池西岸T1平、剖面图
1. 耕土层　2. 扰土层　3. 淤土层

第 1 层：耕土层。灰褐色，土质疏松，厚 0.17～0.25 米。

第 2 层：扰土层。黄褐色，土质较紧密，含少量砂粒。距地表深 0.17～0.98、厚 0.05～0.77 米。

第 3 层：淤土层。距地表深 0.98～1.3、厚 0.1～0.4 米。可分两层。上层黑灰色土，含少量砂粒；下层灰褐色土，较疏松，含较多细砂。

第 3 层以下为原始池岸。池岸为生土，西高东低，中部堆砌了大量卵石。卵石呈南北向带状分布，东西宽约 2 米。卵石质地多为花岗岩，个别为石英岩。卵石大小不一，长 18～46、宽 11～46、厚 5～15 厘米。池岸以西为人工修筑的土堤，现存厚约 28 厘米。据了解，20 世纪 70 年代平整土地时曾在这一带挖出过大量类似的卵石，在普渡村北的断崖上尚能见到留存至今的护岸卵石，在上泉北村西南也钻探到一些石头，看来昆明池的西岸普遍用大卵石进行加固。

2. 南岸

位于蒲阳村与石匣口村一线。其东端在蒲阳村东部以北 290 米处，到蒲阳村以西是位于沣惠渠北 60～100 米，在蒲阳村以西 520 米处折向西北方向，至石匣口村东北角以东约 100 米处又折向西南，经石匣口村北部，在石匣口村西与西岸相接。

图四　西安市汉唐昆明池遗址
1. 北岸断面（西→东）　2. 北岸残存卵石（西→东）　3. 西岸（东→西）

我们在石匣口村东的南岸布了一条探沟，编号为 T2。从试掘情况看，南岸的地层堆积可分三层，以 T2 东壁剖面为例说明如下（图五）。

第 1 层：耕土层。灰褐色，土质松散，厚 0.21～0.4 米。

第 2 层：扰土层。黄褐色，土质坚硬，距地表深 0.21～1.45、厚 0.85～1.2 米。

第 3 层：淤土层。黑灰色，土质松软，有大量水锈，距地表深 1.22～1.58、厚 0.1～0.3 米。

淤土层下为原始池岸，应是生土。池岸以南也是生土，不见人工修筑的岸堤。在钻探和试掘中，没有发现南岸用大卵石加固岸边的现象。

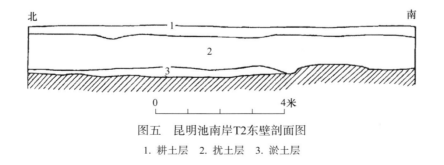

图五　昆明池南岸 T2 东壁剖面图
1. 耕土层　2. 扰土层　3. 淤土层

3. 东岸

位于大白店、万村、下店一线。其北端始于大白店村东部以南约 120 米处，向南经梦驾庄村东，在万村以西约 220 米处继续向南，经过下店村的东部，在下店村南 300 米左右折向西南，与南岸汇合。

从大白店村东南取土坑的断壁上，可观察到东岸的结构。断壁显示东岸的地层堆积可分两层（图六）。

第 1 层：表土层。灰褐色，土质疏松，厚 0.17～0.25 米。

第 2 层：淤土层。黑灰色，土质松软，有大量水锈，距地表深 0.17～1.08、最厚 0.87 米。

淤土层下面为原始池岸，池岸为生土，东高西低，表面残留有护岸的大卵石。据调查和钻探，在万村西北的东岸一线发现有不少大卵石，看来东岸的结构也是采用大卵石进行加固的。

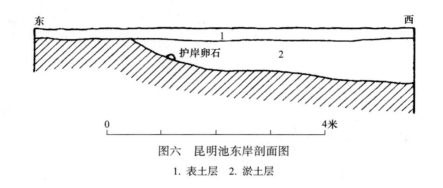

图六　昆明池东岸剖面图

1. 表土层　2. 淤土层

4. 北岸

位于上泉北村和南丰村、大白店村一线。从地形上看，这里为一条东南—西北走向的带状高地，西起上泉北村南，向东经南丰村西南一直延伸至大白店村南，东西长 2 千多米，称为"斡龙岭"。该土岭的东部，约当南丰村以南、以东部分破坏严重，西部长约 850 米的一段保存较好，现存南北宽约 100 米，现存最高约 5 米。据当地人讲，土岭原来保存得还要高一些。昆明池的北岸即位于这条土岭的南侧。现土岭南侧有一个大取土坑，从其断面可见北岸的结构是北高南低呈斜坡状（图四，1），岸边还铺设了大量的大卵石（图四，2）。

我们在上述取土坑断面之北开了一条探沟试掘，编号为 T3。从现存断面和试掘的情况看，岸边的地层堆积可分四层，以 T3 东壁剖面为例说明如下（图七）。

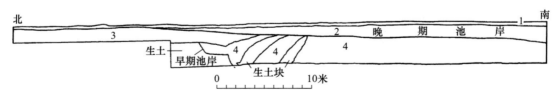

图七　昆明池北岸现存断面与 T3 东壁剖面图

1. 表土层　2. 淤土层　3. 夯土层　4. 淤土层

第 1 层：表土层。灰色，土质疏松，厚 0.2～0.5 米。

第 2 层：晚期淤土层。黑灰色，土质较松软，距地表深 0.2～2.3、最厚 1.8 米。应为唐代以后形成。

第 3 层：晚期夯土层。黄色，夹杂较多的淤土块，距地表深 0.2～1.97、最厚 1.5 米。表面铺有大卵石，还遗留有砂粒、贝壳、碎陶片等。

第4层：早期淤土层。深褐色，土质较细，距地表深1.16~4.45、厚2.15~3.09米。包含瓦片、贝壳、碎石块等，未清理到底。应为汉代以后形成。

该层下为早期池岸，应为生土。因岸边的生土堤易坍塌，所以在早期淤土层中可见较多的大生土块。

从试掘情况看，北岸有早晚两期，早期应为西汉开凿昆明池时形成的生土池岸，由于池岸内淤泥逐渐抬高，加之土堤不断倒塌毁坏，所以后来维修池岸时，把岸边生土岭的上部人工夯筑加高，并向池内修成斜坡状，再平铺大卵石形成晚期池岸，其时代应为唐代。

昆明池池岸出土遗物较少，主要是陶质建筑材料残块，种类有板瓦和筒瓦。

板瓦　素面，内饰布纹。T1③：1，残长10.8、残宽6.3、厚1.9厘米。

筒瓦　模制。素面，内饰布纹。T3②：1，残长9.7、残宽5.7、厚2厘米。

西岸、南岸和北岸晚期淤土层中出土板瓦、筒瓦的形制特征与唐长安城遗址出土的板瓦、筒瓦相似，时代应为唐代。因东岸结构与西岸和北岸相同，所以它们的时代应当一致。因此可以推断，现存东、南、西三面池岸和北面的晚期池岸为唐代形成。至于北面的早期池岸，在唐代以前就已存在，加之在北岸上还发现汉代夯土并采集到汉代瓦片，如残存"寿"字的瓦当残块（边轮宽1.1、厚2.1厘米）等，所以推测它为汉代昆明池的北池岸。

（二）进水渠

在昆明池东岸发现2条进水渠。

第一条进水渠的水口位于万村以西约220米处，南北宽约160米。水渠在水口以东约200米处折向东南方向，在万村南部最宽处达420米左右。在万村的东南，水渠分为两支，南边的一支流经袁旗寨村西部，宽40~160米，北边的一支在袁旗寨村东向东南方向延伸，宽约160米。水渠范围内普遍发现淤沙堆积。

第二条进水渠的水口位于第一条进水渠水口以北约570米处，宽约25米。水渠向东南方向延伸，宽25~45米。水渠范围内为淤沙堆积。从该水渠向东南方向发展的趋势看，可能与第一条水渠汇合，应是第一条水渠的一个分支。

（三）出水渠

在昆明池的西岸和北岸共发现4条出水渠。

第一条出水渠的水口位于堰下张村东北角东侧的西岸上，南北宽约100米，大致呈东南—西北向。水渠流向西北，在马营寨村西北约450米处注入一条古河道，该河道应为丰水故道或滈水故道①。水渠最窄处约30、最宽处约300米。水渠内普遍有淤沙堆积，沙下还有淤泥堆积。该出水渠

---

① 　滈水故道采用胡谦盈先生的观点，胡谦盈：《丰、镐地区诸水道的踏察——兼论周都丰、镐位置》《汉昆明池及其有关遗存踏察记》，《胡谦盈周文化考古研究选集》，四川大学出版社，2000年。

的淤沙一直穿过昆明池，与万村西部进水渠的淤沙连通，由此推测在昆明池废弃以后的一段时期内，上述两个水口之间形成了一条河流，流水携带沙子流经池内，再经出水渠流出。

第二条出水渠开口于落水村南的昆明池北岸西部，水口处破坏严重，残宽约 5 米，其内为淤泥堆积，淤泥之上为人工筑起的夯土堤。由此可见，此水口在早期（汉代）使用，晚期（唐代）废弃。早期（汉代）的昆明池水经此水口越"斡龙岭"注入其北面的水池（镐池）。

第三条出水渠开口于南丰村西南约 80 米处的昆明池北岸中部。现存水口宽约 8、深约 3.5 米，底部及两边用大卵石铺砌而成。水渠的流向是先由西南向东北，然后折向东，经南丰村南部与下述第四条出水渠汇合。水渠宽 20～50 米，渠内填满淤泥。

第四条出水渠开口于大白店村西约 270 米处的昆明池北岸东部。水渠先由南向北，然后折向东北，再折向东，经党家窑村南向东流去。水渠宽约 40 米，用大卵石铺砌而成，当地的砖厂取土时曾挖出大量卵石，渠内填满淤泥。在大白店村西一砖厂取土断崖上可见水渠的东西断面，水渠底部堆积着大量贝壳、砖瓦碎块、碎石块等，还采集到 8 枚铜钱，种类有小钱、五铢、剪轮五铢、大泉五十等。

小钱　钱文漫漶不清。采：13，直径 1.45、穿边长 0.55、厚 0.05 厘米（图八，2）。

五铢　有外郭，无内郭。采：14-1，直径 2.1、穿边长 0.9、厚 0.1 厘米（图八，3）。

剪轮五铢　采：14-2，直径 1.9、穿边长 0.9、厚 0.1 厘米。

大泉五十　内外有郭，钱文为"大泉五十"。采：16-1，直径 2.65、穿边长 0.8、厚 0.2 厘米（图八，1）。

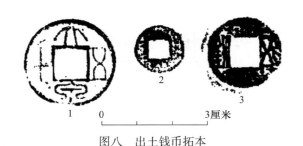

图八　出土钱币拓本
1. 大泉五十（采：16-1）　2. 小钱（采：13）　3. 五铢（采：14-1）

（四）池内高地

昆明池内共发现四处高地，均为生土，未发现夯土等遗迹。

一号高地　位于池北岸附近，今南丰村西南角以南约 200 米处。平面略呈西南—东北向的椭圆形，南北约 195、东西约 50 米。

二号高地　位于池内西北部，今南白家庄附近，距西岸约 330 米，距北岸约 1510 米。平面形状不规则，东西约 370、南北约 500 米。

三号高地　位于池内北部居中，今常家庄与北常家庄之间。平面形状大致呈椭圆形，东西约 500、南北约 660 米。

四号高地 位于镐京乡十字以南约 160 米处。平面形状大致呈南北椭圆形，南北约 260、东西约 115 米。

（五）岸边建筑

在昆明池沿岸共发现三处建筑遗址，分别编号为一、二、三号建筑遗址。

1. 一号、二号建筑遗址

一号建筑遗址位于蒲阳村西约 360 米处的南岸上，夯土基址平面呈南北向不规则长条形，南北 245、东西 35 米（图九）。二号建筑遗址位于一号建筑遗址以东 85 米处，平面基本呈东西向长方形，四边均有曲折，东西 80、南北 40 米，其四周为夯土基址，中央为烧土地面（图一〇）。

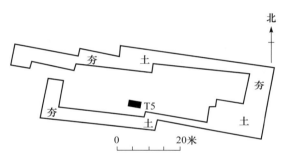

图一〇 二号建筑遗址钻探试掘平面图

通过对一号、二号遗址开挖探沟（T4、T5）得知，遗址的地层堆积和出土遗物相同。地层堆积情况以 T5 南壁剖面为例说明如下（图一一）。

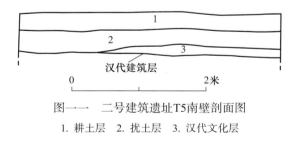

图一一 二号建筑遗址 T5 南壁剖面图
1. 耕土层 2. 扰土层 3. 汉代文化层

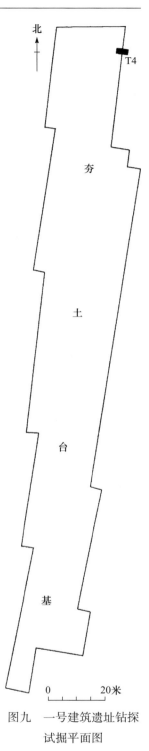

图九 一号建筑遗址钻探试掘平面图

第 1 层：耕土层。灰色，土质疏松，厚 0.25～0.3 米。

第 2 层：扰土层。黄褐色，质地较密，距地表深 0.25～0.6、厚 0.25～0.37 米。包含物有少量红烧土块和汉代瓦片。

第 3 层：汉代文化层。灰黄色，土质较松，距地表深 0.5～0.68、厚 0.15～0.24 米。含有较多红烧土块及汉代板瓦、筒瓦残片等。筒瓦多表面饰细绳纹，内面饰麻点纹，个别表面饰中粗绳纹，内面饰布纹；板瓦表面饰绳纹、内面素面。

汉代文化层下即汉代建筑地面。

T4、T5 出土遗物有筒瓦、板瓦、瓦当和铁斧。

筒瓦　4 件。依据制法与纹饰的不同分为二型。

A 型　3 件。泥条盘筑法制成。短唇。表面饰细绳纹，唇部及近唇部绳纹被抹平，内面饰麻点纹。T5③：1，残长 8.8、厚 1 厘米，唇长 2.7、厚 1 厘米，绳纹粗 0.2 厘米。T4③：5，残长 25、厚 1.5～1.8 厘米，唇长 2.2、厚 0.8 厘米，绳纹粗 0.2 厘米（图一二，1）。

B 型　1 件。T4③：4，模制而成。短唇。表面饰中粗绳纹，唇部及近唇部绳纹被抹平，内面饰布纹。残长 15、厚 1.6 厘米，唇长 1.7、厚 1.1 厘米，绳纹粗 0.4 厘米（图一二，4）。

图一二　出土建筑材料拓本

1. A 型筒瓦（T4③：5）　2. A 型板瓦（T4③：7）　3、7. 云纹瓦当（T4③：2、T4③：3）　4. B 型筒瓦（T4③：4）
5. 漩涡纹瓦当（T4③：1）　6. C 型板瓦（T4③：6）　8. B 型板瓦（T5③：4）

板瓦　6 件。依据表面与内面纹饰的差别分为三型。

A 型　3 件。表面饰交错细绳纹，近底部有一段绳纹被抹平，内面为素面。T4③：7，残长 20.8、残宽 29.6、厚 1 厘米，绳纹粗 0.2 厘米（图一二，2）。

B 型　1 件。T5③：4，表面饰中粗绳纹，内面饰方格纹。残长 12.5、残宽 13.8、厚 1.6 厘米，绳纹粗 0.3 厘米（图一二，8）。

C 型　2 件。表面饰交错粗绳纹，内面为素面。T4③：6，残长 19.4、残宽 21.9、厚 1.5 厘米，绳纹粗 0.6 厘米（图一二，6）。

瓦当　3 件。有云纹瓦当和漩涡纹瓦当。

云纹瓦当　2 件。T4③：2，边轮内饰一周凸弦纹，当心圆内中心为一较大乳钉，周围有 6 枚较小乳钉。双界格线不穿过当心，将当面分为四界格，每界格内有一朵云纹，云纹的末端向外卷出一条曲线，连至界格线。当背有绳切痕迹。当面径 16、边轮宽 0.9、当厚 2.6 厘米（图一二，3）。T4③：3，残。边轮内饰一周凸弦纹，当心圆内应为网格纹，当面双界格线不穿过当心，连至每朵云纹的中部。当背有绳切痕迹。边轮宽 1.5、当厚 2.5 厘米（图一二，7）。

漩涡纹瓦当　1 件。T4③：1，当心圆内为 11 条弧线组成的逆时针方向漩涡纹，当心圆和边轮之间饰 9 朵右向单线涡纹。当背有绳切痕迹。当面径 13.8、边轮宽 1、当厚 2.2 厘米（图一二，5；图一三）。

铁斧　2 件。T5③：7，平面呈长方形，方形銎，双面刃。长 9、宽 5.7、背厚 2.8 厘米，銎长 4.6、宽 1.8、深 5.7、壁厚 0.5 厘米（图一四，1）。T5③：8，平面呈梯形，长方形銎，双面刃。残长 12.3、刃宽 8.7 厘米，背残宽 7.3、厚 3.5 厘米，銎残长 5、残宽 1.6、残深 5.5、壁厚 0.8 厘米（图一四，2）。

上述筒瓦、板瓦残块及瓦当大多具有西汉早期到中期偏早的特征，据此推测，一号、二号建筑遗址可能始建于西汉早期，中期沿用，也可能始建于中期偏早。

图一三　漩涡纹瓦当（T4③：1）

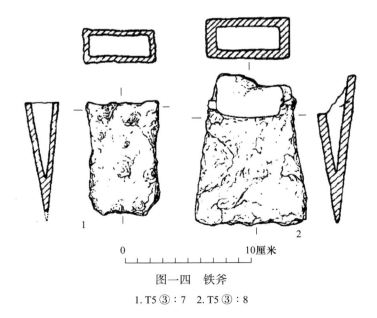

图一四　铁斧

1. T5③：7　2. T5③：8

2. 三号建筑遗址

三号建筑遗址位于万村西北约 760 米处的东岸上，南距万村西侧进水渠口约 850 米。现存遗址平面呈曲尺形，东西 80、南北 75 米，是一处东面连岸，其他三面环水的台榭类建筑遗址。

遗址现为一片高地，最高处高出周围地面约 2.5 米。从遗址断面观察，这里的地层堆积可分三层。耕土层下即为夯土台基，台基又分上下两层：上层夯土厚约 1.5 米，夯层清晰，每层厚约 8 厘米，内含大量西汉板瓦及筒瓦残片；下层夯土在现地面以上厚约 1 米，灰土筑成，土质紧密，夯层不清晰，夯土中夹杂较多夹砂陶片。陶器多为西周时期的器物残片，如残鬲足（采：6），夹砂红陶，袋足。表面饰绳纹。残高 9、壁厚 0.8 厘米（图一五）。由此分析，下层夯土在修筑时破坏了西周时期的文化堆积，可能是汉代昆明池东岸上建筑的基址；上层夯土中夹杂较多的西汉瓦片，说明在修筑时破坏了原来的西汉建筑遗址，其时代在西汉以后，应是后来（可能是唐代）重修池岸的遗存。

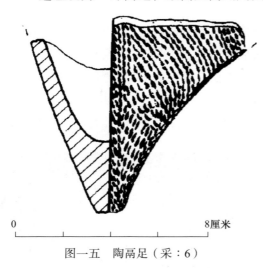

图一五　陶鬲足（采：6）

史籍中关于汉代昆明池的记载较多，有关其方位、规模的如《汉书·武帝纪》臣瓒注："（昆明池）在长安西南，周回四十里"（中华书局本，下同）。《三辅旧事》："昆明池地三百三十二顷。"[1] 有关其建筑和石刻的如《三辅故事》记载："（昆明）池中有豫章台及石鲸，刻石为鲸鱼，长三丈。"班固《西都赋》："左牵牛而右织女，似云汉之无涯。"张衡《西京赋》："昆明灵沼，黑水玄沚。……牵牛立其右，织女居其左。"《关辅古语》："昆明池中有二石人，立牵牛、织女于池之东西，以象天河。"根据钻探结果，昆明池遗址恰在汉长安城西南约 8.5 千米处；池岸一周长约 17.6 千米，按汉代一里（1 里为 300 步，1 步为 6 尺，1 尺为 0.231 米）约合今 415.8 米计算，约合汉代 42.3 里，池内面积约 16.6 平方千米，按汉代一顷（1 顷为 100 亩，1 亩为 240 方步）[2] 约合今 46103 平方米计算，约合汉代 360 顷。调查得知，在昆明池西岸的马营寨村一农户院内有一块巨石，大部分深埋土中，仅一小部分露出在外，相传为昆明池的石鲸。牵牛、织女二石像，一个位于斗门镇，在昆明池西岸上，另一个位于北常家庄之北，经在该石像附近钻探，全为淤泥，说明石像已不在原来的位置，推测西汉时期石像应在昆明池的东岸上。上述钻探到的昆明池遗址，不管其方位、规模还是存留至今的石鲸、牵牛、织女石像等情况均与史籍记载大致相合，可以断定它就是汉代的昆明池遗址。至于实测的周长和面积略大于史籍的记载，一方面可能是因为古今在测量精度上存在着误差，另一方面可能是因为唐代在重修时，将有些地方的池岸（如南池岸）扩大了，致使其规模较汉代有所增大。

---

①　转引自陈直：《三辅黄图校证》，陕西人民出版社，1985 年。以下凡正文或注中所引《三辅黄图》以及《三辅旧事》《三辅故事》《西都赋》《西京赋》《关辅古语》《庙记》《西京杂记》《汉旧仪》等文献，均见此书。

②　陈梦家：《亩制与里制》，《考古》1966 年 1 期。

二、镐池遗址和彪池遗址

在昆明池以北钻探到两个水池。《史记·周本纪》集解徐广曰："镐在上林昆明北，有镐池。"《三辅黄图》曰："（镐池）在昆明池之北，即周之故都也。"据文献记载，昆明池以北的水池应是镐池遗址。另据《水经注·渭水》记载："（彪池）水出镐池西，而北流入于镐。"[①] 位于镐池之北的水池应是彪池遗址。

（一）镐池遗址

镐池位于昆明池以北，隔"斡龙岭"与昆明池相邻。遗址平面大致呈东西向椭圆形，北岸多有曲折。东西最长约 1270、南北最宽约 580 米，周长约 3550 米，面积约 0.5 平方千米。

镐池的南岸即为"斡龙岭"的北缘，大致呈西北—东南方向，在南丰村西约 900 米处折向东北与东岸相接。东岸位于南丰村西、村北与丰镐村南一线，大致呈东北—西南方向，在丰镐村南 120 米处折向西北方向，在丰镐村西南角折向西南，与北岸相接。北岸位于丰镐村南与落水村之间。西岸位于落水村东部，大致呈东北—西南方向，在落水村南与南岸相接。

镐池内均为淤土堆积。

进水口位于池的西南角，即昆明池北岸西部的出水口。该水口早期（汉代）曾经使用，水自昆明池流入镐池，晚期（唐代）水口淤塞，并在其上夯筑土堤，遂致废弃，而此时的镐池，因无水源，当已干涸。

镐池的西北角有一出水口通北面的彪池，水口宽约 105 米，镐池水由此向北注入彪池。

镐池与镐京应存在密切关系，镐池遗址的确认对于探寻西周镐京遗址有重要价值。特别是镐池以东、以北皆为大面积的高地，是建都的理想场所。

（二）彪池遗址

彪池位于镐池以北，遗址地处今丰镐村、纪阳寨、跃进村、桃园村和落水村之间。平面形状不规则，东西最宽约 700、南北最长约 2980 米，周长约 7850 米，面积约 1.81 平方千米。

彪池东岸始于落水村南部，大致呈东北—西南方向，经丰镐村西，在丰镐村北约 280 米处呈弧形折向西北，经红光路王寺十字以西 900 米处，在纪阳寨村西约 880 米处与北岸相接。北岸位于跃进村东南约 200 米处。西岸始自跃进村东南约 200 米处，经桃园村东侧向东南延伸，在桃园村东南约 760 米处折向西南，经落水村的中部与镐池的西岸相接。

彪池内均为淤土堆积。

彪池的进水口即是镐池的出水口。彪池的出水口当位于池子北端。钻探表明，彪池的北端与一条古河道相接，这条古河道可能是镐水故道，彪池之水应流入镐水。因为彪池之水由镐池供应，所

---

① 王国维校，袁英光、刘寅生整理标点：《水经注校》，上海人民出版社，1984 年。

以它的废弃应与镐池同时。

关于镐池的规模，南朝萧梁吴均撰《庙记》曰："长安城西有镐池，在昆明池北，周匝二十二里，溉地三十二顷。"镐池的周长为 3550 米，与 22 里相差甚大，但若加上彪池周长 7850 米，则约合汉 27.4 里（1 尺为 0.231 米），合南朝 21.1～25.3 里（1 尺为 0.25～0.3 米），与 22 里相差不大。大概《庙记》所载镐池的周长实为镐、彪二池的周长，因为两个池子本来就连在一起。

三、结　语

（一）关于昆明池

《汉书·武帝纪》："（元狩三年）发谪吏穿昆明池。"《汉书·五行志》："元狩三年夏，大旱。是岁，发天下故吏伐棘上林，穿昆明池。"据此，昆明池始建于西汉武帝元狩三年（前 120 年）。昆明池的修建和得名与西南夷之越巂、昆明国及滇池有关。《汉书·武帝纪》臣瓒注："西南夷传有越巂、昆明国，有滇池，方三百里。汉使求身毒国，而为昆明所闭。今欲伐之，故作昆明池象之，以习水战。"《三辅黄图》："越巂昆明国有滇池，方三百里，故作昆明池以象之，以习水战，因名曰昆明池。"到了武帝元鼎初年 ①，同样出于军事目的，又一次对昆明池进行了修建。《汉书·食货志》："是时粤欲与汉用船战逐，乃大修昆明池，列馆环之。治楼船，高十余丈，旗帜加其上，甚壮。"这次修建除了昆明池本身，还在岸上新建或重修了一些建筑，钻探到的三处建筑遗址应是它们的遗存。另外还造楼船，这次调查中，在池内一些砖厂取土形成的断崖上观察到一条条"U"形沟槽，沟槽内填满淤泥。这些沟槽有一定的宽度和走向，深度也较一般池底深得多，它们应是专门为像"楼船"这些吃水较深的大船修建的航道。经过武帝时期的两次修建，基本奠定了西汉昆明池的规模。

西汉以后，昆明池继续使用。后秦末年关中大旱，昆明池一度枯竭 ②。北魏太平真君元年（440 年）对昆明池做了一次修浚 ③。唐代曾经先后三次修浚昆明池，一次是在太宗贞观年间（627～649 年）④，一次是在德宗贞元十三年（797 年）⑤，最后一次是在文宗大和九年（835 年）⑥。唐代以后，基本不见有关修浚昆明池的记载。

由于唐代以后未再修浚过昆明池，则现存的昆明池岸应是唐代修筑后的池岸。从北池岸的试掘

---

① 《汉书·食货志》记载这次大修昆明池是在杨可告缗以后，起柏梁台之前；《汉书·酷吏传》载："至冬，杨可方受告缗……后一岁，张汤亦死。"杨可主告缗是在张汤死前一年，据《汉书·武帝纪》张汤死于元鼎二年冬十一月，则杨可主告缗应在元鼎元年冬。又据《汉书·武帝纪》："（元鼎二年）春，起柏梁台。"所以，大修昆明池的时间当在元鼎元年冬至二年春。

② 《资治通鉴·晋记》："（安帝义熙十一年，415 年）秦大旱，昆明池竭。"

③ 《魏书·世祖纪》："太平真君元年……发长安五千人浚昆明池。"

④ 顾祖禹：《读史方舆纪要·镐水》："括地志：'贞观中修昆明池……'"

⑤ 《旧唐书·德宗本纪》："（贞元十三年）八月丁巳，诏京兆尹韩皋修昆明池石炭、贺兰两堰兼湖渠。"

⑥ 《旧唐书·文宗本纪》："（大和九年）乃浚昆明、曲江二池。"

情况看，它是在昆明池原有池岸的基础上进行了修整和加固。东池岸和西池岸的情况基本相同。现存昆明池岸虽然经过唐代的重修，但其范围基本沿用汉代池岸，这从北池岸的结构以及西岸、南岸上建筑遗址的分布情况都可以得到证明。或者唐代重修昆明池的规模较汉代略有扩大。总之，它南靠细柳原，东、西、北各依高地，汉时皆为生土岸，到了唐代，除了南岸依然坚固并仍为土岸外，其他三面池岸皆铺砌大卵石，使池岸更加坚实。

昆明池的进水口在东岸，虽为两个，实为一渠分岔所致，汉唐时期应变化不大。从进水渠的走向看，其水源来自古沈水的可能性较大。经在石匣口村至蒲阳村一线的昆明池南岸反复钻探，没有发现任何渠道的痕迹。主要的出水口在西岸，出水渠通至古丰水或镐水（丰水支津）。至于北岸的三个出水口，靠西的一个出水口应为汉代昆明池水通往北面镐池的水口，唐代夯填成堤，废弃不用；东边的两个水口可能汉代就有，唐代又用大卵石筑砌，二出水渠汇合后向东流去，从渠的走向看，很可能又流回到古沈水（图一六）。该渠或即《水经注·渭水》记载的"昆明故渠"。

昆明池中有四块高地，上面没有发现任何建筑遗迹。池东岸上三面环水的三号建筑遗址，在西汉时期应是昆明观（昆明观又称昆明东观、东馆、豫章台、豫章观）。《汉书·天文志》："（成帝河平）二年十二月壬申，太皇太后避时昆明东观。"《汉书·元后传》："秋历东馆，望昆明。"昆明东观之名应缘于观的位置在昆明池东。班固《西都赋》："集乎豫章之宇，临乎昆明之池。"也说明豫章台位于昆明池的岸边。至于昆明池南岸上的两处建筑遗址，应属于"列馆环之"的列馆遗址，馆名已不可考。

从史籍记载看，西汉武帝元狩三年开凿昆明池，一方面可能是因为当年大旱，所以考虑都城附近需要一个大水池，以保障以后旱时各方用水有充足的水源；另一方面，从臣瓒注看是为了习练水战，以伐西南夷之越巂、昆明国，武帝元鼎初年再次修建昆明池，其目的也是练习船战，以伐南越。训练水战的目的想必是达到了[1]。此外，昆明池作为上林苑中一处重要的风景池苑，成为帝后的游乐之地[2]。再者，昆明池中还放养大量鱼鳖，供应陵墓祭祀、太官和长安市场，成为重要的水产品养殖地[3]。

西汉以后，有多个朝代的帝王，如东汉安帝，北魏太武帝、孝文帝，北周宇文泰、明帝，隋文帝，唐高祖、太宗、代宗、武宗等都曾到昆明池游幸（见各正史的帝纪）。当时的昆明池，鱼翔浅底，水鸟展翅，莲荷茂盛，是皇帝以及王公设宴、垂钓和踏青的游览胜地。

昆明池的废弃应在唐代以后。

---

① 《三辅旧事》："（昆明）池中有戈船各数十，楼船百艘，船上建戈矛，四角悉垂幡旄葆麾，盖照烛涯涘。

② 《三辅故事》："池中有龙首船，常令宫女泛舟池中，张凤盖，建华旗，作棹歌，杂以鼓吹，帝御豫章观临观焉。"《西都赋》和《西京赋》中也有类似描写。

③ 《庙记》："池中后作豫章大船，可载万人，上起宫室，因欲游戏，养鱼以给诸陵祭祀，余付长安厨。"《汉旧仪》："上林苑中昆明池、镐池、牟首诸池，取鱼鳖给祠祀，用鱼鳖千枚，以余给太官。"《三辅故事》《西京杂记》也有类似记载。

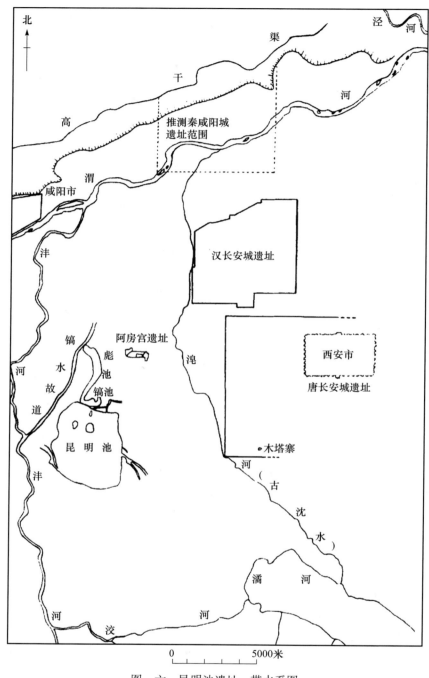

图一六 昆明池遗址一带水系图

（二）关于昆明池与镐池、彪池的关系

文献资料和钻探结果都表明，昆明池、镐池、彪池是呈南北分布的三个水池，它们的位置关系十分明确，即镐池在昆明池之北，彪池在镐池之北，镐池之水承自昆明池而流入彪池，最后，彪池之水流入镐水。

西汉时期，昆明池与镐池并存。《汉旧仪》："上林苑中昆明池、镐池、牟首诸池，取鱼鳖给祠祀。"因镐池与彪池相通，所以这个时期三个池子是并存的。三池并存的状况至少延续到北魏时期，因为《水经注》中有清楚的记载 ①，《魏书·地形志》也有记载："长安，汉高帝置，二汉，晋属。有昆明池、周灵台、镐池、彪池水。"我们推测是到了唐代大规模维修昆明池堤岸时填塞了昆明池流往镐池的水口，才致使镐池和彪池干涸废弃。在唐代的文献中就鲜见有关它们的记载，大概就是这个原因吧。

　　附记：参加钻探、试掘的有刘振东、张建锋、董慧杰、林玉学、阎松林、吴新年。本文照片由刘振东拍摄，线图由张建锋、董慧杰测绘，拓片由董慧杰制作。刘庆柱、李毓芳二位先生对这项工作给予了悉心指导。

执笔：刘振东　张建锋

（原载《考古》2006 年 10 期）

---

　　① 《水经注校·渭水》："渭水又东，北与镐水合。水上承镐池于昆明池北……镐水又北流，西北注与彪池合，水出镐池西，而北流入于镐。"

汉唐昆明池遗址

中国社会科学院考古研究所汉长安城工作队

遗址位于西安市长安区斗门镇、细柳镇一带。这次对遗址主要进行了考古钻探和试掘，基本究明了遗址范围、进水渠、出水渠、池内高地以及池岸建筑遗址的分布等情况。

1. 遗址范围

遗址大体位于南丰村、石匣口村、斗门镇和万村之间，范围东西约 4.25、南北约 5.69 千米，沿岸一周长约 17.6 千米，面积约 16.6 平方千米。

2. 进水渠、出水渠

进水渠共有 2 条。第 1 条进水渠的水口位于东岸的万村以西约 220 米处，水口南北宽约 160 米。第 2 条进水渠的水口位于第 1 条进水渠口以北约 570 米处，水口南北宽约 25 米，从该水渠向东南方的走向看，应是从第 1 条进水渠分岔出来的。

出水渠共发现 4 条。第 1 条出水渠的水口位于西岸的堰下张村东北角东侧，水口南北宽约 100 米，大致呈东南—西北向。第 2 条出水渠开口于昆明池北岸的西部，位于落水村南。第 3 条出水渠开口于昆明池北岸的中部，位于南丰村西南侧约 80 米处，现存水口宽约 8、深约 3.5 米，底部及两边用大卵石堆砌而成；水渠的流向是先由西南向东北，然后折向东，经南丰村南部与下述第 4 条出水渠汇合。第 4 条出水渠开口于昆明池北岸的东部，位于大白店村西约 270 米处，水渠宽约 40 米。

3. 池内高地

共发现 4 处。一号高地位于昆明池北岸附近，范围南北约 195、东西约 50 米。二号高地位于昆明池内西北部，范围东西约 370、南北约 500 米。三号高地位于南、北常家庄之间，范围东西约 500、南北约 660 米。四号高地位于镐京乡（太平庄）十字以南约 160 米，范围南北约 260、东西约 115 米。钻探表明，4 处高地均为生土，未发现夯土等遗迹现象。

4. 池岸建筑遗址

在昆明池沿岸共发现 3 处建筑遗址。一号建筑遗址位于薄阳村西约 360 米处，夯土基址平面略呈南北向的不规则长条形，南北 245、东西 35 米。二号建筑遗址位于一号建筑遗址以东 85 米处，平面基本呈东西向长方形，东西 80、南北 40 米。经试掘，这两处建筑遗址的时代为西汉时期。三号建筑遗址位于万村西北约 760 米处，平面呈曲尺形，东西 80、南北 75 米；遗址南、北两边的东端连接昆明池东岸，是一处东面连岸、其他三面环水的台榭类建筑；推测该遗址为汉代豫章台（又称豫章观、昆明观、昆明东观）的旧址。

文献记载，西汉武帝时期为了练习水战，在上林苑中修建了昆明池。之后北魏太平真君元年（440 年）曾修浚昆明池。到了唐代，又曾于贞观、贞元、太和年间三次修浚昆明池堰渠，现存昆明池岸，特别是用大卵石筑砌的池岸，应为唐代加筑而成。唐代昆明池的范围与汉代大体相当。

执笔：张建锋　刘振东

（原载中国考古学会：《中国考古学年鉴·2006》，文物出版社，2007 年）

昆明池遗址

  2006 年 6 月，受西安历史文化名城研究会委托，中国社科院考古所陕西工作队对昆明池遗址进行考古钻探和试掘。考古人员探测清楚昆明池的四岸，其遗址大体位于南丰村、石匣口村、斗门镇和万村之间，面积约 16.6 平方千米，遗址范围内有普渡、花园、南寨子、下店等 20 多个村庄。同时，考古人员还发现 2 条进水渠和 4 条出水渠，以及昆明池沿岸的 3 处建筑遗址。结合文献记载，其中三号建筑遗址应是汉代豫章台的旧址。这次考古成果为保护利用昆明池遗址提供了科学数据。

（原载西安市地方志办公室：《西安年鉴·2007》，西安出版社，323 页）

西安市汉唐昆明池遗址区西周遗存的重要考古发现

中国社会科学院考古研究所　西安市文物保护考古研究院
阿房宫与上林苑考古队

昆明池是汉上林苑中最重要的池沼。2012 年秋至 2013 年春，中国社会科学院考古研究所与西安市文物保护考古研究院联合组成的阿房宫与上林苑考古队，对位于昆明池文化生态景区约 200 万平方米的范围开展考古勘探。在汉唐昆明池遗址的淤积层下发现了大量的古代遗存，集中分布于一条大型壕沟（G1）西侧。为确定 G1 及周边遗存的时代及性质，2012 年秋至 2013 年 4 月，我们对 G1 选点进行了解剖，并清理了其西侧的一处车马坑遗存，取得了重要的学术成果。现将有关情况简要介绍如下。

一、壕沟（G1）

根据目前的钻探资料，G1 位于镐京遗址东、南方，大体呈西南—东北向，在镐京遗址东侧存在较多曲折，长约 4200、深 2.5～3 米。G1 的南端与另一条西北—东南向的窄条形沟渠连通，此沟渠已勘探的部分长约 900、宽 25～70、深 4～5 米，因其北侧暂未勘探，具体的长度及走向待定。G1 北端进入一个向北穿过汉代昆明池北侧夯土大堤下的池沼之内，池沼的具体范围待定（图一）。

G1 解剖试掘区内的地层堆积可分为耕土、扰土、昆明池淤积层三个大的层次。G1 开口于昆明池淤积层下，打破生土，残存的口部距地表深 1.2～1.3 米。试掘区内已清理的部分长 22、口宽 13.2～14.5 米；斜壁，弧状底，底宽 7～8、深 2.5 米左右（图二）。沟内的堆积可分为 6 层。

沟内堆积的第 1、2 层形成于汉代，是 G1 干涸形成洼地并在昆明池贮水后的淤积层，第 5、6 层是 G1 使用过程中两次清淤后残留的早期淤积层，第 3、4 层为 G1 最后一次清淤后形成。在此次勘探的近 200 万平方米范围内，G1 西侧分布着较密集的西周时期灰坑、墓葬、车马坑等遗存，东侧则没有同时期遗存发现，显示出这条位于镐京东侧和南侧的大型壕沟，应是勘探区内西周遗存分布的最重要区界。结合第 3、4、6 层的出土遗物来看，G1 的开凿和使用可能即是在西周时期。在 G1 勘探和试掘过程中，我们在此次勘探工作范围内的 G1 西侧进行了密集钻探，尚未发现夯土墙基等遗存。

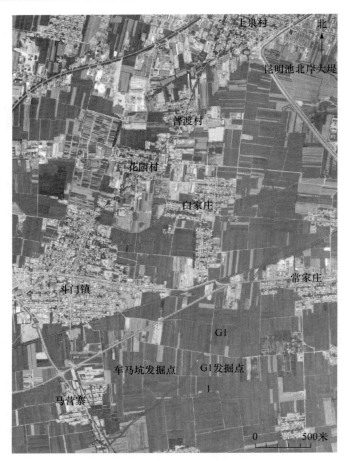

图一　G1及车马坑位置示意图

图二　G1试掘情况（南→北）

二、车马坑（K1、K2）

TG3 位于 G1 试掘区的西侧约 760 米，距 G1 南端约 670 米，向西约 300 米为汉唐昆明池遗址西岸，北侧约 540 米为目前判定的镐京遗址南界（图一）。在探方内清理出两座具有打破关系的车马坑遗迹（K1、K2），它们均开口于昆明池淤积层下。其中 K1 位于东侧，内填浅黄色土，打破西侧的 K2，后者的填土颜色略深（图三）。

图三　车马坑全景（西→东）

（一）K1

K1 位于 TG3 东部，坑口平面近方形，坑壁近直，东西长 3.8、南北宽 3、深 0.9～1.3 米。坑内填土呈浅黄色，土质较硬，未见明显夯层。此坑埋葬方式是先挖马槽、轮槽，放入车并在马槽底部铺席，然后放入杀死的马后盖席，其上再填土并略经夯实。马骨保存状况较差，推测与此处后来为汉唐昆明池的范围，经千余年积水的保存环境有关。车辆木质部分已全部腐朽，仅存痕迹，不见木灰。因保存较差及受填土挤压变形，现存车身各部位的尺寸当与原车存有差异。

K1 内埋一车，四马拉乘，据车辕及马头的朝向，此坑坐东朝西。车辕南、北两侧各有两个马槽，中间为生土隔梁。马槽内各埋一马，均四肢蜷曲，分别为两骖马、两服马。除南骖马马头放于坑槽内，其他马头均放于生土隔梁上，马骨上下均发现席纹痕迹（图四）。

车舆仅残存底部，呈圆角矩形，南北宽 1.14、东西长 0.96 米。在车舆西北部有车轼或车阑坍塌痕迹。车辕后端压于车轴上，呈圆柱形，大部分放置在南、北两服马之间的生土隔梁上，前端有一上翘立柱痕迹。车衡置于车辕前端，现存长 1.3、直径 0.07 米。从清理情况看，车轮置于轮槽内，车舆、车轴放于坑底，轮槽深 0.75 米。车轮两端出土两套铜害辖，车舆内出土铜镞 5 枚、铜戈 1 件、陶壶 1 件。马头上均有马衔、马镳。车舆内南、北服马及南骖马尾部安放蚌鱼装饰。

图四　K1全景（北→南）

　　K1 所埋车马上残存的遗物中，铜軎与张家坡西周墓地[①]第四期 M253 所出Ⅳ式铜軎相似，铜辖与张家坡墓地第三期 M170 所出Ⅴ式铜辖相似，铜戈与张家坡墓地第五期 M319 所出 A 型Ⅹ式铜戈近同，铜镟与张家坡墓地 M324 出土的Ⅱ式铜镟近同。综合来看，K1 的时代大体相当于张家坡西周墓地第五期，即西周宣幽时期。

（二）K2

　　K2 位于 TG3 西侧，被 K1 打破。坑口平面呈长条形，坑壁近直，东西长 10、南北宽 3.04～3.55、深 1～1.5 米。坑内埋三辆车，均坐西朝东，由东向西依次编号为Ⅰ、Ⅱ、Ⅲ号车。车辆木质部分均已腐朽，马骨保存状况亦甚差。现以Ⅲ号车为例加以介绍。

　　Ⅲ号车位于 K2 西端，车辕向东，一乘四马。车辕南北两侧各有两个马槽，以生土梁相隔。马槽内各埋一马，马头放置在槽外生土之上，南骖马、南服马的头部周围有席纹及朱砂残痕，北服马颈部亦有席纹、朱砂残痕（图五）。

图五　K2Ⅲ号车（东→西）

车舆保存较差，东北角及车轴均被 H8 打破。车舆平面呈矩形，受填土挤压已严重变形，东西长 0.86、南北残宽 1.16、残高 0.48 米，车軨宽 4 厘米；后部中间有宽 0.36 米的缺口，应为车门所在。车舆底部保存有朱砂和黑漆残痕。车辕压于车轴之上，呈圆柱形，置于北服马的马槽南边，前端压于北服马下。从清理情况看，车舆置于坑底，车轮置于轮槽，轮槽深 0.7 米。南骖马的尾部出土毛蚶壳 4 枚，北骖马腹部、后腿外侧各出土

---

　　①　中国社会科学院考古研究所：《张家坡西周墓地》，中国大百科全书出版社，1999 年。

毛蚶壳 1 枚，壳上均有一孔。南服马的后腿北侧出有蚌鱼 2 枚，北服马前腿南侧出土蚌鱼 1 枚，北服马臀部出土蚌鱼 3 枚和毛蚶壳 1 枚，其上均有小孔。Ⅲ 号车的车舆内出土残铜戈 1 件，与张家坡西周墓地第四期 M337 所出 A 型Ⅷb 式铜戈近同。

三、学 术 意 义

《诗·大雅·文王有声》记载："文王受命，有此武功，既伐于崇，作邑于丰，……考卜维王，宅是镐京，维龟正之，武王成之"。丰镐所在，历代学者均有探寻。20 世纪 30 年代以来，石璋如①、黄盛璋②、胡谦盈③、卢连成④、郑洪春⑤ 等学者根据文献、调查及勘探资料，对镐京遗址的范围均开展过深入探讨。从 2012～2013 年春的考古勘探情况看，G1 东、西两侧的西周遗存分布状况有明显差异，显示 G1 大体即镐京遗址西周遗存分布的东界与南界，这为确定及研究镐京范围提供了新资料。K1、K2 等车马坑遗存的发掘以及周围西周遗存的发现，填补了该区域西周考古的空白，对镐京遗址布局的研究有重要价值。

执笔：刘　瑞　李毓芳

王自力　柴　怡

（原载《考古》2013 年 11 期）

---

① 石璋如：《传说中周都的实地考察》，《历史语言研究所集刊》第 20 本下册，商务印书馆，1949 年。

② 黄盛璋：《周都丰镐与金文中的荦京》，《历史研究》1956 年 10 期。

③ 胡谦盈：《丰镐地区诸水道的踏察——兼论周都丰镐位置》，《考古》1963 年 4 期。

④ 卢连成：《西周丰镐两京考》，《中国历史地理论丛》1988 年 3 期。

⑤ 陕西省考古研究所：《镐京西周宫室》，西北大学出版社，1995 年。

西安沣东新城汉唐昆明池遗址

中国社会科学院考古研究所　西安市文物保护考古研究院
阿房宫与上林苑考古队

　　昆明池是上林苑中最重要的池沼，经汉武帝元狩三年（前120年）、元鼎元年（前116年）两次修建而成，到唐代仍是帝王行幸的重要场所。本次勘探在汉唐昆明池池底淤泥层下，发现一条东北—西南向沟渠（G1），勘探长度4200米左右。经勘探确定，该沟渠西侧分布有较多的西周墓葬及灰坑遗存，沟渠以东不仅极少发现同时期遗存，而且唐代以后的遗存也发现有限。

　　经发掘确定，G1口大底小，斜壁，底部较平，口宽13.2～14.5、底宽约3、深约2.5米。从堆积情况分析，该沟渠使用时间较长，至少经过三次大规模疏浚。其内堆积可分6层，第1、2层内含少量汉代瓦当、砖块、五铢钱，是昆明池形成后与已废弃干涸G1下凹部分淤积而成；第3～6层为沟渠使用过程中形成，可辨识有特征包含物均为西周时期，据此判断该沟应是西周时期形成并使用的。该沟渠的发现与时代确定，对重新认识镐京遗址范围具有重要价值。

执笔：刘　瑞

（原载中国考古学会：《中国考古学年鉴·2013》，文物出版社，2014年）

西安汉唐昆明池水系的考古勘探与试掘
（2012～2016）

——关中地区夏商周、秦汉水利工程的集中发现，
汉唐都城近郊水系考古的突破性成果

中国社会科学院考古研究所　西安市文物保护考古研究院
阿房宫与上林苑考古队

　　昆明池是汉武帝在上林苑中开挖的大型池沼，延续到唐代仍不断疏浚，是当时首都地区规模最大的池沼水体，宋时逐渐沦为农田。

　　20世纪60年代初中国科学院考古研究所为开展丰镐遗址考古、2005年中国社会科学院考古研究所汉长安城工作队受西安历史文化名城研究会委托，先后开展昆明池遗址考古勘探。两次勘探在基本确认昆明池位置、周边遗址分布及进出水口所在的同时，对昆明池池岸、池内高地、进出水口的认识均有较大差异，并与文献记载不同，历史地理学者对此一直持不同意见。

　　2012年秋至2016年夏，受西安昆明池投资开发有限公司委托，由中国社会科学院考古研究所与西安市文物保护考古研究院联合组成的阿房宫与上林苑考古队，在配合陕西省斗门水库项目建设过程中，先后对项目涉及的汉唐昆明池区域进行了大规模考古勘探，获得了以汉唐昆明池为中心水系的新认识（图一～图八）。

图一　昆明池下早期沟渠露头　　　　　　　图二　昆明池下早期遗存发掘

图三　昆明池下早期沟渠

图四　昆明池勘探测量

图五　昆明池考古勘探

图六　昆明池下新发现车马坑

图七　昆明池下早期沟渠G1南壁堆积

图八　昆明池下早期沟渠G1北壁堆积

一、昆明池池岸的位置与池深确定

勘探确定，昆明池北岸位于今丰镐村南高地，顶部残宽20～40米，底部宽80～110、厚5～8米。西岸位于上泉村东南向南经斗门镇至石匣口村北。南岸线从石匣口村北向东随地形延伸，西端为昆明池进水口所在。东岸线在石匣口村东北折至万村西后向北。东岸线上发现东向出水沟渠，将池水引入东侧漕渠。东岸线北段分早晚两期，试掘确定，早期池岸从西汉沿用至唐，晚期池岸为唐代扩大后形成。早期昆明池约14.2平方千米，唐代扩大为15.4平方千米，池中无岛屿，池最深约3.3米。

二、昆明池进水区、出水渠道与汉唐漕渠的发现与确定

经调查勘探，昆明池水来自秦岭石砭峪，在香积寺向西到西甘河村西后北流至石匣口村西，进入一面积约11500平方米的进水区。该区通过一系列生土区隔，在控制流量、流速后将来水引入昆明池与漕渠，而多余之水则通过池岸西侧沟渠排走。在昆明池南岸线南侧发现大型沟渠，其从昆明池进水口区东部取水后东流，在蒲阳村西北折向东北，在下店村北流，并先后接纳昆明池东侧排出之水。经试掘，沟渠的时代从汉至唐，与文献所载汉唐漕渠的时代与走向基本吻合，判断其为漕渠。

三、意外发现的夏商时期环濠聚落

在勘探确定昆明池东岸过程中，于昆明池东的太平村、万村、刘旗寨一带发现一东西约780、南北约340米，面积近20万平方米、外围一道宽15～25米沟渠的较大遗址。后在环濠西南东西950、南北350米勘探区内发现大量灰坑及文化层堆积，表明遗址面积不止于环濠。据北京大学碳十四实验室对遗址出土人、兽骨标本测年显示，遗址的校正年代范围从公元前2040年至公元前1400年，为夏商周断代工程年表所定的夏至商代前期。

四、滈水及镐京东、南界的确定

在斗门水库起步区勘探中，在昆明池池底淤泥下发现一条位于镐京遗址东、南侧的西南—东北向沟渠，勘探长约4200米以上。试掘确定，沟渠大体开凿于西周时期，沿用至战国，昆明池开凿后被淹没淤平。勘探确定，沟渠以西密集分布周代灰坑、墓葬、车马坑等各类遗存，沟渠东、南侧未发现同期遗存，显示出沟渠应为镐京遗址的东界及南界。据文献记载，沟渠为滈水。

2012～2016年度的汉唐昆明池考古勘探与试掘，第一次从考古学上确定了与文献记载基本相符的昆明池池岸及进出水系统、第一次从考古学上确定了攸关汉唐都城粮食安全与社会稳定的漕渠渠首及部分渠线，共同构成了迄今为止规模最大的汉唐水利工程考古，清晰地揭示出汉唐最强盛时代水利工程的宏伟面貌。与此同时，第一次从考古学上确定了滈水的位置，第一次从考古学上确定了周代丰镐遗址东界的位置，是几十年来周代都城考古的突破性成果。

（原载《中国文物报》2017年3月24日8版）

考古确定汉唐昆明池面积

——最大时约等于 5 个杭州西湖

记者 3 月 27 日获悉，经过多年的钻探与发掘，考古工作者确定了昆明池的面积和深度：西汉时期开凿的昆明池面积约为 14.2 平方千米，到唐代中期扩大为 15.4 平方千米，约等于 5 个杭州西湖的面积；池底部深浅不一，最深处约 3.3 米。

据了解，2012 年秋至 2016 年夏，为配合陕西省斗门水库项目建设，由中国社会科学院考古研究所与西安市文物保护考古研究院联合组成的考古队先后对水库项目的起步区、试验区和库区地块进行了多年连续的考古勘探，并于近日公布了系列考古成果。在寻找昆明池东界的时候，考古工作者意外发现了一个面积近 20 万平方米、外围有一道宽 15～25 米沟槽环绕的较大聚落遗址，时代从夏朝延伸至商朝前期。这一发现，填补了西安地区夏时期、商代前期遗存发现的空白，是近年来关中地区夏时期、商代前期遗存的最重要发现。

昆明池是汉武帝在元狩三年（前 120 年）和元鼎元年（前 116 年）于上林苑中先后两次兴建而成的大型湖泊，它在当时除训练水军外，实际还成为汉长安城的调蓄水库，较稳定地解决了都城长安的蓄水供水问题，并兼有防洪排涝、水产养殖、观光巡游等作用。在唐朝之后其日渐干涸，到宋时已逐渐沦为农田。

执笔：郭 青

（原载《陕西日报》2017 年 3 月 28 日）

60万个探孔"锁定"昆明池面积

——迄今规模最大汉唐水利工程开工披露最新成果

"这是迄今为止规模最大的汉唐水利工程考古,清晰地揭示了汉唐最强盛时期水利工程的宏伟面貌。近五年来,我们打下将近 60 万个探孔,勘探面积约 10.28 平方千米,对昆明池水系获得了一系列新认识。"

28 日下午,在西安市西南一个考古发掘工地,中国社会科学院考古研究所研究员、阿房宫与上林苑考古队领队刘瑞,向本报记者独家披露了汉唐两代昆明池水系考古勘探、试掘取得的最新成果——首次发现并确定了关系汉唐首都粮食安全的漕渠遗存,它与昆明池及其进水渠、出水渠一起,在长安城外的西南区域,构成了一个庞大的人工水系,填补了汉唐时期都城外大规模水利考古的空白。而在昆明池东侧勘探并试掘确定的夏商时期遗址,则填补了西安地区夏时期、商代前期遗存发现的空白,是近年来关中地区夏时期、商代前期遗存的重要发现。

2012 年秋至 2016 年夏,中国社会科学院考古研究所与西安市文物保护考古研究院联合组队,对斗门水库项目的起步区、试验区和库区地块进行了连续的考古勘探和试掘,获得一批重要成果。

一、唐代昆明池面积15.4平方千米

昆明池遗址位于今天西安市西南 15 千米的沣东新城斗门镇一带。元狩三年(前 120 年)、元鼎元年(前 116 年),汉武帝先后两次兴建昆明池,昆明池除训练水师外,实际上也成了汉长安城的调蓄水库,较稳定地解决了都城长安的蓄水供水问题,并兼有防洪排涝、水产养殖和观光巡游等作用,唐代以后日渐干涸,宋时逐渐沦为农田。

20 世纪 60 年代初,中国科学院考古研究所基本确定了昆明池的位置、范围及周边遗址分布,确定了两个出水口。2005 年,中国社会科学院考古研究所汉城考古队重新确定了池岸线,发现一个进水口和三个出水口、池内高地、三座池岸建筑,以及镐池、滮池(均为周代镐京附近和汉上林苑中的重要池沼)。

刘瑞说:"这两次勘探确定的昆明池的位置大体相近,但在池形、池内高地、进出水口的位置上存在差异,对池岸时代的判定上有区别,与文献记载均有不同,历史学者、历史地理学者对此一直有不同意见。根据近五年来的勘探、试掘,早期的昆明池面积约 14.2 平方千米,到唐代中期扩大到 15.4 平方千米。在已勘探区域没有发现过去判断的高地或者岛屿,池底部深浅不一,最深约

3.3米。"

刘瑞介绍，最新勘探确定了昆明池的东西南北"四至"。东岸线上发现东向出水沟渠，将池水引入东侧的漕渠。东岸线北段分早晚两期，试掘确定，早期池岸从西汉沿用至唐，晚期为唐代扩大后形成。

二、完整揭示都城外庞大水网系统

《汉书·食货志》记载昆明池："乃大修昆明池，列馆环之。治楼船，高十余丈，旗帜加其上，甚壮。"《三辅旧事》载："昆明池三百三十二顷，池中戈船各数十，楼船百艘，船上建戈矛，四角悉垂幡旄葆麾盖。"昆明池后来成了泛舟游玩的场所。《庙记》记载池中建豫章大船，可载万人，又于池旁建宫室。

汉唐两代的昆明池浩浩渺渺，当时的水源来自何方、来水又经过了怎样的路线？刘瑞说，他们已较完整地确定了汉唐时期昆明池池岸的准确走向，首次从考古学上确定了与文献记载基本相符的进水河、进水口以及庞大的进水系统，发现并确定了池岸走向的早晚变化及出水口、出水渠变化。

经调查勘探，昆明池水来自秦岭石砭峪，进水口就在南岸线的西端。石砭峪的来水流经香积寺后，向西到西甘河村西，再北流至石匣口村西，然后进入一个面积约1.15万平方米的进水区。这一区域通过一系列生土区隔，在控制流量、流速后将水引入昆明池和漕渠，多余的水通过池岸西侧沟渠排走。

考古队在昆明池南岸线南侧发现一条大型沟渠，它从进水口区东部取水后东流，折向东北再北流，先后接纳了昆明池东侧排出之水。"经试掘，这一大型沟渠的时代从汉至唐，与文献记载的汉唐'漕渠'的时代和走向基本吻合，从而首次发现和判定，这就是漕渠遗存。""据此可以确定，昆明池确如文献所载，池水引自西南，在石匣口村西北进入昆明池。池岸东侧、东北侧存在着4个出水口，都将池水引入了池东的漕渠中。此次考古完整揭示了一个庞大的水网系统。"刘瑞说。

三、镐水和镐京东界确定，周代都城考古获突破

周代丰镐遗址东界位置的确定，为"几十年来周代都城考古的突破性成果"。沣河两岸的丰、镐两个都城，为周时期的全国性都城。丰邑在河西，镐京在河东。

勘探中发现并经试掘确定了镐京的东、南侧沟渠（图一），在沟渠西、北侧确定镐京遗址不存在城墙，确定了长期难定位置的镐水（也称作滈水），解决了镐京东、南边界问题，为相关研究和保护规划的制定提供了准确信息。刘瑞告诉记者："镐水被确定后，镐京遗址的准确'东界'就有了，这是突破性的成果，因为镐、丰两个都城，一直没找到一个准确的范围。现在，我们确定镐京周围四面环水的可能性大一些，对整个都城的认识，也有了新的概括。"

图一　昆明池下周代沟渠（滈水）

　　他们发现，西安过去"八水绕长安"中的 8 条河流，只有滈水一条是人工河，其他 7 条都是自然河。"滈水的发现，标志着我们找到了周代的水利工程，也意味着找到了夏、商、周、秦、汉、唐几个朝代的'水'！"

　　2012 年秋，在镐京遗址东、南侧的昆明池池底淤泥下，考古队发现一条西南—东北向沟渠，勘探长 4200 米以上。它开凿于西周时期，战国时尚存水流，昆明池开凿后完全淤平。最新勘探显示，沟渠以西，密集分布着周代的灰坑、墓葬、车马坑等各类遗存，沟渠的东侧、南侧未发现同期遗存，"该沟渠应为镐京遗址的东界和南界，应当是过去一直未能确定的镐京附近最重要的河流——滈水，重新确定了镐池、滮池的位置与形制"。

　　在寻找昆明池东界时，在池的东侧，考古队还意外发现一个面积近 20 万平方米、外围有环壕的大型聚落，时代从夏朝延伸至商朝前期。

执笔：韩　宏

（原载《文汇报》2017 年 3 月 29 日 5 版）

西安汉唐昆明池面积经考古确定

西汉时期开凿的昆明池面积约为 14.2 平方千米，到唐代中期扩大为 15.4 平方千米，相当于 5 个杭州西湖的面积。池底部深浅不一，最深处约 3.3 米。这是由中国社会科学院考古研究所、西安市文物保护考古研究院联合组成的考古队日前透露的。西安汉唐昆明池考古勘探与试掘，首次从考古学上确定了与文献记载基本相符的昆明池池岸及进出水系统，清晰揭示出汉唐时期这一重大水利工程的宏伟面貌。

昆明池是汉武帝在上林苑中开挖的大型池沼，延续到唐代仍不断疏浚，宋时逐渐变为农田。除训练水军外，昆明池也是汉长安城的调蓄水库，较稳定地解决了长安的蓄水供水问题，并兼有防洪排涝、水产养殖、观光巡游等作用。历代关于昆明池帝王行幸、文人歌咏的诗词文章屡见于书。

2012 年秋至 2016 年夏，为配合陕西省斗门水库项目建设，由中国社会科学院考古研究所与西安市文物保护考古研究院联合组成的考古队先后对水库项目的起步区、试验区和库区地块进行了连续的考古勘探。勘探确定，昆明池北岸位于当地丰镐村南高地，顶部残宽 20～40 米，底部宽 80～110 米。东岸线上发现东向出水沟渠，将池水引入东侧漕渠；北段分早晚两期，早期池岸从西汉沿用至唐，晚期池岸为唐代扩大后形成。昆明池中无岛屿，最深处约 3.3 米。在寻找昆明池东界的时候，考古工作者意外发现了一个面积近 20 万平方米、外围有一道宽 15～25 米沟槽环绕的较大聚落遗址，时代从夏代延伸至商代前期。这一发现填补了西安地区夏代及商代前期遗存发现的空白。

执笔：秦　毅

（原载《中华文化报》2017 年 4 月 3 日 8 版）

西安市汉唐昆明池水系遗存

中国社会科学院考古研究所　西安市文物保护考古研究院

昆明池是汉武帝在元狩三年（前 120 年）和元鼎元年（前 116 年）于上林苑中先后两次兴建而成的大型湖泊。先后在 20 世纪 60 年代初、2005 年开展过考古工作，虽基本确定了昆明池的位置，但与昆明池池形、池内高地、进出水口位置的认识有根本差异，并与文献所载昆明池的进、出水口位置及周围水系记载难以形成较好对应，未得到历史学、历史地理学学者认可。

2012 年秋至 2016 年夏，受西安昆明池投资开发有限公司委托，由中国社会科学院考古研究所与西安市文物保护考古研究院联合组成的阿房宫与上林苑考古队，为配合陕西省斗门水库项目建设，先后对水库项目的起步区、试验区和库区地块进行了多年连续的考古勘探，勘探面积约 10.28 平方千米，发现大量古代遗迹，并通过 2013 年度试掘，获得了以汉唐昆明池遗址水系为中心的新认识。

第一，重新确定了昆明池的池岸线位置，了解了昆明池池岸的结构、特征和早晚变化，确定早期昆明池面积约 14.2 平方千米，唐代中期扩大为 15.4 平方千米。已勘探区域内未发现过去判断的高地或岛屿，池底部深浅不一，最深处海拔 397.6 米，以北岸的现最大高程计，池最深约 3.3 米。

第二，勘探确定昆明池的水源来自秦岭石砭峪，在石匣口村西北侧进入昆明池，进水口区域构造复杂，是汉代大型水利工程的代表。在勘探中，发现并试掘确定了汉唐漕渠的取水口和走向，并确定在昆明池的池岸东侧、东北侧存在早晚共 4 个出水口，昆明池水通过水渠最后流入漕渠。

第三，在昆明池东侧勘探发现一个东西约 780、南北约 340 米，面积近 20 万平方米，外围有一道宽 15～25 米沟槽环绕的较大遗址。在其外侧还发现大面积的文化层分布区。试掘获得的人、兽骨标本 ^{14}C 测年数据显示，该遗址标本校正年代范围为公元前 2040～前 1400 年，遗址主要时段为夏商周断代工程年表所定的夏时期，并向下延伸入商代前期。

第四，在斗门水库勘探中，在昆明池池底淤泥下发现一条位于镐京遗址东、南侧的西南—东北向沟渠，口宽 13.2～14.5 米，斜壁弧底，底宽 7～8 米，深 2.5～4 米，勘探长 4200 米以上。经试掘确定，该渠大体开凿于西周时期，到战国时期尚存水流，开凿昆明池后被完全淤平。其西侧较密集地分布大量古代灰坑、墓葬、车马坑等各类遗存，东侧、南侧则不见任何同时期遗存，该沟渠大体可视为镐京遗址的东界及南界。据文献记载和学者研究，该沟渠应为镐水。同时还重新确定了镐池、彪池的位置与形制。

执笔：刘　瑞

（原载中国考古学会：《中国考古学年鉴·2017》，中国社会科学出版社，2018 年）

1.昆明池功能

昆明池研究

论中国古代皇家园林的军事功能

李天民

皇家园林的建造，历来深受中国封建统治阶级的重视，其中原因，除了建造庞大的皇家园林以满足最高统治阶级的休闲享乐和政治需求外，还具有公开的和潜在的军事功能。对中国皇家园林军事功能的研究，可以帮助我们进一步了解皇家园林的军事价值，拓宽对我国古代军事艺术研究的范围。

一、中国古代皇家园林的军事演练功能

军事演练是提高军队战斗力的重要手段之一。"夫军无练习，百不当一；习而用之，一可当百。故仲尼曰：'不教而战，是谓弃之'。"① 中国皇家园林的军事演练功能是在中国园林艺术的发展过程中逐渐体现和加强的，经历了一个从无意到有意、从弱到强的发展过程。

中国皇家园林起源于原始社会末期、阶级社会初期的君主游猎活动，它已从猎取人类生存物质的活动中分离出来。据传，黄帝时期就设有"囿"，利用自然山泽、水泉、鸟兽，建立起自然林园。早期的原始园囿的功能，首先是以休闲娱乐为主，也在形制上体现皇权至上的政治概念。但是到后来，这种园囿在主要功能上开始发生变化，各有侧重。一类主要向居住和游乐方向发展，这就是离宫园林和京城御苑的雏形；另一类发展为比较固定的游猎苑囿，然后逐渐演化为"猎场"。大约在商周时期，这种含有休闲娱乐功能的狩猎活动也发生了变化，即狩猎活动由个体行为演化为有组织的、有尊卑之分的集体行为——围场。围场在一块比较固定的猎场内举行，有周密的计划和仪程，具有特定的军事和政治含义。如《三国演义·曹孟德许田射鹿》中写到了曹操"引十万之众，与天子猎于许田"的场面；程序上完成合围后，首先由皇帝射猎或指定某人射，否则谁也不能射出第一箭。辽帝在南京（今北京）行宫"延芳淀"猎鹅活动中，拥有"猎头鹅"的权利，"'头鹅'就是辽主亲放海东青鹘擒得之鹅，辽主放鹘之前，谁都不敢先出手，这就是辽帝的首猎权"②。清代的"木兰秋狝"，成为最完备的"恒制"，实际上早已把军事演练上升到"礼"的政治文化活动，成了封建社会礼制的一个组成部分。

皇家园林的这种军事演练功能，有着专门性和兼用性，如训练马军的、步军的和协同作战的。中国的政治中心，汉代以前主要在黄河中下游地区，战事多在陆上进行，以马军和步兵攻打为主。

---

① （蜀）诸葛亮著，段熙冲、闻旭初编校：《诸葛亮集》，中华书局，1960 年，87 页。

② 北京市园林局史志办公室：《京华园林丛话》，北京科学技术出版社，1996 年，199 页。

汉武帝时版图进一步扩大，与南人水战的机会明显增加，建立了专门训练水军的基地，如汉武帝凿昆明池，以及后来曹操在邺城作玄武池训练舟师。汉武帝为讨身毒国而建昆明池习水战，是对中国皇家园林军事演练功能的进一步发展。元狩三年（前 120 年），"是时粤欲与汉用船战逐，乃大修昆明池，列馆环之。治楼船，高十余丈，旗帜加其上，甚壮。于是天子感之，乃作柏梁台，高数十丈，宫室之修，繇此日丽"[①]。使皇家园林的游乐观赏性、振奋军心的政治性和军事训练的实用性得到了完美的结合。这里不仅可以有针对性地训练军队的水战军事技能，而且池以"昆明"命名，使人联想到即将远征的昆明国滇池，有很强的军事指向性，也是对参加军事训练的将士的一种战前思想上的诱导。这种军事训练实质上是一种从思想到体力技能的全面训练和思想教育活动。此后，三国时期东吴于建康宫城北的覆舟山修筑乐游园，园北开挖的人工湖玄武湖，也兼有游乐和阅武的功用。皇家园林的这种军事技能培训和思想教育相结合的功能长期发挥着作用，甚至演变为全民国防意识教育的基地。据《河南通志·开封府》载："金明池，在府城西郑门外西北。周回九里余。后周世宗显德四年（957 年），欲伐南唐，始凿，内习水战。宋太平兴国七年（982 年），太宗尝幸其池，阅习水战。徽宗政和中（1111～1117 年），于池内建殿宇……殿西有射殿，南有横街、牙道、柳径。车驾临幸，观骑射百戏于此。后毁于金兵。"对此，清代乾隆皇帝深有感慨地在题元代画家王振鹏所作的《龙池竞渡图》诗中说："龙骧惯弄水龙舟，教战昆明古有由。齐赴锦标难夺得，五云高拥宝津楼。"金明池作为皇家园林的一个重要组成部分，每年的三月一日帝王临幸观水战演习和骑射百戏时，也向公众开放，实际上是把国防意识的教育面向公众，这对于提倡尚武精神、提高全民的国防意识，都有积极的教育意义。

在清代，中国皇家园林的军事演练功能得到进一步加强。康熙帝于 1681 年在承德以北建"木兰围场"，东西宽约 150 千米，南北长约 100 千米，并将每年秋季会合蒙古诸部在此狩猎"定为恒制"，从康熙二十三年（1684 年）起，每年要带领军队举行"木兰秋狝"，通过带有明显军事训练性质的活动来锻炼部队，加强与蒙古诸部的联合军事演习达到巩固北方军事的政治战略目的。而在京师，也将南苑修建成一座兼有皇家猎场和演武场性质的特殊行宫，成为训练马军的重要基地。清代将南苑狩猎阅武作为朝廷的大典，有很隆重的仪式和壮观的场面。它对于提高清王朝的军事思想建设和完善军事体系都有重要意义。为了适应对四川山地作战需要，乾隆帝特在香山修建城堡，训练步兵爬山体能和培养山地作战能力。对于水军的训练，乾隆仿效汉武帝在长安昆明池训练水军的故事，从乾隆十六年（1751 年）开始命健锐营兵弁在昆明湖定期举行水操，调福建水师官员任教习，并为此建造大型战船 16 艘，组成一支训练船队。乾隆帝还于十九年亲自参加了昆明湖上进行的带有军事演习性质的"水猎"。由此可见，清代已将皇家园林的军事教育演练功能发挥到了一个很高的水平。

二、中国古代皇家园林的军事防御设施功能

京畿要地，是国家军事防御力量的重点所在。所以京城及其附近的皇家园林通常兼有很好的

---

① 《二十五史·史记》，上海古籍出版社，1986 年，480 页。

军事防御设施功能。皇家园林绝大部分集中在京城及其附近区域，其中有很大一部分地理位置比较重要，有强有力的军事力量驻扎。如秦始皇在上林苑中修葺长杨宫作为狩猎的专用离宫，驻有精锐的卫戍部队配合皇帝游猎，也可以随时征战。后来，这种功能的增强与东汉末期豪强地主的广修军事坞、堡，拥兵自保有直接的关系。曹操建铜雀园，紧邻宫城，如同大内御苑，台基高大，建筑雄伟，引活水入内可供生活和创水景及养鱼；同时还建有储藏军用器械的"武库"，以及储藏冰、炭、食盐、粮食等物资的冰井台。由于铜雀园特定的地理位置和战备物资的囤积，使之不但具有处理政务和游居观赏的功能，还成为一座进可攻、退可守的军事坞堡。

此后，历代的都城及宫苑建设也都考虑到了这一点。魏明帝在营建洛阳宫苑时，在毗邻宫城西北部的西游园北部，增建了"金镛城"，既为游赏，也为加强宫城的防卫能力，以备出现非常局面时"退足以守"。东吴将建康宫城北的制高点覆舟山营为御苑，充分考虑了利用宫苑控制战略要地的军事目的。可见东吴的"占地利"，是从大到小都充分利用。唐都长安，禁苑扼据宫城和北面清河之间的要冲地段，"禁苑位于京城之北，既便于皇帝游乐，又能拱卫宫城，唐代的许多大事件与禁苑有关就说明了这一点"，把龙首原和汉城划入禁苑……控制城北的制高点，对长安城的安全实在也是不可缺少的……把拱卫宫城和皇帝游乐结合起来，就是对禁苑的奇妙使用。[①] 这种模式功能后来被纳入首都城市总体规划之中，成为中国封建社会国都营建文化的重要组成部分。此后，宫苑制高点成为宫城中轴线空间序列的休止符，宋、元、明、清皆如此。

皇家园林的军事防御设施功能，有时甚至与王朝的生死存亡休戚相关。金朝的中都保卫战中，城东北的离宫万宁宫和城南的行宫建春宫这两座皇家园林的特殊作用，曾决定金王朝的命运。万宁宫是位于金中都城外东北的又一宫城，在今北京北海一带，是一处规模相当大的离宫，有著名的太液池中琼华岛胜景。万宁宫始建于大定十九年（1179 年），有殿宇 90 余所，金章宗即位后每年都有数月居于此，并受朝和处理国政。明昌六年（1195 年）"五月丙戌，命减万宁宫陈设九十四所"[②]。一减可达 94 所，可见规模之大。建春宫位于中都城外南面，金章宗也在这里制定和颁布法令，其规模应该比较大。由于这两处宫苑的地理位置对中都的安全很重要，所以不但宫城墙体坚固，防御设施齐全，战略物资的储备也很充裕，均设有武库，还有大量驻军，是中都军事防御体系的重要组成部分。为此，蒙古崛起后，金章宗先后于明昌六年十二月和承安二年（1197 年）三月到万宁宫和建春宫"幸后园阅军器"进行军事视察，高度重视这两处园林建筑在京城安危上的作用。果然，在不久的中都保卫战中，它们发挥了很大作用。1213 年十月蒙古兵围中都，万宁宫和建春宫成为这次中都保卫战防御体系中的重要组成部分，京城内外相互呼应，使蒙古军的军事行动受到很大牵制，只得撤围，所得的收获只是金"许以公主归于成吉思汗"，可谓无功而返。但蒙古军于 1215 年正月再次兵临中都时，采取了先攻取这两处堡垒，破坏中都防御体系的战术，取得了成功。他们集中兵力先攻克建春宫，以此为据点"围城打援"，两次全歼金朝从南京汴梁派出的援军，获大量粮草辎重；四月，乘势攻克万宁宫，使中都陷入绝境；五月，守将万般无奈开城投降，蒙古

---

① 马正林：《丰镐—长安—西安》，陕西人民出版社，1978 年，81、82 页。

② 《二十五史·金史·章宗记》，上海古籍出版社，1986 年，6952 页。

军攻金中都取得了完全胜利。正因为这样，历朝都在都城附近营建离宫别馆，使之成为整个京师军事防御体系的隐形部分。这个体系除直接的军事力量外，还起威慑敌人和稳定民心的作用。

三、中国古代皇家园林的战略要地控制功能

政权的稳固始终是统治阶级关心的头等大事。在皇家园林建筑中，也常常会考虑到建筑物的军事战略功能，特别是加强扼制交通要道的功能。秦二世时所建的林光宫，其意图就非常明显。《三辅黄图·卷一·秦宫》载："林光宫，胡亥所造，纵广各五里，在云阳县界。"其故址大约就建在今淳化县境内之甘泉山东坡。此地除山水之美可建园圃避暑休闲外，秦王朝修建它的更主要原因是交通的便利和控制战略地位的重要性。统观此地，除环境优美外，"形势险要，秦'直道'南下穿过，则又是兵家必争之地。"①修建林光宫，不仅游赏便利，军事力量也得以加强。离宫的驻军除保卫离宫和秦王的安全外，实际上也控制了具有战略意义的交通要害。帝王经常临幸驻跸，使之战略意义更突出。

汉武帝重修的秦代甘泉宫也有这样的意图。"甘泉宫在长安西北约150公里之云阳甘泉山……甘泉山主峰海拔1809米……这里发现有西汉建筑群遗址一组，估计是军事防卫性的建筑物。""在军事上，甘泉宫的地理位置十分重要。它是长安沿泾河河谷通往西北边塞的要道隘口，秦代以来皇帝北巡均以此为始发站。因此甘泉宫不仅是西汉的主要离宫之一，也是一处军事设防和屯兵的重镇……宋人唐仲友《汉甘泉宫记》'盖自孝文迄于元、成，尝于此整军经武，祀神考政，行庆赏朝会之礼，非止为清暑也'。"②已将甘泉宫的军事功能点了出来。

隋代的仁寿宫、唐代的玉华宫都是著名的离宫，它们的选址建造也都有明显的战略意图。仁寿宫在今西安城西北163千米的麟游县新城区。麟游在隋唐时乃京城通往西北的交通枢纽，是拱卫首都西北面的军事要地，建造庞大华丽的避暑离宫后，此地常驻重兵守备，起到扼制要道的作用。隋亡后仁寿宫曾一度凋零，唐太宗时加以修缮并扩建，改名九成宫，内有宫廷、禁苑、官署、府库，唐太宗与高宗常在此处理朝政，与华清宫齐名。玉华宫始建于唐高祖武德七年（624年），原名仁智宫，位于今西安西北铜川市境内子午岭南端的凤凰谷中。此地北依陕北黄土高原，南临八百里秦川，子午岭有秦朝的"直道"穿过，自古就是关中通往塞北的交通要道。在这三条交通要冲的咽喉部位修建离宫别苑，重要目的之一也是控制战略要地。

帝王陵园是皇家园林的重要组成部分，是帝王死后的又一"生活场所"。皇家也经常利用陵园，作为控制和保卫京师的战略设施，如明初南京的孝陵卫和北京的十三陵区。明代的十三陵，位于北京西郊昌平区北约5千米处。此处作为皇家陵区，"北面大寿山雄伟绵长，起伏秀丽，为整个陵区的绝妙背景。东西北三面群山耸立，如拱似屏，气势磅礴，蔚为壮观。南面龙山、虎山分立左右，如天然门户，成为守卫陵园的'青龙'、'白虎'，"不仅符合堪舆家风水学说的"风水宝地"要求，

---

① 周维权：《中国古典园林史》，清华大学出版社，1999年，413页。

② 周维权：《中国古典园林史》，清华大学出版社，1999年，56～58页。

而且"山势如屏，易守难攻，是北京的天然屏障。一旦驻军把守，既可守卫陵寝，又可保卫京师安全"①，使十三陵所处的位置成为守护北京的门户。

四、中国古代皇家园林的军事物质生产和储蓄功能

"兵马未动，粮草先行"，物资供应是战争能否取得胜利的基本保证。春秋时期中国著名的军事理论家孙子在《孙子十三篇·军争篇》中说："是故军无辎重则亡，无粮食则亡，无委积则亡。"战争物资的供应，始终是战争胜负的生命线。但是，"兵者，诡道也。故能而示之不能，用而示之不用"。粮草辎重越隐蔽，安全性越大，战争的胜算也就越大。囤积军用粮草辎重有公开的仓库，是公开的军事力量；还有许多是秘密的，是潜在的军事力量。皇家园林中军用物资的生产和储蓄，就属于后者。它在这方面的功能虽然不是很强，但用于应急仍是非常得力的。

园林中军事物资的生产与囤积。《太平御览》卷一九六引《汉宫旧仪》："武帝时，使上林苑中官奴婢及天下民贫赀不满，五十万徙置苑中，人日五钱，到帝得七十亿万，以给军，击西域。"可见当年"击西域"的军事行动中，上林苑所出的物产是临时募集军费的主要组成部分，灵活地将皇家园林的经济功能转化为军事功能，为军事行动的胜利奠定了宝贵的物质基础。清代御苑之一的南苑，每年可割取羊草58万束，是平时和战时马的饲料供应的后勤保障之一。此外，一些园林中还建有储存武器装备的"武库"，如汉代萧何在未央宫中所建的"武库"、汉末铜雀园中的"武库"、金朝万宁宫和建春宫中的"武库"。这些武库存有数量很大的军械、被服等军用物资，它们的存在都具有很好的军事功能。

军马的蓄养。历来帝王都在上林苑蓄马，事实上这就是潜在的军事力量之一。在冷兵器时代，马是重要的军用物资，是武事的象征。《周礼·夏宫·序官》："夏官司马。"郑氏注："马者，武也。"特别是战国以来，骑兵成为军队中战斗力最强的兵种，孙膑称用骑有"十利"。马在战争中的功能长期发挥着作用，汉代"孝景时……益造苑马以广用"②。据史书记载，至迟在战国时期已出现战争期间不准马匹"出关"的禁令，此后将禁止马匹出关或贸易称为"马禁"。"卫绾奏马高五尺九寸以上、齿未平（注：马十岁齿平）不得出关"③。"淳熙二年，严马禁，不得售外蕃。"④匈奴是我国古代西北地区的一个游牧民族，长期对中央汉族政权构成威胁，汉武帝能够解除匈奴的威胁，最主要是建立起一支比匈奴更强大的骑兵部队。年轻的将军霍去病率骑兵六战六捷大败匈奴后，威名大振，被封为"骠骑将军""冠军侯"。霍去病墓的雕像，就以战马的形象来象征霍去病的伟大功绩；"马踏匈奴"，象征西汉王朝对匈奴的胜利。《三辅黄图·卷四·苑囿》载，汉代长安苑内养马"诸苑三十六所，分布北边西边，以郎为苑监，宦官奴婢三万人，养马数十万疋"。这在当时是不可忽视的、潜在的军事力量。清代设有"上驷院"专管御用马匹，其中的南苑，在鸦片战争期间曾为天津

---

① 程建军：《风水与建筑》，江西科学技术出版社，1992年，31页。

② 《二十五史·史记》，上海古籍出版社，1986年，178页。

③ 《渊鉴类函·卷四三十三·兽部·马》，中国书店，1985年。

④ 《二十五史·宋史·外国传五·占城》，上海古籍出版社，1986年。

兵营提供上千匹军马，也说明了这一事实。

　　综上所述，中国皇家园林除了具有很高艺术性外，还有着极大的军事、政治、文化教育功能。这种政治和军事功能是在实践的过程中发现发展，逐渐完善和强化的。虽然它们的军事功能在外观上是比较隐晦的，但作用很大，影响也很大，某些因素还发展为中国传统文化的组成部分。

（原载《军事历史》2002 年 6 期）

我国古代的水军训练

逄文昱

我国古代大规模的军事航海活动至迟可以追溯至周武王伐纣时八百诸侯会渡孟津，而水军（舟师）作为独立建制的兵种，应始于《春秋左传》记载的襄公二十四年"楚子为舟师以伐吴"。楚国始建舟师，其他诸侯国纷纷效仿。由于军事航海活动规模大，秩序性、纪律性和协作性要求高，因此平时的训练和演习较之陆军更为必要。一些具有远见卓识的统治者和军事家早就认识到了这一点，并积极创造条件付诸实施，因此我国古代的水军训练很早就开展起来，并且一直存而不废，形式上和内容上也越加完善。

一、西汉至北宋"昆明池习水战"模式沿革

春秋时期，为在争霸中取得优势，吴、越竞相加强水军建设。伍子胥投吴后，比照陆军的训练方法训练水军，"令舡军之教比陵军之法，乃可用之"。《史记·越世家》说，勾践有"习流二千"。所谓"习流"，就是久经演习而熟悉水战的士兵，可见，越国水军的实战训练也是长期进行的。

至西汉，水师已颇具规模并形成定制。汉武帝元狩三年，为了讨伐地处西南的昆明国，"乃作昆明池以习水战"，并且"岁时讲肄，修武备"。

西汉创制的"昆明湖习水战"模式被后世因循下来，晋元帝太兴二年，将江宁府城北太平门外的元武湖"创为北湖，以肆舟师"，南朝宋元嘉二十二年，在此"大阅水军，号昆明池"，"齐永明中，亦演水军于此"。

唐初，汉武帝时穿凿的昆明池重新作为水军演练校场，《唐会要》记载，武德九年三月，高祖李渊"幸昆明池，习水战"。但是似乎并没有延续下来，终唐一代，昆明池只是作为皇家游苑，晚唐之后渐至湮塞。

后周显德四年，世宗皇帝为平南唐，"以南方水军敏锐，乃于京城汴水侧开地造船舰数百艘，招诱南卒教习北人水战"。

北宋立国后，为平定江南，更加重视对水军的训练。太祖乾德初年，"凿大池于京城之南，引蔡水以注之。造楼船百艘，选精兵，号水虎捷，习战池中。开宝六年，诏以新池为讲武池。七年，将有事于江南。是岁凡五临幸，观习水战"。宋太宗即位后，又于城西琼林苑北开金明池，"导金水河水注之，以教神卫虎翼水军习舟楫"。池成之后，太宗皇帝屡次"幸金明池，御龙舟，

观习水战"。雍熙元年夏四月乙酉，太宗皇帝再次"幸金明池，亲习水战，谓宰相曰：'水战，南方之事也。今其地已定，不复施用，时习之，示不忘武功耳。'"因此，金明池习水战"讫真宗朝，岁习不辍"。但后来"习水战"逐渐沦为一种水操游戏，仁宗天圣三年三月二十二日，"诏金明池教习船有司列水嬉，士民观者甚多"。至神宗朝，金明池水战演习已经不见记载了。

从西汉至北宋，这种以内陆封闭"池""湖"为基地的水军演练，都带有一定的仪式性和象征性，但由于脱离了真实的水战环境，因而对实战的意义不大。

二、元明时期针对水军实战的训练

元初水师船队规模巨大，但因组建仓促，缺乏必要的实战演练，因而对东亚日本和东南亚爪哇与占城的军事征服都以失败而告终。朱清、张瑄开海漕后，对漕卒的培训却很重视，"元之海漕其利甚薄，其法亦甚备……其行船者，又雇募水手，移至扬州先加教习"。到成宗时，对漕卒的培训兼有军事目的，"大德六年正月，海道漕运船令特默齐军与江南水手相参教习，以防海寇"。

明代，出于"抗倭"和"捕盗"等需要，水师分驻沿海与内河要害地区，"有警则随机策应，无事则分投教习"。水军训练基地也从内陆"池""湖"等封闭水域移向通海江河和外海。为了提高水军官兵的军事素养和航海技能，明政府非常重视平时的教习和操演，责成专人和专门机构负责，"弘治初，（曹振）掌南京前军都督府事，专管新江口整饬战船，操习水战"。并且逐渐形成惯例，正统九年五月"己未，广东按察使郭智奏：沿海备倭官军宜以每月朔望，于小海内驾船操习水战"。后来水师操演更为频繁，以万历二十六年驻防昌国（今浙江定海县）的水师为例，"各总每岁正月望后，贰月初旬，捌月望后，玖月初旬，每以贰、伍、捌日为期操演，共壹拾肆次，又军门巡临并大小二汛合操叁次"。至于明代水师的演练内容，则航海技能与军事技术并重，"在船水兵，旧有水操、陆操之规，近来船兵仅取撑驾，遇贼鲜不偾事，宜于春防汛毕则操练于陆，遇小汛则教演于水"。

戚继光的《纪效新书》代表了明代水师训练的最高水平。该著成书于嘉靖三十九年（1560年），为作者在东南沿海平倭期间练兵和治军经验的总结。原本共18卷，最后一卷《治水兵篇》，包罗了关于水军训练的各项具体项目，诸如兵船配置、人员分工、旗语号令、队列方式、船械使用等，十分全面。而且，每一项都规定得非常细致。比如在军事技术方面，详细开列了各种船型的"兵夫列船式"，"福船"条下规定："平时在船四面摆五甲，总合为一大哨。于船四面各甲各器长短相间，分方面外而立。如遇打贼，随贼所在之面，并力动手；无贼之面，亦留每面二人，防看其船头。用铳一架，第一甲拨兵四名，专管船头闸板下；第二甲拨兵四名，专管两水仓门。"在航海技术方面的"遇夜洋行船"条规定："各船以灯火为号，中军船放起火三枝，放炮三个，悬灯一盏，各船以营为辨，前营船悬灯二盏，平列左营悬灯二盏，各桅一盏，右营大小桅各悬灯二盏；平列后营悬灯二盏，一高一低，看灯听铳收舟宗。"作为一部兵书，如此"精微"与"详细"，文字又浅显易读，彰显了作者"间择其实用有效者，分别教练，……以诲诸三军俾习焉"的目的。

三、清代水师的训练制度化和教习专职化

清代的水军训练更进一步，形成了水师定期操演制度化和教习专职化。

清代的水师操演最早分为"春操"和"秋操"，顺治时期"定各省八旗水师营，每岁春秋二季，将军、都统、副都统等，率官兵驾战舰操演"。后又有"月操""季操""岁操"等。《清高宗实录》记载："（乾隆二十四年五月甲申）谕军机大臣等。据王进泰奏。时值春操。赴崇明查看。止有出巡船五只。其余各营战船。俱交厂修造。无船可操。请将崇明镇暨沿海各营届修船只。现行趱修一半。以应秋操。余船缓至来岁接修等语。所见甚是。已有旨交议矣。沿海营汛。练习水师。全在驾驶战舰。出洋操演。方足以明训练而修军实。如遇届修之期。即当豫为确估工料。速行趱办。以应操期。何至各营俱藉词无船。尽行停操。则将来凡遇修造之年。各营官兵。势必经年不复登舟操演……"可见乾隆皇帝对于"春秋二操"的重视，要必须排除一切客观困难保证其如期进行。

此外，还经常进行两支以上水师之间或水师与陆军的联合演习，即"合操"，或称"会操"。据《广州驻防事宜》记载："逢五、十日，水师操船，春秋合演马步大队；九月，水师会操虎门，凭艺论赏，按等议罚，所业俱臻纯熟。"《两浙海防类考续编》也有记载："今后各将所部水哨船兵，立期操演。汛暇，则各总分哨预操，临汛，则该参纠总合操。"

清代的水军教育不仅仅停留在实践演练的层面上，还很注重理论学习，"停操之后，仍各率官兵讲习水务"。

清代水师已有专职的教官，称为"教习"或"教习兵"。据《清世宗实录》记载，雍正七年八月"甲寅，谕兵部，盛京旅顺地方，虽设有水师官兵，而俱不能谙练水师事务。若无教习之员，恐其有名无实。著福建水师提督蓝廷珍，于千总内拣选数员，于兵丁内拣选数名熟谙水师者，令赴盛京，交与该将军，令其教习旅顺水师官兵"。而当时的乍浦水师营一营就"设教习兵四百名"。

对于这些"教习"，如果工作出色则给予优奖："水师营兵，宜添设官弁，教习训练。应如所请，照天津水师营例，行令闽浙总督，于水师千把外委内，拣选熟习外洋者十员送部，发往奉天教习。应支饷项，亦照天津水师营例给发。有成效，照天津教习水师例议叙。"但是如果工作不合格，则给予重罚："漕艘挽运，全用本军子弟驾运，应先令头舵水手数名教习。自雍正三年为始，一年内，能教成本军十分之六七者，记功一次；不能教习，过准时，查验仍用雇募水手五分以上者，笞责，并记大过一次。"

清代水师定期操演制度的确立和专职教习人员的出现，标志着我国古代水军训练在形式上和方法上的实质性突破。而清代还出现了一部关于水军训练的"教科书式"的重要著作——《舟师绳墨》。《舟师绳墨》作者林君升（1685～1756年），福建同安人，出身于行伍，该书为其在浙江定海镇总兵任上所撰。据清乾隆三十七年陈奎刻本，全书共万余字，分为"教习弁言""捕盗事宜""舵工事宜""缭手事宜""斗手事宜""碇手事宜""众兵事宜""跋"8个部分。在"教习弁言"中，作者开宗明义地阐明了编撰此书的目的："本为教习水师而设。"该书文字极其浅白通俗，在"教习弁言"中，作者即表明"宁言粗俗而求实效，不敢粉饰而事虚文"的实用态度；而且针对性极强，对

于"捕盗"、"众兵"和"舵、缭、斗、碇"等各岗位职责，内容各有侧重，学习起来更加便捷，效率更高。《舟师绳墨》的出现表明我国古代水军训练已经开始上升到理论的高度，为后来的新式海军训练提供了重要的基础和借鉴。

（原载《中国海事》2013 年 6 期）

昆明池：汉代水军的摇篮

刘永加

"昆明池水汉时功，武帝旌旗在眼中。"早在两千多年前强盛的西汉时期，雄才大略的汉武帝刘彻，就在长安建设了海军训练基地——昆明池，从此，西汉强大的海军一步一步发展起来，成为统一国家和保卫海防的重要武装力量。

一、昆明池里练水军

昆明池创建于西汉武帝元狩三年，这在历史典籍中有明确的记载，《汉书·武帝纪》载，元狩三年，"发谪吏穿昆明池"。昆明池位于长安城西南，方圆四十里。据专家测算，昆明池的规模巨大，周长约 16.6 千米，面积约 14.75 平方千米。昆明池被用于水军操练，在典籍中也多有记载。据《史记·平准书》载，元鼎元年"乃大修昆明池，列观环之。治楼船，高十余丈，旗帜加其上，甚壮"。《西京杂记》卷六也载："昆明池中有戈船、楼船各数百艘。楼船上建楼橹，戈船上建戈矛，四角悉垂，幡旄，旌葆麾盖，照灼涯涘。"除了前面记载的楼船、戈船以外，《广博物志》卷四十还记载："昆明池中有戈檀舟，昆明池中有撞雷舸。"戈檀舟和撞雷舸这两种船都是军事用途的战艇。

通过这些记载可以知道，汉武帝命令建造了大批军舰，仅戈船、楼船两种就各有数百艘，再加上戈檀舟、撞雷舸等战艇，组成了一支威武雄壮的水师，游弋在周围四十里的辽阔水域上，进行大规模的水上作战训练。唐代文人王起《昆明池习水战赋》对此有比较全面的描述："伊昔汉武，将吞远戎。凿昆池之澹澹，习水战之雄雄。池则无涯，写滇河之象；战思拓土，合水国之风。将以规远略，恢圣功。遐方不拥，犷俗来同。岂徒列万艘之逦迤，玩一沼之冲融。乃命搜舳舻，征卒伍。刜楫棹，备金鼓。得伏飞于荆江，获文身于越土。榜人来萃，水客斯睹。介夫仡仡，将牵牛以交映；画鹢呀呀，与石鲸而对吐。奚去陆以习坎，方整众而耀武。武之耀兮昭彰，众之整兮张皇。揽繁弱，拔千将。可以摧南方之锐，可以挫北方之强。列万夫之貔豹。"

汉武帝如此重大的举措，是有原因的：汉代初期，在我国东南沿海主要存在着三个割据政权：东瓯（今浙江和江西东部）、南越（今广东、广西西部和湖南南部）和闽越（今福建）。当时，刘邦初定天下，无力征战，只好对其采取笼络政策，予以承认。到了汉武帝时期，他一方面对北方的匈奴进行了武力反击，取得了决定性的胜利；另一方面建立起海军训练基地，建设强大的海军，准备平定南方的割据势力，同时也为了确保海上交通的畅通。据《汉书·严助传》记载：建元元年，汉武帝派严助、朱买臣等负责建立水师，用以保障海上交通安全和平定东瓯、南越和闽越。

昆明池工程本身所蕴含的智慧至今让人叹服，其水利工程设计非常合理：沿着滈水由南而北的流向自然来引水、排水，蓄水则在低洼地处，选址科学。出水口的选择则是根据引水需要和泄洪需要来进行的。同时昆明池还发挥了供给都城水源、给宫廷和市民提供水产、为当时市民提供风景休闲地、干旱时浇灌农田甚至还有平稳漕运水系的功能。

二、先进技术为水军作战奠基础

西汉的海军建设得益于那时已经十分先进的造船技术。战船是西汉水军的主要装备。随着西汉造船业的发达，建造的战船种类有楼船、戈船、下濑等多种。

当时最为著名的船，便是楼船。楼船在前代的基础上，继续改进，汉代生产的楼船规模宏伟，结构一般为三层，大者达十余层，高十余丈。船上有楼数重，又有女墙、战格、弩窗、矛穴，上竖幡帜，置抛车、垒石、铁斗，状如城垒。

此外，汉代水军装备中，还有用于突袭敌船的冒突、先登、艨冲和赤马舟等，其特点是船小，行进速度快，如快马驰于陆地。或以牛皮蒙船覆背，两厢开孔穴，由弩向窗外射敌，易守能攻。

另有一种专用于侦察敌情之船，叫"斥候"，也装备于西汉水军。船上的构造有帆、舵、橹等，操纵灵活，其水平在当时世界上首屈一指。西汉高超的造船技术和装备配置水平，为水军的发展提供了先进的军事装备，提高了水军的作战能力。

西汉造船的专门机构，在京兆尹有船司空和水衡都尉，之下设有船官辑濯令丞；在地方上，南方庐江郡设有楼船官，负责军民船只的制造。西汉的楼船军基地，除了京都的昆明池外，大都设在沿接江海处，多数在江南、江北，山东半岛也有。其中豫章、浔阳、庐江、枞阳、会稽、句章、博昌等是最重要的舰船基地。

豫章属于豫章郡，即今南昌。据《汉书·武帝纪》载，平南越时，"楼船将军杨仆，出豫章，下浈水"，便是从南昌溯赣江南下，在赣州入桃江转入浈水，顺流达韶关，再进入北江到广州。若由赣江北上，则可过鄱阳湖，进入长江。浔阳属于庐江郡，在九江府西十五里，据江湖之口，为咽喉要地。《汉书·伍被传》上说："略衡山，以击庐江，有浔阳之船。"《汉书·尹助传》也说闽越反叛，而"入浔阳"楼船。汉武帝第三次巡海是从浔阳登船沿江东下的，可见浔阳是汉代较重要的一处水军基地。

庐江、枞阳同属于庐江郡。据《汉书·地理志》载，汉代在庐江郡设置"楼船官"，又有造船工场。庐江郡治所先设在今之安徽舒城，后移潜山。造船工场在今安庆下游江边菜子口的枞阳。当汉武帝在元封五年（前106年）乘船巡海时，先从浔阳登船，顺流而下，到安庆视察了造船工场，又增添了船只，然后"舳舻千里，薄枞阳而出"，可见对长江下游来说庐江基地的重要性。

会稽郡辖今江苏东部与浙江西部地区，郡治在今之苏州。汉武帝时曾派朱买臣为会稽太守，诏买臣到郡后"治楼船，备粮食，水战具"。这说明在汉代苏州既是造船中心，又是水军基地。

建元三年，浮海进军东瓯，水军就是从会稽出发的。元鼎六年，汉水军平闽越，也是由会稽出海南下的。句章在今浙江慈溪市以西的杭州湾海边。平闽越时，"上遣横海将军韩说出句章，浮海从东方往"。元封元年冬，攻至闽越。"闽越军使徇北军守武林，败楼船军，数校尉杀长史，楼船军卒钱塘。"从这段记载来看，可以得知钱塘江口外的句章，是一处水军基地。博昌属于千乘郡，在今山东博兴县小清河入海口附近，凡海上渔盐之利及沿小清河、大清河各地物产，都在博昌集散，其是当时北方的一个重要口岸。据《汉书·卜式传》载："臣愿与子男及临淄习弩，博昌习船者请行。"可见，博昌也是汉代水军基地之一。

在海军建设上，汉武帝制定了严格的将帅和士兵序列，他任命路博德为伏波将军，大将杨仆为楼船将军，统领水师，负责远征平定割据势力。

此外，汉武帝还任命了戈船将军、横海将军和下濑将军等中高级军官。水军中的士兵则称为楼船士、楼船卒、黄头郎、羽林、棹卒等，多征渔民、水家子弟入伍，服役年龄从 23 岁到 56 岁。楼船由水军楼船士驾驶，在楼船将军指挥下作战，可攻可退，每只船是相对独立的作战单位。戈船也是主要战船之一，专设戈船将军指挥戈船作战。下濑也是一种战船，较为轻便，可在水流湍急与有礁石的河流航行，专设有下濑将军，予以指挥。这应该是我国最早的海军雏形。

由于西汉王朝十分注重水军建设，经过多年的努力，终于建立起了一支拥有 4000 余艘战船，20 多万水兵的楼船军。这支水军南征北伐，对开拓疆土，统一中国，起到了重要作用。

三、汉代水军为扩大版图立战功

西汉经过 70 年的休养生息，国力逐渐强盛，尤其是建立起了一支强大的海军后，汉武帝便着手用武力统一东瓯、南越和闽越这三个地区。汉武帝的战略是，先从海上进军，占领东瓯。接着派出 10 万楼船军，经珠江水系，进攻番禺（今广州），灭了南越。最后，海陆夹攻，平定闽越。

进占东瓯的战争。首先是建元三年，闽越王无端发兵进攻东瓯引发。面对强敌的进攻，东瓯王无力抵抗，只得向汉朝廷告急求救，汉武帝以"小国以穷困来告急，天子不救，尚安所诉，又何以子万国乎"为由，派严助持节发会稽水军，出长江，浮海南下，在永嘉登陆。闽越看到汉军来援，没敢交战就撤军回国。汉军乘机占领了东瓯，然后将东瓯居民迁徙到汉淮地区，并在永嘉建立了南进的根据地。由此可见西汉水军之强大，也可以看出西汉对水军的倚重。

攻取南越的战争。南越本是秦国的郡县，秦灭亡后，南海郡尉赵佗趁机吞并象郡、桂林，自立为南越武王。汉初，朝廷因为无力南顾，即册封赵佗为南越王，借以维持与东南地区的关系。

汉武帝时，南越太后樛氏和南越王兴上书汉朝廷，表示愿意归属汉朝，撤除割据边防。然而，南越丞相吕嘉起而反对，杀了南越王母子及汉朝廷使臣，拥立赵建德为南越王，与汉对抗。

元猎四年，西汉对北方匈奴作战取得决定性胜利后，得有余力南顾，便着手发动统一南越的战争。元鼎五年（前 112 年）秋，汉武帝发楼船军 10 万人兵分四路，讨伐南越。

第二年冬，楼船将军杨仆率楼船军，出桂阳（今湖南南郴县），下湟水，率先攻陷寻陕（今广东曲江区境内），沿北江而下，破石门（今番禺县北），后继续推进，再破越锋，在此与伏波将军路博德会师后，一道进发，楼船军在前，进至番禺城下，南越军闭城坚守。

于是，杨仆军从东南方向，路博德军从西北方向发起攻击，经过一整夜激战，番禺城被攻破，全城尽降。吕嘉率数百人趁夜暗逃亡入海，后被杨仆水军捕获，南越遂平。南越灭亡后，汉朝将南越属地设置儋耳、珠崖、南海、苍梧、九真、郁林、日南、合浦、交趾九郡。

灭亡闽越的战争。西汉时，闽越的辖地，大致包括现在的福建全境，西接豫章，北靠东瓯，南邻南越。闽越王对汉王朝阳奉阴违，心怀二意，对四邻则采取扩张政策，北侵南掠，扰得东南沿海不得安宁。汉武帝早就想平定闽越，并为此做了充分的准备和部署。他任命朱买臣为会稽太守，令其"治楼船，备粮食，水战具，须诏书到，军马俱进"。同时，接受朱买臣的建议，制定了"发兵浮海，直指象山，陈舟列兵，席卷南行"的平定闽越的战略方针。

元鼎五年，当汉武帝发兵讨伐南越时，闽越王余擅自请发水军8000人随杨仆南征。但当兵至揭阳时，却借口风涛汹涌，停军不前，一面又与南越暗通消息。南越灭亡后，汉武帝认为，闽越散居于山泽腹地，易守难攻，应引其离境然后歼灭，命令汉军在豫章集结，休整待命。

余善闻讯后，公开反叛，发兵进攻豫章、武林（今江西余干）。汉武帝令横海将军韩说率水军出句章（今浙江慈溪市境），浮海南下，从海上进攻闽越，并切断其海上退路；楼船将军杨仆出武林，分路进攻闽越。元封元年，汉水陆大军攻入闽越，闽越人杀余善投降。从此，闽越统一到中国的大家庭之中。

汉武帝用了28年的时间，先后统一了东瓯、南越、闽越，使东南沿海的广阔地域悉归汉朝版图，为祖国的疆域奠定了基础，在长期的征战中，汉代海军起到了决定性的作用。

西安昆明池的古往今来情形如下。

昆明池是历史上古长安城重要的蓄水供水工程。

据悉，汉武帝在位时期，北逐匈奴，开通西域，建立了宏图霸业。但是地处西南地区的昆明诸国一直不归服汉朝，昆明国还阻止周围小国向汉朝进贡，同时这些国家还阻断了汉朝通向身毒（古印度）的道路。汉武帝决定征讨昆明国，但是这一地区的士兵擅长水战，这对于汉朝以陆战为主的军队是一个极大挑战。为了训练士兵水战能力，汉武帝在上林苑里修建了昆明池来操练水兵。诗人杜甫曾经在诗中写道："昆明池水汉时功，武帝旌旗在眼中。"昆明池后来逐渐变成了泛舟游玩的地方，同时它还是我国历史上第一个人工湖。昆明池水域面积相当于四个杭州西湖，一直到了唐朝时由于各种原因才干涸。

而在北京颐和园中的湖泊也叫昆明湖，其实它和汉武帝开凿的昆明池有着不解之缘。清朝乾隆皇帝兴建清漪园（后改为颐和园），将里面的天然湖泊开拓成现在的规模。乾隆自诩为"十全老人"，认为自己的文治武功古今少有，堪比秦皇汉武，联想到汉武帝当年开凿昆明池操演水战的故事，所以把园内湖泊命名为昆明池。光绪皇帝后来也曾在昆明池训练水师，年轻的光绪帝还写下"水战原非陆战同，昆明缅想汉时功"的诗句。

西安的"昆明池"自汉武帝时期竣工以后，除在军事上训练水兵外，还是长安城居民的生活用水和水产来源。干旱时还会浇灌农田，甚至有学者认为它还具有平稳漕运水系的功能。

到唐朝时，昆明池大规模疏浚整修后，依然发挥着汉时的作用。汉唐后，历朝历代学者都对昆明池工程评价颇高，其在当时是史无前例的水利工程。

从西汉到唐代结束这 1000 年里，昆明池以它的独特魅力，滋养着长安城的万物。到宋代中期，由于沣河与沉河水流中的泥沙不断沉淀和淤积，昆明湖从此消失在陕西关中平原。

来到当代，西安又一次成为焦点城市。为再现汉唐雄风，显露昆明池昔日的辉煌盛景，西安市相关部门经过多年勘查，根据历史遗迹的原貌，重新对昆明池进行了挖掘和营造，很快又在原址上变化出了一个美景，它就是"西安昆明池七夕公园"，以唯美的姿态镶嵌在西安西南方，成为许多游客来西安必去的景点之一。

如今，在景点大门口，有一座高达几十米的汉武大帝站在巨大战船上的雕像，他双手撑剑，身披铠甲，披风迎风招展，把君临天下的气势雕琢在人们的仰视里，目光坚定地审视着汉唐雄风。

（原载《中国水运报》2019 年 4 月 28 日 4 版）

汉代淡水养鱼与昆明池

路玉海

我国是世界上淡水鱼类养殖最早的国家之一，开始于殷末，发展于周秦，许多历史文献都有记载。1976年哥伦比亚《旁观者报》的《海洋法》一文中还提到："早在公元前五百年，人类就有了水产养殖的初步知识，那时的中国人已是淡水养鱼的专家。"

淡水养鱼从殷末到西汉经过产生、发展、普及约一千余年的历史，不难设想，劳动人民通过长期反复的生产实践，已积累了一整套丰富的渔业生产经验和比较成熟的养鱼技术。因而从池塘养鱼到大水面养鱼是淡水鱼类养殖发展的必然趋势。所以到了汉代，渔业生产已相当普及，池塘、稻田以及不同类型的大水面等淡水水域，都相继兴起了水产养殖业。

民谚有"养鱼不瘟，得利千金"，"养鱼种竹千倍利"，历来都把养鱼作为富国利民的重要手段。古越国大夫范蠡，因看破仕宦倾轧的内幕，辞官埋名，专致养鱼，而成为"家累亿金"的巨富。并提出："夫治生之法有五，水畜第一，水畜所谓鱼池也。"后魏贾思勰的《齐民要术》在录《陶朱公养鱼经》后，并加注："如朱公收利，未可顿求；然依法为池养鱼，必大丰足，终天靡穷，斯以无赀之利也"。古齐国晏子也有"坡池之鱼以利贫民"之说。《史记》载："秦伐魏，迁孔氏南阳。大鼓铸（冶铁）、规陂池（建养殖场）、连车骑……"把冶铁和养鱼列为发家致富的重要手段之一。

漫长的奴隶社会和封建社会，历代王朝，上至皇帝、皇族，下至大小官吏，或仗权势兼并，或因皇朝封赏，都有自己的庄园领地，其中主要包括田地、鱼池、林木、蒲苇以及畜禽等。奴隶长年累月为他们劳动生产，以满足其穷奢极欲的生活。据《通史》载，西汉时全国每年总收入约四十万万钱，而少府（管理皇帝私人财产的机构）所领园地作务，收入每年高达十三万万钱，供皇帝私用，可见，仅皇帝庄园收入即占全国总收入的三分之一。当然渔业在其总收入中必然占有相当比重。为了说明当时养鱼生产的重要，还可以举出两例。《史记》中《滑稽列传》载："建章宫后阁重栎中有物出焉，其状似麋，以闻，武帝往临视之，问左右群臣习事通经术者莫能知。诏东方朔视之，朔曰：'臣知之，愿赐美酒粱饭大飨臣，臣乃言。'诏曰：'可！'已又曰：'某所有公田、鱼池、蒲苇数顷，陛下以赐臣，臣朔乃言。'诏曰，'可！'"当时东方朔虽出入朝廷，很不得意，经常牢骚满腹，对社会弊病却了如指掌。所以先用饿肚子来讥讽武帝，继而才提出要公田鱼池等，这不仅收入大，而且稳定，比要钱或要官重要。《史记·货殖列传》中还提到"水居千石鱼陂"（可能夸大）；注释中说："言陂泽养鱼一岁收得千石鱼卖也。"汉代一斤约合258.24克，一石等于一百二十斤，那么千石就是六万一千九百七十七斤，当时即使亩产二百斤（可能达不到这样高的水平）。也相当于具有三百亩水面积的大型养鱼场的规模，其收入之多，可想而知。

综上所述可知，汉代淡水养鱼，不仅相当普及，而且已经是一种很重要的生产事业。

昆明池是我国养鱼最早的一座水库，距今约有2103年。

昆明池是汉代首都长安附近的一处相当规模的渔产基地，当时长安八水流量甚大，沣、滈、潏、滈四条河流泛滥后泻入斗门一片洼地，造成许多水泊。汉武帝开凿昆明池后，更成为烟波浩水的巨浸。主要通过人工筑坝拦洪，开渠建闸等设施，使其成为一座练兵、航运、养鱼、灌溉以及供给长安城市用水的大型平原水库（史称昆明池或昆明湖）。《三秦纪》载："昆明池中有灵沼，名神池云，尧时治水，尝停船于此地，而汉武帝因而广之，名曰昆明耳。"《汉书·武帝本纪》还载有："元狩三年（前120年）发谪吏穿昆明池。"颜师古的注释中说："昆明池在长安西南，周回四十里。"《汉书·西南夷传》上写有挖凿昆明池的原因："汉使求身毒国（即印度）而为昆明所闭，今欲伐之，故作昆明池象之，以习水战，周回四十里。"许多古书都记载着，汉武帝好大喜功，欲远征昆明国，因其国有滇池，方三百里，极为险要，故凿昆明池以习水战。有些书还写昆明池建有楼台亭阁，以备登临赏玩。还有豫章台，台下刻石为鲸鱼，旁有二石人，传闻是星陨石，刻成牛郎、织女人像。现在斗门镇石爷庙中的石爷（牛郎石刻）及北常家庄石婆庙中的石婆（织女石刻）可能即是传说中的二石人。石刻鲸鱼现保存在陕西省博物馆中。史载，汉武帝在位五十四年，一直是对外用兵，扩展疆土，为巩固国防，建立汉朝大帝国耗费了毕生的精力。曾派使臣十余人去印度，被当时西南一个比较落后的部落昆明国所阻挡，因而在长安附近以丰河等为水源的一处自然水域，加以扩建，并以昆明池命名，训练水军，表示讨伐昆明国的决心。九年后，于公元前111年"灭南粤，发兵击'西南夷'（包括昆明国在内的许多小国），夜郎、滇等国许多部落先后请归附"。另据《辞海》：（上海辞书出版社，1979年）："昆明池故址在今陕西西安市西南斗门镇东南一片洼地，汉元狩三年为准备和昆明国作战，训练水军，和解决长安水源不足的困难而开凿，周围四十里。池成后，引水东出，为昆明渠，以利漕运；一片北出为昆明池水，引水泄入'沈水'以利长安城市给水。"这里说明了昆明池除了训练水军外，还便利航运以及供应首都长安城市用水，在《中国水利史稿》中还载有，"长安附近的沣水、浐水、灞水、沈水等河和昆明池、镐池、滮池等湖似均有灌溉之利。"《通史》具体地写道："汉武帝令水工徐伯测量地形，发卒万人开漕渠，自昆明湖到黄河长三百余里，节省漕运之时间一半，并灌溉渠下民田万余亩。"关于昆明池水源《古都长安》载有："昆明池水源来自于滈水，滈水本来西流入沣河，汉武帝作石阀堰使滈水北流，穿过细柳原注入昆明池"许多史书都提到昆明池周回四十里，每里均等于现0.4千米，加之库岸线弯曲，不可能是很规则的正圆形（根据地理学报1958年24卷4期黄盛璋考证的昆明池图，基本上是椭圆形），即使按方形面积计算，也在二万四千亩以上。不过以练兵、航运、养鱼、灌溉以及供应长安城市用水等作用来看，一定是一个比较大的敞水面水域，否则无法适应战船往来练兵的需要。所以《古都长安》写道："昆明池遗址在今斗门镇一片洼地处，原来池地面积三百三十二顷。"按每顷一百亩也折合三万三千二百亩。

利用昆明池养鱼在《西京杂记》和《三辅故事》中都有记载，如《三辅故事》中写道："武帝作昆明池以习水战。后昭帝年小，不能复征讨，于池中养鱼，以给诸陵祠，余付长安，市鱼乃贱。"

公元前 87 年武帝死，昭帝是武帝的妃子钩弋夫人的儿子，继位时只有八岁，所以有"昭帝年少"之说，昆明池自武帝在公元前 120 年开凿至昭帝即位共三十三年，这样大的一个水面。即使"训练水军"对鱼类资源有影响，鲤鱼、鲫鱼在池中生长繁殖也在所难免，所以《西京杂记》说："武帝在长安开一个昆明池练水师，也在池中养鱼。"不难理解，武帝时是以练兵为主，鱼类虽有生产，可能产量不高，亦未有组织地纳入计划管理。昭帝继位后，燕王旦等因争夺皇位，蠢蠢欲动，内部矛盾加剧，因而无力再训练水兵，进行对外扩张。直到内乱平息，社会安定，才注意到昆明池还是一个重要的渔业生产基地，指派官员，建立组织，安排生产。从"昭帝年少"也可以判断，约在公元前 80 年，昭帝即位后七年，才把昆明池养鱼作为一项生产事业。有些史书已证明：经过几年的休养生息，当时各行各业的生产，都已恢复，出现了一派欣欣向荣的景象。

古代常用鱼类作为祭品和馈赠的礼物，汉武帝死后，其陵墓中埋藏金钱财物以及鱼、鳖、牛、马、虎、狗、活鸟兽等一百九十余种。《礼记》载："凡祭宗庙之礼，槁鱼曰商祭，鲜鱼曰脡祭。"可见鲜鱼、干鱼已经作为祭祀中的重要祭品。由此可知，当时昆明池所产的鱼，按规定主要是逢年过节或遇特殊情况时，供给另陵祠作为祭祀中的祭品，当然也可能还要供给皇室一部分作为食用，余下的拿到长安市场上出售。"余付长安，市鱼乃贱"证明昆明池一定有相当的鱼产量，不然余下的进入长安市，不会影响到鱼价格。当时的长安不仅是全国首都，而且控制着西北、巴蜀两大地区的商业，有东六市西三市共九个市场，比当时的西方罗马大三倍，据《汉书·地理志》，当时长安人口可能已高达三十万以上，昆明池生产的部分鲜鱼。居然能影响到这样大的市场上鱼价下降，可知其销售量亦相当可观，昆明池面积如上述估计，约二万四千亩，每亩每年最低产鱼二斤，即是四万八千斤，若每年捕四次，考虑到祭祀需要，每次也达一万二千斤。所以除了供给诸陵祠外，至少还应有数千斤甚至上万斤投入市场，加之鲜鱼易腐，不宜久存，突然增加这样多的上市量，难免影响到市上的鲜鱼售价。

昆明池在今斗门镇附近，距汉长安未央宫二十余里，《辞海》载其是斗门镇东南一片洼地。据《陕西通志》，"清长安县岳汉春自序云：'……家籍关中镐京斗门镇……西畔为汉武帝昆明池，与东畔仓颉造字台相映交辉。'"因昆明池面积数万亩，斗门镇很小，所以东南或西南（《汉书·武帝本纪》）并不矛盾。

《辞海》载，北魏太武帝及唐德宗时都曾修浚，自唐太和年间（827 年）丰水堰坏，池遂干涸，宋以后湮为田地。从汉武帝在公元前 120 年开凿至唐太和前后经 947 年，可知长安附近几万亩水面的昆明池水库，在灌溉、航运、练兵、养鱼以及长安城市给水等方面，对关中地区的开发，城市的建设以及人民的生活，肯定起到了相当重要的作用。

现在斗门镇仍有昆明池的种种传说，古灵沼在其西南方向，距斗门镇十余里。附近地形稍洼，紧靠丰河，现仍是一片旱涝保收的富饶的农田。

（原载《陕西水产》1983 年 2 期）

汉甘泉昆明池遗址考

姚生民

汉代三辅的昆明池有两处，一在汉长安城西南，今西安市长安区斗门镇东；一在汉甘泉宫南，今淳化县铁王乡小池村。长安的昆明池，在都城近郊，《汉书》、《汉旧仪》、《三辅黄图》、《太平御览》及《玉海》等多种知名史籍均有著录，又见于张衡《西京赋》、潘岳《西征赋》和扬雄《羽猎赋》等名赋，今人踏查论述亦多；唯云阳甘泉的昆明池，《三辅故事》、《三辅黄图》、《述异记》、《洞冥记》及雍正《陕西通志》、洪亮吉《淳化县志》等书虽有著录，均只寥寥数语。甘泉昆明池究竟如何？它在哪里？至今少有人知。为此，笔者多次前往甘泉宫一带进行考查，现将调查收获简述如下。

一、甘泉昆明池的遗迹和遗物

小池村位于淳化县城北 14 千米，在淳化县铁王乡政府所在的铁王街西北 2 千米，其地北距汉甘泉宫遗址凉武帝村 5 千米，与甘泉宫通天台可通视。小池村西接南北走向的小池沟，村南 1.5 千米有南原村，北 1 千米有崖窑里村。这一带地表由北向南倾斜，崖窑里以北在海拔 1200 米以上，南原村以南低于 1170 米。从淳化县城往北的公路，在铁王街西、小池村东，达县域北境的甘泉山。小池村东为洼地，海拔 1170 米，四周外延渐高，海拔 1197 米，此即汉代云阳甘泉的昆明池与堤。小池村布局在西、北两堤及内侧的缓坡上。南、北两堤间距约 1500 米，东、西两堤间距小于南、北两堤，周长约 4710 米。占地约 1766250 平方米（约 1.77 平方千米）。南堤微低，中、西两处为沟道所坏。池与堤在居民房舍和汉代建筑遗冢外，为农田或果园。

池与堤一带，有汉代建筑遗迹 9 座，基部高于外延地表，编号分述于下（间距为约数）。

1 号：在西堤内侧，小池村南部民房旁。剥蚀为圆锥形，土色黄赭相间，夹有少量夯土块和细绳纹残筒瓦。高 3.8、底围 25 米。

2 号：在 1 号东 150 米，剥蚀较多，夹有夯土 4 层，夯层厚分别为 4、6、8 厘米；夯层间为混合土，夹粗绳纹板瓦、细绳纹筒瓦残片和青灰色砂石块。高 3.1、底围 27 米。

3 号：在 2 号东 180 米，圆锥形，中部以上全为夯筑，夯层厚分别为 9、11、13、17 厘米。土内夹有汉代条砖、筒瓦、板瓦和灰陶盆底；基部堆积卵石、大块砂石。高 6.7、底围 185 米。

4 号：在 3 号南 100 米，北临东西走向道路。西、南两方削取较多，中部夹有夯土两三层，混合土内有残瓦。高 2.8、底围 35 米。

5 号：在 1 号西南 600 米，东临南北走向道路。呈东西走向条形，顶部中段下凹，形似两家相连。赭色土，夹残瓦和砖块。高 4.1、底围 135 米。

6 号：在 5 号西 100 米，西距小池沟东畔 50 米。混合土，夹有少量残瓦。剥蚀成土柱，四边陡峭如壁。高 3.8、底围 9 米。

7 号：在居民地坑院崖背上，东北距 1 号 150 米。土质较疏松，夹绳纹筒瓦和板瓦碎片，中部有夯土残块。高 3.5、底围 37 米。

8 号：位于小池村东南 1 千米，其地俗谓"南岭上"，即南堤。遗迹居路西，南北向条形，基部农田东高西低，分布有汉代瓦片。高 4.1、底围 24 米。

9 号：在 8 号东 89 米，居路东，与 8 号东西对峙，似为左右阙。呈南北向条形，中部夹有夯土、卵石、铺地砖和云纹瓦当。基部东高西低，堆积大量残瓦、卵石和大块砂石。高 4.3、底围 36 米（图一）。

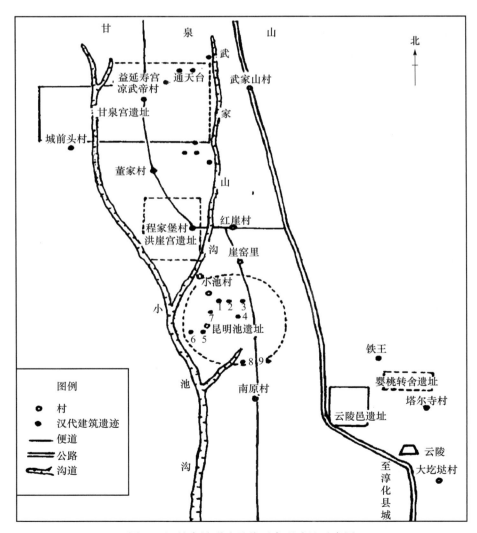

图一　汉甘泉昆明池及临近宫观遗址示意图

　　5 号遗迹北 100 米路东，小池村外西北方圪垯地，原有建筑遗冢各一座，20 世纪六七十年代挖毁，村民尚可指其位置。4 号连接的路，其西有坐北面南的土坎，坎中有东西 18 米长的夯土，高 2 米余，夯层厚 9 和 13 厘米。附近堆积汉代筒瓦和板瓦，石灰岩和砂岩石块。9 号东 150 米，坐西面东土坎中夹有汉代砖瓦、几何纹铺地砖和残瓦当，南北延续 200 余米。2 号东 80 米，田埂堆积残瓦、条砖和烧渣块，烧渣厚 30 厘米，一面为青灰色，背面赭色，附近似有陶窑遗迹。东堤今为坐东面西的台阶地，断面续有夯土痕，一段夯土长 19、高 1 米余，夯层厚分别为 4、5、8、9 厘米。西堤外侧，接近小池沟东畔，村民遗弃的土窑洞南北延续 500 余米，崖面地表下 1 米，夹有 1.5～2 米厚的夯土层，长 400 余米。夯土层下有 1.5 米厚的砖瓦层，长与夯土层相当。以东 100 米，土坑院断崖暴露迹象与其相同。这一带残砖碎瓦堆积成丘，当时应有大规模建筑，改建的迹象也很明显。村民云："村东洼地有'水青草'，茎有节，叶窄长，叶上有深绿斑。此草常见于近水处，可喂牛，今渐少。"堤的西北方，曾发现五角形下水管道，南北向接连。其地位高，应是进水道。昆明池遗址北的凉武帝村，为秦汉云阳城和甘泉宫旧址所在，宫名自其北山上的甘泉水。刘歆《甘泉宫赋》云："甘醴涌于中庭兮，激清流之弥弥。"甘泉水是云阳城、甘泉宫的主要水源，也是昆明池的水源。《汉书·扬雄传》记甘泉宫："宫外近则洪厓……"洪厓即洪厓宫，遗址在甘泉宫南 2 千米，今铁王乡程家堡村。程家堡东之红崖村，当是汉代洪厓宫名称之流传。《说文》释"洪"："降水也"；"崖"："高边也"。以"洪厓"名宫，宫地与水相属。甘泉宫在北，洪崖宫在南，两宫遗址东临的沟道，发源于甘泉山，南接小池村西的小池沟。宫殿区和小池沟一带多次发现地下水管道，可知这一南北走向的沟道，西汉已有，初应是昆明池水源的经流地。调查发现，1、2、3、4、7 号建筑遗迹居池中央，池中的灵波殿看来因在水中名之。张衡《西京赋》有"昆明灵沼，黑水玄阯"句，薛综注："小渚曰阯。""渚"是水中陆地；"阯"今作址。《三辅故事》又记长安昆明池"池中有豫章台"。知长安、甘泉两处昆明池，池中都有高台建筑。

　　遗物以汉代砖瓦残件最多，主要是青灰色和浅灰色，赭色偶有；金属器见到的少。分述于下。

　　板瓦：未见全者，饰竖、斜两式粗绳纹和细绳纹，瓦里以素面为多，有布纹、麻点纹、麦粒形凸点，方格有疏密两式，有菱形格、圆点、"回"字纹、"米"字纹和粗绳纹等，极华丽。厚 1.3～1.5 厘米。

　　筒瓦：长 34～45.5、宽 15.5～17.3、厚 1.3～1.6 厘米。外饰细绳纹和交错细绳纹，里以布纹最多。有面为粗绳纹、里饰麻点者；有筒瓦面涂朱色，筒上有圆孔或饰两道凹弦纹者。

　　瓦当：云纹以双界格线通过中心圆，圆内构成"井"字形，旁加曲尺纹的最多。有双界格线只连接内外圆弧线、内圆中为半球凸起者。一式是当面中心为小圆凸，其外两圈内弧线间增饰小圆点，两圈外弧线间增饰交错纹，双界格连接内外弧线。另一式是瓦当边沿内无外弧线，内弧线外饰连续左向卷云纹，内弧里残。面径分别有 13.7、15.5 和 17.7 厘米，沿宽 0.6、0.9 和 1.3 厘米。云纹半瓦当见 1 件，装饰为上记第一式的一半，以里为布纹的筒瓦包裹当心，半瓦当切面有勒痕。文字瓦当见到"长生未央"四字的一种，字形不同者 5 式，当面中心同为半球形凸起，只是大小有别，当面有白色者。面径有 15、16、18 厘米之别，边沿宽为 1、1.2、1.4 厘米。当背有的光素，有的有穿勒痕。

砖：条形者 3 式，长 25.5、宽 19、厚 9 厘米，长 36.2、宽 17、厚 6 厘米，长 32、宽 18、厚 3.7 厘米。铺地砖见残件，饰绳纹、"回"字形纹、乳钉纹，亦有素面。

陶文：采集 4 件，字在板瓦里。模印的有"桐"和重叠 4 凸棱残字，刻写的有"一"和残字。

另见陶罐、陶壶和础石。

铜器有四乳草叶纹铜镜：圆纽，四叶纹纽座，座外以复线隔成大方格，复线间铸篆书铭八字，每边两字，右旋读，"见日""之光""长毋""相忘"，方格外边中各一带座乳钉，乳钉两旁各一连叠草叶纹，方格外四角各有双瓣叶，向内 16 连弧纹沿。装饰华美，配列整齐，具协调和谐之风格。径 13.2、沿厚 0.3 厘米。

货币有半两、五铢钱。

铁器有铁灯：浅腹平沿，内底一短柱，壁上部微外侈，平底下有 3 短足。口径 8、高 2.5 厘米。

二、开凿昆明池的原因与作用

西汉穿长安昆明池，《汉书·西南夷传》记载："及元狩元年，博望侯张骞言使大夏时，见蜀布、邛竹杖，问所从来，曰：'从东南身毒国，可数千里，得蜀贾人市。'或闻邛西可二千里有身毒国。骞因盛言大夏在汉西南，慕中国，患匈奴隔其道，诚通蜀，身毒国道便近，又亡害。于是天子乃令王然于、柏始昌、吕越人等十余辈间出西南夷，指求身毒国。至滇，滇王当羌乃留为求道。四岁余，皆闭昆明，莫能通。"武帝令王然于等十余辈间道至身毒国（古印度）求布、竹，历四岁余，为"方三百里"的昆明湖（即滇池，在今云南省昆明市西南）所阻。又因为"时越欲与汉用船战逐，乃大修昆明池"（《汉书·食货志下》）。武帝在长安开池取象滇池，取名"昆明池"，目的是"以习水战"，讨伐西南诸国。长安开凿昆明池，《汉书·武帝纪》记在元狩三年（前 120 年）秋后："减陇西、北地，上郡戍卒半，发谪吏穿昆明池。"[①] 云阳甘泉的昆明池，开凿时间未见明载。乾隆《淳化县志·宫殿簿》洪亮吉按：甘泉昆明池"与长安昆明池盖皆武帝肄水军所作，故二池同名昆明池"。小池村采集的瓦当，从制作方法、云纹图饰和文字看，表现出西汉中期的风格；四乳草叶纹镜，流行于西汉早期至中期；五铢钱和半两钱，亦为武帝时铸。据以上，可以认为，云阳甘泉开凿昆明池与长安的昆明池时代相当。

开凿昆明池是为了操练水军，其他的作用相应而生。学者考证，汉城近郊的昆明池"是长安城西南的总蓄水库，足以有效的供应汉城内外各宫殿区的用水，还可以接济漕渠的水量"。云阳甘泉的昆明池一带，汉代"楼观相属"，其用水焉知不取于斯池？《三辅黄图》记长安昆明池："池中后（'后'疑'复'字之误）作豫章大船，可载万人，上起宫室，因欲游戏，养鱼以给诸陵祭祀，余付长安厨。"甘泉昆明池在甘泉上林苑内，汉代皇帝及随同官员游甘泉苑史有明载（见《资治通鉴》"元狩六年""永光元年"条）。戏水甘泉昆明池，也在情理之中。昆明池这一高原平湖，为养鱼提

---

① 张澍辑《三辅故事》按："汉武元狩四年穿昆明池。"孙星衍、庄逵吉校《三辅黄图》："昆明池，武帝元狩四年穿。"毕沅《关中胜迹图志》卷六据《三辅黄图》："昆明池，汉武帝元狩四年穿。"

供了条件。甘泉地区众多的宫观，有官员、宫卫、后宫、侍从等，日常人数很多，仅云陵邑文献记有"三千户"，户以 5 人计，有 1.5 万人，还有云陵的祭祀，取昆明池鱼也在必然之中。《汉书·食货志（下）》记云："乃大修昆明池，列馆环之。治楼船高十余丈，旗帜加其上。"《三辅旧事》记载昆明池"有百艘楼船；上建楼橹，戈船各数十，上建戈矛；四角悉垂幡葆麾盖，照烛涯涘"。上引写的是长安昆明池的楼船景象，云阳甘泉昆明池置楼船、戈船亦当是必然，这已为出土文物所证。1992 年，甘泉宫遗址凉武帝村采集板瓦里有"船室"残字，韩城芝川镇汉代扶荔宫遗址出有"船室"瓦当。此"船室"文字板瓦，应是甘泉宫掌舟船之属的府廨用材。

　　《三辅黄图》引《三辅故事》曰，长安昆明池中有"豫章台"，有"豫章观"。陈直校《三辅黄图》引《西京赋》云："豫章珍馆，揭焉中峙"。李善注云："豫章，池中台也。"引《述异记》云："汉武帝元鼎二年，立豫樟宫于昆明池中，作豫樟水殿。"豫章为南方木种，刘歆《甘泉宫赋》记甘泉有豫章。长安昆明池的宫观以"豫章"名之，应与此木相关。《三辅黄图》引《三辅故事》记甘泉昆明池："池中有灵波殿，皆以桂为殿柱，风来自香。"《洞冥记》记载相同。旧文献只记甘泉昆明池中的灵波殿，应是以灵波殿最壮观："七间，皆以柱为殿柱。"①3 号遗迹在低洼处，最高大，或是池中的灵波殿。桂即木犀，为珍贵的芳香植物，以桂为柱的灵波殿，风来自然溢香。甘泉昆明池遗址现存建筑遗迹 9 处（知其位者 11 处），今仅知灵波殿。长安昆明池有同名"豫章"的宫、殿、台、观，甘泉昆明池有无同名"灵波"或与"桂"相关的宫观？《文选·西京赋》云："昆明灵沼，黑水玄阯，周以金堤，树以柳杞。"秦汉时期云阳甘泉林木茂密，有芙蓉、菡萏、楩、松、柞、械、女贞、鸟勃、桃、李、枣、檍、辛夷、棕树、桂、椒、栌、竹等（见刘歆《甘泉宫赋》、扬雄《甘泉宫赋》和徐坚《初学记》）。甘泉昆明池"肄水军"，又是帝宫戏游之处，必然是绿掩池堤。另外，长安昆明池"刻石为鲸鱼，长三丈"，"立牵牛、织女于池之东西，以象天河"（《三辅黄图·汉昆明池》）。甘泉昆明池有无体现象天思想的刻石？这些问题都有待新的考古发现和进一步考证。

　　《汉书·武帝纪》臣瓒注长安昆明池："周回四十里。"《三辅黄图》引《三辅旧事》记长安昆明池："地三百三十二顷。"② 今学者考查长安昆明池"总面积约十平方千米"③。云阳甘泉的昆明池周长约 4.71 千米，面积约 1.77 平方千米，比长安昆明池为小。今所在村庄名"小池"，应是当年因其小于长安昆明池而名之。

（原载《咸阳师范学院学报》2006 年 3 期）

---

① 陈直《三辅黄图校证·池沼》按：《述异记》云："甘泉宫南昆明池中，有灵波殿七间，皆以桂为殿柱，风来自香。"

② 何清谷：《三辅黄图校注》，三秦出版社，2006 年。

③ 胡谦盈：《汉昆明池及其有关遗存踏察记》，《考古与文物》1980 年 1 期。

浅论长安昆明池的开挖缘由

杨金辉

昆明池始建于汉武帝时期,"汉昆明池,武帝元狩三年(前 120 年)穿"①。由于当时对外连年用兵,对内大兴土木,以至于没有足够的劳役可派,"征发之士益鲜"②,汉武帝就罚先前获罪免职的官员为役,开凿昆明池。"故吏皆谪令伐棘上林,作昆明池。"③ 元鼎二年(前 115 年),汉武帝以训练水军为由,对昆明池进行了大规模的修建。《史记·平准书》载:"是时粤欲与汉用船战遂,乃大修昆明池,列馆环之。治楼船,高十余丈,旗帜加其上,甚壮。"

一、"穿池习战"之说不足为信

昆明池的开挖,长期以来较广泛的看法认为是为了南伐昆明国操练水军。《汉书·武帝纪》"发谪吏穿昆明池"句下,颜师古注引晋代臣瓒曰:《西南夷传》有越巂、昆明国,有滇池,方三百里。汉使求身毒国,而为昆明所闭。今欲伐之,故作昆明池象之,以习水战,在长安西南,周回四十里。《食货志》又曰时越欲与汉用船战,遂乃大修昆明池也。"此后,臣瓒的穿池习战的观点为历代学者所引用。

然而,臣瓒的解释本身就存在问题。《史记·西南夷列传》曰:"皆编发,随畜迁徙,毋常处,毋君长。"《汉书·张骞传》亦云:"昆明之属无君长。"说明越巂、昆明当时并未建立政权,还只不过是逐水草而居的游牧部落而已,不应当称为"国"。"越巂、昆明国"应该是"越巂、昆明"之误。另外,滇池则属于当时的滇国,《史记·西南夷列传》载:"(庄)蹻至滇池,方三百里……以其众王滇。"也就根本谈不上所谓的南伐昆明国和水战,所以说臣瓒的观点难以成立。

另有一种观点认为是为了攻打滇国,穿池习战说始于东汉末的荀悦,在《史记·平准书》"作昆明池"句下,司马贞《索隐》引荀悦语:"昆明子居滇河中,故习水战以伐之也。"在"乃大修昆明池,列馆环之"条下《索隐》云:"盖始穿昆明池,欲与滇王战,今乃更大修之,将与南越吕嘉战逐,故作楼船,于是杨仆有将军之号。又下云,'因南方楼船卒二十余万击南越'也。"认为昆明池是为了与滇国在滇池水战练兵而开挖的,尔后为了与越国水战又进行了"大修"。据《史记·西

---

① 何清谷:《三辅黄图校注》,三秦出版社,1995 年,235 页。
② 司马迁:《史记》,中华书局,1959 年,1428 页。
③ 司马迁:《史记》,中华书局,1959 年,1428 页。

南夷列传》载："自滇以北君长以什数,邛都最大……其外西自同师以东,北至楪榆,名为嶲、昆明。"可知邛都在滇国以北,嶲、昆明又在邛都西南,与昆明池并无关系,所以也就没有所谓的欲伐居滇河中的昆明子,同传中更载当时汉朝使者受到滇国友好接待和帮助:"至滇,滇王尝羌,乃留,为求道西十余辈。"滇国的确受到汉武帝的重视,但充其量只是汉朝结好拉拢的对象,在当时还没有与其开战的必要,"使者还,因盛言滇大国,足事亲附,天子注意焉"。而后来的文献中也没有与滇国在滇池水战的记载。

第三种观点认为是为了伐越,关于对越进行水战文献中倒是多有记载,也确有操练水军的需要。据《汉书·严助传》载,武帝建元六年(前135年),发生了闽越王兴兵击南越的事件,南越王上书武帝求援,武帝想趁机统一南越,于是他派大将王恢将兵出豫章,大司农韩安国出会稽,往救南越。淮南王刘安使中大夫玉上书,列举种种理由谏阻汉武帝出兵南越,其中就有"臣闻越非有城郭邑里也,处溪谷之间,篁竹之中,习于水斗,便于用舟,地深昧而多水险,中国之人不知其势阻而入其地,虽百不当其一",认为汉人不擅水战,不宜征伐。

但是,以当时西汉的疆土之广,河湖之众,实在没必要在当时战争连年、国力疲敝、"征发之士益鲜"的背景下在大后方另凿一个"周回四十里"的大池。昆明池的开挖最早见于《史记·平准书》,《汉书》中的《武帝纪》《食货志》《五行志》沿袭之,但都是简单记载了这一事情,并没有言及开挖的缘由,所以,开挖昆明池是为操练水军的说法实际缺乏史证,以后人主观臆测的成分居多,不足为信。

二、操练水师并非昆明池开挖的真正缘由

毋庸置疑,昆明池确曾进行过操练水师的活动,最早对此提及的是《史记·平准书》:元鼎二年(前115年),在昆明池"治楼船,高十余丈,旗帜加其上,甚壮"。杜甫在《秋兴》诗中写道:"昆明池水汉时功,武帝旌旗在眼中。"当时操练水师的规模宏大,场面壮观,战船众多,《西京杂记》卷六载:"昆明池中有戈船楼船各数百艘,楼船上建楼橹,戈船上建戈矛,四角悉垂幡旄旍葆麾盖,照灼涯涘,余少时犹忆见之。"

昆明池操练水军的意义非同凡响,它第一次将水战演习搬进皇家园林之中,是对中国皇家园林军事演练功能的进一步发展。后世言昆明池大多都要与操练水师联系起来,后来曹操在邺城作玄武池训练水军;三国时期东吴于建康开挖玄武湖,都兼有游乐和阅武的功用。463年,刘宋孝武帝在玄武湖检阅水军,则干脆直接下诏改名为昆明池;清代乾隆皇帝也加以仿效,乾隆十五年(1750年),拓展瓮山泊面,并改名为昆明湖,并也曾一度在湖里演练水兵[1]。可见昆明池水兵操练的影响之深远。

但是,昆明池操练水军的功能历时并不是很长,汉代也仅仅持续了武帝后期一段时期。随着汉武帝以后开疆拓土、征伐连年时代的基本结束,昆明池也渐渐丧失了作为一个水军基地的功能。

---

① 李天民:《论中国古代皇家园林的军事功能》,《军事历史》2002年6期。

《三辅故事》中也写道："武帝作昆明池，以习水战。后昭帝小，不能复征讨。"

直至唐朝初年，唐高祖李渊才在武德九年"三月庚寅，幸昆明池，习水战"。[①] 说明在此前后，昆明池又一度发挥了水军操练的功能。此后，由于淤积问题愈发严重，时常面临干涸的危险，史料中再也没有关于在池中操练水师的记载。

笔者认为，昆明池开挖本身并不是为了演练水师攻打昆明，而充其量只不过是其命名的原因。当时昆明屡阻汉使，《史记·西南夷传》云："四岁余，皆闭昆明，莫能通。"汉武帝盛怒之下，以池名示必取昆明、置我域内之志而已。昆明又是西南诸夷最为荒远、最为不驯的，所以池名也含必平西南夷之意。其后如《汉书·食货志》所言，南越"欲与汉用船战逐"，方为习战而"大修昆明池"。大概后人由此而臆度池以"昆明"为名，即是为攻打昆明习水战才开挖的。

三、城市供水和调节漕运是其开挖的主要缘由

从后来昆明池的功用来看，其开挖主要还是为了解决长安城的水源问题（图一）。汉长安城是以秦在渭河南岸的兴乐宫、章台和信宫等为基础修建起来的，沿用了旧日宫苑的水源和输水工程，即引渭河支流之水入镐池，通过镐池的调节再输入都城，基本能满足汉初用水的需求。

汉武帝时，大兴土木，都城迅速膨胀，人口也越来越多，旧有的水源已不能满足城市用水的需要。此外，汉代也是历史旱灾频繁的朝代，"两汉旱魃之灾共计112次，旱灾年份占两汉总年数的

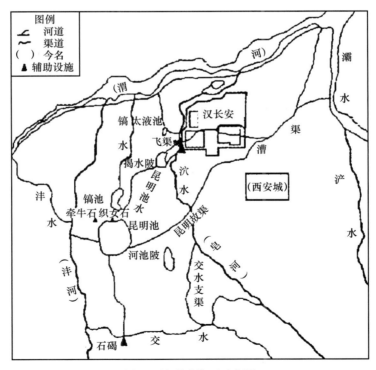

图一　昆明池位置示意图

① 欧阳修：《新唐书》，中华书局，1975年，19页。

26% 以上，也就是说，两汉时期平均不到四年就要发生一次旱灾"[1]。并且大旱年份多，旱情也颇重，如《汉书·五行志》载，惠帝五年（前 190 年）夏，"大旱，江河水少，溪谷绝"。在此背景下，汉武帝有必要再另建一个新的供水工程，昆明池所在的位置刚好在细柳塬与高阳塬之间，池址海拔高于汉长安城区。宋人程大昌在《雍录·昆明池》中说："昆明基高，故其下流尚可壅激以为都城之用。于是并城疏别三派，城内外皆赖之。"于是，昆明池得以开凿，形成了一个规模很大的人工水库，并通过纵横交错的供水渠道，将水引到城内各处，以缓解京城长安的用水问题。就在开挖的当年依然是"元狩三年夏，大旱"，更可见当时开挖的必要性和紧迫性。

昆明池有一套完备的供水系统，它由石碣、揭水陂、"飞渠"以及四周湖堤等设施组成。石碣是一座拦引滈水北流入池的滚水石坝，揭水陂为昆明池的二级调蓄水库，"飞渠"则是在建章门处专门引水入城的渡槽。水源是发源于秦岭北麓诸峪的滈水，《水经注》载："交水又西南流与丰水枝津合，其北又有汉故渠出焉，又西至石碣分为二水：一水西流注丰水，一水北经细柳诸原北流入昆明池。"这里的"石碣"，文献又称石闼堰，当滈水平水期可全部拦截入昆明池，洪水期多余的水量则可漫顶而过，沿滈水故道入沣水，以保证昆明池水库的安全。

黄盛璋先生对昆明池供水系统进行了详细的探讨："昆明池通过东、北两条渠道向下游供水。向东的一条叫昆明故渠，专门接济运河（漕渠）用水；向北的一条叫昆明池水，专供城区用水。昆明池水下接揭水陂，是进入城区前的又一级调节水库。揭水陂下游又分为两支，一支北流入建章宫，宫内有太液池，其尾水入渭水；另一支东北流，由架空渡槽引水入城，然后入苍液池最后排出城外，汇入漕渠。"[2]据《水经注》，直接引水到建章宫区和长安城的水道应是滈水主干和滈水支渠，滈水不入昆明池，但昆明池水却大部分都引入滈水以支援它对上述两区的水源供应。据吴庆洲估算，昆明池可蓄水 3549.7 万立方米，相当于一座中型水库[3]。

昆明池及其引水渠道的修建，解决了汉长安城的蓄水供水问题，使其用水得到可靠的保障。昆明池如此复杂而完备的供水系统及其后来不可或缺的蓄水供水功能，充分表明城市供水和调节漕运才是其开挖的主要缘由。

四、皇家游乐是其开挖的重要原因

除了作为京师长安的蓄水库外，昆明池还是当时皇家贵族游乐的一处重要风景区。从昆明池的亭台楼阁建设和后来的游乐功能来看，昆明池正是作为一个皇家游乐的园林进行开挖建设的。

从汉武帝第二次修建昆明池开始，以昆明池为核心，着重进行了宫殿楼观的建设。《史记·平准书》载：元鼎二年（前 115 年）"乃大修昆明池，列观环之。""宫室之修，由此日丽。"据《三辅旧事》载，"池中有豫章台及石鲸。池中有灵波殿，皆以桂为殿柱，风来自香。"昆明池的池中岛上和四周岸边，修建了许多离宫别馆，雕梁画栋，金碧辉煌，林村掩映，风景十分迷人。各种游船也

---

①　陈业新：《灾害与两汉社会研究》，上海人民出版社，2004 年，6 页。

②　黄盛璋：《西安城市发展中的给水问题以及今后水源的利用与开发》，《地理学报》1958 年 4 期。

③　吴庆洲：《中国古代城市防洪研究》，中国建筑工业出版社，1995 年，81 页。

为昆明池增添了活力，《三辅黄图》卷四载："池中有龙首船，常令宫女泛舟池中，张凤盖，建华旗，作棹歌，杂以鼓吹，帝御豫章观临观焉。"其中的楼船也可能主要是为游乐之用，荡漾池中的"豫章大船，可载万人，上起宫室，因欲游戏"。昆明池是上林苑楼观分布最为集中的地方之一，其游乐目的由此可见一斑。

汉代以后特别是隋唐以来，昆明池的淤积问题已越来越严重，特别是隋文帝改建大兴城为新都后，昆明池城市供水和调节漕运的作用已经不复存在。但各代以长安为都的朝廷一直努力加以疏浚，扩大水域面积，并在岸边修建了许多新的馆舍，昆明池完全转化为皇家的游乐胜地，帝王常到此垂钓、打猎、宴饮等。这一时期，仅见于正史的皇帝到昆明池游乐的明确记载就有13次之多。其中唐代的皇帝最多，次数也最多。唐德宗和唐文宗虽无载录，但从他们都对昆明池进行了较大规模的疏浚修建来看，他们游幸昆明池的次数也不少。

与操练水师和城市供水相比，昆明池皇家游乐功能作用的时间也更为长久。以汉武帝的好大喜功、奢华无度，大兴土木建设一个供其游乐的水体园林应该是昆明池开挖的一个重要原因。

五、结　语

综上，虽然昆明池以操练水师而著称，具有强烈的军事色彩，但是为操练水师而开挖的说法是不足为信的。昆明池的开挖应该是几种因素综合的结果，其中城市供水和调节漕运是其开挖的主要缘由。作为一个蓄水库，它有效地解决了当时长安城的用水和漕运问题；建设一个重要的皇家游乐胜地，也是其开挖的一个重要原因，昆明池在园林建设方面也意义深远，它开创了我国以大型水体为核心来布置园林景观的先河。操练水师虽然历时很短暂，但影响最大，昆明池也因此而闻名古今。昆明池在操练水军、水上游乐、城市供水、调节漕运乃至水产养殖诸多方面分别发挥了重要的作用，它是我国历史上一项不可多得、影响深远的综合性的水利工程。

［原载《西安文理学院学报（社会科学版）》2007 年 3 期］

长安昆明池的兴废变迁与功能演变

杨金辉

长安昆明池大体位于今西安市长安区南丰村、石匣口村、斗门镇和万村之间，范围东西约 4.25 千米，南北约 5.69 千米，沿岸一周长约 17.6 千米，面积约 16.6 平方千米。遗址范围内有普渡、花园、南寨子、下店等 20 多个村庄。它是汉武帝时期开挖的一处大型湖泊，在当时是项史无前例的水利工程，历代学者都对其评价颇高。

一、昆明池的兴废变迁

（一）汉代的开挖和建设

昆明池始建于汉武帝时期，"汉昆明池，武帝元狩三年（前 120 年）穿，在长安西南，周回四十里"[①]。当时对外连年用兵，对内大兴土木，以致没有足够的劳役可派，"征发之士益鲜"，汉武帝就罚先前获罪免职的官员为役，开凿昆明池，"故吏皆適令伐棘上林，作昆明池"[②]。

昆明池虽然规模宏巨，但并非平地凿池，而是在原有自然湖泊的基础上进行改造修建而成。

首先，从当地的自然地理条件来看，汉代秦岭以北、渭河以南地区特别是昆明池所在的上林苑内本来就湖泊、沼泽众多。《三辅黄图》卷四《池沼》载，汉上林苑有"十池"，即初池、糜池、牛首池、蒯池、积草池、东陂池、西陂池、当路池、犬台池、郎池，而唐徐坚《初学记》卷七更有"汉上林苑有池十五所"之说。汉代司马相如在《子虚赋》中说："荡荡乎八川分流，相背异态，东西南北，驰骛往来，出乎椒丘之阙，行乎州淤之浦。"其中"行乎州淤之浦"即是对上林苑湖沼景观的描写。此外如"日出东沼，入乎西陂"，"填坑满谷，掩平弥泽"，"林麓薮泽，陂池连乎蜀汉"，"神池灵沼，往往而在"等描写湖泊水体的诗句，都是该地湖沼众多的反映。

其次，据《三辅黄图》记载："汉武帝穿昆明池得黑土。"黑土可能是在沼泽或草甸环境下形成的泥炭层，可见昆明池的位置或许原来就是一片面积很大的湖沼或洼地。另张衡《西京赋》有"昆明灵沼，黑水玄阯"之句。《三秦记》也载："昆明池中有神池，通白鹿原。"这里应当就是周代灵沼的所在，昆明池当是在灵沼的基础上加以挖深和扩大而成的。

---

① 何清谷：《三辅黄图校注》，三秦出版社，1995 年，249 页。

② 司马迁：《史记》，中华书局，1959 年，1428 页。

最后，胡谦盈先生经过踏勘认为唐代昆明池北部即为古代的镐池："一般距地表深2～3米时发现生黄土，中心部位约在4～5米时发现生黄土；据地质勘探队人员说，他们在池址南部即汉代昆明池池址内打眼时，一般距地表深0.5～1米见黑色淤泥层，3～4米以下见淤沙层，再深又是淤泥层，大概在6～8米之间才发现生黄土池底，局部地方深达10多米才到池底。""在钻探昆明池遗址时，在池址周围岸边及其附近地区，都没有发现古代因挖掘昆明池而堆积起来的面积广大的填土层。而位于昆明池旁的西汉建筑——如白杨观、细柳观以及'牵牛'、'织女'二石像两处附属建筑群等基址，都是挖在生黄土里的。"①这表明当时并没有进行大土方开挖。

这些都充分说明：汉代昆明池并不是在当时的平地上向下挖掘出的一个人工大湖，而是在一个面积广大的古老天然湖泊基础上进行整治修建而成的。作为工程的组成部分，湖堰和进、出水渠道也都在这次修建中得以完成。

元鼎二年（前115年），汉武帝以训练水军为由，对昆明池进行了大规模的修建。《史记·平准书》载："是时越欲与汉用船战逐，乃大修昆明池，列馆环之。治楼船，高十余丈，旗帜加其上，甚壮。"昆明池及周围的楼台亭馆如长杨观、细柳观等应当主要在这个时期建成。池中的小岛上建有豫章台，并遵循汉代宫苑"体象天地"的设计原则，雕了"牵牛"和"织女"两个巨大的石人分立池的东西两岸，隔湖相望，以象征天上的银河与星宿。张衡《西京赋》中有"豫章珍馆，揭焉中峙。牵牛立其左，织女处其右"之语。班固《西都赋》也有："集乎豫章之宇，临乎昆明之池，左牵牛而右织女，似云汉之无涯。"至今这两座雕凿技法古拙纯朴的西汉石雕尚保存在原地。当时还仿效秦兰池宫在水上安置动物石雕的做法，在池中置放了一个三丈长的石刻鲸鱼。《三辅黄图》说："池中有豫章台及石鲸，刻石为鲸鱼，长三丈，每至雷雨，常鸣吼，鬣尾皆动。"至此，昆明池的建设已经基本完备了。

（二）汉代以后的疏浚和湮灭

昆明池从创建到湮没持续了一千多年时间。从文献记载看，它经历了4次较大规模的浚修。从汉武帝挖凿昆明池后直到汉代灭亡，一直没有再挖浚昆明池的记载。至十六国后秦姚兴时（395年），由于不断淤积和干旱的发生，池水干涸了。《魏书》卷三五载："秦中大旱赤地，昆明池水竭。"因为昆明池直接关系到长安城的用水问题，魏太武帝于太平真君元年（440年）"发长安人五千浚昆明池"，并着重对昆明池的原有渠道进行了修复。

唐代，昆明池淤积问题已经相当严重，对昆明池进行的有明确记载的疏浚就有3次。唐太宗时期对昆明池进行了第一次改造和修建。《括地志》载："贞观中修昆明池，丰、镐二水，皆悉堰入，无复流派。"将沣、镐二水引入昆明池，使其水源发生了变化。唐德宗贞元十三年（797年）再次对昆明池进行了修浚。《旧唐书·德宗本纪》载："八月丁巳，诏京兆尹韩皋修昆明池石炭、贺兰两堰兼湖渠。"这次修浚主要针对湖渠淤积严重导致的交河和沣水流路不畅的问题。唐文宗太和九年（835年），对昆明池进行了第三次修浚。《旧唐书·文帝本纪》载："时郑注言秦中有灾，宜兴土功

---

①　胡谦盈：《胡谦盈周文化考古研究选集》，四川大学出版社，2000年，22页。

厌之，乃浚昆明、曲江二池。"这时候昆明池已经完全成为与曲江地位相当的游乐胜地。

　　然而，唐代对昆明池的频繁修浚，也难挽其湮废的命运。宋代宋敏求《长安志》的"长安县"条下记载："昆明池，在县西二十里，今为民田。"可以确知宋代时昆明池已经干涸并成为民田了，然而文献中均没有明确记载具体的时间。宋代程大昌的《雍录》对"今为民田"的注释为："则唐初仍自雍堰不废。至文宗而犹尝加浚也。然则图经之作，当在文宗后，故水竭而为田也。"也只是认为昆明池是在唐代文宗以后才干涸的。唐末藩镇割据，战乱频仍，皇家再无兴致及力量继续修复建设。天祐元年（904年），朱全忠逼唐昭宗迁都洛阳，长安废不为都，昆明池的修浚更无从谈起。昆明池很快被淤塞，终于在唐末、五代时期干涸消失了。

二、昆明池的功能演变

（一）城市供水和调节漕运是其根本用途

　　人们一向以为昆明池是为伐云南昆明国练习水军而凿，其实它的主要用途还是解决长安城的水源问题[①]。汉长安城是以秦在渭河南岸的兴乐宫、章台和信宫等为基础修建起来的，沿用了旧日宫苑的水源和输水工程，即引渭河支流之水入镐池，通过镐池的调节再输入都城，基本能满足汉初用水的需求。汉武帝时，大兴土木，都城迅速膨胀，人口也越来越多，原有的水源已不能满足城市用水的需求。此外，汉代也是历史旱灾频繁的朝代，"两汉旱魃之灾共计112次，旱灾年份占两汉总年数的26%以上，也就是说，两汉时期平均不到四年就要发生一次旱灾"[②]。并且大旱年份多，旱情也颇重，如《汉书·五行志》载，惠帝五年（前190年）夏，"大旱，江河水少，溪谷绝"。于是汉武帝就在长安西南开凿了昆明池供水工程，形成了一个规模很大的水库，并通过纵横交错的供水渠道，将水引到城内各处。而且开挖的当年就是大旱，可见当时昆明池开挖的必要性和紧迫性。

　　昆明池整个系统由石碣、揭水陂、"飞渠"以及四周湖堤等设施组成。石碣是一座拦引洨水北流入池的滚水石坝，揭水陂为昆明池的二级调蓄水库，"飞渠"则是在建章门外专门引水入城的渡槽。水源是发源于秦岭北麓诸峪的洨水，《水经注》载："交水又西南流与丰水枝津合，其北又有汉故渠出焉，又西至石碣分为二水：一水西流注丰水，一水自石碣北经细柳诸塬北流入昆明池。"这里的"石碣"，文献又称石闼堰，当洨水平水期可全部拦截入昆明池，洪水期多余的水量则可漫顶而过，沿交水故道入丰水，以保证昆明池水库的安全。唐太宗时将沣水和镐水也引入昆明池，保证了昆明池充足的水量。

　　昆明池建在细柳塬与高阳塬之间，池址海拔高于汉长安城区（图一）。宋人程大昌在《雍录·昆明池》中说："昆明基高，故其下流尚可壅激以为都城之用。于是并城疏别三派，城内外皆赖之。"黄盛璋先生对昆明池供水系统进行了详细的探讨："昆明池通过东、北两条渠道向下游供水。向东的一条叫昆明故渠，专门接济运河（漕渠）用水；向北的一条叫昆明池水，专供城区用

①　刘庆柱：《长安春秋》，人民出版社，1988年，24页。
②　陈业新：《灾害与两汉社会研究》，上海人民出版社，2004年，6页。

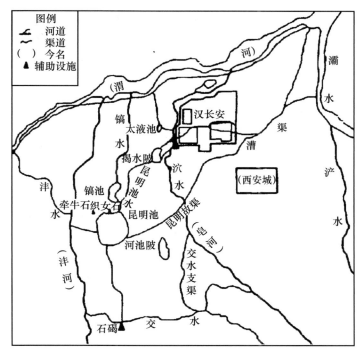

图一　汉长安引水渠道复原图

（引自黄盛璋《历史地理论集》）

水。昆明池水下结揭水陂，是进入城区前的又一级调节水库。揭水陂下游又分为两支，一支北流入建章宫，宫内有太液池，其尾水入渭水；另一支东北流，由架空渡槽引水入城，然后入苍液池最后排出城外，汇入漕渠。"[1]据《水经注》，直接引水到建章宫区和长安城的水道应是沈水主干和沈水支渠，沈水不入昆明池，但昆明池水却大部分都引入沈水以支援它对上述两区的水源供应。据吴庆洲估算，昆明池可蓄水 3549.7 万立方米，相当于一座中型水库[2]。昆明池及其引水渠道的修建，解决了汉长安城的蓄水供水问题，使其用水得到可靠的保证。

　　经过汉末及南北朝战乱，在姚秦时昆明池水利工程废毁，水源断绝，虽有断续水面，但已远不能和汉时相比。同时长期以来，"周回四十里"的昆明池也给汉长安城带来了很大的压力和潜在的威胁。因为汉长安城主体位于渭河一级阶地，昆明池则高居二级阶地，汉长安城正处于昆明池浸水下游，昆明池蓄水必然使其地下水位上升，可能会导致地表充水、洿卤为害的局面。而且汉长安城确实也发生过水溢地湿之害，《汉书·五行志》载："至成帝建始二年三月戊子，北宫井泉稍上，溢出南流。"在元帝时就有"井水溢，灭灶烟，灌玉堂，流金门"的童谣，即长安城内不管是像"灶烟"那样普通的地方，还是像"玉堂、金门"之类的高贵之区，都会遭到地下溢水之害。至隋朝，由于盐碱化严重，城内水皆咸卤，不宜饮用，隋文帝向东南迁城，改都在位于第二阶地的大兴城，此后一直沿用下来。

　　①　黄盛璋：《西安城市发展中的给水问题以及今后水源的利用与开发》，《地理学报》1958 年 4 期，409～413 页。

　　②　吴庆洲：《中国古代城市防洪研究》，中国建筑工业出版社，1995 年，81 页。

此后，因为该引水工程较为偏西，与新建都城不相适应，完全修复这一系列工程也非常不易，隋唐两代只好弃而不用，另建引水工程。至于唐太宗贞观年间堰沣水和潏水入池及唐德宗贞元十三年命京兆尹韩皋负责修昆明池，也引交水、沣河水入昆明池，都已经是用作游赏而非生活水源。敬宗时池水更浅，已被泥沙分为若干小池，其中的凝碧池还作为游乐所在，昆明池由西汉长安的蓄水库彻底演变为隋唐长安的游赏池沼。

（二）重要的皇家园林游乐区

除了作为京师长安的蓄水库外，昆明池烟波浩渺，绿树环绕，芳草被堤，还是当时皇家、贵族游乐的一处重要风景区。昆明池是上林苑楼观分布最为集中的地方之一。从汉武帝第二次修建昆明池开始，以昆明池为核心，着重进行了宫殿楼观的建设。《史记·平准书》载：元鼎二年（前115年）"乃大修昆明池，列观环之"。"宫室之修，由此日丽。"据《三辅旧事》载："池中有豫章台及石鲸。池中有灵波殿，皆以桂为殿柱，风来自香。"昆明池的池中岛上和四周岸边，修建了许多离宫别馆，雕梁画栋，金碧辉煌，林树掩映，风景十分迷人。各种游船也为昆明池增添了活力。《三辅黄图》卷四载："池中有龙首船，常令宫女泛舟池中，张凤盖，建华旗，作棹歌，杂以鼓吹，帝御豫章观临观焉。"其中的楼船也可能主要是为游乐之用，荡漾池中的"豫章大船，可载万人，上起宫室，因欲游戏"。这样，为皇帝、贵族提供了良好的游憩场所（表一）。

表一　汉代以后皇帝驾幸昆明池的记载

朝代	皇帝	时间	史籍	出处
魏	魏太武帝	七年春二月丁亥	幸昆明池	《魏书》卷四帝纪第四下
魏	魏孝文帝	夏四月戊寅	遂幸昆明池	《魏书》卷七下帝纪第七下
周	周太祖	不详	后从太祖宴于昆明池	《周书》卷一四列传第六
周	周太祖	不详	与公卿往昆明池观渔	《周书》卷二三列传第一五
周	周孝闵帝	五月	帝欲观渔于昆明池	《周书》卷三帝纪第三
周	周明帝	六月辛未	幸昆明池	《周书》卷四帝纪第四
隋	隋文帝	秋七月壬戌	幸昆明池	《隋书》卷二帝纪第二
隋	隋文帝	秋七月丁巳	幸昆明池	《隋书》卷二帝纪第二
唐	唐高祖	六年三月乙未	幸昆明池，宴百官	《旧唐书》卷一本纪第一
唐	唐高祖	九年三月辛卯	幸昆明池	《旧唐书》卷一本纪第一
唐	唐太宗	五年春正月癸酉	大搜于昆明池	《旧唐书》卷三本纪第三
唐	唐代宗	二月壬午	幸昆明池踏青	《旧唐书》卷一一本纪第一一
唐	唐武宗	二月壬寅	车驾幸昆明池	《旧唐书》卷一八上本纪第一八上

注：本表格根据《魏书》《周书》《隋书》《旧唐书》资料制作。

汉代以后特别是隋唐以来，昆明池的淤积问题越来越严重，特别是隋文帝改建大兴城为新都后，昆明池城市供水和调节漕运的作用已经不复存在。但各代以长安为都的朝廷一直努力加以疏浚，扩大水域面积，并在岸边修建了许多新的馆舍，昆明池完全转化为皇家的游乐胜地。这一时期，仅见于正史的皇帝到昆明池游乐的记载就有13次之多。其中唐代涉及的皇帝最多，次数也最多。唐德宗和唐文宗虽无载录，但从他们都对昆明池进行了较大规模的疏浚修建来看，他们游幸昆明池也绝对不在少数。

同时，那些皇亲贵族们也纷纷在池周围大建豪宅府第。太宗时名将李靖的弟弟李客师也"有别业在昆明池南"①，安乐公主更是曾经请求将昆明池直接作为自己的"私沼"。

昆明池的建设意义深远，它开创了我国以大型水体为核心来布置园林景观的先河。"在以往单纯以山或高台建筑为核心，以道路和建筑为纽带的园林形式中加入了以水体为核心和纽带的新格局，这不仅大大丰富了园林的艺术手段，促进了山、水、建筑及植物景观间更复杂的穿插、渗透、映衬等组合关系的出现和发展，而且为中国古典园林最终采取一种流畅、柔美，富于自然韵致的组合方式准备了必要的条件。"②

（三）历时短暂而影响深远的水师操练功能

《汉书·武帝纪》载："（元狩三年）发谪吏穿昆明池。"该句下，颜师古注引晋代臣瓒曰："《西南夷传》有越嶲、昆明国，有滇池，方三百里。汉使求身毒国，而为昆明所闭。今欲伐之，故作昆明池象之，以习水战，在长安西南，周回四十里。《食货志》又曰时越欲与汉用船战，遂乃大修昆明池也。"此后，臣瓒的穿池习战的观点为历代学者所引用。"穿池习战说"最早始于东汉末的荀悦，在《史记·平准书》"作昆明池"句下，司马贞《索隐》引荀悦语："昆明子居滇河中，故习水战以伐之也。"然而，最早记载昆明池开挖的《史记·平准书》，以及随后的《汉书》中的《武帝纪》《食货志》《五行志》，都只是简单记载了这一事情，并没有言及开挖的缘由，所以，开挖昆明池是为操练水军的说法缺乏史证，以后人主观臆测的成分居多，不足为信。

最早提及昆明池操练水军的是《史记·平准书》：元鼎二年（前115年），在昆明池"治楼船，高十余丈，旗帜加其上，甚壮"。杜甫在《秋兴》诗中写道："昆明池水汉时功，武帝旌旗在眼中。"操练水师的规模宏大，场面壮观，战船众多。《西京杂记》卷六载："昆明池中有戈船楼船各数百艘，楼船上建楼橹，戈船上建戈矛，四角悉垂幡旄旍葆麾盖，照灼涯涘，余少时犹忆见之。"

昆明池操练水军的功能历时很短，汉代也仅仅持续了武帝后期一段时期。随着汉武帝以后开疆拓土、征伐连年的时代基本结束，昆明池也渐渐丧失了作为一个水军基地的功能。《三辅故事》中也写道："武帝作昆明池，学水战法。后昭帝年少，不能复征伐。"

直至唐朝初年，唐高祖李渊才在武德九年"三月庚寅，幸昆明池，习水战"③。说明在此前后，昆明池又一度发挥了水军训练基地的功能。此后，由于淤积问题愈发严重，时常面临干涸的危险，史料中再也没有关于在池中操练水师的记载。

但是，昆明池操练水军的意义却非同凡响。它第一次将水战演习搬进皇家园林之中，是对中国皇家园林军事演练功能的进一步发展。后世言昆明池大多要与操练水师联系起来，后来三国时期东

① （后晋）刘昫等撰：《旧唐书》，中华书局，1975年，2482页。

② 王毅：《中国园林文化史》，上海人民出版社，2004年，57、58页。

③ （宋）欧阳修、宋祁撰：《新唐书》，中华书局，1975年，19页。

吴于建康开挖玄武湖，曹操在邺城作玄武池训练水军，都兼有游乐和阅武的功用。463 年，刘宋孝武帝在玄武湖检阅水军，则干脆下诏改名为昆明池；清代乾隆皇帝也加以仿效，乾隆十五年（1750 年），拓展瓮山泊面，并改名为昆明湖，并也曾一度在湖里演练水兵[①]，可见昆明池水兵操练的影响之深远。

（四）规模大历时长的水产养殖功能

昆明池除为城市供水、供皇家游览、操练水军外，同时也投放鱼苗，进行水产养殖。《西京杂记》载："武帝作昆明池，欲伐昆吾夷，教习水战，因而于上游戏养鱼。"《刘宾客嘉话》载："昆明池者，汉孝武所制，捕鱼之利，京师赖之。"据《武帝本纪》颜师古注释说："昆明池在长安西南，周围四十里。"汉里一里约折现 0.4 千米，则当时昆明池面积约两万亩左右，可以想见其鱼产量是相当高的。《西京杂记》载："（昆明池）鱼给诸陵庙祭祀，余付长安市卖之。"每年所产的鱼除了供给宗庙及陵墓祭祀之用外，剩余的就送到长安市上销售，还影响了市场鲜鱼的价格，《三辅故事》载，"市鱼乃贱"，这也是我国历史上大水面养殖较早的具体例证。

唐代昆明池依然是长安一个重要的养鱼基地。中宗时，百姓已经成为水产养殖的直接受益者。《资治通鉴》载，安乐公主曾请求将昆明池赏赐给她，"上以百姓蒲渔所资，不许"。《册府元龟·都邑》也载贞元十三年（797 年）八月唐德宗说："昆明池附近都城，古之旧制，蒲鱼所产，实利于人。"可见当时昆明池除了产鱼之外，还产出可用于编织的蒲草。

昆明池中的鱼除了用作供品和商品外，还有供游赏垂钓的功能，史籍中常有关于昆明池观鱼的记载。如《周书》卷三载："帝欲观鱼于昆明池。"后来，昆明池渐渐演变为大大小小的沼泽，但其养殖功能依然可以继续，应该说与其他诸多功能相比，它是最为持久的。

三、结　语

昆明池于汉武帝时期开挖建设，在池址选择、工程规划布置上都体现了较高水平。这一工程一直到唐代以后才逐渐废弃。昆明池是我国较早的城市供水水库，城市供水和调节漕运是其开挖的真正缘由和根本用途。作为皇家园林建设的一部分特别是隋唐改建都城以后，它更成为一个皇家贵族重要的游乐胜地。操练水师虽然历时短暂但却影响深远，使昆明池的历史具有了强烈的军事色彩。而附带的水产养殖功能则使昆明池成为一个规模空前的人工鱼塘，开创了我国历史上大水面养殖的先河。

昆明池在操练水军、水上游乐、城市供水、调节漕运乃至水产养殖诸多方面分别发挥了重要的作用，在不同的历史时期内，其功能也是各有侧重、不断变化的。总之，昆明池实在是我国历史上一项不可多得、影响深远的水利工程。

［原载《贵州师范大学学报（社会科学版）》2007 年 5 期］

---

①　李天民：《论中国古代皇家园林的军事功能》，《军事历史》2002 年 6 期。

汉唐昆明池杂议

刘振东　谭青枝

在汉都长安西南的上林苑中，有一片广阔的水域，这里烟波浩渺，河渠密布，鱼鳖成群，水鸟展翅，这就是汉武帝时期修建的著名人工湖——昆明池。昆明池的遗址位于今陕西省西安市长安区斗门镇一带，西安至户县的铁路横穿遗址的北部，沣惠渠贴着遗址的南缘由西向东流过[①]。

一、昆明池的兴建、沿革与废弃

《汉书·武帝纪》："（元狩三年）发谪吏穿昆明池"。《汉书·五行志》："元狩三年夏，大旱。是岁，发天下故吏伐棘上林，穿昆明池。"据此，昆明池始建于西汉武帝元狩三年（前120年）。由元狩三年夏季大旱而穿昆明池的记载看，西汉都城附近天旱缺水可能是修建昆明池的动因之一。另外，昆明池的修建和得名还与西南夷之越嶲、昆明国及滇池有关。《汉书·武帝纪》臣瓒注："西南夷传有越嶲、昆明国，有滇池，方三百里。汉使求身毒国，而为昆明所闭。今欲伐之，故作昆明池象之，以习水战。"《三辅黄图》："越嶲昆明国有滇池，方三百里，故作昆明池以象之，以习水战，因名曰昆明池。"[②] 到了武帝元鼎初年，又一次对昆明池进行了修建。《汉书·食货志》："是时粤欲与汉用船战逐，乃大修昆明池，列馆环之。治楼船，高十余丈，旗帜加其上，甚壮。"武帝时期的两次修建，基本奠定了西汉昆明池的形制和规模。

可以想象，在昆明池未修建以前，这里棘草丛生，野兽出没。汉武帝时期两次修建昆明池，第一次重在"穿"，包括利用原有地形挖池筑堤，开渠引水，以及开挖出水渠等；第二次却重在大"修"，包括对第一次工程的整修，在池岸边建"列馆"，以及在池中造楼船等。前后两次的修建，从元狩三年夏秋到元鼎初年，其间大约相隔了四年。

北方士兵不善水战，所以习练水军成为修建昆明池的重要目的之一。《三辅旧事》："（昆明）池中有戈船各数十，楼船百艘，船上建戈矛，四角悉垂幡旄葆麾，盖照烛涯涘。"但只是为了习练水军就修建一个如此大规模的水池，似乎不易理解，因为在南方的长江流域找一个训练水军的地方并

---

①　中国社会科学院考古研究所汉长安城工作队：《西安市汉唐昆明池遗址的钻探与试掘简报》，《考古》2006年10期。

②　陈直：《三辅黄图校证》，陕西人民出版社，1980年。以下凡引《三辅黄图》《三辅旧事》《三辅故事》《西都赋》《庙记》《汉旧仪》《关辅古语》《三秦记》等文献，均见此书。

不难。因此，修建昆明池应该还有其他原因。如上所述，在都城附近修建一个大型蓄水库，在遇到旱灾时仍能正常给长安城以及上林苑提供水源，应是兴建昆明池的另一个重要原因。昆明池建成后，因其水域广阔，尤其是在池子的周边还分布着众多离宫别馆，如池西有宣曲宫，池南有细柳观①，池东有昆明观等，所以构成上林苑中一处以水景为特色的池苑。在昆明池东岸现存一座三面环水的建筑遗址，遗址的下层为西汉夯土台基，推测为西汉昆明观的旧址。昆明观又称昆明东观、东馆、豫章台、豫章观，是帝后经常临幸之地。《三辅故事》："池中有龙首船，常令宫女泛舟池中，张凤盖，建华旗，作棹歌，杂以鼓吹，帝御豫章观临观焉。"《汉书·天文志》："（成帝河平）二年十二月壬申，太皇太后避时昆明东观。"《汉书·元后传》："秋历东馆，望昆明。"昆明东观之名应缘于观的位置在昆明池东。班固《西都赋》："集乎豫章之宇，临乎昆明之池。"也说明豫章观是位于昆明池的岸边。此外，因为有广阔的水域，这里又成为饲养鱼鳖等水产品的理想场所。《庙记》："池中后作豫章大船，可载万人，上起宫室，因欲游戏，养鱼以给诸陵祭祀，余付长安厨。"《汉旧仪》："上林苑中昆明池、镐池、牟首诸池，取鱼鳖给祠祀，用鱼鳖千枚，以余给太官。"

　　西汉以后，昆明池继续使用。后秦末年（415年）关中大旱，昆明池一度枯竭②。北魏太平真君元年（440年）对昆明池进行了修浚③。唐代曾经先后三次修浚昆明池，一次是在太宗贞观年间（627～649年）④，一次是在德宗贞元十三年（797年）⑤，一次是在文宗大和九年（835年）⑥。唐代以后，不见有关修浚昆明池的记载。

　　西汉以后，有多个朝代的帝王到昆明池游幸。如东汉安帝，《后汉书·帝纪卷第五·孝安皇帝》："（延光三年）冬十月，行幸长安……闰月乙未，祠高庙，遂有事十一陵，历观上林、昆明池。"北魏太武帝，《魏书·世祖纪第四下》："（太平真君七年）二月丙戌，幸长安，存问父老。丁亥，幸昆明池。"北魏孝文帝，《魏书·高祖纪第七上》："（太和二十一年夏四月）辛未，行幸长安……戊寅，幸未央殿、阿房宫，遂幸昆明池。"北周宇文泰，《周书·列传第六·贺拔胜》："（贺拔胜）后从太祖宴于昆明池，时有双凫游于池上，太祖乃授弓矢于胜曰：'不见公射久矣，请以为欢。'胜射之，一发俱中。"北周明帝，《周书·帝纪第四·明帝》："（二年六月）辛未，幸昆明池。"隋文帝，《隋书·帝纪第二·高祖下》："（开皇十三年秋七月）丁巳，幸昆明池。"唐高祖，《旧唐书·本纪第一·高祖》："（武德六年）三月乙未，幸昆明池，宴百官。"唐太宗，《旧唐书·本纪第三·太宗下》："（贞观）五年春正月癸酉，大搜于昆明池，蕃夷君长咸从。"唐代宗，《旧唐书·本

---

　　① 《史记·司马相如列传》："西驰宣曲，濯鹢牛首，登龙台，掩细柳……"集解引《汉书音义》："宣曲，宫名，在昆明池西。正义引郭云：（细柳）观名，在昆明南柳市。"

　　② 《资治通鉴·晋纪》："秦大旱，昆明池竭。"

　　③ 《魏书·世祖纪第四下》："太平真君元年……发长安五千人浚昆明池。"

　　④ 顾祖禹：《读史方舆纪要》卷五三"昆明池"条引《括地志》："贞观中修昆明池……"

　　⑤ 《旧唐书·本纪第十三·德宗下》："（贞元十三年）八月丁巳，诏京兆尹韩皋修昆明池石炭、贺兰两堰兼湖渠。"

　　⑥ 《旧唐书·本纪第十七下·文宗下》："（大和九年冬十月）时郑注言秦中有灾，宜兴土功压之，乃浚昆明、曲江二池。"

纪第十一·代宗》："（大历二年）二月壬午，幸昆明池踏青。"唐武宗，《旧唐书·本纪第十八上·武宗》："（会昌元年二月）车驾幸昆明池。"当时的昆明池，绿树成荫，莲荷茂盛，是皇帝以及王公设宴、垂钓和踏青的游览胜地。

昆明池的废弃应在唐代以后。顾祖禹《读史方舆纪要》卷五三"昆明池"条："（昆明池）自宋以后，不加浚治，遂湮为民田。"

二、昆明池相关问题探讨

（一）昆明池研究概况

昆明池规模宏大，名声远播，史籍中多有记载，北魏郦道元《水经注》中对昆明池一带的水系记载较详。因为北魏时期昆明池仍然发挥着作用，因此该书的一些记述对研究昆明池，尤其是研究昆明池一带的水系非常重要。20 世纪 50 年代，黄盛璋先生给《水经注》中的渭水作注[1]，对昆明池一带的水系进行了复原。他从文献记载入手，结合实地调查，对昆明池的范围以及西面出水渠的位置、走向做出判断，并提出镐池和镐水均在唐代以后湮失的观点。此后，黄先生又发表了相关的研究文章[2]，从文中插图看，他认为昆明池的水源是从南面引交水而来，并认为"昆明故渠"是从池的东南向长安城方向引水而去，这与我们调查勘探的结果不符。这两个问题非常重要，后面还要进行讨论。20 世纪 60 年代，胡谦盈先生对汉唐昆明池遗址做过考古调查，并结合文献记载做了深入研究，收获颇多，如对唐代昆明池范围的判定、对昆明池西岸出水渠位置的确定以及对昆明池周边汉代建筑遗址的调查等[3]。我们 2005 年对昆明池遗址所做的考古调查、钻探就是在已有成果的基础上进行的。

（二）2005年昆明池遗址考古工作的收获

第一，首次比较精确地搞清了现存昆明池的范围，并使用全站仪结合该地区万分之一地形图进行测量，获得了有关昆明池规模的比较精确的数据。昆明池遗址位于斗门镇、石匣口村、万村和南丰村之间，东西约 4.25 千米，南北约 5.69 千米，一周长约 17.6 千米，面积约 16.6 平方千米，如图一。

第二，对现存昆明池形制进行了探索，在池的东岸发现进水渠两条，在池的西岸和北岸共发现出水渠四条，在池内发现高地四处。

从昆明池东岸有两个进水口，北边的一个从渠道流向看，应是从南边的主进水渠分流而来。从主进水渠向东南方向延伸的趋势看，应通往古沈水。《史记·司马相如列传》《集解》引姚氏云："（潏水）自南山皇子陂西北流注昆明池入渭。"《长安志》卷第十一引李善曰："潏水径至昆明池入渭。"潏水即《水经注》所记之沈水。能够给偌大的一个昆明池提供水源，说明在汉唐时期沈水是

① 顾颉刚、谭其骧、任美锷等：《中国古代地理名著选读》（第一辑），科学出版社，1959 年。

② 黄盛璋：《关于〈水经注〉长安城附近复原的若干问题》，《考古》1962 年 6 期。

③ 胡谦盈：《丰、镐地区诸水道的踏察——兼论周都丰、镐位置》《汉昆明池及其有关遗存踏察记》，《胡谦盈周文化考古研究选集》，四川大学出版社，2000 年。

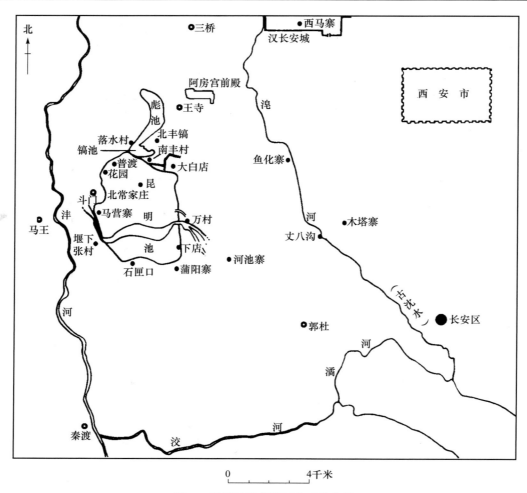

图一　昆明池及其附近水系分布图

一条水量丰沛的河流。在这条进水渠的故道沉积着大量沙子，时至今日还有人进行小规模开采，这些沙子都是从沈水携带来的。此外，我们针对学术界存在昆明池的水源来自南边的意见，在石匣口村至蒲阳村一线的昆明池南岸一带反复钻探，没有发现任何渠道的遗迹。昆明池的南岸为地势较高的细柳原，现今原面仍然十分完整，所以，昆明池的进水口不在南岸。

　　昆明池的主要出水口在西岸，这是研究者的共识。昆明池西岸南北一线的高地并不宽阔，尤其出水口一带更窄，且高地之西地势陡然降低，出水渠穿过高地后，流水会迅速下泻。也许正是为了防止流水对池岸造成激烈冲刷，进而危及池岸的安全，所以，出水渠没有径直朝西，而是先沿着西岸的方向向北排泄，在池西高地较为宽阔的地方折向西北，通往古丰水或丰水支津（镐水）。《长安志》卷第十二引《水经注》所载"（丰水）又北，昆明池水注之"说的就是这条排水渠。至于北岸的三个出水口，靠西的一个出水口应为汉代昆明池水流往北面镐池的水口，在取土挖成的断崖上清晰可见，可能到唐代的某一时期，该水口被夯填成堤，废弃不用；东边的两个水口可能汉代就有，唐代又用大卵石加固，在这一带砖瓦窑场挖土形成的土塬断面以及取土现场，都可看到用大卵石加固渠底和渠壁的情况，二出水渠汇合后北流了一段，继而折向东流。

　　第三，在南岸上新发现建筑遗址两处，即一号和二号建筑遗址。一号和二号建筑遗址相距较近，时代也一致，应是互为关联的一组建筑。从遗址的形制分析，一号遗址夯土台基南北细长，台基边沿不整齐；二号遗址是用夯土台基围成的一个院落，边沿也不太整齐。这两座建筑不同于长安城内的建筑或者规模宏大，或者结构复杂，布局严谨，而是规模较小，结构简单，布局松散，形式富于变化，显然表现出与园林景观相协调的一种建筑样式。它们坐落在昆明池南岸地势高亢之地，与昆明池水相映生辉。

第四，究明了汉、唐昆明池的沿革。由于唐代以后未再修浚过昆明池，所以现存的昆明池岸应是唐代的池岸。我们调查昆明池北岸时，在北岸的西部发现了一段夯土，现地面之上仍有较高存留，夯土皆纯净黄土，夯层较薄，厚8～11厘米，质地紧密，质量很好，在夯土中还发现穿棍遗迹。从这些特征看，这段夯土应是汉代夯土，推测为昆明池北岸上一座建筑的台基。另从断崖剖面观察昆明池北岸的结构，晚期池岸是在早期池岸之上用大卵石进行了修整和加固。池子东岸和西岸的情况也基本相同。结合北岸上现存的汉代夯土基址，我们推断昆明池早期池岸应是汉代所修，晚期池岸为唐代修整、加固过的池岸。现存昆明池岸虽然经过唐代的重修，但其规模、范围基本沿用汉代，这从池岸的结构以及北岸、东岸、南岸上建筑遗址的分布情况都可以得到证明。测量现存池址所得的数据比文献记载西汉昆明池的规模略大，或者表明经唐代重修的昆明池，可能在池岸的某些地段较汉代略有扩大。

第五，牵牛、织女石像问题。在昆明池遗址，有两件石像遗留至今，这就是著名的牵牛和织女像。关于二石像的定名，有较多文献记载可以凭依，如班固《西都赋》："左牵牛而右织女，似云汉之无涯。"《关辅古语》："昆明池中有二石人，立牵牛、织女于池之东西，以象天河。"二石像雕刻不多却形神兼备，颇具西汉粗犷质朴之艺术风格。

织女像（当地人称"石婆"）现存于昆明池北部西岸的斗门镇，其位置与文献记载大体相符；牵牛像（当地人称"石爷"）现存于昆明池中的北常家庄之北，推想原来应在今南丰村一带的池岸附近。昆明池北部的东西两岸相距相对较近，石像分立两岸，以象征天河两边分立的同名二星，构成一道天地合一的壮美风景。另外，昆明池的北部地势较低，夯筑堤岸面临来自昆明池水的巨大压力，只有保持一定高度的水平面，才能保证堤坝的安全，所以，我们推测牵牛、织女石像原来立在池北部的东、西岸边，可能用来观测昆明池的水位，同时也起到镇守昆明池的作用。当然，石像作为牵牛、织女二星的人物化形象，也成为追溯牛郎织女传说故事最早的实物资料。

第六，基本究明镐池和彪池遗址。通过考古钻探参以史籍的记载，确认在昆明池之北存在镐池和彪池两个池址，并测量出它们的周长和面积。汉魏时期镐池和彪池之水来自昆明池，三池同时并存。可能在唐代某一次重修堤岸时堵塞了昆明池流往镐池的水道，致使镐池失去水源而干涸。彪池之水源于镐池，所以随着镐池的干涸，彪池也成枯池。

（三）"昆明池水"和"昆明故渠"问题

《水经注·渭水》[①] 在记述流经古长安一带的渭水及其支流沈水时，牵出两条水道与昆明池有关，

---

① 王国维校，袁英光、刘寅生整理标点：《水经注校》，上海人民出版社，1984年。

一条是"昆明池水"，一条是"昆明故渠"。"昆明池水"是叙述沈水时引出的，因其流程相对较短，水道的流向以及途径比较清晰。"沈水又北迳长安城西，与昆明池水合，水上承池于昆明台，……池水北迳镐京东，秦阿房宫西。……其水又屈而迳其北，东北流，注揭水陂、陂水北出，迳汉武帝建章宫东，于凤阙南，东注沈水。""昆明池水"的出水口，《水经注》没有明记是在昆明池的哪个方向。我们在昆明池北岸的中部和东部发现了两条出水渠，两渠汇合后先向北流了一段，继而折向东流。因受流经地区地势、地形的影响，渠道会有一些曲折，所以，这条东去的水道可能又折向北流，经阿房宫（阿房宫前殿遗址）之西、北，再向东北流注揭水陂。因此，昆明池北岸的排水渠道应该就是"昆明池水"。

"昆明故渠"是在叙述渭水时引出的，因渭水流途长，故渠的流向和途径较为模糊。"渭水东合昆明故渠，渠上承昆明池东口，东迳河池北，亦曰女观陂。又东合沈水，亦曰漕渠，又东迳长安县南，东迳明堂南，旧引水为辟雍处，……渠南有汉故圆丘，……故渠之北，有白亭博望苑，故渠又东而北屈，迳青门外，与沈水枝渠会……"我们在昆明池的东岸只钻探发现了一条水渠，并且是进水渠。渠很宽，渠底淤积了很厚的沙层，显然与《水经注》记载的"昆明故渠"无关，因为作为人工开凿的引水渠道，当不会太宽，且渠道所引昆明池水是经过沉淀后的清澈之水，渠底不应有很多的淤沙。其实，昆明池东岸的这条进水渠，除前引文献外，《水经注》在述说沈水时似乎也是提到过的："沈水又北与昆明故池会，又北迳秦通六基东，又北迳揭水陂东，又北得陂，承其陂东北流，入于沈水。"这里的"与昆明故池会"，应该指的就是由沈水流入昆明池的这条进水渠道。从《水经注》记述"昆明故渠"在沈水以西的位置和走向看，与这条进水渠道很相像，"渠上承昆明池东口，东迳河池北，亦曰女观陂。又东合沈水……"由钻探和测量的情况看，这条进水渠的渠口正是位于昆明池东岸，向东南方向延伸，经河池（今河池寨）之北连于沈水。另外，如果需要，可在沈水东岸适当的地方直接开口引水，既方便又有效，似乎没必要先从昆明池引水入沈水，再在沈水东岸开口引水。总之，从考古钻探的结果出发，通过对水理的分析，我们认为沈水以西并不存在一条通向汉长安城的引水渠，《水经注》所述"昆明故渠"的上段，即沈水以西段，可能是将进水渠误认为出水渠了。至于昆明故渠的下段，即沈水以东段，则很可能在沈水流注昆明池水口以北的某个地方，于沈水东岸开口引水，向东经汉长安城南郊的明堂之南，再向东继而北折，流入东城墙外的护城壕沟内，经霸城门向北侧城注入渭水。推想这个引水口可能会在流经揭水陂一带的沈水东岸。

（四）镐池与镐京问题

过去研究者多认为汉魏时期昆明池之北确有一个镐池，但唐代修浚昆明池时将镐池并入了昆明池，因为现存昆明池即是唐代昆明池的遗存，所以在它的北面就没有镐池，而只有一个彪池。但考古钻探和试掘不仅证实汉、唐昆明池的北岸基本在同一个地方，变化不大，而且在紧挨着昆明池的北侧钻探出另一个水池遗址。从这个池址的平面形状分析，原来池子的南沿可能被昆明池的北岸堤稍稍侵占了一点，但池址的位置和基本规模应该没有太大的变化。这个池子就是比昆明池还要古老的镐池旧址。在镐池之北，我们还钻探出彪池的范围。昆明池、镐池和彪池三个池子南北并列的状况，不仅被真实地钻探出来，也完全符合古代文献的记载，如《水经注》记录镐水的情况是：

"（镐）水上承镐池于昆明池北，周武王之所都也……镐水又北流，西北注与彪池合，水出镐池西，而北流入于镐。"

西周时期，文王都丰，武王迁镐，是学术界公认的看法，当然，武王迁镐后，丰并未遭到废弃，而是与镐并存了很长时间，并且一直都是一个十分重要的都邑。这里结合镐池对镐京的地望做一推测。

秦汉以后，镐京的确切位置已不为人知，说到镐京，往往以镐池的方位作为参照。例如，《长安志》："今丰水之东，长安之南三十里，去丰二十五里镐池即其（镐京）故都也。"这次钻探中，在镐池的东岸和西岸没有发现进水的渠道，从汉代镐池水源来自昆明池的情况分析，在汉武帝修建昆明池以前，这一块广阔的地域应是低洼之地，或者本身就是一个古老的池沼[①]，古籍中也有一些记录，如《三秦记》："昆明池中有灵沼，名神池，云尧时治水，尝停船于此地。"《长安志》在引内容基本相同的《关中记》后云："盖尧时已有污池，汉代因而深广耳。"所以，镐池的水源推测在昆明池修建以前一直是自北而来。基于这样的认识，在镐池之南的低洼之地，是不可能营建镐京的。

学界一般认为镐京遗址的范围大致在今落水村、上泉北村、普度村、花园村和斗门镇一带，基本沿东北—西南向带状高岭分布。这条高岭西、北临丰水、彪池，南部为镐池。这一带既有高地，又临近河池，确实适宜建造都邑，历年的考古工作也发现了一些建筑遗址和墓葬，所以，将这一条状地带推断为镐京的构成部分，应该是成立的。但跳出已有的观点，我们看到，虽然昆明池的西北部可能侵蚀掉了宜于建都的岭地的一部分，但这条岭地还是显得过于狭窄，不够开阔，与镐京作为西周长期经营的重要都邑的地位不符合。如果我们调转眼光，可以看到镐池以东（包括东北、东南）是一片十分广阔的原地，这里西北临彪池，西部面向镐池，东部开阔高平，再往东即到古沈水，应是适宜建都之地。只是该地域西周时期的遗址鲜有发现，所以还未引起人们的注意。这一地域现今分布着许多大型砖瓦窑场，已将原面严重破坏，希望能尽早开展一些考古工作。

《水经注》所载"（镐京）自汉帝穿昆明池于是地，基构沦褫，今无可究"，这种影响深远的看法也许是不全面的。

昆明池所在地域可能自古以来地势低洼，西汉武帝时正是利用了这片洼地修建了规模宏大的昆明池。昆明池选址得当，其东、西、南三面自然地势较高，唯北面地势较低，所以在利用自然地形的同时，又加以人工夯筑。昆明池的进水渠应来自古沈水，该水道自东南高处向西北自流入池，既解决了水源，又减小了工程量。主要出水渠在池子西面，这里的地势由东南向西北渐低，很利于排水。池子北面开挖的出水渠，一则遇到水量过大时可以起到泄洪的作用，以减轻水势对北岸的压力，再者，靠西边的水口将池水排往镐池和彪池，补充了这两个古老水池的水量（唐代以前）；东边的排水渠道（"昆明池水"）迂回流往汉长安城的西部，回注沈水，在遭遇旱灾沈水水量减少时，可以补充沈水下游的水量，以保证都城，特别是建章宫的用水，镐池、彪池周围以及"昆明池水"流经之地，还可以进行灌溉，并给分布在水道附近上林苑内的宫观提供稳定的水源。由此看来，昆

---

① 见胡谦盈：《汉昆明池及其有关遗存踏察记·补记三》，《胡谦盈周文化考古研究选集》，四川大学出版社，2000 年。

明池的工程设计十分合理，是我国古代一项伟大的水利工程。

　　附记：本文是在《西安市汉唐昆明池遗址的钻探与试掘简报》的基础上写成的。文中插图承张建锋先生帮助绘制，谨表感谢。

（原载《汉长安城考古与汉文化——纪念汉长安城考古五十周年
国际学术研讨会论文集》，科学出版社，2008 年）

汉唐长安昆明池的功用及其文化与文学影响

王作良

古长安境内的昆明池，疏凿于西汉鼎盛的汉武帝时期，是汉武帝为打通通往西南的通道，为了迎战当时的滇国（位于今云南一带）和南越（位于今广东一带），训练水军而修凿的。在汉唐盛世，昆明池一直承担着训练水兵、供给都城用水、渔业养殖的实际功用，也是皇室贵族、文人墨客游赏的胜地，在中国文化史上具有相当大的影响力，包含着相当丰厚的文化与文学内涵，成为文人骚客缅怀盛世、感慨古今的重要载体。

一、昆明池的功用

昆明池，又称昆池，其通往白鹿原的一部分亦被称为神池（何清谷校释《三辅黄图》卷四"池沼·武帝初穿池得黑土"条注释二有记："薛综注引《三秦记》曰：'昆明池中有神池，通白鹿原。'凿昆明池时，汉武帝出于崇古思想，把昆明池的那一部分叫神池，又叫灵沼，是可能的。"①其为上林苑中最大的池沼。上古时已蓄水成池，称为灵沼，相传尧帝治水时曾停船于此，其遗址位于距今西安市西南 15 千米的长安区斗门镇沣西一带，是汉代上林苑的一部分，在西周灵沼的基础上挖凿和扩大而成，这可从张衡《西京赋》中"昆明灵沼"和《三秦记》中有"昆明灵沼"的文字记载得到证实。

昆明池的得名与云南第一大湖滇池有关，开凿的直接原因是为了打通通往身毒国（今印度一带）的西南通道。据《史记·西南夷列传》记载："元狩元年，博望侯张骞使大夏来，言居大夏时见蜀布、邛竹杖，使问所从来，曰'从东南身毒国，可数千里，得蜀贾人市'。或闻邛西可二千里有身毒国。骞因盛言大夏在汉西南，慕中国，患匈奴隔其道，诚通蜀，身毒国道便近，有利无害。于是天子乃令王然于、柏始昌、吕越人等，使间出西夷西，指求身毒国。至滇，滇王尝羌乃留，为求道西十余辈。岁余，皆闭昆明，莫能通身毒国。滇王与汉使者言曰：'汉孰与我大？'及夜郎侯亦然。以道不通故，各自以为一州主，不知汉广大。使者还，因盛言滇大国，足事亲附。天子注意焉。"②此前，汉政府已经通过武力基本解除了匈奴的威胁。元朔二年（前 127 年），卫青率军大败匈奴，取黄河以南大片土地为朔方郡。元狩二年（前 121 年），霍去病任骠骑将军又两次大败匈

---

① 何清谷：《三辅黄图校释》，中华书局，2005 年。
② 司马迁：《史记》，中华书局，1982 年。

奴，控制了河西地区，打通了汉政府通往西域的道路。故而在元狩三年至六年，为了解决都城的蓄水问题和教习水军，汉武帝减陇西、北地、上郡戍卒之半，遣发谪吏在西周灵沼的基础上，重加疏凿，引潏水、交水灌注其中，沣、滈二水又堰入池中，使湖面大为增加。以"越嶲昆明国有滇池，方三百里，故作昆明池以象之，以习水战，因名曰昆明池"①，这是昆明池的第一次修凿。尔后，汉武帝又征发民力修凿昆明池，时间当在元鼎元年（前116年）冬至二年春之间，而且这次大修同样出于军事目的，只是水战的拟定对象有了改变，由原来的西南夷变成了南越。《史记·平准书》记载："上林既充满，益广。是时越欲与汉用船战逐，乃大修昆明池，列观环之。治楼船，高十余丈，旗帜加其上，甚壮。于是天子感之，乃作柏梁台，高数十丈。宫室之修，由此曰丽。"②后来，汉政府曾经与南越发生过水战，"其明年，南越反，……（天子）因南方楼船卒……击南越"③。由此可见，昆明池操练水军的作用还是不可低估的。昆明池的水战操练功能，在唐初依然有所发挥，唐王朝建都长安后，昆明池的功用又一次得到利用。唐贞观元年（627年）唐高祖李渊临幸昆明池，以观水军练习。《旧唐书·高祖本纪》中记载："（武德）九年三月庚寅，幸昆明池，习水战。"由此看来，当时的昆明池还发挥着操练水军的功用，不知什么原因，此后就不再有操练水军的记载。

　　除了训练水军的功能外，昆明池在西汉时是都城长安供水系统的重要组成部分。西汉长安城规模宏大，人口众多，比同时代西方最大的古罗马城还大3倍，因此城市供水成为一个极其重要的问题。西汉统治者在修建长安城的时候，就考虑到充分利用周围的自然河流，用纵横交错的渠道和人工开掘的池塘，把周边河流连为一个完整而有机的供水系统，使沣河、滈河、渭河、潏河等相互连通，保证了长安城正常的水源供应。昆明池的水源来自交河（交河开凿于西汉时期，是配合昆明池的开凿而开挖的人工河道，起着拦截潏、滈主流的功用，使它们改道向西流入沣河，截断昆明池上游的水源，一方面降低了京城地表水的高度，减小了水患对京城的危害，另一方面在截流处建造的一些堰坝等水利设施，又保证了昆明池保持着较为充足的水源），每当水位过高时，它可把多余的水排到沣河。《水经注》中记载："交水又西南流与丰水支津合，其北又有汉故渠出焉，又西至石碣（按：即石闼堰）分为二水：一水西流注丰水，一水自石碣经细流诸原流入昆明池。"其供水渠道分为3支，第一支流向长安城南面和东面，同漕渠相接，通向灞桥，供应城南地区的用水，并起着调节漕渠水量大小的作用；第二支由长安城的西南角流入沧池，未央宫和长乐宫的用水依靠沧池，而太液池则供应建章宫的用水；第三支则经过长安城北，入太液池。宋代著名地理学家程大昌首先注意到昆明池和都城用水有关，他在《雍录》卷六《昆明池》中写道："昆明基高，故其下流尚可壅激以为都城之用，于是并城疏别三派，城内外皆赖之。"④清顾炎武在《肇域志》"陕西"卷三对昆明池供水的3支做了详细的论述："汉漕渠，武帝元狩三年所穿。上接秦渠（按：即所谓的秦漆渠），下入昆明池。分三派去，其一派自昆明池东为明渠，东过长安城南，又过城东合王渠北流；其二派自昆明，北为飞渠入城。飞渠者，以木槽接水上流，逾隍入城，渠若飞而过也。既入城，则引而东

① 钱仲联：《清诗纪事》，江苏古籍出版社，1989年。

② 司马迁：《史记》，中华书局，1982年。

③ 司马迁：《史记》，中华书局，1982年。

④ 程大昌、黄永年：《雍录》，中华书局，2002年。

至渐台为沧池。又东过未央北明光南，又东过秦（按：'秦'应作'汉'）长乐宫出都门，外合王渠、明渠水入渭。其三派自昆明北经长安城北，过秦阿房宫东，入揭水陂，又北入唐仲池，又北过城西门建章东，又西过建章北，入太液池，又北入渭。"在长安城所有的供水系统中，昆明池不仅容量极大，其水质清澈也是极其有名的。隋诗人虞世基在《长安秋》中曾咏道："寒露台前晓露清，昆明池水秋色明。"① 可见，至隋代，昆明池水还是很洁净的，其供水作用也就显得至为重要，发挥着总蓄水库的功能。

因为有充足的水源，汉武帝以后的一段时间，昆明池兼具养殖之利。据《西京杂记》卷一记载："武帝作昆明池，欲伐昆明夷，教习水战。因而于上游戏养鱼。鱼给诸陵庙祭祀，余付长安市卖之。"② 直到唐代仍是如此，《刘宾客嘉话录》记载："昆明池者，汉孝武所制，捕鱼之利，京师赖之。"③ 昆明池开始养鱼的时间，依清人张澍《二酉堂丛书》辑《三辅故事》的说法，在汉武帝的继承者汉昭帝在位时期，其中云："武帝作昆明池，以习水战，后昭帝小，不能复征讨，于池中养鱼以给诸陵祠，余付长安市，鱼乃贱。"有关"昭帝小，不能复征讨"云云的谬论，周天游校注《西京杂记》中有辨析，可参看。

在汉唐两代的很长时期内，昆明池还具备航运之利。西汉时，从石阀堰入昆明池的故渠中段在秦时已经存在，为秦代漆渠的一段。昆明池南沿渠（今长安区石匣口、普贤寺等村）百姓称之为"漆渠河"，当时修筑的目的是运输从子午古道挑来的山货，之所以叫漆渠，相传与秦修建阿房宫有关。唐代李泰等著《括地志》中说："漆渠，胡亥筑阿房宫开此渠，而运南山之漆。"《史记·滑稽列传》中记载：秦倡侏儒优旃因二世即位后，"欲漆其城"，旃讽刺说："漆城虽于百姓愁费，然佳哉。漆城荡荡，寇来不能上。即欲就之，易为漆耳，顾难为荫室。"优旃所说的抑或有夸大的地方，但秦修建与装饰宫殿所需的数量庞大的材料，大都来自都城附近的终南山，漆渠的开挖正是出于这样的目的。昆明池开挖后，漆渠还发挥着运输的作用。自清代至今咸阳秦都区境内管辖的南乡在郭里还有叫漆渠的村庄，可见其影响。

《史记·河渠志》记载："异时关东漕粟从渭中上，度六月罢。而渭水道九百余里，时有难处。引渭穿渠，起长安，并南山下，至渭河三百余里，径易漕，度可令三月罢。……通，以漕，大便利。"④ 漕渠开挖于汉文帝时，在昆明池开凿之前，附近就已经有了滮池和滈池。滮池，《诗经·小雅·白华》即咏叹道："滮池，浸彼稻田。"《三辅黄图》中记载："（滈池）在昆明池之北，即周之故都也。"汉武帝修建昆明池后，连通了滮池和滈池。其中的一支从池东开口引水，东流横绝灞河，注入通向黄河的漕渠，为漕渠上源。昆明渠遗址在今西安市郊区还隐约可辨。据《西安市汉昆明池遗址的钻探与试掘简报》介绍，昆明池东岸发现 2 条进水渠遗址：一条位于万村以西约 220 米处，南北宽约 160 米，最宽处达 420 米，在万村东南方向，水渠又分为 2 支；另一条位于第一条进水渠水口北约 570 米处，宽约 25 米，依据其走向，应为第一条的分支。除了 2 条进水渠外，还有 4 条出

① 逯钦立：《先秦汉魏晋南北朝诗》，中华书局，2005 年。
② 葛洪：《西京杂记》，中华书局，1985 年。
③ 韦绚：《刘宾客嘉话录》，上海古籍出版社，2000 年。
④ 司马迁：《史记》，中华书局，1982 年。

水渠：第一条出水渠位于堰下张村东北角东侧的西岸上，南北宽约 100 米，最宽处约 300 米，第二条出水渠位于落水村南的昆明池北岸西部，破坏严重，残迹宽约 5 米（据考古人员对土层堆积情况的大致分析，此水口似乎一直在使用，直到晚唐因昆明池的淤塞而废弃）；第三条出水渠外位于南沣村西南约 80 米处的昆明池北岸中部，现存出水口宽约 8 米，深约 3.5 米，底部及两边用卵石铺砌而成，水渠宽 20～50 米，流经南沣村后，与下文所述的第四条出水渠汇合；第四条水渠开口于大白店村西约 270 米处的昆明池北岸东部，水渠宽约 40 米，亦用卵石铺砌而成。值得一提的是，水渠底部堆积着大量贝壳、8 枚不同种类的铜钱、砖瓦碎块、碎石块等，似乎昭示着昆明池昔日航运繁盛的景象。

漕渠的开挖，是为了保证京城粮食、燃料、铁器和其他物资的顺利运送。其后昆明池的开凿，使长安城的航运从八水、临潼、渭南、二华夹漕，经潼关县的三河口直接与黄河相连，极大地便利了长安城附近物资的运输与贸易。对此，史念海先生在《黄土高原的演变及其对汉代城的影响》中有过精当的评述："渭水下游多弯曲，可以另辟航道。前面曾经提到汉长安城外的漕渠，就是以之代替渭水下游的航道的，漕渠引用的水就有来自昆明池中的水。汉长安城西南的昆明池，汇集沣水和交、沈二水，助长漕渠的水势。漕渠由这里过汉长安城南东流，通到黄河。"今咸阳附近为渭河中下游的分界，下游水量比较平缓，河道宽阔，因昆明池的调节，加上灞、泾、浐等大河的流入，水量大增，为航运提供了天然的便捷。唐文宗大和年间（827～835 年），昆明池干涸后，其航运功能遂告终止。从昆明池引出的水进入长安城周围的漕渠、王渠，而且流进城内的明渠作为排水沟也是有效的。中唐后，由于自然环境的变化、人口的激增以及森林的过度砍伐，水上航运常受泥沙淤泥阻困。

二、历代文人对昆明池的吟咏及其文化与文学影响

昆明池堤岸上柳树成荫，廊房环绕，每至夏季，荷香阵阵，景色如画，池中鱼虾肥美鲜嫩，无异于江南水乡，可以称得上北国大地的人间仙境。再加上丰厚的文化内涵，昆明池引得汉唐以来历代文人吟咏不绝，《初学记》以及宋初李昉主编的《文苑英华》即收有多篇以昆明池为歌咏对象的作品。

汉武帝以后，从汉安帝延光三年（124 年）至唐大历二年（767 年），历代皇帝多次驾临昆明池。至于文人墨客于此送亲访友，游池观景，抒发怀抱，更是不胜枚举。再加上后人为昆明池的修建及其景观附会了很多神秘的色彩，昆明池就成为文人怡情悦性和抒发古今感慨的胜迹。北朝诗人庾信就作有《和春日晚景宴昆明池》（《文苑英华》卷一六四题作《和人日晚景宴昆明池》）一诗，"小船行钓鲤，新盘待摘荷"[1]就是当时昆明池的真实写照。另外，庾信还作有《和灵法师游昆明池诗》。

由陈入隋的虞世基、江总和由北周入隋的薛道衡、元行恭都有以昆明池为题材的作品。入隋

---

① 倪璠：《庾子山集注》，中华书局，1980 年。

后，江总与元、薛交好，其《秋日游昆明池》云："灵沼萧条望，游人意绪多。终南云影落，渭北雨声过。蝉噪金堤柳，鹭饮石鲸波。珠来照似日，织处写成河。此时临水叹，非复采莲歌。"①依诗意，此诗当为江总入隋后至南归前（589～593年）所作。诗末"此时临水叹，非复《采莲》歌"，颇受后人称道。《采莲》是梁武帝《江南弄》七曲之一。在异乡人江总的眼中，昆明池美则美矣，却听不到南国之曲，暮年思乡情油然而生，这也是他请求南归的缘由。元行恭《秋游昆明池诗》中"阵低云色新，行高雁影深。欹荷泻圆露，卧柳横清阴"②几句，写出了深秋时节昆明池清丽、衰飒的情景。

　　唐代，昆明池经过几次的浚修，更是湖光绿树连天，洲渚莲叶环绕，水色碧蓝鉴人，楼船小舟相映，成为帝王将相游宴娱乐、文人雅士泛舟题咏和黎民百姓观赏的长安城南风景区。现存吟咏昆明池的诗作有：宋之问、沈佺期、李乂3人的《昆明池侍宴应制》诗及杜甫《秋兴八首》（其七）、白居易《昆明春》、王维《春日与裴迪过新昌里——访吕逸人不遇》、温庭筠《昆明池水战词》、贾岛《昆明池泛舟》、苏颋《昆明池宴坐答王兵部珣三韵见示》、无名氏及朱庆余《省试晦日与同志昆明池泛舟》、范灯《忆长安》、李百药《和许侍郎游昆明池》、胡曾《咏史诗·昆明池》、储光羲《和东观群贤七夕临泛昆明池》、童翰卿《昆明池织女石》、白居易《昆明春》、韩偓《乱后春日经野塘》等。从中可知，昆明池作为长安城南游乐饮宴胜地，给人们带来水乡的乐趣，由此也透视出昆明池的沧海桑田变化史，亦可看作昆明池盛衰的史实记录。有唐一代，由于科举考试中以诗赋取士，所以还出现了以咏叹昆明池为主题的赋作，如宋之问《上巳泛舟昆明池宴宗主簿席序》、李子卿《昆明池石鲸赋》、王起《汉武帝游昆明池见鱼衔珠赋》、王起《昆明池习水战赋》、张仲素《涨昆明池赋》、宋悛《涨昆明池赋》等。

　　盛唐之前，当朝皇帝多次驾幸昆明池饮宴作乐。为了助兴，当时的文人学士多有应制作品，今保留在《全唐诗》中的只是其中的一部分，以宋之问的《奉和晦日幸昆明池应制》最为有名，当时同题作品颇多，而且皇帝主持了一次赛诗会，亦可谓别开生面。《唐诗纪事》卷三记其盛况云："中宗正月晦日幸昆明池赋诗，群臣应制百余篇。帐殿前结彩楼，命昭容选一首为新翻御制曲。从臣悉集其下，须史纸落如飞。又移时，一纸飞坠，竞取而观，乃沈诗也。及闻其评曰：'二诗工力悉敌，沈诗落句云：微臣雕朽质，羞睹预章才，盖词气已竭。宋诗云：不愁明月尽，自有夜珠来，犹陟健举。'沈乃伏，不敢复争。"③沈、宋之间的诗赛，实为中国文学史增添了一段风流佳话，也为昆明池涂上了浓厚的文化色彩。昆明池系汉武征南操练水师所凿，宋诗由此生想，一笔写两面，赋中宗晦日游池的同时，通篇用汉武故事以切合奉和颂圣之体制。详全诗寄意，其醒明"文治"以为婉讽之意为其主旨。宋诗能于诸作中脱颖而出，可谓名副其实。虽为应制之作，但委婉得体，历代诗评家对此都有好评。历代唐诗选本中，有关咏叹昆明池诸作，该诗的入选次数仅次于杜甫《秋兴八首》。

　　说到昆明池的吟咏，不能不提到杜甫的《秋兴八首》。《秋兴八首》是大历元年（766年）杜甫

---

① 计有功：《唐诗纪事》，中华书局，1965年。
② 计有功：《唐诗纪事》，中华书局，1965年。
③ 李嘉言：《长江集新校》，上海古籍出版社，1983年。

五十五岁旅居夔州（今重庆奉节一带）时的作品，诗以组诗的面目出现，八首蝉联，歌咏了盛唐帝都长安有代表性的风光胜迹，体现了诗人深沉的忧国之情。咏叹昆明池的为第七首，其诗曰："昆明池水汉时功，武帝旌旗在眼中。织女机丝虚夜月，石鲸鳞甲动秋风。波漂菰米沉云黑，露冷莲房坠粉红。关塞极天唯鸟道，江湖满地一渔翁。"诗人置身于长江三峡的崇山峻岭之中，思绪遥接千载之上，情感又郁结于对大唐帝国衰落的忧患，既写了昆明池辉煌的过去，展示唐朝当年国力昌盛、景物壮丽和物产丰富的盛景；又描绘了"今日"昆明池凄凉衰败的秋景，堪称历代吟咏昆明池的压卷之作。其中"昆明池水汉时功，武帝旌旗在眼中"，备受后人称道。其妙处在于咏史与写实的完美结合，表面上是咏汉武帝，但也是对唐玄宗统治时期昆明池上声势浩大的水军操练的深情追忆。清人仇兆鳌曾说："若远谈汉事，岂可云'在眼中'乎？公《寄贾严二阁老》诗：'无复云台仗，虚修水战船。'则知明皇（玄宗）曾置船于此矣。"[1]仇评可谓深得老杜之良苦用心。另外，织女、石鲸、菰米、莲房等景观，被赋予了强烈的时代色彩，而作者因世乱而引发的漂泊之情也不言而自明了。在吟咏昆明池的诗篇中，诗圣杜甫的作品可谓独步千秋。

至中晚唐，昆明池已接近干涸，但游人仍不减泛舟池上的兴致。贾岛《昆明池泛舟》诗云："一枝青竹榜，泛泛绿萍里。不见钓鱼人，渐入秋塘水。""不见钓鱼人，渐入秋塘水"反映了当时昆明池水的实际状况。尽管如此，昆明池内仍旧荷花似锦，鱼翔水底，鸭眠沙草，风光宜人。无怪乎中唐诗人韩愈在《奉酬卢给事云夫四兄》中云："问言何处芙蓉多，撑舟昆明渡云锦。"[2]就是在干涸以后，昆明池的流风余韵还依然迷人。

昆明池的修凿和疏浚，对于帝都的政治安定与经济繁荣起着非常重要的作用，是汉唐历史上的大事。所以后世的人们抱着一种近乎崇拜的心理看待昆明池的修建以及相关景观，也使昆明池蒙上了几许神秘的色彩，积淀出丰富的文化意蕴，同时也极大地丰富了中国古代诗词（赋）创作的文学意象。

昆明池是在西周灵池的基础上挖凿和扩建的，此前是一片面积很大的沼泽或洼地，抑或是西周丰镐二京的一部分。开凿时，曾经有过炭末的发现。对此，西晋人干宝《搜神记》中有过记载："汉武帝凿昆明池，极深，悉是灰墨，无复土。举朝不解，以问东方朔。朔曰：'臣愚不足以知之，可试问西域胡人。'帝以朔不知，难以移问。至后汉明帝时，外国道人入来洛阳，时有忆方朔言者，乃试以武帝灰墨问之。胡人云：'天地大劫将尽，则劫烧；此劫烧之余。'乃知朔言有旨。"[3]（该条记载还见于干宝稍后的东晋人曹毗《志怪》中，唐徐坚等著《初学记》卷七"地部下昆明池四"引。《志怪》一书现已不存，唯一的佚文就是上述记载，保存于盛唐时成书的《初学记》一书中，见该书147页，中华书局，1962年）。另外，南朝宋刘义庆《幽明录》、梁释慧皎《高僧传》卷一《竺法兰传》、《佛门正统》等，《三辅黄图》中亦有记载（因该书成书时代跨度大，且有古本与唐代定本的区别，故而该条记载的写定时代难以确定），各家记载，文字略有出入。在《竺法兰传》中，"外

---

① 仇兆鳌：《杜诗详注》，上海古籍出版社，1982 年。

② 韩愈：《韩愈全集》，上海古籍出版社，1997 年。

③ 干宝：《搜神记》，上海古籍出版社，1999 年。

国道人"变成了竺法兰。

《志怪》中昆明池的有关记载,表明了当时佛教"劫"的观念已传到中国。汉明帝时期,佛教刚刚传入中国不久,"劫"的观念也慢慢被人们接受。"劫"的观念认为,世界经历若干年毁灭一次,毁而复生,佛经里将一个周期称为"一劫"。"一劫"又包括成、住、坏、空4劫,到"坏劫"时即有水、火、风三灾出现,使世界归于毁灭。"劫火"指的就是"坏劫"时的火。东方朔以"应声辄对"而闻名,颇得武帝宠幸。东方朔为人虽很诙谐,然颇能察言观色,对于好大喜功的武帝不失时机地直言切谏,曾谏阻武帝滥建上林苑。这则故事隐约流露出告诫的意思,因记载过于隐晦,告诫内容难以确知。《北史·列传第七十儒林下》载:汉武帝元狩三年夏,大旱,《五行传》以为是岁发天下故吏,穿昆明池。然则土木之功,动人兴役,天辄应之以异。"[1] 汉武帝晚年,灾异不断,《北史》中的议论即有感而发,《志怪》的记载也许亦源于此。近人王国维《咏史》(其九)亦有类似议论:"汉凿昆池始见煤,当年赀力信雄哉!于今莫笑胡僧妄,本是洪荒劫后灰。"[2]

后来,文人在作品中常常用到这个典故,常见的表述有"池灰""灰劫""劫尘""劫灰""劫烧之灰""烧灰""昆明灰""昆明劫灰""黑土成灰""昆明劫""劫火烧""劫墨""劫尽""沉灰"等。如清代诗人黄景仁《太白墓》中云:"长星落地三千年,此是昆明劫灰耳。"[3] 黄景仁用"昆明劫灰"表达了对诗人李白的无限敬仰和痛惜之情。而晚唐韩偓的《乱后春日途经野塘》:"眼看朝市成陵谷,始信昆明是(原注:一作"有")劫灰。"[4] 诗题标明"乱后",诗人的盛衰之感难以抑制,"昆明劫灰"正代表了对于战争的憎恨和对世事难料的无限感慨。在晚唐李商隐《寄恼韩同年二首,时韩住萧洞》中,"劫灰"则代表着美好事物与美好时光的消逝,原诗云:"帘外辛夷定已开,开时莫放艳阳回。年华若到经风雨,便是胡僧话劫灰。"[5]"莫放艳阳归",指新婚夫妻要尽情享受爱情的甜蜜。而"韩同年"当时暂居萧洞,眼看"辛夷花开",艳阳春天就要逝去,若不及时行乐,"便是胡僧话劫灰",到时候,眼前的一切欢乐都要消逝了。

昆明池的养殖功用,衍生出鱼儿报答汉武帝的故事,这在西晋潘岳《关中记》中已经出现了记载。这条记载,今本《关中记》不载,徐坚《初学记》卷七"昆明池第四"中曾加以引用,得以流传,原文如下:"昔有人钓于昆明池,鱼绝纶而去。遂通梦于汉武帝去求钩。帝明日戏于池,见大鱼衔索,取而放之。间三曰,池边得明珠一双,帝曰:'岂非鱼之报耶?'"[6] 鱼衔珠的寓意,概在于赞美帝王的好生之德和臣子希求得到重用的心情。沈佺期《昆明池侍宴应制》中有:"灵鱼含宝跃,仙女废机迎。"[7] 应制作品往往难脱阿谀之嫌,沈佺期的这首诗也不例外,上引两句说的是一代女皇武后受到欢迎的情况。中唐时期的王起,还曾作过以鱼衔珠作为歌咏对象的大赋,题为《汉武帝游

---

① 李延寿:《北史》,中华书局,1974年。

② 吴组缃:《中国近代文学大系》,上海书店出版社,1991年。

③ 黄景仁:《两当轩集》,上海古籍出版社,1976年。

④ 韩偓:《韩翰林集》,台湾新文丰出版公司,1988年。

⑤ 刘学锴、余恕诚:《李商隐诗歌集解》,中华书局,2004年。

⑥ 徐坚:《初学记》,中华书局,1962年。

⑦ (唐)沈佺期、宋之问撰,陶敏、易淑琼校:《沈佺期宋之问集校注》,中华书局,2001年。

昆明池见鱼衔珠赋》（以汉武帝游昆明池为韵），也是以鱼喻人，充满了对帝王的感恩戴德之情，其中云："以言于鱼也，厥道斯存。以言于人也，如何勿敦。然则受嘉惠，蒙渥恩，得不效节于当代，而重名于后昆。"[①]

石鲸还有分列于昆明池两岸的牛郎、织女石刻，也被后人赋予了丰厚的文化意蕴，特别是牛郎、织女石刻，后世演变为影响中国民俗一千多年的七夕文化，而且随着时间的推移，已经慢慢游离于昆明池的文化影响之外，成为独立的文化因子。限于篇幅，兹不赘。

三、结　语

昆明池是西汉鼎盛时期为训练水军而开凿的，其后还具备为京城提供水源、航运、养殖等功能。除此之外，因其优美的风景和厚重的文化积淀，在汉唐盛世相当长的一段时间，昆明池还是京郊的游览胜地，留下了文人墨客大量的吟咏文字，他们以一种异常崇敬的心情缅怀着昆明池昔日的繁华，使得昆明池蒙上了几许神秘而迷人的意蕴，在中国文化史上产生了相当大的影响。清代中叶乾隆时期，汇聚众多天然湖泊而形成的昆明湖，其得名即取自汉武帝在长安开凿昆明池操演水战的故事。

（原载《长安大学学报（社会科学版）》2010 年 3 期）

---

① 董诰：《全唐文》，上海古籍出版社，1990 年。

汉昆明池的兴废与功能考辨

张 宁 张 旭

开凿于汉武帝元狩三年的昆明池是汉、唐长安城郊的一处大型池苑。当时的昆明池不仅是一座为长安提供日常用水、蓄水的重要水利工程，同时也是王公贵族、文人学者游赏怀古的胜地。隋末唐初诗人李百药在《和许侍郎游昆明池》中赞道："神池望不极，沧波接远天。"杜甫在《秋兴八首·之七》中也写道："昆明池水汉时功，武帝旌旗在眼中。"由于唐末频繁的战乱与动荡，长期未再修浚的昆明池最终淤塞消失。一直以来，对昆明池的研究总是囿于对常见史料中开凿原因与功能的阐述，史料引文与结论多所因袭，其中谬误颇多。不论从多种史料的比较研究角度还是从与现实开发的结合角度来看都多有不足。本文拟从相关史料入手，结合当前最新的考古发现与研究成果，做一简论，以期能为当前研究、开发昆明池作引玉之石。

一、汉昆明池的两次兴建

传统的学界观点认为，昆明池是在汉武帝元狩三年（前120年），一次性凿穿而成的[①]。其依据主要来自《汉书·武帝纪》中所载"（元狩三年）发谪吏穿昆明池"[②]与《三辅黄图》所载"汉昆明池，武帝元狩三年穿，在长安西南，周回四十里"[③]。而这种对史料未加考辨而直接引用的结论是经不住推敲的。

经过考古勘察，探明昆明池遗址位于西安市西南的斗门镇、石匣口村、万村和南丰村之间，东西约4.25千米，南北约5.69千米，周长约17.6千米，面积约16.6平方千米[④]。当时，渭河以南，秦岭以北的秦汉上林苑中有渭河、浐河、灞河、沣河、滈河、涝河、潏河等多条河流贯穿其中。因此，在上林苑中具备修建大型人工湖泊所需的充足水源。

但是，不得不考虑的是，兴建一座如同昆明池这样巨大规模的人工湖泊，需要投入大量的财力与人力。武帝时期，特别是自马邑之围（元光二年，前133年）以来，对外连年征战、对内大兴土

---

① 此种观点，可见于陕西师范大学李令福教授的《论汉代昆明池的功能与影响》以及杨金辉的《长安昆明池的兴废变迁与功能演变》文中。

② （汉）班固：《汉书》，中华书局，1962年，177页。

③ 何清谷校注：《三辅黄图校注》，三秦出版社，2006年，293页。

④ 中国社会科学院考古研究所汉长安城工作队：《西安市汉唐昆明池遗址的钻探与试掘简报》，《考古》2006年10期。

木，以致财政上"府库益虚"，劳役上也是"征发之士益鲜"，甚至需要"除千夫五大夫为吏，不欲者出马；故吏皆适令伐棘上林，作昆明池"①。元狩三年兴修昆明池时人力、财力的紧张，可见一斑。

不过，在秦汉两代的上林苑中，本就多池沼、湖泊。由此推之，昆明池若是在原有池沼、湖泊的基础上进行兴建、修治，则工程的强度、难度无疑要比在平地上再行开凿要低很多。诸如中国科学院考古所在对昆明池遗址进行勘测中，发现了紧邻在昆明池遗址北侧的滮池、镐池遗址。还如《初学记》云："昆明池，汉武习水战也。中有灵沼神池。云尧时理水讫，停舟此池。盖尧时已有沣池，汉代因而深广耳。"②《读史方舆纪要》曰："旧志云：上林苑中有波、郎二水，武帝因凿为昆明池。"③ 张衡《西京赋》载："昆明、灵沼，黑水玄阯。"④ 是属之例，举不胜举。显然，在昆明池兴建的前后，上林苑中存在着大大小小许多湖泊、池沼，有些甚至紧邻、重叠在昆明池所在的位置上。再者，《汉书》所云"发谪吏穿昆明池"中之"穿"字在《说文解字》里表"通也"⑤。结合对上林苑中池沼、湖泊的史著考察与考古勘查结果，可以肯定的是，元狩三年对昆明池的兴治是以通浚、扩大故有湖泊、池沼为主的。

然而，"穿"成的昆明池必然规模不会很大，也就不能满足好大喜功的汉武帝。所以从元鼎元年（前116年）到元鼎二年（前115年）春⑥，汉武帝对昆明池再次进行了大规模的兴建。作为此次兴建昆明池亲历者的司马迁在《史记》中对此做了详细的记述，其文曰："初，大农管盐铁官布多，置水衡，欲以主盐铁；及杨可告缗钱，上林财物众，乃令水衡主上林。上林既充满，益广。是时越欲与汉用船战逐，乃大修昆明池，列观环之。治楼船，高十余丈，旗帜加其上，甚壮。于是天子感之，乃作柏梁台，高数十丈。宫室之修，由此日丽。"⑦ 此次兴建昆明池的凿治费用直接来源于上林苑。按《汉书·百官公卿表》中对掌管上林苑的"水衡都尉"条记载："水衡都尉，武帝元鼎二年初置，掌上林苑，有五丞，属官有上林、均输、御羞、禁圃、辑濯、钟官、技巧、六厩、辨铜九官令丞。"⑧ 结合《史记·平准书》中"欲以主盐铁""及杨可告缗钱"的记载，则可知水衡都尉所掌管的上林苑财物主要由上林苑公田的租税、算缗与告缗获得的财物以及铸钱获利这三部分组成。尤其告缗与铸钱之利，大大缓解了西汉政府的财政压力，充裕的财力使进一步修建昆明池成为可能，"乃大修昆明池"，以元鼎初年之"大修"比之以元狩三年之"穿"，第二次兴建昆明池的规模之大，可见一斑。"昆明池地三百三十二顷"⑨ 的宏大水面景象也由此才最终形成。

① （汉）司马迁：《史记》，中华书局，1959年，1428页。
② （唐）徐坚：《初学记》，中华书局，1962年，147页。
③ （清）顾祖禹：《读史方舆纪要》卷五十二，中华书局，2005年。
④ （南朝）萧统：《文选》卷二，上海古籍出版社，1986年。
⑤ （西汉）许慎：《说文解字》卷七下，中华书局，1963年。
⑥ 《汉书·食货志》载此次修昆明池应在杨可告缗后，起柏梁台前，按杨可告缗在元鼎元年，柏梁台起于元鼎二年春，则此次兴建昆明池的时间当在元鼎元年至二年春。
⑦ （汉）司马迁：《史记》，中华书局，1959年，1436页。
⑧ （汉）班固：《汉书》，中华书局，1962年，735页。
⑨ 何清谷校注：《三辅黄图校注》，三秦出版社，2006年，297页。

二、昆明池的得名与功能

一般认为，昆明池的得名来自汉武帝时欲对昆明夷征伐，以昆明池象滇池。考之出处，最早当为《史记·平准书》中《索隐》引语："盖始穿昆明池，欲与滇王战，今乃大修之。"①《汉书·武帝纪》中臣瓒注也曰："《西南夷传》有越嶲、昆明国，有滇池，方三百里。汉使求身毒国，而为昆明所闭。今欲伐之，故作昆明池象之，以习水战，在长安西南，周回四十里。《食货志》又曰：'时越欲与汉用船战，遂乃大修昆明池也。'"②后世之书，如《三辅黄图》《资治通鉴》《长安志》等多因袭此论。诸如《三辅黄图》云："《西南夷传》曰'天子遣使求身毒国市竹，而为昆明所闭。天子欲伐之，越嶲昆明国有滇池，方三百里，故作昆明池以象之，以习水战，因名曰昆明池。'"③《资治通鉴》亦载："上将讨昆明，以昆明有滇池方三百里，乃作昆明池以习水战。"④直至今日，学界研究昆明池得名原因，仍然多因袭此论。

然而，若考之以《史记·西南夷传》与《汉书》原文，皆云："西南夷君长以什数，夜郎最大，其西，靡莫之属以什数，滇最大……其外，西自同师以东，北至叶榆，名为嶲、昆明皆编发，随畜迁徙，毋常处，毋君长，地方可数千里。"⑤故可知滇与昆明绝非一族，相距亦甚远，且滇国"皆魋结，耕田，有邑聚"。而嶲、昆明则"编发，随畜迁徙，毋常处，毋君长"。即武帝时，滇国已定居进入农耕社会，建立了国家，而昆明夷还处在游牧生活中，没有国家与君长。再者《史记》中载："及元狩元年……至滇，滇王尝羌乃留为求道西十余辈，岁余，皆闭昆明，莫能通身毒国。"⑥《汉书》云："至滇，滇王尝羌乃留为求道。四岁余，皆闭昆明，莫能通。"⑦如此云云，表明当时的滇国不仅无罪于汉朝，反而"为求道四岁余"，乃至于元封二年武帝发兵击西南夷时"滇王始首善，以故弗诛……于是以为益州郡，赐滇王王印，复长其民"⑧。因此，昆明池虽因昆明夷而得名，但《史记索隐》语、臣瓒注以昆明池象滇池，此谬之凿凿，已再不可因袭沿用。

如上所述，那么我们是否因此就能认为昆明池虽非象滇国或滇池，但仍象征着昆明夷，即，其"穿池习战"之说是否仍应成立？笔者认为已不能成立。

第一，汉朝修建昆明池的主要原因，当为长安城供水并调节漕渠。《汉书》载："元狩三年夏，大旱。是岁，发天下故吏伐棘上林，穿昆明池。"⑨这才是元狩三年第一次兴建昆明池的主要原

① （汉）司马迁：《史记》，中华书局，1959 年，1436 页。

② （汉）班固：《汉书》，中华书局，1962 年，177 页。

③ 何清谷校注：《三辅黄图校注》，三秦出版社，2006 年，293、294 页。

④ （宋）司马光：《资治通鉴》卷十九，中华书局，1956 年。

⑤ （汉）司马迁：《史记》，中华书局，1959 年，2991 页。

⑥ （汉）司马迁：《史记》，中华书局，1959 年，2995 页。

⑦ （汉）班固：《汉书》，中华书局，1962 年，3841 页。

⑧ （汉）司马迁：《史记》，中华书局，1959 年，2997 页。

⑨ （汉）班固：《汉书》，中华书局，1962 年，1392 页。

因。汉昆明池水源主要来自城西南的几条河流，《读史方舆纪要》载："武帝作石㘰堰，堰交水为池。"①而交水是潏河、滈河人工改道交流后的新名字，至唐朝则又引沣河水入池："追汉制引交河及丰水合流于地。"②关中充裕的水源不断汇入昆明池中，"池水北迳滈京东，秦阿房西……其水又屈而迳其（阿房）北，东北流注㘭水陂，陂水北出，迳汉武帝建章宫东，于凤阙南，东注沈水（潏水）"③。宋代程大昌的《雍录》亦云："昆明基高，故其下流尚可壅激以为都城之用。于是并城疏别三派，城内外皆赖之。"④同时，昆明池还发挥着调节关中漕渠水位的作用，《水经注》载："渠上承昆明池东口，东迳河池陂北，亦曰女观陂，又东合沈水，亦曰漕渠。"⑤因此，昆明池的修建，不仅解决了上林苑中诸多宫殿楼阁与长安城的供水问题，同时还保障了关中地区漕运的正常。

第二，以昆明池"穿池习战"之说虽不可信，但是昆明池亦曾发挥水军训练与水军检阅之功能。在元鼎初年，第二次兴建昆明池时，"是时，越欲与汉用船战逐，乃大修昆明池，列观环之。治楼船，高十余丈，旗帜加其上，甚壮"⑥。《西京杂记》也载："武帝作昆明池，欲伐昆吾夷，教习水战。"⑦可知昆明池亦应有对长安附近军队教习水战与检阅水军的作用。但这并不能表明"穿池"的主要原因就是"习战"，而且，其供汉武帝检阅观赏之功能远强于教习训练水战的功能。按《史记·平准书》载："其明年，南越反……因南方楼船卒二十余万人击南越。"⑧《史记·西南夷列传》云："元封二年，天子发巴、蜀兵击灭劳浸、靡莫，以兵临滇。"⑨故可确定，汉朝征伐南越、西南夷之军队分别为"南方楼船卒"与"巴、蜀兵"，而在昆明池教习水战、进行训练的京畿附近军队并未直接参与。所以，由此可以判定，昆明池的教习水军功能主要是借击南越、西南夷为名，进行水军演练以供汉武帝检阅观赏。以昆明夷命名昆明池，显示出汉武帝欲将天下置于舆内，平夷怀远之意向。《初学记》载："至昭帝幼冲，不复习战。"⑩由此可见，昆明池的水军训练与检阅功能于汉朝仅武帝时存在。之后，直到唐武德九年（626 年），唐高祖李渊"三月庚寅，幸昆明池，习水战"⑪，昆明池才又发挥了一阵教习水军的功能。

第三，建于上林苑中的昆明池本身就承担着供王公贵族游玩观赏的功能，而且此项功能应不亚于昆明池作为长安城供水、蓄水水库的重要性。《雍录》云："其始凿也，固以习战，久之乃为游玩之地也。"⑫这种认识，无疑受到了昆明池"穿池习战"观点的影响。善于直书的司马迁在《史

① （清）顾祖禹：《读史方舆纪要》卷五三，中华书局，2005 年。

② （清）顾祖禹：《读史方舆纪要》卷五三，中华书局，2005 年。

③ （唐）徐坚：《初学记》，中华书局，1962 年，135 页。

④ （宋）程大昌：《雍录》卷六，中华书局，2002 年。

⑤ （北魏）郦道元：《水经注校证》卷十九，中华书局，2007 年。

⑥ （汉）司马迁：《史记》，中华书局，1959 年，1436 页。

⑦ （晋）葛洪：《西京杂记》卷一，中华书局，1985 年。

⑧ （汉）司马迁：《史记》，中华书局，1959 年，1434 页。

⑨ （汉）司马迁：《史记》，中华书局，1959 年，2997 页。

⑩ （唐）徐坚：《初学记》，中华书局，1962 年，148 页。

⑪ （宋）欧阳修：《新唐书》卷一，中华书局，1975 年。

⑫ （宋）程大昌：《雍录》卷六，中华书局，2002 年。

记》中先曲笔云："是时，越欲与汉用船战逐，乃大修昆明池。"① 接着，直言不讳道："列观环之。治楼船，高十余丈，旗帜加其上，甚壮。于是天子感之，乃作柏梁台，高数十丈。宫室之修，由此日丽。"② 如若是习战之所，又怎会在湖岸边广修宫室楼台。《三辅黄图》引《三辅故事》又曰："池中有豫章台及石鲸，刻石为鲸鱼，长三丈，每至雷雨，常鸣吼，鬐尾皆动……池中有龙首船，常令宫女泛舟池中，张凤盖，建华旗，作棹歌，杂以鼓吹，帝御豫章观临观焉。"③ 完全是一幅君王贵族泛舟游玩的景象。又引《关辅古语》曰："昆明池中有二石人，立牵牛、织女于池之东西，以象天河。"④ 牵牛、织女的象征意义恰与君王贵族的玩乐宴游相映。《类编长安志》曰："池中作豫章大船，可载万人，上起宫室，以为游戏。"⑤ 所有这些，都说明昆明池在开始兴建时就将游宴观赏作为其主要功能。昭帝即位以后，随着汉朝对外扩张征伐的停止，昆明池供水军训练、检阅的功能也随之消失。昆明池也作为历代文人墨客游宴吟咏的对象而更加突出，如班固《西都赋》云："集乎豫章之宇，临乎昆明之池。左牵牛而右织女，似云汉之无涯。茂树荫蔚，芳草被堤。兰茝发色，晔晔猗猗。若摛锦布绣，烛耀乎其陂。鸟则玄鹤白鹭，黄鹄鸀鳿，鸧鸹鸨鶂，凫鹥鸿雁。朝发河海，夕宿江汉。沉浮往来，云集雾散。"⑥ 北朝庾信《和灵法师游昆明池诗》中："平湖泛玉舻，高堰歇金鞍。"唐代贾岛的《昆明池泛舟》："一枝青竹榜，泛泛绿萍里。不见钓鱼人，渐入秋塘水。"诸多描写昆明池美景之诗赋，都表现了昆明池游玩观赏功能的充分发挥。

第四，昆明池开辟出在人工湖泊进行大规模水产养殖的功能。《三辅黄图》引《庙记》曰："养鱼以给诸陵祭祀，余付长安厨。"⑦ 引《三辅故事》云："于池中养鱼以给诸陵祠，余付长安市，鱼乃贱。"⑧《西京杂记》曰："因而于上游养鱼，鱼给诸陵庙祭祀，余付长安市卖之。"⑨ 可见，自汉武帝修建好昆明池后，就已开始在昆明池中养殖鱼鳖，生产出的鱼鳖等水产品除保证祖先陵庙祭祀外，就送入长安城中，供王公贵族与普通百姓食用，规模之大，直接影响了长安城鱼价的波动。另外，《三辅黄图》引《三秦记》记载了一个故事："昆明池中……原人钓鱼，纶绝而去。梦于武帝，求去其钩，三日戏于池上，见大鱼衔索，帝曰：'岂不穀昨所梦邪！' 乃取钩放之。间三日，帝复游池，池滨得明珠一双。帝曰：'岂昔鱼之报耶？'"⑩ 这个故事，表明昆明池中除鱼鳖等常见的水产品养殖外，可能还已存在珠贝等经济水产品的养殖情况。

综上所论，汉昆明池最主要的功能应是为长安城供水、蓄水以及供人游览、观赏，水产养殖

① （汉）司马迁：《史记》，中华书局，1959年，1436页。

② （汉）司马迁：《史记》，中华书局，1959年，1436页。

③ 何清谷校注：《三辅黄图校注》，三秦出版社，2006年，299页。

④ 何清谷校注：《三辅黄图校注》，三秦出版社，2006年，300页。

⑤ （元）骆天骧，魏全瑞编，黄永年校：《类编长安志》，三秦出版社，2006年，81页。

⑥ （南朝）萧统，（唐）李善注：《文选》卷一，上海古籍出版社，1986年。

⑦ 何清谷校注：《三辅黄图校注》，三秦出版社，2006年，297页。

⑧ 何清谷校注：《三辅黄图校注》，三秦出版社，2006年，298页。

⑨ （晋）葛洪：《西京杂记》卷一，中华书局，1985年。

⑩ 何清谷校注：《三辅黄图校注》，三秦出版社，2006年，303页。

功能也贯穿于整个昆明池存在的时间内。而传统认为比较重要的教习水军功能仅在武帝朝与唐高祖时的一小段时间内发挥过作用。正如清代时，乾隆帝借教习水军之名修治昆明湖来游玩。汉武帝以"昆明夷"命名昆明池，也主要是借征讨昆明夷与训练水军之名，显示其欲囊括海内的志向与满足自己游赏玩乐的需求。

三、昆明池的修浚与消失

新莽以后，东汉将首都由长安迁至洛阳，昆明池也在东汉、魏晋时期未能再进行大规模的修浚。直至东晋时，由于长期的淤积与大旱，出现"秦大旱，昆明池竭"[①]。为保证长安城的正常供水，北魏太武帝"太平真君元年……发长安五千人浚昆明池"[②]。昆明池水面才又重现。

唐代以后，随着关中人口的增加以及修筑宫室对沣河、潏河、滈河上游秦岭中树木的不断砍伐，河流所携泥沙量大大增加。再加上唐中期以后数次兵戈破坏，昆明池又进行了三次大修浚。唐太宗时"贞观中修昆明池，丰、镐二水，皆悉堰入，无复流派"[③]。此次修浚不仅恢复了汉代昆明池的规模，还引入了沣河作为昆明池的水源，将汉代昆明池北边的镐池也纳入了唐昆明池内。唐德宗贞元十三年（797 年）"八月丁巳，诏京兆尹韩皋修昆明池石炭、贺兰两堰兼湖渠"[④]。由此可知，唐代昆明池萎缩枯竭的直接原因还是交河与沣河入水渠的淤塞。没过多久，昆明池重又枯竭淤塞，诸如作于唐宪宗元和年间的《元和郡县图志》中就已不见昆明池的记载。唐文宗大和九年（835 年）"时郑注言秦中有灾，宜兴土功厌之，乃浚昆明、曲江二池"[⑤]。这表明，至唐文宗时，昆明池虽经修浚，但也只能与曲江池的规模相当了。

唐昭宗天祐元年（904 年），朱温挟唐昭宗东迁洛阳，长安作为中国大一统都城的地位至此结束，自此昆明池也再未能得到修浚，最终于唐末、五代时消失。具体时间已不可考，《雍录》云："唐大和以后石闼堰废，而昆明涸矣。"[⑥]曾经水面浩渺的昆明池终成了宋代《长安志》所载的"今为民田"。

四、结　语

汉昆明池是我国古代一处规模宏大、功能齐全的水利工程。经元狩三年、元鼎初年两次兴建而成。集城市蓄水、提升环境、游览观赏、水产养殖、水军训练等多功能于一身。传统所认为的"穿池习战"、以昆明池象滇池之说已不可信，汉武帝修建昆明池的根本原因还是为长安城供水并

① （宋）司马光：《资治通鉴》卷一一七，中华书局，1956 年。

② （北朝）魏收：《魏书》卷四，中华书局，1974 年。

③ （清）顾祖禹：《读史方舆纪要》卷五二，中华书局，2005 年。

④ （五代）刘昫：《旧唐书》卷十三，中华书局，1975 年。

⑤ （五代）刘昫：《旧唐书》卷十七，中华书局，1975 年。

⑥ （宋）程大昌：《雍录》卷六，中华书局，2002 年。

满足其游乐观赏的需求。对汉昆明池的研究，对于今天我们重修昆明池进行综合开发具有很好的指导与借鉴价值。如何能不拘于现在大多数景观水面开发中的一味追求眼前的旅游开发功能，并结合西安周边其他遗址共同开发，深挖周秦汉唐大一统之意义与磅礴浩大的汉唐文化，是值得深思的。

（原载《文博》2013 年 3 期）

汉唐长安昆明池的建设、功能及其演变

李令福

位于西汉都城长安西南的昆明池是汉武帝开凿的人工湖，规模很大。它在南面设堰引取潏滈合流的洨水，在东、北两面开了三条引水渠直接或通过沉水间接地供应汉长安城的都市用水和漕渠用水，其西侧又开渠以通沣河来调节水位，已基本具备引水、蓄水、排水诸功能，可以说是一个较为复杂而又自成体系的综合性都市水利工程。西汉时期，昆明池发挥着训练水军、生产鱼鳖、园林游览、模拟天象、供水首都的多重效用。到了唐代，其功能大幅度下降，仅仅作为都城郊区重要的园林与水产基地在发挥作用。唐代末年，昆明池因失修而逐渐干涸，以致变成了农田。

一、前人的研究成果

《史记》《汉书》记述有汉武帝兴修昆明池的原因及过程，《三辅旧事》《三辅黄图》等文献则记载了昆明池的范围、具体功能，给我们保留了最基本的研究资料。北魏著名学者郦道元著的《水经注》，详细叙说了昆明池下游昆明池水与昆明故渠的流路，为后代学者详细考证昆明池水系与正确分析其与长安城的关系打下了基础。

宋代学者程大昌著《雍录》，首先注意到昆明池与汉长安城的水源密切相关，其先述《长安志》引《水经》曰："交水西至石碣，武帝穿昆明池所造，有石闼堰在县西南三十二里。"继而推断说："则昆明之周三百余顷者，用此堰之水也。交水，昆明基高，故其下流尚可壅激以为都城之用。于是并城疏别三派，城内外皆赖之。"[①] 其主要依据是《水经注》，他认为昆明池的水源来自沉水以及樊杜诸水，其下开三渠：一是《水经注》所载的昆明故渠，二是章门外飞渠引水入城的沉水枝渠，三是揭水陂水，下接《水经注》所记沉水主干。其研究成果还配有地图《汉唐都城要水图》，虽是示意性质，但昆明池"池水分三派"的位置、名称还是让人一目了然。程大昌第一次提出昆明池具有为西汉都城供水的都市水利功能，而且理出都城引水的线索，把《水经注》纷繁交错的水道归为三派，具有开创之功。

现代历史地理学者黄盛璋先生把程大昌的观点发扬光大，通过文献考证与实地考察，明确认为昆明池就是作为汉长安城的蓄水水库而开凿的。他考证认为，《水经注》"沉水又北与昆明故池会"中的"池"实为"渠"之误，因为：第一，昆明池当时仍在，不得称为故池。昆明故渠乃东北通漕

---

① 程大昌：《雍录》卷六《昆明池》。

渠水道，正横绝沄水，《水经注》有交代。第二，沄水如果是会昆明池，下游应自昆明池北出，《水经注》文中无此记载。《水经注》叙述昆明故渠时曾提到"又东合沄水"，叙述沄水时自当相应提到，除此以外别无"会昆明故渠"字样。可见所会为渠，非池。第三，沄水会昆明池，即不得"迳揭水陂东，又北得陂水"，从地形上看，这样布置也不合理①。此一结论意义重大，这就把昆明池与沄水两大水系的关系基本搞清楚了。

　　考古学者在昆明池的具体范围、周边建设及现代遗存的研究中贡献最大。先是有中国社会科学院考古工作人员在1963年对昆明池遗址进行的考古学踏勘、铲探，其主要成果为胡谦盈先生所写的两篇论文：《丰镐地区诸水道的踏察——兼论周都丰镐位置》与《汉昆明池及其有关遗存踏察记》②。论文就汉唐昆明池具体范围及其与滈池的相互关系进行了明确判断，认为："现存池址即唐昆明池的范围，实际上包括了西周滈池和汉代昆明池两个池址在内。今'牛郎'石像以北至'斡龙岭'之间的洼地，原是滈池旧址。汉代昆明池的位置，是在今北常家庄村以南。汉昆明池的具体范围：北缘在今北常家庄之南，东缘在孟家寨、万村之西，南缘在细柳原北侧，即今石匣口村，西界在张村和马营寨之东。池址总面积约10平方千米。""（唐）昆明池遗址今日从地面上仍然清晰可辨。池址是一片面积十多平方千米的洼地，地势比周围岸边低2～4米以上。池址南缘就在细柳原的北侧，即今石匣口村。东界在孟家寨、万村的西边，西界在张村、马营寨、白家庄之东。北界在上泉北村和南丰镐村之间的土堤南侧。""今南丰镐村一带的汉代建筑群（按：指的是"牛郎"石像东北约100米处的西汉夯土建筑基址），部分沦没于昆明池中，当是汉以后浚池或扩建时被破坏了的，或许唐代昆明池的范围比汉代的范围要大一些。"胡谦盈先生还铲探出昆明池东岸万村北侧通往滈水与西岸通往沣水的两条昆明池水故道，并对昆明池周边的豫章台、"牛郎"与"织女"二石像、白杨观、细柳观、宣曲宫等遗存的具体位置，做了具体的分析和论断。

　　胡谦盈先生的观点影响很大，其所作的《汉昆明池及其有关遗存位置示意图》为后来学者所遵用，著名历史地理学者史念海先生主编的《西安历史地图集》中的汉唐昆明池范围基本就是参照此观点。

　　2005年4～9月，中国社会科学院考古研究所汉长安城工作队对昆明池遗址进行了考古钻探、试掘和测量，基本探明了遗址的范围、时代、进水渠、出水渠、池内四个高地以及池岸建筑遗址的分布等情况，并在遗址以北探明了另外两个古代水池——滈池与滮池遗址，取得了一系列考古收获③。这一最新的研究成果是经过详细钻探和部分发掘得出的，相当准确和令人信服。不过，这次考古结果与以前的认识有几点大的不同，值得我们深入研究：一是新的成果认为汉、唐昆明池范围基本相同，东北角——现今石婆庙附近汉代就是池水范围，而胡谦盈先生认为这里原来是滈池所在，到了唐代才被开辟成昆明池；二是新成果认为昆明池东岸万村北边的水道是进水口，水源来自滈水，这与原来判定的这是接济漕渠的昆明池水不同；三是关于石婆庙内"牵牛"石像的位置，胡谦

---

①　黄盛璋：《历史地理论集：西安城市发展中的给水问题以及今后水源的利用与开发》，人民出版社，1982年。

②　见于《考古》1963年4期及《考古与文物》1980年1期。

③　中国社会科学院考古研究所汉长安城工作队：《西安市汉唐昆明池遗址的钻探与试掘简报》，《考古》2006年10期。

盈判定为"现在的位置也就是汉代的原址了",现在却不这么认为,"经在该石像附近钻探,全为淤泥,说明石像已不在原来的位置,推测西汉时期石像应在昆明池的东岸上"。

二、昆明池的兴修

昆明池创建于西汉武帝元狩三年(前 120 年),这在历史文献中有明确记载。《汉书·武帝纪》说,元狩三年,"发谪吏穿昆明池"。《汉书·五行志》:"元狩三年夏,大旱。是岁,发天下故吏伐棘上林,穿昆明池。"

《资治通鉴》卷第十九记载:"上将讨昆明,以昆明有滇池方三百里,乃作昆明池以习水战。是时法既益严,吏多废免。兵革数动,民多买复及五大夫,征发之士益鲜。于是除千夫、五大夫为吏,不欲者出马,以故吏弄法,皆谪令伐棘上林,穿昆明池。"这与《汉书》卷二四下《食货志第四下》的记载基本相同,说明西汉武帝元狩三年开凿昆明池,一方面可能是因为当年大旱,考虑到都城附近需要一个大水池,以保障后来旱时各方用水有充足的水源;另一方面,也是为了习练水战,以伐西南夷之越嶲、昆明国。由于当时对外连年用兵,对内大兴土木,以至于没有足够的劳役可派,征发来凿昆明池的多是那些没有按法律办事的谪吏。

昆明池不是一次挖掘完成的,从文献上来分析,在汉武帝元鼎元年(前 116 年)可能有第二次扩修活动。《史记》载:"初,大农管盐铁官布多,置水衡,欲以主盐铁。及杨可告缗钱,上林财物众,乃令水衡主上林。上林既充满,益广。是时越欲与汉用船战逐,乃大修昆明池,列观环之。治楼船,高十余丈,旗帜加其上,甚壮。于是天子感之,乃作柏梁台,高数十丈。宫室之修,由此日丽。"①《史记索隐》曰:"盖始穿昆明池,欲与滇王战,今乃更大修之,将与南越吕嘉战逐,故作楼船,于是杨仆有将军之号。又下云'因南方楼船卒二十余万击南越'也。昆明池有豫章馆。豫章,地名,以言将出军于豫章也。"这里记述的大修昆明池的时间,是在杨可告缗以后,同时又在造柏梁台之前。《汉书·酷吏传》载:"至冬,杨可方受告缗……后一岁,张汤亦死。"杨可主告缗是在张汤死前一年,据《汉书·武帝纪》中记载张汤死于元鼎二年冬十一月,则杨可主告缗应在元鼎元年冬。又据《汉书·武帝纪》:"(元鼎二年)春,起柏梁台。"所以大修昆明池的时间当在元鼎元年冬至二年春之间。而且这次大修同样出于军事目的,只是对象有了改变,由原来的西南夷变成了南越。这一点在《史记索隐》中已经很明确地给予了说明。

武帝元狩三年与元鼎元年的两次修建,基本奠定了西汉昆明池的规模,作为工程的组成部分,湖堰、引水闸和进、出水渠道也都应该顺利完成。同时,在第二次扩建过程中,还在岸边新建或重修了一些楼台亭馆如豫章观、细柳观等,在池水中建造高大的楼船,达到了"列观环之;治楼船,高十余丈,旗帜加其上,甚壮"的效果。

汉代昆明池的范围广大,《汉书·武帝纪》臣瓒注:"(昆明池)在长安西南,周回四十里。"《三辅黄图》卷四说:"汉昆明池,武帝元狩三年穿,在长安西南,周回四十里。"《三辅旧事》曰:

---

① 《史记》卷三十《平准书第八》。

"昆明池，地三百三十二顷。"《太平御览》引《三辅旧事》作盖地三百二十五顷，程大昌《雍录》又引作三百二十顷也。汉武帝所建的昆明池周长达到四十里，面积三百三十二顷，这是古代学者的共同记载。这当然是个很大的人工湖泊，不仅可以说是史无前例的，而且在中国古代，除了唐代在此基础上修筑的昆明池以外，还没见到有哪个人工湖泊的面积超过它。

三、昆明池的多种功能

汉代的昆明池是一个较为复杂而又自成体系的综合性都市水利工程，当时在昆明池中训练水军，生产鱼鳖，游览行猎，模拟天象，供水首都的过程中发挥着巨大的军事、经济、园林、文化与水利的多重效用。

1. 楼船旌旗校五兵——教习水战的功用

汉武帝凿昆明池之原因，史书明记是训练水军以征伐昆明夷和南越。最早提及昆明池操练水军功能的是《史记·平准书》：元鼎元年（前116年），"乃大修昆明池，列观环之。治楼船，高十余丈，旗帜加其上，甚壮"。杜甫在《秋兴八首》中写道："昆明池水汉时功，武帝旌旗在眼中。"形容操练水师的规模宏大，场面壮观，战船众多。《西京杂记》卷六载："昆明池中有戈船、楼船各数百艘。楼船上建楼橹，戈船上建戈矛。四角悉垂，幡旄，旍葆麾盖，照灼涯滨。余少时犹忆见之。"戈船，《汉书·武帝纪》注引臣瓒曰："伍子胥有戈船，以载干戈，因谓之戈船也。"即配备有可刺可钩的戟的战船。楼船，《汉书·武帝纪》注引应劭曰："作大船，上施楼也。"在最近的考古调查中，调查者"在池内一些砖厂取土形成的断崖上观察到一条条U形沟槽，沟槽内填满淤泥。这些沟槽有一定的宽度和走向，深度也较一般池底深得多，它们应是专门为像'楼船'这些吃水较深的大船修建的航道"[①]。这是很有可能的。在"国之大事，在祀与戎"的古代，军功需要是国家的头等大事。这也是后来南朝昆明池多为水军训练基地，连乾隆皇帝所修昆明湖也有训练水军之目的。

除了楼船、戈船以外，《广博物志》卷四十还记载："昆明池中有弋檀舟，昆明池中有撞雷舸。"这两种船也应该是有军事用途的战舰。

总起来看，汉武帝修治昆明池的同时，命人建造了大批军舰，仅戈船、楼船两种船只，就各有数百艘，再加上弋檀舟、撞雷舸等战艇，组成了一支威武雄壮的水师，游弋在周回四十里的辽阔水域上。唐代文人王起做了一首《昆明池习水战赋》，曰："伊昔汉武，将吞远戎。凿昆池之瀇瀁，习水战之雄雄。池则无涯，泻滇河之象；战思拓土，合水国之风。将以规远略，恢圣功。遐方不拥，犷俗来同。岂徒列万艘之逦迤，玩一沼之冲融。乃命搜舳舻，征卒伍。剡楫棹，备金鼓。得饮飞于荆江，获文身于越土。榜人来萃，水客斯睹。介夫仡仡，将牵牛以交映；画鹢呀呀，与石鲸而对吐。奚去陆以习坎，方整众而耀武。武之耀兮昭彰，众之整兮张皇。揽繁弱，拔千将。可以摧南方

_____

① 中国社会科学院考古研究所汉长安城工作队：《西安市汉唐昆明池遗址的钻探与试掘简报》,《考古》2006年10期。

之锐，可以挫北方之强，列万夫之貔豹。"①

昆明池操练水军的功能历时并不是很长，汉代也仅仅持续了武帝后期的一段时间。随着汉武帝以后开疆拓土、征伐连年时代的基本结束，昆明池也渐渐丧失了作为一个水军基地的功能。《三辅故事》中写道："武帝作昆明池，学水战法。后昭帝年少，不能复征伐。"但是，昆明池的军事地位仍然不可低估。到了东汉初期，昆明池的军事用途仍然发挥了巨大的作用：东汉开国大将邓禹就是驻军昆明池，平定长安并进而收复整个关中的。《后汉书》卷一六《邓寇列传第六》详细地记载着这件事："（东汉光武帝建武）二年（26 年）春，遣使者更封禹为梁侯，食四县。时赤眉西走扶风，禹乃南至长安，军昆明池，大飨士卒。率诸将斋戒，择吉日，修礼谒祠高庙，收十一帝神主，遣使奉诣洛阳，因循行园陵，为置吏士奉守焉。"

2. 池则无涯象滇河——长安最大的蓄水库

昆明池自沣河上游引水，在汉长安城西南高地上形成一个巨大的湖泊，这使昆明池具有了供水长安的功能：一是保证汉长安城的供水，二是调节漕运水源。实质上这是其最为重要的功能，至于训练水军、水上游览、养鱼基地、模拟天象，则是其附属作用了。昆明池及其上游全部位于皇家控制的上林苑中，可以保证水源的清洁和卫生；地势高于长安城，可以自流入城；库容巨大，能供给长安这样的大型都城以充足的水源。除此而外，由于当时的长安人口众多，粮食供给比较紧张，漕运是从关东向关中运输粮食的重要手段，一年至少要几十万石，但是渭河水浅，运输困难，要用渭水南岸的人工漕渠通船运输，昆明池就是这条漕渠的上源和重要的运输通道。

汉长安城是以秦在渭河南岸的兴乐宫、章台和信宫等为基础修建起来的，沿用了旧日宫苑的水源和输水工程，即引渭河支流之潏水入潏池，通过潏池的调节再输入都城，加上直接引自城西滈水的水源，基本能满足汉初用水的需求。汉武帝时，大兴土木，都城迅速膨胀；人口也越来越多，汉长安城城区人口有 40 万之众，包括郊区陵邑远远超过 100 万；此外，汉代也是历史上旱灾频繁的朝代，两汉旱魃之灾共计 112 次，旱灾年份占两汉总年数的百分之二十六以上。也就是说，两汉时期平均不到 4 年就要发生一次旱灾②，并且大旱年份多，旱情程度颇重，如《汉书·五行志》载，惠帝五年（前 190 年）夏，"大旱，江河水少，溪谷绝"。旧有的水源已不能满足城市用水的需要，于是汉武帝就在长安西南开凿了昆明池供水工程，形成了一个规模很大的人工水库，并通过纵横交错的供水渠道，将水引到城内各处。就在开挖的当年依然是"元狩三年夏，大旱"。可见当时昆明池开挖的必要性和紧迫性。

昆明池水利系统由洨水、石碣、引水渠、泄水渠、揭水陂、"飞渠"以及四周湖堤等设施组成。洨水是指把潏水与滈水在上游连接起来并向西入沣河的人工河道，既保证了昆明池有稳定的水源，又可以避免大量来水带来的洪水威胁；石碣是一座建在洨水上引水北流入昆明池的滚水石坝，其下有渠道提供昆明池的水源；引水渠共有三条，建在昆明池东、北两面，引池水直接或通过洨水间接

---

① 《文苑英华》卷六六，299 页。

② 陈业新：《灾害与两汉社会研究》，上海人民出版社，2004 年。

地供应汉长安城的都市用水和漕渠用水；泄水渠是昆明池西侧沟通沣河的人工渠道，以排泄昆明池多余的水来调节水位；揭水陂为昆明池的二级调蓄水库；"飞渠"则是在建章门处专门引水入城的渡槽。这些设施与居中的昆明池大水库连接起来构成复杂而又自成体系的综合性都市水利工程。

　　昆明池的水源是来自洨水（图一）。《水经注》载："交水又西南流与丰水枝津合，其北又有汉故渠出焉，又西至石碣分为二水：一水西流注丰水，一水自石碣经细柳诸原北流入昆明池。"为保障昆明池安全稳定地蓄水而且又不对下游长安城造成危害，西汉时期对潏、滈诸水进行了大规模的人工整理，使它们改道西流入沣，形成了新的河流——洨水①。文中的"石碣"又称石闼堰，大致位于今长安区西堰头村，堰引洨水北流，穿过细柳原，流入昆明池。经笔者调查，洨河在西堰头村向北弯曲，距离细柳原最近，又可利用河道向北弯曲的自然之势，顺势拦截，导引北流，故在此筑堰当了无疑义。石闼堰是一座滚水石坝，当洨水平水期可尽拦截入昆明池，洪水期多余的水量则漫顶而过泄入沣水，以保证昆明池水库的安全，设计十分科学。

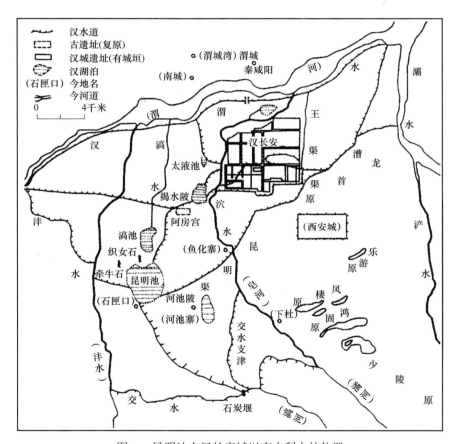

图一　昆明池在汉长安城以南水利中的位置

---

　　①　交河的开凿大致始于西汉时代，或为开凿昆明池所派生或是在昆明池修成后汉城遭受水害时进行增修的。其作用是拦截潏滈二水主流，向西排入沣河，以便于控制向昆明池的引水，解除对汉长安城的水害威胁。在峪口导引潏滈二水入丰，上流水源被截断，昆明池水就可缩减，地表水就会下降，水浸对长安城的影响就会缓解。同时相应地在截流处建设一些堰坝水利设施，还能够较稳定地保持昆明池的水源，使昆明池这一汉城蓄水库的作用能够持久地充分发挥出来。

　　昆明池建在细柳原与高阳原之间，池址海拔高于汉长安城区，向都城引水十分方便。黄盛璋先生对昆明池供水系统进行了详细的探讨："昆明池通过东、北两条渠道向下游供水。向东的一条叫昆明故渠，专门接济运河（漕渠）用水；向北的一条叫昆明池水，专供城区用水。昆明池水下接揭水陂，是进入城区前的又一级调节水库。揭水陂下游又分为两支，一支北流入建章宫，宫内有太液池，其尾水入渭水；另一支东北流，由架空渡槽引水入城，然后入仓池最后排出城外，汇入漕渠。"[①]

　　汉代昆明池的面积广大，蓄水量在 3000 万～5000 万立方米，相当于现代的中型水库[②]。昆明池及其引水渠道的修建，解决了汉长安城的蓄水供水问题，使汉长安城的用水得到可靠保证。昆明池选址得当，闸坝设置和渠道布设也恰到好处，石闼堰、揭水陂、飞渠的设置，都可以称为奇迹。西汉长安城开辟了中国都城地面水供水的新格局，第一次成功地解决了中国都城的供水问题，是亘古以来的重大事件，开创了中国城市供水的新纪元。

3. 泛舟闻韶昆明池——园林与游览胜地

　　由于开凿了昆明池和整治了有关河道，附近的自然风景与人文建筑亦相应地得到开发，汉代昆明池地区成为上林苑中最优美的园林景观区之一，也成为当时皇家贵族的游览胜地。

　　昆明池园林景观最吸引人的首先是那独一无二的广大水面，浩渺无涯，有时候平坦如镜，有时候碧波荡漾，有时候波涛冲天，尤其是到了晚上，涟漪泛着星光，与天上的银河相映成辉，因而昆明池被当成了降到地上的天河。辽阔的湖面除了演习水战以外，游乐功能特别突出。湖中除战船之外，另有许多游船，帝王常率歌儿舞女，在此荡舟作乐。

　　《庙记》曰："池中作豫章大船，可载万人，上起宫室，因欲游戏。"《三辅故事》又曰：池中有龙首船，常令宫女泛舟池中，张凤盖，建华旗，作棹歌（棹歌，棹发歌也，又曰棹歌讴舟人歌也），杂以鼓吹，帝御豫章观，临观焉。"豫章大船可坐万人，上有起居的宫室，是个大型的游览船只。龙首船可能是画着龙头或者船头就做成龙首的样子，主要用于游览，被称作彩舟。

　　昆明池水中鱼翔浅底，绿草点点，环池一带绿树成荫，动植物资源丰富多彩，也是皇家观赏游猎的好地方。昆明池中的鱼鸟就更多了，种类数不胜数。东汉学者班固的《西都赋》就描写了帝王游宴昆明池所见到的景象："飨赐毕，劳逸齐，大辂鸣銮，容与徘徊，集乎豫章之宇，临乎昆明之池。左牵牛而右织女，似云汉之无涯，茂树荫蔚，芳草被堤，兰茝发色，晔晔猗猗，若摛锦与布绣，烛耀乎其陂。鸟则玄鹤白鹭，黄鹄鸧鸹，鸹鸹鸧鸧，凫鹥鸿雁，朝发河海，夕宿江汉，沉浮往来，云集雾散。于是后宫乘辇辂，登龙舟，张凤盖，建华旗，祛黼帷，镜清流，靡微风，澹淡浮。棹女讴，鼓吹震，声激越，謍厉天，鸟群翔，鱼窥渊。招白鹇，下双鹄，揄文竿，出比目。抚鸿罿，御矰缴，方舟并骛，俯仰极乐。遂乃风举云摇，浮游博览。"

　　除了无限的自然风光外，人们还在昆明池周边建筑了许多瑰丽的宫殿和观赏建筑，即所谓"列

---

①　黄盛璋：《西安城市发展中的给水问题以及今后水源的利用与开发》，《地理学报》1958 年 4 期，406～426 页。

②　吴庆洲：《中国古代城市防洪研究》，中国建筑工业出版社，1995 年。

观环之"，"宫室之修，由此日丽"。昆明池的池中岛上和四周岸边，修建了许多离宫别馆，雕梁画栋，金碧辉煌，林树掩映，风景十分迷人。上文考证了池东岸的豫章观与白杨观、池南的细柳观、池西边的宣室宫等。

昆明池东岸有豫章台，"皆豫章木为台馆也"。其功能是观赏昆明池水波浩荡之景象，以及供宫女在池中嬉水、泛舟歌舞，还可使水军乘楼船演练武艺。昆明池面积广大，观赏的范围广阔，视点的要求就很高，欲广瞻而眺远，须筑台而登高，豫章台建设的原因或在于此。

广池沼与兴台观，从工程角度则可谓相辅相成，是加与减的土方平衡问题。秦汉时造园，凿池与累（城）台是土方平衡的重要措施，一池三神山的池苑模式，有其内在的合理性。台与池的关系，是"挖土成池，累土成台"。昆明池周回四十里，池中筑台，就显得孤峙无依，台与浩渺的水面难以协调。池中未筑三神山，而是在东岸边一个大的洲屿上，建造了以豫章台为主的组群建筑，亦称豫章观。由于台的高显昭著作用，而称之为豫章宫。包括台在内的组群建筑，既是昆明池上的主要景观，其本身也是水上独立的一处景点。

池西的宣曲宫也是当年皇帝泛舟游览昆明池时必到的一处景点，各种文献都说到皇帝的上林游猎，"西驰宣曲"。

昆明池以人工湖水面为主景，布设楼台亭阁，融人工建筑于自然山水之中，形成大湖水面一望无际，清澈涟漪，殿阁亭台倒映湖中的景象，与回廊、绿树、鲜花、雕刻交相辉映，绚丽异常，成为皇家园林中的最佳，也为皇家贵族提供了良好的游憩场所。

昆明池的景色是汉武帝的最爱之一，《广博物志》卷四九记载着他在池中泛舟歌咏的故事："昆明池，汉时有豫章船一艘，载一千人。汉武帝思怀往者李夫人不可复得，时始穿昆灵之池，泛翔禽之舟，帝自造歌曲，使女伶歌之，时日已西倾，凉风激水，女伶歌声甚遒，因赋落叶哀蝉之曲，曰：罗袂兮无声，玉墀兮尘生，虚房冷而寂寞，落叶依于重扃，望彼美之女兮感余心之未宁。帝闻唱动心，闷闷不自支，持命龙膏之灯，以照舟，内悲不自止。"

昆明池在中国的园林建设发展史上意义深远，它开创了我国以大型水体为核心来布置园林景观的先河。"在以往单纯以山或高台建筑为核心，以道路和建筑为纽带的园林形式中加入了以水体为核心和纽带的新格局，这不仅大大丰富了园林的艺术手段，促进了山、水、建筑及植物景观间更复杂的穿插、渗透、映衬等组合关系的出现和发展，而且为中国古典园林最终采取一种流畅、柔美、富于自然韵致的组合方式准备了必要的条件。"[①]

4. 定是昆明池中鱼——渔业生产基地

在长期发展过程中，昆明池不仅有练习水军的军事功用，水嬉娱游的观赏功能，其作为一种生产资源，在物质生活资料的生产上，对皇室也起到了重要作用。

《三辅黄图》引《庙记》云昆明池中："养鱼以给诸陵祭祀，余付长安厨。"《汉旧仪》载："上林苑中昆明池、镐池、牟首诸池，取鱼鳖给祠祀，用鱼鳖千枚，以上余给太官。"说明了昆明池还

---

① 王毅：《中国园林文化史》，上海人民出版社，2004年，57、58页。

是皇室用鱼的重要生产基地，其生产的鱼鳖首先满足各个祖先陵墓的祭祀之用，大约用鱼鳖千只，其余都交给长安城的太官，主要供给皇家食用，可能还分赏给皇室贵族享用。还有一段时间竟然把多余的鱼放到长安城的市场上出售，供给一般市民，而且由于数量巨大，还影响了市场鲜鱼的价格。《三辅故事》载："市鱼乃贱。"这使长安鱼价也下跌下来，长安城贫民还真的得到了实惠。这也是我国历史上大水面养殖较早的具体例证。

昆明池何时开始养鱼的，在历史文献上有不同的说法。《艺文类聚》卷九六《鳞介部（上）》"鱼"条，谓《三辅故事》曰："武帝作昆明池，学水战法。帝崩，昭帝小，不能征讨，于池中养鱼，以给诸陵祠，余给长安市，市鱼乃贱。"据此文记载，汉武帝时似乎还未在昆明池中养鱼，到了昭帝时代，昆明池作为水军基地的作用式微，才开始养鱼。但《汉书·西南夷传》曰：昆明国所在之滇王，于元封二年（前109年）归降汉朝，武帝遂置益州郡，从此当地安定了二十三年。其间不复征战，自然昆明池也不能闲置，所以有不少学者认为汉武帝时代就开始了水产养殖活动。《西京杂记》卷第一云："武帝作昆明池，欲伐昆吾夷，教习水战。因而于上游戏养鱼，鱼给诸陵庙祭祀，余付长安市卖之。"

汉武帝昆明池救鱼得珠的故事也说明昆明池养殖生产活动起始于汉武帝时代。《三辅黄图》卷四引《三秦记》曰："昆明池，池通白鹿原，原人钓鱼，纶绝而去。梦于武帝，求去其钩。三日戏于池上，见大鱼衔索，帝曰：岂不觳昨所梦耶！乃取钩放之。间三日，帝复游池，池滨得明珠一双。帝曰：岂昔鱼之报耶？"汉武帝发现昆明池中的鱼衔着鱼钩，说明此时已经开始了简单的捕鱼活动，而汉武帝在昆明池边得到了一对明珠，也说明了昆明池的水产生产范围已经超过了纯粹的养鱼阶段。

其实昆明池除了产鱼外，还有不少水产品可以供应，比如水中生长的菱芡、莲藕，天上飞行的各种水鸟等。西晋文人潘岳著《西征赋》，提到昆明池的水产也可看作汉代的情况："振鹭于飞，凫跃鸿渐。乘云颉颃，随波澹淡。瀺灂惊波，喋喋菱芡。华莲烂于渌沼，青蕃蔚乎翠激。"

史籍中常有有关昆明池观鱼的记载，如《陈书》卷二一《列传第一五王固传》记西魏时代，"宴于昆明池，魏人以南人嗜鱼，大设罥纲。"《周书》卷三《帝纪第三》也载："帝欲观渔于昆明池。"只要昆明池有水，其养殖功能自然就可以得到持续发展，应该说与其他诸多功能相比它是最为持久的。毛泽东的"莫道昆明池水浅，观鱼胜过富春江"的佳句客观上也是一种反映。

5. 昆明池上拜牵牛——牛郎织女神话起源地

汉武帝所开凿的昆明池因为水面辽阔，被认为是地上的银河，而在七八月份的北半球天空中，牵牛、织女星是最为闪亮的两颗。当七月织女星升上天顶时，银河那边的牵牛星就已经进入了人们的视野。七月过后，高悬的织女星向西倾斜时，牵牛星后来居上升至最高点，岁序也就随之进入仲秋八月了。牛郎、织女星隔"河"相望，早就引起了星象学家的注意。

汉武帝穿凿昆明池时，采用了法天思想，按天上银河两边左牵牛、右织女的布局，在昆明池东西两岸设置了牛郎与织女石像。

班固《西都赋》有句："临乎昆明之池，左牵牛而右织女，似云汉之无涯。"李善注引《汉宫阙疏》云："昆明池有二石人，牵牛、织女之象也。云汉，天河也。"张衡《西京赋》中云："豫章珍馆，揭焉中峙。牵牛立其左，织女处其右。"《雍胜录》："旁有二石人，象牵牛、织女，立于河东、西。"《关辅古语》："昆明池中有二石人，立牵牛、织女于池之东西，以象天河。"这些历史文献都明确指出在昆明池畔的左右两侧分别塑有牛郎、织女像，象征着天河两边的牵牛、织女星。

牛郎、织女二石像现在保存在昆明池遗址范围内，一个石像在今北常家庄"石婆庙"内，另一个石像在今斗门镇"石爷庙"内。俞伟超认为，"石婆庙"内的石像是男相，即"牛郎"，"石爷庙"内的石像是女相，即"织女"，即现在民间把两个像颠倒了。这二像现在所处方位，和古代文献记载"牛郎"在东、"织女"在西是一致的①。其说甚正确。织女石像高 258 厘米，右手置胸前，左手贴腹，作踞坐状；牵牛石像高 228 厘米，作笼袖姿态。这组石刻均用花岗岩雕成，形体高大，是中国早期园林装饰雕塑的代表。

昆明湖畔两侧的牛郎、织女二石像，象征着天上银河两侧的牵牛、织女星。这种天上、人间遥相呼应的景观设计，给来此游览的人很大的震动，也是产生中国著名的神话——牛郎织女爱情故事的基础。

牛郎、织女的传说由来已久。《诗·小雅·大东》中说："维天有汉，监亦有光。跂彼织女，终日七襄。虽则七襄，不成报章。睆彼牵牛，不以服箱。"这是牛郎、织女神话传说的雏形。这时，织女、牵牛还只是天河二星，并无神的色彩，虽然诗中提到了织女"报章"、牵牛"服箱"，但这也只是就天上两颗星的名称生发的联想。

到了汉代，牵牛、织女星在地上有了塑造，直接立在了游览胜地昆明池的两岸。他们也便由天上的星星变成了地上的神仙，与人们更加亲近。随着时间的推移，爱情因素与牵牛、织女传说的结合日渐明显。汉末的《古诗十九首》就透露了这一信息，其中的《迢迢牵牛星》吟道："迢迢牵牛星，皎皎河汉女。纤纤擢素手，札札弄机杼。终日不成章，泣涕零如雨。河汉清且浅，相去复几许？盈盈一水间，脉脉不得语。"这里的牵牛、织女二星已具人物形象——弄机织布，思念流泪，并且开始被编织为一幕恩爱夫妻受着隔绝之苦的爱情悲剧。诗中虽然没有直言牵牛、织女是夫妻，但织女终日思念牵牛，渴望相见，而又"盈盈一水间，脉脉不得语"的情节则是十分清楚的。

进一步说明问题的，是唐韩鄂《岁华纪丽》引东汉人应邵编撰的《风俗通义》，其中有一段记载："织女七夕当渡河，使鹊为桥，相传七日鹊首无故髡，因为梁以渡织女故也。"这表明，在当时，不仅牛郎、织女为夫妻之说已被普遍认可，而且他们每年以喜鹊为桥、七夕相会的情节，也在民间广为流传，并融入风俗之中了。发展到这一步显然是要经过长期并且是十分积极活跃的演进过程的。大概牛郎织女悲欢离合的爱情故事在汉代就已经基本定型了。

稍后的三国时期，更有不少诗文反映了这一内容，如唐代李善为《文选》魏文帝《燕歌行》作注时引了曹植《九咏注》说："牵牛为夫，织女为妇，织女、牵牛之星，各处一旁，七月七日得一会同矣。"可见牛郎、织女已经成为诗人们表现爱恋和思念之苦的一种突出和常用的意象。南朝梁殷芸说："天河之东有织女，天帝之子也。年年机杼劳役，织成云锦天衣，容貌不暇整。帝怜其独

① 俞伟超：《应当慎重引用古代文献》,《考古通讯》1957 年 2 期。

处，许嫁河西牵牛郎，后遂废织纴。天帝怒，责令归河东，但使一年一度相会。"这个牛郎织女的神话故事已经基本定型。虽然在文献的记载中出于南北朝时期，但人们有理由认为它是对汉代牛郎织女传说的追述，不然，七夕相会之说就无从说起。

关于牛郎织女的传说发源于汉代的昆明池，形成于两汉时期，此后在中华大地广为流传。

四、唐都长安郊区著名园林及昆明池的干涸

西汉以后定都于长安的各王朝，千方百计地维修昆明池，使其基本功能得到延续，尤其是唐朝统治者特别重视修复昆明池，使其焕发了第二春。

从汉武帝挖凿昆明池后直到汉代灭亡，一直没有修浚昆明池的记载，至十六国后秦姚兴时（415 年），由于不断淤积和气候干旱，池水干涸了。《魏书》记载："秦中大旱赤地，昆明池水竭，童谣讹言，国内喧扰。明年，姚兴死。"[1]《十六国春秋》卷五八也记载有这件事的时间：东晋安帝义熙十一年（415 年），"大旱，昆明池竭，童谣讹言，国人不安，间一岁而秦亡"。因为昆明池直接关系到长安城的用水生计问题。北魏太武帝太平真君元年（440 年），"发长安五千人浚昆明池"[2]，并着重对昆明池的原有渠道进行了修复。

北朝时期，以长安为都的北魏与北周皇帝特别喜欢昆明池，经常到此垂钓、打猎、宴饮等，尤其是北周太祖喜欢到昆明池游猎、捕鱼，而且善于利用这些机会发现大臣们的才能。《周书》载："太祖与公卿往昆明池观鱼，行至城西汉故仓地，顾问左右，莫有知者。或曰：苏绰博物多通，请问之。太祖乃召绰。具以状对。太祖大悦，因问天地造化之始，历代兴亡之迹。绰既有口辩，应对如流。太祖益喜。乃与绰并马徐行至池，竟不设纲罟而还。"[3] 这次去昆明池捕鱼的目的没有实现，但却发现了一个有用的大臣，收获更大。贺拔胜为北周大臣，"后从太祖宴于昆明池，时有双凫游于池上，太祖乃授弓矢于胜曰：不见公射久矣，请以为欢。胜射之，一发俱中，因拜太祖曰：使胜得奉神武，以讨不庭，皆如此也。太祖大悦。自是恩礼日重，胜亦尽诚推奉焉"[4]。这次君臣游宴昆明池上，举行了一次射鸟的活动，促进了他们的团结。

唐代国力强盛，达到了中国传统社会的顶峰，城市建设和园林营造也达到了前所未有的高度。唐代利用汉昆明池原有的基础和自然特点，经过几次修浚和建立引水堰，使昆明池的面积较汉代有所增加，而且形成了一个以昆明池为中心的河湖结构，包括定昆池、贺兰堰、石闼堰等设施，成就了汉代以来昆明池的再次辉煌。

据历史文献记载，唐代曾经三次大修昆明池。第一次是唐太宗修复昆明池，为解决水源问题，当时不仅修复了汉代就有的石闼堰，而且新建了贺兰堰，将沣水和滈水（洨水）引入昆明池，保证了昆明池的水量。唐代贞观年间编写的《括地志》曰："丰、镐二水，皆已堰入昆明池，无复流

---

① 《魏书》卷三五《列传第二三·崔浩传》。

② 《魏书》卷四《世祖纪下》。

③ 《周书》卷二三《列传第一五·苏绰传》。

④ 《周书》卷一四《列传第六·贺拔胜传》。

派。"滴水是洨水上游，滴水即洨水也。洨水渠，也就是石闼堰，应该是利用了汉代原来的进水渠堰系统。沣水的引入利用的是贺兰堰，这个是唐代初期新修成的。《括地志》云："沣水渠，今名贺兰渠，东北流注交水。"① 从地形看来，秦渡镇地形较高，便于从沣河中引水，贺兰堰当在此地。今沣惠渠也是在这里引水的。

　　第二次在唐德宗贞元十三年（797 年）八月，"诏京兆尹韩皋修昆明池石炭、贺兰两堰兼湖渠"②。有的史书上说："追寻汉制，引交河、沣水河流入池。"③ 其实恢复的不是汉制，而是初唐贞观年间之制。

　　第三次在唐文宗大和九年（835 年）冬十月，"发左右神策千五百人乃浚昆明池、曲江"。④ 因为唐文宗喜欢游宴，更想恢复盛唐时代的壮丽景象，但疏浚昆明池是一项十分浩大的工程。当时有个大臣郑注为了使疏浚昆明池这一计划得到经费的保证和朝臣的支持，就一方面征收茶税，另一方面以五行之术，认为"秦地有灾，宜兴役以禳之"⑤，这样就在财力和人心两方面都得到了保证，昆明池得到了再次的修复，并使"公卿列舍堤上"，恢复了昆明池的盛景。

　　至于定昆池的建设，颇有戏剧性。唐中宗的女儿安乐公主因十分受韦皇后宠爱，竟然向中宗提出要把昆明池赏赐给她作为私人池沼，"以为汤沐"。皇帝推辞说："先帝未有以与人者。"公主因此不悦，就在昆明池附近"夺百姓田园"，另外开凿了一个池沼，并且用去"库银百万亿"，"言定天子昆明池也"⑥。

　　据文献记载，定昆池"在（长安）县西南十五里"⑦，大致在今西安市西河池寨。其面积《两唐书》都记载为"数里"，而《长安志》记载为"十数里"。根据史念海、曹尔琴校注的《游城南记校注》："揆诸地形，当以前者为是。"史念海先生还认为，定昆池的水源应来自永安渠，而且还向西与昆明池有水渠相通。

　　随着唐代长安城向南的迁移，昆明池的都市供水功能丧失了，因为它位于唐长安城的西部偏南，海拔比城市还低。曲江池在唐代成为都城内部的皇家与公共园林，部分地取代了昆明池的游览与文化地位，促使唐代昆明池的游览功能有所减退。尽管如此，唐代的昆明池仍然是唐都长安郊区的一个重要园林，以深厚的历史内涵与优美的自然风光，吸引着都城的文人雅士前来观光，连皇帝有时候也会加入这个队伍。

　　文人雅士游览昆明池，多三五成群，约志同道合之好友，泛舟池上，吟诗作赋，浏览汉代遗迹，抒发情怀。皇家来游览时多带有大量的朝臣和随从人员，规模很大，君臣在昆明池游赏饮宴，狩猎踏青，当然也少不了附庸风雅之人，赋诗作歌，以颂太平。

----

① 李泰、贺次君辑校：《括地志辑校》，中华书局，1980 年，11 页。
② 《旧唐书》卷十三《德宗纪下》。
③ 《长安志》卷六《宫室》。
④ 《旧唐书》卷十七《文宗纪》。
⑤ 《资治通鉴》卷第二四五《文宗元圣昭献孝皇帝中》。
⑥ 《朝野佥载》卷五。
⑦ 《长安志》卷十二《长安县》。

　　唐朝初年，高祖李渊就先后两次到昆明池游玩，习水战，宴百官。唐太宗李世民也曾到昆明池游玩打猎，并留下一首《冬日临昆明池》。从文献记载来看，唐中宗、唐玄宗、唐代宗与唐武宗四位皇帝也曾游幸过昆明池。《全唐诗话》还记载有唐中宗时代在昆明池举行赛诗会的故事："中宗正月晦日幸昆明池赋诗，群臣应制百余篇。殿前结彩楼，命昭容选一篇为新翻御制曲。从臣悉集其下，须臾，纸落如飞，各认其名怀之，惟沈宋二诗不下移。时一纸飞坠，乃沈诗也。评曰：二诗工力悉敌，沈诗落句词气已竭。宋诗云：不愁明月尽，自有夜珠来，犹陟健轩举。"这两首诗都保留在全唐诗中，其中沈诗指的是沈佺期的《奉和晦日驾幸昆明池应制》，宋诗指的是宋之问的《奉和晦日幸昆明池应制》。

　　唐代昆明池的作用较汉代下降不少，其中向都城供水与演练水军的两大功能几乎完全丧失，园林游览方面在规模与等级上也有所降低，只有水产养殖的功能似乎有所增强。唐德宗修治昆明池渠堰不是为了园林建设，主要为保证昆明池的蒲鱼生产，这在其《修昆明池诏》中有很清楚的表述："昆明池俯近都城，古之旧制。蒲鱼所产，实利于人。宜令京兆尹韩皋充使，即勾当修堰涨池。"①

　　由于给人的功能下降，建设投入不够，唐代的昆明池只有前期很少的时段有过短暂的兴旺，大部分时间里是一副衰败景象。唐代末期随着社会的动荡和自然环境的干旱化，昆明池逐渐淤积荒废，变成了农田。从盛唐时代的唐诗中就能感受到昆明池的荒芜景象，储光羲的《同诸公秋日游昆明池思古》描写昆明池附近："凄风披田原，横淤益山陂。农畯尽颠沛，顾望稼穑悲……豫章尽莓苔，柳杞成枯枝。"已经看不到汉时的辉煌景象。更有"石鲸既蹭蹬，女牛亦流离。猿獭游渚隅，葭芦生溽湄。坎垹四十里，填淤今已微"。池中的石鲸鱼、岸边的牛郎织女像已经不复当年的鲜丽，昆明池水也已经不像从前，有些地方已经淤积干涸，野生动物游戏，杂草丛生，整个一片颓败凄凉的场景，让人思绪万千。

　　宋代学者宋敏求在《长安志》中说："昆明池在（长安）县西二十里，今为民田。"而程大昌《雍录》卷第六引此后注曰："今者，唐世作《图经》时也……然则《图经》之作当在文宗后，故水竭而为田也。"其认为《图经》成书于文宗以后的唐代末期，则昆明池早在唐亡之前就已经废为农田了。这是大家公认的观点。更有学者认为，早在唐代唐文宗大和年间（827～835 年），昆明池就干涸了。主要的证据是胡三省的《资治通鉴注》："武帝作石闼堰，堰交水为池，唐太大和后石闼堰废，而昆明池涸。"实际上，作为昆明池引水渠的石闼堰被毁弃后，另一个引水渠即沣水渠状态不明，昆明池可能并没有完全干涸，最大的证据是唐武宗会昌元年（841 年），武宗皇帝还曾游览昆明池："车驾幸昆明池。"②

（原载陕西省西咸新区沣东新城管委会、西安历史文化名城研究会：
《昆明池研究》，陕西科学技术出版社，2014 年）

---

① 《长安志》卷十二《长安县》。
② 《旧唐书》卷十八上《本纪第十八上·武宗》。

也说昆明池

贺福怀

昆明池是汉武帝刘彻在上林苑自然湖泊的基础上开凿修建的，是我国历史上最大的人工湖泊。相当于今日四个杭州西湖，在我国水利建设史上占有极其重要的地位。这个始于周，凿于汉，扩建于唐的昆明池，见证了十三朝古都长安城的盛世辉煌。

一、昆明池开凿的起因、位置及地理概况

公元前 120 年，即西汉武帝元狩三年，为了解决长安城的供水和洪涝灾害问题并训练水军，将终南山通向长安城入渭河的大峪、小峪、潏河、滈河等七条河流拦挡，由修建的人工河——洨河注入沣河。并在今斗门镇东修建了人工湖泊昆明池。在洨河石闼堰处向北经细柳镇的东西渠村中间凿渠引水入石巷口流入昆明池。再由昆明池北口今落水村开渠导水流入建章宫和汉长安城。水太大时，在昆明池西部修建有泄洪闸斗门，把多余的水排入沣河。历史上的昆明池据说是仿云南昆明的滇池修建的，故名昆明池。

据《中国文物地图集·陕西卷》第 101 页昆明池遗址篇记述："昆明池地处汉代上林苑，开凿于西汉元狩三年，主要引滈水和潏水入漕渠、明渠，解决长安城用水，并成为关中大运河漕渠的主要水源。唐时几次修护、疏浚，并将沣水引入池中，唐太和年间因水堰堵塞而废弃。池址位于今斗门镇东南至东北一带，界址约为西起张村以东，东至孟家村、万村以西，北至北常家庄南侧，南至石匣口村，总面积逾 10 平方千米。唐时昆明池疏浚扩大，北延至今落水村南侧，包括了西周滈池和汉昆明池两个池址在内。该范围今仍属低洼地区，一般比周围低 2～4 米以上。池址内及周围地表散布绳纹筒瓦、板瓦残片，曾出土'上林''千秋万岁'瓦当，并发现了豫章观旧址。1990 年冬，在落水村东南探出东西向池坝遗址。池东、西两侧早年还有汉代石像两尊，牛郎像原在常家庄村北，织女像原在斗门镇某工厂内，与文献记载地吻合。今二像均已移位。"

昆明池遗址在汉长安城西南 8.5 千米，离明清西安城约 16 千米的斗门镇和细柳镇一带（图一）。具体地讲，在今斗门镇街道办事处所在地的东南方（包括细柳镇街道办辖地）和东北方一片平坦而不规则葫芦状的洼地处。它西起斗门镇、堰下张村，南到蒲阳村、石匣口村，东到焦万村、梦驾庄、大白店，北到落水村、南丰镐村、北上泉村。周长四十里，面积约三百二十顷，约合今 2000 万平方米。池内村子有普渡村、花园村、白家庄、常家庄、原镐京乡乡政府所在地、小白

店、太平庄、马营寨、齐家曹村、杨家庄、袁旗寨、谷雨庄、五星村、南北寨子、下店村等 20 个村庄（图二）。

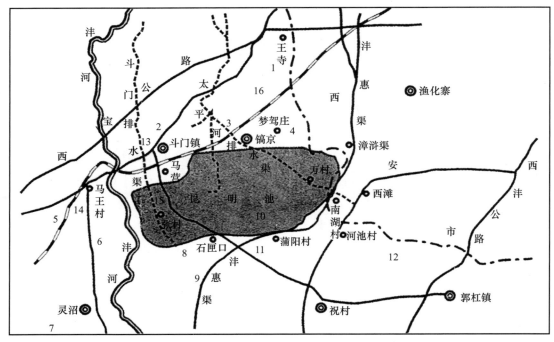

图一　汉代昆明池位置图

　　中国社会科学院考古研究所在 2005 年受西安历史文化名城研究会委托，对昆明池遗址进行了考古发掘，基本查明了遗址的范围。结论是：通过钻探和测量，得知昆明池遗址大体位于斗门镇、石匣口村、万村和南丰镐村之间，其范围东西约 4.25 千米，南北约 5.69 千米，周长约 17.6 千米，面积约 16.6 平方千米。这次考古对象是唐代扩大了的昆明池遗址，具体数字比有关文献资料记载的汉代昆明池的面积 14.75 平方千米要大一些，但遗址的基本范围没有多大变化。

　　从昆明池所在地的地形地貌来看，昆明池的南面是细柳原，蒲阳村、石匣口村处在细柳原北部边沿地带，东面万村处在毕原之余脉探花岭的西部，北面落水村处在高阳原上的眉坞岭上，西面斗门镇处在沣河东岸。昆明池位于三面高中间低的一大片洼地之中。

　　据《史记·平准书》记载：昆明池沿岸和池内还修建有许多离宫别馆。其规模较大的在池的东南今万村北建有豫章观，东北今梦白村东建有白杨观，西北方今丰镐村北建有镐京观，西南石匣口村南建有细柳观。池内中心的岛上建有灵波殿。据《中国文物地图集·陕西卷》"豫章观遗址"篇记述："豫章观，又名昆明观，豫章馆，豫章台，武帝时建。今遗址尚存，在万村西北 1 千米一高出地面的台地，该台地高出周围地面 2.5 米，原面积较大，应有万余平方米，20 世纪 60 年代残存3500 平方米。高地北面地表下 0.5 米处有红烧土居住面。地表散布绳纹板瓦，'上林''千秋万岁'瓦当及云纹瓦当残片，还采集有三块大印石柱础。"

　　汉武帝是中国历史上一位具有雄才大略的皇帝，在他担任皇帝的 54 年间，北面征讨匈奴，西面打通西域商贸通道，南面派兵击败南越，统一了两广地区。在岭南和西南地区设立了郡县，加强

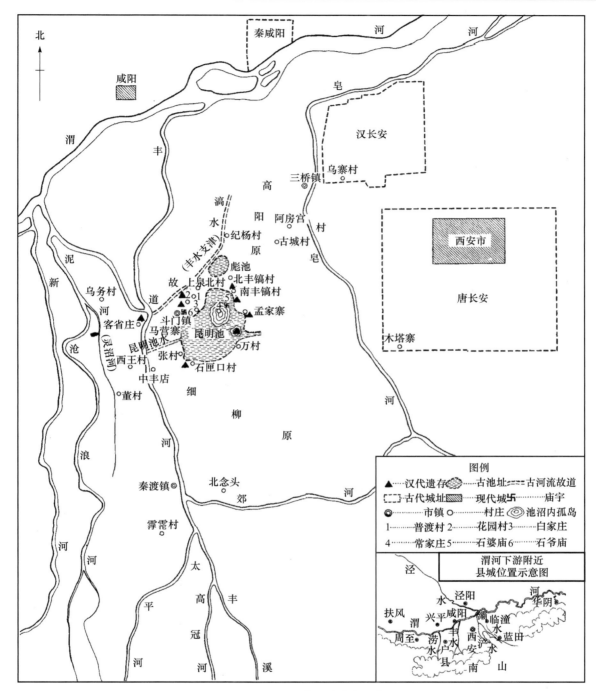

图二　汉昆明池及其有关遗存示意图

了西南少数民族和中原的联系。他以宏大的气魄在长安城西南开凿了昆明池。

　　据说开凿昆明池的直接原因是希望打通去身毒国（今印度等地）的西南通道。当时昆明国和越西国属于小国，本臣附于西汉，却不再年年来朝，向大汉朝廷进贡，还千方百计阻止越西国南边一些小国借道来汉朝贡。汉武帝一怒之下决定对昆明国动武，然而昆明国有滇池，方三百里，该国又善于水战。汉武帝开凿昆明池最初的直接原因就是训练水军，征讨昆明国。据《三辅黄图》载：

元狩三年，乘陇西、北地、上郡三地边境形势相对缓和之机，调回三郡戍卒的半数，并征发天下谪吏，"伐棘上林，作昆明池"，"周回四十里，三百三十二顷"。据《西安通览》昆明池词载："汉初长安城的水源大致是就近引用城西的潏水，随着城市的扩大，人口的增加，潏水有限的水源已经供不应求，必须开发新的供水。"修建昆明池占用了西周镐京城遗址东南部大片地域，故挖出了大量黑土、灰土、烧土。有人求教于谋士东方朔，东方朔解释那是挖到了镐京城的遗址上，大家才恍然大悟。20 世纪中国社会科学院考古研究所发掘考古钻探镐京城遗址范围，经挖掘钻探地下实物证明了这一说法，昆明池确实占去了镐京城的一大片地域。

根据历史记载，昆明池建成后第四年，即公元前 114 年，进行了一次扩建。这两次修扩建，奠定了昆明池的规模。西汉以后，昆明池亦为后续各个朝代继续使用。后秦末年（415 年），关中大旱，昆明池曾一度枯竭。440 年北魏时期曾对昆明池及来水渠道进行过一次疏浚，到隋代还正常使用。隋代诗人虞世基在《长安秋》诗中咏道："寒露台前晓露清，昆明池水秋色明。"可见，至隋代昆明池水还是很清澈的。唐代开元年间（713～741 年），昆明池依旧烟波浩渺，成为京城长安著名的游览胜地。到了唐代中后期曾三次疏浚扩修昆明池。据《旧唐书·文宗本记》记载："太和九年（835 年）冬十月，仍修浚昆明、曲江二池。"唐代的昆明池由于水域面积的扩大，加之又在岸边修建了新的馆舍等设施，景色比汉代更加迷人，烟波浩渺，水天一色，云蒸霞蔚，游人如织，成为长安城最吸引人的游览胜地之一。大诗人韩愈面对此景写出了"问言何处芙蓉多，拨开昆明度云锦"的诗句。这种盛观直到唐文宗太和年间（827～835 年）昆明池输水石堰渠道堵塞，朝廷又疏于派人修浚，致使石闼堰和贺兰堰废弃，水源断绝，昆明池才逐渐干涸。唐代末期，又随着岁月更迭，此地慢慢演变成布满大小沼泽的低洼农田。据史载，北宋时昆明池内已有人居住，有村庄出现。直到 20 世纪 60 年代中期，这里还是涝池遍布，农民只能在地面高处种植农作物。这里的村庄被群众形象地称为"玻璃罩地一片明，青蛙打更水围城"。尤其是到了秋天，有些地块农民必须得挽着裤腿收割庄稼。

诗圣杜甫在《秋兴八首·昆明池水》中写道："昆明池水汉时功，武帝旌旗在眼中。织女机丝虚夜月，石鲸鳞甲动秋风。波漂菰米沉云黑，露冷连房坠粉红。关塞极天惟鸟道，江湖满地一渔翁。"诗人置身于长江三峡的崇山峻岭之中，情感又郁结于对大唐帝国衰落的忧患，这是对昆明池历史变迁的最好概括。至于昆明池干涸的原因，笔者认为除自然环境变迁因素外，还因为唐代长安城地位向东南方向偏移地势较高，昆明池地势比唐长安城海拔高度低，无法引水入城。故又修建了利用潏水、洨水和浐水的清明渠、永安渠、黄渠和龙首渠引水入城。昆明池失去了为长安城陂池和人民生活供水的主要功能。另外，隋、唐两代又扩修了曲江池和大唐芙蓉园，后期又修建了定昆池，已经代替了汉唐昆明池游乐览胜的功能。本来就是一个人工修建的湖泊，需要不断地疏浚渠道，清理池底沙石淤泥，若渠道堵塞池底抬高不予修浚，无水进池，水量自然减少，逐渐干涸，随之变成沼泽，又变成农田当然是很自然的结果了（图三）。

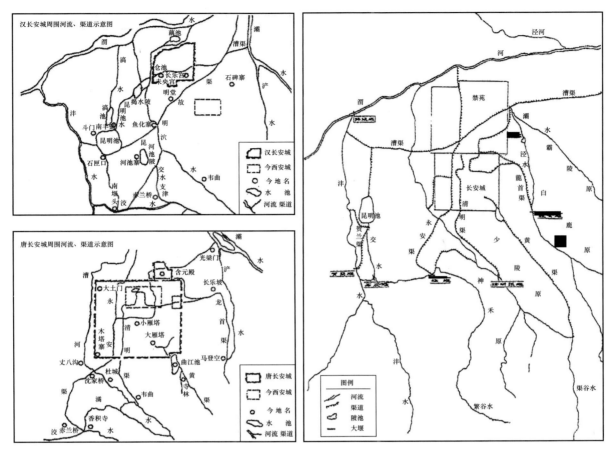

图三　汉唐长安城周围河流渠道示意图

二、昆明池在历史上发挥的作用

修建昆明池的起因虽然说是为了训练水军，但从历史上看，主要作用还是解决了长安城的用水问题。西汉和东汉时期的430多年间，根据历史记载共发生旱灾112次，旱灾占总年数的26%，也就是说平均3～4年就发生一次旱灾。另外，长安城到汉武帝时期城内外人口已达100多万。长安城的生活和设施用水光靠建城初期的滈水是远远不够的，这就成了极大的问题。据历史记载，公元前120年，关中大旱，而昆明池也恰恰是在这一年开挖的。关中大旱应该是汉武帝下决心开凿昆明池的主要原因，如何解决呢？那就是充分利用汉长安城南部的自然河流，用纵横交错的渠道和人工开凿的池塘湖泊把周边的河流连接成一个完整而有机的供水系统，使大峪河、潏河、滈河、沣河等七条河流相互贯通，从高处向低处自然流下，以保证长安城的水源供应。

昆明池位于长安城的西南，也就是现在长安区斗门镇和细柳镇一带。所处的地形位置较长安城高，这样就为昆明池向长安城供水提供了自然地理条件。而昆明池是在自然湖泊的基础上开挖的，又引进了洨水，这就保证了可向长安城提供充足的水源。汉代的昆明池面积14.5平方千米，估计蓄水量在3000万～5000万立方米，相当于当今的一座中型水库，也就是说每年可向长安城提供2亿立方米的生产和生活用水，昆明池的建成很好地解决了长安城的用水问题。昆明池输入长安城的用水渠道有三条，分别建在昆明池的东部和北部，通过渠道输水直接或间接地供水给长安城都市宫殿和漕渠用水。第一支出昆明池北流称为昆明池水，入人工调蓄水库揭水陂。揭水陂水库的作用主要是控制水量，其作用有三：一则可以防止渠水直接冲入渭河，节约用水；二则由于池高城低，控制流量后东引可以保证长安城的安全；三则由于抬高了水位，可以使水渠从章城门用"飞渠"加高渡槽流入城中，解决了城西地势较低造成入城输水困难的问题。昆明池水进入章城门后这段水渠称为明渠。昆明池水出揭水陂后一分为二，一条北流入建章宫之泰液池，主要解决建章宫的用水，流入后出泰液池入漕渠。另一条即明渠东北流过潏水进长安城入沧池，解决未央宫和长乐宫及长安城东南部居民的生活用水问题，在城内经前殿、椒房殿、天禄阁、北宫东北流出长安城清明门后入漕渠。第三支渠即昆明故渠，出昆明池东部东北流接河池陂水，流经漳浒寨北、鱼化寨、大土门，从长安城南部礼制建筑群流出，又经长安城东南角向东北与清明门流出的明渠相汇，又东北流到今坑底寨村南注入漕渠。漕渠东北流穿过灞河，合灞水后一直向东注入黄河。渭水、灞水、昆明池水是漕渠的三条主要水源，其中渭水是漕渠最主要的水源。昆明故渠起着调节漕渠水量大小的作用。

公元前 129 年，汉武帝为了解决长安城的航运问题开凿了漕渠，漕渠的开凿极大地便利了长安城的粮食和物资供应。漕运是从关东向关中运输粮食的重要渠道，一年至少几十万石，最多时达 600 万石。昆明池只是向汉长安城和漕渠供水，也就是起着平稳漕渠水量的功能，故昆明池本身并不具备漕运的功能。因渭河水浅险滩很多运输困难，要用渭水南岸的人工漕渠通船运输。昆明池是漕渠的上部水源，昆明池池水流向漕渠，只是向漕渠补给水量的不足。另外，漕渠开凿在先，昆明池开掘在后，更能说明昆明池不是为解决漕运而修建的。

昆明池的修建开始是为了训练水军，在历史上也发挥过训练水军的作用。"昆明池水汉时功，武帝旌旗在眼中"，可见当时训练水军场面一定非常宏大。战船众多，有戈船、楼船数百艘，还有戈檀舟、撞雷舸等军事用途的战船。根据有关史料记载，汉武帝准备征服南越，遂建造大型楼船多艘，楼船分三四层，高 10 丈，折合今 26.7 米，每船可载士兵 1000 多人。各楼层之上均设有舱室、女墙、战格等作为士兵战斗依托的防护措施。船上多竖旌旗以壮声威。楼船成为舟军的主力战舰。

据《汉书》载，元鼎六年（前 109 年），汉武帝派在昆明池训练好的水师官兵去平南越反叛，又发江淮楼船兵共计 10 万，共同前往，南越遂平，并在该地设南海、苍梧、郁林、合浦、交趾、九真、日南、珠崖、儋耳九郡。唐史载薛仁贵跨海征东之前也曾在昆明池训练过水兵。《资治通鉴》载：唐贞观五年（631 年）正月，唐太宗李世民大猎于昆明池，四夷君长咸从，宴高冒王文泰及群臣。丙子还，亲献禽于大安宫（太上皇李渊住宫）。

昆明池和上林苑中的其他池沼宫观一样，也是皇家官宦大臣、达官贵人的游乐活动场所。昆明池处在上林苑中，而上林苑是著名的皇家园林，昆明池必然是皇家的游览胜地。诗人李百药在《和许侍郎·游昆明池》诗中曾赞叹道："神池望不极，沧波接远天，仪星似河汉，落日类虞泉。"意思是说昆明池的景色就像太阳落到虞渊一样壮丽美观。汉武帝经常在阳春三四月风和日丽之时，带着美丽的后妃，在雕梁画栋的画舫游船上谈笑风生，轻歌曼舞。这不是后代人们的想象，而是史籍中真实的记载。唐史和《三辅黄图》上记载："昆明池中做豫章大船，可载万人，上起客室、因欲游戏"，"昆明池中还有龙首船，汉武帝常来此与宫女泛舟池中，张凤盖、建华旗，作棹歌，杂以鼓吹"。无论是豫章大船，还是龙首船，都是皇家游览用船，船手唱着船歌，随驾到昆明池观赏风景，歌舞取乐，汉武帝深为昆明池秀丽多姿的景色所陶醉。除了自然风光外，昆明池周边还修建了许多瑰丽的宫殿和观赏建筑，池中小岛上的灵波殿雕梁画栋，金碧辉煌，风景非常迷人。这其中包括"集乎豫章之宇，临乎昆明之池"的豫章观。豫章观是昆明池中耸峙的高台，上有殿阁，藏有珍宝。从观上俯视，昆明池区域的风景尽收眼底，亭台楼阁倒映湖中，与湖中的石鲸鱼以及池岸的牛郎织女石刻、树木、竹林、花草、芦苇、莲藕交相辉映，是一处极佳的皇家园林游乐场所。

昆明池中的鱼翔浅底又是其美景之一。昆明池也是皇家食用鱼的重要水产养殖基地。其养殖的鱼鳖除首先满足祖先陵墓祭祀之用以外，其余交给长安城太宫，供给皇室和皇室贵族们享用，还把多余的鱼虾投放到集贸市场之上。据《三辅故事》中说：每当昆明池中的鱼虾投放到市场上，由于数量多又卖得便宜，鱼价下跌，长安城的市民也从昆明池的开凿中得到了实惠。另外，昆明池还生产菱角、荸荠、莲藕等水产植物。也就是说昆明池的开凿除了用于训练水军，解决长安城的用水问题，供人旅游览胜以外，还有一定的经济效益，同时也丰富了长安城居民的农副产品供应。昆明池还有各种飞禽和水鸟。魏晋南北朝时期还有帝王"观鱼于昆明池"的记载。昆明池的开凿可以说为长安城的生态文明建设做出了巨大的贡献。

三、牛郎织女石刻和石鲸鱼

昆明池烟波浩渺，水天相接，琼楼玉阁，汉宫影映，景象壮观，是集城市给排水、水上运输、游船娱乐、训练水军等功能于一身的综合性工程，也是西汉武帝的游览胜地。汉武帝被昆明池的秀丽风光所陶醉，认为这是地面上的银河，便让人在昆明池东、西两岸竖立了牛郎、织女的石刻雕像。石人高丈许，形象逼真粗犷。牛郎石刻现保留在斗门街办北常家庄石婆庙内，织女石刻现存留于斗门街道棉绒厂。池内还有石刻鲸鱼，鲸鱼长约两丈，遗物原在斗门南马营寨村，现存陕西省历史博物馆。传说每逢雷雨前夕，石鲸鱼摇头摆尾，大声吼叫，警示人们逢灾避祸。诗圣杜甫曾有赞美织女石刻、石鲸鱼的诗，诗曰："昆明池水汉时功，武帝旌旗在眼中。织女机丝虚夜月，石鲸鳞甲动秋风。"汉唐两代诗人所描述的昆明池盛景早已被历史的风尘所掩埋，成了史书中遥远的记忆，而斗门地名和汉代石刻却成为这一历史活的见证。

牛郎织女石刻是陕西省1956年8月6日公布的第一批重点文物保护单位。汉武帝元狩三年为训练水军，在今斗门镇街办辖区一带开凿了昆明池，池中放置石鲸，两岸放置牛郎织女石刻以象征天河。历经两千年的变迁，昆明池已变为良田，但屹立在斗门镇街东的织女石刻和镇东3千米的牛郎石刻却准确地标明了昆明池的东西两岸。

牛郎石刻身高2.15米，底座高1.25米，宽1.3米，身高与底座比例相近，保存比较完好。石像五官清晰，头部硕大，面稍左倾，阔额，宽眉，短发，发丝雕痕缕缕可见。身穿中国传统的交襟式上衣，腰间束带。右手置胸前，左手紧贴腹部，憨厚健壮，线条粗犷，造型朴拙，男性特征十分明显。

织女石刻身高2米，底座高1.2米，宽0.9米，底座和身高比例适中。石像发髻后垂，面庞丰腴，身着右衽交襟长衣，双手环垂胸前，刀法简洁，造型古朴。颈部有断裂痕，左臂及后背风化剥蚀较严重。后垂发辫和丰满的脸部都具有明显的女性特征，口鼻稍残，有后补痕迹。

二者均为花岗岩圆雕，刀法粗犷，朴实浑厚壮美。适当运用夸张手法，更使其形象生动。石像较兴平茂陵霍去病墓前石刻组雕还早三年，是我国现存最早的大型石雕艺术精品，反映了 2000 多年前劳动人民高超的艺术造诣。

石鲸鱼，出土于斗门镇马营寨村村西，花岗岩材质。鲸体通体浑圆，头部雕出鲸眼，长 5 米。中部最大处径宽 0.96 米，发现时断为鲸体、鲸尾两节。鲸尾呈半弯形状，鳞纹依稀可辨，长 1.1 米，最大处径宽 0.4 米。鲸鱼刀法简洁，造型风格粗犷，现存于陕西省历史博物馆。鲸尾仍存放于斗门镇马营寨村一农户后院内。

石婆庙（织女石刻）位于斗门镇东 6 里许常家庄村北，占地约 10 亩，东西宽 20 丈，南北长 30 丈。坐北朝南，从南至北建筑依次为山门三间，仿古门楼，歇山灰瓦顶。大门两边对联是："金梭穿机杼巧织世上锦绣，银河渡鹊桥缔结人间姻缘。"山门后院内正中放置有西安市人民政府所立省级重点文物保护单位石碑。紧接着为玉皇大殿，大殿面阔五间，进深两间，内置玉皇大帝站立泥塑彩像。东西两边各建菩萨殿和龙王殿，该殿各面阔三间，进深两间。后院为东西两排厢房各 8 间。最后一座为织女殿，该殿面阔五间，进深三间，高大宏伟甚为壮观。大殿两边木柱上贴着一副楹联："王母在瑶池灵光祭善恶，玉帝坐天宫慧眼观贤愚。"室内东西山墙和北面沿墙彩绘牛郎织女农历七月七日相会图画八幅，正中放置织女石刻，穿当代仿制汉代妇女装饰衣服，面慈心善，以母性化身，祈祷人们岁岁平安、生活丰登，石像前的桌上堆满各种花束和供品，常年香火不断。

织女殿前有一扁平巨石，长宽各 3 米，正中有一凹陷，是牛郎织女睡觉的石炕。传说牛郎不慎尿炕，把炕冲了一条小渠。工作人员在外面罩上了纱帐，石炕上放着被褥，人们上香磕头，祈盼他们重温闺房蜜月。

"石爷"（牛郎）、"石婆"（织女）石刻象征着牵牛星和织女星，昆明池象征着天上的银河，寄托着古代劳动人民对自由幸福婚姻的一种向往。过去小学课本就有七月七日牛郎织女相会的神话传说故事。故事讲玉皇大帝的女儿织女下凡到人间，爱上了凡夫牛郎，结为一对美满幸福的夫妻。后被玉皇大帝之妻王母娘娘知道，命天兵天将将织女抓回天宫，一对恩爱夫妻被活活拆散。牛郎带着一儿一女两个孩子追到天宫，当将要追上时，王母娘娘拔下头上的金簪划出一道天上银河将其隔离，两人只能遥遥相望，对河而泣无限悲伤。此情此景最终感动了玉皇大帝，他下了道圣旨，允许牛郎织女每年七月七日"鹊桥相会"。汉武帝造昆明池，在昆明池东西两岸各立"牛郎""织女"石刻雕像，说明在两千多年前的西汉时牛郎织女的爱情故事已在长安广泛流传，也说明七月七日"鹊桥相会"的中国爱情节故事发源于汉代长安。汉代长安才是中国牛郎织女相爱建立美好婚姻神话传说故事的故乡。它反映了古代社会劳动人民对幸福自由的爱情婚姻生活的渴望和追求。汉武帝不过是把这种人们追求美好婚姻的爱情故事搬到了人间，通过牛郎织女石刻分别陈列在昆明池东西两岸这种形式，使其看得见摸得着，使一种美好传说成为现实，也成为民间纪念牛郎织女爱情故事的载体及活动场所。长安七夕传统文化作为非物质文化遗产，2005年长安区政府已主持召开了三次专题研讨会，明确了它的文化价值和保护方案，连续三年举办了七夕文化节民间祭祀活动。农历正月十七和七月初七来此献祭的香客多达数万人，扭秧歌，唱大戏，耍社火，敲锣打鼓，放鞭炮，热闹非常。规划建占地千亩的七夕文化公园。以石婆庙为主体，以鹊桥相会、七夕节传统民俗为主线，由天河、鹊桥等众多景点组成，集游览、观赏、休闲、娱乐、婚庆等功能于一体，达到池水清、树绿、花美、情浓的情景和意境。建成后将形成"人文西安"这一个独特的经济文化非物质遗产品牌。

四、与昆明池有关的地名

西汉修凿昆明池以前，流经长安城附近的"长安八水"中的滈河、潏河并没有走现在的河道流入沣河，而是流经长安城的西部按照各自的河道直接流入渭河。为了防止这些河流在雨涝时对长安城形成洪涝灾害，同时解决长安城的宫廷和居民生活用水问题，汉武帝在开凿昆明池的同时，任命负责开辟上林苑的主管官员吾丘寿王为水衡都尉，修建了人工洨河和向昆明池的引水渠道。"水衡都尉"就是平衡长安外围洪涝和供水矛盾的都尉。都尉是和京兆尹平级的官员（葛慧老师语）。

洨河。位于长安区的中西部，为潏河下游的别名。东起香积寺南侧，西至秦渡镇东侧汇入沣河。全长13.8千米，宽40米，是汉武帝元狩三年开挖的一条人工河，是和昆明池、石闼堰配套的大型水利工程中三大工程之一。这条人工河建成后，将南山直通渭河的潏水、滈水截断，归入沣河。这样既可避免暴雨时长安城的水患，又能在干旱时保证昆明池给长安城供水。

潏水碌碡堰。潏河无论是汉长安城还是隋唐长安城，都是都市用水的重要来源，故又在潏水所经的申店水磨村附近修了碌碡堰。碌碡堰的作用主要是调节潏河水量的大小，以便根据长安城用水的需要调节用水。相传潏河大堰是收集老百姓的碌碡修成的，故名碌碡堰。当地有俗语说："潏河冲开碌碡堰，大水淹了长安县。"

滈河。西汉前滈河纳石砭峪、子午峪等峪之水向西流，在今长安区兴隆街道办乾河镇附近的东乾河与西乾河村之间北流直接入渭河。修人工洨河后，滈河向北流路被截断，河道干涸故名干河。现兴隆街道办驻地仍称乾河镇。《长安县地名志》东甘河词下载："西汉武帝元狩三年（前120年）修建昆明池时，整治南山各水，并挖人工河流洨水（即今洨河），截断潏河和滈河，向西导入沣河，以防长安城旱涝水患，保证供水正常。这条人工河建成后，南山诸水通过它汇入沣河。因此，古滈河的下游便干涸了，乾河镇因在干河道，故名。"

石闼堰，又名石碣堰、石炭堰，是拦阻终南山北流河水形成洨河进入昆明池的一大水利工程。根据宋代程大昌《雍录》记载："洨水西至石碣，武帝穿昆明池所造，有石闼堰。在县西南三十二里，则昆明之周三百余顷者，用此堰之水也。昆明基高，故其下流尚可壅激以为都城之用，于是并城疏别三派，城内、外赖之，此地至唐仍在……""闼"即门之意，石闼堰意为大石垒造之堰。"闼"与炭音近，故唐代时以石炭堰名之，其实就是汉武帝时所造之石闼堰。石炭堰的作用主要是逼水向北流经细柳原，进入昆明池。

　　堰头村。《长安县地名志》载："位于沣惠乡东南部，洨河北岸，南张村东南 1.5～3 千米管理范围内，分为南堰头、北堰头、西堰头和东堰头 4 个自然村。877 户，3122 人，耕地 3312 亩，唐代已名堰头。"宋敏求《长安志》载："石碣在县西南三十三里。"又说："洨水西至石碣分为二水，一水西流注沣，一水自石碣经细柳诸原北流入昆明池。"由洨水汇集到这里，如水太大则溢过石碣流入沣河，如若水小滚水堰则自动将水逼入供水渠。洨水由此汇入渠，西北流入石巷口，灌昆明池。堰头村就是位于洨水流到大堰处后形成的村。

　　贺兰堰。是长安城城南自西向东的第一大堰，在今长安县沣惠乡北张村和贺家村附近，横跨沣河之上，由于堰下沣水东支渠名贺兰渠，故大堰亦称贺兰堰。到唐太宗贞观年间已经需要修沣河堰拦水，才能满足昆明池用水。唐代《括地志》称："沣、滈二水皆已堰入昆明池，无复流派。"所言沣水之堰即是贺兰堰。唐代都长安 289 年，昆明池一直是皇家赏玩游猎及操练水军之处，为确保池水丰满，对于大堰维修相当重视，曾先后在德宗贞元十三年（797 年）和文宗太和九年（835 年）两次"修堰涨池"，将沣河水经贺兰堰引入昆明池（参见《旧唐书·卷十三》《读史方舆纪要·卷五三》）。

　　石匣口村。从洨河堰头处导渠东北流入昆明池，在汇入昆明池前有一大村叫石匣口，有 600 户，2500 人，村名与昆明池有关。《长安县地名志》记述，该村在汉昆明池的南岸，昆明池进水渠入水口处，当时渠岸用石头衬砌，因而得名石峡口。元骆天骧《类编长安志》记载："洨河西北入石巷口，灌昆明池。"石巷口即今石匣口村。明代洪武年间，改石巷口为石匣口村，沿用至今。《西安通览》石匣口村下载："此村为昆明池南岸标志。"现分为石匣口南村、东村两村。

　　斗门镇。《西安通览》记述："斗门镇是历史名镇。西周镐京遗址在镇北部。西汉武帝元狩三年在周秦镐池基础上挖掘周围四十里的昆明池，成为解决长安用水、水上运输、游览、养鱼以及练习水师等多功能的综合性大型水利工程。斗门镇即在昆明池与沣水相通的调节斗渠闸口处，以此得名。"

　　落水村。此村在昆明池向长安城供水水渠出口下方，这里渠岸地势较高，从昆明池流出之水在此降落水位。《长安县地名志》记述："该村位于斗门镇的东北 3 千米，496 户，2100 人，明代是五个村堡的大村。以在汉唐昆明池北堰外，向长安供水渠出口处，因流水在闸口下落处得名。此村标志着昆明池的北界。"

五、历代歌颂昆明池的诗词

和春日晚景宴昆明池
庾信（北周）

春余足光景，赵李旧经过。上林柳腰细，新丰酒径多。
小船行钓鲤，新盘徒摘荷。蓝皋徒说驾，何处有凌波。

秋日游昆明池
江总（隋代）

灵沼望萧条，游人意绪多。终南云影落，渭北雨声过。
蝉噪金堤柳，鹭饮石鲸波。珠来照似日，织处写成河。

此时临水叹，非复采莲歌。

秋游昆明池

元行恭（隋代）

旅客伤羁远，樽酒慰登临。池鲸隐旧石，岸菊聚新金。
降低云色近，行高雁影深。敧荷泻圆露，卧柳横清阴。
衣共秋风冷，心学古灰沉。还似无人处，幽阑入雅琴。

秋日游昆明池

薛道衡（隋代）

灞陵因静退，灵沼暂徘徊。新船木兰楫，旧宇豫章材。
荷心宜露泫，竹径重风来。鱼潜疑刻石，沙暗似沉灰。
琴逢鹤欲舞，酒遇菊花开。羁心与秋兴，陶然寄一杯。

奉和晦日幸昆明池应制

沈佺期（唐代）

法驾垂春转，神池象汉回。双星移旧石，孤月隐残灰。
战鹢逢时去，恩鱼望幸来。山花缬骑绕，堤柳幔城开。
思逸横汾唱，欢留宴镐怀。微臣衰朽质，羞睹豫章材。

奉和晦日幸昆明池应制

宋之问（唐代）

春豫灵池会，沧波帐殿开。舟凌石鲸度，槎拂斗牛回。
节晦蒉全落，春迟柳岸催。象溟看浴景，烧劫辨沉灰。
镐饮周文乐，汾歌汉武才。不愁明月尽，自有夜珠来。

与同志昆明池泛舟

朱庆余（唐代）

故人同泛处，远色望中明。静见沙露痕，微思月魄生。
周回余雪在，浩渺暮云平。戏鸟随兰掉，空波荡石鲸。

昆明春

白居易（唐代）

昆明春，昆明春。春池岸古春流新。
影侵南山青荡漾，波沉西日红奫沦。

昆明池织女石

童翰卿（唐代）

一片昆明池，千秋织女名。见人虚脉脉，临水更盈盈。
苔用青衣色，波为促杼声。岸云连鬓湿，沙月对眉生。
有脸连同笑，无心鸟不惊。还如朝镜里，形影两分明。

冬日临昆明池

李世民（唐代）

石鲸分玉溜，劫灰隐平沙。柳影冰无叶，梅心冬有花。

寒野凝朝雾，霜天散西霞。欢情犹未报，落景遽西斜。

昆明池宴坐答王兵部王旬三韵见示

苏颋（唐代）

画舸疾如飞，遥遥汛夕辉。石鲸吹浪隐，玉女步尘归。

独有衔恩处，明珠在钓矶。

昆明池泛舟

贾岛（唐代）

一枝青竹榜，泛泛绿萍里。

不见钓鱼人，渐见秋塘水。

忆长安·之一

范灯

忆长安，九月时。登高望见昆池。

上林初开露菊，芳林正献霜梨。

更想千门万户，月明砧杵参差。

赞昆明池

魏文辉（当代）

蒙蒙春雨走沣滈，千里绿野接天遥。

难得地灵周秦王，无愧人杰领风骚。

淳朴民风继文武，深厚教化接舜尧。

日晓吾欲觅归路，难舍昆明池畔交。

参 考 书 目

《中国文物地图集·陕西分册》。

张富春：《城市与水环境》，陕西人民出版社，2009 年。

李建宁：《开发修复昆明池》，《西安晚报》2000 年 10 月 8 日。

张静、徐月悦：《重现千年昆明池胜景》，《西安晚报》2012 年 8 月 5 日。

廖幼华：《史书所记唐代关中平原诸堰》，《汉唐长安城与关中平原》。

王作兆：《长安史迹纪略》。

王作良：《昆明池水汉时功》，《长安名胜》。

《西安通览》。

周云庵：《陕西园林史》。

《长安县志》，1999 年。

《陕西省长安县地名志》。

（原载陕西省西咸新区沣东新城管委会、西安历史文化名城研究会：

《昆明池研究》，陕西科学技术出版社，2014 年）

唐代昆明池的建设及其功能

张 桦 亿 里

昆明池从西汉武帝创建以后，历经多次沧桑变化，到唐朝又得到大规模修凿利用，形成唐代长安城西郊的一个重要水域，周长达 17.6 千米，成就了西汉以来昆明池的再次辉煌。虽然在唐代随着都城向东南迁移，曲江池成为都城最重要的景观园林，唐代昆明池的功能有所减退，但其仍然是唐代长安城园林文化的重要组成部分，对后世影响深远。随着引汉济渭工程的规划建设，汉唐昆明池遗址成为其工程规划的调节水库——斗门水库，现在也已经动工建设，因此研究唐代昆明池的园林建设及其功能发挥不仅具有学术价值，而且也会给现代陕西重大水利工程的建设提供一定的历史借鉴。

一、唐代昆明池的建设及规模

唐代国力强盛，达到了中国传统社会发展的新高峰，城市建设和园林营造也达到了前所未有的水平。唐代利用汉昆明池原有的基础和自然特点，经过几次修浚，建立引水堰，使昆明池的面积较汉代有所增加，形成了一个以昆明池为中心的河湖结构，包括定昆池、贺兰堰、石炭堰等设施，成就了汉代以来昆明池的再次辉煌。

据历史文献记载，唐朝时候曾经三次大修昆明池。第一次是唐太宗修复昆明池，为解决水源问题，当时不仅修复了汉代就有的石炭堰，而且新建了贺兰堰，将沣水和镐水（交水）引入昆明池，保证了昆明池的水量。唐代贞观年间编写的《括地志》曰："丰、镐二水，皆已堰入昆明池，无复流派。"镐水是交水上游，镐水即交水也。交水渠，也就是石闼堰，应该是利用了汉代原来的进水渠堰系统。沣水的引入利用的是贺兰堰，这是唐代初期新修成的。《括地志》云："沣水渠，今名贺兰渠，东北流注交水。"[1] 从地形看来，秦渡镇地形较高，便于从沣河中引水，贺兰堰当在此地。今沣惠渠也是在这里引水的。清代毕沅《关中胜迹图志》卷三《大川》明确认为："唐贞观中，堰丰镐入昆明池。"

第二次是在唐德宗贞元十三年（797 年）八月，"诏京兆尹韩皋修昆明池石炭、贺兰两堰兼湖渠"[2]。

---

① （唐）李泰等著，贺次君辑校：《括地志辑校》，中华书局，1980 年，11 页。

② 《旧唐书》卷十三《德宗纪下》。

有的史书上说："追寻汉制，引交河、沣水，合流入池。"① 其实这次恢复的不是汉制，而是初唐贞观年间之制。韩皋的这次疏浚特别是石炭和贺兰两堰的整治使昆明池水系得到改善，水源得以保证。

第三次在唐文宗大和九年（835 年）冬十月，"发左右神策千五百人，浚曲江及昆明池"②。因为唐文宗喜欢游宴，更想恢复盛唐时代的壮丽景象，但疏浚昆明池是一项十分浩大的工程。当时有个大臣郑注为了使疏浚昆明池这一计划得到经费的保证和朝臣的支持，就一方面征收茶税，另一方面以五行之术，宣扬"秦中有灾，宜兴土功压之，乃浚昆明曲江二池"③。这就使工程在财力和人心两方面得到了保证，昆明池得到了再次的修复，并使"公卿列舍堤上"，基本恢复了昆明池的盛景。

至于昆明池边上定昆池的建设，颇有戏剧性。唐中宗时期，安乐公主因"帝迁房陵而主生，解衣以裸之，名曰裹儿"，并且"姝秀辨敏""光艳动天下"，所以韦皇后十分宠爱她，恣其所欲，恃宠横纵，权倾天下。后来竟然向中宗提出要把昆明池赏赐给她："尝请昆明池为私沼，帝曰：'先帝未有以与人者。'主不悦，自凿定昆池，延袤数里。定，言可抗订之也。司农卿赵履温为缮治，累石肖华山，隥衟横邪，回渊九折，以石潨水。又为宝炉，镂怪兽神禽，间以璩贝珊瑚，不可涯计。"④ 唐代张鷟《朝野金载》卷五记载："赵履温为司农卿，诣事安乐公主……为公主夺百姓田园，造定昆池，言定天子昆明池也，用库钱百万亿。"《雍大记》所记基本相同："景龙初，命司农卿赵履温为公主疏园植果，中列台榭，凭空架迥，栋宇相属，又敕将作监少监杨务廉引水作沼，延袤数里。"可知其工程建设为当时国家的能工巧匠领导实施，其园林楼台、水沼池榭应该达到当时的最高标准，堪与昆明池媲美。

据说，定昆池建成以后，皇帝带领皇后、皇子及众大臣到公主的庄园游赏，皇帝让大臣们赋诗咏池，大家都不敢说定昆池的开凿过于劳民伤财，在场的皇子们也是缄默不语，只有黄门侍郎李日知作诗曰："但愿暂思居者逸，无使时传作者劳。"委婉批评了安乐公主修造定昆池耗费了不必要的人力物力，给国家和人民带来了负担。后来睿宗即位，问李日知说：朕当时亦不敢言，不是卿忠正，怎么能说出如此的话呢？随后就任命李日知为侍中⑤。可见当时定昆池的修造并不得人心，显示出安乐公主的飞扬跋扈。

据文献记载，定昆池"在（长安）县西南十五里"⑥，大致在今西安市西河池寨。其面积《新唐书》《旧唐书》都记载为"数里"，而《长安志》记载为"十数里"，根据史念海、曹尔琴校注的《游城南记校注》，"揆诸地形，当以前者为是"，定昆池的面积为数里，符合当时情况。

定昆池水源，据《长安志》说，定昆池是"引流凿沼"形成的。其引流，《长安县志》卷十四有相关一段记述，说长安城西南有三会寺村，村南有汉故渠，"经村东与唐永安渠合"。三会寺村在今恭张村，村在定昆池南。永安渠从北雷村由流向西北转为流向东北，根据史念海先生在《游城南

---

① 辛德勇等点校：《长安志》卷六《宫室》，三秦出版社，2013 年，238 页。

② 《资治通鉴》卷二四十五《文宗元圣昭献孝皇帝中》。

③ 《旧唐书》卷十七《文宗纪》。

④ 《新唐书》卷八三《中宗八女传》。

⑤ 《大唐新语》卷三。

⑥ 《长安志》卷十二《长安县》，三秦出版社，2013 年，391 页。

记校注》中的分析，其不可能流经第五桥西北的恭张村和定昆池。这里所说的"唐永安渠"，当是分永安渠入定昆池的永安支渠。因此定昆池的水源应来自永安渠。

昆明池景色优美，许多达官贵人也在此修造别业，养老怡情。安乐公主修建定昆池就是一例，还有见于记载昆明池南侧的李客师别业。李客师是卫国公李靖弟弟，从少任侠，喜欢驰射。贞观初年，拜为右武卫将军，年老退休，居住在昆明池旁的别业。此后李客师终日驰射打猎，昆明池附近及长安城以及南山至沣水周围的鸟兽飞禽天天惊恐，甚至鸟兽都能认出他，每当其出门打猎，鸟鹊之类的飞禽，千万成群，随着他追逐嗓叫。他一到昆明池，凫雁都匆匆散去①。这个故事让我们知道，在昆明池周围应该有一些私人的别业建筑，而且昆明池周围环境良好，鸟兽成群。

唐昆明池的规模文献笼统地说为周回四十里，与汉昆明池范围相差不大②。实际上据考古工作者的勘测发掘，唐昆明池遗址范围要比汉代有所扩展。中国社会科学院考古工作人员1963年对昆明池遗址进行过考古学踏勘、铲探，其主要成果为胡谦盈先生所写的两篇论文：《丰镐地区诸水道的踏察——兼论周都丰镐位置》与《汉昆明池及其有关遗存踏察记》③。论文认为："（唐）昆明池遗址今日从地面上仍然清晰可辨。池址是一片面积十多平方公里的洼地，地势比周围岸边低2~4米以上。池址南缘就在细柳原的北侧，即今石匣口村。东界在孟家寨、万村的西边。西界在张村、马营寨、白家庄之东。北界在上泉北村和南丰镐村之间的土堤南侧。""今南丰镐村一带的汉代建筑群（按：指的是'牛郎'石像东北约100米处的西汉夯土建筑基址），部分沦没于昆明池中，当是汉以后浚池或扩建时被破坏了的，或许唐代昆明池的范围比汉代的范围要大一些。"2005年4~9月，中国社会科学院考古研究所汉长安城工作队对昆明池遗址进行了考古钻探、试掘和测量，更准确地探明了唐代遗址的范围：通过钻探和测量，得知昆明池遗址大体位于斗门镇、石匣口村、万村和南丰村之间，其范围东西约4.25千米，南北约5.69千米，周长约17.6千米，面积约16.6平方千米。遗址内有普渡、花园、西白家庄、南白家庄、北常家庄、常家庄、西常家庄、镐京乡、小白店、梦驾庄、常家滩、太平庄、马营寨、齐家曹村、新堡子、杨家庄、袁旗寨、谷雨庄、五星村、北寨子、南寨子、下店等二十多个村庄，遗址周边有南丰村、大白店、万村、蒲阳村、石匣口、堰下张村、斗门镇、上泉北村、落水村共9个村镇④。这次考古的对象是唐代的昆明池遗址，也就是说，经过唐代稍微扩大了的昆明池遗址周长是17.6千米，面积约16.6平方千米。这当然是个很大的人工湖泊，不仅可以说是史无前例的，而且在中国古代还没见到有哪个人工湖泊的面积超过它。

唐代昆明池在水域面积上超过了汉代，但其时间可能不会持久，因为当时有水深变水浅、水面分割的现象出现。其实，此时的水体已有所变化。《酉阳杂俎》续集四说："昆明池中有冢，俗号浑

① 《旧唐书》卷六七《李靖传附弟客师传》："靖弟客师，贞观中，官至右武卫将军，以战功累封丹阳郡公。永徽初，以年老致仕。性好驰猎，四时从禽，无暂止息。有别业在昆明池南，自京城之外，西际沣水，鸟兽皆识之，每出则鸟鹊随逐而噪，野人谓之'鸟贼'。总章中卒，年九十余。"

② 《全唐诗》卷七四《苏颋恩制尚书省僚宴昆明池》诗，曰："昆明四十里，空水极晴朝。"

③ 分别发表在《考古》1963年4期与《考古与文物》1980年创刊号。

④ 中国社会科学院考古研究所汉长安城工作队：《西安市汉唐昆明池遗址的钻探与试掘简报》，《考古》2006年10期。

子。"池中有冢，则显示池水局部地方干涸，水体已有所分割，不似昔日的浑然一体了。《全唐诗》卷五七三贾岛有《昆明池泛舟》诗："一枝青竹榜，泛泛绿萍里。"又卷五七六温庭筠也有《昆明池水战》词："渺莽残阳钓艇归，绿头江鸭眠沙草。"这些都表明了唐代昆明池水深虽可泛舟浮艇，却绝非全部水体都有这样的条件。从唐诗中也能感受到昆明池的衰败荒芜景象。储光羲《同诸公秋日游昆明池思古》描写昆明池附近一片荒凉的景象："凄风披田原，横污益山陂。农畯尽颠沛，顾望稼穑悲。"汉时繁华辉煌的昆明池豫章台曾是汉朝皇帝观临昆明池的地方，而到唐代已经是"豫章尽莓苔，柳杞成枯枝"，再也看不到当时的辉煌景象了。更有"君臣日安闲，远近无怨思。石鲸既蹭蹬，女牛亦流离。猵獭游渚隅，葭芦生溷湄。坎垆四十里，填淤今已微"，描写了昆明池中的石鲸鱼、岸边的牛郎侍女像已无当年的鲜丽，昆明池水也已经不复从前，有些地方已经淤积干涸，整个一片颓败、凄凉的场景，让人思绪万千。

二、唐代昆明池的景观及游览

昆明池水体面积庞大，周围植物种类繁多，四时风光各具特色，成为当时长安城人们向往的好去处，吸引着无数游玩赏景的人们。唐代诗人们的歌咏给我们留下了昆明池春夏秋冬四时风光的变幻。

1. 春天的昆明池：邑里春方晚，昆明花欲阑 ①

春日，万物复苏，朝气勃发，昆明池迎来了新的生机。"昆明春，昆明春，春池岸古春流新。影浸南山青滉漾，波沉西日红奫沦……今来净绿水照天，游鱼鱍鱍莲田田。洲香杜若抽心短，沙暖鸳鸯铺翅眠。"②"翻日迥度昆明飞，凌风邪看细柳蟊。"③昆明池岸，水映南山，青翠见底，游鱼莲藕，鸳鸯戏水，燕舞莺飞，处处春意浓浓，生机盎然。

从早春时节昆明池的"周回余雪在，浩渺暮云平"④，到初春的"节晦蓂全落，春迟柳暗催"⑤，再到暮春时节的"山花缇绮绕，堤柳幔城开"⑥，昆明池从乍暖还寒到草长莺飞再到山花烂漫，春日昆明池的美景吸引着无数游人。

2. 夏天的昆明池：差池下凫雁，掩映生云烟 ⑦

到了夏天，昆明池碧波明媚，柳荫四合。"汪汪积水连碧空，重叠细纹交潋红……渺莽残阳钓

① （唐）李颀：《送司农崔丞》，《全唐诗》卷一三二，中华书局，1960年，1343页。
② （唐）白居易：《昆明春·思王泽之广被也》，《全唐诗》卷四二六，中华书局，1960年，4695页。
③ （唐）柳宗元：《闻黄鹂》，《全唐诗》卷三五三，中华书局，1960年，3956页。
④ （唐）朱庆馀：《省试晦日与同志昆明池泛舟》，《全唐诗》卷五一五，中华书局，1960年，5879页。
⑤ （唐）宋之问：《奉和晦日幸昆明池应制》，《全唐诗》卷五三，中华书局，1960年，647页。
⑥ （唐）沈佺期：《奉和晦日驾幸昆明池应制》，《全唐诗》卷九七，中华书局，1960年，1045页。
⑦ （唐）李百药：《和许侍郎游昆明池》，《全唐诗》卷四三，中华书局，1960年，535页。

艇归，绿头江鸭眠沙草。"①登高远望，只见"苍芜宜春苑，片碧昆明池"②。来到昆明池近前，则是"浪花开已合，风文直且连。税马金堤外，横舟石岸前。羽觞倾绿蚁，飞日落红鲜"③。

昆明池的荷花在当时十分著名，"今来净绿水照天，游鱼鳞鳞莲田田"④，南北朝时候就已有人赞扬："值泉倾盖饮，逢花驻马看。""半道闻荷气，中流觉水寒。"人未到，香先闻，半路已经荷花香气扑鼻，使人遐想无限。到达昆明池岸边，更是"密菱障浴鸟，高荷没钓船"⑤，飞舞的小鸟和垂钓的渔船都被高高生出的荷花和荷叶隐没其中。可以想象，周回四十里的昆明池，翠绿的荷叶铺在部分水面，妖艳的莲花盛开其中，真是一幅荷香扑鼻，渔舟唱晚的田园诗话。

3. 秋天的昆明池：蝉噪金堤柳，鹭饮石鲸波⑥

秋天给昆明池带来了另一番景象，"禁苑秋来爽气多，昆明风动起沧波"⑦，"昆明秋景淡，岐岫落霞然"⑧，"云光波处动，日影浪中悬。萍叶疑江上，菱花似镜前"。

秋天的昆明池秋高气爽，既是收获的季节，又是泛舟的好时候。"惊鸿结蒲弋，游鲤入庄筌。"⑨"珠来照似月，织处写成河。此时临水叹，非复采莲歌。""小船行钓鲤，新盘待摘荷。"⑩"波漂菰米沉云黑，露冷莲房坠粉红。"⑪鱼肥藕红，是昆明池献给时人最好的礼物，人们捕鱼采莲，欢歌笑语。

4. 冬天的昆明池：柳影冰无叶，梅心冻有花

冬天，寒风凛冽，地冻天寒，昆明池也冰封寂寥，一片寒意。只有寥寥数人，不惧冰雪，畅玩其中，更是别有风味，"寒野凝朝雾，霜天散夕霞。"⑫

随着唐代长安城向南的迁移，昆明池的都市供水功能丧失了，因为它位于唐长安城的西部偏南，海拔比城市还低。曲江池在唐代成为都城内部的皇家与公共园林，部分地取代了昆明池的游览与文化地位，促使唐代昆明池的游览功能有所减退。尽管如此，唐代的昆明池仍然是唐都长安郊区

① （唐）温庭筠：《昆明池水战词》，《全唐诗》卷五七六，中华书局，1960年，6702页。
② （唐）储光羲：《同诸公登慈恩寺塔》，《全唐诗》卷一三八，中华书局，1960年，1398页。
③ （唐）李百药：《和许侍郎游昆明池》，《全唐诗》卷四三，中华书局，1960年，535页。
④ （唐）白居易：《昆明春·思王泽之广被也》，《全唐诗》卷四二六，中华书局，1960年，4695页。
⑤ （梁）庾信：《和炅法师游昆明池诗二首》，《先秦汉魏晋南北朝诗》之《北周诗》卷四，中华书局，1960年，2386页。
⑥ （隋）江总：《秋日游昆明池诗》，《先秦汉魏晋南北朝诗》之《陈诗》卷八，中华书局，1983年，2579页。
⑦ （唐）李适：《九日绝句》，《全唐诗》卷四，中华书局，1960年，47页。
⑧ （唐）许敬宗：《奉和秋日即目应制》，《全唐诗》卷三五，中华书局，1960年，464页。
⑨ （唐）任希古：《和东观群贤七夕临泛昆明池》，《全唐诗》卷四四，中华书局，1960年，543页。
⑩ （梁）庾信：《和人日晚景宴昆明池诗》，《先秦汉魏晋南北朝诗》之《北周诗》卷四，中华书局，1960年，2385页。
⑪ （唐）杜甫：《《秋兴八首》其七》，《全唐诗》卷二三〇，中华书局，1960年，2509页。
⑫ （唐）李世民：《冬日临昆明池》，《全唐诗》卷一，中华书局，1960年，14页。

的一个重要园林，以深刻的历史内涵与优美的自然风光，吸引着都城的文人雅士前来观光，好几个皇帝也加入了这个队伍。

根据文献研究，隋唐两代一共有五位皇帝六次游览昆明池，并多次在此赐宴群臣，显示了昆明池在唐代的重要作用（表一）。

表一　唐皇帝游览昆明池一览

序号	皇帝	年月	游览内容	资料来源
1	唐高祖	武德六年（623年）三月乙未	幸昆明池，宴从官极欢而罢。习水战	《旧唐书》卷一《本纪第一高祖》；《册府元龟》
2	唐高祖	武德九年（626年）三月辛卯	幸昆明池	《旧唐书》卷一《本纪第一高祖》
3	唐太宗	贞观五年（631年）正月癸酉	猎于昆明池。丙子，至自昆明池	《新唐书》卷二《本纪第二太宗皇帝纪》
4	唐中宗	景龙三年正月晦日	幸昆明池赋诗	《全唐诗话》
5	唐代宗	大历二年（767年）二月壬午	幸昆明池踏青	《旧唐书》卷十一《本纪第一一代宗》
6	唐武宗	会昌元年（841年）二月壬寅	车驾幸昆明池	《旧唐书》卷十八上《本纪第一八上武宗》

唐朝初年，高祖李渊就先后两次到昆明池游玩，习水战，"宴从官极欢而罢"。《新唐书》卷一《本纪第一高祖皇帝纪》记载："（唐高祖武德六年）（623年）三月庚寅，幸昆明池，习水战。壬辰，至自昆明池。"似乎在昆明池住了多天。

太宗李世民在贞观五年正月，也就是631年冬天来到昆明池游玩、打猎。据《唐会要》卷二八："贞观五年正月十三日，大狩于昆明池，蕃夷君长咸从。上谓高昌王麴文泰曰：大丈夫在世，乐事有三：天下太平，家给人足。一乐也；草浅兽肥，以礼畋狩，弓不虚发，箭不妄中。二乐也；六合大同，万方咸庆，张乐高宴，上下欢洽。三乐也。今日王可从禽，明日当欢宴耳。"李世民带领蕃臣百官在昆明池狩猎欢宴多日，除了游赏功能以外可能还有一定政治目的。他当时诗兴大发，题《冬日临昆明池》，曰："石鲸分玉溜，劫烬隐平沙。柳影冰无叶，梅心冻有花。寒野凝朝雾，霜天散夕霞。欢情犹未极，落景遽西斜。"[1]此诗先描写冬天昆明池的景象，既描绘其冬天的萧瑟，也表现了其景色的优美，柳枝刚刚发芽，叶子还未长出，而梅花依旧傲迎冰霜；最后在日落西山黄昏已至之时，君臣余兴未尽，欢情未极，依依不舍。

从文献记载来看，唐中宗、唐代宗与唐武宗三位皇帝也曾游幸过昆明池，《全唐诗话》记载有唐中宗时代在昆明池举行赛诗会的故事："中宗正月晦日幸昆明池赋诗，群臣应制百余篇。帐殿前结彩楼，命昭容选一篇为新翻御制曲。从臣悉集其下，须臾，纸落如飞，各认其名怀之，既退，惟沈宋二诗不下。移时一纸飞坠，竞而取之，乃沈诗也。评曰：二诗工力悉敌，沈诗落句'微臣雕朽质，羞睹豫章材'，盖词气已竭，宋诗云：'不愁明月尽，自有夜珠来'，犹陟健轩举。"这两首诗都

---

① 《全唐诗》卷一，中华书局，1960年，14页。

保留在《全唐诗》中，其中沈诗指的是沈佺期的《奉和晦日驾幸昆明池应制》，诗曰："法驾乘春转，神池象汉回。双星移旧石，孤月隐残灰。战鹢逢时去，恩鱼望幸来。山花缇绮绕，堤柳幔城开。思逸横汾唱，欢留宴镐杯。微臣雕朽质，羞睹豫章材。"宋诗指的是宋之问的《奉和晦日幸昆明池应制》，诗云："春豫灵池会，沧波帐殿开。舟凌石鲸度，槎拂斗牛回。节晦蓂全落，春迟柳暗催。象溟看浴景，烧劫辨沉灰。镐饮周文乐，汾歌汉武才。不愁明月尽，自有夜珠来。"二诗势均力敌，十分优美，最后宋之问的诗句更胜一筹，"不愁明月尽，自有夜珠来"也就名留千古。

另外此次赛诗还有苏颋的《奉和晦日幸昆明池应制》、李乂的《奉和晦日幸昆明池应制》等，现在留存于后人编辑的《全唐诗》中。可以想见，当时皇帝出游，人们浩浩荡荡来到昆明池边，大臣纷纷吟诗联句，相互媲美，是一种何等儒雅、绚丽的景象。

《松窗杂记》记载着玄宗未当皇帝之前游赏昆明池的有趣故事："玄宗自临淄郡王为潞州别驾，乞归京师，以观时晦迹，尤自卑损。会春暮，豪家数辈，盛酒馔游于昆明池。上戎服臂鹰直突会，前诸子辈颇露难色，忽一少年持酒船唱，令曰：宜以门族官品备陈之酒及于上。上大声曰：曾祖，天子；父，相王；某临淄郡王也。诸少年闻之，惊走，不敢复视。上因连饮三银船尽一卤，徐乘马去。"唐玄宗曾有一首《春台望》，其中有"太液池中下黄鹤，昆明水上映牵牛"，也提到了昆明池的著名景点即牛郎织女石刻。

上述可知唐代有多位皇帝曾经在昆明池赐宴、踏青、游猎，说明昆明池在唐代仍然是长安城附近十分有名的风景园林区。当然如果比较来看，唐代昆明池的皇家园林地位向上数比不上汉代，在当时也不如曲江芙蓉园。

除皇家游览之外，唐长安城的文人雅士、士民百姓才是游览昆明池的主力。他们三五成群，相约志同道合之好友，泛舟池上，吟诗作赋，浏览汉代遗迹，抒发情怀。

暮春时节，文人雅士在昆明池边举行文酒会，规模巨大，热闹非凡。唐代无名氏的《上已泛舟昆明池宴宗主簿席序》略述其盛："暮春修以文之会，上已邀祓禊之游。结缙绅，撰清辰，殷殷辚辚，歊雾惊尘，望于昆明之滨。"处处"驾肩错毂，备朝野之欢娱"；"祛服靓妆，匝都城之里闬。"人车交错，饮酒欢宴，"高明一座，桂树丛生，君子肆筵，玉山交映"；"涉连榻，命孤舟，桃水涨而浦红，苹风摇而浪白"。驾着船游于昆明池上，只见"曲岛之光灵乍合，神魂密游；中流之萍藻忽开，龟鱼潜动"[①]，真是湖光山色，浦红浪白，美酒佳肴，高朋满座，抚琴吹瑟，纵古论今，富有情趣。

游昆明池有这种华丽壮观的场景，更多的是三五成群或孤身一人的泛舟场面。驾着一叶小舟，静静荡漾在万顷碧波之上，身边翠绿的荷叶大片大片地覆盖着，一支青杖撑着船慢慢飘向远方。这是唐代著名的诗人贾岛给我们描绘的昆明池泛舟的美景。"一枝青竹榜，泛泛绿萍里。不见钓鱼人，渐入秋塘水。"[②]写出了诗人游赏昆明池的闲情逸致，实在令人向往。"烟生知岸近，水净觉天秋。落月低前树，清辉满去舟。"虽然有些许清静，但却是另一番闲情逸致。唐代朱庆馀的《省试晦日与

---

① 《文苑英华》卷七〇九，3658 页。

② （唐）贾岛：《昆明池泛舟》，《全唐诗》卷五七三，中华书局，1960 年，6675 页。

同志昆明池泛舟》一诗，给我们留下了无限遐想，字里行间透露出泛舟湖上的清静与恬淡："故人同泛处，远色望中明。静见沙痕露，微思月魄生。周回余雪在，浩渺暮云平。戏鸟随兰棹，空波荡石鲸。劫灰难问理，岛树偶知名。自省曾追赏，无如此日情。"①

三、唐昆明池的经济与文化功能

除园林游览以外，唐昆明池的经济与文化功能也很巨大。先说经济价值，主要表现在水产养殖等方面，估计要超过汉代。唐昆明池池水变浅，遍植荷花，藕红鱼肥，当地百姓采莲捕鱼，收益颇丰。

昆明池养鱼由来已久，到了唐代鱼的资源很丰富，同时莲菱的种植也很有名，加上菰蒲之利，唐昆明池成为惠及当地百姓的经营性池塘。许多歌咏昆明池的诗句都提到了池中的水产之利，"有脸莲同笑""晓吹兼渔笛""露冷莲房坠粉红""游鲤入庄筌……菱花似镜前"②。其中的莲、莲房、菱花指的是莲藕与菱角，游鲤和渔笛指的是昆明池中的鱼和捕鱼的渔民。

唐代初期昆明池的水产资源好像对百姓开放，中宗皇帝也以此为借口，没有把昆明池赏给安乐公主。《资治通鉴》卷二〇九记载："安乐公主请昆明池，上以百姓蒲鱼所资，不许。"但是后来到盛唐时代，由于其地位重要加上水产富饶，昆明池已被收归官方所有。唐玄宗为不与民争利曾经发《弛陂泽入官诏》，唯有昆明池例外，可见其特殊性："弛陂泽入官诏：所在陂泽，元合官收，至于编甿，不合自占。然以为政之道，贵在利人，庶宏益下，俾无失业。前令简括入官者，除昆明池外，余并任百姓佃食。"③

再到后来昆明池似乎重新开放给百姓，唐德宗贞元年间修昆明池的一大理由就是其蒲鱼所产，这在其《修昆明池诏》中有很清楚的表述："修昆明池诏：昆明池俯近都城，古之旧制，蒲鱼所产，实利于人。宜令京兆尹韩皋充使，即勾当修堰涨池。"④唐代大诗人白居易关心民瘼，对此善举专门写诗作了描写，诗歌的名字就直接为《昆明春·思王泽之广被也》。诗歌以具体的文字叙述了昆明池这个皇家性质的陂泽给百姓带来的经济利益："昆明春，昆明春，春池岸古春流新。影浸南山青滉漾，波沉西日红蔫沦。往年因旱池枯竭，龟尾曳涂鱼煦沫。诏开八水注恩波，千介万鳞同日活。今来净绿水照天，游鱼鱍鱍莲田田。洲香杜若抽心短，沙暖鸳鸯铺翅眠。动植飞沉皆遂性，皇泽如春无不被。渔者仍丰网罟资，贫人久获菰蒲利。诏以昆明近帝城，官家不得收其征。菰蒲无租鱼无税，近水之人感君惠。感君惠。独何人。吾闻率土皆王民，远民何疏近何亲。愿推此惠及天下，无

① 《全唐诗》卷五一五，中华书局，1960年，5879页。

② （唐）童翰卿：《昆明池织女石》，《全唐诗》卷六〇七，中华书局，1960年，7011页；（唐）无名氏：《晦日同志昆明池泛舟》，《全唐诗》卷七八七，中华书局，1960年，8876页；（唐）杜甫《〈秋兴八首〉其七》，《全唐诗》卷二三〇，中华书局，1960年，2509页；（唐）任希古：《和东观群贤七夕临泛昆明池》，《全唐诗》卷四四，中华书局，1960年，543页。

③ 《全唐文》卷三十《元宗（十一）》，上海古籍出版社，1990年，142页。

④ 《全唐文》卷五三《德宗（四）》，上海古籍出版社，1990年，247页。

远无近同欣欣。吴兴山中罢榷茗，鄱阳坑里休封银。天涯地角无禁利，熙熙同似昆明春。"① 昆明池本来是浩渺广大的水面，但当时由于天旱池水来源减少，昆明池日益枯竭，威胁着里面生长的鱼鳖。皇帝下诏命令疏通河道，广开水源，引来活水，解除了旱象，救活了万千生灵。鱼儿肥美，莲藕满池，菰多蒲壮，一派丰收景象。官家不收水产租税，昆明池附近的渔民百姓大获其利，均感谢君王带来的恩惠。白居易以此为典型，还希望把这种惠民政策推广到全国各地，惠及天下人民，达到"天涯地角无禁利，熙熙同似昆明春"的大同梦想。

唐代学者戴孚撰《广异记·韦参军》，记载有一个神奇的故事，说明在唐人心目中，昆明池就是个藏宝之地："唐润州参军弟有隐德，虽兄弟不能知也。韦常谓其不慧，轻之。后忽谓诸兄曰：财帛当以道，不可力求。诸兄甚奇其言，问：汝何长进如此？对曰：今昆明池中大有珍宝，可共取之。诸兄乃与偕行。至池所，以手酌水，水悉枯涸，见金宝甚多，谓兄曰：可取之。兄等愈入愈深，竟不能得。乃云：此可见而不可得致者，有定分也。诸兄叹美之，问曰：素不出，何以得妙法？笑而不言。"

唐代昆明池的文化功能表现在三个方面，第一个是继承汉代，这里有中国最早的牛郎织女石刻，为这个爱情神话的传承地；第二个就是唐代文人雅士游览歌咏，留下来许多优美动人的诗篇，本文主要就是参考这些唐诗写作的；第三个就是唐朝开始产生的关于昆明池龙王与龙女的神奇传说。

据《小名录》记载："开元中，有士人从洛阳道见一女子，容服鲜丽，谓云已非人，昆明池神之女，剑阁神之子，夫妇不和，无由得白父母。欲送书一封，士人问其处，女曰：池西有斜柳树，君可叩之，若呼阿青，当有人出。士人入京，送书池上，果有此树，叩之，频唤阿青，俄见幼婢从水中出，得书，甚喜，曰：久不得小娘子消息。延士人入谓曰：君后日可暂至此。如期，果有女子从水中出，持真珠一笥笑以授士人。"②

这个故事和唐代著名传奇《柳毅传书》极为相似，只是一个是洞庭湖，一个是昆明池，可见昆明池在当时人们心目中的地位和影响。

同样，昆明池龙王的故事也很奇特。据说唐代的药圣孙思邈隐居终南山时，和宣律和尚住得很近，两人每每谈经论道。当时长安大旱，有个西域僧人在昆明池，结坛祈雨，让有司焚香燃烛。仅仅七天，昆明池就缩水数尺，这时昆明池龙化为一个老人，半夜向宣律和尚求救，说：弟子是昆明池龙王，天下大旱，并不是因为我的缘故。而西域僧人想用我的脑子入药，假借祈雨，欺骗皇上，我命在旦夕，乞求宣律和尚用法力保护。宣律和尚告诉龙王说：我只是个诵经的和尚，你可以向孙先生求救。龙王来到孙思邈的石洞求救，孙对他说：我知道昆明池有仙方三千多个，如果你能把药方给我一些，我将救你。龙王说：这些药方，上天不允许擅自流传，现在事情紧急，也没什么可以吝惜的。过了一会，龙王捧着药方返回。孙思邈说：你尽管回去，不用害怕西域僧人，我自有办法。龙王走后，昆明池水忽然暴涨数日，溢出池岸，西域僧人也因之羞愧而死。后来，据说孙思邈著《千金要方》三千卷，每一卷将昆明池龙王给的药方写进一个，等到孙思邈去世后，人们才看到

---

① （唐）白居易：《昆明春·思王泽之广被也》，《全唐诗》卷四二六，中华书局，1960年，4695页。
② 《（乾隆）西安府志》卷七六《拾遗志》。

这部著作^①。

中国古代是农耕社会，农是天下之本，而农业的收成往往是靠天吃饭，而龙王被认为是掌管降雨多少的神，所以大至江湖，小至河井，大家都认为水里住有龙王，每每焚香祷告，祈求风调雨顺。昆明池烟波浩渺，水面广阔，汉代已经成为人们求龙祈雨的地方："刻玉石为鱼，每至雷雨，鱼常鸣吼，鬐尾皆动。汉世祭之以祈雨，往往有验。"龙王与龙女的传说更加增进了人们对昆明池的留恋和崇敬。

唐代昆明池的作用较汉代下降不少，其中向都城供水与演练水军的两大功能几乎完全丧失，园林游览方面在规模与等级上也有所降低，只有水产养殖与文化功能似乎有所加强。唐代末期随着社会的动荡和自然环境的干旱化，昆明池逐渐淤积荒废，变成了农田。宋代学者宋敏求《长安志》说："昆明池在（长安）县西二十里，今为民田。"^②而程大昌《雍录》卷六引此后注曰："今者，唐世作《图经》时也……然则《图经》之作当在文宗后，故水竭而为田也。"其认为《图经》成书于文宗以后的唐代末期，则昆明池早在唐亡之前就已经废为农田了。

本文主要利用古代文献、考古发掘尤其是唐诗资料，论述了唐代昆明池的建设、规模、景观与功能。基本结论如下：唐代曾三次大修昆明池，分别是唐太宗、唐德宗与唐文宗时期。其中后两次有文献明确记载，连具体的年代都很确切，第一次为本文运用历史文献考证出来的成果；据考古工作者的成果，唐代昆明池遗址周长是 17.6 千米，面积约 16.6 平方千米，较汉代有所增加；唐代昆明池自然水景浩渺优美，但周边人工建设不如汉代。其旁虽然新修了定昆池，但因政治原因其利用时间不长；唐代昆明池的功能与汉代相较还是有所减退的，其中向都城供水、演练水军与模拟天象的三大功能几乎完全丧失，园林游览方面在规模与等级上也有所降低，只有水产养殖与文化功能似乎有所加强。

[原载中国古都学会：《中国古都研究》（第二十八辑），三秦出版社，2015 年]

---

① （唐）段成式《酉阳杂俎》："孙思邈尝隐终南山，与宣律和尚相接，每来往互参宗旨。时大旱，西域僧请于昆明池，结坛祈雨，诏有司备香灯，凡七日缩水数尺。忽有老人夜诣宣律和尚，求救曰：弟子昆明池龙也，无雨久，匪由弟子。胡僧利弟子脑将为药，欺天子，言祈雨，命在旦夕。乞和尚法力加护。宣公辞曰：贫道持律而已，可求孙先生。老人因至思邈石室求救，孙谓曰：我知昆明池有仙方三十首，能与予，予将救汝。老人曰：此方，上帝不许妄传，今急矣，固无所吝。有顷捧方至。思邈曰：尔第还，无虑胡僧也。自是池水忽涨数日溢岸，胡僧羞恚而死。孙复著千金方三千卷，每卷入一方，人不得晓，及卒，后时有人见之。"唐张读撰《宣室志·孙思邈》所记与此基本相同。

② 《长安志》卷十二《长安县》，三秦出版社，2013 年，391 页。

昆明池的水利体系与功能探究

秦贝儿

"昆明池水汉时功，武帝旌旗在眼中。"[1]唐代诗人杜甫的这句诗道破了昆明池修建于汉武帝时期。西汉元狩四年（前 119 年），汉武帝在上林苑之南引沣水而筑成昆明池，遗址在西安城西的沣水、潏水之间（今西安西南斗门镇东南），现约 10 平方千米，池址附近有石雕人像一对，东牵牛，西织女。

一、昆明池的水利体系

《三辅黄图校注》记载："汉昆明池，武帝元狩三年穿，在长安西南，周回四十里。"《西南夷传》曰："天子遣使求身毒国市竹，而为昆明所闭。天子欲伐之，越隽昆明国有滇池，方三百里，故作昆明池以象之，以习水战，因名曰昆明池。"[2]这说明昆明池最初是为了操练水军而建。其实在昆明池诸多传说中，向长安城供水才是昆明池主要的建造原因。据《雍录》："武帝作石闼堰，堰交水为池，昆明（池）基高，故其下流可壅激为都城之用。于是并城疏别三派，城内外皆赖之。"[3]武帝时期，大修宫殿，长安人口也大量增加，加上灾害频发，导致长安城水源供给日感不济。因此汉武帝开凿昆明池扩大水源，以从根本上解决长安的供水问题。作为历史上第一大人工湖和汉长安城的主要蓄水库，昆明池的水利体系不容小觑。

（一）昆明池的上游水源及引水设施

昆明池开凿之前，利用沆水就近给长安城进行用水供给。昆明池建成之后，昆明池引交水，补沆水，通沣水，形成了完整的引水、蓄水和排水体系。

交水是将潏河和潏河截断并改道的人工河道，呈东北—西南流向，从香积寺经里杜村、施张村、张牛村、张高村到北堰头，其后向西流入沣河。交河的形成一方面是因为潏潏二水离长安城近，丰水期时容易对长安城造成水灾威胁，因此人工改道之后，水注入远离城区的沣水，保证了城区的安全；另一方面，为保证长安城用水，武帝在城西南开凿昆明池。昆明池的地理位置和引水需

---

① 王新龙：《杜甫文集》，中国戏剧出版社，2009 年，102 页。

② 何清谷：《三辅黄图校释》，中华书局，2005 年，249 页。

③ 程大昌：《雍录》卷六《昆明池》，中华书局，2002 年，128、129 页。

求导致了对城南水源的人工改造（图一）。

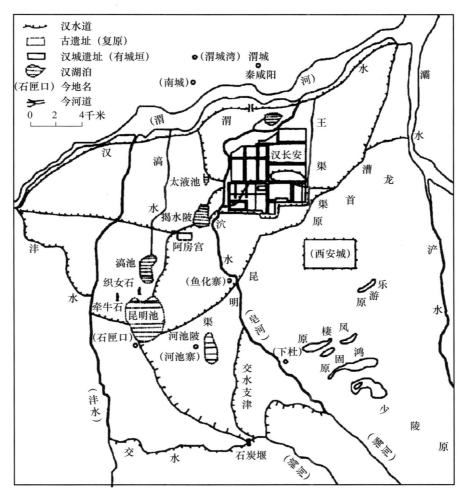

图一　汉代昆明池水利系统布局示意图

（参考李令福：《关中水利开发与环境》，人民出版社，2004 年）

《水经注》称："石闼堰洨水北流，穿过细柳塬，流入昆明池。"[①] 昆明池和交河之间是有细柳原存在的，想要引交水以保证向城内供水，也不是简单的事情。为了引交水，人们修筑石闼堰。"堰，雍水也。"石闼堰其实是一座滚水石坝，当闼河枯水期可尽拦截进入昆明池，洪水期即漫顶而过。它的高低与昆明池的水位基本相平，设计十分科学。黄盛璋先生认为石闼堰经西甘河、芦子河、三角村、孙家湾，穿越细柳原，下至石匣口，最终流入昆明池。但吕卓民先生对于石闼堰的位置有不同的看法，他认为石闼堰应设于潏滈二水相交的香积寺附近。相对比黄盛璋的观点来讲，吕卓民的观点可能更符合当时情况。滈潏二水经过人工改道，汇于今香积寺附近形成交水，为保证昆明池充足的水源，上引交水，必然要从交水源头引水，因此石闼堰设于交水源头的香积寺更为合理。

石闼堰是设置在交水上，既能控制引水，又能控制排水的小型水利工程。它决定着昆明池的引

① 陈桥驿：《水经注校证》，中华书局，2007 年，45 页。

水量。平时昆明池从堰上引水向汉长安城进行供给，丰水期为了防止昆明池引入过多水量，设置堰顶高程，从而控制昆明池的流量。

（二）昆明池的供水体系

1. 太液池、昆明池与沇水的关系

《三辅黄图校释》载："太液池在长安故城西，建章宫北，未央宫西南。太液者，言其津润所及广也。"[①]《汉书》曰："建章宫北治大池，名曰太液池，中起三山，以象瀛洲、蓬莱、方丈，刻金石为鱼龙、奇禽、异兽之属。"[②] 太液池是汉武帝所开的人工湖，位于建章宫前殿遗址西北，为建章宫提供用水和游玩。沇水分为二水，一水为主干流，经汉城西垣外南半部，注入太液池，是太液池的主要水源。而昆明池水是经揭水陂注入太液池为建章宫提供用水。

2. 沧池、沇水与昆明池的关系

《三辅黄图·沧池》云："未央宫中有沧池。"[③]《水经注》记载："飞渠引水入城，东为仓池，池在未央宫西，池中又渐台，汉兵起，王莽死于此台。"[④] 沧池是长安城中的一个大型蓄水池，大概位于今未央宫前殿，沇水经章门飞渠引水注沧池。昆明池修建后，由于距长安城较远，水流至此损耗比较大，就必须有蓄水池储存来自昆明池之水，供城内各宫所用。因此沧池的作用就是储存和协调城内用水。

3. 昆明池的供水方式

汉长安城用水引水主要分为两个阶段，第一阶段是引用周、秦时期原有的水系统，同时开发沇水系统经明渠引入沧池供长安城用水。而由于汉武帝即位后长安城得到空前的发展，此时的水利系统已经不能满足城市发展的需要，扩展供水水源就显得尤为迫切，昆明池的开凿刚好解决了这一问题，昆明池便成为长安城的主要蓄水库。

昆明池的出水口有两条，向长安城供水的是北面的昆明池水。昆明池水经镐京东和阿房宫西，再向东北流入揭水陂。揭水陂是一座人工水库，设于昆明池与汉长安城中间。揭水陂的北面和东面各开一条支流。东出之水成为揭水陂水，注入沇水，供应明渠，满足长安城内用水。而由于明渠会截流沇水的水量，其水量变小，无法满足建章宫的用水需求。为改变这一状况，揭水陂北出昆明池水注入沇水主流，保证建章宫的用水。由于昆明池地势高于汉长安城，直接供水会对城市安全造成威胁，因此揭水陂还具有调节水量的功能[⑤]。

---

① 何清谷：《三辅黄图校释》，中华书局，2005 年，261 页。
② 班固：《汉书》，中华书局，1962 年，207 页。
③ 何清谷：《三辅黄图校释》，中华书局，2005 年，260 页。
④ 陈桥驿：《水经注校证》卷十九，中华书局，2007 年，454 页。
⑤ 刘庆柱、李毓芳：《汉长安城》，文物出版社，2003 年，39 页。

昆明池的东出之水，《水经注》称之昆明故渠，也叫漕渠①。它从昆明池东口经河池陂北，东与沈水汇。又东经长安县南、明堂南，至清明门又与流出的沈水支渠相汇。漕渠在此分为两支，一支注入渭水；另一支向东注入灞水，经华县、华阴至潼关合于渭口。从漕渠的流经路线我们可以看出，漕渠主要供应长安城南郊和东郊的用水。

由此可见，昆明池池水是通过揭水陂注入沈水，一是保证了长安城的明渠和建章宫附近以及城西部、北部的沈水水量充足；二是通过漕渠向长安城南郊和东郊供水，形成了一个能储积调节水量、控制水流的多级水库系统，保证了长安城的用水。

4. 昆明池的排水系统

汉长安城地势低于昆明池，这样一来虽方便引水，但也存在安全隐患。《汉书》卷二七《五行志中之上》说："至成帝建始二年三月戊子，北宫井泉稍上，溢出南流。"②在元帝时也有"井水溢，灭灶烟，灌玉堂，流金门"的童谣。即长安城受到地下溢水之害，这正反映了汉长安城地下水上升，造成灾害的事实。为了解决昆明池水对长安城的威胁，上文所述引水时的石闼堰就附带着部分调节水位的作用，而在昆明池的西侧也开有一条通往沣河的渠道，用来调节昆明池的水位。

宋敏求《长安志》中提到"又北，昆明池水注之，又北迳灵台西"③，明确指出在昆明池西岸有一条通往沣水的故道，以便昆明池水的排泄。同时在设置石闼堰时，人们也想到了在洪汛时节，经石闼堰将交河多余的水排入沣水，以防止昆明池水量过大，对长安城造成威胁。

作为城市水系中极具代表性的连通工程，昆明池是整个长安城的用水之源，与此同时，它还是一个能够自动供水、引水以及排水的大型水利工程体系，具有极强的综合性。

二、昆明池的功能

（一）水源供给功能

汉武帝时期，经济繁荣，文化昌盛，长安城作为政治、经济和文化中心，人口剧增。昆明池的开凿解决了城市供水的重大问题。

汉长安城地势东南高，西北低，昆明池设于城西南。一方面，昆明池所在地势较汉长安城高8～10米，为长安城供水的同时，也存在水患威胁。而昆明池设在西南，距离长安城和交水各在10千米左右，位置适中，既有利于引池水入长安城中，也避免了对长安城的威胁。另一方面，受骊山凸起的影响，南部河流大多呈东南—西北走向，且在沈水北部有凤栖原、少陵原，地势较高，不便于向长安城引水。昆明池设于城西南避开了诸原的阻碍，可以充分利用自然地形引交水注入池中。《水经注》载："交水又西南流与丰水枝津合，其北又有汉故渠出焉，又西至石竭分为二水：一水西

① 陈桥驿：《水经注校证》卷十九，中华书局，2007年，454页。
② 班固：《汉书》卷二七《五行志中之上》，清武英殿刻本，1739年，378页。
③ 宋敏求：《长安志》卷一二《长安县》，清文渊阁四库全书本，99页。

流注丰水，一水自石竭经细柳诸源北流入昆明池。"① 昆明池上引交水。交水由滴滴二水并流形成，向西流入沣河，同时又接纳城南樊杜诸水，水流充足。《读史方舆纪要》载："武帝作石闼堰，堰交水为池。"② 汉武帝凿石闼堰以便昆明池引交河水，利用堰顶的高程控制昆明池的引水量，保证昆明池供水的同时也能有效防止水患灾害。在昆明池西岸也设有通往沣河的水道，便于将多余池水排入沣河。

　　昆明池是如何实现向汉长安城供水的？宋代著名地理学家程大昌在《雍录》中云："昆明基高，故其下流尚可雍激为都城之用。于是并城疏别三派，城内外皆赖之。"③ 顾炎武也认为："汉漕渠，武帝元狩三年所穿。上接秦渠，下入昆明池。分三派去，其一派自昆明池东为明渠，东过长安城南，又过城东合王渠北流；其二派自昆明，北为飞渠入城。飞渠者，以木槽接水上流，逾隍入城，渠若飞而过也。既入城，则引而东至渐台为沧池。其东过未央北明光南，又东过秦长乐宫出都门，外合王渠、明渠水入渭。其三派自昆明北经长安城北，过秦阿房宫东，入揭水坡，又北入唐仲池，又北过城西门建章东，又西过建章北，入太液池，又北入渭。"④ 在此基础上，黄盛璋先生做了进一步研究，分析了昆明池与沆水的关系，明确指出直接供水长安城的是沆水主干及其支流，而昆明池是分昆明故渠、揭水陂水补充沆水之渠，间接供应长安城用水。

（二）军事演习功能

　　汉武帝开凿昆明池，流传最广泛的看法就是其军事用途。据史书记载，为了操练水军，汉武帝曾两次修缮昆明池。

　　元狩三年，昆明池进行第一次修凿，是为讨伐西南夷。"及元狩元年，博望侯张骞使大夏来，言居大夏时见蜀布、邛竹、杖，使问所从来，曰'从东南身毒国，可数千里，得蜀贾人市'。或闻邛西可二千里有身毒国。骞因盛言大夏在汉西南，慕中国，患匈奴隔其道，诚通蜀，身毒国道便近，有利无害。于是天子乃令王然于、柏始昌、吕越人等，使间出西夷西，指求身毒国。至滇，滇王尝羌乃留，为求道西十余辈。岁余，皆闭昆明，莫能通身毒国。滇王与汉使者言曰：'汉孰与我大？'及夜郎侯亦然。以道不通故，各自以为一州主，不知汉广大。使者还，因盛言滇大国，足事亲附。天子注意焉。"⑤ 于是便有了昆明池开凿的直接原因："天子欲伐之，越嶲昆明国有滇池，方三百里，故作昆明池以象之，以习水战，因名曰昆明池。"⑥

　　其后，在元鼎元年冬至二年春，汉武帝对昆明池进行了以教习水军为目的的第二次修凿，不过水战的对象由西南夷变为了南越。《史记》卷三十《平准书》记载："其明年，南越反，西羌侵边为

---

①　陈桥驿：《水经注校证》，中华书局，2007年，453页。

②　顾祖禹：《读史方舆纪要》卷五三，清稿本，1838页。

③　程大昌：《雍录》卷六《昆明池》，中华书局，2002年，128、129页。

④　顾炎武：《肇域志》卷三，上海古籍出版社，2004年，1318页。

⑤　班固：《汉书》卷九五，清乾隆武英殿刻本，1450页。

⑥　班固：《汉书》卷六《武帝纪》，清乾隆武英殿刻本，83页。

桀。于是天子为山东不赡，赦天下囚，因南方楼船卒二十余万人击南越。"①除此之外，武帝还在昆明池大修楼船："是时，越欲与汉用船战逐，乃大修昆明池，列观环之。治楼船，高十余丈，旗帜加其上，甚壮。"②这次修凿后，昆明池的规模达到了周回四十里，面积三百三十二顷，规模宏大，辽阔浩渺。

昆明池的两次大修都与操练水军有关，可见军事功能是昆明池的重要功能，直到唐代，昆明池仍发挥着军事用途。

（三）游玩观赏功能

《雍录》记载："其始凿也，固以习战，久之，乃为游玩之地也。"③随着时间的迁移，昆明池成为皇室贵族的游览胜地。

昆明池中有大船和石鲸，《三辅故事》云："池中有龙首船，常令宫女泛舟池中，张凤盖，建华旗，作棹歌，杂以鼓吹，帝御章观，临观焉。"④《三辅黄图·池沼》："池中有豫章台及石鲸。刻石为鲸鱼，长三丈，每至雷雨，常鸣吼，鬐尾皆动。"⑤隋江总在《秋日游昆明池诗》中也记载："蝉噪金堤柳，鹭饮石鲸波。"⑥池两岸则是宣曲宫、白杨观等气势宏伟的宫室，金碧辉煌的亭台楼阁与昆明池景观交相辉映，既映衬着昆明池的辽阔气势，其本身也成为独特的景观。

昆明池东西两岸还设有牛郎织女石像互相对望。班固《西都赋》有句："临乎昆明之池，左牵牛而右织女，似云汉之无涯。"⑦传说中，牛郎和织女都是天上的星宿，象征着神力。汉武帝将牛郎和织女石像分别设立在昆明池的东西两岸，一方面是因为西汉时期，法天思想盛行，汉武帝将牛郎和织女从天上引入凡间，彰显了自己至高无上的地位和权力；另一方面，牛郎和织女的爱情故事深入人心，寄托着历代文人墨客的爱情理想，将昆明池比作银河，牛郎织女隔河相望，为昆明池增添了神秘的色彩，使其成为独具一格的游历名胜。

（四）水产养殖功能

据《艺文类聚》九六引《三秦记》载，昆明池人钓鱼，鱼吞钩索而遁，托梦于汉武帝，求去其钩。"明日，帝游于池，见大鱼衔索。帝曰：'昨所梦也。'取而去之。帝后得明珠。"⑧因相传汉武帝救鱼放生，而鱼报以明珠，故后因以"报恩珠"作为咏报恩的典故。唐储光羲《同诸公秋日

① 司马迁：《史记》卷三十《平淮书》，清乾隆武英殿刻本，402页。

② 司马迁：《史记》卷三十《平淮书》，清乾隆武英殿刻本，401页。

③ 程大昌：《雍录》卷六，中华书局，2002年，128页。

④ （汉）赵岐等著，（清）张澍辑，陈晓捷注：《三辅决录　三辅故事　三辅旧事》，三秦出版社，2006年，4页。

⑤ 何清谷：《三辅黄图校释》，中华书局，2005年，253页。

⑥ 杨恩成：《诗韵华魂·历代文人咏长安》，陕西师范大学出版社，2009年，11页。

⑦ 朱鸿：《长安大录》，西安出版社，2015年，94页。

⑧ 欧阳询著，汪绍楹校：《艺文类聚》引《三秦记》，上海古籍出版社，1965年，1672页。

游昆明池思古》："帝梦鲜鱼索，明月当报时。"① 由此可以看出，汉武帝时期昆明池已具备养殖渔业的功能。

《西京杂记》记载："武帝作昆明池，欲伐昆明夷，教习水战。因而于上游戏养鱼。鱼给诸陵庙祭祀，余付长安市卖之。"②《三辅故事》云："武帝作昆明池，以习水战，后昭帝小，不能复征讨，于池中养鱼以给诸陵祠，余付长安市，鱼乃贱。"③《汉旧仪》曰："上林苑中，昆明池、镐池、牟首诸池，取鱼鳖给祠祀，用鱼鳖千枚，以余给太官。"④ 可见得昆明池养殖鱼类等水产，既满足了王公贵族的需求，又参与了长安集市的水产交易。尽管在很长一段时间影响了长安市的鱼类交易，导致鱼价下降，但由此可知昆明池渔业之繁华。

除了渔业繁华之外，昆明池也养殖了菱芡、莲藕，以及各种水鸟等动物。水产的养殖也使得昆明池具备了休闲垂钓功能。《太平广记》云："芰一名水菜，一名鲜苔。汉武昆明池中，有浮根菱，根出水上，叶沦波下，亦曰青水芰。"⑤ 南北朝诗人庾信曰："小船行钓鲤，新盘待摘荷。"⑥ 唐诗《省试晦日与同志昆明池泛舟》亦载："戏鸟随兰棹，空波荡石鲸。"⑦ 此皆证明了昆明池养殖种类之多，持续时间之久。

三、昆明池与丝绸之路的关系和其现代修复的建议

（一）古丝绸之路的历史见证

武帝建元二年（前139年），张骞第一次出使西域；元狩元年（前122年），张骞归来，指出西南通道的开辟因昆明国的水军受阻；元狩三年（前120年），汉武帝下令开凿昆明池操练水军，以便打通西南通道。《汉书·武帝纪》中臣瓒注曰："《西南夷传》有越巂昆明国，有滇池，方三百里。汉使求身毒国，而为昆明所闭。今欲伐之，故作昆明池象之，以习水战，在长安西南，周回四十里。"⑧ 元狩四年（前119年），即昆明池开凿的后一年，张骞第二次出使西域，与西域各族加强了友好往来，对西域的地理、物产、风俗习惯有了比较详细的了解，为汉朝开辟通往西域的交通要道提供了宝贵的资料。昆明池见证了丝绸之路的开通，见证了汉夷之间的第一次文化交融。

《上林赋》云："于是乎卢橘夏熟，黄甘橙楱，枇杷橪柿，亭奈厚朴，楟枣杨梅，樱桃蒲陶，隐夫薁棣，答沓离支，罗乎后宫，列乎北园。崒丘陵，下平原，扬翠叶，扤紫茎，发红华，垂朱荣，煌煌扈扈，照曜钜野。沙棠栎楮，华枫枰栌，留落胥邪，仁频并闾，欀檀木兰，豫章女贞，长千

① 黄勇：《唐诗宋词全集》，北京燕山出版社，2007年，397页。
② 葛洪：《西京杂记》卷一，《四部丛刊》景明嘉靖本，1页。
③ （汉）赵岐等著，（清）张澍辑，陈晓捷注：《三辅决录　三辅故事　三辅旧事》，三秦出版社，2006年，4页。
④ 卫宏：《汉官旧仪》，清武英殿聚珍丛书本，12页。
⑤ 李昉：《太平广记》卷四百九，民国景明嘉靖恺刻本，1847页。
⑥ （宋）蒲积中编，徐敏霞校点：《古今岁时杂咏》，辽宁教育出版社，1998年，64页。
⑦ （宋）李昉等编，（清）宫梦仁选：《中华传世文选·文苑英华选》，吉林人民出版社，1998年，206页。
⑧ 班固：《汉书》卷六《武帝纪》，清乾隆武英殿刻本，83页。

仞，大连抱，夸条直畅，实叶葰楙，攒立丛倚，连卷欐佹，崔错癹骫，坑衡閜砢，垂条扶疏，落英幡纚，纷溶萷蓯，猗狔从风，薎莎卉歙，盖象金石之声，管籥之音。傸池茈虒，旋还乎后宫，杂袭絫辑，被山缘谷，循阪下隙，视之无端，究之无穷。"[①]丝绸之路开辟后，西域许多奇珍异宝传入汉朝，置上林苑中。作为上林苑最大的池沼，昆明池自然承载着丰富的动植物。民间传说，张骞出使西域，到了西天的源头，见到牛郎和织女，并将其带到昆明池中，成为佳话。可见昆明池是古丝绸之路的重要见证和枢纽。

（二）现西安水利体系的枢纽

宋代，昆明池完全干涸。现阶段，昆明池坐落在西咸新区，位于沣河东岸的低洼段，呈现出天然的库盆状，能够很好地起到防渗的效用，在汇集雨水以及加以利用方面极具优势，有利于形成完整的以水体为纽带的山水园林体系。

国务院于 2009 年年中针对关中—天水经济开发区制定了一系列推动其高速发展的计划方案，明确表示不断地加速西咸一体化的推进进程，并努力构建国际化的西安大都市；2014 年 4 月，又将西咸新区划纳入国家级别，明确强调应以创新发展为主题来对城市的历史文化和生态环境进行保护，努力打造富有民族特色的创新型城镇。政府的这一系列举措为昆明池的开发提供了有力的政策条件和发展环境。

2015 年 2 月，昆明池实验阶段项目启动。根据方案设计，位于原昆明池遗址区的斗门水库将作为一项典型的引汉济渭工程，该工程的构建主要用于防洪和供水，并有利于促进周围水资源的充分利用和生态环境的改善。斗门水库将昆明池遗址的考古海岸线作为库区的海岸线。整个水库的库容量高达 4600 万立方米，在大小上等同于四个西湖，预计 2020 年全部建成。

斗门水库通过多水源的方式来取水，并设置多条进出水和退水的渠道，有机地连通西安市的人工水系和自然湖区，形成完整的水利中枢体系。借助于水库将陕南汉江中的水引入西安市，最终将现实的漕运明渠、明护城河、汉护城河、沣惠渠四条人工渠与太平河、沣河、渭河、潏河、汉江五条自然河的连通。

多水源分为内湖和外湖。内湖水源引自引汉济渭南干线来水，从汉济渭南干线引入，借助于引水管线、出水管线以及内湖水库将水引到沣东水厂与外湖当中，它占地 3.5 平方千米，存储容量为 2400 万立方米。外湖引蓄沣河洪水和城市雨洪，涵盖了沣河低坝、沣惠渠、分洪渠、太平河、水库外湖、沣河以及出水渠，面积 6.9 平方千米，蓄水量 2200 万立方米，每年可为西安湖池水系补充 1000 万立方米的生态用水。主要用于重现昆明池盛景、城市排涝，同时具有充分利用雨洪资源、连通河湖库水系、蓄滞洪、沣河防洪以及保护水生态等功能。东、西、北三个通道分别位于内湖和外湖之间，也可作为景观堤防。这样一来，库区主要通过内外同心湖这种方式进行设计排布，这样既能够形成壮阔的景观特效，还可以保障水系中的用水安全，达到一举两得的成效。

恢复重建昆明池即斗门水库工程，基于传统水利工程的同时，在进行具体规划设计时，应根

---

① （清）姚鼐纂集，胡士明、李祚唐标校：《国学典藏·古文辞类纂》，上海古籍出版社，2016 年，722 页。

据西安市现有的水系连通工程模式来进行，将斗门水库在保护遗迹、传承文化、园林景观、生态涵养、防洪排涝遗迹城市供水方面的综合功效充分地发挥出来，重现昆明池历史胜景。

四、结　　语

昆明池所蕴含的智慧至今都让人叹服，引水、供水和排水一整套系统设计合理，选址科学，为汉长安城提供了充足的水源，为西汉王朝的水军建设发挥了重要作用，使得汉王朝成为当时首屈一指的强国。昆明池宫室林立，风景如画，兼具水产养殖功能，促进了汉王朝的经济文化繁荣。昆明池还被赋予丝绸之路开辟契机的神圣使命，促进了汉与西域诸国平等友好的交往。

现在，对昆明池的改造，一方面应基于大西安国际化的背景下，响应“一带一路“倡议，重塑其“丝绸之路”见证者的身份和影响力；另一方面，以昆明池为枢纽，修建斗门水库，连通西安八大水系，重现“八水绕长安“的盛世奇观，将西安建设成“山水林湖皆诗篇”的生态园林城市。

［原载于中国古都学会：《中国古都研究》（第三十六辑），陕西师范大学出版社，2019 年］

关于长安昆明池的若干问题再议

冯晓多

关于长安昆明池的研究，目前主要集中于昆明池的得名、兴建、功用及其湮废等问题上 [1]。其得名目前主流观点认为其指代滇池或"昆明"夷。而初始兴建缘由目前有两种说法：其一，为训练水军征伐"昆明"夷；其二，为长安城供水与调节漕运 [2]。本文欲在前人研究的基础上，重新解读史料，对昆明池之得名、初始功能与演变及其衰落缘由做一归纳探讨。

一、昆明池得名与修建初衷

长安昆明池的得名多认为来自汉时西南夷之昆明族，据《史记·西南夷列传》有云：

> 西南夷君长以什数，夜郎最大；其西靡莫之属以什数，滇最大；自滇以北君长以什

---

[1] 代表性的论著有曹尔琴《从汉唐昆明池的变化谈国都与水的关系》(《中国古都研究（第十二辑）——中国古都学会第十二届年会论文集》，山西人民出版社，1994 年，16～21 页)；李令福《论汉代昆明池的功能与影响》(《唐都学刊》2008 年 1 期，8～14 页)与《汉昆明池的兴修及其对长安城郊环境的影响》(《陕西师范大学学报》（哲学社会科学版）2008 年 4 期，91～97 页)；杨金辉《浅论长安昆明池的开挖缘由》(《西安文理学院学报（社会科学版)》2007 年 3 期，57～60 页)与《长安昆明池的兴废变迁与功能演变》(《贵州师范大学学报》（社会科学版）2007 年 5 期，20～24 页)；张宁、张旭《汉昆明池的兴废与功能考辨》(《文博》2013 年 3 期，47～51 页)；中国社会科学院考古研究所汉长安城工作队《西安市汉唐昆明池遗址的钻探与试掘简报》(《考古》2006 年 10 期，53～66 页)及《汉唐昆明池杂议》(中国社会科学院考古研究所、陕西省考古研究院、西安市文物保护考古所：《汉长安城考古与汉文化：纪念汉长安城考古五十周年国际学术研讨会论文集》，科学出版社，2008 年，263～264 页)等。此外黄盛璋的《关于〈水经注〉长安城附近复原的若干问题——兼论〈水经注〉的研究方法》(《考古》1962 年 6 期，333～338 页)与王子今的《秦汉时期关中的湖泊》[《周秦汉唐文化研究》（第二辑），三秦出版社，2003 年，52～65 页]主要提出昆明池的修建与漕渠有关。而吕卓民、马正林、徐卫民、卢连成等研究均涉昆明池（参考吕卓民：《西安城南交滈二水的历史变迁》，《中国历史地理论丛》1990 年 2 期；马正林：《汉长安城总体布局的地理特征》，《陕西师大学报（哲学社会科学版）》1994 年 4 期；徐卫民：《汉长安城对周边水环境的改造与利用》，《河南科技大学学报（社会科学版)》2007 年 6 期；卢连成：《西周丰镐两京考》，《中国历史地理论丛》1988 年 3 期）。另有关于昆明池的考古学实测与研究，参见拙作《关于昆明池的考古学研究综述——兼论昆明池的出水口与进水口问题》(《唐都学刊》2019 年 4 期，46～51 页)。

[2] 前者以曹尔琴、吕卓民与李令福先生持此论，后者以黄盛璋、马正林、徐卫民、卢连成及刘振东先生为主，张宁、杨金辉等人亦持此说。

数，邛都最大：此皆魋结，耕田，有邑聚。其外西自同师以东，北至楪榆，名为嶲、昆明，皆编发，随畜迁徙，毋常处，毋君长，地方可数千里。自嶲以东北，君长以什数，徙、筰都最大；自筰以东北，君长以什数，冉駹（駹）最大。其俗或土箸，或移徙，在蜀之西。自冉駹以东北，君长以什数，白马最大，皆氐类也。此皆巴蜀西南外蛮夷也。①

《史记·西南夷列传》第一段所涉及西南诸夷为夜郎、滇、邛都、嶲、昆明、徙、筰都、冉、駹（駹）及白马等近十个民族政权。

《史记·西南夷列传》随后对汉王朝如何征服西南夷，并设置郡县进行了记述。由此可见，"滇"与"昆明"实非一地一国，正如张宁所指出："滇与昆明绝非一族，相距亦甚远"，且二者政权与生产形态有很大的区别。前者为国家，有耕田，有聚落；而后者"还处在游牧生活中，没有国家与君长。"②杨金辉持同样观点并指出："'越嶲、昆明国'应该是'越嶲、昆明'之误。"③然而著名史地大家方国瑜先生认为："毋君长"应为"毋大君长。"④尤中先生则指出：昆明族在汉代"已经有了君长"，因为昆明族"已经从事比较发达的农业生产"，故西汉才能设县统之⑤。而彭邦本等人研究认为：实际上"昆明"已有"君长"，且其各支系地处滇西山区，"因而随畜迁徙范围不大，能长期保持畜牧生活方式并居于初郡、县或羁縻郡、县境内，却难于形成强大的统一体，与北方草原游牧民族的情况明显有异"⑥。那么，为何昆明池得名多认为与"昆明"夷有关？这还得从"昆明"夷与汉之关系说起。《史记·西南夷列传》载：

及元狩元年，博望侯张骞使大夏来，言居大夏时见蜀布、邛竹杖，使问所从来，曰："从东南身毒国，可数千里，得蜀贾人市。"或闻邛西可二千里有身毒国。骞因盛言大夏在汉西南，慕中国，患匈奴隔其道，诚通蜀，身毒国道便近，有利无害。于是天子乃令王然于、柏始昌、吕越人等，使间出西夷西，指求身毒国。至滇，滇王尝羌乃留，为求道西十余辈。岁余，皆闭昆明，莫能通身毒国。⑦

即在元狩元年（前122年），因张骞的建议，汉武帝命人通身毒国，但"至滇，滇王尝羌乃留，为求道西十余辈。岁余，皆闭昆明，莫能通身毒"⑧。其中指出道路断闭于"昆明"，但原因未能谈及。有可能分作两种情况：其一，地形阻隔难以通行；其二，游牧部落"昆明"族的干涉。

① （汉）司马迁：《史记》卷一一六《西南夷列传》，中华书局，1959年，2991页。
② 张宁、张旭：《汉昆明池的兴废与功能考辨》，《文博》2013年3期，47～51页。
③ 杨金辉：《浅论长安昆明池的开挖缘由》，《西安文理学院学报》（社会科学版）2007年3期，57～60页。
④ 方国瑜：《〈史记·西南夷传〉概说》，《中国史研究》1979年4期，99～111页。
⑤ 尤中先生的结论似待商榷，因为终汉之世，汉似乎并未能完全降服"昆明"夷。参考尤中：《中国西南的古代民族》，云南人民出版社，1980年，33、34页。
⑥ 彭邦本：《滇王离西夷辨——古代昆明族的几个问题》，《西南民族学院学报》（哲学社会科学版）2000年4期，7～11页。
⑦ 《史记》卷一一六《西南夷列传》，2995～2996页。
⑧ 《史记》卷一一六《西南夷列传》，2996页。

前者地形原因。如《史记·西南夷列传》有一段讲道："滇王与汉使者言曰：'汉孰与我大？'及夜郎侯亦然。以道不通故，各自以为一州主，不知汉广大。使者还，因盛言滇大国，足事亲附。天子注意焉。"[①] 可见地形原因导致道路不通，从而致使"滇"与"夜郎"不知汉之广大，同样汉亦认为"滇"乃大国而可以亲附。那么地处更西，地形条件更复杂的"昆明"与"巂"似有"更胜一筹"之情状。何况滇国在今滇池附近，属于云贵高原上比较大的"坝子"地区，地形相对平坦，但周边道路较难通行。而"昆明"与"巂"地处今天楚雄以西的横断山区，复杂的地形更难以形成以农耕为主的生产形式，不但其以游牧方式为主，同时也造成道路难通，以致闭塞而汉使不能西行。至少求道身毒而"皆闭昆明"，其中地形原因当是不可忽略的。

再有"昆明"夷的阻隔干涉。如《史记·大宛列传》载：

> （天子）乃令骞因蜀犍为发间使，四道并出：出駹（駹），出冉，出徙，出邛、僰，皆各行一二千里。其北方闭氐、筰，南方闭巂、昆明。昆明之属无君长，善寇盗，辄杀略汉使，终莫得通。[②]

游牧部族往往经济落后，但骁勇善战，无论北方之匈奴还是西南之夷族均如是。同时"昆明"夷所在地区出土之青铜器物等均有厮杀之场面[③]。据此彭邦本先生认为昆明族虽以游牧方式为主，但强悍勇武，常与滇人兵戈相见，故其是造成汉王朝不能打通通向缅甸、印度道路的缘由[④]。汉武帝元鼎六年（前111年）汉平"南越"，元封二年（前109年）灭"劳""靡莫"，招服"滇"，此后西南夷皆震，均请入朝，由此汉在西南地区开疆设郡。但"昆明"夷始终未能降服，据记载：天子"乃遣使柏始昌、吕越人等岁十余辈，出此初郡抵大夏，皆复闭昆明，为所杀，夺币财，终莫能通至大夏焉。于是汉发三辅罪人，因巴蜀士数万人，遣两将军郭昌、卫广等往击昆明之遮汉使者，斩首虏数万人而去。其后遣使，昆明复为寇，竟莫能得通"[⑤]。此处的"初郡"，司马贞《索隐》按谓"越巂""汶山"等郡，"谓之'初'者，后背叛而并废之也"[⑥]。裴骃《集解》引徐广曰：郭昌、卫广击"昆明"发生在元封二年（前109年）。[⑦] 此后武帝再次于元封四年（前107年）、元封六年（前105

① 《史记》卷一一六《西南夷列传》，2996页。

② 《史记》卷一二三《大宛列传》，3166页。

③ 冯汉骥：《云南晋宁石寨山出土文物的族属问题试探》，《考古》1961年9期，469～487页；汪宁生：《晋宁石寨山青铜器图象所见古代民族考》，《考古学报》1979年4期，423～439页；云南省博物馆：《云南晋宁石寨山古墓群发掘报告》，文物出版社，1959年；彭邦本：《滇王离西夷辨——古代昆明族的几个问题》，《西南民族学院学报（哲学社会科学版）》2000年4期，7～11页。

④ 彭邦本：《滇王离西夷辨——古代昆明族的几个问题》，《西南民族学院学报（哲学社会科学版）》2000年4期，7～11页。

⑤ 《史记》卷一二三《大宛列传》，3170、3171页。

⑥ 《史记》卷一二三《大宛列传》，3171页。

⑦ 《史记》卷一二三《大宛列传》，3171页。

年）对滇西昆明族实施打击，但均未能扫除清障。^① 故彭邦本先生云："可见西汉最强盛时都未能长时期控制昆明族，其攻城杀吏、起而反抗更是屡有发生，而汉廷希望西通身毒的努力，终因昆明族的顽强阻挠而未果。"同时他还提出至西汉晚期，昆明族不断东进或是"滇王国消解的真正原因所在。"^② 由此可见"昆明"夷虽是游牧部族，但终汉之时仍是汉廷在西南地区难以收服的部族，其不但阻隔汉廷通往身毒道路，还对周边部族以至汉廷收服西南夷过程中在西南地区的置县设郡带来影响与不便。

再来看"滇"对于汉之态度，上引《史记·西南夷列传》至少说明"滇"对于汉通身毒的态度，即施加援手提供帮助。同样的记述出现在《汉书》中："至滇，滇王尝羌乃留为求道。四岁余，皆闭昆明，莫能通。"^③ 而在南越国破，汉收服西南诸夷的大背景下，"上使王然于以越破及诛南夷兵威风喻滇王入朝。滇王者，其众数万人，其旁东北有劳浸、靡莫，皆同姓相扶，未肯听。劳浸、靡莫数侵犯使者吏卒。元封二年，天子发巴蜀兵击灭劳浸、靡莫，以兵临滇。滇王始首善。以故弗诛。滇王离难西南夷，举国降，诸置吏入朝。于是以为益州郡，赐滇王王印，复长其民"^④。可见"滇"实力较强，只是有可能为响应汉廷的"风（讽）喻入朝"，其旁同姓的"劳"与"靡莫"等联合阻挠，不肯降服。而在汉出兵灭其二国而兵临滇国时，"滇"才得以"离西夷"而入朝^⑤。并且汉廷因滇王"首善"而"复长其民"。同样还有"夜郎"主动归降。从而"西南夷君长以百数，独夜郎、滇受王印。滇小邑，最宠焉"^⑥。从以上"滇"对于汉的态度及其归降过程看，昆明池的得名应与"滇"及滇池无关。

而《史记·平准书》索隐引语："盖始穿昆明池，欲与滇王战，今乃更大修之，将于南越吕嘉战逐，故作楼船，于是杨仆有将军之号。又下云：'因南方楼船卒二十余万击南越'也"^⑦。《汉书·武帝纪》中臣瓒注曰："《西南夷传》有越巂、昆明国，有滇池，方三百里。汉使求身毒国，而为昆明所闭。今欲伐之，故作昆明池象之，以习水战，在长安西南，周回四十里。"^⑧ 上述所言均为后世司马贞与臣瓒等附会之说，查《史记·西南夷列传》并无"昆明国有滇池"或汉"与滇王战"之语，故均与实际不符，必不可信。

那么昆明池得名是否与南越有关？据《史记·西南夷列传》记：

---

① 《汉书·卫青霍去病列传》载：元封四年（前 107 年），汉武帝派郭昌"以太中大夫为拔胡将军，屯朔方。还击昆明，无功，夺印"（参见《汉书》卷五五《卫青霍去病列传》，中华书局，1962 年，2492 页）。《汉书·武帝纪》载：元封六年（前 105 年）"益州、昆明反，赦京师亡命令从军，遣拔胡将军郭昌将以击之"（参见《汉书》卷六《武帝纪第六》，中华书局，1962 年，198 页）。

② 彭邦本：《滇王离西夷辨——古代昆明族的几个问题》，《西南民族学院学报（哲学社会科学版）》2000 年 4 期，7～11 页。

③ 《汉书》卷九五《西南夷两粤朝鲜传》，3841 页。

④ 《史记》卷一一六《西南夷列传》，2997 页。

⑤ 《史记·西南夷传》作："滇王离难西南夷"；《汉书·西南夷传》作："滇王离西夷"。

⑥ 《史记》卷一一六《西南夷列传》，2997 页。

⑦ 《史记》卷三十《平准书》，1436 页。

⑧ 《汉书》卷六《武帝纪》，177 页。

及至南越反，上使驰义侯因犍为发南夷兵。且兰君恐远行，旁国虏其老弱，乃与其众反，杀使者及犍为太守。汉乃发巴蜀罪人尝击南越者八校尉击破之。会越已破，汉八校尉不下，即引兵还，行诛头兰。头兰，常隔滇道者也。已平头兰，遂平南夷为牂柯郡。夜郎侯始倚南越，南越已灭，会还诛反者，夜郎遂入朝。上以为夜郎王。

南越破后，及汉诛且兰、邛君，并杀筰侯，冉駹（骁）皆振恐，诸臣置吏。乃以邛都为越巂郡，筰都为沈犁郡，冉駹为汶山郡，广汉西白马为武都郡①。

由此可见，其中未有言说。而《史记·平准书》云："是时越欲与汉用船战逐，乃大修昆明池，列观环之。治楼船，高十余丈，旗帜加其上，甚壮。"②《汉书·食货志》曰："时越欲与汉用船战，遂乃大修昆明池也。"③众所周知，昆明池的兴建经历了两次，首次是元狩三年（前120年），再次是元鼎二年（前115年）。南越国被灭于汉元鼎六年（前111年），从时间上看似有所联系。辅以对比首次修建之记载，似可以看出若干端倪。据《汉书·武帝纪》载：（元狩三年）"发谪吏穿昆明池"④。后世之《三辅黄图》同样记有："汉昆明池，武帝元狩三年穿，在长安西南，周回四十里。"⑤首次元狩三年称"穿昆明池"，意即昆明池是在周灵沼池上兴建，且连同镐池彪池等。而开战"越"时是"修"，表明再次。

综上所述，长安昆明池的得名应该来自"昆明"夷。汉求道于身毒国，而道闭于"昆明"，或出于昆明部的干涉，或出于地形原因，道路不通。而好大喜功的汉武帝及朝臣因路途遥远，关山阻隔而未知"昆明"之实情，且"昆明"一再阻闭，汉遂建昆明池以练水军欲待讨伐，当为其修建之初始原因。汉刘歆在《西京杂记》中就讲："武帝作昆明池，欲伐昆吾夷，教习水战。"⑥同时，以"昆明池"来影射"昆明"族或整个西南夷，以此来表达征服西南夷之决心，也不失为其用意之一。据记载："当是时，巴蜀四郡通西南夷道，戍转相饷。数岁，道不通，士罢饿离湿死者甚众；西南夷又数反，发兵兴击，耗费无功。"⑦可见征伐西南夷之不易与艰辛，所以昆明池的修建很有可能与"昆明""南越"乃至整个西南夷均有关系，故其不能具体对应某一水体湖泊。近代白族人赵藩在《大观楼楹联》中讲："滇池非即昆明池，误认汉习楼船，元人殊陋矣。"⑧然则非"元人"之误，而是不同时期昆明之含义不同。观《中国历史地图集》秦汉"昆明"夷与"滇"之所处，"滇"附近有滇池，而"昆明"族所在地域内唯一的大湖为洱海，洱海面积广阔，周回数十里，若非要对应，

---

① 《史记》卷一一六《西南夷列传》，2996、2997页。

② 《史记》卷三十《平准书》，1436页。

③ 《汉书》卷六《武帝纪》如淳曰引《食货志》，177页。

④ 《汉书》卷六《武帝纪》，177页。

⑤ 何清谷校注：《三辅黄图校注》，三秦出版社，2006年，293页。

⑥ 《西京杂记》卷一，古小说丛刊，中华书局，1985年，1页。

⑦ 《史记》卷一一六《西南夷列传》，2995页。

⑧ 吴光范：《昆明古今地名考释》，云南人民出版社，2006年，7页。

则洱海显然比滇池更符合昆明池之原型[①]。

二、长安昆明池功能的演化与其折射的问题

　　张宁曾引《汉书》记载："元狩三年夏，大旱。是岁发天下故吏伐棘上林，穿昆明池。"[②]并坦言"这才正是元狩三年第一次兴建昆明池的主要原因"[③]。同时杨金辉据陈业新先生的统计数据："两汉旱魃之灾共计 112 次，旱灾年份占两汉总年数的 26% 以上，也就是说，两汉时期平均不到四年就要发生一次旱灾"，并坦言"大旱年份多，旱情也颇重，如《五行志》载，惠帝五年（前 190 年）夏，'大旱，江河水少，溪谷绝'。于是汉武帝就在长安西南开凿昆明池供水工程……而且开挖的当年就是大旱，可见当时昆明池开挖的必要性和紧迫性"[④]。陈业新先生统计的是两汉之旱情，到底汉武帝时或之前旱情分布情况如何，未有说明。旱灾相对于其他灾害，其灾情与频次没有作对比分析。而且旱情发生后，就立即修建昆明池，貌似二者之间有关系，但是否有直接的因果关系？而且如何解释昆明池得名之由来？一次大旱难道就成为修建昆明池之缘由？史念海先生在论证汉唐长安城气候时曾讲："汉唐长安城亦与其他地区一样，有干旱之年，也有雨涝之岁。也遇到大旱和久涝。大旱往往成灾，不过大旱之年究竟不多，还可以说是稀少，两次旱年之间的差距也较为远些。旱涝相比较，倒是澍雨还显得多些。"[⑤]因此只能说大旱有可能成为修建昆明池之契机，以此为名，便于调动人力物力。而出于武帝本人内心的想法，很有可能与征讨西南夷有关，尤其是"昆明"夷，否则如何解释其名称之来历？如何解释其修建规模之宏大？如何解释其上楼船高十余丈之壮景？

　　而后张文与杨文多用后世记载以论汉昆明池当世之功能，显然没有将问题与历史时代背景相结合，忽略了历史的发展，而将主观想法切入史实，以后世之论来衡量前代史实而作笼统概括。

　　关于汉昆明池之功能概括甚多，大多认为有向城市供水与调节漕运、皇家园林游乐区、水师操

---

　　① 据《中国历史地图集》秦《淮汉以南诸郡》图所示洱海为"楪榆"，西汉《益州刺史部南部》图所示洱海为"叶榆泽"，其旁设立"叶榆"县。而方国瑜先生曾考证："汉之叶榆泽亦称昆明池，后称弥河，字变作洱河，即今洱海。"杨延福亦曾讲："昆明池是汉代楪榆泽另一别名"，只不过"'楪叶泽'这名词较通用而成正名，'昆明池'之称是少为人用就日逐成别名"。洱海得名已是后话，而将汉之"叶榆泽"称为"昆明池"，方杨二人是根据地名依部落名称的原则。若此，则杨延福据樊绰《蛮书·云南城镇》第六"拓东城"（今昆明市）条"其地汉旧昆川，故谓昆池"，推导"滇池"秦汉时称"昆池"则讲不通。而吴光范及《大理市地名志》均袭用此说，犹可商榷。故窃以为不能简单将昆明池对应某一具体湖泊，只能说汉之"叶榆泽"（今洱海）较滇池更具可能。可参考方国瑜：《唐代前期洱海区域的部族》，《云南民族大学学报（哲学社会科学版）》1983 年 1 期，38～45 页；林超民：《试论汉唐间西南地区的昆明》，《民族研究》1982 年 6 期，19～27 页；杨延福：《洱海名称的由来与历代演变考释》，《大理师专学报（哲学社会科学版）》1991 年，111～116 页；吴光范：《昆明古今地名考释》，云南人民出版社，2006 年，6、7 页。
　　② 《汉书》卷 27 中之上《五行志第七》，中华书局，1962 年，1392 页。
　　③ 张宁、张旭：《汉昆明池的兴废与功能考辨》，《文博》2013 年 3 期，47～51 页。
　　④ 杨金辉：《长安昆明池的兴废变迁与功能演变》，《贵州师范大学学报》（社会科学版）2007 年 5 期，20～24 页。
　　⑤ 史念海：《汉唐长安城与生态环境》，《中国历史地理论丛》1998 年 1 期，1～18 页。

练、水产养殖及游赏垂钓等。但通过前文之分析，昆明池的得名与修建初衷是为征伐"昆明"夷，故其军事功能——操练水军应为其最初之主要功能。高荣曾分析汉对西南边疆的经营时讲："汉朝经营西南边疆地区，主要是从政治和军事需要出发的；但为'制越'、'通身毒'和流徙'奸豪'、罪犯而修筑道路和移民等，在客观上却有利于西南边疆的经济开发和社会进步。"① 对于昆明池的修建亦是如此，从军事目的出发，客观上却起到提供用水调节漕运等功效。只不过随着西南夷的平定，军事目的逐渐弱化，主要功能逐渐向社会经济方面转化，此与不同时代的历史背景与社会需求是息息相关的。李宪霞曾言："汉武帝开凿昆明池是为了操练水军，南征昆明。这是否为当时的真实目的，暂且不论，但它最重要的功能在后来看来应是作为汉长安城的总储水库，与汉长安城的城市用水息息相关。"② 从昆明池首次于元狩三年修建，至元鼎年间，汉廷收服整个西南夷，时间较为短暂，且收服过程主要依靠的并非水军，故其军事功能还尚未显现，却已经失去了其初衷。但不能因此就忽视其最初的军事目的。同时随着时代的发展，其作为水库的经济与社会价值亦开始逐步显现。因此李令福先生所论颇为允当，即"昆明池兴修于汉武帝时代，最初被用来训练水军，军事功能是其兴修的起因。随着战争的结束与汉长安城以及汉代社会的发展，供水长安、引控漕运成为其最重要的功能。除此之外，昆明池还具备园林游览、水产养殖的作用，并且对后世的文化也产生了多方面的影响"③。总之，在收服西南夷后，昆明池的主要功能随着时代的变化而发生着改变。

因此，汉长安昆明池修建的初衷与后续所显现出来的主要功能是随着时代背景、社会需求而不断演化的，但不能因此而忽视修建之初衷，同时还应考虑汉武帝本人的好大喜功的个体细节。

三、长安昆明池汉时的繁盛与唐时的衰落

长安昆明池于汉元狩三年始建，至唐末而干涸湮废。据《雍录》云：唐文宗后"故水竭而为田也"④。沿用近千年，在汉唐时期均发挥着较为重要的作用。以下试将两个时期昆明池作一对比，来揭示其衰落之命运。最新的考古实测数据显示，汉昆明池的面积为14.2平方千米，唐昆明池面积为15.4平方千米⑤，变化不大。而汉长安城周长为25.1千米，城域面积约36平方千米⑥，人口约20

① 高荣：《汉代对西南边疆的经营》，《中国边疆史地研究》2000年1期，1～9页。
② 李宪霞：《汉长安城的湖泊陂池及其作用》，《秦汉研究》（第二辑），三秦出版社，2007年，293～301页。
③ 李令福：《论汉代昆明池的功能与影响》，《唐都学刊》2008年1期，8～14页。
④ （宋）程大昌撰，黄永年点校：《雍录》卷六《昆明池（定昆池）》，中华书局，2002年，129页。
⑤ 数据可参考中国社会科学院考古研究所、西安市文物保护考古研究院阿房宫与上林苑考古队：《西安汉唐昆明池水系的考古勘探与试掘（2012—2016）——关中地区夏商周、秦汉水利工程的集中发现，汉唐都城近郊水系考古的突破性成果》，《中国文物报》2017年3月24日8版《发现》；韩宏：《60万个探孔"锁定"昆明池面积：迄今规模最大汉唐水利工程考古披露最新成果》，《文汇报》2017年3月29日5版《时评·国内》；秦毅：《西安汉唐昆明池面积经考古确定》，《中国文化报》2017年4月3日8版《文化遗产》。
⑥ 汉长安城周长与面积数据来自董鸿闻、刘起鹤、周建勋等：《汉长安城遗址测绘研究获得的新信息》，《考古与文物》2000年5期，39～49页。

万；唐长安城面积约 84.1 平方千米，人口约 70 万[①]。仅从昆明池的面积与汉唐长安城的规模配比而言，显然汉昆明池规格应高于唐昆明池。

而其衰落原因应有以下几方面：

其一，昆明池开凿于汉武帝时期，宏大的规模意喻武帝兼并天下、收服西南夷的观念与雄心。其承载着武帝实现大一统的期望，势必较为重视。当然随着西南夷的臣服，其训练水军的军事价值逐渐丧失，但其他功能使其还能够沿用而至唐代[②]。虽然如杨金辉统计，唐代皇帝有五次驾临昆明池，分别为唐高祖六年（623 年）三月乙未、高祖九年（626 年）三月辛卯、太宗贞观五年（631年）春正月癸酉、代宗某年二月壬午以及武宗某年二月壬寅[③]，但驾临均为游玩赏乐，表明昆明池已经沦落到仅作为一处景观而已。所以从因国家政治需要而颇受重视以致大兴修建到渐被冷落的转变，当为其一。

其二，汉长安城附近人工开凿的池陂较少，昆明池承担着更为重要的供水与漕运以及游赏等多重价值。而相较于汉城，唐长安城规模更加宏伟，此时供水渠道更为完备，如永安渠、清明渠、龙首渠、黄渠分别引潏（沈）水、浐河、义谷水等沟通城郊、外郭城、皇城、宫城与苑囿。同时池陂增多，如芙蓉池、曲江池、广运潭、太液池、龙池、鱼藻池及兴庆池等，据耿占军先生统计唐都长安城及苑囿内可考池潭有 57 个[④]，尤其是曲江池与芙蓉园的修建，在一定程度上起到分担池陂功能的作用。唐皇室除了在三大内的池陂游玩观赏，曲江池与芙蓉园更是承担了大型的游赏庆祝活动。同时唐长安城还有凿井利用地下水的方式，据郭声波先生考证，唐长安城中（包括苑囿）井泉可考者有 40 余处，约有半数分布在城东南部[⑤]。而地处偏远的昆明池无论怎样疏浚，已经难敌后起之秀的冲击。可以说芙蓉园与曲江池的繁盛背后必然是昆明池的衰废。

其三，汉昆明池连通漕渠，成为漕渠之水源补充[⑥]。而唐代漕渠起点为浐灞之广运潭，广运潭在天宝二年（743 年）凿成，作为码头停泊船只，关东地区物资在此源源不断地运进长安城。据《新唐书》记载："（万年）有南望春宫，临浐水，西岸有北望春宫，宫东有广运潭。"[⑦] 广运潭的具体位

① 唐长安城的面积与人口数据来自〔日〕妹尾达彦：《唐都长安城的人口数与城内人口分布》，《中国古都研究》（第 12 辑），1994 年，179～189 页，表 3 "唐以后历代国都的人口统计"。

② 如郭声波所讲："其实发展渔业乃是城市生活的需要，并非帝王的殊恩，大概昆明池就靠了这份功劳久久未废。"参见其《隋唐长安的水利》，《唐史论丛》（第 4 辑），三秦出版社，1988 年，268～286 页。

③ 杨金辉：《长安昆明池的兴废变迁与功能演变》，《贵州师范大学学报（社会科学版）》2007 年 5 期，20～24 页。

④ 赵天改在其硕士论文中指出隋唐长安城池陂耿占军先生总结为 57 个，史念海先生文中可补耿文 53 个，作者补辑 3 个，故唐长安城内有湖沼 113 个。参见耿占军的《唐都长安池潭考述》（《中国历史地理论丛》1994 年 2 期，第 87～99 页）；史念海：《唐代长安城的池沼与林园》，《中国历史地理论丛》1999 年 12 月增刊《汉唐长安与关中平原》[《中日历史地理合作研究论文集》（第 2 辑）]；赵天改：《关中地区湖沼的历史变迁》，陕西师范大学硕士学位论文，2001 年。

⑤ 郭声波：《隋唐长安的水利》，《唐史论丛》（第 4 辑），三秦出版社，1988 年，268～286 页。

⑥ 汉漕渠引渭水，渠首称兴城堰，在今咸阳市西南。昆明池水汇入漕渠，补充其水量。

⑦ （宋）欧阳修、宋祁：《新唐书》卷三七《地理志一》，中华书局，1975 年，962 页。

置依据文献有不同之理解，目前还有待考古发掘的进一步确定①，但大致应在浐灞之汇合处无疑。此处河道宽阔水深，可停泊大型船只，可尽览天下之方物，天子赐名"广运潭"。但凡广陵的锦、镜、铜器及海味，抑或丹阳的鸧衫缎，会稽的铜器、罗、纱绫，还是南海的玳瑁、珍珠、象牙、沉香，豫章的名瓷、酒器、茶具，抑或是宣城的空青石、纸笔、黄连，还是始安的蕉葛、翡翠、蚺蛇胆，吴郡的大米等均可直运通长安。难怪陕县尉崔成甫使人唱之曰："得宝弘农野，弘农得宝耶！潭里船车闹，扬州铜器多。三郎当殿坐，看唱得宝歌。"② 唐代昆明池与漕渠的隔离，由此导致昆明池的水运价值无存。

其四，水资源水环境的变化及都城重心的东移。据张宁所讲，"唐代以后，随着关中人口的增加以及修筑宫室对沣河、潏（沇）河、滈河上游秦岭中树木的不断砍伐，河流所携带泥沙量大大增加"③，泥沙导致昆明池淤塞。而唐代对昆明池有三次大的修浚，太宗贞观时、德宗贞元年间与文宗大和年间，而至文宗时昆明池水面面积几乎与曲江池相当了。同时汉长安城紧邻渭水，地势较低，位于南侧的昆明池水可自流供给城市用水。但唐长安城选址在龙首原上，且城中六道高岗，只能从地势更高、距离较近的东南引水。因而水资源水环境发生变化，加之都城位移，水环境的依赖重心也发生了偏移④。

至此，因为国家政治需要下降、水环境变化、都城位置与漕渠起点的转移、更加完善的供水系统与众多池陂的修建，昆明池不再有往日的辉煌，而终于消失在历史长河中。

四、结　语

长安昆明池是在特殊的时代背景下兴建，得名于"昆明"夷。兴建初衷是在汉武帝好大喜功、意欲成就伟业的前提下出于军事目的而开凿的。以"昆明池"来映射降服整个西南夷的政治雄心，故不能具体对应某一湖泊。如果一定对应，则洱海显然比滇池更具可能。昆明池的军事作用还未能淋漓尽致地体现，西南夷已经平定。而随着时代的发展，其面临不同社会需求，昆明池的主要功能在不断演化，这是需要我们注意的。昆明池沿用近千年，其面积变化不大，相较于汉唐都城的规模

---

① 关于广运潭的位置黄盛璋认为在大明宫以东三里的禁苑中，马正林认定在望春宫东浐河西岸，郭声波认为应在光泰门外的浐灞交汇处，李令福则赞同郭说，李健超认为在今光大门西北的潭沱村一带。故其具体位置还有待考古发掘的进一步证实。参考黄盛璋：《西安城市发展中的给水问题以及今后水源的利用和开发》，《历史地理论集》，人民出版社，1982年；马正林：《渭河水运和关中漕渠》，《陕西师大学报（哲学社会科学版）》1983年4期，92～102页；郭声波：《隋唐长安的水利》，《唐史论丛》（第4辑），三秦出版社，1988年，268～286页；李令福：《关中水利开发与环境》，人民出版社，2004年，218、219页；（清）徐松撰，李健超增订：《增订唐两京城坊考》，三秦出版社，2006年，38页。

② （后晋）刘昫等：《旧唐书》卷一〇五《韦坚传》，中华书局，1997年，3223页。

③ 张宁、张旭：《汉昆明池的兴废与功能考辨》，《文博》2013年3期，47～51页。

④ 祝昊天在研究隋唐时期漕渠时亦讲道："汉代修昆明池蓄水，所引自沣、沇（潏）、滈诸水，多侧重于长安西侧的水流"，而"唐代则修凿广运潭，在浐、灞交汇之处截流，明显侧重于长安东侧的水流"。参见祝昊天《隋唐时期关中漕渠新考》，《唐史论丛》2019年1期，112～127页。

而言，其明显可见汉昆明池的规格高于唐昆明池。而随着皇帝重视与否等国家需要、都城位置与漕运起点的转移、更加完善的供水系统与众多池陂对供水职责的分担以及水资源水环境的改变等，造成昆明池终致湮废。

昆明池作为长安西南郊的供水池陂，其在不同时代承载的主要功能与任务有别，这对于我们透过其认识不同时代的历史进程有较大的样本价值。同时其本身的疏浚与湮废，也为我们今天利用与保护历史时期遗留的池陂提供了借鉴。在今天水资源日益短缺的现代背景下，国家推行湖长、河长与渠长制，河、湖、渠等湿地资源如何实现可持续发展？如何最大限度地发挥其功用？我们又应从哪些方面着手去保护与利用？都是需要深入思考的。

综上所述，本文就长安昆明池的得名、修建初衷、主要功能的演化及其衰落原因做一再探讨，得出昆明池得名于"昆明"夷，不能具体对应某一湖泊，当是影射整个西南夷地区，以此来表达汉降服西南夷之决心，故军事目的为其修建初衷。而后西南夷降服，随着不同时代背景与社会需求，其主要功能不断演变。而至唐代晚期，随着国家重视程度的下降、都城位置与漕运起点的转移、更加完善的供水系统与众多池陂对供水职责的分担以及水资源水环境的改变等，造成昆明池终致湮废。昆明池在不同时代承载的主要功能与任务有别，这对于我们认识不同时期的历史进程有较大的样本价值。同时其本身的疏浚与湮废，也为我们今天利用与保护历史时期遗留的池陂提供了借鉴。

（原载陕西历史博物馆：《陕西历史博物馆论丛》（第 27 辑），三秦出版社，2020 年）

汉代长安昆明池修建初衷再审视

冯晓多

汉长安昆明池为汉武帝时期修建，目前依据文献与考古资料，其研究之基本问题已形成共识。然而学界对于昆明池修建与滇国之关系，包括修建初衷仍存在认识不清。为此有必要对涉及该问题相关文献进行逐一梳理、订对，甚至从其表述体例等加以辨别。当然，在长安昆明池功能随时代变化的共识中，修建初衷似不应被忽视。

一、两种说法：初衷有争议

目前关于汉长安昆明池修建初始原因可归结为军事与供水两种说法。

其一，汉长安昆明池修建初衷为军事说。如曹尔琴认为：昆明池"开凿的起因是汉武帝欲通印度，派使者前往，经过今云南境内的昆明国时受到阻拦，不能前进，因此，汉武帝准备征伐昆明国。昆明国有方圆150千米的滇池，是一个水胜的小国，欲征伐昆明国就必须熟悉水战。元狩三年（前120年）汉武帝决定在长安附近开凿一个湖泊，并命名为昆明池。"[①] 吕卓民指出："昆明池首先是为适应军事需要而开凿的。"[②] 王作良曾言昆明池"是汉武帝为打通通往西南的通道，为了迎战当时的滇国和南越，训练水军而修凿的。"[③] 刘晓达认为："对昆明池的开凿活动当然与武帝借此训练水军、讨伐西南夷等军事战略密切相关。"[④] 雷铭在其博士论文中亦讲道："武帝时为与滇王战及伐南越，又于上林苑中修昆明池演习水战"，并进一步指出："上林苑修昆明池以习水战，是对上林苑军事功能的再次开发与强化。"[⑤] 长安昆明池为战争说多是依据对文献的直接理解，然而存在的问题是对于昆明池修建究竟与昆明夷，还是滇国，抑或南越间的军事关系仍有混淆不清。此外，考古学者一般均赞同军事说。如刘振东、张建锋执笔的《西安市汉唐昆明池遗址的钻探与试掘简报》以及张

---

① 曹尔琴：《从汉唐昆明池的变化谈国都与水的关系》，《中国古都研究》（第12辑），山西人民出版社，1998年，13~18页。

② 吕卓民：《西安城南交潏二水的历史变迁》，《中国历史地理论丛》1990年2期。

③ 王作良：《汉唐长安昆明池的功用及其文化与文学影响》，《长安大学学报（社会科学版）》2010年3期。

④ 刘晓达：《汉武帝时代的上林苑与"天下"观——以昆明池、建章宫太液池的开凿为论述中心》，《美术学报》2017年3期。

⑤ 雷铭：《秦汉禁苑研究》，东北师范大学博士学位论文，2019年。

建锋在《汉长安城地区城市水利设施和水利系统的考古学研究》[①]的观点。刘振东等认为"昆明池的修建和得名与西南夷之越嶲、昆明国及滇池有关",而武帝元鼎年间"同样出于军事目的,又一次对昆明池进行了修建"[②]。但随后刘氏又将昆明池的开凿归结为训练水军与遇到旱灾时提供水源两方面原因[③]。

其二,汉长安昆明池为城市供水说。宋人程大昌首次提出汉城内外的水源来自昆明池,然则程氏之论是在承认始凿为军事原因的前提下提出的。而今人对此多有偏差理解,加之《汉书·五行志》所记元狩三年旱灾以及汉代旱灾似为频繁的记载,以上致使昆明池为城市供水说形成,并在一定程度掩盖了军事初衷的事实。如黄盛璋提出:"昆明池就是为汉长安城的蓄水库而开凿,这在今天看来或者不致有多大问题。"[④]卢连成亦言:"汉代至唐代,镐池和昆明池作为京都长安西南的两处重要大池、水库,十分引人注目。"[⑤]马正林讲道:"西汉开凿昆明池也完全是为解决长安城的水源。"[⑥]徐卫民也认为昆明池的开凿"是为了操练水军,南征昆明"很是值得怀疑,并引宋人程大昌之观点指出:"昆明池修建的目的是多元的,绝非只是为了训练水兵,与长安城的用水有很大的关系,实质上是长安城西南的总蓄水库,供应汉长安城内外的用水。"[⑦]吴庆洲也说:"为了解决城市供水问题,汉长安城开凿了昆明池作为城市蓄水库,并作为水军操练基地。"[⑧]张宁等认为昆明池以滇池为原型不可信,昆明池虽因昆明夷而得名,然而其修建的根本原因"是为长安城供水并满足其(汉武帝)游乐观赏的需求"[⑨]。李宪霞依据史料提出"汉武帝开凿昆明池是为了操练水军,南征昆明",但"这是否为当时的真实目的,暂且不论,但它最重要的功能在后来看来应是作为汉长安城的总储水库,与汉长安城的城市用水息息相关"[⑩]。故昆明池为城市供水说主要依据《汉书·五行志》所记元狩三年大旱事件后旋即修建昆明池之记载、宋人程大昌说法以及昆明池与汉城间连通的水系流路等而做出的推理。

此外,关于昆明池修建亦有两种原因变化说。如史念海先生指出昆明池中"水军还没有练好,

---

① 张建锋认为"昆明池的功能,开始时训练水军",同时除了军事训练外,昆明池还起到养殖水产、为汉长安城及漕渠供水、皇家游览的风景胜地等作用。参见张建锋《汉长安城地区城市水利设施和水利系统的考古学研究》,科学出版社,2016 年,207~209 页。

② 中国社会科学院考古研究所汉长安城工作队:《西安市汉唐昆明池遗址的钻探与试掘简报》,《考古》2006 年 10 期。

③ 刘振东、谭青枝:《汉唐昆明池杂议》,《汉长安城考古与汉文化汉长安城与汉文化——纪念汉长安城考古五十周年国际学术研讨会论文集》,科学出版社,2008 年,263、264 页。

④ 黄盛璋:《西安城市发展中的给水问题以及今后水源的利用与开发》,《地理学报》1958 年 4 期。

⑤ 卢连成:《西周丰镐两京考》,《中国历史地理论丛》1988 年 3 期,115~152 页。

⑥ 马正林:《汉长安城总体布局的地理特征》,《陕西师大学报(哲学社会科学版)》1994 年 4 期。同样马氏在其《中国城市历史地理》(山东教育出版社,1998 年,318 页)一书中亦持此观点。

⑦ 徐卫民:《汉长安城对周边水环境的改造与利用》,《河南科技大学学报(社会科学版)》2007 年 6 期。

⑧ 吴庆洲:《中国古城防洪研究》,中国建筑工业出版社,2009 年,59 页。

⑨ 张宁、张旭:《汉昆明池的兴废与功能考辨》,《文博》2013 年 3 期。

⑩ 李宪霞:《汉长安城的湖泊陂池及其作用》,《秦汉研究》(第 2 辑),三秦出版社,2007 年,293~301 页。

昆明已经降附。昆明池就成为都城附近游赏的胜地了"①。史先生同时指出昆明池后期所发挥的作用，"这是汉武帝及其臣下们没有料想得到的"②。李令福指出昆明池是"为了操练水军，征伐西南夷诸国"③的军事目的"仿照滇池而建"④，其两次修建时"船战的拟定对象有了改变，由原来的西南夷变成了南越"⑤。同时"昆明池操练水军的功能历时并不是很长，汉代也仅仅持续了武帝后期一段时期。随着汉武帝以后开疆拓土、征伐连年时代的基本结束，昆明池也渐渐丧失了作为一个水军基地的功能"⑥。所以"从其历史发展过程看，向京师供水应是昆明池的主要功用"⑦。杨金辉则指出"操练水军并非昆明池开挖的真正缘由"，"昆明"则"充其量只不过是其命名的原因"，主要缘由当为"城市供水和调节漕运"⑧。虽然昆明池兴建的主要原因如其所言，非军事原因，但杨氏接续说短暂的操练水军"使它的历史具有了强烈的军事色彩"，并进一步指出在"不同的历史时期内，其功能也是各有侧重、不断变化的"⑨。昆明池修建缘由变化说相较前两种说法，指出了随时代发展长安昆明池功用的转化，但也肯定了初衷为军事这一事实。另有将昆明池功能与漕渠漕运及帝王享乐等关联，但亦是在承认军事原因的前提下提出。如王子今引黄盛璋的看法，认为昆明池的修建与漕渠有关⑩。而秦建明讲到昆明池因汉武帝欲攻打昆明国而来，但"不免包藏有帝王为其游乐享受之投资找一个堂皇冠冕借口的成分"⑪。

综上，汉长安昆明池修建初衷基本分作两大认识，即军事原因和为长安城供水。

二、史料明确：初衷为军事

汉长安昆明池修建为征讨昆明夷及南越，史书记载较为明确。学界也已基本形成武帝元狩三年为讨昆明夷而初建，元鼎二年（前115年）为伐南越再修的一致认识。

首次穿凿昆明池的原因。如《史记·西南夷列传》（以下简称《西南夷列传》）记：

　　及元狩元年，博望侯张骞使大夏来，言居大夏时见蜀布、邛竹杖，使问所从来，曰：

① 史念海：《昆明池的通塞》，《西安晚报》1962年7月27日。

② 史念海：《昆明池的通塞》，《西安晚报》1962年7月27日。

③ 李令福：《论西汉长安城都市水利》，《中国古都研究》（第19辑），四川大学出版社，2004年，193～210页。

④ 李令福：《论汉代昆明池的功能与影响》，《唐都学刊》2008年1期。

⑤ 李令福：《汉昆明池的兴修及其对长安城郊环境的影响》，《陕西师范大学学报（哲学社会科学版）》2008年4期。

⑥ 李令福：《论汉代昆明池的功能与影响》，《唐都学刊》2008年1期。

⑦ 李令福：《论西汉长安城都市水利》，《中国古都研究》（第19辑），193～210页。李氏观点亦舟出在其《关中水利开发与环境》（人民出版社，2004年，139页）一书中。

⑧ 杨金辉：《浅论长安昆明池的开挖缘由》，《西安文理学院学报（社会科学版）》2007年3期。

⑨ 杨金辉：《长安昆明池的兴废变迁与功能演变》，《贵州师范大学学报（社会科学版）》2007年5期。

⑩ 王子今：《秦汉时期关中的湖泊》，《周秦汉唐文化研究》（第2辑），三秦出版社，2003年，52～65页；黄盛璋：《关于〈水经注〉长安城附近复原的若干问题——兼论〈水经注〉的研究方法》，《考古》1962年6期。

⑪ 秦建明：《汉上林苑与昆明池），《文博》2004年3期。

'从东南身毒国，可数千里，得蜀贾人市'。或闻邛西可二千里有身毒国。骞因盛言大夏在汉西南，慕中国，患匈奴隔其道，诚通蜀，身毒国，道便近，有利无害。于是天子乃令王然于、柏始昌、吕越人等，使间出西夷西，指求身毒国。

至滇，滇王尝羌乃留，为求道西十余辈。岁余，皆闭昆明，莫能通身毒国[①]。

可见汉朝欲通"身毒"，但道闭于昆明而仅至滇国。又《史记·大宛列传》（以下简称《大宛列传》）载：

（天子）乃令骞因蜀犍为发间使，四道并出：出駹，出冉，出徙，出邛、僰，皆各行一二千里。其北方闭氐、筰，南方闭嶲、昆明。昆明之属无君长，善寇盗，辄杀略汉使，终莫得通[②]。

由此可推测"昆明"的政权形式及生活习性等。又《大宛列传》记：

（天子）乃遣使柏始昌、吕越人等岁十余辈，出此初郡抵大夏，皆复闭昆明，为所杀，夺币财，终莫能通至大夏焉。于是汉发三辅罪人，因巴蜀士数万人，遣两将军郭昌、卫广等往击昆明之遮汉使者，斩首虏数万人而去。其后遣使，昆明复为寇，竟莫能得通[③]。

可见，汉朝远征"昆明"，虽然"昆明"遭到重创但仍"复为寇。"《史记·平准书》（以下简称《平准书》）曰：

法既益严，吏多废免。兵革数动，民多买复及五大夫，征发之士益鲜。于是除千夫五大夫为吏，不欲者出马；故吏皆适令伐棘上林，作昆明池。[④]

从"作昆明池"前文可见其正是在"兵革数动"的背景下开建。而《汉书·武帝纪》（以下简称《武帝纪》）亦云：（元狩三年）"发谪吏穿昆明池。"[⑤] 其后臣瓒《注》曰：

《西南夷传》有越嶲、昆明国，有滇池，方三百里。汉使求身毒国，而为昆明所闭。今欲伐之，故作昆明池象（像）之，以习水战，在长安西南，周回四十里。[⑥]

同时《西京杂记》讲："武帝作昆明池，欲伐昆吾夷，教习水战。"[⑦]《西京杂记》随后指出：

昆明池中有戈船、楼船各数百艘。楼船上建楼橹，戈船上建戈矛，四角悉垂幡耗

---

① 《史记》卷一一六《西南夷列传》，中华书局，1959 年，2995 页。

② 《史记》卷一二三《大宛列传》，3166 页。

③ 《史记》卷一二三《大宛列传》，3171 页。

④ 《史记》卷三十《平准书》，1428 页。

⑤ 《汉书》卷六《武帝纪》，中华书局，1962 年，177 页。

⑥ 《汉书》卷六《武帝纪》，177 页。

⑦ （晋）葛洪辑《西京杂记》卷一，中华书局，1985 年，1 页。

〔旍〕，旂葆麾盖，照灼涯涘。余少时犹忆见之。①

以上的记述同样出现在《三辅黄图》中：

> 汉昆明池，武帝元狩四年穿，在长安西南，周回四十里。《西南夷传》曰：天子遣使求身毒国市竹（身毒国即天竺也，《汉书》曰：张骞言使大夏时，见蜀市邛竹仗，问所从来，曰从东来，身毒国可数千里得蜀贾人市）。而为昆明所闭，天子欲伐之，越巂、昆明国有滇池，方三百里，故作昆明池以象之，以习水战因名昆明池②。

以上种种记载均将长安昆明池始建缘由指向征讨昆明夷。

而再修昆明池之记载。如据《平准书》云："是时越欲与汉用船战逐，乃大修昆明池，列观环之。治楼船，高十余丈，旗帜加其上，甚壮。"③而《汉书·食货志》（以下简称《食货志》）亦曰："是时粤（越）欲与汉用船战逐，乃大修昆明池，列馆环之。"④《平准书》司马贞之《索隐》引语：

> 盖始穿昆明池，欲与滇王战，今乃更大修之，将与南越吕嘉战逐，故作楼船，于是杨仆有将军之号。又下云"因南方楼船卒二十余万击南越"也⑤。

所言之"又下云……"即指《平准书》随后说法⑥，但此事在《史记·南越列传》中另有详细记载，只不过杨氏所率楼船军为"罪人及江淮以南楼船"，且只有"十万师"，同时会师讨伐的另有伏波将军路博德，戈船、下厉将军"归义越侯二人"以及驰义侯越人遗等⑦。由此可见，长安昆明池再修的原因是为征讨南越。

需要指出的是，司马贞《索隐》言及穿昆明池与滇有关联，似不为妥。翻检史料，似乎昆明池修建与汉征讨滇国并无关联。如《西南夷列传》云，（汉使）"至滇，滇王尝羌乃留，为求道西十余辈。"⑧可见滇王款待汉使并帮助汉廷求道身毒。《西南夷列传》又讲：

> 滇王与汉使者言曰："汉孰与我大？"及夜郎侯亦然。以道不通故，各自以为一州主，不知汉广大。使者还，因盛言滇大国，足事亲附。天子注意焉⑨。

---

① （晋）葛洪辑《西京杂记》卷六,43 页。该书第 43 页注〔一〕云："〔旍〕原作〔耗〕,据《古今逸史》,《龙威》本改。"

② （清）毕沅重校《三辅黄图》,清乾隆四十九年刊本影印,中国方志丛书·华北地方·306 号,台北成文出版社,1970 年, 69 页。

③ 《史记》卷三十《平准书》, 1436 页。

④ 《汉书》卷二四下《食货志下》, 1170 页。

⑤ 《史记》卷三十《平准书》, 1436 页。

⑥ 《平准书》随后云："南越反……因南方楼船卒二十余万人击南越"。参见《史记》卷三十《平准书》, 1438~1439 页。

⑦ 《史记》卷一一三《南越列传》, 2974、2975 页。

⑧ 《史记》卷一一六《西南夷列传》, 2995 页。

⑨ 《史记》卷一一六《西南夷列传》, 2996 页。

此条虽未言汉滇关系，但从对话及汉天子的态度上亦能领会彼此之关系。同时《西南夷列传》又云：

> 上使王然于以越破及诛南夷兵威风谕滇王入朝。滇王者，其众数万人，其旁东北有劳、靡莫，皆同姓相扶，未肯听。劳浸、靡莫数侵犯使者吏卒。元封二年，天子发巴蜀兵击灭劳、靡莫，以兵临滇。滇王始首善。以故弗诛。滇王离难西南夷，举国降，请置吏入朝。于是以为益州郡，赐滇王王印，复长其民①。

其中滇国"其众数万人"，可见其实力较强。在南越国破，汉收服西南诸夷的大背景下，汉朝以兵威"谕滇王入朝"。然而与滇国同姓的"劳""靡莫"等族联合阻挠，使"滇"骑墙难下，不便降服。而在汉出兵灭其二国而兵临滇国时，"滇"才得以'离西夷'而入朝②，并且汉朝因滇王"首善"而"复长其民"。而"西南夷君长以百数，独夜郎、滇受王印。滇小邑，最宠焉"③。从以上"滇"对于汉的态度及汉滇关系看，《平准书》司马贞之《索隐》不足为信，即长安昆明池修建与"滇"并无军事关系。

要之，汉长安昆明池修建初衷为军事原因，据众史料其言之凿凿，不容置疑。

三、存在质疑：初衷供水说

部分学者认为长安昆明池修建初始原因为向长安城供水，其主要依据是对西汉旱灾以及《汉书·五行志》（以下简称《五行志》）记载元狩三年大旱事件。《五行志》记："元狩三年夏，大旱。是岁发天下故吏伐棘上林，穿昆明池。"④ 有学者据此称"这才正是元狩三年第一次兴建昆明池的主要原因。"⑤ 杨金辉更是据陈业新对两汉旱灾统计数据称，因旱灾频繁且"大旱年份多，旱情也颇重，如《五行志》载，惠帝五年（前190年）夏，'大旱，江河水少，溪谷绝'。于是汉武帝就在长安西南开凿昆明池供水工程……而且开挖的当年就是大旱，可见当时昆明池开挖的必要性和紧迫性。"⑥

对以上论述，需要明确的是陈业新统计的是两汉之旱情⑦，根据对汉长安昆明池初建时间节点（前120年）前的武帝朝以及武帝朝之前旱灾发生频次分析，可推算出除武帝朝建元五年（前136年）至元光五年（前130年）无旱灾发生外，在武帝即位之建元元年（前140年）至建元四年（前137年）、元光六年（前129年）至元狩三年（前120年）两个阶段约14年时间发生旱灾4次。而

① 《史记》卷一一六《西南夷列传》，2997页。
② 《史记·西南夷列传》作"滇王离难西南夷"，《汉书·西南夷两粤朝鲜传》作"滇王离西夷"。
③ 《史记》卷一一六《西南夷列传》，2997页。
④ 《汉书》卷二七中之上《五行志中之上》，1392页。
⑤ 张宁、张旭：《汉昆明池的兴废与功能考辨》，《文博》2013年3期。
⑥ 杨金辉：《长安昆明池的兴废变迁与功能演变》，《贵州师范大学学报（社会科学版）》2007年5期。
⑦ 陈业新：《灾害与两汉社会研究》，华中师范大学博士学位论文，2001年。

武帝朝之前的惠帝二年（前193年）至景帝中元二年（前148年）共46年时间发生旱灾6次，陈业新称之为"旱灾少发阶段"。虽然少发，但似有程度上"旱情颇重"之情形。景帝中元三年（前147年）至后元三年（前141年）共7年间发生旱灾4次。从以上旱灾频次看，景帝朝后期虽旱灾增多，但武帝朝伊始至昆明池修建时频次又趋于减少。因此，至少从旱灾发生频次看，旱灾似不必成为昆明池开凿的必然理由。此外，若依陈氏对两汉水灾之统计，结合武帝朝及前代水灾看，景帝中元五年（前145年）至武帝元光四年（前131年）水灾相对稍多，元光四年（前131年）至元狩二年（前121年）左右"则无水灾"，而武帝朝之前的文帝景帝时期"基本上风调雨顺"，接续往前推之高后三年（前185年）至文帝后元三年（前161年）"以多雨为主，大旱稀至"①。由以上昆明池修建前西汉旱灾与水灾频次看，则不可回避的一个问题是：依据水灾或旱灾之发生，能否作为开凿昆明池之必然理由？史念海先生在论及汉唐长安城气候时曾讲："汉唐长安城亦与其他地区一样，有干旱之年，也有雨涝之岁。也遇到大旱和久涝。大旱往往成灾，不过大旱之年究竟不多，还可以说是稀少，两次旱年之间的差距也较为远些。旱涝相比较，倒是澍雨还显得多些。"②综上而言，可以说旱灾或许只是修建昆明池的小概率缘由，正是由于其缺乏与昆明池修建有关联的直接表述与文献记载。

　　同时《五行志》记载昆明池条目亦似值得商榷。也就是说，元狩三年旱情发生后，旋即修建昆明池，貌似二者之间有关联，但是否有直接因果关系？倘若如此，则何以解释昆明池得名之由来？一次大旱何以就修建昆明池？为说明问题，此处翻检《五行志》元狩三年"穿昆明池"条目前后多处记载。其前接两条：

　　　　（1）"元朔五年春，大旱。是岁，六将军众十余万征匈奴。"③
　　　　（2）"武帝元光六年夏，大旱。是岁，四将军征匈奴。"④

　　其后续两条：

　　　　（1）"天汉元年夏，大旱；其三年夏，大旱。先是贰师将军征大宛还。天汉元年，发谪民。二年夏，三将军征匈奴，李陵没不还。"⑤
　　　　（2）"征和元年夏，大旱。是岁发三辅骑士闭长安城门，大搜，始治巫蛊。明年，卫皇后、太子败。"⑥

　　由以上诸则史料可见，其表述体例为某年某季出现某灾害，然后当年又有重要事件发生。若将汉元狩三年大旱与昆明池开凿作因果联系，那么《五行志》诸则记载是否亦可作前后因果联系？倘

①　陈业新：《灾害与两汉社会研究》，华中师范大学博士学位论文，2001年。
②　史念海：《汉唐长安城与生态环境》，《中国历史地理论丛》1998年1期。
③　《汉书》卷二七中之上《五行志中之上》，1392页。
④　《汉书》卷二七中之上《五行志中之上》，1392页。
⑤　《汉书》卷二七中之上《五行志中之上》，1392页。
⑥　《汉书》卷二七中之上《五行志中之上》，1393页。

如此，将会出现大面积前后不通的状况。也就是说《五行志》中某年某季有某灾，其后只是赘述当年发生之重要事件，前后可能并无因果联系。同时惠帝朝一则史料为：

> 惠帝五年夏，大旱，江河水少，溪谷绝。先是发民男女十四万六千人城长安，是岁城乃成①。

显然，若将此与前之列举史料对比，倘前后有因果联系，则其断句及用词亦可见端倪。此外，以上诸则史料有一个共同体例，即灾害年记载发生重要的政治或军事事件，如"征匈奴""治巫蛊""城长安"。故，"穿昆明池"亦应为一次重要的政治或军事事件，从而再次将昆明池的修建初衷指向军事目的。当然大旱亦有可能成为修建昆明池之契机，以此为号召，或许便于调动人力物力。而出于武帝本人内心的想法——征讨西南夷，尤其是"昆明"夷当为初衷缘由。否则无法解释昆明池名称之来历，难以解释其修建规模之宏大，更不能解释其上楼船高十余丈之壮景。

南宋程大昌所论昆明池供水长安城可作为昆明池城市供水说之肇始。其著《雍录》言：

> 《长安志》引《水经》曰：'交水西至石闼，武帝穿昆明池所造，有石闼在县西南三十二里。'则昆明之周三百余顷者，用此堰之水也。昆明基高，故其下流尚可壅激以为都城之用，于是并城疏别三派，城内外皆赖之②。

可见，供水长安城一说是由于昆明池址基高而水可通过渠系自流至地势较低的长安城。由交水、石闼堰、昆明池及汉长安城彼此间水源承续关系看，地势自南向北依次降低，这是供水长安城具备的地理条件，相信汉朝人对此亦有认识，否则是不会有此建设与渠系布局。但奇怪的是，汉代史料均记昆明池之军事原因，不载昆明池之供水缘由③。因此，到底是修建伊始，汉代人就已意识到地势高低问题；还是建好之后，出于社会经济需要而造成昆明池功能转化而带来的需求性认知？而似乎由汉至宋近1200余年间，唯有宋程大昌一人有此见地。然则程氏虽首次提出昆明池供水长安，但亦是在承认昆明池为军事原因开凿的前提下。程氏有言：

> 武帝欲通西域，为昆明之所闭隔，闻昆明有滇池方三百里，凿此池习水战期以伐之……其始凿也，固以习战，久之乃为游玩之地耳④。

可见程氏对始凿为军事目的是认同的，只不过"久之乃为游玩之地"。汉代史料对军事原因记载明确，而供水说没有直接证据，只是后人的一种推测。若不如此，则极有可能陷入以后世理解推断久远前朝事的可能误区。

黄盛璋先生曾指出，因汉长安城需水量大，而昆明池距离较远，为调节水量及控制水流而在池

---

① 《汉书》卷二七中之上《五行志中之上》，1391页。
② （宋）程大昌，黄永年点校：《雍录》，中华书局，2002年，128、129页。
③ 关于《汉书·五行志》记载似为此意，但前有辨析，不可为据。
④ （宋）程大昌，黄永年点校：《雍录》，128页。

与城之间另建分水库——仓池与揭水陂①。可见，如若穿凿伊始即为供水源地，何不另择较近之地？同时，黄氏分析唐长安城水源时指出，龙首渠引水源在城东南三十里马头空设置龙首堰，而并未选择在距城较近的长乐坡，其原因在于前者海拔高，水可自流入唐城，而后者不具备此优势②。通过此例，黄氏指出："隋初开凿渠道对于西安附近的微地形是深有所了解，开凿前，一定经过详细的测量与实地查勘。"③与唐代对比，缘何汉代昆明池在修建伊始不曾考虑距城远近与水量调控问题？若将地形因素而致水可自流入城这一情况考虑进去，则设池地点或可就近考虑，至少揭水陂位置远近合适且储蓄之水量完全可来自于沇水。抑或许考虑到昆明池是在周灵沼基础上修建，恰因军事原因可能难以调发劳力，而似择便利凿之。又恰逢修建当年爆发大旱事件，当然极有可能给武帝以冠冕堂皇、为民着想的理由而调发劳力为之，即元狩三年大旱可能只是被武帝利用的一个促使因素。当然这也是一种推测而已，而军事缘由始终是确凿不误的。或许昆明池的具体修建过程及其以北沟通汉长安城之诸渠系的建造时间差可能有助于问题的解决。

此外，吕卓民的观点值得重视。吕氏指出，潏、滈二水在汉代水量可能很大，且二水在汉代未人工改道前相比沣水，其更靠近长安城④。言下之意，如果考虑城市用水问题，则不必将此二水人工改道而导入沣水水系，更没有必要开凿昆明池以解决城市用水。吕先生又指出，人为改道潏、滈二水入沣，并设计控制昆明池进水与排水等均是出于缓解长安城水压问题⑤。因此对于昆明池来讲，水源不选洋而选潏、交，同时又设计众多出水口，昆明池从而与潏、滈、交、沣等诸水形成一个完整调节水量的系统。此系统主要为排洪，以减轻长安城水湿问题。同时昆明池规模较大不但可作为军事演练之地，其排洪调节水量效果则更佳。当然出水口一支通向长安城，亦不排除为城市用水所虑，然而这已经恐怕是后来修建过程中所派生的需要。

四、结　语

关于汉长安昆明池之功能目前概括甚多，大多认为其有向长安城供水、调节漕运、皇家园林游乐区、水师操练、水产养殖及游赏垂钓等。然而通过前文之分析，昆明池的修建初衷是为征伐"昆明"夷，故其军事功能——操练水军应为其最初之主要功能。高荣曾分析汉对西南边疆的经营时讲："汉朝经营西南边疆地区，主要是从政治和军事需要出发的；但为'制越'、'通身毒'和流徙'奸豪'、罪犯而修筑道路和移民等，在客观上却有利于西南边疆的经济开发和社会进步。"⑥对于昆明池的修建亦是如此，从军事目的出发，其修建属于汉王朝经营西南边疆举措之一。翻检汉代史料，没有记载明确表明修建长安昆明池初衷是为汉长安城供水，而持此种说法者多以汉代旱灾以及

①　黄盛璋：《西安城市发展中的给水问题以及今后水源的利用与开发》，《地理学报》1958年4期。
②　黄盛璋：《西安城市发展中的给水问题以及今后水源的利用与开发》，《地理学报》1958年4期。
③　黄盛璋：《西安城市发展中的给水问题以及今后水源的利用与开发》，《地理学报》1958年4期。
④　吕卓民：《西安城南交潏二水的历史变迁》，《中国历史地理论丛》1990年2期。
⑤　吕卓民：《西安城南交潏二水的历史变迁》，《中国历史地理论丛》1990年2期。
⑥　高荣：《汉代对西南边疆的经营》，《中国边疆史地研究》2000年1期。

昆明池与汉长安城之间的渠道与给水关系而做出的推测，同时西南夷又在较短时间内被平定从而使昆明池修建初衷还没有被充分认识就已经向社会经济方面转化，此是与不同时代的历史背景与社会需求息息相关的。正如史念海先生所言，昆明池"曾经发生过一些好的作用，这是汉武帝及其臣下们没有料想得到的"[1]。言下之意，汉武帝修建长安昆明池之初衷是为征讨昆明夷及南越，但无形中却发挥了意想不到的社会经济功用。又如李令福所论汉长安昆明池之功能变化：

> 昆明池兴修于汉武帝时代，最初被用来训练水军，军事功能是其兴修的起因。随着战争的结束与汉长安城以及汉代社会的发展，供水长安、引控漕运成为其最重要的功能。除此之外，昆明池还具备园林游览、水产养殖的作用，并且对后世的文化也产生了多方面的影响[2]。

总之，汉长安昆明池修建初衷及其后续所展现出来的主要功能是随着时代背景、社会需求而不断演变的，然而需要强调的是不能因此而忽视其修建初衷，当然或许还需考虑武帝本人好大喜功的个体细节。

（原载徐卫民、王永飞主编：《秦汉研究》（第 17 辑），西北大学出版社，2022 年）

---

① 史念海：《昆明池的通塞》，《西安晚报》1962 年 7 月 27 日。
② 李令福：《论汉代昆明池的功能与影响》，《唐都学刊》2008 年 1 期。

从汉唐昆明池考古看历史考古学的文献自觉

刘　瑞

据文献记载，昆明池为汉武帝在元狩三年（前 120 年）、元鼎元年（前 116 年）两次修建而成。《汉书·武帝记》元狩三年"发谪吏穿昆明池"，注引如淳曰："《食货志》以旧吏弄法，故谪使穿池，更发有赀者为吏也。"①《汉书·食货志》载，武帝时"粤欲与汉用船战逐，乃大修昆明池，列馆环之。治楼船，高十余丈，旗帜加其上，甚壮"②。嗣后昆明池"习战"成为传统，至昭帝方废。

王莽之后虽汉祚东迁，但昆明池依然存在。《后汉书·孝安帝纪》载安帝延光三年（124 年）"祠高庙，遂有事十一陵，历观上林、昆明池"③。到唐代，昆明池更成为长安近郊一处重要胜地。《唐会要》卷二七载武德九年（626 年）高祖"幸昆明池，习水战。"④卷二八载贞观五年（631 年）太宗"大狩于昆明池，蕃夷君长咸从"⑤。

昆明池地处京郊，常有天子临幸之举，传世文献中保留了不少与其相关的记载。如规模，《三辅黄图》载："《三辅旧事》曰：'昆明池周三百三十二顷……'。图曰：'上林苑有昆明池，周匝四十里。'"⑥如后世的疏浚，《魏书·世祖纪》载太平真君元年二月（440 年）"发长安人五千浚昆明池"⑦。《唐会要》卷八九载贞元"十三年七月（797 年），诏曰，昆明池俯近都城，蒲鱼所产，宜令京兆尹韩皋充使修堰"⑧。《册府元龟》卷十四《帝王部·都邑》载："韩皋奏：准敕涨昆明池、修石炭、贺兰两堰，并造土堰，开淘湖渠。"⑨《旧唐书·文宗本纪》大和九年（835 年）"郑注言秦中有灾，宜兴土功厌之，乃浚昆明、曲江二池"⑩。此外，文献中还记载了不少昆明池侧宫观的名称，

---

① （汉）班固：《汉书》，中华书局，1964 年，177 页。

② （汉）班固：《汉书》，中华书局，1964 年，1170 页。

③ （宋）范晔：《后汉书》，中华书局，1973 年，240 页。

④ （宋）王溥：《唐会要》，上海古籍出版社，2006 年，599 页。

⑤ （宋）王溥：《唐会要》，上海古籍出版社，2006 年，612 页。

⑥ 陈直：《三辅黄图校正》，陕西人民出版社，1982 年，93 页。

⑦ （北齐）魏收：《魏书》，中华书局，1974 年，93 页。

⑧ （宋）王溥：《唐会要》，上海古籍出版社，2006 年，1923 页。

⑨ （宋）王钦若等编纂，周勋初等校订：《册府元龟》，凤凰出版社，2006 年，148 页。

⑩ （后晋）刘昫：《旧唐书》，中华书局，1975 年，561 页。

如《三辅黄图》"宣曲宫，在昆明池西"[①]，"豫章观，武帝造，在昆明池中，亦曰昆明观"[②]，"白杨观，在昆明池东"[③] 等。《旧唐书·李客师传》还载李客师"有别业在昆明池南"[④]。不过随着唐以后国家政治中心的东移，昆明池逐渐荒废，宋敏求在其《长安志》"昆明池"条下明载，其所见"今为农田"[⑤]。

从文献的记载看，汉武帝早于昆明池六年开凿的漕渠，也与昆明池有密切联系。《水经注》卷十九："渭水又东北与滈水合，水上承镐池于昆明池北"[⑥]，"渭水东合昆明故渠，渠上承昆明池东口，东迳河池陂北，亦曰女观陂。又东合沈水，亦曰漕渠"[⑦]，"又东北迳新丰县，左合漕渠，汉大司农郑当时所开也。以渭难漕，命齐水工徐伯发卒穿渠引渭。其渠自昆明池南，傍山原，东至于河，且田且漕，大以为便"[⑧]，显示经过一些渠道的连接，漕渠和昆明池构成了一个庞大的水利系统。宋代学者宋敏求在其所著《长安志》"交水"条中，载交水"又西至石㙮，分为二水。一水西流注丰，一水自石㙮北经细柳诸原，北流入昆明池"[⑨]，指出交水下注昆明池。而《类编长安志》"镐水"下更载："按《长安图》，本南山石鳖谷水，至香积寺与坑河交，谓之交河，西北入石巷口，灌昆明池，北入古镐京，谓之镐水，"[⑩]明指香积寺之上石鳖谷（今名"石砭峪"）之水在石巷口（今名"石匣口"）注入昆明池。

随着考古学在中国的不断发展，考古学成为昆明池研究中的一项重要方法。从 20 世纪 30 年代至 2012 年之前的昆明池考古有前后 6 次：

（1）1935 年，陈子怡在实地调查后发表《由昆明池而溯及镐京丰邑》，用较大篇幅讨论了昆明池的所在及范围[⑪]。

（2）1943 年，中央研究院历史语言研究所石璋如在陕西关中考古调查时，在长安丰镐村发现"昆明池深约五公尺至七公尺，从西向东遗迹尚存"[⑫]。

（3）1955 年前，顾铁符调查了西安附近的西汉石雕艺术[⑬]，其中有两件与昆明池相关。

（4）1961 年，中国科学院考古研究所对昆明池"进行了广泛的钻探。钻探的范围达 400 余万

① 陈直：《三辅黄图校正》，陕西人民出版社，1982 年，77 页。

② 陈直：《三辅黄图校正》，陕西人民出版社，1982 年，125 页。

③ 陈直：《三辅黄图校正》，陕西人民出版社，1982 年，128 页。

④ （后晋）刘昫：《旧唐书》，中华书局，1975 年，2482 页。

⑤ （宋）宋敏求、（元）李好文撰，辛德勇、郎洁点校：《长安志·长安志图》，三秦出版社，2013 年，388 页。

⑥ （北魏）郦道元注、（民国）杨守敬、熊会贞疏：《水经注疏》，江苏古籍出版社，1989 年，1563 页。

⑦ （北魏）郦道元注、（民国）杨守敬、熊会贞疏：《水经注疏》，江苏古籍出版社，1989 年，1591 页。

⑧ （北魏）郦道元注、（民国）杨守敬、熊会贞疏：《水经注疏》，江苏古籍出版社，1989 年，1617 页。

⑨ （宋）宋敏求、（元）李好文撰，辛德勇、郎洁点校：《长安志·长安志图》，三秦出版社，2013 年，388 页。

⑩ （元）骆天骧撰，黄永年点校，《类编长安志》，三秦出版社，2006 年，164 页。

⑪ 陈子怡：《由昆明池而溯及镐京丰邑》，《西京访古丛稿》，民国二十四年（1935 年）。

⑫ 石璋如：《传说中周都的实地考察》，《"中央研究院"历史语言研究所集刊》第二十本下册，1949 年。

⑬ 顾铁符：《西安附近所见的西汉石雕艺术》，《文物参考资料》1955 年 11 期。

平方米。……将与镐京有密切关系的汉昆明池范围大部探出"①，到"1963 年春完成昆明池等古代水道的铲探工作"，但钻探图纸在文革中遗失，胡谦盈先生在 1980 年据记忆和工作日记对昆明池范围进行了描绘②。

（5）1983~1984 年，陕西省考古研究所在镐京调查发现汉唐陶片。1984~1986 年，陕西省考古研究所对五号建筑遗址进行发掘，发现五角形下水管道、汉代水井，发掘判断为周代建筑③，胡谦盈认为其非周代遗存④。从资料看，其当是与昆明池有关的汉代遗址。

（6）2005 年，中国社会科学院考古研究所汉长安城工作队对汉唐昆明池遗址进行勘探试掘，"基本究明了遗址的范围、时代、进水渠、出水渠、池内高地以及池岸建筑遗址的分布等情况，并在遗址以北探明了另外两个古代水池——镐池与彪池遗址"⑤。

在前述 6 次考古中，第 1、第 2 次仅为地面踏查，第 3 次针对昆明池遗留石刻，第 4 次是在镐京考古中涉及昆明池，只有第 5、第 6 次的 1961、2005 年两次考古是专门针对昆明池而展开，工作规模大，收获自甚为丰富。这样，经过多次考古，与昆明池相关的问题逐渐廓清，有力推动了相关问题研究的持续深入。

但不容回避的是，就考古资料而言，1961 和 2005 年两次考古工作的成果，在昆明池池岸线位置、昆明池进水口、出水口位置等一系列重大问题上都存在巨大分歧。1961 年资料的附图和文字均未介绍昆明池从何处进水，但描述了昆明池西两条渠道。其中一条是昆明池向沣河排水，在昆明池西岸外的张村北侧、马营寨村以南大体中间的位置从昆明池向沣河排水，在东岸外的万村北侧有水向东流出。2005 年资料认为，昆明池在东南方向取水，通过万村西侧和北侧的两个进水口注入昆明池，除北岸三个出水口外，在西岸外张村东侧另有一个出水口。也就是说，1961 年认为在东西两侧出水，而 2005 年认为从东侧进水而水向西侧流出，可谓大相径庭。此外，1961 年资料认为，昆明池西岸在过斗门镇后向直接东北延伸，与镐京没有太多叠压，南岸则基本是在东侧的万村与西南侧的石匣口村之间近直相连。2005 年资料认为，昆明池的西岸要绕过斗门镇东侧后西折后向北延伸，在上泉北村东折后与北岸相连，东岸在万村继续向南，经下店至浦阳村北后西折为南岸，后延伸至石匣口村与西岸连接。很明显，两次考古资料在昆明池西北岸、东南岸线的走向上均存在巨大差异。

作为长安附近最重要的人工湖泊，一直不断有学者对昆明池进行历史地理学等方面研究。其复

---

① 中国科学院考古研究所资料室：《中国科学院考古研究所一九六一年田野工作的主要收获》，《考古》1962 年 5 期；《关于〈中国科学院考古研究所 1961 年田野工作的主要收获〉的补充说明》，《考古》1962 年 8 期。

② 胡谦盈：《汉昆明池及其有关遗存踏察记》，《考古与文物》，1980 年 1 期。

③ 陕西省考古研究所：《镐京西周宫室》，西北大学出版社，1995 年。

④ 胡谦盈：《丰镐二京都城遗址的考古工作概况及其主要收获》，《三代都址考古纪实——丰、镐周都的发掘与研究》，中国社会科学出版社，2009 年，53 页。

⑤ 中国社会科学院考古研究所汉长安城考古队：《西安市汉唐昆明池遗址的钻探与试掘简报》，《考古》2006 年 10 期。

原成果，无论是清汪士铎《水经注图》[①]、杨守敬《水经注图》[②]，还是现代谭其骧先生的《中国历史地图集》[③]、史念海先生的《西安历史地图集》[④]，以及长期以来陆续对昆明池开展研究的黄盛璋[⑤]、马正林[⑥]、杜思植、杜甫亭[⑦]、郭声波[⑧]、吕卓民[⑨]、曹尔琴[⑩]、徐卫民[⑪]、史念海[⑫]、李令福[⑬]等学者，均据文献记载，高度一致地认为，昆明池的进水口就应在其西南的石匣口村一带，恰与1961、2005年两次考古的判断完全不同。

虽然在复旦大学李晓杰先生近年复原的昆明池水系中，一方面采纳2005年考古资料，不过将考古资料中昆明池东岸的"进水口"改为出水口，并据文献在昆明池西南的石匣口村西绘有进水口[⑭]。西北大学李健超先生在完全了解两次考古资料情况下开展的昆明池复原后，完全不同意考古资料的相关判断，依然将昆明池的进水口置于西南石匣口村西[⑮]。

一般而言，由于文献记载的简约和疏漏，对于很多重要的历史事物和事件，都会存在各种各样的学术争议，久难平息。而在考古学出现后，若对争议对象开展考古并有了新考古资料，那普遍的情况是争议双方都会按考古资料再进行重新讨论。

但从前述昆明池考古与研究的情况看，不仅1961年、2005年两次考古资料无论是在池岸线位置，还是在进水、出水等关键问题上都存在着几乎完全不同的判断，而且更与文献记载和学者据文献得出的大量研究结果存在巨大差异。这种在有了新考古资料后，依然不断出现学者不认可考古资料而坚持文献记载的情况，应该说非常罕见。

那么，在这种情况下，我们就不仅要反思传世文献和学者研究的依据和逻辑判断是否合适，同样也要思考之前获得的考古资料本身是不是真的可靠——尤其当两次考古还存在巨大差异的情况下。于是，在不断审视传世文献的同时，若能再次开展考古工作，就必然会对相关问题的解决提供

① （清）汪士铎：《水经注图》，《水经注图（外二种）》，中华书局，2009年，723页。

② （清）杨守敬：《水经注图（外二种）》，中华书局，2009年，304页。

③ 谭其骧：《中国历史地图集》（第二册）"长安附近"图，中国地图出版社，1996年，15页。

④ 史念海：《西安历史地图集》"昆明池图"，西安地图出版社，1996年，58页。

⑤ 黄盛璋：《西安城市发展中的给水问题以及今后水源的利用与开发》，《地理学报》1958年4期，411页。

⑥ 马正林：《汉长安城兴起以前西安地区的自然环境》，《陕西师大学报（哲学社会科学版）》1979年3期，60页。

⑦ 杜思植、杜甫亭：《对西安城市供水问题的探讨》，《陕西师大学报（自然科学版）》1984年1期，93、94页。

⑧ 郭声波：《隋唐长安的水利》，《唐史论丛》（第四辑），三秦出版社，1988年，273页。

⑨ 吕卓民：《西安城南交潏二水的历史变迁》，《中国历史地理论丛》1990年2期，168页。

⑩ 曹尔琴：《从汉唐昆明池的变化谈国都与水的关系》，《中国古都研究（第十二辑）——中国古都学会第十二届年会论文集》，1994年，15页。

⑪ 徐卫民：《西汉上林苑的几个问题》，《文博》1994年4期，20页。

⑫ 史念海：《环绕长安的河流及有关的渠道》，《中国历史地理论丛》1996年1期，12页。

⑬ 李令福：《论西汉长安城都市水利》，《中国古都研究（第十九辑）——中国古都学会2002年年会暨长江上游城市文明起源学术研讨会论文集》2002年，203～204页。

⑭ 李晓杰：《渭水流域分图十一》，《水经注校笺图释·渭水流域诸篇》，复旦大学出版社，2007年，下册345页。

⑮ 李健超：《昆明池历史演变与地理环境》，《昆明池研究》，陕西科学出版社，2014年，132页。

积极线索。

非常幸运的是，从2012年秋开始，由中国社会科学院考古研究所与西安市文物保护考古研究院联合组成的阿房宫与上林苑考古队，为配合陕西省斗门水库建设，在之前两次考古判断的昆明池遗址及其周边区域，展开了长时间大规模的考古勘探与试掘。

经几年工作，考古队重新勘探确定了昆明池的池岸线位置，了解了昆明池池岸的结构、特征和早晚变化，而且确定了早期昆明池面积约14.2平方千米，唐代中期扩大为15.4平方千米的变化情况。其所确定的昆明池西岸北段及北岸的走向，与2005年考古资料基本一致，而昆明池的东岸南段及南岸的走向则与1961年约略相同。

为从根本上解决长期以来考古学与历史地理学、考古学本身都争议不绝的昆明池水来源问题，考古队不仅对之前两次考古勘探确定的昆明池进出水口进行了复探和试掘，而且还对文献记载和学者研究一直坚持的昆明池西南的石匣口村一带展开重点勘探，最后确定此处确有沟渠将水引入昆明池，证明文献记载所言不虚，之前学者的坚持值得肯定。而进一步的勘探表明，石匣口发现的进水沟渠，向上可上溯至秦岭石砭峪，经较长距离于石匣口村西北注入昆明池，此外在昆明池周边再无进水口。更让人欣喜的是，在该次考古工作中，在昆明池南侧、东侧发现了之前两次考古均未发现的汉唐漕渠，昆明池有向东的水道将池水注入漕渠，相关发现与文献记载一致[1]。

这样，新的考古工作表明，传世文献中有关昆明池的记述虽较简略，但其对昆明池在哪里进水、出水的问题、在昆明池旁有无漕渠的记述上，均无误载。之前学者据文献开展的一系列研究，特别是李健超先生从文献、从地形地貌出发直面质疑考古资料的努力，不仅基本符合历史事实，且其体现的学术自信和求真务实的精神更值珍视。

中国有着悠久的史学传统，为我们留下了非常丰富的文献记载，是今天研究历史、探根究源的核心资料。传世文献所构建的中国历史框架，虽在历史学、文献学研究者的不懈努力下得到不断深化，特别是在考古学传入中国后的大量发现甚至不断更新乃至改写着文献中的有关记述，但基于文献建立的中国史的基本格局尚未从根本上改变。

夏鼐、王仲殊先生20世纪80年代早期即已指出，"考古学是根据古代人类通过各种活动遗留下来的实物以研究人类古代社会历史的一门科学"[2]。作为研究古代社会的考古学，"从研究的年代范围上划分，考古学科分为史前考古学和历史考古学两大分支。……史前考古学的研究范围是未有文字之前的人类历史，历史考古学的研究范围则限于有了文献记载以后的人类历史，两者的界限在于文字的发明"[3]。历史考古学"主要研究青铜时代尤其是铁器时代"。研究不同时代对象的考古学的任务有所不同，"史前考古学承担了究明史前时代人类历史的全部责任，而历史考古学则可以与历史学分工合作，相辅相成，共同究明人类社会的历史"。

从研究方法看，历史考古学"必须与历史学相配合，同时还要依靠古文字学、铭刻学、古钱学

① 中国社会科学院考古研究所、西安市文物保护考古研究院、阿房宫与上林苑考古队：《西安汉唐昆明池水系的考古勘探与试掘(2012～2016)》，《中国文物报》2017年3月24日。
② 夏鼐、王仲殊：《考古学》，《中国大百科全书·考古学》，中国大百科全书出版社，1986年，前言2页。
③ 夏鼐、王仲殊：《考古学》，《中国大百科全书·考古学》，中国大百科全书出版社，1986年，前言16页。

和古建筑学等分支。从断定绝对年代的手段来说，史前考古学在很大程度上要依靠物理学、化学等自然科学的记述，而历史考古学则主要依靠文献记载和年历学的研究"①，"断定绝对年代的方法，在历史考古学领域内，主要是依靠文献记载和年历学的研究"②。

夏鼐、王仲殊先生还指出，在开展考古"调查之前，要广泛查阅文献，同时要充分利用地图和地名学的研究成果，以便得到探求各种遗迹、遗物的线索"③。以昆明池而言，除文献记载外，前述李健超先生研究的重要基础，是 20 世纪 30 年代以来该地区大地测量成果显示出的地形地貌和河流走向。而从昆明池一带的现地名看，除了前述一直流传石匣口村取水的"石匣口村"村名外，昆明池西岸的堰下张村、斗门镇、上泉村、下泉村、落水村等都是与水有关的地名。它们不仅是探寻昆明池的重要资料，而且从后来的考古资料看，其都紧邻昆明池岸，是汉唐昆明池悠久历史的深厚记忆。

从 1961 年、2005 年和 2012 年以来的昆明池考古看，当考古资料与文献记载出现不一致的情况后，除要慎重考虑是不是存在文献记载或传抄有误的情况外，同样也要慎重考虑是不是考古资料本身存在不足。

其实早在 1999 年，著名考古学家张忠培先生就曾专门著文讨论了考古学的局限性问题，指出："对考古学的局限性，我们不仅不能回避：而且应勇于直面它。"④2016 年西北大学钱耀鹏先生进一步分析了考古学的局限性。指出，"考古学在基础研究即信息提取方面所具有的自然科学属性和历史阐释层面的人文科学属性，所谓学科优势与局限性，都是比较而言的；在历史研究领域，无论实物资料还是历史文献或民族志资料，除了在历史研究中各具某些优势之外，也分别存在一些'与生俱来'的先天性缺陷，没有优劣之分，相互借鉴需以批判的态度克服简单的'拿来主义'倾向。唯有如此，才能有效实现不同学科、不同历史资料形式的优势互补。"⑤

因此，如果从昆明池考古的"经历"看，在历史考古学中，在坚持开展田野考古的同时，也应对传世的各种历史文献，自觉给予充分的重视。那种认为传世文献和考古资料都很真实的判断、将文献和考古资料不断"神化"而不允许质疑的做法、轻易否定文献而盲从考古资料的做法，都不可取。

从考古情况看，作为汉唐首都最重要的水利工程，昆明池一方面是有着各种文献和学者几乎"众口铄金"般的近乎一致的记述和认识，另一方面则是两次结果存在巨大差异的考古成果，孰是孰非，肯定需要进行审慎考察，不轻易否定文献或考古，也不能盲从而不疑。

昆明池第三次考古的收获，除在该地区进行了远超之前两次考古的长时间而全面的考古勘探外，所以取得前述发现的最重要基础，是在开始新一次的考古之前，全面考察了文献记载和两次考古资料的异同，自觉从文献记载出发，针对性地对文献和学者研究一直没有疑义的昆明池进水口所

---

① 夏鼐、王仲殊：《考古学》，《中国大百科全书·考古学》，中国大百科全书出版社，1986 年，前言 17 页。

② 夏鼐、王仲殊：《考古学》，《中国大百科全书·考古学》，中国大百科全书出版社，1986 年，前言 14 页。

③ 夏鼐、王仲殊：《考古学》，《中国大百科全书·考古学》，中国大百科全书出版社，1986 年，前言 12 页。

④ 张忠培：《浅谈考古学的局限性》，《故宫博物院院刊》1999 年 2 期。

⑤ 钱耀鹏：《略论考古学的优势与局限性》，《西部考古》（第 11 辑），科学出版社，2016 年。

在的石匣口村一带展开了重点勘探。当然，最后的发现恰恰证明文献和学者的研究无误。

这就表明，当文献记载的内容与一两次考古结果不一致时，如能从文献出发，对相关考古资料和对象进行反复的踏实、排除、探寻，自然会得到"意想不到"的结果。

夏鼐先生曾将考古资料与文献记载做了形象比喻，说它们"犹如车子的双轮，飞鸟的两翼，不可偏废"[①]。王仲殊先生回忆夏鼐先生的成就时指出："在从事专题研究、进行综合研究时，考古学者除了依据调查发掘所得的考古实物资料以外，还必须结合历史文献的记载。古代中国的历史文献记载十分丰富，而且多是翔实可靠的。非常值得考古学者们在进行专题研究和综合研究时仔细参考认真引用。"[②] 而夏鼐先生一系列卓著历史考古学的论述，莫不是文献与考古材料结合的典范[③]。

在具体研究中，我们虽不能盲从文献，但从昆明池考古的经历看，文献记述的内容肯定会有不少疏漏，但对重要地区（如首都、重要城市）、重要工程（如都城、陵墓、道路、水利等国家工程）的诸如其空间位置、大小规格、相互关系等等记载的可靠性、可信度都应很强。从文献传承和保存的角度看，在进入历史时期早期阶段的文献数量甚少，相关记载难免"粗疏"，但越晚近时期的文献越多，记载越加翔实，这些理应成为考古工作的重要基础。

在历史考古学中，无论是考古调查、考古勘探与发掘，都"要广泛查阅文献"，只有全面收集文献记载、审慎判定文献后，才能对与文献记载不同的考古结果保持足够"警惕"。无论从事历史学还是考古学的研究人员，想来都应如在开展传统研究前"质疑"文献记载一样，对考古学的局限性、考古资料的局限性有足够认知，这样历史考古学的发展才会更加美好，不然很容易陷入"孤掌难鸣"而"独翼难飞"——毕竟历史上曾出现的"独轮车"早已被更加平衡的多轮车所代替。

（原载《中国史研究》2021 年 3 期，略有修改）

[①] 夏鼐：《什么是考古学》，《考古》1984 年 10 期，932 页。

[②] 王巍：《夏鼐先生与中国考古学》，《考古》2010 年 2 期，4 页。

[③] 姜波：《夏鼐先生的学术思想》，《华夏考古》2003 年 1 期，106 页。

2.昆明池与上林苑

西汉上林苑的几个问题

徐卫民

西汉上林苑是我国古代规模最大的皇家园林。然而由于资料缺乏，有许多问题还没有搞清楚。笔者不揣冒昧，就上林苑的有关问题探讨如下。不妥之处，请方家指正。

一、上林苑的管理

上林苑有一套严密的管理系统。西汉初年，上林苑由少府管辖。汉武帝时扩大了上林苑的规模，其管理由少府转入水衡都尉。《汉书·百官公卿表》云："水衡都尉，武帝元鼎二年初置，掌上林苑，有五丞，属官有上林、均输、御羞、禁圃、辑濯、钟官、技巧、六厩、辨铜、九官令丞，又衡官、水司空、都水、农仓，又甘泉、上林都水七官长丞，皆属焉。"

上林苑管理权为何由少府转为水衡都尉呢？《史记·平准书》云："初，大农管盐铁，官布多，置水衡，欲以主盐铁，及杨可告缗钱，上林财物众，乃令水衡主上林。"从上所云，由于杨可告缗后，上林财物众多，因而设水衡管理上林苑。另一个原因是上林苑自武帝扩大后，功能增加，不只为皇家游猎之地，而是一个集宫殿台阁、山水园池、祈祷求仙、听政受贺、手工业加工等活动为一体的园林。因而原来属于少府的上林令显然适应不了这一要求了。

水衡都尉属官甚多，现分述于下。

上林苑令　主苑中禽兽，是水衡都尉中较高的官吏。"上林苑令一人，六百石，主苑中禽兽，颇有居民，皆主之。"[①]

上林丞　上林苑令之辅佐。《封泥考略》卷一有"上林丞印"。

上林尉　《汉旧仪》云："上林苑，……置令丞左右尉。"而《汉书·百官公卿表》有"八丞十二尉"，因而《汉旧仪》所云可能为汉初所设，后来增加了。上林尉主管上林苑的安全保卫工作。现存"上林尉印"[②]。

上林三官　汉武帝"悉废郡国无铸钱，专令上林三官铸"[③]。《史记·集解》认为上林三官为均

---

① 《续汉书·百官志》。

② 罗福颐：《秦汉魏晋南北朝官印征存》，文物出版社，1987年。

③ 《史记·平准书》。

输、钟官、辨铜。陈直先生则认为非也，当为钟官、辨铜、技巧^①。此三官皆属于上林水衡都尉管辖，故称"上林三官"。其分工为钟官主铸造，技巧掌刻花技术，辨铜掌原料。

上林农官　顾名思义，管理苑中农业。传世有"上林农官"瓦当，现存安康地区文管会。

上林十池监　管理苑中十池的官吏。一池一监。负责每个水池的水量、船只等。

上林诏狱　《汉官旧仪补遗》："上林诏狱主管苑中禽兽宫官事。"乃上林苑所设监狱的官吏，成帝时罢去。

水衡丞　佐助水衡都尉，有五丞。

均输　管理苑中的物资调配。这和大司农属官均输令，名虽相同，实质则不一样。

御羞　上林苑中御羞苑的主管官吏。上林苑中还包括乐游苑、宜春下苑、黄山苑、御宿苑、思贤苑、博望苑、甘泉苑、广明苑、长门园等，属苑中之苑，这是我国古代造园家们经常采用的一种总体布局方法，可以增加园林内部环境气氛的曲折变化，使园林内部取得大中见小、小中见大的对比效果。为了加强各小苑之间的联系和管理，每个小苑应有主管官吏。

禁圃　专门负责苑中蔬菜栽培。《封泥考略》卷一有"禁圃左丞"封泥。既然有左丞，可能应有右丞。《汉书·百官公卿表》有"禁圃两尉"。

农仓　上林农官之属官。当时苑中有许多仓库，即由农仓管理，如细柳仓、籍田仓等。

辑濯　如淳注曰："船官也"。管理上林苑中船只。《陕西通志》卷九十八有"辑濯丞印"。《汉书·刘屈氂传》有"辑濯士"，当为辑濯之属官。

舟牧　《西京赋》："命舟牧，为水嬉"。疑为辑濯之属官。

六厩　苑中专管马匹之官吏。苑中有众多的马，这是皇帝游猎必备之物。《汉旧仪》云："天子六厩，未央、承华、骟骏、骑马、辂軨、大厩也，马皆万匹。"

左弋　顾名思义是佐助弋射。武帝太祖元年改左弋为佽飞，出土有"佐弋"瓦、"佽飞"瓦。

虎圈啬夫　专门负责上林苑中虎圈的日常事务。

狗监　狗是皇帝狩猎时必用的，专门设置狗监负责此事。《汉书·司马相如传》有杨得意为狗监。

步兵校尉　专门负责上林苑的门卫工作。上林苑共有十二门。"步兵校尉掌上林苑门之兵。"^②

衡官　掌苑中税收。

都水、甘泉上林都水、水司空　管理苑中河水湖泊。

二、上林苑中的禽兽

上林苑供皇帝游乐射猎使用。"上林苑中，天子遇秋冬射猎，取禽兽无数实其中。""苑中养百兽。"^③因之苑中禽兽众多。"植物斯生，动物斯至，众鸟翩翩，群兽骁骇"，"散似惊波，聚似惊涛"，

---

① 陈直：《史记新证》。

② 程大冒：《雍录》卷八。

③ 孙星衍等辑，周天游点校：《汉官六种·汉旧仪》，中华书局，1990年。

禽兽散走之时，如水惊风而扬波，聚时如水中高土，禽兽之多，"伯益不能名，隶首不能纪"①。《上林赋》对上林苑中各类禽兽有详细的记载。《羽猎赋》云："凤凰巢其树，黄龙游其沼，麒麟臻其囿，神爵栖其林。"

射猎是封建皇帝的享乐方式。"强弩弋高鸟，走犬逐狡兔，此其为乐也。"②射猎时"陈虎旅于飞廉，正壁垒乎上兰。结部曲，整行伍，……赴洞穴，探封狐，陵重巘，猎昆骏。相羊乎五柞之宫，旋憩乎昆明之池，……蒲且发，弋高鸿，挂白鹄，联飞龙。缮不特纬，往必加双"③。"于是乎背秋涉冬，天子校猎，车骑雷起，殷天动地，先后陆离，离散别追。生貔豹，搏豺狼，手熊罴，足野羊，骑白虎，跨野马，下碛历之坻，经峻赴险，越壑厉水，椎飞廉，弄獬豸，格虾蛤，铤猛氏，绢腰袅，射封豕，箭不苟害，解脰陷脑，弓不虚发，应声而倒。辚白鹿，捷狡兔，蹑玄鹤，乱昆鸡，遒孔鸾，促骏鶔，捎凤凰，捷鸳鵉，揄焦明（似凤，西方之鸟）。"④《西都赋》亦云："罘网连纮，笼山络野，列卒周匝，星罗云布，于是乘銮舆，备法驾，帅群臣，披飞廉，入苑门，遂绕丰鄗，历上兰，六师发逐，百兽骇殚，……雷奔电激，草木涂地，山渊反复，蹂躏其十二三，乃拗怒而少息。""鸟惊触丝，兽骇值锋，机不虚掎，弦不再控，矢不单杀，……狭狮豹，拖熊螭，曳犀牦，顿象罴，……原野萧条，目极四裔，禽相镇压，兽相枕籍。"真可谓轰轰烈烈，声势浩大。

上林苑飞鸟成群："玄鹤白鹭，黄鹄䴔鹳，鸧鸹鸨鶂，凫鹥鸿雁。"⑤"鸟则鹔鷞鸹鸨，驾鹅鸿鸭"⑥。封建统治者视飞鸟为祥物，宣帝颁布保护鸟类的诏令："令三辅毋得以春夏摘巢探卵，弹射飞鸟。"宣帝元康四年，当时一种称为"神雀"的鸟"以万数集长乐、未央、北宫、高寝、甘泉、泰畤殿中及上林苑"⑦。皇帝因之改年号为"神爵"。

上林苑还专门为虎、狮子等修圈，并在旁筑观，供人观赏。虎圈，据《汉书·郊祀志》云："建章宫西有虎圈。"颜师古注云："于菟，亦西方之兽，故于此置其圈也。"此虎圈乃上林尉回答文帝问上林苑禽兽多少处。狮子圈，位于建章宫西南。

大规模广设兽圈，并使之成为人与困兽相斗的竞技场。汉文帝很重视虎圈，亲自询问虎的多少，专设虎圈啬夫管理。河南洛阳曾出土一汉彩画砖，上有"上林虎圈斗兽图"。斗兽被用作惩罚人的手段。名将军李广之孙李禹，曾被逼下虎圈刺虎。"其下则有白虎、玄豹、蟃蜒㹎犴、兕象、野犀，……于是乎乃使专诸之伦，手格此兽。"⑧观赏者从中取乐。《汉书·外戚传》云："（汉元帝）建昭中，上幸虎圈斗兽，后宫皆坐。"《上林赋》中描写有人斗兽的情况："生貔豹，搏豺狼，足野羊。"成帝元延三年，下令将熊罴，豪猪、虎、豹等放进射熊馆，然后"令胡人手搏之，自取其获，

---

① 张衡：《西京赋》。

② 刘安：《淮南子·原道篇》。

③ 张衡：《西京赋》。

④ 司马相如：《上林赋》。

⑤ 班固：《西都赋》。

⑥ 张衡：《西京赋》。

⑦ 《汉书·宣帝纪》。

⑧ 司马相如：《子虚赋》。

上亲临观焉”[1]。

上林苑中禽兽的来源，一是苑中禽兽繁殖的。二是征发附近农民为苑中捕捉的，《长杨赋》云：汉武帝时令贫苦农民入南山捕捉熊罴虎豹麋鹿等动物。三是外国进贡的。正如《西都赋》所讲的：“其中乃有九真之麟，大宛之马，黄支之犀，条支之鸟。”“南越献驯象、能言鸟。”[2]四是封建统治者为了得到某种国内没有的禽兽，不惜一切代价，用武力夺取，如汉武帝时，得知大宛有“汗血马”，便派李广利对大宛发动战争，夺得了“汗血马”。

三、上林苑中的花木

上林苑中花木品种繁多，有木本、草本，木本中又有观花、观叶、观果、观枝干的各种乔木和灌木。草本中有大量的花卉和草坪植物。辉煌的建筑物与自然的山水、花木融为一体，构成一幅自然和谐的优美画面。

上林苑中森林繁茂，花木众多。《三辅黄图》云：“帝初修上林苑，众臣远方，各献名果异卉三千余种植其中。”《西京杂记》亦云：“初修上林苑，群臣远方，各献名果异树，亦有制为美名，以标奇丽。”从《西京杂记》可看出当时苑中有梨十、枣七、栗四、桃十、李十五、奈三（苹果的一种）、查三（即山楂）、椑三（柿子的一种）、棠四、梅七、杏二、桐三（以上均为种），林檎十、枇杷十、橙十、安石榴一、楟十、白银树十、黄银树十、槐六百四十、千年长生树十、万年长生树十扶老木十、守宫槐十、金明树二十、摇风树十、鸣风树十、琉璃树七、池离树十、离楼树十、楠四、枞七、白榆楀杜楀、桂蜀漆树十、栝十、楔四、枫四（以上均为株）。从上所言，苑中花木真是不胜枚举。

封建统治者把全国各地能够在关中栽植的均要移植到上林苑中，因而形成“竹林果园，芳草甘木，郊野之富，号为近蜀”[3]，“郁翁薆薱，橚爽櫹椮”，“苯蓴蓬耳，弥皋被岗”[4]。呈现一派草木茂盛景象。《上林赋》中记载着当时的花木名称。

上林苑中树木，有原来留下来的森林，“林麓薮泽连亘”[5]，“长千仞，大连抱”，“长安城东南有楸林”[6]。同时又有人工栽植的树木，“卫思后葬城东南桐柏园”[7]。见于记载的人工栽植树种有松柏、桐、梓、杨、柳、榆、槐、檀、楸、竹等用材林及桃李、杏、枣、栗、梨、柑橘果木和桑漆等经济林木。“于是乎卢橘夏熟，黄甘橙楱，枇杷橪柿，亭奈厚朴，梬枣杨梅，樱桃葡萄，隐夫薁棣，荅遝离支，罗乎后宫，列乎北园，貤丘陵，下平原，……沙棠栎槠，华枫枰栌，留落胥邪，仁频并间，

① 《汉书·杨雄传》。

② 荀悦：《前汉纪》。

③ 班固：《西都赋》。

④ 张衡：《西京赋》。

⑤ 《三辅黄图》。

⑥ 《汉书·东方朔传》。

⑦ 宋敏求：《长安志》引《皇览》。

材檀木兰，豫章女贞。"这些树木"垂条扶疏，落英幡骊，纷溶箾蓼，猗狔从风，……被山缘谷，循阪下隰，视之无端，究之无穷"①。苑中有许多以树木命名的宫殿台观，如长杨宫、五柞宫、葡萄宫、青梧观、棠梨宫、梨园、细柳观、樛木观、椒唐观、柘观等，说明其旁必有此种植物。

上林苑中竹林很多，户、杜、周至是著名的竹子产地，西汉王朝还在周至特设竹圃，后来关中竹林迭受称道，竹圃甚至成为一地的专名了②。

为了保证上林苑四季常绿，苑中种植了许多四季不落叶树木花草，如沙棠、栎槠、豫章、女贞等，又从南方移植一些树。扶荔宫专门种植南方的奇花异草，如菖蒲、山姜、甘蔗、留求子、龙眼、荔枝等。为了保证这些南方植物在北方能够种植，冬季搞温室栽培。温室的历史从西汉开始。"太官园种冬生葱、韭、菜茹。"其方法是"复以屋庑，昼夜燃蕴火，待温气乃生"③，太官是专管皇帝膳食的，为了保证皇帝的冬季吃菜，用温室栽培。当时民间也有温室，富有者多食"冬葵温韭"，那么上林苑必然采用温室栽培南方植物过冬。

秦汉时期还制定了保护林木的法令。"春二月，毋敢伐材木山林。"④《吕氏春秋》规定从孟春到季夏各月"禁止伐木""无焚森林""毋伐桑柘""无伐大树""无烧炭"。《淮南子·主术训》云："草木未落，斤斧不得入山林。"对一般林木如此保护，那么作为皇家苑囿的上林苑更不能例外了。

四、上林苑中池沼

上林苑水源丰富，有"荡荡乎八川分流"之称。东有灞河、浐河，西有沣河、涝河，南有潏水、滈水，北有渭水、泾水。渭水犹如一条巨龙从上林苑东西穿过，正如《上林赋》所言："终始灞浐，出入泾渭、丰镐潏涝，纡馀委迤，经营乎其内。"上林苑利用长安八水的有利条件，修建了许多人工湖泊，犹如镶嵌在苑中的颗颗明珠。

昆明池：汉武帝元狩三年开凿的。《汉书·食货志》云："是时粤欲与汉用船战逐，乃大修昆明池，列馆环之。"即修建昆明池是为了操练水军，讨伐西南夷。宋人程大昌在《雍录》中云："其始凿也，固以习战，久之乃为游玩之地也。"昆明池是长安城西南的总蓄水库，供应汉长安城内外的用水。"城内外皆赖之。"⑤汉初长安城的水源是引用滈水，后来随着长安城的扩大，人口的增加，乃修昆明池。昆明池的水源来自浐水。浐水本是东流入沣的，汉武帝作石闼堰，堰浐水北流，穿过细柳原，流入昆明池，石闼堰遗址在今天堰下张村。

昆明池的规模，臣瓒注认为"周回四十里"。《长安志》引《三辅故事》："盖三百二十顷。"张澍辑《三辅旧事》："三百三十六顷。"昆明池的四至，据《长安县志》引碑石云："北极丰镐村，南极石匣，东极园柳坡，西极丰门。"胡谦盈先生曾在昆明池遗址踏察，认为汉昆明池遗址就是今天

---

① 司马相如：《上林赋》。
② 史念海：《历史时期黄河中游的森林》见《河山集》二。
③ 《汉书·召信臣传》。
④ 《云梦秦简·田律》。
⑤ 程大昌：《雍录》卷二六。

长安县斗门镇东的一片低地，比周围低 2～4 米，总面积约 10 平方千米。池址北缘在今北常家庄之南，东缘在孟家寨万村之南，南缘在细柳原北侧，即今石匣口村，西界在张村及马营寨之东①。

《三辅黄图》引《庙记》云："池中后作豫章大船可载万人，上起宫室，因欲游戏。""昆明池中有戈船数十，楼船百艘，船上建戈矛，四角悉垂幡旄葆麾，盖照烛涯涘。"②这么多的船除供水兵训练外，有一些乃供皇家后宫荡舟。皇帝后宫在昆明池"登龙舟，张凤盖，建华旗，袪黼帷，镜清流，靡微风，澹淡浮，棹女讴，鼓吹震"③。《西京赋》云："旋憩乎昆明之池，……于是命舟牧，为水嬉，浮鹢首，翳云芝，垂翟葆，建羽旗，齐栧女，纵棹歌，发引和，校鸣葭，奏淮南，度阳阿，感河冯，怀湘娥，警蝄蜽，悼蛟蛇，然后钓鲂鳢，……摭紫贝，搏耆龟。"反映出当时皇宫后妃在昆明池中泛舟游荡钓鱼的情况。《西京杂记》载："昆明池有刻石为鲸鱼，每至雷雨，常鸣吼。""昆明池中有二石人，立牵牛、织女于池之东西，以象天河。"④这两尊石象迄今犹存，是汉武帝元狩三年雕刻的，比霍去病墓前石刻还要早三年。昆明池岸"周以金堤。树以柳杞"⑤。岸边植柳，池中养鱼，更增添了池中景色。

太液池：《三辅黄图》云："太液者，言其津润所及广也。"其遗址在今三桥镇高低堡子西北的西安太液池苗圃。笔者曾去当地考察，现仍低于周围。《汉书·郊祀志》云："太液池中有蓬莱、方丈、瀛洲、壶梁，象海中神山龟鱼之属。"《史记·封禅书》云："三神山在渤海中，其物禽兽尽白，而黄金银为宫阙，山上有诸仙人及不死药。"近年河北、辽宁考古队在渤海沿岸发现几处秦汉离宫遗址。据记载，太液池有石鱼石鳖。1973 年在太液池西北侧发现一件长 4.9 米，中间最大直径 1 米，形如橄榄的鱼形石雕，现存陕西省碑林博物馆⑥。

太液池风景秀丽。《西都赋》云："览沧海之汤汤，扬波涛于碣石，激神岳之嶈嶈，览瀛洲与方壶，蓬莱起乎中央，于是灵草冬荣，神木丛生，……金石峥嵘。"滔滔湖水为水族水禽栖息繁衍创造了条件，形成了水上动物园。"始元元年春二月，黄鹄下建章宫太液池中。"⑦封建统治者视黄鹄为吉祥，遂记于书中。"太液池边皆雕胡、紫箨、绿节之类，……其间凫雏雁子，布满充积，又多紫龟、绿龟、池边多平沙，沙上鹈鹕、鹔鸹、鹁鹨、鸿鹥，动辄成群。"⑧是皇帝经常游乐之地。《三辅黄图》云："成帝常于秋日与赵飞燕戏于太液池，以沙棠木为舟。"

镐池：《三辅黄图》云："在昆明池之北，即周之故都也。"其遗址在今牛郎石像以北至斡龙岭之间。

彪池：《三辅黄图》云："冰池，在长安西，旧图云，西有彪池，亦名圣女泉，盖冰彪声相近，

---

①　胡谦盈：《汉昆明池及其有关遗存踏察记》，《考古与文物》1980 年 1 期。

②　《三辅旧事》。

③　班固：《西都赋》。

④　《三辅黄图》引《关辅古语》。

⑤　张衡：《西京赋》。

⑥　《西安太液池出土一块巨型石鱼》，《文物》1965 年 6 期。

⑦　《汉书·昭帝纪》。

⑧　《西京杂记》卷一。

传说之讹也。"《水经·渭水注》亦云："鄗水又北流，西北注与彪池合。"遗址当在今北丰镐村和落水村之间，当地群众俗称为小昆明池。

孤树池：《西京杂记》云："太液池西有一池，名孤树池，池中有洲，洲上有黏树一株，六十余围，望之重如盖，故取为名。""黏"同"杉"，属于常绿乔木，高可达 30 余米，但树大六十余围似有夸大。

唐中池：《三辅黄图》云："周回十二里，在建章宫太液池南。"其水源自昆明池。可能位于建章宫唐中殿之旁。

琳池：《拾逸记》云，"昭帝始元六年，穿琳池，广千步，池南起桂台以望远，东引太液之水，池中植分枝荷。"成为宫人常游乐之地。从东引太液之水可以看出此池在太液池西不远处。

影娥池：《三辅黄图》云："武帝凿池以玩月，其旁起望鹄台以眺月，影入池中，使宫人乘舟弄月影，名影娥池，亦曰眺蟾台。""影娥池北又作鸣禽之苑，池中有游月船、触月船、鸿毛船、远见船，载数百人。"[1] 看来此池专为宫人荡舟赏月。其遗址在"建章宫"[2]。

上林十池：《三辅黄图》云："上林苑有初池、麋池、牛首池、蒯池、积草池、东陂池、西陂池、当路池、犬台池、郎池，……蒯池生蒯草以织席，西陂池、郎池皆在古城南上林苑中。……积草池中有珊瑚树，高一丈二尺，一本三柯，上有四百六十条，南越王赵佗所献，号为烽火树，至夜光景常焕然"。汉牛首池乃秦牛首池之旧。"西池宣曲，濯鹢牛首。"[3] 郭璞注云："牛首池在沣水西边，近沣河。"《三秦记》云上林有"牟首池"，"牛""牟"二字形近易混，当为牛首池，因牛首山而名。当路池、犬台池、郎池分别在当路观、犬台观、郎池观附近。东陂池、西陂池可能分别位于上林苑的东端和西端，"日出东沼，入乎西陂"[4]，张揖注云："日朝出苑之东池，募入于苑西陂池。"

百子池：《类编长安志》云："在建章宫西。"每年七月七日牛郎织女相会的日子都要在此举行大型于阗音乐会，人们以五颜六色的丝缕相系唱歌跳舞，尽情欢乐。

上林苑中还有鹤池、昆灵池、虬泉池等。

关于上林苑的池沼数目，有云六池，有云十池，还有云十五池。池的名称诸书记载也不尽相同。其原因可能是有的书只记载较大池，有的则连小池也算在内。

五、上林苑中文娱活动

秦汉时代由于国力的强盛，丝绸之路的畅通，西域及国外的文娱活动传入，上林苑的文娱活动丰富多彩。

汉时，民间的娱乐活动就很盛行。"往者民间酒会，各以党俗弹筝鼓缶而已，无要妙之音，变

---

[1] 《别国洞冥记》见《历代小说笔记选》。

[2] 《类编长安志》卷三。

[3] 司马相如：《上林赋》。

[4] 司马相如：《上林赋》。

羽之传。今富者钟鼓五乐，歌儿数曹，中者鸣竽调瑟，郑舞赵讴。"①民间尚且如此，那么作为皇家苑囿的上林苑，其文娱活动更是锦上添花。

汉在上林苑设有太学，这是我国最早的大学。开始于武帝时期，当时有五十人，到成帝时增至三千人。王莽时"建弟子舍万区，起市郭上林苑中"②。汉太学遗址在长安城东南方土门附近一带。除此之外，皇帝元康二年，乌孙国王与汉通婚，为了适应乌孙风俗，朝廷组织公主的官属侍御百余人"舍上林中，学乌孙言"③。这是我国最早的外语学校。

苑中有赛马活动，走马观是专门为观赏赛马而建的。武帝非常喜欢赛马，常与宠臣董偃"游戏北宫，驰逐平乐，观鸡鞠之会，角狗马之足"，在建章宫"设戏车，教驰逐，饰文采"④。成帝常与宠臣微行出游"北至甘泉，南至长杨、五柞，斗鸡走马长安中，积数年"⑤。

苑中有足球活动，专辟有足球场，称为"鞠城"。汉武帝是足球场最经常的观众，其宠臣董偃曾将各郡国的蹴鞠名将荟萃长安，进行比赛，"郡国狗马、蹴鞠、剑客辐辏董氏"⑥。《汉书·艺文志》有"蹴鞠经"，可见当时足球运动流行之普遍。

角抵运动，西周已开始，秦汉盛行。秦二世时，"在甘泉方作觳抵优俳之观"。文颖注云："秦名此乐为角抵，两两相对。角力，角伎艺射御，故曰角抵也。"角抵相当于现在的摔跤，汉时常在上林苑平乐观举行此种活动，以享外国及国内观众。"元封三年春，作角抵戏，以享外国朝献者，三百里内人皆观。""元封六年夏，京师民观角抵于上林（平乐）"⑦。

平乐观是上林苑文娱活动的中心。《西京赋》云：平乐观"程角抵之妙戏，乌获扛鼎，都卢寻橦，冲狭燕濯，胸突铦锋，跳丸剑之挥霍，走索上而相逢。""乌获扛鼎"即今天的举重。"都卢寻橦"相当于今天的爬杆杂技。"冲狭燕濯"类似今天杂技中的钻刀圈。"胸突铦锋"属气功之类。"跳丸剑之挥霍"亦称弄丸，表演者两手快速抛接若干弹丸，也有抛接短剑的，亦称跳剑或弄剑。"走索上而相逢"，类似今天的走钢丝。另外当时还有"吞刀吐火"，"鱼龙曼衍"，"海中砀极"，"自缚自解"等幻术。从上所言，可以看出当时上林苑中马戏、杂技、幻术等表演的盛况。

上林苑许多杂技、幻术都是通过丝绸之路从西域或罗马传入的。《史记·大宛列传》云："汉使至安息，安息以大鸟卵及黎轩善眩人献于汉。""眩人"据颜师古注云："眩通与幻，今吞刀吐火、植树种瓜、屠人截马之术皆是也，本从西域来。"

苑中还有各种各样的乐舞表演。《上林赋》："奏陶唐氏之舞，听葛天氏之歌，千人唱，万人和，山陵为之震动，山谷为之荡波，巴俞宋蔡，淮南干遮，文帝滇歌，族居递奏，金鼓迭起，……洞山骇耳。荆吴郑卫之声，韶濩武象之乐。"汉武帝在建章宫"撞万石之钟，击雷霆之鼓，作俳优，舞

---

① 《盐铁论·散不足篇》。
② 《三辅黄图》。
③ 《汉书·西域传下》。
④ 《汉书·东方朔传》。
⑤ 《汉书·张汤传》。
⑥ 《汉书·东方朔传》。
⑦ 荀悦：《前汉纪》。

郑女"①。

　　汉代流行的七盘舞、剑舞、巴渝舞、踏歌也是上林苑中经常为皇帝后宫表演的节目。自从西域的箜篌、胡笳、胡笛、胡角乐器传入后，便成为上林苑中歌舞伴奏的乐器。

　　通过对上林苑管理、禽兽、花木、池沼、文娱活动的研究，可以看出，西汉上林苑已经是一个多功能的综合园林了，具有一套周密的管理系统。其中珍禽异兽、奇花异草应有尽有。湖泊纵横交错，碧波荡漾，环境优雅，文娱活动丰富多彩，是封建皇帝理想的活动场所。

（原载《文博》1994 年 4 期）

---

① 《汉书·东方朔传》。

论汉长安园林

马正林

园林是城市规划的重要组成部分，也是城市最有生机的部分，没有园林的城市几乎是不可想象的。中国城市园林历史悠久，在世界园林史上享有盛名。在世界三大园林体系中，中国园林占有光辉的地位。世界三大园林体系也就是西亚园林、古希腊园林和中国园林。目前，许多城市都在人造园林，由于不了解中国园林的历史和造园特点，违背了造园的基本规律，不伦不类。汉长安园林是中国园林的老根，研究汉长安园林，对今天的城市造园有重要的指导作用。

一、世界三大园林体系的特点

由于自然条件和思想文化的差异，世界各国的园林特点不同，风格各异。大体说来有三大园林体系，即西亚园林、古希腊园林和中国园林。西亚、北非地区气候干燥，多沙漠景观，人们对于绿洲特别喜爱，认为是生命和希望的象征。因此，在庭院中经营绿洲，生机勃勃，成为沙漠中最具有活力的乐土，被称为"天国乐园"（伊甸园）。这种庭院绿洲，正是沙漠环境中最简便、最有效的造园方法。因为气候干燥、缺水，大规模的造园是不可能的。而小型庭院绿洲与住宅交相辉映，情趣盎然，反而成为游憩的良好去处。这种庭院绿洲，后来又不断运用水法，使中心水池演变为明渠、暗沟和清泉，代表了西亚园林的基本特色[①]。这种造园形式也影响到后来欧洲的造园特点。

古希腊人首先仿波斯人造园，以原有果树蔬菜园为基础，引种波斯名花异卉，终于形成四周住宅，中间绿地，布局十分方整的廊柱园。这显然同希腊地区自然环境优越，庄园经济发达、文化素质较高有密切关系。后来罗马人继承了这种造园方法，建造了许多大规模的山庄园林[②]。这种山庄园林突出建筑物，以几何图案作为布局的蓝图，大有人工美胜过自然美的气势。也就是说，欧洲自然环境优越，文艺复兴以后，科学技术发达，能够尽量发挥人工在造园中的作用，不大重视自然环境的特点，形成欧洲古典园林庄重、大方、突出建筑物的基本格局。

以山水为主体的中国园林与西方园林的造园形式截然不同，具有独特的风格。中国地大物博，自然环境复杂多样，山川壮丽，自古以来人们就以游山玩水为快事。山贵有脉，水贵有源，脉源贯

① 林崇德：《中国少年儿童百科全书·文化、艺术》，浙江教育出版社，1991年，235、236页。
② 林崇德：《中国少年儿童百科全书·文化、艺术》，浙江教育出版社，1991年，235、236页。

通，全园生动①，只有山水才能表现自然之美。"水随山转，山因水活"，有了山水，园林布局灵活多变，曲折幽深，使自然美表现得淋漓尽致，源于自然，又高于自然，真正做到美不胜收。西方园林讲求几何、数学原则，以建筑物为主，而中国园林"虽由人作，宛自天开"（计成：《园冶》卷1《园说》），把自然美表现得更加充分，给人以无限美好的享受。园林布局以自然形态为主，融人工建筑于自然之中，使园林风光达到更高的境界。源于自然而高于自然是中国园林造园的基本原则，建筑物只能隐现于自然环境之中，与自然环境浑然一体，达到美不可言的奇妙效果。

二、汉长安园林的总体布局

汉长安园林是中国园林的老根，代表了中国园林的基本特色。尽管中国城市园林多种多样，但万变不离其宗，即以自然特点为造园的基本形式，这是由汉长安城奠定的。要探讨中国城市园林形成的特点和规律，就必须首先研究汉长安园林，才能找到中国城市园林的根源，说明为什么发展到今天这种形态，否则，中国城市园林就成了无本之木，无源之水，很难阐明它的基本规律。因此，探讨汉长安园林能为今天的城市造园提供理论根据。

1. 皇宫与园林相结合

汉长安城主要有三大宫，即未央宫、长乐宫和建章宫。未央宫位于城的西南，长乐宫位于城的东南，只有建章宫在西城墙外，位于上林苑。自夏商周以来，中国的王都都有宫殿建筑，而且占据全城的重要部位，大都豪华壮丽。可是像西汉皇宫这样，把宫殿建筑与园林相结合，确系空前未有，开创了中国皇宫建设的新格局。西汉皇宫园林是皇宫整体的重要组成部分，与重要大殿有机地结合起来。主要表现在巧用地形，充分发挥地理上的优势，使殿阁与园林融为一体，把自然美与人工美巧妙地结合起来，相得益彰，为中国宫廷园林的布局奠定了基础。水源是造园的基本条件，园无水不活，山无水不秀，"水之上下左右，高者为台，深者为室，虚者为亭，曲者为廊，横者为渡，竖者为石，动植者为花鸟，往来者为游人"②，使全园皆活，景色如画。西汉皇宫园林都是选择有利地形，开凿人工湖，以大湖水面为主景，布设亭台楼阁，融人工建筑于自然山水之中，形成大湖水面一望无际，清澈涟漪，殿阁亭台倒映湖中，与回廊、绿树、鲜花交相辉映，绚丽异常，为皇帝、皇族提供了良好的游憩场所。

未央宫中有沧池，位于前殿的西边。沧池为潏水枝渠"飞渠"入城所汇注，水源充沛，湖面广阔。今未央宫前殿遗址西边的低洼地区，就是当年沧池的所在，遗址清晰可辨。"未央宫中有沧池，言池水苍色，故曰沧池。"苍色即青色，证明沧池池广水深。"沧池渀沆"（《西京赋》，《全上古三代秦汉三国六朝文》一），正是范围广阔的生动描述。"渀沆"就是指广阔无边的大水。正因为有这样碧波荡漾、水面粼粼的大湖，奠定了沧池风景区的基础。沧池周围殿阁林立，倒映池中，犹如蓬莱

① 陈从周：《园林谈丛》，上海文化出版社，1980年，1页。

② 陈从周：《园林谈丛》引《梅花墅记》，上海文化出版社，1980年，14页。

仙境，别有情趣。沧池中有渐台，构成一个特殊的景观。渐台上建有亭阁，登高瞭望，池水涟漪，殿庭巍然，景色绚丽。西汉末年，农民起义军追杀王莽，王莽逃上渐台自保，被斩于"室中西北陬间"，证明渐台上有不少建筑物。陬，隅也，也就是房子的西北角。沧池风景区的构成，显然是以大湖水面为主景，以前殿等大殿为近景和远景，与宏伟的长安城南墙、西墙争丽竞辉。

酒池在长乐宫中，《庙记》曰："长乐宫中有鱼池、酒池，池上有肉炙树，秦始皇造。汉武帝行舟于池中。酒池北起台，天子于上观牛饮者三千人。"（《三辅黄图》卷四引《庙记》）《水经注》认为，长乐宫"前殿东北有池，池北有层台，俗谓是池为酒池，非也"（《水经注》卷十九《渭水注》）。由此可见，构成长乐宫园林的并非仅有酒池，而是一个湖泊群。这些湖泊应该都位于长乐宫的北部，因为这里紧邻明渠，诸湖自然为明渠所汇。这些湖群北边有台，只有东北部大湖北岸的台称为层台。在诸湖中，可能以酒池为最大，因为汉武帝曾"行舟于池中"，并于池北台上观看"牛饮者三千人"。武帝时"以夸羌胡，饮以铁杯，重不能举，皆抵牛饮"，可见酒池风景优美，是皇帝饮宴外宾的地方。3000人云集酒池北台下，皇帝登台观看，台高水深，人如潮涌，妙趣横生。池上有树名肉炙树，是否为常绿乔木肉豆蔻，也未可知。酒池园林也是以大湖水面为主景，以台、殿、绿树为近景或远景，并有广场相衬托，地形开阔，使人心旷神怡。

太液池位于建章宫中部偏北处，今西安西北郊的太液池苗圃即其遗址。太液池高岸环周，清波荡漾，"周回达十顷"（《三辅黄图》卷四）。10顷约折合0.47平方千米，7倍于今天兴庆宫公园的兴庆湖。"太液者，言其津润所及广也"。由于建章宫是一座离宫，是皇帝游乐的场所，太液池风景之美，是沧池、酒池所无法比拟的。不仅水面广阔，而且建筑物也多奇特别致，具有人间仙境的特色。建章宫"其北治大池，渐台高二十余丈，名曰泰液。池中有蓬莱、方丈、瀛洲、壶梁，象海中神山龟鱼之属"（《汉书》卷二五下《郊祀志》）。池北岸还有石鱼"长二丈，高五尺"，西岸有石龟"三枚，长六尺"（《汉书》卷二五下《郊祀志》颜注引《三辅故事》），为太液池点缀了勃勃生机。池中的渐台为一座孤岛，蓬莱、方丈、瀛洲则是按渤海中的神山仙阁来布设，别致的建筑物与大湖水面融为一体，壮丽无比。瀛洲，一名魂洲，"有金銮之观，饰以环玉，直上于云中"。蓬莱山，"亦名防丘，亦名云来，高二万里，广七万里"。方丈之山，"一名峦维东方龙场，方千里，瑶玉为林，云色皆紫"（《三辅黄图》卷四引《拾遗记》）。由此可见，太液池中的神山高大雄伟，装饰豪华壮丽，犹如人间天堂。太液池园林奇妙无穷，使人幻觉丛生，从人间园林到天仙胜境正是它的基本特色。

太液池边雕胡（菰之有米者）、紫箨（葭芦之未解叶者）和绿节（菰之有首者）繁茂，与"凫雏雁子，布满充积，又多紫龟绿龟"，形成鲜明对照，各有千秋[1]。太液池边多平沙，"沙上鹈鹕、鹧鸪、鸡鶵、鸿鹄，动辄成群"[2]，使太液池生机勃勃，呈现出自然风光的动态美。游船往来，观赏趣味无穷，"池中有鸣鹤舟、清旷舟、采菱舟、越女舟"。《三辅黄图》卷四载，汉成帝"常以秋日与赵飞燕戏于太液池，以沙棠木为舟，以云母饰于鹢首，一名云舟。又刻大桐木为蚊龙，雕饰如真，

---

① 陈直：《三辅黄图校证》卷四引《西京杂记》，陕西人民出版社，1980年。

② 陈直：《三辅黄图校证》卷四引《西京杂记》，陕西人民出版社，1980年。

夹云舟而行。以紫桂为柁枻，及观云棹水，玩撷菱藕"，游乐至极。太液池池大水深，游船众多，并可"玩撷菱藕"，可见仍以大湖水面为主景，以众多的建筑物为近景和远景。太液池园林是西汉三大宫园林风景最优美的所在，堪称中国皇宫园林的典范。

2. 广开上林苑

西汉的上林苑也就是秦代的上林苑，但汉武帝大加开拓，使上林苑成为方圆数百里的自然风光游乐区，宏伟的长安城就布设在自然乐园之中。长安城巍峨壮观，周围景色如画，在中国都城史上实在是一大奇观。

由于汉武帝建元三年（前138年）微行始出，"北至池阳（今泾阳西北），西至黄山（宫名，今兴平市境），南猎长杨（宫名，今周至境），东游宜春（苑名，即后来的曲江池）"，不断游猎，"入山下驰射鹿、豕、狐、兔，手格熊罴，驰骛禾稼稻秔之地，民皆号呼骂詈"（《汉书》卷六五《东方朔传》），故下令广开上林苑，用属县草田"偿户、杜之民"。广开上林苑以后，"南至宜春、鼎胡、御宿、昆吾，旁南山而西，至长杨、五柞，北绕黄山，濒渭而东，周袤数百里"（《汉书》卷八七《扬雄传》）。宜春为宜春下苑，即曲江池（《三辅黄图》卷四）。御宿指樊川，即今潏河川道，因皇帝"止宿其中，故曰御宿川"（《长安志》卷十一）。昆吾为地名，有亭，地址不详。而鼎胡（位于今蓝田县焦岱镇）、长杨、五柞（均位于周至境）、黄山均为宫名。由此可见，汉代的上林苑北滨渭河，南抵秦岭，西到周至，东至蓝田，"方三百四十里"（《三辅黄图》卷四引《汉宫殿疏》），或方"三百里"（《三辅黄图》卷四引《汉旧仪》），成为范围十分广阔的皇家禁苑。

上林苑实际上是一座规模宏大的自然保护区，草木常茂，竹林青青，"奇兽珍禽"，散布其间，供皇帝秋冬射猎。其中主要动物有熊罴、豪猪、虎豹、狐兔、麋鹿（四不象）、牦牛、青兕、白鹦鹉、紫鸳鸯等（《汉书》卷八七下《扬雄传》；《三辅黄图》卷四），除一部分圈养外，绝大多数都散布森林草丛之中。著名的圈养地有长杨宫中的射熊馆，长安城东灞、浐会合处的虎圈，建章宫西南的狮子圈等。近年来在白鹿原上的薄太后墓中发现大熊猫的遗骨，证明汉上林苑中也有大熊猫的活动。这与当时气候温暖湿润，"渭川千亩竹"的形势相适应（《史记》卷一二九《货殖列传》）。这是一座规模宏大的动物园，比起今天的城市动物园来更有特色。它不仅规模大，而且主要动物都自由活动其中，更加生机勃勃。与此同时，上林苑也是皇家植物园，奇花异卉，比比皆是。"群臣远方，各献名果异卉三千余种植其中，亦有制其美名，以标奇异"（《三辅黄图》卷四）。汉武帝元鼎六年（前111年）破南越后，从南方引种了许多亚热带植物。其中菖蒲100本，山姜10本，甘蕉12本，留求子10本，桂100本，蜜香、指甲花100本，龙眼、荔枝、槟榔、橄榄、千岁子、甘橘皆100余本。"上木，南北异宜，岁时多枯瘁。荔枝自交趾移植百株于庭，无一生者，连年犹移植不息。后数岁，偶一株稍茂，终无华实，帝亦珍惜之"（《三辅黄图》卷三）。这座皇家植物园，南北植物皆有，具有亚热带的自然风光，也是一般城市植物园所不能比拟的。

上林苑中动物种类繁多，植物常茂，同当地水源丰富有密切关系。"荡荡乎八川分流，相背而异态"（《汉书》卷五七《司马相如传》）。河渠清流，湖泊星罗棋布。昆明池是上林苑中最大的湖泊，位于今长安县斗门镇东南，面积达10平方千米。"立牵牛、织女于池之东西，以象天河"（《三辅黄图》卷四）。"池中有豫章台及石鲸，刻石为鲸鱼，长三丈，每至雷雨，常鸣吼，鬣尾皆动"（《三辅黄图》卷四）。荡漾池中的"豫章大船，可载万人，上起宫室，因欲游戏"；"有龙首船，常令宫女泛舟池中，张凤盖，建华旗，作棹歌，杂以鼓吹，帝御豫章观临观焉"（《三辅黄图》卷四）。昆明池不仅是长安城的人工蓄水库，而且是上林苑中风光最优美的地方。另外还有滈池（昆明池北，滈水源头）、初池、麋池、牛首池、蒯池、积草池、东陂池、西陂池、当路池、大壹池、郎池、伇飞外池、影娥池、鹤池、盘池、澎池等（《三辅黄图》卷四）。这些湖泊为上林苑增添了无限美好的风光，同时许多湖泊具有独特的景色，形成各自的游览区："积草池中有珊瑚树，高一丈二尺，一本三柯，上有四百六十二条，南越王赵佗所献，号为烽火树，至夜光景常焕然"；"伇飞具缯缴以射凫雁"，故以名池；"武帝凿池以玩月，其旁起望鹄台以眺月，影入池中，使宫人乘舟弄月影，名影娥池，亦曰眺蟾台"；琳池南有桂台以望远，"池中植分枝荷，一茎四叶，状如骈盖，日照则叶低荫根茎，若葵之卫足，名月低光荷"等（《三辅黄图》卷四）。珊瑚树、射凫雁、弄月影、低光荷等，都非常奇特，自然是游乐的良好去处。上林苑中水域广阔，各种游船也为诸湖增添了活力。昆明池池大水深，池中有"戈船各数十，楼船百艘"。影娥池中"有游月船、触月船、鸿毛船、远见船，载数百人"。琳池中原有一豆槽、桂楫松舟，后改为文梓船、木兰柁，"随风轻漾，毕景忘归"（《三辅黄图》卷四）。上林风光以湖面、森林、竹林、草丛等自然景观为基本特色，妙趣横生，成为长安园林中的佼佼者。

上林苑中的人工建筑就是离宫别馆。这些建筑物有的宏伟壮观，有的小巧玲珑，有的奇异别致，与自然风光争丽竞辉，融为一体，妩媚多姿。主要离宫有建章宫、长门宫、储元宫、犬台宫、葡萄宫、宜春宫、扶荔宫、宣曲宫、鼎湖宫等（《三辅黄图》卷三），皆金铺玉户，豪华壮丽。著名的观有豫章观（亦名昆明观）、飞廉观、青梧观、射熊观、白杨观、龙台观、涿木观、细柳观、霸昌观等（《三辅黄图》卷五），形态各异，耸峙入云，登高瞭望，一览无余。另外还有许多台、榭、楼、阁等多种建筑物，与上林苑的自然风光相陪衬，融人工美于自然美之中，体现了"虽由人作，宛自天开"的基本格局。这里"植物斯生，动物斯止。众鸟翩翩，群兽骁骁。……林麓之饶，于何不有。……嘉卉灌丛，蔚若邓林"（《西京赋》，《全上古三代秦汉三国六朝文》一）。到处绿树成荫，百花飘香，渠水清流，池陂涟漪，殿阁台榭林立，与宏伟的长安城争奇斗异。

3. 苑中有苑

中国园林不仅要突出自然美，而且要善于浓缩自然美，利用较小的空间，展现最大的自然场面，给人以天地无限宽阔的感受。今天颐和园中的谐趣园，就是园中之园的典型，清雅明秀，具有江南园林的特色。上林苑中的许多小苑，也正是苑中之苑，开创了中国园林园中有园的先河。它们都是利用上林苑中的不同山原、河流、渠道、湖泊，设置独具风格的小景区，构成园中之园。最典型的有御宿苑、思贤苑、博望苑、西郊苑、乐游苑、宜春下苑等（《三辅黄图》卷四），都是景色奇异、独具风格的游览区。例如，御宿苑也就是樊川风景区，北倚少陵原，南靠神禾原，耸峙入云的秦岭山脉近在眼前，宛似银链的潏河在阳光下闪闪发光，横贯其间。用"江山美如画"来形容樊川，量不为过。"汉武帝为离宫别馆，禁御人不得入。往来游玩，止宿其中，故曰御宿"（《三辅黄图》卷四)。苑中有梨园,出产大梨,皮薄味美,远近闻名。思贤苑、博望苑都是为太子所立,以广宾客,故"客馆皆广庑高轩,屏风帏褥甚丽",以建筑物取胜。乐游苑即今大雁塔东北的乐游原,突兀高起,宛似馒头,又"自生玫瑰树,树下多苜蓿",景色奇异,引人入胜。乐游原正如它的名称所示,景色宜人,直到唐代仍为风景区。宜春下苑即曲江池,以"其水曲折有似广陵之江"而形成胜景。曲江池秦称陷洲,汉武帝疏凿为名胜风景区,"名为宜春苑"①。宜春下苑水流屈曲,少陵原紧环四周,秦岭山脉巍峨青翠,点缀以楼台亭阁,形成上林苑中一个独特的风景区。青山、高原、湖泊与人工建筑相偕成趣,堪称苑中之苑的典型。仅从以上数例不难看出,西汉长安园林巧用地形,充分发挥了各种自然条件的优势,造成园中之园,为后来中国城市园林的发展树立了样板。

综上所述,西汉长安园林,既有宫廷园林,又有规模宏大的自然园林,小巧玲珑的园中之园,奠定了中国城市园林"虽由人作,宛自天开",崇尚自然之美,融人工于自然之中的基本格局,开创了中国园林的独立体系,堪称中国园林的鼻祖。研究汉长安园林,对今天的城市造园,以及发挥中国园林的优良传统有重要参考价值。否则,不伦不类的园林将会继续出现,违背中国园林造园的基本原则。

[原载《陕西师大学报 (哲学社会科学版)》1995 年 4 期]

---

① 　陈直:《三辅黄图校证》第 91 页引《太平寰宇记》。

汉上林苑与昆明池

秦建明

　　如果对中国历史上园林进行排名的话，最具影响力的园林当首推上林苑，上林苑是西汉王朝著名的囿苑，也是京畿地区最大的禁苑，论其规模，中国历史上几乎没有哪一处宫苑能与之相比。它的范围，汉人司马相如《上林赋》说得最清楚："独不闻天子之上林乎？……终始灞浐，出入泾渭，沣、镐、潦、潏，纡余委蛇，经营乎其内。荡荡乎八川分流，相背而异态。"对此《文选》注引张揖云："灞、浐终始尽于苑中，不复出也。"李善注："潦，即涝水也。"《三辅黄图》则说：上林苑"东南至蓝田、宜春、鼎湖、御宿、昆吾，旁南山而西，至长杨、五柞，北绕黄山，濒渭水而东"。也就是说，上林苑的范围，包括灞河、浐河、沣河、镐河、潏河、涝河流域的全部和泾河、渭河的一部分。按现在的地理区划，它南界为秦岭主脊，北界达北山和渭河北岸，东至临潼境，西跨周至县。号称周袤三百里，这处皇家园，占地之广可谓空前绝后。

　　上林苑的范围，本是周秦王朝的京畿地区，前朝旧宫苑分布不少，秦王朝在此处建有一座名上林的宫苑。汉武帝于建元三年（前138年），就秦之上林苑加以扩建，并沿用了上林之名。《长安志》中引用史书详述兴建此园之缘起："武帝微行始出，北至池阳，西至黄山，南猎长杨，东游宜春，诏陇西北地良家子能骑射者以随，有期门之号。以为道远劳苦，又为百姓所患，乃使大中大夫吾邱寿王与待诏能用算者二人，举籍阿城（即阿房宫）以南，周至以东，宜春以西，提封顷亩，及其贾直，欲除以为上林苑，属之南山。"说起来设立上林只不过出于"为百姓所患"这件小事。原来汉武帝经常微服出游，一次到长安郊外打猎，随从毁坏农田，老百姓见这些人衣着华贵，以为是富家恶少，遂与之发生冲突，接着又被地方官吏纠缠盘查，谁也不知践踏庄稼的带头人竟然是当今皇帝。事情后来虽然平息，但武帝心中大为不快。于是决心征用这一带的土地，连同秦的旧苑囿作皇家园林，这样就可以恣意游猎。但这一带是关中物产丰富的膏腴之地，改良田为园林十分可惜，东方朔曾上书力谏不可占用的理由，但武帝不予采纳，遂大起上林苑。对于占据这样广大地区的皇家园林，反对的人并非东方朔一人，许多汉代人的赋中都流露过不满之意，只是不敢直接指责皇帝而已。汉昭帝时举行的关于盐铁讨论的会议上，有一些胆大的文学家对汉武帝之后又开辟大量占地的范围提出了比较尖锐的批评。《盐铁论·园池》就持这种观点："今县官多张苑囿、公田、池泽……三辅迫近山河，地狭人众，四方并凑，粟米薪菜不能相赡。……非先帝所开苑囿池御，……可赋归之于民。"

　　上林苑的占地面积，文献记载说法不一：方三百里、三百四十里、周墙四百里、周袤三百里。

　　上林苑地域如此广大，苑中究竟有哪些内容？若以今日园林观点去认识这处古苑，则会有许多误解。我们可以说，上林苑是皇帝亲自占有的一块私地，上林苑中分布着大量的宫观陂池，以及植物园、兽圈、猎场、马厩、牧场，还有一些作坊工场。因而其功能也是综合的，具备了早期园林全部功能——狩猎、通神、求仙、生产、游憩、居住、娱乐，此外还兼有军事训练的功能。

上林苑的巨大和其功用的复杂，是有其特殊历史背景的。汉初，由于战争的破坏，人民大批死难流亡，天下十分贫困，连皇帝想配几匹颜色相同的驾车之马也不易办到。有的将相封了官却不能获得应有的待遇，甚至坐着牛车往来。国家为了解决这一矛盾，就约法省禁，轻田租，什五而税一，量吏禄，度官用，以赋于民，"而山川园池市肆租税之入，自天子以至封君汤沐邑，皆各为私奉养，不领于天子之经费"。我们从《汉书·食货志》上面的记述就可以理解这一问题。实际上，这是一种周代封邑制度的变种和残存，其他人可以有汤沐邑作为封地，上林苑则是天子的封地。天子设有少府，就是天子的私产管理处。而国家则设大司农，掌管国家的赋税财富，两者分别甚清。

上林苑的管理机构直属中央政府的少府，它由少府管辖，收入也归少府，少府是以管理皇家财产为主的机构。最高首长由"水衡都尉"兼任，下设有丞、官、尉各若干员分别管理上林、均输、御宿、禁圃、辑濯、钟官、技巧、六厩、辨铜等项事务，以及承担各处宫、苑、台、观的管理工作。上述这些职能部门绝大多数都与生产有关系，足见上林苑作为生产基地的功能是十分突出的。汉武帝在位的后期，对外战争频仍、军饷不敷，乃将上林苑之部分土地佃予贫民耕种、养鹿、放牧，如卜式曾在上林为汉武帝牧羊之类，所得赋税充作军饷。此后，由于园林的范围太大，难于严格管理，逐渐有百姓入苑任意垦田开荒。

当然，上林苑首先是一处游乐性园林。

上林苑南为终南山北坡，这里重峦叠嶂，森林密布，栖息着多种禽兽，山间飞瀑流泉，景色非凡。北部达北山山脉南坡，当时植被也非常茂密。南北山间的宽阔平原上，则流淌着关中的八条大河——灞浐泾渭等，即所谓"关中八水"，自然景观极其恢宏壮丽。此外还有天然湖泊多处，人工开凿的湖泊也不少，一般还要利用挖湖的土方在其旁或其中堆筑景观式高台或岛屿。这些人工湖泊除了供游赏之外也有其他的用途，湖泊比较大的除昆明池、古曲江池、古镐池、古灵沼外尚有不少。

据《汉旧仪》说上林苑中有离宫七十所；《长安志》引《关中记》则说："上林苑门十二，中有苑三十六，宫十二，观二十五"。苑即园林，苑中之苑，也就是上林内三十六处"园中之园"。这些园林一部分是秦代旧苑，大部分是武帝时期及以后陆续兴建的，一般都建置在风景优美的地段作为游憩的场所。例如，宜春下苑，武帝时建，内有曲江池，"其水曲折有似广陵之江，故名之"。乐游苑，宣帝时建，在杜陵西北的乐游原上。苑内"自生玫瑰树，树下多苜蓿，……茂陵人谓之连枝草"。也有一些苑有特殊的用途，例如御宿苑在长安城南御宿川中，为武帝狩猎游玩时居住的行宫。思贤苑和博望苑是皇太子的迎宾馆，后者在长安城南、杜门外五里；据《三辅黄图》："孝文帝太子立思贤苑，以招宾客。苑中有堂室六所，贮备馆皆广庑高轩，屏风帏褥其丽。""武帝年二十九乃得太子，甚喜。太子冠，为立博望苑，使之通宾客从其所好。"

上林苑范围内以宫命名的宫殿建筑群共计十二处，其中也包括建章宫在内。其余大多数则是作为特殊用途，或进行某种特殊活动的建筑群。例如，犬台宫在长安城西二十八里，"上林有犬台宫，外有走狗观也"，顾名思义当是观看跑狗的场所。宣曲宫在昆明池之西，"孝宣帝晓音律，常于此度曲，因以为名"，则相当于音乐演奏厅。长杨宫在今周至一带，本是秦代的离宫，宫中有垂杨数亩，秋冬狩猎时，皇帝到此观看。

上林苑内还有许多台观，沿袭了先秦以来在宫苑内筑高台的传统。有的是利用挖池的土方堆筑而成，如眺瞻台、望鹄台、桂台、避风台等，一般作为登高观景之用。也有观，《释名》："观者，于上观望也。"这里所谓的观，是一种对体量比较高大的游览建筑群的称呼。《三辅黄图》记载了上林苑内许多观的名字：有昆池观、茧观、平乐观、远望观、燕升观、观象观、便门观、白鹿观、三爵观、阳德观、鼎郊观、椒唐观、鱼鸟观、元华观、走马观、枯观、上兰观、郎池观、当路观等。

上林中也有许多陂池。有影娥池，据《三辅黄图》："武帝凿池以玩月，其旁起望鹄台以眺月。影入池中，使宫中乘舟弄月影，名影娥池，亦眺蟾宫。"同书中还提到一座名叫琳池的陂池，其位置大约在汉长安城东北一带，如："昭帝元年，穿琳池，广千步。池南起桂台以望远，东引太液池之水。池中植分枝荷，一茎四叶，状如骈盖。……帝时命水嬉，游燕永日。……乃命以文梓为船，木兰为柁。"在另一陂池积草池中置有世所罕见的大珊瑚，高一丈二尺，上生四百六十三枝。还有南越王赵佗进贡的夜光树。

上林苑又是一处庞大的植物园。

上林苑地域辽阔、地形复杂，分布有高山河湖，天然植被本来就比较丰富。后来又由人工移种和栽植了大量观赏树木、果树和少量药用植物。司马相如在《上林赋》中对上林的各种植物有大段的描写。《汉书》称：宣帝神爵四年十二月"有凤凰集于上林"，可见上林苑林木茂盛。《西京杂记》卷一曰：汉上林苑中有千年长生树，万年长生树。《西京杂记》还提到武帝初修上林苑时，群臣从远方进贡的树木花草有二千余种之多，并具体地记载了其中近百个品种的名称：梨十（即梨的十个品种）、枣七、栗四、桃十、李十五、奈三、查三、棠四、枇杷等，它们都集中栽植在宫、苑的附近，或为生产的需要，或因造景的需要。此外还栽培了许多花卉和水生植物，其中不少是由南方移栽引进的品种，足见当时关中气候比现在温和湿润。有的品种则来自西域，如西王母枣、安石榴。有的则从北方引进，如瀚海梨很耐寒。

上林苑也是一处国家动物园。

《长安志》中记载说：上林苑内豢养百兽放逐各处，"天子秋冬射猎苑中，取禽无数"。苑中还有鹿馆、虎圈、象观、走狗观、走马观等。当时的茂陵巨富袁广汉犯罪，被查抄家产，他的私园内颇多珍贵鸟兽，也悉数移入苑中。因此，上林苑既有大量的一般动物，还有不少珍禽奇兽，如白鹦鹉、紫鸳鸯、牦牛之类，以及数万里之外异国他邦的动物，如九真之麟、大宛之马、黄支之犀、条支之鸟等。上林苑则又相当于一座大型动物园，而且有动物表演的场所。

上林苑也举行一些其他的娱乐。

元封三年春，在上林苑中作角抵戏，三百里内皆来观看。角抵，是一种对抗式的比武，有点类似后代武林中的打擂台。同时表演的还有种种杂技、音乐、舞蹈，这是一种大型的艺术活动盛会，观看者人山人海。元封六年夏，京城人再次云集上林平乐馆，观看角抵戏。《史记·大宛列传》称汉武帝为了向外国展示大汉富厚，出奇观诸怪物酒池肉林，让外国来客遍观。

上林也是一处大型皇家生产基地。

上林苑内设作坊多处，其中最著者算是国家铸钱的上林三官，王莽时人数多达数十万人，有一时期几乎要生产出供应全国流通的货币。苑中还调集工匠制造各种工艺品和日用器物如铜器、草席等，设果园、蔬圃、养鱼场、牲畜圈、马厩，供应宫廷和皇室的需要。宫廷物品的消费量是十分巨大的，这些生产机构的规模和占地亦必然不小。《汉官旧仪》提到皇帝为了祭祀和宴宾，一次就从上林苑中提取"鹿千枚"，还有"兔无数"。苑内的所有池沼几乎都养殖水生植物和鱼鳖之类以"御宾客、充庖厨"。蒯池生长的蒯草是编织草席的上好材料。上林苑还有许多矿藏，如鼎湖宫附近的铜矿，从开采、冶炼直到铸造器物都在苑内进行。鼎湖宫又名鼎湖延寿宫，鼎湖是基于黄帝的传说而得名。《淮南子·原道训》"射者弯乌号之弓"句下注："一说黄帝铸鼎于荆山鼎湖，得道而仙，乘龙而上。"所以，这里也可能汉以前就有古铜矿。苑内从事生产的多数是"官奴婢"，如"官奴婢三万人，养马三十万匹"。为了调整国家的一些困难，上林苑有时也有一些特殊作用，如击匈奴时军费不足，就把一大批贫民迁入苑内从事生产，每人日收五钱，作为条件，因此获军费七十亿万。又曾利用上林养的稀有白鹿和少府大量的银锡，制造白鹿皮币和银锡白金三品，当作货币调整的手段。

我们可以看一看历史上一位汉家皇太后是如何在这一带游览的。《汉书·元后传达》："莽又知太后妇人厌居深宫中，……乃令太后四时车驾巡守四郊，……春幸茧馆（师古注：'《汉宫湛各疏》云上林苑有茧观，盖蚕茧之所也。'）夏游御宿、户、杜间，秋历东馆，望昆明、集黄山宫，冬馈饮飞羽（师古曰：'黄山宫在槐里，飞羽殿在未央宫中。羽字或作雨。'）校猎上兰，（师古曰：'上兰，观名也，在上林中。'）登长平馆，（师古注：'在长平坂也'。）……太后从容言曰：'我始入于太子家时，见于丙殿。'"

到西汉末年，随着西汉帝国的衰落，经济与政治都陷入失控状态，此时苑内大部分可耕土地已恢复为膏腴良田，上林苑作为皇家园林已是名存实亡。至此，这座中国古代最大的园林完成了其历史使命。上林苑虽亡，但却在中国历史园林中留下其显赫的声名。

昆明池是上林苑中一处特殊的大型人工湖泊，在历史上非常有名，它位于长安城的西南方，今沣河东岸的斗门镇一带。这一带很早就开有人工湖泊，西周时属于镐京的范围，在出土的青铜器铭文上，多次提到此地有大池，周王曾在池中泛舟，有人推测这可能是周的辟雍。秦有镐池，另秦始皇三十五年（前212年）在渭水南营造朝宫，曾表南山之巅以为阙，络樊川之水以为池，这处陂池实际上是汉昆明池的前身。至汉则开出昆明池，考古调查发现其遗址面积大约有一百五十公顷。据《三辅黄图》："汉昆明池，武帝元狩三年穿，在长安西南，周回四十里。"《西南夷传》曰："天子遣使求身毒国市竹，而为昆明所闭。天子欲伐之，越巂昆明国有滇池，方三百里，故作昆明池以象之，以习水战，因名曰昆明池。"《汉书·食货志》曰："时越欲与汉用船战逐，乃大修昆明池，列馆环之。治楼船，高十余丈，旗帜加其上，甚壮。于是天子感之，乃作柏梁台，高数十丈，宫室之修由此日盛。"

昆明池开挖之时，破坏了许多古代遗址，其中包括西周的镐京遗址的一部分，当挖出古人活动形成的黑土时，有人解释说这是历史上的"劫灰"，这大约是中国古人的一次重要考古认识。昆明池水面宽阔，除了演习水战外，其游乐功能也特别突出，湖周建筑了许多瑰丽的宫殿和观赏建筑。考古学者在池周已经发现不少宫室建筑的遗址。当时池中还建有豫章台，可以观临湖面。湖中除战船之外，另有许多游船，帝王常率歌儿舞女，在此荡舟作乐。舟大者名为豫章大船，上起层层宫室，传说可载万人。湖中刻着三丈长的石鲸鱼，在水上安置巨型的动物石雕，则是仿效秦兰池宫的做法。池畔设计牵牛织女的石像，分立池的东西以象征天上的银河与星宿，至今这两座西汉石雕尚保存在原地，雕凿技法古拙纯朴，是我国现存的珍贵早期石刻艺术作品。

昆明池自沣河上游引水，在汉长安城西南高地上形成一个巨大的湖泊，这使昆明池具有了多种的功能：一是保证汉长安城的供水，二是调节漕运水源。实质上这是其最为重要的功能，至于训练水军、水上游览、养鱼基地、模拟天象，则是其附属作用了。说明西汉时期的水利规划者非常有眼光，善于发挥水利工程的综合功能。昆明池及其上游全部位于皇家控制的上林苑中，可以保证水源的清洁和卫生，地势高于长安城，可以自流入城，库容巨大，能供给长安这样的大型都城充足的水源。除此之外，当时的长安由于人口众多，粮食供给比较紧张，漕运是从关东向关中运输粮食的重要手段，一年至少要几十万石。但是渭河水浅，运输困难，要用渭水南岸的人工漕渠通船运输，昆明池就是这条漕渠的上源和重要的运输通道。

昆明池的修建原因在中国古代园林史上非常奇怪，汉武帝为了攻打远在几千里外一个有湖泊的昆明国，而不惜大兴民力，在京城旁修建这样一处训练水军的大湖，昆明池的名字便由此而来。结合后来对昆明池的利用情况看，其中也不免包藏有帝王为其游乐享受之投资找一个堂皇冠冕借口的成分。

有趣的是到了清代，统治者故伎重演，再次玩弄这一手法，将建设海军的经费挪用于修建北京颐和园这处中国园林中富丽堂皇的名苑，而且其中的湖就叫作昆明湖，可见汉代昆明池这处水利建筑在中国历史上的影响。

除昆明池外，汉上林苑中还有众多的中小型陂池，如百子池、昆灵池、牛首池等。这些陂池，水波荡漾，天光云影，与周围的台榭宫馆映照，给上林苑风光增色不少。

两千多年后，这些当年琼阁仙境般的宫殿园林，早已面目全非，或灰飞烟灭，或沉沦地下，留给后世的只有唏嘘声和无限感叹。面对这些丰富的古代遗迹，也许只有考古工作者才跃跃欲试，觉得这是一片大有作为之地。

（原载《文博》2004 年 3 期）

昆 明 池

——上林苑的核心景观

刘 瑞

上林苑，不仅是秦汉时期最重要的园林建筑，而且也是我国历史上最大的园林建筑群。在上林苑的大量宫观建筑中，昆明池及其周围"列观环之"的建筑群虽营建时间相对较晚，但其却不断以规模宏大、常为天子临幸而为后人所称道。本文即从文献出发，从上林苑的营建、建筑与功能、上林苑与长安城的关系、上林苑的管理及逐渐废弃等方面对其简述一二，并对昆明池与上林苑的关系加以探讨，不当处，祈贤达指正。

一、上 林 苑

据文献记载，至少战国秦时已在渭河以南修建上林苑，秦统一后上林苑依然存在。《史记·秦始皇本纪》载："诸庙及章台、上林皆在渭南。"而著名的阿房宫更建于上林苑中，"乃营作朝宫渭南上林苑中"。而秦二世在赵高指鹿为马后，还曾"入上林斋戒"。故《三辅黄图》谓："汉上林苑，即秦之旧苑也"。

到西汉初期，虽然上林苑继续存在，但已荒废。故《史记·萧相国世家》记载萧何为民请苑地而耕种，"上林中多空地，弃，愿令民得入田"。而刘邦则因此怒将萧何下狱，言："相国多受贾人财物，乃为请吾苑！"至于秦上林苑中的一些旧有宫观，到汉初即已陆续修复，如长乐宫在经修葺后成为汉代的著名"东宫"，而秦章台宫更可能是西汉朝宫未央宫的前身。从文献记载看，到高祖之后上林苑更一直为天子所使用，如《汉书·张释之传》载，汉文帝曾"登虎圈，问上林尉禽兽簿"。《史记·梁孝王世家》则载，梁孝王"入则侍景帝同辇，出则同车游猎，射禽兽上林中"，可见文景之时上林苑依然使用。

到汉武帝刘彻即位后，不仅国力经过汉初积累而有很大发展，且少年天子习好游猎，上林苑的使用频率顿增。例如，《汉书·东方朔传》就载汉武帝"建元三年（前138年），微行始出，北至池阳，西至黄山，南猎长杨，东游宜春……微行以夜漏下十刻乃出，常称平阳侯"。由于到这个时候，在前述汉武帝游猎的范围内已有不少民居耕地，故而少年天子刘彻的游猎活动自然难免与民众的日常生活发生冲突：

入山下驰射鹿豕狐兔，手格熊羆，驰骛禾稼稻粳之地。民皆号呼骂詈，相聚会，自言
鄠杜令。令往，欲谒平阳侯，诸骑欲击鞭之。令大怒，使吏呵止，猎者数骑见留，乃示以
乘舆物，久之乃得去。

在这种情况下，汉武帝就以"为民所患"等为由决定扩建上林苑，"以为道远劳苦，又为百姓
所患，乃使太中大夫吾丘寿王与待诏能用算者二人，举籍阿城以南，盩厔以东，宜春以西，提封顷
亩，及其贾直，欲除以为上林苑，属之南山。又诏中尉、左右内史表属县草田，欲以偿鄠杜之民"。
此事虽有东方朔极力谏阻，但武帝依然"起上林苑"如故。

由于文献不足，我们对秦上林苑规模多大难以确定，但汉代上林苑的大体规模，传世的文献却
有较为确切的记载。例如，从《汉书·东方朔列传》记载看，在汉武帝修建上林苑时的征地范围是
"阿城以南，盩厔以东，宜春以西……属之南山"，新扩的上林苑范围自然应与此相应，不会有太
大出入。而《汉书·扬雄列传》的记载更为详细："武帝广开上林，南至宜春、鼎胡、御宿、昆吾，
旁南山而西，至长杨、五柞，北绕黄山，濒渭而东，周袤数百里。"与前述《汉书·东方朔传》的
记载正相对读。此外，东汉张衡《西京赋》载："上林禁苑，跨谷弥阜。东至鼎湖，邪界细柳。掩
长杨而联五柞，绕黄山而款牛首。缭垣绵联，四百余里。"班固《西都赋》也说上林苑"缭以周墙，
四百余里"，而宋敏求《长安志》引《三辅故事》及《关中记》也云"上林延亘四百余里"，情况相
仿佛。当然，相异的记载也有一些，如《三辅黄图》引《汉宫殿疏》就认为上林苑"方三百四十
里"，引《汉旧仪》则载"上林苑方三百里"。虽然范围大小在各文献中有所差异，但从各种文献
看，上林苑应是建设于东至蓝田鼎胡宫，南至南山，西至周至长杨、五柞宫，向北到黄山宫，之后
顺着渭河"濒渭而东"的庞大范围之内，十分广阔。

据陈梦家先生复原，汉代的一里相当于今天的 415.8 米左右[1]。以上述文献中上林苑的最小范围
"方三百里"计，三百里为 125259 米，三百里见方则至少为 1568.98 平方千米；而若以记载的最大
范围"四百里"见方计，其面积将达到 2789.3 平方千米。

当然，正因为上林苑如此之广大，司马相如《上林赋》才会讲上林苑"终始灞浐、出入泾渭。
沣镐潦潏，纡余委蛇，经营乎其内"。即，在司马相如看来，在围绕长安城的河流中，灞、浐二水
自始至终流淌于上林范内，沣、镐、潦、潏四水则迂回曲折，周旋于苑中，仅泾、渭二水处苑外，
我们习称的"长安八水"有六水纳于上林苑[2]。从文献记载看，秦汉上林苑在不同时期的范围有所不
同。战国秦和统一秦时，渭河大体可视为秦上林苑北界，从阿房宫修建于上林苑中看，在阿房宫以
南尚为原上林苑的所在。但据前引《汉书·东方朔传》，从汉武帝建元三年（前 138 年）兴修上林苑
时"举籍阿城以南，盩厔以东，宜春以西……属之南山"的情况看，说明到当时为止，在阿房宫以
南已非上林苑（"阿城"即秦始皇在渭南上林苑中所修朝宫"阿房宫"。秦阿房宫位置经阿房宫考古队

---

① 陈梦家：《亩制与里制》，《考古》1966 年 1 期。

② 张鸿杰：《上林苑与咸阳》，《咸阳师范学院学报》2004 年 3 期。

2002～2004年工作确定，应位于今西安市西郊大古城、小古城、聚驾庄、赵家堡所在的高大台基[①]），因此汉武帝扩修上林苑的北界才定在此处。但这也就说明，从渭河以南直到阿房宫向北的大片土地，在从秦至汉武帝扩修上林苑前的较长时间里，不仅一直作为上林苑所在而未变，而且也并未荒废。

在《三辅黄图》等文献中，还载有"西郊苑"之名，谓"汉西郊有苑囿，林麓薮泽连亘，缭以周垣四百余里，离宫别馆三百余所"，而《类编长安志》卷三的记载与此不仅近同，且指出"西郊苑"的记载来自《汉书》。查核《汉书》可知，"西郊苑"乃为"西苑"，出自《汉书·王莽传》，谓西汉末期王莽"坏彻城西苑中建章、承光、包阳、大台、储元宫及平乐、当路、阳禄馆，凡十余所，取其材瓦，以起九庙"。因此从《三辅黄图》中"西郊苑"周垣四百余里，与前引文献上林苑的周垣规模相同看，从《三辅黄图》《类编长安志》之外其他文献在汉长安城西侧，除包含建章宫在内的上林苑外，再无其他苑囿的情况分析，《三辅黄图》等文献所载的"西郊苑"，应该指的就是上林苑在汉长安城西侧的部分（也就是汉初依然保存的秦上林苑部分）。而推究之所以出现"西郊苑"之名，应源于《汉书·王莽传》所见的"城西苑"。即，与上林苑相比，"西郊苑"是后人据《汉书·王莽传》而提出的一个称谓，非汉之定名，乃上林苑的组成部分。

二、上林苑的建筑与功能

从文献记载看，在上林苑中分布着大量的宫观池园。《汉书·扬雄传》讲汉武帝"穿昆明象滇河，营建章、凤阙、神明、骀娑、渐台，泰液象海水，周流方丈、瀛洲、蓬莱。游观侈靡，穷妙极丽。虽颇割其三垂以赡齐民，然至羽猎田车戎马器械储偫禁御所营，尚泰奢丽夸诩"。班固《西都赋》也讲上林苑有"离宫别馆三十六所"。《后汉书·班彪传》注引《三辅黄图》则进一步记载"上林有建章、承光等一十一宫，平乐、茧观等二十五，凡三十六所"。颜师古注前引《王莽传》时指出"自建章以下至阳禄，皆上林苑中馆"，谓《汉书·王莽传》所载"坏彻"的建章宫、承光宫、包阳宫、大台宫（即犬台宫）、储元宫、平乐观、当路观、阳禄观等均是上林苑的组成部分。

《三辅黄图》除载"上林苑中有六池、市郭、宫殿、鱼台、犬台、兽圈"外，对很多的宫观池沼名称亦有记录。例如，其在"宫"下即有昭台宫、储元宫、犬台宫、葡萄宫、宜春宫、扶荔宫、五柞宫、宣曲宫等；在"观"下有"昆明观，武帝置。又有茧观、平乐观、远望观、燕升观、观象观、便门观、白鹿观、三爵观、阳禄观、阴德观、鼎郊观、樛木观、椒唐观、鱼鸟观、元华观、走马观、柘观、上兰观、郎池观、当路观"；在"池"下有"初池、麋池、牛首池、蒯池、积草池、东陂池、西陂池、当路池、大台池、郎池"。此外，宋敏求《长安志》卷四引《关中记》有总叙上林苑宫观一节，谓："上林苑门十二，中有苑三十六，宫十二，观二十五。建章宫、承光宫、储元宫、包阳宫、望远宫、犬台宫、宣曲宫、昭台宫、蒲陶宫；茧观、平乐观、博望观、益乐观、便门

---

① 中国社会科学院考古研究所、西安市文物保护考古所阿房宫考古工作队：《阿房宫前殿遗址的考古勘探与发掘》，《考古学报》2005年2期。

观、众鹿观、樛木观、三爵观、阳禄观、阳德观、鼎郊观、椒唐观、当路观、则阳观、走马观、虎圈观、上兰观、昆池观、豫章观、郎池观、华光观。"此外《文选·东京赋》云："乃构阿房。"李善注引《三辅故事》："秦始皇上林苑中，作离宫别观一百四十六所。"

　　建章宫是上林苑中最重要的建筑群。据文献记载，其建于汉武帝太初二年（前 103 年），《汉书·武帝记》即谓"起建章宫"，而《史记·封禅书》则记载了其修建的原因，"以柏梁灾故，朝受计甘泉……勇之乃曰：'越俗有火灾，复起屋必以大，用胜服之。'于是作建章宫，度为千门万户。前殿度高未央，其东则凤阙，高二十余丈。其西则唐中，数十里虎圈。其北治大池，渐台高二十余丈，名曰泰液池，中有蓬莱、方丈、瀛洲、壶梁，象海中神山龟鱼之属。其南有玉堂、璧门、大鸟之属。乃立神明台、井干楼，度五十余丈，辇道相属焉"。建章宫规模宏大，位置也已基本明确，地处汉长安城西侧，建章宫的前殿遗址位于今西安市三桥街道高、低堡子村，面积约 45 万平方米[①]，距未央宫前殿遗址西北约 2400 米、西南 5000 余米方为阿房宫前殿。而直至昭帝元凤二年（前 79 年）"夏四月，上自建章宫徙未央宫，大置酒"（《汉书·昭帝纪》），建章宫作为汉代朝宫的时间约二十年。

　　当然，从各种文献看，上林苑内建筑的始建时间并不一致，如《汉书·地理志》载户县有"萯阳宫，秦文王起"，"鄠屋，有长杨宫，有射熊馆，秦昭王起"。可以说，上林苑内建筑是历经战国秦、统一秦、西汉的三朝建设而成就的。

　　上林苑除为皇帝的游猎之地外，有时还会承担或拥有一些其他的功能。如藉田，"六月春正月，上耕于上林"（《汉书·昭帝记》）；天文历法，"诏与丞相、御史、大将军、右将军、史各一人杂候上林清台，课诸历疏密，凡十一家"（《汉书·律历志》）；铜钱铸造，"悉禁郡国毋铸钱，专令上林三官铸"（《汉书·食货志》）；官署，"驸马都尉董贤亦起官寺上林中"（《汉书·王嘉传》）；外藩居住，"元寿二年，单于来朝，上以太岁厌胜所在，舍之上林苑蒲陶宫"（《汉书·匈奴传》），"上乃以乌孙主解忧弟子相夫为公主，置官属侍御百余人，舍上林中，学乌孙言"（《汉书·西域传》）；礼制建筑，"成帝末年颇好鬼神，亦以无继嗣故，多上书言祭祀方术者，皆得待诏，祠祭上林苑中长安城旁"（《汉书·郊祀志》）；乐府，"内有掖庭材人，外有上林乐府"（《汉书·礼乐志》）。

三、上林苑与长安城

　　如上文所述，上林苑范围广大，东至蓝田，西至周至，北至渭河，南至南山，其中即有汉王朝首都长安城，二者的关系大体如下。

　　首先，上林苑原为秦苑，而长安城的城墙则是汉初惠帝所修，从修建时间看，上林苑明显早于长安城。先有上林苑，后有长安城。

　　其次，秦上林苑中宫观众多，在后修的汉长安城范围内，不仅包含了不少原秦上林苑的宫观建

---

　　① 国家文物局主编，陕西省文物事业管理局编：《中国文物地图集·陕西分册》，西安地图出版社，1998 年，52 页。

筑，而且如兴乐宫、章台宫等上林苑中的重要建筑，到汉代还得到修葺使用。长安城在很大程度上应是秦上林苑的自然延续。即，汉长安城中有上林苑建筑。而从建章宫的修建看，虽然建章宫在建成后的较长时间里都是汉之朝宫，但其依然为上林苑中的建筑，并不属于长安城。

最后，长安城之外，如前所言，西郊均为上林苑所辖。《汉书·东方朔传》载汉武帝扩修昆明池时，曾"诏中尉、左右内史表属县草田，欲以偿鄠杜之民"，表明在阿房宫以南直至南山之间原属"鄠杜之民"的土地，在扩建上林苑后都已划入上林苑中，因此长安城南郊直到王莽执政扩修太学等建筑时，还依然为上林苑所有。也就是说，虽然我们尚不清楚长安城南原有的杜县、户县在汉武帝扩修上林苑修建后被迁到何处或以何种形式存在，但长安城以南很可能在汉武帝扩修上林苑后就均已为上林苑所辖。而如此一来，汉长安城的西侧与南侧就均已为上林苑所包围。

杜为关中旧县，《史记·秦本纪》载，武公"十一年，初县杜、郑"。注引《括地志》云："下杜故城在雍州长安县东南九里。"汉宣帝时建帝陵及陵邑于杜县，《汉书·宣帝记》载："元康元年春，以杜东原上为初陵，更名杜县为杜陵。徙丞相、将军、列侯、吏二千石、訾百万者杜陵。"《史记·高祖本纪》注引《括地志》云："杜陵故城在雍州万年县东南十五里。汉杜陵县，宣帝陵邑也，北去宣帝陵五里。庙记云故杜伯国。"后许后亦建陵于杜南，《汉书·外戚传》载："许后立三年而崩，谥曰恭哀皇后，葬杜南，是为杜陵南园。后五年，立皇太子，乃封太子外祖父昌成君广汉为平恩侯，位特进……广汉薨，谥曰戴侯，无子，绝。葬南园旁，置邑三百家，长丞奉守如法。"

从杜陵及许后之陵的建设看，其地均应不属上林苑中。也就是说，上林苑在汉长安城东南的北界，应以不超过许后陵、杜陵为宜。否则，以上林苑的森严管理，宣帝民间时也就不可能再在这一带有较多的活动（《汉书·宣帝记》载宣帝少时"受诗于东海澓中翁，高材好学，然亦喜游侠，斗鸡走马，具知闾里奸邪，吏治得失。数上下诸陵，周遍三辅，常困于莲勺卤中。尤乐杜、鄠之间，率常在下杜"）。孟康曰下杜"在长安南"，师古指出"下杜即今之杜城"。由于杜陵紧邻浐河，而杜陵之北尚为杜陵邑，故而不仅上林苑的北界不会超过杜陵，而且上林苑也不会出现"终始灞浐"的规模。因此，汉长安城向东的区域，应非汉上林苑所属。

也就是说，从空间上看，在汉武帝扩修上林苑之前，汉长安城的西侧为上林苑，大体到汉武帝扩修上林苑后，汉长安城的南侧亦为上林苑所有，而汉长安城的东侧则不属上林苑管辖，即上林苑从南侧、西侧形成了对长安城的包围、护卫之势。

四、上林苑的管理

据文献记载，上林苑一开始归少府管理，在武帝元鼎二年（前115年）之后转由水衡都尉负责，下辖有庞大的管理机构。《汉书·百官公卿表》载：

> 水衡都尉，武帝元鼎二年初置，掌上林苑，有五丞。属官有上林、均输、御羞、禁圃、辑濯、钟官、技巧、六厩、辩铜九官令丞。又衡官、水司空、都水、农仓，又甘泉上林、都水七官长丞皆属焉。上林有八丞十二尉，均输四丞，御羞两丞，都水三丞，禁圃两

尉，甘泉上林四丞。成帝建始二年省技巧、六厩官。王莽改水衡都尉曰予虞。初，御羞、上林、衡官及铸钱皆属少府。

《汉书·循吏传》也载水衡都尉"典上林禁苑，共张宫馆，为宗庙取牲，官职亲近，上甚重之"。此外，少府属官还有"上林中十池监"，应该也会参与上林苑的直接管理。故《三辅黄图》载："《旧仪》曰：'上林有令有尉，禽兽簿记其名数。'又有上林诏狱，主治苑中禽兽、宫馆之事，属水衡。"

如前引文献，上林苑应建设有大型的垣墙环绕其外，"缭垣绵联"，"缭以周墙，四百余里"。而苑门且有专名，如有"上林延寿门"（《汉书·外戚传》），并由"步兵校尉掌上林苑门屯兵"（《汉书·百官公卿表》），严禁百姓、官员擅自进入上林苑中，若有违反，制有严惩，如山都侯在元封元年（前 110 年）"坐与奴阑入上林苑，国除"①。《汉书·酷吏列传》则载减宣"中废为右扶风，坐怒其吏成信，信亡藏上林中，宣使郿令将吏卒，阑入上林中蚕室门攻亭格杀信，射中苑门，宣下吏，为大逆当族，自杀"，减宣仅因公事在追逃犯时射中上林苑门，即被坐"大逆当族"而被迫自杀，上林苑的管理之严由此可见一斑。当然，即使得到允许进入上林苑的人员，其在上林苑中的各项活动也会受到严厉约束，如《汉书·五行志》载："章坐走马上林下烽驰逐，免官。"

此外，上林苑不仅不能随意进入，也不能随意猎捕苑中动物，即使是一些未曾具体实施的谋划捕猎的行为，也会得到严厉的处罚。如《史记·高祖功臣侯者年表》载，元鼎四年（前 113 年）安丘侯"指坐入上林谋盗鹿，国除"。

五、上林苑的逐渐废弃

汉武帝之后，上林苑的各种建筑依然被继续使用。例如，《汉书·匈奴传》载元寿二年单于"舍之上林苑蒲陶宫"，《汉书·外戚传》也载："许美人前在上林涿沐馆，数召入饰室中若舍，一岁再三召，留数月或半岁御幸。"

但随着继任皇帝的兴致变化，上林苑中宫观使用的频率在逐渐减少，这样就自然出现裁撤上林苑宫观之举。例如，《汉书·元帝纪》载元帝时"罢角抵、上林宫馆希御幸者"，《汉书·成帝纪》也载"罢上林宫馆希御幸者二十五所"。而到了王莽执政时，为了修建城南建筑，更"坏彻城西苑中建章、承光、包阳、大台、储元宫及平乐、当路、阳禄馆，凡十余所，取其材瓦，以起九庙"（《汉书·王莽传》），将在历经罢废之后残存的上林苑中宫观建筑，再次进行了一次大规模的"坏彻"。与此同时，王莽还在原为上林苑中的地域修建了诸如明堂辟雍、太学等一系列的大型建筑，"汉太学在长安西北七里……王莽作宰衡时，建弟子舍万区，起市郭上林苑中"（《三辅黄图》）。

东汉移祚，上林荒废，成为屯兵之地。如冯异"屯军上林苑中"（《后汉书·冯异传》），并将

---

① 秦《禁苑律》在湖北云梦龙岗已有出土，见中国文物研究所、湖北省文物考古研究所：《龙岗秦简》，中华书局，2001 年。于青明对此有专门研究，见《龙岗秦简禁苑律研究》，上海师范大学硕士学位论文，2007 年。又见《龙岗秦简〈禁苑律〉研究》，《法律文化研究》（第 3 辑），2007 年，403～423 页。

其成为战场，"与延岑战于上林"（《后汉书·光武帝纪》）。而由于冯异在上林苑中善待百姓，使苑内人口日增，"出入三岁，上林成都"。这样上林苑内田地就被逐渐开垦出来，并日益为权臣所瓜分，如名将马援就"以三辅地旷土沃，而所将宾客猥多，乃上书求屯田上林苑中，帝许之"（《后汉书·马援传》）。直至东汉末期，上林苑旧地依旧是一处重要的屯兵地点，"西召前将军董卓屯关中上林苑"（《后汉书·何进传》）。这样，随着上林禁苑的日渐荒废，上林苑再次恢复到西汉早期那种任百姓耕种其间的状态之中，故而当班固在写《西都赋》时，就只能"徒观迹于旧墟，闻之乎故老"，上林苑可能至此已名存实亡，不复存在。

西汉之后，上林苑因在西汉时期于都城附近所产生的巨大影响，就逐渐成为都城文化的一个重要符号，陆续出现在洛阳、南京等地。

六、昆　明　池

上林苑中面积最大、也最为重要的水域当属昆明池。

昆明池是西汉武帝在元狩三年、元鼎元年于上林苑中两次修建而成的大型池沼。据《汉书·武帝记》记载，元狩三年（前 120 年）"发谪吏穿昆明池"，如淳曰："《食货志》以旧吏弄法，故谪使穿池，更发有赀者为吏也。"臣瓒曰："《西南夷传》有越巂、昆明国，有滇池，方三百里。汉使求身毒国，而为昆明所闭。今欲伐之，故作昆明池象之，以习水战，在长安西南，周回四十里。《食货志》又曰时越欲与汉用船战，遂乃大修昆明池也。"同事亦见《史记·平准书》："法既益严，吏多废免。兵革数动，民多买复及五大夫，征发之士益鲜。于是除千夫五大夫为吏，不欲者出马；故吏皆（通）适令伐棘上林，作昆明池。"

《史记索隐》引《三辅黄图》略同，"昆明池周四十里，以习水战"，并引荀悦语："昆明子居滇河中，故习水战以伐之也。"而《汉书·五行志》的记载则将昆明池开凿与当年大旱直接联系："元狩三年夏，大旱。是岁发天下故吏伐棘上林，穿昆明池。"

此后，据《汉书·食货志》等文献的记载，元鼎元年（前 116 年）汉武帝见"越欲与汉用船战逐，乃大修昆明池，列观环之。治楼船，高十余丈，旗帜加其上，甚壮"。嗣后昆明池"习战"练兵成为一项传统，直至昭帝始废，《初学记·地部下》"昆明池下"载："至昭帝幼冲，不复习战。于中养鱼，以给诸陵祠。"

而经过两次大规模的建设，昆明池及其周边建筑就成为上林苑的重要组成部分。《三辅黄图》记载："《三辅旧事》曰：'昆明池地三百三十二顷，中有戈船各数十，楼船百艘，船上建戈矛，四角悉垂幡旄葆麾，盖照烛涯涘。'图曰：'上林苑有昆明池，周匝四十里。'《庙记》曰：'池中后作豫章大船，可载万人，上起宫室，因欲游戏，养鱼以给诸陵祭祀，余付长安厨。'"

昆明池周围虽有"列观环之"，但有名流传者可能仅有豫章观。据《三辅黄图》："豫章观，武帝造，在昆明池中，亦曰昆明观。又一说曰：上林苑中有昆明池观，盖武帝所置。桓谭《新论》云：'元帝被疾，远求方士。汉中送道士王仲都，诏问所能，对曰：能耐寒。乃以隆冬盛寒日，令祖载驷马于上林昆明池上，环以冰，而御驷者厚衣狐裘寒战，而仲都无变色，卧于池上，曝然自若。'即此也。"

而到西汉之后，虽然上林苑已名存实亡，但在长安故地，大体也仅有如昆明池等极少数原上林苑的建筑池沼，得以继续存在并被维护使用。例如，魏太武帝就曾在太平真君元年（440年）"发长安人五千浚昆明池"。而到唐代，昆明池更得到继续使用和扩建。《新唐书·高祖本纪》载高祖李渊"（武德九年，626年）幸昆明池，习水战"。《括地志》载："贞观中修昆明池，丰、镐二水，皆悉堰入。"《旧唐书·德宗本纪》载："（贞元十三年，797年）诏京兆尹韩皋修昆明池石炭、贺兰两堰兼湖渠。"《旧唐书·文帝本纪》载："（太和九年，835年）浚昆明、曲江二池。"

这样，在几次浚修后，昆明池成为唐代帝王将相游宴娱乐、文人雅士泛舟题咏和黎民百姓观赏的长安城南风景胜地。而诸如《唐诗纪事》等文献则为我们保留了不少当时昆明池的盛况，如"中宗正月晦日幸昆明池赋诗，群臣应制百余篇"。在流传下来的唐人著作中，歌咏昆明池的作品很多，如杜甫《秋兴八首》（其七）、白居易《昆明春》、温庭筠《昆明池水战词》、贾岛《昆明池泛舟》、李百药《和许侍郎游昆明池》、胡曾《咏史诗·昆明池》、李子卿《昆明池石鲸赋》、王起《汉武帝游昆明池见鱼衔珠赋》、张仲素《涨昆明池赋》，等等。当然，随着唐王朝的灭亡和国家政治中心的东移，到宋代以后昆明池就逐渐淤塞成田，宋代宋敏求《长安志》即明确记载"昆明池……今为民田"，至此上林苑才完全沦为历史的遗迹。

七、昆明池是上林苑的核心景观

抛开昆明池修建之初的"习水故"用途，除作为汉长安城供水水源、进行渔业养殖等之外，从上林苑建设与使用情况看，昆明池大体可称为上林苑的核心景区。

首先，昆明池及周边建筑构成了上林苑中规模最大的建筑集群。

据文献记载，上林苑规模广大，苑中有苑，是一个古今罕见的散点式布局的超大型皇家园林。而文献所载的上林苑"离宫别馆三十六所"的建筑数量虽总数不少，但若将其置于上林苑周回四百余里的空间之内（据前述，上林苑的面积大体为1568.98～2789.3平方千米），前述的建筑数量不仅不多，且相互间距离也自然不会很近。于是，在这种情况下，昆明池周回四十里的巨大规模，以及汉武帝围绕昆明池而修建的"列观环之"建筑群，就成为上林苑中最大规模的建筑集群。

据文献记载，位于上林苑中为汉武帝所大规模营建的宫城当属建章宫莫属，而建章宫又在武帝及之后的一段时间内作为了汉最兴盛时期的朝宫所在，文献虽称建章宫"度为千门万户，前殿度高未央"（《汉书·武帝记》），但是它的占地面积却远远小于昆明池。

文献对建章宫的规模有所记载，如《水经注》注引《三辅黄图》载："建章宫，汉武帝造，周二十余里，千门万户。"《长安志》引《关中记》谓："建章宫其制度事兼未央宫，周回二十余里。"引《三辅旧事》曰："建章宫周回数十里，殿东别起阁，高二十五丈，凭高以望远。"《三辅黄图》引《三辅旧事》云："建章宫周回三十里。"虽文献所载建章宫的规模并不相同，但与昆明池前述规模相较仍远远不如。这样，在建章宫范围远不及昆明池的情况下，昆明池及周边"列观环之"所形成的池沼、宫观建筑群，就自然成为汉上林苑中最宏伟的建筑集群。

　　其次，昆明池周边列观建筑及巨型楼船的营造，不仅是汉武帝时期大规模宫殿建设的开始，且构成了建章宫营建之前上林苑中最宏伟的建筑群体。《汉书·食货志》载，元鼎元年（前 116 年）"是时越欲与汉用船战逐，乃大修昆明池，列馆环之。治楼船，高十余丈，旗帜加其上，甚壮。于是天子感之，乃作柏梁台，高数十丈。宫室之修，由此日丽"。昆明池的营建不仅早于"度为千门万户，前殿度高未央"的建章宫修建 10 年左右，且更明确为汉武帝在未央宫起柏梁台建筑的直接动因（《汉书·武帝纪》载，元鼎二年（前 115 年）"春，起柏梁台"）。因此从建筑时间看，建章宫营建之前，上林苑中最宏伟的建筑，应该非昆明池周边列观及楼船等莫属。而如前所述，即使在建章宫营建之后，上林苑中最大规模的建筑集群依然非昆明池建筑群莫属——虽然建章宫作为宫城而昆明池及周围建筑作为池观的性质上面有很大的差异。

　　最后，昆明池地处汉长安城近郊，是上林苑广大空间中常为天子等临幸的重要区域。除前引《汉书·食货志》载武帝在昆明池修建完成即临幸并感其规模"甚壮"外，《汉书·天文志上》还载"河平元年（前 28 年）十二月壬申，太皇太后避时昆明东观"，陈直先生指出，"昆明观即豫章观"。

　　而在汉代之后，虽然上林苑已不复存在，但昆明池作为汉宏伟上林苑的孑遗，依然还是都城时代长安城附近帝王游览的最重要地点，相关行幸昆明池的记载更史不绝书。例如，东汉安帝延光三年（124 年）曾览昆明池，"祠高庙，遂有事十一陵，历观上林、昆明池"（《后汉书·孝安帝纪》）。不仅行幸昆明池，而且还将本属上林苑的昆明池，从上林苑中单独列出并与上林苑相提并论，显示出当时昆明池在天子行幸上林苑途中的突出地位——这当然可能也与此时昆明池是西汉上林苑中罕有留存的"遗迹"有直接关系。而据《魏书·帝纪四·世祖》载，魏武帝于太平真君七年（446 年）二月"幸昆明池"，《魏书·帝纪七·孝文帝》载孝文帝太和二十一年（497 年）四月"戊寅，幸未央殿、阿房宫，遂幸昆明池"。

　　后《周书·帝纪三·孝闵帝》虽载闵帝元年（557 年）四月"欲观渔于昆明池，博士姜须谏，乃止"，未能成行，不过依然反映出直到当时，昆明池依然是天子临幸的重要地点。而嗣后，据《周书·帝纪四·明帝》载，明帝元年（559 年）六月"幸昆明池"[①]。

　　由于当时汉长安城未废，依然是一些雄踞关中的王朝首都所在，因此西汉及西汉之后相关天子屡幸昆明池的举动，就明显地透露出昆明池在汉长安城外上林苑中的地位相当重要。而昆明池之所以能在这么长时间内吸引如此多天子临幸，则可能与其水域广大、环境优美——为长安城附近最大的水面，且地处长安城西南近郊交通方便的区位特点有直接的关系。

　　因此，从昆明池是上林苑中最大规模建筑集群，地处长安城近郊，为天子所常临幸的角度看，昆明池大体上可称为汉上林苑中的核心景观。

（原载陕西省西咸新区沣东新城管委会、西安历史文化名城研究会：

《昆明池研究》，陕西科学技术出版社，2014 年）

----

① 《册府元龟》卷一一三《帝王部·巡幸》载孝闵帝"二年六月辛未幸昆明池"。

汉武帝时代的上林苑与"天下"观

——以昆明池、建章宫太液池的开凿为论述中心

刘晓达

一

由汉武帝推动、营造的上林苑是西汉中期最重要的皇家园林（图一）①。笔者在相关研究中，已就武帝时代对上林苑的营造所显现的多重动机与观念进行过分析。笔者认为：武帝对上林苑的建造并非只是出于游猎与休憩的目的，其中似乎隐藏着更为深入的政治与文化欲望。汉武帝时代推动营造的上林苑应与下面四个层面的观念有关。其一，汉初以来活跃在宫廷内外的方士集团为武帝提供了关于宇宙空间与仙界的认知。其二，司马相如在文学作品《上林赋》中则为其呈现一个理想化的杳远空间与蓝图。其三，武帝即位早期即具有的"内修法度、外攘夷狄""王者无外、天下一家"式的政治与学术修养则为其建构上林苑提供了某种心理上的暗示。其四，秦至汉初宫苑池沼景观的修建则为武帝和武帝时代的工匠提供了可以依据的视觉"模本"②。但如何将这些欲望以视觉艺术的形式"转化"为可见的"景观"，这当然有一个历时性的过程。例如，武帝对上林苑内昆明池的开凿，以及对昆明池内外巨型雕塑的放置就发生在司马相如创作《上林赋》若干年后的元狩三年才完成（前120年）③。因此从这个层面上讲，汉武帝对上林苑的"历时性"建构也不是一蹴而就的。上林苑内一些重要的视觉景观塑造其实也显现出武帝本人的政治、文化欲望和对"天下"的理解意识。我们接下来将主要以他对上林苑内所做的几处关键景观的推动、营造作为论述的中心。

实际上，在武帝开始对上林苑进行建构的早期阶段，他已希图将各类来自异域的动植物从遥远的边疆移动至他幻想中的上林苑内。例如，《三辅黄图》记载："武帝初修上林苑，群臣远方，各献名果异卉三千余种植其中。亦有制为美名，以标奇异。"④《西京杂记》又载："（武帝）初修上林

---

① 图片来源见林通雁：《西都：汉长安城美术史迹的发现与研究》，陕西人民美术出版社，2012年，68页，图1~32。

② 刘晓达：《汉武帝时代营造上林苑的动机与观念来源》，《美术研究》2014年3期，43~47页。

③ 班固：《汉书》卷六《武帝纪第六》，中华书局，1962年，177页。

④ 何清谷：《三辅黄图校释》卷四"苑囿"条，中华书局，2005年，230页。

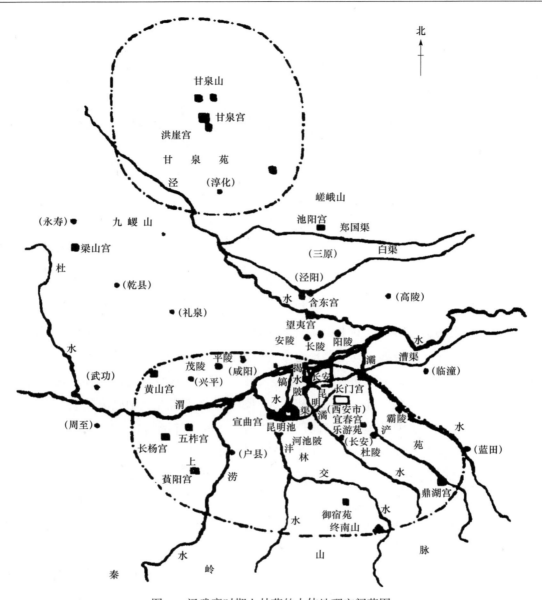

图一　汉武帝时期上林苑的大体地理空间范围

苑，群臣远方，各献名果异树，亦有制为美名，以标奇丽。"[1] 又，上林苑积草池中就有南越王赵佗所献高一丈二尺的珊瑚树[2]。而在汉武帝元鼎六年（前111年）以后，也将来自南越地区的奇草异木

---

① 刘歆撰，葛洪辑，王根林校点：《西京杂记》卷第一"上林名果异木"条，上海古籍出版社：《汉魏六朝笔记小说大观》，上海古籍出版社，1999年，83页。

② 何清谷：《三辅黄图校释》卷四"池沼"条，中华书局，2005年，268页。此外，该书卷三"建章宫"条又记录："奇华殿，在建章宫旁，四海夷狄器服珍宝，火浣布、切玉刀、巨象、大雀、狮子、宫马，充塞其中。"见179页。

移至新建立的扶荔宫中①。至于上林苑中来自帝国各地和异域的珍禽异兽就更多了，这些记录在司马相如《上林赋》、班固《西都赋》、扬子云《长杨赋》、张衡《西京赋》里也不胜枚举②。对此，一些学者还专门撰文整理了汉武帝时代上林苑内自远方、异域移植过来的珍果、异树、珍禽、鸟兽的品种及数量③。如果将上述行为与其后他在昆明池周围营造的视觉景观连缀在一起进行综合考虑的话，我们就会注意到在汉武帝的视野里，上林苑在那一时代已然成为他所认识大千世界的一个缩影。通过视觉艺术的"形塑"，他所认知的世界被人为地"缩微化"，成为在长安附近他可以随意控制与建构的"视觉景观"。

汉武帝其后对上林苑中一些体量、规模巨大的人工性"景观"的踵事增华更值得我们注意。在汉武帝对外征伐、并进而建构统一帝国日趋频繁的元狩三年（前120年），他在上林苑内营造了昆明池（图二、图三）④。在有关文献的记述中，上林苑共有池十五所，但最为重要的苑池即为昆

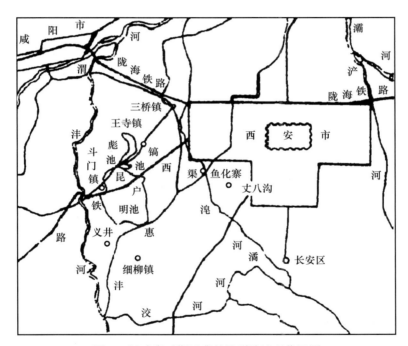

图二　汉武帝时期开凿的昆明池地理位置图

①　何清谷：《三辅黄图校释》卷三"甘泉宫"条，中华书局，2005年，208页。按，扶荔宫虽属于甘泉宫建筑群，并不在上林苑中。但武帝将来自远域的奇花异草，移至自己可以随意控制的长安附近这一行为却是值得特别注意的。

②　参阅萧统、李善注：《文选》，上海古籍出版社，1986年，第八卷，361～386页；第一卷，5～28页；第九卷，403～414页；第二卷，47～92页。

③　参阅林通雁：《西都：汉长安城美术史迹的发现与研究》，陕西人民美术出版社，2012年，69、70页。

④　参阅林通雁：《西都：汉长安城美术史迹的发现与研究》，陕西人民美术出版社，2012年，第177页。图片来源见中国社会科学院考古研究所汉长安城工作队：《西安市汉唐昆明池遗址的钻探与试掘简报》，《考古》2006年10期，53页图1、54页图2。发掘报告见中国社会科学院考古研究所汉长安城工作队：《西安市汉唐昆明池遗址的钻探与试掘简报》，《考古》2006年10期，53～65页。

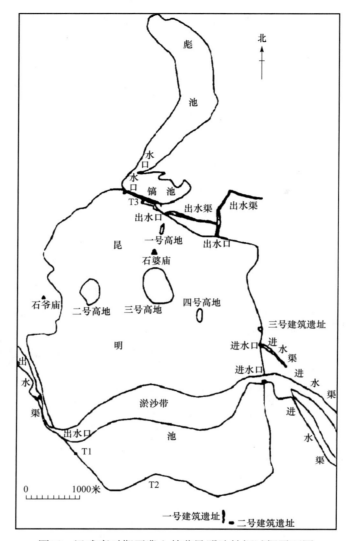

图三　汉武帝时期开凿上林苑昆明池钻探试掘平面图

明池①。对昆明池的开凿活动当然与武帝借此训练水军、讨伐西南夷等军事战略密切相关。例如，《汉书·武帝纪》记载："汉使求身毒国，而为昆明所闭。今欲伐之，故作昆明池象之，以习水战。"②《汉书·食货志》也记载："是时粤欲与汉用船战逐，乃大修昆明池，列馆环之。"③ 一些学者也进而认为它的开凿也与为长安城的居民提供水源联系密切④。但正如笔者在另文中曾分析过的，来自宫廷方士对宇宙空间的想象、这一时代关于"上林苑"的文学创作、武帝本人的政治抱负，以及前

---

① 参阅何清谷：《三辅黄图校释》卷四"池沼"条，248 页。另见徐坚：《初学记》第七卷地部下"昆明池"条，中华书局，1962 年，148 页。

② 班固：《汉书》卷六《武帝纪第六》，177 页。

③ 班固：《汉书》卷二四下《食货志第四下》，1170 页。相似史料另见司马迁：《史记》卷三十《平准书第八》，中华书局，1959 年，1436 页。

④ 参阅刘振东、谭青枝：《汉唐昆明池杂议》，《汉长安城考古与汉文化——汉长安城与汉文化：纪念汉长安城考古五十周年国际学术研讨会论文集》，科学出版社，2008 年，263、264 页。

代帝王对都城内外水面景观的视觉表现"模本",可能都会对包括昆明池在内的上林苑景观的构建产生直接的推动①。而从武帝在昆明池两岸放置牵牛、织女雕塑,并在池内营造石鲸鱼等行为看,其背后隐藏的政治与文化意义当更为复杂。据《三辅故事》记载:"昆明池有豫章台及石鲸。刻石为鲸鱼,长三丈,每至雷雨,常鸣吼,鬐尾皆动。""昆明池中有二石人,立牵牛、织女于池之东西以象天河。"(图四、图五)②正如巫鸿所言:"织女像和牛郎像分别被安置在相对的两岸,使该池成为对银河的模拟,池中有一巨大的石鲸,把这个人工湖泊转化成一个汪洋大海。"③在武帝充满想象力的视野中,天上的银河、来自边远异域地区的奇特生物等都可以借视觉艺术的形式,从远方"移动"至上林苑内并得到不断的感神通灵式"复制"以便尽量地接近于"真实"。通过视觉艺术的手法刻画物象,以达到"真实"和"通灵"式的效果,自汉代以来就已经形成了一个视觉表现传统。如在汉武帝时期,齐人少翁便建议汉武帝"上即欲与神通,宫室被服非象神,神物不至"④

图四　汉武帝时代在上林苑开凿昆明池后放置在东岸的牵牛像　　图五　汉武帝时代在上林苑开凿昆明池后放置在西岸的织女像

① 刘晓达:《汉武帝时代营造上林苑的动机与观念来源》,《美术研究》2014年3期,43~47页。

② 佚名撰,张澍辑,陈晓捷注:《三辅故事》,三秦出版社,2006年,23页;另参阅何清谷:《三辅黄图校释》卷四"池沼"条,253、254页;佚名撰,张澍辑,陈晓捷注:《三辅旧事》,三秦出版社,2006年,22页;考古发掘报告及著作参阅胡谦盈:《汉昆明池及其有关遗存踏察记》,《考古与文物》1980年1期,23~41页;刘庆柱、李毓芳:《汉长安城》,文物出版社,2003年,186~203页;图片来源见中国美术全集编辑委员会:《中国美术全集·雕塑2:秦汉雕塑》,人民美术出版社,1985年,36页,图34,37页,图35。

③ Wu Hung(巫鸿), *Monumentality in Early Chinese Art and Architecture*, Stanford, Stanford University Press, 1995:173;中译本见〔美〕巫鸿著,李清泉、郑岩等译:《中国古代艺术与建筑中的纪念碑性》,上海人民出版社,2009年,227页。

④ 班固:《汉书》卷二五上《郊祀志第五》,1219页。此外,石守谦通过对汉代以后画史研究的梳理也对这个问题进行了深入讨论。参阅其论文石守谦:《"斡惟画肉不画骨"别解——兼论"感神通灵"观在中国画史上的没落》,《风格与世变——中国绘画十论》,北京大学出版社,2008年,52~84页。原刊《艺术学研究年报》1990年4期,165~190页;石守谦:《风格与世变——中国绘画十论》,允晨文化出版公司,1996年。

二

对上林苑的视觉"形塑"在武帝统治的中晚期仍在继续进行着。我们从这一历史进程中也可以感受到汉武帝"包容天下于一苑内"的某种心态。在太初元年二月（前104年）左右，已经进入统治晚期的汉武帝开始建造建章宫，至太始四年（前93年）左右这个建筑大致完成①。该工程最引人注目的地方，在于武帝在建章宫西北部营造的太液池。太液池遗址位于前殿基址西北450米处，面积15.16万平方米。在池塘内东北部尚有渐台遗址。该台遗址现存东西长60、南北长40、残高8米（图六）②。使我们感兴趣的则是太液池内设置的体量巨大的雕塑等视觉"景观"。《关辅记》云："建章宫北有池，以像北海。刻石为鲸鱼，长三丈。"③《史记·封禅书》记载："建章宫其北治大池，渐台高二十余丈，名曰太液池，中有蓬莱、方丈、瀛洲、壶梁，象海中神山龟鱼之属。"④《汉书·郊祀志》也记载："建章宫其北治大池，渐台高二十余丈，名曰泰池。池中有蓬莱、方丈、瀛洲、壶梁象海中神山龟鱼之属。其南有玉堂、壁门、大鸟之属。"⑤又《三辅旧事》亦云："太液池北岸有石鱼，长三丈，广五尺。西岸有石龟两枚，并长六尺。"⑥虽然到目前为止，能够被找到并确认的属于原建章宫太液池中的遗物，仅有陕西历史博物馆馆藏的在1973年发现于西安三桥北高堡子村西的石鲸鱼残件（图七）⑦。但我们结合上述的历史文献记载，却依然能够想象历史上的建章宫及太液池在刚刚竣工后的视觉图景。这也正如班固在《西都赋》中所认同的："前唐中而后太液，览沧海之汤汤。扬波涛于碣石，激神岳之嶈嶈。滥瀛洲与方壶，蓬莱起乎中央。"⑧班固的描述虽然为夸大之辞，但我们也应当看到：汉武帝通过视觉手段将太液池转化为在遥远的帝国边域存在的海洋世界，将来自异域世界的图景移至帝国的中心，以便呈现融"天下"景观于一苑的心态却是非常值得注意的。

① 《汉书·武帝纪》记载："太初元年二月，起建章宫。""太始四年夏五月，还幸建章宫。大置酒，赦天下。"由此可知，建章宫的建设在武帝太初元年二月即已开始，至太始四年实际已经完工。参阅班固：《汉书》卷六《武帝纪第六》，199、207页。有关研究可参阅刘庆柱：《关中记辑注》，三秦出版社，2006年，55页。

② 刘庆柱、李毓芳：《汉长安城》，文物出版社，2003年，第186～190页；图片来源见187页，图53。

③ 何清谷：《三辅黄图校释》卷四"池沼"条，中华书局，2005年，261页。

④ 司马迁：《史记》卷二八《封禅书第六》，1402页。

⑤ 班固：《汉书》卷二五《郊祀志第五下》，1245页。相似的记载在汉魏时期的笔记小说中也有记述，参阅佚名，王根林校点：《汉武故事》，《汉魏六朝笔记小说大观》，上海古籍出版社，1999年，174页。

⑥ 佚名撰，张澍辑，陈晓捷注：《三辅旧事》，三秦出版社，2006年，59页。

⑦ 考古发掘报告参阅黑光：《西安汉太液池出土一件巨型石鱼》，《文物》1975年6期，91、92页。对这件作品归属地的研究，参阅郑岩：《风格背后——西汉霍去病墓石刻新探》，《陕西历史博物馆馆刊》（第18辑），三秦出版社，2011年，142页（该文另收录《中国国家美术》2012年3期，125、126页；以及郑岩：《逝者的面具——汉唐墓葬艺术研究》，北京大学出版社，2013年，22、23页）。图片来源为西安陕西历史博物馆壁画保护修复研究中心主任文军摄影，郑岩提供照片。

⑧ 萧统、李善注：《文选》第一卷《西都赋一首》，17页。

图六　上林苑东北建章宫太液池渐台遗址　　图七　西安陕西历史博物馆正门前放置的建章宫太液池

石鲸鱼残件

　　建章宫的使用及太液池内诸视觉景观的营造，都在一定程度上标志着汉武帝穷尽一生所营造的皇家苑林——上林苑最终被塑造完成并呈现在世人的面前。无论是他将帝国四边的奇花异草、瑞兽移至上林苑中，还是在其统治中期所开凿的昆明池，在其内放置石鲸、设立牵牛、织女像，抑或是其后他在建章宫以北太液池内放置石鲸鱼，营造象征域外未知世界的"蓬莱、方丈、瀛洲、壶梁象海中神山龟鱼之属"。诸如此类的视觉表现其实都很好地表达了他希望借此将他认识到的"天下"世界，以"缩微性景观"的视觉表现手法立体性呈现出来。而用于处理政务的建章宫之建立则又使上林苑及周边地区具有了一个政治中心。据《汉书·郊祀志》载："汉武帝于是作建章宫，度为千门万户。前殿度高未央。"[1] 又《关中记》云："建章宫'其制度事兼未央宫'。"[2] 这表明在汉武帝时代，作为上林苑中一个有机组成部分的建章宫实际上是承担了重要的政治功能的[3]。亦即，我们以上关于对武帝塑造"上林苑"的历时性复原与分析，都展现出汉武帝时代的"上林苑"已然成为一个具有强烈政治意义的、由缩微性视觉形式表现出来的"天下"世界，而不仅仅作为一个单纯的娱乐休憩场所而存在。饶有意味的是，考古学家于 20 世纪 50 年代在上林苑东北建章宫遗址中也发掘出土了大量的瓦当文字材料，其中一些瓦当资料就篆刻有"汉并天下"这一带有强烈政治信息的纪年文字（图八）[4]。据刘庆柱论述，在上林苑建章宫遗址中出土的带有"汉并天下"字样的瓦当材料并不止一件，而是有若干件。这也是一个值得注意的现象[5]。此外，陕西省周至县八云塔文管所也收藏一件上

---

　　① 班固：《汉书》卷二五《郊祀志第五下》，1245 页。

　　② 刘庆柱：《关中记辑注》，三秦出版社，2006 年，50 页。另参阅宋敏求、毕沅校证：《长安志》，成文出版社有限公司，1970 年，78 页。

　　③ 刘庆柱、李毓芳：《汉长安城的宫城和市里布局形制述论》，《考古学研究——纪念陕西省考古研究所成立三十周年》，三秦出版社，1993 年，604 页。

　　④ 俞伟超：《汉长安城西北部勘查记》，《考古通讯》，1956 年 5 期，20～26 页；图片来源见第 22 页，图 3。另参阅徐锡台、楼宇栋、魏效祖：《周秦汉瓦当》，文物出版社，1988 年，图 320。

　　⑤ 刘庆柱：《战国秦汉瓦当研究》，《汉唐与边疆考古研究》（第一辑），科学出版社，1994 年，1～30 页；刘庆柱：《汉长安城遗址及其出土瓦当研究》，《古代都城与帝陵考古学研究》，科学出版社，2000 年，354、359、360 页。

林苑长杨宫遗址内出土的"汉并天下"文字瓦当（图九）①。又，考古学者在陕西省淳化县铁王乡东嘴村甘泉宫遗址附近也采集到一件"汉兼天下"文字瓦当（图一〇）②。

图八　20世纪50年代建章宫遗址出土
"汉并天下"字样的瓦当

图九　陕西省周至县八云塔文管所收藏上林苑长杨宫
遗址内出土"汉并天下"文字瓦当

图一〇　1990年陕西省淳化县铁王乡东嘴
村出土"汉兼天下"文字瓦当
（汉武帝时期）

这些在内容上较为相似的文字瓦当已经被确定为属于汉武帝时期扩建上林苑，修建建章宫、甘泉宫时的遗物③。虽然这些瓦当的文字内容较为简略，但这些在武帝时期修筑建章宫等其他宫室时所遗存的文字信息，却也在不经意间流露出武帝时代对拥有"天下"世界的政治欲望与情感。据学界普遍研究，汉代文字瓦当大约在西汉初期已开始出现④。据陈直著录与考证，在陕西省南郑地区西汉初期的宫室遗迹中，即出土有"佳汉三年，大并天下""当王天命"等反映西汉初年一统"天下"思想的文字瓦当材料（图一一、图一二）⑤。但这些在西汉初期制作出的显现新近统一"天下"观念的材料，其所涵盖的政治疆域范围显然要小于在汉武帝时期被广泛用于上林苑、建章宫、甘泉宫中的，

① 图片来源：陕西省考古研究所秦汉研究室：《新编秦汉瓦当图录》，三秦出版社，1986年，223页。有关研究参阅刘庆柱：《汉长安城遗址及其出土瓦当研究》，《古代都城与帝陵考古学研究》，科学出版社，2000年，359、360页。

② 图片来源：张文彬主编，姚生民编：《新中国出土瓦当集录·甘泉宫卷》，西北大学出版社，1998年，298页，图298；有关材料的详述参阅该书前言1～20页。

③ 刘庆柱：《汉长安城遗址及其出土瓦当研究》，《古代都城与帝陵考古学研究》，科学出版社，2000年，359、360页。

④ 刘庆柱：《战国秦汉瓦当研究》，《汉唐与边疆考古研究》（第一辑），科学出版社，1994年，20、21页；另可参阅申云艳：《中国古代瓦当研究》，文物出版社，2006年。

⑤ 图片来源：陈直：《关中秦汉陶录》上册"瓦当瓦片类上"，中华书局，2006年，210、211、236、237页；图片材料见210、236页。有关材料另可参阅陕西省考古研究所秦汉研究室：《新编秦汉瓦当图录》，三秦出版社，1986年，220～223页。

图一一　陕西省南郑地区西汉初期宫室遗迹出土"佳汉　　　图一二　陕西省南郑地区西汉初期宫室
三年，大并天下"瓦当　　　　　　　　　　　　遗迹内出土"当王天命"瓦当

带有相似文字主题的瓦当资料。对于后者而言，这里的"汉并天下""汉兼天下"所指代的疆域，就不一定只是西汉王朝实际能掌控到的"天下"世界，它所暗示的很可能是随着汉武帝开疆拓土与域外地理大发现时代，皇帝与臣僚们所能想象的"理想化了的天下世界"。而这一特殊的、看似不经意的零碎历史"遗存"，则或许可被视为汉武帝构建上林苑时所显现的"王者无外""天下一家"政治心态之注脚。在张骞通西域前后的汉武帝中后期，汉帝国对域外世界的理解已越来越清晰。这在学界对《史记·大宛列传》《汉书·西域传》《魏略·西戎传》《后汉书·西域传》等文献的解读中已有专论[①]。在汉武帝的脑海中，上林苑中的诸多视觉景观可以像一件被随意玩赏的器物一样，作为他对整个"天下"空间进行永久性控制与占有的象征图像。同时，该宫苑也成为武帝款待外国蛮夷，以示"华夷一体，天下一家"的象征道具。例如，《汉书·西域传》中就曾经记录武帝在上林苑中"设酒池肉林以享四夷之客，作巴俞都卢、海中砀极、漫衍鱼龙、角抵之戏以观视之"，极尽炫耀与夸张之能事[②]。而他所认为的"天下"也应该也包括了现实、域外、仙界、天上等不同层次的空间世界。换言之，秦汉时代所理解的"天下"在狭义上讲当然是指中央政权能够有效控制的疆域。但从广义上讲，它则指一种理想化的包含了周边、域外、仙界等普天之下的"世界"。如游逸飞即注意到在一些汉代铜镜铭文中，即有所谓"见日之光，天下大明""尚方作镜真大好，上有仙人不知老。渴饮玉泉饥食枣，浮游天下遨四海""顺天下，宜阴阳"等之类将"天下"的概念大而化之的趋势[③]。因此从这一点上看，我们也就能够很好理解为什么这一时代的某些帝王，会将来自于域外、仙界等一些远离自己国土的题材都以"缩微化"的形式移动、复制到都城附近，以展现其对"普天之下"观念的思考。而对这种视觉景观的表现并不需要考虑武帝在现实中，是否真正完成了

① 参阅余太山：《古代地中海和中国关系史研究》，商务印书馆，2012年；余太山：《两汉魏晋南北朝正史西域传研究》，商务印书馆，2013年。

② 班固：《汉书》卷九六下《西域传第六六下》，3928页。

③ 游逸飞：《四方、天下、郡国——周秦汉天下观的变革与发展》，台湾大学硕士学位论文，2009年，76页；有关的材料整理参阅管维良：《中国铜镜史》，重庆出版社，2006年，131～133页。

对这些"世界"的实际控制。笔者想这一理念与秦始皇在扫灭六国后"写放其宫室，作之咸阳北阪上"以示对"天下"世界的独占也具有一定联系①。换句话说，运用视觉表现手法在都城附近展现一个"缩微式的天下世界"或许在秦始皇时代就已有最初的表现雏形②。只不过相对于后者，汉武帝在官僚、工匠的协助下通过"缩微式景观"的视觉表现手法去"形塑"一个"永恒天下"观则要比前者更为复杂一些。

具有吊诡意味的是，虽然汉武帝毕生致力于以军事征伐、政令、外交、祭祀、视觉艺术等方法营造"天下一家""普天之下"式的政治与文化秩序观③，但在他统治的末期，不无遗憾的是，他的事业实际上已经在走下坡路。例如，田余庆即认为武帝在政治、军事上所获得的巨大成就主要是在其统治中期即元狩至元鼎年间（前122～前111年）完成的，有少数成就则是在元封年间（前110～前105年）完成④。随着征和二年（前91年）巫蛊之乱、诸多战事失利尤其是其宠信的外戚李广利在征和三年（前90年）兵败投降匈奴⑤，他的这种雄心壮志也就伴随着这一系列的来自军事、政治上的巨大打击和国内经济形势的恶化而慢慢地趋于减退。在他生命历程的最后几年，大概也只有上林苑这个理想化的视觉空间可以作为他一生政治与理想追求的侧影聊以慰藉了。

三

"天下没有不散的筵席"，这句话如用来形容汉武帝时期的上林苑就再合适不过了。公元前87年汉武帝病逝，上林苑在其后的一段时期仍然保持着一定的政治地位。如汉昭帝始元元年（前86年）春二月，"黄鹄下建章宫太液池中。公卿上寿，赐诸侯王、列侯、宗室金钱各有差"⑥。但自汉昭帝元凤二年（前79年）"自建章宫徙未央宫"以后，它作为除长安都城未央宫外另一个政治中心的地位已然慢慢失去⑦。

9年王莽篡位建立新朝，这个新式政权最引人注目的地方在于：它的建立者王莽是一位深受儒

① 司马迁：《史记》卷六《秦始皇本纪第六》，239页。
② 对此，美国学者鲁威仪（Mark Edward Lewis）曾初步注意到此事件可能与秦始皇希望借此在咸阳附近展现一个"缩微性"的国家观念具有一定联系。参阅 Mark Edward Lewis（鲁威仪），*The Construction of Space In Early China*，Albany，State University of New York Press，2006：171。
③ 陈苏镇在研究西汉时期《公羊春秋》对政治策略的影响时，注意到从高祖—武帝相继采取的"内其国而外诸夏""内诸夏而外夷狄""远夷之君，内而不外"的策略，恰好与《公羊春秋》中所强调的"三世异治"（衰乱世、升平世、太平世）息息相关，具有重要启发意义。参阅陈苏镇：《汉代政治与〈春秋〉学》，中国广播电视出版社，2001年，195～314页；陈苏镇：《〈春秋〉与〈汉道〉——两汉政治与政治文化研究》，中华书局，2011年，221～240页。
④ 田余庆：《秦汉魏晋史探微》（重订本），中华书局，2004年，32页。
⑤ 班固：《汉书》卷六《武帝纪第六》，209页。具有讽刺意味的是：李广利在征和三年的投降匈奴，此距上林苑最后一组宫殿建章宫的使用仅仅过去了三年。
⑥ 班固：《汉书》卷七《昭帝纪第七》，218页。
⑦ 班固：《汉书》卷七《昭帝纪第七》，228页。

家思想熏染的统治者，在其朝中也囊括、豢养了一大批像他这类的官僚、文士。因此，在他和他的那些具有良好儒学修养的大臣与文士们看来，上林苑所显示出的一切浮华、怪异与张扬是不可能为他的新王朝提供任何法理上的皇权正当性基础的。当然，就更不用说它在武帝一朝所显现的那种"天下一家"式的政治欲望与象征意义，能够给王莽这个虔诚的、致力于复兴古典文化的儒教徒以多少吸引力了。具有强烈对比与讽刺意味的是，王莽地皇元年（20 年）七月以后，上林苑中的诸多雄伟与华丽的宫殿被依次拆除，并用于营造能够显示其王朝统治正统性与历史传承性的九庙建筑群。《汉书·王莽传》记载："莽乃博徵天下工匠诸图画，以望法度算，及吏民以义钱穀助作者，骆驿道路。坏撤城西苑中建章、承光、包阳、大台、储元宫及平乐、当路、阳禄馆。凡十余所，取其材瓦，以起九庙。"[1] 对此，颜师古注释："自建章以下至阳禄，皆上林苑中馆。"[2]

图一三　已经成为一片废墟的西汉上林苑遗迹（局部）

从这个历史事件上看，上林苑在此时期也已经完全退化成为一个无关紧要的、仅供帝王休憩的闲暇空间。它重新回归到它原先所具有的单纯的娱乐、休憩与闲暇功能。它在刻意标榜节俭、礼仪、德治与复古主义传统的王莽一朝的政治生活与理念中已经不再占据重要的位置。东汉初年的历史学家班固曾云："徒观迹于旧墟，闻之乎故老。"[3] 随着上林苑连同长安城逐渐消逝，并成为仅供后人凭吊的废墟，那个曾经属于汉武帝与上林苑的辉煌时代也就此完全落下了帷幕（图一三）[4] 而我们对中国古代废墟艺术的研究或许才刚刚开始[5]。

（原载《美术学报》2017 年 3 期）

①　班固：《汉书》卷九九下《王莽传第六十九下》，4161、4162 页。有关长安以南王莽九庙遗迹考古发掘报告，参阅考古研究所汉城考古队：《汉长安城南郊礼制建筑遗址群发掘简报》，《考古》1960 年 7 期，36～39 页；黄展岳：《汉长安城的发掘：礼制性建筑遗址》，《新中国的考古发现和研究》，文物出版社，1984 年，396、397 页；黄展岳：《汉长安城南郊礼制建筑遗址》，《中国大百科全书·考古卷》，中国大百科全书出版社，1986 年，162 页；中国社会科学院考古研究所：《西汉礼制建筑遗址》，文物出版社，2003 年；近年来的研究参阅刘瑞：《汉长安城的朝向、轴线与南郊礼制建筑》，中国社会科学出版社，2011 年。

②　班固：《汉书》卷九九下《王莽传第六九下》，4163 页。

③　《文选》第一卷《西都赋》，23 页。

④　图片来源见王仁波：《秦汉文化》，学林出版社，2001 年，118 页，图一。

⑤　对于中国古代废墟遗迹的初步研究参阅〔美〕巫鸿著，肖铁译，巫鸿校：《废墟的故事——中国美术和视觉文化中的"在场"与"缺席"》，上海人民出版社，2012 年。

汉代上林苑昆明池水景空间研究

郝思嘉　刘晓明

一、汉代上林苑与昆明池

　　上林苑为秦国始建，经历战乱后部分沿用至汉代，至汉武帝时期对其进行修建和扩建，汉武帝时期昆明池建设完备，居游观赏功能丰富，与秦朝时期的规模和功能有着明显差别。本文研究的上林苑，特指在汉武帝刘彻扩建之后（前135年之后）的上林苑，即汉代上林苑。汉代上林苑昆明池在汉长安城西南郊（图一），遗址位于今陕西省西安市西咸新区沣东新城斗门镇附近。昆明池是西汉时期最大的一处水利池沼，又因其处在皇家禁苑中，便具有了娱游的功能，是汉代上林苑内、长安城外一处十分重要的以湖景取胜的皇家苑囿。如今汉代昆明池早已不复存在，所在区域现状大部分为农田及村庄，部分已开发为当地的公园。

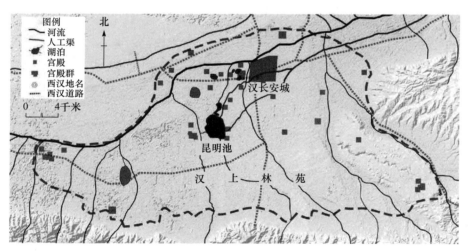

图一　昆明池在汉代上林苑中的位置

（图片来源：作者自绘）

二、昆明池的历史概况

　　昆明池第一次开凿在公元前120年，《汉书·五行志》中记载："元狩三年夏……是岁，发天下故吏伐棘上林，穿昆明池。"① 可见，昆明池的开凿要早于汉代上林苑的扩建，后来扩建的上林苑以此湖景为中心，陆续在周边建设多个离宫别馆，形成宫苑建筑群。

《汉书·食货志》记载："（元鼎）初年，时越欲与汉用船战，遂乃大修昆明池也。"① 这是昆明池名称的由来。《西京杂记》载："昆明池中有戈船、楼船各数百艘，楼船上建楼橹，戈船上建戈矛。"② 这段文字描绘了当时水军演习的场景，热闹非凡。

昆明池的考古工作早在 20 世纪 50 年代就已经开始，而后阿房宫与上林苑考古队于 2005～2013 年在昆明池片区进行了持续的考古工作，最终初步得出遗址区域在当时汉长安城的西南区域，与汉长安距离约 8 千米，位于斗门镇、石匣口、万村、南丰村之间，面积约 16.6 平方千米③。

三、昆明池的水景空间初探

（一）昆明池池岸"因形就势夺天工"

古代池沼建设完全依靠人工开凿，考古学家胡谦盈先生和其团队在考古探查时对池底的淤泥进行了考证，发现汉代时昆明池中大部分区域底层淤泥深厚，多达数层且重复出现④，考古队认为昆明池在人工开凿之前就是一片自然形成的湖泊。秦始皇营建阿房宫之时，南引樊川之水为池，此池和昆明池的位置基本吻合，很有可能便是昆明池的"前身"。史料中疑似"昆明池"的记载最早可追溯至西周时期，西周时这里位于沣河以东，属于镐京的范围，在此出土的铜器铭文中，多次提到此地有大池，周王在水中泛舟⑤。另，"穿昆明池"的"穿"在《说文解字》中释作"通也"，故汉武帝"穿池""大修昆明池"等举动实际上是对原有水面进行改扩建，并进行池岸的人工夯土加固⑥。考古工作者发现，昆明池南北两侧地势较高，中间低洼，且高起来的地势和池岸也具有重合表征，地形高约 5 米⑦，南侧陡坡之上为细柳原，昆明池所处的位置较四周低洼，汇水所集，常年水涨，所以昆明池的池岸是"就地利而为之"，人为改造是"因形就势、巧夺天工"。

（二）昆明池建筑"远势近形显虚实"

根据两次考古研究成果，能够指明曾是西汉建筑基址的共有 12 处，分布如图二所示。

12 处建筑分散在昆明池周围，而昆明池水域宽阔广袤，昆明池东西岸相距 3000 米左右，面积

---

① 班固：《汉书》，中华书局，2012 年。

② 葛洪：《西京杂记》，中华书局，1985 年。

③ 刘振东：《汉长安城综论：纪念汉长安城遗址考古六十年》，《考古》2017 年 1 期，16～29 页。

④ 胡谦盈：《汉昆明池及其有关遗存踏察记》，《考古与文物》1980 年创刊号，23～28 页。

⑤ 陕西省考古研究院秦汉考古研究室：《2008—2017 年陕西秦汉考古综述》，《考古与文物》2018 年 5 期，66～110 页。

⑥ 姜慧：《秦简牍文字构件系统定量研究》，华东师范大学博士学位论文，2017 年。

⑦ 胡谦盈：《丰镐地区诸水道的踏察：兼论周都丰镐位置》，《考古》1963 年 4 期，188～197 页。

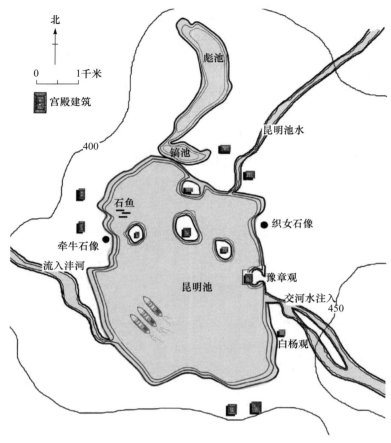

图二　昆明池平面想象图

（图片来源：作者自绘）

巨大。结合文献中记载的建章宫宫殿尺度，根据建章宫建筑比例，与其相应的夯土台高度在30~50米，而岛屿上分布的部分建筑无夯土台遗址，直接落于地表生土之上，高度在20米以内。在昆明池池岸一侧遥望对面的30米高台建筑，可以分辨出建筑的轮廓、屋顶、门窗等大致色彩形态，而观赏池中20米处的岛屿建筑时，可以欣赏建筑的门窗、斗拱、屋檐、装饰等细部构造。一远一近、一虚一实，形态差异和浓淡变化，形成观赏者的两种截然不同感受，再加上远近植物观感不同，有"却而望之，郁乎似积云，就而察之，巍乎若太山"的感受，遥望审形度势，近赏雄伟奇观，形成虚实结合、层次分明的场景画面，也更加凸显昆明池的池苑空间旷奥相生之美感。

（三）昆明池"岛屿相间旷幽生"

因为有池中岛屿的存在，昆明池更显得旷奥相生。4个岛屿集中在昆明池北部（图三），将北部大水面分隔成若干个小水面，形成婉转幽深的闭合性水面空间，泛舟其中，眼前岛屿相间，左旋右绕，可体验奥妙之境，远形近势的建筑掩映在波光绿影之间，尽显幽静之感。

南部水面开阔，无岛屿遮挡（图四），水面旷如全镜，一望无际，湖光山色一览无余，和北部水域形成鲜明对比。昆明湖岸天然形成，又有人工巧做，是古代水景"人工结合自然"的典范。

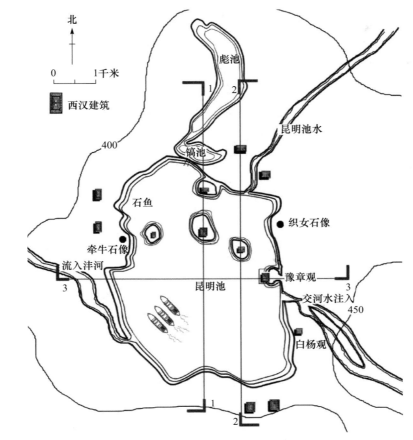

图三　昆明池平面及剖切点示意图

（图片来源：作者自绘）

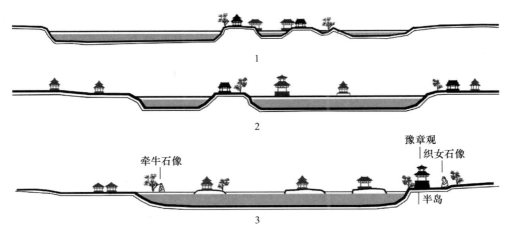

图四　昆明池剖面想象图

（图片来源：作者自绘）

1. 剖立面示意图　2. 剖立面示意图　3. 剖立面示意图

（四）总体布局仿天象

昆明池周围的牵牛石像与织女石像为人熟知，是我国早期经典民间艺术石刻之作，这两座石刻周围，还分别存在两座建筑，在最早的 1963 年考古勘测中，胡谦盈在昆明池旁的牵牛石像东北 100 米和 200 米处，分别发现了两处汉代遗址，前者是一处夯土台遗址，后者没有夯土台基，只残留石柱础遗址和很多西汉板瓦残片。在织女石像西北 350 米处和 450 米处，也分别发现两处汉代遗址，均有夯土台存留。

这四栋建筑都与石像不远，且亦构成遥遥相望之势。《汉书·天文志》记载："牵牛为牺牲，其北河鼓。河鼓大星，上将；左，左将；右，右将。婺女，其北织女。织女，天女孙也。"[①]织女是星宿的名称。其系统内共有三颗星，一大二小。这段记载表明牵牛星和织女星并不是单独的两颗恒星，而是两组恒星，在牵牛和织女两颗主星旁边还分别有两颗恒星。在今天的天文星象研究中心，牵牛星与环绕其周围的六颗恒星构成名为"天鹰"的星座，织女星和它周围的五颗恒星构成"天琴"星座。由此看来，西汉时期关于天象的记载与当今研究基本一致，可以就此大胆推测，"天鹰"与"天琴"形成对应之势，遥相呼应，昆明池旁的牵牛石像和织女石像互相对望，而其周围的建筑也呈对应趋势，是对星座的两两对应（图五）。

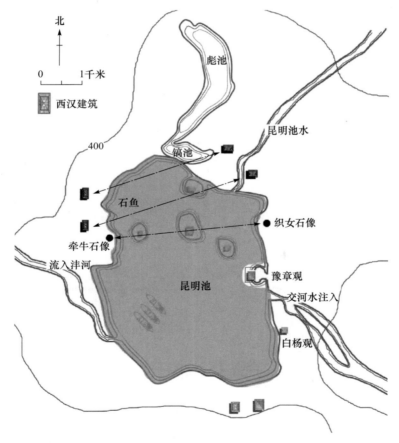

图五　附属建筑两两相对

（图片来源：作者自绘）

①　黄思达、林源：《西汉南越王宫苑囿池渠周边宫室建筑复原研究与探讨》，《建筑史》2018 年 1 期，152～159 页。

除此之外，在其他研究中也能找到对于此处布局象天法地的佐证，渭河横穿于秦咸阳都城与阿房宫之间，两座宫城遥相模仿天宫对应；建章宫中渐台、阊阖门的命名也模仿天宫；秦汉南越国御苑遗址的园林布局模仿北斗七星。诸如此类的象天法地的思想意识在我国历史早期的建设活动中普遍存在，牛郎织女石像本就是具有强烈主观意识的布局之作，其周围建筑亦具有呼应之势，使其在逻辑之中更具有趋向特征。

四、结　语

汉代上林苑昆明池是中国最早、最大的人工苑囿，其文化进深之远、造景手法之古朴经典，都对中国后世传统园林影响深远。昆明池初次对天人合一理念进行形象化表征，承载古人神仙思想的寄托，雕塑巧妙形成对景，连带周围建筑一起象天法地。本文从文献资料和考古实证出发，探析了汉代昆明池的池沼形态、建筑布局、艺术雕塑及相关娱游活动等，给当地的昆明池保护开发提出以下建议。

（1）延续历史内涵。作为早期园林的代表之作，昆明池的修建反映出因形就势、因地制宜的园林营造法则，其周围建筑、雕塑石刻的布局亦体现了早期"天人合一"的建造自然观，在保护开发工作中应重视对这一建造法则的尊重和继承。

（2）契合当代语境。应展开相关旅游策划研究，并扩大研究范围至西安、咸阳现有景区，形成特色全域旅游体系。历史上的昆明池虽是皇家苑囿，在当代人民城市的语境下，真正还惠于民，建成人民共享的现代昆明池景区。

（原载《城市建筑》2022 年 12 期）

3.昆明池与长安

从汉唐昆明池的变化谈国都与水的关系

曹尔琴

在今西安城北有一道黄土塬，坡度较缓，西到三桥镇，东临浐河，长约 10 千米。汉长安城在其北，唐长安城在其南。汉唐长安城并不南北相对，唐长安城在汉长安城的东南方向。

汉高祖灭楚后，在哪里建都？经过汉君臣一番辩论，终于选择了"金城千里，天府之国"的关中地区，同时兴建长安城。长安本是秦的一个乡聚名称，此时用来命名国都。秦时跨渭河两岸，南北都有宫殿。渭北咸阳是秦宫主体，渭南则有阿房宫、兴乐宫等。这些宫殿都在刘项斗争中被战火所严重毁坏。汉长安的第一项工程就是修复秦兴乐宫。从高祖五年（前 202 年）到七年，将近两年时间修成，命名长乐宫。不久，又在长乐宫西侧修建未央宫。两者东西并立，都在龙首塬上。这里地势高亢，可以俯视塬下，有高屋建瓴之势，在军事上起到控制长安全局的作用。以后，在长安城中修筑的宫室都在这两座宫殿北面龙首塬下，那儿已是平地了。汉武帝时在城外开始又有建设。未央宫本是朝见群臣的正殿，刘邦对这座辉煌大殿有所不满，但萧何却认为天子恩威及于四海，于如此大殿朝见群臣方能相称。而建章宫的宏伟更胜一筹，不但面积广，且屋宇高，人在建章宫前殿可以隔城俯视未央宫。两宫之间凌驾于城之上设有复道，帝王可以往来其间。城内与城外的宫殿并没有什么不同的地方。汉武帝在城西南还开凿了昆明池。开凿的起因是汉武帝欲通印度，派使者前往，经过今云南境内的昆明国时受到阻拦，不能继续前进，因此，汉武帝准备征伐昆明国。昆明国有方圆 150 千米的滇池，是一个水胜的小国，欲征伐昆明国就必须熟悉水战。元狩三年（前 120 年）汉武帝决定在长安附近开凿一个湖泊，并命名为昆明池。池成，周长约 20 千米，占地 300 多亩，说是为了练习水兵修凿昆明池，但却不曾在这里练习水兵。实际上它成为长安城最大的蓄水库，对长安城的供水具有重大意义。这个重要的昆明池，其水源来自何处？

汉长安城在龙首塬北，再北紧邻渭河南岸，为什么汉人不从渭河取水供应长安城？虽说长安临于渭河南岸，渭河与长安之间毕竟还有一点距离，著名的逍遥园就在长安城北，是长安城北面的一个军事要地。在这里总有军队驻扎，且曾为战场。逍遥园既有驻军，又曾是战场，面积当非很小。再说，渭河不断北移，在其南岸出现了河漫滩。河漫滩不能住人。长安城与渭河之间隔着逍遥园和河漫滩，其间的距离自然不会很近，用渭河的水也就不方便了。因此，长安城用水只有取之城南。长安城南流入渭河的有几条小河，这几条小河都发源于城南的终南山北坡。东有灞河与浐河，西有沣河、镐河、潏河与涝河。当时终南山林木茂密，山下杂草丛生，植被不曾破坏，含蓄水分极多。降水经过森林调蓄，逐渐地流出山区，河流可以保持相当高的水位，也有较多的水量。这样的河水，便于引作生活用水，因其较之渭河清澈许多。汉代这几条小河分为东、西两组流入渭河。东组是灞、浐两河。灞、浐两河发源于蓝田县，灞河流经白鹿原东。浐河流经白鹿原西，在白鹿原北浐河汇入灞河，灞河再流入于渭河。西组是沣、镐、潏、涝4河。沣河出于长安县丰峪。沣西的涝河发源于户县涝峪，沣东的潏河发源于长安县大峪，镐河出于汉长安城西镐池。诸河各自直接入渭。其间并无自然水道沟通。上述6条河流和渭河、泾河被称为"长安八水"，但在八水之外还有一条应提及的河流就是交河。交河发源于长安县石砭峪，即沣、潏两河发源地之间。交河出峪后，傍终南山西流入沣河。交河的流向恰好横在潏河与沣河之间。

昆明池既然开凿在长安城西，距离东组灞、浐两河较远，引水不便。西组诸河距昆明池很近，昆明池水源也就取之于西组诸河，其中包括交河。水源要用人工渠道引来。第一种引水工程是石闼堰，也叫石碣。石闼堰可以堰水北流，经过细柳原下，北流入昆明池，这是昆明池的主要水源。第二种工程是以昆明池为中心开凿的。交河从昆明池南面流入，昆明池水又西出进入沣河。这一渠水可以调节昆明池水量，水多的时候，宣泄入沣。昆明池东出之水叫昆明故渠，也就是漕渠。漕渠出昆明池后由东北流入潏河，再往北，直傍龙首塬侧，经明堂，沿长安城东南而下，在今池底村附近分为二支：一支流入渭河，一支穿过灞河东流，直至潼关与渭河相会。漕渠主要是用于漕运关东粮粟到关中，以补长安用度。运来的漕粮，一部分存于太仓，一部分储存细柳仓。昆明池北出的水叫昆明池水。经阿房遗址西，再东北流入揭水陂。第三种工程是以揭水陂为中心。从揭水陂引出的有两水渠，都入潏河。潏河是西组诸河中离长安城最近的一条河。潏河流经建章宫的凤阙东，向北经渐台东，这个渐台不是沧池中的渐台，而是太液池中的渐台。可见太液池水是取之于潏河。潏河北流终入于渭。从揭水陂引出的两渠，怎样引入潏河？其东出的水叫揭水陂水，在长安城西入潏河。其北出的水叫昆明池水，在建章宫东、凤阙南流入潏河。也就是说北出的揭水陂水供建章宫用，东出的揭水陂水供给入城的潏河用水。潏河又是怎样引入长安城的？第四种工程就在揭水陂入潏河处。在这里从潏河引出两条水渠。一条是潏水支渠，此流入逍遥园，又入渭河；一条是潏河支渠，在长安城章门西，利用飞渠引水入城，东流汇入未央宫的沧池，再引水东流横穿长安城，东出城入漕渠，补漕渠水源。这样看来，汉长安城西水利工程就有4种，包括10多项，都很重要，而特别值得再说的是堰交河水入昆明池的石闼堰，它使交河改变了方向，由向西入沣改为向北入昆明池。另一项工程是飞渠，使潏河支渠可以超越洼低之地悬空入城。飞渠对后世影响深远，北宋开封城的金水与汴河地方也是架空设槽而流通的。这众多水利工程的核心又是昆明池。它四面各有水口，南口入水，水多时又从西口排出，东口和北口则是供长安城用水的出水口。上述这些工程是以昆明池为中心的系统水利工程。

隋唐长安城没有用这个系统水利工程供水。当隋文帝统一全国，结束长期分裂局面之后，仍以长安为都，却没有建都在汉长安旧址上。隋文帝新都离开龙首塬北侧，建在龙首塬南侧的宽广低平的地方。开皇二年（582年）六月动工，第二年三月就迁入新都，名之为大兴。唐高祖因隋之旧迁都于此，将大兴更名曰长安。长安城东西宽9000多米，南北长8000多米，近于正方形。城内最北正中为宫城，是皇族居处，也是帝王处理政务的地方。皇城在京城南面，唐朝政府机构设在这里。长安城包括宫城等重要地方都紧临龙首塬下，如果敌对势力占有龙首塬将是对宫城的极大威胁。为了保卫宫城，于是在龙首塬上设置禁苑。它西有汉长安故城，东至灞、浐岸边，北临渭河，南抵长安城。禁苑地势较高，是一个制高点，还可以利用北面渭河，东西灞浐，以及四面墙垣抵挡外来的威胁。可以说，谁占有了禁苑谁就有了控制长安城的军事优势。要保卫宫城和国都就必须控制禁苑。唐太宗贞观八年（634 年）说是为了给太上皇李渊建避暑离宫，就在长安城北、宫城之东的禁苑内建大明宫。大明宫居于高亢的原之上，较之低下的宫城确有高爽清凉的特点。其实它的作用不止于避暑休闲，而是设在禁苑的政治中心。这一点到了高宗时已经十分明显。高宗扩建了大明宫，其宏伟气魄超越宫城。他自己长期住在这里，处理朝政，接见域外使者。大明宫则是唐朝政府决策之地。禁苑驻有军队，保卫大明宫和保卫长安城是相一致的。玄宗开元二年（714 年）又把他登基之前住过的地方建成兴庆宫，玄宗一朝基本上就在兴庆宫处理朝政。隋唐长安城是当时亚洲最大的国都，也是超越前代的国都，规模之大前所未有，其所需水源当是更多。

龙首塬北的汉长安城受到战火摧残，修复起来不比新建容易，这当然是隋文帝另建新都的一个原因。龙首塬北不具备扩大城市的足够条件也是一个原因。更重要的是水的问题。因此，建都与建水利设施同步进行。经过汉末及南北朝战乱，在姚秦时期昆明池水利工程坏圮，水源已断，虽有断续水面，都远不能和汉时相比。完全修复这一系列工程也绝非容易，且该引水工程较为偏西，与新建都城不相适应，隋唐两代只好弃而不用，另建引水工程。至于唐德宗贞元十三年命京兆尹韩皋负责昆明池，也引交水、沣河水入昆明池，是作为游赏而非生活水源。敬宗时池水更浅，已被泥沙分为若干小池，其中的凝碧池还是御驾亲来游赏之处。

偏于城西的昆明池系列工程弃而不修，隋唐长安城引水又有新的特点：一是偏南、偏东。二是引水入城地方比较分散。从南城引水入城有两条水渠，都是在隋开皇年间修成的。永安渠在神禾原东北，引交河西北流在大安坊穿城而入，沿大安坊西街北流，东西屈曲，最后经城北的芳林门流入禁苑，再入渭河，此渠供给沿流诸坊、西市和禁苑西部用水。大安坊东街南口紧邻安化门，在安化门西侧清明渠穿城而入，此渠引潏河水。潏河源自终南山，经少陵原南坡下西北流入樊川，再西北傍神禾原东侧北流，在神禾原北坡之东开渠引潏河水形成清明渠。此渠沿大安坊东街北流，随地势高低东西屈曲较深，流入皇城，又北流入宫城，供给沿渠诸坊及皇城、宫城用水。城东南隅为曲江。曲江在秦汉时候已利用其他泉水形成池沼，是风景之地。隋唐时候又扩大了曲江水面，并引来新的水源。从终南山大峪修渠引水，经过鲍陂，沿少陵原东坡北流，在原北坡北流注于曲江，这就是黄渠，主要供曲江用水。水又从曲江北口流出，流经数坊，也流经大慈恩寺。这些地方的生活用水也就来自黄渠。在城东有就近引浐河水的龙首渠。引水口就在马磴空村，至今水口清晰可辨。龙首渠在道正坊穿城而入，西流入东市，再北流以部分水供兴庆宫用水，更多的水则沿坊北流入大明宫。这几条水渠各自从城南、城东南、城东分别入城，在城内又有诸多分支小渠穿插坊里之中。长安城内虽然有井，但这些大小渠道对人们的生活用水发挥了重大作用。

昆明池由西汉长安的蓄水库演变为唐长安的游赏池沼，是同汉唐长安位置变迁相关联的，唐长安引水工程由汉长安的集中偏西发展为分散在东、南两面更近于水源，说明水源是选择建都地址的重要条件。

［原载中国古都学会：《中国古都研究（第十二辑）

——中国古都学会第十二届年会论文集》，山西人民出版社，1994 年］

汉长安城总体布局的地理特征

马正林

中国的首都出现于夏代，发展于商、周、春秋，奠基于战国、秦，成熟于西汉。西汉长安城是中国历史上第一个大一统王朝的首都，承前启后，建立了中国都城的新规制，成为后来各统一王朝兴建都城的楷模。

一、地形与筑城

西安地区的地形特征与关中平原相比，略有差异。关中平原受中国总地形特征的制约，平原西高而东低。由于渭河横贯平原的中部，南北又有大山夹峙，渭河两侧的平原均向渭滨倾斜。由于秦岭山脉在西安以东折向东北，造成西安地区的地形特征东南高而西北低。从总体上说，西安地区的平原也是大平小不平，位于秦岭脚下的原大都向西北伸延，连绵起伏，十分壮观。这种东西狭窄，南北绵长的原，在秦岭脚下海拔 800 米左右，向西北伸延最远的原长二三十千米，高度下降到 400 米左右。西安诸原各有特点，有的高大雄伟，气势磅礴，有的突兀高起，小巧玲珑，有的宽广舒展，一平如砥，有的弯弯曲曲，抬头翘尾，有的狭长如带，酷似游龙飞舞，这些奇态异景，为地形特点增添了无限美好的风光，也为长安城的总体布局提供了坚实的基础。

由于地形的制约，发源于秦岭山脉的西安诸河流，大都由南向北或由东南向西北注入渭河，把西安地区切割成南北向或东南、西北向的长条块。西安地区是关中平原河流最密集的地区，向来有"八水绕长安"之称。河流众多，平原被切割破碎也就比较明显。这种南北向的条状平原，其面积大小以河流的密集程度不同而有所差异。然而，只有灞、浐与潏、沣之间这块平原，既无河流切割，又坦荡宽广，东西宽约 17 千米，南北长约 40 千米，以龙首原为分界线，形成南北两个不同的地形单元。龙首原位于西安城北，头起浐河岸上的光泰门，尾至三桥车站以南，呈西南、东北走向，犹如一条游龙横卧在那里，故有此名。龙首原以南，地形起伏，愈向东南，地势愈高；以北地势低平，向渭滨倾斜，平原开阔。汉长安城就南倚龙首原，北濒渭河，西临潏河，东近灞、浐，占据了西安地区宽、长各达 17 千米、最为完整、平坦的一块平原。这块平原为汉长安城的兴起、创新和宏伟壮观提供了有利的地理基础。《管子·乘马》说："凡立国都，非于大山之下，必于广川之上。高毋近旱而水用足，下毋近水而沟防省；因天材，就地利。"汉长安城的城址选择正好符合中国古代建都的基本原则，它恰好位于秦岭之下，渭河之上，地形高低得宜，真正做到了"因天材，就地利"。同时，平原广阔，水陆交通四通八达，也正如范蠡所言："今大王欲立国树都，并敌国之境，不处平易之都，四达之地，将焉立霸王之业"（《越绝书》卷八）。西汉霸业的形成，与长安城城址选择得当，自然形势有利，关系极为密切。汉长安城开创了中国都城发展的新纪元，正是这块开阔、平坦的原野为它提供了用武之地，能够精心建造，大胆创新，使中国都城的建设跃上了一个新的水平。有人认为西汉长安城是以秦都咸阳为模式而有所发展，整个长安城属于宫城（内城）的性质①，显然缺乏根据。因为长安城是一个整体，并无小城与大郭。当然，汉长安城确实继承了秦代以前都城的优点，但它是创新，而不是模拟。这种创新主要表现在充分利用地理上的优势，使各种地形特点都能发挥作用，而且因地制宜，恰到好处。

龙首原以北的这块平原，南起龙首原，北至渭滨，东南部最高处海拔 400 米，向北伸延 17 千米，海拔高度仅降低了 30 米。这块宽广的平原由南向北缓缓倾斜，坦荡无垠，为建设一座规模宏大的都城提供了极为有利的条件。西汉初年正是利用这块平原兴建了中国历史上第一座大都城，规模宏大，布局整齐。汉长安城选址于楚汉相争时期，先依秦代离宫兴乐宫建成长乐宫，并建成西汉政治中心的未央宫，高帝七年（前 200 年）才"自栎阳徙都长安"（《汉书》卷一下《高帝纪》）。直到惠帝时，才兴建了长安城。由于受到地形、河流和长乐、未央的制约，汉长安城的形状就表现出自己独有的特点。惠帝元年（前 194 年）春，正月，"城长安"。三年（前 192 年）春，"发长安六百里内男女十四万六千人，城长安，三十日罢"。同年六月，"发诸侯王列侯徒隶二万人城长安"。五年（前 190 年）春，正月，"复发长安六百里内男女十四万五千人，城长安，三十日罢"。同年九月，"长安城成"（《汉书》卷二《惠帝纪》）。也就是说，从惠帝元年到五年，修筑长安城，除两万人长年修筑外，主要有两次大规模的施工，共征发长安附近六百里内男女民工 291000 人，修筑两个月。《史记·吕后本纪》记载，惠帝"三年方筑长安城，四年就半，五年、六年城就"，其开始、终止与具体的修筑时间，均与《汉书》有一定差异。《史记·吕后本纪》《索隐》引《汉宫阙疏》："四年筑东面，五年筑北面"。由此可见，筑城时间应以《汉书》为正，其筑城顺序是先筑南墙、西墙，再筑东墙、北墙。因为城的南部有未央、长乐宫，必须先筑南墙。未央为政治中心，又再筑西墙，长乐为太后宫，接着筑东墙，最后才筑北墙。这种筑城顺序，除政治需要外，也同东西南北墙的地理位置和地形特点有一定关系。长安城南倚龙首原，地势最高，先筑南墙，使长安城平地拔起，突兀耸峙，高大雄伟。西墙紧邻潏河，先筑西墙也便于防洪。东墙为一南北直线，地形由南向北倾斜，只有以南墙高度为准，才能使东墙的高度由南向北递减，其修筑也只能在南墙之后。北墙为长安城最后封口，地势也较低，只能在东西墙建成后才能修筑。由四墙构成的汉长安城，平面布局为不规则的正方形，缺其西北角。这种形状也同地形、河流、宫殿有密切关系。过去由于不了解汉城地区的地理特点，误认为这是当年筑城时有意所为，一定要把长安城修建成天上星斗的形状，"城南为南斗形，北为北斗形，至今人呼汉京城为斗城是也"（《三辅黄图》卷一）。这完全是附会成说，没有任何确凿的证据。汉长安城除东墙为一南北直线外，其他三墙均有曲折，尤以北墙最为明显，达 6 处之多。经过实测，汉长安城东墙长约 6 千米，南墙长约 7.6 千米，西墙长约 4.9 千米，

---

　　① 杨宽：《西汉长安布局结构的探讨》，《文博》1984 年 1 期。

北墙长约 7.2 千米，周长 25.7 千米，面积 36 平方千米 [①]。城内东西、南北各长 6 千米左右。从各墙的长度不难看出，除必须把长乐、未央包入城内外，完全是依自然形势，随地形、河流而曲折。南墙位于龙首原顶上，其中段所以作直角形向南曲折，就是为了包入墙下的高地，以增强防御能力。南墙东段向北紧缩，也是为了适应地形特点。因为南墙西段地基仅海拔 390 米，如果东西一线，其东段地基就要升高到海拔 400 米以上，显然难以使城墙处在同一高度线上。西墙只能顺应未央宫西墙南北修筑，但由于潏河在西墙北段折向东北，其北段只能向内紧缩。另外，380 米和 385 米等高线在长安城西部呈西南、东北走向，西墙北段向东内缩，也有利于保持城墙高度大体一致。北墙呈西南、东北走向，显然是受渭河和龙首原北坡地形的制约。西汉时渭河紧逼龙首原脚下流过，距离汉长安城甚近。由于渭河不断向北滚动，汉长安城遗址北距渭河已有 5 千米之遥。龙首原北坡边缘受渭河冲击，呈西南、东北走向，长安城的北墙就只能顺应自然之势，多有曲折。如果东西一线，其西段就势必处于渭河的中流，这是完全不可能的。由此可见，"斗城"之说没有任何科学根据。

汉长安城地区的自然环境是修筑城墙的基本依据。城墙多有曲折绝不是偶然现象，而且土质细腻坚实，十分优越。今实测城基宽 12～16 米，城高当在 12 米以上 [②]。《三辅黄图》记载的城"高三丈五尺，下阔一丈五尺，上阔九尺"的数字显然失实。

汉长安城的设计者巧用地形，规划修建成当时世界上最大的城市，在中国城市的选址、筑城史上独具一格，堪称中国都城和城市建设的楷模。

二、水源与渠网

中国都城兴起以后，就非常重视城市水源。禹都阳城位于颍水和五渡河交会处 [③]。商代最后的都城殷，位于安阳市西北小屯村，遗址横跨安阳河。西周都城丰京和镐京，分别位于沣河西岸和东岸。东周王城位于洛河北岸，涧河从北向南穿过它的西部。可见夏商周三代的都城无不靠近河流，跨河筑城，或位于两河之间、两河交汇处，以解决城市的水源问题。

春秋战国和秦代的都城，对解决城市水源尤为重视。齐临淄、鲁曲阜、燕下都、晋新田、郑韩新郑、秦雍城、栎阳、魏安邑、赵邯郸、楚纪南城（郢）、秦咸阳等，无不靠近或横跨河流，主要依靠自然河流，有人工导引凿渠的只有燕下都。

从夏代起，直到秦统一全国，历时两千余年，各著名都城的水源主要依靠自然河流，人工蓄水库尚未发现，开渠引水者也很少。这就说明，中国都城的发展仍处于初期阶段，还不能依靠人工力量开辟水源和解决城市供水问题。因为仅靠自然河流，水源难以得到保证。只有到了西汉长安城，才成功地开辟水源和解决了都城的供水问题。由此证明，长安城第一次成功地解决了城市供水问题，是亘古以来的重大事件，开创了中国城市供水的新纪元。汉长安城繁华无比，"人不得顾，车不得旋"，"红尘四合，烟云相连"，显然同成功地解决了水源有密切关系。

---

① 王仲殊：《汉代考古学概说》，中华书局，1984 年，4 页。

② 王仲殊：《汉代考古学概说》，中华书局，1984 年，4 页。

③ 文物编辑委员会：《文物考古工作三十年 1949—1979》，文物出版社，1979 年，274 页。

　　西汉初年，长安城的水源主要来自城西潏水，同时凿井，引用地下水。西汉中叶，长安人口达到五六十万，仅依靠潏水和井水显然是不够的。到了汉武帝时，就不得不大规模地动员人力物力以解决长安城的供水问题。

　　由于龙首原呈西南、东北走向横卧在长安城南，从长安城的东南引水自然受到阻隔。因此，只有从长安城的西南着眼才能解决长安城的水源。长安城西南有潏、沣、洨3条河流。在这3条河流中，沣、潏为渭河的支流，只有洨河为沣河的支流。除西汉末年成都侯王商引沣水入长安城，"注第中大陂以行船"外（《汉书》卷九八《元后传》），从未以沣水为长安城的水源。《诗》云："沣水东注，维禹之绩。"周代又建都沣水两岸，为什么西汉不引沣水？其实这正是西汉精心选择水源和成功解决水源的奥妙所在。沣河为渭南大川，洪水量大，要拦蓄它作为城市水源，必然会威胁长安城的安全。西汉所选择的稳定而安全的水源就是沣河的支流洨河。洨河发源于石砭峪，北流，再西流入沣，其北侧就是细柳原，即使山洪暴发，也不会威胁长安城。细柳原北侧又有良好的库址，能够拦蓄丰富的水源。开源和拦蓄是长安城解决水源的成功经验，远在两千年前就开创了中国城市供水的新格局，创造了人间奇迹（图一）。

　　汉武帝元狩三年（前120年），"减陇西、北地、上郡戍卒半，发谪吏穿昆明池"（《汉书》卷六《武帝纪》）。"故吏皆适令伐棘上林，作昆明池。"后来由于"粤欲与汉用船战逐，乃大修昆明池，列馆环之，治楼船高十余丈，旗帜加其上，甚壮"（《汉书》卷二四《食货志》），昆明池的范围进一步扩大，并成为操练水军的场所。西晋人臣瓒认为开凿昆明池仅为了征伐昆明是不对的。因为西汉"发巴蜀兵"伐滇是元封二年（前109年）的事，上距开凿昆明池已相隔11年。西汉开凿昆明池也完全是为解决长安城的水源问题。昆明池位于长安城西南，即今斗门镇东南的一片洼地，池址清晰可辨。经过实测，面积达10平方千米。它的南界在今石匣口村以北，北界在上泉北村和南丰镐村的土岭以南，东界在孟家寨、万村的西边，西界在张村、马营寨和白家庄之东[1]。

　　昆明池的水源来自洨水。西汉中叶在今长安县的西堰头村修筑石闼堰，《水经注》称为"石堨"，堰洨水北流，穿过细柳原，流入昆明池。经笔者调查，尽管当地有东、西、南、北四个堰头村，但石闼堰应位于西堰头村。因为洨河在此向北弯曲，距离细柳原最近，又可利用河道向北的自然弯曲之势，顺势拦截，导引北流。今天当地已无堰的遗迹，但穿过细柳原的渠道却历历在目。清代末年，王森文实地调查，"先年堰石积若城墉，今渐少，余验之尚有数石，盖即汉石闼堰无疑"（《汉唐都城图·后记》）。石闼堰是一座滚水石坝，当洨河枯水期可尽拦截进入昆明池，洪水期即漫顶而过。它的高低与昆明池的水位基本相平，设计十分科学。昆明池的水源完全维系于石闼堰，唐大和以后，石闼堰废，昆明池涸。《雍录》认为："昆明基高，故下流尚可雍激以为都城之用，于是并城疏别三派，城内外皆赖之。"（《雍录》卷六）但经黄盛璋先生考证，昆明池实际上有四个口，四条渠道[2]。南口与洨水相通的渠道为进水口和进水渠，西口与沣河相通的渠道为溢洪闸和溢洪道。经笔者调查，西口闸门就在堰下张村，闸门石堰犹如一道长堤。在昆明池北，还修筑了一道长堤，

---

① 胡谦盈：《丰镐地区诸水道的踏察——兼论周都丰镐位置》，《考古》1963年4期。
② 黄盛璋：《西安城市发展中的给水问题以及今后水源的利用与开发》，《历史地理论集》，人民出版社，1982年。

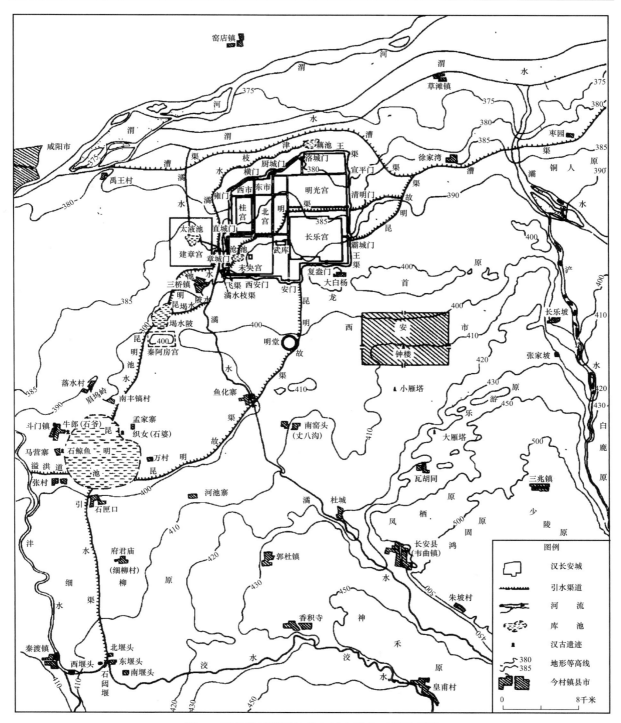

图一　汉长安城附近地势与城市引水工程示意图
（本图编制：马正林、张慎亮，1994年5月）

当地群众称为"眉坞岭"。为了长安城的安全，西汉对昆明池的泄洪、防洪非常重视。北口和北出的渠道，东口和东出的渠道才是供应长安城内外的供水渠道。

从昆明池北出之渠，《水经注》称为昆明池水，流经今南丰镐村、镐京乡之东，秦阿房宫遗址之西，在三桥镇西南注入堨水陂。堨水陂位于今车张村西南，是一座调蓄水库，既可控制水流，防止昆明池水直泄入渭，或威胁长安城，又可抬高水位，引水入城。从堨水陂北出之水有二；一条从陂北部东出，称堨水陂水，东北注入潏水；一条北出，东北绕建章宫东南，于凤阙（今北双凤、南双凤村，建章宫东阙）南注入潏水，仍称昆明池水。潏水又北，分为二水：一水东北流，称为潏水枝津，一水西北流进入建章宫太液池（今太液池苗圃），为潏水正流。潏水又北出太液池，北经神明台东（今孟家寨北），又出宫入渭。在章城门（西墙南门）西南引潏水入城之水，《水经注》称为潏水枝渠，"飞渠"入城。"飞渠"也就是渡槽，入城后在未央宫前殿西汇为沧池，然后出池北流，经未央宫、武库、长乐宫之北称为明渠，在清明门（东墙中门）附近出城注入王渠，即护城河。从王渠东出之水，与昆明故渠相会。从堨水陂东出、北出之水均注入潏水，除渠在潏西，引水东去必须横绝外，也有增大渠水流量，利用潏水河道作为缓冲，以免渠水直冲长安城的功能在内。

从昆明池东出之水，《水经注》称为昆明故渠。昆明故渠流经今河池寨北，又东横绝潏水，又东经汉明堂（今大土门）南，又东流而北屈，在安门（南墙中门）之东注入王渠。在霸城门（东墙南门）之南，又从王渠东出，与潏水枝渠会。昆明故渠又北至今张家堡西北与漕渠相会，二者已合二为一，不分彼此了。笔者实地调查，昆明故渠与王渠相会，再东出王渠与漕渠相会的渠道历历在目，纠正了《水经注》记载的错误。有人说漕渠以昆明池为水源也是不正确的，因为开凿漕渠后的9年才开凿了昆明池，昆明池只是漕渠的辅助水源。长安城南部地势较高，把渠道布设在西南和东南十分得当，有利于自流供水。

昆明池选址得当，闸坝设置和渠道布设也恰到好处，为长安城提供了丰富的水源。石闼堰、堨水陂、飞渠的设置，都可以称为奇迹。长安城的水利建设，把开辟水源与储备水源，把城市供水与风景区的建设，把供水干渠与运输渠道相结合，对今天的城市建设有重要的现实意义。

三、宫殿与街、里、市

长安城的主要宫殿均位于龙首原上，除发挥高台建筑的艺术外，也同控制全城的制高点有密切关系。宫殿区占有长安城面积的1/2，几乎全在高地上，也绝不是偶然现象。

未央宫接近方形，周长8.8千米，合汉代21里，面积5平方千米，占长安城总面积的1/7。宫墙已夷为平地，但西墙有一小段遗留在地面上，高达11米。见于文献记载的大殿有50座。前殿位于全宫的中央，为正殿，其他大殿以此为中心，向四面展开。其遗址在今西马寨村以北，夯土基址高出周围地面5米，北部最高处达20米。前殿南北长350米，东西宽200米，占地7000平方米。1981年在前殿以北发掘了椒房殿，占地40亩[①]。另外还有台、阁、室等。

未央宫是楚汉战争期间由萧何监修的，前殿实际上是中轴线，以此为中心对称布局，"体象乎天地，经纬乎阴阳"。未央宫如此整齐，正是地形有利的必然结果。其宫址几乎全部在385米等高线以上，仅东南部在390米等高线以上，略高一些。从宫的东南到西北，长达3.1千米，坡降仅5

① 1亩≈666.7平方米。

米，证明未央宫十分平坦。地形高而平坦，正是未央宫耸峙入云，整齐划一的前提条件。

　　长乐宫的形状接近长方形，但不规则，宫址也偏北，与未央宫并不对称。经勘探，长乐宫周长10千米，合汉代20余里，面积6平方千米，占长安城总面积的1/6。长乐宫的地面遗迹已荡然无存，今西安西北的阁老门村一带就是它的所在地。文献记载的大殿有17座，也是以前殿为中心向四面展开。长乐宫宫址北移和北墙、南墙的曲折，都和地形特点有关。由于390米等高线呈西、东走向，然后折向东北去，南墙中、西段只有内缩，才能保持宫墙东西一线的大体高度。385米等高线在长乐宫北墙的东段呈东、西走向，东段只有向南作直形曲折，才能使宫墙上升到385米等高线以上，以利防守。宫址北移也是为了避开395米等高线，使宫内地形保持平坦。长乐宫形状的不规则，是西汉长安城巧用地形的又一有力证据。

　　建章宫是汉武帝时修成的，位于城西建章乡。建帝宫的范围尚未探清，根据太液池（今苗圃）、前殿（今高低堡子）、凤阙（东门，亦称别凤阙，今双凤村）、神时台（今孟家寨北）等遗址，大致可以确定它的范围在今三桥镇、焦家村、延秋门和新军寨之间，比未央宫要大，与文献记载的20余里、30里、数十里的范围大体一致。建章宫修建于西汉盛期，又是在未央宫柏梁台发生火灾，"复起大屋以压之"的情况下动工的，规模宏大，新奇别致就成为必然之势。文献记载，建章宫有前殿等26殿，骈荡等六大宫，号称"千门万户"。另外还有神明台、井干楼等高大建筑物。

　　建章宫选在城西，是因为城西地形平坦，水源丰富，而城内又无地可容的缘故。它与未央宫有跨越城垣的"飞阁"相连，"构辇道以上下"。这种平坦而宽广的地形，为建章宫以前殿、太液池为中心布设楼台亭阁提供了有利条件。南半部地势较高，为主要宫殿区，北半部地势较低，构成以太液池为中心的游乐区。太液池周回10顷（一说千顷），池中有"蓬莱、方丈、瀛洲、壶梁，象海中神山龟鱼之属"（《汉书》卷二五下《郊祀志》），与殿台亭阁交相辉映，相谐成趣。建章宫与未央、长乐宫风格相异正是地形、水源制约的必然结果。

　　长安城有"八街九陌"，"参涂夷庭，街衢相经，廛里端直，甍宇齐平"。经过钻探，除未央、长乐宫附近的四个城门外，通向其他八个城门的街道均为三条平行的干道，中间的一条最宽，达20米，称为御道或驰道，两边的各宽12米，由两条排水沟相隔开。街道均为东西、南北向，互相交错，形成"丁字路口"和"十字路口"。长安城的街道各有名称，安门、直城门、清明门、横门大街可能分别称为章台街、藁街、香室街和华阳街。长安城内地形平坦，是街道布设宽广、端直的根本原因。汉长安城这种棋盘式的街道格局，以及把市内交通与排水相结合，为后来中国城市的街道设置开创了一个光辉的范例。

　　汉长安城的居住区称为里，"门巷修直，居室栉比"，十分整齐。文献记载的有160个里，里有围墙、有里门，设里正，构成独立的居住单元。从平帝元始二年（二年）"又起五里于长安城中，宅二百区以居贫民"来看（《汉书》卷十二《平帝纪》），每里划分为四五十区。当然，里有大小，并非整齐划一。贵族多居住在未央宫北和宣平门附近，故《西都赋》《哀江南赋》有"北阙甲第"、"宣平之贵里"的称谓。既然街道端直，里也就是方形或长方形，完全与地形平坦的特点相适应。这种格局也为后来城市居住区的设置树立了样板。"长安市有九，各方二百六十步。六市在道西，三市在道东。凡四里为一市，致九州之人在突门。夹横桥大道，市楼皆重屋。"（《三辅黄图》卷二引《庙纪》）二百六十步折合 0.13 平方千米，大于一个里的范围。市在道东、道西，就是指"夹横桥大道"。横桥即中渭桥，横桥大道是长安城西北部的干道，也是丝绸之路的一部分。今天见于记载的市名很多，排除有歧义的市，则有柳市、直市、交门市、交道亭市、孝里市和东、西、南、北市，恰好是九个市。交道亭市在便桥（西渭桥）之东，直市和交门市在渭桥（中渭桥）之北，其他均在城内西北部。元始四年（4 年），"又为方市阛门，周环列肆，商贾居之，都商亭在其外"（《太平御览》卷八二七引《三辅黄图》），证明从汉代起，商人定居市场，开创了商业贸易的新局面。

　　根据考古发掘，汉长安城的市场和手工业区主要分布在城的西北部，显然同这里地形平坦、水源丰富、交通便利有密切关系。汉长安城宏大、富丽，承前启后，展示出中国城市的新型模式，具有深远的历史意义。

　　　　　　　　　　　　　　　［原载《陕西师大学报（哲学社会科学版）》1994 年 4 期］

论西汉长安城都市水利

李令福

西汉都城长安位于关中平原中部的渭河南岸，水文地理环境优越，河川纵横，湖池密布，号称"八水绕长安"。西汉长安城都市水利也达到了一个发展高潮，除继承秦咸阳在郊区上林苑利用天然湖泊营造园林外，还引沈（潏）水向城内供水，凿昆明池这样的大型蓄水水库，建成了以潏水与昆明池为中心的包括蓄、引、排相结合的供水、园林、城壕防护与航运等多种功能的综合性水利系统，并且基本连接成网。

一、潏水及其支渠为汉长安城的主要供水渠道

汉长安城位于渭南龙首原北麓，在秦兴乐宫、章台等基础上扩建而成，城墙因利用自然地势而不太规整，东垣 6 千米，南垣 7.6 千米，西垣 4.9 千米，北垣 7.2 千米，全长 25.7 千米。城西南郊外有规模庞大的建章宫、明堂、辟雍与上林苑等。

潏水又称沈水，发源于终南山大义峪，下游流路基本同今皂河，紧贴汉长安城西垣外北流入渭。滈水发源于终南山石砭峪，先入滈池，池水北出注入渭河。秦汉时期两河水量丰沛，曾为秦在上林苑营建的阿房宫的水源。杜牧《阿房宫赋》歌之曰："二川溶溶，流入宫墙。"汉长安城建立后，其生活与生态供水之源主要应该是就近引自潏水，后利用滈水流路，在其中游开凿了昆明池，主要引蓄滈潏合并的交河之水。此后除仍然利用原有的引水渠线外，还在原有基础上进行了必要的扩大和延伸，解决了汉城南郊礼制性建筑与西郊建章宫的供水问题。城内宫廷生活用水也有凿井汲取地下水者。考古工作者在未央宫内发现了水井 5 口，在桂宫发现了水井一口[①]。虽然随着考古发掘的深入，还会有水井的陆续发现，但从整体上看，汉长安城与秦咸阳城主要利用水井汲取地下水不同，应该是修渠引用地表水为主要用水之源。

郦道元的《水经注·渭水》对沈（潏）水干道及其补入、分支水渠路线有详细的记载，原文摘录制成表一。近现代历史地理学家杨守敬、黄盛璋、吕卓民等对这些水道经行路线进行过深入而细致的考证，而且从其流路所经基本可推测出这些水道在汉长安城都市生活供水、城壕防护、园林生

---

① 中国社科院考古研究所：《汉长安城未央宫：1980～1989 年考古发掘报告》，中国大百科全书出版社，1996 年；中国社会科学院考古研究所、日本奈良国立文化财研究所、中日联合考古队：《汉长安城桂宫二号建筑遗址发掘简报》，《考古》1999 年 1 期。

态给水等方面的作用。

表一　《水经注》所记沆（潏）水干流及补入、分支水渠路线及其作用

渠系及性质		《水经注》原文	作用
沆（潏）干流		上承皇子陂于樊川，其地即杜之樊乡也……其水西北流，径杜县之杜京西，西北流，径杜伯冢南……沆水又西北，径下杜城，即杜伯国也。沆水又西北，左合故渠①……沆水又北，与昆明故池（渠）②合，又北，径秦通六基东，又北径堨水陂东，又北得陂水③……沆水又北，径长安城西，与昆明池水合④……沆水又北，径凤阙东……沆水又北，分为二水，一水东北流，一水北神明台东……沆水又径渐台东……沆水又径西北流注渭，亦谓是水为潏水也	建章宫生活与生态供水及作西城壕
分支之水	东北流之沆水枝津	渭水又东，与沆水枝津合，水上承沆水，东北流，径邓艾祠南，又东分为二水，一水东入逍遥园，注藕池……其一水北流注于渭	作北城壕及北郊园林生态、生产用水
	章门西之沆水支渠（明渠、王渠）	（昆明）故渠又东，而北屈径青门外，与沆水支渠会，渠上承沆水于章门西，飞渠引水入城，东为沧池……又东，径未央宫北……未央宫北即桂宫也……故渠出二宫之间，谓之明渠也，又东历武库北……明渠又东，汉高祖长乐宫北……故渠又东出城，分为二渠，即汉书所谓王渠者也。苏林曰："王渠，官渠也，犹今御沟。"晋灼曰："渠名也，在城东覆盎门外也。"一水径阳桥下，即青门桥也。侧城北径邓艾祠，而北注渭，今无水。其一水右入昆明故渠	汉城内生活与生态供水及作东城壕
补入之水	①沆水故渠	渠有二流，上承交水，合于高阳原，而北径河池陂东，而北注沆水	从上游补充潏水流量
	②昆明故池（渠）	渠上承昆明池东口，东径河池陂东，亦曰女观陂，又东合沆水，亦曰漕渠，又东径长安县南，东径明堂南，旧引水为辟雍处，在鼎路门东南七里……故渠又东，而北屈径青门外，与沆水支渠会	汉城南郊辟雍等处供水，补充漕渠及沆水部分水量。沆水与昆明故渠互绝，而非昆明故渠全汇入沆水也
	③堨水陂水	水上承其陂（指堨水陂），东北流入于沆水	在沆水支渠上游补充沆水流量
	④昆明池水	水上承（昆明）池于昆明台……池水北径鄗京东，秦阿房西……其水又屈而径其（阿房）北，东北流注堨水陂，陂水北出，径汉武帝建章宫东，于凤阙东，东注沆水	在沆水枝津上游补充沆水流量

（一）沆（潏）水干流的基本路线及其作用

《水经注》中沆水干流沿线地名至今大部分可以考证出相对位置甚至于绝对位置。皇子陂是陂池之名，据《太平寰宇记》，在启夏门（唐长安城南垣东侧第一门，位于今瓦胡同小学附近）南三十里，周回九里。《长安志》引《十道志》，秦葬皇子，起冢陂北原上，因名皇子陂。今长安县韦曲镇南皂河东岸有村名皇子陂，即当其故地，只水体早已不存。樊川，"一名后宽川，在（万年）县南三十五里。本杜县之樊乡，汉高祖赐樊哙食邑于此"①。今皂河上游东岸有东、西、南三樊村，当因古樊乡而得名，这里即古樊川所在。杜县为秦武公时初县，置于古杜伯国地，汉时于其东设杜陵县，于是此处称下杜城。唐李泰《括地志》谓："下杜故城在雍州长安县东南九里，故杜伯

---

① 李吉甫：《元和郡县图志》卷一《关内道一·万年县》。

国。"① 当今西安市西南山门口办事处杜城村附近，在其村西北侧的沈家桥北出土有秦杜虎符，充分证明了这一观点。墖水陂早已不存。黄盛璋先生以为："在当今阿房宫遗址北面，揭（墖）水陂水注潏水处当在今三桥东。"② 长安城即今汉城，其城垣俱在，考古可知其确切界址。凤阙乃汉建章宫东门阙，今汉城西双凤村阙台仍存，村名也可反映其位置所在。从皇子陂经下杜到汉城西、凤阙东的沈水主干正相当于今皂河流路。

　　沈水在凤阙东，又北分为二水，一水东北流为沈水枝津，具体流路及作用不详；另一支为《水经注》所说的沈水主干，折入建章宫区，北经神明台、渐台以东，又北流入渭水。神明台在建章宫前殿西北，上有承露盘，是汉武帝祭祀仙人的场所，遗址在今三桥镇孟家村北，现存高五六米的正方形夯土台基③。据《三辅黄图》载，渐台有二，一在建章宫太液池中，一在未央宫沧池中。此处之渐台为前者，因为《水经注》下引《汉武故事》曰："建章宫北有太液池，池中有渐台，高三十丈。渐，浸也，为池水所渐。"太液池遗址在今未央区太液池苗圃，池中三神山遗址尚存其二。沈水在今南双凤东，经南北双凤村之间西北流注太液池，又自池北经孟家寨北流入渭。黄盛璋先生 1957 年实地调查后称："经当地老农告知其如此，据说数十年前尚有水流，称为老渠云。"④《水经注》所谓沈水主干基本流路如上所述。

　　沈水主干流经汉城西垣外南半部，应该具有护城壕的功用，其后入建章宫，是太液池的主要水源。据《史记·封禅书》载："建章宫北治大池，名曰太液池，中起三山以象瀛洲、蓬莱、方丈，刻金石为鱼龙奇禽异兽之属。"《庙记》谓其"周回十顷"。由太液池之规模及园林之盛，可知沈水引水量之多，发挥作用之大。

（二）沈水枝津的基本流路及其作用

　　沈水于凤阙东分出东北流的一支，《水经注》又称作沈水枝津，雍正《陕西通志》、杨守敬《水经注疏》皆以为即入汉城中之沈水支渠上源，实理解有误。对此黄盛璋先生早已指出⑤。逍遥园的具体位置虽不可考，但它在城北却是多数学者的观点。那么，其东的藕池也应在城北。此枝津基本流路与今皂河绕城西及城北之道相同，只下游略有变迁。具体是沿汉长安城西垣北上，至城西北角折东北流，沿北垣，后分成两小支，一入逍遥园，汇为藕池，一东北注于渭。

　　从沈水枝津绕城西垣北半部及北垣外流过来看，其作为西垣与北垣壕池在发挥着巨大的作用，同时其所汇藕池，"池中有台观，莲荷被浦，秀实可观"⑥，水景秀丽，莲藕丰产，其园林佳景及水产

　　① 《括地志辑校》卷一《雍州·长安县》。

　　② 黄盛璋：《〈水经注·渭水〉注》，《中国古代地理名著选读》，科学出版社，1959 年，117 页。

　　③ 何清谷：《三辅黄图校注》，三秦出版社，1995 年，170 页。

　　④ 黄盛璋：《西安城市发展中的给水问题以及今后水源的利用与开发》，《历史地理论集》，人民出版社，1982 年。

　　⑤ 黄盛璋：《西安城市发展中的给水问题以及今后水源的利用与开发》，《历史地理论集》，人民出版社，1982 年。

　　⑥ 《水经注》卷十九《渭水下》。

也当是沈水枝津所赐，证明其发挥着一定的生态与生产效用。

（三）沈水支渠的基本流路及其作用

沈水是从章门西飞渠引水入城的一支，《水经注》称作"沈水支渠"，是汉长安城内及东城壕沟的主要水源。章门为汉城西垣南数第一门，由此引水入城正当未央宫。其宫建于龙首原麓，地势较高，而城西一带地势较低，为使沈水多注沧池并能流灌未央宫、天禄阁、石渠阁、长乐宫等比较高的地方，上游引水渠必须抬高水位。飞渠应是架空为渠的渡槽，主要是为控制水源高程，同时也可顺利地跨过城墙。

沧池在未央宫中，今未央宫前殿遗址仍高出周围地面近20米，而其西南角有一片洼地，著名考古学家李毓芳研究员认为应是汉沧池所在①。未央宫、桂宫、武库、长乐宫的位置已经考古工作者勘查清楚，沈水支渠在未央宫、桂宫之间流过，又东流经石渠、天禄两阁旁，武库、长乐宫北，由清明门出城。其后分为二渠，一支渠沿东垣北流注渭，一支东流汇昆明故渠。

沈水支渠是汉长安城供水的最重要渠道，不仅解决了城内各宫殿及私家园林的生活与生态用水问题，而且泄于城外壕池中，起到防护作用，北注于渭水，又有排水渠的防洪效用。其城内之渠又叫明渠，明渠加上东出城外之渠又称王渠，因其是"官渠也，犹今御沟也"。沈水支渠在城内及城东各段，另外又赋予了响亮的名字，说明其重要性非同一般。《汉书·王嘉传》曰："又为（董贤）治大第，开门西向北阙，引王渠灌园池。"北阙即汉未央宫之北边正门，其外有贵族高官居住区，故曰北阙甲第，董贤第也应在此，其所引王渠当在未央宫之北边，也就是明渠。此例充分说明了沈水支渠除宫室园池引用外，还提供给私家园林进行生态建设之用。

漕渠在汉城南垣外，起到了南护城壕的作用，而昆明故渠除补给沈水、漕渠水量外，沿线也就近供水，南郊的辟雍等礼制性建筑就引自此渠。《水经注·渭水》在记载此渠时就明言："旧引水为辟雍处在鼎路门东南七里。"汉辟雍遗址已经考古发掘，在今西安市莲湖区大土门村北侧，中心建筑后置于圆形夯土台上，其外有围墙，围墙外有圜水沟，直径为349～368米，沟宽2米，深1.8米，沟壁砌砖，正对四门的水沟上又各有一长方形的小圜水沟，其水源于昆明故渠也②。

总的来看，汉长安城护城壕及城郊生活、生态、生产供水主要源于沈水及其支分之水，其中沈水支渠供应城内都市园池用水及东城壕之水，沈水干流主要解决西郊建章宫区的给水问题及西城壕用水，沈水枝津解决北城壕及北郊园林生态与生产用水。南城壕及南郊礼制性建筑用水主要源于漕渠及昆明故渠，而且此二渠也是与潏水主干道相通的。

二、昆明池——汉长安城供水的主要调节水库

汉武帝好大喜功，在长安城内外大修宫室，城内除扩建未央宫外，又新建了桂宫、北宫、寿宫

---

① 1996年春，笔者曾有幸随李老师考察汉长安城，聆听她讲解考古勘查与发掘成果，受益匪浅，在此多谢。

② 国家文物局：《中国文物地图集·陕西分册》（下册），西安地图出版社，1998年，1页。

等，城西则新修了雄伟壮丽的建章宫，都市人口大量增加。在此情况下，仅引沋水已不能满足城市用水的要求，必须有个稳定而持久的办法来适应新形势，武帝元狩三年（前120年）开凿昆明池就主要是为了解决这个问题，而且也真正地达到了目的。

（一）昆明池是汉长安城的主要蓄水库

据《三辅黄图》载："汉昆明池，武帝元狩三年（前120年）穿，在长安西南，周回四十里。西南夷传曰：天子遣使求身毒国市竹，而为昆明所闭。天子欲伐之，越巂昆明国有滇池，方三百里，故作昆明池以象之，以习水战，因名曰昆明池。"[①]《汉书》卷二四《食货志》也说："是时粤欲与汉用船战逐，乃大修昆明池，列馆环之，治楼船高十余丈，旗帜加其上。"汉武帝开凿昆明池是为了操练水军，讨伐西南夷诸国，这一目的不能否认。但昆明池的功能绝不仅此一点，它作为长安城的总蓄水库，通过沋水及其支渠足以有效地供应汉长安城内外各宫殿园林区的生活、生态与生产用水，同时还作为上林苑中的重要园林游乐区发挥着重要作用。而且操练水军的作用是暂时的，后两项功能则是持久的，越向后越能显现出来。从其历史发展过程看，向京师供水应是昆明池的主要功用。

宋人程大昌首先注意到昆明池与汉城水源有关。他说："武帝作昆明池，所造有石闼堰，在县西南三十二里。则昆明之周三百余顷者，用此堰之水也。昆明基高，故其下流尚可壅激以为都城之用。于是并城疏别三派，城内外皆赖之。"[②]此说的主要依据是《水经注》。程大昌认为昆明池的水源来自沋水以及樊杜诸水，其下开三渠，一是《水经注》所载的昆明故渠；二是章门外飞渠引水入城的沋水支渠；第三支是竭水陂水，下接《水经注》所记沋水主干。程大昌在渠线分支上的阐述虽有失误，但他第一次提出昆明池与汉长安城供水的密切关系，而且理出汉长安城引水头绪，把《水经注》纷繁交错的水道归为三派，为后来的研究奠定了基础。

黄盛璋先生在此基础上更进一步论述了昆明池就是作为汉长安城的蓄水库而开凿的。他考证认为，《水经注》"沋水又北与昆明故池会"中的"池"实为"渠"之误。第一，昆明池当时仍在，不得称为故池。昆明故渠乃东北通漕渠水道，正横绝沋水，《水经注》有交代。第二，沋水如果是会于昆明池，下游应自昆明池北出，《水经注》文中无如此记载。《水经注》叙述昆明故渠时曾提到"又东合沋水"，叙述沋水时自当相应提到，除此外别无"会昆明故渠"字样。可见所会为渠，非池。第三，沋水会昆明池，即不得"径竭水陂东，又北得陂水"，从地形上看，这样布置也不合理[③]。此一结论意义重大，从此就可把昆明池与沋水两大水系的关系基本搞清楚。

据《水经注》载，直接引水到建章宫区和汉长安城内的水道应是沋水主干和沋水支渠，沋水不入昆明池。但昆明池水却大部分都引入沋水以支援它对上述两区的水源供应，昆明池水入沋水，以补其水之不足。昆明池东、北两面各开一个泄水口，北支完全支援沋水，先汇为竭水陂，又在陂之

---

①　何清谷：《三辅黄图校注》卷四《池沼》。

②　程大昌：《雍录》卷六《昆明池》。

③　黄盛璋：《西安城市发展中的给水问题以及今后水源的利用与开发》，《历史地理论集》，人民出版社，1982年。

东、北两面各开一条引水渠。东支注沈水于沈水支渠入汉长安城区上游，北支注沈水则在其入建章宫太液池前，其用意很显然是补充其水量的不足。东出者为昆明故渠，先与沈水东西直接交叉，部分水量也当分入沈水，其后东北行供应辟雍等处用水及注入漕渠。昆明池的下游引水设计完全是以汉长安城为中心的，水量全为各区用水服务。从此意义上说，它是汉城都市用水的主要来源之一。

昆明池既是京师长安的主要蓄水水库，又是上林苑内的主要风景游览区。据《三辅旧事》载："池中有豫章台及石鲸。池中有灵波殿，皆以桂为殿柱，风来自香。""池中有龙首船，常令宫女泛舟池中，张凤盖，建华旗，作棹歌，杂以鼓吹，帝御豫章观临观焉。"昆明池四周岸边及池中岛中修建有离宫别馆，雕梁画栋，金碧辉煌，绿林掩映，风景十分迷人。司马相如在《上林赋》中对昆明池旖旎壮阔的自然风光和宫殿馆舍作过生动的描述，足以想见其园林游览之胜。

（二）昆明池的都市供水功能通过沈水及其支渠来发挥

笔者认为汉长安城用水主要是二源，一是沈水，二是昆明池；而且昆明池水除昆明故渠外，也全是通过沈水及其支渠来发挥作用的。这从表一沈水的补入之水的流路及作用分析中可以看出来。

据《水经注》载，供应汉长安城城内及西、北、东三郊区的沈水水源除了本身出自樊川的皇子陂外，共有四条人工水渠来进行补充，从上游向下游依次是沈水故渠、昆明故渠、竭水陂水与昆明池水。

沈水故渠有二源，皆承交水，在高阳原汇合后，北经河池陂东，注入沈水主干。高阳原在今郭杜镇一带，与神禾原隔交河相对。河池陂大致在今河池寨，附近有一些低洼地，已没有明水，相对位置很符合。即为补充和稳定控制沈水水量，在上游分两股从交水引水，以济助之。此为沈水接纳外来补给之第一个渠道。

昆明故渠与沈水汇合，可以相互提供补给，随时调节水量，也应算作沈水接纳的部分外来水源。此为第二支。

竭水陂水的相对位置可以推知，应在阿房宫前殿以北、皂河西，此时沈水还未到汉城，是它在今三桥西南和阿房宫前殿遗址之间。竭水陂水源自此陂，东北流约在今三桥附近补入沈水，在飞渠引水口上游。它是补给沈水流量的第三支渠道。

昆明池水源出昆明池，北经镐京东，秦阿房宫西，曲折至阿房宫前殿以北注竭水陂。其承水地点在昆明台，即当今万村西北约一千米处，是昆明池中的一个孤岛[①]。而镐京、阿房宫前殿与凤阙位置清晰可指，是昆明池水路线也能基本判明。其注入沈水处在建章宫东、凤阙南，正当沈水流入建章宫上流。此为第四支补充沈水之渠。

由上述可知，第三派竭水陂的水源也应该算作昆明池，是补给沈水的。四个水渠，有三个源自昆明池，此点也可证明昆明池是沈水的主要水源地。昆明池东北引出的二渠皆通过沈水供给汉长安城郊用水，因此也可以说昆明池是汉长安都市用水的主要蓄水库。

---

① 胡谦盈：《汉昆明池及其有关遗存踏察记》,《考古与文物》1980 年 1 期。

（三）昆明池的位置及引水、排泄设施

根据胡谦盈先生的研究，汉昆明池的具体范围：北缘在今北常家庄之南，东缘在孟家寨、万村之西，南缘在细柳原北侧，即今石匣口村，西界在张村和马营寨之东。池址总面积约 10 平方千米[①]。学术界基本公认这个观点。

昆明池这个汉长安城蓄水库为什么不设在汉城南，而是西南呢？水库选址为什么不采取最近路线反而迂绕很远呢？这个问题其实也不难理解，宋人程大昌已有解释。他说："樊川、御宿川、沉水、交水、潏水也者，源皆出子午谷。子午谷正在都南，则诸水遂宜径北以入都城矣，而皆向西以行，直至昆明池，正在城西，乃始得折而之北者，其避碍之地可考也。以《吕图》求之，少陵原、凤栖原横据城南，此即水皆碍高，不得贯都之由矣。"[②]而黄盛璋先生论述得更加深入细致，他共提出 4 点理由：第一，汉长安城南地势受骊山凸起的影响，东南高西北低，故城南河流出谷口都是由东南向西北流，汉引交水西北流注昆明池，正有效地利用了这种自然形势。第二，汉长安城居龙首原北麓，其南则有凤栖、鸿固、少陵诸原，皆位居交沈之北，横阻着水流的去路，要想通过这些原，开凿人工渠道不但工程浩大，而且水也难以引上。第三，昆明池在镐京和滈池南侧，位于古滈水中游，在此开池不仅可利用上游滈水故道引水，而且前人如周人引滈水以为镐京之用的范例也可资效仿，昆明池绝不是没有基础凭空开凿起来的。第四，昆明池所在地势较高，一般比汉长安城高出 8～10 米，距离汉长安城和交水主流都在 10 千米范围内。这个位置较为适中，既保证能够自流引水且距离不太远，而且也向西北偏离了汉长安城，可有效地防止昆明池水对京师的威胁。

昆明池的水源来自交水，是在交水上作石碣，文献称作石闼堰。黄盛璋先生在《西安城市发展中的给水问题以及今后水源的利用与开发》一文中认为："石闼堰设在堰头村，交水自此北行经西干河、楼子村、三角村、孙家湾，西至渠里，北穿细柳原而至石匣村，石匣村下就是昆明池。"吕卓民先生不同意此观点，认为石闼堰应设于滈潏二水相交的香积寺附近，"宋《长安志》长安县条云，石闼堰在县西南三十二里，以道里计，滈潏二水改道处的香积寺正相符。前面已经考证了滈潏二水改道系人工所为，香积寺正处在二水人工改道徙流之处，所以我认为石闼堰在此的可能性最大"[③]。从城南滈潏二水改造及交水的形成（详见下文论述）来看，笔者赞同吕先生的观点。隋唐时永安渠渠首的福堰也正位于此处，其遗址已经被发现，汉代引水堰想也距此不远[④]。

石闼堰作为昆明池的引水设施，可以说决定着昆明池的兴衰。胡三省早就看出这一点，所以他说："唐太和以后石闼堰废而昆明池涸。"此堰似乎是溢流坝，平时在堰上引交水入昆明池，洪汛季节，由堰顶溢流，多余的水沿交水排泄入丰河。以堰顶高程控制入昆明池的水流量，防止入池水量

---

①　胡谦盈：《汉昆明池及其有关遗存踏察记》，《考古与文物》1980 年 1 期；胡谦盈：《丰镐地区诸水道的踏察——兼论周都丰镐位置》，《考古》1963 年 4 期。

②　程大昌：《雍录》卷六《汉唐都城要水说》。

③　吕卓民：《西安城南交滈二水的历史变迁》，《中国历史地理论丛》1990 年 2 期。

④　吕卓民：《隋唐永安渠渠首的福堰遗址》，《中日历史地理合作论文集第一辑——汉唐长安与黄土高原》，《中国历史地理论丛》1998 年增刊。

过大而产生危害，这是我国古代常用的一种水利建筑形式。

为控制水位，昆明池西岸也有一条通向丰河的渠道，起着调节池水水位的作用。宋敏求的《长安志》卷十二《长安县》有一条关于沈水流路的《水经注》遗文，谓丰水过交口后，"又北，昆明池水注之，又北径灵台西"，明确说明了昆明池与丰水相通。其渠道路线，黄盛璋先生首先有过考证："这是昆明池向丰河排泄的水道，当出于人工开凿，今昆明池遗址西首堰下张村旧有古渠一道，西北流经马营入丰，当即昆明池水注丰之故道。"[①] 胡谦盈先生后来的具体勘查结果却有不同："我们在昆明池西岸中部，即介于张村和马营寨之间，还发现一条从昆明池通往沣河的水流故道。水流故道西南流向，铲探之，水流故道宽200～300米（按：铲探时以发现淤泥或淤沙为准。至于当时池水水流似乎不会有这样宽，可能是池水流向经常左右移动改流而造成的现象）。郦道元在此记载从昆明池流入沣河的所谓昆明池水，指的大概就是这条水流故道。"[②] 相对而言，笔者赞同胡先生的观点。

总起来看，昆明池是汉长安城的主要蓄水库，其南面设堰取潏滈合流的交水，在池东、北两面各开一渠直接或通过沈水间接地供应汉长安城都市用水，其西侧又开人工渠以通沣河来调节水位。昆明池已经基本具备引水、蓄水、排水诸功能，是一个较为复杂而又自成体系的综合性都市水利工程。

三、城南诸水的人工改造及交水的形成

水利与水害是相辅相存的，要大兴水利则必须消除水害，故研究都市水利时除了重视供水工程外，排水工程的建设也应该充分考虑，尤其是与水利密切相关的排水系统。在汉长安城城区范围，沈水及其支渠除具有供水功能外，下游多入渭水，同时也具有了排水功能。此不赘述。

为保障昆明池安全蓄水并且不对下游长安城造成危害，西汉时期对潏滈诸水进行了大规模的人工整治，使它们改道西流入沣，形成了一条新的河流——交水。以下主要依据吕卓民先生的研究成果对此问题进行概述[③]。

（一）滈河与潏河的变迁

《水经注·渭水》记载有滈水的流路："（滈）水上承鄗池于昆明池北，周武王之故都也……滈水又北流，西北注与滮池合……滈水北径清冷台西，又径磁石门西……滈水又北注于渭。"鄗池逐渐淤塞，至唐以后消失，今丰镐村西北有一片洼地，当地人称小昆明池，正位于汉昆明池以北，应即鄗池遗址。滮池，又名圣女泉，据清人王森文调查，遗址在今西山寺。磁石门"悉以磁石为之，故专其目，令四夷朝者，有隐甲怀刃入门而胁之以示神，故亦曰却胡门也。"《史记·秦始皇本纪·正义》引《三辅旧事》："阿房宫以磁石为门，阿房宫之北阙门也。"一般认为在今新军寨村西。

---

① 黄盛璋：《〈水经注·渭水〉注》，《中国古代地理名著选读》，科学出版社，1959年，115页。

② 胡谦盈：《汉昆明池及其有关遗存踏察记》，《考古与文物》1980年1期。

③ 吕卓民：《西安城南交潏二水的历史变迁》，《中国历史地理论丛》1990年2期。

《水经注》的滈水源出滈池，北流经滮池、磁石门西入渭，今有太平河流经滈池遗址，当即此滈水残遗。此滈水上源只到滈池，没有交代上游的水源，实际是一个断头河。

今南山有滈河，源出石砭峪，北流经王曲镇折西北行，经皇甫、黄良间，至香积寺汇入交河。根据实地考察，香积寺以下今滈河流道的正下方遗存着一条宽阔的古河道洼槽，西北向沿今赤兰桥、南雷村、堪渡村、东西干河、楼子村、三角村、大羊吉村、孙家湾、李柳树一线趋于石匣村北。现地表上还有排水渠一条，降雨一多，便有大片积水地出现。其下正可注入昆明池，北接滈池。这样，今滈河、《水经注》的滈水与此故河道正好相互连接起来，这就是完整的古滈水的流路。

原来独流入渭的滈河，后来在香积寺附近折而西流经交河汇入沣，中间河段断流，只余下滈池以下一小段。滈水的这种河道变迁发生在郦道元著《水经注》以前。郦道元只把最下游段当滈水，已全然不知上游。至于是何时代何原因促成此种变迁，请看下文分析。

不仅滈水河道发生了巨大变化，潏水也是如此。潏水又叫沇水，出自西安东南 30 千米的大义谷，西北流依次接纳小峪、太乙峪诸水入樊川，经杜曲、夏侯村、新村、小江村、何家营至小磨村，其后穿神禾原西北流，又折而西南流，至香积寺南与滈河交汇入交河。后一段河床深堑于神禾原之中，两岸高陡，深达 8～10 米。宋人张礼的《游城南记》曰："今潏水不至皇子陂，由瓜州村附神禾原堑，上穿申店，而原愈高，凿原而通，深者八九十尺，俗谓之坑河也。"而《水经注·渭水》所记的沇水则是上承皇子陂于樊川，西北流，大致同今皂河路线，北流入渭河。按张礼所说，潏水在宋代已发生改道，即向南移徙，下附神禾原西流，原趋流向皇子陂的潏水故道被遗弃。

古潏河是独流北入渭河的，而后来也同滈水相类似改变成西流并交河入沣。其原因与滈水改道应该是相同的。

（二）交河的人工凿成及其作用

交河上承潏滈二水，从香积寺西略呈东北西南流向，堑槽经里杜村、施张村、张牛村、张高村到北堰头，这段河道流向顺直，河槽狭窄。其后继续西流入沣河，因接纳樊杜诸水，故流量丰富，称得上城南巨川。西汉司马相如作《上林赋》谓城西南上林苑，"丰滈潦潏，纡余委蛇，经营乎其内"[①]，其中有滈水，却没有交水。到北魏郦道元著《水经注》时则是滈、交二水并见，说明此时已经形成了交水。交水即今交河，是潏河、滈河人工改道交流后出现的新名字。宋人张礼的《游城南记》说，潏水"与御宿川水交流，谓之交水"，正明确指出了这种情况。熟悉上林景致的司马相如不会注意不到，《水经注》的滈水也不会是断头河，交水的名字也不会在北魏才出现。因此，交河是指潏滈交流后从香积寺至入沣这一段。

滈河、潏河都发生过河道变迁，由原来的独流入渭，转而折曲向西，潏水与滈水相汇并注入沣河，原来各自独流的水系皆纳入了沣水水系，也增加了一个新的人工改道形成的河流——交河。

现在的部分潏河和整个交河是人工河道。它们把古滈水和古潏水拦腰截断，使之向西并流汇入沣河。以下分析开凿这条人工河道的原因和时代。

----

① 《文选》卷八《赋丁·畋猎中》。

　　首先，从地理角度来看，潏滈不走原来的自然流路，而由人工改流，走较高的路线，甚至穿原而行，并改变原流的方向，显然是为了抬高水位，控制水流，从较高处引入丰。从地望上看，潏滈故道下游最靠近汉长安城，而丰水则相对远一点。这样，目的似乎是要把靠近汉城的水引得距城稍远一些，再排入渭河。

　　其次，看历史事实，较大规模地利用和改造城南诸水始于汉代。汉初最先引入城的是潏水，后来汉武帝凿昆明池于汉长安西南方向，其位置比都城高出一级阶地，除向东引出昆明渠与漕渠相通外，又下引昆明池水通过潏水供应汉长安城用水，其作为汉长安城的主要蓄水库似乎无可非议。昆明池规模宏大，需要大量的水源供应，察其水源，主要应该是滈水，可能也有潏水。其来水必须是有控制的常流量，以保持供取平衡，这就要求对城南诸水源进行大规模的人工整治。

　　再次，在昆明池修筑为汉长安城用水带来方便之时，还应该看到，它又给汉长安城带来了很大的压力和潜在的威胁。汉长安城位于渭河一级阶地，昆明池则高居二级阶地，汉城正处于昆明池浸水下游，昆明池蓄水必然会给其带来地下水位的上升，如果不能有效控制的话，可能会导致地表充水，泻卤为害的局面。汉京师长安确实也发生过水溢地湿之害，"至成帝建始二年三月戊子，北宫井泉稍上，溢出南流"[①]。在元帝时就有"井水溢，灭灶烟，灌玉堂，流金门"的童谣。即长安城内不管是像"灶烟"那样普通的地方，还是像"玉堂、金门"之类的高贵之区，都会遭受地下溢水之害。要消除水患，降低地下水位，只有减轻昆明池的压力，即有效而稳定地控制昆明池水量。

　　最后，城南滈潏二水接纳有不少南山峪水，流量丰富，如处理不好，容易泛滥，不仅威胁着京师的水库昆明池，而且也可能给整个汉长安城带来巨大的危害。尤其是北方雨季，降雨集中，河流易涨溢，洪水对下游带来的威胁更大。比如潏水改道之处后来有碌碡堰，当地民谚曰："水上碌碡堰，漂泊长安县"。意思是说若发大水冲开了碌碡堰，现在的西安市地区就会受到水流的浸淹。这就要求设计昆明池时，必须在加强引水工程的同时统筹安排除涝防洪的排水体系。

　　通过对以上原因的分析，最后得出的结论是，交河的开凿大致始于西汉时代，或为开凿昆明池所派生或是在昆明池修成后汉长安城遭受水害时进行增修的。其作用是拦截潏滈二水主流，向西排入沣河，以便于控制向昆明池的引水，解除对汉长安城的水害威胁。在峪口导引潏滈二水入丰，上流水源被截断，昆明池水就可缩减，地表水就会下降，水浸对长安城的影响就会缓解。同时相应地在截流处建设一些拦坝设施，还能够较稳定地保持昆明池的水源，使昆明池这一汉长安城蓄水库的作用能够持久地充分发挥出来。

　　城南潏滈二水河道的变化及交河的形成，只有联系汉昆明池这个巨大都市供水工程的营建才能得到合理的解释。也可以说，西汉时在兴修昆明池时或其后曾经有效地对城南诸水进行过一次大规模的人工整治，除害兴利，才使昆明池水利工程持续稳定地发挥了近千年的作用。

　　　　［原载《中国古都研究（第十九辑）——中国古都学会 2002 年年会暨长江上游城市

　　　　　　　　　　　　　　　文明起源学术研讨会论文集》2002 年 18 期］

---

　　① 《汉书》卷二七《五行志》。

试论汉长安城水系统与城市发展的关系

裴琳娟　林　源

由于汉长安城的历史价值，对于汉长安城的研究一直是考古学、历史学、建筑史学等学科的重要课题。从 20 世纪 50 年代开始，随着国家对汉长安城的大规模田野勘探、调查和科学发掘工作的进行，研究工作也逐步展开。根据这些研究工作的总体状况可以将其概括为三个阶段（表一）：第一阶段——50~80 年代，中华人民共和国成立的初期，1956 年中国科学院考古研究所开始对汉长安城进行系统的考古工作。这个时期研究古代城市的目的在于为当时的城市规划和建设提供相关的参考意见；第二阶段——80~90 年代，继续发展阶段，与日本学术界的交流扩大了我们的研究视野；第三阶段——90 年代至今，由于几十年来大规模田野考古工作的持续进行，汉长安城的研究工作进入多元发展的阶段。通过历史地理环境的变迁分析汉长安城的城市建设与发展状况成为现今阶段汉长安城研究的新角度。

表一　国内关于汉长安城水系统的研究概况

时间	发展阶段	主要研究成果	研究内容
50 年代	开拓局面	1. 中国科学院地理研究所，黄盛璋《西安城市发展中的给水问题以及今后水源的利用与开发》 2. 陕西师范大学历史地理研究所，史念海《中国的运河》《河山集》	中华人民共和国成立后解决西安城市发展中的水问题，以及引水的水源与渠道径流的路线问题。通过分析研究水源利用的经验，为西安水利建设提供参考意见
80 年代	继续发展	1. 中国先秦史学会，杨宽《西汉长安布局结构的探讨》 2. 中国水利学会水利史研究会，姚汉源《中国水利史纲要》 3. 中国社会科学院历史研究所，辛德勇《汉唐长安交通地理研究专题》	研究内容涉及中国古代都城的起源和发展，通过和日本较多的学术交流扩大研究的视野，探索新的角度和方向
90 年代至今	多元发展	1. 中国社会科学院考古研究所，刘庆柱、李毓芳《汉长安城的布局与结构》《汉长安城》 2. 陕西师范大学西北历史环境与经济社会发展研究中心，李令福主持完成国家社会科学基金项目"中国八大古都发展与水环境的互动关系——以城市水利为切入点"、《渭河平原水利开发的历史地理学研究》及《关中水利开发与环境》	几十年大规模田野考古工作的开展为汉长安城的研究提供充足的基础资料，80 年代末发表大量关于汉长安城水环境和规划的论文，促进了从历史地理学角度分析水系统和社会环境经济的发展关系

一、汉长安城城市发展对水环境的影响

汉长安城水系统的建设、完善是与城市的发展建设同时进行的。一方面，汉长安城的规划建设充分利用了城周边的自然水体，加以改造，使之成为可满足城市生活用水、农业用水、交通用水及景观用水需求的水系统。另一方面，汉长安城的农业发展、对外交通模式等也都受到水系统发展的影响。

从城市发展的角度来观察水系统的建设、完善过程，可以将其概括为由自然水环境发展成为水系统的过程。中国古代城市历来重视水这一重要环境要素，建城选址时对山川河流等自然地貌的考虑不仅要满足生存、防御的需要，还要保障城市日后的持续发展。关中地区因优越的地理条件长期成为多个朝代的都城所在，其中优良的水环境是重要因素之一。周文王建丰都，初期主要是依靠沣水作水源，因为沣水是渭水以南流量较大的一个支流，能够为城市的建设提供必要的条件。但是到了周武王时期，丰京的发展受到城西灵沼的限制，于是又在沣水东岸建立镐京。除沣水之外，镐京的发展还有滈池和滈水可以利用。同样，秦建都于渭水之北，城市发展主要依靠的是渭水主流。由于城市以北的干旱地区不能为城市进一步发展提供充足的水源，秦都最终越过渭水向南发展。发源于秦岭北麓而汇入渭水的众多河流将渭水以南、秦岭以北的广大平原分隔形成条状的平原区域，汉长安城就选址在滈水、潏水、灞水之间最为开阔的地段，东西宽 17 千米，南北长 40 千米。由于龙首原横贯其间，形成东南高西北低的总体地势，便于引潏水、交水入城，顺地势向北，纵贯全城后汇入渭水。

汉长安城水系统的建设可以分为两个主要阶段。第一阶段——西汉初年，一方面利用周、秦时期原有的水系统，另一方面开发潏水将其作为长安城的主要水源（图一）。周、秦时期的水系统是以沣、滈二水为主要水源，以滈池为主要蓄水水库。潏水水系统是以潏水为源，引入未央宫沧池，初期并未规划建设蓄水水库。潏水水系统的流线基本是沿汉长安城西城墙由南向北汇入渭水，在章城门分一支流引入城中，在城内宽度为 1~11 米，深约 1.5 米，主要为未央宫和长乐宫供水，称为明渠。明渠由西南向东北流至清明门附近出城。潏水主流沿西城墙平行向北流，供应西城、北城附近主要居民区的生活用水。

汉武帝即位后长安城的建设得到空前的发展，不仅扩建未央宫、北宫，还新建桂宫、明光宫和城外的建章宫。此时原有的水系统已无法满足城市发展的需要，潏水水系统开始从扩充涵蓄水源和扩展水系统两个方面同步进行大规模的建设（图二）。扩充涵蓄水源的工程主要是开凿昆明池，引发源于秦岭北麓的交水 ① 入城。交水本身汇集了樊水、杜水，所以水量较充沛但水流湍急。昆明池的开凿可以涵蓄交水的水源并调节流速，保证干旱时期长安城的城市用水。由于昆明池的这个重要作用，它是整个水系统扩建的关键。昆明池的位置选在汉长安城的西南一隅，以避开城南的少陵原、凤栖原 ② 对水流的阻碍，如宋人程大昌所说："少陵原、凤栖原横据城南，此即水皆碍高，不得

① 交水发源于秦岭北麓，由于纳樊杜诸水形成巨流，由东向西流入沣水。

② 少陵原、凤栖原、细柳原和高阳原都位于渭河以南，关中平原的广大区域内。少陵原位于浐水、潏水之间，凤栖原在其西北。

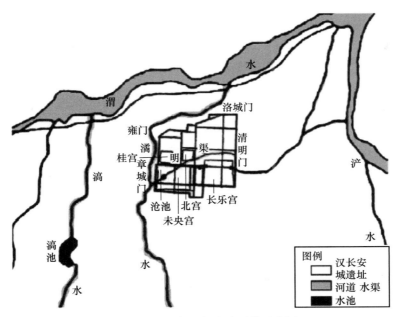

图一 西汉初年汉长安水系统示意图

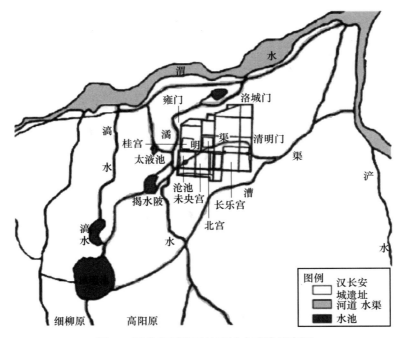

图二 汉武帝时期汉长安城水系统示意图

贯都之由矣。"① 同时还可以利用滈水故渠从而减少工程量。另外，从海拔和水平距离两个方面来看，昆明池地处细柳原和高阳原之间的洼地，便于交水汇入。但又比长安城地平面高出 8～10 米，利于引水入城。而且昆明池距离长安城和交水主流的水平距离都在 10 千米范围之内，便于引水又利于躲避水患。昆明池分一支流向北汇入揭水陂②，通过揭水陂补充和调节滈水水量。另有一分支向东汇

---

① （宋）程大昌：《雍录》卷六《汉唐都城要水说》。

② 揭水陂，位于昆明池北，专为调节水量控制流向的人工水库。

入漕渠。

　　在开凿昆明池的同时扩展水系，在建章宫前殿以北开掘太液池，引潏水为源，流经建章宫后向北汇入渭水。后期又在太液池以南开掘唐中池，并将揭水陂水源引入太液池作为水源的补充。此时的整个水系基本形成体系（图三、图四）。水量能够满足城市发展需要，水系统能够覆盖整个城市范围。

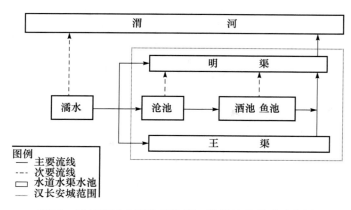

图三　汉长安城水系统建设第一阶段结构关系示意图

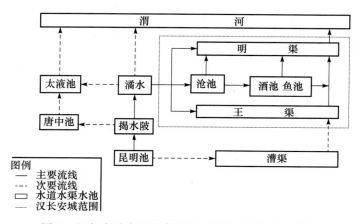

图四　汉长安城水系统建设第二阶段结构关系示意图

二、汉长安城水系统对城市发展的影响

　　汉长安城的水系统在城市建设过程中不断完善的同时，也对城市的发展起到重要的作用，主要体现在农业、交通运输和城市景观三个方面。

　　关中地区农业起源很早，在仰韶文化时期就形成不少农业点，西周时期关中农业基本发展成形。此后又通过开挖渠道，改善关中东部低洼地区的盐碱土壤，使关中东、西部地区相连成为千里沃野。汉长安城的主要农业区域在城外西南部地区，在上林苑扩建之前就利用东西陂池 [①] 进行农

────────────

①　东西陂池是汉武帝扩建上林苑之前，上林苑范围内的两个水池。

业灌溉。漕渠的开挖在农业区域位置转移的过程中起到重要的作用，依据《史记·河渠书》记载："通，以漕，大便利。其后漕稍多，而渠下之民颇得以溉田矣。"漕渠修建于汉武帝元光六年（前129 年），是关中地区也是全国最早的大型水利建设工程。元狩三年（前 120 年），汉武帝下令凿昆明池蓄水，并引一分支入漕渠，使昆明池也成为漕渠的水源之一，补充漕渠水量的不足，为灌溉及通航提供重要保证。正是漕渠的灌溉作用使得大约 68 万亩（约 45333.33 平方米）农田得以灌溉，整个汉长安城的农业耕作区域才能顺利从汉长安城的西南部转向其东部和南部发展[①]。

城市对外交通的发展是影响城市发展的重要因素，汉长安城的交通有效地利用地理位置的优势，结合城市水系统构成便利的水路交通网络。汉长安城水路交通网络的中心是渭水。渭水是关中地区最大的河流，水量充沛且沿途支流众多，秦时就曾利用渭水运送山东漕粮。根据《三辅黄图》记载，汉长安城紧邻渭水的洛城门，以及渭水、滻水交汇处的雍门（又称函里门），都是往来船只靠岸入城之处，城门外有多家客舍，商贾云集。由于雍门有引滻水入城的便利条件，城市的主要商业区域东、西市就设在雍门内的城区范围。这种发展模式影响了后来城市商业区的布局。城市对外交通的另一重要内容是漕粮运输。漕渠是汉代漕运的主要渠道，可以通过漕渠开挖前后汉长安城漕粮运输数量的对比了解漕渠发挥的重要作用：汉初关东每年运往关中的粮食数量为数十万石，汉武帝初年也不过百万石，而漕渠修成后即达四百万石，并一直维持在这个规模上。漕粮的数量与城市人口有直接关系，而城市人口的多少是城市发展程度的重要标志，由此可知汉长安城水系统不仅为城市发展提供有效保障，也起到强大的助力作用。

在城市建设方面发挥着重要作用的汉长安城水系统，对城市整体绿化也有相当的影响。汉长安城的每条大街都是由三条并行道路组成的，其间以两条宽约 90、深 45 厘米的排水沟分隔，杨、柳、槐、松、柏等行道树即沿排水沟种植，城市线型绿化和水系统相互结合，有利于统一管理。另外，汉长安城中宫殿建筑群的规划设计也常与苑囿相结合，结合的基础就是汉长安城水系统。昆明池、揭水陂这类一级的蓄水池，与未央宫中的沧池、长乐宫中的酒池、鱼池和建章宫的太液池这类二级蓄水池，作为线型水渠的节点，与水体和水渠共同构成水系统的点线组合模式。而长安城中的大型宫殿建筑将水体作为苑囿造景的基本要素。例如，未央宫中的沧池位于未央宫前殿西侧，沧池周围殿阁林立，中有渐台，构成一个核心景观点，渐台上建造亭阁以供登高眺望。长乐宫中的酒池和鱼池、建章宫的太液池及昆明池都是其所属宫殿建筑区域的景观中心。汉长安城的水系统中的点线组合的建设模式与城市线型绿化系统和大型园林区域的规划和建设相结合，为绿化系统使用过程中的管理和维护工作提供便利。这种绿化系统的规划方式在日后城市规划中发展得更加成熟和完善。

汉长安城水系统从城市规划选址之初的水环境因素，逐步发展成为城市结构体系中不可或缺的水系统要素的过程中，明显受到城市规划建设和城市发展的影响。另一方面，汉长安城的水系统建设也从农业灌溉、对外交通和城市景观等不同方面影响城市的规划和建设，满足城市持续建设的发展需要。认识城市发展和水系统建设之间的相互关系，能够揭示出汉长安城规划和发展的过程。同

---

① 李令福：《关中水利开发与环境》，人民出版社，2004 年，124 页。

时，以中国古代城市规划的发展和演变而言，汉长安城所反映的阶段规划思想，对相关城市规划发展的研究具有深刻、广泛的意义。

参 考 书 目

何清谷：《三辅黄图校注》，三秦出版社，2006 年。

姚汉源：《中国水利发展史》，上海人民出版社，2005 年。

李令福：《关中水利开发与环境》，人民出版社，2004 年。

刘庆柱、李毓芳：《汉长安城》，文物出版社，2004 年。

史念海：《汉唐长安城与生态环境》，《中国历史地理论丛》1998 年 1 期，第 1～18 页。

马正林：《中国城市的选址与河流》，《历史地理研究》1999 年 4 期，第 83～87 页。

杨金辉：《长安昆明池的兴废变迁与功能演变》，《贵州师范大学学报（社会科学版）》2007 年 5 期，第 20～24 页。

侯甬坚：《周秦汉隋唐之间：都城的选建与超越》，《唐都学刊》2007 年 3 期，第 1～5 页。

马正林：《论汉长安园林》，《陕西师范大学学报（哲学社会科学版）》1995 年 4 期，第 114～118 页。

（原载《华北建筑》2010 年 9 期）

汉长安城水环境研究

李 勤

一、引 言

水是地球在漫长的发展演变中自然生成的、维持一切生命活动不可替代的物质，不仅为人类生活所必需，也为人类的生产活动和支持人类赖以生存的环境不可或缺[①]。根据《中国水利百科全书》，水环境广义是指水圈，而通常则指江河湖海、地下水等自然环境，以及水库、运河、渠系等人工环境。

梳理人类社会发展史，相对于人类的生存条件而言，水环境具有两重性：一方面水造成有利于人类生存的环境，提供人类生存和发展的最基本条件。例如，尼罗河流域的古埃及文明、底格里斯河和幼发拉底河流域的两河文明、恒河流域的古印度文明、中国古代黄河流域诞生的东方文明等，世界上几乎所有文明的诞生都依托于与其相毗邻的水环境。另一方面水环境有时又会带给人类自然灾害的困扰，如洪灾、涝灾、旱灾和水致疾病传播等。

长期以来，人类在与大自然相互依存的过程中通过自身劳动开发利用水资源，改造水环境，使其为人类的生存发展服务。但是，当人类的改造作用力超过水环境的自我调节能力时，水环境必然反作用于人类。人类对水环境的作用愈强烈，水环境的反作用也愈显著[②]。

因此，保持良好的水环境是实施水资源可持续发展的前提和基础，是促进水资源、水环境、人类社会持续良性发展的重要保证。

二、汉初长安城水环境

西汉的都城长安，位于关中平原中部，南依秦岭，北临渭河。千百年来，受自然界恩赐，从秦岭北麓各个峪口的森林中自然流淌着丰富的水资源，构成关中地区水环境丰富的局面。

（一）自然水环境

汉武帝时，司马相如的《子虚赋》记载长安周围"荡荡乎八川分流，相背异态"。八川即指

---

① 金栋梁、刘予伟：《水环境评价概述》，《水资源研究》2006 年 4 期。
② 金栋梁、刘予伟：《水环境评价概述》，《水资源研究》2006 年 4 期。

长安东面的灞河、浐河，南面的泬河（即潏水）、涝河，西面的沣河、滈河，北面的泾河、渭河。此外，长安周围还有大量湖泊陂池，如滈池、澎池等，这些湖泊陂池为长安城提供了良好的用水条件。

（二）人工水环境

西汉之前对水环境的改造主要表现在引水灌溉、整修水利上。早在周秦两代，该地区就引用水流灌溉农田。公元前 237 年秦国开凿郑国渠，引泾水向东通到洛水，灌溉盐碱土地数万亩，西汉时依然能坐享其利 ①。

三、水环境在汉长安城城市建设中的地位与作用

（一）汉长安城的城市建设

汉长安城的城市建设经历了以下几个阶段。

高祖五年（前 202 年）在秦兴乐宫基础上修治长乐宫。七年（前 200 年）建未央宫，在未央宫与长乐宫之间修建武库。

惠帝元年（前 194 年）修筑都城城墙，至惠帝五年（前 190 年）9 月，城墙基本修完。

汉武帝建元三年（前 138 年）起上林苑，元光六年（前 129 年）穿漕渠，元狩三年（前 120 年）开凿昆明池，元鼎二年（前 115 年）修柏梁台，太初元年（前 104 年）造城西建章宫，太初四年（前 101 年）营建桂宫和明光宫，扩建北宫。汉长安城的建设此时达到顶峰。

西汉末年，王莽于长安城南郊修建明堂、辟雍、宗庙等礼制建筑。

从中国古代城市建设史上可以看到，古代城市建设非常注重对大环境条件的顺应，对小环境条件的组织与设计改造 ②。汉长安城的城市建设也遵循此制，其北城墙和西城墙的修造就是顺应城北渭河和城西泬河的走向而有所曲折，而上林苑的昆明池则是以挖凿、疏通故有湖泊、池沼为主的湖泊改造利用工程。

（二）水环境在汉长安城城市建设中的多样化发展

西汉定都长安后，随着国家政治环境的稳固和经济的复苏，在长安城附近开展了一定规模的水环境建设及利用活动，以满足长安人社会生活的各种需求。

1. 开凿都城防卫设施——城壕

公元前 194 年，汉惠帝修筑长安城城墙，《三辅黄图》记载："城下有池周绕，广三丈，深二丈。

① 徐卫民：《汉长安城对周边水环境的改造与利用》，《河南科技大学学报（社会科学版）》2007 年 6 期。

② 苗健丰：《中国古代城市的水环境分析及启示》，《山西建筑》2013 年 3 期。

石桥各六丈，与街相直。"说明长安城外有城壕围绕。班固《西都赋》也有"建金城之万雉，呀周池而成渊。"吕向注曰："言城下池，周绕而大，乃成深渊"。即城墙之外有池（城壕）围绕，由于水面广深，形成深渊。根据考古资料，汉长安城城墙外有城壕，南城壕宽40～50米，深2.3～3.2米[①]，城壕既是长安城的防御设施，也是都城周边重要的水环境，具有漕运和城市排水的功能。

2. 兴修城市水体景观

随着城市的建设，长安城附近为西汉皇室服务的人工池陂逐渐增多，城内未央宫有沧池，长乐宫有酒池、鱼池，城西建章宫有太液池，城西南有昆明池，昆明池北有镐池等，另根据文献记载，贵族宅邸也有私家池沼，如西汉末年，"王氏五侯"之一的成都候王商的园林中就有假山，有渐台，又打穿长安城，把沣水引入大陂，可以行船。这些陂池密布于都城内外，周边花木茂盛，构成丰富的城市水体景观。

3. 开挖生活用水设施——水井

水井是长安城内日常生活中必不可少的用水设施。考古资料表明："汉长安城城垣内宫殿、官署、邸第、里居等生活用水多为井水。井上有井台，其上铺砖，井口平面为圆形。井壁一般上中部以券砖或扇形砖砌壁，下部井壁置陶井圈。""水井一般多置于建筑群的一隅，且距主要建筑不远，这样既不影响建筑整体布局，又方便使用。如未央宫椒房殿和少府水井在建筑群东南部，桂宫2号建筑群遗址水井在建筑群西北部。"[②]

4. 兴修水利工程

西汉建国后，一直将农业视为立国之本，所以历代君主都特别重视农田水利工程建设，除了继续使用秦时的郑国渠外，汉武帝时，关中开凿了漕渠、白渠、龙首渠、六辅渠、灵轵渠、成国渠等，形成一个水利网。该时期水利事业的大发展为西汉农业的恢复和发展乃至西汉国力的强盛打下了坚实基础，也为都城长安的繁荣稳定提供了丰富的水环境资源。

（三）汉长安城水环境功能的演化——以汉昆明池为例

多年来，关于汉昆明池功能的研究成果很多，主要有以下几点。

1. 操练检阅水军功能

《西京杂记》记载："武帝作昆明池，欲伐昆明夷，教习水战。"说明汉代修建昆明池之初有其明确的军事目的，即操练水军以讨伐南方的少数民族。

---

① 中国社会科学院考古研究所汉长安城工作队：《西安市汉长安城城墙西南角遗址的钻探与试掘》，《考古》2006年10期。

② 刘庆柱、李毓芳：《汉长安城》，文物出版社，2003年。

2. 城市供水和调节漕运功能

汉武帝时，在都城附近大兴土木，除扩建未央宫外，公元前 138 年起上林苑，公元前 129 年穿漕渠，公元前 120 年开凿昆明池，公元前 104 年造城西建章宫，公元前 101 年营建桂宫和明光宫，扩建北宫。根据建设时间，开凿昆明池在先，扩建汉长安城在后。扩建后的汉长安城迅速膨胀，城市人口越来越多，原有的水源已不能满足城市用水的需要。于是，长安城西南的昆明池就发挥出城市供水的功能，通过纵横交错的供水渠道，将水引到城内各处。此外，昆明池还发挥着调节关中漕渠水位的作用。汉代漕运是从关东向关中运输粮食的重要手段，但是渭河水浅，运输困难，要用渭水南岸的人工漕渠通船运输，《水经注》记载："渠上承昆明池东口，东经河池陂北，亦曰女观陂，又东合沉水，亦曰漕渠。"说明昆明池是漕渠的上源。马正林先生指出："昆明池东出之水，《水经注》称为昆明故渠……昆明故渠除供应长安城东部用水以外，与漕渠相通，可能是为了接济漕渠水量。"[①] 因此，昆明池不仅负责长安城的供水，还保障了关中地区漕运的正常。

3. 皇家游乐功能

宋代程大昌《雍录》记载："其始凿也，固以习战，久之乃为游玩之地也。"说明昆明池具有游乐功能。关于昆明池的休闲设施，《史记·平准书》记载：元鼎二年（前 115 年）"乃大修昆明池，列观环之"。《三辅旧事》记载："池中有豫章台及石鲸。池中有灵波殿，皆以桂为殿柱，风来自香。"说明昆明池周边有离宫别馆环绕，池中亦有岛屿和宫殿建筑，这些建筑以贵重木材为原料，香气袭人，引人入胜。此外，昆明池中也停泊着游船等游乐设施。《三辅黄图》卷四记载："池中有龙首船，常令宫女泛舟池中，张凤盖，建华旗，作棹歌，杂以鼓吹，帝御豫章观临观焉。"说明龙首船装饰华丽，船上有宫女乐舞翩跹，可能主要是为帝王游乐之用。

4. 兼具养殖功能

《西京杂记》记载："武帝作昆明池，欲伐昆明夷，教习水战，因而于上游戏养鱼。鱼给诸陵庙祭祀，余付长安市卖之。"[②] 说明昆明池不仅训练水师，还兼养殖功能。每年所产的鱼除了供给宗庙及陵墓祭祀之外，剩余的送到长安市场上销售。

可见，昆明池修建之初的功能是操练水军以讨伐南方的少数民族，随着汉长安城的扩张，昆明池的功能不断拓展，逐渐发挥出城市供水和调节漕运、皇家游乐、养殖等功能。

（四）水环境在汉长安城城市发展中的地位与作用

在西汉王朝从定都长安到城市建设基本完备、城市规模不断扩大的过程中，都城周边的水环境都发挥出无与伦比的重要作用。

---

① 马正林：《丰镐—长安—西安》，陕西人民出版社，1978 年。

② 《西京杂记》，中华书局，1985 年。

1. 水环境决定了西汉王朝的都城选址

成书于战国至秦汉时期的《管子·乘马第五》指出："凡立国都，非于大山之下，必于广川之上。高毋近旱而水用足；下毋近水而沟防省。因天材，就地利，故城郭不必中规矩，道路不必中准绳。"说明水环境对于中国古代都城选址和城市发展的重要性。公元前 202 年，汉高祖刘邦在山东定陶泗水之阳（今山东曹县）举行了登基大典，定国号汉。汉初，对于以何地为都大臣有两种意见：一是主张定都洛阳，二是主张定都关中。最终刘邦听取了士兵娄敬和谋臣张良的意见定都关中的秦国故地——长安乡。根据文献记载，娄敬谏言高祖定都关中地区时指出关中地区"被山带河，四塞以为固，卒然有急，百万之众可具也"[1]。张良认为："关中左崤函，右陇蜀，沃野千里，南有巴蜀之饶，北有胡苑之利，阻三面而守，独以一面东制诸侯。诸侯安定，河渭漕挽天下，西给京师，诸侯有变，顺流而下，足以委输。"[2] 其中的"被山带河""河渭漕挽天下"都指的是长安地区的水环境状况，说明关中地区优越的水环境是西汉王朝定都于此的原因之一。

2. 水环境影响了汉长安城的城市布局

修建完工的汉长安城平面略呈方形，四面筑有夯土城墙，除东城墙平直外，其余几面城墙皆有曲折。根据专家研究，南城墙基本按照长乐宫、未央宫二宫城南宫墙走向和当时的地貌特征修筑而形成曲折形状[3]；西城墙的曲折是迁就了潏河的走向；汉代渭河河道比现在偏南许多，紧邻汉长安城北城区，也限制着北城墙的修筑方向。可见，潏河和渭河的走向对汉长安城的城市布局有重要影响。

3. 水环境保证了汉长安城的发展繁荣

汉长安城水系统的建设可以分为两个主要阶段。第一阶段是西汉初年，一方面利用周、秦时期原有的水系，另一方面开发潏水将其作为长安城的主要水源；第二阶段是汉武帝即位后，长安城的建设得到空前发展。此时原有的水系已无法满足城市发展的需要，潏水系统开始从扩充涵蓄水源和扩展水系两个方面同步进行大规模建设。扩充涵蓄水源的工程主要是开凿昆明池，引发源于秦岭北麓的交水入城。昆明池的开凿可以涵蓄交水的水源并调节流速，保证干旱时期长安城的城市用水[4]。这些水系建设造就了都城周围丰富的水环境资源，解决了城市的供水、蓄水、漕运供应、交通运输和灌溉养殖，有助于防火排水、园林绿化和军事防御，改善了城市市容环境，保证了长安城众多人口的生活生产用水，增强了城市的繁荣稳定，促进了城市工商业市区的发展，保障了长安作为西汉国家政治、经济、文化中心的核心地位。

---

① 司马迁：《史记》，中华书局，1982 年。
② 司马迁：《史记》，中华书局，1982 年。
③ 马正林：《汉长安城形状辨析》，《考古与文物》1992 年 5 期。
④ 裴琳娟、林源：《试论汉长安城水系统与城市发展的关系》，《华中建筑》2010 年 9 期。

4. 水环境提升了长安人的生活品质

汉长安城在城市建设中不断优化的水环境，在都城附近形成了诸如沧池、太液池、昆明池等著名的水环境资源，这些资源和其周围的园林景观、自然山系融为一体，形成都城内的园林景观，提升了都城的公共环境和居家环境，保证了长安人丰富多彩的精神生活享受，增强了生活品质，提高了生活质量。

总之，随着汉长安城城市建设的不断完善，获得物质生活保障的长安人精神层面的追求日益提高，表现在水环境建设上，就是充分利用都城周围的水环境资源，为西汉王室的生活和都城的繁荣发展服务。

四、汉长安城水环境的保护与破坏

（一）汉长安城水环境的保护管理

1. 管理机构

我国古代人们在生产实践中领悟到水的重要，很早就产生重视水的观念，《周礼·地官·大司徒》记载大司徒的职责之一就是管理河流、湖泊中的各种水生动物。其下属有"川衡""泽虞"，即掌管河流和湖泊的官职，说明周代已加强对水资源的管理。秦有都水长丞，掌管陂池灌溉、保守河渠。西汉仍设都水长丞，武帝时始设左右都水使者，并于元鼎二年（前115年）在中央配置水衡都尉（掌管治水的官员）。王莽篡汉后，仍设有水利之官，只是改水衡都尉为予虞。

2. 相关法令

云梦秦简的《田律》中明确规定："春二月，毋敢伐材木山林及雍堤水。不（非）夏月，毋敢夜草为灰……"即在万物生长的春天，不准砍伐林木，不得堵塞渠道，不准烧草作肥料，不准采摘刚发芽的植物等。秦的这些禁令，也被汉代管理者所沿用[①]。如武帝时大臣曾表奏"定水令以广溉田"，其目的就是"为用水之次具立法，令皆得其所也"。元帝时的召信臣在任南阳太守期间，也曾"为民作均水约束"，以使"用之有次第"。为保护生态植被，汉宣帝曾下令："令三辅毋得以春夏摘巢探卵，弹射飞鸟。"王莽时，对城市民宅内不种树的给予惩罚："城郭中宅不树艺者为不毛，出三夫之布。"[②]政府的相关规定对于保护植被、保护生态、保护城市附近的水环境都具有积极意义。

3. 意识引导

汉代，人们对水十分重视，认为水是国家富强和称霸王业的保证。如《盐铁论·刺权》记载："今夫越之具区，楚之云梦，宋之钜野，齐之孟诸，有国之富而霸王之资也。"其中的具区、云梦、

① 王学理：《汉都长安城建史》，陕西人民出版社，2011年。
② 《汉书》，中华书局，1962年。

钜野、孟诸都是古代黄河中下游和长江中下游的重要湖泊。

（二）汉长安城水环境的破坏因素

城市因水而兴，无水则衰，没有水的城市，人类难以生存，社会无法发展，城市也就很快消亡。西汉末年，汉长安城屡遭战乱，地面引水设施遭到破坏，地下排水管道宣泄不通，生活污水靠渗井、渗坑排除，水污染严重。史书记载：长安城的水质污染，在隋初已出现，"汉营此城，经今将八百岁，水皆咸卤，不甚宜人"[①]。说明此时汉长安城里的水环境已经不适合人类生存。

分析汉长安城水环境的破坏因素，主要有以下几点：一是黄河中上游的移民和屯垦政策的实施，对该地域的草原和森林造成破坏，水土流失加剧，生态环境遭到破坏；二是关中地区人口不断增加，水资源需求增大，史载"长安诸陵，四方辐辏并至而会，地小人众"[②]；三是从秦始皇开始，都城附近大修宫殿建筑、私府宅第以及百姓日常生活所需的各种薪材，将渭南秦岭、渭北北山上的大批森林砍伐殆尽，如关中地区著名的建筑材料"秦砖汉瓦"及驰名中外的秦汉兵马俑的烧造，其烧窑所费木材，当不计其数……以上种种因素造成黄、泾、渭、北洛河上游森林被毁，水分无处蓄养，从而使水土流失加剧，都城周边水环境的平衡遭到破坏。

五、汉长安城水环境研究的启示

（一）水是人类生存发展的基础

《管子·水地篇》曰："故曰水者何也？万物之本源也，诸生之宗室也。"将水的价值提高到"万物之本源"的地位，说明水对人类生存发展的意义。水是生命的源泉，是人类生存发展的最基础条件，没有水就没有人类的过往、今天和未来。

（二）优越的水环境是城市发展繁荣的保证

中国古代城市与水环境的关系非常密切，据考证："城"实际上起源于古人防治洪水的活动。相传在尧、舜、禹时代，先民为了生存，千方百计与洪水抗争，最初的办法就是用泥土石块在氏族成员居住地周围筑起一道道堤埝式的土围子，以拦阻洪水，这种用以防水的土围子就是"城"（即城墙）的雏形。可见，城在诞生过程中就与水紧密相连。

古代的城市一般都依托其附近丰富的水环境资源。例如，西周的都城丰镐位于沣河两岸、秦都咸阳横跨渭河南北，汉都长安位于渭河以南。今天的城市人口众多、建设宏伟、园林如画，用水量巨大，也都依傍于周边的水环境而建，因为毗邻城市的水环境，不仅可提供城市生存发展的食物、工农业及生活用水，还具有城市繁荣必需的商业、交通、休闲娱乐等诸多服务功能。所以，没有

---

① （唐）魏征、令狐德棻：《隋书》，中华书局，1973年。
② 司马迁：《史记》，中华书局，1982年。

水，就不会诞生城市，更谈不上城市的繁荣和发展。

（三）城市发展必须重视水环境的承载能力

西汉初期，汉长安城的水环境主要是依托周边的自然水源和周秦时期的水利工程；汉武帝时期，长安城面积扩建，人口增多，都城政治、经济、文化快速发展，对水的需求量也水涨船高，原有的水环境资源逐渐满足不了城市发展的需要，于是政府在都城西兴修太液池、在南郊修浚昆明池，又在都城周边地区开挖了一些水利设施，以此来保证都城及周边地区的百姓生活、农业生产、经济发展、园林绿化。所以，"汉长安城水系统从城市规划选址之初的水环境因素，逐步发展成为城市结构体系中不可或缺的水系统要素的过程中，明显受到城市规划建设和城市发展的影响。另一方面，汉长安城的水系统建设也从农业灌溉、对外交通和城市景观等不同方面影响城市的规划和建设"[①]。这段话指明汉长安城城市发展与水环境之间相互影响的关系。总之，水环境在城市发展中具有水源功能、景观功能、交通运输功能、游乐运动功能以及文化历史渊源功能，因此城市发展不能脱离水环境的约束，不能超越水环境承载能力，唯有如此，才能实现城市的可持续发展。

六、结　　论

优越的水环境资源是城市诞生的基础。平衡的水环境生态是城市发展繁荣的基本保障。以汉长安城水环境的发展变迁为鉴，在今天的城市水环境利用过程中应该把握以下几点：一是加强对城市水环境资源的调研、规划和管理，保证水环境资源的平衡性；二是保护现有水环境的水源地，使其自然植被不再遭受人为因素的破坏；三是积极组织水源地的植树造林活动，增加水源地植被的蓄水功能；四是随着城市的扩建，人口的增加，扩大宣传教育工作，积极进行节水宣传，帮助民众理解保护水环境生态的现实意义。

[原载《西北工业大学学报（社会科学版）》2015年3期]

---

① 裴琳娟、林源：《试论汉长安城水系统与城市发展的关系》，《华中建筑》2010年9期。

汉长安城给排水系统及其启示

潘明娟

城市因水而兴，无水则衰。没有水资源的城市，人类难以生存，社会无法发展，城市也就很快消亡；水环境被污染的城市，也无法继续发展。历史上因水资源匮乏、水环境污染而难以为继的城市有很多，如汉至北魏时期的楼兰。因此，在城市的发展过程中，水资源是否充足、水环境是否优越，是至关重要的。而在城市的基础建设中，与水资源水环境密切相关的，就是城市的给排水系统。

对于汉长安城的研究，考古资料非常丰富，中国社会科学院考古研究所汉长安城考古队在这里做了详尽的研究。汉长安城的给排水系统也基本廓清，《汉长安城》《汉长安城排水管道的考古学论述》《试论汉长安城水系统与城市发展的关系》《汉长安城水环境研究》等论著系统地总结了汉长安城的给排水系统。本文拟在此基础上反思汉长安城给排水系统的优劣及其对城市持续发展的影响。

一、汉长安城给水系统对于水资源的应用

汉长安城给水系统主要包括对地上水资源和地下水资源的应用。

（一）地上水供应系统

对地上水资源的应用主要是利用河水，通过开凿人工渠道和人工湖泊（蓄水池），改变水流方向，从而形成能够覆盖整个城市范围的地上水系。

一般认为，随着城市的发展，汉长安城地上水资源的应用主要分为两个阶段：第一阶段，西汉初年。在周秦原有地上水系统"以沣、滈二水为主要水源，以滈池为主要蓄水水库"的基础上，开发潏水，使之成为汉长安城的主要水源。第二阶段，汉武帝时期。开凿昆明池，引滂水入城。滂水发源于秦岭北麓，汇集樊水、杜水等水流，水量充沛但水流湍急。在长安城西南开凿昆明池，可以涵蓄滂水的水源并调节流速，保证干旱时期长安城的城市用水。

如图一、图二所示，西汉初年，将沿汉长安城西城墙由南向北汇入渭水的潏水，在章城门分一支流引入城中，流入未央宫的沧池和长乐宫的酒池、鱼池，称为明渠。明渠由西南向东北流至清明门附近出城，然后流入渭河。潏水的主流沿西城墙平行向北流，供应西城、北城附近主要居民区用水。

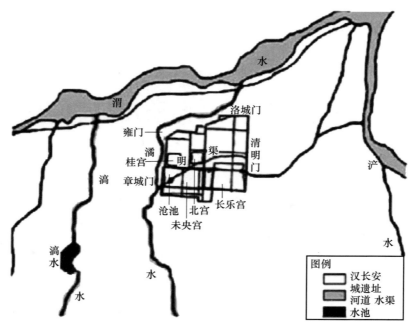

图一　西汉初年汉长安城水系统示意图[1]

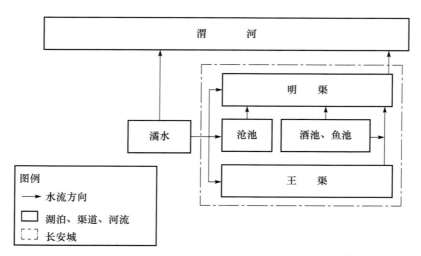

图二　汉长安城水系统建设第一阶段结构关系示意图[2]

　　到了汉长安城供水系统建设的第二阶段，即汉武帝时期，随着城市发展的需要，汉长安城地上水供应系统从扩充涵蓄水源和扩展水系统两个方面同步进行建设。扩充涵蓄水源的工程主要是开凿昆明池。蓄积涝水，保证干旱时期长安城的城市用水。扩展水系统的工程则是在建章宫前殿以北开掘太液池，引潏水为源，流经建章宫后向北汇入渭水。后期又在太液池以南开掘唐中池作为补充，如图三、图四所示。

　　汉长安城地上水系统的不断完善，对城市的发展和建设有重要的推动作用：

　　①　裴琳娟、林源：《试论汉长安城水系统与城市发展的关系》，《华中建筑》2010 年 9 期，109～111 页。

　　②　裴琳娟、林源：《试论汉长安城水系统与城市发展的关系》，《华中建筑》2010 年 9 期，109～111 页。

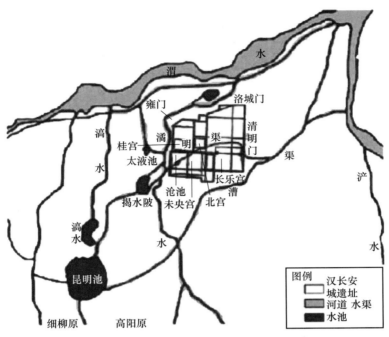

图三 汉武帝时期汉长安城水系统示意图①

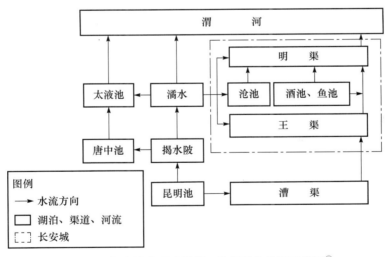

图四 汉长安城水系建设第二阶段结构关系示意图②

第一，增强城市的军事防御能力。充足的地上水资源，有助于完善长安城的防卫设施——城壕。汉惠帝修筑汉长安城墙，城下就有壕沟环绕。《三辅黄图》记载："城下有池周绕，广三丈，深二丈。石桥各六丈，与街相直。"班固《西都赋》也有"建金城之万雉，呀周池而成渊"之语。吕向注曰："言城下池，周绕而大，乃成深渊。"说明长安城外有城壕围绕。根据考古资料，我们知

① 裴琳娟、林源：《试论汉长安城水系统与城市发展的关系》，《华中建筑》2010 年 9 期，109～111 页。

② 裴琳娟、林源：《试论汉长安城水系统与城市发展的关系》，《华中建筑》2010 年 9 期，109～111 页。

道，汉长安城城墙外有城壕，其中南城壕宽 40～50 米，深 2.3～3.2 米[①]。

第二，能够有效地蓄水、排水，减小水旱灾害对城市的影响。长安城内外的各池沼，包括未央宫中的沧池，长乐宫中的酒池、鱼池，建章宫中的太液池、唐中池、琳池以及城西南的昆明池、昆明池北的镐池，甚至各贵族宅邸的私家池沼，都具有现代水库的功能，旱期蓄水、涝时排水，保障城市的水安全。

第三，美化城市景观，提升生活品质。上述各池沼，密布于都城内外、宫苑之中、贵族宅邸，不仅仅作为蓄水池存在，而且花木茂盛，构成丰富的城市水景观，能满足皇帝贵族或平民百姓的游赏需求。如《三辅黄图》卷四记载："（昆明）池中有龙首船，常令宫女泛舟池中，张凤盖，建华旗，作棹歌，杂以鼓吹，帝御豫章观临观焉。"宋代程大昌《雍录》也说明了昆明池的游乐功能："其始凿也，固以习战，久之乃为游玩之地也。"

（二）地下水资源

汉长安城在对地表水进行充分合理的利用的同时，对于地下水的利用也很普遍。一般来说，地上水不如地下水干净清洁。地上水可以流经壕沟增强城市防御能力、可以蓄积于池来平衡旱涝、可以美化城市景观，但是，汉长安城的生活用水主要还是依靠地下水资源。汉长安城内多处水井的发现，说明当时人们已经开始注意到生活用水的卫生问题了。

考古资料表明："汉长安城城垣内宫殿、官署、邸第、里居等生活用水多为井水。井上有井台，其上铺砖，井口平面为圆形。井壁一般上中部以券砖或扇形砖砌壁，下部井壁置陶井圈。""水井一般多置于建筑群的一隅，且距主要建筑不远，这样既不影响建筑整体布局，又方便使用。如未央宫椒房殿和少府水井在建筑群东南部，桂宫 2 号建筑群遗址水井在建筑群西北部。"[②]从考古发现来看，这些井有井台，其上铺砖。井壁般上中部以券砖或扇形砖砌壁，下部井壁置陶井圈。井的大小不一致，因需而设。如未央宫椒房殿的水井井台为方形，边长 3.5 米，井径 1.54 米，井深 8.3 米；未央宫少府（或其所辖官署）的水井井台为长方形，长 4 米，宽 3.3 米，井径 1.9 米，井深不详；桂宫第二号宫殿的水井井台为方形，边长 3 米，井径 1.4 米，井深 5 米；未央宫中央官署的水井较小，井台长 1.5 米，宽 1.1 米，井径 0.85 米，井深 7.1 米。

遗憾的是，笔者翻阅了诸多关于汉长安城考古的文献，发现目前发掘的大部分水井均在宫殿、官署之内，而邸第、里居（即汉长安城里坊和市场等人口稠密区域）的水井尚不多见，推测这些水井稀少但人口稠密区域的生活用水应该为明渠的地上水。或者，《汉长安城》一书既然有"汉长安城城垣内宫殿、官署、邸第、里居等生活用水多为井水"一说，作者应该有其根据。

---

① 中国社会科学院考古研究所汉长安工作站：《西安市汉长安城城墙西南角遗址的钻探与试掘》，《考古》2006 年 10 期，40～55 页。

② 刘庆柱、李毓芳：《汉长安城》，文物出版社，2003 年，40 页。

二、汉长安城排水系统的缺陷

从上述资料来看，汉长安城给排水系统中的给水系统包括地上水资源的供给和地下水资源的供给，是非常发达的，排水系统也比较完善。

《汉长安城》总结了排水系统的特点，认为："排泄污水、雨水则于建筑群内地下化，全城排水渠网化，由宫内排到城内，由城内排到城外，由城壕汇流至渭河。"① 排水系统由内而外，由小到大，网络清晰，层次分明。但是，从目前的考古资料来看，汉长安城的排水系统存在一定问题。城市的排水系统，一方面要关注洪水、雨水的及时排泄，另一方面，也要注重生活污水和雨水的有效排泄，防止渗漏，这就需要铺设砖砌或陶制的排水管道。张建锋《汉长安城排水管道的考古学论述》一文廓清了汉长安城排水管道的分布、设置等情况。这为我们研究汉长安城排水系统的缺陷打下了基础。

（一）从目前考古资料来看，砖砌或陶制的排水管道主要分布于宫殿、官署等重要建筑内

"从排水管道的分布情况来看，目前在未央宫、长乐宫、桂宫、武库和城墙等遗址中都发现了此类排水设施。上述遗址都是汉长安城最主要的宫殿建筑区、府库或是重要的防御设施，属于汉长安城内等级最高的建筑。排水设施在这些区域的广泛存在，说明其为这些建筑中不可或缺的重要设施。"②

对比刘庆柱、李毓芳在《汉长安城》中描述的水井的分布区域以及张建锋在《汉长安城排水管道的考古学论述》中排水管道的分布，可以发现水井和排水管道分布区域有一定的重合，都是布设在宫殿、官署等区域。而在居民集中的里坊、市场等区域，目前几乎没有发现排水管道的布设遗迹。就目前考古发掘的资料而言，说明排水管道的布设在汉长安城是不均匀的，可能在城市建设过程中，根本未曾考虑大部分区域的生活污水渗漏问题，排水管道只在重要建筑中布设。而里坊、市场等人口稠密区域生活污水的有效排泄无法保障，因此，汉长安城的污水渗漏应该是比较严重的。

（二）砖砌或陶制的排水管道并未全程铺设

根据张建锋《汉长安城排水管道的考古学论述》可知，排水管道与其他排水设施的关系是：排水管道"埋设于建筑区院落的下面，一端和雨水井相连，另一端连接排水沟，将前者收集的雨水从地面以下排走"；排水管道与建筑的关系是："埋设于围墙、宫墙、城墙及道路的下面，两端或一端连接排水的明沟，是排水沟在通过上述建筑设施时的过渡形式。"可见，砖砌或陶制排水管道的存在是为了保持院落格局或建筑格局完整。在不妨碍院落和建筑格局的完整的情况下，排泄雨水或生

① 刘庆柱、李毓芳：《汉长安城》，文物出版社，2003 年，44、45 页。
② 张建锋：《汉长安城排水管道的考古学论述》，《中原文物》2014 年 5 期，51～59 页。

活污水的是排水明沟或雨水井，没有防止渗漏的措施。刘庆柱、李毓芳也认为"长安城内的排水主要是依靠路沟，即街道两边的排水沟"①。

排水系统的缺陷，导致汉长安城水污染严重。《隋书》卷七八记载：长安城的水质污染在隋初就已非常明显，"汉营此城，经今将八百岁，水皆咸卤，不甚宜人"，说明汉长安城给排水系统设计的不足，已经导致这里的水环境遭到破坏，不适合人类生活了。

三、汉长安城给排水管理机构的缺失

根据文献记载，西汉长安城的行政管理机构主要是中尉和三辅长官及其所属长安县令。与水资源相关的机构为京兆尹、左冯翊、右扶风三辅中的"都水长丞"。《汉书·百官公卿表》注："如淳曰：律，都水治渠堤水门。《三辅黄图》云：三辅皆有都水也。"根据《汉书·百官公卿表》记载，都水长丞不仅为三辅属官，太常、治粟内史、少府、水衡都尉等机构均有"都水长丞"官职的设置。"太常"掌"宗庙礼仪"，"治粟内史"掌"谷货"，"少府"掌"山海池泽之税，以给供养"，"水衡都尉"掌"上林苑"。

从各职官及属官职掌来看，都水长丞的职责应该是开凿、保守河渠及水门陂池，其职责与水资源相关，主要掌管水利设施，似乎不太注重对城市给排水系统的管理。可见，汉长安城的水资源管理机构并不完善。给排水管理方面的缺失，无法保障城市给排水系统的可持续发展，当然也会关系到城市的进一步发展繁荣问题。

四、汉长安城给排水系统的启示

汉长安城延续八百年与水环境的选择有很大关系。优越的水资源是城市能够持续发展的基础，发达的给排水系统是城市持续发展的动力，完善的水资源管理机构是城市持续发展的保障。

以汉长安城给排水系统为鉴，在今天的城市水资源供给、应用和污水雨水排放过程中，应把握以下几点：一是充分保障城市水资源供给，随着城市的不断扩大和发展，必须加强对城市水资源的调研、规划和管理，保障城市拥有充足的水资源供给；二是保护现有水源地，使其不受污染和破坏，水资源受到污染是城市萧条和毁灭的主要原因，隋代初年汉长安城区域"水皆咸卤"就是明显的例证；三是进一步完善给排水管理体系，从制度上加强保障。总之，只有给排水系统不断发展和完善，才能保证城市的可持续发展。

（原载《唐都学刊》2017 年 1 期）

---

①　刘庆柱、李毓芳：《汉长安城》，文物出版社，2003 年，40 页。

旱涝灾害背景下的汉长安城水资源利用

潘明娟

《管子》曰："水者，地之血气，如筋脉之通流者也。……是以水者，万物之准也，诸生之淡也。"[1] 水资源是人类生活和生产不可替代的极为宝贵的自然资源，但是水资源并不等于人类可以利用的水量。水资源的时空分布并不均匀，因此，人类往往直接利用地上水和地下水来调蓄水源，或者回收再利用工业和生活污水，以期更加有效地利用水资源。但在古代，采用回收和处理的办法再利用工业和生活污水几乎是不可能的，人们只能利用地上和地下水资源。

就本文主题而言，有两个概念需要强调：第一，汉长安城水资源的利用。一方面，是城市水资源的利用。城市水资源是经人类控制并可供城市直接运用的地表水和地下水。城市生活中，大量人口聚集打破了原本人与自然的平衡状态，相对于农村而言，城市水需求大量增加且生活污水排放量极大，因此，研究城市水资源的利用有其必要性。另一方面，汉长安城水资源的利用。汉长安城是公元前3世纪至公元1世纪世界范围内的大型城市之一，无论是在人口数量方面[2]，还是在城市占地规模方面[3]，都是独一无二的，因此研究汉长安城水资源利用有其特殊性。综合上述两个方面，研究汉长安的城市水资源利用既有其特殊性，更有其必要性。本文探究的重点在于西汉长安的城市水资源供应系统，不涉及城市排水系统，也不涉及农田水利。

第二，西汉时期长安地区的旱涝灾害。首先，界定旱涝灾害的研究范围，长安地区即西汉京畿附近，汉武帝划分为京兆尹、左冯翊、右扶风三个郡级行政区，范围与今天的关中地区有所出入，但基本吻合。其次，气候因素是影响水资源的重要因素，而旱涝灾害是气候灾害的重要表现形式。气候灾害背景下的城市水资源利用，与正常状态下的水资源利用有很大不同。在旱涝灾害频发的情况下，人们会充分整合当时生产力水平能整合的所有可利用水资源，保障城市发展。

① 黎翔凤：《管子校注》，中华书局，2009年。

② 《汉书·地理志》记载元始二年（2年）长安"户八万八百，口二十四万六千二百"。马正林认为这个数字偏低，长安城内人口应在40万左右，加上皇族、兵士、童仆、吏民、商贩等远不止40万（载马正林：《中国城市历史地理》，山东教育出版社，1998年，160页）。赵冈根据漕粮推测长安城有46万人口（载赵冈：《中国城市发展史论集》，新星出版社，2006年，139、140页）。黄永美、徐卫民则认为长安城内在籍人口243 200～277 200，算上未入籍的流动人口，实际人口不超过30万（参见黄永美、徐卫民：《西汉长安人口地理探析——以元始二年长安人口为例》，《西北大学学报（自然科学版）》2012年第3期，471～476页）。

③ 考古发掘，汉长安城城内总面积约36平方千米。参见刘庆柱：《汉长安城的考古发现及相关问题研究——纪念汉长安城考古工作四十年》，《考古》1996年10期，1～14页。

因此，将城市水资源利用置于旱涝灾害的背景下进行观察，或许能够更清晰地把握西汉时期利用水资源的思路。

一、西汉时期的旱涝灾害背景

关于西汉时期的自然灾害，学界在资料汇总、灾数灾情、灾异观念、应对措施等方面做了深入而扎实的研究，尤其是在灾害影响的研究方面，学者普遍关注了灾害对政治、经济（尤其是农业）、文化等因素的影响及政治与灾情的互动[①]，但较少关注灾害与城市资源利用的问题。

关于区域自然灾害的研究，具体到关中地区（长安地区），主要集中于旱涝灾害方面[②]，当然也有其他灾害的研究[③]。其中，《历史时期关中平原水旱灾害与城市发展》[④]关注关中平原水旱灾害与城市宏观发展的互动，认为"水旱灾害的发生一方面与关中平原气候变化、中心城市的建设发展与衰落有密切联系；另一方面也与人口数量的增长密切相关"，为本文以旱涝灾害为背景研究城市水资源利用提供了不同的视角。

（一）西汉时期长安地区的气候

旱涝灾害与气候有着密切联系。今天的西安地区属于温带大陆性季风气候区，受地形、纬度、大气环流等因素的影响，是陕西境内秦岭以北最温暖的地区，年均温在 12～13℃，降水量为 600～700 毫米，属暖温带半湿润气候。从降水特点来看，西安地区的降水量年际、季节分布并不均匀，降水集中于夏秋季节，且多以暴雨形式出现。这样的降水特点，容易诱发洪涝灾害或少雨干旱。

历史时期长安地区的气候与今天的状况基本相差不大。当然，对于汉代长安地区具体的冷暖干湿等气候变化，学界存在不同的观点。朱士光等认为，西汉前期，"气候暖润，年平均温度高于现在 1～2℃，年均降水量也多于现在"；汉武帝之后，气候开始转寒；东汉气候继续寒冷[⑤]。这与竺可桢先生关于历史时期气候冷暖期的传统观点基本吻合。但是陈业新指出：有关证明西汉时期关中

① 陈业新：《灾害与两汉社会研究》，上海人民出版社，2004 年；王文涛：《秦汉社会保障研究——以灾害救助为中心的考察》，中华书局，2007 年；卜风贤：《周秦汉晋时期农业灾害和农业减灾方略研究》，中国社会科学出版社，2006 年；段伟：《禳灾与减灾：秦汉社会自然灾害应对制度的形成》，复旦大学出版社，2008 年；杨振红：《汉代自然灾害初探》，《中国史研究》1994 年 4 期；吴青：《灾异与汉代社会》，《西北大学学报（哲学社会科学版）》1995 年 3 期；黄今言、温乐平：《汉代自然灾害与政府的赈灾行迹年表》，《农业考古》2000 年 3 期。

② 樊志民、冯风：《关中历史上的旱灾与农业问题研究》，《农业考古》1997 年 3 期；潘明娟：《古代旱灾及政府应对措施——以西汉关中地区为例》，《西北大学学报（自然科学版）》2011 年 6 期；宋春英、延军平、张立伟：《陕西秦岭南北旱涝灾害时空变化趋势分析》，《干旱区研究》2011 年 6 期；耿占军、仇立慧：《清至民国陕西水旱灾害研究》，《中国历史地理论丛》2014 年 1 期。

③ 赵景波、陈颖、周旗：《关中平原清代霜雪灾害特点与周期研究》，《地球科学与环境学报》2012 年 3 期；殷淑燕、黄春长、仇立慧等：《关中地区历史时期蝗灾统计及其影响浅析》，《干旱区资源与环境》2006 年 5 期。

④ 殷淑燕、黄春长、仇立慧等：《历史时期关中平原水旱灾害与城市发展》，《干旱区研究》2007 年 1 期。

⑤ 朱士光、王元林、呼林贵：《历史时期关中地区气候变化的初步研究》，《第四纪研究》1998 年 1 期。

地区气候温暖、东汉趋冷的生物物候等证据并不可靠，他认为西汉略冷，东汉稍暖，其间有多次波动，较之今天并无太大差异。从干湿状况来看，西汉时期大致可分为五个阶段：第一阶段，公元前 206～前 186 年（汉高祖至高后二年），干湿状况为"均匀"；第二阶段，公元前 185～前 148 年（高后三年至汉景帝中元二年），湿润指数 1.2，干湿状况为"相对湿润"；第三阶段，公元前 147～前 71 年（汉景帝中元三年至汉宣帝本始三年），湿润指数 0.65，干湿状况为"干旱"；第四阶段，公元前 70～前 33 年（汉宣帝本始四年至汉元帝竟宁元年），湿润指数 1.25，干湿状况为"均匀"；第五阶段，公元前 32～65 年（汉成帝建始元年至东汉明帝永平八年），湿润指数 1.1，干湿状况为"干湿不均"[①]。

长安地区历史时期气候变化与自然灾害之间有密切关系，周晓红、赵景波研究表明，灾害高频发生时期对应为气候波动期[②]。西汉时期长安地区的气候灾害主要为旱涝灾害。

（二）西汉时期长安地区的旱涝灾害

在开展研究之前，要统计西汉时期长安地区旱涝灾害的次数。西汉时期旱涝灾害资料来源较为单一，主要是《史记》《汉书》的相关记载。有四个方面需要界定和认定。第一，时长的界定。本文研究时长为西汉，包括新莽时期，从公元前 206 年至公元 24 年，共计 230 年。第二，长安地区的界定。本文默认为长安地区为西汉三辅地区。第三，灾害发生地的认定。史籍明确注明发生于长安地区的灾害、无明确记载说明灾害发生地或记载为"天下"的灾害，均统计为长安附近的灾害。第四，灾害发生次数的认定。灾害次数按年计算，一年之中发生的灾害视为一次，称为"年次"。有些记载中有夏季的灾害，也有秋季灾害，则视为灾情持续时间较长，记一年次灾害。

1. 旱灾

根据上述认定，笔者梳理《史记》《汉书》等相关记载，统计西汉长安地区共发生旱灾 34 年次[③]。不同皇帝在位期间旱灾年次及爆发频次如表一。

由表一可以看出，汉武帝时期长安城及其附近地区旱灾最为频繁，爆发频次为 0.2407 年次／年。汉武帝在位 54 年，爆发 13 年次的旱灾，其中，一般旱灾 5 次，严重旱灾 6 次，极严重旱灾 2 次[④]。

---

① 陈业新：《两汉时期气候状况的历史学再考察》，《历史研究》2002 年 4 期。
② 周晓红、赵景波：《历史时期关中地区气候变化与灾害关系的分析》，《干旱区资源与环境》2006 年 3 期。
③ 参见潘明娟：《古代旱灾及政府应对措施——以西汉关中地区为例》，《西北大学学报（自然科学版）》2011 年 6 期，1064～1068 页。作者做了西汉时期关中地区（即本文所谓的长安地区）旱灾年度发生序列图，并根据灾害疏密情况分析了旱灾特点，包括旱灾爆发的阶段性、季节性及严重性等。
④ 等级划分标准根据潘明娟：《古代旱灾及政府应对措施——以西汉关中地区为例》，《西北大学学报（自然科学版）》，2011 年 6 期。按照史籍记载的描述，可以把灾情分为一般、严重、极严重三个等级。"一般"等级，在记载中仅称"旱"，如公元前 193 年的"夏旱"记载；若记载中有"大旱"者为"严重"程度；若不仅有"大旱"的记载，同时，文献还有"天下旱"（前 177 年）、"江河水少"（前 190 年）、"民暍死"（前 107 年）等描述性语句，或持续时间为两个季节以上（前 147、前 105 年），则为"极严重"旱灾。

表一　西汉长安地区的旱灾[①]

	旱灾时间	旱灾年次	爆发频次（旱灾年次/在位年数）
汉高祖（前206～前195年）		0	0
汉惠帝、高后（前194～前188～前180年）	前193年、前190年	2	2/15＝0.1333
汉文帝（前179～前157年）	前177年、前171年、前158年	3	3/23＝0.1304
汉景帝（前156～前141年）	前147年、前142年	2	2/16＝0.1250
汉武帝（前140～前87年）	前137年、前129年、前124年、前120年、前110年、前109年、前108年、前107年、前105年、前100年、前98年、前95年、前92年	13	13/54＝0.2407
汉昭帝（前86～前75年）	前81年、前76年	2	2/12＝0.1667
汉宣帝（前73～前49年）	前73年、前61年	2	2/25＝0.0800
汉元帝（前48～前33年）	前46年、前37年	2	2/16＝0.0625
汉成帝（前32～前7年）	前31年、前28年、前18年、前12年、前13年	5	5/26＝0.1923
汉哀帝（前6～前1年）	前3年	1	1/6＝0.1667
汉平帝、孺子（1～8年）	2年	1	1/8＝0.1250
王莽新王朝（9～24年）	23年	1	1/16＝0.0625

西汉时期长安地区旱灾频仍，尤其是汉武帝在位期间旱灾最为频繁。汉武帝时期湿润指数为0.65，干湿状况为"干旱"[②]，说明长安地区的干旱状况不容忽视，作为都城的长安城市供水肯定会受到较大影响。人们当然要思考应对旱灾的措施，进而对长安城周遭的水资源进行有效整合。同时，汉武帝时期西汉社会经济发展已经能够提供兴修水利所需各种人力、物力、财力。因此，汉武帝时期在全国范围内尤其是长安及附近地区兴起水利建设的高潮并非偶然。汉武帝对兴修水利设施也有极为深刻的认识："左、右内史地，名山川原甚众，细民未知其利，故为通沟渎，蓄陂泽，所以备旱也。"[③]

2. 涝灾

西汉时期长安地区涝灾较少，翻检《史记》《汉书》相关记载，仅有9年次，爆发频次为9/230＝0.0391年次/年，25.56年爆发一次水灾。对长安城来说，最严重的水灾可能只有二年次，一

① 灾害是自然的产物，研究自然灾害本来不应该按照不同的皇帝在位时间来统计。但是，本文研究西汉长安地区的旱灾，主要是为了探讨旱灾背景下的城市水资源利用，而水资源的利用涉及政府决策和人为的水利设施建设。因此，本文整理不同皇帝在位期间旱灾年次及爆发频次，侧重探讨旱灾背景下汉武帝时期为保障城市供水而兴修的水利工程。

② 据陈业新研究，湿润指数为0.65，干湿状况为"干旱"的时间段为公元前147～前71年，即汉景帝中元三年至汉宣帝本始三年，包括了汉武帝时期。见陈业新：《两汉时期气候状况的历史学再考察》，《历史研究》2002年4期，76～95页。

③ 《汉书》，中华书局，1962年。

是汉昭帝始元元年（前86年）从七月延续至十月的雨水天气，造成渭桥被冲毁的后果[①]；二是汉成帝建始三年（前30年），夏秋两季大雨，"凡杀四千余人，坏官寺民舍八万三千余所"，"京师相惊，言大水至"，"京师无故讹言大水至，吏民惊恐，奔走乘城"，甚至发生了小女孩陈持弓误入宫室事件[②]。此次涝灾使人力、物力损失巨大，导致京师人人恐慌，但是洪水并未流入长安城。因此，涝灾对长安城供水系统的影响相对旱灾来说，要小得多。

汉武帝时期黄河下游发生过一次严重的涝灾。元光三年（前132年），黄河在东郡濮阳瓠子口决口，水入瓠子河，东南由钜野泽通于淮、泗，梁、楚一带连年受灾。当时洪水泛滥达16郡境，相当今豫东、鲁西南、淮北、苏北等广大地区，成灾20余年。直至元封二年（前109年），汉武帝在泰山封禅后，始发卒万人筑塞，还亲自临祭，沉白马玉璧祭河伯；下令"群臣从官自将军以下皆负薪置河堤"，作《瓠子歌》。"自是之后，用事者争言水利。朔方、西河、河西、酒泉皆引河及川谷以溉田。而关中灵轵、成国、湋渠引诸川，汝南、九江引淮，东海引钜定，泰山下引汶水，皆穿渠为溉田，各万余顷。它小渠及陂山通道者，不可胜言也。"[③]掀起了全国性水利设施建设的高潮。不过，这次水灾，对长安城水资源的整合和利用可能并没有起到较大的促进作用，因为早在公元前120年，汉武帝就已经开始开凿昆明池，逐渐完善长安的城市供水系统。

西汉时期长安地区涝灾次数较少，可能对都城附近水资源的整合并未起到太大影响，这应该也是汉武帝所谓的水利设施"所以备旱"而不是防御涝灾的重要原因[④]。

二、长安城市水资源的利用

在长安城附近兴修水利，有效利用水资源，是城市抵御旱涝灾害尤其是旱灾的重要措施。汉长安城的水资源开发利用，是改造自然的一个方面，其目的是保障城市供水。

关于汉长安城市水资源水环境变迁问题，先贤已有诸多研究[⑤]。其中，李令福《论西汉长安城都市水利》基本廓清了汉武帝之前滈水及其支渠的走向、作用，汉武帝时期昆明池的引水、排泄设施

---

① 《汉书》，中华书局，1962年。

② 《汉书》，中华书局，1962年。

③ 《汉书》，中华书局，1962年。

④ 从全国范围来看，西汉时期旱涝灾害发生的次数比较均衡，如温乐平统计，西汉水灾23次、旱灾21次（见温乐平《汉代自然灾害与政府的救灾举措》，《江西师范大学学报（哲学社会科学版）》2001年2期，第78~83页），张文华统计：西汉水灾32次、旱灾38次（见张文华：《汉代自然灾害的发展趋势及其特点》，《淮阴师范学院学报（哲学社会科学版）》2002年5期，669~673页）。但是具体到长安地区，旱涝灾害次数极不均衡。这是长安地区的地形地貌及气候条件决定的。因此，涝灾对长安城市供水及附近水资源的整合并未起到太大影响。

⑤ 李令福：《汉昆明池的兴修及其对长安城郊环境的影响》，《陕西师范大学学报（哲学社会科学版）》2008年4期；辛夷：《秦汉时期关中的水利事业》，《史学月刊》1986年1期；徐卫民：《汉长安城对周边水环境的改造与利用》，《河南科技大学学报（社会科学版）》2007年6期。

及城南诸水的改道问题。从城市供水角度来考虑，汉长安城的供水系统也基本廓清①。

汉长安城的城市供水系统主要包括对地上水资源和地下水资源的应用。

（一）地上水供应系统

长安周边自然水环境是非常优越的，东西南北八条河流环绕，东面有灞河、浐河，西面有沣河、滈河，北面有泾河、渭河，南面有潏河、涝河。除此之外，长安周围还有一些自然湖泊，如滈池、潏池等。这些河流湖泊是长安城的地上水资源。对地上水资源的应用主要是开凿人工渠道改变河水的水流方向，使之更加紧密地环绕城市；同时，掘挖人工湖泊以蓄积水源，以防旱涝。由此，形成完善的能够覆盖整个城市范围的地上供水系统。其中，湖泊实际上相当于长安城的蓄水库，供应城市用水，解决用水需求，在旱涝灾害来临时保障城市用水安全。

一般认为，西汉时期对长安城地上水资源的应用主要分为两个阶段：西汉初年和汉武帝时期。

1. 西汉初年的旱灾与地上水供应

西汉初年，潏水沿长安西城墙由南向北汇入渭水，距离城市最近，当然也最容易被利用起来。因此，潏水成为汉长安城的主要水源。潏水流经长安西城墙章城门时，分一支流向东引入城中，先后流入未央宫的沧池和长乐宫的酒池、鱼池等蓄水池，之后再流入明渠，由长安城西南向东北流至清明门附近出城，最后汇入渭河；潏水的主流则沿着西城墙平行继续向北流，供应长安城西、北附近主要居民区用水。

西汉初期的城市供水系统大致如图一所示。

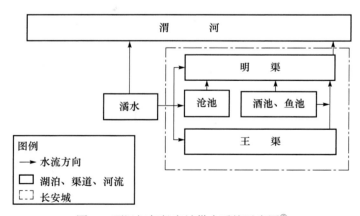

图一　西汉初年长安城供水系统示意图②

西汉初年，旱灾并不严重，汉高祖、惠帝、高后共计 27 年，长安及附近地区旱灾仅有 2 年次。

①　裴琳娟、林源：《试论汉长安城水系统与城市发展的关系》，《华中建筑》2010 年 9 期；李勤：《汉长安城水环境研究》，《西北工业大学学报（社会科学版）》2015 年 3 期；潘明娟：《汉长安城给排水系统及其启示》，《唐都学刊》2017 年 1 期。

②　裴琳娟、林源：《试论汉长安城水系统与城市发展的关系》，《华中建筑》2010 年 9 期。

因此，城市用水完全依赖潏水供应，宫殿区也仅有沧池、酒池、鱼池等中小型蓄水池①。

到汉文帝、汉景帝时期，39 年间发生 5 年次旱灾。与高祖、惠帝、高后时期相比，旱灾年次增加，应对旱灾逐渐提上议事日程。文帝后元元年（前 163 年）曾颁布诏令，敦促群臣议论对策："间者数年比不登，又有水旱疾疫之灾，朕甚忧之。愚而不明，未达其咎。意者朕之政有所失而行有过与？乃天道有不顺，地利或不得，人事多失和，鬼神废不享与？何以至此？将百官之奉养或费，无用之事或多与？何其民食之寡乏也！夫度田非益寡，而计民未加益，以口量地，其于古犹有余，而食之甚不足者，其咎安在？无乃百姓之从事于末以害农者蕃，为酒醪以靡谷者多，六畜之食焉者众与？细大之义，吾未能得其中。其与丞相列侯吏二千石博士议之，有可以佐百姓者，率意远思，无有所隐。"②文景时期，贾谊《论积贮疏》、晁错《论贵粟疏》等文章的出现，也显示出政府对储粮备荒的高度重视。同时，皇帝、政府、社会均厉行节约③。但是，文景时期应对旱灾的侧重点主要在于储存粮食及厉行节约两个方面，没有文献资料提及旱灾对城市供水可能造成不利的影响，因此，城市的地上水供应系统没有明显的调整。

2. 汉武帝时期的旱灾与地上水系统建设

汉武帝时期是长安地区旱灾频繁爆发的时期，同时也是长安地区水利设施着重建设的时期，明确了水利设施"所以备旱"的观念。由于旱灾连年爆发，水利工程的修建提上了议事日程，一方面要顾及农田水利，相继开凿龙首渠、六辅渠、白渠、成国渠、灵轵渠、漕渠等；另一方面，还要注重都城的城市供水系统，旱灾与城市地上水供应系统的建设有着密切的联系。汉武帝时期长安城供水系统如图二所示。

这一时期的汉长安城地上水供应系统主要从两个方面进行建设：扩充涵蓄水源和扩展水系统。

首先，扩充涵蓄水源的工程主要是开凿昆明池，整理城南水道以蓄积洨水④，以此保证干旱时期长安城的城市用水安全。

根据文献记载，昆明池的开凿是为了操练水军。昆明池开凿于汉武帝元狩三年（前 120 年），《汉书》卷二四《食货志》记载："是时越欲与汉用船战逐，乃大修昆明池，列馆环之，治楼船高十余丈，旗帜加其上。"《三辅黄图》也有："汉昆明池，武帝元狩三年穿，在长安西南，周回四十里。

① 沧池位于未央宫，"沧池平面呈规整的曲尺形，池壁用砖垒砌，东西长约 936、南北宽 378~460 米"（数据见西安市文物局、西安汉长安城遗址保管所、西安市古代建筑工程公司：《迈向世遗——西汉帝都未央宫遗址申遗之路》，文物出版社，2014 年）。酒池、鱼池位于长乐宫，推测规模与沧池相仿。

② 《汉书》，中华书局，1962 年。

③ 皇帝厉行节约，如公元前 158 年的旱灾，文帝下诏"减诸服御"，节约个人开支（见《汉书》卷四《文帝纪》，131 页）。政府厉行节约，主要是减少官俸或裁减官员人数，以减少政府支出。公元前 158 年的旱灾，汉文帝不仅自己节约，在上述"减诸服御"的基础上，还实行一个措施即"损郎吏员"，裁减官吏人数（见《汉书》卷四《文帝纪》，131 页）。社会厉行节约，景帝时期因为关中旱灾而"禁酤酒"（见《汉书》卷五《景帝纪》，147 页）。因为酿酒对谷物的需求量极大，耗费大量谷物，禁止酤酒可以间接增加灾民所需谷物。

④ 李令福认为，洨水的作用就是调控昆明池的蓄水量。见李令福《论西汉长安城都市水利》，《中国古都研究》（第十九辑），四川人民出版社，2003 年。

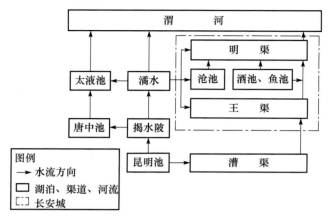

图二　汉武帝时期长安城供水系统示意图①

西南夷传曰：天子遣使求身毒国市竹，而为昆明所闭。天子欲伐之，越巂昆明国有滇池，方三百里，故作昆明池以象之，以习水战，因名曰昆明池。"② 因此，昆明池的开凿，有部分原因是为了操练水军，这一点毋庸置疑③。

　　但也应注意到昆明池的其他功能，尤其是抗旱功能。昆明池的开凿时间与旱灾爆发的时间均为汉武帝元狩三年（前 120 年），这一年爆发了严重的旱灾，《汉书》卷二七《五行志》记载："元狩三年夏，大旱。"并且，在此之前长安地区于公元前 129 年④、公元前 124 年⑤ 发生的两次旱灾也均为严重旱灾，十年之内，长安地区连续三次的严重旱灾，应该是昆明池开凿的原因之一，因此《汉书》在元狩三年的大旱之后，紧接着记载"是岁发天下故吏伐棘上林，穿昆明池"⑥，也间接说明了旱灾与昆明池的因果关系。既然昆明池的开凿与旱灾的爆发有极大关联，其主要功能应该是蓄水库无疑。另外，从昆明池与长安城的相对位置，我们可以推断，昆明池的供水对象是长安城。因此，虽然没有文献资料的支撑，但学界普遍认为昆明池就是向长安城供水的蓄水池⑦。

　　昆明池位于汉长安城西南，建章宫以南，距离城市极近。昆明池遗址东西范围约 4.52、南北约 5.69 千米，周长约 17.6 千米，面积约 16.6 平方千米⑧，几乎为汉长安城面积的一半，可蓄水 3549.7

　　① 徐卫民：《汉长安城对周边水环境的改造与利用》，《河南科技大学学报（社会科学版）》2007 年 6 期。

　　② 何清谷：《三辅黄图校注》，三秦出版社，1995 年。

　　③ 除上述《汉书·食货志》和《三辅黄图》的记载之外，《雍录》记载："其始凿也，固以习战，久之乃为游玩之地也。"（见黄永年点校《雍录》，中华书局，2002 年，128 页）

　　④ 《汉书》卷六《武帝纪》汉武帝元光六年（前 129 年）："夏，大旱，蝗。"（166 页）

　　⑤ 《汉书》卷六《武帝纪》汉武帝元朔五年（前 124 年）："五年春，大旱。"（171 页）

　　⑥ 《汉书》，中华书局，1962 年。

　　⑦ 李令福：《论西汉长安城都市水利》，《中国古都研究（第十九辑）》，四川人民出版社，2004 年；徐卫民：《汉长安城对周边水环境的改造与利用》，《河南科技大学学报（社会科学版）》2007 年 6 期；杨金辉：《浅论长安昆明池的开挖缘由》，《西安文理学院学报（社会科学版）》，2007 年 3 期。

　　⑧ 中国社会科学院考古研究所汉长安城工作队：《西安市汉唐昆明池遗址的钻探与试掘简报》，《考古》2006 年 10 期。

万立方米 ①，与前面提及的沧池、酒池、鱼池等中小型蓄水池相比，昆明池可算是大型蓄水库了。

昆明池开凿的时间、功能、位置、规模，都与长安城市抗旱、供水有很大关联，是汉长安城有效利用地上水资源的重要举措。

其次，汉武帝时期扩展水系统的工程，主要是开掘太液池，调节潏水流量。太液池在建章宫前殿以北，流经建章宫后向北汇入渭水。后期又在太液池以南开掘唐中池作为补充。

太液池是汉武帝太初元年（前104年）营建建章宫后开凿的人工蓄水池。《史记·孝武本纪》载："其北治大池，渐台高二十余丈，名曰太液池，中有蓬莱、方丈、瀛洲、壶梁象海中神山、龟鱼之属。"《三辅黄图》卷四载："太液池，在长安故城西，建章宫北，未央宫西南。太液者，言其津润所及广也。"在太初元年之前，出现了一个连续的干旱链，从公元前110年到公元前105年，六年时间爆发五年次旱灾，公元前110年 ②、前109年 ③、前108年 ④ 连续三年爆发了一般等级的旱灾，公元前107年 ⑤、前105年 ⑥ 的两年次旱灾为严重等级。从太液池的开凿时间和旱灾爆发的时间来分析，抗旱应该是太液池开凿的原因之一。而太液池在昆明池以北，距离长安城更近，其供水对象不言而喻就是长安城。唐中池的开凿，虽然文献资料较少，但推测其功能与太液池是一样的。

汉武帝时期不断进行水利工程建设，整合与完善汉长安城地上供水系统。这应该是应对旱涝灾害的重要措施，不仅保障了城市用水安全，而且对城市的发展和建设也有重要的推动作用。

（二）地下水资源供应

对地下水资源的利用，在汉代主要依靠水井。

西汉时期的长安城在对地表水资源充分整合利用以预防干旱的同时，对于地下水也有一定程度的关注和利用。汉长安城内多处水井的发现，说明当时人们已经注意到地下水资源抵御旱灾的功能。

从考古发现来看，汉长安城的水井有井台，其上铺砖。一般来说，井壁的上中部以券砖或扇形砖砌壁，下部置陶井圈。同时，"水井一般多置于建筑群的一隅，且距主要建筑不远，这样既不影响建筑整体布局，又方便使用。如未央宫椒房殿和少府水井在建筑群东南部，桂宫2号建筑群遗址水井在建筑群西北部" ⑦，则说明了水井与建筑物的位置关系。井的规模是因需而设的，大小并不一致。

笔者翻阅汉长安城考古文献资料，发现水井主要位于宫殿、官署之内，如位于未央宫椒房殿、

---

① 吴庆州：《中国古代城市防洪研究》，中国建筑工业出版社，1995年。

② 《史记》卷三十《平准书》元封元年（前110年）"是岁小旱，上令官求雨"（见《史记》，中华书局，1982年，1442页）。

③ 《史记》卷一二《孝武本纪》汉武帝元封二年（前109年）"是岁旱"（中华书局，1982年，477页）。

④ 《史记》卷一二《孝武本纪》汉武帝元封三年（前108年）"夏，旱"（中华书局，1982年，479页）。

⑤ 《汉书》卷六《武帝纪》元封四年（前107年）"夏，大旱，民皆暍死"（195页）。

⑥ 《汉书》卷六《武帝纪》元封六年（前105年）"秋，大旱"（199页）。

⑦ 刘庆柱、李毓芳：《汉长安城》，文物出版社，2003年。

未央宫少府、未央宫中央官署、桂宫第二号宫殿的水井已经被详细发掘 [①]。这可能是由于宫殿官署大多位于龙首原上,地势较高,地上水不易流经此地造成的。这些水井的深度多在 5～8 米,未央宫椒房殿的水井深 8.3 米、桂宫第二号宫殿的水井深 5 米;未央宫中央官署的水井深 7.1 米,说明龙首原的地下水位较低。而位于长安城北部的邸第、里居(即汉长安城里坊和市场等人口稠密区域),水井尚不多见 [②],推测可能是长安城水井的使用并未普及,毕竟掏挖水井需要一定的物质条件(如券砖、扇形砖、陶井圈等)支撑,普通居民在有明渠水可用的情况下,可能不会考虑使用地下水资源。

遗憾的是,目前笔者没有找到水井掏挖年代的详细资料,所以暂时不能将掏挖水井的年代与旱灾爆发的年代相对应,以考察西汉时期利用城市地下水资源应对旱涝灾害的思路。

三、余　论

将汉长安城水资源利用置于旱涝气候灾害的背景下进行考察,在一定程度上可以把握西汉时期城市水资源利用的思路。

第一,明确了水利设施"所以备旱"的观念,旱涝气候灾害是促进城市供水系统建设的重要因素。

水利设施"所以备旱"是汉武帝明确提出的观念。旱灾频繁严重爆发的武帝时期与城市供水系统着重建设的时期相契合,就说明了这一问题。

第二,汉长安城供水系统还没有大规模开发地下水资源。

与现代城市对地下水资源的大量利用相比,汉长安城对地下水资源的利用还有非常大的差距。从汉长安城遗址目前发掘的水井数量、规模及分布,可以看出地下水的应用还仅仅局限于宫廷、官署等地势较高的区域。这也说明,西汉时期的技术条件和物质条件可能还无法支撑人们大规模开采地下水。旱涝气候灾害背景下,地下水资源的应用在西汉时期是比较薄弱的环节。

第三,长安城应对旱灾的主要思路是充分整合利用地上水。

梳理渠道,开凿蓄水池,有效整合利用地上水资源,梳理长安城西南附近渠道,形成洨水。吕卓民认为:"现流的交滈二河大致形成于西汉时期,作用于排水,或为开凿昆明池所派生,或为后来另凿。" [③] 开凿于不同阶段的沧池、酒池、鱼池、昆明池、太液池、唐中池等人工池沼主要位于宫廷之中或皇家园林,一方面用于涵蓄水源,另一方面还可以美化环境,供人游玩。

值得注意的是,西汉时期长安城地上水资源的有效利用,也给城市水环境带来很大的压力和潜在的威胁。总的来说,长安城的地势东南高,北部低。汉初的沧池、酒池、鱼池等池沼位于龙首原上的未央宫和长乐宫。汉武帝时期开凿的昆明池、太液池、唐中池等大部分池沼位于汉长安城西南,属于渭河二级阶地,地势较龙首原要低一些,但较之长安城北部区域要高。蓄水池中大量的水

---

①　刘庆柱、李毓芳:《汉长安城》,文物出版社,2003 年。

②　这一现象也可能说明目前的考古发掘尚未顾及汉长安城的里坊市场等区域。

③　吕卓民:《西安城南交滈二水的历史变迁》,《中国历史地理论丛》1990 年 2 期。

不断向土壤层渗漏，必然会导致两个后果：地下水位上升、地下水与地上水的同质化。地下水位的上升，表现为城市出现水溢地湿之害。汉元帝时"井水溢，灭灶烟，灌玉堂，流金门"的童谣以及成帝"建始二年（前31年）三月戊子，北宫井泉稍上，溢出南流"的记载[①]，均说明长安城的地下水位已经很高，导致井水溢出，地表充水。地下水与地上水的同质化，也会导致地下水极易受到地上水的污染，泄卤为害。《隋书》卷七八就记载了隋代初年长安城附近水质污染的问题，而且明确指出汉代以来的水质污染："汉营此城，经今将八百岁，水皆咸卤，不甚宜人。"[②]

西汉时期充分利用城市周围的地上水资源，与现代城市利用水资源的主要措施是一样的。不同之处在于，汉代蓄水池和现代水库修建的位置有很大差异。现代水库一般建于山中，水下为岩石，少有渗漏。而沧池、酒池、鱼池、昆明池、唐中池、太液池等人工池沼，位于城市内部或者城市近郊，虽然有其充分涵蓄水源以就近供应城市的距离优势，但是，这种人工池沼的开辟弊端也很明显，即以上人工池沼开凿于汉长安附近或城中，占据了渭水的二级阶地，水下为黄土，池水渗漏严重，导致周遭地下水位升高，改变水环境和土壤环境。这对现代城市周遭开挖蓄水池或恢复古代池沼供水有一定警示作用。

在城市建设过程中，气候灾害（主要是旱涝灾害）的频繁发生会导致人们对城市水资源进行整合与利用。反过来，水资源的有效整合，也会提高城市抗灾减灾的能力。旱涝灾害与城市水资源整合是动态的、双向的。因此，需要基于灾害的视角来透视城市水资源整合和利用，同时通过资源整合与利用的视角来重审旱涝灾害的各种影响。

[原载《苏州大学学报（哲学社会科学版）》2020年1期]

---

① 《汉书》，中华书局，1962年。
② 《隋书》，中华书局，1973年。

隋唐长安的水利

郭声波

隋唐长安，是中国古代城市中最璀璨的一颗明珠。这颗明珠之所以能够在三百多年间熠熠生辉，除了社会原因及地理位置外，城市水利建设也起了重要作用（图一）。

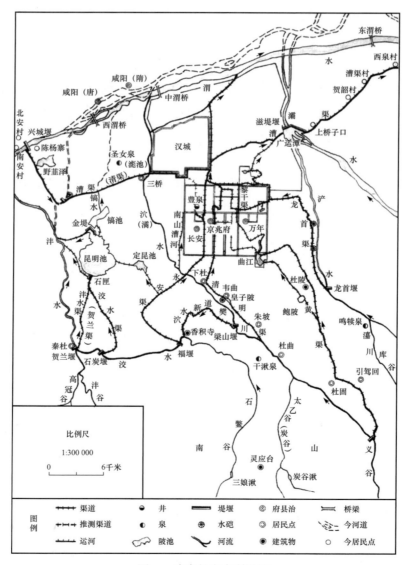

图一　隋唐长安水利设施

　　隋朝结束了三百多年的分崩乱离，长安不仅重新成为全国政治、经济和文化中心，也成为当时世界上第一流的城市。巩固和发展这样一个城市，须使沉寂五百多年的长安水利重获生机；全国的统一，中央集权的加强，也为兴修水利提供了可能；隋代的力役制度沿袭北朝，役丁及匠轮番承役，唐前期发展为"有身则有庸"[①]，这是兴建大中型水利工程可靠而充足的人力来源。当然，开皇、天宝年间中央财政收入的增长，也是长安水利得以兴修的重要原因。

一、水 利 设 施

　　隋唐长安水利设施可分为八个系统。

1. 龙首渠

　　龙首渠在城东，以浐水为源，凿于隋开皇三年（583 年），五代后方涸。龙首堰，前人说在城东南的马头埪（今马腾空）[②]，经实地考察，笔者认为应在马腾空南 4 千米的秦沟村。龙首渠至长乐坡分为二渠：西渠经通化门入兴庆宫、皇城、宫城；东渠北流入禁苑，又分为两支，南支经大明宫合清明渠，北支经太液池合漕渠[③]。从给水对象看，龙首东渠当凿于大明宫建成后。

2. 黄渠

　　黄渠在城东南。唐武德六年（623 年）宁民令颜昶引南山水入京城，此水道当是黄渠的前身。开元中，对曲江进行了一次大规模疏浚，正式开辟黄渠以扩大曲江水源。黄渠堰义谷（今大峪）水上少陵原，过戎店分为二渠，一经鲍陂，一经黄渠头，汇为曲江。曲江北流至升道坊龙华寺南的"屈曲"[④] 当非尽头，而是受阻于乐游原转向西流的暗示。汉乐游庙遗址在升平坊东北隅，据说也"南临曲江"[⑤]，唐诗亦云升平坊有"乱水藏幽径"[⑥]，确见曲江下游是傍乐游原西南流。继至昭国坊韦应物宅[⑦] 屈而北流，绕过乐游原头，径永宁坊之永宁园[⑧]，北过独孤公宅[⑨]，又西北至长兴坊扬师道山池[⑩]，再往前便流入宫城[⑪]，所以此渠又呼为"御沟"[⑫]。北宋时，黄渠在少陵原上被人为截断，于是曲

①　陆贽：《均节赋税恤百姓》，《陆宣公集》卷二二。

②　宋敏求：《长安志》卷十一《万年县》。

③　详拙著：《隋唐长安龙首渠流路新探》，《人文杂志》1985 年 3 期。

④　宋敏求：《长安志》卷九《唐京城三》。

⑤　宋敏求：《长安志》卷五引《关中记》。

⑥　许棠：《题张乔升平里居》，《全唐诗》卷六○三。

⑦　韦应物：《寄冯著》，《韦江州集》卷二。

⑧　羊士谔：《永宁小园即事》，《全唐诗》卷三三二。

⑨　徐松：《唐两京城坊考》卷三引《独孤公燕郡夫人李氏墓志》。

⑩　褚遂良：《安德山池宴集》，《全唐诗》卷三三。

⑪　贾岛：《杨秘书新居》，《长江集》卷十："城角新居邻静寺，时从新阁上经楼。南山泉入宫中去，先向诗人门外流。"按南山泉自城角入者惟黄渠水。

⑫　杨续：《安德山池宴集》，《全唐诗》卷三三。

江渐趋干涸。

3. 清明渠

清明渠在城南，凿于隋开皇初，北宋尚存。渠自朱坡东南分沈（潏）水西北流，至下杜城折向东北，经安化门至皇城、宫城，继阻于龙首山，西入永安渠。清明渠的附属设施有黎干渠。唐永泰二年（765 年）京兆尹黎干为解决"京城薪炭不给"，建议开凿运木渠，原本打算从南山引水入城[①]，但唐人很清楚地记载了黎干渠凿成后的实际起点是光德坊东南隅的京兆府廨[②]，而非南山漕河的终点——西市放生池，显然实际水源只能是清明渠。

4. 永安渠

永安渠在城西南，凿于隋开皇二年，唐末尚存。福堰在香积寺，引水西北流，至今羊原坊转东北流，从大安坊入城，直北经光化门（或作景耀门）入芳林园[③]，而后沿汉长安东城垣注渭。永安渠的附属设施有定昆池支渠。定昆池乃唐中宗时安乐公主所凿，在三会寺北，清人记述三会寺村南有汉故渠径村东合唐永安渠[④]，其实永安渠渠干离三会寺尚远，此所谓"唐永安渠"当指通往定昆池的永安渠支渠。

5. 沈水两渠

沈水，又曰潏水，在城西。两渠指沈水新道和南山漕河。沈水新道的开凿时间清人说是唐代[⑤]，据其功用（详后），笔者认为是在隋开皇间，稍晚于永安渠。新道自瓜洲村起梁山堰，堰水上神禾原，斩原而济，注洨水，今尚存。唐天宝初，京兆尹韩朝宗又引沈水入金光门，至西市，以漕南山之材[⑥]，是为"南山漕河"。

6. 漕渠

漕渠在城北，始凿于隋开皇四年，施工时曰富民渠，竣工后更名广通，炀帝改广为永，隋末隳废。漕渠的重新修凿是在唐天宝元年（742 年）至二年[⑦]。唐漕渠基本上是对隋漕渠的恢复，渠路没有明显改动，只是增辟了广运潭，作为停泊漕船的新码头。宝历二年（826 年），广运潭转赐司农寺，表明漕渠正式废弃。

---

① 《旧唐书》卷十一《代宗纪》。

② 王溥：《唐会要》卷八七《漕运》。

③ 宋敏求：《长安志》卷十《唐京城四》。

④ 张聪贤等：《长安县志》卷十四《山川志下》。

⑤ 张聪贤等：《长安县志》卷十四《山川志下》。

⑥ "沈"，《唐会要》卷八七原作"渭"。黄盛璋先生说"渭"应为"潏"之讹。作者认为，从字形上看，"渭"更可能是"漕"之讹，因为沈水又称漕水。

⑦ 王溥：《唐会要》卷八七《漕运》。

漕渠引水堰名兴城，在唐咸阳西南十八里渭水上（今咸阳市西南 6 千米处）。据清人记述，沣河下游西岸有古渠经阎家村（今名仍旧）、席家村（今东西席坊）、张家庄（今东西张村）、马家村（今马家寨）入渭①，恰至隋唐兴城堰口，因此可以认为这条不知名的古渠就是隋唐漕渠的渠首段，只不过漕渠废弃后沣水反灌而致渠流逆向罢了。漕渠渡沣后经大兴城北东流②，据卫星照片分析，当由汉长安城南古渠经今董家村、陆家堡、白花村至浮沱寨合龙首东渠北支，又东北流，入广运潭，缘滋堤渡灞东去。广运潭是唐漕渠的终止码头，据黄盛璋先生的复原，潭在大明宫东三里的禁苑中③，马正林先生则云潭在长乐坡东南④，笔者认为这些说法证据欠足，且无法解释宫禁制度、水源及仓储等问题，设若广运潭在光泰门外的浐灞之会，一切问题就迎刃而解了。当然，这种假设不应该是凭空臆想，兹提出几点理由以就正于诸位先生。

其一，《新唐书》卷三七云："（万年县）有南望春宫，临浐水西岸⑤；有北春宫，宫东有广运潭。"南望春宫在长乐坡北十里铺迤南高地上⑥，那么光泰门内的望春宫⑦必是北望春宫无疑。广运潭竣工时，京城百姓多往观之⑧，玄宗亦在望春楼上观礼⑨，更说明潭址正在禁苑东墙外不远，内外均可瞻望。

其二，关于广运潭的水源，在两部权威著作《唐会要》和《旧唐书》中就有"引灞浐二水""引浐水"等歧说。据《唐拾遗记》，北望春宫亦在浐水西岸⑩，而光泰门一带的浐水岸地宽不及 400 米，实不足以容纳方圆数里的巨潭；当然，广运潭也不可能远在光泰门外四里的灞河东岸，否则玄宗何以能观礼？由此看来，广运潭应当在浐灞之间，确切地说，光泰门外就是浐灞之会，也就是可容数里连樯的巨潭所在。实际上，只要稍稍加高滋堤，凿展浐、灞河床，就可成为一汪碧潭，所谓"引灞浐二水"应当就是广运潭水源比较合理的记述。

其三，广运潭是漕渠终止码头，当有临时粮仓，记载中唯一可见的苑外"米仓"，正在光泰门外⑪！

至于滋堤，《新唐书》卷四八有载："兴城、五门、六门、龙首、泾堰、滋堤，凡六堰，皆有丞一人。"隋开皇中一度改灞曰滋，堤以滋名，显示了它的修筑时代，而隋漕渠正凿于此时，滋堤应

① 张聪贤等：《长安县志》卷十四《山川志下》。

② 《隋书》卷六一《郭衍传》。

③ 黄盛璋：《西安城市发展中的给水问题以及今后水源的利用与开发》，《历史地理论集》，人民出版社，1982 年。

④ 马正林：《渭河水运和关中漕渠》，《陕西师大学报（哲学社会科学版）》1983 年 4 期。

⑤ 原文中华书局本断句有误，此点承辛德勇同志启示。

⑥ 骆天骧：《类编长安志》卷四《堂宅亭园》；陆耀遹等《咸宁县志》卷三。

⑦ 《旧唐书》卷十九《僖宗纪》。

⑧ 《旧唐书》卷一〇五《韦坚传》。

⑨ 《旧唐书》卷九《玄宗纪下》。

⑩ 骆天骧：《类编长安志》卷三引。

⑪ 《旧唐书》卷一三三《李晟传》。

当就是漕渠渡灞之堰。史书又云漕渠"截灞浐水"[①]、"灞浐二水会于漕渠"[②]，一堰可纳二水，则说明滋堤正位于浐灞之会。

7. 昆明池

隋唐昆明池范围与汉代略同，周回 40 里[③]，占地 320 顷，折今 14.7 平方千米，在今斗门镇东，万村西。水源有二：洨水渠起自石炭堰（汉曰石闼堰），沣水渠又名贺兰渠，起自贺兰堰，二渠合流于石匣口入池。昆明池下游一归沣水；一入镐池，北流为镐水，隋开皇间为漕渠所截。据宋人程大昌考证，昆明池的废弃，不晚于唐末。

8. 井泉

隋唐长安位于南山之阴，又有沣、洨、镐、沈、浐、灞周流其间，地下水比较丰富，宫廷、官贵、僧道和部分平民都凿有井泉。城中（包括苑中）井泉可考者有四十多处（表一），约有半数分布在城东南部，应与地近原麓有关。当然，隋唐长安城的实际井泉数目肯定远不止此数。城外也有井泉，樊川最多，几乎遍布各庄。

表一　隋唐长安城井泉分布

宫坊名	井泉数 / 个	宫坊名	井泉数 / 个	宫坊名	井泉数 / 个	宫坊名	井泉数 / 个	宫坊名	井泉数 / 个
大明宫	1	怀远坊	1	靖善坊	1	永宁坊	2	道政坊	1
兴庆宫	1	延康坊	1	兰陵坊	1	晋昌坊	1	常乐坊	1
大安宫	3	太平坊	1	务本坊	1	广化坊	1	新昌坊	2
西内苑	1	善和坊	1	靖安坊	1	安邑坊	1	芙蓉苑	1
皇城	1	开化坊	1	光宅坊	1	宣平坊	1	亲仁坊	2
醴泉坊	9	光福坊	1	永兴坊	2	青龙坊	1		

二、城市给水和排水

长安是隋唐的都城，也是当时中国最大的城市，人口约 100 万，因此，规划长安水利必须首先考虑城市给水和排水问题。下面从生活用水、园林用水、给水设计和排水四方面进行探讨（图二）。

（一）生活用水

黄盛璋先生认为，隋唐长安的渠道系统主要是为供给城市居民的饮水而兴建的，其理由是：隋文帝迁都龙首原的原因之一是汉长安城水咸卤，不适饮用，所以新都城址的选择和地表水源关系极为密切，从而有了龙首、永安、清明三渠的开凿。唐末城墟后，三渠湮废，居民饮用水改为井水，

---

① 《旧唐书》卷一〇五《韦坚传》。
② 李吉甫：《元和郡县志》卷二《关内道二》。
③ 苏颋：《恩制尚书省僚宴昆明池》，载《全唐诗》卷七四。

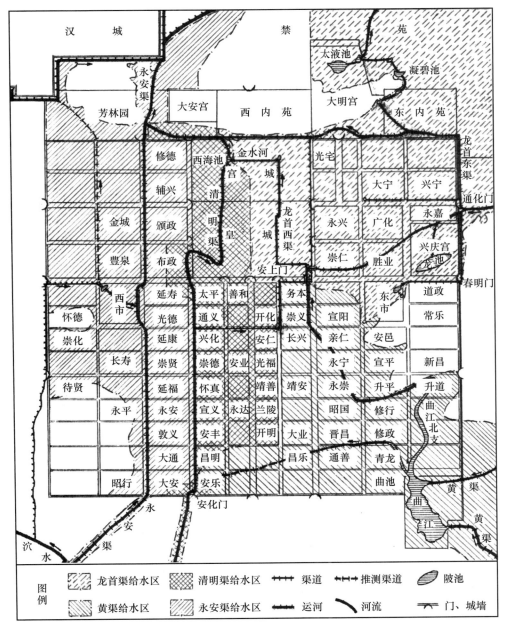

图二　隋唐长安城给水区划

直到宋初因井水咸苦不堪食用，才恢复龙首西渠[①]。

　　这里有两处值得商榷。

　　第一，固然隋之迁都有避咸卤之意，新都的选择也一定会重视地表水源，但史料中并没有反映出三渠的开凿是直接为解决新都饮水服务的。汉长安城水咸卤，当指地下水而言，新都地势较高，地下水水质未必也同样尽皆咸卤，新都居民未必不可以继续饮用地下水。如果没有确凿证据，是不

　　① 黄盛璋：《西安城市发展中的给水问题以及今后水源的利用与开发》,《历史地理论集》，人民出版社，1982 年。

能把三渠的开凿与解决饮水直接联系起来的，因为在众多的隋唐史料中，极少发现有谁饮用渠水，渠水的作用，主要是供给园林建设和居民洗濯，这在后面将详细论述。

第二，长安居民饮用地下水，并非始于唐末三渠湮废之后。隋唐时代，居民饮井饮泉就已相当普遍：本文查考出的四十多眼井肯定不只是摆设；醴泉坊版筑之初，即掘甘泉浪井七所，民争赴饮 ①；姚合的迁居，乃是因为"旧客常乐坊，井泉浊而咸；新屋新昌里，井泉清而甘"②；王涯奢豪，饮用之井金玉为栏 ③；大多数平民则使用公井，如亲仁坊某井就是"数家同汲"④，贞元末的五坊小儿甚至可以利用公井勒索居民 ⑤；僧寺供厨，亦常取井水 ⑥。有人认为，清明渠基高于地面，当是为了洁净，以供宫中生活使用 ⑦，然而确凿的材料证明宫廷平素的饮用也是井水而不是渠水：隋时在醴泉坊置监，以甘泉水供御 ⑧；唐开元时每日以骆驼从善和坊运井水入内，以供内厨 ⑨；白鹿原又有神谷泉，唐时亦每日取运入宫，酿造御酒 ⑩。由此可见，隋唐长安的饮水主要取自井泉，当然，也不否认在冬春水浅或夏秋大旱，地下水位显著降低，井泉枯竭时，人们饮用渠水的可能。

诚然，北宋时"永兴军城井泉大半咸苦"⑪，但决不能据此否认隋唐长安居民主要饮用井泉这一事实。宋永兴军城即唐末韩建新城，亦即隋唐宫城和皇城，这片地区的地下水水质历来就是最差的，隋唐时基本上就没有在这里凿井，难怪宫中饮水要从外面运送。根据现在的地下水水文调查，这一带水质仍是极坏 ⑫。韩建时迁民入内，劣质的地下水才影响到居民生活，同时也从反面证明，居民饮用地下水已成积习，一时尚难改易。

隋唐长安城中居民的洗濯则主要靠渠水，水流淙淙，便于捣杵。窦乂治生，即日雇人于永安渠洗物 ⑬；宫中也有"处处分流白玉渠，……唤人相伴洗裙裾"⑭ 的诗章。所以说"长安一片月，万户捣衣声"浑如一幅皓月清辉与渠水波光融为一体的长安秋浣图，并不是毫无根据的。

（二）园林用水

隋唐长安的园林陂池遍布城内外，灿若银汉，其中碧波盈盈的倾国胜景是昆明池和曲江。

① 韦述：《两京新记》卷三。
② 姚合：《新昌里》，载《全唐诗》卷五〇二。
③ 《太平广记》卷二三七录《独异志》。
④ 姚合：《街西居》，《姚少监诗集》卷五。
⑤ 王溥：《唐会要》卷七八《五坊宫苑使》。
⑥ 韦述：《两京新记》卷三。
⑦ 胡戟等：《唐代长安太平坊》，《西北历史资料》1982 年 1 期。
⑧ 韦述：《两京新记》卷三。
⑨ 骆天骧：《类编长安志》卷七引《长安志》。
⑩ 骆天骧：《类编长安志》卷九《胜游》。
⑪ 骆天骧：《类编长安志》卷六《泉渠》。
⑫ 《西安市环境质量报告书》（1982 年）第 3 章"地下水"。
⑬ 《太平广记》卷二四三录《乾𦠀子》。
⑭ 王建：《宫词》，《王司马集》卷八。

　　昆明池是一个历史悠久的名胜，远的不说，从北周至唐高宗迁居东都以前，几乎每一个皇帝都留下了燕乐昆明的记载。虽然曲江也早已存在，但当时很少被提及。直至玄宗开元中，随着黄渠的开凿和水域的加宽曲江才取代昆明池成为京城第一胜游。不仅经常有君王"南幸"，而且每至三月上巳，都人游春，盛况空前[①]，新科进士的牡丹宴亦从永达坊移至杏园，以便于曲江泛舟，一时倾动京城，长安几乎半空[②]。此外，每年中和、重阳等节日，也照例要在曲江热闹一番。诸种盛事在安史乱后有所敛歇，又经文宗的恢复，至黄巢入关后才完全停止。

　　这些园林陂池的给水，一般由渠道负担，可考者如下表（表二）。

表二　隋唐长安主要园池的给水渠系

给水渠	园池及面积
龙首渠	兴庆池（0.21 平方千米），太液池（0.16 平方千米），东内苑龙首、灵符、凝碧、积翠诸池，胜业坊宁王九曲池，昌化坊岐阳公主宅沼，大宁坊太清宫池，东市放生池等
黄渠	鲍陂（0.48 平方千米），曲江（1 平方千米），昭国坊韦应物宅池，永宁坊永宁园池、独孤公转池，长兴坊杨师道园池，晋昌坊慈恩寺池等
清明渠	皇子陂（0.56 平方千米），兴化坊裴度园池，太平坊王铗园池，太极宫西海池等
永安渠	定昆池（1.5 平方千米），昭行坊王昕园池，西市放生池，修德坊兴福寺池等
浐水渠 沣水渠	昆明池（14.7 平方千米）、镐池（1.4 平方千米）等
漕渠	鱼藻池（0.56 平方千米）等

　　此外，见诸史籍的长安园池尚有三四十处，从分布范围看，大部分可能也是以渠水为源。很明显，供给如此众多的园池，诸渠任务的繁重可想而知，哪还顾得上居民饮用呢？即便是园林给水，也只是满足宫廷、官贵所需[③]，一般平民是不敢"僭用"的。

　　隋唐长安纯粹以地下水为源的园池很少，并且很小，可考者仅有靖善坊大兴善寺后池、光福坊权德舆宅池、城南杜佑九曲池、神禾原干湫、城西漕池数处。还有一些仰赖渠水的园池如兴庆池、太液池、曲江、皇子陂、镐池等，也以泉水作为辅助水源。

（三）给水设计

　　黄盛璋先生根据吕大防《长安城图题记》城中三渠说大致划分了长安水利的给水范围。

　　隋唐长安的城市给水有三种类型。一是城内用水，东城、内苑及大明、兴庆二宫由龙首渠负担；西城及皇城、宫城用水由清明渠负担；西城另一部分和禁苑的用水由永安渠负担。二是运河用水，广运潭漕渠由龙首渠给水，韩朝宗漕河（即南山漕河）自滈水分流。三是风景区用水，曲江除利用地下水外，还开凿了黄渠以扩大水源[④]。

　　① 康骈：《剧谈录》卷下。

　　② 王定保：《唐摭言》卷三。

　　③ 《唐六典》卷二三《都水监》。

　　④ 黄盛璋：《西安城市发展中的给水问题以及今后水源的利用与开发》，《历史地理论集》，人民出版社，1982 年。

这种划分有三个问题。

第一是忽视了城内外众多井泉的给水作用，过分夸大了渠道的功能。从前面的论述看，隋唐长安的饮水主要是由井泉负担的，渠道的功能主要是供给林园陂池，其次才是供人洗濯，当然还能起一定的排水作用，只有在特殊情况下，人们才饮用渠水。

第二是把隋唐漕渠用水归入城市给水范围，而又只字不提渭、沣、镐、浐、灞诸水对漕渠的给水作用（详本文第三节）。

第三是没有探索黄渠的下游，从而将黄渠的功用局限于曲江一池的供水，以至于含糊其辞地把整个东城区都划入龙首渠给水范围。其实有资料证明黄渠下游是贯穿城东南地区的（详本文第一节），渠水以其建瓴之势，理所当然地成为城东南高亢地带的园林水源。龙首渠入城处高程为420米，东市以南的城区均高出此线，何以能引渠就高？所以黄渠的给水作用不可低估，传统的"城中三渠说"是不够准确的。

根据城中四渠给水园池分布范围并参考地理形势，本文试做出隋唐长安城中渠系给水区划，可知永安渠给水范围约为清明渠的两倍，而作为前者水源的洨水多年平均径流量却比作为后者水源的沇水少一倍[①]，水量分配出现了矛盾。但人们的智慧是无穷的，沇水新道的出现绝非偶然，显然就是为了改变沇丰洨浅状况，增加永安渠、洨水渠水量而开凿的。

京畿水渠的修缮通常由京兆尹负责；平时由渠长、斗门长等吏管理[②]；重要地段还有巡渠亭子[③]，供专人巡查；堰置丞一人。个别水质特好的井泉，如醴泉坊七浪井、善和坊御井和白鹿原神谷泉，则为宫廷占有，置监、军管守。

（四）排水

隋唐长安城地处少陵原下、沇水之畔，且有龙首山作梗，夏涝的威胁时时存在。尽管唐先天中姜师度绕朝堂坊市凿成了宽2.5米以上、深1.5米以上的排水沟系[④]，但效果不佳，一遇大雨，街衢成壑[⑤]，明德门外常深至数丈，入门犹渐车辐[⑥]。排泄的不畅，常使宫寺庐舍受损[⑦]，威胁到居民的生命财产安全。例如，开元八年（720年）六月一夜暴雨，吞没兴道坊500余家[⑧]；贞元二年（786年）夏，京师通衢水深数尺，溺死者甚众[⑨]；元和十一年（816年）六月大雨，坏坊民2000

①　据刘胤汉《秦岭水文地理》第二章"河道一般特征与主要河流"。按洨水即今鄗河，沇水今滈河。

②　《唐六典》卷二三《都水监》。

③　张礼：《游城南记》。

④　张鷟：《朝野佥载》卷四。沟之宽深见中国科学院考古所西安唐城发掘队：《唐代长安城考古纪略》，《考古》1963年11月。

⑤　《太平广记》卷四二一录《宣室志》。

⑥　王溥：《唐会要》卷四四《水灾下》。

⑦　《旧唐书》卷三七《五行志》。

⑧　张鷟：《朝野佥载》卷一。

⑨　《旧唐书》卷三七《五行志》。

家^①。若是小雨，亦可致道路泥泞，以至广德二年（764年）敕泥雨期间停废百官朝参^②。后来在长安主要街道正中铺设了沙道（称为"沙堤"），以防水防泥，保障百官朝路的畅通^③，但这只是消极措施，并未根除水患。

至于城郊，则往往淹没农田，漂损庄稼^④。一般说来，城南洪灾多由沈水引起，如隋开皇十七年沈水（又曰"漕渠"）暴溢，尽收袁村村民为鱼^⑤，可见沈水新道的开辟，也未能根治沈水水患。

笔者认为，隋唐长安易受洪涝固然有其地理原因，但水利设施的缺陷也不可忽视。其一，出城的排水渠太少，仅有永安一渠，渠道窄，流路也长，易致潴积。其二，入城四渠（若加上南山漕河则有五渠），缺乏防洪设施，所以每逢川渎奔涨，流入城中渠水也随之泛溢^⑥。其三，城中未见地下排水管道，明沟易涨，当然也就容易影响交通。

三、漕　运

关于隋唐长安漕渠的水源，黄盛璋先生只提到龙首渠的给水作用。其实，漕渠的主要水源是河而不是渠。如前所述，漕渠壅渭为堰，然后横渡沣水，截镐水^⑦，又汇纳浐、灞二水、方成此浩浩长渠，保证了漕船的通航。当然，以河水为源也有弊端：渭水多沙，沣、沈、浐、灞又是山区性河流，一旦夏雨泛涨，漕渠易致淤毁，不能维持长期、稳定的漕运。

漕运在城市生活中占有特殊地位，这里单独作为一种水利用途来讨论。不过，由于黄盛璋先生已在《历史上的渭河水运》（载《历史地理论集》）一文中对隋唐漕渠的功用做了详细论述，本文在这里仅做一结合自己认识的概述。

隋开皇四年，灭陈指日可待，首都长安面临飞速发展趋势。可是由于渭水多沙，流有深浅，漕者苦之，以致京师仓廪空虚。为防备关中粮荒，隋漕渠的开凿势在必行。渠成后，转运通利，关内赖之，诸州水旱、凶饥之处，亦便开仓赈给。开皇五年，也确曾有过赈饥的记载^⑧。时隔一个半世纪，裴耀卿兴复渭运，但仍未解决渭水本身水浅沙深的问题，所以重凿漕渠乃是发展长安漕运的关键。天宝二年渠成，当年便漕山东粟400万石，是贞观时每年渭、陆运20万石的20倍，也是开元末渭运岁180万石的两倍多^⑨，其后水陆岁运米亦长期维持在250万石左右^⑩，从此不再有"逐粮天

① 王溥：《唐会要》卷四四《水灾下》。
② 王溥：《唐会要》卷二四《朔望朝参》。
③ 白居易：《官牛》，《白氏长庆集》卷四。
④ 《旧唐书》卷五《高宗纪下》、卷九《玄宗纪下》、卷十一《代宗纪》；王溥：《唐会要》卷四四《水灾下》。
⑤ 《隋书》卷二三《五行志下》。
⑥ 《旧唐书》卷十一《代宗纪》、卷三七《五行志》；王溥：《唐会要》卷四四《水灾下》。
⑦ 宋敏求：《长安志》卷十二引《括地志》。
⑧ 《隋书》卷二四《食货志》。
⑨ 《新唐书》卷五三《食货志三》。
⑩ 李吉甫：《元和郡县志》卷二《关内道二》。

子"。大历后，漕渠病夏水，渐不通舟，只好又以渭漕，每岁水陆米入关仅 40 万石 ①。其时刘晏治漕，未及十年，岁转粟百余万石入太仓，其后寝减至 40 万石 ②。

大和后，岁旱河涸，渭运多艰。开成元年（836 年），宰相李石面奏文宗清复漕渠，遭到李固言反对 ③。黄盛璋先生以为渠已凿成，实由《新唐书·食货志》一段曲解《旧唐书·李石传》原意的转述所致。据《唐会要》卷八七、《新唐书》卷一八三、《资治通鉴》卷二四九，大和后至大中五年（851 年），漕运仍由渭水，舟止东渭桥仓，丝毫未见漕渠已经恢复的痕迹。

大中五年，裴休司转运，居三岁，岁运米至渭桥 120 万石。咸通九年（868 年），长安漕绝 ④。

隋唐漕渠的使用和营缮管理实际上是两套机构。隋代漕运由都水台之船局掌领 ⑤，唐改台曰监，船局曰舟楫署 ⑥。玄宗时始以专使领漕：开元十八年，裴耀卿以言漕运，拜江淮转运使，二十二年，根据他的建议置河、渭诸仓，恢复漕运，自后"进用者常兼转运之职" ⑦，次年便撤销了舟楫署 ⑧，漕运改由"转运使"代庖。至于漕渠的开凿和管理，隋代专门置有"漕渠监" ⑨，唐代则完全由地方负责，如天宝初漕渠、南山漕河和永泰中黎干渠的开凿，都是由地方官主持的，与转运使无涉。漕渠渠务细职未能详考，仅见有"堰丞" ⑩、"横梁"及"梗舶" ⑪ 等。

南山漕河大半是自然水道，河流不深，除了放送南山木材外，没有多大漕运价值。黎干渠仰赖清明渠给水，规模更小，宽仅 8 尺（折今 2.4 米），不便行舟，功竟不就 ⑫。

四、农 业 水 利

先对隋唐长安的耕地分布做一大致复原。

长安城城内自靖善坊兴善寺以南，居宅疏落，至前唐末，依然了无居人 ⑬。许棠《题开明里友人居》感叹道："城中尘外住，入望是田家。"所谓"耕垦种植，阡陌相连" ⑭，信不诬矣。从兰陵坊菜

---

① 李吉甫：《元和郡县志》卷二《关内道二》。

② 《新唐书》卷五三《食货志三》。

③ 《旧唐书》卷一七二《李石传》。

④ 《资治通鉴》卷二五一《唐纪六十七》。

⑤ 《隋书》卷二八《百官志下》。

⑥ 《唐六典》卷二三《都水监》。

⑦ 《新唐书》卷五三《食货志三》。

⑧ 《唐六典》卷二三《都水监》。

⑨ 《隋书》卷五五《和洪传》、卷六一《郭衍传》、卷六五《薛世雄传》。

⑩ 《新唐书》卷四八《百官志三》。

⑪ 《太平广记》卷二一四《杂编》。

⑫ 《资治通鉴》卷二二四《唐纪四十》。

⑬ 李益：《答广宣供奉问兰陵居》，《全唐诗》卷二八三。

⑭ 宋敏求：《长安志》卷七《唐京城一》。

园规模[①]看，城内作物大宗当是蔬菜。代宗后，甚至街衢也有种植，以至于妨碍行人[②]。

城外耕地主要有三类。麦地最广，遍及城郊。稻田主要分布在樊川[③]和潏川（今浐河上游）[④]。在靠近南山的一些高亢地带，还有黍、豆等作物的种植[⑤]。

城内菜地的面积毕竟不大，又有永安渠、清明渠、黄渠流经，井泉亦多，不会有乏水之虞。麦类作物的需水季节是农历二月至四月，然而关中地区素以春旱著名，所以隋唐长安水利在城市给水并无富余的情况下也不得不适当照顾郊区麦地的用水。比如少陵原上的鲍陂，从未见有关游赏、养殖的记载，如果它的存在确实出于人意的话，那就只能是为了灌溉。不过，长安诸渠用于粮食作物的灌溉还是不多的，除沣水渠[⑥]外，永安渠、清明渠就没有这方面的功用，龙首渠也只有一年因天旱经文宗亲自批准后才用于东郊的灌溉[⑦]，大部分麦地仍是靠天"吃"水[⑧]，常因春旱造成减产[⑨]。水稻是喜水作物，长安地区只能种单季稻，需水期是农历四月至七月，隋唐关中的夏旱也不少，但稻田也不多，而近河溪，灌溉不是棘手的问题。黍、豆类作物耐旱、耐瘠，对灌溉要求不大。

总的看来，隋唐长安的农业灌溉是不发达的，因为不仅连一条专用于灌溉的渠道也没有，而且严格限制对现有水利设施的灌溉利用。玄宗时规定："凡京城诸水，禁人因灌溉而有费者及引水不利而穿凿者，其应入内诸水有余，则任诸王公、公主、百官家节而用之。"[⑩]

大约从唐中宗返居长安后，京城的豪贵淄流为了加工自己庄田的粮食，竞相抢占河渠，建造私人水碾，甚至为此打官司[⑪]。高力士一人就有沣水五碾，日碾麦300斛[⑫]，此外，韦曲水磨、负半千庄碾磨、仇士良城东水碾及林甫水碾亦较著名。京城僧寺的水碾也不少。城东还有官碾。这些水碾"碾磨更易，昼夜不息。"[⑬]，不能不耗减若干水流，有关当局虽一再申禁[⑭]，亦奈何不得。不过，水碾毕竟也是人类对水利资源的一种利用形式，"不逾寻丈之间，不匮一夫之力，曾无崇朝之久，而可给千人之食"[⑮]，从这个意义上讲，水碾的作用是值得肯定的。

---

① 杨巨源：《送李舍人归兰陵里》，《全唐诗》卷三三三；《太平广记》卷四二《裴老》。

② 王溥：《唐会要》卷八六《道路》。

③ 张籍：《祭退之》，《张司业集》卷七。

④ 骆天骧：《类编长安志》卷九《胜游》。

⑤ 钱起：《谷口新居寄同省朋友》，《钱考功集》卷二；李端：《暮春寻终南柳处士》，《李端诗集》卷中。

⑥ 黄盛璋等：《关中农田水利的历史发展及其成就》（《历史地理论集》）云《长安志》卷十三引《括地志》有"沣水渠溉田万余亩"一句。查无，姑存疑。

⑦ 王溥：《唐会要》卷六七《京兆尹》。

⑧ 白居易：《杜陵叟》，《白氏长庆集》卷四。

⑨ 《旧唐书》卷十一《代宗纪》；《新唐书》卷三五《五行志二》。

⑩ 《唐六典》卷二三《都水监》。

⑪ 《资治通鉴》卷二〇八《唐纪二十四》。

⑫ 《旧唐书》卷一八四《高力士传》。

⑬ 浮林居士：《水磨赋》，《长安志图》卷中。

⑭ 王溥：《唐会要》卷八九《炮碾》。

⑮ 浮林居士：《水磨赋》，《长安志图》卷中。

昆明池是隋唐长安最大的陂池，也是最大的水产基地。唐中宗时，全城的蒲鱼之需皆仰给于此[①]，一百年后仍是"游鱼鲅鲅莲田田"，白居易有诗咏述当时的捕捞情形："渔者仍丰网罟资，贫人久获菰蒲利。诏以昆明近帝城，官家不得收其征。菰蒲无租鱼无税，近水之人感君惠。"[②] 其实发展渔业乃是城市生活的需要，并非帝王的恩赐，大概昆明池就靠这份功劳久久未废。当然，曲江的"锦鳞"、新蒲、菱荷，兴庆池的"洞庭鲤鱼"，皇子陂的鲤鲂、蒲荇和莲，鱼藻池的大鱼与鸡头菱角，也是颇受称道的。城内外养鱼种莲的陂池不胜枚举，不过其用途主要是观赏，经济价值不大。此外，渭水亦产鱼鲅，专供宫廷、官贵，三百里内禁民渔[③]。至于沣、浐诸水，则不乏渔钓者的踪迹。

隋唐长安水利是人们对自然环境积极改造、利用的结果。它基本上解决了城市给水问题，数度克服了漕运困难，还或多或少地有利于农副业生产。当然，其中还有许多不足之处，但也要看到隋唐长安的水利资源对于偌大一个繁华都市来说，毕竟不是十分优越的。所以，南山潺潺之水竟能创建、维持并发展了其繁荣程度远胜前世，在当时世界上也无与伦比的隋唐长安，不能不说隋唐长安的水利建设基本上是成功的，成就是主要的。

对周围自然条件进行周密调查，做出合理的城市给水规划，是隋唐长安水利建设的突出特点。城南四渠从四个方向呈向心状聚入城中，不仅水源广阔，而且能够比较均匀地供给城市中各区。居民饮用则依靠井泉，既清洁、便利，又减轻了渠道负担。大中型陂池如昆明池、曲江、皇子陂等，都兼有多项用途，同样，如果今天在浐河或潏河上游修建大中型水库，或恢复曲江池，不仅对于发展西安旅游，而且对于供给工业用水、发展灌溉事业和水产养殖也大有好处。

隋唐长安城市的供水仅以沣、浐之间的水利资源就能解决，而现在西安的城市给水已经开始不敷。一方面是由于工业用水猛增，另一方面则是由于秦岭植被的破坏，地表蓄水性太差。根据历史经验，笔者认为改善西安城市给水应有三原则。首先是要充分利用西安附近的水利资源，这就要大力恢复秦岭北坡森林，多建蓄水陂池，工业区尤应注意接收并净化城市废水，二次使用，同时还要严格控制地下水污染，保障居民饮水。其次是要控制城市需水量的增加，也就是说，既要控制城市人口盲目增长，也要尽量避免在近郊过多兴建用水量较大的工矿之类的企业。最后是利用外地水利资源，比如周至黑河开凿引水渠等，但要仔细考虑实际经济效益。

（原载史念海主编：《唐史论丛》，三秦出版社，1988 年）

---

① 刘悚：《隋唐嘉话》下。

② 白居易：《昆明春》，《白氏长庆集》卷三。

③ 《新唐书》卷四八《百官志三》。

隋唐长安水利设施的地理复原研究

郭声波

长安的水利由来已久,西周时就有了"滮池北流,浸彼稻田"的歌咏[1],但长安水利的大规模开发,还是从西汉开始的。八水荡荡,周绕长安,东有浐、灞,北有渭,西有镐、沣、涝。南有洨(滈)、沇(潏),历史上的长安水利便仰托于此。据《水经注》载,汉长安辟有沇水支渠入城,又引洨注沇,以补充水量。武帝元光时,又自长安西引渭为漕渠,东至河,更发谪吏穿昆明池,以扩大水源,自石闼堰引洨为源,下游流入揭水陂、漕渠,长安水利网初步形成[2]。新莽灭亡后,长安沦废,水利设施大多湮灭,唯昆明池系统得以幸存,漕渠渠迹也基本保留下来。这些水利遗存,为后来恢复长安水利提供了一定的方便。

隋朝结束了三百多年的分崩乱离,长安不仅重新成为全国政治、经济和文化中心,也成为当时世界上第一流的城市。巩固和发展这样一个城市,使得沉寂了五百多年的长安水利重获生机;全国的统一,中央集权的加强,也为兴修这样的水利提供了可能。隋代的力役制度沿袭北朝,役丁及匠轮番承役,唐前期发展为"有身则有庸"[3],这是兴建大中型水利工程可靠且充足的人力来源,开皇、天宝年间中央财政收入的增长,也是长安水利得以兴修的重要原因。德宗后两税法的施行,给直接地、大规模地征调力役带来一定困难,个别陂渠的维修实际上转而依靠神策军士[4],因此唐后期再也没能大规模兴修长安水利。

如前所述,隋唐长安水利设施主要兴建于隋代和唐前期,可考者有渠道、陂池、堤堰、井泉等,今分为八个系统探讨其沿革兴废及大致分布,并以地图形式进行复原,与史念海先生主编的《西安历史地图集》[5]互参。

一、龙首渠系统

龙首渠(图一)在隋唐长安城东,以浐水为源,宋敏求《长安志》云凿于隋开皇三年(583

---

① 《诗·小雅·白华》。

② 参详黄盛璋《西安城市发展中的给水问题以及今后水源的利用与开发》(《历史地理论集》人民出版社,1982年)载。以下引黄盛璋先生观点皆出此文,不另注。

③ 《隋书》卷二四《食货志》;陆贽:《均节赋税恤百姓》,《陆宣公集》卷二二载。

④ 史念海:《西安历史地图集》,西安地图出版社,1996年。

⑤ 《旧唐书》卷一三《德宗纪》、卷一七《文宗纪》;《唐会要》卷八九《疏凿利人》。

年）。本名浐水渠，俗名龙首渠[1]。朱泚乱时，龙首渠遭到破坏，但随即修复。龙首渠在长安诸渠中寿命最长，五代后方涸[2]。

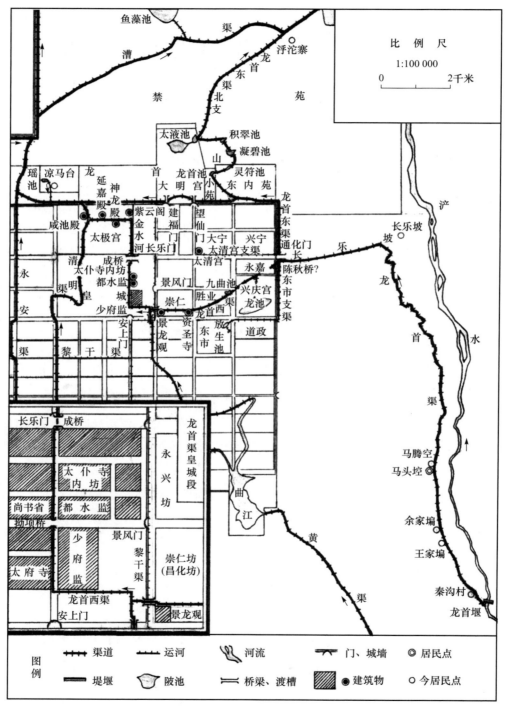

图一　龙首渠

①　《雍录》卷六引《两京道里记》。

②　骆天骧：《类编长安志》卷五《寺观》、卷六《泉渠》。

　　龙首堰，《长安志》说在城东南的马头堁（今马腾空），黄盛璋先生曾在马腾空村北发现了隋唐龙首遗迹，似可证实这一点，故《西安历史地图集》沿用此说。马腾空的古渠遗迹今尚可见，高出浐水水面 8 米，史念海先生认为是隋唐以后浐水下切所致[1]。但笔者在该村南 2 千米的余家堡也找到了该渠遗迹，而且还有向南延伸的迹象，据地形分析，龙首渠引水口应在马腾空南 4 千米的秦沟村[2]。龙首渠傍浐河西岸北流，至长乐坡西北，分为东、西二渠[3]。黄盛璋先生及《西安历史地图集》复原的龙首东、西二渠分水处，在通化门东六里的长乐坡中部，与宋人所载略有出入，不详其故。李令福先生认为在长乐坡中部分水利工程也不经济[4]，此说有理。

　　龙首西渠从长乐坡西北屈而西南流，从通化门南入永嘉坊，海拔 420 米。经兴庆宫入胜业坊东北隅宁王九曲池[5]，又经崇仁坊东南隅资圣寺[6]、西南隅景龙观入皇城，然后历少府监南屈而北流，经都水监、太仆寺内坊之西，又北，流入成桥下。吕大防《长安图》（以下简称吕《图》）复原的此段渠路与《长安志》所载基本相同，但不沿安上门街东而沿街西北流。考尚书省东南隅有“拗项桥”[7]，即此渠穿景风门街处，故当以吕《图》为是。成桥北为长乐门，据吕《图》，渠经长乐门东，紧贴太极宫西垣北流，至紫云阁折而西，经神龙殿、延嘉殿至咸池殿合清明渠。《长安志》说，此段渠又名“金水河”。《西安历史地图集》除《唐长安县万年县乡里分布图》将其下游画成自紫云阁折而东，至兴安门合龙首东渠南支外，其余各图皆画成西流至凝阴阁东海池而止，自身似有矛盾之处，未敢遵从。

　　龙首西渠的附属设施有东市支渠。《长安志》说东市支渠自城外分水南流至道政坊东入城，经坊北入东市东北隅放生池（亦曰海池），考古发掘证实东市放生池的水源来自道政坊西北隅[8]。但考古工作者及《西安历史地图集》皆以为水源直接来自兴庆坊的龙池，《西安历史地图集》还将平康坊东南李林甫宅渠画成从东市放生池向西南延伸的支渠，未详所据。

　　龙首东渠傍东城墙入禁苑，海拔 407 米，入苑后又分为南、北两支渠。

　　南支渠紧靠北城墙经东内苑入大明宫，穿望仙、建福两下马桥（即东、西下马桥）西去[9]。据清人王森文考察的结果，此支渠傍龙首山一直西流至太极宫西北与清明渠相会[10]。龙首山在龙首原最高处，东起辛家庙，西至讲武殿，长约 16 千米，高约 20 米，是横亘在隋唐长安城北的一道地

　　①　史念海：《汉唐长安城与生态环境》，《中国历史地理论丛》1998 年 1 期。
　　②　郭声波：《隋唐长安龙首渠流路新探》，《人文杂志》1985 年 3 期。
　　③　宋敏求：《长安志》卷九《唐京城三》。
　　④　李令福：《关中水利开发与环境》，人民出版社，2004 年，第 205 页。
　　⑤　宋敏求：《长安志》卷八《唐京城三》；骆天骧《类编长安志》卷三《苑囿池台》。吕大防《长安图》绘池在坊东南隅，误。
　　⑥　王维：《资圣寺送甘二》，《王右丞集》卷五。
　　⑦　赵璘：《因话录》卷五。
　　⑧　中国科学院考古研究所西安唐城发掘队：《唐代长安城考古纪略》，《考古》1963 年 11 期。
　　⑨　宋敏求：《长安志》卷六《宫室四》。
　　⑩　王森文：《汉唐都城图》，陕西省博物馆藏。

理屏障①，只有开挖汉长安城的东城濠时曾凿断山脉，渠水得以沿濠北流，其余地段未闻有过开凿。但《西安历史地图集》却将龙首东渠的南支渠画成在兴安门北折而往北，穿过龙首山中部流入大明宫北部的太液池。须知兴安门海拔 396 米，龙首山中部海拔 410 米（含元殿更高达 416 米），不知唐人有没有必要为此支渠开挖一条深达十多米的沟壑，笔者没有见到记载，不敢相信。

北支渠自东内苑分水，西北流注龙首池，由于龙首池北阻高原，考古工作者误以为龙首渠至此不再入太液池，太液池水当来自苑中漕渠或鱼藻池②。其实苑中漕渠海拔（387 米）低于太液池（398 米），鱼藻池更在漕渠北，绝不可能流往高处。龙首山虽横亘于龙首池与太液池之间，但不是不可以绕过的。龙首池东北不远处有灵符池③，灵符池水西北流入太液池，这就意味着龙首池、灵符池、凝碧池和太液池之间应当有一水相通，元人说得很明白：

> 隋开皇三年，自府城东南三十里马头埪堰浐水，……北流经长乐坡西北，灌凝碧、积翠，西北入大明宫后，灌太液池。④

这就是说，龙首东渠北支缘此绕过龙首山之首。唐人陈羽《小苑春望宫池柳色》云：“夹堤连太液，还似映天津。”⑤ 小苑在大明宫，宫池即龙首池，也证实龙首池确实与太液池相通。太液池的下游是从东小池向东再偏北流⑥，前面有一条往东北通向浐、灞之会的冲沟，龙首东渠当入此沟，至今浮沱寨合漕渠。从给水对象是太液池来看，龙首东渠的这条支渠当凿于大明宫建成后。有资料表明，大明宫中的渠道是用石料甃砌的⑦。

龙首东渠的附属设施有贞元十三年（797 年）开凿的太清宫支渠⑧。如《唐两京城坊考》所述，是自通化门北入兴宁坊，西流入大宁坊太清宫。马正林先生以此渠为龙首西渠的支渠⑨，恐非。

二、黄 渠 系 统

黄渠（图二）在城东南，是曲江的进水渠。曲江早在汉武帝时即已存在，当时的水源只是少陵

---

① 李吉甫：《元和郡县图志》卷一《关内道》长安县谓：“龙首山，在县北一十里，长六十里，头入渭水，尾达樊川。”是包括少陵、鸿固、凤栖、乐游、龙首诸原在内，两者概念不同。

② 中国科学院考古研究所：《唐长安大明宫》（四），科学出版社，1959 年。

③ 宋敏求：《长安志》卷六《宫室四》：“灵符池应圣院在龙首池东。”骆天骧《类编长安志》卷三《苑囿池台》：“灵符池在龙首池（西）〔东〕北。”

④ 骆天骧：《类编长安志》卷六《泉渠》。

⑤ 此诗载于：《全唐诗》卷三四八。《文苑英华》卷一八八亦载此诗，名《御沟新柳》。

⑥ 中国科学院考古研究所：《唐长安大明宫》（四），科学出版社，1959 年。

⑦ 常衮：《晚秋集贤院即事》（《文苑英华》卷一九一）：“金铺深内殿，石甃净寒渠。”

⑧ 《旧唐书》卷一三《德宗纪》。

⑨ 马正林：《中国城市历史地理》，山东教育出版社，1998 年，322 页。

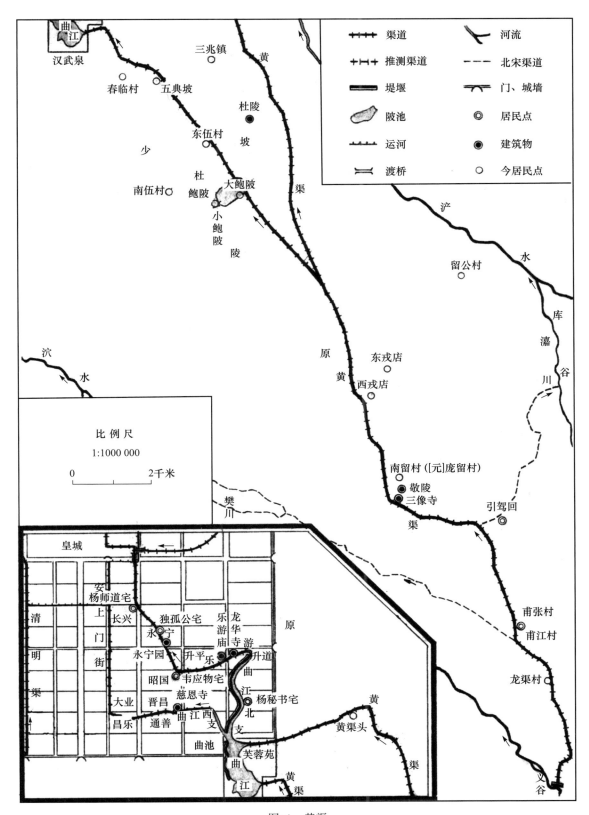

图二 黄渠

原下的泉水，后世称为"汉武泉"[①]。唐武德六年（623年），宁民县令颜昶引南山水入京城[②]，此水道当是黄渠的前身。开元中，对曲江进行了一次大规模疏凿，正式开辟黄渠，以扩大曲江水源[③]。《资治通鉴》卷一九八胡注引《长安志》说，黄渠、芙蓉池俱为隋宇文恺所凿，然查今本宋敏求《长安志》无此语，当依张礼《游城南记》改正。文宗之前，黄渠又曾失修，所以大和九年（835年），更淘曲江、重修黄渠，至唐末不废[④]。

黄渠源于义谷（今大峪），谷口有堰截水[⑤]，北流至龙渠村。《西安历史地图集》将今大峪乡至王莽乡一段义谷水画成唐代的人工河道，不详何据。据张礼《游城南记》，黄渠自龙渠村又西北至甫张村（今甫江村）、三像寺，上少陵原。寺在玄宗武皇后敬陵前，即庞留村南侧[⑥]。又北，过戎店村，分为东、西二渠。

黄渠东渠，经鲍陂东北、三兆镇东，至黄渠头，折西南入曲江。张礼《游城南记》云："鲍陂之东北，今有亭子头，故巡渠亭子也。"可证。亭子头在今西安市雁塔区曲江乡常家圪塔附近。

黄渠西渠，笔者曾据嘉庆《咸宁县志》卷三的记载，复原为西北流注鲍陂（今小鲍陂村西），又经南伍村、五典坡、春临村，入于曲江。但曹尔琴先生根据该县志卷二《历代疆域水道城郭名胜图》的记载，认为这段渠迹是自清大兆村、东曹村抵鲍陂，则鲍陂当在今天鲍陂村一带。黄渠从鲍陂流出后，又经伍府井、东伍村、五典坡、春临村入曲江。此段渠迹曹先生曾亲临考察，据云五典坡至春临村一带的黄渠遗迹"仍清晰可辨，当地老者尚能历历指出"[⑦]。所以，笔者今次根据其说做了修正。

不过，在嘉庆《咸宁县志》的记载中，还有两条与黄渠有关的支渠。一条是从东支渠的黄渠头分出，继续北流，但黄盛璋先生认为这条支渠未见于其他记载，以地望度之，恐非黄渠故道，笔者同意这样的判断。另一条是自留公村有一渠引浐水西至亭子头，曹尔琴先生认为它与黄渠东支渠相合，继续西流入曲江，成为曲江的又一水源[⑧]。

曲江位于少陵原西北的慢坡地带，地形较为复杂。曲池坊内有丘，迤南低处及迤北江西岸应当有人工堤，人云"长堤十里"[⑨]，盖是之谓。曾有考古工作者认为曲江仅芙蓉苑一隅之地，"池为南北长、东西短的不规则形状，面积约为700 000平方米（按：即0.7平方千米）"[⑩]，稍嫌狭隘。诚如夏

①　司马相如：《哀秦二世赋》，《史记》卷一一七载；康骈《剧谈录》卷下。

②　《新唐书》卷三七《地理志》。

③　康骈：《剧谈录》卷下；张礼《游城南记》，《宝颜堂秘笈》本。

④　王驾：《乱后曲江》，《唐百家诗选》卷一九载；黄滔：《省试奉诏涨曲江池》，《黄御史公集》卷四载。

⑤　骆天骧：《类编长安志》卷六《泉渠》。

⑥　骆天骧：《类编长安志》卷九《胜游》、卷十《石刻》。

⑦　曹尔琴：《长安黄渠考》，《中国历史地理论丛》1990年1期。

⑧　曹尔琴：《长安黄渠考》，《中国历史地理论丛》1990年1期；《张礼和〈游城南记〉》，《中国历史地理论丛》1990年3期。

⑨　赵璜：《曲江上巳》，《万首唐人绝句》卷五四载。

⑩　陕西省文物管理委员会：《唐长安城地基初步探测》，《考古学报》1958年3期。

承焘先生指出，升道坊及其以南的水体也叫曲江，所以唐人才能在乐游原上吟赏曲江烟霞[①]。估其面积，应有 1 平方千米。近年李令福先生则提出，曲江分为南、北两池，南池叫芙蓉池，为皇帝专用；北池在今北池头村南侧，官民共用，是开放的曲江池[②]。

曲江的下游流向，很少有人探讨，但并不意味着偌大一个陂池就是死水一潭。笔者以为，曲江往北流至升道坊西北隅龙华寺南的"屈曲"[③]，并非尽头，而是受阻于乐游原转向西流的暗示。曹尔琴先生进一步认为："以流水屈曲相称，显系指渠道而言，并非可以载舟的曲江，当是指黄渠而言。"[④]汉时乐游庙遗址至唐犹存，在升平坊东北隅，据说也是"南临曲江"[⑤]。曹尔琴先生指出："乐游原下的流水，除由升道坊引黄渠西流外，别无他水足以当之。"[⑥]笔者同意这样的判断，因为唐诗亦云升平坊有"乱水藏幽径"[⑦]，据《西安历史地图集》还有元宗简宅渠。由此可见，曲江下游确是傍乐游原西南流。然后，至昭国坊韦应物宅[⑧]，屈而北流，绕过乐游原头，经永宁坊南门东之永宁园[⑨]，北过独孤公宅[⑩]，又西北至长兴坊东北隅安德公杨师道山池[⑪]，再往前，流向不明，但贾岛《杨秘书新居》（《长江集》卷十）诗有云："城角新居邻静寺，时从新阁上经楼。南山泉入宫中去，先向诗人门外流。"按南山泉自城角入长安者，唯有黄渠。因此，判断黄渠是沿长兴坊东街（启夏门街）北流，至皇城东南角与龙首西渠相合，最终流入宫城。这几段被称为"清渠"的水道，从地形上看，基本上同处于海拔 450 米的等高线上，完全可以直接相连，可以认为它就是曲江的下游。从皇家园林芙蓉苑流向宫城，所以又唤作"御沟"[⑫]，它不应当是私人凿取的涓涓细流。

曲江的西支，经晋昌坊慈恩寺南、若耶女子渠宅，西流经通善坊北[⑬]。此后流路未有记载，然大业、昌乐二坊间有一东西向凹地，即所谓"六冈"之间的隙地，可能为此支渠所经。笔者曾据此怀疑其下游流至安乐坊合清明渠[⑭]，然据曹尔琴先生所说："这条残渠遗迹后改为排水渠道。排水渠道西流经过八里村北红专街，再折北经小寨而与防洪渠相合。"[⑮]今小寨防洪渠是往北流向草场坡，渠

① 夏承焘：《据〈白氏长庆集〉考唐代长安曲江池》，《中华文史论丛》（第四辑），中华书局，1963 年。
② 李令福：《关中水利开发与环境》，人民出版社，2004 年，第 210 页。
③ 宋敏求：《长安志》卷九《唐京城三》。
④ 曹尔琴：《长安黄渠考》，《中国历史地理论丛》1990 年 1 期。
⑤ 乐史：《太平寰宇记》卷二五《关西道》；宋敏求：《长安志》卷五引《关中记》。
⑥ 曹尔琴：《长安黄渠考》，《中国历史地理论丛》1990 年 1 期。
⑦ 许棠：《题张乔升平里居》，《全唐诗》卷六三载。
⑧ 韦应物《寄冯著》（《韦江州集》卷二）："披衣出茅屋，盥漱临清渠。"应物宅在昭国坊，见同书卷六《过昭国里故地》。
⑨ 羊士谔《永宁小园即事》（《石仓历代诗选》卷六七）："阴苔生白石，时菊履清渠。"
⑩ 徐松《唐两京城坊考》卷三引《独孤公燕郡夫人李氏墓志》："先人之旧庐也，有通渠、转池。"
⑪ 褚遂良《安德山池宴集》（《文苑英华》卷一六五）："行云泛层阜，蔽月下清渠。"
⑫ 杨续：《安德山池宴集》（《文苑英华》卷一六五）："簪绂启宾馆，轩盖临御沟。"
⑬ 宋敏求：《长安志》卷八《唐京城二》。若耶女子宅渠见《西安历史地图集·唐长安城园林池沼井泉分布图》。
⑭ 郭声波：《隋唐长安的水利》，《唐史论丛》（第 4 辑），三秦出版社，1988 年。
⑮ 曹尔琴：《长安黄渠考》，《中国历史地理论丛》1990 年 1 期。

路相当于唐长安城安上门街。马正林先生则怀疑此支渠是自慈恩寺往北一直流到永宁坊，与永崇、永宁坊池相通[①]。比较三说而言，可能曹说更有理，今即依之修正。

据张礼《游城南记》，北宋时，黄渠在少陵原上被人为截断，于是曲江渐趋干涸。

三、清明渠系统

清明渠（图三）在城南，凿于隋开皇初[②]，唐末仍有人提到清明渠的存在[③]，城外段至北宋时尚存，见于张礼《游城南记》。

清明渠的水源是洨（潏）水，张礼云，分水处在朱坡东南（今长安县杜曲镇西北）。徐松《唐两京城坊考》以为是从丈八沟分引洨水，史念海先生已辨其非[④]，不赘论。其后，清明渠傍少陵原西侧西北流，经杜牧九曲池、皇子陂至渠北村，转东北流[⑤]，至今北三门口村东，经安化门紧西入城[⑥]。渠北村既为清明渠转向处，当在今雁塔区丈八沟乡杜城村（即古下杜城）附近。杜城村东至安化门遗址间今尚有一笔直的东北北向古水道遗迹，清晰可辨，应是清明渠故道[⑦]。故道所经之双桥头村，今无河渠，然既称"桥头"，表明以前曾有河渠。

清明渠自安化门入城后的流路，据宋敏求《长安志》的记载是：经大安坊南街（按：当是东南街），"又屈而东流，至安乐坊之西南隅，屈而北流，经安乐、昌明、丰安、宣义、怀真、崇德、兴化、通义、太平九坊之西"。这段流路，已被考古工作者证实其在上述诸坊西坊墙内，而《西安历史地图集》画在坊墙外的安化门大街中，是不符合实际情况的[⑧]。

清明渠"又北，流经布政坊之东，右金吾卫之东南，屈而东南流入皇城，经大社北，又东至含光门后，又屈而北，经尚食局东，又流经将作监、内侍省东，又北，流入宫城"。这段流路，在吕《图》残石中尚可见其片段。右金吾卫在布政坊东北，靠近顺义门，即今西安城西门，据报道，1984 年曾在西门以南城墙内发现清明渠渠道砌体的遗存[⑨]，而《西安历史地图集》所画清明渠在布政坊东南即已向东折入皇城，距顺义门尚远，恐有偏差。

---

① 马正林：《中国城市历史地理》，山东教育出版社，1998 年，第 322 页。

② 乐史：《太平寰宇记》卷二五《关西道》。

③ 郑谷《街西晚归》（《云台编》卷下）："御沟春水绕闲坊，信马归来傍短墙。"郑谷宅在宣义坊，见《云台编》卷中《宣义里舍冬暮自贻》。

④ 史念海：《龙首原和隋唐长安城》，《中国历史地理论丛》1999 年 4 期。

⑤ 张礼《游城南记》云：清明渠"至渠北村，西北流，入京城"。与《长安志》不合，"西北"当是"东北"之误。

⑥ 陕西省文物管理委员会：《唐长安城地基初步探测资料》，《人文杂志》1958 年 1 期；陕西省文物管理委员会：《唐长安城地基初步探测》，《考古学报》1958 年 3 期。

⑦ 吕卓民：《西安城南交潏二水的历史变迁》（《中国历史地理论丛》1990 年 2 期）也认为"不当排除有清明渠的蚀切和塑造"。

⑧ 李健超：《隋唐长安城清明渠》，《中国历史地理论丛》2004 年 2 期。

⑨ 《唐皇城遗址探察记》，《西安日报》1984 年 7 月 4 日。

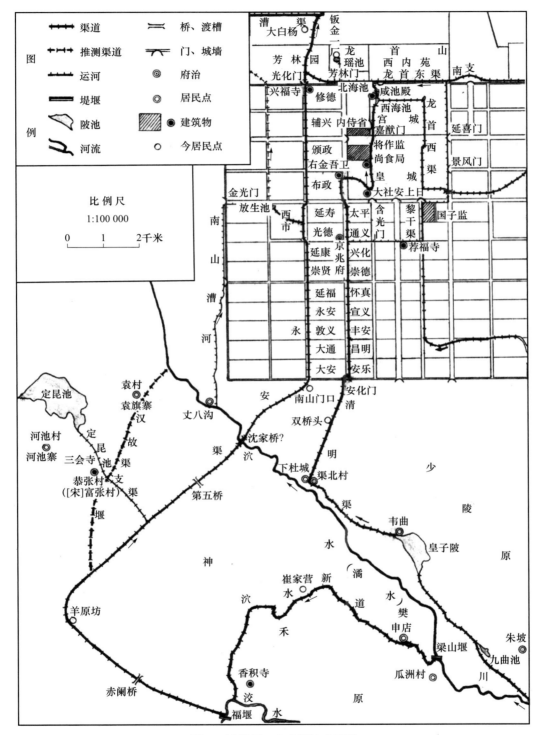

图三　清明渠、永安渠沊水两道

　　流入宫城的路径，徐松《唐两京城坊考》云是承天门西广运门，史念海先生已驳其非，认为应在广运门西的永安门[①]，今从之。

————————

①　史念海：《龙首原和隋唐长安城》，《中国历史地理论丛》1999 年 4 期。

　　入宫后的去向，据吕《图》，可知是经嘉猷门东至咸池殿西海池，与龙首西渠合。再往后，吕《图》上就杳无踪迹了。不过从地形上看，清明渠应该是经北海池入苑，与龙首东渠南支合流，因受阻于龙首山，改向西北流，至芳林园入永安渠。王森文经过实地考察，也认为清明渠北出宫城与龙首东渠南支合，西流入永安渠①。《西安历史地图集》未采纳此说，将清明渠只画到西海池为止，成为断尾渠，似未合情理。

　　清明渠的附属设施有黎干渠，即黎干开凿的漕渠。

　　《旧唐书·代宗纪》载，永泰二年（765 年），京兆尹黎干为解决"京城薪炭不给"的问题，奏请从南山谷口引水开凿漕渠，《唐会要》称其为"运木渠"（"木"原误"水"）。从地形上看，他的原意可能是要利用韩朝宗开凿的南山漕渠，将城内段延长至宫苑内，也有可能是通过清明渠引南山水开漕渠。不管他的原意是什么，史籍很清楚地记载了黎干渠凿成后的实际起点是光德坊东南隅的京兆府廨②，而非南山漕河的终点——西市放生池。黄盛璋先生等及《西安历史地图集》皆据《新唐书·地理志》以为黎干渠已与南山漕河衔接，但都没有解释从京兆府廨至西市放生池约两千米的距离如何沟通，未能证明黎干渠的起点就是南山漕河的终点。如果从西市放生池引南山漕河至荐福寺，必须横越永安、清明两渠，三渠水位有一定高差，从西市放生池到清明渠属于逆行，既要通流，又要行舟，工程技术很难解决。因此笔者认为黄先生等所论是因袭《新唐书·地理志》疏误之故③。《旧唐书·代宗纪》记载其流经路线是经荐福寺东街，北抵景风、延喜门入苑。黎干渠的开凿历时仅两个月，只挖通了京兆府廨以东的一段便草草收工，显然不可能修建横越永安、清明二渠的工程，只能引取清明渠为源。清明渠水量毕竟有限，所以黎干渠宽仅八尺（折今 2.4 米），不便行舟，故《资治通鉴》称其"功竟不成"，并不是说渠没有开通。渠成之日，代宗"幸安福门以观之"④。按：荐福寺在开化坊东南，荐福寺东街即安上门街，安福门即顺义门，在皇城西，景风、延喜二门在皇城东，皇城东西相距十二里，在安福门上是不可能观看到黎干渠的。史念海先生认为"可能是黎干故弄玄虚，以安福门内的清明渠代替漕渠，以取信于唐代宗"⑤。但是黎干渠、清明渠皆近在帝居，无人不晓，黎干有没有胆量、有没有可能、有没有必要做出偷梁换柱的勾当糊弄代宗，实属可疑。笔者认为真实情况可能是：由于长安城内地形是西低东高，黎干渠在施工过程中发现南山漕渠不可能按先前的设计引入苑内，只好改引清明渠，或者是该渠原本就是想通过清明渠引南山水。总之渠成之日，代宗亲临安上门观礼，而《旧唐书》误将安上门记为安福门。安上门在皇城东南，面朝荐福寺东街，应是观览黎干渠极佳的处所。

---

　　① 见王森文《汉唐都城图》和据说是王氏主绘的《长安志水道图》（（嘉庆）《咸宁县志》卷二）。

　　② 王溥《唐会要》卷八七《漕运》："永泰二年七月十日，凿运木渠，自京兆府直东至荐福寺东街。"

　　③ 《新唐书》卷三七《地理志》于长安县条连述天宝二年韩朝宗开南山漕河（文中误将"引漕水"记为"引渭水"）及大历元年黎干"自南山开漕渠"二事。按黎干"自南山开漕渠"据《旧唐书·代宗纪》只是奏议中文，施工中当有改动，或者奏议原意是欲引南山水（即清明渠水）开漕渠。《新唐志》不察，记事有误。

　　④ 《旧唐书》卷一二《代宗纪》。

　　⑤ 史念海：《龙首原和隋唐长安城》，《中国历史地理论丛》1999 年 4 期。

四、永安渠系统

永安渠（图三）在城西南，凿于隋开皇二年[①]，以引水处在香积寺南洨（交）水上，又名洨（交）渠、香积渠[②]。德宗朝朱泚乱时，引水堰坏，一度绝流，宪宗元和八年（813 年）发神策军士修复[③]。昭宗时尚存，见于士人诗咏[④]。

关于永安渠的水源，今所见最早记载是《长安志》卷一二《长安县》："永安渠，隋文帝开皇三年开，在县南，引交水西北入城，经西市而入苑。沈水自南入焉，有福堰，下分为二水，流一里，一水合交水，一水西流，又东流为渎，越沈水上过流，名永安渠。"永安渠究竟引自洨水还是引自沈水（即"沈水"），这里含糊不清。笔者认为引沈说是不准确的，因为洨水又名福水[⑤]，福堰则必在洨水上。据《类编长安志》卷五，香积寺西南旧有香积堰，堰水入城中。福堰当即此堰。吕卓民先生曾对福堰有过考察，已能证实这一点[⑥]。从地形上看，如永安渠直接引沈，大可不必自香积寺而应从今崔家营附近引水。因此可以说《长安志》的这段记载有传抄错误，加点句原文应该是："沈水自南入焉，流一里，有福堰，下分为二水，一水合洨水，一水西流。"这里之所以提到沈水，是因为沈水通过沈水新道流入洨水，间接地成为永安渠的水源。

永安渠在香积寺福堰引水后，西北流经赤阑桥至羊原坊[⑦]。此段渠道据水文地质部门钻探考察，原是一条古河道，杨思植先生等认为是交河的遗弃河谷，吕卓民先生则认为是潏水故道，本来是往西北一直通向昆明池，汉代以后才改道向西南流，入沣水[⑧]。其实两说是比较接近的，因为潏水是早先的名称，洨水是后来的名称。

永安渠在羊原坊离开潏（洨）水故道，绕过神禾原头转东北流，经第五桥，至沈家桥越南山漕河[⑨]，又东北，至南山门口村北，以 30° 角入大安坊西南隅[⑩]，入城处海拔 416 米。然后经大安、大通、敦义、永安、延福、崇贤、延康诸坊西，又经西市东，傍布政、颁政、辅兴、修德四坊西，入内苑芳林园[⑪]。永安渠入苑的地点，宋敏求说是修德坊西北隅的兴福寺西，即穿光化门（《西安历史

---

① 二年：宋敏求《长安志》卷一二作"三年"，今依《太平寰宇记》卷二五《雍州》。

② 王溥：《唐会要》卷八九《疏凿利人》；骆天骧《类编长安志》卷六《泉渠》。

③ 王溥：《唐会要》卷八九《疏凿利人》。

④ 郑谷：《访题进士孙秦延福南街居》，《云台编》卷上载；李洞《赠曹郎中崇贤所居》，《石仓历代诗选》卷九〇载。

⑤ 乐史：《太平寰宇记》卷二五《关西道》。

⑥ 吕卓民：《隋唐永安渠渠首的福堰遗址》，《汉唐长安与黄土高原》（《中国历史地理论丛》1998 年增刊）载。

⑦ 温庭筠：《杨柳枝》，《温飞卿集》卷九载；骆天骧：《类编长安志》卷六《泉渠》。

⑧ 吕卓民：《西安城南交潏二水的历史变迁》，《中国历史地理论丛》1990 年 2 期。

⑨ 张礼：《游城南记》；骆天骧：《类编长安志》卷六《泉渠》。

⑩ 陕西省文物管理委员会：《唐长安城地基初步探测》（《考古学报》1958 年 3 期）云："永安渠从南山门口村东南角以 30 度斜度流入城内。"按若经村东南则与清明渠相接，不确，当经村北。

⑪ 宋敏求：《长安志》卷一〇《唐京城四》。

地图集》作景耀门）而入，可是吕《图》中却是将永安渠从兴福寺东引至芳林门入苑，黄盛璋先生亦因仍其说。孰是孰非，当以地形为据。今大白杨村东有一宽约 0.5 千米的南北向凹地，中有古渠遗迹，正对光化门，应当是永安渠故道。凹地两侧都是高 3～5 米的原阜，永安渠若甃而往东，何以能穿越龙首山？可见此处《长安志》的记载当比吕《图》准确。

永安渠经光化门入芳林园后，与来自太极宫的清明渠相会，往北注入汉长安城东南的漕渠，再沿汉城东城濠直北注渭。吕《图》将漕渠与永安渠析为二途，以为两渠并行入渭，乃是考察不周的结果。

永安渠的附属设施有定昆池支渠和西市支渠。

定昆池乃唐中宗时安乐公主所凿，黄盛璋先生认为，池在今长安县祝村乡河池寨北，"河池"即"涸池""鹤池"之讹。其东地名有东滩村，西有湖村，西北有黄沙岭，北有西滩，结合地形，即可复原池形（图三）。《旧唐书·武延秀传》云："定昆池延袤数里。"《长安志》卷一二引《景龙文馆记》则作"延袤十数里"。按今河池寨北洼地以唐尺计，周长不及十里，前者当是。《长安志》卷十二又载：定昆池在县西南十五里。按长安县治在延寿坊，以宋制度之，距复原的定昆池直线距离基本上就是十五里。定昆池南二里有三会寺[①]，清人记述三会寺村（今恭张村）南有汉故渠，径村东合唐永安渠[②]。其实永安渠渠干只从恭张村东南四里经过，流向是西南—东北，绝不会流经三会寺东，所以清人在三会寺村东见到的"唐永安渠"，应是通往定昆池的永安渠支渠，可见定昆池水源来自永安渠，唐宋人关于定昆池水源系"引水""引流"的记载[③]，盖即此而言。定昆渠支渠既在恭张村东与汉故渠相交，则当接近于西南—东北走向，而《西安历史地图集》却将此支渠画成东西走向，即自第五桥北分引永安渠水，经恭张村北入定昆池，与清人所见有所不同，不详其据。关于定昆池的下游，张礼《游城南记》云有水道与昆明池相通，按定昆池地形高于昆明池，则此水道应是定昆池的泄水道。

西市支渠是武后长安中沙门法成为灌注西市西北隅的放生池所凿[④]。渠自市东引永安渠水西北流，宽 3～4 米，深 6 米[⑤]。西市放生池的泄水道流路不详，但可以肯定黎干渠不是它的泄水道，因为黎干渠晚凿半个多世纪，且未与西市放生池接通（详见上文"清明渠系统"）。

五、沉 水 两 道

沉水两道指沉水新道和南山漕河（图三）。

沉水，又曰潏水，"沉""潏"皆音 jué，在唐长安城西。北魏以前的流路，《水经注》云是出

---

①　宋敏求：《长安志》卷一二《长安县》："三会寺在宫张村。"宫张村即今长安县祝村乡恭张村。

②　（嘉庆）《长安县志》卷一四《山川志》。

③　宋敏求：《长安志》卷一二引《景龙文馆记》；张鷟《朝野金载》卷三。

④　《永安渠石铭》，《全唐诗》卷八七五载。

⑤　中国科学院考古研究所西安唐城发掘队：《唐长安城西市遗址发掘》，《考古》1961 年 5 期。原作"宽 34 米"，按永安渠口的洨河河床宽度尚不及此数，疑此数字有印刷错误，中脱一"～"号。

樊川，北流傍汉城西入渭。北周保定二年（562年），庾信下南山之材，放至汉城[①]，开漕水之先河。自后沄水遂有"漕渠""漕水"之名；隋开皇中，城西南四里的袁村（今袁旗寨）就曾被漕渠的洪波吞噬[②]；唐人亦称"漕水即沈水"[③]。自后滥觞，"沉""坑""坑""坑"之类读音与"沄""潏"迥异的错别字亦相继出现。唐以后，自梁山堰以下的沄水故道，多称"漕水"，又讹作"皂水"。按《广韵》：漕，昨劳切；皂，昨早切，可见唐宋时"皂"与"漕"同音。

沄水新道是人工水道，清人说是唐代杜正伦所开，今人有同意其说者[④]，吕卓民先生认为可能是在汉代[⑤]。笔者则认为是隋开皇间伴随永安渠的开凿而开凿的，稍晚于永安渠，因为新道不仅有排泄沄水夏洪之功，也有增加永安渠水量之用（见上文"永安渠系统"）。沄水新道改道处在瓜洲村，起梁山堰，堰水至申店，上神禾原，斩原而济，凿深五六十尺（折今15～18米），西至香积寺注洨水，今尚存。沄水新道至今被视为沄（潏）河主流，故连同上游俱被称为"潏河"。

与沄水有关的另一水利设施有南山漕河。天宝初，京兆尹韩朝宗引漕水入金光门，至西市，以漕南山之材，是为"南山漕河"，引水处可能在丈八沟。"引漕水"，《唐会要》卷八七《疏凿利人》、《新唐书》卷三七《地理志》都误记为"引渭水"。按西市海拔高程为403米，若引渭，则只能从今周至县终南镇以西分水，沿途跨河十余，长百余里，偌大工程竟毫无记载，可见引渭水入金光门的漕河并不存在。黄盛璋先生提出"渭"字系"潏"字之误，其意亦同，但从字形上看，不如解释为"漕"字之误更好。

六、漕 渠 系 统

漕渠（图四）在大兴城北，始凿于隋开皇四年六月，其年九月告竣[⑥]。施工时曰民富渠[⑦]，竣工后更名广通，正如《隋书·食货志》所载："命宇文恺率水工凿渠引渭水，自大兴城东至潼关三百余里，名曰广通渠。"炀帝即位，乃避讳改广为永[⑧]。隋漕渠长三百余里，只用三个月凿成，尽管利用了部分汉漕渠故道，也不能不说是仓促的，工程质量可能有些问题，再加上战乱，隋漕渠至隋末便无形废弃。

长安漕渠的重新修凿，《唐会要》说是在唐天宝元年（742年）至天宝二载间，《元和郡县图志》则说渠成于天宝三载。唐漕渠基本上是隋漕渠的恢复，渠路没有明显改动，只是增辟了广运

① 庾信：《终南山义谷铭》，《初学记》卷五载。

② 《隋书》卷二三《五行志》。

③ 《长安志》卷一一引《十道志》。

④ （嘉庆）《长安县志》卷一三《山川志》；杨思植、杜甫亭：《西安地区河流及水系的历史变迁》，《陕西师大学报（哲学社会科学版）》1985年3期。

⑤ 吕卓民：《西安城南交潏二水的历史变迁》，《中国历史地理论丛》1990年2期。

⑥ 《隋书》卷一《高祖纪》。

⑦ 《隋书》卷六一《郭衍传》。宋敏求《长安志》卷一二作"富渠"，当是因唐人记载避太宗讳略"民"字而来。

⑧ 宋敏求：《长安志》卷一二《长安县》曰："永通渠，初名富渠，仁寿四年改。"中脱改广通渠一事。

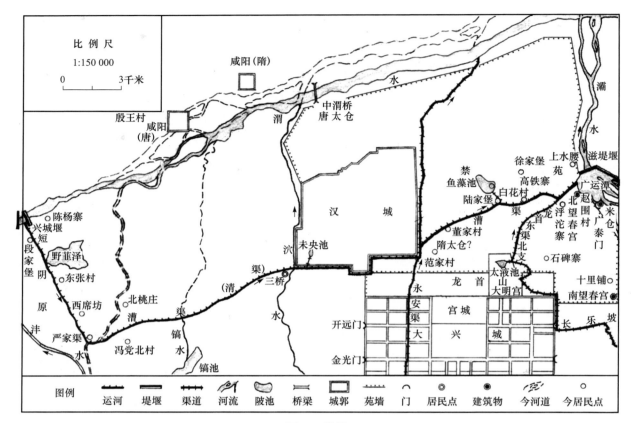

图四　漕渠

潭，作为停泊漕船的新码头。又缘渠首兴城堰，亦称兴城渠①。大历后，漕渠病夏水，渐不通舟②。宝历二年（826年），广运潭转赐司农寺③，表明漕渠正式废弃。

　　大和后，岁旱河涸，渭水漕运颇为艰苦。开成元年（836年），在咸阳县令韩辽提议下，宰相李石面奏文宗请复开漕渠，但遭到右相李固言反对④。黄盛璋、马正林先生等都以为渠已凿成⑤，实由《新唐书·食货志》一段曲解《旧唐书·李石传》原意的转述所致⑥。据《唐会要》卷八七、《新唐书》卷一八三、《资治通鉴》卷二四九，大和后至大中五年，长安漕运仍由渭水，舟止东渭桥仓，丝毫未见漕渠已经恢复的痕迹。

　　漕渠引水堰名兴城，在唐咸阳县西南十八里渭水上⑦，地名短阴原。按唐咸阳即古之杜邮，在

---

① 《旧唐书》卷一七二《李石传》。

② 杜佑：《通典》卷一〇《食货典》；李吉甫：《元和郡县图志》卷二《关内道》华州。

③ 《旧唐书》卷一七《敬宗纪》。

④ 《旧唐书》卷一七二《李石传》。

⑤ 黄盛璋：《西安城市发展中的给水问题以及今后水源的利用与开发》，《历史地理论集》（人民出版社，1982年）载；马正林：《渭河水运和关中漕渠》，《陕西师大学报（哲学社会科学版）》1983年4期。

⑥ 考详郭声波：《韩辽是否疏凿了漕渠》，《中国历史地理论丛》1988年2期。

⑦ 《旧唐书》卷一七二《李石传》："兴成渠旧漕，在咸阳县西十八里。"

今咸阳市东北渭城镇，揆之地理，兴城堰当在今咸阳市西南渭滨镇两寺渡与钓台镇文王嘴之间[①]，海拔今为 387 米。考虑到 1400 年的河床侵蚀和当时的堰高，估计隋唐漕渠的起点海拔不低于 391 米。《水经注·渭水》云丰水注渭处有"石礉"，所引《地说》作"石激"，《长安志》引作"石徼"，李之勤先生认为石礉、石激、石徼当为一事，有可能就是汉唐漕渠渠首兴城堰的所在地[②]，其说可从。《西安历史地图集》漕渠引水处在今咸阳市沣东镇沣河下游，大概是根据元末李好文《长安图志·咸阳古迹图》画的，但与《隋书·郭衍传》漕渠引渭水之记载不符。

由于汉长安城南漕渠海拔为 388 米，兴城堰至汉城间的渠路应大致沿 390～389 米等高线延伸。据清人记述，今沣河下游西岸有古渠经阎家村（即今严家渠村）、席家村（今东西席坊）、张家庄（今东西张村）、马家村（今马家寨）入渭[③]，恰至隋唐兴城堰口。卫星照片也显示出这条古渠的痕迹。虽然古渠西北近兴城堰处（今文王嘴，海拔 387 米）较东南近今沣河处（今严家渠村，海拔 389 米）低 2 米，但应考虑到由于漕渠久废，渠身被沣河夏洪冲刷降低的因素。因此，不妨认为这条不知名的古渠就是隋唐漕渠的渠首段。

1986 年，在咸阳市南 9 千米处的钓台乡资村、西屯和长安县高桥乡靠子屯之间的沙河故道中，发现了"古桥"遗址两处，考古工作者认为应是汉唐西渭桥遗址[④]，李之勤先生撰文质疑，认为有可能是西汉、隋唐漕渠上的桥梁或与漕渠有关的水利设施[⑤]，辛德勇先生则认为沙河古桥是古代沣河桥，其中的 2 号桥建于隋唐时期[⑥]。笔者以为，以渭河、沣河河道摆动关系看，"西渭桥说"固不足信，而以"沣河桥说"较为可信，但 2 号桥恐非建于隋唐，因为依辛德勇先生的研究，隋唐时长安城的西北（开远门路）、西南两路（金光门路）也不经过沙河古道，在沙河上修建桥梁已无必要。至于"漕渠桥说"，由于两座沙河桥的位置处在兴城堰正南，似乎不是漕渠所经，加以不当隋唐交通路线，故亦未敢遽从。

漕渠引渭后，经大兴城北东流[⑦]，当沿 389 米等高线自今严家渠村东流，穿三桥而入汉城南古渠。"三桥"一名始见于唐德宗时[⑧]，其时该地除沄水外，还有漕渠经过，又当京西大道，所以桥多。贞观中，长安城西有漕店[⑨]；玄奘归国，以开远门外闻者凑观，欲进不得，因宿于漕上[⑩]。此漕店、漕上，距开远门不远，应当在三桥一带。

从兴城堰到汉长安城之间的这段漕渠，又叫"清渠"。宋敏求《长安志》卷一二《长安县》

① 辛德勇：《论西渭桥的位置与新近发现的沙河古桥》，《古代交通与地理文献研究》，中华书局，1996 年。

② 李之勤：《"沙河古桥"为汉唐西渭桥说质疑》，《中国历史地理论丛》1991 年 3 期。

③ （嘉庆）《长安县志》卷一三《山川志》。"入渭"原作"入沣"，误。

④ 段清波、吴春：《西渭桥地望考》，《考古与文物》1990 年 6 期。

⑤ 李之勤：《"沙河古桥"为汉唐西渭桥说质疑——读〈西渭桥地望考〉》，《中国历史地理论丛》1991 年 3 期。

⑥ 辛德勇：《论西渭桥的位置与新近发现的沙河古桥》，《古代交通与地理文献研究》，中华书局，1996 年。

⑦ 《隋书》卷六一《郭衍传》："征为开漕渠大监，部率水工，凿渠引渭水，经大兴城北，东至于潼关。"黄盛璋先生以为唐漕渠穿长安城而过，误。

⑧ 《旧唐书》卷一三三《李晟传》。

⑨ 《太平广记》卷三二八引《异闻录》。

⑩ 慧立：《大慈恩寺三藏法师传》卷五。

云："清渠在县西五十里，自鄠县界来，经县界十八里入于渭。"兴城堰距长安县治延寿坊四十余里，漕渠渠首段在鄠县境，渡沣即入长安县界，又东十八里，刚好至汉城西南角合沈水入渭，与"清渠"的记载大致吻合。肃宗至德二载四月，"贼帅安守忠、李归仁领八万兵屯于昆明池西，五月三日，陈于清渠之侧"[1]。时唐将郭子仪在凤翔，经咸阳薄长安，燕军既以清渠为防线，则见清渠确在唐长安城的西北，为西南—东北走向，也与漕渠走向相合。唐军既阻于清渠，乃改从武功渡渭，拊其背而攻之，燕军败绩，此是后话。

嘉庆《长安县志》卷二《山川图》绘唐漕渠过沣水后，是经镐池、鱼化镇，然后循汉漕渠北流，再东折经龙首原向东。舒峤先生认为："从实际地形来看，兴城堰一带海拔高程约为 387 米，镐池一带海拔高程约为 394 米，鱼化镇一带海拔高程为 396 米，比兴城堰高出 7 至 10 米，显然，在当时的技术情况下，自兴城堰不可能将渭水引至鱼化镇。"[2]舒先生没有考虑到 1400 年的河床侵蚀和当时的堰高，对隋唐时代兴城堰的高程估计偏低，不过，他根据镐池和鱼化寨的地形否定嘉庆《长安县志》的画法，认为这段渠路是从马家寨、严家渠、南田村、杨旗寨、三桥一线，却是值得肯定的。

三桥以东、汉长安城南古渠（即南城濠）今犹存，海拔 388 米，禁苑东广运潭的海拔为 385 米，所以苑中漕渠理应沿 387 米等高线设计。舒峤先生也认为苑中漕渠应按 387 米高程而行，可是他认为渠路是横穿汉长安城而过，即"自汉章门西入城，东流经未央宫、桂宫和长乐宫，从青门出而东与漕渠合"。然而按之地形，沿这条等高线往东至今高铁寨、上水腰，是在广运潭北二里合灞，与广运潭的设计不协，而且自徐家堡以东一直是高 7~8 米的陡壁，无法修渠。据卫星照片分析，387 米等高线附近并无古渠痕迹，但自汉长安城南古城濠东南角经范家村、董家村、陆家堡至白花村，倒是有一条隐约可见的渠迹，揆之古史，当非隋唐漕渠莫属。虽然沿线今地面高程在 390~392 米，但当时渠深 3~4 米不是不可能的。也就是说，隋唐时此段渠底高度也可能是在 387 米左右。《隋书·郭衍传》说，当时的漕渠是经大兴城北东流，《新唐书·地理志》华州也说，漕渠是"因古渠会灞、浐"，那么渠路不应当离龙首山太远，取汉城南之古渠比穿汉城而过更符合史载。

漕渠又东，至浮沱寨合龙首东渠北支。此段乃是据地形推测。漕渠又东北流，入广运潭，缘滋堤渡灞东去。

此后漕渠的流路，据卫星照片判断，应从今上桥子口西醮出，东北流入经今贺韶村、漕渠村、西泉村入临潼县境，沿 370 米等高线向东流。

隋漕渠西端的终止码头是太仓，具体地点不详。唐太仓移至禁苑之西、中渭桥南[3]，乃是唐初利用渭水漕运的见证。

隋唐漕渠渠路设计有利有弊。利在引用了涝、沣、渭、沈、浐、灞诸水，水流浩浩，从而保证了漕船的通济。弊在渭水多沙，沣、沈、浐、灞又是山区性河道，一旦夏雨泛涨，漕渠易被冲刷、

① 司马光：《资治通鉴考异》卷一五引《汾阳家传》。
② 舒峤：《隋唐漕渠在灞河以西的走向》，《中国历史地理论丛》1992 年 1 期。
③ 宋敏求：《长安志》卷六《宫室四》。

淤毁，不能维持长期稳定的漕运①。

隋唐漕渠的附属设施是滋堤和广运潭。

隋唐漕渠是怎样渡过浐、灞两河的？马正林先生曾据《新唐书·地理志》"漕渠自苑西引渭水，因石渠会灞、浐"一语，认为漕渠是因灞水石堤而过②。其实《新唐书·地理志》的"会灞浐"与"过灞浐"是不同的，"石渠"也是"古渠"（当指汉城南古渠）的传抄错误③，所以仅仅根据《新唐书·地理志》这句话是不能解决问题的。

不少记载证明，隋唐漕渠在通过浐、灞二水时，接纳了两河之水④，很明显它不是通过渡漕过去的。接纳河水必须有堰，翻检许多文献及地形资料，没有发现浐水堰的踪迹，倒是发现了关于灞水堰的记述，《新唐书·百官志》有云："兴城、五门、六门、龙首、泾堰、滋堤，凡六堰，皆有丞一人，从九品下。"此六堰，显然是长安周围比较重要的堤堰。滋堤因滋水为名，隋开皇中，一度改灞水曰滋水⑤，故可断定滋堤始筑于开皇中。无独有偶，隋漕渠也是开凿于此时，显然滋堤就是漕渠渡灞之堰。史书又云漕渠"截灞、浐水"，"灞、浐二水会于漕渠"，一堰可纳二水，则说明滋堤建筑于浐、灞之会下方，其作用是截留浐、灞二水供应漕渠。

广运潭是唐漕渠的终止码头，具体位置向有歧说。因其作用比较重要，故不得不费些笔墨详为辩论。

据黄盛璋先生的复原，潭在今西安城东北大明宫乡石碑寨附近，理由是石碑寨有望春宫遗址。但据笔者所查，并未见到关于望春宫遗址的资料出处，倒是发现了几个问题：其一，石碑寨位处唐大明宫东1.5千米的禁苑中，而据《旧唐书·韦坚传》，广运潭竣工时，京城百姓多往观之，这如何解释唐代的宫禁制度？其二，据《旧唐书·李晟传》，德宗兴元元年（784年），李晟领军自东渭桥移驻禁苑"光泰门外米仓村"，以攻击驻在苑中的朱泚叛军。如果漕渠终止码头在禁苑内，为什么米仓却设在禁苑外？其三，漕渠在禁苑东部的海拔为387米，而石碑寨海拔为400米，如广运潭在石碑寨，漕船如何能驶入潭中？其四，广运潭是可以容纳三二百只漕船数里连樯的巨潭⑥，方圆当在十里以上，若在石碑寨掘地为潭，因地形较高，不能直接引用漕渠水和浐河水，只能以龙首东渠的北支渠为水源，而该支渠乃一泓浅水，何以能胜巨潭之需？

马正林先生认为广运潭在长乐坡东南⑦，则是出自《旧唐书·韦坚传》的记载："于长安城东九里长乐坡下、浐水之上架苑墙。东面有望春楼，楼下穿广运潭，以通舟楫。"《西安历史地图集》即是这样的画法，将广运潭画在西安城东长乐坡下十里铺附近的浐水上，望春楼画在广运潭东的浐

① 马正林：《渭河水运和关中漕渠》，《陕西师大学报（哲学社会科学版）》1983年4期。

② 马正林：《渭河水运和关中漕渠》，《陕西师大学报（哲学社会科学版）》1983年4期。

③ 参详中华书局本《新唐书》卷三七《地理志》校勘记。

④ 见《通典》卷一〇《食货典》、《元和郡县图志》卷二《关内道》、《旧唐书》卷一〇五《韦坚传》。

⑤ 《隋书》卷一《高祖记》。

⑥ 《旧唐书》卷一〇五《韦坚传》云："坚预于东京、汴、宋取小斛底船三二百只置于潭侧，……至（望春）楼下，连樯弥亘数里，观者山积。"

⑦ 马正林：《渭河水运和关中漕渠》，《陕西师大学报（哲学社会科学版）》1983年4期。

水东岸。设若果真如此，笔者也有几个疑问：其一，望春楼《新唐书·地理志》又作望春宫，有南、北两处，"南望春宫，临浐水；西岸有北望春宫，宫东有广运潭"。明明潭在楼东，如何能画成楼在潭东？其二，广运潭既在北望春宫东，《西安历史地图集》将广运潭画在今十里铺一带，则南望春宫更在十里铺之南，两宫必为长安城东的离宫。而据《旧唐书·僖宗纪》："杨复光上章告捷行在曰：'今月八日，随李克用自光泰门先入京师，……自卯至申，凶徒大败，自望春宫蹙杀至升阳殿下。'"这所望春宫既在禁苑光泰门内，则说明望春宫不是离宫，南、北两处望春宫都应在禁苑之内。《西安历史地图集》如何解释这条史料？其三，《西安历史地图集》所画广运潭面积不足 1 平方千米，如何解释《旧唐书·韦坚传》关于广运潭可容数里连樯的记载？其四，众所周知，唐代浐水作为灞水的支流，本来流量就不够丰富，何况还有一条龙首渠引走了部分水流，而广运潭系方圆十里以上的巨潭，水源如何解决？如果广运潭系在浐水上修建滚水堰拦截水流而成，十里铺距漕渠横绝浐灞之处至少在十里以远，这段漕路完全依靠滚水堰下泄的余水能否解决问题？漕船又如何通过滚水堰？其四，如果广运潭作为漕渠终止码头开凿在今十里铺，何以将米仓设在远离十里铺十里之遥的光泰门外？如果广运潭不是终止码头，又缘何开凿？其五，长乐坡当京东要道，附近若有巨潭，而且舟楫往来不绝，何以在数以百千计的唐人诗文中无一道及？

笔者认为，设若广运潭在光泰门外的浐灞之会，一切问题就迎刃而解了，兹提出几点理由如下。

其一，对《旧唐书·韦坚传》关于"于长安城东九里长乐坡下、浐水之上架苑墙。东面有望春楼，楼下穿广运潭"记载的理解，应与《新唐书·地理志》关于"（万年县）有南望春宫，临浐水；西岸有北望春宫，宫东有广运潭"的记载结合考虑。即前者"架苑墙"后面应是句号（中华书局本作逗号），"东面有望春楼"是承"苑"或"苑墙"而言，不是承"长乐坡下"而言，也就是说，它讲的是在禁苑东部（或苑墙东侧）建有望春楼。东苑墙从长乐坡迤北傍浐水—灞水修筑，直达渭滨，长达二三十里，南、北望春楼可能均建在东苑墙上。据元人和清人记载，南望春宫确实建在长乐坡北二里高地上①。因此也可以这样理解：长乐坡苑墙上建有南望春楼，下临浐水，光泰门附近苑墙上建有北望春楼，楼东即广运潭，《旧唐书·韦坚传》误把两处望春楼混为一谈，故有张冠李戴之嫌。

《旧唐书·韦坚传》又载，广运潭竣工时，水陆转运使韦坚搞了一个竣工典礼，京城百姓因不识船樯，观者山积，玄宗亦亲临望春楼观礼，更说明潭址在禁苑东墙外不远，禁苑内外均可瞻望。并且，韦坚曾当场将各船所载的"诸郡轻货"跪进玄宗，只有北望春楼旁边的光泰门可以作为他由潭入苑的通道。当然，光泰门也是日后从米仓转搬粮斛入内的唯一路径。

其二，关于广运潭的水源，《唐会要》和《旧唐书》就有"引灞、浐二水""引浐水"的歧说。但北望春宫既在浐水西岸，而光泰门一带的浐水岸地宽不及 400 米，实不足以容纳方圆数里的巨潭。当然，广运潭也不可能远在光泰门外四里的灞河东岸，否则距离望春楼太远，玄宗何能观礼？由此看来，广运潭应当在浐、灞之间，确切地说，光泰门外就是浐、灞之汇，也就是可容纳数里连

---

① 骆天骧：《类编长安志》卷四《堂宅亭园》。又，（嘉庆）《咸宁县志》卷三《历代疆域水道城郭宫室名胜图》将望春宫遗址画在长乐坡北十里铺，亦在唐禁苑内，东临浐河。

墙的巨潭所在。实际上，只要稍稍加高滋堤，凿展浐、灞河床，就可成为一汪碧潭，所谓"引灞、浐二水"，应当就是广运潭水源比较合理的记述。

其三，广运潭是漕渠终止码头，当有临时粮仓，记载中唯一可见的苑外"米仓"，正在光泰门外！为什么米仓不设在墙内？大概是因为米仓必须靠近地势较低的码头，以便搬卸，而苑墙出于安全的考虑，只能建在高处，两者不能兼顾的缘故。

七、昆明池系统

昆明池始凿于汉武时代，历东汉、魏、晋不衰，至后秦弘始十六年（414年）方竭[①]。北魏太武帝时重行疏浚[②]，自后，周、隋、唐三代俱为京城胜景。唐贞元十三年和大和九年又加整治[③]，至咸通七年（866年）仍为皇帝游赏之所[④]。程大昌认为宋敏求《长安志》卷一二的"昆明池今为民田"一语引自唐《图经》，说明昆明池的废弃不晚于唐末[⑤]。若程氏所云不谬，昆明池的干涸当在僖、昭之间。

关于昆明池的范围，清人王森文在今长安县斗门镇北曾见古碑云："北极丰镐村，南极石匣，东极园柳坡，西极斗门。"[⑥]《类编长安志》未录，此碑当是元以后物，不过所记应是唐昆明池遗迹。汉时昆明池周围四十里[⑦]，面积如《三辅故事》云："昆明池盖三百二十顷。"[⑧]折合今制约14.7平方千米，按之地形及唐人诗咏，与唐昆明池范围大小相同[⑨]，亦在今斗门镇东、万村西。此外，汉昆明池还"周以金堤，树以柳杞"[⑩]，至唐代犹然，人称"四面金堤，仍同树杞"[⑪]，这样的堤坝，应是人工堤坝。然而昆明池位处细柳原北一洼地中，东、南、西三面地势较高，似乎不需筑堤，唯北面地势较低，才需筑堤。所谓"四面金堤"，盖指作为游览区的昆明池北部而言。《西安历史地图集》将"金堤"作为昆明池北镐水水道名，恐乖其实。

位置、周长、面积既定，结合现代地形图，则不难复原隋唐昆明池的形状（图五）。

隋唐昆明池水源主要是氵交、沣二水，《玉海》卷一七一引《括地志》云："丰、镐二水皆已堰入昆明池，无复流派。""镐水"又作"滈水"，即氵交水（交河）上游。《括地志》的语气好像是将氵交、

① 《魏书》卷四八《高允传》。
② 《魏书》卷四《世祖纪》。
③ 《旧唐书》卷一三《德宗纪》、卷一七《文宗纪》。
④ 《资治通鉴》卷二五六《唐纪》。
⑤ 程大昌：《雍录》卷六《昆明池》。
⑥ 王森文：《汉唐都城图》后记，陕西省博物馆藏。
⑦ 《汉书·孝武帝纪》注引臣瓒语。
⑧ 此据《长安志》卷四所引。同书引《庙记》作"二百二十顷"，《玉海》卷一七一引《三辅旧事》作"三百三十二顷"。
⑨ 苏颋《恩制尚书省僚宴昆明池》（《文苑英华》卷一七六）："昆明四十里，空水极晴朝。"
⑩ 张衡：《西京赋》，《文选》卷二载。
⑪ 宋之问：《上巳泛舟昆明池宴宗主簿席序》，《文苑英华》卷七〇九载。

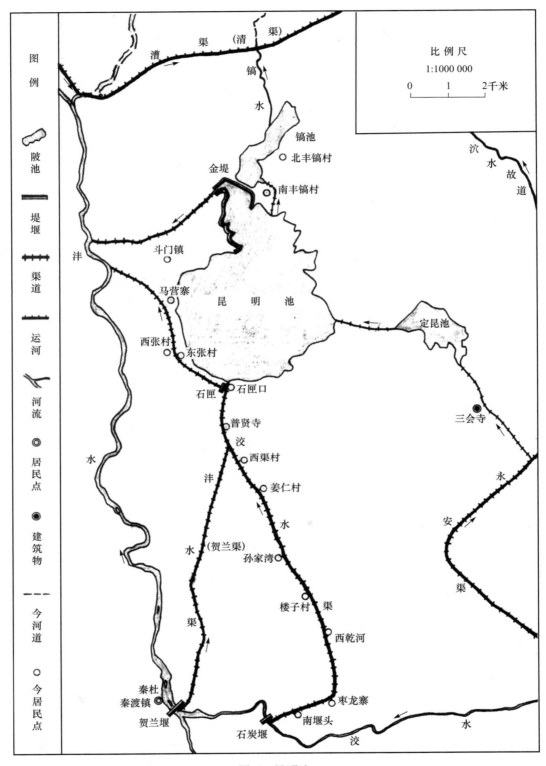

图五　昆明池

沣二水全部引入昆明池后，其下游已经绝流。其实是夸大其词，隋唐时只是通过两条渠道分引滈、
沣二水入昆明池，并非全部截流。

　　洨水渠起自石炭堰，即汉曰石闼堰。据黄盛璋先生研究，汉石闼堰在今长安县滦镇南堰头村，截洨水，经今枣龙寨、西乾河、楼子村、孙家湾、姜仁村、西渠村、普贤寺至石闸口入昆明池，自石闸口又分一排洪渠西北流经堰下张村、马家营入沣河。

　　沣水渠又名贺兰渠[①]，起自贺兰堰，二渠合流于石匣口入池。贺兰堰的位置未见记载，从地形上看，今户县秦渡镇附近河床较窄，地势较高，便于引水，今沣惠渠正是从秦渡镇对岸引沣水，东北流至普贤寺会洨水渠故道，可能与隋唐贺兰渠流路相近。另外，定昆池的下泄水道通往昆明池，也可以补充昆明池水量（详见上文"永安渠系统"）。

　　洨、沣两渠大概安史之乱后淤涸，德宗时重加疏浚，即如宋敏求《长安志》卷六所说："昆明池，唐德宗贞元十三年，命京兆尹韩皋充使浚之，追寻汉制，引交河、沣水合流入池。"

　　昆明池下游出口有二：一在池北，因为据考古调查，昆明池北有一西向泄水口[②]，入沣水；另一出口在池东北，入镐池。

　　镐池初见于秦[③]，紧邻昆明池北，即今长安县镐京乡丰镐村西北洼地[④]，池周一十二里[⑤]，承昆明池下游[⑥]，北流入渭，《水经注》仍称镐（滈）水。隋开皇间，镐水为广通渠所截，镐池至贞观间尚存[⑦]，何时枯竭不详。

八、井泉等地下水系统

　　隋唐长安位于南山之阴，又有渭、沣、洨、沈、浐、灞诸水周流其间，地下水比较丰富，宫廷、官贵、僧道大都凿有井泉。平民则使用公井，如常乐坊某井就是"数家同汲"[⑧]，贞元末还有五坊小儿利用公井勒索居民的事[⑨]。

　　城中（包括苑中）井泉可考者有50多处，其中约有半数分布在城东南部，应与地近原麓有关。城东南少陵、神禾、白鹿诸原皆有泉，而樊川一带林泉尤多，几乎遍布各庄（图六；表一）。

　　隋唐长安是中国古代城市中最璀璨的一颗明珠，这颗明珠之所以能够在三百多年间熠熠生辉，从本文揭示的大量水利设施不难看出，除了社会原因及地理位置外，城市水利建设应该起了重要作用。不过，本文对水利设施的复原，只是隋唐长安水利研究的第一步，关于这些水利设施的功能与用途，还将另文论述。

---

① 宋敏求：《长安志》卷一二引《括地志》。

② 中国科学院考古研究所丰镐考古队：《1961～1962年陕西长安沣东试掘简报》，《考古》1963年8期。

③ 《史记》卷六《秦始皇本纪》。

④ 顾颉刚、候仁之、谭其骧等：《中国古代地理名著选读》（第1辑），科学出版社，1957年。

⑤ 《太平寰宇记》卷二五引《庙记》。原作"二十二里"，度池址最大周长仅十二里，疑本作"一十二里"，误书为"二十二里"字，今为订正。

⑥ 《类编长安志》卷三引《庙记》。

⑦ 宋敏求：《长安志》卷一二引《括地志》。

⑧ 姚合：《街西居》，《姚少监诗集》卷五载。

⑨ 《唐会要》卷七八《五坊宫苑使》。

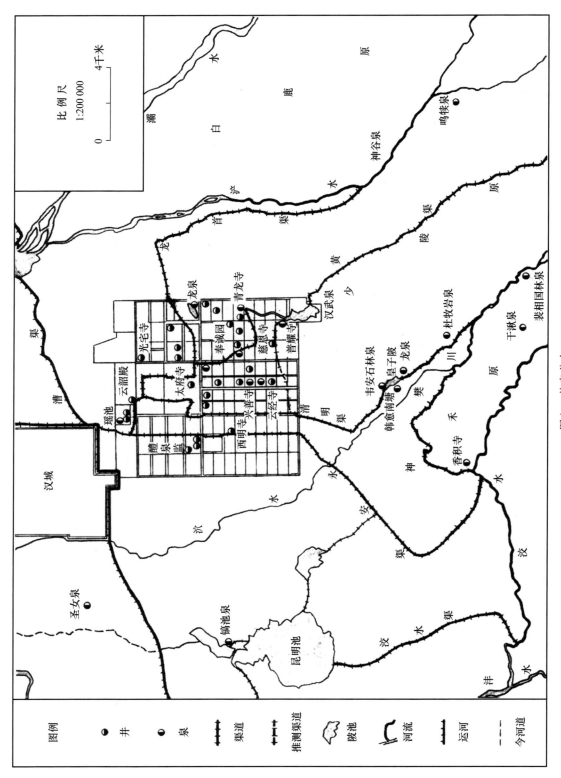

图六　井泉分布

表一　隋唐长安井泉分布

宫坊名	井泉名	出处	宫坊名	井泉名	出处
大明宫	麟德殿井、集贤院泉	《唐长安大明宫》、《古俪府》卷一一	永兴坊	王乙宅井	《酉阳杂俎》前集卷一五
兴庆宫	龙泉	《旧唐书》卷三〇	平康坊	某井四所	《西安历史地图集》
大安宫	某井三所	《大安宫图》	亲仁坊	某井	
西内苑	云韶殿井	《唐会要》卷二九	永宁坊	杨凭宅泉、王涯宅井、殷保晦宅井	《旧唐书》卷一六六、《太平广记》卷二三七、《说郛》卷三二
皇城	太府寺井	《唐两京城坊考》卷一	晋昌坊	慈恩寺井	《李端诗集》卷中
醴泉坊	醴泉监七浪井、太平公主宅井、万回宅井	《两京新记》卷三、《新唐书》卷三六、《太平广记》卷九二	安兴（广化）坊	同昌公主宅井	《杜阳杂编》卷下
怀远坊	云经寺井	《杜工部集》卷一	安邑坊	奉诚园井	《全唐诗》卷二八七
布政坊	王纯宅井	《西安历史地图集》	宣平坊	来俊臣宅井、某宅井	《西安历史地图集》、《文苑英华》卷三二六
光德坊	京兆府廨井	《西安历史地图集》	青龙坊	普耀寺泉	《石仓历代诗选》卷二四
延康坊	西明寺井	《两京新记》卷三	隆庆（兴庆）坊	王纯宅井	《资治通鉴》卷二〇九
太平坊	王锴宅井	《唐语林》卷五	道政坊	刘某园井	《文苑英华》卷三一七
善和坊	御井	《唐国史补》卷下	常乐坊	八角井、姚合寓井	《西安历史地图集》、《姚少监诗集》卷十
开化坊	寿春公主宅井	《韦江州集》卷六	新昌坊	青龙寺泉、姚合宅井	《姚少监诗集》卷九、卷十
光福坊	权德舆宅井	《权载之文集》卷一	芙蓉苑	汉武泉	《才调集》卷十
靖善坊	兴善寺井泉	《酉阳杂俎》续集卷五	少陵原	鸣犊泉	《长安志》卷十
兰陵坊	宣上人泉	《李尚书诗集》	樊川	裴相国林泉、韦安石林泉、韩愈南塘、杜牧岩泉、皇子陂龙泉	《游城南记》《类编长安志》卷九、《长江集》卷九、《樊川文集》卷二、《类编长安志》卷九
保宁坊	昊天观井	《唐语林》卷七	神禾原	干湫泉、香积寺泉	《韩昌黎集》卷三、《王右丞集》卷四
务本坊	先天观井泉	《唐会要》卷二八	城西	圣女泉、镐池泉	《太平寰宇记》卷二五
靖安坊	张籍宅井	《张司业集》卷四	白鹿原	神谷泉	《类编长安志》卷九
光宅坊	光宅寺井	《酉阳杂俎》续集卷六			

［原载马明达主编：《暨南史学》（第 3 辑），暨南大学出版社，2004 年］

4.昆明池与水利

关于《水经注》长安城附近复原的若干问题

黄盛璋

　　钟凤年先生在《考古》1961 年 5 期发表了《评水经注选释》，对《中国古代地理选读》中《水经注》的注释提出批评，钟先生提出学术上的不同意见是被我们所欢迎的，但其说法还有许多值得商榷。

一、逍遥园的位置

　　逍遥园，杨守敬、熊会贞《水经注图》和《水经注注》置之于城西，笔者以为它确在城北。钟先生肯定它在城东，其证据有二：①《清一统志》和《读史方舆纪要》记载逍遥园的位置；②两书所引的两条战争材料：一条是赵染袭长安，退屯逍遥园；另一条是姚泓屯军逍遥园以拒王镇恶。钟先生以为赵染、王镇恶都是从东方来的，所以逍遥园应在城东。笔者以为从东方来的只有王镇恶，但决战并不在长安城东而在城北（图一）。据《资治通鉴》卷一一八义熙十三年八月：

> 泓屯逍遥园，镇恶溯渭而上……壬戌旦镇恶至渭桥……镇恶谕士卒曰：'吾属并家在江南，此为长安北门，去家万里，……卿等勉之'，乃身先士卒，众腾踊争进，大破姚丕于渭桥，泓引兵救之，为丕败卒所蹂践，不战而溃，姚湛等皆死，泓单马还宫，镇恶入自平朔门……

　　渭桥又叫横桥，应在横门之北，门与桥相对，平朔门胡注指出是长安北门，王镇恶也说决战的地点是长安北门，此门必为与渭桥相对的横门。战事进行一直都在北面，就是到了长安城下，也还在城北不在东。王镇恶沿渭而上一直到渭桥附近才登岸决战，既破姚丕渭桥的第一线，又破姚泓逍遥园的第二线，最后自平朔门而入，故逍遥园位置在渭桥与横门之间，这一条材料证明逍遥园在汉魏长安城北。

　　赵染袭长安不是从东方而是从它的对面西北来的，《资治通鉴》卷八八建兴元年九月：

> 汉中山王曜、赵染攻麹允于黄白城，允累战皆败。……赵染谓中山王曜曰：麹允率大众在外，长安可袭也。曜使染帅精骑五千。庚寅入外城，帝奔射雁楼。染焚龙尾及诸营，杀掠千余人。辛卯旦，退屯逍遥园。壬辰将军麹鉴自阿城帅众五千。癸丑染引还，鉴追之，与曜遇于灵武，鉴兵大败。

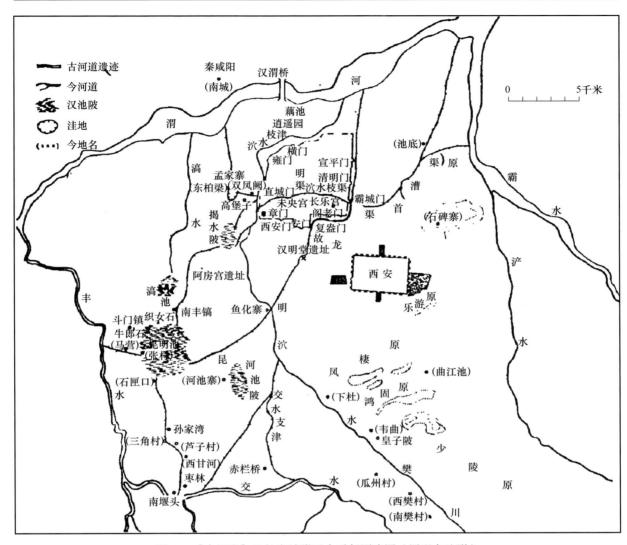

图一　《水经注》汉长安城附近水系复原略图（用现在地形）

胡注考证，黄白城在池阳，灵武为前汉北地郡，魏咸阳郡之灵武。《清一统志》黄白城在三原东北十里，灵武在咸阳东，都在长安西北，可见赵染自长安西北进兵，亦向西北退兵，他之所以入长安外城就立即退屯逍遥园，乃是防当时自西而来之救兵。逍遥园便于迎击，赵染自逍遥园引退以及麹鉴自阿城（阿房宫）追赵染与曜遇于咸阳东之灵武之道，都必须通过渭桥以渡渭河，这条材料证明逍遥园不仅在城北而且还在西北。

根据《水经注》，逍遥园也是在长安城西北。《出三藏记集》卷八释僧叡《大品经序》（碛砂藏本）："……以弘始五年岁在癸卯四月二十三日于京师之北逍遥园中出此经，法师手执梵本，口宣秦言……"序文中言明当时口宣秦言虽为鸠摩罗什，但"属当译任"笔受下来的就是僧叡，他本人就在逍遥园中，应最清楚，此处虽没有指明在城西北，但在城北则无疑问。

钟先生之第二项证据，是《清一统志》和《读史方舆纪要》记载逍遥园在明清长安西及西北，他认为依此两书所记方位，逍遥园必须在汉长安城东，钟先生置藕池于池底，西为逍遥园，《水经注》说一水东入逍遥园注藕池，池中有台观，所以藕池应在逍遥园中，此村因与漕渠有关，笔者去过两次，它是在明清西安城北而偏东，不在西北，更不是西了。这说明《清一统志》和《读史方舆纪要》所说的逍遥园的位置和钟先生所说的是两回事。汉长安城在明清西安城西北，如果逍遥园在汉城北而偏西，无论《读史方舆纪要》说的"西北"，还是清《一统志》说的"西"，都是符合的；如果逍遥园在汉城东，那就只能是北，"西北"及西都不能说，由此可见《清一统志》和《读史方舆纪要》所说的逍遥园位置，同样肯定在汉城北，不在城东。

二、沇水枝津与沇水枝渠

钟先生肯定逍遥园在城东的位置后，接着就提出一系列水道复原的具体措施与直接修改，并进而批评郦道元注：

逍遥园既在长安城东，则渭水注置之于城的西北，实误，叙此园之位置既误，则同见于一部注之'邓艾祠'无疑的亦在城东而与昆明故渠所径者同在一地。

钟先生在提出"沇水枝津"与"沇水枝渠"同是一水的主张时，举出如下理由：

盖郦氏所据之资料原分见两书而不知其乃二而一者，又因不知逍遥园在长安城东及忽于邓艾祠不得分见，遂误而为二：置'沇水枝津'文于长安城西北，叙'沇水枝渠'文于此城东。

《水经注》说"沇水枝津有一水东入逍遥园，注藕池"，而"沇水枝渠"则流经城东，逍遥园如在城北，"沇水枝津"就必须绕经城西、北两面，和流经城东的"沇水枝渠"就不是一水。1957年去西安勘查，才帮笔者解决这一问题，因为地理证据不容把"枝津""枝渠"合并为一水。

沇水枝津与沇水枝渠不是一水，文献证据就是上述逍遥园在城北，所以流入逍遥园的沇水枝津也必经城北。除此以外，还有：①沇水枝津从邓艾祠南东流，分为两支，一支东北流注渭水，一支东入逍遥园，注藕池，以后再不见，可见此支最后归宿就是藕池。可是不论"城东说"和"城西说"，注藕池后都还要向东流出，如城东说东出而为漕渠（见钟先生文附图），城西说则东出而入章门（杨守敬《水经注图》），这是和注文意思不符的。②"沇水枝渠"东出城后也分为二水，一水是注杨桥下，侧城北流而北注渭水，另一水则东流入昆明故渠（即漕渠），和上述沇水枝津的二水不一样。③沇水枝津与沇水枝渠都各有一水注入渭水，钟先生认为这是他主张沇水枝渠和沇水枝津同是一水之证，但后者入渭时《水经注》有"今无水"字样，而前者则是有水的，两者并不一样。

从地理证据说，今汉城西章门外皂河正是侧城北流又绕汉城北面东北流注渭水，这一段就是《水经注》沇水之道，如果把沇水枝津搬与沇水枝渠合，那么章门以上，上述这一段皂河流路就必须交代它究竟和《水经注》沇水中那一水相当，钟先生的处理办法是：把皂河绕城北这一段完全让给渭水，说是渭水故道，把章门以上至城西北角皂河湾一段说是沇水注渭之道。城北皂河之道不是渭河故道，说详下节；至于沇水注渭之道，1957年笔者去西安已把它找出来了，它是从太液池（遗地今为苗圃）北出从孟家寨入渭，附近老农都知道，称为老渠，数十年前大雨时还可行水（详拙作《西安城市发展中的给水问题以及今后水源的利用与开发》，《地理学报》2 卷），根据《水经注》沈水下流正是经太液池而北流注渭，而沈水枝津则自章门附近分出侧城北上又东北流入渭河。前者与今沈水入渭故道，后者与皂河下流之道完全符合，不能说它不是沈水枝津。

三、渭 河 故 道

钟先生主张汉长安城北皂河为《水经注》渭河之道，这按之地理与文献证据均不可能。

（1）据佛教经典，逍遥园是在长安之北，渭水之滨。逍遥园屯兵能容纳五千甚至成万的人马，它的范围是很不小的，"渭水之滨"必然指渭河第一级台地，河漫滩总是难以居人的，这证明当时长安城北有一定范围的可居人地带，所以还能进行大规模的争夺战，《晋书》卷一一九《姚泓载记》：

> 泓屯军逍遥园，镇恶夹渭进兵，破姚丕于渭桥，泓自逍遥园赴之，逼水地狭，因丕之败，遂相践而退。

这里所说"逼水地狭"，当是指渭桥至逍遥园，不包括逍遥园及其以南的可居住地带，大部分应属河滩地带，《宋书·王镇恶传》说，"时姚泓屯军在长安城下犹数万人"，镇恶军至少也当有数千，这说明当时河滩虽较今日为狭，但既然能进行这样规模战争，其宽度也可想象，可是今皂河下游紧绕城北而流，略无余地，文献证据不容许它是渭河故道。

（2）今汉长安城北部皂河至渭河一带，1957 年笔者考察过，①皂河下游，河床狭窄，地理证据不容它是渭河故道。②渭河在历史时期确是不断北移，但移动的方式不是搬家而是向旁侵蚀（亦称侧蚀），进行并很缓慢。今天的渭河一级台地北界是 380 米等高线，以北尽为渭河滩地，约宽 5 千米。这显然是侧蚀的结果，其逐年侵蚀率虽不易推知，但汉代至少有三四里是可居住地带，所以不但能安置逍遥园，还能进行较大规模战争。

四、邓艾祠位置

沈水枝津与沈水枝渠不是一水，邓艾祠也是一个证据，因为据《水经注》沈水枝津是"径邓艾祠南"，而沈水枝渠所分一水乃"径邓艾祠西而北注渭"，至少可以说明一水是东西流向，一水是南北流向，并非重合。

邓艾祠的处理，杨守敬和熊会贞是绘成两个：一为沈水枝津所经，一为沈水枝渠所经；钟先生则把它置于城东仅为沈水枝津一水所经，都是错误的。邓艾祠必须置于汉城北今皂河北岸，如此沈水枝津恰径其南，但沈水枝渠所分之一水侧城北注渭者所经只有为邓艾祠东（如果要在邓艾祠西无论如何不能为沈水枝津所经）。邓艾祠的位置《水经注》明明叙述在逍遥园附近（西边），逍遥园位置确定，邓艾祠位置不容有他种处理。

五、王渠的部位及其作用

王渠在复盎门外和青门外，为包围汉城东南角并侧城北流入渭之水，有文献和地理两方面的证据。

青门外有王渠是据《水经注》"故渠又东出城，分为二渠，即《汉书》所谓王渠者也，……一水径杨桥下，即青门桥也，侧城北径邓艾祠西而北注渭"，沈水枝渠从章门长渠入城径未央宫及长乐宫北，《水经注》称为明渠。未央宫周二十二里，长乐宫周二十里，当时宫墙范围所及当接近章、青两门，所以明渠差不多代表城内这一段渠道。东出城分为二渠，即《汉书》所谓王渠，王渠包不包括城内明渠，《水经注》文不明确（根据《汉书》是包括的），但它至少包括"东出城分为二渠"之水，从顾祖禹以来，都是这样理解的。例如，嘉庆《长安县志》卷四："按沈水支渠亦称明渠，以在未央、明光二宫之间，故名。出城亦称王渠"。杨守敬《水经注图》："沈水枝渠分为二渠，即王渠。"他把王渠明确绘为东出城分为二渠之水，这样理解不能算错，因《水经注》确是这样讲的，此点肯定，则东城外王渠部位肯定。

复盎门外有王渠，是据《水经注》"王渠"下引晋灼说："渠名也，在城东复盎门外。"复盎门是汉城南面东头第一个门，根据文献材料可以勘校"东"字是"南"字之误，但没有材料证明"复盎门外"等字也是错的，固然有别的本子把"复盎门"改成"霸门"，那是错改以迁就"东"字。《汉书·王嘉传》颜注也引晋灼此说，文字全同，师古还说："晋说是。"王渠在"复盎门外"肯定，那么南城外有王渠也就肯定。

今西安汉城南城和东城外确遗存有古代一条沟渠，已经分为数段，还常积水，在南城的恰在复盎门外，与晋灼所说王渠部位相合。此古渠绕汉城东南角又北折侧城北上经青门外，其下流正趋渭河，与《水经注》所说王渠部位合。此古渠由来已早，清嘉庆修咸宁、长安两志时经王森文等人实地勘查就已指出，而且部位又紧绕汉城南城和东城，毫无可疑是和汉魏时长安城水源有关。文献记载和地理勘查完全符合，所以我们把王渠复原在这里。

钟先生否定上述王渠部位主要的证据为《汉书·王嘉传》："……为董贤治大第，开门向北阙，引王渠以灌园。"它只能证明长安城内那一条引水渠道《水经注》叫"明渠"，汉代也叫王渠，但不能证明该渠出城分为二渠和侧城北上的就不能叫王渠，更不能证明《水经注》王渠为东出城和晋灼说的在复盎门外也是错误的。这就有必要从水理上来说明这些问题。

（1）《三辅黄图》（孙辑本）："长安御沟谓之杨沟，谓置高阳（杨）于其上也。"崔豹《古今注》："长安御沟，谓之杨沟，植高杨于沟上。"据苏林说："王渠犹御沟。"所以长安之御沟即王渠，杨桥当因杨沟而得名，通过杨桥下侧城北流入渭之水就是杨沟，亦即御沟（王渠）。

（2）王渠或御沟在城外者确为排水之道，上引崔豹《古今注》又引或说，谓长安御沟"一曰羊沟，谓羊喜抵触垣墙，为沟以隔之，故曰羊沟"，可证早在六朝时代垣墙外排水渠道已名羊沟，此一名词一直保存至今，其意未变。此沟在墙外为排水之道，则径杨桥下侧城而北注渭之水究竟是王渠的尾闾（钟先生认为我绘错者）或是昆明故渠之下游（钟说），不须费解。

（3）王渠与漕渠好像有矛盾，因为漕渠也是绕城东南角而至青门外，漕渠在此，王渠就不能在此，钟先生就是因城外的王渠和他的漕渠绘法冲突才让王渠全部搬到城内的。以沈水枝渠论，其作用有三：①给水；②排水；③增援漕运水源。汉长安城总蓄水库为昆明池，沈水枝渠主要是供应城中区水源，下游出城复分为两支：一支侧城北流注渭，乃是排水之道，上文已证明，此渠目的是防泛滥，等于今之溢洪道，平时是没有水的，所以《水经注》说"今无水"正是合乎这个道理；另一支右入昆明故渠（漕渠），是废水利用所以增援漕渠水源的。漕渠的目的是运输物资，并不是排水，但是由于王渠流注城外，要把废水排注漕渠，所以漕渠在城垣外有一部分渠道即合王渠为一，不但利用其水源，并利用其一部分水道，这样复盎门外与青门外原为排水作用的王渠，也就成为漕渠的一部分，从水利上讲是非常合乎情理的。

六、昆明故渠（漕渠）及其故道

昆明故渠就是漕渠，《水经注》有明确的交代：

> 渭水东合昆明故渠，渠上承昆明池东口，东径河池陂北，亦曰女观陂，又东合沈水，亦曰漕渠，又东径长安县南，东径明堂南，故渠又东、而北屈径青门外，与沈水枝渠合。

可是钟先生把昆明故渠与漕渠分成两条不同的水，昆明故渠绘成一条平行线横经城南然后折北至青门外，会沈水枝渠，以下则侧城北流以注渭而告结束。至于漕渠则绘在藕池以东，上接沈水枝津，这条沈水枝津钟先生把它看成沈水枝渠东流之一水，放在沈水枝渠与漕渠的中间，先东流，继北折流至宣平门外，又折东径逍遥园、藕池以下与漕渠接，结果就把问题弄得非常纠葛，下面分四点讨论。

（1）昆明故渠与漕渠是一是二，搞清楚它的水源是个关键问题。钟先生把沈水枝渠及其分为二水之一的沈水枝津作为漕渠上源。漕渠在汉代是年运数百万石粮食的一条不小的运河，沈水还渺不足道，作为它的枝渠、枝津特别是下游已成强弩之末，如何能摇身一变而成为这样一条大渠？沈水枝渠绝不是漕渠的水源，它的水源乃是昆明池。"渠上承昆明池东口"，所以又叫昆明故渠。汉武帝之所以要凿昆明池把南山诸水都集中到这里，其目的之一就是解决漕渠水源。

（2）漕渠源既不明，所以必然就和昆明故渠分而为二。钟先生把沈水枝渠东出城分为二水的"侧城北径邓艾祠西，而北注渭"之一水作为源自昆明池的昆明故渠下游入渭之道，其理由是：依注文"渭水又东径长安城北，渭水东合昆明故渠"，所以"侧城北……北注渭"云云就是回应注文，所指即昆明故渠，"因舍此外于长安城东别无其他北入渭之道"。此水如果是昆明故渠下游入渭之道，应北径青明门与宣平门外，可是《水经注》叙昆明故渠仅及青门（霸城门）而止，钟先生就只好认为这里有脱文。《水经注》明明说："其一水右入昆明故渠，……故渠又北，分为二渠，东径虎圈南而东入霸，一水北合渭，今无水。"明确指出昆明故渠北合渭在城东灞水西，如何能说舍此则长安城东就别无北流入渭之水？灞水下游常泛滥为灾，迄今犹然，故漕渠在过灞之前，别开一条向北排洪入渭之道，以减少洪水时泛滥，但在一般情况则不能有水，注文所说"渭水东合昆明故渠"

不但从水理上证明应是此水，而且从文字上显然也是前后回应。至于"侧城……北入渭"，《水经注》明明说是沉水枝渠东出城分为二水，其一水入杨桥下者，钟先生指为昆明故渠，亦误。

（3）钟先生为了符合他的逍遥园与沉水枝津、沉水枝渠同是一水说，结果就把沉水枝津完全搬到青门外与沉水枝渠衔接，并说"枝津乃枝渠所分为二水之径广明苑南之渠"，乃改动《水经注》文以合其说，似不可为训。

沉水枝渠之一水即止于昆明故道，下面全是昆明故渠之道，从地理上的确也证明不出来，因为两水确是相连的，我们凭什么否定它就不能叫沉水枝渠呢？只有用"水理"来解决。如上文分析沉水枝渠任务有三：①给水的任务，止于城；②排水的任务，止于青门桥北流入渭；③增援漕渠水源的任务，止于昆明故渠。所以到了最后入昆明故渠，三大任务全告结束，所以沉水枝渠只能及此，而此以下之水虽然也是相连，但任务主要是为漕运，没有道理能叫它作沉水枝渠了。

（4）钟先生把昆明故渠上游绘成与汉南城平行，经西安门、安门之南。据笔者1957年所勘查，西安门、安门外根本找不到古渠遗迹。昆明故渠径明堂与辟雍，汉明堂区附近笔者亦查过，此处以东并无正东流向之古渠道，钟先生所绘昆明故渠自应经明堂区正东流然后折北流青门外，此条渠道在地面上是根本不存在的，昆明故渠（漕渠）绝不是和汉城南城平行。自正西流向正东。我们复原漕渠故道，并不是纯靠文献，主要还是靠地理勘查。兹就实地勘查，指出数点：①昆明池以及河池陂遗地仍有残存，漕渠会沉水处在今鱼化寨附近，这一带地下水位还非常高，当和古代长期开渠行水有关。②大土门附近之汉代遗址，至少可认为汉明堂区，漕渠流经明堂区之北自昆明池至此，时有遗迹，其流向都属东北，非正东。③自明堂区往东、往北唐城之外都有古渠遗迹，如何联系，未能查出。④再就复盎门外古渠考察，其渠往东绕至青门外下游入渭无疑问，往西则仅至汉城凸出处以下今虽无渠道，但察其遗迹趋向显是南折，绝非西折，而安门、西安门外绝无此等古渠遗迹，可以断定此古渠系南下至明堂区与漕渠接。之所以1958年写西安水源时所制附图（即渭水注附图所本）未敢如此联系，主要是因《水经注》记昆明故渠北折只有一次，如上述联系法北折有两次；1959年为历史博物馆复原汉长安城，决定文献如与地理勘查不符时应依后者的原则，就把它改正过来了（如今附图所绘）。其中虽然有若干点未能落实，有待将来勘查和发掘，但大致可以说昆明故渠径明堂区东流不远就北折与复盎门外古渠接。⑤至于青门外直至灞河之漕渠，中华人民共和国成立后西安建设局在勘查排水渠道时已予找出。1957年笔者根据他们所指示的路线复查一次，有一条沟状地带，若断若续，若干遗迹地面上已不甚明显，但大致可知，可以加工复原，并不像钟先生所说的北转东折，而是遵循一定的方向和地形，复原起来大致是依395米那一条等高线一直趋向东北直到池底村，池底村东南有一条故道趋向灞河，其为漕渠故道当无可疑。唯北流排洪入渭之道，因时间关系，未能详查。

（原载《考古》1962年6期）

环绕长安的河流及有关的渠道

史念海

一、"八水绕长安"

"八水绕长安"，乃是一句古谚，出自西汉时司马相如所作的《上林赋》，指的是泾、渭、霸、浐、丰、鄠、滈、涝①。泾、渭两水源远流长，其余六水皆出自秦岭山中，就在西安的近旁。

这八水中，渭水是主流，其他皆是渭水的支流。渭水发源于甘肃鸟鼠山，山下设有渭源县。渭水由渭源县东南流，经陇西、武山两县，再东流，经甘谷县和天水市、天水县，过陇山，进入陕西省，再经过宝鸡市、县和岐山、眉县、扶风诸县，进入西安市区，经周至、户县，过西安城北，至临潼县东，出西安市区，过渭南、华县、华阴三县，至潼关县入于黄河。

泾水为渭水的最大支流，发源于宁夏回族自治区六盘山下。那里设有泾源县，泾水由泾源县东流，经甘肃平凉市和泾川县进入陕西省，再经长武、彬县、永寿、淳化、礼泉、泾阳，进入西安市区，至高陵县入于渭水。

泾水在渭水之北，其他诸水皆在渭水之南。霸、浐两水在西安之东，丰、鄠、滈、涝四水入渭处皆在西安之西。这里就先由霸、浐两水说起，实际上浐水还应是霸水的支流，并非独流入于渭水。

霸水发源地现在说来是在蓝田县东，当地还设了一个霸源街。这里旧称霸龙庙，1913 年改为霸龙镇，1949 年后以地处霸水源头，才改为霸源街。这只能是现在的说法，历来的记载并非就是这样。霸水发源地始见于《汉书·地理志》，据说是出于蓝田谷。郦道元撰《水经注》也是如此说法。秦岭山谷很多，蓝田谷确在何处，没有定说。《水经注》在记载霸水发源后，就接着说："西北有铜谷水，次东有辋谷水，二水合而西注，又西流入泥水，……泥水又西北入霸。"这句话过于简略，很难说明问题。宋时人以泥水为刘谷水，谓在蓝田县东南，以铜谷水所出的铜谷在蓝田县东，而辋谷水又在蓝田县南②。今图上有流峪河，即刘谷水，亦有铜峪河，即铜谷水，更有辋峪河，即辋谷水。可是流峪河和铜峪河之间却又有今所谓出于霸源街的霸水，而铜峪河入流峪河却在入所谓霸

---

① 泾渭八水现皆以河相称，如泾水称泾河，渭水称渭河，但在以前，仅称泾水或渭水。本文兼论往事，不能泾水泾河、渭水渭河，并称并用。且文中往往征引前贤撰著，不便改为今名，故不论今古，皆以水相称，以免分歧。又八水之中，名称用字，亦间有不同处，如霸之为灞，滈之为潏，鄠之为滈又为镐，今皆用霸、用滈、用鄠，以归一律。

② 宋敏求《长安志》卷十六《蓝田》。

水之后。而辋峪河和流峪河之间又隔了一条蓝桥河。这些都与《水经注》所说不同①。不过自来说霸水源头的多以今蓝桥河当之，并未确认今所谓出自霸源街的河流为霸水。唐时人说："霸水亦名蓝谷水，即秦岭水之下流。"②蓝谷水就是现在的蓝桥河，宋时人说蓝谷水，谓"南自秦岭西流，经蓝关、蓝桥，过王顺山下"③，所说更为明确。不过宋人在所说的话下边却接着说："水出蓝谷，西北流入霸水。"蓝谷水既是霸水的别名，如何又说"入霸水"？这霸水应是渭水之误。霸水西北流，过今蓝田县西，又北流入于渭水。

　　霸水也有一些支流，主要是在蓝田县城的南方和东南，都是从秦岭北坡流下的。这些支流《水经注》都有记载，如上面所征引的。蓝田县北却另是一种情况。这里霸水西侧，高岸陡起，高处就是白鹿原，原上是无水东流的。霸水东侧，却是逐渐高起的慢坡，慢坡上流下许多的小水，作为霸水的支流，最大的为白马河和白牛河。白马河还绕到蓝田县城南流入霸水。白马河和白牛河远在宋时已见记载，称为白马谷水和白牛谷水④，是由白马谷和白牛谷流下的。

　　霸水最大的支流为浐水。浐水在今西安市东北广太庙入于霸水。远在汉时，这里属于霸陵县，故汉时的记载说："浐水北至霸陵入霸水。"⑤

　　浐水虽是霸水的支流，却是绕流长安八水之一。《水经》还为它特立一目，说是"浐水出京兆蓝田谷"。郦道元为《水经》作注，征引《地理志》的话，说是"浐水出南陵县之蓝田谷"。可是《地理志》所说自蓝田谷流下的，乃是沂水和霸水，并未涉及浐水。所说的沂水实为误文。《水经注》征引的正是浐水而非沂水⑥。据《地理志》所说：霸水和浐水都出自蓝田谷。一个蓝田谷怎么能流出两条河水？可能都是在蓝田县南，因而就都以蓝田谷为名。《水经注》还说："霸水又左合浐水，历白鹿原东。"这是说霸水合浐水之后，再流经白鹿原东。浐水诚然流入霸水，却不是在未历白鹿原东之前。现在还是如此。有人解释说是《水经注》所说的浐水并非现在的浐水。据说在白鹿

---

　　①　这里征引的《水经注》所说的霸水出蓝田谷后，"西北有铜谷水，次东有辋谷水，二水合而西注，又西流入泥水"。这段文字有未审处。今铜谷水和辋谷水分在霸水的东西，如何能够相合，而又同入于泥水？朱谋㙔笺本谓此辋谷水当为轻谷水之误。赵一清《水经注释》据《名胜志》所引作辋谷水，并以《方舆纪要》有关记载为证，而谓作轻谷水为误。如不以轻谷水为是，则《水经注》所说的霸水源头及其所纳的支流，殆将全无是处。今辋川所出的辋谷水，在《水经注》中实为浐水。这将在下文另作说明。赵一清仅据文字记载立论，而不悟其与实际的地理形势不相符合，而反以朱谋㙔不误之说为误，良可慨也！
　　②　《史记》卷二八《封禅书·正义》引《括地志》。
　　③　宋敏求：《长安志》卷十六《蓝田》。
　　④　宋敏求：《长安志》卷十六《蓝田》。
　　⑤　《汉书》卷二八《地理志》。
　　⑥　关于沂水、浐水的问题，清代学者多所论列，具见杨守敬《水经注疏·浐水篇》的征引，大要皆不以沂水为误文。并非《汉书·地理志》的讹误，因而迂回曲折，求其为浐水的缘由。其中不免牵强附会之处，如以沂水为泥水，而泥水又为浐水。霸水支流本有泥水，与浐水并无关系。这样曲予解说，甚无谓也。

原东，那应该就是现在的辋谷水了 [①]。《水经注》在引用《地理志》所说的浐水出蓝田谷时，还添注了一段话，说是"西北流与一水合，水出西南莽谷，东北流注浐水"。今辋谷水有两源，东源为东采峪，当是辋谷水的正源，西源为西采峪，当是《水经注》所说的浐水西北流所合的出于西南莽谷的水。这样说来，《水经注》的记述本是历历可考的。只是传抄讹误，而后来学人又未能恰当解释说明，治丝愈棼，反而得不到头绪。

现在的浐水在《水经注》为荆溪及其所合的狗枷川水。荆溪就发源于白鹿原上。现在白鹿原上还有泉，泉水汇成鲸鱼沟，西北流注入浐水。《水经注》说狗枷川水有东西二源：西川出研槃谷，其东有苦谷二水合，流向东北。苦谷今为库谷。库谷水正是和其西一条小水相合，北流与东川相合，成为浐水。据说东川是由五条小谷水合成的，现在这里的五条小谷水仍然并列，可见山麓高地里水道的变迁并非很显著的，甚至还不易看出其间的变迁。

浐水在这里为什么叫作狗枷川水？据说白鹿原上有狗枷堡，秦襄公时，有大狗来，下有贼则狗吠之，一堡无患，因而川水就以狗枷为名 [②]。这自然是传说了。长安八水中只有霸水的得名有来由。霸水本来叫作滋水，秦穆公称霸当世，为了表现霸功，遂改滋水为霸水。狗枷川水和霸水能得溯其原委，也是难得的。

在西安城西入于渭水的丰、鄗、潏、涝四水中以丰水为最大。丰水的源头，据《水经注》说是出于丰溪。现在丰水出于丰谷，虽无丰溪之名，山谷深奥，是不会有所改变的。丰水与渭水汇合处在短阴山内，平原之地，渭水之滨，如何会有隆起之山，而且还是在山内与渭水相汇合？据《水经注》的记载："水会无他高山异峦，所有惟原阜石激而已。"其地在今咸阳市西南，就是原阜石激也难得见到了。现在丰水入渭处已改在咸阳市东，和《水经注》所记载的时代又不相同了。

在这八水中，鄗水较为特殊。《水经注》记载鄗水，说是"鄗水上承鄗池于昆明池北，周武王之所都也"，接着说："鄗水又北流，西北注与滮池合，水出鄗池西，而北流入于鄗。"据所说，滮池还有它的源头，鄗水的源头何在，却成了问题。鄗池之水怎么能长期流出，而不会枯竭？鄗池在昆明池北，当时凿成昆明池，阻断了水源。鄗水自有源头，其源头为今交水 [③]。今交水发源于南五台西的石砭峪，西北流经香积寺南，西流入于丰水。今香积寺西尚有故河道，当地称为干河，西北通到石匣口。石匣口为昆明池南的进水口，这当是滴水北流的故道。《水经注》也提到交水，仅说：丰水"又北，交水自东入焉"，而未涉及交水和昆明池的关系。这是因今本《水经注》有阙文，因而脉络就显得不很清楚。赵一清据宋敏求《长安志》补了三条。其一，《长安志》"万年县下"说："福水即交水也。《水经注》曰：水承樊川、御宿诸水，出县南山石壁谷南三十里，与真谷水合，亦名子午谷水。'"其二，"长安县下"引《水经注》曰："交水……又西至石碣，北经细柳诸原，北

---

① 杨守敬在《水经注疏》中，不以《水经注》所说的辋谷水为轻谷水之误，而以轻谷水为辋谷水，那是不对的。但在《水经注图》中以《水经注》所说的浐水置于今辋谷水的位置，应该说是恰当的。当时似尚无辋谷水的名称，故《汉书·地理志》及《水经注》皆以之为浐水。今辋谷水的得名似为郦道元以后事。

② 《水经·渭水注》

③ 《类编长安志》卷六《山水》："镐（鄗）水：按〈长安图〉，本南山石鳖谷水，至香积寺与坑河交，谓之交河，西北入石巷口，灌昆明池，北入古镐京，谓之镐水。"石鳖谷今为石砭谷。

流入昆明湖。"其三,"石闼堰下"引《水经注》云:"交水西至石碣。汉武帝元狩三年穿昆明池所造。"① 这几段说得十分清楚。如果汉武帝时未开凿昆明池,交水还应是由这里一直向北流去。郦道元说得清楚,只是说明了鄗水无上源,交水无下游。可见鄗水和交水只是一条水道,鄗水的上源为交水,交水的下游为鄗水。郦道元虽然说得清楚,只是没有点明交水就是鄗水,因而引起了好像就根本无法解决的问题。

鄗水之东就是潏水。潏水在《水经注》中写作泬水。潏、泬是异体字,实际本是一水。《水经注》说泬水上承皇子陂于樊川,西北流经下杜城,再经汉长安城西入于渭水。这里现在还有一条皂河,乃是潏水的故道。皇子陂在今长安县东南,为储水的池泊,如何能成为潏水的源头?当时潏水流入皇子陂,再由皇子陂引出。今潏水上源为大峪河和小峪河,分别流自大峪和小峪,今潏水并不再经长安县东南皇子陂的故地,而是由瓜州村在皂河之南向西北流去,至香积寺南与鄗水合流为交水。宋人张礼说:"今潏水不至皇子陂,由瓜洲村附神禾堃。"西北流后再向南流,合御宿水,才成为交水。御宿水就是现在舆图上的鄗水。神禾堃就是神禾原。原面较高,潏水在这里西北流,是凿原后才能流过的,所凿竟深至八九尺,因而当地称为坑河。交水的得名,张礼也作了解释,说是樊川和御宿之水相交流之后的称谓②。是什么时候相交流的,也就是说神禾原上的坑河是什么时候开凿成功的?张礼只就当时目睹的情景而言,未再作说明。至迟在唐代已应如此。因为唐代在长安城南曾经不止一次地兴修水利工程,凿原成渠的工程不小,当时也是能够有这样的力量的。不过交水的名称已见于《水经注》,而且《水经注》也曾说过"交水承樊川、御宿诸水"。这和张礼所说的完全一样,也许张礼的话就是秉承《水经注》的意思。如果说这条坑河是唐时人开凿的,就不应是先有名称而后再动工兴修。如果再往前溯,那就只有西汉了。西汉时能够兴修昆明池这样大的工程,再开凿一条坑河应该是可能的。也许昆明池用水过多,仅仅一条鄗水还满足不了,需要再引用潏水。当然这也是一种推测。《水经注》中曾经明确记载着:潏水"又北与昆明故渠会"。是说潏水本来就可以直接流入昆明池,用不着再凿神禾原,使潏水绕一个圈子,和交水并流入昆明池。《水经注》还曾记载潏水尚未流入昆明池时,就已经"枝合故渠",而这条故渠有两股水流,上承交水。交水的一枝都流入潏水,为什么还开凿坑河,引潏水和交水合流?

至于丰水以西的涝水,如《水经注》所说,乃是出于南山涝谷,流经鄠县故城西,而北注于渭水,鄠县故城就在今户县北 0.5 千米。现在涝水仍流经户县城西,和《水经注》的记载完全相同,没有什么大的变迁。

渭水以南,西安周围这几条河流有一个共同的特点,就是流程都相当短促,出山之后,流经数十里皆会入渭水。在这数十里间,各自的河床高低,上下很不相同。初出山口,落差较大,下切较为明显,没有改道旁流的现象。流近渭水,地势较为平缓,河道就不免间有改易。其实这样的改易主要还应是渭水河道的变迁引起的。西安南倚秦岭,由于造山运动的不断延续,秦岭也时在隆起之

---

① 赵一清:《水经注释·补丰水》。石闼堰在香积寺西。今其地尚有堰渡村,交水当是由此北流,汇入昆明池。石壁谷即石鳖谷,也就是现在的石砭峪。

② 张礼:《游城南记》。

中。这样隆起的趋势虽是十分缓慢，不易为世人所察觉，但水流却难免会受到影响。渭水的河道就是因此而不断向北滚摆。显而易见的是，秦都咸阳为渭水所侧蚀，过半的遗址皆已被冲塌。秦都咸阳在今咸阳市东窑店。窑店北倚咸阳原，咸阳原边尚能见到秦时宫殿的残迹。咸阳原下，渭水河边当然也在都城范围之中。只是其间相当狭窄，如何能显示出当年瑰丽的气派？迄至汉时，咸阳与长安之间一桥相连，横架渭水之上。今则河滩广阔，河道推易，如何能如当年在原桥址上再架桥梁？据唐人记载，渭水南去咸阳县三里[①]。清人记载，渭水仅在咸阳县南一里[②]。其间的摆动是相当明显的。像秦都咸阳的现象也显现在唐时所筑的东渭桥。东渭桥的遗址在现在西安市东北耿镇的东南约二里处。其地田垄纵横，禾苗茂盛。与河流毫不相涉，就在这样田垅间，禾苗深处，桥基巨石累累相迭，当年规模依然可睹。东渭桥如何能架设在村旁田园之中？渭水既已北移，河滩经过改造，成为农田，故能五谷畅茂，到处遍布绿茵。当然这只是就总的演变规律来说，个别河段还是难免有若干变例的。

据唐宋时人的记载，渭水在盩厔县北五里[③]，在鄠县北十七里，万年县北五十里，临潼县北十里，兴平县南二十九里[④]。明清时人记载，渭水在盩厔县五里[⑤]，鄠县北三十里，兴平县南二十里[⑥]，长安县北三十里[⑦]，临潼县北十五里[⑧]。其间向北的摆动显然可见。由于渭水的摆动，其支流各水入渭处自然也相应有所移动。前面说过，丰水入渭处，据《水经注》的记载，乃在短阴山，而短阴山在今咸阳市西南，今丰水入渭处转在咸阳市东，西去短阴山已相当悬远。就是霸水入渭水处也有过几次变迁。以前文献对此皆未尝有所记载，在现在卫星摄制照片上却历历可睹，当非虚构。

然而最为明显的则为盩厔县芒水、就谷水和田谷水。芒水今为黑水，就谷水和田谷水尚仍旧称。据《水经注》和宋敏求《长安志》所载，这几条河水皆分别入于渭水。芒水下游虽有分支，亦皆相继入于渭水，不与就谷水和田谷水相涉。可是现在黑水北流并不直接入渭，而是在盩厔县东北数里处折而东流，接纳就谷水、田谷水以及更东的赤谷水，至盩厔县东寺章村入于渭水。为什么有这样的变迁，很可能黑水在盩厔县城东北折向东流处，本是渭水的河道。渭水向北摆动，这段旧河道并未淤塞，黑水和就谷、田谷诸水依然流入，渭水的旧河道因而成了黑水的新河道。就谷水和田谷水也相应成了黑水的支流[⑨]。

这里还应该再次提到丰水。丰水的变迁又是一种类型。如前所说，《水经注》曾经记载丰水入

① 《元和郡县图志》卷一《京兆府》。
② 胡渭：《禹贡锥指》卷十七。
③ 宋敏求：《长安志》卷十八《盩厔》。
④ 《元和郡县图志》卷一、二《京兆府》，宋敏求《长安志》卷十五《临潼》。
⑤ 乾隆《西安府志》卷八《大川志》。
⑥ 乾隆《西安府志》卷六《大川志》。
⑦ 嘉庆《咸宁县志》卷二《长安志水道》，按：咸宁与长安两县合治一城。
⑧ 康熙《临潼县志》卷二《山川志·河渠》。
⑨ 如上所说，唐宋和清代盩厔县城距渭水的里数，前后相同，没有改变。不过其间相隔已数百年，渭水河道可能曾经有过南北摆动，因而对芒水等支流也有了影响。渭水一些河段南北有时摆动也是习见不鲜的。

渭的地方为短阴山。这只能说郦道元时的情景，而不是最早丰水入渭的地方。可能远在西周时就不是这样。西周时的诗篇曾经歌颂过："丰水东注，维禹之绩。"[①] 在远古的传说中，禹以治水而闻名宇宙，丰水能为所治理，也是难得的盛事。出之于战国人士之手的《尚书·禹贡篇》也说"丰水攸同"。可见丰水能得到禹的治理，一直为世人所铭感。丰水据说都是北流，可是禹所治理的丰水却是东注。近年考古发掘和卫星照片，证明确是有过这样一条古河道。这条古河道起自长安县斗门镇。斗门镇就在丰水东岸，相距约 1 千米。由斗门镇东北行，过三桥镇，再向东北流，绝浐水和霸水，在今霸水入渭处以东入于渭水[②]。如果这样的论证不至于有若何讹误，则丰水以东的鄗水、滈水以及浐水、霸水都曾成为丰水的支流，这当然就成为相当巨大的河道，无怪乎周人从周原东迁就选定这条相当大的河道旁边作为建都的所在，而且以丰水的安流作为大禹治水的成就。

丰水是什么时候改道北流的？这就难得稽考。班固撰《汉书·地理志》于右扶风鄠县下说："丰水出东南，又有滈水，皆北过上林苑入渭。"至少在汉时丰水已北流入渭。丰水北流入渭，滈水也就不再作为丰水支流，同样北流入渭了。

二、西安附近的重要渠道

环绕于西安周围的诸河流，已使西安附近仿佛成为水乡泽国，可是这里的居人还不断设法开凿渠道，使这些河流发挥出更大的作用。

开渠引水，在西安是有历史渊源的。至迟可以上溯到周人的先世，《诗·公刘》篇说：公刘迁豳之后，曾经"相其阴阳，观其流泉"，然后"度其隰原，彻田为粮"。为什么要观其流泉？据注释家的解释，是要观察流泉浸润的所及，为了灌溉耕地。如果这样的解释不至于讹误，则周人发明灌溉的方法是相当早的。豳地流泉稀少，河流不多，还这样的用心，迁到丰镐之后，自然就更为方便了。丰镐附近，其时湖泊罗列，河流贯通，周人是可以发挥其所长的。《诗·白华》篇说："滮池北流，浸被稻田。"滮池在鄗池之西，其水北流与鄗水合，再北入于渭水。滮池北流的水并非大川，周人也尽量使其发挥灌溉的作用。周人除了灌溉农田外，还引水到都城附近，储于池沼之中，促成都城的美化。《诗·灵台》篇称道文王能得民心，在灵台之旁，凿成灵沼。灵沼之中，"于牣鱼跃"。这是说灵沼之中储水，因而鱼类繁殖很多，灵沼在灵台旁边，灵台在丰水之东，与都城所在的丰隔着丰水[③]。其东就是武王后来所建的镐京，镐京是由丰京发展起来的。灵台与丰京隔水相望，显示出丰京向东发展的趋势。灵沼所引用的自是丰水无疑，显示当时开渠引水已经不以灌溉农田为限了。

这样的开渠引水灌溉，到了秦汉之时得到充分的发展。南山之下，种植粳稻，成了当地的主要农作物。特别是丰镐之间农田，因为能得灌溉，被称为"土膏"，农田的地价在当时竟达到每亩一金的高度，为全国所仅见[④]。汉武帝初年，丞相窦婴和太尉田蚡还为争夺长安城南数亩田，而互相倾

---

① 《诗·大雅·文王有声》。

② 杜甫亭：《西安附近渭河河道的变迁》，《史前研究》1985 年 1 期。

③ 《水经·渭水注》。

④ 《汉书》卷六五《东方朔传》。

轧结怨，窦婴为此竟死于非命①。应该说，所谓"八水绕长安"的说法，不仅仅是这八条水道在长安周围流过，而且是能够引水处都在开渠灌溉，成为一个相当周密的灌溉网，作为一代都城的长安，就处在这个灌溉网的中心。秦汉时期如此，后来到了隋唐时期，重现一次，前后辉映，作为长安城富庶的标志。

像这样的开渠引水灌溉，所发挥的作用虽然不小，但工程都非很大。所开的渠道可能都很短促，也难得有具体的渠名。当时引水的巨大工程应该数得上凿昆明池和开漕渠。昆明池遗址在今长安县韦曲西北，斗门镇之东。斗门镇有村名为西石匣口，当是当年昆明池的进水口。昆明池久涸，当地迄今仍为洼地，面积 10 余平方千米。昆明池凿于汉武帝元狩三年（前 120 年）②。据说汉武帝曾经遣使寻求相当于现在印度的身毒国，中途为位于今云南的昆明所阻，为要讨伐昆明，故开凿这周回四十里的昆明池，以教习水战。也有人说，开凿昆明池是为了讨伐岭南的越人，以之作为备战之所③。说法虽然不同，但都是以昆明池作为训练水师的场所。

昆明池的水源主要是来自交水，也就是以前的鄗水。交水之外，也容纳一部分丰水。《水经注》说，丰水出山之后，分为二水。一水西北流，为丰水的主流，一水东北流为枝津。这条枝津和交水相汇合④。交水流入昆明池，其中当然包括一部分丰水。这条丰水枝津的具体所在，已不可确指。其与交水汇合的地方应在今香积寺西南，交水尚未折向西北流的所在。昆明池水源也来自潏水。前面曾经征引过《水经注》所记载的潏水"北与昆明故池会"，就是确切的例证。不过考核当地形势，似尚需再为斟酌。潏水故道就是现在的皂河。皂河和昆明池遗址之间尚有一段距离，势须有渠道相通，才能彼此贯注。

昆明池排水的水道自然是鄗水了。鄗水北流直接入渭。还有一枝是西入丰水。入丰水处就在周人所建的灵台之南，其地在今户县东北，已近于渭水了。然而相当多的水流，则是注入漕渠。漕渠可以作为昆明池排水的渠道，实际上漕渠的开凿都是对于昆明池水的利用。修穿漕渠也是汉时一项大工程，甚至还远远超于昆明池。

穿漕渠为汉武帝元光六年（前 129 年）事⑤，在开凿昆明池前九年。穿漕渠最初建议的者为身居大司马官位的郑当时。穿漕渠的目的是运输山东的漕粮。漕粮本来是由渭水运输的，渭水下游河道多弯曲，运输时有难处。穿成漕渠，由长安傍南山东行，直达黄河，就相当便捷。这条漕渠的穿凿经过三年得告完成，漕运得到很大的方便⑥。

漕渠的穿凿早于昆明池的兴工九年，漕渠修成之时，昆明池还未兴工。昆明池既尚未储水，漕渠的水源由何而来，当时的文献没有明确的记载。《水经注》解释这个问题，仅仅说是引用渭水，

① 《汉书》卷五二《窦婴田蚡传》。

② 《汉书》卷六《武帝纪》。

③ 《汉书》卷六《武帝纪》，师古注引臣瓒说。

④ 《水经·渭水注》。下文论述汉时开渠引水的渠道，大体皆据《水经注》，除少数随文举出外，一般皆不再注明出处。

⑤ 《汉书》卷六《武帝纪》。

⑥ 《汉书》卷二九《沟洫志》。

还提到昆明池。昆明池尚未开凿与漕渠还联系不上。漕渠虽也引用丰水，只是一条枝津，并非全流，更说不上引用渭水。由漕渠告成到昆明池告成，其间仅有六年。原来漕渠的渠道已经定型，可能不会因昆明池的开凿而另行改道。这是说穿凿漕渠本来的水源，就是要利用潏、鄗、沪、霸诸水。昆明池的穿凿使潏、鄗诸水得以以时储存，使后来的漕运更为方便。这样的设计显示当时水利技术的高超。昆明池的设计未悉出于何人。漕渠的设计则是出于齐地水工徐伯，这是应该称道的。

漕渠的渠道，据《水经注》所载，是由昆明池分出后，流经河池陂北。河池陂久已干涸。今有河池寨村，当是其故址的所在。其地在石匣口东微偏北处，则漕渠引水的地方当在昆明池的南端，而不在其北部①。漕渠经河池陂后，就和潏水交叉。今潏水故道的皂河，流经鱼化寨，漕渠和潏水交叉处当在今鱼化寨附近。今丰惠渠由户县秦渡镇引丰水东北流，也经过河池寨和鱼化寨，大致就是遵循当年漕渠的渠道。漕渠过鱼化寨后，流向东北，经过汉时的明堂之南和圜丘之北②。汉时的明堂在长安城鼎路门东南七里。鼎路门就是安门，为长安城南面正中的门，今地在今西张村南。明堂在今大土门东北变压器电炉厂附近。圜丘更在明堂之南，即今丰惠南路马军寨附近。漕渠绕汉长安城东南角外而东北流。流至清明门（在今北玉女村东）东北，今其地有张家堡村，在徐家湾西稍偏南处。当地有渠道遗迹，中间凹下，两侧高起，显露地面。若亲履其地，就可见当年旧基宛然未改。由此再往东北，越过霸水，经过新筑镇附近，一直伸延到更远，入于黄河。漕渠如何经过霸水？据《水经注》记载，是霸水"左纳漕渠"，而漕渠"绝霸右出"。这是说为了漕运的畅通，漕渠完全利用霸水的流量，可是就在漕渠越过霸水的地方稍上一点，也就是在霸桥之南，当时还开凿了引霸水的渠道，就是所谓霸水故渠。这条渠道傍其南的骊山东行，在新丰县（今新丰镇）与漕渠相会合。这条渠道应该是应用于灌溉的渠道，因为就是没有这条渠道，霸水还是一样被绝流拦住，都流到漕渠之中。

西汉时开渠引水的大工程，还应该提到供给都城长安的用水。这主要引用潏水。潏水由昆明池东再往北，到长安城西北入渭水，这就给引水入城有了方便的条件。就在潏水被引入长安城之前，还容纳了由昆明池引出一段渠水。潏水在建章宫东分为二水，一水北流，经宫内渐台东，北流入渭。渐台在太液池中。太液池周回十顷③，池中还有一个高达十丈的渐台④，规模颇为壮观。池中的水当然是引自潏水的。其枝津则由北向东北流，入了逍遥园中的藕池⑤。逍遥园就在长安城的西北角外，后来刘裕北征姚秦时，逍遥园仍未圮毁⑥，或以为逍遥园乃在章门之西，那是不符合当时的事实的⑦。章门乃是汉长安城西面三门中最南的一门，在今延秋门村东南约一千米处。当时是在建章宫东

---

① 杨守敬《水经注图》置漕渠引水口于昆明池东北，与《水经注》的叙述不合，也与当地地形不符。

② 《三辅黄图》卷五《圜丘》。

③ 《三辅黄图》卷四《池沼》。

④ 《三辅黄图》卷五《台榭》。

⑤ 嘉庆《长安县志》卷一四《山川考》："今皂河故道循（汉）长安城北行，至西北隅为皂河村，有水东流，当即注藕池者。北流之水独无所考证，盖湮没久矣"。皂河村今为皂河湾，在六村堡之西。皂河湾周围已无水道。六村堡北为相家巷，其北尚有水道流向东北，当是其遗迹的所在。

⑥ 《太平御览》卷九〇六《兽部》引戴延之《西征记》。

⑦ 杨守敬《水经注图》。

南，其西并非藕池所在之地，这里所说的潏水和所分出的枝津都还在长安城外，没有流到城内。

潏水被引进长安城中是由章门外开始的。这股潏水称为潏水枝渠，以飞渠的方式引入城内。所谓飞渠，为架空的渠道①。当时章门内外地势较低，必须垫高，渠水才能畅流无阻。章门以内则是明渠。明渠应是就在地面挖掘沟壕，引水流过，渠上也无所覆盖。这是以前一般开渠引水方式，西汉时当已如此。潏水枝津入城后，流经未央宫和桂宫之间，再经长乐宫北，再由霸城门附近流出城外。霸城门亦称青门，为长安城东面三门中最南的一门，位于今汉城樊家寨东约2千米。长安城虽濒渭水，却南倚龙首山，未央宫和长乐宫皆在城内偏南处，是以城内这段明渠，并非由西向东端直流于章门和霸城门之间，不免有弯曲之处。这段明渠中间也有些池沼，未央宫西有仓池，长乐宫有酒池和鱼池②。仓池中也有以渐台为名的台，据说就是王莽为汉兵诛杀的所在。潏水枝渠出霸城门后称为王渠，分为二水，一水东南流，入于昆明渠，也就是漕渠，一水则循城北流，入于渭水。

这里渠水以王渠相称。王渠据说就是官渠，郦道元以为就是北魏时的御沟。霸城门外的王渠循城向南，曲折流到覆盎门外。覆盎门为当时长安城南面三门中最东的一门，在今阁老村南一千米处。这是说王渠不仅在城东，而且绕城到了城南。这里的王渠直到现在还有存水，显示当地凹下，迄至今日仍未淤平。现在存水处，不仅达到覆盎门之外，而且还由覆盎门故址再向南伸，并折而向西，到了安门的所在地。从现在的存水看来，这段王渠犹如现在的护城河一样。霸城门外向北流的那一条潏水枝渠，循城北流，经过清明门。清明门为长安城东面三门中居中的一门。枝渠在那里也称为王渠。这些都是循城的水渠，和现在的护城河实相仿佛。清明门北那段枝渠循城北流，还经过东面三门中最北的宣平门，也就是现在的青门坊，因而可以说东城墙外都有和现在护城河相似的渠道。至于城西，如上面所说的由建章宫和其北的太液池东向北流的那条潏水枝津，在注入逍遥园的藕池前，流经今卢家口村西南和六村堡西，也就是长安城西面三门中间的直城门和最北的雍门外。虽然未能像霸城门和覆盎门外的王渠那样的贴近城墙，也会起到同样的作用。长安城北紧濒渭水，就用不着这样的设施，现在所不知道的是长安城南面三门中最西的西安门外是否也有王渠。西安门在现在马家寨南。现在马家寨南的地势，较之安门所在地的西张村南还稍低一点，可是现在这里未见积存的水，文献中也未见到有关的记载，未能率尔为之论定。

潏水枝渠入汉长安城后，由霸城门流出城外，这是见于《水经注》的记载。程大昌《雍录》别著有出霸城门北清明门的一枝。《雍录》说："沧池下流，循（未央）殿之北，向东而往，迳石渠、天禄阁、桂宫、长乐宫，皆用此水。"《雍录》接着还说："此自以往，凡水既周遍诸宫，自清明门出城，是为王渠。"这就和《水经注》所说不尽相同。不过潏水枝渠既已流入城内，则分注各处也是有可能的。《水经注》就曾征引过汉时王氏五侯大治池宅事作为例证，据说："前汉之末，王氏五侯大治池宅，引沇（潏）水入长安城，故百姓歌之曰：'五侯初起，曲阳最怒，坏决高都，竞连五杜，土山、渐台，像西白虎'，即是水也。"王氏五侯的池宅具体所在，未能确切指出，但至少不与诸宫殿相错杂，也就是说曾经引潏水枝渠的水流，曲折流转，至于他们的第中。王氏五侯为皇室外

---

① 程大昌《雍录》卷九《飞渠》。
② 《三辅黄图》卷四《池沼》引《庙记》。

家，位高权重，自然可以任所作为，其他达官贵人作园林池沼也是难免的①。汉哀帝为幸臣董贤治大第，开门向北阙，引王渠灌园池，也是一条著名的例证②。正是一条潏水解决了当时长安城中的用水问题。

长安城所濒的渭水北岸，本为秦都咸阳的废墟所在。咸阳虽已残破，废不为都，沿渭各处的土地素称富饶，并未因之减色。和长安城南一样，富饶的土地仍须时常灌溉。当时在这里所用的功力则是远超于城南各处。这里的灌溉渠道为成国渠。《水经注》记载有这条渠道，是由陈仓县（今宝鸡县）引汧水东流，经郿县（今眉县东北渭水北）、槐里（今兴平县东南）、渭城（即秦咸阳旧都）诸县入于渭水，其入渭处在霸水入渭以东。《水经注》所记载的成国渠为三国时魏国卫臻受命伐蜀时所开凿的。汉时自有成国渠是由郿县（在今眉县东渭水北）引用渭水的。卫臻所开的渠只是在汉时旧渠的基础上向上引伸，郿县以东还是一样的。这条渠道的开凿主要是为了灌溉农田。由于源远流长，灌溉的范围自然相当广大。长安城北的渭水北岸各处在咸阳原下的土地都受到滋润，应该较长安城南还多出许多。可以说，八水绕长安都能使长安受益。这里没有多涉及泾水。由泾水引出郑国渠和白渠，灌溉之利最为鸿大，有名于当时后世，只是灌区距离现在西安市较远，这里就从略了。

西汉以后，都城迁徙，长安废不为都，水利设施也就不为人所重视，不免渐就废弛。工程浩大的成国渠虽经卫臻的引申展修，但到郦道元撰《水经注》时，就早已无水。成国渠如此，其他渠道的通塞也就可想而知了。直到隋唐两朝相继而起，才有重现繁荣的局面，可是前后相隔已经将近6个世纪了。

隋朝建立，虽仍以长安作为都城，却将长安城迁徙到其东南的龙首原上。在诸多的迁徙原因中，长安旧城内地下水咸苦是重要的一条。长安城作为都城多历年所，地下水质受到污染引起变质，自是难免的现象。这也说明汉代以后，潏水入城枝渠以都城迁徙而被湮废，地下水已经受到污染变质，城内居民就难免凿井饮用咸苦水的困难。都城迁徙到龙首原上，地势更为高昂，城内用水的问题就不能不早日予以解决。隋朝建国之初，就先后开凿了永安渠、清明渠和龙首渠。永安渠引用的是交水，清明渠引用潏水，龙首渠则引用浐水。近城的三条河水都得到了引用，用功也是相当大的。

永安渠引用交水的地方，距御宿川（今为滈水）和潏水相汇合成为交水处不远，也就是在香积寺西今周家庄附近。周家庄西约3千米处为赤栏桥。赤栏桥远在隋唐时即已得名，迄今犹未改动。永安渠就是经过赤栏桥流向东北③。今长安县韦曲之西，丈八沟南有第五桥，第五桥东北又有沈家桥④，皆应是永安渠流经的地方。这些桥也应是架设在永安渠之上。由沈家桥再向东北流，就可由安化门西流入长安城内。安化门为唐长安外郭城南面三门最西的一门（在今北山门口村东约200米

---

① 《水经注》所引的王氏五侯事，具见《汉书》卷九八《元后传》。《元后传》还有记载说："成都侯商，穿长安城，引内沣水注第中大陂以行船，立羽盖，张周帷，辑濯越歌。上幸其第，见穿城引潏水，意恨，内衔之"。丰水距长安城较远，中间还隔着鄗水和潏水，未审王商如何引丰水入长安城中。

② 《汉书》卷八六《王嘉传》。

③ 雍正《陕西通志》卷三九引《长安县志》。

④ 张礼：《游城南记》。

处）。安化门西为长安城朱雀门街西第三街最南一坊大安坊[①]。永安渠流入城后最先流到大安坊，再往北流，依次经大通、敦义、永安、延福、崇贤、延康六坊之西，再经西市之东，又依次经布政、颁政、辅兴、修德四坊之西；又北出外郭城，流入芳林园，又北入苑，再北注入渭水[②]。这条渠在唐时亦称交渠[③]。

清明渠在永安渠之东。其引水处在朱坡村东南。朱坡在今韦曲东南，申店正东，其南则为小江村。清明渠由这里循少陵原麓西北流，经牛头寺，再西过韦曲[④]，经塔坡[⑤]，再北流，至安化门东朱雀街西第二街最南的安乐坊的西南隅屈而北流，再北依次经昌明、丰安、宣义、怀贞、崇德、通义、太平七坊之西，又北经布政坊之东，进入皇城，曲折流去，直至皇城南面最西的含光门之北，转而北流，北入宫城南面最西的广运门，更北流依次注入宫城内的南海、西海和北海[⑥]。

龙首渠引浐水处在长安城东南马头埪[⑦]。马头埪今为马登空。其引水处的遗迹迄今仍略可见到。龙首渠由于引用的为浐水，因而也称为浐水渠[⑧]。此渠由浐水引出后，北流至长乐坡西北，分为东西二渠。长乐坡在长安城东面三门中最北的通化门（在今长乐西路陕西省火电公司东南角）外，就是以前的浐坡，迄今尤为西安东行至霸桥及其以东各处的大道必经之地。所分的东渠，经长安外郭城东北隅外，折而西流，入于苑中。西渠经通化门南，流入城内，经朱雀门街东第五街永嘉坊和兴庆坊，西流转入街东第四街的胜业坊和街东第三街崇仁坊，再西入于皇城，折北由宫城南面五门中，由东向西第二门长乐门流入宫城[⑨]，折西注入宫城内的东海，其东渠入苑的余水，则经后来的大明宫[⑩]，复归于浐水。西渠流经兴庆坊处为龙池，这应是后来兴庆坊改建为兴庆宫时凿成的新工。唐德

---

① 隋唐长安城的外郭城，以朱雀门街为南北中轴街道，北起朱雀门，南至明德门。朱雀门为外郭城北皇城南面三门的中间一门，今在其遗址所在地重辟为朱雀门，就在今西安城南门之西。明德门为外郭城南面三门的中间一门，在今南郊杨家村。朱雀门街东西各有五条南北向街，就依次称为朱雀门街东第一街，一直至东第五街。朱雀门西的五街也是一样的。

② 宋敏求：《长安志》卷十《唐京城四》。

③ 嘉庆《长安县志》卷十四《山川考》："（永安渠），今香积寺北故道犹存。旧志称香积寺渠。《唐会要》：'元和八年四月，发神策军士修城南交渠'，即是渠也。"按：今故道在香积寺西交水北岸，香积寺北地势高昂，渠水不会由其地北流。

④ 张礼：《游城南记》述清明渠原委较为详备。其所记说："清明渠，隋开皇初，引沈（沉）水西北流，屈而东流入城。当大安坊南街，又东流，又东流至安乐坊，入京城。今其渠自朱坡东南分沈水，穿杜牧之九曲池，傍坡而西，经牛头寺下，穿韩符庄，西过韦曲，至渠北村，西流入京城。"张礼亲履其地，其言历历有致，当无讹误，今韩符庄和渠北村皆已不存，朱博村犹未移改，可覆按也。徐松《唐两京城坊考》卷四《清明渠》谓此渠乃引沈水自丈八沟分支，经杜城之北，屈而东北流。丈八沟在永安渠之西，永安渠尚不流经其地，清明渠在永安渠之东，何能越永安渠由其地引水东流？

⑤ 塔坡之名始见于《长安志图》卷中《图记杂说》，嘉庆《长安县志》卷十三《山川考》亦曾提及。

⑥ 宋敏求：《长安志》卷十《唐京城四》。

⑦ 《雍录》卷六《浐水》。

⑧ 《雍录》卷六《龙首渠》。

⑨ 宋敏求：《长安志》卷九《唐京城三》。

⑩ 《唐两京城坊考》卷四《龙首渠》。

宗贞元年间，还曾由流经永嘉坊的渠水，分出一枝，流至朱雀门街东第四街大宁坊中的太清宫前[①]。

永安、清明和龙首三渠引水入城，当然是为了供应长安城内的用水，更重要的是供应宫城和皇城内的用水。三渠之中除永安渠经过外郭城直流入苑，再注入渭水外，清明和龙首两渠皆流经皇城，至于宫城，分别汇入诸海之中。这应是隋时创业的成规。至于唐时益重视园林设施，一些达官贵人亦乐此不倦，寺院道观中更为必要的点缀。兴庆宫的龙池、大宁坊的太清宫池皆其著者。约略统计，长安城有名于当世的园林池沼，约有40所。朱雀门街西第三街延福坊琼山县主宅，就以宅内有山池院，溪磴自然，林木葱郁，为京师所称道[②]。街西第一街安业坊有程怀直宅。怀直自沧州归朝，唐德宗赐宅于务才里，又赐别宅于此坊。宅中就有池榭园林之胜[③]。而尚唐中宗女婿长宁公主的杨慎交的两所宅第，一在朱雀街东第二街大业坊，一在街东第五街靖恭坊。大业坊的宅第中的山池，本为徐王李元礼所有[④]。靖恭坊的宅第，本来也是高士廉的旧居。据说这一宅第"左属京城，右颊大道"，已是富丽堂皇，杨慎交更筑山浚池，当时帝后都数次临幸，置酒赋诗[⑤]。街东第三街永宁坊的永宁园中本有永穆公主的池沼，唐玄宗以之赐安禄山为游赏的胜地[⑥]。安禄山未叛前最为唐玄宗所眷顾，赏赐逾恒，则永宁园的池沼亦当绝非凡品。朱雀街西第三街延寿坊裴巽宅，以土地平敞，水木清茂，更为京城之最[⑦]。特别是朱雀街东第四街安邑坊中的马燧宅和街西第三街延康坊中的马璘宅，还曾引起当时帝王的重视。使其子弟作为进奉，入于大内。马燧子弟进宅后，遂改为奉诚园[⑧]。马璘的山池既进属官司，亦多为赐宴公卿的处所[⑨]。朱雀街西第二街最南的昭行坊，居长安城的最南面，地属偏僻，汝州刺史王昕却在其中"引永安渠为池，弥亘顷亩。竹水环布，荷荇丛秀"，以名园见于记载[⑩]。

在上面所说的永安、清明和龙首三渠外，还应该提到黄渠。永安等三渠固然供应唐长安城内绝大部分池沼的用水，也供给其他方面的用水。黄渠则主要是为了供应曲江池中的水流。曲江之名始见于秦汉时期，司马相如作赋曾经道及[⑪]。其地在隋唐长安城的东南隅。隋时始筑长安城，空此一隅，未筑城垣，亦当是由于曲江澜漫，不复再筑[⑫]。既已有曲江，则黄渠的开凿可能就在隋时。黄

---

① 嘉庆《咸宁县志》卷二《〈长安县〉水道》："〈志〉称'渠水长乐坡上'，当自长乐坡西北流经今墠坬垯、午门两社地。今城北厉坛前有沟绕含元殿迳孙家凹（原注即太液池遗址），东北至光泰门，当即龙首东渠由太液池入浐之道"。按：孙家凹今为孙家湾。

② 宋敏求：《长安志》卷十《唐京城四》。

③ 宋敏求：《长安志》卷九《唐京城三》。

④ 宋敏求：《长安志》卷七《唐京城一》。

⑤ 《新唐书》卷三《诸帝公主传·长宁公主传》。

⑥ 宋敏求：《长安志》卷八《唐京城二》。

⑦ 宋敏求：《长安志》卷十《唐京城四》。

⑧ 《旧唐书》卷一三四《马燧传》。

⑨ 《旧唐书》卷一五二《马璘传》。

⑩ 宋敏求：《长安志》卷十《唐京城四》。

⑪ 《史记》卷一一七《司马相如传》。

⑫ 《太平御览》卷一九七《居处部》引《天文要集》。

渠起讫，宋人张礼曾经有过具体记载，据其所说，则"黄渠水出义谷，北上少陵原，西北流经三像寺，北流入鲍陂，自鲍陂西北流，穿蓬莱山，注之曲江"①。这里所说的义谷，就是现在的大峪。由大峪流出的水今为大峪河，那时称为义谷水。黄渠就是由这条河水分流出来的。鲍陂今已干涸，当地仍有鲍陂村，村旁地势凹下，显示其遗迹的所在。三像寺早已圮毁，其遗址当在由韦兆上少陵原坡路的西侧，蓬莱山当在今曲江池南岸近处。这样说来，渠道历历可知②。张礼还曾说过：黄渠由曲江西北岸直西流，经慈恩寺而西。慈恩寺山门前近数十年前尚见渠道的残迹，信不诬也。据说，慈恩寺当时由于南临黄渠，故水竹深邃，为京都之最③。慈恩寺在朱雀街东三街晋昌坊，黄渠水西流，当过东四街的曲池坊和青龙坊，再经晋昌坊南的通善坊④，始能北流至慈恩寺前。朱雀街东五街升道坊内龙华尼寺南，曲江流水屈曲⑤。升道坊与曲江之间尚隔立政、敦化二坊，则曲江水流须经过立政、敦化二坊，才可以流到升道坊内。据说，修行、修政和昭国三坊也为曲江水流经之地⑥。修行和修政两坊皆在朱雀街东四街，其南就是青龙和曲江两坊。昭国坊在朱雀街东三街，正位于晋昌坊之北。如此说不虚，则曲江水涉及的范围也相当广泛。如前所说，唐长安城以东南一隅最为高昂，永安、清明以及龙首诸渠皆不能通到，有此黄渠和曲江，正可补苴其不足之处。今曲江池东北有村名为黄渠头，当是当年黄渠在行将汇入曲江之前，别有一分枝由这里流过，再稍偏南入于曲江。可能张礼游城南时，并未见到这样一条分枝因而未曾道及⑦。

到了唐朝，仍继续开凿渠道，引南山的水流入于长安城中。不过这一时期的开渠引水并不是为了供应城中的用水，而是为了便利交通，有助于运输。最早见于记载的是唐玄宗天宝二年（743年）韩朝宗所开凿的渠道。这次开凿的渠道有关文献记载间有歧义处。有的记载说，韩朝宗所引用的是渭水，因为是运输林木，置潭于西市⑧。有的记载却说，韩朝宗所引用的乃是潏水，与渭水无关⑨。不佞当年撰文，就根据前一记载立论，以为开元、天宝年间，漕渠尚在畅通，漕渠引用的就是渭水，流过长安城北。韩朝宗引用漕渠中的水至于西市，并不是不可能的⑩。经过考察核实，并非如此。漕渠的开凿，后文将另行论述，这里只先说漕渠和韩朝宗引水的不同处。漕渠确是由长安城西引用渭水，由长安城北流过。长安城乃在龙首原上，漕渠流经的地方则在龙首原北坡下，上距韩朝宗引水入城的长安城西面三门中间一门金光门（在今西安城西李家庄西北约130米处），其间高差竟至十米以上。这样的高差，是不能开渠引水上流的。上面说过隋唐时潏水由长安城西，向北流入

---

① 张礼：《游城南记》。

② 曹尔琴：《长安黄渠考》，《中国历史地理论丛》1990年1期。

③ 宋敏求：《长安志》卷八《唐京城二》。

④ 宋敏求：《长安志》卷八《唐京城二》："通善坊，杏园，黄渠"。

⑤ 宋敏求：《长安志》卷九《唐京城三》。

⑥ 辛德勇：《隋唐两京丛考》，三秦出版社，1991年。

⑦ 曹尔琴：《长安黄渠考》，《中国历史地理论丛》1990年1期。

⑧ 《旧唐书》卷九《玄宗纪下》；《新唐书》卷三七《地理志》及卷一一八《韩朝宗传》；宋敏求：《长安志》卷十二《长安》。

⑨ 徐松：《唐两京城坊考》卷四《漕渠》。

⑩ 拙著《中国的运河》第五章，陕西人民出版社，1988年。

渭水，这是经过金光门外的。金光门内距西市不远，施工较为容易。后来到唐代宗大历元年（766年），黎幹在南山谷口开凿漕渠，运输南山的薪炭，所引用的应该还是潏水^①。流经城内这一段，是由西市引渠，经朱雀门街西第三街光德坊。光德坊就在西市的东偏南处。由光德坊再东流，至朱雀门街东第一街开化坊荐福寺东街，北至朱雀门街东第二街务本坊国子监东，折北，过皇城东面的景风、延喜两门（景风门约在今西安城内东大街炭市街口附近，延喜门在景风门之北），北流入苑。这条渠水的开凿是为了运输南山的薪炭，故渠深一丈，阔八尺。这是说渠中可以行船^②。长安城中的渠水可以行船，应该是建城以来仅有的一次。连当朝的皇帝都感到惊奇，特地登上皇城观看。据说唐代宗所登上的皇城是在安福门（今西安玉祥门南侧）^③。安福门和延喜门东西相对，渠道在延喜门外，怎么可能在安福门上看见？也可以说安福门南光福坊东南为渠道所经过的地方。可是由安福门到光福坊，中间还隔着颁政、布政和延寿三坊，也是相当远的。还应该顺便指出，黎幹所开凿运输南山薪炭的渠道是利用潏水施工的。稍后一段时间，这条渠道不再运输薪炭了，甚至连城内这段渠道也湮废了，可是潏水在韦曲以北的河道却一直保持着漕河的名称。现在的舆图上把这段河道称为皂河。皂河也就是漕河。

韩朝宗和黎幹所开凿的渠道是为了运输，是交通水道。运输的路程是在南山和长安城之间。当时还有一条规模巨大的漕渠，就从长安城北流过，是不能不涉及的。这条漕渠就是隋文帝所开凿的广通渠。这是开皇四年（584年）开凿的^④。渠长三百余里，由大兴城（即长安城）西引渭水，濒渭东流，至潼关入于黄河，这条渠道当时一般就称为漕渠^⑤，也称为富民渠^⑥。隋炀帝时，以避炀帝的名讳，改为永通渠^⑦。唐初，富民渠亦以避唐太宗的名讳，改为富人渠^⑧。

隋初开凿这条广通渠，其目的意图和汉代的漕渠完全相同，是为了运输关东的漕粮，以补充关中粮食的不足。这在隋文帝为开凿漕渠所颁布的诏书中说得相当明白。诏书说："京邑所居，五方辐辏，重关四塞，水陆艰难。"又说："渭川水力，大小无常，流浅沙深，即成阻阂。"若得渠道开凿成功，"可使官及私家，方舟巨舫，晨昏漕运，沿泝不停，旬日之功，堪省亿万"^⑨。正是由于这条

① 嘉庆《长安县志》卷十四《山川考》中有《〈长安志〉水道考》，其说永安渠，谓"渠自香积寺引交水，迳赤栏桥，迳第五桥池陂，由丈八沟西北，东流入城"。释清明渠，谓"即今丈八沟之渠，但屈而东北流，与通济渠异道"。永安渠与清明渠皆不能绕流至丈八沟西北。盖其地有渠东北流，遂误以为永安渠或清明渠。此渠当是韩朝宗和黎幹所凿的渠，明清时的通济渠亦在丈八沟设闸遏水北上，地势高低不同，不能不因地设闸，明清时如此，唐时亦当相同。

② 《旧唐书》卷十一《代宗纪》；《新唐书》卷三七《地理志》，又卷一四五《黎幹传》；宋敏求：《长安志》卷十二《长安》

③ 《旧唐书》卷十一《代宗纪》。

④ 《隋书》卷二四《食货志》，又卷六八《宇文恺传》。

⑤ 《隋书》卷一《高祖纪上》。

⑥ 《隋书》卷六一《郭衍传》。

⑦ 宋敏求：《长安志》卷十二《长安》。

⑧ 《北史》卷七四《郭衍传》说到这条渠道，就称之为富人渠。

⑨ 《隋书》卷二四《食货志》。

渠道能够开凿贯通，长安城中就显得相当繁荣富庶，不仅隋时乐观其功，后来到了唐朝，还是深享其利。

汉时漕渠水源引用昆明池水。昆明池自凿成后多历年所，渐就湮塞，隋初未加疏浚，自不易再事引用。隋时所引用的乃是渭水。引用渭水的地方，据宋时的记载是在兴成堰[①]。唐代中叶以后，从事修复漕渠，也是在兴成堰施工的。兴成堰在咸阳县西十八里[②]，唐咸阳县在今咸阳市东，兴成堰当为今咸阳市南稍偏西的钓鱼台。由钓鱼台往东，渠道是由什么地方通过的？仅有的记载是《隋书·郭衍传》所说的"凿渠引渭水，经大兴城北"。隋大兴城就是唐长安城。隋唐两代的都城都是皇城居中，再北就是禁苑。这都是皇家的要区，渠道如何能够通过？是不是横过长安城的外郭城？有人据嘉庆《咸宁县志》所说的有沟经孙家凹东北趋光泰门，因而谓"此渠应即是唐漕渠的故道"[③]。孙家凹就是现在孙家湾村，在唐大明宫含元殿遗址北稍偏西处。这里的沟应是龙首渠东渠的尾闾所在，黎幹所凿的漕渠，有关的记载只说它过皇城东面的景风，延喜二门北流入苑。漕渠的水是经常流通的。如果仅仅储在苑中，苑中如何容纳得下。孙家凹的沟也应是黎幹所凿漕渠的尾闾所在，由这里把余水排到浐水中去。如果说这里是广通渠流经的地方，则广通渠就应该流经当时的长安城中。这是不可能的。这在前面已经提到过，位于龙首原上的长安城，特别是其西面三门中的金光门，和龙首原下漕渠故道间的高差，竟在10米以上，渠水如何能由低洼处流到较高的地方？

其实广通渠的渠道并非无迹可寻。霸水之东，现在新筑镇附近就有一条壕沟遗迹，既深且阔，用不着再作解释，分明是一条故河道。这条故河道一直向东延伸，也向西延伸，直到霸水岸边。过了霸水，遗迹还是显然在目，也直到徐家湾偏西的张家堡。张家堡西虽未再见到遗迹，由张家堡西行，约2千米处就是汉长安城了。这应是汉时漕渠的遗迹。这是在前面已经论述过的。隋时凿广通渠应是循着汉渠的旧基。这里渠道遗迹只有一条，就足以说明问题。汉时渠道遗迹都能留到现在，为什么隋唐的渠道竟无遗迹可寻？既然汉时渠道遗迹依然存在，隋时再事开凿就可以完全利用。这是一般的常理，是用不着多所说明的。

隋初开凿的广通渠和汉时漕渠差异处，只是水源不同。汉渠的水源为昆明池，隋渠的水源是渭水，其间的渠道自然是不相同的。汉渠的渠道离昆明池后，东北流，绕汉长安城东南角外，再流向东北。这是在前面已经论述过了的。隋渠由渭滨东行，与汉渠旧迹相会合。两条渠道的开凿都未涉及汉长安城，因而汉长安城的南垣还能显露在地面。

后来到了唐初，还在渭水以北另外开凿一条供交通运输使用的渠道。这条渠道名为昇原渠，是

---

①　宋敏求：《长安志》卷十二《长安》。

②　《旧唐书》卷一七二《李石传》。

③　嘉庆《咸宁县志》谓孙家凹东北趋光泰门的沟为龙首渠入浐的故道，已见前文的征引。黄盛璋在所著的《历史地理论集·西安城市发展中的给水问题以及今后水源的利用与开发》文中，谓此为唐漕渠故道，与龙首渠无关。按唐漕渠遗迹已见于孙家湾西北的张家堡，这在下文行将提及。张家堡的高程为383～384米。孙家湾西北坑底村的高程为399米，其正西方新村的高程为400米，与张家堡的高程相差在10米以上。漕渠水在当时如何能经过坑底村或方新村流至孙家凹？不过这也并非黄文的错误。嘉庆《咸宁县志》所绘制的《〈长安志〉水道图》即已以漕渠流经孙家凹，黄文盖承此图所示而误为之说。

武则天垂拱（727～730 年）初年凿成的。由岐州（治所在今陕西凤翔县）的虢县（今陕西宝鸡县）引汧水至咸阳，以运岐、陇（州治在今陕西陇县）两州的木材，供应都城的需要①。为什么以昇原为名？有人说这是引汧水流经原上的渠道。这应是望文生义的解释。汧水在这里循五畤原西麓南流。五畤原高耸斗绝，汧水河谷又相当低下，汧水如何能够在这里被引到原上？昇原渠当是由五畤原下引汧水，循原麓东流。五畤原麓稍高于渭水河谷，就以升原为名。前面曾经说过，汉时曾由鄠县开凿成国渠，引水东流，灌溉到长安城北秦都咸阳旧地附近的田亩。这条渠久已淤塞，唐时可能再加疏浚，因而仍然通流②。成国渠和昇原渠平行东注，在武功县汇于六门堰中，再由六门堰分别流出。六门堰以西，成国渠在南，昇原渠在北，六门堰以东，成国渠反在昇原渠之北。在武功县东的兴平县境，成国渠在县城北一里，昇原渠却在县城南十五里③。可见昇原渠并非流在原上。昇原渠的开凿固然是为了运输岐、陇林木，却也用于灌溉，和成国渠起到相同的作用④。昇原渠引用的是汧水，汧水也是渭水的支流，和霸、浐诸水相仿佛。加上这条汧水，则绕长安的就不仅是八水了。

　　成国渠和昇原渠在渭水之北曾经用之于灌溉，渭水以南长安城诸渠绝大部分是为了供给城内用水而开凿的，是否用于灌溉未多见于记载。黄渠的开凿虽是为了供给曲江的用水，然在义谷引水之初，就已分为二渠，一渠北流入于长安城东南隅，一渠则西流入樊川，灌溉稻田⑤。这里还应该提到清渠和贺兰渠。清渠在唐长安县西五十里，自鄠县流来，北入于渭⑥。郭子仪与安禄山之子安庆绪的军队曾大战于这条渠上。贺兰渠引自丰水，亦称丰水渠，东北流在昆明池注于交水⑦。这两条渠道的开凿，皆非供应长安城中用水，亦与交通渠道无关，自当是为了灌溉农田而开凿的。

　　唐朝末年，都城迁往洛阳，长安城残破圮毁，与前迥不相同。外郭城已完全拆除，宫城亦无复

---

①《新唐书》卷三七《地理志一》说：虢县"西北有昇原渠，引汧水至咸阳，垂拱初运岐、陇水入京城"。岐、陇水有什么特点要远道运至京城？这时所说的岐、陇水应为岐、陇木之误。

②《元和郡县图志》卷二《凤翔府》。

③ 宋敏求：《长安志》卷十四《兴平》。

④ 宋敏求：《长安志》卷十四《兴平》。

⑤ 宋敏求：《长安志》卷十一《万年》；张礼《游城南记》。

⑥ 宋敏求：《长安志》卷十二《长安》。郭子仪与安庆绪将安守忠战于清渠事，《旧唐书》卷一二○《郭子仪传》及《资治通鉴》卷二一九《唐纪三五》均有记载。胡三省注《资治通鉴》说："程大昌〈雍录〉有〈汉唐要地参出图〉，唐京城西有漕渠，南出丰水，迳延平（按：门在今西安南郊陈家庄南）、金光二门，至京城西北角，屈而东流，迳汉故长安城南，至芳林园西，又屈西北流入渭。清渠在漕渠之东，直秦之故杜城南，稍东即香积寺北。"按：程大昌的《汉唐要地参出图》虽甚简明，殊不清晰，胡三省又复误读；故所释多谬误。唐漕渠出于潏水，不出丰水。图上又以清渠置于香积寺之侧，故胡注所云如此。如清渠果在香积寺之侧，则郭子仪军既败于清渠，如何又能取胜于香积寺？宋敏求以清渠在长安县西五十里，其《长安志》中所记长安县的幅员，东西才四十里，说亦难通。《资治通鉴》记此次战争的经过说："子仪与王思军合于西渭桥，进屯潏西，安守忠、李归仁军于京城西清渠。"郭子仪由凤翔率军东征，故称其过西渭桥后至于潏水之西为进屯。而安军所守的清渠乃近在京西，这仿佛示人以清渠可能就在潏水之东。《长安志》卷十二《长安》引《括地志》说："今（图经），潏水在县西四十里，其水自鄠县界入本县界十里入清渠。"则清渠当在潏水之西。然《括地志》又谓潏水入于永通渠，与清渠无关。这样说来，清渠所在的方位虽可确定，流经的地方还只能有待再事考核。

⑦ 宋敏求：《长安志》卷十二引《括地志》。

残留，所余的仅为皇城。原来引用潏水的永安、清明两渠以及韩朝宗和黎幹所开凿的渠道，绝大部分皆在外郭城中，外郭城既已拆除，这些渠道也就荡然无存。潏水不复由渠道入城，就皆由丈八沟向北流去，独流入于渭水。就是由城东引用浐水的龙首渠，也同样难免厄运，受到阻遏。

这时的长安城经过几百年的建都，也和汉长安城一样，由于长期污染，地下水相应变质咸碱不适于饮用。长安虽不作为都城，以地势重要，还是相继作为地方区划的治所，宋时的永兴军路，金时的京兆府路，元时的奉元路和明清的西安府，皆仍治于长安。这些时期，长安的居民虽不如原来都城的众多，为数却也非少。城内水已咸碱，确也成了问题。宋真宗大中祥符七年（1014年），陈尧咨又开始整修龙首渠，引浐水入城。为什么陈尧咨从整修龙首渠着手？因为隋唐时龙首渠由当时长安城东面三门中最北的通化门南流入城内，由通化门西到皇城，中间仅隔原来朱雀门街东第三到第五的三条街，距离较为接近。原来龙首渠入城后，稍稍绕向南面的兴庆宫，这时兴庆宫已经拆毁，宫内的兴庆池也就是所谓龙池并未淤平，还可加以利用。尤其可以称道的，城东二里的渠身还相当完整，渠内还有流水，修整引用就相当方便。只是引水入城后，都流到什么地方，未见有关的记载，不易具体确指①。

金源和元朝继起，也都修整过龙首渠。只是目的各异，长安城内不一定得到许多好处。金时修整龙首渠，主要是为了在兴庆池中储水，以便于池畔的游宴取乐，仿佛以之同于唐时的曲江，这和宋时很不一样②。元时修整龙首渠固曾如陈尧咨的旧事，引水入于长安城中；可是再一次修整，却是引水北至王城。王城即当时的安西王府，也是所谓墉圩垛，安西府现在残留有些许遗迹，其地在西安车站之北，东元路之东。以唐长安城相比照，则在兴庆宫直北偏东处，也是在大明宫直东偏北处。具体说来，应在唐长安城外郭城东北城角外的北偏东处，唐的龙首渠的东渠是由外郭城东北角外循城西流。元时所修整的引水向墉圩垛的龙首渠当是循唐时渠道引向外郭城东北角外，然后再向北偏东流至安西王府。至于引入城内的渠，乃是先灌入兴庆池，再引入城内，又由城内西入城壕③。

龙首渠经过这样一些曲折，到了明代，城内渠道系统才能具备脉络。明代于关中中部设西安府，长安城即为府治，也是秦王府的所在地。秦王府于清时为满城，今陕西省人民政府及其南的广场皆为秦王府的旧地。明时仍继续修治龙首渠，城内渠道不尽与元时相同。据当时记载，"渠水自长乐门入城，分作三渠：一从玄真观南流，转羊市，过咸宁县总署，西流转北，过马巷口；一从真

① 《宋史》卷九五《河渠志五·河北诸水》；骆天骧：《类编长安志》卷六《渠》载陈尧咨为开渠所上的奏文中说："开渠引流入城，散流尘闬，出纳城壕阛阓城尽食甘水"。

② 骆天骧：《类编长安志》卷四《堂宅亭园》："兴庆池北众乐堂后有宋大尉张金紫所构流杯亭，砌石成风字样，曲水流觞，以为祓禊宴乐之所。傍有《禊宴诗碑》。"又说："众乐堂，在兴庆池北，金朝金紫光禄大夫张仲孚所建，与宾客宴游。"所谓宋大尉张金紫即此金时的张仲孚。

③ 《类编长安志》卷六《渠》：龙首渠，"至元甲子，赛平章复引水入城中，至元十年，复开五季后涸渠，自长乐坡西北流入于王城，一渠西流，灌兴庆池，经胜业坊西京（入）城，经少府、钱监、都水监、青莲堂，西入熙熙台，西入城壕"。《长安志图》中的《奉元路图》，未标出少府等处，不易确定其具体所在地。青莲堂，据《类编长安志》卷四《堂宅亭园》所说，则在当时省衙莲池，宋陈光咨所造。《类编长安志》又谓：京兆"府城掖庭街有（寇）莱公宅，中有山池，熙熙台"。

武庵北流；一从羊市分流，过书院坊西入秦府"①。长乐门为西安府的东门，现在仍因而未改。玄真观在东门内偏南，羊市今仍为东羊市街，咸宁县总署即咸宁县治。咸宁县省并已久，其地今仍称县门街。就在东羊市街之西。这样说来，渠水是从长乐门偏南处进入城内，玄真观尚近长乐门，故渠水由玄真观南流，才能转到羊市和咸宁县总署。马巷口可能就在西安市钟楼之南，南大街的北端②。则这条渠道当是由今县门街西行，再由南大街向北流去。至于流入秦府的渠道，则是从羊市分流出去的。据清时记载，龙首渠流入城内后，所分的三派为："一经流鄠阳府前，至西分一渠，流经大菜市，往北入临潼府；一经流京兆驿并永兴府，至西转北经马巷口，入莲花池。"③今传世嘉靖《陕西通志》附有西安城内的龙首渠图，与清时记载相仿佛，可以互相参证。鄠阳府在今玄风桥。前引明人记载所说的玄真观，亦当在鄠阳府的近旁。大菜市今为大差市，音同字异，实为一地。临潼府在秦府东北，今为北都统巷。这条渠道当是明人记载所说的由真武庵北流的渠道。京兆驿在今饮马池巷东，而饮马池巷在今菊花园之东，由咸宁县总署西行，自须经过京兆驿之南。永兴府未知确地。上面所说的《龙首渠图》上以之置于秦府的西南，而又在由京兆驿西流之北，南门内的街道之东，以形势度之，可能就在今东木头市之北。清时记载，这条渠也经过马巷口，和明人记载相同。明人记载，如前所说，此渠过马巷口后，即不见其踪迹。清时记载，谓由马巷口北流，入于莲花池。所说的莲花池乃在今莲湖公园的东北，似为宋元时青莲堂畔的莲池。

嘉靖《陕西通志》所附的西安城内龙首渠图，较之上引的明清时人记载尚多出两条支渠。一为在鄠阳府之东，即已分出一渠，北流至杨大人宅。此宅无考，可能在临潼府东，近东城墙处。一渠在马巷口之北分出，流至沔阳府。沔阳府在今梁府街。流往临潼府的渠，在府南还分出一支，流入秦府。这几条支渠未见明人记载，可能是王恕修渠后补开的。其后淤塞，故清初记载亦未能涉及。

清初康熙年间，还曾疏浚过龙道渠④。说是疏浚，大致仍遵循明时的规模，没有什么新的改置。上面所说的清初有关的记载，与嘉靖《陕西通志》所附的西安城内龙道渠图相仿佛，可能就是这样的缘故。后来到乾隆年间修筑西安城，废龙首渠入城的水门，渠水遂不能再流入城，余波遂注入东城壕⑤，这当然不是彻底的办法，因而后来也就湮塞了。迄今西安东关的一条巷还保存有龙渠堡的名称，还可仿佛想见当年的盛况。

龙首渠在西安城内与隋唐时的渠道有所不同，就是城外也有差异。隋唐时龙首渠是由马头控引水入城，马头控就是现在的马登空。明清时则移向东南，改由留公引水⑥。留公在鸣犊镇西北，也是

————————————

①　雍正《陕西通志》卷三九《水利一》引王恕《修渠记》。

②　《长安咸宁两县续志》卷四《地理考》：城内坊巷，南路七坊，头一坊为马巷坊。此所谓南路坊巷大致指今南大街而言，故马巷口当近今钟楼。《长安志图》亦绘有马巷口，乃在开元寺西北，其间尚隔旧景风街。开元寺今为解放商场。旧景风街今为东大街。如所言，则马巷口当在今钟楼东北，可能稍有偏差。因《长安志图》玄真观亦被置于旧景风街之北。

③　雍正《陕西通志》卷三九《水利一》引《县册》。

④　雍正《陕西通志》卷三九《水利一》。

⑤　《续陕西通志》卷五七《水利一》。

⑥　雍正《陕西通志》卷三九《水利一》。

在浐水岸旁。这样的改易只是由于浐水河道的下切，显得更深，不能引水入渠，只好移向上游河谷较浅处施工。

明清时流入西安城的渠水，龙首渠之外还有通济渠。通济渠始修于明宪宗成化（1465～1487年）初年，所引用的就是潏水。隋唐时所修的清明渠本来就引用的潏水。清明渠涸绝已久①，渠道当仍未湮失。因而通济渠由潏水引出后，仍遵循清明渠的故道，经韦曲而至于塔坡，由塔坡偏向西北，转到杜城，经沈家桥而至丈八沟。这一段本是皂河的河道，皂河西北流，为了引水入西安城，当时在丈八沟作闸，逼水东北流，经南窑村、甘家寨、糜家桥、解家村，入于西安城。就在入城前后也还有点曲折。渠水已入西门外的瓮城，复由水门出瓮城，沿城而南，过一敌楼，复入城内，南流至白路湾，东北流至牌楼南。白路湾当为白鹭湾，牌楼亦当为梁家牌楼。梁家牌楼位于白鹭湾之东，中间虽尚隔几条街巷，相距并非很远。今白鹭湾又有名为龙渠湾的街巷，也应是当时渠道所经过的地方。过梁家牌楼后分为三派：一派由长安县署前东流，过广济街，再过大菜市，东向出城，注入东城壕。长安县署今为第六中学。盖由长安县署一直向东，流出城外。一派从广济街北流，过钟楼折而西入贡院。当时的钟楼和现在不同。其地就在广济街东，也是在城隍庙的东北方。贡院在今早慈巷之西，据嘉靖《陕西通志》所附的西安城内通济渠图，这条渠过钟楼后，转向西北，流到贡院之北，再折而南流，流到贡院。今西安城内北广济街北端有劳武巷曲折斜向西北，以至于洒金桥街，未知是否这条渠道斜流所经过的地方。还有一派由广济街直北注入莲花池②。据上面所提到的西安城广济渠图，这三派渠中特别是由广济街东流的一派，也曾分别流注宜川府、永寿府、保安府和秦府，这当是明代的情形。到了清代，渠道已多有淤塞，曾因时加以疏浚。康熙三年（1664年）、乾隆六年（1741年）、乾隆三十年（1765年）、嘉庆九年（1804年）、十七年（1812年）以及光绪二十九年（1903年），都曾先后施工过③。前面曾引用雍正年间的记载，乃是康熙年间疏浚后的演变。曾经疏浚过的三派渠道，不到七十年间，仍然只剩下一派，其淤塞的速度是相当快的。为什么会如此？其中一个原因，是供应城中用水的渠道还兼用于灌溉农田。在农田需要灌溉的季节，就难得有余水流入城中。渠道中没有水流，焉能不被堵塞？旧志于光绪二十九年疏浚之后，再未有复修的记载，大概就再未兴工，一直拖延到建国之前。渠道既多淤平，也就难于考核。当然莲花池的积水还掩映于林荫草坪之间，而白鹭湾的名称依然保存未失，可以作为例证，不过仅凭这样的孤证，也难得引起世人注意，不易洞悉其间命名的本意。当前，西安市正在修建导引黑水入城的渠道，黑水就是秦汉时的芒水，在今周至县。芒水不在环绕长安的八水之列，距今西安市也较远。引水工程是相当巨大的，渠道建成后，其引水量必然会超过隋唐时的永安、清明和龙首三渠，至于明清时的通济渠，就更在话下了。

开渠引水，灌溉农田，汉唐各代皆素所重视，这是在前面已经分别论述过的，明清时也应如此。不过像成国渠那样专为灌溉而开凿的源远流长的大渠未闻有所兴工，至于较为短促的渠道为数

① 《长安志图》。
② 雍正《陕西通志》卷三九《水利一》引项忠《通济渠记》。
③ 《续陕西通志》卷五七《水利一》。

还非很少。据清代嘉庆时的记载，长安和咸宁两县境内，引用潏水的渠道就有21条，引用霸水的有8条，滈水18条，鄗水15条，引用由鄠县流来的丰水2条，滈鄗之间的低地还有11条，显得有一定的成就①。撰成于民国年间的《续陕西通志》也曾经作了统计，据说："自霸浐而下，渠水所灌三万五千一百四十八亩，其溪谷支渠及民间汲灌之利不与焉。"亩数虽然不少，余利却未尽兴。《续陕西通志》的撰者因而感慨地说："汉唐旧渠多可复修"，以种种原因，"因循岁月，遂致湮废，良可慨矣"②！可见汉唐两代，开渠灌田更为繁多，前面论汉唐开渠灌溉，只是根据现存的文献记载而言，《续陕西通志》撰者所说，可能根据故老传言，间或还有遗迹可征，当非过于诬妄。中华人民共和国成立以来，大力兴复农事，灌溉之利也最为广博，遍及西安周围各县，仅就这一点来说，八水绕长安，由汉唐以至现代，都是如此。具体来说，现代更当超迈汉唐。

三、渭水南侧诸支流流量的增减

本章开篇就提到"八水绕长安"的古谚。八水环绕长安，这是自古以来颇受人称道的具体事例，还应该提到的则是这八水都不是很小的水流，能为长安增加声势，也能助长长安的富庶。现在看来，好像这样的说法和实际情况不完全相符合。环绕的形势固然仍旧没有大的改变，有些水流都相当细小，甚至到了炎夏之时还不免干涸。水流干涸，连环绕都说不上，还能说到其他方面？这不是这句古谚说错了，而是千百年来的变化有意促成的。事物都是经常在变化之中，水流也是一样的，不可能独为例外。

现在西安市东郊的半坡，为近年发掘出来的原始社会新石器时期的遗址，最负盛名，遐迩皆知。遗址中残存的遗物不少，彩陶最多。彩陶上所绘的图案，往往皆作鱼形，或与鱼有关的绘画。在诸多遗物中还间杂有捕鱼的工具。这当然是半坡人对鱼最为熟悉的表现，不仅熟悉，而且是以鱼为佐餐的食品。半坡紧濒浐水东岸，相距在咫尺之间，按一般道理来说，半坡人的鱼当是捕之于浐水之中。现在浐水是一条小河流，水上虽然有桥，行人如果不在桥上行走，就可以脱去鞋袜，涉水而过。若在夏季，浐水动辄干涸，竟无水流，更不要说是涉水了。像这样的水流，如何能够会有鱼类孳生？浐水沿岸的新石器时期遗址，已发现的为数殊为非少，显得相当稠密，甚至还多于现代的村庄。半坡人能够捕鱼，还能以鱼作为不可或缺的食品。同居于浐水沿岸的原始社会的人群，谅皆具有相同的生活方式，也有捕鱼的习俗。准此而言，当时浐水的流量是相当大的，和现在的细流，甚至绝流，迥不相同。

西安附近原始社会新石器时期的遗址相当普遍，浐水沿岸如此，丰、霸两水沿岸也很繁多。显示丰、霸两水的流量也很不少，尤其值得称道的则是丰水。上面说到浐水和霸水的流量，还是由原始社会新石器时期遗址的有关事物推论出来的，丰水流量的巨大，文献记载还可以作为证明。前面曾经说过《诗三百篇》所歌颂的"丰水东注，维禹之绩"。禹是以治水出名的前代帝王，据说他为

---

① 嘉庆《陕西通志》卷三九《水利一》。
② 《续陕西通志》卷五七《水利一》。

了治水跑遍了全国各处，江河那样的大川都曾受到治理，丰水和江河相比，就算不得大川。因为它只是渭水的支流，渭水才是黄河的支流。那样多的江河支流，怎么还能轮到支流的支流，可是《诗三百篇》的记载是清楚的，至少在周人眼中丰水是一条大水，是值得称道的。

和丰水比较起来，鄗水就显得小些，至少不如丰水的源远流长。西汉中叶，汉武帝修筑昆明池，把鄗水拦腰截断，后来的人们甚至不知道鄗水源流的所在。实际上昆明池就是鄗水汇集而成的。昆明池也承受的丰水和潏水，只是由渠道分流出来的一部分，算不得主流。就是这样的昆明池水，竟然成为当时所开凿的漕渠的水源。漕渠的开凿是为了运输关东的粮食，接济都城长安的需要。运输漕粮端赖船只，这是说，以鄗水为主，再加上由丰水和潏水分出来一些水流，就可以行船。这样说来，鄗水的流量也是不小的。

再后来到了唐朝，潏水能够行船也见于记载。前面曾经征引过韩朝宗在唐长安城中西市凿渠引水以运输材木事。韩朝宗所引用的水流有不同的说法。前面为此还曾做过考核，确定所引用的不是渭水，而是潏水。材木的运输可以用船载，也可由水上漂来。这一点无法肯定。就是随水漂来，也应不是近乎溪涧的小水。前面还曾征引过黎幹由南山运输木炭供应皇室而开渠引水事。所引用的就是潏水，所开的渠不仅进入长安城内，而且还绕行了几条街道，经过不少的里坊。木炭的运输是要船载的，还要一直载到长安城内。北方少有船只，长安城内街道之间有船行驶，史无前例，长安城中自然成为奇事，甚至皇帝也亲自出来观赏。由潏水引来渠水能够行船，潏水流量之大，是无可怀疑的。

中华人民共和国成立后，在长安县治所韦曲的西南，也是香积寺北偏东处的温国堡发掘出一艘沉船，温国堡位于潏水的沿岸。这里所说的潏水，是潏水被引将合于交水的一段，也就是前面所说的坑河。温国堡所在地下距交潏两水合流处已不很远，这艘沉船至迟也应是唐时的船只，因为宋时潏水的水位已经降低，不可能再行船了。唐时黎幹引潏水开渠处乃在韦曲的东南，相距还非很近。这显示出当时潏水相当多的河段都能行船。也许是就因为这样的原因，才使黎幹敢于引水开渠在都城之内行船运输木炭。

在温国堡发掘沉船的先后，丰水岸旁也发掘出一艘沉船。这艘沉船的具体制造时期不可确知，至少可以说明丰水也曾经可以行船。这也可以证明《诗三百篇》所记载的"维禹之绩"，不是徒托空言的虚说。

这样旺盛的流量是什么时候开始减少的？没有见到有关的记载。不过唐末五代以至北宋的初期就已显露端倪。宋人张礼游长安城南时，潏水上已无行船，只好徒涉而济[①]。张礼游长安城南时，在宋哲宗元祐元年（1086年），上距北宋开国已经140余年。再往上溯，历年就更多了。年代悠久，难免就没有变化。张礼以后，好像这几条河流的流量除过洪水泛滥外，再未见到有所增长，可能一直到了现在。现在不是流量增长的问题，而是减少到什么程度。如上所说，像浐水这样的河流，炎夏之时，竟至于干涸断流。隋唐时期，永安、清明、龙首三渠引用交水、潏水和浐水，已满足长安城内用水的需要。现在西安城内用水至为迫切，却远自黑河引水，交水、潏水和浐水都不在考虑之

---

① 张礼：《游城南记》。

列。前后相差确实是这样的明显！

　　为什么有这样悬殊的变化？原因当然不止一端。由南山流下来的渭水诸支流，其发源处都有泉水。泉水由地下涌出，若非有地震那样剧烈的变化，使地层受到影响，阻遏了地下水，一般说来，不会有显著的增减。当然，河流的流量与降水量的多寡也有关系。降水量小固然可使河流的流量减低，降水量过多，河流还会泛滥成灾。在悠久的年代里，降水量的多寡大小，也是不时在变化之中，难得前后都是一样的，最多只能是短暂的现象，不至于一直延续下来，都在减少之中。这就和这几条渭水支流的流量在隋唐以后一直在减少的情形没有什么显著的关系了。

　　这样的流量减少，很可能是受到南山植被破坏的影响，特别是森林的破坏影响更为显著。南山的森林自来是丰硕茂密的。这在拙著《历史时期黄河中游的森林》中作了详细的论述[1]，不过这里还可略举一些唐人在诗篇中的描述，作为例证。唐太宗有一首《望终南山》的诗，诗中有句说："叠松朝若夜，複岫阙疑全。"[2]这是说：南山的松树到处都是密密麻麻的，在那里的白天竟然都和黑夜一样。储光羲诗中也有句说："深林开一道，青嶂成四邻。"[3]这是说南山上都是森林，只有林中的路才可以行走往来。在林中路上行走，四面都是像青嶂一样，阻断了视线，别的都难得看见。像这样丰硕茂密的森林，确实是少有的。一般说来，包括森林在内的植被可以涵蓄水分，这是现代科学已经得出的结论，是无可辩驳的。丰硕茂密的森林，再加上其他的植被，在降水时就可以大量涵蓄水分，不使之倾泻而下，了无剩余，降水之后逐渐流出，这就使山下的河水能够保持较大的流量，而少有变化。植被遭受破坏，涵蓄水分的作用，荡然无存，不论降水多少，皆倾泻无余，山下河流一时突然猛涨，甚至泛滥成灾，平时的流量必然就会因之减少，难得有所增加。南山近于有关时期的都城，山上的森林就容易遭受破坏。这在唐朝后期就已经颇为明显。唐朝后期，长安城内营建宫殿，所需材林，取之于岚、胜之间[4]。唐时的岚州在今山西岚县，胜州在今内蒙古自治区准格尔旗，皆距长安甚远。如果长安南山还有丰硕茂密的森林，宫殿所需的材林能有几许，而远取于岚、胜之间。唐朝以后，都城东迁，可是长安南山的森林遭到的破坏却并未停止，甚至还在加剧。以前满山的青嶂，后来却成了濯濯的童山。不要说森林，能够看到少数的树木，也就是很稀罕了。因而由山上流下的河水的流量也就难得增长了。

（原载《中国历史地理论丛》1996 年 1 期）

---

①　拙著：《河山集·二集》，生活·读书·新知三联书店，1981 年。

②　《全唐诗》卷一。

③　《全唐诗》卷一三六，储光羲《终南幽居　献苏侍郎三首　时拜太祝未上》。

④　有关这个问题的具体论证，具见拙著《论西安周围诸河流量的变化》，《陕西师大学报（哲学社会科学版）》1992 年 3 期。

西安城南交潏二水的历史变迁

吕卓民

交潏二水发源于西安城南秦岭山谷中，由古至今一直是西安城最好利用的水源。在整个历史时期，人们对交潏二水的利用和改造几乎连续不断，同时人类活动也影响到了交潏二水主河道的变迁。

由于秦岭和骊山上升作用的影响，西安地区南高北低，东高西低，整体呈东南西北向倾斜，河流受其影响，也多呈东南西北流向。然而交潏二水却改变其自然趋流规律，旁坡穿原，另辟流径。这种现象是怎样形成的呢？本文试图根据实地考察并结合文献资料对交潏二水的演变和形成过程进行探讨。

一、流道与沿岸故迹考证

（一）潏河

潏水出自西安东南 30 千米的大义谷，俗名大峪口。西北流依次汇小峪、太乙峪诸水入樊川，经杜曲、夏候村、新村、西北流至小江村。在夏候村北岸，由潏水分出引水渠两条，大致平行于潏水西北流，经新村、局连村至水寨村，为溉田之用。不溉田时，水则注入皂河。在新村，河北岸有1958 年西安市兴修的潏惠渠口，渠口已高出河床 1 米多。潏惠渠西北流经韦曲、上塔坡、绕清凉山折向东北流，过三爻、瓦胡同、北池头、又折北从后村流入城南大环河。此渠大致沿袭隋唐清明渠故迹。《长安志》卷十二"长安县下"说："清明渠，东南自万年县流入，西北流又曲而东北流入京城。"渠水从隋唐长安城的大安坊入城北流，大安坊约当今北山门口稍南一带，再南是双桥头村。清明渠循原而绕行，北流从双桥头入大安坊。这在今天看来，从地形上说也是允许的。双桥头村北的南北向凹槽地带，不当排除有清明渠的蚀切和塑造。潏水从小江村南附神禾原西流，经何家营至水磨村。这一段河道，南岸依原走势，是深数米以至十几米的高岸，北岸则流曲弯重，河谷阶地发育，河床水平面一般低于一级阶地 1 米左右。小江村以东，在河北岸的一级台地上，由于村民正在掏挖沙石，露出了很多沙石层剖面。这些已改造成为麦田的河谷阶地，仅揭去 1 尺左右深的表土，就暴露出累累沙石，应是原河流塑造的河漫滩。小江村以西，由于潏河南附于神禾原，阶地全置于北岸，因此，北岸阶地十分宽阔，最宽处可达 2 千米以上。这段阶地平坦低湿，大部分为水田。现在的皂河即源于此，受纳田中的溢水，西流成河。皂河西北流经韦曲、杜城、丈八沟折向北绕故长安城西入渭河。现在虽渠窄流细，然其故河床却甚为宽阔，至今杜城村南的槽型低地，丈八沟村东一遇天雨较多而成的小洼地，都是皂河故道的范围。皂河的前身是条大河无疑。北魏郦道元在《水经注·渭水下》说：滈水"上承皇子陂于樊川，……西北流，经杜县之杜京西，西北流，经杜伯冢南。……滈水又西北，经下杜城。……滈水又北经长安城西，……滈水又北流注渭。"皇子陂即今韦曲镇东侧，杜伯冢在今杜城村南。按郦道元这一说法，北魏时的滈河正与今皂河的流道相合。宋张礼《游城南记》说："今滈水不至皇子陂，由瓜州村附神禾原。"此话明言滈水在宋时已发生改道，即向南移徙，下附神禾原西流了，原趋流于皇子陂的滈水故道被遗弃。根据以上两条史料可以认为现在的皂河即是原滈水故道。再看小江村一带，滈河北岸宽阔的河滩阶地水流冲蚀的复杂弯曲以及堵塞水流的堤堰，似乎还残留着昔日引水改道的影子（图一）。

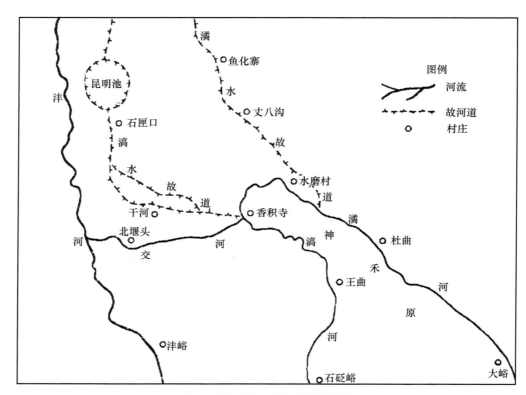

图一　滈、滈、交水变迁示意图

滈水从水磨村穿神禾原西北流，至温国堡因一道南北向沟槽所阻，故河身南凹呈"凹"字形，绕过沟槽又西流至大居安折向南流，至香积寺南与滈河交汇入交河。这一段，河床深堑于神禾原之中，两岸高陡，深达 8～10 米。宋张礼《游城南记》曰："今滈水不至皇子陂，由瓜州村附神禾原堑，上穿申店，而原愈高，凿原而通，深至八九十尺，俗谓之坑河是也。"即指这段河。

水磨村当神禾原南北向延伸的东缘，滈水由此堑原西流，沿原的东侧有一条与原顺向的干涸的河渠。渠首起自滈河北岸的堤堰。此堤堰起着防水流低，壅堵滈水穿原而流的作用，名为碌碡堰。堰上立有清代重修碌碡堰碑，碑身因后代再加高堤堰而被埋没，仅露出碑首及"皇清"二字。石堰还向河心斜向伸出一道石嘴，石嘴的下方开一放水口，在堤堰下修涵洞通水流入堰北渠中，涵渠河床坡岸遗迹非常清楚，渠口约 40 米宽，岸深 2.5 米左右，愈向北河床渐宽，坡岸渐低，至侯家湾与崔家庄之间，与皂河相通。嘉庆《长安县志》卷一三《山川上》说：潏水"又西为碌碡堰"。文下小字注曰："堰集碌碡为堤，故名。河身浸高，水常漫堤北行，故为石洞以通渠道。洞上累石高数尺，以防泛滥，不岁加修治，遇有涨溢，则皂河及通济渠下流必受其害矣。"碌碡堰地当潏水穿原而流的外口，是壅水西流的堤坝。石涵洞是清代光绪二十九年陕西巡抚升允疏通济渠由此导水所筑造，立碑就是为了记载这一件事。由于潏水从这里穿神禾原向西流，往往并不是十分流畅，故水易在此壅集；尤其是遇有洪水，不及宣泄，常常溃决堤堰而北流造成水患。当地谚云："水上碌碡堰，漂泊长安县。"意思是说大水若冲开了碌碡堰，现在的西安市也会受到水害。所以清代疏通济渠导水于此时，特别小心谨慎，把引水涵洞修在一石嘴遮挡的下方，以控制水量。如上所述，这条已干枯的河渠，应是潏河涨溢时溃决碌碡堰所冲蚀和清代疏通济渠所形成。

清代所开的通济渠基本上是沿袭明代通济渠流道，故曰疏通，但比明代通济渠更为延长。明代的通济渠从丈八沟引皂河水入城，因皂河与潏河实为同一水源，故清代疏渠时把导水口直接上溯到潏河碌碡堰之下。

潏水至温国堡形成的南向凹岸曲流，与横穿温国堡的南北向沟槽有关。沟槽远起河南岸的任家寨村以南，北到杜城，消失于皂河故道之中。此沟槽应是古代的一条河道，自从被潏河拦腰截断以后，河水即注入潏河。此后很长一段时间，流水对沟槽的侵蚀发育仅在潏河南岸进行，于是在南岸一侧形成了数米高的支流切蚀沟壑。后代人则利用这种高岸条件挖窑居住，至今还有一些任家寨村民住在这里。现在这一条支流已经干涸，然而这种地貌现象是潏河改道后所形成。

再看一下这段河床的横剖面。去年，幸驾坡村民在河上架设了一座水泥桥。笔者曾向村民详细了解了修建桥基时的情况。据村民讲，河床部分有3～5米深的沙层，靠近河两岸是青泥沙，再外就是黄土岸，由于两岸高束，河流无法向两侧发育。

《游城南记》说潏河是"凿原而通"，又有人说是唐人开凿，总之，从小江村到香积寺这一段潏河应是人工河道。

（二）交河

交河上承潏河、滈河二水，从香积寺西略呈东北西南流向，堑槽经里杜村、施张村、张牛村、张高村到北堰头。水出北堰头西，由于地势低平，南北两岸皆筑堤堰水入丰。这段河道，流向顺直，河槽窄狭，两岸大致皆有对称的两级河坎。

在滈河与潏河汇流处，原滈河呈东南西北流向，潏河则自北南来，二水汇为交河后又改变流向，向西偏南流去。于是在原滈河流道的正下方、今交河的北侧，遗存了一条宽阔的古河道洼湾，西北向沿今赤兰桥、南雷村、堰渡村、东西干河、楼子村、三角村、大羊吉村、孙家弯、杨柳村一线趋石匣村北。现在地表上还有排水渠一条，降雨一多，更有大片积水地出现。赤兰桥、南雷村、东干河等村都有沙壕中出露的河床沉积沙层。杨思植、杜甫亭在《西安地区河流及水系的历史变迁》一文中，引用陕西地质局水文一队的资料说："在今周家庄、赤兰桥和东西干河一带，遗留有极为清晰的呈东西向古河道，它为交河的遗弃河谷，在遗弃河谷的中心到处皆有积水池，并有涓涓细流。同时在雷村和东西干河一带地表到处有河床沉积沙层出露，经钻探查明砂砾层最厚达15

米。"① 和笔者调查的情况基本相符。如上充分说明这是一条古河道，即当是潏河故道。

水性趋下就直，无阻不折，为何交河在此不走下流故道，而要折向西南，取较高的地理位置开辟流道呢？显然是为抬高水位，控制水流。再结合上述交河的特点，可以断定，交河也非自然流道，而是人工所为。

二、历 史 变 迁

由于时代久远，水系变迁，在河流名称出现了混淆，因而记载和研究中也出现了河流名称不一的混乱现象。例如，今滈河、交河或称潏河，潏河或称交河。所以，在探讨交、潏二水的历史变迁之前，先弄清交潏二水的名称由来和沿用情况，是非常必要和有助于说明问题的。

潏河，东汉许慎《说文解字》说："潏，水名，在京兆杜陵。"汉宣帝陵邑治同县，在今长安县少陵原上，辖境相当于今长安县东部一带，潏水经流的樊川恰当其地。唐李泰《括地志》说："潏水又名石壁谷水，又名高都水。"石壁谷即今石砭峪。石砭峪水流经神禾原的西南侧，今名滈水。北魏郦道元《水经注》谓沈水又称潏水或高都水；沈水上承于樊川皇子陂，西北经下杜城，汉长安西北流入渭②。其上游经流则在神禾原东北侧的樊川。宋张礼《游城南记》说今潏水不至皇陂，南附神禾原西流，过申店，凿原而通，至香积寺原下与御宿川水交流，谓之交水③。记潏水也在樊川。后世也多以樊川作为潏水的上源。综观以上文献记载，《括地志》的说法分歧较大，其余几种说法，源流大抵相同，所以应是《括地志》记载有误。现在的潏水即是《游城南记》所说的潏水，而《水经注》所称的潏水，则是潏水从樊川析出的分支，即现在的皂河。

交河，西汉司马相如作《上林赋》称城南诸水曰"沣、滈、潦、潏"，不见交水，而有滈水。《水经注》则交、滈二水并见，言滈水上承滈池，北流入渭④，实为断头河。交水即今交河。当时郦道元所看到的现象当是河流已改道形成的，从而疏忽了滈水中流故道，这样，今滈水虽上承滈池，而滈池却失掉了水源。根据实地考察，今香积寺以下故河道大体上正可注入昆明池，北接滈池。这样，今滈水、《水经注》的滈水及故河道相连接，一条完整的滈水径流可得以复原。而交水原是潏河、滈河交流改道后出现的新名字。《游城南记》说潏水"与御宿川水交流，谓之交水"，正说明了这种情况。否则，交河为城南一条主流大河，熟悉上林景致的司马相如不会注意不到。《水经注》的滈河也不会是断头河，交水的名字也不会在北魏时才现。因此，交河是指潏水、滈水交流，从香积寺至入沣这一段。

卢连成先生认为滈水出现于西汉，是为排泄昆明池所盈余的水量而开凿的一条人工渠道，因流经西周都邑镐京故址而得名滈水⑤。笔者认为这种说法是不够妥当的。一是难以解释昆明池的水

---

① 杨思植、杜甫亭：《西安地区河流及水系的历史变迁》，《陕西师大学报》1985 年 3 期。

② 王先谦：《水经·渭水注》。

③ （宋）张礼：《游城南记》。

④ 《水经·渭水注》。

⑤ 卢连成：《西周丰镐两京考》，《中国历史地理论丛》1988 年 3 期。

源问题。如卢先生所说，在商周时期，滈池、滮池之水依靠丰水东注供给，西汉以后，丰水改道向西北流去，滈池、滮池水源遂基本断流。那么，汉武帝开凿的昆明池，北面紧邻滈池，唐代在浚修昆明池时，甚而扩大为一，规模非常庞大，周回几近四十余里，若滈河仅为排泄昆明池溢水所用，丰水又西流不至，则昆明池亦即成为无源之水。二是若滈水是汉时因镐京得名，则在商周时就存在滈池之名就不易解释。镐京既不同于丰京因丰水得名，又不一于丰京，其名又从何来，也是一疑问。所以，镐京仍当如大家公认的那样像丰京因丰水得名而因滈水得名，这是不会错的。卢先明正好搞翻了两者之间的关系。究其原因，大致皆因忽视了昆明池上方尚有一条滈水故道之故。

以上讨论可以概括为：言滈水应以上承樊川水者为准；言交水应是今滈河潏河合流，从香积寺西南流入丰一段；今滈河应是石砭峪水至香积寺一段；古滈水应是今滈河与《水经注》滈水连接中间故河道部分。

如上所述，潏河滈河都发生过河道变迁，现在交水和滈水的部分河道就是由于这种变化而产生的。交水是滈水与潏水合流并改道产生的新河，滈水潏水原皆独流入渭，后来，由潏水的改道和交水的开凿，转而又皆汇入丰水。从此，原来各自独流的水系皆纳入了丰水水系。

前面已经考证了现流的部分滈河和交河是人工河道，那么，开凿人工河的原因和目的是什么呢？

首先从地理角度进行分析。潏河、交河皆不走原来的自然流道，而由人工引流，走较高的路线，甚至穿原而行，并改变原流的方向，显然都是为抬高水位，控制水流，从较高处引入丰。从地望上看，潏水、滈水故道最靠近故长安城，而丰水则相对远一点，这样，目的似乎是要把靠近长安城的水引得距城稍远一些，再排入渭河。

其次看历史事实，改造和利用城南诸水始于汉代。汉初最先引入城的是潏水。汉武帝时开凿昆明池，昆明池地处长安城上方，位置比长安城高出一阶地，除向东引出昆明渠与漕渠相通外，又可以作为长安城的引水源，似无可非议。昆明池工程规模宏大，需要大量的来水供应，察其水源，主是滈水，滈水除部分直接入注长安城外，其余也流归昆明池。昆明池四周皆有进出之水口，从此似可看出部分修池目的和用途。其南面是滈水入池的进水口，东面既有潏水入池的进水口，又有昆明池给漕渠引水的出水口，北面为昆明池退流入渭之口，西面的水口，《长安志》云为昆明池水注丰之通道，也起着排泄昆明池水的作用。这一点是丰水与昆明池关系的关键。从而可知，上述人工导水入丰当不为昆明池引水所需。

另外，据史料记载，昆明池是适应军事需要而开凿的①。它的开凿可以给长安城用水带来方便，但同时也影响到长安城地下水的上升，以致地表充水，泄卤为害。

西汉末年，王氏五侯竞相奢侈，成都侯王商曾穿长安城"引内丰入注第中大陂以行船"②。然而潏河、滈河都比丰河靠近长安城，地形上也有比丰水更为方便的引水条件，为何要引丰水入城呢？这似乎与《长安志》所记昆明池水西注入丰有矛盾，若是潏、滈二水不能满足城内用水供给，则更

---

① 《汉书》卷六《武帝纪》。
② 《汉书》卷九八《孝元皇后》。

不应在潏、滈二水上流改道，引走潏、滈二水；若是以潏、滈二水济丰水以入城，亦实有移近就远，徒耗其费之嫌。对此下面将有详细分析，这里就不赘言了。

有人认为潏河改道于隋唐。杨思植、杜甫亭在《西安地区河流及水系的历史变迁》一文中认为是唐代杜正伦所开挖。《新唐书·杜正伦传》说杜正伦求入杜氏家谱而未得许可，于是心怀怨愤，建言凿杜固通水以利人，实为损杜氏之壮气①。此事不见于《旧唐书·杜正伦传》，凿原通潏是项大工程，以私忿为之，似不甚合理；而何以利人也未道及。况且，隋唐时代长安城移筑于龙首原，地势比汉长安城提高了一级阶地，规模也更宏大。于是在城南开凿了龙首渠、清明渠、永安渠等渠引水入城。其中清明渠引潏水，永安渠导交水，不管从地形、距离上看，导潏水入城最近且最方便，若引潏穿些入交，再导交入城，实为舍近求远之举。更何况永安渠隋时已开通，而杜正伦所为在唐，反其道而行，更不好解释了。所以，潏河改道于隋唐之说是有问题的。

《水经注》的产生时代为北魏，从其记载看，西安城南的水系已发生了变化，再结合隋唐的史籍，可以认为至迟在隋唐时代现在西安城南的水系就已形成。

基于史料和实地考察分析，笔者认为现流的交潏二河大致形成于西汉时期，作用于排水，或为开凿昆明池所派生，或为后来另凿。

汉武帝开凿昆明池，虽然需要大量供水，但来水必须是有控制的常流量，以保持供取平衡。这个常流量如何控制呢？少水时要堰水以入，多水时则需排溢，所以黄盛璋先生即认为石闼堰就起着调节水量的作用②，这是正确的。但黄先生认为石闼堰在今交河下游北岸的堰头村，还值得商榷。宋《长安志》"长安县条"云石闼堰在县西南三十二里，以道里计，潏、滈二水改道处的香积寺正相符，前面已经考证了潏、滈二水改道系人工所为，香积寺处在二水人工改道徙流之处，所以笔者认为石闼堰在此的可能性最大，至于要得到实物证明，尚需进一步考察。不过，昆明池既要取水又需排水这一点却是被黄先生明确道破了。尤其是北方雨季，降雨集中，河流易涨溢，洪水必然会给昆明池造成巨大压力，这是设计昆明池时必须注意的问题，即在导水的同时必须注意排洪。排洪最普通的办法也有两条：一就是在昆明池的下方修泄水口，二即是在上游增添排水溢洪设施，以控制入池的水量。

其次，随着昆明池的开凿，水又给汉长安城带来了很大的压力。汉长安城位于渭河一级阶地，昆明池则高在第二阶地，汉长安城正处在昆明池浸水下游，昆明池蓄水，必然带来满长安城水位的抬升，给汉长安城造成水溢地隰之害。《汉书》卷二七《五行志中之上》说："至成帝建始二年三月戊子，北宫井泉稍上，溢出南流"。在元帝时就有"井水溢，灭灶烟，灌玉堂，流金门"的童谣。即长安城内不管是像"灶烟"那样普通的地方还是像"玉堂、金门"那样高贵之处，都遭受到地下溢水之害。这反映的正是汉长安城地下水上升，造成灾害的事实。另外，隋文帝改建都邑也可资佐证。隋承北周，建都长安，立国之初，文帝与群臣作改建都邑之议，认为"汉营此城，经今八百余

① 《新唐书》卷一〇六《杜正伦传》。

② 黄盛璋：《西安城市发展中的给水问题以及今后水源的利用与开发》，《历史地理论集》，人民出版社，1982年。

岁，水皆咸卤，不甚宜人"①，而选择"龙首山川原秀丽，卉物滋阜，卜食相土，宜建都邑"的地方另建了大兴城。隋文帝废弃汉长安城一是因年久破旧，二是因水咸地卤。水变咸卤的一个主要原因就是地表水充斥过多，蒸发量过大。要消除水患，降低水位，只有减轻昆明池的压力，即控制昆明池水量，或者放弃昆明池，让水改道排走，之后成都侯王商引丰水入城抑或是此时昆明池水已大大缩减，或已改道不能资取的缘故吧！

由于文献记载简单疏漏，这些很重要的工程都没有留下具体的文字说明，然而透过一些历史事实，还是能够窥出一线消息的。

三、结　论

交水、滈水下段现流河道皆为人工所形成，目的在于引滈、滴二水入丰。历史时期，滴、滈二水经流距故长安城最近，引水也最方便，丰水距离较远，引水入城远不如滴、滈二水方便，故引滈、滴二水入丰，不是积极引水，而是退却用水。汉代的一些主要用水工程没有引用丰水。唐长安城位置更高，距丰水更远，水源仍主要靠滴水、交水及东面的浐水。所以这两项工程应与汉唐时期的主要引水入城工程关系不大，其作用似主要在于排水，但也可能由用水工程所派生，也可能纯系排水而用。

引滈、滴二水入丰，能起到排除洪溢、减轻汉长安城水压的作用。上源流水一截，昆明池水一缩减，地表水就会下降，水湿对长安城的影响就会缓解，汉长安城从而又得以维系几百年。因此，这两项工程可能主要是在汉代形成，河流的完全改道则是日后逐渐形成的。

其次，研究古代长安城的供水问题，要历史地对待，当时滴、滈二水的水量可能很大，滈河故道的宽阔的河漫滩即是有力的说明，故而滈河、滴河就基本能满足昆明池对水源的要求。另外，唐时开漕渠，用船运南山木炭到长安，负载运输船只需要很大的水力，也是其时长安城南诸河水量很大的力证。这又给我们提出了古今河水水量变化的问题。

再是交滈二水于整个历史时期一直作为故长安或今西安城的水源，具有很重要的历史地位，这是水利的一面。但是任何好事物超过了一定限度，都会出现不利的一面，故长安城或西安城的供水也是如此。水源要充足，但也不宜临城蓄水过多，过多又会成为水害。这是研究和实际应用中很值得注意的两个方面。以往的研究多偏供水，即水利，而忽视了水害，因而也就忽视了对一些排水设施的认识，故不能对历史时期西安附近水系的变迁做出既圆满又切实的解释。只有全面认识了水利水害两方面，才能使研究更深入，并能更好地为应用提供借鉴。

（原载《中国历史地理论丛》1990 年 2 期）

---

① 《隋书》卷七八《庾季才传》。

潏水神禾原河道开凿时间考评

辛玉璞

一

"长安八水"中潏（亦作沇，沇又误作沈、沉）水本从樊川自然河道中通过，单独入渭。后来，又分出一支通过神禾原人工河道进入御宿川，与御宿诸水交流，称"交水"，另辟新河道，西流汇沣，北流入渭。再后来，直接入渭的一支也归入神禾原河道，今天看到的潏河就是这样。神禾原河道何时开凿，无原始记载。自郦道元《水经注》首提"交水"以来，古今史地学者对此说法见仁见智，归纳起来主要有五种：

第一，清嘉庆《咸宁县志》卷二《历代疆域水道城廓宫室名胜图上》作周、秦、汉、后汉、魏晋、北魏、北周、隋、唐、宋、金元、明疆域图十一幅及《长安志水道图》一幅，均标明潏滈二水"交流"。本志记水从周代开始，周代以前潏滈二水"交流"否，不可知。此为周代或周代以前说。

第二，《水经注》卷十九说：潏水"上承皇子陂于樊川，……西北流，迳杜县之杜京西，西北迳杜伯冢南，……沇水又西北，支合故渠。渠有二流，上承交水，合于高阳原，……而北注沇水（此为英武殿聚珍本，以下《水经注》引文同）"。《雍录》卷六说："武帝作石闼堰，堰交水为池。昆明基高，故其下流可壅激为都城之用。"卷九又说："昆明之水则自沇水以及樊杜诸水。"即昆明池水来自潏水的一支，也就是穿过神禾原人工河道的一支与古樊国、古杜伯国之内，即今长安县南部神禾原以西、沣河以东沿山诸水，主要是滈水。这便证明最迟在汉武帝时，神禾原人工河道已经开通。此为汉代或汉代以前说。

第三，清嘉庆《咸宁县志》卷二《历代疆域水道城廓宫室名胜图上》之《水经注水道图》中潏滈二水未"交流"。图后附文按："今皇子陂下皂河为北魏以前沇水，而今至香积寺入滈之沇水为后人所凿者。"此为北魏以后说。

第四，"沇水并没有通过昆明池。""昆明池水与潏水无涉。""皂河原为潏河主流，隋唐改将潏河会交水，下游始断。"[1]"隋、唐时遏潏水西流汇交水。"[2] 此为隋唐说。

第五，"唐代以前，潏河流出樊川后，沿今皂河入渭河，它与沣河无水力联系。""唐代杜正伦

---

[1] 黄盛璋：《历史地理论集》，人民出版社，1982 年，11 页注②与 15 页注①。
[2] 辞海编辑委员会：《辞海》（1999 年版普及本），上海辞书出版社，1999 年，2781 页。

绕神禾原北侧开挖了一条人工河道，使滴河改道西流纳入沣河水系。"① 此为唐代说。

综上五种说法将滴水神禾原河道开凿时间限定在三代至唐初两千多年内的十多个朝代，其中北魏以后与隋、唐说直接否定《雍录》依据《水经注》"交水"含义提出的"昆明之水则自沉水以及樊杜诸水"的观点，说："沉水并没有通过昆明池。""昆明池水与滴水无涉。"自认为是恢复了《水经注》水道的本来面目。所以，要确定神禾原新河道开凿的时间，就得先澄清《水经注》中是否有一支滴水与滈水"交流"，再进入昆明池的问题。

《水经注》中记载的滴水是直接入渭的一支，是滴水的主流；通过神禾原人工河道与滈水"交流"入昆明池的一支，确实没有直接记载。但是，宋敏求《长安志》卷十一"万年县福水"条说："福水即交水也。《水经注》曰'上承樊川御宿诸水'。"与宋敏求同时代的张礼在《游城南记》中说："陟神禾原，西望香积寺塔。原下有樊川御宿之水交流，谓之交水。"它证明宋、张二氏必有另外的《水经注》版本作依据。清嘉庆《咸宁县志》卷二上叙述交水来源时也有"《水经注》曰：上承樊川御宿诸水（今《水经注》无此文）"的话。可见，要否定滴滈交流方为交水是没有依据的。况且，从《水经注》中也看不出它有否定的意思。查今本《水经注·渭水》各卷还发现，凡直接入渭之水，不论大小，都明文记载其来龙（来源）去脉（入渭），如比交水小得多的原"镐水"（发源于镐池）、"戏水"、"泠水"、"敷水"，源流单一，如实记之。对其中源流多者，必记主源、主流，不记或少记支源、支流。即使记载，也一笔带过。如比交水大得多的滻水，只记其主源"渥水"，即出兰田峪的兰峪水或兰水，而不记另外四条支源；交水是沣水最大的支流，所以只记到"交水自东注焉"；穿神禾原的滴水是从滴水主流中分出的支流，所以不记；昆明池水利系统是直接入渭的，这才提到作为其水源的交水。可见，研究《水经注》，特别是今本，只要不停留在表面文字上，以"交水"的含义为核心，对其详读深思，并以实地考察作印证，就会发现《水经注》中确有一支通过神禾原人工河与滈水交流的滴水。这样，滴水神禾原河道开凿的时间就缩短到从三代至汉武帝时代了。具体在什么时候，因无原始文献记载与考古发掘的实物作证，所以只有从对传说、考察资料和其他有关资料的综合分析中求答案。纵观汉代以前的历史，发现从三代至汉武帝，其间大兴水利与土木的为夏禹、秦皇和汉武，这当是考察的重点。

夏禹吸取其父鲧治水失败的教训，治水"顺五行之性，因天地之理，不堕山，不崇薮，壅者决之，滞者导之，行水于其所无事，故易成功"②。即顺应从高处向低处流的水性，不人为地硬毁高处开水路，硬堵低处挡水路。这是禹治水的指导方针与方法，也是治水成功的根本原因。远古时代，滴水河道在少陵原与神禾原间的樊川内左右摆动。杜城以上河段落差较大，水流畅通；杜城以下河段落差较小，流速减慢，但亦无大的阻隔，不会酿成大患，无须人去治理。即使有人治理，也只能遵循疏导的方针，将水顺利地引入渭水，绝不会去做开挖数十丈高的神禾原、强堵顺势而下的滴水的蠢事。况且，《长安志》说得很清楚："诗曰：'沣水东注，维禹之绩。'笺云：'昔尧时洪水，而沣水亦泛滥为害。禹治之，使入渭，东注于河，禹之功也。'"即禹导沣入渭，而不是断神禾原引滴

---

①　陕西师范大学地理系：《西安市地理志》，陕西人民出版社，1988年，144页。

②　司马光著，吉书时点校：《稽古录》卷四，北京师范大学出版社，1988年，13页。

水与滈交流。

　　从夏禹到秦始皇统一中国前，关中最有名的水利工程是渭北有郑国渠，城南没有什么引水工程。

　　汉武帝修筑石闼堰堰交入昆明池之举本身就证明，潏水神禾原河道与交水新河道在此前就有，非武帝所开。因为：①入昆明池之渠从石闼堰到滈水故河道上的西干河村，再向北到孙家湾才离开故道。此间相距约8千米。如果当时潏滈二水未交流，无交河新河道，滈水当然仍从故道中流过①，那么，从故道顺流而下，到孙家湾再开渠引水入昆明渠，渠道就可缩短8千米，如此捷径为何不走，偏要开一条东西走向的交水，再耗费巨资筑起庞大的石闼堰而堰交引水入昆明池？②潏水原流从汉长安城西经过，为自然河道，顺势而下，供给城市用水十分方便；汉武帝修昆明池的重要目的是补充长安城用水。昆明池东出之昆明故渠、北出之昆明池水又注入潏水原流，流入汉城。当时的汉武帝正踌躇满志，雄才大略，他绝不会丧失理智，硬要违背地理、水理挖断神禾原，将潏水分出一支从靠近京城的樊川引到远离京城的御宿川与滈水交流，人为地造一个"交水"，另辟交水新河道，再筑石闼堰，堰交入昆明池，再在池东、池北建闸开渠使昆明池水又下流注入潏水原流，转数十里的一个大圈，劳民伤财，作一系列无用功来补充京城用水。所以，汉武大兴水利的一切记载中，特别是《史记》与《汉书》中，就没有开凿神禾原河道与交水新河道的记载。

　　开凿神禾原河道也不在汉初。因为，汉高祖忙于治乱建国，孝惠、高后、文、景"轻徭薄赋"，"与民休息"，除不得不修筑国都长安城外，兴工动土之事甚少，挖断神禾原引一支潏水与滈水交流无从谈起。不容忽视的是，汉代潏水从长安城西流过，与城墙近在咫尺，且地处平原，没有深邃的河谷容纳流水，但从未有大水冲毁城墙，淹及城区的记载。它证明，这支潏水的流量并不是很大的。但事实潏水一直是城南大川。1954年秋，潏水决口洪水淹了距河岸约2千米的长安县（今韦曲镇），县西方圆近5千米农田被淹。史载汉代潏水"全流"平时可以行船，其水量之大远远超过1954年。假如汉初潏河全流经过长安城西，孝惠帝决不会把都城城墙筑在距河不远的地方、汉代长安城必屡遭水淹。由此可知，通过长安城西的潏水不是"全流"，而只能是其中的一支，潏水的一部分流量汉代以前就被分流（引）到御宿川去了，所以长安城西的一支（原流）流量减少。这样，开凿神禾原新河道的时间就只有在秦代了。

　　长安城南百姓世传：秦始皇"北修（亦曰打）万里长城，南挖（亦曰修）五岭潏河"。说是秦朝有一京官系城南（今长安县）人，他得知始皇要征发天下的百姓修万里长城的消息后为家乡父老着想，因为修长城是超负荷劳役，加上鞭打棒喝，刑罚严酷，地处苦寒，往往有去无还，便编了一套假话上奏始皇，说："预言城南要出一斗菜子（即油菜）籽的官，威胁陛下江山。这是城南五岭②下有五条土蟒（龙）作怪所致，只要征发城南百姓挖通五岭，斩断龙脉，把潏水引一支到西南川道去，就

---

　　①　潏水故道从潏滈交流处西约2里处的周家庄西北而去，沿着由东北向西南滚动的趋势，几经变更，在今长安县义井乡左家堡附近入沣河。

　　②　长安城南神禾原（秦时何名，无考）顶部起伏不平，当地百姓称隆起的土梁为"岭"。潏水神禾原河道经过处有五道岭，百姓俗呼"五岭"，是个历史性的、远处人不知的小地名。"五岭潏河"的"五岭"专指此。它与《史记·张耳陈余列传》所记"北有长城之役，南有五岭之戍"的"五岭"同名而异地。此五岭广袤万里，为南国名山，即今南岭山脉上的越城、都庞、萌渚、大庾、骑田五个岭。五岭为南岭的别称。

可以破此'天子气',永保江山。"于是,秦始皇便下诏,限令"长城修成之时,五岭滴河竣工"。按《史记》之《蒙恬列传》与《秦始皇本纪》记载,其时间应在秦始皇三十四年(前213年)。

这条世传当是可信的。理由有三:①这是开凿滴水神禾原河道的唯一证据,虽不见诸文字记载,但在城南屡传不绝,从无人能够否定。②秦始皇一生醉心于两件事:其中之一是秦朝江山"二世三世至于万世,传之无穷"①(包括求长生不死之药,幻想与世长存)。之二是十分迷信预言鬼神祸福之事,如北击匈奴,筑长城就是相信并采纳了"燕人卢生使入海还,以鬼神事,因奏录图书曰:'亡秦者胡也'"②的结果。"南挖五岭滴河"的建言既"保江山"又属"预言鬼神",与"亡秦者胡也"异曲同工,秦始皇定会恩准。③以当时秦的国力与城南百姓的积极性看,开凿此河道十分容易。

既然秦始皇开凿神禾原滴水河道,为什么史书不载?要解开这一疑问,就得分析"五岭滴河"的实际效益,社会影响与其在秦代的"地位",看它是否有载入史册的"分量"。

"五岭滴河"工程,就其类型看,与筑长城相比,它不是阻挡匈奴南侵的军事防御工程;与郑国渠相比,它不是除害兴利的水利工程③;与修阿房宫和骊山坟墓相比,它不是朝宫和帝陵之类等级最高、豪华无度的土木建筑工程;与夷险阻、筑驰道、凿灵渠④相比,它不是巩固统一,有利国计民生的水陆交通工程。所以,无什么实际效益。就其社会影响看,它一破了凭空编造的长安城南要出"一斗菜子籽官"的"天子气",讨得了秦始皇的喜欢。二使城南百姓逃脱了筑长城的苦役。而且"五岭滴河"工程长不过10里(从今长安县申店乡水磨村到郭杜镇香积寺),宽40~50米,原高30~40米,全是土方,易于竣工。这与传说中"城南百姓与建言京官及监工密约,用牛笼咀抬土;边抬边漏,磨洋工,怕提前竣工还要被征去筑长城"的情况完全一致。上下相得,平安无事。总之,"南挖五岭滴河"既非好事,也非坏事;有它不多,无它不少;无足轻重,不必载入史册。七百多年后,郦道元在《水经注》中首提"交水",才使我们从中得以窥见滴潏交流的影子,进而引出秦始皇"南挖五岭滴河"。否则,秦始皇开凿滴水神禾原河道的事实也许永远不会见诸文字,只能作为长安城南百姓的传说。

二

滴河神禾原河道开凿的具体时间应是秦始皇三十四年(前213年)。其他说法难以成立。不

---

① 《史记·秦始皇本纪》,中华书局,1959年,252页。

② 《史记·秦始皇本纪》,中华书局,1959年,252页。

③ 滴水原流直接入渭,下游沿高阳原东北侧而行。东北侧为平原,洪期水必溢出,但秦代这一方仅有的兴乐宫已在6里之外,不会被淹;"五岭滴河段"两岸悬崖30~40米,河床低下,仅仅借道而过;御宿川本水源充沛,不需外水补充;滴潏交汇后所开交水河道两岸亦很高,水量虽大而难被利用。所以说,"南挖五岭滴河",无除害兴利之实际效益。

④ 灵渠在五岭越城岭段(今广西壮族自治区兴安县境),长34千米。秦始皇令史禄发数十万工匠修凿而成。北连湘江,南通漓江,始"凿渠而通粮道"。(《淮南子·人间训》)又是运兵、运货,交通岭南诸郡、巩固国家统一,灌溉农田的重要工程。

过，还需指出，唐代杜正伦"绕神禾原北侧开挖"人工河道，"使潏河改道西流纳入沣河水系"说得有名有姓、时地俱全，在陕西学术界影响很大，不少新编史志与论著都以此为定论，加以引用。但是，此说不引原始资料，不知出自何典？今查《旧唐书·杜正伦传》，无任何开渠记载。《新唐书·杜正伦》有杜正伦凿杜固之事。若以此为开挖潏河神禾原河道，使潏滈相汇西流，纳入沣河水系的话，那是需要辩证的。

杜传说："正伦与城南诸杜昭穆素远，求同谱，不许。衔之。诸杜所居号杜固，世传其地有壮气，故世衣冠。正伦既执政，建言凿杜固通水以利人。既凿，川流如血，阅十日止。自是南杜稍不振。"按唐代杜氏家族住杜固与杜曲两处。杜固即今杜曲东南少陵原上的大兆，所以又称南杜（杜曲在西北，又称北杜）。杜氏最早住杜固，旁有祖坟。但杜正伦所凿之杜固不在大兆。据张礼《游城南记》记载的杜固方位与后来赵嶙《游城南记》所说："下原（即神禾原）经杜固，有水西北流，当是杜正伦所凿，尚名凤凰咀"可知，此杜固实为今杜曲西南潏河对岸樊村乡南樊村与三府衙之间的"凤凰咀"（亦名"凤凰山"）。此咀为神禾原的头道原，向东突出，高约 60 米，形如鸟啄，故名。樊川八大佛寺之一的观音寺踞其上，清泉一眼出其下，贴咀北东流入潏。风脉甚旺；杜正伦"通水"的冠冕堂皇的目的是"利人"，即兴利于百姓。潏水与神禾原之间上起彰仪村，下至瓜洲村的潏水左岸一、二级台地上有宽约 0.5 千米，长约 7.5 千米的大片旱田。沿原跟凿凤凰咀开渠引水可扩大农田灌溉面积，正是"通水以利人"；"川流如血，阅十日止"是凤凰咀为红土崖，凿崖引水，浮土将水染红，十日后浮土被冲净，水色转清。古人迷信，以为红色是凿断南杜风脉之"血"。凤凰与龙同为"天子""王者"象征，凤凰咀与南杜东西相望，又名"杜固"，南杜"壮气"（张礼《游城南记》作"王气"）来源于此正合风水理论。凿凤凰咀也就达到了破杜氏"壮气"而解私恨的目的。可见，这段文字只记载杜固的方位与杜正伦凿杜固的双重目的，从中根本看不出开挖潏河神禾原河道，使潏滈交汇西流纳入沣河水系的意思。

另外，张礼《游城南记》"交水"条注文中也有凿原的记载，即："今潏水不至皇子陂。由瓜洲村附神禾堲，上（下之误）穿申店而原愈高，凿原而通，深至八九十尺，俗谓之坑河是也。瓜洲村之东北原上，潏水北（南之误，南为神禾堲）岸上，尚有川流故道。西北过张王村之东，又北经内家桥，又西北经下杜城，过沈家桥。……潏水（另一支）上原西北（南之误）流而合御宿川水，是名交水。"若将杜正伦"凿杜固通水以利人"的"川流"与这段文字中瓜洲村北的"神禾堲"及凿原而通，深至八九十尺"的"坑河"，即神禾原新河道，今所谓"五岭潏河"上下联系起来，自认为是"绕神禾原北侧开挖"，使"潏河改道西流纳入沣河水系"的话，那就更难服人了。就笔者实地考察所见，凤凰咀在神禾原东侧，崖根红土中夹有沙子，沉积状清晰可辨。近年凤凰咀与三府衙、彰仪村、南樊村村民掏砂与盖房挖地基时发现，与凤凰咀上下相连，有一条"川流"故道，宽 3～4 米，底部全是黄白色砂子，与河床宽数十米、上百米，河滩全是石头（"文化大革命"期间农业学大寨，修整堤岸，变滩为田，现滩已不存在）的潏水干流相比，这条川流显然是条大灌渠，不是水大河宽的干流。所以，当地村民称之为"小河"，称干流为"大河"。世传这条"小河""向下流到小江村（紧邻瓜洲村东的村庄）西没有了"。它与"瓜洲村之东北原上，潏水北（南之误）岸上，尚有川流故道"的记载完全吻合，确证杜正伦绕神禾原所开人工河道仅到瓜洲村东北原上，下原归入潏河干流。这段干流贴神禾堑（悬崖）北，向西流去。“小河”与这段干流不是同一条“人工河道”，与申店以下“凿原而通”的“坑河”绝无关系。

附《潏水神禾原河道与杜正伦开挖川流示意图》一幅以供参考（图一）。

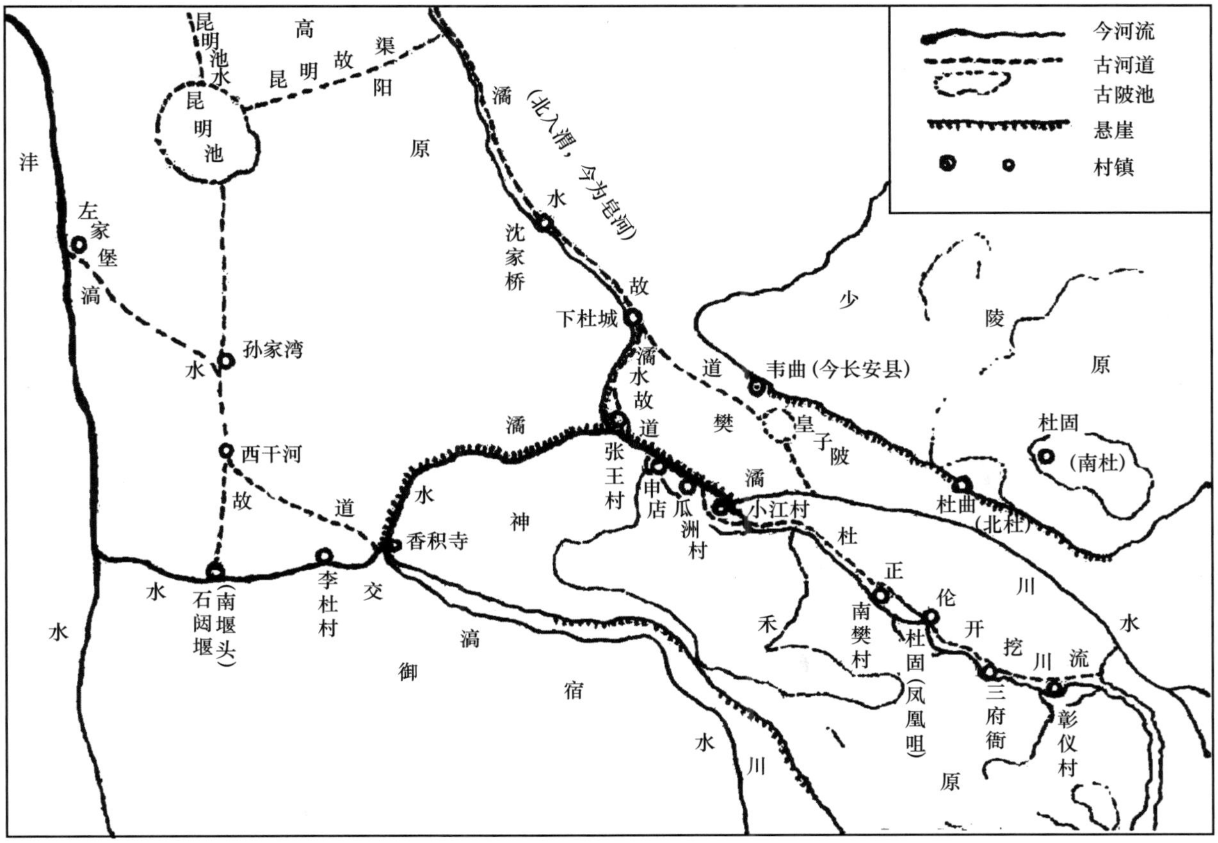

图一　潏水神禾原河道与杜正伦开挖川流示意图

（原载《西安教育学院学报》2001 年 2 期）

历史时期滮池的变迁及其原因分析

喻 曦

一、滮池的历史变迁

1. 滮池的变迁

滮池是长安近郊古老的池陂之一，早在三千年前的《诗经》中就有关于它的记载。《诗经·小雅·白华》云："彪池北流，浸彼稻田。"① 可知当时的滮池可用于农业灌溉，既然能够灌溉农田，那么至少在《诗经》所记的西周时期，其水源应较为稳定，所含蓄的水资源应比较丰富，水域面积也应广阔。

镐池一名滈池，又作鄗池，原是西周镐京的一大池沼，是都城的重要水源区。最早明确提到镐池的文献是《史记》。《史记·秦始皇本纪》载："三十六年秋，使者从关东夜过华阴平舒道。有人持璧遮使者曰：'为吾遗滈池君'。因言曰：'今年祖龙死'。使者问其故，因忽不见，置其璧去。使者奉璧具以闻。始皇默然良久曰：'山鬼固不过知一岁事也'。退言曰：'祖龙者，人之先也'。使御府视璧，乃二十八年行渡江所沉璧也。"② 是说秦始皇快要死去之时，江神到华山下还其祭祀之璧。《春秋后传》也记有相似的故事，只是其情节更加神异，同小说家言，谓使者郑容真的见到了滈池君③。秦代镐京旧址已经废弃，但镐池尚存，所以当时人们能够清楚地指出镐池是武王都镐时城内的一处大型池沼。实际上秦代在营建上林苑时已将镐池辟为上林苑中的一处风景④。由此可见，镐池至少在秦代之前就已形成，但到底成于何时，现存的文献没有具体的记载。

昆明池在这三个池沼之中形成最晚，却最为著名。昆明池是一个人工湖，开凿于汉武帝元狩三年（前 120 年），文献中对此多有记载。《三辅黄图》载："汉昆明池，武帝元狩三年穿，在长

---

① 聂石樵：《诗经·小雅·白华》，齐鲁书社，2000 年，468 页。

② 司马迁：《史记》卷六，中华书局，1997 年，259 页。

③ 郦道元《水经·渭水注》引《春秋后传》曰："使者郑容入柏谷关至平舒置，见华山有素车白马，问郑容安之，答曰之咸阳，车上人曰：'吾华山君使，原托书致镐池君。子之咸阳过镐池，见大梓下有文石，取以款列梓，当有应者，以书与之。勿妄发，致之得所欲'。郑容行至镐池，见一梓下果有文石，取以款梓，应曰：诺。郑容如睡觉而见宫阙若王者之居焉，谒者出受书，入有顷，闻语声言祖龙死。神道茫昧，理难辨测，故无以精其幽致矣。"

④ 中国社会科学院考古研究所汉长安城工作队：《西安市汉唐昆明池遗址的钻探与试掘简报》，《考古》2006 年 10 期。

安西南，周回四十里。西南夷传曰：天子遣使求身毒国市竹，而为昆明所闭。天子欲伐之，越嶲昆明国有滇池，方三百里，故作昆明池以象之，以习水战，因名曰昆明池。"①《汉书·食货志》也说："是时粤欲与汉用船战逐，乃大修昆明池，列馆环之，治楼船高十余丈，旗帜加其上。"② 为讨伐西南夷诸国，汉武帝操练水军，利用滈水流路，引蓄滈滮合并的交河之水，在滈水中游开凿了昆明池。

汉武帝复修上林苑，开凿昆明池时，滮池同镐池都未废弃。《三辅故事》引《汉旧仪》曰："上林苑中昆明池、镐池、牟首诸池，取鱼鳖给祠祀，用鱼鳖千枚以上，以余给太宫。"③ 证实了昆明池、镐池的存在，因镐池与滮池相通，所以西汉时期这三个池子是并存的。《水经注》中对此也有清楚的记载："镐水又北流，西北注与彪池合，水出镐池西，而北流入于镐。"④《魏书·地形志》则再次证明了这一点："长安，汉高帝置，二汉，晋属。有昆明池、周灵台、镐池、彪池水。"⑤ 由此可见，滮池、昆明池、镐池并存的状况至少延续到北魏时期。

自唐代起，滮池开始淤浅，水面急剧缩小。《括地志》对滮池的水域面积有具体的记载："滮池，今按其池周十五步"。⑥ 按照《括地志》所载十五步的周长计算，滮池的直径不超过五米。如果此记载不误，唐代的滮池不再具有农业灌溉能力，只不过是昆明池下游的一个水池而已。

宋代的文献中仍有滮池的相关记载。《太平寰宇记·长安县》云："滮水，亦谓圣女泉，又曰高都水，源出县西北合渭水，诗所谓滮池北流是也。"⑦ 滮池的这一别名在《三辅黄图》中也有记载："西有滮池，亦名圣女泉。"何清谷引王森文《汉唐都城图后记》云："从好汉庙'西行，观镐水故渎，无滴水，至西山寺，……今读寺碑，潭名圣女泉，即古滮池'。"⑧ 与本文滮池亦名圣女泉合。可见，圣女泉确实是滮池的别名之一。

《长安志》卷十二中明确记载了圣女泉的周长："圣女泉，出（长安）县西二十里，昆明池北平地上，周十步，西北流五十步与牧猪泉合。"⑨《长安志》所记录的圣女泉即滮池的周长仅为十步，比记载唐代初期情况的《括地志》所载周长少了五步。依此计算，宋代滮池仅是一个周长为十步，即直径不到三米的小水塘。

宋代以后的文献中鲜见有关滮池的记载，大概滮池在那时已经干涸。因为滮池之水由镐池供应，所以它的废弃应与镐池同时。镐池在唐代整修昆明池时，被并入其中。此后滮池的变迁应与昆

① 何清谷：《三辅黄图校释：卷四》，中华书局，2005 年，249 页。
② 班固：《汉书》卷二四，中华书局，1997 年，1170 页。
③ 佚名，张澍辑，陈晓捷注：《三辅故事》，三秦出版社，2006 年，28 页。
④ 王国维：《水经注校》，上海人民出版社，1984 年，601 页。
⑤ 魏收：《魏书》卷一六〇，中华书局，1996 年，2607 页。
⑥ 李泰等，贺君次辑校：《括地志辑校》，中华书局，1980 年，11 页。
⑦ 乐史：《太平寰宇记》卷二五，中华书局，2000 年。
⑧ 何清谷：《三辅黄图校释：卷四》，中华书局，2005 年，249 页。
⑨ 宋敏求，毕沅校注：《长安志》卷十二，台北成文出版社，314 页。

明池的变化直接关联。《长安志》卷十二《长安县》中记"昆明池，在县西二十里，今为民田。"[①] 可见，至晚在《长安志》时代，昆明池就已消失，那么滮池在那时也不可能存在了。

毋庸置疑的是，滮池面积的缩小与其附近池沼的增多有关。同一区域的地域范围是固定的，池沼数目增多，就意味着本区域内原有池沼的水域被分割、重组，原有河湖面积减少。根据《诗经》的记载，当时的滮池水域宽广，千里沃野仗其灌溉。长安近郊地区，在先秦时期，现在能看到有文献记载的只有滮池一个。由于自然地理的种种原因，滮池也许在那个时候首先独立，因而统称本区池沼曰滮池。这时的滮池不是汉唐时期所谓的独立池沼，而是一个以滮池为首的，以众多池沼组成的水域系统。

西周武王建立镐京，为解决都城用水问题，镐池随之建立起来。镐池是西周镐京地区的一处大池，镐池的建立截流了滮池的水源，瓜分了滮池的流域面积，滮池的面积首次出现大的变化，滮池在长安近郊池沼中独占鳌头的时代宣告结束。这是西周京师整治河湖水系所带来的变化，也是镐水自然水源形成的结果。此时的滮池面积减少，其水域范围也开始逐渐固定下来。汉武帝修昆明池后，虽然滮池和镐池、昆明池三池并列，但是昆明池已上升成为本区最为重要的池沼。唐代镐池堰入昆明池后，滮池成为昆明池的一个重要下水区，故存在了很长时间。

2. 对滮池面积的质疑

滮池的变迁，直接见于各种历史文献对其周长的记载。然而，今人通过对滮池的研究发现，其面积远比历史时期各种文献所记载的数据要大得多。

据卢连成调查："（滮池）总面积约三平方千米。"[②] 中国社会科学院考古研究所汉长安城工作队探查得出的结论也与历史文献的记载相左，《西安市汉唐昆明池遗址的钻探与试掘简报》说："（滮池）平面形状不规则，东西最宽约 700 米，南北最长约 2980 米，周长约 7850 米，面积约 1.81 平方千米。"[③] 将此结论和现今可见的最早具体记载滮池面积的《括地志》对比，可以发现考古所得结论比《括地志》记述的滮池面积要大得多。

汉长安城工作队探查的对象是汉唐时期的滮池，《括地志》成书于唐初，所载内容的时间断限至少是初唐以前，两者在时代上应该说是吻合的。《括地志》中丈量滮池所用的单位是"步"。唐代度量制度规定五尺为一步，尺又有大小尺之分。小尺"一尺二寸为大尺"，唐大尺合 29.49408 厘米，约为 29.5 厘米[④]。唐代社会上通用的量尺是大尺，小尺仅用于音乐、天文、冕服等专门方面，所以对滮池面积的换算应使用大尺为单位。一步相当于五尺，十五步就是七十五尺。由此推得，《括地志》所载的滮池周长大约折合为 22 米。这远远小于考古探查得出的 7850 米。二者之间何以有如此大的差距？这很值得去思考和探究。

① 宋敏求，毕沅校注：《长安志》卷十二，台北成文出版社，294 页。

② 司马迁：《史记》卷六，中华书局，1997 年，259 页。

③ 中国社会科学院考古研究所汉长安城工作队：《西安市汉唐昆明池遗址的钻探与试掘简报》，《考古》2006 年 10 期。

④ 胡戟：《唐代度量衡与亩里制度》，《西北大学学报（哲学社会科学版）》1980 年 4 期。

历史时期滮池的面积在不断缩小，但是在唐代，滮池的面积应该也不像《括地志》中记载的那么小。也许是《括地志》在传抄过程中漏写了数字，抑或本来就是《括地志》记载有误。可能《括地志》记载的滮池并不是本文所讨论的滮池，而仅仅是汉唐昆明池附近一个作者误认为是滮池的小池。是否汉唐时期滮池的别名圣女泉就开始流行，"滮池"作为池陂的名字开始很少为人提及。所以有好事者就将"滮池"之名扣在昆明池附近一个原本无名的小池头上，而造成此种误差。或是因为方言晦涩，昆明池附近的一个小池的名字与"滮池"二字发音相近，以至于《括地志》的作者将二者混淆。以上种种仅是猜想，还有待考证。

二、滮池的位置及其与镐池、昆明池的关系

1. 滮池的位置

各种文献对滮池位置有明确记载，而且说法较为统一。《史记·周本纪·集解》徐广曰："镐在上林昆明北，有镐池。"[①]《三辅黄图》曰："（镐池）在昆明池之北，即周之故都也"。[②] 据文献记载，昆明池以北的水池应是镐池遗址。《水经注·渭水》曰："滮（池）出镐池西，而北流入于镐"。位于镐池之北的水池应是滮池遗址。另据《水经注》载："渭水又东北与鄗水合，水上承鄗池于昆明池北，周武王之所都也。故诗云：'考卜维王，宅是鄗京，维龟正之，武王成之。'……鄗水又北流，西北注与滮池合，水出鄗池西，而北流入于鄗。毛诗云：'滮流貌也'，而世传以为水名矣，郑玄曰：'丰、鄗之间水北流也'，鄗水北径清泠台西，又径磁石门西。……鄗水又北注于渭。'"[③] 从《水经注》所记的渭水水文情况得知滮池上承镐池，是昆明池以北的两个池之一。

滮池的相对位置很明确，但由于昆明池和镐池的位置尚有争议，古今学者对滮池的具体位置所在也是各持己见。归纳起来，主要有以下两种说法。

一是清代学者王森文提出的西山寺遗址说。王森文调查后认为滮池遗址在今西山寺，在其《汉唐都城图后记》中说："至西山寺，……今读寺碑，潭名圣女泉，即古滮池。"[④]

二是陈直认为遗址在现今长安北丰镐村西北洛水西村。陈直曰："《水经注·渭水》，'镐水又北流西北注与滮池合，水出鄗池西，而北流入于鄗。'杨守敬考《地形志》：'长安有滮池水'。《括地志》：'池周十五步'。"[⑤] 胡谦盈、徐卫民等学者也赞同此观点。

卢连成与上述观点一致，而且说得更为具体："滮池今已成为一片干涸的洼地，整个池址平面呈半月形，池周约七至八千米，总面积约三平方千米。池址南起落水村，东靠丰镐北村，北迄西王寺村，由南向东北，随高阳原走向而弯曲成弧形。池址西部是一条南北走向的长土岗，岗高六至七

① 司马迁：《史记》卷四，中华书局，2005 年，118 页。
② 何清谷：《三辅黄图校释》卷四，中华书局，2005 年，249 页。
③ 王国维：《水经校注》，上海人民出版社，1984 年，601 页。
④ 何清谷：《三辅黄图校释》卷四，中华书局，2005 年，249 页。
⑤ 陈直：《三辅黄图校证》卷四，陕西人民出版社，1980 年，104 页。

米，长约一千米，这条土岗将滮池与丰水故道隔开。洼地底部呈锅底形，池底淤泥较厚。池岸东北部是高阳原陡壁，池底和高阳原高差在十米以上。"①

黄盛璋先生对此有不同的看法。他主张丰镐村西北的古湖泊应该是镐池而非滮池遗址。黄盛璋先生曰："今丰镐村西北有一大片洼地，形状明显为一古湖泊遗址，当地人称为小昆明池，当即古镐池残遗一部。"②这种观点与以上各位学者的看法大相径庭。他否定了陈直等学者的看法却未指出他认为的滮池遗址所在之处。

中国社会科学院考古研究所汉长安城工作队经过考古发掘之后，确定了滮池的具体位置。"滮池位于镐池以北，遗址地处今丰镐村、纪阳寨、跃进村、桃园村和落水村之间。……滮池东岸始于落水村南部，大致呈东北—西南方向，经丰镐村西，在丰镐村北约 280 米处呈弧形折向西北，经红光路王寺十字以西 900 米处，在纪阳寨村西约 880 米处与北岸相接。北岸位于跃进村东南约 200 米处。西岸始自跃进村东南约 200 米处，经桃园村东侧向东南延伸，在桃园村东南约 760 米处折向西南，经落水村的中部与镐池的西岸相接。"③

考古发掘使用的是比较精确的科学方法，所得出的结论也是最可信、最权威的。考古发掘确定滮池遗址的位置在丰镐村、纪阳寨、跃进村、桃园村和落水村之间。前述多位学者划定的滮池位置不尽相同，但大体上都处于或者接近这几个村落。考古资料在理论上是能够最大限度复原考察对象的原貌的，在没有发现新的文献资料的情况下，笔者还是倾向于赞同考古发掘所确定的滮池的位置。请参见图一④。

2. 滮池与镐池、昆明池的关系

滮池与镐池、昆明池由北向南依次排开，三者位置相邻，关系紧密。明确镐池、昆明池的位置，对判断滮池的位置和研究滮池的变迁都十分有利。

昆明池以北的池沼就是镐池，其位置文献记载非常明确。《三辅黄图》载"镐池，在昆明池之北"。⑤《水经注·渭水》曰镐水"上承镐池于昆明池北"，位置与《三辅黄图》所记相同。《括地志辑校·雍州·长安县》曰："镐京在今县治西北十八里镐池是"。《长安志》载："镐水出县西北十八里镐池"。⑥上引《西安市汉唐昆明池遗址的钻探与试掘简报》的调查："镐池位于昆明池以北，隔'斡龙岭'与昆明池相邻。……镐池的南岸即为'斡龙岭'的北缘，大致呈西北—东南方向，在南丰村西约 900 米处折向东北与东岸相接。东岸位于南丰村西、村北与丰镐村南一线，大致呈东北—西

① 卢连成：《西周丰镐两京考》，《中国历史地理论丛》1988 年 3 期。

② 黄盛璋：《周都丰镐与金文中的莽京》，《历史地理论集》，人民出版社，1982 年，62 页。

③ 中国社会科学院考古研究所汉长安城工作队：《西安市汉唐昆明池遗址的钻探与试掘简报》，《考古》2006 年 10 期。

④ 中国社会科学院考古研究所汉长安城工作队：《西安市汉唐昆明池遗址的钻探与试掘简报》，《考古》2006 年 10 期。

⑤ 何清谷：《三辅黄图校释》卷四，中华书局，2005 年，249 页。

⑥ 宋敏求撰，毕沅校注：《长安志》卷十二，台北成文出版社，288 页。

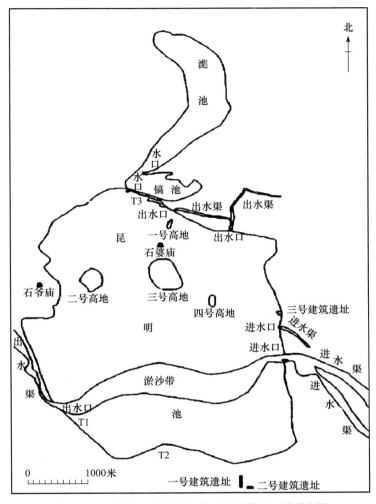

图一　考古勘探出的滮池及其上游的镐池、昆明池图

南方向，在丰镐村南 120 米处折向西北方向，在丰镐村西南角折向西南，与北岸相接。北岸位于丰镐村南与落水村之间。西岸位于落水村东部，大致呈东北—西南方向，在落水村南与南岸相接。"

　　昆明池位于镐池之南。王森文在今斗门镇北看到的古残碑上有清楚、具体的记载，"至镇门北外，见残碑剥蚀殆尽，惟昆明池界址存，云'北极丰、镐村，南极石匣，东极园柳坡，西极斗门'"①。根据胡谦盈先生的研究，"汉昆明池的具体范围：北缘在今北常家庄之南，东缘在孟家寨、万村之西，南缘在细柳原北侧，即今石匣口村，西界在张村和马营寨之东。池址总面积约 10 平方千米"。② 学术界基本公认这个观点。考古工作者通过钻探和测量，得出的结论也与之吻合，认为昆明池遗址大体位于斗门镇、石匣口村、万村和南丰村之间。

　　滮池的变迁与镐池、昆明池密切相关。故滮池干涸的直接原因在于镐池的消亡。据图一所示，滮池上承镐池，与昆明池相通。镐池的西北角有一出水口通北面的滮池，水口宽约 105 米，镐池水

　　① 张聪贤修，董曾臣纂：《清嘉庆长安县志·山川志》卷十三，3 页。
　　② 何清谷：《三辅黄图校释》卷四，中华书局，2005 年，249 页。

由此向北注入彪池。滮池的进水口即是镐池的出水口。镐池的进水口位于池的西南角，即昆明池北岸西部的出水口，昆明池水就是由这里流入镐池，对镐池进行水源补给的。昆明池是汉武帝在西周镐京位置凿建的，镐池西南的水口，在汉代一度使用，水自昆明池流入镐池。随着长安周围水文环境的变化，此水口有逐渐淤塞的趋势，唐代大规模维修昆明池堤岸时，填塞了这一水口，并在其上夯筑土堤，遂致废弃，镐池也被并入昆明池中。虽然没有镐池直接贯通，其实昆明池下游仍是通滮池的。若昆明池水源不足，镐池则萎缩，滮池必然缩小。昆明池的变化直接影响镐池的变化，而镐池池水的多少又直接关系着滮池的存亡。

三、历史时期滮池变迁的原因

　　滮池历史悠久，历史时期由于河湖重组，其水域面积不断减少，即使在这种情况下，也与镐池、昆明池并存了很长一个时期。滮池水源主要来自镐池，镐池并入昆明池后，滮池继镐池成为昆明池的主要下水区，起着调节昆明池水位的作用。洪汛季节，昆明池水量猛增，池水水位迅速上涨。滮池作为昆明池天然的排水区，有效地避免了昆明池水量过大，保证了长安城免于遭受水患。滮池的泄洪作用奠定了它在本区池沼中不可或缺的地位。这也是滮池在镐池、昆明池等新湖泊出现，改变了本区的河湖水系系统之后，还能够如此长时间存在的重要原因。

　　河流改道是影响滮池变迁的原因之一。滮池水源主要来自排水至镐池的昆明池。现代考古钻探表明，滮池的北端与一条古河道相接，这条古河道可能是镐水故道，滮池应与镐水相通。可见流经滮池的滈水亦可为滮池提供水源。滈水发源于终南山石砭峪，先入滈池，池水北出注入渭河。《水经注·渭水》记载有滈水的流路："（滈）水上承鄗池于昆明池北，周武王之故都也……鄗水又北流，西北注与滮池合……鄗水北迳清冷台西，又迳磁石门西……鄗水又北注于渭。"[1] 汉武帝开昆明池，主要利用的就是潏水、滈水流路。由于昆明池蓄滈潏合并的交河之水，镐水能提供给滮池的水量减少，滮池的面积自然会缩小一些。《括地志》曰："丰、镐二水皆已堰入昆明池，无复流派。"[2] 得知唐代拦截丰、镐二水入昆明池，使原来独流入渭的滈河，在香积寺附近折而西流经交河汇入沣，中间河段断流，只余下滈池以下一小段。镐水堰入昆明池后逐渐断流不复，再无能力为滮池提供水源。唐代后期，昆明池发生了几次壅塞，最终在唐大和年间以后因为石闼堰的废弃而干涸，滮池失去水源亦随之干涸。根据文献资料可知，滮池的消失大约是在宋代。然而唐代后期昆明池就干涸了，失去水源的滮池何以能够维持到宋代，这还有待于其他史料去考证。

　　历史时期滮池的变迁与气候变化不无关系。汉代以后，关中地区的气候虽有波动，但整体逐渐趋于寒冷干燥。东汉到南北朝就是在历史时期一个典型的寒冷时段（曹魏、西晋、十六国、北朝）。这一时期关中地区气候之特点与东汉时相似，即寒冷干旱，且程度均较东汉有过之而无不及 [3]。唐代不是一个稳定的温暖期，从百年以上的尺度来看，以 8 世纪中叶为界至少可以分为两个大的阶段，

① 王国维：《水经校注》，上海人民出版社，1984 年，601 页。

② 李泰等，贺君次辑校：《括地志辑校》卷一，中华书局，1980 年，11 页。

③ 朱士光、王元林、呼林贵：《历史时期关中地区气候变化的初步研究》，《第四纪研究》1998 年 1 期。

前期的气候尚缺少坚实的证据，无法确定寒暖的程度，但后期气候明显转寒，寒冷顶峰时的程度可与明清小冰期相比较 ①。滮池的干涸大约发生于宋代。根据我国著名的气候学家竺可桢先生的《中国五千年来气候变迁的初步研究》一文，北宋和南宋均处于我国近五千年来的第三个寒冷期之中。气候的变化关系着自然环境的各个要素。唐末至宋，关中地区越来越干燥寒冷的气候，直接影响了此区的生态系统。受气候的影响，森林植被的生存界限被迫南移，意味着本区森林植被由于环境胁迫而不断减少。趋于干旱的气候造成河湖的蒸发量大于降雨量，河流的径流量、湖泊的蓄水量日趋降低。昆明池也是如此，滮池、镐池与昆明池属于同一个水域系统，自然不可能幸免。

森林植被对滮池的变化也有显著影响。森林在环境保护方面最突出的作用是涵养水分，森林可以在降水时将雨水涵蓄，之后逐渐流出，从而使河流的径流量保持稳定，有效地避免了河水的猛涨猛降。史念海先生在《论西安周围诸河流量的变化》一文中，对西安周围诸水流量变化的原因进行了周详的分析，认为秦岭森林植被的破坏对河流流量的变化起着关键性的作用。

自古以来人类对秦岭森林植被的破坏不曾间断。周秦汉唐都以长安为都，城市建设和皇室宫殿的修筑，大多就近取材于秦岭山地。汉唐时期人类尚未认识和利用煤炭资源，人们使用的仍是由树木烧制而成的柴炭。柴炭是当时人们日常生活必不可少的能源，薪炭的消费数量是极大的，秦岭森林砍伐的规模随之大增。汉唐时期，长安地区作为全国经济中心，其手工业在当时比较发达。手工业冶铜铁、造钱币也需要燃烧大量木材，加剧了对秦岭森林的破坏。过度的森林砍伐是一种摧毁性的破坏，使得河流上游的流水侵蚀严重，造成大范围的岩石裸露，流水侵蚀夹带的泥沙碎石，极易充塞河道，湮没下游地区。

作为昆明池水源的交、沣、镐三水，皆发源于秦岭。秦岭森林植被的破坏对交、沣、镐三水定会产生重要的影响。由于秦岭植被的过度砍伐，源自秦岭的河流径流量不断减少，交、沣、镐三水也在此列中。森林植被遭到破坏，失去涵养水源的作用，于是携带大量泥沙的交、沣、镐三水注入昆明池之中，抬高了池沼的底面，昆明池随着泥沙沉积而逐渐淤塞干涸。昆明池水量减少，镐池必然难逃缺水危机，滮池的干涸自在情理之中。

人为因素对滮池变迁的影响是不容忽视的。昆明池是完全靠人工开凿而成的池沼，虽然利用了一定的自然地理优势，但人为因素对昆明池的变迁影响深远，是导致其壅塞干涸的决定性因素。昆明池是滮池的补给区，昆明池干涸的原因也就是滮池堙废的主要原因。

汉武帝开凿昆明池原意是用来训练水军以敌西夷，但昆明池的功能绝不仅此一点，它作为长安城的总蓄水库，通过沉水及其支渠足以有效地供应汉城内外各宫殿园林区的用水，同时还作为上林苑中的重要园林游乐区发挥着重要作用。而且操练水军的作用是暂时的，后两项功能则是持久的，越向后越能显现出来。从其历史发展过程看，向京师供水应是昆明池的主要功用 ②。

《长安志》曰："（昆明池）至秦姚兴时竭。"可知经过汉末及南北朝战乱，在姚秦时期昆明池

---

① 满志敏：《关于唐代气候冷暖问题的讨论》，《第四纪研究》1998 年 1 期。

② 李令福：《论西汉长安城都市水利》，《中国古都研究十九·文明起源与城市发展研究》，四川大学出版社，2004 年。

水利工程坏圮，水源已断，虽有断续水面，都远不能和汉时相比，完全修复这一系列工程也绝非易事。汉长安城所在的龙首塬以北的地区本身不具备扩大城市的足够条件，加之汉长安城经受战火摧残，修复起来不比新建容易。隋代仍以长安为都，却没有建都在汉长安城的旧址上。昆明池位置较为偏西，与新建都城不相适应。隋唐两代只好弃而不用，另建引水工程。《长安志》卷六载："唐德宗贞元十三年命京兆尹韩皋充使浚之，追寻汉制，引交河、沣水合流入池。"[①] 当时引交水、丰河入昆明池，是作为游赏而非生活水源。

　　宋代以后，长安城王朝都城地位丧失。国都的变化必然带来长安城人口、经济以及城市建设的变化。中国历史上的人口多倾向于集中在天子脚下。隋唐以后的长安不再是全国政治经济文化中心，迁移入城的人口自然会减少，从而城市供水的压力也会随之减小，那昆明池对于长安城的作用也就微乎其微，存在与否再也不如西汉时期那样重要。当时政府对昆明池的关注程度自然大大减少，即使出了问题政府也不会再出资修缮，于是昆明池免不了壅塞，澎池自然难逃缺水干涸的厄运。

（原载《唐都学刊》2008 年 1 期）

---

① 宋敏求，毕沅校注：《长安志》卷六，台北成文出版社，136 页。

汉长安城对周边水环境的改造与利用

徐卫民

中国历史上的古都之所以绝大多数坐落于江河湖泽之滨，除了考虑到都城用水的方便外，江河还可以提供灌溉与舟楫之便，作为防御屏障等也是重要的因素。一般地说，古代都城用水主要包括以下五个方面：一是城市生活用水；二是皇家宫苑、城市美化用水；三是城市的防卫和防火用水；四是都城的漕运用水；五是灌溉、养殖等方面的用水。中国古都的供水除了利用和改造天然河湖之外，还要根据都城附近的自然条件因地制宜地开辟新的水源，同时修建相应的引水工程。

汉长安城位于今天西安市的西北部，处于自然环境优越的关中盆地。城南为著名的秦岭山脉，植被常茂，森林繁盛，使得源自秦岭诸河流水资源丰富。加上西汉时期我国正处于温暖时期，气候温暖湿润，雨量丰沛，造成汉长安城"陂池交属""神池灵沼""荡荡乎八川分流"，湖泊星罗棋布，形成完备的城市水环境系统。这一城市水环境系统不仅满足了汉长安城的供水需求，而且衍生出的环境生态功能对整个汉长安城的环境改善具有很大的作用。

水是人们生活中须臾不可离开的东西。汉长安城周边的水环境总体是优越的。当时人发挥了他们的聪明才智，改造水系，修建陂池，使天然的水环境发挥更大的作用。

一、"荡荡乎八川分流"

据司马相如《上林赋》记载：长安附近"荡荡乎八川分流"。说明长安附近水网密布，水环境很好。"八水"即指"泾、渭、灞、浐、涝（即潏水，西汉时称为沆水）、涝、沣、滈"。八水中，以渭水为主流，其余七水均为渭水的支流。其中汉长安城北部为渭水和泾水，东部为灞水和浐水，分布在南部和西部的为沣水、滈水、涝水和沆水。由于关中平原呈东南高西北低的走势，因而除了泾水、渭水外，其余六水基本上都是由南向北流，注入渭水。八水纵横交错，似条条玉带环绕着美丽的汉长安城，不仅给其增添了灵气，带来了富饶，而且对汉长安城的安全、生活用水、生态平衡都发挥了极为重要的作用。

渭河是关中的一条最重要河流，南北两岸是众多大大小小的支流，形成了一个严密的水网，给关中的经济发展创造了良好的条件。这些河流像一条条裙带，缠绕在渭河的南北两岸。

渭河是关中地区最大的河流，孕育了中华早期文明。渭河水量丰富，沿途有许多支流，因此它在很大的程度上起到排水的作用，从而使得城内的水环境系统更趋合理，同时，渭水的漕运功能在当时作用是很大的。实质上，早在秦建都雍城时期，即利用渭水进行漕运。秦汉时期，渭水流域气候处于温暖湿润期，降水量比较大，加之当时渭水上游森林植被比较好，因此西汉时期，渭河水流应该是处于比较清澈的时期，水流较大，可以行船。当时关东地区的粮食主要靠渭河漕运到长安城。这一时期渭河上运粮的船络绎不绝，长安每年所需的数十万乃至数百万石漕粮大都是通过渭河运输的。尽管后来修了漕渠，但因为渭水毕竟是一条天然河道，水量较大，不需要更多的设施，就可以迅速加以利用，所以，漕渠终究不能代替渭水水运[①]。同时由于"汉初长安城距渭水不过1里左右"[②]，所以，利用渭水航运对汉长安城来说是极为方便的。

泾水是渭水上最大的支流，也是长安八水中唯一由渭水北岸注入渭河的河流，全长 450 千米，流域面积 47800 平方千米。

沣河发源于长安县沣峪，流至咸阳市汇入渭河，全长 82 千米，总流域面积 1460 平方千米。据载，大禹曾经治理过沣河，西周的丰、镐二京就建在沣河东西两岸。秦咸阳、汉长安也位于沣河、渭河交汇处，汉、唐时的昆明池也是引沣河水形成的。

涝河，古称潦水，源头有两条，东涝河发源于静峪垴，西涝河发源于秦岭梁，两河交汇后北流，最后北经咸阳流入渭河。涝河全长 82 千米，总流域面积 663 平方千米。

泾河发源于六盘山腹地的马尾巴梁，从源头一出山，就水势洪大，湍湍急流，越泾源县白面镇、园子乡，穿沙南峡，在柳家河坝入甘肃平凉，抵陕西高陵县汇入渭河。泾河在六盘山保护区内全长 29 千米，流域面积 231.49 平方千米，是六盘山脉中最大的一条河。

滈河发源于石砭峪，先西北流，再西流入沣河，全长 46 千米，为汉唐长安城提供了丰富的水源。今天的石砭峪水库已纳入黑河引水工程，为西安市提供了甘美清流。滈河为绕西安南面之河。

浐河发源于蓝田县汤峪月亮石，全长 64 千米。浐河河谷宽阔，两岸土地肥沃，与樊川、御宿川号称长安三大川。它不仅供给唐代曲江池、兴庆池、太液池满池绿水，而且还养育了六千年前半坡氏族的先民。

灞河发源于蓝田县灞源乡东家沟，原名滋水。春秋时秦穆公欲显耀其武功，成就霸业，改名"灞水"。灞河全长 109 千米，是流经西安东面的河流。

潏河发源于秦岭北麓，全长 64 千米，河流全程都在长安县境内，其流域包括潏河、皂河。

水利是农业的命脉，灌溉对于农业生产是至关重要的，丰富的水资源是发展关中农业发展得天独厚的条件。除了河流本身具有的天然灌溉功能外，当时人还利用方便的水利条件进行灌溉。引用水流灌溉农田，早在周秦两代就已经盛行。《诗经·白华》篇所说的"滮池北流，浸彼稻田"，就是具体的例证。滮池在丰镐附近，池水虽可灌田，但没有很好利用。后来秦国开凿郑国渠，引泾水向东一直通到洛水，灌溉盐碱土地数万亩，从而使渭河北边的大部分地区受益。郑国渠正好修在渭北平原二级阶地的最高线上，所以最大限度地增加了灌溉面积。郑国渠全长 125 千米，它的修建对

---

　　① 马正林：《渭河水运和关中漕渠》，《陕西师范大学学报（哲学社会科学版）》1983 年 4 期。

　　② 辛德勇：《汉唐期间长安附近的水路交通——汉唐长安交通地理研究之三》，《中国历史地理论丛》1989 年 1 期。

当时关中农业生产乃至秦统一全国都起了很大作用。"渠就，用注填阏之水，溉泽卤之地四万余顷，收皆亩一钟，于是关中为沃野，无凶年，秦以富强，卒并诸侯。"① 西汉时在关中建都，依然能坐享其利。这一项巨大的灌溉工程，一直受人称道。汉代接着不断开渠引水，成就更大。当时在郑国渠旁先后开凿了六辅渠和白渠，还引渭水开凿成国渠、灵轵渠和蒙茏渠。成国渠自郿县（今陕西眉县）引水，直通到始平（今陕西兴平县）和咸阳（今陕西咸阳市）。汉长安城附近浐、灞、沣、镐、潏、涝诸水的引水渠道虽未见诸记载，但东方朔曾说当时关中地区为"陆海"，陆海中的农作物，首先是粳稻。粳稻种得很多，显示出当地的渠道应该不少。可能这些渠道都不是很长，所以不见于记载。显然可见，通过这些渠道的开凿，这里已经形成一个农田灌溉网，这个灌溉网西起眉县，东至新丰、高陵两县（今为临潼和高陵县），北起泾阳（今泾阳县）之北，南至秦岭之下。汉长安城正位于这个农田灌溉网的中央。

汉武帝时，穿白渠引用泾水，首起谷口，尾入栎阳，灌溉田亩四千五百余顷，按汉时一亩等于 0.69 市亩计算，折合今 31 万市亩有余② 。当时的人已经看到其经济效益，歌之曰："田于何所？栎阳谷口，郑国在前，白渠起后。举锸为云，决渠为雨。泾水一石，其泥数斗。且溉且粪，长我禾黍。衣食京师，亿万之口。"③

汉长安城西南郊的水系比较多而且复杂，有沣水、滈水、沈水、交水等。汉代有效地利用这些水系为长安城的用水服务。昆明池的水源就来自交水。《水经·渭水注》曰："交水又南流与丰水枝津合，其北又有汉故渠出焉，又西至石堨分为二水：一水西流注丰水，一水自石碣经细柳诸原流入昆明池。"交水本来是西流注丰的，汉武帝做石闼堰，堰洨水北流，穿过细柳原，流入昆明池。吕卓民先生则认为石闼碣应设于潏滈二水相交的香积寺附近④ 。黄盛璋先生认为："昆明池共有四个口，南口为源所自入，北口和东口宣泄水量，供应汉城内外，西口则是调节水量之用。"⑤

昆明池东出之水，即《水经注》所载的昆明故渠。《水经·渭水注》曰："渠上承昆明池东口，东迳河池陂东，亦曰女观陂，又东合沈水，亦曰漕渠，又东迳长安县南，东迳明堂南，旧引水为辟雍处，在鼎路门东南七里……故渠又东，而北屈迳青门外，与沈水枝渠会。"从其流路可知，昆明故渠对汉城南郊辟雍等处的园林生态供水、补充漕渠以及沈水水量都有重要作用。北出之水，即《水经注》中的昆明池水。《水经·渭水注》："水上承（昆明）池于昆明台……池水北迳镐京东，秦阿房宫西……其水又北屈而迳其（阿房）北，东北流注揭水陂，陂水北出，迳汉武帝建章宫东，于凤阙东，东注沈水。"揭水陂在秦阿房宫与建章宫之间，其作用当为调节水量，控制水流。建章宫区与未央宫区的用水，就是依靠揭水陂的调节和供应的。

现在潏水上游和皂河大致就是汉沈水的流路。在香积寺一带，潏水与滈水相交为交水，西注于沣水，才使得现在潏水与汉之沈水流路不同。关于沈水改道问题，吕卓民先生认为："现流的交潏

① 《史记》卷二九《河渠书》，中华书局，1982 年。

② 李令福：《关中水利开发与环境》，人民出版社，2004 年。

③ 《汉书》卷二九《沟洫志》，中华书局，1952 年。

④ 吕卓民：《西安城南交潏二水的历史变迁》，《中国历史地理论丛》1990 年 2 期。

⑤ 黄盛璋：《西安城市发展中的给水问题以及今后水源的利用与开发》，《地理学报》1958 年 4 期。

二河大致形成于西汉时期,作用于排水,或为开凿昆明池所派生,或为后来另凿。"① 因为昆明池地势较高,且需要大量的水源,二者合流使水量增大,更易于抬高水位,使之流到昆明池。

由于汉代关中地区气候湿润,长安城用水量也不是太大,所以长安城东边的灞河、浐河及西边的涝河诸水还没有直接被利用,只是间接地为长安城提供了环境上水的支持。

二、长安城内外的湖泊陂池

长安城周围除了密如织网的河流之外,还有繁若群星的湖泊陂池,从而反映出两千多年前的长安城周围河湖纵横、水网密布。这些湖泊陂池有些是人工挖掘的,有些是天然形成的,但都为长安城提供了良好的用水条件。

汉长安城由于人口众多,用水量是比较大的。除了生活用水以外,还有城市绿化等用水,在长安城中就有一些人工修建的水池。

沧池。《三辅黄图》云:"沧池,在长安城中。"刘庆柱、李毓芳二位先生经过考古调查认为,沧池位于"今西安市未央区未央宫乡西马寨村西南。故址现为一片洼地,地势低于周围1~2.5米"。"池址平面呈不规整的圆形,东西400米,南北500米,深2.5~3米。"并且沧池东北距前殿基址270米,南岸和西岸分别在未央宫南墙以北250米,西宫墙以东700米②。

何清谷先生在《三辅黄图校注》中指出:"沧池是长安城中一大蓄水库,水源来自昆明池。城内用水量浩大,而且昆明池距城较远,水流至此,量不可很多,因此必须有一个蓄水库大量储积来自昆明池之水,供城中各区周流之用;其次,沈水飞渠入城,这里地势低下,也需要有个水库提高水位,否则水就不容易周流。沧池的作用是储积调节未央、长乐两大宫殿区的用水。"③他讲得非常正确。

鱼池和酒池。《三辅黄图》云:"秦酒池,在长安故城中。"《三辅黄图校注》引《庙记》云:"长乐宫中有鱼池、酒池,池上有肉炙树,秦始皇造。"

上林苑中的池沼:上林苑是秦汉时期的皇家苑囿,规模浩大,设施完备。上林苑中水源丰富,有"荡荡乎八川分流"之称。正如《上林赋》所言:"终始灞浐,出入泾渭、丰镐潦涝,纡余透迤,经营乎其内。"上林苑利用八水的有利条件,修建了许多人工湖泊,犹如镶嵌在苑中的颗颗明珠。

昆明池。汉武帝元狩三年开凿。《汉书·食货志》云:"是时越欲汉用船战逐,乃大修昆明池,列馆环之。"即修建昆明池是为了操练水军,讨伐西南夷。宋人程大昌在《雍录》中云:"其始凿也,固以习战,久之乃为游玩之地也。"《三辅黄图》云:"汉昆明池,汉武帝元狩三年穿,在长安西南,周回四十里。"《西南夷传》曰:"天子遣使求身毒国市竹,而为昆明池所闭。天子欲伐之,越巂昆明国有滇池,方三百里,故做昆明池以象之,以习水战,因名曰昆明池。"《汉书·食货志》也指出:"时越欲与汉用船战逐,乃大修昆明池,列馆环之,治楼船高十余丈,旗帜加其上。"从上

---

① 吕卓民:《西安城南交潏二水的历史变迁》,《中国历史地理论丛》1990 年 2 期。

② 刘庆柱、李毓芳:《汉长安城》,文物出版社,2003 年。

③ 何清谷:《三辅黄图校注》,三秦出版社,2006 年。

所言可以看出，汉武帝开凿昆明池是为了操练水军，南征昆明。但这是否就是当时修建昆明池的真正目的，或者说是唯一目的，的确值得怀疑。对于这一点，宋人程大昌早就有精辟认识。他在《雍录》之"昆明池"条指出："其始凿也，固以习战，久之乃为游玩之地也。""交水西至石堨，武帝穿昆明池所造，有石闼堰，在县西南三十二里。则昆明之周三百余顷者，用此堰之水也。昆明基高，故其下流尚可壅激以为都城之用，于是并城疏别三派，城内外皆赖之。此地至唐仍在。"①

由此可以看出，昆明池修建的目的是多元的，绝非只是为了训练水兵，与长安城的用水也有很大的关系。昆明池实质上是长安城西南的总蓄水库，供应汉长安城内外的用水。"城内外皆赖之"就足以说明这一问题。汉初长安城的水源是引用潏水，后来随着长安城的扩大，人口的增加，当时人乃修昆明池。

昆明池的规模，臣瓒注认为"周回四十里"，《长安志》引《三辅故事》云"盖三百二十顷"，张澍辑《三辅旧事》云"三百三十六顷"。昆明池的四至，据《长安县志》引碑石云："北极丰镐村，南极石匣，东极园柳坡，西极丰门。"据胡谦盈先生考察，池址位于今斗门镇东南，是"一片面积十多平方千米的洼地，地势比周围岸边低2～4米。池址南缘就在细柳原的北侧，即今石匣村，东界在孟家寨、万村的西边；西界在张村、马营寨、白家庄之东；北界在上泉北村和南丰镐村之间的土堤的南侧"②。最近中国社会科学院考古研究所西安研究室对西汉昆明池遗址进行了调查与发掘，调查显示昆明池遗址大体位于今西安市长安区南丰村、石匣口村、斗门街道办和万村之间。勘探结果表明，昆明池的范围呈不规则的椭圆形，东西约4.2千米，南北约5.7千米，沿岸一周长约17.6千米，面积达16平方千米，遗址范围内有普渡、花园、南寨子、下店等20多个村庄。昆明池有4个出水口，出水口范围内普遍发现淤沙堆积。进水口有分叉，最宽处达420米，窄的多在40～160米。出水口多位于昆明池北岸一线，最窄的宽度有20～50米，有的底部及两边用大卵石铺砌而成。考古人员介绍，昆明池南高北低，南岸没有护岸，东、西、北三侧都有护岸。勘探表明，遗址的北岸为一条大致呈东西走向的带状高地，东西长2千米多。从试掘情况看，这里原是一处生土高岭，早期昆明池的北岸即在这条高岭的南侧。另外，昆明池北侧还有年代更早的镐池和滮池。

考古人员还在昆明池沿岸发现了三处建筑遗址。一号建筑遗址出土遗物主要有瓦当、筒瓦残片等，具有西汉中期以前的特征。三号建筑遗址是一处东面连岸、其他三面环水的台榭类建筑。其现存夯土台基分为上下两层。上层夯土厚约1.5米，内含大量汉代板瓦及筒瓦残片。下层夯土在现地面以上，厚约1米，夯土中夹杂少量夹砂陶片；其中有周朝的残鬲足。

《三辅黄图》引《庙记》云："池中后作豫章大船可载万人，上起宫室，因欲游戏。"《三辅黄图》引《三辅旧事》池云："昆明池中有戈船各数十，楼船百艘，船上建戈矛，四角悉垂幡旄葆麾盖，照烛涯涘。"这么多的船除作水兵训练外，有一些乃作为皇家宫室荡舟之用。皇帝后宫在昆明池"登龙舟，张凤盖，建华旗，祛黼帷，镜清流，靡微风，澹淡浮，棹女讴，鼓吹震"③。《西京

①　程大昌撰，杨思成、康万武点校《雍录》，陕西师范大学出版社，1996年。
②　胡谦盈：《丰镐地区诸水道的踏察——兼论周都丰镐的位置》，《考古》1963年4期。
③　班固：《西都赋》，《全汉赋》，北京大学出版社，1993年。

赋》云："旋憩乎昆明之池，……于是命舟牧，为水嬉。浮鹢首，翳云芝，垂翠葆，建羽旗，齐栧女，纵棹歌，发引和，校鸣箛，奏淮南，度阳阿，感河冯，怀湘娥，警蝄蜽，悼蛟蛇，然后钓鲂鱍，……摭紫贝，搏耆龟。"这反映出当时皇宫后妃在昆明池中泛舟游荡钓鱼的盛况。《西京杂记》载："昆明池有刻石为鲸鱼，每至雷雨，常鸣吼。"昆明池中有"二石人，立牵牛、织女于池的东西，以象天河"。这两尊石像迄今犹存，是汉武帝元狩三年雕刻的，比霍去病墓前石刻还要早三年。昆明池岸"周以金堤，树以柳杞"。岸边植柳，池中养鱼，更增添了池中景色。

昆明池是汉长安城的总蓄水库，其设计用意是从汉长安城的安全以及供水水源出发的。规模庞大的昆明池基本上解决了汉长安城的用水需求，同时还可以接济漕渠的水量，有利于漕渠的水运，也是汉上林苑中的重要游览景点。

太液池。《三辅黄图》云："太液者，言其津润所及广也。"其遗址在今三桥镇高低堡子西北的西安太液池苗圃。笔者曾去当地考察，现仍低于周围。《汉书·郊祀志》云："太液池中有蓬莱、方丈、瀛洲、壶梁，象海中神山龟鱼之属。"《史记·封禅书》也云："三神山在渤海中，其物禽兽尽白，而黄金银为宫阙，山上有诸仙人及不死药。"汉武帝生前多次去渤海边寻求长生不老药，但都是徒劳的，于是在上林苑中修建太液池以示纪念。河北、辽宁考古队在渤海沿岸发现的几处秦汉离宫遗址，当为秦汉皇帝为求仙药而修建。据记载，太液池有石鱼、石鲸。1973 年在太液池西北侧发现一件长 4.9 米、中间最大直径 1 米、形如橄榄的鱼形石雕，现存陕西历史博物馆。

太液池风景秀丽。《西都赋》云："览沧海之汤汤，扬波涛于碣石，激神岳之嶈嶈，览瀛洲与方壶，蓬莱起乎中央，于是灵草冬荣，神木丛生，……金石峥嵘。"波涛湖水为水族水禽栖息繁衍创造了条件，形成了水上动物园。"始元元年春二月，黄鹄下建章宫太液池中。"[1]封建统治者视黄鹄为吉祥，遂记于书中。"太液池边皆是雕胡、紫萚、绿节之类，……其间凫雏、雁子布满充积，又多紫龟、绿鳖。池边多平沙，沙上鹈鹕、鹕鸪、鹍鹊、鸿鹍，动辄成群。"[2]太液池是皇帝经常游乐之地。《三辅黄图》云："成帝常以秋日与赵飞燕戏于太液池，以沙棠木为舟。"

皇子陂。《雍录》云："在万年县西南二十五里，周七里。"《雍录》引用《长安志》曰："秦葬皇子，起冢于陂之北原，故曰皇子陂，隋文帝改为永安陵。"《太平寰宇记》载："在夏启门（唐长安城南面正中一门）南三十里，周回九里，因陂北原上有秦皇子冢而得名。"[3]现在的皇子陂在长安区韦曲镇东侧，杜伯冢在今杜城村南。

滈池。《水经·渭水注》云："渭水又东与滈水合，水上承镐池于昆明池北，周武王之所都也……滈水又北流，西北注与彪池合，水出鄗池西，西北流入于鄗。"鄗池在当时是一个较大的湖泊，这有丰富的史料记载。据《三辅黄图》云，其位置"在昆明池之北，即周之故都也"。在今牛郎石像以北至斡龙岭之间。到唐代扩建昆明池时并入其中。

滮池。即彪池、冰池。《三辅黄图》云："冰池，在长安西。旧图云：西有彪池，亦名圣女泉，

---

① 《汉书》卷七《昭帝纪》。

② 葛洪撰，周天游校注：《西京杂记》卷一，三秦出版社卷一，2006 年。

③ 侯仁之、顾颉刚、谭其骧等：《中国古代地理名著选读》，科学出版社，1959 年。

盖冰、彪声相近，传说之讹也。"《水经·渭水注》亦云："滴水又北流，西北注与滮池合。"卢连成先生调查后认为："滮池今已成为一片干涸的洼地，整个池址平面呈半月形，池周 7 至 8 千米，随高阳原走向而弯曲成弧形，池址西部是一条南北走向的长土岗，岗高 6 至 7 米，长约 1 千米，这条土岗将滮池与丰水故道隔开。洼地底部呈锅底形，池底淤泥较厚。池岸东北部是高阳原陡壁，池底和高阳原高差在 10 米以上。"① 滮池遗址应该就是俗称"小昆明池"的洼地。

孤树池。《西京杂记》云："太液池西有一池，名孤树池，池中有洲，洲上有黏树一株，六十余围，望之重重如盖，故取为名。"黏同杉，属于常绿乔木，高可达 30 米，但树大"六十余围"似有夸大。

唐中池。《三辅黄图》云："唐中池，周回十二里，在建章宫太液池之南。"《雍录》卷九《渐台》云："昆明池水第三支注入揭水陂，然后自南而北趋建章。先为唐中池，周回十里，已而从东宫转北，则为太液池。"《西都赋》亦云："前唐中而后太液，览沧海之汤汤。"据以上记载可知，唐中池在太液池之南，其水源来自昆明池。

琳池。《拾逸记》云："昭帝始元六年，穿琳池，广千步，池南起桂台以望远，东引太液之水，池中植分枝荷。"这里成为宫人常游乐之地。从东引太液之水可以看出，此池在太液池西不远处。

影娥池。《三辅黄图》云："武帝凿池以玩月，其旁起望鹄台以眺月，影入池中，使宫人乘舟弄月影，名影娥池，亦曰眺蟾台。"影蛾池中有游月船、触月船、鸿毛船、远见船，看来此池专为宫人荡舟赏月之用。

上林十池。《三辅黄图》云："上林苑有初池、麋池、牛首池、蒯池、积草池、东陂池、西陂池、当路池、犬台池、郎池。……蒯池生蒯草以织席，西陂池、郎池皆在古城南上林苑中。……积草池中有珊瑚树，高一丈二尺，一本三柯，上有四百六十条，南越王赵佗所献，号为烽火树，至夜光景常焕然。"汉牛首池乃秦牛首池之旧。"西驰宣曲，濯鹢牛首。"② 郭璞注云："牛首池在沣水西边，近沣河。"《三秦记》云上林有"牟首池"。"牛""牟"二字形近易混，当为牛首池，因牛首山而名。当路池、犬台池、郎池分别在当路观、犬台观、郎池观附近。东陂池、西陂池可能分别位于上林苑的东端和西端，"日出东沼，入乎西陂"③。张揖注云："日朝出苑之东池，暮入于苑西陂池。"汉代还设有"上林十池监"一官，专门管理上林十池之事务。

百子池。《类编长安志》云："在建章宫西。"每年七月七日牛郎织女相会的日子都要在此举行大型于阗音乐会，人们以五颜六色的丝缕相系唱歌跳舞，尽情欢乐。

少府佽飞外池。《三辅黄图》引《汉仪注》云："佽飞具缯缴以射凫雁，给祭祀，故有池。"《汉书·宣帝纪》记载：在神爵元年诏中提到"应募佽飞射士"。臣瓒注曰："本秦左弋官也，武帝改曰佽飞官，有一令九丞。在上林苑中结缯缴弋射凫雁，岁万头，以供祀宗庙。"这是上林苑中一个比较特别的陂池。

---

① 卢连成：《西周丰镐两京考》，《中国历史地理论丛》1988 年 3 期。

② 费振刚、胡双宝、宗明华：《全汉赋》，北京大学出版社，1993 年。

③ 费振刚、胡双宝、宗明华：《全汉赋》，北京大学出版社，1993 年。

上林苑中还有鹤池、昆灵池、虹泉池等。

汉长安城位于龙首原的北面，地势低于长安周围诸水，因此汉长安城中用水极为方便，水直接就可以引进长安城中，既可以供应人们的生活用水，又可以用来美化长安城。

历年来考古工作者在长安城内发现了不少下水管道。2005 年 10～12 月，在对长乐宫 6 号建筑遗址进行部分发掘中，发掘出一组保存基本完整的排水设施，包括 2 座沉淀池和数段圆形或五角形排水管道。2 座沉淀池分别位于西边附属建筑的 2 个院子内，陶质排水管道均埋设于地下，用于连接 2 个沉淀池，并向东一直通往遗址的外边。每逢下雨之时，雨水先汇入院子的沉淀池中，待杂物沉淀后，清水经排水管道排往建筑之外[1]。在此之前，也有不少的地下排水管道被发现，这充分反映出当时人的环保意识是比较高的。

特别是在长安城中发现的下水道，多是好几个下水道凑在一起，这充分反映出当时长安城的用水量是很大的，也反映出当时人的环保意识。

从上文我们可以看出，西汉时期的长安城周边水环境是非常好的，但随着自然环境的变化和人们不合理的开发，关中的自然环境日益恶化，今天的西安已经是一个缺水城市。这个问题需要我们认真地思考。

［原载《河南科技大学学报（社会科学版）》2007 年 6 期］

---

① 刘振东、张建锋、徐龙国：《西安汉长安城长乐宫遗址发掘一组完整的排水设施》，《中国文物报》2006 年 2 月 22 日版。

汉昆明池的兴修及其对长安城郊环境的影响

李令福

　　为保证西汉都城长安的城郊用水，汉武帝开凿昆明池，建成了以昆明池为中心的包括蓄、引、排相结合的供水、园林、城壕防护与航运等多种功能的综合性水利系统。这种人工河湖水系的建造不可避免地对都城长安城郊的自然环境尤其是水文环境产生了重大影响。

一、汉武帝兴修昆明池及其人工环境

　　昆明池创建于西汉武帝元狩三年（前 120 年），这在历史文献中有明确记载。《汉书·武帝纪》说，元狩三年，"发谪吏穿昆明池"。《汉书·五行志》："元狩三年夏，大旱。是岁，发天下故吏伐棘上林，穿昆明池。"

　　昆明池不是一次挖掘完成的，从文献上来分析，在汉武帝元鼎元年（前 116 年）可能有第二次的扩修活动。《史记》载："初，大农管盐铁官布多，置水衡，欲以主盐铁。及杨可告缗钱，上林财物众，乃令水衡主上林。上林既充满，益广。是时越欲与汉用船战逐，乃大修昆明池，列观环之。治楼船，高十余丈，旗帜加其上，甚壮。于是天子感之，乃作柏梁台，高数十丈。宫室之修，由此日丽。"①《索隐》曰："盖始穿昆明池，欲与滇王战，今乃更大修之，将与南越吕嘉战逐，故作楼船，于是杨仆有将军之号。又下云'因南方楼船卒二十余万击南越'也。昆明池有豫章馆。豫章，地名，以言将出军于豫章也。"这里记述的大修昆明池的时间，是在杨可主告缗以后，同时又在作柏梁台之前。《汉书·酷吏传》载："至冬，杨可方受告缗……后一岁，张汤亦死。"杨可主告缗是在张汤死前一年，据《汉书·武帝纪》张汤死于元鼎二年冬十一月，则杨可主告缗应在元鼎元年冬。又据《汉书·武帝纪》："（元鼎二年）春，起柏梁台。"所以大修昆明池的时间当在元鼎元年冬至二年春之间。而且这次大修同样出于军事目的，只是船战的拟定对象有了改变，由原来的西南夷变成了南越。这一点在《索隐》中已经很明确地给予了说明。

　　经过武帝元狩三年与元鼎元年的两次修建，基本奠定了西汉昆明池的规模，作为工程的组成部分，湖堰、进水闸和进出水渠道也都应该顺利完成。

　　汉代昆明池的范围广大，《汉书·武帝纪》臣瓒注："（昆明池）在长安西南，周回四十里。"《三辅黄图》卷四也说："汉昆明池，武帝元狩三年穿，在长安西南，周回四十里"。《三辅旧事》

---

　　① 司马迁：《史记》卷三十《平准书第八》，中华书局，1982 年。

曰："昆明池，地三百三十二顷。"《太平御览》引《三辅旧事》作盖地 325 顷，程大昌《雍录》又引作 320 顷。

汉武帝所建的昆明池周长达到 40 里，面积 332 或 320 顷，这是古代学者的基本记载。按汉代 1 里（1 里为 300 步，1 步为 6 尺，1 尺为 0.231 米）约合今 415.8 米计算，周长大致折合 16632 米，也就是 16.6 千米。按汉代 1 顷（1 顷为 100 亩，1 亩为 240 方步）约合今 46103 平方米计算[①]，320 顷约合 14752960 平方米，也就是 14.75 平方千米。

中国社会科学院考古研究所汉长安城工作队 2005 年的考古结论是："通过钻探和测量，得知昆明池遗址大体位于斗门镇、石匣口村、万村和南丰村之间，其范围东西约 4.25、南北约 5.69 千米，周长约 17.6 千米，面积约 16.6 平方千米。"[②] 经过唐代稍微扩大了的昆明池遗址周长是 17.6 千米，面积约 16.6 平方千米，与上述历史文献记载的汉代昆明池周长 16.6 千米，面积 14.75 平方千米相比较，假如考虑到唐代有一定的扩大，则可知文献所记的汉代昆明池范围还是基本可信的。

汉代昆明池仿照滇池而建，水面辽阔，浩渺的景象可以想见，当时的人们把它看作天上的银河，在其东西两岸雕刻有男女两个神像，象征着天河两边的牵牛与织女星。班固《西都赋》写道："左牵牛而右织女，似云汉之无涯。"张衡《西京赋》也说："日月于是乎出入，像扶桑与蒙汜。"怪不得汉武帝夜游昆明池时，要与随行的司马迁与司马相如讨论天上的银河与星辰，并让他们为文颂之[③]。

文献资料和钻探结果还表明，在昆明池以北的不远处，还有两个与之相连的水池——滈池、彪池，这样一来昆明池一带的水面更大。《水经注·渭水》："渭水又东北，与镐水合。（镐）水上承镐池于昆明池北……镐水又北流，西北注与彪池合。（彪池）水出镐池西，而北流入于镐。"明确记载着昆明池与滈池、彪池是呈南北分布且相连的三个水池，即滈池在昆明池之北，彪池在滈池之北，滈池之水承自昆明池而流入彪池，最后，彪池之水流入滈水。

考古人员认为："镐池位于昆明池以北，隔斡龙岭与昆明池相邻。遗址平面大致呈东西向椭圆形，北岸多有曲折。东西最长约 1270 米，南北最宽约 580 米，周长约 3550 米，面积约 0.5 平方千米，……进水口位于池的西南角，即昆明池北岸西部的出水口，……彪池位于镐池以北，遗址地处今丰镐村、纪阳寨、跃进村、桃园村和落水村之间。平面形状不规则，东西最宽约 700 米，南北最长约 2980 米，周长约 7850 米，面积约 1.81 平方千米。"[④]

---

① 中国社会科学院考古研究所汉长安城工作队：《西安市汉唐昆明池遗址的钻探与试掘简报》，《考古》2006 年 10 期，53、54 页。

② 中国社会科学院考古研究所汉长安城工作队：《西安市汉唐昆明池遗址的钻探与试掘简报》，《考古》2006 年 10 期，61、62 页。

③ 陆云公《星赋》曰："汉武帝夜游昆明之池，顾谓司马迁、相如曰：星之明丽矣，考之于歌颂，求之于经史。龙尾着于虢童，天汉表于周土。既妖谣之体陋，嗟怨刺之蚩鄙，每郁悒而未摅，思命篇于二子。"见《全上古三代秦汉三国六朝文》之《全梁文》卷五三。

④ 中国社会科学院考古研究所汉长安城工作队：《西安市汉唐昆明池遗址的钻探与试掘简报》，《考古》2006 年 10 期，61、62 页。

昆明池水中鱼翔浅底，绿草点点，环池一带绿树成荫，动植物资源丰富多彩，也是皇家观赏游猎的好地方。李昉《太平广记》卷四〇九记载："芰一名水菜，一名薢苔。汉武昆明池中，有浮根菱，根出水上，叶沦波下，亦曰青水芰。"《酉阳杂俎》曰："汉武昆明池中有水网藻，枝横侧水上，长八九尺，有似网目，凫鸭入此草中皆不得出，因名之。"①昆明池中有浮根菱，根漂在水面，叶子随着波浪摆动，煞是好看；水网藻平铺昆明池水面，长可八九尺，像网一样。

昆明池中的鱼与水鸟就更多了，种类数不胜数。东汉学者班固《西都赋》描写了帝王游宴昆明池所见到的景象："飨赐毕，劳逸齐。大路鸣銮，容与徘徊。集乎豫章之宇，临乎昆明之池。左牵牛而右织女，似云汉之无涯。茂树荫蔚，芳草被堤。兰茝发色，煜煜猗猗。若摛锦布绣，煏耀乎其陂。鸟则玄鹤白鹭，黄鹄鹥鹴。鸧鸹鸨鶂，凫鹥鸿雁。朝发河海，夕宿江汉。沈浮往来，云集雾散。于是后宫乘辂辒，登龙舟，张凤盖，建华旗。祛黼帷，镜清流。靡微风，澹淡浮。棹女讴，鼓吹震。声激越，謺厉天。鸟群翔，鱼窥渊。招白鹇，下双鹄，揄文竿，出比目。抚鸿罿，御矰缴。方舟并鹜，俛仰极乐。遂乃风举云摇，浮游溥览。"东汉文人张衡的《西京赋》也有相似的描述。

昆明池的池中岛上和四周岸边，修建了许多离宫别馆，雕梁画栋，金碧辉煌，林村掩映，风景十分迷人。《史记·平准书》："大修昆明池，列观环之。"文献可考者就有池东岸的豫章观与白杨观、池南的细柳观、池西边的宣室宫等。

昆明池自交河引水，在汉长安城西南高地上形成一个巨大的水面，改善了自身及周边的生态环境。其以人工湖水面为主景，布设楼台亭阁，融人工建筑于自然山水之中，形成河湖水面一望无际，清澈涟漪，殿阁亭台倒映湖中，与回廊、绿树、鲜花、雕刻交相辉映，绚丽异常，给长安城郊区带来了特别优美的人工环境。

二、昆明池上游潏滈水的人工改道及交水的形成

为保障昆明池安全蓄水而且不对下游长安城造成危害，西汉时期对其上游的潏滈诸水进行了大规模的人工整理，使它们改道西流入沣，形成了新的河流——交水，极大地改变了长安城南郊的水文环境，影响至今。

1. 滈河与潏河的变迁

《水经注·渭水》记载有滈水的流路："（滈）水上承滈池于昆明池北，周武王之故都也……滈水又北流，西北注与潩池合……滈水北迳清冷台西，又迳磁石门西……滈水又北注于渭。"滈池、潩池（或写作彪池）的位置上文已有讨论。磁石门"悉以磁石为之，故专其目，令四夷朝者，有隐甲怀刃入门而胁之以示神，故亦曰却胡门也。"《史记·秦始皇本纪·正义》引《三辅旧事》："阿房宫以磁石为门，阿房宫之北阙门也。"一般认为在今新军寨村西。《水经注》的滈水源出滈池，北流经潩池、磁石门西入渭，今有太平河流经滈池遗址，当即此滈水残遗。此滈水上源只到滈池，没有

---

① 严长明：《（乾隆）西安府志》卷十八《食货志下》，清乾隆四十四年刊本。

交代上游的水源，实际是一个断头河。

今南山有滈河，源出石砭峪，北流经王曲镇折西北行，经皇甫、黄良间，至香积寺汇入交河。根据实地考察，香积寺以下今滈河流道的正下方遗存着一条宽阔的古河道洼槽，西北向沿今赤兰桥、南雷村、堰渡村、东西干河、楼子村、三角村、大羊吉村、孙家湾、李柳树一线趋于石匣村北。现地表还有排水渠一条，降雨一多，便有大片积水地出现。其下正可注入昆明池，北接滈池。这样，今滈河、《水经注》的滈水与此故河道正好相互连接起来，这就是完整的古滈水的流路（图一）[①]。

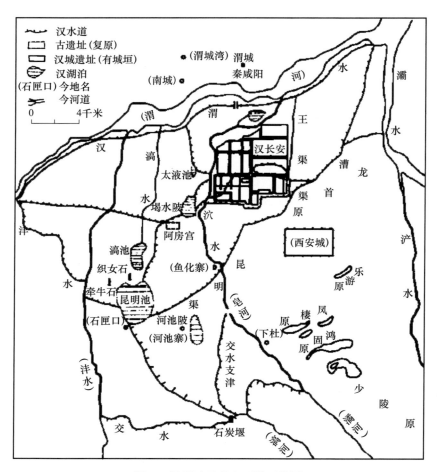

图一　昆明池及其上下游环境图

原来独流入渭的滈河，后来在香积寺附近折而西流经交河汇入沣，中间河段断流，只余下滈池以下一小段。滈水的这种河道变迁发生在郦道元作《水经注》以前很久，郦道元只以最下游段当滈水，已全然不知还有它的上游。至于是何时何因促成此种变迁，值得关注。

不仅滈水河道发生了巨大变化，潏水也是如此。潏水又叫沈水，出自西安东南60里的大义谷，西北流依次接纳小峪、太乙峪诸水入樊川，经杜曲、夏侯村、新村、小江村、何家营至小磨村，其

---

①　吕卓民：《西安城南潏交二水的历史变迁》，《中国历史地理论丛》1990年2期，165页。

后穿神禾原西北流，又折而西南流，至香积寺南与潏河交汇入交河。后一段河床深堑于神禾原之中，两岸高陡，深达8～10米，宋张礼《游城南记》曰："今潏水不至皇子陂，由瓜州村附神禾堑，上穿申店，而原愈高，凿原而通，深者八九十尺，俗谓之坑河是也。"而《水经注·渭水》所记的沈水则是上承皇子陂于樊川，西北流，大致同今皂河流线，北流入渭。按张礼所说，潏水在宋代已发生改道，即向南移徙，下附神禾原西流，原趋流于皇子陂的潏水故道被遗弃。古潏河是独流北入渭河的，而后来也同潏水相类似改变成西流并交河入沣。其原因与潏水改道应该是相同的。

2. 交河的人工凿成及其作用

交河上承潏滈二水，从香积寺西略呈东北西南流向，堑槽经里杜村、施张村、张牛村、张高村到北堰头，这段河道流向顺直，河槽狭窄。其后继续西流入沣河，因接纳樊杜诸水，故流量丰富，称得上城南巨川。西汉司马相如作《上林赋》谓城西南上林苑，"沣滈潦潏，纡馀委蛇，经营乎其内"[①]，其中有滈水，却没有交水。到北魏郦道元《水经注》时则是滈、交二水并见，说明此时已经形成了交水。交水即今交河，是潏河滈河人工改道交流后出现的新名字，宋张礼《游城南记》说，潏水"与御宿川水交流，谓之交水"，明确指出了这种情况。否则，交河为城南一条主流大河，熟悉上林景致的司马相如不会注意不到，《水经注》的滈水也不会是断头河，交水的名字也不会在北魏才出现。因此，交河是指潏滈交流后从香积寺至入沣这一段。

滈河、潏河都发生过河道变迁，由原来的独流入渭，转而折曲向西，潏水与滈水相汇并注入沣河，原来各自独流的水系皆纳入了沣水水系，也增加了一个新的人工改道形成的河流——交河。

现在的部分潏河和整个交河是人工河道，它们把古滈水和古潏水拦腰截断，使之向西并流汇入沣河。以下分析开凿这条人工河道的原因和时代。

从地理角度来看，潏滈不走原来的自然流路，而由人工改流，走较高的路线，甚至穿原而行，并改变原来的流向，显然是为了控制水流，从较高处引入沣河。从地望上看，潏滈故道下游距离汉长安城较近，而沣水则相对远一点。开凿交河的目的似乎是要把靠近汉城的水引得距城稍远一些，再排入渭河。

其次，从历史事实看，较大规模地利用和改造城南诸水始于汉代。汉初最先引入城的是潏水，后来汉武帝开凿昆明池于汉长安西南方向，其位置比都城高出一级阶地，除向东引出昆明渠与漕渠相通外，又下引昆明池水通过潏水供应汉城用水，其作为汉城的主要蓄水库似无可非议。昆明池规模宏大，需要大量的水源供应，察其水源，主要应该是滈水，可能也有潏水。其来水必须是有控制的常流量，以保持稳定地引水，达到供取基本平衡，这就要求对城南诸水源进行大规模的人工整理。

第三，在修筑昆明池为汉城用水带来方便之时，还应该看到，它又给汉长安城带来了很大的压力和潜在的威胁。汉城位于渭河一级阶地，昆明池则高居二级阶地，汉城正处于昆明池浸水下游，昆明池蓄水必然会给其带来地下水位的上升，如果不能有效控制的话，可能会导致地表充水、泄卤为害的局面。汉京师长安确实也发生过水溢地湿之害，"至成帝建始二年三月戊子，北宫井泉稍

---

① 萧统：《文选》卷八《赋丁·畋猎中》，上海古籍出版社，1986年。

上，溢出南流"①。在元帝时就有"井水溢，灭灶烟，灌玉堂，流金门"的童谣，即长安城内不管是像"灶烟"那样普通的地方，还是像"玉堂、金门"之类的高贵之区，都会遭到地下溢水之害。要消除水患，降低地下水位，只有减轻昆明池的压力，即有效而稳定地控制昆明池水量。

第四，城南潏滈二水接纳有不少南山峪水，流量丰富，如处理不好，容易泛滥，不仅威胁着京师的水库昆明池，而且也可能给整个汉长安城带来巨大的危害，尤其是北方雨季时，降雨集中，河流易涨溢，洪水对下游的威胁更大。比如潏水改道之处后来有碌碡堰，当地民谚曰："水上碌碡堰，漂泊长安县。"意思是说潏水若发大水冲开了碌碡堰，现在的西安市区就会受到水流的浸淹。这就要求设计昆明池时，必须在加强引水工程的同时统筹安排除涝防洪的排水体系。

基于以上原因分析，笔者认为交河的开凿大致始于西汉时代，或为开凿昆明池所派生，或是在昆明池修成后汉城遭受水害时进行增修的。其作用是拦截潏滈二水主流，向西排入沣河，以便于控制向昆明池的引水，解除对汉长安城的水害威胁。在峪口导引潏滈二水入沣，上游水源被截断，昆明池水就可缩减，地表水就会下降，水浸对长安城的影响就会缓解。同时相应地在截流处建设堰坝，还能够较稳定地保持昆明池的水源，使昆明池这一汉城蓄水库的作用能够持久充分地发挥出来。

昆明池的水源来自交水，《水经注》有明确记载："交水又西南流与沣水枝津合，其北又有汉故渠出焉，又西至石碣分为二水：一水西流注沣水，一水自石碣经细柳诸原北流入昆明池。"文中的"石碣"又称石炭堰或石闼堰。黄盛璋先生在《西安城市发展中的给水问题以及今后水源的利用与开发》一文中认为："石闼堰设在堰头村。"吕卓民先生不同意此观点，认为石闼堰应设于潏滈二水相交的香积寺附近。从城南潏滈二水改道及交水的形成来看，笔者赞同吕先生的观点。隋唐时永安渠渠首的福堰也正位于此处，其遗址已经被发现，汉代引水堰想也距此不远②。石闼堰作为昆明池的引水设施，可以说决定着昆明池的兴衰。胡三省早就看出这一点，所以他说："唐太和以后石闼堰废而昆明池涸。"此堰似乎是溢流坝，平时在堰上引交水入昆明池，洪汛季节，由堰顶溢流，多余的水沿交水排泄入沣河。以堰顶高程控制入昆明池流量，防止入池水量过大而产生危害，这是中国古代常用的一种水工建筑形式。

城南潏滈二水河道的变化及交河的形成，只有联系汉昆明池这个巨大都市供水工程的营建才能得到合理的解释。也可以说，西汉时在兴修昆明池时或其后曾经有效地对城南诸水进行过一次大规模的人工整治，除害兴利，水文环境发生了不小的变化，才使昆明池水利工程持续稳定发挥了近千年的作用。

三、昆明池下游引水渠通过沇水及其支渠向长安供水

汉武帝开凿昆明池作为长安城的总蓄水库，通过沇水及其支渠足以有效地供应汉城内外各宫殿园林区的用水。从其历史发展过程看，向京师供水应是昆明池的主要功用。

---

① 班固：《汉书》卷二七《五行志》，中华书局，1962 年。

② 吕卓民：《隋唐永安渠渠首的福堰遗址》，《中国历史地理论丛》1998 年增刊，287～290 页。

1. 昆明池下游三条引水渠

宋人程大昌首先注意到昆明池与汉城水源有关，其说："昆明基高，故其下流尚可壅激以为都城之用。于是并城疏别三派，城内外皆赖之。"① 其主要依据是《水经注》，他认为昆明池的水源来自沈水以及樊杜诸水，其下开三渠：一是《水经注》所载的昆明故渠，二是章门外飞渠引水入城的沈水枝渠，第三支是墝水陂水，下接《水经注》所记沈水主干。程大昌第一次提出昆明池与汉城供水的密切关系，而且理出汉城引水头绪，把《水经注》纷繁交错的水道归为三派，为后来的研究奠定了基础。

黄盛璋先生在此基础上更进一步论述了昆明池就是作为汉长安城的蓄水水库而开凿的。他考证《水经注》"沈水又北与昆明故池会"中的"池"实为"渠"之误。第一，昆明池当时仍在，不得称为故池。昆明故渠乃东北通漕渠水道，正横绝沈水，《水经注》有交待。第二，沈水如果是会昆明池，下游应自昆明池北出，《水经注》文中无此记载。《水经注》叙述昆明故渠时曾提到"又东合沈水"，叙述沈水时自当相应提到，除此外别无"会昆明故渠"字样。可见所会为渠，非池。第三，沈水会昆明池，即不得"迳墝水陂东，又北得陂水"，从地形看，这样布置也不合理②。此一结论意义重大，从此就可把昆明池与沈水两大水系的关系基本搞清楚。

昆明池建在细柳原与高阳原之间，池址海拔较高，高于汉长安城区，向都城引水十分方便。结合考古与实地调查资料，可以具体勾勒出三条从昆明池引水的路线，从昆明池北出之渠有两条，一条出东北角，《水经注》称为昆明池水，流经今南沣镐村、镐京乡之东，秦阿房宫遗址之西，在三桥镇西南注入墝水陂。墝水陂位于今车张村西南，是一座调蓄水库，既可控制水流，防止昆明池水直泄入渭，或威胁长安城，又可抬高水位，引水入城。从墝水陂北出之水有二：一条从陂北部东出，称墝水陂水，东北注入漕水；一条北出，东北绕建章宫东南，于凤阙（今北双凤、南双凤村，建章宫东阙）南注入漕水，仍称昆明池水；另一条出正北方向，经滴池、彪池北流，是古代滴水的流路。

从昆明池东出之水，《水经注》称为昆明故渠。昆明故渠流经今河池寨北，又东北横绝漕水，又东北经汉明堂（今大土门）南，又东流而北屈，在安门（南墙中门）之东注入王渠。在霸城门（东墙南门）之南，又从王渠东出，与漕水支渠会。昆明故渠又东北至今张家堡西北与漕渠相会而东。长安城南部地势较高，把渠道布设在东南和西南十分得当，有利于自流供水。

2. 通过沈水及其支渠向长安城郊供水

漕水又称沈水，发源终南山大义峪，北流入渭。郦道元《水经注·渭水》对沈（漕）水干道及其补入、分支渠路线有详细的记载，原文摘录制成表一。从其流路所经基本可推测出其在汉长安城都市供水、城壕防护、园林给水等方面的作用。

① 程大昌：《雍录》卷六《昆明池》，中华书局，2002 年。

② 黄盛璋：《西安城市发展中的给水问题以及今后水源的利用与开发》，《历史地理论集》，人民出版社，1982年，11～13 页。

《水经注》沆水干流沿线地名至今大部分可以考证出相对位置甚至于绝对位置。从皇子陂经下杜到汉城西、凤阙东的沆水主干正相当于今皂河流路。沆水在凤阙东，又北分为二水，一支为《水经注》所说的沆水主干，折入建章宫区，北经神明台、渐台以东，又北流入渭水。《水经注》下引《汉武故事》曰："建章宫北有太液池，池中有渐台，高三十丈。渐，浸也，为池水所渐。"太液池遗址在今太液池苗圃，池中三神山遗址尚存其二。沆水主干流经汉城西垣外南半部，应该具有护城壕的功用，其后入建章宫，是太液池的主要水源。据《史记·封禅书》，"建章宫北治大池，名曰太液池，中起三山以像瀛洲、蓬莱、方丈，刻金石为鱼龙奇禽异兽之属"。《庙记》谓其"周回十顷"。由太液池之规模及园林之盛，可知沆水引水量之多，发挥作用很大。

表一　《水经注》所记沆（潏）水干流及补入、支分水渠路线及其作用

渠系及性质		《水经注》原文	作用
沆（潏）水干流		上承皇子陂于樊川，其地即杜之樊乡也……其水西北流，迳杜县之杜京西。西北流，迳杜伯冢南……沆水又西北，迳下杜城，即杜伯国也。沆水又西北，左合故渠①……沆水又北，与昆明故池（渠）②会。又北，迳秦通六基东，又北迳堨水陂东，又北得陂水③……沆水又北，迳长安城西，与昆明池水④合。……沆水又北，迳凤阙东……沆水又北，分为二水，一水东北流，一水北迳神明台东……沆水又迳渐台东……沆水又北流注渭，亦谓是水为潏水也	对建章宫供水及作西城壕
支分之水	东北流之沆水枝津	渭水又东，与沆水枝津合。（沆水枝津）水上承沆水，东北流，迳邓艾祠南，又东分为二水，一水东入逍遥园，注藕池。池中有台观，莲荷被浦，秀实可玩。其一水北流注于渭	作北城壕及北郊园林用水
	章门西之沆水枝渠（明渠、王渠）	（昆明）故渠又东，而北屈迳青门外，与沆水枝渠会。（枝）渠上承沆水于章门西，飞渠引水入城，东为沧池，……又东，迳未央宫北，……未央宫北即桂宫也，……故渠出二宫之间，谓之明渠也。又东历武库北，……明渠又东，迳汉高祖长乐宫北，……故渠又东出城，分为二渠，即汉书所谓王渠者也。苏林曰："王渠，官渠也，犹今御沟。"晋灼曰："渠名也，在城东覆盎门外。"一水迳阳桥下，即青门桥也。侧城北迳邓艾祠西，而北注渭，今无水。其一水右入昆明故渠，东迳奉明县广城乡之廉明苑南	对汉城内供水及作东城壕
补入之水	①沆水故渠	渠有二流，上承交水，合于高阳原，而北迳河池陂东，而北注沆水	从上游补充潏水流量
	②昆明故池（渠）	渠上承昆明池东口，东迳河池陂北，亦曰女观陂，又东合沆水，亦曰漕渠，又东迳长安县南，东迳明堂东，旧引水为辟雍处，在鼎路门东南七里……故渠又东，而北屈迳青门外，与沆水枝渠会	对汉城南郊辟雍等处供水，补充漕渠及沆水部分水量。沆水与昆明故渠互绝，而非昆明故渠全汇入沆水也
	③堨水陂水	水上承其陂（指堨水陂），东北流入于沆水	在沆水枝渠上游补充沆水流量
	④昆明池水	水上承（昆明）池于昆明台……池水北迳滴京东，秦阿房西……其水又屈而迳其（阿房）北，东北流注堨水陂，陂水北出，迳汉武帝建章宫东，于凤阙南，东注沆水	在沆水枝津上游补充沆水流量

注：表中所列"沆水干流"栏目中的①～④与"补入之水"栏目中的①～④相对应。

　　沇水于凤阙东分出东北流的一支,《水经注》又称作沇水枝津。此枝津基本流路与今皂河绕城西及城北之道相同,只是下游略有变迁。具体是沿汉城西垣北上,至城西北角折东北流,沿北垣,后分成两小支,一入逍遥园,汇为藕池,一东北注于渭。从其绕城西垣北半部及北垣外流来看,其作为西垣与北垣壕池在发挥着巨大的作用。同时其所汇藕池,"池中有台观,莲荷被浦,秀实可观"①,水景秀丽,莲藕丰产,其园林佳景及水产也当是沇水枝津所赐。

　　沇水于章门西飞渠引水入城的一支,《水经注》称作"沇水枝渠",是汉长安城内及东城壕沟的主要水源。章门为汉城西垣南数第一门,由此引水入城正当未央宫。其宫建于龙首原麓,地势较高,而城西一带地势较低,为使沇水多注沧池并能流灌未央宫、天禄阁、石渠阁、长乐宫等比较高的地方,上游引水渠必须抬高水位。飞渠应是架空为渠的渡槽,主要是为控制水源高程,同时也可顺利地跨过城墙。沇水枝渠在未央宫、桂宫之间流过,又东流经石渠、天禄两阁旁,武库、长乐宫北,由清明门出城。其后分为二渠,一渠沿东垣北流注渭,一东流会昆明故渠。沇水枝渠是汉长安城供水的最重要渠线,不仅解决了城内各宫殿及私家园林的用水问题,而且泄于城外壕池中,起到防护作用;北注于渭水,又有排水渠的防洪效用。

　　据文献记载,漕渠在汉城南垣外,起到了南护城壕的作用,而昆明故渠除补给沇水、漕渠水量外,沿线也就近供水,南郊的辟雍等礼制性建筑就引自此渠,《水经注·渭水》在记载此渠时就明言:"旧引水为辟雍处在鼎路门东南七里"。汉辟雍遗址已经考古发掘,在今西安市莲湖区大土门村北侧,中心建筑置于圆形夯土台上,其外有围墙,围墙外有圜水沟,直径349~368米,沟宽2米,深1.8米,沟壁砌砖,正对四门的水沟上又各有一长方形的小圜水沟,其水源亦来自昆明故渠②。

　　总起来看,汉长安城护城壕及城郊供水主要源于沇水及其支分之水,其中沇水枝渠供应城内都市园池用水及东城壕之水,沇水干流主要解决西郊建章宫区的给水问题及西城壕用水,沇水枝津解决北城壕及北郊园林用水。南城壕及南郊礼制性建筑用水主要源于漕渠及昆明故渠,而且此二渠也与潏水主干道相通。

　　据《水经注》,供应汉城城内及西、北、东三郊区的沇水水源除了本身出自樊川的皇子陂外,共有4条人工水渠来进行补充,从上游向下游依次是沇水故渠、昆明故渠、 水陂水与昆明池水。由上述考证可知,补给沇水的4个水渠有3个源自昆明池,此点也可证明昆明池是沇水的主要水源地。昆明池东北引出的二渠皆通过沇水供给汉长安城郊用水,因此也可以说昆明池是汉长安都市用水的主要蓄水库。

[原载《陕西师范大学学报(哲学社会科学版)》2008年4期]

① 郦道元:《水经注》卷十九《渭水注》,江苏古籍出版社,1989年。
② 国家文物局:《中国文物地图集·陕西分册》(下册),西安地图出版社,1998年,1页。

汉长安城的湖泊陂池及其作用

李宪霞

汉长安城位于"黄壤千里，沃野弥望"的关中盆地。南有秦岭山脉，植被畅茂，森林繁盛。秦岭山脉森林的郁郁葱葱，使得源自秦岭诸河水流丰富，源远流长。加上当时正处于温暖期，气候温暖湿润，雨量丰沛，水源多，使河流也不至于干涸。众多的优势孕育出汉长安城"林麓薮泽""陂池交属""神池灵沼，往往而在"的画面。汉长安城不仅有丰富的自然水资源，关中八川纵横交错、出入其中，似条条玉带围绕着美丽的汉长安，而且还修建了许多的湖泊陂池。汉长安城的湖泊陂池众多，主要分布在汉长安城内的宫殿间和长安城西建章宫周边地区，分布相对比较集中，笔者认为这些湖泊形成了城内以沧池为主的湖泊群，城外分别以太液池为中心和以昆明池为中心的湖泊群，以及上林十池等湖泊四个大的湖泊群。本文在前辈学者研究的基础上，试图利用文献资料与考古资料相结合的方法，从历史地理的角度对汉长安城的湖泊陂池，即汉长安城内的湖泊陂池、汉长安城外以昆明池为中心的湖泊陂池、以太液池为中心的湖泊陂池以及上林十池，进行系统的整理描述，并对这些池陂的作用和分布特点来作整体的探讨，以便对其有更加深刻的认识。不足之处，还望各位专家批评指正。

一、汉长安城内的湖泊陂池

汉长安城湖泊陂池众多，集中分布于汉长安城内及周边的几个区域内。汉长安城内由于宫殿台阁密集，空间有限，湖泊陂池相对于城外来说相对较少，据史书记载，主要有沧池和秦酒池两个。

沧池，《三辅黄图》："沧池，在长安城中。"引用《旧图》曰："未央宫有沧池，言池水苍色，故曰沧池。"又作"苍池"。《类编长安志》中有同样的记载。

沧池位于长安城的未央宫中。其遗址至今犹存。何清谷先生说沧池的遗址即今未央宫前殿西南的一大片洼地[①]。对此，刘庆柱、李毓芳二位先生经过考古调查和发现有更为明确的认识，他们认为沧池位于"今西安市未央区未央宫乡西马寨村西南。故址现为一片洼地，地势低于周围 1～2.5 米"。经过勘探了解"池址平面呈不规整的圆形，东西 400 米，南北 500 米，深 2.5～3 米"。并且沧池东北距前殿基址 270 米，南岸和西岸分别在未央宫南墙以北 250 米，西宫墙以东 700 米[②]。

---

① 何清谷：《三辅黄图校注》卷四《池沼》，三秦出版社，2006 年，307 页。

② 刘庆柱、李毓芳：《汉长安城》，文物出版社，2003 年，32 页。

沧池的水源来自昆明池。何清谷先生在《三辅黄图校注》中说过："沧池是长安城中一大蓄水库，水源来自昆明池。城内用水量浩大，而且昆明池距城较远，水流至此，量不可很多，因此必须有一个蓄水库大量储积来自昆明池之水，供城中各区周流之用；其次，沈水飞渠入城，这里地势低下，也需要有个水库提高水位，否则水就不容易周流。沧池的作用是储积调节未央、长乐两大宫殿区的用水。"① 黄盛璋先生在《西安城市发展中的给水问题以及今后水源的利用与开发》一文中也看到了沧池的这一作用。同时，沧池对入漕渠的水量也有调节作用。认识沧池的作用对城市供水问题的研究很有启发意义。

秦酒池，《三辅黄图》："秦酒池，在长安故城中。"《三辅黄图校注》引《庙记》曰："长乐宫中有鱼池、酒池，池上有肉炙树，秦始皇造。"②《类编长安志》中作"酒池"，引《庙记》曰："长安故城中，有鱼池、酒池，池上有肉炙树，秦始皇造。汉武帝于池北起台，天子于上观牛饮者三千人。"又曰："武帝作此，以夸羌、胡，饮以铁杯，重不能举，皆抵牛饮。"同时，引《西征赋》云："酒池监于商辛，追覆车而不悟。"③ 依上所见，秦酒池又叫酒池，是秦始皇建造的，汉武帝又在池的北部建台，并且常游乐荡舟其中。池中可以行船荡舟可以想见，此池的规模应该不是很小。

关于秦酒池的具体位置，据以上史料记载，应该位于长安故城的长乐宫中。《元和郡县图志》卷一《长安县》条也有类似的记载："酒池，在长乐宫中。"而在本书卷五中又有详细的记载："太上皇庙在香室街南，酒池北。"据何清谷先生研究："香室街可能是清明门内大街，街南五百米即为长乐宫北墙。太上皇庙在街南，酒池又在太上皇庙之南。"④

另外，《汉书》中赞补注引用徐松曰："酒池，在长乐宫中东司马门内，其水来自未央宫。未央北埔出经寿宫，南入长乐宫北埔，经长秋观大夏殿之北汇为池。"⑤ 由此可见，水从未央宫北出之后经北宫中的寿宫，向南折进入长乐宫，汇为酒池。酒池之水来自未央宫。据上面的沧池条所叙，未央宫的水源主要来自昆明池，笔者认为酒池之水也应该来自昆明池水。

二、以昆明池为中心的湖泊陂池

在长安城外，最著名的也是最大的陂池即为昆明池，并且在昆明池周围还有镐池、彪池等陂池，形成了以昆明池为中心的城外湖泊陂池群。

昆明池，《三辅黄图》："昆明池，汉武帝元狩三年穿，在长安西南，周回四十里。西南夷传曰：'天子遣使求身毒国市竹，而为昆明池所闭。天子欲伐之，越嶲昆明国有滇池，方三百里，故做昆明池以象之，以习水战，因名曰昆明池。'"⑥《汉书·食货志》也说："时越欲与汉用船战逐，乃

---

① 何清谷：《三辅黄图校注》卷四《池沼》，三秦出版社，2006年，307页。

② 何清谷：《三辅黄图校注》卷四《池沼》，三秦出版社，2006年，321页。

③ （元）骆天骧撰，黄永年点校：《类编长安志》卷三《苑囿池台》，三秦出版社，2006年，83页。

④ 何清谷：《三辅黄图校注》卷四《池沼》，三秦出版社，2006年，322页。

⑤ 《汉书》卷九六《西域传》。

⑥ 何清谷：《三辅黄图校注》卷四《池沼》，三秦出版社，2006年，293、294页。

大修昆明池，列馆环之，治楼船高十余丈，旗帜加其上。"① 据上所言，汉武帝开凿昆明池是为了操练水军，南征昆明。这是否为当时的真实目的，暂且不论，但它最重要的功用在后来看来应是作为汉长安城的总储水库，与汉长安城的城市用水息息相关。对于这一点，宋人程大昌就早已窥破。在《雍录》之"昆明池"条所言："交水西至石碣，武帝穿昆明池所造，有石阀碣在县西南三十二里。则昆明池之周三百余顷者，用此堰之水也。昆明基高，故其下流尚可雍激以为都城之用，于是并城疏别三派，城内外皆赖之。此地至汉仍在。"② 关于修昆明池的目的，王子今先生也在《秦汉时期关中的湖泊》一文中有新的认识，说与漕渠的作用有关③。他在文中引用黄盛璋先生的看法："漕渠在汉代是年运数百万石粮食的一条不小的运河……它的水源乃是昆明池，'渠上承昆明池东口'，所以叫昆明故渠。汉武帝所以要凿昆明池把南山诸水都集中到这里，其目的之一就是为解决漕渠水源。北魏太和二十一年孝文帝为了想恢复这条河道曾西幸长安，最后目的地就是昆明池，他亲自到昆明池实地考察一番后，才沿渭返洛，这证明了漕渠上源确实导源于昆明池。"④ 不管这是不是当时的真实目的，但昆明池水对漕渠的水量供应应该是显而易见的。

昆明池"在长安西南，周回四十里"⑤。臣瓒及《西京杂记》所记与之皆同。《雍录》卷六《昆明池》引《三辅故事》曰"池周三百二十顷"。嘉庆《长安县志》卷十四《山川志下》引王森文在长安斗门镇北见残碑，记载了昆明池的界址："北极丰镐村，南极石匣，东极园柳坡，西极斗门。"汉代昆明池的具体位置，是在今北常家庄村以南。具体范围：北缘在今北常家村以南，东缘在孟家寨、万村之西，南缘在细柳原北侧，即今石匣口村，西界在张村和马营寨之东。池址总面积约 10 平方千米⑥。据胡谦盈先生的实地踏察，昆明池址目前仍然清晰可辨。池址位于今斗门镇东南，是"一片面积十多平方千米的洼地，地势比周围岸边低 2～4 米以上。池址南缘就在细柳原的北侧，即今石匣村，东界在孟家寨、万村的西边。西界在张村、马营寨、白家庄之东。北界在上泉北村和南丰镐村之间的土堤的南侧"⑦。

《三辅故事》载："池中有豫章台及石鲸，刻石为鲸鱼，长三丈，每至雷雨，常鸣吼，……"⑧ 这个豫章台至今似乎依然存在。"池址中部靠北即常家庄一带，地势较高，像是池中的孤岛。"这个孤岛被胡先生推测为豫章台所在⑨。《关辅古语》曰："昆明池中有二石人，立牵牛、织女于池之东西，以象天河。"⑩ 今斗门镇附近尚遗存石雕人像一对。一东一西，遥遥相对，它们的作风古朴，显然是

---

① 《汉书》卷二四《食货志》。

② 《雍录》卷六《昆明池》。

③ 王子今：《秦汉时期关中的湖泊》，《周秦汉唐文化研究》（第二辑），三秦出版社，2003 年。

④ 黄盛璋：《关于〈水经注〉长安城附近复原的若干问题——兼论〈水经注〉的研究方法》，《考古》1962 年 6 期。

⑤ 何清谷：《三辅黄图校注》卷四《池沼》，三秦出版社，2006 年，293 页。

⑥ 胡谦盈：《汉昆明池及其有关遗存踏察记》，《考古与文物》1980 年创刊号。

⑦ 胡谦盈：《丰镐地区诸水道的踏察——兼论周都丰镐的位置》，《考古》1963 年 4 期。

⑧ 何清谷：《三辅黄图校注》卷四《池沼》，三秦出版社，2006 年，299 页。

⑨ 胡谦盈：《丰镐地区诸水道的踏察——兼论周都丰镐的位置》，《考古》1963 年 4 期。

⑩ 何清谷：《三辅黄图校注》卷四《池沼》，三秦出版社，2006 年，300 页。

西汉的作品[①]。

　　昆明池的水源，来自交水。《水经注》曰："交水又南流与丰水枝津合，其北又有汉故渠出焉，又西至石碣分为二水：一水西流注丰水，一水自石碣经细柳诸原流入昆明池。"[②]交水本来是西流注丰的，汉武帝做石闼碣，堰交水北流，穿过细柳原，流入昆明池。黄盛璋先生认为石闼碣的遗址就在今堰头村，而吕卓民先生则认为石闼碣应设于潏滈二水相交的香积寺附近[③]。

　　滈池，即镐池。《三辅黄图》："镐池，在昆明池之北，即周之故都也。"《三辅黄图》引《庙记》曰："长安城西有镐池，在昆明池北，周匝二十二里，溉田三十三顷。"[④]说明镐池在昆明池之北。

　　滈池作为一个湖泊有丰富的史料记载，《三辅黄图》《水经注》《史记》等都有明确的记载，可见，滈池在当时也应该是一个较大的湖泊，为保持如此大的一个湖泊水量丰富，不会枯竭，肯定有大的源头。滈池水源亦为交水。今昆明池北有一片面积较大的俗称"小昆明池"的洼地。有学者认为是滈池遗址，胡谦盈先生则认为这应该是彪池遗址。滈池在彪池之南，已沦没于昆明池中[⑤]。胡先生的观点应该更符合实际一些，"唐代扩大昆明池，镐池并入唐昆明池中"[⑥]。据此，目前镐池应该没入昆明池中不可见。而镐池的具体遗址据胡谦盈先生的考察，就是今"牛郎"石像以北至斡龙岭之间的洼地。其具体范围北不过斡龙岭，南不过北常家庄，向东向西则不超出昆明池北半部的东西两岸[⑦]。

　　澎池，即彪池、冰池。《三辅黄图》："冰池，在长安西。旧图云：西有彪池，亦名圣女泉，盖冰、彪声相近，传说之讹也。"《三辅黄图校注》引《括地志》云："池周十五步。遗址现今在长安北丰镐村西北洛水西村。"[⑧]据卢连成先生的调查："彪池今已成为一片干涸的洼地，整个池址平面呈半月形，池周约7至8千米，随高阳原走向而弯曲成弧形，池址西部是一条南北走向的长土岗，岗高6至7米，长约1千米，这条土岗将澎池与丰水故道隔开。洼地底部呈锅底形，池底淤泥较厚。池岸东北部是高阳原陡壁，池底和高阳原高差在10米以上。"[⑨]彪池遗址应该就是俗称"小昆明池"的洼地。

三、以太液池为中心的湖泊陂池

　　长安城外的湖泊陂池除了以昆明池为中心的湖泊群之外，建章宫周围也存在太液池、唐中池、

　　① 顾铁符：《西安附近所见的西汉石雕艺术》，《文物参考资料》1955 年 11 期，3～5 页；转引自王仲殊：《汉代考古学概说》，中华书局，1984 年，13 页。

　　② 侯仁之：《水经注·渭水》，《中国古代地理名著选读》，科学出版社，1959 年，115 页。

　　③ 吕卓民：《西安城南交潏二水的历史变迁》，《中国历史地理论丛》1990 年 2 期。

　　④ 何清谷：《三辅黄图校注》卷四《池沼》，三秦出版社，2006 年，305 页。

　　⑤ 胡谦盈：《丰镐地区诸水道的踏察——兼论周都丰镐的位置》，《考古》1963 年 4 期。

　　⑥ 何清谷：《三辅黄图校注》卷四《池沼》，三秦出版社，2006 年，306 页

　　⑦ 胡谦盈：《丰镐地区诸水道的踏察——兼论周都丰镐的位置》，《考古》1963 年 4 期。

　　⑧ 何清谷：《三辅黄图校注》卷四《池沼》，三秦出版社，2006 年，326 页。

　　⑨ 卢连成：《西周丰镐两京考》，《中国历史地理论丛》1988 年 3 期。

琳池、影娥池等，形成以太液池为中心的陂池群，对于解决建章宫的生活用水等问题，具有重要意义。

太液池，《三辅黄图》卷四云："太液池，在长安故城西，建章宫北，未央宫西南。""太液者，言其津润所及广也。"太液池在当年为大的人工湖，其遗址至今犹在。据何清谷先生所说，遗址是高低堡子西北的一片洼地，今为太液池苗圃①。

《关辅记》云："建章宫北有池，以象北海，刻石为鲸鱼，长三丈。"②《三辅黄图》引用《汉书》说：太液池边"刻金石为鱼龙、奇禽、异兽之属"。《汉书·郊祀志》颜师古注引《三辅故事》云："（太液）池北有石鱼，长二丈，高五尺，两岸有石鳖三枚，长六尺。"③目前的大量考古发现印证了史籍的记载：1973 年在太液池遗址西北侧发现一件巨型鱼形石雕，近 5 公尺，证实了各种文献资料关于太液池北岸当时置有石鱼的记载④。

《汉书》卷二五《郊祀志》下云：建章宫"北治大池，渐台高二十余丈，名曰泰液。池中有蓬莱、方丈、瀛洲、壶梁，象海中神山龟鱼之属"。《拾遗记》云："三壶，海中三山也。一曰方壶，则方丈也；二曰蓬壶，则蓬莱也；三曰瀛壶，则瀛洲也，形如壶器，此三山，上广中狭下方，皆如工制，犹华山之似削成。"⑤《史记》卷二八《封禅书》："三神山在渤海中，其物禽兽尽白，而黄金银为宫阙，山上有诸神仙及不死药。"由此，汉武帝按传说中的仙境来治太液池，以图达仙境。近年河北、辽宁考古队在渤海沿岸发现几处秦汉离宫遗址，当为秦汉皇帝求仙药而修建⑥。关于三神山、渐台的遗迹至今也还存在。在太液池的遗址中有两座大土堆，就是当年池中三神山的遗迹。池内东北部有渐台基址，现存东西 60 米，南北 40 米，残高 8 米⑦。

太液池的水源应该是昆明池水。据《雍录》卷九载，此水先注入揭水陂，后"自南而北，径趋建章宫，先为唐中池，周回十里，已而从东宫转北，则太液池"。再从太液池北出，经孟家寨入渭。建章宫规模宏大，宫城用水问题不容忽视。汉长安城用水主要靠昆明池提供，对此前面已论及。其中一水分支进入太液池，后北出入渭。太液池成了建章宫的水库，发挥着蓄积和调节用水的重要作用。

唐中池，《三辅黄图》："唐中池，周回十二里，在建章宫太液池之南。"嘉庆《长安县志》曰：高家堡北有池，即太液池，池内有土山三，即渐台与蓬莱诸山，东西里余，池中南折与唐中池连。此水出太液池北流注渭⑧。《雍录》卷九《渐台》云："昆明池水第三支注入揭水陂，然后自南而北趋建章。先为唐中池，周回十里，已而从东宫转北，则为太液池。"《文选》卷一《西都赋》亦云："前唐中而后太液，览沧海之汤汤。"据以上记载，可知唐中池在太液池之南。水源亦源自昆明池。

① 何清谷：《三辅黄图校注》卷四《池沼》，三秦出版社，2006 年，308、309 页。

② 何清谷：《三辅黄图校注》卷四《池沼》，三秦出版社，2006 年，308 页。

③ 《汉书》卷二五《郊祀志》。

④ 黑光：《西安汉太液池出土一块巨型石鱼》，《文物》1975 年 6 期。

⑤ 转引自刘运勇：《西汉长安》，中华书局，1982 年，79 页。

⑥ 徐卫民：《西汉上林苑的几个问题》，《秦汉历史地理研究》，三秦出版社，2005 年，279 页。

⑦ 刘庆柱、李毓芳：《汉长安城》，文物出版社，2003 年，7 页。

⑧ 侯仁之：《水经注·渭水》，《中国古代地理名著选读》，科学出版社，1959 年，118 页。

琳池，《三辅黄图》："昭帝始元元年，穿琳池，广千步，池南起桂台以望远，东引太液之水。池中植分枝荷，一茎四叶，状如骈盖……"

琳池，昭帝时开凿，位于太液池的西部，以太液池为水源。池上有登之望远的桂台。池中有分枝荷。此池的生态功用是主要的。

影娥池，《三辅黄图》："影娥池，武帝凿池以玩月，其旁起望鹄台以眺月，影入池中，使宫人乘舟弄月影，名影娥池，亦曰眺蟾台。"陈直先生曰："洞冥记卷三云'影娥池中，有游月船、触月船、鸿毛船、远见船，亦数百人'云云。又云'影娥池北作鸣禽之苑。'"① 《类编长安志》中记载：影娥池"在建章宫。武帝凿以玩月，其旁起望鹄台以眺月……"② 从史料所见，影娥池位于长安城外的建章宫内，是汉武帝时开凿的。应该是专供皇家游玩之用，是皇家贵族的娱乐休闲之地。

四、上林十池及其他

西汉上林苑是沿用秦上林苑而来，其范围广大，各书记载不一。一般认为上林苑的范围应该为今蓝田以西，周至、户县以东，渭河以南，秦岭以北的范围，其中汉长安城也包括在内。笔者认为上林苑范围应该有广义和狭义之分。广义的范围应该就是上述的这个范围，狭义的范围应该不包含汉长城在内，而是主要指汉长安城以西、以南的皇家苑囿区。各史籍中记载"上林十池"的"上林"主要是指狭义而言的。

上林十池，《三辅黄图》卷四："上林苑有初池、麋池、牛首池、蒯池、积草池、东陂池、西陂池、当路池、犬台池、郎池。牛首池在上林苑中西头。蒯池生蒯草以织席。西陂池、郎池，皆在古城南上林苑中。……积草池中有珊瑚树，高一丈三尺，一本三柯，上有四百六十二条，南越王赵佗所献，号为烽火树，至夜光景常焕然。"《初学记》卷七《地部下·昆明池》与之稍有出入，则提到汉上林有池十五所："承露池、昆灵池（池中有倒披莲、连钱荇、浮浪根菱）、天泉池（上有连楼阁道，中有紫宫）、戟子池、龙池、鱼池、牟首池、蒯池、菌鹤池、西陂池、当路池、东陂池、太一池、牛首池、积草池（池中有珊瑚，高一丈二尺，一本三柯，四百六十条，尉佗所献，号曰烽火树）、麋池、舍利池、百子池（七月七日临百子池，作于阗乐，乐毕，以五色缕相羁，谓为连爱）。"上林十池对环境美化和观光旅游有很大作用。

据《汉书》百官公卿表，设有上林十池监，来管理上林十池的事务。每池一监，管理十池的船只、水量等。

除了上述诸大小湖泊陂池外，还有见于史籍的百子池、欣飞外池、鹤池、藕池、揭水陂、皇子陂、曲江池等，也都是汉长安城附近有名的池陂。百子池在建章宫西，据《类编长安志》引《岁时记》："正月上辰，池边濯濯，食蓬饵以被邪。三月上巳，张乐于池上。七月七日，临百子池，作于阗乐，乐阕，以五色缕相羁，谓之连爱。……"③ 皇子陂，也多见于史籍记载。《雍录》："在万年

---

① 何清谷：《三辅黄图校注》卷四《池沼》，三秦出版社，2006年，323页。

② （元）骆天骧，黄永年点校：《类编长安志》卷三《苑囿池台》，三秦出版社，2006年，82页。

③ （元）骆天骧，黄永年点校：《类编长安志》卷三《苑囿池台》，三秦出版社，2006年，82页。

县西南二十五里,周七里。"《雍录》引用《长安志》曰:"秦葬皇子,起冢于陵之北原,故曰皇子陂,隋文帝改为永安陵。"① 据《太平寰宇记》:"在夏启门（唐长安城南面正中一门）南三十里,周回九里,因陵北原上有秦皇子冢而得名。"② 现在的皇子陂在长安县韦曲镇东侧,杜伯冢在今杜城村南。皇子陂作为储水的池陂,当时沈水先流入其中,再引出。曲江池,秦时称恺州,有弯弯曲曲之意,由于池水透彻见底,回流屈盘,故有曲江之名。其水源主要是西侧的汉武泉。

除上文所述诸湖泊外,还有一些未知名的湖泊池陂,如王子今在《秦汉时期关中的湖泊》一文中提到"第中大陂",规模也是很可观的③。

五、汉长安城湖泊陂池的功能和作用

星罗棋布的湖泊陂池,如颗颗璀璨的明珠,镶嵌在汉长安城内及其周遭的皇家苑囿,使汉长安城成为关中的水乡泽国。长安城的大大小小的湖泊池陂是长安城引水的一个重要来源,同时成为维持汉长安城附近生态形势的重要条件,在当时发挥了重要作用,主要体现在以下几个方面。

（一）蓄积水源,解决生活用水

汉长安城的湖泊陂池大多数都具有这个作用,而尤以昆明池、太液池和沧池等为明显。汉昆明池是汉长安城的主要蓄水库,其设计及其用意从汉长安城的安全以及供水水源出发,基本上解决了汉长安各区的用水需求,为各区用水服务,成为汉长安城都市用水的主要来源之一。建章宫兴建于太初元年（前104年）,在昆明池开凿之后,选择城西正是为了利用昆明池作为水源④。这种说法或许有所牵强,但在一定程度上反映出昆明池水对建章宫区的作用。建章宫规模也十分宏大,宫廷用水不容忽视,太液池则成了建章宫的水库,主要解决建章宫的生活用水,发挥着蓄积和调节用水的重要作用。沧池作为城内的池陂,是城内重要的蓄水库,对是储积调节未央、长乐两大宫殿区的用水有不可忽视的作用。

（二）调节水量,控制水流

昆明池北出之水,即《水经注》中的昆明池水。《水经注》:"水上承（昆明）池于昆明台……池水北迳镐京东,秦阿房宫西……其水又北屈而迳其（阿房）北,东北流注揭水陂,陂水北出,迳汉武帝建章宫东,于凤阙东,东注沈水。"揭水陂在秦阿房宫与建章宫之间,其作用基本上为调节水量,控制水流。建章宫区与未央宫区的用水,就是依靠揭水陂的调节和供应。另外,正如前面所言,沧池也具有调节水量、控制水流这一作用。

① 《雍录》卷六《皇子陂》。
② 侯仁之:《水经注·渭水》,《中国古代地理名著选读》,科学出版社,1959年,115页。
③ 王子今:《秦汉时期关中的湖泊》,《周秦汉唐文化研究》（第二辑）,三秦出版社,2003年。
④ 马正林:《丰镐—长安—西安》,陕西人民出版社,1978年,43页。

（三）作为渔猎游乐场所，供皇家娱乐游玩之用

《三辅旧事》曰："昆明池地三百三十二顷，中有戈船各数十，楼船百艘，船上建戈矛，四角垂幡旄麾盖，照烛涯涘。"①《三辅黄图》引《庙记》云："池中后作豫章大船可载万人，上起宫室，因欲游戏。"《雍录》卷六《昆明池》："其始凿也，固以习战，久之乃为游玩之地耳。"众多大船荡其其中，可能为训练水兵之用，但许多船只也只是作为皇家荡舟游玩之用。何清谷先生说过，"镐池是西周镐京地区的一大池沼，是镐京内的重要水源区，也是天子、贵族渔猎、游乐的重要场所"②。另外，汉武时期在建章宫开凿的影娥池，专供皇家游玩之用，也是皇家贵族的娱乐休闲之地。

（四）作为风景区，具有调节局部小气候，维护良好生态的意义

汉昆明池茂树荫蔚、芳草被堤，是上林苑中供皇家享乐的著名风景区。据《三辅故事》："池中有豫章台及鲸，刻石为鲸，长三尺。"《关辅古语》曰："昆明池中有二石人，立牵牛、织女于池之东西，以像天河。"豫章观矗立池中，登观远眺，美丽风景尽收眼底。昆明池四周岸边池中岛山均建有离宫别馆，雕梁画栋，金碧辉煌，绿林掩映，煞是迷人。太液池不仅是建章宫内的蓄水库，而且其环境景观和生态效益也发挥得淋漓尽致。其风景秀丽，巍峨壮丽的建筑倒映在平静的池水上，水光山色将其映照的若有若无，此等美景犹如天上仙境。《三辅黄图校注》引《文选》卷二《西京赋》云："顾临太液，沧池漭沆。渐台立于中央，赫昈昈以弘敞。清渊洋洋，神山峨峨。"《西都赋》："览沧海之汤汤，扬波涛于碣石，激神岳之嶈嶈，览瀛洲与方壶，蓬莱起乎中央，于是灵草冬荣，神木丛生……金石峥嵘。"风景优美，动植物丰富。《西京杂记》说太液池边长满了菱白和葭芦，"其间凫雏，雁子布满充斥，又多紫龟，绿鳖。池边多平沙，沙上鹈鹕（塘鹅）、鹥鶂、鸫鹢（菱鸡）、鸿鸧，动辄成群"③。

（五）池中养殖，兼欣赏和提供渔产品的双重功用

《三辅黄图》卷四《池沼》引《庙记》：昆明池"……养鱼以给诸陵祭祀，余付长安厨"。《汉旧仪》云："上林苑中昆明池、镐池、牟首诸池，取鱼鳖给祠祀，用鱼鳖千枚以上，余给太官。"引《西京杂记》："武帝做昆明池……因而于上游戏养鱼，鱼给诸陵庙祭祀，余付长安市卖之。"④由此可见，西汉的确利用昆明池养过鱼，而且鱼主要用于祭祀。

另外，有的池陂，尤其是城内或建章宫附近的池陂，也有很大程度上的消防作用。因为当时的建筑主要为木质结构建筑，一旦失火，后果不堪设想，附近水池的存在，对其起一定消防作用。也有的池陂客观上也起到了一定的安全意义。西汉末年，长安城中发生起义，起义群众杀入未央宫，

---

① 何清谷：《三辅黄图校注》卷四《池沼》，三秦出版社，2006 年，297 页。

② 何清谷：《三辅黄图校注》卷四《池沼》，三秦出版社，2006 年，306 页。

③ 刘运勇：《西汉长安》，中华书局，1982 年，78 页。

④ 何清谷：《三辅黄图校注》卷四《池沼》，三秦出版社，2006 年，297～299 页。

王莽仓皇逃入渐台，逃过一劫，就是其例[①]。

　　通过上文论述可以看出，汉长安城的湖泊陂池众多，分布比较集中，形成几个大的湖泊陂池群，除了汉长安城内的湖泊外，在城外也分别形成了以太液池为中心和以昆明池为中心的湖泊群，以及上林十池等湖泊。从地域上分析，由于汉长安城内宫殿台阁密集，空间有限，以及城外就近水源等方面的原因，城内分布的湖泊陂池相对较少，见于史籍记载的主要有沧池和秦酒池两个，而主要分布于城外。汉长安城外的湖泊陂池，也主要是分布于汉长安城以西以南地区，东部基本未见记载有其分布，北部也寥寥无几。这种分布布局的形成自有其原因，本文在此先不加赘述。从功能和作用上分析，大大小小的湖泊陂池分为不同的类型，各有其功能和作用，而且每池的功能也不是单一的，存在多元功能性。但总体来说它们是长安城引水的一个重要来源，同时成为维持汉长安城附近生态形势的重要条件，与汉长安城的"泾、渭、灞、浐、潏、涝、沣、滈"[②]八水及沟通各大水系的交错纵横的沟渠港汊，共同构成了汉长安城完备的城市水环境系统。

（原载中国秦汉史研究会、咸阳师范学院：

《秦汉研究》，陕西人民出版社，2008 年）

---

① 马正林：《丰镐—长安—西安》，陕西人民出版社，1978 年，45 页。

② 《三辅黄图》卷六《杂录》。

昆明池生态环境浅析

袁仲一

昆明池是上林苑中的一个规模宏伟的人工湖。《汉书·武帝纪》：元狩三年（前120年），"发谪吏穿昆明池"。颜师古注："臣瓒曰：'《西南夷传》有越嶲、昆明国，有滇池，方三百里。汉使求身毒国，而为昆明所闭。今欲伐之，故作昆明池象之，以习水战，在长安西南，周回四十里。'"① 池成后，曾一度作为训练水军之用，此后主要成为长安的水源地以及宫廷权贵的游乐处所。十六国姚秦（后秦）末年（415年），池水枯竭，北魏太武帝太平真君元年（440年）和唐贞观年间以及唐德宗贞元十三年（797年）时，均曾修浚。唐文宗大和年间（827～835年），因沣水堰坏，池遂干涸。宋以后湮为田地。

昆明池历时近千年，因水面辽阔，自然生态环境优美，成为享誉历代的重要景区。生态环境是昆明池的核心价值和主要特征，历代的文献和诗文中多有记述，但比较零散。本文粗略地汇集和诠释如下。

一、昆明池的范围及蓄水情况

1. 昆明池的范围

昆明池的范围宏大、水面辽阔。《三辅黄图》说：昆明池"周回四十里"②。《西京杂记》卷一亦说"池周回四十里"③。秦汉时期一里为1800尺（约415米），周长40里，约为16.6千米，明西安城墙周长13.93千米，可见昆明池的周长大于明西安城墙的周长。

关于池占地的面积，不同的文献记载稍有差异。《三辅故事》说："昆明池地三百三十二顷。"《三辅旧事》说："昆明池地三百三十六顷。"④ 其他还有三百二十五顷（见《关中胜迹图志》）、三百二十顷（见陈直《三辅黄图校证》93页）等不同的记述。何者为是难于决断，但总体看来昆明池占地面积为320～336顷。320顷约合今14.75平方千米，336顷约合今15.49平方千米。

《中国文物地图集·陕西分册》根据考古调查资料，认为汉代昆明池界址约为："西迄马营寨、

① 《汉书·武帝纪》，中华书局，1962年，177页。
② 陈直：《三辅黄图校证》，陕西人民出版社，1980年，92页。
③ 《三辅故事》，《长安史迹丛刊》，三秦出版社，2006年。
④ 《长安史迹丛刊》，三秦出版社，2006年。

张村以东，东至孟家寨、万村之西，北至北常庄南侧，南至石匣口村，总面积约 10 平方千米。"① 这较《三辅故事》《三辅旧事》等诸多历史文献记述的汉昆明池的面积减少了 4.75～5.49 平方千米，即缩小了约三分之一。为什么会出现这一巨大差异？胡谦盈先生在《汉昆明池及其有关遗存踏察记》一文中认为汉"（昆明）池址总面积约 10 平方千米"。唐代修浚时予以扩大，"池址南缘就在细柳原的北侧，即今石匣口村，东界在孟家寨、万村的西边，西界在张村、马营寨、白家庄之东，北界在上泉北村和南丰镐村之间的土堤南侧"。"唐昆明池的范围，实际上包括了西周滈池和汉代昆明池两个池址在内"②。《中国文物地图集·陕西分册》（下）"昆明池遗址"条，亦认为汉昆明池"总面积逾 10 平方千米。唐昆明池疏浚扩大，北延至今落水村南侧，含括了西周滈池和汉昆明池两个池址在内"③。

　　上述观点曾被广泛引用。但它是否反映了历史的真实，是值得进一步探讨的。根据 2005 年考古勘探和试掘所取得的最新的考古资料获知：唐代对昆明池的整修，"它是在昆明池原有池岸的基础上进行了修整和加固……现存昆明池岸虽然经过唐代的重修，但其范围基本沿用汉代池岸，这从北池岸的结构以及西岸、南岸上建筑遗址的分布情况都可以得到证明"。"总之，它南靠细柳原，东、西、北各依高地，汉时皆为生土岸，到了唐代，除了南岸依然坚固并仍为土岸外，其他三面池岸皆铺砌大卵石，使池岸更加坚固"④。

　　这说明汉、唐昆明池的范围大体相同，唐代时的池岸并未发现明显的扩大。汉唐时代的昆明池均未把滈池包括在内。滈池位于昆明池的北侧，在昆明池北岸西部有一出水口，汉代时曾使用此水口将昆明池水引入滈池。到唐代时"水口淤塞，并在其上夯筑土堤，遂致废弃，而此时的滈池，因无水源，当已干涸"⑤。

　　中国社会科学院考古所的汉城考古队，经过大规模的考古勘探和测量，认为"昆明池遗址大体范围东西约 4.25 千米，南北约 5.69 千米，周长约 17.6 千米，面积约 16.6 平方千米"⑥。

　　刘庆柱在《关中记辑注》的"昆明池"条注云："汉昆明池的具体位置，经考古勘查，在南丰（镐）村、石匣口村、斗门镇和万村之间，其间有 20 多个自然村……昆明池遗址范围东西 4.25 千米，南北 5.69 千米，池岸周长 17.6 千米，面积 16.6 平方千米。"⑦

　　昆明池范围的最新勘探和测量的数据与《三辅故事》《三辅旧事》《三辅黄图》等文献记载的

①　国家文物局：《中国文物地图集·陕西分册》（下），西安地图出版社，1998 年，101 页。

②　胡谦盈：《汉昆明池及其有关遗存踏察记》，《考古与文物》1980 年创刊号，24 页。

③　国家文物局：《中国文物地图集·陕西分册》（下），西安地图出版社，1998 年，101 页。

④　中国社会科学院考古研究所汉长安城工作队：《西安市汉唐昆明池遗址的钻探和试掘简报》，《考古》2006 年 10 期，63 页。

⑤　中国社会科学院考古研究所汉长安城工作队：《西安市汉唐昆明池遗址的钻探和试掘简报》，《考古》2006 年 10 期，62 页。

⑥　中国社会科学院考古研究所汉长安城工作队：《西安市汉唐昆明池遗址的钻探和试掘简报》，《考古》2006 年 10 期，54 页。

⑦　刘庆柱：《三秦记辑注》，《长安史迹丛刊》，三秦出版社，2006 年，55、56 页。

汉昆明池的周长及占地面积的数值大体相近，也就是说历史文献的记载是可信的。尤其是《三辅故事》，是晋佚名者撰写的，不是唐代的作品，已记载"昆明池地三百三十二顷"，这显然是指汉代昆明池的面积。至于新的考古测量的数据与文献记载数值的差异，由于时代不同，测量方法不同而造成的略有差异，是完全可以理解的。

2. 昆明池的水源

昆明池的水面辽阔，烟波浩渺。如此多的水来源于何处？目前学术界，有的认为是"引沣水、洨水、潏水、滈水入池"；有的认为"引滈水和沈水（即潏水）入池，作为蓄水"。为明晰起见，现把有关的文献资料摘录如下。

（1）《水经注·渭水》的"丰水"条："丰水出丰溪，西北流分为二水：一水东北流为枝津，一水西北流，又北，交水自东入焉，又北，昆明池水注之。"①这说明池与沣水相通。此虽言池水注入沣河，但池初修成时必然会以沣水作为水源。

（2）《水经注·渭水》的"鄗水"条："渭水又东北与鄗水合，水上承鄗池于昆明池北。""鄗水又北流，西北注与滮池合，水出鄗池西，而北流入鄗。"②

（3）《水经注·渭水》的"沈水（即潏水）"条："沈水又北与昆明故池会。""沈水又北迳长安城，西与昆明池水合，水上承池于昆明台，故王仲都所居也。"《渭水注》引桓谭《新论》文称：王仲都"能忍寒暑，乃以隆冬盛寒日，令袒载驷马于上林昆明池上，环冰而驰，御者厚衣狐裘寒战，而仲都独无变色，卧于池台上，曛然自若。夏大暑日，使曝坐，环以十炉火，不言热，又身不汗"③。昆明台又名豫章台，在昆明池中。

（4）《方舆纪要》卷五三"西安府"条：交水在"府南三十里，一名福水。上承樊川，西至石碣，遂分为二：一注沣水，一入昆明池"④。

（5）《关中胜迹图志》"交水"条："交水，在长安县南三十二里，源出咸宁县南山西北流至县界入丰水。《水经注》：'交水又西南与丰水枝津合，又西至石碣，分为二水：一水西流注丰，一水北迳细柳诸原，北流入昆明池。'"⑤

由上可知昆明池水来源于沣水、潏水和洨水。沣水位于昆明池的西侧，据考古勘探发现，在昆明池西岸的张村与马营寨之间有条通往沣河的古河道，说明二者相通⑥。潏水位于昆明池的东侧。《水经注·渭水》说：潏水"西与昆明池水合，水上承池于昆明台"。昆明台（又名豫章台）的位置：考古调查发现，在万村西北约1千米处有一孤岛，位于汉昆明池中，即与潏水相通的昆明池水附近。岛上发现有昆明观（又名豫章观）的建筑遗存。与此岛东西相对应的池边，发现有一段东西向的古河道，当

---

① 郦道元著，陈桥驿校证：《水经注校证》，中华书局，2007年，449页。

② 郦道元著，陈桥驿校证：《水经注校证》，中华书局，2007年，449页。

③ 郦道元著，陈桥驿校证：《水经注校证》，中华书局，2007年，450、451页。

④ 史为乐：《中国历史地名大辞典（上）》，中国社会科学出版社，2005年，1060、1061页。

⑤ 清毕沅撰，张沛校点：《关中胜迹图志》，三秦出版社，2004年，72、73页。

⑥ 胡谦盈：《汉昆明池及其有关遗存踏察记》，《考古与文物》1980年创刊号。

是引潏水入池的渠道。这与《水经注》所谓的"（潏）水上承池于昆明台"的记载完全相同[①]。

滈水位于滈池的西侧，是滈池的主要水源，滈水未直接进入昆明池。文献记载洨水的一支"北迳细柳诸原，北流入昆明池"。细柳原位于昆明池的南侧，也就是说，洨水是穿过细柳原呈南北向流入昆明池的。但在昆明池的南侧，经考古勘探尚未发现与池相连的古河道遗迹，因而洨水是否是昆明池的直接水源，尚有待进一步探讨。目前大体可以肯定的是沣水和潏水是昆明池的水源。

3. 关于神池问题

关于神池问题：《三辅黄图》引《三秦记》曰："昆明池中有灵沼，名神池，云尧时治水，尝停船于此地。原人钓鱼，纶绝而去。梦于武帝，求去其钩。三日戏于池上，见大鱼衔索，帝曰：岂不毂昨所梦耶！乃取钩放之。间三日，帝复游池，池滨得明珠一双。帝曰：岂昔鱼之报耶？"[②] 另外，张衡的《西京赋》、班固的《西都赋》等亦有"昆明灵沼""神池灵沼"的记述。扬雄《羽猎赋》李善注、《玉海》卷一七一"汉昆明池"条、《读史方舆纪要》卷五三"昆明池"条等众多文献，均引《三秦记》中记载的"昆明池中有灵沼神池"[③]。

灵沼又名神池。汉昆明池中有神池，就是说神池是昆明池中的池中池。从目前已知的考古资料来看，并未发现昆明池中另有一池的遗迹。再者，神池的水面已与昆明池水融合在一起，无法区分二池的界限，因而如果《三秦记》中的"昆明池中有灵沼名神池"的记述属实，也只能理解为汉修昆明池时占用了周的灵沼（神池），将其纳于昆明池中。《三辅黄图》"池沼"条："周文王灵沼，在长安西三十里。"陈直先生注："灵沼遗址今在长安海子村，与户县小丰村北边相连接。"[④] 由此可知灵沼的位置不在昆明池的范围内，《三秦记》的记述不足以视为信史。何清谷先生在《三辅黄图校注》中说："凿昆明池时，汉武帝出于崇古思想，把昆明池的那一部分叫神池，又叫灵沼，是可能的。但神池何在？无法确知。"[⑤] 言下之意，是把昆明池的某一部分虚拟为神池，又名灵沼，而不是西周之灵沼。此说新颖，可暂从。

二、昆明池中的水生物

1. 鱼类生物

汉武帝修昆明池，除用以习水战和供水京都，以及作为游乐场所外，还在池中养鱼，这样做既美化生态环境，又有渔产收益。现将有关的文献记载摘要如下。

东汉卫宏《汉官旧仪》："上林苑中昆明池、镐池、牟（牛）首诸池，取鱼鳖给祠祀，用鱼鳖千

① 胡谦盈：《汉昆明池及其有关遗存踏察记》，23 页图一，25 页"昆明台和豫章观"条。
② 陈直：《三辅黄图校证》，陕西人民出版社，1980 年，96 页。
③ 刘庆柱：《三秦记辑注》"昆明池"条注（二），《长安史迹丛书》，三秦出版社，2006 年，56 页。
④ 陈直：《三辅黄图校证》，陕西人民出版社，1980 年，92 页。
⑤ 何清谷：《三辅黄图校注》，中华书局，2005 年，244 页。

枚以上，余给太官。"①

《三辅黄图》"池沼"条引《庙记》曰："（昆明）池中后作豫章大船，可载万人，上起宫室，因欲游戏，养鱼以给诸陵祭祀，余付长安厨。"②

《西京杂记》卷一："武帝作昆明池，欲伐昆明夷，教习水战，因而于上游戏养鱼，鱼给诸陵庙祭祀，余付长安市卖之。"③

清张澍辑《三辅故事》："汉武帝作昆明池，武帝崩后，于池中养鱼以给诸陵祠，余付长安市（《太平御览》）。"又云："武帝作昆明池以习水战。后昭帝小，不能复征讨，于池中养鱼以给诸陵祠，余付长安市，鱼乃贱（《初学记》）。"④

其他还有一些有关昆明池养鱼的文献记载，这里不再一一列举。上言之，昆明池中养了许多鱼，应是可信的史实。养鱼的目的，除美化生态环境及供垂钓娱乐外，捕获的鱼还用来供给诸陵庙及一些祠祀的祭祀。鱼的数量巨大，一次祠祀就"用鱼鳖千枚以上"。祭祀用不完的鱼，用以供给掌握宫廷膳食的太官及长安诸厨食用，用剩的鱼类还拿到长安市场去卖，由于上市的鱼量大，而使鱼价贱。昆明池中养鱼之多，令人惊叹！

昆明池中所养鱼的种类，《文选·西京赋》说："昆明灵沼，黑水玄阯，周以金堤，树以柳杞。""其中则有鼋鼍巨鳖，鱣鲤鱮鲖。鲔鲵鱨鲨，修额短项。大口折鼻，诡类殊种。"⑤鲤是比较常见的淡水鱼。鱮（xù），即鲢鱼。《广雅·释鱼》："鲢，鱮也。"鲖（tóng），《玉篇·鱼部》："鲖，鳢鱼也。"俗名乌鱼，又名黑鱼。鲵鱼，俗称娃娃鱼，有四足，长尾，声如小儿啼。鲨同鲨，即沙鱼。其种类不一：一是生长在大海中性凶猛的海沙鱼；一是生长于淡水中的小沙鱼，名曰"鲨鲩"。《本草纲目·鳞部·鲨鱼》："（鲨）此非海中沙鱼，乃南方溪涧中小鱼也。"昆明池中的沙鱼，不可能是海鲨。当然也有可能是《西京赋》作者夸大之言的海鲨鱼。鱣（zhān）鱼：《尔雅·释鱼》郭璞注："鱣，大鱼，似鳣而短鼻，口在颔下，体有邪行甲，无鳞，肉黄。大者长二三丈。今江东呼为黄鱼。"《本草纲目·鳞部》："鱣出江、淮、黄河、辽海深水处，无鳞鱼也，其状似鲟，其色灰白。"鱣，另一释义，即鳝鱼。《韩非子·说林下》："鱣似蛇。"鲔（wěi），鱼名。一说为白鲟的古称；一说为金枪鱼科，体形较大，为重要的经济鱼类。鱨（cháng），即黄鱨鱼，又名黄颊鱼、黄颡鱼。大者长一尺七八寸许。鼋（yuán），《说文》："大鳖。"段玉裁注："今日验鼋与鳖同形，而但分大小之别也。"鼍（tuó），为爬行动物，通称猪婆龙，又名扬子鳄。

昆明池中鱼的种类，司马相如的《上林赋》中亦有记述："荡荡乎八川分流。""东注大湖……鲍鳢渐离，鰅鳙鳍魠，禺禺魼鳎……鱼鳖欢声，万物众夥。"⑥"大湖"，读作"太湖"。颜师古注引郭璞曰："大湖在吴县，《尚书》所谓震泽也。"长安的八川分流，注入太湖。此太湖在关中，不可能

① 东汉卫宏，清孙星衍等辑：《汉官旧仪》，《汉官六种》，中华书局，1990年，50页。
② 陈直：《三辅黄图校证》，陕西人民出版社，1980年，93页。
③ 《长安史迹丛刊》，《三辅故事》，三秦出版社，2006年，28、29页。
④ 《长安史迹丛刊》，《三辅故事》，三秦出版社，2006年，28、29页。
⑤ 张澍辑：《三辅故事》，《长安史迹丛刊》，三秦出版社，2006年，28页。
⑥ 《汉书·司马相如传》，中华书局，1962年，2548页。

是指吴县的震泽。清代学者齐召南说："此太湖自指关中巨泽言之，非吴地震泽也。"吴汝纶说："太湖，即昆明池也。"高步瀛说："昆明池在上林东南，方位正合。八水虽不尽注昆明，此可假借言之耳。"①此说可信从。

《上林赋》中所记述的鱼名：①鮅鳙渐离：鮅（gèng）鳙（méng），音亘梦，鱼名，似鳝，长鼻软骨，口在颌下。亦有云为鲟类鱼。渐离，鱼名，其状不详。疑是蚌蟹一类介质水族生物。②鰅、鰫、鰬、魠：四种鱼名。鰅（yú）皮上有纹，疑即斑鱼。鰫（yóng），似鲢鱼，呈黑色，名黑鲢鱼。鰬（qián），即大鲇鱼。魠（tuō），一名黄颊鱼②。③禺禺鱋鳎：禺禺，鱼名，皮有毛，黄地黑文。鱋（qū）、鳎（tǎ），两种鱼名。《汉书·司马相如传》、颜师古注引郭璞曰："鱋，比目鱼也。""鳎，鲵鱼也，似鲇，有四足，声如婴儿。"③鱼鳖欢声：颜师古注："欢，哗也。夥，多也。"④言池中各种鱼和鳖的数量众多。

《西京赋》和《上林赋》所记述昆明池中众多的鱼类生物，可能有夸张的成分，但所说的许多种鱼，为北方地区习见，应当是可信的。

2. 水生植物

昆明池中的水生植物，见于古诗文记载者，如北周庾信的《和春日晚景宴昆明池》诗："小船行钓鲤，新盘待摘荷，兰皋徒说驾，何处有凌波。"⑤"新盘待摘荷"，说明昆明池中植有莲荷。"兰皋"，是指长兰草的涯岸。《楚辞·离骚》有"步余马于兰皋兮"之句。朱熹集注："泽曲曰皋，其中有兰，故曰兰皋。"说明昆明池的岸涯长有兰草。

唐杜甫《秋兴八首》之第七首诗云："昆明池水汉时功，武帝旌旗在眼中。织女机丝虚夜月，石鲸鳞甲动秋风。波漂菰米沉云黑，露冷莲房坠粉红。关塞极天惟鸟道，江湖满地一渔翁。"⑥"莲房"，俗名莲蓬，即莲子的外苞，以其分隔如房，故名。亦说明池中有莲荷。"菰（gū）米"：多年生草本植物，生长在池沼里，高五六尺，叶如蒲苇。嫩茎的基部膨大状如藕而软，曰菰菜，俗名为茭白。秋季开花成长穗，结实如米，谓之菰米。这说明昆明池中生长有俗名为茭白的可作蔬菜的植物。

唐徐坚的《初学记》卷七"昆明池"条云："汉上林有池十五所。承露池、昆台池，池中有倒披莲、连钱荇、浮浪根菱。"⑦昆台池，即昆明池。因池中有台曰昆明台（又名豫章台），故又名昆台池。《关中胜迹图志》卷六引作"昆灵池"⑧，亦即昆明池。张衡《西京赋》曰"昆明灵池。"池中

① 《两汉文学史参考资料》，中华书局，1962年，47页。
② 《两汉文学史参考资料》，中华书局，1962年，47页。
③ 《汉书·司马相如传》，中华书局，1962年，2552页。
④ 《汉书·司马相如传》，中华书局，1962年，2552页。
⑤ 《关中胜迹图志》，三秦出版社，2004年，195页。
⑥ 《唐诗鉴赏辞典》，上海辞书出版社，1983年，571、572页。
⑦ 陈直：《三辅黄图校证》，陕西人民出版社，1980年，102页。
⑧ 《关中胜迹图志》，三秦出版社，2004年，196页。

生长的"倒披莲",《文选·左思·魏都赋》:"绮井列疏以悬蒂,华莲垂葩而倒披。"李周翰注:"井(藻井)中皆画莲花,自下见上,故曰倒披。"① 由此可知"倒披莲"的得名,是从池岸高处俯视莲花,实际上是指池中莲。它与"倒垂莲"不同。倒垂莲(又名卷丹)生于山野,不在池沼中,二者不能混淆。"连钱荇":即荇,因其叶圆如钱而连缀不断,故名连钱荇,是多年生草本植物,叶子平贴浮在水面,夏季开合瓣花,色淡黄五裂,茎叶嫩时可食,故曰荇菜。《诗·南关》:"参差荇菜。""浮浪根菱":即菱,因其漂浮在水中如像无归属,故名。菱是一年生草本植物,生在池沼中,叶子浮在水面,略呈三角形,花白色,果实的硬壳有四角、三角或两角,故名菱角。

班固的《西都赋》曰:"集乎豫章之宇,临乎昆明之池,左牵牛而右织女,似云汉之无涯,茂树荫蔚,芳草被堤,兰茝发色,晔晔猗猗,若摛锦布绣,烛耀乎其陂。"② "芳草被堤,兰茝发色":是谓昆明池的堤堰上植有香草(芳草),其中的兰草和茝草正花苞开放呈现色彩。兰是多年生香草。《本草纲目·草部·兰草》:"兰草、泽兰,一类二种也。俱生水旁下湿处。"《楚辞·离骚》:"纷秋兰以为佩。"王逸注:"兰,香草也。""茝"亦是多年生草本植物。《玉篇》:"茝,香草也。""茂树荫蔚":是指生长在昆明池岸边的众多树木,已枝繁叶茂,树大成荫。"晔晔猗猗,若摛锦布绣,烛耀乎其陂":是谓堤上的芳草、池岸边的茂树,这些美丽的景色,把昆明池装点得像是舒锦布绣,熠熠生辉。

3. 水禽

昆明池的水面辽阔,鱼类生物丰沛,这种优越的生态环境,必然会吸引诸多水鸟来此生息。据班固《西都赋》记载,昆明池的水鸟有:"玄鹤白鹭,黄鹄鵁鹳,鸧鸹鸨鹢,凫鷖鸿雁。"③

(1)玄鹤白鹭:鹤,水鸟名。嘴及颈腿皆长,体羽有白色或灰色、灰黑色者,常在河湖、池泽地带捕食鱼和昆虫。鹤的种类众多,有白鹤、灰鹤、黑鹤等。玄鹤即黑鹤。晋崔豹《古今注》说:"鹤千岁则变苍,又两千岁变黑,所谓玄鹤也。"其说不可信。"白鹭":水鸟,俗名鹭鸶。体形高大,喙强直而尖,颈和腿长,趾具半蹼,适于涉水觅食。

(2)黄鹄鵁鹳:三种鸟名。黄鹄(hú):又名鸿鹄,即天鹅,也名黄嘴天鹅,常群栖于湖泊沼泽地带。鵁(jiāo):即池鹭,高腿长喙,雄性头有红毛冠。鹳(guàn):大型水禽,形似鹤,嘴长而直,翼大尾短,常活动于溪流,以昆虫、鱼、蛙等为食。常见的有白鹳和黑鹳两种。

(3)鸧鸹鸨鹢:鸧鸹(cāng guā):形状似鹤,俗称灰鹤。全体青灰色,头颈肩翼皆白,额颊全赤,嘴微绿。鸨(bǎo):形状似雁,但比雁略大。头小,颈长,短尾,背上有黄褐色和黑色斑纹。不善飞,能涉水。肉鲜美,羽毛可作装饰品。鹢(yì):同鹳,水鸟。形似鹭而大,羽色苍白。

(4)凫鷖鸿雁:凫(fú):水鸟,状如鸭而小,俗谓之野鸭。常栖息于湖泽沼池中。雄者毛羽甚丽,颈绿色,翼长,能飞翔空中。鷖(yī):水鸟,鸥的别名。《诗·大雅·凫鷖》:"凫鷖在泾。"

---

① 《汉语大词典(三卷本)》"倒披"条注,汉语大词典出版社,1997年,622页。
② 《后汉书·班固列传》,中华书局,1965年,1348页。
③ 《后汉书·班固列传》,中华书局,1965年,1348页。

陆德明释文引《仓颉篇》："鹭，鸥也，一名水鸮。"鸿雁：即大雁。形状略似鹅，颈与翼较长，腿和尾较短，常群居水边，吃鱼、虫或植物种子。飞时一般排列成行。

司马相如的《上林赋》中亦记载有一些水鸟名："鸿鹔鹄鸨，驾鹅属玉，交精旋目，烦鹜庸渠，箴疵鵁卢。"[①] 这些鸟名除见于《西都赋》者外，新见者有：鹔（雁属的鸟名）、鹅、属玉（似鸭而大）、交精（俗名菱鸡）、旋目（大于鹭而短尾的水鸟）、烦鹜（似鸭而小）、庸渠（俗名水鸡）、箴疵（音斟斯）和鵁卢二者亦为水鸟名[②]。司马相如虽未明言这些水鸟在昆明池中，但昆明池是上林苑众多池沼中水面最大者，故可想见其必然多栖息于昆明池中。

《上林赋》说，众多的水鸟在池沼中"群浮乎其上，泛淫氾滥，随风澹淡，与波摇荡，奄薄水陼，喋喋菁藻，咀嚼菱藕"[③]。《西都赋》群鸟在池中"沉浮往来，云集雾散"[④]。这是一幅生动的群鸟戏水画面。各种各样的水鸟，浮游于水上，随波逐流，聚散无常，有的或沉或浮，或依草渚而游戏；有的咬呷或咀嚼食物，发出喋喋之音。多彩多姿，令人神往、惊叹！

三、昆明池周边的环境风貌

1. 昆明池周边的生态环境

这里所说的昆明池周边的生态环境，是对堤岸附近的地区而言，不包括其所处大的环境上林苑。现将有关的零星资料略举几例如下。

（1）唐宋之问《奉和晦日幸昆明池应制》诗："节晦蓂全落，春迟柳暗催。"唐沈佺期《昆明池侍宴应制》诗："柳拂旌门暗，兰依帐殿生。"[⑤]

蓂（míng）：即蓂荚，为瑞草。《竹书纪年·帝尧陶唐氏》："有草荚阶而生，月初始生一荚，月半而生十五荚；十六日以后，日落一荚，及晦而尽，月小则一荚焦而不落，名曰蓂荚。"[⑥] "节晦蓂全落"，这是诗人看到生长在池边庭落的蓂荚已全落的感叹。从诗文中可知池岸附近还植有柳树和兰草。

（2）张衡《西京赋》："昆明灵沼，黑水玄阯，周以金堤，树以柳杞。"杞，是柳属的落叶丛生灌木，枝条韧柔，耐湿、耐碱，生水旁，是固堤保土的树种，枝条可供编箱、筐等用。柳是常见的落叶乔木。柳有多种，常见的有垂柳、红皮柳等。

昆明池的南岸紧靠细柳原。《汉书·文帝纪》记载："周亚夫为将军次细柳。"颜师古注引张揖

①　《汉书·司马相如传》，中华书局，1962 年，2548 页。

②　《汉书·司马相如传》，颜师古注（四七、四八、四九、五〇），两汉文学史参考资料，中华书局，1962 年，第 48 页，《上林赋》注，48～52 页。

③　《汉书·司马相如传》，中华书局，1962 年，2548 页。

④　《后汉书·班固列传》，中华书局，1965 年，1348 页。

⑤　《关中胜迹图志》，三秦出版社，2004 年，195 页。

⑥　汉语大字典编辑委员会：《汉语大字典（三卷本）》，四川辞书出版社，湖北辞书出版社，1995 年，3272 页。

曰："在昆明池南，今有柳市是也。"①这说明昆明池的南岸地区柳树成林，当时名曰细柳原。

《汉书·司马相如传》的《上林赋》曰："豫章女贞，长千仞，大连抱夸条直畅，实叶葰楙（峻茂）。"颜师古注："女贞树冬夏常青，未尝凋落。"

班固的《西都赋》说：昆明池边"茂树荫蔚"，即谓有众多高大枝叶繁茂的树木。这里包含柳树，当然也含有其他种类的树木。总之，昆明池岸是绿树成荫，一派生机勃勃的自然景象。

2. 昆明池边的建筑景观

池边的建筑设施，是人造景观，与自然景观相映成趣，互映生辉。班固《西都赋》云："集乎豫章之宇，临乎昆明之池，左牵牛而右织女，似云汉之无涯。"②《三辅黄图》引《关辅古语》曰："昆明池中有二石人，立牵牛、织女于池之东西，以象天河。"③两石像今仍在，牵牛像高230厘米，织女像高190厘米，神态生动，艺术风格古朴、淳厚，是中国早期石刻的佳作。其立于池之东西两侧，"以象天河"。这就把人间的景色与天上的星象相结合，与神话故事相结合，使昆明池的景色体现了天人合一、人神交融。

《西都赋》："集乎豫章之宇，临乎昆明之池。"④《三辅黄图》："豫章观，武帝造，在昆明池中，亦曰昆明观。"⑤豫章观在今万村西北约1千米处，此处现有一个孤丘，高出周围地面2.5米，面积约1万平方米。遗址内有红烧土居住面、柱础石、汉代砖瓦，"上林"和"千秋万岁"瓦当⑥。高窑村出土的一些铜鉴，其中有的铭文为"上林豫章观铜鉴，初元三年（前46年）造"⑦，说明豫章观确实为汉代建造。豫章观的用途，从有关的文献记载来看，主要有如下几个方面。

一是观赏昆明池景色的娱乐处所。据《三辅故事》记载："昆明池中有龙首船，常令宫女泛舟池中，张凤盖，建华旗，作棹歌，杂以鼓吹，帝御豫章观临观焉。"⑧汉平帝时，太后的车驾"历东观，望昆明"。"东观"，疑即昆明观的东观。"望昆明"，观望欣赏昆明池的风光⑨。《述异记》卷下云："汉武帝（前115年）立豫章宫于昆明池中，作豫章水殿。"⑩"豫章水殿"是在豫章观设有供帝王所乘的豪华游船，供其游乐。

二是供宫廷权贵游憩的场所。张衡《西京赋》云："相羊乎五柞之馆，旋憩于昆明之池，登豫章，简矰丝。"这段话的意思是说：宫廷权贵盘桓游猎于五柞馆一带，返回于昆明池休息。进入豫

① 《汉书·文帝纪》，中华书局，1962年，130、131页。

② 《后汉书·班固列传》，中华书局，1965年，1348页。

③ 陈直：《三辅黄图校证》，陕西人民出版社，1980年，95页。

④ 《后汉书·班固列传》，中华书局，1965年，1348页。

⑤ 陈直：《三辅黄图校证》，陕西人民出版社，1980年，125页。

⑥ 刘庆柱：《关中记辑注》"上林苑"条注（二二），三秦出版社，2006年，79页。

⑦ 陈直：《三辅黄图校证》，陕西人民出版社，1980年，126页。

⑧ 《长安史迹丛刊》，《三辅故事》，三秦出版社，2006年，23页。

⑨ 刘庆柱：《关中记辑注》注（二一），三秦出版社，2006年，78页。《汉书·天文志》，作"昆明东观"（第1310页）。《汉书·元后传》（第4030页）作"东馆"，中华书局，1962年。

⑩ 陈直：《三辅黄图校证》，陕西人民出版社，1980年，126页。

章观，"简矰丝"，"简"是检阅，"矰丝"是指系有丝绳以射飞鸟的箭，此处借喻为弋射获得的猎物。即游猎后返回豫章观一边休息，一边检阅猎物。

三是供帝王设宴赋诗的场所。历史上留下了许多有关的"应制"诗，如唐宋之问的《奉和晦日幸昆明池应制》诗，唐沈佺期的《昆明池侍宴应制》诗等。应制，是应诏、应皇帝之命。豫章观是昆明池的主要殿堂，皇帝于此设宴，诏诸学士应制赋诗。诗文多盛赞昆明池的美景及帝王的业绩，不失为一项高雅的活动。

昆明池除在池中建有豫章观外，池周还有一系列馆。《汉书·食货志》云："乃大修昆明池，列馆环之。"①环绕昆明池周围有多少列馆已不易确知。《上林赋》曰："掩细柳。"颜师古注引郭璞曰："观名也，在昆明池南。"意即池南有细柳观。经调查在池的南岸石匣口村西有一西汉遗址，疑即细柳观故址。《三辅黄图》曰："白杨观，在昆明池东。"经调查，在池东侧孟家寨村东南有一出土"上林"瓦当、柱础石的汉遗址，疑即白杨观故址。另外，在昆明池东侧北部的南丰镐村的南、北以及昆明池西侧北部即斗门镇以北地区，都发现有汉代的建筑遗址。胡谦盈在《汉昆明池及其有关遗址踏察记》中说："过去我们在昆明池旁及其附近的南丰镐村、孟家寨、石匣口村、花园村和丰西的客省庄等地，发现的西汉建筑遗存，当是司马迁说的昆明池'列馆环之'的观址遗留无疑。"（《考古与文物》1980年创刊号）

综上言之，昆明池畔牵牛、织女石像的设置，体现了以象天汉的天人合一的设计理念。豫章观及环池的列馆，是昆明池的附属设施，二者有机结合，组成了以池水的生态环境为中心的美轮美奂的亮丽景观。

昆明池穿凿的初衷，虽是为习水战，但实际上成了宫廷权贵游乐的胜地。昆明池水面广阔，波光粼粼，水生物富饶，池中有莲、菱、菰米等富有观赏性和食用价值的植物。鱼的种类众多，并有娃娃鱼、比目鱼、体形巨大的鳢以及猪婆龙等珍稀的种属，或隐或现，浮游于烟波之中。众鸟云集，有天鹅、白鹭、鸿雁、鹤等珍禽，在池中"沉沉往来，云集雾散"。池岸植被丰茂，"茂树荫蔚，芳草被堤"，生机盎然。这种得天独厚、优美绝伦的自然生态环境，世之罕见，犹如仙境。

（原载陕西省西咸新区沣东新城管委会、西安历史文化名城研究会：
《昆明池研究》，陕西科学技术出版社，2014年）

① 《汉书·食货志》，中华书局，1962年，1170页。

昆明池历史演变与地理环境

李健超

一、昆明池创建的时代背景与地理环境

公元前 202 年，刘邦战胜项羽，在今山东省曹县的氾水北岸登上皇帝宝座，建国号为汉，将都城定于雒（洛）阳。由于娄敬对比了雒阳与关中作为都城的利弊，因秦之故，刘邦即日由雒阳迁都关中。

历经秦末连年战争的创伤，社会残破，民生凋敝。中国北方有匈奴的严重威胁，中国关东（函谷关）广大地域有异姓王国和同姓王国的心腹隐患。鉴于此，与民休息，发展农业生产，清除内忧、消除边患，成为汉王朝安邦定国必须迅速解决的三大战略任务。从汉高祖刘邦开始，经惠帝刘盈、文帝刘恒、景帝刘启，六七十年的休养生息，发展生产，逐步铲除异姓和同姓王国。到汉武帝刘彻时期，政治、经济、军事、文化和科学技术都达到空前的强盛，在全国范围内掀起了一个宏伟壮观的兴修水利高潮。首都长安所在的关中平原上农田水利的发展更是取得了空前的巨大成就，先后修建了漕渠、龙首渠、成国渠、白公渠。2000 多年后，关中平原上的洛惠渠、渭惠渠、泾惠渠三大水利工程，完全是在汉武帝时期开凿的龙首渠、成国渠和白公渠的故址上兴筑的。

关中虽称"金城千里""天府之国"，然而地域狭小，农业生产的粮食远远不能满足国计民生的需求，而必须从中原漕运粮食来接济关中。于是汉武帝元光六年（前 129 年）在关中渭河南岸秦岭北麓开凿漕渠，"令齐人水工徐伯表"，"表"即测量高下。旋又开凿褒斜道水运，继而修建龙首渠。在修建龙首渠过程中，因渠岸崩塌，需直接穿过商颜（今铁镰）山。在渠线中途开凿若干竖井，使上下左右贯通，开创了"井渠之法"。实际上这种"井渠之法"肇始于《左传》所载"郑伯克段于鄢"的东周时代，郑庄公就是于井渠中与生母相见。至今我国新疆吐鲁番等地区的"坎儿井"亦源于关中的"龙首渠"。20 世纪 70 年代在全国盛极一时的"深挖洞"（挖地下防空洞）亦是"井渠法"。由于关中地形复杂，若要兴建规模宏大的多处水利工程，必须进行测量和科学计算才能保证工程的精确和科学。

那么为什么在汉武帝时期修筑了为解决汉长安城供水的昆明池呢？为什么昆明池不选址在汉长安城东南近水源而偏偏选在汉长安城西南呢？这是由关中平原长安附近的山川形势决定的。

汉、唐长安城均构筑在渭河干流冲积平原的最广阔地段。在遥远的几亿年之前的地质年代，这里是秦岭地槽褶皱带和鄂尔多斯地台之间南部边缘断层基础上发展起来的相对沉降地带。在基岩

（片岩、花岗岩）上沉积了 5500～6000 米的岩屑，古代冲积、洪积、湖积物质及地表上部 3～12 米的黄土。秦岭在汉、唐长安城东南，折向东北，与骊山东南丘陵相连，城区及周边地表形态是东南高，西北、西南低。"八水绕长安"的八水，除泾、渭在城北东流外，其余发源于秦岭北坡的浐、灞、潏、滈（滈）、沣、涝六条河流以及地下水，均从东南流向西北（或北，或西）入渭。历史时期渭河及其支流的河床摆动，加上地质构造作用，形成该地区不同的地形地貌和湖池，如浐灞之间的"白鹿原"，浐潏之间的"少陵原"，潏滈之间的"神禾原"，以及海拔不高、东西横贯的"细柳原"，还有"洛女陂""皇子陂""灵沼""沧池"等湖池和沼泽湿地。

从汉长安城构筑至汉武帝之前的六七十年，主要是潏水供应水源。但发展到汉武帝时期，城区不断扩大，城里、城外宫殿、堂、阁林立，人口也增多，供水显得不足，必须兴修一个大型蓄水库，来满足日益增长的供水需求。那么昆明池为什么选择在汉长安城的西南呢？这是因为初期汉长安城依据潏水，水量有限，若依据滈水（滈水），则滈水由东向西流，而且滈水与汉长安城中间有细柳原阻隔，为了增加水量，改变河流供水流向，人工将潏河改道汇入滈河。而在滈河右岸的细柳原建构石堰，一是抬高水位，二是改变流向，因此将滈水引渠流入昆明池。而昆明池原为关中平原上遗留的地质时代的池沼凹地，再加以人工开凿，池面池底高于汉长安城 8～10 米。早在 800 年前，南宋程大昌在《雍录》一书中提出："昆明基高，故其下流尚可壅激为都城之用。"①

二、昆明池的形态

昆明池构建于公元前 200 多年，2000 多年来，有几次大规模的疏浚复修：北魏太平真君元年（440 年），唐太宗贞观年间，唐德宗贞元十三年（797 年），唐文宗大和九年（835 年）。"唐大和以后，石闼堰废，而昆明池涸。"至宋代已成为农田，但在昆明池中，很少形成农村。当嘉庆十七年（1812 年）王森文来到昆明池底的雨谷村时，"地卑下多苔芦"。王森文曾在斗门镇北门外"见残碑剥蚀殆尽，惟昆明界址存，云'北极丰镐村，南极石匣，东极园柳坡，西极斗门'所记甚清晰"（《汉唐都城图》后记）。但王森文令一老人指示村界，"惟园柳坡不知。度以地势，当在今常家村、五所寨之间。其地约周三十里，广博无村落，旷然在望，乃真所谓昆明池者"。长安王典章《昆明池渠道》一文中记载：昆明池旧址"地势低洼，形如釜底，水无所泄。光绪十五年（1889 年），夏秋雨涝，灾害弥年，至二十四年（1898 年）秋，阴雨连绵，涝水四集，池之故址，水泉涌出，势不可止。附近各村尽成泽国；田禾淹没，庐舍无存，荡析离居为数百年所未有"（摘自《续修陕西通志稿》卷五七。昆明池渠，即太平河排水渠前身）。在 1933 年西京筹委会测量制作的万分之一地形图上，在南常家庄南、孟家寨西南扩大昆明池内均标明常家庄滩、孟家庄滩、袁徐寨滩等。滩，就是不宜人居住的下湿地，有时积涝。中国社会科学院考古研究所 1963 年对昆明池等古代水道钻探得知，现存池址是经唐代几次疏浚扩大后的唐昆明池范围，包括滈池和汉昆明池两个池址在内。

---

① 《雍录》十卷，南宋程大昌撰，杂记关中周秦汉唐五代城苑宫殿、山、水、郡县、庙陵、苑囿等类。"昆明池"条载于卷六。

汉代昆明池"北缘在今常家庄之南，东缘在孟家寨、万村之西，南缘在细柳原北侧即今石匣口村，西界在张村和马营寨之东。池址总面积约 10 平方千米"[①]。汉代昆明池的面积史载为 320 顷，合今 16200 多亩，即 10 平方千米多。据 1933 年西京筹委编制的万分之一地形图，按中国社会科学院考古研究所对汉昆明池的踏察所定的范围绘出的汉代昆明池范围是 12 平方千米甚或超过，当然从地图上量算的昆明池范围尚待考古学的验证。

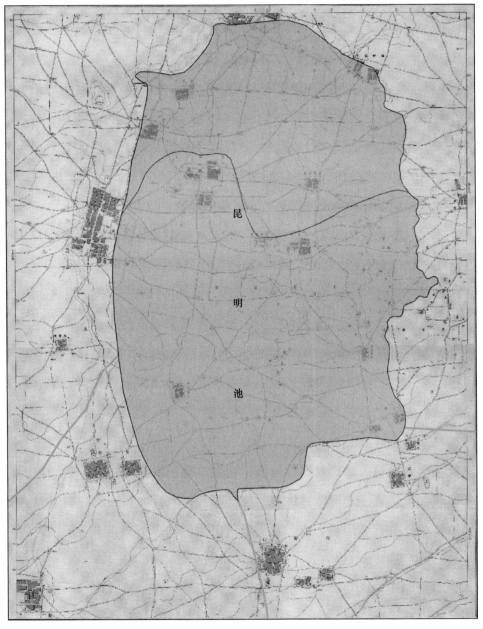

图一　昆明池遗址

（据 1935 年印制的《西京市图》长安县，斗门镇，石闸口）

---

①　胡谦盈：《汉昆明池及其有关遗存踏察记》，《考古与文物》1980 年 1 期。

三、有关昆明池水利工程设施的探讨

　　昆明池是一处以城市供水为主，集营造优美环境、游览、军用、养鱼等综合功能为一体的蓄水工程，也是一整套比较复杂的水利工程。池址的选择，引水堰渠的修筑，输水渠、退水渠的布设，都取得了划时代的成就。对此前人已多有研究，亦存在不同的研究结论。

　　（1）关于滈水输入昆明池的输水堰坝的地点就有三种不同的记叙。第一种，是1812年王森文（山东诸城人）于实地考察昆明池遗址时，提出堰头村"今堰头河岸碑载，先年堰石积若城墉，今渐少。余验之尚有数石，盖即汉石闼堰无疑"①。堰头村在今长安区滈河北岸。1957年历史地理学家黄盛璋先生在昆明池实地考察，亦认同昆明池入水起自堰头村②。第二种意见认为是西堰头村。《长安县水利志》记载："昆明池引滈河（即潏河）水，在今沣惠乡西堰头村作石闼堰，引水北流，经西乾河、楼子村、三角村、孙家湾、渠里村，北穿细柳原至石匣村入昆明池。"③西堰头村在今丰惠乡，其东、南、北还有东堰头、南堰头和北堰头。西堰头村南，滈水南有"河头村"。西堰头村东北距堰头村尚有4千米。《长安县水利志》所据是清嘉庆本《长安县志》卷十四④。第三种意见是李令福教授在其专著《关中水利开发与环境》中认为"石闼堰应设于潏、滈二水相交的香积寺附近"。依据宋代宋敏求的《长安志》记载，石闼堰在县（应为长安县城）西南三十二里。但仅有方位与距离，无史籍证明。堰滈水入昆明池的石闼堰究竟在哪里？ 20世纪60年代印制的五万分之一地形图上，有一条水流，源头起自今长安区赤兰桥东南近1千米处，西经南雷村南，蜿蜒曲流至堰头村东北，又西经西乾河，西北流经楼子村和三角村之间，于三角村东北，西流经李家桥南、黑牛坡村北，于大吉村南西北流向左家南。堰头村在这条水流南，原石闼堰应在滈水上，堰头村至赤兰桥可能是汉、唐时滈河故道。从堰头村西北经西乾河、楼子村、三角村的这段水流，正是当年由滈河开渠穿过细柳原至石匣口注入昆明池的输水渠。从1933年西京筹委会西京市图"东乾河"幅图上，堰头村（沿渡村）位于等高线400米包围之中，向东地势逾高，可达422米。由堰头村向西北有条谷道，又西北经楼子村、三角村之间，又西北经孙家湾村东，又西经徐家寨西，又西北经姜仁村南、西，又西北经西渠里村西，又西北至普贤寺，至石匣口，入昆明池。

　　（2）关于昆明池泄洪于沣河的渠道。从1933年西京万分之一彩色地形图上，能看出张村与马营寨之间有一条以388~390米等高线（以海州中等海水面为基面）为通道西南流向的沣河。这就是胡谦盈所说"在昆明池西岸中部，即介于张村和马营寨之间，还发现一条从昆明池通往沣河的水

---

　　①　王森文：《汉唐都城图》后记载《唐长安大明宫》，科学出版社，1959年，附录。

　　②　黄盛璋：《西安城市发展中的给水问题以及今后水源的利用与发展》，《历史地理论集》，人民出版社，1982年。

　　③　长安县水利志编纂组：《长安县水利志》，陕西师范大学出版社，1996年。

　　④　清嘉庆十七年修《长安县志》卷十四《山川志》下："按今乾河镇南濒堰水堰头村，有故渠，俗名西乾河，渠口有明万历历年碑记云：堰崩石出如崇墉，盖即汉石闼堰，南有合头村，即丰水支津合交故道。其自西乾河自堰头北行，至楼子村，折而西北径三角村、孙家洼，西至渠里村，北穿细柳原，径石匣村北下为汉昆明池。"

流故道"[1]而黄盛璋先生认为昆明池遗址西首堰下张村旧有古渠一道，西北流经马营入沣[2]。这条泄洪水道，从泄水流向上看不是西北流，而是西南流，因此胡谦盈先生所发现的张村与马营寨之间的泄洪渠道是可信的。

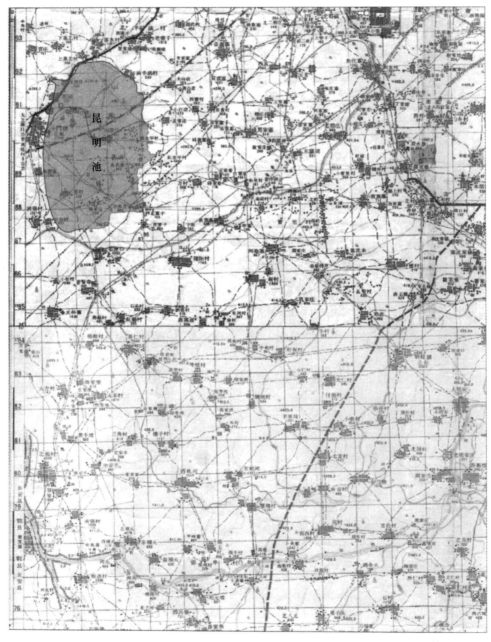

1:50000地形图(缩小)

图二　昆明池遗址及水利工程图

①　胡谦盈:《汉昆明池及其有关遗存踏察记》,《考古与文物》1980年1期。
②　黄盛璋:《水经注·渭水注》,《中国古代地理名著选读》,科学出版社,1959年,115页。

（3）昆明池在东及北各有一个出水口，均输注潏水，或其岔流分别供汉长安城及城西建章宫区用水。昆明池东出之水，《水经注》称"昆明故渠"，亦称"漕渠"。它从昆明池雨谷村大致沿 392～394 米之间等高线向东北流去，经河池陂北，向东北流去。清嘉庆十七年王森文实地考察记昆明池之雨谷村"地卑下多苕芦，盖即昆明池水，东出经河池（陂）为汉漕渠，又名昆明故渠之旧渎"。清嘉庆《长安县志》卷十四《山川志》下亦载："今池东南谷雨村东抵河池镇北，又东北至鱼化镇，地皆卑下，自鱼化镇东有渠东北行，时有积涝。"（黄盛璋先生在论文中误为嘉庆《咸宁县志》）雨谷村在石匣口东北约 1.5 千米，正处于昆明池中。河池镇东有唐定昆池遗址，附近还留有若干沼泽遗址，有曹里村滩（可能是漕里村），鱼化寨东有渠，应即漕渠故渠所经。实际上鱼化寨傍皂河，从鱼化寨流向汉长安城的这一流路正是汉代早期的潏河河道。1933 年修建的沣惠渠即利用昆明故渠的个别线段。

（4）昆明池北出之水，北魏郦道元《水经注》称为"昆明池水"，经镐京东、秦阿房宫殿基西，东北注入揭水陂。揭水陂遗址应在今三桥西南与阿房宫殿基之间。揭水陂有两条出水，其一为揭水陂水东北流于今三桥附近注沈水；一条仍称昆明池水，北流经建章官（今高、低堡子）东，在凤阙南注沈水。昆明池北出之水的流线，从清光绪二十五年（1899 年）所开的太平河排水渠道，还能查出。太平河起点是禹洼（今恭张村）、周家庄、河池寨，这应是唐代的定昆池址。太平河从常家庄、南丰镐村、上泉北村、落水村、北丰镐村、纪阳寨所经之河段可能是汉代昆明池的北出之水[①]。太平河流路由东南向西北符合长安地区地面水的流向。然而从纪阳村以西、以北变化较大，亦不易识别昆明池北出之水的流向。

鉴于昆明池在汉代对都城长安供水、游览、军用的重大作用，在厘清历史演变过程以及昆明池遗址现状后，结合科学昌盛的现实，对其合理开发利用。

参 考 书 目

班固：《汉书·地理志》。

（北魏）郦道元：《水经注·渭水注》。

（唐）李吉甫：《元和郡县图志》。

（宋）宋敏求：《长安志》。

（元）骆天骧：《类编长安志》。

（清）王森文：《汉唐都城图》后记（图及后记作为附录载《唐长安大明宫》），科学出版社，1959 年。

清嘉庆十七年《长安县志·土地志·山川志》。

黄盛璋：《西安城市发展中的给水问题以及今后水源的利用与发展》，《历史地理论集》，人民出版社，1982 年。

长安县水利志编纂组：《长安县水利志》，陕西师范大学出版社，1996 年。

李令福：《关中水利开发与环境》，人民出版社，2004 年。

（原载陕西省西咸新区沣东新城管委会、西安历史文化名城研究会：

《昆明池研究》，陕西科学技术出版社，2014 年）

---

① 太平河的开挖，从《咸宁长安两县续志》卷五地理考下是光绪二十五年，但在王典章的《昆明池渠道》所述的"由孟家庄北偏地西至龙口道，由龙口道北偏东至豁口"的"龙口""豁口"不详所在。

关于昆明池的考古学研究综述

——兼论汉昆明池的出水口与进水口问题

冯晓多

昆明池，修建于汉武帝元狩三年（前 120 年），位于长安西南的斗门镇，周回四十里[①]，乃是在周灵池基础上扩大深挖而成，水源据文献考证来于交水。直至唐时一直发挥着重要的作用。其作用可以概括为城市供水、调节漕运、皇家园林游乐区、汉时水军操练、水产养殖、排洪排涝等[②]。其与周边诸多水系共同形成古代长安西南郊区水利系统网络，体现了水与城市之间的互动影响。目前关于昆明池的研究，主要集中于其面积、范围、作用、渠道系统及其对汉长安城的供水等方面[③]，考古学与历史地理学界的基本观点已达成一致。但在进水口与出水口的问题上，历史地理学界与考古实测存在些许出入。本文试对考古学在昆明池研究上的作用做一综述，并对其进水口与出水口的不同认识提出辩证。不当之处，敬请批评指正。

一、关于昆明池的考古学研究概况

关于昆明池考古学方面的研究主要集中于 20 世纪 50 年代末 60 年代初期顾铁符和中国社会科学院考古研究所所做的工作，执笔人为胡谦盈。后期集中于 21 世纪初由 2006 年至 2013 年中国社会科学院考古研究所汉长安城工作队及考古所与西安市文物保护考古研究院共同组建的阿房宫与上林苑考古队所做的工作，另有个人单篇。

顾铁符《西安附近所见的西汉石雕艺术》[④]一文介绍了斗门镇附近的西汉石雕应为牵牛、织女像，但却将位置颠倒，且引文有诸多错乱。为此，俞伟超在《应当慎重引用古代文献》一文中已然

---

① 何清谷：《三辅黄图校注》，三秦出版社，1995 年。

② 李令福：《论汉代昆明池的功能与影响》，《唐都学刊》2008 年 1 期；杨金辉：《长安昆明池的兴废变迁与功能演变》，《贵州师范大学学报（社会科学版）》2007 年 5 期；张宁、张旭：《汉昆明池的兴废与功能考辨》，《文博》2013 年 3 期。

③ 历史地理学方面有黄盛璋、曹尔琴、吕卓民、李令福等，考古学方面主要有胡谦盈、晏新志、姚生民及中国社会科学院考古研究所所做的工作。另，为行文方便，后文涉及诸位学者一律省去尊称。

④ 顾铁符：《西安附近所见的西汉石雕艺术》，《文物参考资料》1955 年 11 期。

纠正 ①。在探索镐京故址时，史家记录其位置可由滴池来定。但滴池故址沦没于昆明池遗址，因此探索镐京故址需勘测昆明池及其水道问题。中国科学院考古研究所丰镐考古队于1961～1962年开始勘测昆明池遗址与其附近的西周遗址。他们在遗址内的斗门镇、花园村、白家庄和洛水村进行钻探和试掘。由胡谦盈执笔的《1961～1962年陕西长安沣东试掘简报》② 一文指出了西周遗址的收获。通过对试掘点的西周文化层、出土遗物、房屋、烧陶遗址、竖井、瓦片陶器等考古发现，了解了遗址的大致范围和延续年代，弄清了遗址与昆明池的关系是遗址在昆明池北，修筑昆明池时被部分破坏。这为我们解决昆明池前身问题，理解唐文化层下另有周文化层提供了帮助，为汉武帝时修浚昆明池于其下发现黑土以致"举朝不解"提供了依据（图一）。

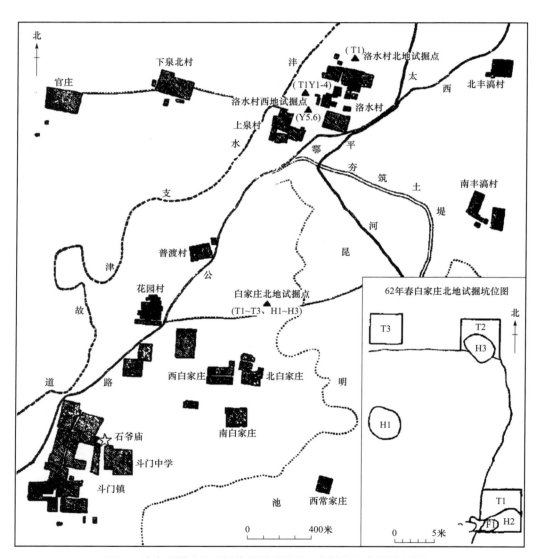

图一　沣东西周遗址试掘位置图（图中上泉村为上泉北村之误）

[图片来源：中国科学院考古研究所丰镐考古队（执笔人胡谦盈）：《1961～1962年陕西长安沣东试掘简报》，《考古》1963年8期]

---

① 俞伟超：《应当慎重引用古代文献》，《考古通讯》1957年2期。

② 胡谦盈：《1961～1962年陕西长安沣东试掘简报》，《考古》1963年8期。

　　胡谦盈在《丰镐地区诸水道的踏察——兼论周都丰镐位置》一文中主要论述丰镐地区诸水道及周丰镐位置，其中对昆明池的创建、淹废问题依据文献记载；对位置和范围的考古与文献记载一致 [①]，即西周滈池乃汉昆明池之故址，唐昆明池应略大于汉昆明池；肯定了昆明池旁的汉代遗迹及俞伟超对汉代石像位置的确定（图二）。同时文章对滈水、滈池、彪池和丰水改道问题也进行了论述 [②]，此处不再赘述。

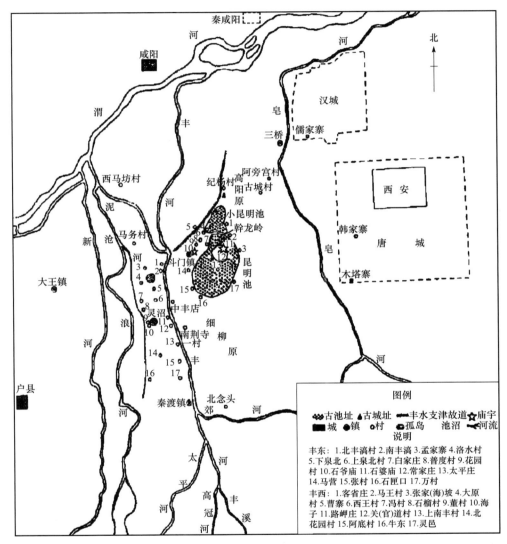

图二　沣镐地区位置图

（图片来源：胡谦盈《丰镐地区诸水道的踏察——兼论周都丰镐位置》，《考古》1963 年 4 期）

　　胡谦盈在《汉昆明池及其有关遗存踏察记》一文中据 1963 年春的勘测发现在池址东半部 1

---

　　① 得出昆明池遗址今日从地面仍清晰可辨。池址为面积为十多平方千米的洼地，地势比周边低 2～4 米。南缘在细柳原北侧（今石匣口村），东界在孟家寨、万村西边，西界在张村、马营寨、白家庄东，北界在上泉北村和南丰镐村之间的土堤南侧。

　　② 胡谦盈：《丰镐地区诸水道的踏察——兼论周都丰镐位置》，《考古》1963 年 4 期。

千米处发现池址中的孤岛，其上有大量西汉建筑遗物残片。并发现池址东岸带状洼地应为《水经注·渭水》中所指之昆明池水水流故道，同时于池西岸通往沣河发现一条水流故道，结合郦氏之记载认定应为注入沣河之昆明池故道①。同时该文对环峙于昆明池周边的汉代观址进行详细讨论。认为：①万村西北约1千米的孤岛②，即昆明台上的西汉建筑即豫章观旧址。②牛郎织女二石像位置即汉原址，同时发现牛郎石像东北100米和200米，织女石像西北250米和350米各有两处汉代遗址，各有一处夯土台基，有一处没有。此与石像何种关系未有解说。③据遗存发现认为孟家寨村东南的西汉遗址为白杨观地。④确定细柳原北侧昆明池南，今石匣口村西400米处为细柳观地。⑤认定宣曲宫为一组建筑，且位于昆明池正西的客省庄一带③（图三）。

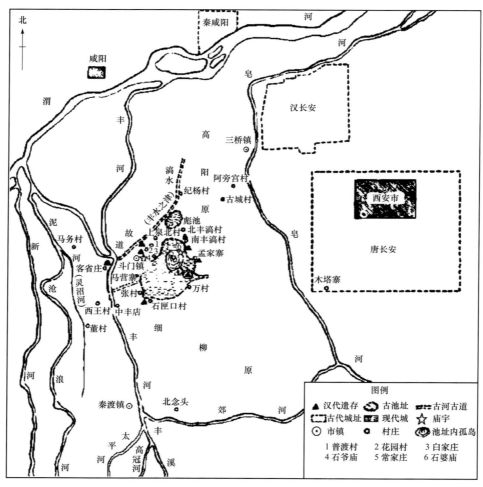

图三　汉昆明池及其有关遗存位置示意图
（图片来源：胡谦盈《汉昆明池及其有关遗存踏察记》，《考古与文物》1980年1期）

---

①　黄盛璋在《关于〈水经注〉长安城附近复原的若干问题》图一（载于《考古》1962年6期）中认为《水经注》中注入沣河之水之故道应向东北流向，但胡谦盈没有发现任何故道之考古痕迹。

②　孤岛在昆明池中，在通往沇水的昆明池水附近，且与昆明池水相对，从而更正自己在《踏察》一文中估计豫章台在今北常家庄一带的意见。

③　胡谦盈：《汉昆明池及其有关遗存踏察记》，《考古与文物》1980年1期。

中国社会科学院考古研究所汉长安城工作队在《西安市汉唐昆明池遗址的钻探与试掘简报》一文中首先通过钻探和测量确定了昆明池东西约 4.25 千米，南北约 5.69 千米，周长约 17.6 千米，面积约 16.6 平方千米。并在池东岸边发现进水渠两条，池西岸和北岸发现出水渠四条，池内发现高地四处，南岸和东岸发现建筑遗迹三处，并依次进行考古学分析。确定了三处遗址应为汉代遗存，池底"U"形沟槽应为船行航道，验证了昆明池之规模。根据遗址分布确定了唐代岸址基本沿汉代重修，且铺砌卵石以固。东岸的进水口汉唐变化不大，水源来于沈（潏）水。西岸的出水口出水渠通往沣滈二水。北岸三个出水口，靠西通往其北的滈池，唐废弃；靠东两个汉代即有，唐时加固，引水东流最终入沈（潏）水。四高地无建筑遗迹，结合文献三号建筑应为昆明观。并且对昆明池兴建之缘由、功能及与滈池彪池之关系进行了论述[①]。该文对进出水口与诸水之关系采取了推测之法，对高地及昆明池兴建之缘由、功能及诸池之关系利用的同样是文献记载研究。而阿房宫与上林苑考古队在《西安市汉唐昆明池遗址区西周遗存的重要考古发现》一文中主要是对汉唐昆明池遗址的淤积层下古代遗存的发掘，发现在一条大型壕沟西侧有大量的遗存，并集中清理了一处车马坑遗存。发掘只是大体确定了西周遗存的东界与南界，只是为研究镐京提供资料[②]。

晏新志利用文献对昆明池、太液池和兰池的石鲸进行探讨，认为汉代昆明池石鲸早于太液池，陕西历史博物馆放置的石鲸应为太液池之石鲸，汉昆明池之石鲸残件仍在原地。并分析其特点风格，进行物种考辨认为是须鲸的一种，须鲸的文化意向[③]，反映出古人对自然界特定动物的敬仰膜拜心理和科学认知水平及不断追求特色精神世界的表现，肯定了其艺术价值[④]。中国社会科学院考古研究所与西安市文物保护考古研究院联合组成的考古队认定，西汉昆明池面积 14.2 平方千米，唐时扩大为 15.4 平方千米，深浅不一，最深 3.3 米。同时勘探发现昆明池北岸位于当地丰滈村南高地，顶部残宽 20～40 米，底部宽 80～110 米。另于昆明池东界发现面积近 20 万平方米，外围有宽 15～25 米沟槽环绕的聚落遗址，时代为夏商时期[⑤]。

二、考古学者与历史地理学者对进水口与出水口认识的差异与解决

（一）考古学者认定的出水口与进水口

早在 20 世纪 60 年代，胡谦盈在《汉昆明池及其有关遗存踏察记》一文中据勘测发现池址东岸带状洼地应为《水经注·渭水》中所指之昆明池水流故道，同时于池西岸通往沣河发现一条水流

---

①　中国社会科学院考古研究所、汉长安城工作队：《西安市汉唐昆明池遗址的钻探与试掘简报》，《考古》，2006 年 10 期。

②　中国社会科学院考古研究所、西安市文物保护考古研究院、阿房宫与上林苑考古队：《西安市汉唐昆明池遗址区西周遗存的重要考古发现》，《考古》2013 年 10 期。

③　体态优美，且喷射水柱。

④　晏新志：《汉长安城太液池》、《昆明池石鲸考》，《文物天地》2016 年 6 期。

⑤　秦毅：《西安汉唐昆明池面积经考古确定》，《中华文化报》2017 年 4 月 3 日，第 8 期。

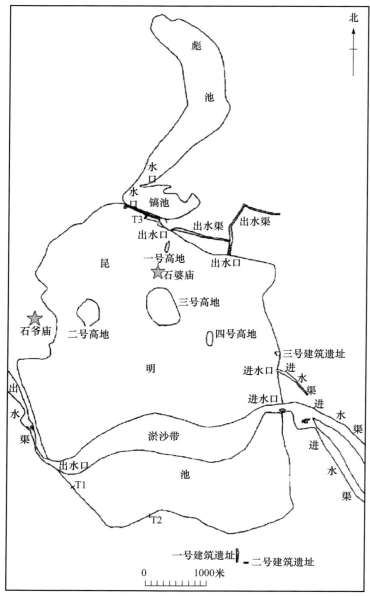

图四　昆明池遗址钻探试掘平面图
（图片来源：中国社会科学院考古研究所汉长安城工作队：
《西安市汉唐昆明池遗址的钻探与试掘简报》，《考古》2006 年 10 期）

故道，结合郦氏之记载，认定应为注入沣河之昆明池故道。即确定昆明池两处出水口，对入水口未做说明[①]。后中国社会科学院考古研究所汉长安城工作队在《西安市汉唐昆明池遗址的钻探与试掘简报》[②]一文中通过钻探和测量确定了昆明池有两处进水口，均分布于池东岸，据其所述"虽为两个，实为一渠分叉所致。"进水口汉唐变化不大，水源来自沇（潏）水。池西岸和北岸发现出水口四处，出水渠道三条。西岸的出水口连通出水渠，引池水注于沣水或滈水（沣水支津）。北岸有三处出水口，靠西的出水口连通其北的滈池，唐废弃；居中的出水口，通过引水渠引池水东流与昆明池东北角出水口所连通的出水渠汇合后，东北流入揭水陂，后再分流注沇（潏）水，并指出此渠或是《水经注·渭水》中所记的昆明故渠（图四）。该文同时对进水口、出水口与诸水之关系依据文献记载进行推测[③]。

（二）历史地理学者推断的进水口与出水口

黄盛璋在《西安城市发展中的给水问题以及今后水源的利用与开发》一文中对昆明池的进水口和出水口有详细的论述。其据《水经注》记："交水又西南流与丰水枝津合，其北又有汉故渠出焉，又西至石碣分为二水：一水西流注丰水，一水自石碣经细柳诸原北流入昆明池。"认定昆明池的水源乃交

---

① 胡谦盈：《汉昆明池及其有关遗存踏察记》，《考古与文物》1980 年 1 期。

② 中国社会科学院考古研究所、汉长安城工作队：《西安市汉唐昆明池遗址的钻探与试掘简报》，《考古》2006 年 10 期。

③ 中国社会科学院考古研究所、汉长安城工作队：《西安市汉唐昆明池遗址的钻探与试掘简报》，《考古》2006 年 10 期。

水^①。同时吕卓民和李令福认为：交水乃人工河道，由石碣引水经细柳原北流入昆明池，可见入水口当位于昆明池南岸。入水口的位置与黄盛璋的论证不谋而合，只是石碣的位置看法不同^②。关于出水口，黄盛璋认为北口和东口均为出水口。北出水口在池之东北角，引池水入于揭水陂。东出水口引池水至昆明故渠，即漕渠，而西口为调节水量之用，显然可看作出水口亦可作为进水口。至此可见进水口一处，在南岸；出水口两处，东岸与北岸各一处；西岸一处可作为进水口或出水口。随后的历史地理学者，如曹尔琴、吕卓民和李令福等均基本遵从此说，只不过进一步认定西岸为出水口，通过出水渠注于沣水^③。又在北岸西部连通滈池处确定一处出水口，昆明池水为滈池与彪池提供来水。至此，依据文献的历史地理学者形成关于汉昆明池有进水口一处，在南岸，水源来于交水；出水口四处，其一位于东岸，引池水注昆明故渠；其二位于北岸东北角，引池水于揭水陂；其三位于北岸西部，连通滈池；其四位于西岸，引池水注于沣水。

（三）进水口与出水口认识的差异

考古实测与历史地理学者认识的进水口与出水口之不同体现在三处：①考古实测进水口在东岸，有两处，水源于沇（滈）水；历史地理学者认为进水口在南岸，有一处，水源于交水。②考古实测北岸有出水口三处，分位于北岸东部、中部与西部；历史地理学派认为北岸有出水口两处，分位于东部和西部。③考古实测东岸为两处进水口；历史地理学者认为东岸为一处出水口，其连接的是昆明故渠，即漕渠。其中争论的核心是进水口的问题，可分成两种假设：其一，若遵从考古学观点，即东岸为进水口，则历史地理学者认为的由石闼堰引交水北注昆明池不存在，即南岸无进水口。同时无法解释漕渠的路线与来水问题。其二，若遵从历史地理学者的观点，即南岸为进水口，则东岸为出水口，亦可解决漕渠问题，所以进水口成为确定之关键（图五）。

（四）进水口与出水口认识差异的解决

上述考古学方面对昆明池进出水口的实测截至 2006 年左右，在《西安市汉唐昆明池遗址的钻探与试掘简报》一文中作者还强调了在南岸附近的石闸口村至蒲阳村一带反复钻探，并未发现任何渠道遗迹。历史问题的研究与解决，讲求的是二重证据法。文献记载不会变化，但考古实测会不会有新收获成为关键。可喜的是，自 2012 年秋至 2016 年夏，中国社会科学院考古研究所与西安市文物保护考古研究院联合组队对该区进行了大规模连续的勘探和试掘。目前笔者尚未见到最新的考古

---

①　黄盛璋：《西安城市发展中的给水问题以及今后水源的利用与开发》，《地理学报》1958 年 4 期。

②　吕卓民：《西安城南交滈二水的历史变迁》，《中国历史地理论丛》1990 年 2 期；李令福：《汉昆明池的兴修及其对长安城郊环境的影响》，《陕西师范大学学报：哲学社会科学版》2008 年 4 期。"关于交水上石碣（石闼堰）的位置，黄盛璋先生认为其位于堰头村，吕卓民先生考证认为应在沇滈相交的香积寺附近，而李令福先生则认同吕说。"最后结果是："关于交水上石碣（石闼堰）的位置，黄盛璋先生认为其位于堰头村，吕卓民先生考证认为应在沇滈相交的香积寺附近，而李令福先生则认同吕说。"

③　曹尔琴：《从汉唐昆明池的变化谈国都与水的关系》，《中国古都研究（第十二辑）：中国古都学会第十二届年会论文集》，1994 年。

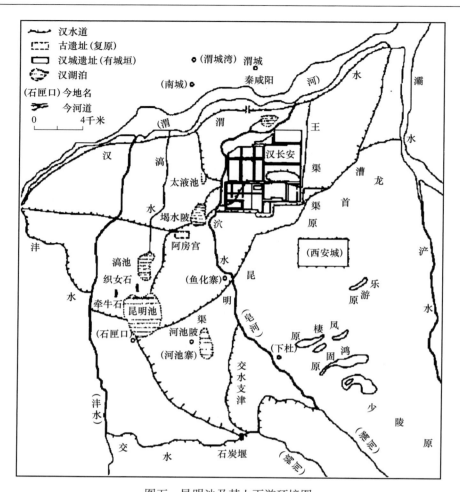

图五　昆明池及其上下游环境图

（图片来源：李令福《汉昆明池的兴修及其对长安城郊环境的影响》，《陕西师范大学学报》

（哲学社会科学版）2008 年 4 期）

研究报告，但据考古队领队刘瑞研究员介绍：最新勘探确定了昆明池的东西南北"四至"，东岸线上发现东向出水沟渠，将池水引入漕渠。首次从考古学上确定了与文献记载基本相符的进水河、进水口及庞大的进水系统，发现确定了池岸走向的早晚变化及出水口、出水渠的变化。经调查勘探，进水口在南岸线西端，水源来自石砭峪，水流经香积寺后西行到西甘河村西，再北流至石闸口村西，再进入一个面积约 1.15 万平方米的进水区，实行调配后注入昆明池[①]。同时试掘发现了汉唐漕渠遗迹。据此确定，考古勘探与文献记载达成一致，解决了历史地理学界与考古学界于此前关于汉昆明池进出水口的争议。

附记：本文得到陕西师范大学西北研究院李令福先生的指点，谨致谢忱！

（原载《唐都学刊》2019 年 4 期）

---

① 韩宏：《60 万个探孔"锁定"昆明池面积——迄今规模最大汉唐水利工程考古披露最新成果》，《文汇报》2017 年 3 月 29 日 5 版。

汉武帝时代的水利工程

陈秀云

一、西汉水利建设的历史条件

农业是古代社会生产的最重要部门，而在东方，水利灌溉在农业上显得特别重要。由于土壤、气候条件的关系（干燥的地区），必须有良好的水利灌溉，才能够保证农业的经营与发展；而水利工程必须在劳动力的有组织有领导的条件下才能进行。这样，就要求执政者大力从事水利灌溉设施。恩格斯指出：

> 政治统治到处都是以社会职能的执行为基础的。而且政治的统治，只有在它执行这种社会职能的场合上，才能长久保持下来。在波斯和印度相继的一时兴盛，随后又灭亡的专制皇朝不知多少，他们中间每一个都很清楚地知道自己首先是江河流域上灌溉事业的总的经营者，在那里如果没有灌溉，农业是不能进行的[①]。

从古代中国统治阶级重视水利灌溉的种种事实看来，这个论断是完全正确的。在我国历史上有不少王朝，在阶级矛盾尖锐的情况下，一旦水旱灾害降临，农民无以为活，结果天灾成了农民起义的导火线，旧王朝因而倾覆。这样，也足见水利工程对巩固统治政权的重要意义了。不过，在中国既要重视灌溉，更要注重防治水灾，这一层更为突出。

中国古代的经济、政治、文化中心在黄河流域。一方面黄河是一条自古以来最难驯服的河流，常常会泛滥成灾。因此，和黄河的水患作斗争，就成为我们历代祖先伟大功绩之一。大禹治水的故事，就是这种功绩的集中反映。另一方面，在黄河流域辽阔且干松的黄土地带上，从事经营农业，十分需要灌溉。因而，我们的祖先很早就大规模地兴修水利工程。而且，随着社会经济的发展，铁器的使用已很普遍，又配合了牛耕方法，生产力大大提高，耕地面积也日益扩大，要求灌溉的范围更广。因此，除了发展黄河的水利之外，其他水系的水利也普遍发展起来。到了春秋战国时代，成绩是非常辉煌的。司马迁在《史记·河渠书》中总结起来说：

> 自是之后（按指大禹治水之后），荥阳下引河，东南为鸿沟，以通宋、郑、陈、蔡、曹卫，与济、汝、淮、泗、会于楚。西方则通渠汉水、云梦之野。东方则通鸿沟、江、淮

---

① 《反杜林论》中译本，人民出版社，1956年，185页。

之间。于吴则通渠三江五湖。于齐则通菑、济之间。于蜀，蜀守冰凿离碓，辟沫水之害，穿二江成都之中。此渠皆可行舟，有余则用灌浸，百姓飨其利。至于所过，往往引其水益用溉田畴之渠，以万亿计。然莫足数也。西门豹引漳水溉邺，以富魏之河内。而韩闻秦之好兴事，欲罢之毋令东伐，乃使水工郑国间说秦，令凿泾水，自中山西邸瓠口为渠，并北山，东注洛，三百余里。欲以溉田。中作而觉。秦欲杀郑国。郑国曰："始臣为间，然渠成亦秦之利也。"秦以为然，卒使就渠。渠就，用注填阏之水，溉泽卤之地四万余顷，收皆亩一钟。于是关中为沃野，无凶年。秦以富强，卒并诸侯。因命曰郑国渠。

这些大规模的水利工程，一方面各地水利工程的本身为后世进一步发展水利创造了基础；另一方面在长期的水利工程劳动中积累了优良的技术经验（按春秋战国时代，各国在敌对的行动中，常有利用河水来打击对方的事，这也足见当时对水力的控制和运用是很有把握的）。

秦汉时代，中国已经进入封建社会，统治阶级属于年轻的地主阶级，它正处于上升阶段，要求把封建主义经济向前推进。代表封建地主阶级利益的王朝，因此对农业经济很为注意。尤其是西汉王朝，建立在农民起义推翻了秦政权之后，汉朝的统治阶级深深地体会到如果农民不能够安居乐业，势必导致"亡秦"的覆辙。因此，汉初在提出了"与民休息"的口号同时，对农民做出了种种的让步（如减轻田赋等等），借以和缓阶级矛盾，巩固统治政权。在这样的方针政策下，果然在数十年之间，恢复了农业生产力，也恢复了封建社会秩序。

武帝即位以后，社会经济十分繁荣，生产力发达，物资充裕，为空前所未有。《史记·平准书》载：

> 国家无事，非遇水旱之灾，民则人给家足，都鄙廪庚皆满，而府库余货财。京师之钱累巨万，贯朽而不可校；太仓之粟，陈陈相因，充溢露积于外，至腐朽不可食。众庶街巷有马，阡陌之间成群。

这样雄厚的财富，便为封建政权提供了物质条件，保证了它的统治基础。

武帝时代，由于社会经济发展，政权巩固，农业生产有向前推进的需要与可能，这样也就对水利建设提出了迫切要求。同时，也只有在武帝时代才能够进行广泛的大规模的水利工程。因为先秦时代，各国分立，常利用河水来打击敌国，在这种情况下，是无法进行大规模的水利工程建设的。到了秦统一天下，由于时间短促，只能够做些"决通川防"之类的工作，初步消除了人为的水灾。在武帝时代，天下统一，而且中央集权的局面长期稳定，人力物力雄厚，只有这种情况下，才有条件进行大规模的水利工程。

由于社会生产的发展，客观形势的迫切要求，而在政治上、经济上又具备了雄厚的力量，加以继承了我国人民自古以来的优越的水利工程技术经验，因此，武帝时代，空前热烈地提倡水利建设，而且做出了空前的成绩来。

二、治 理 黄 河

黄河流域是我国历史文化的发源地。可是，自古以来，黄河是一条最不驯服的河流。黄河中下游大部分是平原，因为河水冲积关系，土壤很肥沃，适宜农业生产。但黄河远来自西北高原台地，又流经黄土地带，夹杂着不少沙泥，到了下游平原地带，常常使河道淤塞，如果堤防不固，很容易泛滥、决堤，造成滔天洪水，给下游地区人民带来严重的灾难。因此，防治黄河水患就成为汉王朝的重要措施。

黄河自从周定王五年（前602年）在宿胥口（河南濬县西南）决堤以后，水患就常常发生。到了春秋战国间，各国统治阶级为了自己的利益，又常常堵塞川流，有时，为了争城夺地，常常利用河水来作攻城的武器，这样，人为的决堤越来越严重，使下游地区的人民遭到重重的灾害。

汉文帝十二年（前168年）冬，黄河在东郡酸枣（河南延津县北）地方决堤，附近地区人民惨遭水灾。后来，东郡人民经过艰苦斗争，才把决口塞好。过了三十年，武帝建元三年（前138年）河水又在平原（山东平原）泛滥，淹没了不少农田。元光三年（前132年）春，河水大涨，在东郡顿邱（河北青丰县西南）东南溢堤。同年的夏天，就在长寿津（河南滑县东北）以东泛滥，造成瓠子（河北濮阳县西南）决堤。这次水患十分严重，河水集中向东南倾泻，一直流到大野泽（山东钜野县东）中，又由大野泽流出，把淮泗流域地区全部农田淹没。当地人民曾经几度被动员去填塞，可是一些大臣如田蚡之流的自私自利，从中破坏，据《史记·河渠书》载：

> 河决而南，则鄃无水灾，邑收多。蚡言于上曰：江河之决皆天事，未易以人力为强塞；塞之未必应天。而望气用数者亦以为然。于是天子久之不事复塞也。

因而得不到朝廷的支持，没有什么效果。致使开封以下至淮河流域一带，长期因为洪水淹没，不能耕种，人民生活固然痛苦，政府的税收亦大为减少，这样也就影响到统治政权的经济基础。过了二十多年，到元封元年（前110年）武帝巡各地，体察东方地区的荒凉情况，第二年（前109年）便发动了大规模的塞堤工作。

《史记·河渠书》载：

> 天子（指武帝）乃使汲仁，郭昌发卒数万人塞瓠子决。……自临决河，沈白马玉璧于河，令群臣从官，自将军以下，皆负薪寘决河。是时东郡烧草，以故薪柴少，而下淇园之竹以为楗①，天子既临河决，悼功之不成，乃作歌。……于是卒塞瓠子，筑宫其上，名曰宣房宫。

这样，就在武帝和高级文武官员的带头示范之下，广大人民的斗争意志更为坚定，发挥了高度的创作智慧，用竹片编成巨笼装满沙石来填塞，才把决口塞好。

当时，为了防备河水再次泛滥，又发动人民修好过去黄河出口的两条渠道，恢复禹贡时代的黄

---

① 沈钦韩：《汉书疏证》卷二二引"元和志李冰楗围堰，以防江决，破竹为笼，圆径三尺，长十丈，以石实中，累而壅水"。《汉书》所谓下淇园之竹以为楗。

河故道（即传说为夏禹所穿的故道：一为漯水故道，一为北渎故道）[①]，于是黄河北行，从山东千乘（山东高苑县北，今黄河南、济水北）或天津大沽出海。这样，开封以下地区，才免除了水患。《史记·河渠书》：

> 道河北行二渠，复禹旧迹，而梁、楚之地复宁，无水灾。

二十多年的瓠子决口塞好后，东南地区才渐次恢复生产。

三、改 善 漕 运

西汉建都在长安，以为关中地"被山带河，四塞以为固"（《史记·刘敬传》），形势险要，而且是膏腴之地，所谓"天府之要"。可是，关中平原过于狭小，西北部地势很高，可耕地面积过少，因此，物资供应必须依靠巴蜀和关东各地来接济，巴蜀和关中又隔着秦岭和巴山，运输实在不容缓；从东方转运物资至关中，主要是靠黄河水道，而黄河有"砥柱"的险恶，航运困难。如何才能克服这自然条件的缺点，使漕运迅速便利，这是当时迫切需要解决的问题。

东南方面的漕运本来比较方便，从春秋以来有邗沟和鸿沟水系的蒗蕩渠，沟通了黄河与济汝淮泗以至长江的交通。从江苏广陵（江都）沿着邗沟上至淮安入淮，经淮水转蒗蕩渠上至河南荥阳入黄河，溯河水转渭水通到长安。西汉初年，这些水道交通，还有一定的作用。不过，当中有个极大的困难。因为关中与关东间的漕运，主要是黄河水系。而黄河是一条水势汹涌的河流，尤其是中游从河南陕县以下，河水走经中条山（山西南部）和崤山（河南西部）之间，有一段险峻的峡谷，所谓"阏流""砥柱"（即三门峡），航运十分困难："破害舟船，自古所患"（《水经·河水注》）。可见这一段航路，经常发生事故。但在当时的技术条件下，实在没有条件征服它。为了克服这种自然困难，只得从其他地方来想办法，于是绕道运输就成为当时社会一致的要求。褒斜道的开凿，是在这种要求下动工的。至于渭水下游，又是水浅沙多，水道弯曲，漕运费时。这种困难，也会影响当时关中与东方各地的经济联系。因此，上至统治阶级，下至广大人民，都希望有一个妥善的办法来解决这种困难。褒斜道和漕渠的开凿，是克服自然困难的措施。现按《史记·河渠书》记载的先后，分别说明。

（一）漕渠（又叫渭渠）

从长安县境南开渠，引渭水，沿着南山（秦岭）东下，中间凿穿灞，浐两水，经华阴县北流入黄河，渠长三百余里，《史记·河渠书》称：

---

① 北渎故道，据胡渭《禹贡锥指》卷十四下云："北渎初经顿邱县西北，至是改流，盖自戚城西决，而东北过其县东南，历畔观至来武阳，夺漯川之通，东北至千乘入海者也。漯川狭小，不能容，故其夏又自寿津溢而东以决于濮阳，则东南注钜野，而北渎之流微矣。及塞宣房、道河北行二渠，则正流全为北渎，余波仍为漯川。"

是时（元光六年）郑当时为大农，言曰："异时关东漕粟从渭中上，度六月而罢，而漕水道九百余里，时有难处。引渭穿渠，起长安，并南山下，至河三百余里，径易漕，度可令三月罢，而渠下民田万余顷，又可得以溉田，此损漕省卒而益肥关中之地得谷。"天子以为然，令齐人水工徐伯表，悉发卒数万人，穿漕渠，三岁而通。通以漕，大便利，其后，漕稍多，而渠下之民颇得以溉田矣。

可见漕渠的开凿，主要是为了避免渭水航运不便的缺点（航线弯曲，泥沙多，费时长），而渠成之后，不仅可以缩短航程，减轻人力；还可以大量灌溉农田，使关中农业增产，正是一举两得。《水经注·渭水》：

> 灞水又东北，经新丰县，右合漕渠，汉大司农郑当时所开也。以渭难漕，令水工齐人徐伯，发卒穿渠引渭。其渠自昆明池，南傍山原，东至于河。且田且漕，大以为便。今无水。

据《汉书·武帝纪》，穿渠在元光六年（前129年），时武帝在位已十一年，统治基础已渐巩固，正从事于向外活动，通西南夷，准备对匈奴开展防御战，这样，就更需要大量的物资来供应。因此，郑当时的建议，很快就被采纳而实行。这个工程，经过几万人三年的劳动才完成，可见它的规模是相当大的。

其后，元狩三年（前120年）又在长安西南修昆明池。《汉书·武帝纪》注：

> 西南夷传有越巂，昆明国有滇池，方三百里。汉使求身毒国，而为昆明所闭，今欲伐之，故作昆明池象之，以习水战。在长安西南。周回四十里。

昆明池原来是一个沼[1]，武帝时又把它扩建，并且将附近小河的水蓄起来，造成一个大堰。据《陕西通志》云：

> 石闼堰在（长安）县西南三十里。《水经注》曰："交水西至石堨，汉穿昆明池所造。武帝作石闼堰，堰交水为池，昆明基高，故其下流尚可壅激为都城之用。"[2]

可见昆明池是一个"人工湖"，它把交水堰塞起来，造成一个大水坝，用来练习水战。昆明池的北口通鄗池，沟通鄗水流入渭。《水经·渭水注》：

> 渭水又东北，与鄗水合。水上承鄗池于昆明池北。

昆明池的东口有渠，名昆明渠，渠东流又与漕渠衔接，再北流入渭水。《水经·渭水注》：

---

[1] 《长安志》嘉庆版卷十一：《三辅黄图》引《三秦记》昆明池中有神沼，尧时治水尝停船于此池。又《读史方舆纪要》卷五三：《三秦记》池中有灵沼，名神池，尧时治水尝停船于此。陆机曰：尧时已有沔池，汉因而深广之。……武帝开昆明池，所造有石闼堰。

[2] 雍正十三年版卷三九。又，经训堂丛书《长安志》卷十二：石闼堰在（长安）县西南三十二里。《水经注》白：交水西至石碣，汉武帝元狩三年穿昆明池所造。

> 渭水又东，合昆明故渠。渠上承昆明池东口，……又东合沈水，亦日漕渠。

这样看来，也就是把漕渠伸延了一段，沟通了长安西边，使昆明池与渭水的联系更为密切，而长安的漕运也更加方便了。

这里特别值得注意的是用人工筑成这样一个大水坝，可以用来练习水战，在当时来说，其规模相当宏伟，可见西汉时的水利工程有高超的技术水平。

（二）褒斜道

褒斜道是陕西西南的褒水和斜水的通道。因为黄河有"砥柱"之险，漕运十分困难，因此，在渭渠开凿后，又有人主张开褒斜道，实行绕道转漕，避免经过"砥柱"的危险。这就是说，从东方转漕至关中，不必经过"砥柱"，改从河南南阳附近，沿着唐白河转汉水，溯汉水而上，一直到南郑的褒谷口，沿着褒水逆流而上，到了褒水和斜水的分水岭（秦岭山顶）中间一百多里的陆路（水路不通），用车转送到斜水，又依斜水入渭水，顺流而下到达长安，这样，不但可以转运东方物资，而且从褒斜道入四川，比较走故道（陕西凤县西北）[①]也缩短了路程。《史记·河渠书》称：

> 穿褒斜道，少阪，近四百里，而褒水通沔，斜水通渭，皆可行船漕，漕从南阳上沔、入褒，褒之绝水至斜间百余里，以车转，从斜下渭，如此，汉中之谷可致，山东从沔无限，便于'砥柱'之漕。

这条运输线既有这样的好处，所以武帝听了御史大夫张汤的分析研究后，就决定了派张汤的儿子卬主办这项工程，动员了几万人参加工作。褒斜道开成了。道长五百多里。但由于褒谷的地势险峻，水中多湍石，水流太急，不能行船，结果没有达到预期的目的。不过，这一段险谷开通后，的确方便了巴蜀和关中的交通。

按褒斜道工程，虽然是开凿陆路，但基本目的在于利用这段陆路来把两条水道的运输连接起来，也就是说，目的在于发挥水路运输的作用，为了这目的而不惜付出那么大的代价，足见当时对水利是十分重视的。在动工过程中，对于有关的水系也必然加以整理，可惜整理得不彻底，没有达到预期的目的。

漕渠和褒斜道工程设施，为的是避免中流砥柱这一段水道航运的危险，对付这样的天险，如果说要直接地彻底地解决它，莫说是二千年前中国的封建王朝没有这么大的本领，就算对现代资本主义国家而言恐怕也不是容易的事，甚至可以说他们也无能为力。只有今天在中国共产党领导下，中国人民发挥了高度的智慧和建设社会主义的劳动热情，加之以苏联和其他兄弟国家的援助，才能够进行三门峡水库这样巨大的水利工程，彻底使黄河驯服下来，化水患为水利。汉代对付中流砥柱天险所采取的办法，已经达到当时技术水平的极限了。

---

① 故道：从今陕西宝鸡市附近向西南经大散关，入凤县境转东南至褒城县境，经南郑入四川。

四、各地区的排灌工程

随着农业生产的发展，各地都大力推行水利灌溉，无论平原还是丘陵山地，尽量利用自然河流，开渠筑堰，引水灌田，以克服不良的自然条件。

（一）关中地区的灌溉

改良河道的运输仍不能解决关中粮食问题（因为地理环境和当时的技术条件所限制，在这一方面毕竟收效不大），所以必须在关中方面设法自给。另一方面，汉代统治阶级为了扩大他们的剥削来源，发展关中地区的农业生产也完全必要。关中土地肥沃（属黄土地带），如有足量的水分灌溉，可以保证农业丰产，那里原有泾、渭、灞、浐、酆、鄗、漆、沮等水，可以灌田。然而，为了满足农业发展的需要，还须增加人工灌溉渠道（秦时所开的郑国渠即有这种作用）。

当时关中地区所开的灌溉渠道，主要有下列几条。

1. 龙首渠

在今陕西澄城与大荔县间开渠，引洛水以灌田。《史记·河渠书》载：

> 其后（按指开褒斜道之后）壮熊罴，（汉书作严熊）言：临晋民愿穿洛以溉重泉以东万余顷故卤（汉书作恶）地。诚得水，可令亩十石。于是为发卒万余人穿渠，自徵引洛至商颜山下，岸善崩，乃凿井，深者四十余丈，往往为井，井下相通行水，水颓以绝商颜，东至山岭，十余里间。井渠之生自此始。穿渠得龙骨，故名曰龙首渠。作之十余岁，渠颇通，犹未得其饶。

按：临晋是指今大荔县北部之地[1]。重泉地在今陕西蒲城县之南[2]。徵即今陕西澄城县地[3]。至于商颜山，是今梁山山脉向西伸延的支峰，又名商原、亦名铁镰山、长虹岭。《汉书补注》引：

> 《通典》：商原亦谓之商颜。《同州府志》：商原俗名铁镰山，又名长虹岭，西尽州境，绝于洛，东经朝邑，绝于河，延袤八十余里。

可见龙首渠的开凿，目的在于灌溉蒲城东南一带万余顷旱地。施工时，曾发动了万余人，从澄城县境开渠[4]，引洛水向东南流，但到了商颜山下，由于土质过松，渠岸容易倒塌。因此，改凿成井，利用地下潜水来灌溉，而这里的地下水，是透过商颜山以东的，这样，就在商颜山的南北一

---

① 《史记正义》引《括地志》：同州本临晋城也，一名大荔，亦曰冯翊城。
② 《史记正义》引《括地志》：重泉故城在同州蒲城县东南四十五里。
③ 《汉书·沟洫志》：应劭曰徵在冯翊……师古曰徵音惩。即今所谓澄城也。王先谦《汉书补注》：徵，冯翊县，今同州府澄城县也。
④ 《元和郡县县志》卷二：（同）州西三十里有乾坑，即龙首之尾。又，《太平寰宇记》卷二八所记亦同。

带，开凿了许多井，形成了井渠式的灌溉网①。

这个工程设施，是建筑在开井基础上，而且它的结构，比开井还复杂。一方面是凿井，另一方面井下有疏水的暗沟，所谓"井下相通行水"，那就是井与井之间地下潜水相通，开掘的深度必然很大，从施工过程中掘得龙骨（化骨）的记载，就可以见到。这里地下大抵砂粒多，水分足，但土质过松，开渠施工却不容易。《水经·河水注》有这样的记载：

> 河水又南经梁山原东，原自山东南出于河，晋之望也。在冯翊夏阳县之西北，临于河上，山崩壅河三日不流……春秋谷梁传曰："成公五年梁山崩，遏河水三日不流。"

可见这一带的土质很容易崩塌，而井渠的设施就是能够因地制宜，利用和发展了劳动人民的凿井的技术经验，创造了"井渠"式这种特殊的灌溉工程。这工程设施，不但促进了当时的农业生产，而且，对后世的农业经济也起了很大的作用。

2. 六辅渠

六辅渠是郑国渠的支渠，郑国渠是秦王政元年（前246年）韩人郑国所开的。《史记·河渠书》称：

> 凿泾水，自中山西邸瓠口为渠、并北山，东注洛，三百余里。

按：中山地在今陕西泾阳县北，瓠口即长安志的"焦穫薮"，地亦在今泾阳县北：可见郑国渠是从今陕西泾阳县北开渠，引泾水，经三原县界，又穿过漆沮水（今石川河），向东至白水县界流入洛水。渠长三百余里，可灌溉四万多顷农田。郑国渠的规模虽然大，但到武帝时代，农业经济高度发展，要求灌溉的田野更多，因此，郑国渠的本身已经不能满足当时的需要。武帝元鼎六年（前111年）儿宽奏请在郑国渠两旁加穿六条小渠，用来辅助灌溉郑国渠两岸高田。《汉书·沟洫志》称：

> 儿宽为左内史，奏请穿六辅渠，以益溉郑国渠傍高卬之田。

《汉书》颜师古注云：

> 于郑国渠上流南岸更开六道小渠，以辅助灌溉，今雍州云阳、三原两县界，此渠尚存，乡人名曰六渠，亦号辅渠。

按：郑国渠是引泾水溉田，而泾水远从甘肃大盘山东边来，流经干松的黄土地带，水流冲刷两岸，又挟带着不少沙泥，容易使河道淤塞，因而在这种情况下，郑国渠又经历了一百多年，那么它的效能就自然逐渐减少了，儿宽奏请加穿六辅渠，目的在于更有效地利用郑国渠，为农业经济发展提供了更有利条件，所以武帝说"农天下之本也，泉流灌寝，所以育五谷也"（汉书·沟洫志）。于是接纳了儿宽的建议，开六辅渠，便利农田灌溉。

据《元和郡县图志》：

---

① 胡渭《禹贡锥指》图第四十二《关中诸渠图》所示龙首渠南流复入洛，似与《史记》《汉书》记载不合。

初郑国分泾水置郑渠，后儿宽又穿六辅渠，今此县（云阳）与三原界，六道小渠有存者。

又按《通典》载：

（唐）永徽六年（655年）雍州长史长孙祥奏言：往日郑白渠溉田四万余顷，今为富商大贾竞造碾硙，堰遏费水，渠流梗涩，止溉一万余许顷……至大历（766～779年）中，水田才得六千二百余顷。

这样看来，六辅渠到唐时还有，它经历了九百多年的考验，可以推想当初开凿的工程数量（深度、广度）和质量（保固）是很可观的。

3. 白渠

白渠在今陕西醴泉县东北的谷口引泾水东南行，经三原、泾阳县界，由高陵县东北贯穿沮水（今石川河）至临潼县东北流入渭水，渠长二百里，《汉书·沟洫志》：

太始二年（前95年）赵中大夫白公复奏穿渠，引泾水，首起谷口，尾入栎阳，注渭中，袤二百里，溉田四千五百顷。因名曰白渠。

《水经·渭水注》：

渭水又东得白渠口，大始二年，赵国中大夫白公奏穿渠，引泾水，首起谷口，出于郑渠南。

可知白渠的上口和郑渠都同引泾水。白渠在郑渠上游之南，初与郑渠平行，至三原县以下，郑渠东北行流入洛水，而白渠却南行流入渭水。白渠溉田四千五百余顷，规模虽比郑渠小（仅及郑渠十分之一），但附渠农田得益很大。当时人民曾作歌称赞说：

田于何所，池阳谷口，郑渠在前，白渠起后，举臿为云，决渠为雨。泾水一石，其泥数斗，且溉且粪，长我禾黍，衣食京师，亿万之口（《汉书·沟洫志》）。

因为泾水流经陕甘黄土地区，带来了大量的淤泥，这是很好的肥料，这一首民歌已经说明了白渠是怎样发挥着灌溉和施肥的双重作用，带来了农业繁荣的气象。

据《水经注》记载，白渠到了北魏时代已经干涸无水，但在西汉时，它对农业灌溉发挥了很大的作用，从汉代文献中可以见到，班固《两都赋》称：

郑白之沃，衣食之源。提封五万，疆场绮分，沟塍刻镂，原隰龙鳞，决渠降雨，荷雷成云，五谷垂颖，桑麻铺棻①。

---

① 引自《陕西通志》雍正十三年版卷三九。

又晋潘岳西征赋称："浸决郑白之渠。"[①] 可见白渠至少到后汉以至于魏晋时期，还能发挥它灌溉作用，又据上引通典材料，至唐代时仍然可以灌溉。

4. 成国渠、灵轵渠和漳渠

成国渠是从郿县东引渭水穿渠，靠着渭水的北岸东下，经武功、兴平、长安以下，向东南流入渭水。据《汉书·沟洫志》载：武帝塞瓠子工程完成后，"用事者争言水利"，各地普遍引河水灌田，关中方面又看"灵轵成国漳渠引诸川"，而总的方面是："皆穿渠为溉田，各万余顷，它小渠及陂山通道者不可胜言也。"可见成国、灵轵和漳渠都能发挥溉田作用。至于穿渠的时间，史文未详。但据《汉书·地理志》下颜师古注云："灵轵渠，武帝穿也"，这便肯定了是武帝时开的。

成国和灵轵原是同一渠道，不过有地区的分别而已。《水经·渭水注》：

> 渭水又东合田溪水，水出南山田谷……北经盩厔……县北有蒙笼渠，上承渭水于郿县，东经武功为成林渠（按林是国误）东经县北，亦日灵轵渠。

《汉书·地理志》"郿下"颜师古注云：

> 成国渠首受渭，东北至上林，入蒙笼渠。

又王先谦补注渭"蒙笼即灵轵"。根据这些材料看来，这一条渠是从郿县开渠，引渭水东行，直经长安以下再流入渭水，上游从郿县至盩厔的一段，叫成国渠。下游从盩厔县以下的一段，叫灵轵渠，又称蒙笼渠。

至于漳渠，据颜师古《汉书·沟洫志》引"如淳曰：'漳音韦，水出韦谷'"。又王先谦补注引：

> 《长安志》：韦谷渠在盩厔县西南三十五里，自南山流下，至清化店入渭，《盩厔县志》：韦水源出韦谷，其正流西经郿县境，支流东引为渠，散没县界。

据沈钦韩《汉书疏证》及重修《盩厔县志》[②] 所记备同。《陕西通志》载：

> 韦谷渠在县（盩厔）西南四十五里，水自扫箒岭流出，经塔庙渠，庙渠头等堡，至清化镇。今虽湮没，而渠形尚存，系盩郿两县界渠。

从上引资料看来，可知漳渠原是引韦水东流，用来灌溉盩厔县东部地区，《长安志》称"自南山流下至清化店入渭"的，是原有的韦水；所谓韦谷渠便是韦水和渠的总称。据《汉书·沟洫志》称这些渠是"引诸川"，大概是人工开渠，把许多天然的河流连贯起来，引水灌田，这样也就构成了很好的灌溉网了。

关于漳渠，胡渭《禹贡锥指》关中诸渠图则在渭水北岸的岐山与扶风两县界，《太平寰宇

---

① 引自《陕西通志》雍正十三年版卷三九。

② 1925 年重修《盩厔县志》：韦谷（俗如泥谷）渠引韦谷水经塔庙堡，务平寨，谭家寨，北流至青化店。前湮，旧图未载。

记》① 所称的漳水同。但据上引颜注材料所称，应是渭水南面的韦谷，即长安志的韦谷渠，在盩厔县西南。

（二）河东渠田

由于黄河"砥柱"漕运的艰险，损耗过大，因此，在"砥柱"上游地区设法增产粮食，使关中一部分粮食得到就近供应，不必从远道运来，这是一个办法。河东渠田的开垦，是适应这种要求的措施，《史记·河渠书》载：

> 河东守番系言：漕从山东西，岁百余石，更砥柱之限，败亡甚多，而亦烦费。穿渠引汾，灌皮氏（山西河津县西）汾阴（荣河县北）下；引河，溉汾阴，蒲坂（永济县）下，度可得五千顷。故尽河壖弃地，民茭牧其中耳。今溉田之，度可得谷二万石以上。谷从渭上，与关中无异，而砥柱之东，可无复漕。天子以为然，发卒数万人作渠田。

这样汾水与黄河间一带的荒野地，经过人工引水灌溉后，就变成了肥沃的耕地，种上五谷，就近供应关中粮食。另一方面减少了从东方转运粮食的艰难和损耗，这原是一个办法，可惜这一带渠田，开垦不久，因为河道移徙，引水困难，不能发挥灌溉作用。《史记·河渠书》称：

> 数岁，河移徙，渠不利，则田者不能偿种。久之，河东渠田废，予越人，令少府以为稍入。

这样，自然不能达到原来的目的。然而，这一带荒地既经开垦，也不算白费，熟练耕水田的越人，就利用它来耕种，安定了生活，政府仍可以收到一些税谷来弥补开支。
《水经注·汾水》：

> 汾水又西过皮氏南……汉河东太守番系穿渠，引汾水以溉皮氏县。故渠尚存，今无水。

那么，到北魏时代，河东渠遗迹还在，可见这个工程也花了不少劳动力。

（三）东、南地区的灌溉

黄河下游原是膏腴之地，水源和雨量比较充足，只要排灌工程设备得适当，就可以保证农产丰收。东南地区（战国时属齐、梁、楚等国之地），向来重视水利灌溉。从河南荥阳、开封以下，原有蒗菪渠沟通济、汝、淮、泗，引水灌溉颇为方便。汝南、九江一带，原先已有大规模的水利工程。有名的"芍陂"②，发挥着很大的灌溉作用。尤其是在山东的齐国，由于地理环境关系（地势比

---

① 胡渭《禹贡锥指》图第四二及《陕西通志》图同，即渭北岐山东北的漳水。《太平寰宇记》：漳水源出岐山县东北六里，东南流入扶风界。
② 《水经注》卷三二《肥水》下称：断神水……又东北经白芍亭东，积而为湖，谓之芍陂。陂周百二十许里，在寿春县南八十里。言楚相孙叔敖所造。

较低下），人们长期与河水作斗争，自然掌握了一定的水利技术经验。《汉书·沟洫志》所记开漕渠的水工徐伯和上书给武帝，想计划变更黄河水道的延年，都是齐人，足证齐地的水利事业发达，人才辈出。要之，汉代在东、南地区开展水利建设，是有很好的基础的。

自从瓠子决口塞好以后，河水北行，东南一带有几十年免除了河水灾害，因此，这些地区的农业生产比过去更加发展，水利灌溉网更密，据《汉书·沟洫志》载，与进行朔方、西河、河西、酒泉和关中灵轵等渠的水利工程同时，东南地区亦扩大了灌溉系统。据《汉书·沟洫志》载：

> 汝南、九江引淮，东海引钜定，泰山下引汶水，皆穿渠为溉田，各皆万余顷。它小渠及陂山通道者不可胜言也。

这一段记载虽极简略，然已足见当时在这些地区的大小灌溉工程，其盛况当不下于关中地区的。

（四）朔方、河西等地的屯田和灌溉

现在的河套和甘肃、宁夏等地，是汉代的五原、朔方、西河、河西等郡。这里是西北边疆，也是古代殷周以来西北方外族入侵所必经之地。秦汉时代，为了保卫边防，曾大力移民到西北去，实行屯田守边政策。这些地区靠近黄河，有不少冲积层，土壤肥沃，但土中多砂粒，水分容易渗透，加之气候干燥，雨量又少，如果没有灌溉，农作物很难生长，因此，屯田的士兵便想尽种种办法，筑堰开渠，引用山溪谷水来灌田。这样，中国劳动人民优越的水利工程技术，又传到西北边疆去，开发了西北的经济，改变了西北地区的自然面貌。

公元前 129 年，武帝派卫青等出击匈奴，收复河南（今河套以南）地，建立朔方、五原郡以后，又调动了大批的军队和物资到西北去。《史记·平准书》载：

> 又兴十余万人，筑卫朔方，转漕甚辽远，自山东咸被其劳，费数十百巨万，府库益虚。

当时又适逢东方饥馑，于是就大量移民，据《史记·平准书》载：

> 徙贫民于关以西及充朔方以南新秦中七十余万口，衣食皆仰给县官。

在这种情况下，实行屯田，使边塞士卒的粮食能够自给，那就十分必要。在西北地区进行垦殖，必须解决的是灌溉问题，因此，大规模的水利工程又在西北展开，《史记·河渠书》称：

> 朔方、河西、西河、酒泉皆引河及川谷以溉田。

又《史记·平准书》：

> 朔方亦穿渠，作者数万人，各历二三期功未就，费亦各巨万十数。

这样，在辽阔的大西北，东以陕西北部河套一带，西至甘肃走廊最西边，都有西汉的军队在进行耕种。《史记·平准书》：

> 又数万人渡河，筑令居，初置张掖，酒泉郡。而上郡、朔方、西河、河西开官田，斥

塞卒，六十万人戍田之。

同时修筑了很多灌溉渠道，《汉书·匈奴传》载：

> 汉渡河，自朔方以西至令居，往往通渠、置田官吏卒五六万人。

于是，中国的水利工程技术，就随着屯田政策的实施而传到西北去。据《汉书·地理志》敦煌郡效榖县注：

> 师古曰：本鱼泽障也。桑钦说：孝武元封六年，济南崔不意为鱼泽尉，教力田，以勤
>
> 效得榖，因立为县名。

又河西郡有广田县，据王先谦补注："盖亦因水利得名。"这些史实，说明了武帝时置河西四郡后，就在河西走廊一带，东起祁连山东，西至阿尔金山之北，今疏勒河流域一带，普遍地推行了中原的耕作和水利灌溉技术。

其后，宣帝神爵（前61～前58年）初，赵充国屯田湟中（青海西宁附近一带）（按此时武帝死了有二十多年），他曾上奏给宣帝提出屯田计划说："缮乡亭，浚沟渠"（《汉书本传》）。可见此前在武帝时代这一带地方曾经建设了乡亭和开凿了灌溉渠道。赵充国在这个原有建设基础上，加以修浚，就可以进行大规模的屯田（屯田人数有一万人，耕地面积二千顷以上。——《汉书本传》）。据居延出土的汉简中的记录材料，知汉时河西的屯田地区，屯卒当中分为"田卒"和"渠卒"，可见当时在屯田任务中，有一部分士兵是专门负责开渠灌溉的。

据《汉书·食货志》，武帝末年曾大力提倡赵过的"代田法"，同时"又教边郡及居延城"。那么，在屯田的地区，也推行了中原的耕作技术。又根据居延汉简中所记材料，有所谓"代田仓"的名称，这证明了"代田法"已经在居延地区实行。这种先进的生产技术和水利灌溉措施配合起来，就大大地扩充了耕地面积，提高了农业生产，使荒芜落后的地区，变成了良田，增产了大量的谷物。这样，不仅开发了西北经济资源，也巩固了汉帝国在这一方面的统治基础。

附志

按黄河上游的灌溉，以河套和宁夏两地得益最厚，俗语有"黄河百害，惟富一套"之说。今宁夏灌溉渠道，有"秦渠"和"汉渠"的名称，传说是秦汉时所开的渠道。《甘肃通志》[1]载宁夏府有：

> 汉延渠，一名汉渠。在宁朔县东南，引黄河水入渠。渠长二百三十里，灌田
>
> 三千八百九十余顷。
>
> 汉渠，在灵州，一名汉伯渠。相传创于汉。其口即在秦渠上流青铜峡之麓，渠长八十
>
> 里，溉田一千三百顷。
>
> 光禄渠，在灵州东，汉开、久废。

---

① 《甘肃通志》乾隆元年版卷十五。

按黄河志第三篇水文工程（张含英编）所记略同。又按汉渠的位置，刚好是河沟[①]的位置。至于究竟是不是西汉屯田西北时用来进行灌溉的渠道？又是不是汉武帝时代的工程？这些都难以考定了。不过，大抵汉代在这一带开了不少的渠，进行灌溉，所以才有这样的传说，这是值得注意的。故附志于此。

五、兴修水利的效果

武帝时代的水利建设对促进生产，发展交通运输和预防水旱灾害各方面，都起了很重要的作用（图一）。虽然当时的水利工程当中，有些是没有收到预期的效果的，如灌溉方面，河东渠田由于黄河改道，数年之后，便失却了灌溉效能以至于废弃了。而龙首渠也"犹未得其饶"。运输方面，褒斜道开凿了，可是，由于"水多湍石"，没有起很大的漕运作用。但是，当时在防治水灾和发展水利两方面，普遍地发挥着良好的作用，这是肯定的。

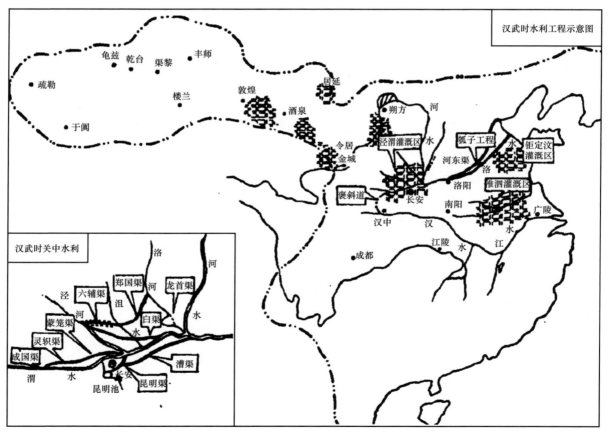

图一　汉武帝时水利工程示意图

---

① 《汉书地理志》安定郡"眴卷"下注云：河水别出为河沟，东至富平北入河。又，《水经注》卷二《河水》注云：河本又东北经眴卷县故城西，河水于此有上河之名也，河侧有两山相对，水出其间，即上河峡也。世谓之为青山峡。

最重要而且显著的如塞瓠子工程，据《史记·平准书》载，未塞瓠子决口以前，东南地区的情况是这样：

先是往十余岁，河决观，梁楚之地固已数困，而缘河之郡隄塞，河辄决坏，费不可胜计。

由于河水成灾，到处发生饥荒现象：

山东被水灾，民多饿乏。

后来，灾情更严重：

山东被河灾，及岁不登，数年，人或相食，方一二千里。

这样严重的灾荒，对政府来说，也就导致税收失常，府库空虚。但是，自从瓠子工程完成后，便是"梁楚之地复宁，无水灾"。这样，淮泗流域一带，免除了水患，恢复农业生产。其后，东南方面普遍推行水利灌溉，如上文所引"汝南九江引淮，东海引钜定，泰山引汶水"，也自然促进农业生产的普遍提高。据《汉书·食货志》：

昭帝时，流民稍还，田野益辟，颇有畜积。

只有免除了水灾和发展了水利灌溉，才能够出现这种好现象。又据《汉书·食货志》称：

宣帝即位……百姓安土，岁数丰穰，谷至石五钱，农人少利。时大司农中丞耿寿昌……五凤中奏言：故事岁漕关东谷四百万斛，以给京师，用卒六万人，宜籴三辅弘农河东上党太原郡谷，足供京师。

按：三辅河东正是武帝时代水利建设重点地区。因此到了宣帝时代能够生产大量谷物来"供京师"。足见武帝时的水利建设给后世带来了丰收，其效果是十分显著的。

从单位面积产量来看，《汉书·食货志》载，战国初年一亩田的产量是"岁收一石半"（折合今每亩①0.96石）。到了战国末年，郑国渠开成后，"溉泽卤之地四万余顷，皆亩收一钟（六石四斗。折合今每亩1.71石）"（《汉书·沟洫志》）。到了西汉初年，照晁错说：平均亩产量是"百亩之收，不过百石"（《汉书·食货志》）。产量下降，可能与劳动力缺乏有关。可是，到了武帝时开河东渠田，引河水溉汾阳蒲坂，溉田五千顷，就做到"度可得谷二百万石以上"。这一向认为不能耕种的地区，不仅能够种上了庄稼，而且亩产是在四石以上（折合今每亩1.06石）。这样单位面积产量的提高是突出的。至于龙首渠灌溉区，据《史记·河渠书》载："故卤地、诚得水，可令亩十石"（折合今每亩2.66石）。那更是突出了。

其次，由于水利灌溉到处展开，又配合了充沛的劳动力与进步的耕作技术，使许多干旱地区有开垦的可能，这样，也就扩大了可耕地的面积。所以到了平帝时代（公元1～5年），垦地面积扩大

---

① 1亩≈666.7平方米。

的数字达到最高峰。《汉书·地理志》：

> 讫于孝平……提封田一万万四千五百一十三万六千四百五顷。其一万万二百五十二万八千八百八十九顷，邑居、道路、山川、林泽群不可垦；其三千二百二十九万九百四十七顷，可垦不可垦；定垦田八百二十七万五百三十六顷。……汉极盛矣。

这不能说是与武帝时代的水利设施无关的。

其次，从运输方面来看。据《史记·平准书》载，西汉初年从东方运进关中的粮食数量是：

> 转漕山东粟以给中都官，岁不过数十万石。

到了武帝元封年间（前110～前105年），数量就大大增加：

> 而诸农各致粟山东，漕益岁六百万石。一岁之中，太仓甘泉仓满。

这种情况，一方面固然可以说是政府大力征调物资的结果，不过，另一方面也不能说不是兴修水利的结果，改善了河道，才有这样的运输力量。

水利工程发展的结果，使农业产品丰收，运输便利，相对地保障人民生活；也就稳定了汉朝的统治政权，同时在物质上支持了汉帝国的向外扩展，满足了大规模出征的军队的粮食。《史记·平准书》又称：

> 边余谷，诸物均输帛五百万匹，民不益赋而天下用饶。

这样，汉帝国的扩张，又得到了物资的保证。不过，由于武帝连年大规模地对外用兵，不只府库空虚，人民也因为负担了繁重的徭役，耽误了生产，社会矛盾日益尖锐，武帝面临这个危机，就不得不采取缓和政策，企图维持他的统治。因此，便十分重视农业。《汉书·食货志》载：

> 武帝末年，悔征伐之事，乃封丞相为富民侯。下诏曰："方今之务，在于力农"。

征和四年（前89年），当桑弘羊奏请屯田西域轮台时，武帝也认为这是"扰劳天下"，不同意桑弘羊的意见，并且坚决表示以后要改变方针。《汉书·西域传》载武帝诏书：

> 当今务在禁苛暴，止擅赋，力本农，修马复令，以补缺，毋乏武备而已。

由于武帝晚年重视农业生产，赵过的"代田法"被采纳推行，（所谓耕耘下种田器，皆有便巧）。农田水利为这种发展农业生产的措施提供了有利的条件，因此，虽然武帝不久死了（武帝死于公元前87年）可是，这给昭宣时代（前36～前49年），带来了大丰收（如上引《汉书·食货志》），而且，宣、元、成数世，对水利建设也很重视，尤其是东南地区的水利灌溉更为普遍[①]；这

---

① 《汉书》卷八九《循吏传》：召信臣……迁南阳太守……视郡中水泉，开通渎沟，起水门提阏凡数十处，以广灌溉。又，《通典》卷二：元帝建昭中，召信臣为南阳太守，于穰县南六十里造钳卢陂，累石为堤，傍开六石门，以节水势。泽中有钳卢王池，因以为名，用广灌溉，岁岁增多，至三万顷，人得其利。

可以说是受了武帝时代重视水利的影响。

六、结　语

从汉武帝时代的水利设施来看，有下列几点必须指出。

（1）汉代水利工程是统治阶级为了他们的利益而倡导的；也是符合人民利益的措施。由于有了这种强烈的客观要求，又具备了充沛的人力物力与有利的政治条件（相当长时期的统一的安定的局面），加上武帝这样一个雄才大略的君主来亲自指挥；更重要的有中国劳动人民发挥了伟大的力量，这样便创造出卓越的水利建设的成绩来。

（2）武帝时代，是汉王朝发展的顶点，同时也是水利建设的高潮时期。这显示出统治政权与水利建设息息相关。有武帝时代的政治条件，才有大规模从事水利建设的需要与可能，而水利建设的成功，反过来又有助于汉朝统治政权的巩固与发展。水利工程的成功，相对地改善了人民生活，对缓和阶级矛盾起了一定的作用。这样，就体现了恩格斯所说的"政治的统治，只有在它执行这种社会职能的场合上，才能长久保持下来"的重大意义。

（3）当时水利建设的盛况，为上古、中古时代中外历史所仅见。这盛况，不只是表现在工程规模之大，项目之多，技术之精，而且表现在以武帝为首的汉朝统治阶级对水利之特别重视，上上下下，提倡水利已成为普遍的社会风气。

（4）武帝时代的水利工程，是在承继过去中国人民的劳动成果这个基础上提高发展起来的。从各项工程本身来说，有许多是在古代原有的水利工程上加工、扩大（如六辅渠和各地的灌溉工程）；从工程的技术水平来说，有许多是运用传统的优良技术经验来克服很大的困难（如塞瓠子工程用竹笼填石下沉的办法）。这是中国古代劳动人民积累的优异的技术经验。这种技术措施，既经济，又方便和稳固可靠。然而必须承认当时的水利设施的成绩，不论工程的数量或质量，都超过了从前。而且技术方面，有创造性的成就（如开井渠工程技术）。另外，在水利工程建设过程中，也涌现了许多优秀的水利专家，如徐伯、白公等人，他们的技术都值得我们珍视。

（5）武帝时代的水利工程，其影响是极其深远的。不只是在当时形成了提倡水利的风气，而且影响到以后的统治者对水利工程的重视，还把这种风气和水利工程的技术经验传播到外国（如西域方面的井渠与灌溉工程——参看附录），促进比较落后的地区的农业生产，改变了那些地区的经济面貌，这也是值得重视的。

附　录

西域的井渠

自汉武帝通西域后，为了进一步控制匈奴，用军事力量经营西域。当时桑弘羊曾上书给武帝，极力主张屯田西域轮台（今新疆轮台县），计划在那里"通利沟渠，务使以时益种五谷……益垦溉田，稍筑列亭"（《汉书·西域传》下渠犁），一方面充实边防，另一方面扩大汉帝国威势。可是，当时武帝因征大宛后，"天下骚动"，再加上李广利败降匈奴，受了一场教训，因此，没有接纳桑弘羊的建议。到了昭帝即位，"乃用桑弘羊前议，田轮台"（同上），设置了屯田校尉，实行经营西域。《汉书·西域传》载：

> 于是自敦煌西至盐泽，往往起亭，而轮台渠犁，皆有田卒数百人，置使者校尉领护，以给使外国者。

从此，天山南北两路，都有汉人垦田耕作，东从今鄯善东边，西至莎车疏勒，都设置了农官，负责管理，实行积谷卫边。

按：西域地区虽多属沙漠，气候和土壤十分干旱，但有些地区，如塔里木盆地和吐鲁番盆地一带，都是肥美的地方，如果灌溉适宜，农业是可以获得丰收的。汉代屯田的兵民，既把中原的进步的耕作技术传到那里，又把优越的水利工程技术传过去，这样就更加保证农业丰收。

《水经·河水注》有这样的一段记载：

> 敦煌索劢，字彦义，有才略。刺史毛奕表行贰师将军，将酒泉敦煌兵千人，至楼兰屯田，起白屋，召鄯善、焉耆、龟兹三国兵各千，横断注滨河。河断之日，水奋势激，波陵冒堤，劢厉声曰：王尊建节，河堤不溢；王霸情诚，呼沱不流。水德神明，古今一也。劢躬祷祀，水犹未减，乃列阵被杖，鼓噪欢叫，且刺且射，大战三日，水乃回减。灌浸沃衍，胡人称神。大田三年，积粟百万，威服外国。

按：楼兰后汉时改名鄯善。本文前称楼兰，后称鄯善，于地名记述不妥，此可疑者一。王尊是前汉元、成帝时人，王霸是后汉光武帝时人；而后汉又无贰师将军之称，此可疑者二。大抵水经注这一段是记录地方神话传说，本来于史无据。不过，从这种传说来看，它反映出汉代水利工程技术经由敦煌向西域方面传播的情况。这里值得特别重视的是武帝时代"井渠式"的工程技术，后来传到西域去。据《汉书·西域传》载：

> 宣帝初……汉遣破羌将军辛武贤将兵万五千，至敦煌，遣使者案行表，穿卑鞮侯井以西，欲通渠转谷，积居卢仓，以讨之（西域传下乌孙国）。

所谓"卑鞮侯井"，据《汉书》注引：

> 孟康曰：大井，六通渠也。下流涌出在白龙堆东土山下。

这也就是像龙首渠一样的"井渠式"的灌溉工程。

井渠式的水利工程，原是针对着土质太松，容易崩塌这种情况，因地制宜的特殊技术，而这种技术是以打井的技术为基础的。汉人曾把打井技术传入西域，也就是把开"井渠"所必备的技术传了过去，《水经·河水注》载：

> 疏勒城……汉（明帝）永平十八年（75年）耿恭以戊己校尉，为匈奴左鹿蠡王所

逼，恭以此城侧洞旁水，自金蒲迁居此城。匈奴又来攻之，雍绝洞水，恭于城中穿井，深
一十五丈。

足见汉人在西域方面打井是十分普遍的。

汉人的打井技术，不但传入今日的新疆，而且随着汉朝军事的扩张，还远传到葱岭以西中史亚
细亚一带。《汉书·李广利传》载：

伐宛（大宛）……宛城中无井，汲城外流水，于是遣水工徙其城下水，空以穴其
城……闻宛城中新得汉人，知穿井。

据此可知：①李广利远征大宛时，军队中有水利工程技术人员随行，这样，汉人的水利技术便
传到中央亚细亚去。②从"宛城中新得汉人，知穿井"的记叙，更证明了在这以前，大宛人还不知
道开井，此时才由汉人传入打井技术。

19 世纪末至 20 世纪初，英、法帝国主义文化特务斯坦因、伯希和先后在我国新疆、甘肃一带
调查，发现新疆吐鲁番一带地方的古代灌溉遗迹，是一种很精密的井渠制度 [1]。由于这一种取水方法
和波斯的地下水道相似，他们便认为这种技术是从波斯传过来的。其实，在新疆各地发现的古代遗
迹中，无论建筑结构形式还是出土实物，都显示着那里的整个文明都受到汉文明的深刻的影响。人
尽皆知，自从汉武帝通西域后，中国开始经营西域，由是，汉代的文明就很自然的传播到西域去。
这些事实，就连斯坦因他们自己也不敢抹杀，何独天山南北麓的灌溉工程，就不是从汉朝传过去，
反而是从遥远的波斯传来呢？王国维《西域井渠考》[2] 曾引《史记·河渠书》，驳斥了他们的谬论，
肯定"西域本无此法，及汉通西域，以塞外乏水，且沙土善崩，故以井渠法施之塞下"。那些帝国
主义文化特务们的别有用心的论调，显然是站不住脚的。

[原载《华南师范学院学报（社会科学）》1958 年 2 期]

---

① 参考斯坦因《西域考古记》中课本 182 页。
② 参考《观堂集林》卷十三。

西安城市发展中的给水问题
以及今后水源的利用与开发

黄盛璋

本文阐述了西安城市发展中给水问题是如何解决的，以及引水的水源与渠道经流的路线。讨论的主旨在于：①阐扬古代中国在城市规划中解决水源问题的辉煌成就；②总结过去水源利用的经验、特点，从而对今后西安水源建设提供参考的意见；③了解西安城市发展过程和水源开辟的关系。

古代中国在城市规划上是很有成就的。这首先表现在水源利用和引水路线的选择、开凿上。西安是我国历史上历时最久的古都，古代长安的城市规划不但为后来国内许多城市所承袭，也影响了东方若干国家；同时，西安又是现在西北经济和文化建设的一个重心，西安城市建设中水源也存在若干问题。讨论西安城市发展中的水源问题，不仅是为阐述过去，更重要的还是为了将来。

一、历代城址和地形、水系的关系

西安位于渭河平原的中部。渭河平原又称关中盆地，是陕甘黄土高原的下陷地带，其范围西起宝鸡，东到潼关，西狭东广；宝鸡附近只有二三千米，多不过十千米；咸阳以东，平原开阔，一望无垠，最宽处达五六十千米。西安就是位于平原向东开始开阔的地带（图一）。

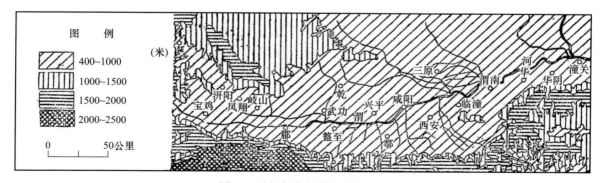

图一　西安在关中盆地中的位置

秦岭崛起于渭河南岸，山势陡急，西安所在是渭河以南，从河滨到山麓最为宽阔的一块地方，同时这里也是渭南水系分布比较稠密的地区。从南山下泄之水可分为三系：①东边为灞河、浐河；

②西边为丰河，丰河东边有一条小河（今名太平河），是古滈水的残遗；③南边有潏河、交河，两河在香积村附近会流西注丰河（现亦统称潏河），潏河还有一支流皂河，西北流绕汉长安城西、北两面注渭。灞、浐、丰、滈、潏、交六水由于历代导引频繁，河道都有若干改变。改变最少的是灞、浐，历史时期内主流差不多没有什么显著改变；其次是丰河，改变只在下游一段；变化最大的是滈、潏、交，滈水几乎消失，潏河古亦称沇水，主流大致即今皂河，潏河会交出于人工开凿，交河原亦不汇丰，汇丰也是出于人工开凿。改变主要是在两个时代，一为西汉，一为隋唐。唐以后水道没有什么巨大变化。元李好文《长安志图》所绘西安附近水道大致代表宋、元时代，和现在已相差不多。

西安所在这块平原东起灞、浐，西达丰、涝，愈向西平原愈开广，丰、涝流域最广处约有三十千米，至于灞河下游一带那就只有几千米了。灞河以东是蓝田山脉和骊山山脉，骊山的边缘一直延到临潼，直抵渭滨。灞水以东一带全为丘陵所分布，灞河以西平原才开始推扩。这之间也有许多丘陵土阜，古初它们应该同灞东山脉一样，后来经诸河的交相侵蚀，切割成若干破碎的土山土原，散布在河流与河流之间。灞河（东部）与渭河之间为铜人原。灞河（西部）、浐河与渭河之间有龙首原，浐河与潏河、皂河之间有乐游原、凤栖原、鸿固原、少陵原，这四个原相连成为一个小土山群。浐河与灞河之间为白鹿原，浐河东西两源之间为凤凉原，潏河与交河之间为神禾原，交河与丰河之间为细柳原。此外古代还有一个高阳原，位于古镐京附近，大概是古滈水和潏水之间的原①。如果以铜人原为起点，渭河、丰河为三角形的两边绘一直角三角形，从铜人原北麓往西南经龙首、乐游、凤栖、少陵、神禾、细柳诸原直达丰河，差不多成一直线，等于直角三角形的斜边。斜边西北多为平原，东南就属山地，西安平原就是沿着这条斜边愈向西愈加开广。古今城邑的分布就是在这条线以西或正当此线之上。400米等高线大致是经龙首、乐游、凤栖、少陵、细柳诸原之北，500米等高线则在诸原之南，和这条斜边趋向一致。400米和500米两等高线之间大概就是渭河第二级台地所在。现在的西安市正位于这两条等高线之间，400米等高线则横贯周镐京和汉长城的南城中间，都是属于渭河二级台地范围之内（图二、图三）。

这一带的古都有周丰京、镐京，有汉长安城，有隋唐长安城，唐以后西安城就一直以唐长安城为基础，至今没有动。这些城市位置的选择，大都具有两个特点：一是靠近水源，如丰京分别位于丰水、滈水沿岸，汉长安城靠近潏水，隋唐长安城东临灞、浐，南望潏、交，城市的给水，大抵就是就近利用这些河流；二是城址多选择在原的边缘，如镐京位于高阳原北渭河第二级台地上，汉长安城位于龙首原北麓，隋唐长安城则位于龙首原南麓以及乐游、凤栖诸原之间，都是选在川原比较高亢之处；但又不过高，过高引水有困难，过低则不适宜于人类居住。渭河虽为本区主河，但渭河是一个断堑地带，渭滨一带全属滩地，上述城址大抵选择在渭河二级台地之上，渭河水引不上来，所以历来城市用水都没有引渭河的。

---

① 《水经注》的高阳原为交水，沇水间的原，位于河池陂（今河池寨）附近。即清代所谓高阳原则在丰镐村附近，相距很远。嘉庆《长安县志》以为古今异地。今按古沇、交原为一河，高阳原为沇、交间之原，当自南而北，绵延可能很长，南迄交水，而北至镐京附近，两者并不违背（高阳即镐阳，得名疑自镐京）。

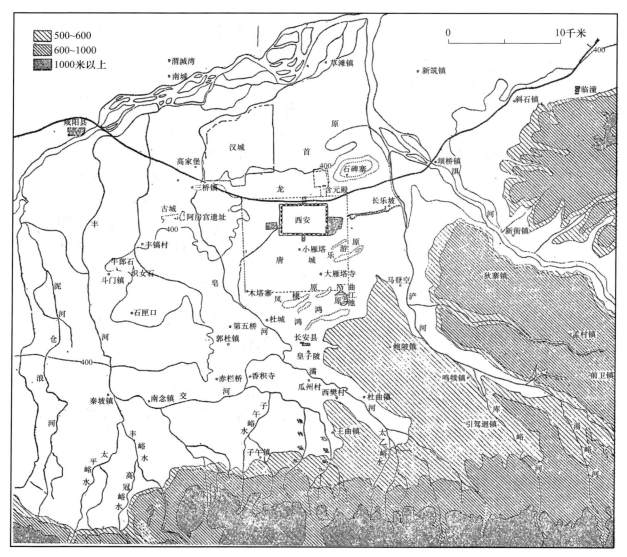

图二　西安附近地形图

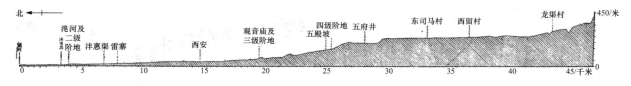

图三　西安附近地形剖面图

二、汉长安城的水源

汉长安城是利用秦兴乐宫区建筑的,汉城西面不远就是和周镐京区邻接的秦阿房宫区,秦渭南宫区的水源应和周镐京、滈池的引水基础有关。汉初长安城大抵就是利用旧日的引水系统,自汉武帝开凿昆明池,水源面貌才大为改变。

汉城最初仅有长乐(即秦兴乐),继建未央,宫室还少,武帝好大喜功,奢侈成性,其时经济、政治局面也不同于初年，都城内部的膨胀是必然的。所以他即位以后就在城内大兴宫室，除扩建未央以外，又在北城区新建桂宫、寿宫、北宫等三宫。城内容纳不下，后来索性在西郊兴建同未央宫规模一样广大的建章宫（在昆明池开凿后）。城内兴建即如此频繁，旧日的水源即不敷应用，必须有个永久办法来适应新的需要。元狩四年（前119年）开凿昆明池就是为解决这个问题。

　　昆明池一向都被认为是为伐云南昆明国练习水军而凿。第一次注意到它和汉城水源有关的是程大昌，虽然程大昌也主张传统的说法，仅把昆明池这种作用作为附带的产物，但他确已窥见汉城内外的水源来自昆明池：

　　　　武帝作石闼堰，堰交水为池，昆明基高，故其下流尚可壅激为都城之用，于是并城三派，城内外皆赖之。①

　　程氏的主要依据就是《水经注》，他以为凡汉城之水皆取自昆明池，而昆明池的水源则来自沉水以及樊杜诸水。武帝把这些水堰壅到昆明池，又在下口酾为三渠，并城而行，第一派流经汉城南及汉城东（即《水经注》之昆明故渠，亦即漕渠），第二派横过汉城中（即《水经注》之沉水枝渠），第三派自南向北趋建章宫及唐中、太液两池（即《水经注》的揭水陂水）②。程氏分析昆明池水源和下口的渠流并不很正确，下文还要谈到，但程氏能够看出这一点来，确是很重要的。

　　程氏归纳的三派，实际上只一、三两派出自昆明池，第二派是沉水及其枝津。沉水并没有通过昆明池③。根据《水经注》，直接引到汉城区和建章宫区就是沉水。但昆明池水大部分都泄往沉水以支援这两个区的水源供应，一部分作为漕渠及东、南两郊区的水源，昆明池东、北两面各开一个泄水口，北出一支完全支援沉水，它先汇为揭水陂，又在陂的东、北两面各开一条泄水渠，东支注沉在沉水枝渠入汉城区之前，北支注沉则在沉水入建章宫区太液池之前，其用意很是显然。东出一支

　　　① 《雍录》卷六"昆明池"条。上所引文在最后，开首一大段全是叙述武帝伐昆明因练习水军而凿昆明池事。

　　　② 此据《雍录》卷九，原文颇有助于《水经注》的理解，节录于后：凡汉城之水皆取诸昆明，而昆明之水则自沉水以及樊杜诸水，武帝皆常堰应以入与之为广矣，水之既入池，而又北入也，其下口酾为三渠：以并城而行，其先分一派：自西而东，横亘城南之鼎路门，已而东折以注青门，水经固谓之漕渠……暨至青门外合王渠以入渭；第二枝自汉城西面南来第一门名章门者，于其旁设为飞渠，东而入城，注于未央宫之西，以为大池，是名沧池……已而沧池下流，循殿之北面，东而往迳石渠、天禄阁、桂宫、北宫、长乐宫皆用此水也。未央宫地势甚高，而此水能自西面往北以行，是行乎未央山背洼下之处也。沧池下流有石渠者，礲石为之，导此水，自此以往，凡水自周边诸宫自清明门出城，是为王渠。……王渠至清明门外，与漕渠合，而北入于渭；第三枝则揭水陂也者，自南而北，趋建章，先为唐中池，周四十里，已而从东宫转北则太液池也，其中又有渐台，即建章宫建台也，渐台下流入渭，亦名滀水。按昆明池水源与滀水无涉，三派中第二派并非出自昆明池，第三派经太液池下流入渭，实属第二派。程氏阐述虽有很多错误，但第一次找出汉城引水头绪，把水经注纷杂交错的水道归纳为三派，实始于程氏。

　　　③ 《水经注》叙沉水时说："沉水又北与昆明故池会，又北迳秦通六基东，又北迳揭水陂东"。案"池"字实是"渠"字之误，一则昆明池当时仍在，不得称为故池。昆明故渠乃是漕渠，正横绝沉水，《水经注》有交代；再则沉水如果会昆明池，下游应自昆明池北出，《水经注》并没有提出这一点，可见所会为渠，非池；三则《水经注》叙昆明故渠时曾提到"又东合沉水"，叙述沉水时自应提到，除此处外别无"会昆明故渠"字样，故知"昆明故池"定是昆故渠；四则，沉水会昆明池，即不得"迳揭水陂东，又北得陂水"，从地形上看，这样布置也不合理。此一字关系甚大，迄未经人窥破。清代学者亦多为所误，不仅程氏一人。

横经城南，又绕向城东，为漕渠的水源，但南城郊区明堂辟雍以及东城郊区也当利用此水，此派出口不久即和沈水东西直交，部分水量也当分入沈水，作为它供应汉城区的水源。昆明池的泄水设计完全以汉城为中心，水量全为各区用水服务，它和汉城水源关系不可能不是主要而是附带，昆明池就是为汉长安城的蓄水库而开凿，这在今天看来或者不致有多大问题。

　　沈水流经汉城西注渭，和汉城最为接近，昆明池未开凿时，汉城水源应该就是就近利用此水。开凿以后，当然仍需要利用旧有的引水路线，在原有渠道的基础上加以必要的扩大和延伸，泄灌新的水源，以解决汉城各区给水的需要。这样做原是合乎情理的。

　　《水经注》对长安城附近水系描述是相当详细的，只因附近引水频繁，渠道纷杂交错，失去了图，叙述头绪纷多，使人看不清楚；其次，这些渠道陂池很早就不在，年代久远，也就使人无法辨认它的作用和水流的来龙去脉。下文阐述汉城水源和引水路线，打算侧重两点：①把《水经注》里面纷杂交错的渠道系统整理出一个比较清楚的头绪来①；②利用前人的实地考察、近年考古的发掘和 1957 年作者在西安查勘的结果，尽可能找出它们的遗迹，把汉代引水路线恢复到现在的地面上来（图四）。

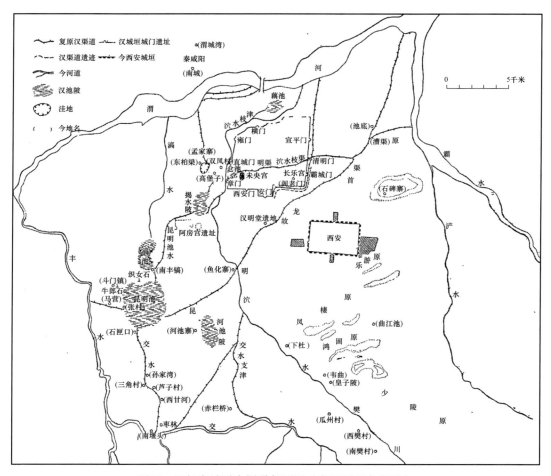

图四　汉长安城引水渠道复原图（底图用现在地形）

---

　　① 《水经注》有关长安附近水系俱见卷十九《渭水》篇中，原书俱在，文繁不录。

沈水发源于大义峪，现在潏河上游和皂河大致就是汉沈水的流路①。自大义峪西北流至皇子陂，水经注谓之樊川，以下才称作沈水。《水经注》沈水沿流地名还存在的有皇子陂、下杜城、都傍依皂河，以下西北流，又北流直趋汉城西，现在的皂河和沈水流路完全符合。沈水到了汉城西南角就一直沿城北上，在章门西入城，先汇为仓池，继东流经未央宫、桂宫间称作明渠。又东流经长乐宫北，从青门（即清明门）出分为二水，一排泄于王渠水源，沿城而北注于渭，一东流与漕渠合。汉城墙大部分现仍存在，各城门位置最近亦经考古研究所探出。未央宫前殿遗址现尚为一土阜，遗址西有一片洼地，或即仓池遗迹。长乐宫遗址大致在阁老门村，村西有故墙一道。未央宫遗址北有两土阜，旧以为即石渠与天禄两阁遗址。据陈直先生见告：石渠阁遗址附近曾发现汉石水槽（今存天禄小学内），当为汉时流水之用。至于王渠略等于后代的城濠（汉城只南、东两面有）今霸城门外和南城外还有部分渠道存在。

沈水主流自章门外仍沿城北流，经凤阙（今双凤村当即其遗址）东，又北分为二水：一东北流仍沿城西墙北上，至城西北角折东北流，仍然绕着北城墙②，此支后又分两小支，一汇为藕池，一东注于渭，现在的皂河绕西城又折绕北城，和这一支形势相合。但它的下游当有改变，藕池今已不明所在，皂河在城北仅有一水。另一支《水经注》当作沈水主流，折入建章宫区内，经渐台（在太液池内）东和太液池合，又北出在渭城南注渭水。这一支是解决建章宫区用水的，渠流虽早消失，但故道仍有可考。太液池遗址今为太液池苗圃，池中三土山尚存其二，其分水之处在今南双凤东，经南北双凤村之间西北流注太液池，又自池北经孟家寨直北入渭。1957年赴汉城调查，经当地老农告知其如此，据说数十年前尚有水流，称为老渠云③（图五）。

昆明池北出之水《水经注》称作昆明池水，它从昆明台北流经镐京东和秦阿房宫西，又绕经此宫之北，东北注为揭水陂。揭水陂泄水路径也有两条：一条就叫做揭水陂水，东北流注沈水；一条仍称昆明池水，北流经建章宫东在凤阙南注沈水。阿房宫遗址尚存，建章宫前殿基即今高堡子。揭水陂位置不能确指，但它在阿房宫北，沈水东，此时沈水还未到汉城，所以应在今三桥西南和阿房宫遗址之间。揭水陂水注沈当即在今三桥附近，昆明池水注沈在凤阙南，当在今南凤阙村南。嘉庆《咸宁县志》说：昆明池水故迹仍在，但1957年笔者调查汉城水源时，这一派水系地面上已完全找不到。

昆明池东出之水，《水经注》叫作昆明故渠（亦曰漕渠），它从昆明池东口经河池陂北，东与沈水会，又东经长安县南，明堂南，明堂辟雍的水源应该就是此水。昆明故渠到了青门外就和上述沈水枝渠汇合，又东流到了灞水西面，分为两水，一北注渭，一东流横绝灞水，经华县、华阴至潼关

① 皂河原为潏河主流，隋唐改将潏河会交水，下游始断。潏河一部变为清明渠，后又延伸为漕河，唐以后清明、漕河废，人工开凿汇交水的潏河一变而为潏河主流。后来皂河虽恢复，流量已细，遂变而为潏河支流。关于潏河演变，别详拙著《西安附近水系的变迁》。

② 关于东北流一支《水经注》又称为沈水枝津，杨守敬以为即沈水枝渠入汉城中者。雍正《陕西通志》亦同此说。杨图并将藕池置于章门西，这是错误的。释僧叡《大品经序》记鸠摩罗什"于京师之北逍遥园出此经"，是逍遥园、藕池在汉城北，则东北枝津即今皂河绕城西及城北之道，唯下游有变迁。另详拙稿。

③ 嘉庆《长安县志》也提到此水由太液池北山淹注渭，至今孟家寨。

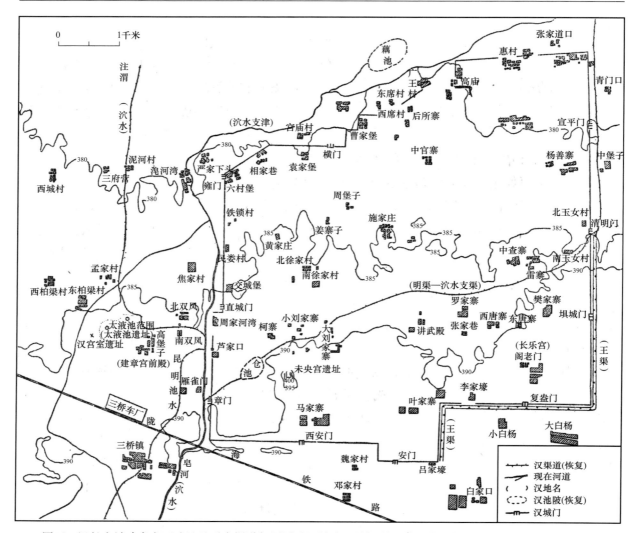

图五　汉长安城建章宫区遗址及引水渠道复原图（汉城墙、城门利用科学院考古研究所发掘、调查资料）

合于渭口。河池陂在今河池寨，东有唐定昆池遗址，附近还留有若干沼泽遗迹，定昆池或即利用河池陂基础开凿。嘉庆《咸宁县志》说："从谷雨村东抵河池镇文东北至鱼化镇，地皆卑下，自鱼化镇东有渠东北行，时有积潦。"这一路线可视为漕渠故渠而经。鱼化镇傍皂河为沵水所经，镇东北之渠应即漕渠。汉明堂遗址已发现，在今大土门村西北，惟渠流已无可考。汉城以东，西安市建设局曾发现一条沟状地带，大致沿 395 米这条等高线东北趋向灞河，他们认为就是古漕渠之道。

昆明池水源是交水。《水经注》说："交水又西南流与丰水枝津合，其北又有汉故渠出焉，又西至石碣分为二水：一水西流注丰水，一水自石碣经细柳诸原北流入昆明池"。又《水经注》在叙述丰水时还提到昆明池有一支水注丰河，这一支水是调节昆明池水量之用，水位高时可由此放入丰河。如此，昆明池共有四个口，南口为水源所自入，北口和东口宣泄水量，供应汉城内外，西口则是调节水量之用。

关于汉长安城引水方法和工程设备等，年代久远，大半难以考证。值得提出来的有以下几点。

第一是压水和分水结构的石闼堰。堰的功用一是抬高水位，二是改变水流。交水原来不是注入昆明池的^①。交水和昆明池之间横贯一个细柳原，要使交水主要水流都迫入昆明池，水流水位都必须改变，这就必须有堰；其次交水下流必有宣泄之口，全部堰汇入昆明池，那就容易造成危险。石闼碣的功用一方面把交水主要水量壅遏北流入昆明池，另一方面又使交水下游有排泄之道，西流汇丰，目的在于避免泛滥。昆明池的命运可说完全系于石闼堰，这一点胡三省也早就看出，所以他说："唐太和以后石闼堰废而昆明池涸。"据嘉庆十七年王森文实地考察，石闼堰设在堰头村，交水自此北行经西乾河、楼子村、三角村、孙家湾，西至渠里，北穿细柳原而至石匣村，石匣村下就是昆明池^②。1957 年笔者亲往勘查一次，石匣村今名石匣口，自此北至斗门镇为一片洼地，昆明池故址当南迄石匣口，北至两石人（一在斗门镇东，一在常家村北石婆庙），西至堰下张村。石匣就是石碣的音变，这是它北口入昆明池者，南口则在堰头。乾河即古交水所注，元时尚有水流，昆明池与丰河相通之枝渠，系自堰下张村经马家营寨西入丰。王森文所考察的渠道，现在地面已看不见，但石匣口一带老农大都知道，50 年前曾有一次洪水由此道入丰^③。这条故道大抵经行于低下之地，约当古细柳原西侧边缘，交水所以东流至堰头附近才折而北上，和地形很有关系^④。

第二是储积调节水量、控制水流的陂池，汉城的总蓄水库是昆明池。昆明池之下又分设两个分水库，一个是仓池，设在沈水飞渠入章门之后，未央宫之西。城内用水量浩大，而昆明池距城太

---

① 秦岭与渭河间为一断堑地带，倾斜甚急，凡自秦岭下泄之水，必北流注渭。西安附近地势从东南向西北倾向渭河，来自东南之水必西北注于渭河，凡东西流向之水皆出于人工开凿。我们以为交水原亦注渭，它和滈水原为一水，后为昆明池所截，滈水成断头河，交水大部分堰入昆明池，下游宣泄则注入丰河。说详拙著《西安附近水系的变迁》。

② 详嘉庆《长安县志》卷十四《山川》。又作者最近在西安发现之王森文《汉唐都城图》后记中亦载有，《长安县志》中地理古迹部分实出王森文，清代对西安历史地理研究最有贡献应推此人，说详另稿。

③ 此渠附近老农都能指点，称作秦渠河，说是秦时开的。详细流路如下：从南堰头引水经枣龙寨、西乾河、楼子村（南堡子东），孙家湾（东门外）姜仁村（西首）；西渠村（西）、普仙寺西堡、石匣口西，又自堰下张村西门、马营寨西首人丰河。

④ 昆明池在汉城西南，交水引入昆明池，先为西北流向，后又折向东北流趋汉城，绕了很大弯子。交水、沈水都在汉城正南，昆明池为什么不设在汉城南面，水库选择不采取最近路线反而迂绕很远，这个问题如果不能解释，昆明池为汉城蓄水库的说法还不能完全无问题。我们以为昆明池位置选择是有根据的，第一，西安附近地势是从东南倾向西北，所以河流中上游都是这个方向，汉引交水西北流向昆明池，正是利用自然形势；第二，汉城据龙首原北麓，龙首原以南则为凤栖、鸿固、少陵诸原，都是在交沈之北，横阻着水流的去路，要想通过这些原，开凿人工渠道不但工程浩大，而且水也难于引上；第三，昆明池在镐京和滈池之南，此池一开以后，滈池水源即为所截，所以滈水成了断头河，昆明池选择在这里，一有周秦旧有的引水系统可以利用，再则前代引水的范例（如滈池）可资效仿，它绝不是凭空开凿起来的；第四，昆明池所在地势较高，一般比汉城要高出 8～10 米，距离汉城和交水主流各在 10 千米范围内，位置也比较适中。这个问题，程大昌也曾提出，《雍录》卷六《汉唐都城要水》说：

樊川、御宿川、沈水、交水、滈水也者，源皆出子午谷，子午谷近在都南，则诸水遂宜经北入都城矣，而皆向西流行，直至昆明池附近在城西乃始得折而之北，其避碍犹可考也，以吕图求之，少陵原、凤栖原横据城南，此即水皆碍高不得贯都之由矣。

虽然说得还不够全面，但这样解释是很合理的。

远，水流至此，量不可很多，因此必须有一个蓄水池大量储积来自昆明池之水，供城中各区周流之用；其次，沆水飞渠入城，这里地势低下，也需要有个蓄水池提高水位，否则水就不容易周流未央、长乐等地势较高的宫殿间，仓池的作用就是储积和调节城中区的用水。另一个是揭水陂，位于昆明池和建章宫区之间，它的作用比仓池更为复杂，除储积水量以外，主要还在于控制水流。据现在地形考察，昆明池及镐京所在地势较高，远在汉城上，一过阿房宫及三桥，地势即倾斜向渭，倘无控制，由昆明池北口开流之水就很容易直泻入渭，如此则建章宫区以及城中区用水都不能解决，揭水陂位置恰恰在建章宫区南，阿房宫区北，正好当从高地入低地的冲要地带。按《说文》："揭，高举也。"揭水陂命名不可能没有意义，地势和它的名字都可以说明揭水陂就是设在中途调节水量控制水流的人工水库。揭水陂的设计是很费周折的。昆明池注入揭水陂，可是揭水陂下口却又和昆明池一样，东、北两面各开有一个泄水口，且它们都先后注入一条水——沆水，两水的距离多不过两千米，其所以如此，就是因为自高向下，水流不易控制，故利用地势，多分细流，支援各区用水，东出一支注沆在章城门南，所以支援入汉城水源，北出一支注沆在凤阙南，所以支持入建章宫区水源，揭水陂的设计可以说就是昆明池具体而微。

第三是抬高水面的飞渠，《水经注》说沆水枝渠"于章门西飞渠引水入城"，程大昌据宋汴京架高设桥横跨汴河以渡金水河的制度[①]，以为《水经注》之谓飞渠者如架汴桥渠而遂名之为飞也，……盖未央殿址据山而高，为明渠之欲入城也，必有洼下之地中断不接，故架空为渠。使得超洼下而注沧池也[②]。昆明池和未央宫遗址都在，昆明池遗址一般高度是 400 米，未央宫前殿遗址最高处还在 400 米以上。殿基则为 390 米，章门附近地势又较两旁低下，由丰镐村北趋三桥、雁雀门、地势愈倾斜向渭，程氏说明渠入城中间必有洼下之地是不错的，为使沆水多注仓池并能流灌未央、天禄、石渠、长乐等比较高的地方，架飞渠以抬高水面实在是一种智慧创作，这种引水制度后来还一直发展下去[③]。

三、隋唐长安城的水源

隋文帝所以要在龙首原南坡另营新都，原因之一是汉旧京城水咸卤不适饮用[④]，新都东倚灞、浐，南临潏、交，城址的选择和水源关系极为密切。新都水源是和都城同时规划的，开皇三年建成了大兴城，同一年就有开凿龙首渠、永安渠的记载。清明渠也是开于开皇初。三渠动工大概跟大兴城同时，都是解决市区用水的。开皇四年文帝又在汉漕渠基础上重开一条和渭河平行的人工运河，解决

---

①　北宋开封城内汴渠南北直贯，金水河则东西横亘，两河成直交，宋太祖为要金水河东下达于五丈河，所以就在汴、金交汇之处架空设槽为桥以过水，这样金水河可不随汴河南，通过长槽达于五丈。

②　《雍录》卷九"飞渠"条。

③　北宋开封城有过水槽。北京昆明池作用和长安昆明池全同，据侯仁之先生见告，北京昆明池水源也有过水石桥。又据王恕《修渠记》，明代西安修龙首渠"于两涯直处造桥架槽引水入渠"，可见这种架高设槽成桥以过水，是一种传统的引水方法，起源甚早，至少西汉初年已知利用，开封、北京、西安的过水槽或桥都是从古制发展来的。

④　详《隋书》卷三四《庾季才传》。

首都食粮转运和中央政府财政来源问题，隋唐长安城引水系统大致到了开皇四年就奠定了基础。

隋唐长安城的水源可以分为三类，其中第一类是城内用水，吕大防长安图叙述唐城水源时说：

> 以渠导水入城者三：一曰龙首渠，自城东南导浐，至长乐坡酾为二渠：一渠北流入苑，一经通化门兴庆宫自皇城入太极宫；二曰永安渠导交水，自大安坊西街入城，北流入苑注渭；三曰清明渠，导坑水，自大安坊东街入城，由皇城入太极宫[①]。

三渠详细的流路《长安志》都有记载，长安图出土残石也留有若干遗迹，这里所要阐述的是它们在现在地面上可能知道的路线或遗迹（图六）。

（一）龙首渠[②]

龙首渠从马头控龙首堰堰浐水入渠，北流至长乐坡附近，分为二渠，东渠西流至通化门外，沿城北上转西折入内苑及大明宫；西渠西南流至通化门南入城，经永嘉坊，西流经胜业坊、崇仁坊，入皇城又北上入宫城，汇为山水池及东海。龙首渠原为解决东城及内苑的用水，唐筑大明宫，扩建兴庆宫，两宫水源即仰给于此，因此渠道多有引伸，东渠除引入大明宫外，贞元十三年引浐水入大宁坊太清宫，也当是东渠引伸；西渠有一支自兴庆坊引入兴庆池，又东市东北隅有放生池，"分浐水渠自道坊东入城，西流注此池"，所引亦为西渠，开凿当在唐代。

马头控今讹为马登空，附近有古渠故迹一道经村北而逐渐消失，当为隋唐龙首渠遗迹。由于浐岸高陡，河身低下，龙首渠堰浐水一时还不能超越浐岸，只得傍崖岸北行。这部分故道有一部分即为明清龙首渠利用的基础，路线别详后节。龙首渠至长乐坡附近分为二渠，长乐坡西旧有长乐沟一道，西流直趋老郭门，应即龙首东渠遗迹。1954 年西安火电公司修建大楼，发现渠水道及涵洞，经清理发现，该渠由东向西，有砖石合砌宽约 1 米的涵洞两个，并在渠南岸发现通化门残存一角[③]，渠在门北，根据吕刻《长安图》残石，是东渠故道，这是贞元十三年引入大宁坊太清宫的路线遗迹。东渠自通化门沿城北上，其转西入内苑及大明宫当在隋唐城东北角，自此又沿北城西流。嘉庆《咸宁县志》说："今城北厉坛前有沟绕含元殿径孙家凹（即太液池遗址），东北至光泰门，当即龙首东渠由太液池入浐"，按东渠仅至太液池止，并求入浐，以下实为唐漕渠故道（详后）。不过自厉坛至孙家凹这条路线，现在地面上已很难看到。龙首西渠入兴庆池，此池已经探测出来，正拟修建兴庆分园。明清时代的龙首渠大致就是利用西渠，其入兴庆池之故道，清末还留有遗迹[④]，今韩森寨北门，金花落为明清龙首渠所经，略存形迹，依据地势，亦即隋唐龙首渠西渠故道。

---

① 《云麓漫钞》卷八。吕大防《长安图》有残石出土，此记仅存一部。

② 龙首渠经流，详《长安志》卷九永嘉坊下，卷十一《龙首渠》，《类编长安志》卷六《龙首渠》。又徐松《唐两京城坊考》卷四《龙首渠》据《长安志》撮述，但内容多出若干处，此外，吕图残石龙首渠保存较多，可以互参。

③ 陕西省文物管理委员会：《唐长安城地基初步探测资料》（《人文杂志》1958 年 1 月号）。该文以为此二洞当为龙首渠南支，即通化门兴庆宫由皇城入太极宫之入口处，这判断是错误的。据吕图龙首渠南支在通化门南，入城当永嘉坊，这个遗迹在通化门北，入城当兴宁坊，所以应为东渠（北支）。

④ 详足立喜六《长安史迹考》中译本 149 页。

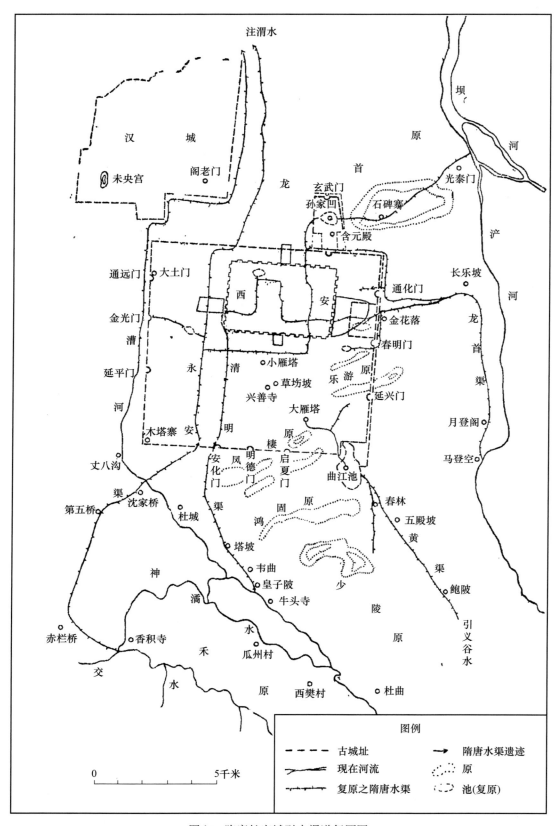

图六　隋唐长安城引水渠道复原图

（二）清明渠

清明渠是解决外郭城西城及皇城、宫城部分用水[1]，清明渠引潏水，其水源和渠道部分即今皂河引潏河之道。宋张礼等《游城南记》说：

> 谒龙堂，循清明渠而西，至皇子陂，徘徊久之（张注曰："……今其渠自朱坡东南分沈水，穿杜牧之九曲池，循坡而西，经牛头寺下，穿韩符庄西，过韦曲，至渠北村，西北流入京城。"）。

现在皂河正自朱坡东南分潏河、朱坡、牛头寺（已毁，在杜公祠旁，遗碑尚存）、皇子陂、韦曲（今为长安县）都是傍皂河，所以现在韦曲以南之皂河道无疑即清明渠，渠北村不详所在。清明渠自此转入京城，方向又是西北向，一定距韦曲不远，当在今塔坡附近。明代通济渠引皂河，于丈八沟立闸分水入城，与清明渠上游路线相同。清代许多学者都主张清明渠分水处就在丈八沟[2]，这是不对的。丈八沟恰当唐城西南角，至此不可能西北流从大安坊入京城。清明渠入城之口已经陕西文管会探出，位置在今北三门口村东 200 米处安化门紧西，北流入城。

（三）永安渠

永安渠也是解决外郭城西城用水并供应禁苑。渠引交水，于香积寺附近设香积堰，经赤栏桥、第五桥，西北流入京城[3]。赤栏桥今讹称石栏桥，第五桥名尚未改，永安渠入城之口已经陕西文管会探出，"位置在今北三门口以西，从现在地形看系从南三门口村东南角以 30° 斜度流入城内而直向北流的"[4]。永安渠故道香积寺以北清中叶时仍存[5]，现在地面上已不容易看到。但附近老农还能历历指告旧渠经流（图七，参考图六）。

第二类为运河。这有两条，第一条是为解决都城粮食和其他物资转运而开凿的，主要的路线即汉漕渠故道，隋开一次，唐开两次[6]。灞水以东两者路线是一样的，不同在于灞水以西：①汉漕渠上承昆明池，隋唐则西引渭水，水源有所更动；②汉漕船终止码头在太仓附近，隋唐城向东南移动，所以漕船终点码头也有所更动，唐漕舟聚积于广运潭，在望春宫下。望春宫遗址在今石碑寨，广运潭在其东，上引《咸宁县志》说有沟径孙家凹东北趋光泰门，此渠应即是唐漕渠故道。龙首渠不会浐，会浐正是漕渠，此沟东北起光泰门，正经唐望春宫广运潭故址，与唐漕渠形势正合。

---

[1] 清明渠经流详《长安志》卷十《大安坊》下，徐松《唐两京城坊考》卷四《清明渠》最后较《长安志》多出二三十字，所据或为大乐中图，可互参。

[2] 《长安县志》卷十四《山川》："按清明渠即今丈八沟之渠，但屈而东北与通济异道"。《唐两京城坊考》卷四《清明渠》："引沈水，自丈八沟分支，经杜城之西，屈而东北流入京城之南"。

[3] 永安渠入城经流详《长安志》卷十《大安坊》下，城外经流详《类编长安志》卷六《香积渠》下。

[4] 《唐长安城地基初步探测资料》。

[5] 详嘉庆《长安县志》卷十四《山川永安渠下》。

[6] 隋开一次在开皇四年，名广通渠，唐开两次，一次在天宝三年，韦坚修凿，名广运渠；一次在太和元年，李石、韩辽等奏开，名兴成渠，从咸阳四十八里兴成堰引渭水。

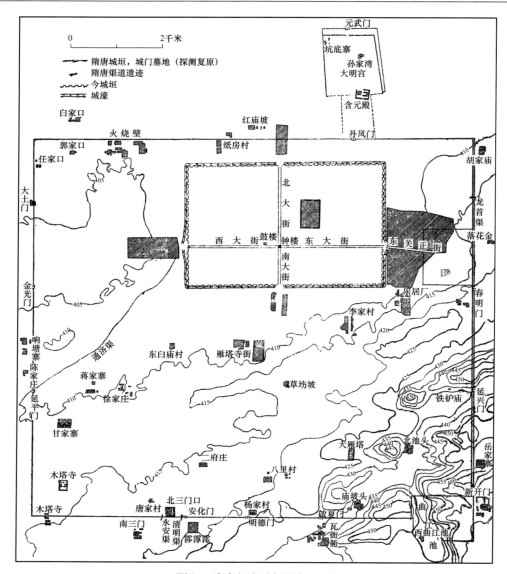

图七　隋唐长安城探测复原图

[据陕西文管会探测资料，大明宫另据科学院考古研究所发掘与探测资料（大明宫尚未发掘完毕，此处所据为较早材料，据最近发掘，大明宫墙仍然一直下来与外郭城相接，右边墙还向外突出一部成长方形，至此图含元殿与丹凤门两旁与外郭城垂直的虚线实为道路，因图已制版，不及改绘，特附议于此，图2，6中大明宫情况亦向]

　　第二条漕河是运南山的材木薪炭，解决都城燃料和建筑材料供应。天宝二年京兆尹韩朝宗分滻水入金光门，在西市西街设置停船码头，贮运来的材木。光泰二年京城缺乏燃料，京兆尹黎幹又重为开凿，并向东延长绕皇城东面北流入苑，称作运木渠，漕南山薪炭①。这条漕河就是现在皂河的

---

　　① 俱见《唐会要》卷八七《漕运》。原文说："京兆尹韩朝宗分渭水入金光门，置潭于西市之西街，以貯林木。"按"渭"字是"滻"字之误。由黎幹所凿运木渠知之，干所凿渠，"自京兆府直东至荐福寺东街，北至国子监，正东至子城东街，正北又过景凤门，延喜门入于苑，阔八尺，深丈余，京兆府在光德坊、荐福寺在开化坊，国子监在务本坊，恰和韩渠衔接，韩渠终点就是黎幹起点。《新唐书·地理志》："京师苦樵薪乏，黎干度开漕渠，兴南山谷口"。又《黎干传》也说干自南山开漕渠以漕薪炭，黎渠即韩渠之扩展，其源出南山，非自渭水。

一部。"皂"就是"漕"字音变来的^①，不同的是：唐漕河从丈八沟分水即沿唐城北上一直到金光门才折东流入城，皂河则自丈八沟西北流绕汉城入渭，明清通济渠也是利用漕河，但它仅至唐延平门就折向东北流了。漕河自金光门入城东流，其下流排泄仍沿城北上，与汉城濠（王渠）会，利用此濠故道绕汉城东面北流入渭，长安图残石中绘有它的流路。按北周天保二年曾凿义谷，以下南山之林^②，义谷即潏水源，那么利用潏水运南山材木实创自前代。

第三类为供市民游玩休息风景区的水源，主要就是灌注曲江的黄渠。隋唐长安城东南隅地势高有两坊之地不便居人，看来好像是个缺陷，善于利用自然形势的伟大工程师宇文恺，却别出心裁地把这块地规划为风景区，使缺陷一变而为优点。曲江为秦汉时之刱洲，略具林园之胜，有地下泉水作为水源，这是风景区一个很有利的条件。宇文恺利用这个基础开辟为曲江池和芙蓉园，除原有的泉源外，又开凿一条黄渠以扩大曲江的水源，曲江自此面貌就大为改变。黄渠引义谷水，西北流经三象寺（韦兆村东北原上）、鲍陂注曲江池^③，又自曲江北出，分两支：一支西北流往进昌坊慈恩寺，另一支东北流往昇道坊龙尼寺^④。宋时黄渠已不至曲江，仅至樊川，以下改向西流注潏河^⑤，其泉源又为人所塞，所以曲江自此即湮废为农田。曲江现尚为一洼地，遗址范围已经陕西文管会探出。至于黄渠故道，据1957年笔者实际勘察，从鲍陂西北经东伍村、五殿坡、春林一带，遗迹时有存在，其中以五殿坡至春林间最为明显，附近老农尚能历指旧渠故道，春林附近有地名堰岭，即为渠道所经。自春林北上其趋向正趋曲江，这是黄渠故道显无可疑^⑥。自曲江北出之二支：流往慈恩寺的五十

---

① 梁载言《十道志》："漕水即沇水也，亦曰潏水"。《太平寰宇记》卷二五《长安县下》："漕水即沇水，来自万年县流入"。又同卷《万年县下》："沇水……自南山皇子陂西北流入"。再据《长安志》，漕河流路系自万年县南坑河（即沇水）"分水西流经长安县南，于长安、咸阳两县界入渭"。和现在皂河完全一致。

② 庾信：《义谷铭》。

③ 张礼等《游城南记》："黄渠水出义谷，北上少陵原（按其南即樊川所在），西北流经三象寺，鲍陂之东北，今有亭子头，故巡渠亭子也。北流入鲍陂，……自鲍陂西北流穿蓬莱山，注之曲江，由西北岸直西流，经慈恩寺而西。"

④ 《长安志》卷十有三处提到曲江或黄渠；a.通善坊"有杏园、黄渠"，b.进昌坊半以东大慈恩寺，寺南临"黄渠"，c.升道坊"西北隅龙华尼寺，寺南有流水屈曲，谓之曲江"。据此黄渠水汇曲江后又分出两支。一西流经通善坊，转北至进昌坊慈恩寺（中间应经过曲池坊），一东北流至昇道坊龙华寺（中间应经过敦化、立政两坊）。

⑤ 《长安志》卷十："黄渠自义峪口分洞水入此渠，北流一十里分两渠：一东北入库谷；一西北入樊川，灌溉稻田，西流入坑河"。嘉庆《咸宁县志》以为自大峪口迄尹家卫（即引驾回）至桥头入浐，即黄渠流入库谷者，"西流入樊川之渠，以今地势险之，自大峪西北有渠傍原经韦兆村达樊川，疑即宋时黄渠入潏河道。

⑥ 《咸宁县志》卷三说："今按尹家卫以北有沟经龙首原，过三象寺东北，寺在韦兆村东北原上，迄北留村、戎店分二支：北历新庄、三兆诸村东、缪家寨及黄渠社西，迤北至铁炉庙，西通曲江池；一支西北自大兆、曹村、抵鲍陂，历东五村、五殿坡，西过春临村，达曲江、北池头村，至大雁塔。以形势度之，二沟皆黄渠故道，其北至铁炉庙者，为由芙蓉园北出昇道坊之遗迹，而自荣家寨以西南皆曲江流绕之地也。"按第一支经缪家寨、黄渠社至铁炉庙，已在唐城西，铁爐庙为唐延兴门，渠流至此，不可能再流至曲江。黄渠社地势较曲江东岸低，由北至曲江池，又是高地，无由引达，诸村又皆在唐城外，与自芙蓉园北出昇道坊之迹亦不合，此一支不见记载，恐非黄渠故道。至第二支则形迹确凿，今日所见还和清中叶差不多。

年前尚有水流[1]，五万分之一地形图上还绘有渠路，现亦埋废为农田。慈恩寺前仅存一干沟，其上有一石桥，俗名遇仙桥；流往龙华寺的已毫无形迹可考。

　　隋唐渠道今多不存，引水工程亦多不可考。但有两点值得指出的：①隋唐城东距浐水仅有十里，而龙首渠引水源处之龙首堰，却设在城东南三十里的马头空，龙首渠至长乐坡分为二渠，可是长乐坡东边就是浐水，长乐坡距唐城最近处仅为七里，龙首渠为什么不就在此处堰浐水，而要从其南二十里的马头空，把水引到这里分为两渠。长乐坡高度为425米，唐城一般高度为415米，东城最高地方亦仅为420米，如果水能引到长乐坡，引入城内是不成问题的。问题在于浐河积年冲刷，两岸高陡，而河身低下，长乐坡虽有425米，但其西边的浐河却只有410米，远在唐城之下。西安附近地势是自东南倾向西北，越往东南越高，马头空地当白鹿原的西侧，海拔为460米，这里的浐河约为430米，还高出唐城10米，高出长乐坡5米，由于河岸较陡，浐水不能一下就引上岸，所以龙首渠最初只能傍河岸北岸一直流到长乐坡附近，水源高度已较此处河岸为高，自此超越河岸折向西流，就没有什么问题。龙首渠北流至长乐坡附近才分为二渠，分别趋向东城和东内苑，并不是没有理由的。这一事实说明隋初开凿渠道对于西安附近的微地形是深有所了解，开凿以前，一定经过详细的测量与实地勘查[2]。②黄渠水源为义峪，义峪水来自南山，大部分水量都流入滈河。如果专靠义峪，不可能供应黄渠很多水量。但义峪附近一带正是西安高地所在，势形如屋脊，地势由此向西北倾斜直下，东南高地的排洪正趋向曲江，与黄渠方向完全一致。从现在地形看，黄渠水源和路线选择，就是利用这条排洪线与东南高地的排洪水源[3]，所以曲江水量很大，可以泛舟，这设计也很优越的。曲江风景曾盛极一时，实和黄渠水源有关。

四、唐以后西安城水源

　　自唐末天祐元年（904年）朱全忠迁昭宗于洛阳，毁长安宫室百司及民庐舍，长安遂墟。韩建所改筑的新城面积还不到唐两城的1/6，人门既大为减少，又非首都所在，管理修治当然也就很少过问。隋唐时代的引水系统自此即坏，入城三渠大抵湮废，居民饮水主要依赖井水。直到宋大中祥符七年因井水咸苦不堪食用，经知永兴府（即今西安）陈尧咨的建议，才恢复唐龙首渠西渠的故道，引入城坊并排泄而为城濠水源，自此城内方改食甘水[4]。整个西安城饮水仅靠龙首一渠当然是不

---

① 详足立喜六氏《长安史迹考》（中译本153页）。书中提到"横断于慈恩寺门前之一部古渠，常多储水"，这是可信的。但书中又提到曲江北流至龙华寺之渠道痕迹，也历历可辨，那就不可信，此渠路线清中叶已不能知。

② 明清龙首渠引水源，更在马头空南二十多里的刘空，所以水不至长乐坡即西北流趋往城内，其引水的设计即承隋唐而来，惟具体路线稍有变化。

③ 东南高地的排洪水源过去西安城市规划中也曾企图利用作为曲江水源，这规划现在仍可考虑应用。黄渠故道虽不一定全部恢复，但洪水排泄一定要利用地面渠道，过去设计仅考虑利用自然趋势，这是不够完善的。在这一点上过去水源利用的经验，就有参考价值。

④ 《类编长安志》："大中祥符七年九月九日，龙图阁直学士尚书工部郎中知永兴府陈尧咨奏引龙首渠入城，勅尧咨省所奏："永兴军城井泉大半碱苦，民居不堪食，州臣亲相度城东二里有水渠曰龙首渠，其水清冷甘冽，可五六十丈，开渠引注入城，散流廛闬间，出纳城濠，阖城食甘水，皆感圣恩。……"《宋史河渠志》亦载此事，略图。

够的，所以陈尧咨开渠后半世纪，西安城内仍有饮用井水的记载①。

金人据西安，龙首渠之流未断，龙首渠注兴庆池，金国张金紫于池北修众乐堂、流杯亭以为宾客游宴之所，刻画楼舡，上已重九、这里是西安城修禊宴游聚会的地方，为一方名胜，略等于唐代的曲江，今留有修禊诗碑可证。金时西安水源仍仰给龙首渠②。

金人迁徙后兴庆池变为陆田，龙首渠或稍失修，元兵据西安，很快就修龙首西渠，并灌入兴庆池，显然是因为它为全城给水所关。据骆天骧《类编长安志》：元至元年间曾两修龙首渠，一次为至元甲子（1264 年），赛平章复引龙首渠入城中，所复即陈尧咨所修之道；另一次为至元十年，复开五代后涸渠，自长乐城（坡）西北流入王城，王城即今郝垤堆（俗呼达王城），为元安西王府所在，是元时西安一个繁荣中心。王城在今城外，紧邻唐大明宫，即云自长乐坡西北流入王城，依地位应当是唐龙首渠东渠的路线，又云"修五代后涸渠"，可见非北宋陈尧咨所开，即亦非赛平章所复入城之渠。明清所谓龙首渠，实皆为龙首西渠，东渠则元以后即未见修复。

元中叶以后龙首渠入城之道又废，骆志述唐龙首渠就说："今渠废水不复入京城。"又据元李好文的《长安志图：城南名胜古迹图》，龙首渠并无入城之道，在永安清明二渠下面明注"二渠今涸"，直到明初才又恢复龙首渠入城之道③。

永安清明二渠自唐后即不复再开，代之而起的为通济渠。

宋代及明初重修之龙首渠至成化初（1465 年）又日见削损，汲用艰难，成化元年巡抚项忠与知府余子俊等采取民众建议④，引皂河水入城，经流韦兆里、韦村里、社杨里、高望里、韦曲里、长安县的塔坡里、杜城里、沈家桥、木塔里，至地名丈八头（以上都是皂河河道）造一石闸，穿渠引水，西流至郭村，转东筑堤为渠，至安定门入城。分作三渠：一从祠堂经长安县，东流过大菜市，真武庵、流出城，注于城濠；一从广济街北流过迎祥观钟楼，转西过永丰仓，流入贡院；一从永丰仓东街口北流。其渠自西关厢入城，俱用砖甃砌一千四百五十丈⑤，城外则为土渠，弘治十五年周季麟复加葺补，砖甃七百二十丈，城外土渠疏浚修筑二十五里。到了明末，渠又湮废，清康熙三年（1664 年）贾汉复等重加疏浚，乾隆初修筑省城，废入城水门，入城之路遂绝。乾隆时巡抚毕沅跟嘉庆时巡抚方维甸都只修复流入贡院一支，不久又淤⑥，道光中知府叶世倬修复城外通济渠入城濠水

---

① 今西安碑林存有宋善感禅院新井记一碑，略云："长安是汉唐之故都，当西安之冲要，衣冠豪右错居其间，连甍接桷，仅数万家，官府佛寺道观又将逾百，计其并不啻乎万也，然而舄卤之地，井泉惟献，凡厥膳羞享皆失其味，求其甘者略无一二焉。"后署熙宁七年。已在陈尧咨开渠之后五十八年。

② 详《类编长安志》，碑现存西安碑林。

③ 《明史·河渠志》："洪武十二年李文忠言陕西病险卤，请穿渠城中，遥引龙首渠东注，从其清，甃以石"。按这次所开主为龙首西渠、"甃以石"所以保持渠水清洁，便于汲饮，并亦为渠身之巩固。

④ 关于通济渠开凿前西安给水情形以及通济渠开凿经过，项忠有"新开通济渠记"碑（今存西安碑林），记载甚详。大意说：西安渠水自东城而入，以便人用，碣载具悉，迄今代远物迁，堤倚高原，日见削损，水仅一脉，城中军民多于晨昏争汲，汰清而后可用，可见西安此时水源艰难。天顺时曾企图修治龙首渠，因费用过巨，难成而止。开凿通济渠自丈八头引皂水，实出于父老建议。

⑤ 据王恕《修渠记》（康熙《长安县志》卷一），余子俊修"通济渠记"（雍正《陕西通志》卷三九水利）。

⑥ 嘉庆《长安县志》卷十四。

道。光绪二十九年巡抚升允疏通济渠"自城外碌碡碾以下迤逦三十余里逐段开浚，导水自西门入，曲达街巷，绕护行宫，便民汲引，城外近渠民田，兼可灌溉，并浚城濠，引入环焉"①，这是清代最后一次修通济渠，入城亦只行宫一处。今西安城濠仍在，通济渠今名龙渠，为城濠之水源，但通济渠城内之道早湮，入城三渠，明代及清初还留有详细的文献纪录，地名现在很多都有变动。1957 年笔者在西安访问故老，亲行履勘，地名已全部找到着落②。

通济渠在城外的渠道，大半即利用唐清明渠及潏河之道，清明渠只流至韦曲附近即转向京城。以下即沆水，亦即潏河之道。康熙《长安县志》谓丈八沟为潏河最深之处，通济渠正在丈八沟主闸，可见路线一致。明代所可凿的实际只有自丈八沟入城之段。

明清虽多次开凿通济，但龙首渠并未废绝。据王恕所记，明成化间也曾修凿龙首渠，可能和通济渠开凿同时③，自此东城水源靠龙首西城则靠通济，供应范围有所分工，因此两渠常是一同修治。龙首渠城内原为土渠（仅咸宁总府前二十丈有砖甃砌），弘治间周季麟修凿两渠，才将龙首渠东关和城内渠道全用砖砌，和通济一样④。明末渠湮不通，清康熙三年贾汉复修通济，亦并疏凿龙首⑤，雍正时亭子头以下渠道湮塞⑥，以后虽修复，仅为城外渠道，乾隆中修筑西安城，将东西两水门废除，因此通济、龙首都不能入城。嘉庆时龙首渠仅能注东关，余者入东濠，城内之渠道废⑦。道光中曾有

---

①　俱详《续陕西通志稿》卷五七水利。

②　记通济渠路线的文献有二：一是明王恕《修渠记》，二是雍正《陕西通志》卷三九水利"通济渠"条，此外雍正《陕西通志》《水利前附》"西安府龙首通济两渠图，城内绘有经流路线，很有参考价值，可补两文不足"。《陕西通志》记通济渠入城路线说：至安定门吊桥边，由洞口入瓮城内，南流由水门出瓮城外，沿城南过一敌楼，复入城，东南流至白路湾，折而东北流，至牌楼（即梁家牌楼，街口原来有一牌楼，早毁）南，又正东流入地下砖渠。分三派：一从长安县（署）（现在为一中学）东流过广济街，又东过大菜市（今讹称大差市）真武庵流出城，注于东城濠，今自广济街以东淤塞；一从广济街北流，过钟楼（迎祥观钟楼在广济街口之北）折而西，过永丰仓（今仍为仓库）前，入贡院（部分改为建国公园）现今流通；一从广济街直北过麻家十字街口，汇入莲花池，今淤。（括弧内表地名改变，不注今皆存在）1957 年作者调查结果，通济渠从龙渠湾南入城，经白露湾，过梁家牌楼，东至西大街长安县署前分为三渠，第一渠过广济街口，大致沿西大街、东大街南一直东流至真武庵入东城濠，中途别分支流入按察司（市公安局）、永寿府（今永寿巷）、布政司（旧民政厅，粮道巷西）保安府（左翼署，南都统巷）、秦府；第二渠沿广济街直北流，过麻家十字，又北流入莲花池，中途分一支经南察院入都御署（今市人委会）；第三渠则自第二渠分水西流入永丰仓，又西流经安象寺折入贡院（以上经流地点多承西安市文史馆副馆长薛定夫老先生见告，并参雍正、乾隆、光绪西安城图）。

③　通济、龙首两渠是相通的。宋龙首渠排注西城濠，而通济渠注东城濠。通济渠这部分路线应即龙首旧道。通济也分三渠，其规模当模仿龙首。开凿通济，必须修治龙首渠，实为情理所当有。

④　王恕《修渠记》："都御史江右周公季麟，以为此利济军民之渠，慨然以增修为己任。……修理龙首渠东关厢及城中三渠俱用砖甃砌，城外申家沟等处渠道，每遇山水泛涨冲激辄坏，水不入城，今于两涯直处造桥架槽引水入渠，遂免冲激之患。城外土渠六十里亦疏濬筑岸以防走泄"。

⑤　康熙《长安县志》卷一载有贾汉复修渠记，仅记修通济，文有节略，雍正《陕西通志》卷三九水利《龙首渠》下："本朝康熙初巡抚贾汉复修通济渠并加疏浚"，是贾氏修通济渠并修龙首。

⑥　雍正《陕西通志》卷三九水利《龙首渠》下。

⑦　《咸宁县志》卷十："康熙以后亭子头以下故道湮，后虽修复，而入城之道遂湮，乾隆中修筑会城并水门废之，龙首、通济之入城者遂不复。今通济渠入西濠，而龙首则自灌因外，入东郭冰窖，余者注东城濠，渠自此废矣"。

人建议开东、西两渠（即龙首、通济），西安知府叶世倬往勘，龙首旧渠在城东，跬步皆山施工甚费，而不能经久[①]，因此他只恢复通济入西城濠之道；此外道光五年曾一度濬咸宁县龙首渠，亦系城外之道[②]，今龙首渠旧道之在城外的大半湮灭，城中旧道更不可问。1957 年笔者亲往勘察，清代龙首渠城外故道尚有若干遗迹存在，其不存在者当地老农都能历历指在，经三日的实地考察，城外龙首渠"的故道已完全可以恢复[③]。至于城内三渠虽有明王恕之记，雍正《陕西通志》卷三十九"龙首渠"条及水利前附图，但地名大半都不在。1957 年笔者赴西安与通济渠一同勘察，故道不及通济渠清晰，承故老指点经流地点，大致还可以知道[④]（图八、图九）。

明清之龙首渠，虽云即隋唐之龙首西渠，但尾首亦稍有不同，入地三渠之道皆系宋明所凿，与隋唐长安城无涉。此外，①隋唐龙首渠引浐水处在马头空，有龙渠堰，而明清龙首渠则有两源：一是引大义峪第一派水至桥头入浐水，此在唐宋谓之黄渠，而今亦名龙首渠，沿岸尚有龙渠村；一是自留公分浐水北流，引水处远在马头空之南。②隋唐龙首渠实至长乐坡再分为二流，明清龙首渠不至长乐坡，即折而西流，这中间有一段道路，两者不一样。

关于明清西安城水渠制度：龙首、通济两渠之在城外者，大抵都是土渠，入城以后，改用砖甃，砖渠都在地下，明代饮水卫生制度较严。据明王恕记："弘治间周季麟等修通济、龙首两渠，二渠每十家作一井口，以砖为栏，以磁为口，以板为盖，启闭以时，尘垢不洁之物无隙而入，湛然通流，举皆充溢。"清代逐渐改凿用地下井水，其制渐废。

---

① 《继陕西通志稿》卷五七《水利西安下》。

② 《大清会典则例》，此据《续陕西通志稿》卷五七《水利》转引。

③ 太义峪水有三派：第一派即龙首渠，由太义峪往东北流经龙渠村、辅江村、高村、引驾回、张家沟、仁村堡、鸣犊镇东北前村至桥头入浐河，这是一支虽名龙首，但与入城水源无关，此渠今仍存在，下游略有淤失。1957 年冬兴修水利，已将此渠修复，但下游与过去有所改变。真正为入城之水源的龙首渠，则自留公东北分浐水，北流经三兆、亭子头（已不在）、倪家滩、王家砭、马头空、缪家寨、等驾坡等村的东面傍浐水北流至月登阁、白杨寨，又经史家湾、田家湾之西、张家坡之东，西流经韩森社、金花落入东郭门，南为冰窖，北为景龙池，又东经龙渠堡之北，沿东、中、西大街之南（即今东关大街）入东城濠。今余家砭、白杨寨、韩森寨北门还可略见遗迹，入城之处，在景龙池巷南口往东，当地老人称为龙首头。嘉庆《咸宁县志》卷二城郭坊社图，龙首渠经流诸坊社都绘有渠流，此时龙首渠城外渠道尚在，光绪魏光焘修《陕西省舆地全图》、《咸宁县图》也绘有龙首渠、1957 年作者勘查的结果，和《咸宁县志图》中路线一致。

④ 龙首渠明清记载都不及通济渠详细，兹录壬恕所记如下："陕西城中水苦碱不可用，故昔人凿龙首、通济二渠。龙首渠始凿于隋初，引浐河水，经倪家村、龙王庙、滴水崖、老虎窑、九龙池至长乐门入城，分作三渠：一从元贞观（即玄真观）南流，转羊市（东羊市街），过咸宁县总府（县门街北），西流转北过马巷口（降子巷附近）；一从真武庵北流；一从羊市分流，过书院坊，西入秦府。成化虽有人修浚，惟总府前二十丈有砖甃砌，余皆土渠，用板棚盖，以土复之，常见损坏。"据作者 1957 年在西安调查，并承薛定夫老先生协助，龙首渠三渠经流如次：第一渠从真武庵南，南流经邠阳府（玄风桥）过大莱市、东流，经咸宁县及京兆驿（饮马池巷东）前，大致沿东羊市街、东县门街、东厅门、东木头市至南大街折北经马坊巷口（已不在），沿北大街北上，分两支，一入莲花池，一入沔阳府（今梁府街）；第二渠从玄真观北流入杨大人宅（据《陕西通志》水利图），今全无可考；第三渠的即第一渠在大莱市之北，沿大莱市一直北上，入临潼府（右翼署，今北都统巷），分一支入秦府（今省人民委员会），第一渠北上之前，还分一支入大义、永兴两府，今不详所在。

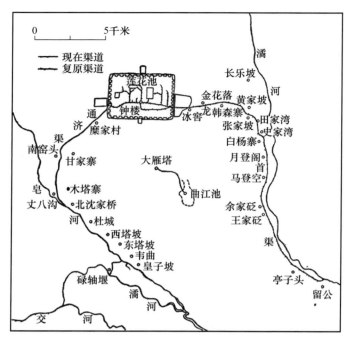

图八　明清西安城引水渠道及其复原

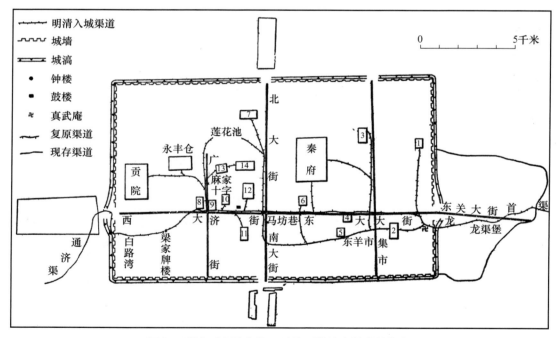

图九　明清西安城龙首、通济两渠城内渠道的恢复

龙首渠经流地名　　　　　　　　　　　　　　　　　通济渠经流地名

第一支：[1] 杨大人宅　　　　　　　　　　　　　　第一支：[8] 长安县署（第 × 中学）

第二支：[2] 邠阳府（玄风桥）　　　　　　　　　　　　　　[10] 按察司（市公安局）

　　　　[4] 咸宁总府（县门街北）　　　　　　　　　　　　[11] 永寿府（永寿巷）

　　　　[5] 京兆驿（饮马池巷东）　　　　　　　　　　　　[12] 布政司（旧民政厅）

　　　　[6] 保安府（左翼署，南都统巷）　　　　　第二支：[9] 迎祥观钟楼（广济街口北）

　　　　[7] 汧阳府（梁府街）　　　　　　　　　　第三支：[13] 南察院

第三支：[3] 临潼府（右翼署，北都统巷）　　　　　　　　　[14] 都统署（市人民委员会）

五、今后西安市水源的利用与开发问题

西安一向是西北地区的政治、经济、文化、交通的中心，今后西安又是西北经济建设的重点，随着工业、农业的跃进以及交通的发达，必然要引起市区的扩大和人口的增加，因此西安附近水源规划就成为今后西安城市建设中一个重要的问题。

总结过去西安城市发展中的水源利用，有三点值得指出：①南山水源的利用和开辟，利用的方式是多样的，或是集中水量，或是分区引用，或是改变水流，因地理条件而措施不同。总之，使地面可利用的水源尽量为城市给水服务。②开凿人工蓄水库，集中水源，分区供应。昆明池就是这方面一个辉煌的范例。用这个方式解决城市水源，起源很早，后来并一直发展下来，可以说是中国古代传统的一种水源利用方式。北京的昆明湖就是这种传统方式的承袭，这在城市规划史上是非常值得重视的一件事。③利用有利的地理条件，开辟绿化区，除引用地面水源以外，首先还利用地下泉水作为水源。这几点对于今后西安水源建设不无参考价值。

西安地下水源，已经地质部水文地质勘查队详细勘测，证知水源丰富，近期供应不致有多大问题。工业给水和生活用水近期以地下水源为主，原则既经确定，地面水源的利用不外三种：①绿化区水源，这是近期地面水源主要用途，而绿化区引水目前又可与农业灌溉、防涝密切结合起来；②如果工业用水水质要求不高，而需水量又大，为节省地下水源自可就近取给河水；③远景发展地下水源仍然有限制，因此地面水源开发和蓄积问题自应及早考虑。根据这三个特点，并参考过去水源利用情形，试对西安市地面水源利用提出几点意见，供有关城市建设方面参考。

（1）曲江池和曲江水库——曲江是隋唐长安城最著名的游乐胜地，遗址尚为一洼地，地形还可利用。曲江池应该恢复为曲江公园作为东南区一个最大的绿化中心，这一建议已被政府采纳，但关于曲江池的规划仍有若干问题需要再加研究。兹提出两点来讨论：①水源问题。曲江池过去水源有二：一为地下泉水，一为黄渠。曲江池所以成为池，最初还是由于泉水，宋时此泉为人所塞，曲江就逐渐涸为农田。宋张礼等曾想恢复曲江，他们早就提出两个办法，最好当然是恢复黄渠，"如此江景可复其旧"；其次是应该疏凿已塞之泉[①]。清道光二十七年张鹏举上书林则徐言水利，也曾建议修凿曲江以备农业灌溉之用[②]。现在曲江池水源应从两方面着手：已塞之泉（据记载在曲江之西）当然应该找出加以疏凿，一可以增加水源，也可以为曲江风景增胜。而主要的办法则为可凿渠道引水灌注曲江。据笔者考察，曲江水源可能有三：一是就近引潏水，此线较近，但地形略有不便；二是从其东南引浐水。由于浐岸高陡，河身低下，引水渠道可能要伸延很远。三是引义峪龙首渠之水，此线大致即黄渠故道，唯鲍陂以南故道早湮，将来可考虑从引驾回镇可至鲍陂。以下则沿黄渠故道经五殿坡、春林直趋曲江，这三种水源不可能很大，因此单凭一方面不一定能完全解决问题。②水库问题。曲江原来并不很大（据探测结果约为700000平方米），如果恢复曲江仅供游乐休息之用，

---

① 张礼等《游城南记》引《剧谈》："江故有泉，俗谓之汉武泉。又引黄渠水以涨之，泉在江之西"。又欧阳詹《曲江记》也说：生泉畜源，可见曲江是有泉水为源的。

② 见《续陕西通志稿》卷五七《水利》。

它的意义并不大。曲江池应进一步考虑扩大为曲江水库，它除供游乐休息以外，将来主要作用还在于蓄水。水库的近期作用可以解决附近农田灌溉问题，远期则可为将来城市发展提供一定水源。现在曲江仍为一洼地，仅北部开一缺口，如果在北端筑坝，西部稍加高，中间略为开凿，旧日的曲江风景是很容易恢复的。不过这样面积太小，不能容纳很多水量，如果扩为水库，范围就需要扩大很多。曲江附近东、南两面都是高地，北面、西面较低，地势就是从东南倾向西北。曲江中部最低处海拔是436米，一般高度在440～442米，而东南两处附近高地有高达470米以上者。东南两面地形的利用是没有问题的。我们在附近考察，发现庙坡岭和瓦㿟衒之东面各有一块高地，一般高度是450米，而450米等高线正绕经曲江的东面和南面。如果东南两面即利用450米等高线为堤岸之高，西面也利用上游两块高地作为西岸，中间不相连属处用坝连接起来，这样就只需要在北部和西北部筑成同高（海拔450米）之坝。西北部地势虽较低，但在北池头附近也有一块高地，高度约为445米，可以利用。这个水库如果筑成，面积比原来曲江池就扩大好几倍。当然这样做工程还是很大。同时地形、水源问题还有待进一步研究、勘查。但西安城市是日益发展的。而水源问题又是西安城市建设中很重要的一个问题。为远景发展计，试提出这一点理想，也许对不久将来会有其实用意义（图一〇）。

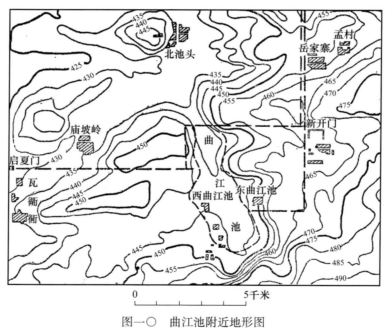

图一〇　曲江池附近地形图

（2）兴庆池及其水源利用——兴庆池也和曲江池一样，过去水源除龙首渠以外，也有地下泉水。五代以后，唐城虽经改建，但龙首渠后经疏通仍灌注此池。因此在宋金时代兴庆池是西安唯一的游乐胜地。兴庆池恢复为兴庆公园，这个建议也被政府采纳。但有一点应指出，即此池原来面积仅为曲江的四分之一，这里的地势也没有修建为大池的可能，它不能和曲江相提并论。关于兴庆池的水源，我们以为仍应引浐水。理由是：①此处只浐水最近，东城绿化区的水源应引浐水，同时排水亦可利用此道，两者正应结合；②东城濠水也无源，浐先注兴庆池，后注城濠，如此两区绿化都可解决；③龙首渠故道一部或利用龙首渠，不一定全恢复（也不可能）。但古代水源的设计，经流路线的选择仍然可作参考。

（3）通济渠与城河的修凿——明清引水渠道唯一存在的就是通济渠，城河和莲池的水源都仰给于此。西安城濠仍在，但由于通济年久关修，城濠时常枯涸。改造旧城区的原则，城濠可以利用为排水之道，条件如果好，还可加工绿化成为环城公园。西安城市建设正准备采用这一方案，但它的水源是存在中的一个问题，而城区诸公园的水源（除莲湖外，余皆无源）也亟待解决。通济渠在城外渠道具在，过去并有灌溉之利，因此正应趁农村兴修水利之际，结合农田灌溉修凿通济渠，并修治原来引潏水的碌碡堰，这对于环城绿化与城区各公园的绿化是有很大的好处。

（4）地面水整治和水源开发问题——西安附近地面水存在问题有三：①水量都小，水源不够：②洪水期和枯水期水量悬殊，难于引用；③泥沙淤积，下游容易泛滥成灾。对付的办法约有三种：①河道的整治，②小型蓄水库的修建，③南山水源的开发。这三个问题牵涉范围都广，应另文讨论。这里应当指出的，即：①西安附近水系若干都属人工开凿所改变，如潏河会交、交河会丰都是很显著的例子。将来可根据需要，可使它们改变流向、流路，为建设或灌溉服务。②西安附近河道的水源都来自南山诸峪，南山峪口很多，若干在历史上都很有名，绝大部分峪口都见诸记载。过去城市引水即非常注意利用这些小峪的水源，使地面上一切可利用的水源尽量为城市给水服务，这一措施是值得注意的。近代这些峪水因处在深山，无人管理利用，水多流失，若干逐渐变干涸。如何开发南山水源是亟待注意的问题。③丰河和灞河下游当泛时期，容易泛滥，特别对丰河沿岸威胁很大（1956年曾破堤一次，损失很大），而平时则水流极小，水量不够。灞河和丰河的中上游都应该考虑修建小型蓄水机构，一则可以防洪防涝，再则对灌溉和将来城市给水的水源，也可以起一定的作用。

附记：此稿初创于1955年，1956年曾在地理学会第二届代表大会宣读，略作局部修改，1957年笔者赴西安作实地勘察，1958年重新改写一遍。定稿之后才有机会看到西安附近航测地图照片，略有收获，但都在水道变迁方面。和本文有关的，一是黄渠故道，照片上较为清晰，系自引驾回镇趋向鲍陂，二是龙首渠遗迹，照片上也有和笔者调查大致相同。

（原载《地理学报》1958年4期）

对西安城市供水问题的探讨

杨思植　杜甫亭

西安是我国六大古都之一，曾是周、秦、汉、唐建都的地方。这座历史名城的兴起和发展，与城市供水问题的解决息息相关。近代随着工业的迅猛发展、城市人口的骤增，郊区灌溉面积的扩大，水体污染的严重，使城市需水供水矛盾与日俱增。如果供需矛盾得不到缓和，西安的发展势必受到影响。关于西安城市供水问题，许多学者都做过论证，本文试图从历史和现状两方面进行讨论，以便从中得出一些启示，并对今后的发展方向和改善水环境的措施提出设想。

一、西安历代城市供水的成就及评价

西安在历史上先后有四座规模宏大的都市崛起。周代的丰镐位于沣河两岸，历经300余年，秦代的咸阳位于渭水之滨。这两座城市的供水系统，因年代久远，遗迹破坏，无法论证。汉代的长安处在龙首塬之北，隋唐长安城就在今西安的所在地。这两座城市的供水系统有详细的记载，许多历史地理学者都做过考证。从历史记载和供水系统来看，汉、唐、宋、元、明、清都是以地面水作为城市的基本水源，与今日以地下水作城市水源的状况截然不同。我们认为要从根本上解决城市的供水问题，应将地面水和地下水的利用有机地结合起来，形成一个完善的供水系统。长期的历史时期已积累了利用地面水的经验，迄今仍不失其参考价值，有些引水工程措施今日仍可应用。

汉初规模较小，供水渠系比较单调。自从汉武帝开凿昆明池后，城市供水系统日趋完善。昆明池在今斗门镇东南古河道的洼地上，面积约10平方千米，是调节城市供水的人工水库。昆明池未建前，汉城以潏河作水源。潏河发源于大峪，目前，大峪多年平均径流量1立方米/秒，加上小峪，太乙的水量为2.67立方米/秒。历史时期水量较大，估计3立方米/秒。河水在输送过程有蒸发、渗漏、沿途截流灌田等消耗，所以供给汉城的水量并不充分。显然，昆明池的开辟是汉城发展用水量增加的结果。

昆明池位置的选择别具匠心，引水口在今西堰村。洨水在西堰村南，从东南流向西北，到西堰村转向西流，形成弧形弯道，是引水的有利地形。引水口设在凹岸一侧，抬高水位的堰设在它的西边。引水渠道通过残留二级阶地之间的古河道注入昆明池。昆明池有四个功能各异的开口，南为进水口，西为泄水口，北、东为引水口。昆明池北出一支，沿古河道北行，先汇入揭水陂，经调蓄后，分数支注入沈水，得到引洨济沈的目的。沈水水量增加后，一支引建章宫，通过太液池调蓄后泄入渭河，另一支引入未央宫和长乐宫，经沧池，酒池调蓄后出城泄入渭河或漕渠（详见黄盛璋渠道复原图）。昆明池东出一支，称为昆明故渠，为漕渠供水。从上述来看，汉长安城供水系统具有以下优越性。

（1）取水口设在河道的凹岸，引水方便，结构简单，工程量小，造价低廉。堰设在引水口的西侧，它既有抬高水位的作用，又有泄洪的功能，从而确保了昆明池的安全。

（2）城市供水系统的组成体现了引、蓄、泄三结合。除昆明池外，较大的陂池还有揭水陂、太液池、沧池、酒池等，渠池相连，形成长藤结瓜式的水利网。

（3）陂池位置的选择恰到好处。昆明池位于古河道洼地上，开凿工程量小、蓄水容积大，充分发挥了调节地面径流的作用。同时池底高出汉长安城约近 9 米，保证了自流引水，昆明池之下的揭水陂位于昆明池和建章宫之间，处在古河道洼地上，地形低洼，渠道通过必建较大的填方渠道，既不安全又费工，古人因势利导，兴建了揭水陂，它既有抬高水位的作用、又有蓄水的功能。

综前所述，汉长安城的供水系统，把蓄、引、泄有机地结合在一起，这样枯水季节城市不会感到水源的不足，丰水季节又不会遭遇洪水的威胁。

唐长安城位于渭河二级阶地上，地势高且平坦，它东倚浐、灞，南临潏、洨，水源更为丰富，为唐长安城的兴盛奠定了基础。唐长安城仍以地面水作为城市供水的主要水源，只是渠道断流时居民才被迫饮用井水。唐长安城的供水渠道主要有龙首渠、清明渠、永安渠和黄渠。龙首渠导引浐水，渠首在马腾空，从一级阶地由南向北流，到长乐坡附近转向西流进入城区。清明渠导引潏水，渠首在黄子坡和牛头寺之间，入城口在今三门村口东。永安渠导引洨水，渠首在香积塔西边，渠道绕神禾源西侧，沿古河道北行，经祝村后东北行，然后进入城区。黄渠渠首在今大峪口，从西南向东流注入曲江池。

从唐长安城的供水渠道来看，以下几点可供今日借鉴。首先，从开源方面它比汉长安城更充分地利用了地面水资源，城南的洨水、潏水、城东的浐水均被利用，解决了城东区和城西区及曲江风景区的用水。其次，从引水工程上来看，充分利用了本区东南高西北低，南高北低的地形条件。在渠系的走向上注意了微地形变化，体现了设计者的匠心。另外，渠系的布设以满足城市用水为主，对灌溉渠系未纳入总体规划之中。在渠系结构中，未采用长藤结瓜式的形式，而是直接引水入城。

唐以后西安失去国都地位，城市遭到破坏，范围缩小，人口锐减。韩建所建的"新城"面积不到唐时的六分之一，在此情况下，引水渠系的管理无人过问，渠道破坏淤塞，引水十分困难，居民生活用水只得依赖地下水。但唐时长安人口众多，工商业繁荣，使表层水受到污染，水质恶化而咸苦，又迫使人们利用原来的渠系引用地面水，宋、元、明、清都做过这方面的努力。1014 年北宋陈尧咨建议开凿已废的龙首渠，恢复了龙首西渠，但光靠这条渠道是不能满足城市用水的，所以该渠恢复后半个世纪仍有引用井水的记载。宋末元初龙首西渠淤塞，随后又做了疏通，与此同时又开挖了龙首东渠。总之宋元两代断断续续地修复龙首渠，城市供水时而紧张，时而缓和。元中叶以后，龙首渠再废，明初重修，但因浐河河床下切侵蚀西偏，渠首大大南移，引水比较困难，于是成化元年巡抚项忠和知府余子俊采纳民众建议，开辟了通济渠。该渠从今丈八沟引㴚水供城市需要。后因灌溉事业的发展，入城之水越来越少，加之康熙时发现瓮城中的甜水井，城市用水基本得到保证，导引地面水没有过去迫切，渠道管理不善，到清末龙首和通济二渠之水仅注入城壕，入城渠道淤塞，至此就结束了对地面水的利用，而转向利用地下水。

从西汉到清末历代都把地面水的利用放在重要地位上，说明西安地区过去地表水资源是丰富的，只要合理利用，一定能满足城市的需要。目前，西安地区的地表水环境虽与古时不尽相同，但仍有利用的可能性。

二、当前西安城市供水状况及存在的问题

当前西安以地下水作为城市供水的水源，并发展了规模较大而完善的供水系统。根据地质部门提供的资料，现有水源基地日供水能力 53 万吨，现日开采量 48 万吨，供水面积 120 平方千米，供水人口 142 万，人均自来水 338 升。郊区自备井 480 余眼，日开采量 23 万吨。郊区和长安县尚有各类深浅井 2 万余眼，年开采量达 2 亿吨，如此大量地利用地下水为历代所罕见。由于大量利用地下水，出现了一些值得重视的环境问题。首先，长期开采地下水，使地下水位下降，据观察 1971～1976 年南郊和东郊地区，地下水位每年下降 4～6 米。浐河与滈河水源地，下降漏斗分别扩大到 20 和 56 平方千米。同时因浐、灞、沣河上游水利设施增多，农田用水量增加，下游河道断流时间延长，如灞河、沣河由过去断流 30 天左右增加到 113 天和 255 天，使地下水补给量减少，导致水源地水位下降水量降低。如果河道上游水利设施继续增加，灌溉用水量不加以调整，势必使地下水补给量进一步减少，城市供水需水矛盾将有所增加。其次，由于过量的开采深层承压水，地面沉陷，加速了地裂缝的出现。据观察，1970 年以前，地面下沉的速度年平均 10 毫米以上，1970～1980 年小于 40 毫米，个别地段高达 120 毫米。特别是分散在渭河二级阶地上的自备井，计算开采量 8 万吨／日，实际开采量达 20～23 万吨／日，这种超负荷的开采，使地下水位急剧下降，下降总值（1970～1980 年）达 30～50 米。大量资料表明，地面下沉与地下水位下降幅度相吻合。东郊和东南郊地下水位下降幅度大，地面下沉也显著。据统计 1960～1978 年累计沉降 40 厘米，市中心 11 厘米。目前地面下沉的趋势和地裂缝的发展尚未得到控制，应引起足够的重视。另外，在城市供水问题上，一方面感到水资源不足，另一方面又存在利用率低和严重的浪费现象，在某种程度上加剧了供需矛盾。

三、解决西安城市用水供需矛盾的基本途径

随着西安地区工农业的发展需水量日益增加。尽管西安地区地下水储量丰富，但周围城市也要提取，如西安和咸阳之间明显存在着利用地下水的矛盾，如果照顾到卫星城市的发展，西安城市供水就紧张。从发展的观点来看，西安城市规模不宜过分扩大，而周围的卫星城市应有较大的发展。为了既保证西安的用水，又促进卫星城市的发展，不仅应对现有可利用的水资源进行合理分配，同时应积极开辟新的水源。与此同时要加强水源的管理，提高水的利用率。从上述基本思路出发，试对解决西安城市供水途径提出以下设想。

（1）开源节流并重，提高水的利用率。解决城市供水问题虽有不同途径和办法，但不外开源和节流两方面。这两方面忽视一个方面，则西安地区日益严重的供需矛盾就很难达到缓和。对水资源的开发利用既要重视地面水，也要重视地下水，二者不能偏废。应当把历代导引地面水的成功经验同当代利用地下水的技术结合起来。西汉长安城和隋、唐长安城充分利用了地面水，目前情况与古代不同，在利用地下水的过程中，也要争取利用地面水，以便改变单一的供水办法。流经西安地区的河流以渭、泾水量最大，渭河年径流量96亿立方米，泾河20.5亿立方米，但历代利用较少。浐、灞、沣、潏多年平均径流量12.88亿立方米，目前利用的仅只是一部分，光长安县每年白白流失地表径流3亿立方米，所以地面水资源仍有潜力可挖。节流是减轻城市供水压力的重要措施。过去西安市存在着重开源、轻节流，重建设、轻管理的现象，因此，在缺水季节一方面产生水荒而另一方面又存在严重的浪费现象。1982年全国九大城市节水22816万吨，西安仅占7.8%，与兄弟城市相比差距很大。水的利用率高低标志着一个城市的科学技术水平。目前西安市日排废水48万吨，经过一级处理的仅12万吨。今后应发展污水处理工程，提高水的利用率。

（2）发挥工程效益，充分拦蓄地面径流。西安现有水库64座，总库容4050万立方米，坡塘540个，容积530万立方米，总蓄水能力4580万立方米。目前尚有库峪、辋峪、沣峪等有利地形未建水库，如果上述三个水库建成就能有效的拦蓄地表径流，可为西安城市绿化和居民用水提供部分资源。

（3）增加人工湖泊，调节补给地下水。古时西安周围湖泊众多，主要分布在平原地区。当前西安地区人工水体不比历史时期少，约有600多个，主要分布在秦岭山区，对调节地表径流起了一定作用。但因较大的水库处在河游的中上游，每逢枯水季节上游蓄水再加上农田灌溉，下游河道常呈断流状态，这样补给地下水的水量减少，导致某些水源基地地下水位降低，出水量减少。为此在西安城区以南的平原地带应适当增加人工湖泊。唐时曲江池为著名的风景区，唐以后黄渠淤积泉眼堵塞失去原有的风貌。曲江池的凹下地形依然如故，与曲江池毗连的微型洼地也很多，应有计划地发展为串珠式的曲江水库。古时曲江池的水源为大峪，大峪处在秦岭山区，河长17千米、积水面积53.9平方千米，多年平均径流量3179万立方米，多年平均流量1.008立方米/秒，多年平均输沙量0.399万吨，水质好，水量丰沛，为城市供水的良好水流。如将库峪水库建成，则大峪之水绝大部分可调入曲江池。曲江水库的生态效应是多方面的，首先，能改善南郊的自然环境，使曲江周围变成一个游览区。其次，水库中的水大量补给地下，使地下水位回升，防止地面下沉和地裂缝的发展，对大雁塔等名胜古迹起保护作用。另外，曲江水库亦可供给居民和事企业单位用水，使部分自备井逐年关闭。汉时的昆明池规模较大，位于古河道洼地上，亦可仿古建筑一个人工小型湖泊，一方面调蓄地表径流，另一方面增加地下水补给量，以便恢复和提高水源地的供水能力。

（4）加强沣河治理，发挥自动闸的效益。沣河流域面积1243平方千米，多年平均径流量4.43亿立方米，多年平均流量14.03立方米/秒，水量较大，应充分利用。过去在沣河上建筑了几处自动闸，犹如河道上的活动水库。每当枯水季节闭闸蓄水，不仅能灌溉农田，同时通过旁侧渗入补给地下水，使周围的地下水位显著回升。虽然自动闸在运用过程中出现了一些问题，但不应废弃，而应积极研究解决。在当前人多地少的情况下，不可能辟出大面积的土地建造人工湖泊，因此，自动闸补给地下水的功能不能低估。

（5）区域调水，引黑济西。从西安地区发展来看，城市供水总的趋势是日益紧张，据有些单位粗略估算，远期大约缺水 4 亿～6 亿立方米。如果不考虑区域调水，势必增加地下水的负荷。显然目前的水源基地，加上塘库的蓄水以及节流等措施，都不能得到解决。出路有两条，一条是开辟西北郊和东北郊等后备水源基地，另一条是实行区域调水。开辟新的水源基地当然能缓和城市用水的供需矛盾，但也面临着一些难题。如开辟西北郊水源地，则与咸阳市发生矛盾，影响咸阳城市的供水。另外渭河上游蓄水工程逐年增多，利用水量与日俱增，使渭河出现断流，地下水补给减少，同时渭河含沙量高，常年补给地下水会造成含水层的淤塞，至于渭河的污染可能对地下水质造成的恶果亦不容忽视。鉴于上述引黑济西工程值得考虑。黑河流域面积 1504 平方千米，多年平均径流量 6.6 亿立方米，如果黑河每年保证向西安输送 3.5 亿～4 亿立方米的水，西安城市用水问题的压力就能大大减轻。尽管引黑河工程费用较大，但从长远经济和生态效益来看是合算的。首先黑河水调进西安，使西安地面地表水环境的面貌得到改善，从而扭转目前八水控"长安"的局面。其次黑河的部分水注入护城河、大环河，使死水变为活水，有利于城市生态环境的改善。另外，城市是一个不完全的脆弱的生态系统，地面水和地下水综合利用，有利于城市生态系统的协调。

（6）加强对水环境的管理及保护。解决城市供水问题除了开源节流以外，对水环境的管理保护也是重要的。水资源的合理利用和保护是一个事物的两个方面，只有管理保护得好才能做到有效的利用。过去由于人类的活动，水环境发生了深刻的变化。昔日河流水量较大，水质清澈、泥沙较少，污染较轻，目前情况刚好相反。如果对水环境不加强管理和保护，不仅使水质恶化而且会激化城市供水和需水的矛盾。

水资源的保护主要有两个方面，一是加强水土保持工作，减少河流的泥沙，二是加强水质管理，防止水源污染。西安地区人类开始活动较早，特别是历代王朝大兴土木，使自然植被遭到破坏，生态系统失调，水土流失严重，据统计全市水土流失面积 1223 平方千米，已治理 651.8 平方千米，占 53.29%，还有 46.71% 的面积水土流失继续发展。要减少河流的泥沙，水土保持工作必须加强。秦岭北坡雨量较大，过去树木成林，涵养水源的作用明显，目前浅山区多为草本植被，深山区多为人工次生林，涵养水源的作用极低。据 1981 年长安县调查海拔 700～1300 米多为栎类、侧柏、油松等，因人畜破坏，已不成林带；海拔 1300～1600 米多为栎树，山杨、油松、漆树等天然次生林，林相残败，生长缓慢；海拔 1600 米以上多为块状分布的天然林。基于上述情况，建议将秦岭北坡划为国家公园，禁止开发利用，加速植被的恢复，充分发挥森林调节地面径流的作用。

水质管理是当务之急。西安的河流和地下水不同程度的都受到污染。灞河支流辋川水质良好，历代受到称颂，现已污染，浐河月登阁以上未受污染，月登阁至入灞口污染较重，潏河两河口以上污染轻，两河口以下污染重，滈河水质较好。至于涝河已成为一条天然排污渠。依据 1981 年资料，浐河化学耗氧量、生化需氧量的超标率分别为 33%、100%；灞河分别为 21%、50%；潏河为 43%、67%；涝河为 90%、100%。除了受有机污染物污染外，各河有毒物的污染也很普遍。河流的污染以及污水灌溉等对水源基地有严重威胁，如灞河水源基地曾因污水灌溉，造成汞、酸、六价铬的污染等。为了保护水源，应建立水源管理机构，制定出水源保护措施以及排放标准。严禁超标排放，无节制的污水灌溉。

　　总之，要解决西安城市的供水问题，应在充分合理利用地下水的基础上，汲取历代的经验，积极导引地面水，做到地下水和地面水通盘考虑综合利用，这不仅是可能的，而且从长远的发展看，是解决我市用水的战略方针。对解决西安城市的供水途径应本着开源节流并重、水资源的利用和保护要相辅相成的原则。对城市需水量的估计，不仅要考虑到市区近期、远期的用水，也要兼顾周围城市的发展。

参 考 书 目

黄盛璋：《历史地理论集》，人民出版社，1982 年，6 月。

西安市环保局：《西安市环境质量报告书》，1981 年，内部资料。

张世华等：《西安城市供水现状和水源发展方向》，1981 年 10 月，铅印稿。

［原载《陕西师大学报（自然科学版）》1984 年 1 期］

汉武帝治水兴邦图

张　骅

汉武帝刘彻（前156～前87年），具有雄才大略。他是汉景帝刘启的儿子，公元前141年，年仅16岁时就位。刘彻在位54年，占西汉王朝统治时间的四分之一以上，可谓中国封建社会最强盛的时期。

汉武帝主政时，版图宏阔，国力强大，文治武功，颇有业绩。概括言之有五方面：一是接受董仲舒和卫绾的建议，"罢黜百家，独尊儒术"，确立了以孔子为代表的儒家思想的统治地位；二是重用卫青、公孙敖、李广、霍去病等一代名将，巩固了国防和边境安全；三是汉武帝先后发布："推恩令""酎金令"等，制约王室和诸侯的特权，巩固了中央集权制，保障了社会的安定；四是推行重农抑商、反对土地兼并等政策，促进经济发展，缓和了社会矛盾；五是加强对外交流，派张骞出使西域，巩固了边防，促进了世界经济文化交流。

汉武帝也是我国历史上兴修水利很有作为的一位皇帝，功绩卓著。

一、兴修白渠、龙首渠，发展农田灌溉

秦国在关中兴建的郑国渠。由于泾河河床下切，渠口不能引水入渠，难以延续使用。汉武帝便倡修了郑国渠的第二代工程——白渠。据《汉书·沟洫志》记载："汉武帝太始二年（前95年），赵中大夫白公，奏穿渠引泾水。首起阳谷（今陕西泾阳县境），尾入栎阳（今陕西临潼县境），中袤二百里，溉田四千五百余顷。"白渠灌溉面积今折合为31万亩。这一引水工程沿用到宋代徽宗赵佶大观元年（1107年），历时1200余年。白渠在西汉发挥了良好的效益。《白渠谣》中有"郑国在前，白渠在后……且溉且粪，长我禾黍，衣食京师，亿万之口"的称颂。

汉武帝元朔到元狩年间（前128～前117年），有个名叫庄熊罴（严熊）的人，上书汉武帝称：临晋（今陕西大荔县）百姓愿开渠引洛水灌溉重泉（今陕西蒲城县东南）以东的一万多顷农田。并使这里的盐地得到改良。汉武帝采纳了这一建议，征调一万多人开渠，因施工中发现龙骨，便命名为"龙首渠"。此渠的渠首在征县（今陕西澄城县），灌区在洛河平原下游，中间要穿过一座商颜山（今称铁镰山），长度约5千米，经过十余年的施工，终于建成通水。但因未加衬砌，造成坍塌，堵塞了渠道。李仪祉先生于1934年，建洛惠渠，又因商颜山隧洞难题未成功。中华人民共和国成立后，于1953年建成洛惠渠，灌地50余万亩，最后扩大到78万亩[①]。洛惠渠的设计和渠线走向，沿

---

① 　1亩≈666.7平方米。

袭龙首渠，可见当时技术水平之高。这里特别值得提及的是商颜山隧洞，首创了"井渠施工法"。在我国建筑史上写下光辉一页。《史记·河渠书》载："引洛水至商颜山下，岸善崩，乃凿井，深者四十余丈。往往为井，井下相通行水。水颓以绝商颜，东至山岭十余里间，井渠之生自此始。"井渠法得到推广，不少学者认为新疆等地的"坎儿井"渊源于龙首渠的井渠技术。目前在我国新疆及伊朗、叙利亚、伊拉克、阿富汗、巴基斯坦、俄罗斯等地都有坎儿井，无不凝聚着龙首渠的功绩。

二、开凿漕渠和褒斜运河，发展航运

汉武帝元光六年（前129年），大司农郑当时提出了开凿漕渠的建议，他说："关东漕粟从渭中上，度六月而罢，而漕水道九百余里，时有难处。引渭穿渠起长安，并南山（秦岭）下，至河（黄河）三百余里，径，易漕，度可令三月罢；而渠下民田万余顷，又可得以溉田。此损漕省卒，而益肥关中之地，得谷。"他说明开凿关中运河——漕渠，可以缩短航程，节约时间和人力，又能兼顾农田灌溉。汉武帝采纳了这一建议，令齐人水工徐伯进行勘察设计，征发几万军民施工，三年告成。漕渠西起长安，引渭河连通昆明池，沿途接纳灞水、浐水、沈河及渭南县以东秦岭诸峪之水，经临潼、渭南、华县、华阴直抵黄河，长300多华里，成为当时最大的人工运河。对关中东部农田灌溉和航运起到了重要的作用。东汉时，杜笃在《论都赋》中有"鸿（指鸿沟）渭（指漕渠）之流，经入于河（指黄河）；大船万艘，转漕相过；东综沧海，西网流沙……"的描写。漕渠一直沿袭使用到唐代，成为京都长安给养运输的生命线。

漕渠解决了长安到潼关的水运问题，而鸿沟与漕渠之间（由荥阳到潼关）靠黄河天然河道运输，必经黄河三门峡，因急流险滩常常翻船。正如《史记》中记载："漕从山东西，岁百余万石，更砥柱之限，败亡甚多。"如何把中原和江南通运，要修一条褒斜运河。这一方案经御史大夫张汤审定上奏，汉武帝采纳，便封张汤的儿子张邛为汉中郡守，主持褒斜运河工程，征发几万军民开凿。由于秦岭峡谷深切，水流湍急，船只根本无法通行。运河工程虽然失败，但却改善了褒斜古道，方便了交通，促进了关中汉中及巴蜀的经济文化交流。这条道路一直沿用到清朝末年，到民国时宝（鸡）成（都）公路通车后，才失去作用。

三、开挖昆明池，解决城市供水

汉武帝统一中国南方后，极想沟通西域，再讨伐滇国（云南）而受昆明湖（滇池）所阻。由此，汉武帝深感水兵的重要。于元狩三年（前120年）下令在长安西南开挖巨大的人工湖——昆明池，"昆明有滇池方三百里，乃作昆明池以习水战。"昆明池故址在今长安县斗门镇东南，湖围长40里，烟波浩渺，不仅达到训练水师的目的，而且对京城和关中的繁荣起到重大作用。一是解决了长安城市供水。昆明池居高临下，"故其下流当可壅激，以为都城之用。于是，并城疏阔三派（三条供水渠道），城内外皆赖之"。二是发展航运，形成池与漕渠相连，便利了交通。"其渠（漕渠）自昆明池南山原东至于河（黄河），且田且漕，大以为便。"这是《水经注》中的记述。三是点缀风景，美化长安。昆明池和三条渠道使长安城内外，如同江南水乡，景色秀丽，芳草如茵。池中有巨大的鲸鱼石雕，两岸立有织女、牛郎石人雕刻。"池中有弋船、楼船各数百艘"，成为长安有名的水上风景区。昆明池唐时犹存，历经一千多年，直到后秦姚兴时枯竭，夷为农田。

四、整治黄河，组织濮阳瓠子堵口

西汉时黄河干流经河南东北和河北南部入海，由于黄河泥沙淤积，导致河床动荡不定，下游常常决口，使十六郡人民饱经黄河泛滥之苦。汉武帝元光三年（前132年），黄河又在濮阳瓠子决口，洪水越堤南流，直达淮河、泗水，使山东巨野、江苏沛县等16个都县受灾。汉武帝派大臣汲黯和郑当时堵口抢险而失败，这时田蚡任丞相，其封地在黄河北岸，黄河南流泛滥，与己有利，竭力反对治河，主张听天由命，决于自然。武帝不了解其情，就此作罢，致使黄河泛滥长达20多年。

汉武帝于元封二年（前109年），登泰山封禅，自己亲临黄河，见洪水滔滔，黎民流离失所，惨不忍睹。武帝恍然醒悟，深感内疚，责备自己久居京华，焉知民间疾苦，曾作《瓠子歌》二首。发出了"我谓河伯兮何不仁，泛滥不止兮愁吾人"的感慨。于是，派汲黯和郭昌征发数万军民去瓠子堵口，汉武帝亲自参加开工典礼，"沉白马玉璧于河"，表示治河的决心，随从的百官将士都参加施工。用柴草土石堵口筑堤，柴草不足，就到百里以外的淇县等地，砍伐竹子。经过艰苦奋战，堵口成功，制服了洪水。"梁、楚之地复宁，无水灾"。汉武帝还命人修筑过"宣房宫"，以示纪念。

（原载《水利天地》1993年4期）

5.昆明池石刻

西安附近所见的西汉石雕艺术

顾铁符

一

有人认为我国的石雕艺术是随着佛教的东来才兴起的，如果单凭南北朝、隋、唐的佛教造像的盛况来看，似乎也是事实。但自从殷墟考古中发现了精美的石虎、石鹗、石人等之后，不可否认，远在公元前十二三世纪，我国已经有了高度的石雕艺术。从佛教造像艺术不是原封不动的印度作风来看，也足以说明在接受外来影响时，我们已经有了历史悠久的、丰富而优秀的艺术遗产了。有人质疑除了晚近发现的殷代作品之外，从殷到东汉这一千多年间的实物在哪里，这固然还要文物工作者更多地从考古发掘中来发现，但西汉这一段时间的实物，我们在西安附近确已见到。

西安附近的西汉石雕，就现在所知道的有两批，一批是在西安城西约四十里的斗门镇及其附近。在镇的东南有一所小庙，俗称石爷庙；庙之东约三里，在北常家庄附近田间，也有一所小庙，俗称石婆庙；这两个小庙里各有一个石像。这一带现在虽然是一片农田，但正是顾祖禹所说"自宋以后，不加濬治，遂湮为民田"的汉代昆明池的遗址。

班固《西都赋》说："……集乎豫章之宇，临乎昆明之池，右牵牛而左织女；似云汉之无涯，南北贯通，以象天汉。"

张衡《西京赋》说："昆明灵沼，黑水玄沚，牵牛在其右，织女在其左。"

《文选》李善注引《汉宫阙疏》说："昆明池有二石人，牵牛、织女象。"

《三辅故事》说："昆明池三百二十五顷，池中有豫章台及石鲸；立石牵牛、织女于池之东西，以象天汉。"又说："今有石父、石婆祠在废池，疑此是也。"

从以上材料，可以相信这两个石人是汉昆明池的牵牛、织女像。这两个像的创作年代，应与昆明池的修筑有关。

《史记·平准书》说："越欲与汉用船战，遂大修昆明池。"

《汉书》说："元狩三年，减陇西北地群戍卒之半及吏弄法者，谪之穿此池。"

《三辅黄图》说："汉武元狩四年，穿图曰上林苑，有昆明池。"

《水经注》说："汉武穿昆明池于是地（指周镐京旧址）。"所以知道昆明池的修筑年代，为汉武帝元狩间，即公元前 120 年左右，也就是这两个石像的创作年代。

西安附近的另一批西汉石雕，在兴平县汉霍去病的墓上。墓西离武帝的茂陵仅二里，西北与卫青墓比邻。石雕共九件，集中在墓前近代新建的东西廊屋内（在墓顶上尚有小部分曾雕刻过的若干件）。东屋自北至南为：①矮人，②猛龙吃羊，③牯牛，④野人抱熊，⑤小猪；西屋自北至南为：①跃马，②马踏老人（即所谓马踏匈奴），③卧马，④伏虎。除马踏老人一件知道原来的位置是在墓前之外，其他诸像原来的位置不清楚。

《汉书·霍去病传》颜师古注说："……在茂陵旁，冢上有竖石，冢前有石人马者是也。"

《史记·司马贞·索引》说："姚氏案：冢在茂陵东北，与卫青冢并；西者是青，东者是去病。冢上有竖石，前有石马相对，又有石人也。"（所称姚氏可能是南北朝陈的姚察（533～606年），他著有《汉书训纂》三十卷，今失传。据《陈书》二十七卷《姚察传》说，曾出使北周，到过关中渭水一带，著有《西聘道里记》，因此所说霍去病墓的情形，可能是经过实地考察的）。

所以知道这许多石雕一向是在霍去病墓上的，是墓上陈设的一部分。这些石雕的创作年代，理应在霍去病死后不久，就是在经营这一个墓的时期中。

《史记·霍去病传》说："元狩六年薨，上悼之，发属国玄甲军陈自长安至茂陵，为冢像祁连山。"

霍去病死在元狩六年（前117年）九月，这一批石像的创作年代应当是在元狩六年及以后的数年内。

这两批石雕都是西汉武帝时代的，时间前后不过相差两三年，地区都在京郊一带，相距也不过三四十里，同样是当时的重要作品；有充分理由可以代表西汉（至少是西汉前期）的石雕艺术作风。

二

这两批十一个石像，全是用火成岩雕成的；可能像东汉的石雕，画像都采用石灰岩来雕刻一样，是一个时代雕刻选用材料的风气。现在将这些像的大概情况，分述如下。

1. 昆明池遗址的两个石像

（1）牵牛　高约230厘米，脸部可能已经为后人修改过，鼻子及嘴残破，头发披在耳后，身上的衣服为交襟式，两手叠放在膝上，两腿似坐非坐，可能多少受了些石料宽度的限制，线条非常简单（图一）。

（2）织女　高约190厘米（可能还有一部分埋在地下），全身为后人粉上了一层石灰，并加画了眉毛。像头部很大，稍向左侧，脸部长方，尖下巴，头发就岩石断面雕上些曲线。身上的衣服为交襟式，右手半举，手掌向外，作讲话姿态，左手平放在腹前，腰以下似乎没有经过多大雕琢。（现牵牛像在一间很矮小的屋子里，从左后开门观之，前离墙仅数10厘米。织女像在一所三间的小殿里，像周围着一个很狭小的神龛，龛前仅留30～40厘米见方的小窗，所以都无法摄影。这里的图是笔者速写的，因限于视线及绘图技巧，未必正确，不过表示一个大概而已）（图二）。

图一　牵牛像

图二　织女像

2. 霍去病墓的九个石像

（1）矮人　像现在横卧着，长约 222 厘米，脸呈倒葫芦形，眼很大，眼稍上斜，鼻细长而平，眉梢及口角上弯。两手合放在胸前，身上没有经过多大雕琢；全身就岩石天然形态雕成。

（2）猛龙吃羊　像现在横卧着，长约 274 厘米，大部分保留岩石原有的形态，在前半部约略可以看出一个长脸的头，头上有两角，眼稍上斜，大嘴，极凶恶。在嘴下伸出一小部分羔羊的身体及四条腿，正在挣扎着，头及大部分身体看来已经被吞进龙的嘴里去了，后半身虽然还有些弧线，但不很看得清。

（3）牯牛　长约 260 厘米，角不甚明显，颐部很大，作反刍姿态；眼圆而有神，好像正在观望。四足粗壮有力，屈伏作休状，背部有线雕的鞍披。全身比例匀称，雕刻很工致。

（4）野人抱熊　现在横卧着，长约 277 厘米，大部分保留岩石原有形态。野人粗眉大鼻，眼很大，眼稍下弯，嘴里露出一排宽大的牙齿，头发向后披。腰间束一带，两手粗大，左手紧抱着一只小熊。熊头贴伏在人的怀里，两只小圆珠眼，神态很天真。

（5）小猪　长约 163 厘米，作蹯伏状，头部较大，眼作三角形，耳小而光，看来好像生下来还不久。全身线条粗大简单，留有相当部分原来的岩石面。

（6）跃马　长约 240 厘米，头上仰，脸部微有残破。后肢弯曲，前肢举起，作开始跳跃的姿势，头部及背部雕琢得很工致。头以下到腿间及腹下空间的岩石都没有凿去。

（7）马踏老人（即所谓马踏匈奴）　长约 190 厘米，马很镇静地站着，尾一直拖到地。全身比例匀称，肌肉分明，很能表现出它的壮健，雕琢极工致。老人像横卧在马腹下，头伸出在前肢外，微向后仰，与马头上下相对。老人脸短而宽阔，鼻扁平，嘴上及两颊都是不很长的胡子。躯干就马腹下所留的岩石雕成，身段不高，足上屈，左手紧握着一面弓，作挣扎状。

（8）卧马　长约 260 厘米，前足左伸右屈，后足屈，伏地作休息状，全身比例匀称，尤其头部及腿肌肉分明，雕琢很工致。

（9）伏虎　长约 200 厘米，作潜伏状，头微向左，头部较大，口很宽阔。头部雕琢较工致，身上线条粗大简单，留有相当部分原来的岩石面，头及身上斑纹完全用凹线雕出。前后肢很粗大，全身壮健，形态凶猛，好像随时有起来捕食人兽的姿态。

三

我们看了以上两批共十一件西汉的石雕艺术作品，感到有以下许多特点是值得注意的。

首先从题材方面来说，牵牛织女的传说，早在《诗经》的《小雅》中已经提到了，至汉初就更丰富了这两个星座的传说，成为广大人民所爱好的神话。如《古诗十九首》曰："迢迢牵牛星，皎皎河汉女，纤纤擢素手，札札弄机杼；终日不成章，泣涕零如雨。河汉清且浅，相去复几许；盈盈一水间，脉脉不得语。"就是从这一个题材所写出来的万古常新的文学作品。在昆明池这样一个以习水战为名的帝王游乐的苑囿，点缀上这两个富有诗意的石像，绝不是偶然的。

中国在很早的古代就对马十分喜爱，到汉代又更加重视，通西域可能就与马的需要有密切关系；如太初元年发戍卒十八万，遣贰师将军李广利攻大宛，得善马三千匹，就是这次远征的目的；后来又得到最宝贵的天马；这充分说明汉代对马的重视。对虎这个题材，从殷墟出土的器物中有石雕的虎和虎饰的乐器、周代青铜器中也有虎形的容器来看，不可否认是有一定的历史性。汉代对虎尤为重视，上林苑、建章宫都建有虎圈；宫室以虎命名，如未央宫的白虎门、白虎殿、白虎阁等。直到现在，我们还不断地在汉代宫阙遗址中找到有虎的浮雕的瓦当。我们祖先和牛发生关系也很早，在殷代已经盛行养牛、使用牛力、宰牛，以及用牛肩骨、肋骨来贞卜。牛很早就在人民生活中起着重要作用，因此以牛为艺术作品的题材，也就是很自然的事。

在这些石雕中最难使人了解的是"猛龙吃羊""野人抱熊"两件；这两件作品的题材，很可能是从神话、传说中来的。我们古代的神话、传说是非常丰富的，如《山海经》《楚辞》等文献中，很有些荒诞不经的故事，商周青铜器中亦有如饕餮食人等类的纹饰。因此这一类石雕的题材，一个可能性是从古代民间流传的神话、传说中来的；另一方面这两件作品的题材，好像是狩猎和畜牧生活的象征。汉初与匈奴和西域交接频繁，发生了密切的政治经济关系，所以草原与沙漠地区人民的神话、传说，可能有机会传入内地。在"立功边疆"的少年将军墓上，把这种"战利品"性的神话、传说，来配合象征"征服者底骄傲"的"马踏老人"，雕成艺术作品，来点缀余威，亦不无可能。

除了题材之外，为了更深地了解这批艺术作品，从技巧和风格上来考察它，也十分必要。中国古代的石雕，不采用多块岩石砌合雕刻的方法，而都是用单独一块岩石雕成一件作品，因此采用石块与雕刻的关系很大。在用爆炸采石方法之前，要开采大块硬度较高的岩石是有一定困难的。一方面中国自古来有爱好自然美的传统，所以选取天然风化的岩块，就成了非常自然的事。在这样的条件与要求之下，当选取岩石的时候，选择形态与设计比较接近的材料；或者将岩石形态与所要雕刻的题材，从设计上把他统一起来，这是势所必然要走的途径；才可因势象形地进行雕刻，一方面解决材料对题材的限制，同时亦可以有意无意地留出一部分岩石的自然美来。这种手法在传说是殷墟出土的某些作品上，或多或少已经有这些特点；在后世的玉器、果核、竹、木雕刻上更广泛地运用了这一手法，这可以说是中国雕刻艺术独特的风格，在这里的西汉石雕上就充分表露了这个特点。牵牛、织女像及牛、马等就很巧妙地利用岩石原有的形态，采取或立，或坐或跪等姿态，看不出一点受材料限制的痕迹。如"马踏老人"像，老人的身体就完全利用了马腹以下这一个空间所留下来的岩石形态，在虎身上更可以看出留了很多部分自然的岩石面；再如跃马的头和颈之下留有一大部分与马无关的岩石，不再雕去，也就是灵活地运用了这一种手法。

　　除此以外，另一个特点，就是圆雕、浮雕、线雕的混合运用。这三种不同的石刻手法，从理论上来说是有一定界限的，所以在欧洲及中亚等雕刻中，就绝没有混用的迹象。尤其线雕，它的特点是和绘画更接近，主要是表现视觉的；而圆雕、浮雕恰巧是表现触觉的。但这几种不同的雕法的混合运用，在殷墟出土的石雕上，如虎与鹗身上的斑纹，人体上的文身，在作品上色彩不同的部分，就大胆地用线雕表现出来；使题材的特点更加明显，收到了一定的效果。所以不同雕刻方法的混合运用，是中国雕刻传统中特有的风格。这两批石雕中，固然绝大部分是圆雕，但如虎身上的斑纹、牛背上的鞍等，就用了在圆雕上再加上线雕的方法。"马踏老人"像的老人身体，亦就是采用浮雕、线雕的方法所雕成的。更值得注意的如"猛龙吃羊"和"野人抱熊"等几个像，除了保留绝大部分原来的岩石面之外，就在某些必要的部分施以浮雕，同时采用一部分线雕来完成的。但从作品整个来说，仍然充分地有圆雕的感觉。这一方面是充分利用岩石原有的形态及企图在作品上保留更多岩石自然表面非常高妙的手法，另一方面亦是混用不同雕刻方法的技巧到非常熟练后所创作出来的优秀作品。总之，这许多石雕，无论从哪一方面来看，我们均应当承认它们是充分表现民族的特点的。

四

　　霍去病墓的石雕曾被在中国进行文化侵略的帝国主义分子所觊觎，如法国的色伽兰（V. Segalen）、拉体鸠（Lartigue）、汉则（C. Hentze）、格留克（H. Gliick），美国的比萧（C. Bishop）等，曾几次三番地调查过，也写过许多调查报告发表。这些文章笔者没有见过，但由于日本人水野清一曾作文介绍（《东方学报》第三册特刊《关于西汉墓饰石刻——霍去病墓的石刻》）得知其大概。他们除了对时代问题有许多很荒谬的论调外，对石刻的作风主要有两种看法：一种是格留克所主张的，认为这许多石刻的作风与巴比伦文化有关系，尤其"马踏老人"这一人像，和巴比伦纳布卡道札时期（前604～前561年）所作脚踏游牧民族的未完成狮子像的手法完全一致。此外汉则和拉体鸠是另一种看法，认为与斯开泰的作风更其密切，或者是通过伊朗传播过来的，并列举了五点来申说他的主张：①十二生辰是土耳其与印度的东西，②与西伯利亚斯开泰文化的卡迈纳嘉巴巴（意即石婆）有关系，③与斯开泰文化把马殉葬的风俗有关系，④牛、马、豕等蹲的姿态与斯开泰文化一致，⑤"马踏老人""匈奴吃羊"（实际指"野人抱熊"的一件）那种动物挣扎的作风是属于斯开泰的。比萧亦同意他们两人的看法。

　　这里所提出的两种主张，虽然有与巴比伦和与斯开泰关系的不同，但断定它是从西方传播来的这一点，基本上是完全一致的。不过我们在上面所指出的许多特点，不仅说明它是中国石雕艺术传统的产物，同时也表现了秦汉这一段时代石雕艺术的风格。如"马踏老人"这个像，要雕成四条腿各自独立着，以当时的条件是比较费事的。即使后于这些像五百四十年赫连夏时所雕的石马，还得采用前腿与后腿分别并在一起，而还没有做到唐代石兽四条腿各自独立的手法。这种雕刻上的困难，和欧洲中世纪的骑士铜像三只脚着地了，在提高的一只马蹄下还不得不用一个圆球来承住这一条腿的重量一样，在古代是不容易解决的。所以在一个表示征服者的骄傲的石像上，以人来填塞这一个马腹下面的空档，是可以理解的。在有同样需要可能产生同样作品的规律下，与未完的狮子像有相似之处，本来是毫不足奇的。其次，关于与斯开泰文化的关系和五点论证，除了作风一点笔者在上面已经详细分析过，不再赘述外，其他如十二生辰问题，如果因为其中有马、虎、牛、豕等像就武断雕的是十二生辰，那纯属无稽之谈。以马殉葬，我们在殷代墓葬中就时常发掘到许多整具的马骨，在周代墓葬中亦不时见到以车马来殉葬的，如果要说这石刻是与以马殉葬的风俗有关，也谈不到是受斯开泰文化的影响。看一件艺术作品，最基本的应当从作风与技法来考查，如圆雕、浮雕、线雕的混合运用，就岩石原有的形态加工雕刻等，这是在欧洲现存的古代石雕中没有见过的，正如以石块砌合起来雕刻的情况不见于中国古代一样。单凭牛、马等动物站或蹲的姿态来区分文化类型，这种形式主义地看待问题，正是资产阶级唯心主义思想方法的特征，必然是对事物认识错误。

五

中国古代文献中，对秦至西汉这一段时期的石雕艺术的记载很多。

《西京杂记》说："五柞宫西有青梧观，观前有三梧桐；树下有石麒麟二只，头高一丈三尺，刊其胁为文字，是秦始皇骊山墓上物也。"

《西京杂记》又说："又余所知陈缟质木人也，入终南山采薪，还晚，趋舍未至，见张丞相墓前石马，谓为鹿也，即以斧挝之，斧缺柯折，石马不伤。"

从这些记载来看，墓前置石像在秦汉是相当流行的，就是留传下来的实物不多而已。此外，苑囿中亦有置石雕为陈设的。

《三秦记》说："秦始皇引渭水为长池，东西二百里，南北二十里，筑土为蓬莱山，刻石为鲸鱼，长二百丈。"

《三辅黄图》说："昆明池……刻石为鲸鱼，长三丈，每至雷雨常鸣吼，鬣尾皆动。"

《三辅故事》说："池（太液池）北岸有石鱼，长二丈，广五尺；西岸有石龟二只，各长六尺。"

除了陵墓、苑囿之外，在桥梁上亦有置神话性的石雕为陈设的。

《水经注》卷十九《渭水》说："秦始皇造桥，铁镦重不胜，故刻石作力士孟贲等像以祭之，铁镦乃可移动也。"

《三辅黄图》说："桥（渭河桥）之北首，垒石水中，故谓之石柱桥也。旧有忖留神像；此神尝与鲁班语，班令其人出，忖留曰，我貌很丑，卿善图物容，我不能出。班于是拱手与言曰，出头见我。忖留乃出首，班于是以脚画地，忖留觉之，便还没水，故置其像于水，惟背以上出水。后董卓入关，遂焚此桥，魏武更修之，桥广三艾六尺。忖留之像，曹公乘马见之惊，又命下之。"（这一节虽然称是鲁班故事，可能因鲁班是古代的哲匠，所以假托他，正如隋安济桥民间亦传为鲁班所造等是。《水经注·渭水》说："水上有梁，谓之渭桥，秦制也，亦曰便门桥。秦始皇作离宫于渭水南北，以象天汉。"所以知道渭水桥是秦经营咸阳时所造的。忖留神像从"我貌很丑""曹公乘马见之惊"，我们可以推想其作风，大概是一个就岩石原有形态，用粗壮线条所雕成的一个半身人像，与西安附近所见的实物不相上下。）从这许多材料，知道秦到西汉这一段，是中国历史上石雕艺术很盛的时期。但经过两千年黄土的堆积，雨露的侵蚀，人为的破坏，已经大部分见不到了。不过万幸还留下了这两批材料，可以让我们对两千多年前劳动人民所创作出来的石雕艺术作品，有机会从实物来获得一些认识，这些是值得宝贵的。

我国古代的造型艺术，从遗留下来的大批实物资料来看，商周这一段时期的主要作风，就是追求形式的庄严与匀称，在装饰化的道路上发展。不仅在铜器、玉器、陶器、骨器等以神话性动物为主要题材的纹饰上所表现的是如此，就是从殷墟出土的石雕及商周铜器中鸟兽尊的造型来看，也都是这一个倾向。自从战国到秦、汉，由于社会经济飞跃式进步，造型艺术也发生了很大的变化，就是从拘束、谨严的装饰意味逐步走向生动活泼的写实作风。在铜器、漆器上新颖的鸟兽、车马纹，就是这一个转变下的产物。所以西安附近的西汉石雕，正是战国以来写实作风的成就。在这些作品中如织女的在讲话，牛在休息，虎的潜伏，马的镇静，一个个都栩栩如生；如猛龙的凶暴、羔羊的挣扎、小熊紧贴在野人怀里所表现的亲切，这都是适如其分地表现出了所要表现的一切。被踏在马蹄下的老人，从他头的后仰似乎已经意识到了他不可挽救的命运，但他紧紧地握住了手里的弓，说明他并未放弃最后的挣扎，这更是深入内心的刻画。在这些作品中，虽然题材不一样，但真实感是完全一致的。这说明写实作风在这数百年中逐步成熟，到西汉时期已经出现了新的高峰。

此外，秦汉时期石雕虽然已很盛行，但在陵墓、苑囿等石雕陈设上，似乎还没有固定的规格；在像的姿态上也没有一定的限制，更没有必须成对偶的要求。因此在这一段时期的石雕艺术，不仅艺术家可以不受任何限制，能自由发挥创作才能，更为写实作风掌握了优越条件。我们不否认南北朝、隋、唐石雕的雄伟与优美，如西安附近唐陵上许多石兽，当然是中国古代优秀的石雕艺术之一；但无可讳言已经深深地受到了形式的限制，有逐步陷入公式化的趋势，这也是后世石雕艺术之所以郁郁不振的根源，而是西汉石雕卓越的因素之一。

最后，帝国主义分子对这些石雕所以要认为他和巴比伦、斯开泰有关，究竟为什么？对中国文化艺术缺乏认识当然也是原因之一；但这并不是主要的。所有帝国主义"学者"，研究中国文化任何问题，如彩陶文化、洪水故事……，都曾经说成是从西方传播来的。当资本主义发展成为帝国主义时，在资本主义国家的学术研究中，亦产生了各种各样配合侵略行为的学派，所谓"传播学派"就是其中之一。在帝国主义进行经济、政治侵略的同时，他们就采取劫掠和污蔑的手段来进行文化侵略；所以帝国主义分子对这许多石雕认为与巴比伦、斯开泰有关，完全是荒谬的论调。

半封建半殖民地的中国，在帝国主义长期侵略之下，传播学派的毒素散布在我们学术研究里，和封建意识同样的根深蒂固。所以至今还有人在相信仰韶文化与苏萨、亚诺有关，瓷釉的发明必须要溯源于埃及、巴比伦的玻璃。我们每一个中华人民共和国的人民，应当正视这种学术研究上的严重问题。在党号召我们学习马克思列宁主义、批判资产阶级错误思想之下，对帝国主义残留的毒素，要坚决、彻底、干净、全部地从我们学术研究中肃清出去，这是我们考古学界刻不容缓的事。

（原载《文物参考资料》1955 年 11 期）

应当慎重引用古代文献

俞伟超

在近日发表的考古文章中，出现了一些错误地引用古代文献的例子，现提出来和大家讨论。

（1）《一九五二年秋季洛阳东郊发掘报告》一文中发表了一座完整的唐墓。作者在结语中说："此次所出唐俑，墓系原封，器物的排列，皆在原来的位置上，自大门而中庭而内室而一侧厨房，与魌头、武士、车、马、牛、驼、套衣俑、胡俑、仆俑、文服俑、女俑及其服装面像和职司，皆互相照应。尺寸数目，亦与唐六典所载诞马偶人，其高各一尺，其余音声队与僮仆之属，……其长率七寸，及唐会要所载'三品以上明器，先是九十事，请减至七十事。五品以上，先是七十事，请减至四十事'等，可相印证。这一墓葬正反映了唐代一个五品官僚的生活状况"（《考古学报》1955年第九册，第116页）。论述的重点是引《唐六典》《唐会要》来证明：①陶俑的尺寸与记载相合；②墓主人的身份是一个五品官。其第①点的论证基本是正确的，第②点的论证，则似是由于没有详读全文，因而做出了错误的判断。《唐六典》及《唐会要》的原文如下。

《唐六典》卷二五甄官令条："凡丧葬则供其明器之属（原注：别敕葬者俱〔应作供〕余并私论），三品以上九十事，五品以上六十事，九品以上四十事。当圹、当野、祖明、地轴（按即报告中的武士俑及魌头俑），诞马偶人其高各一尺，其余音声队与僮仆之属威仪服玩各视生之品秩所存，以瓦木为之，其长率七寸。"

《唐会要》卷三八葬条："（开元）二十九年正月十五日敕……三品以上明器，先是九十事，请减至七十事。五品以上，先是七十事，请减至四十事。九品以上，先是四十事，请减至二十事。庶人先无文，请限十五事，皆以素瓦为之，不得用木及金银铜锡。……"

《唐六典》中说："五品以上六十事，九品以上四十事。"而《唐会要》所载（开元）二十九年敕中却说："五品以上，先是七十事，请减至四十事。九品以上，先是四十事，请减至二十事。"按《唐六典》是于开元二十七年二月以前修撰完毕的（《唐会要》卷三十六修撰条"（开元）二十七年二月，中书令张九龄等，撰六典三十卷成。上之。百官称贺。"），其中所载，当然是其年以前的事。根据《唐六典》可证明，在开元二十九年以前拿陶俑随葬的制度是：四品、五品为六七十事，六品至九品是四十事。其后则改为：四品、五品四十事，六品至九品二十事。这座墓中的明器之属共39件（包括人物俑、动物俑、井、仓、灶等），大体上合于四十事（其中牛俑及车轮应是一件牛车，故并作一件计算。若折而为二，正好是四十件）。其时代作者推测为："上限不能早于武德四年……下限还可缩到武周以前"（《考古学报》1955年第九册，第114页）。根据近年来西安等地发掘的纪年唐墓来比较，年代的推测应当可信。如此，根据《唐六典》《唐会要》诸书所载，则只能推测它是一个六品至九品官的墓葬而绝不能断为五品官的墓。作者在引用文献时，似乎没有统观全文，因而忽略了它的时代性，造成了推断上的错误。

（2）《南京梅家山六朝墓清理记略》（《文物参考资料》1956 年 4 期，第 14 页）的最后一段，作者在推测墓中出土的虎子应为酒器而不是溺器的时候，曾引汉书张骞传注作证。记略：《汉书·张骞传》注晋灼曰：'饮器，虎子属也。颜师古曰：饮酒之器。"南京赵土冈发现的青瓷虎子，有"赤乌十四年会稽上虞□□（按此二字应为"师袁"）宜作"文字。这些都说明古代的虎子应为酒器似更恰当，称虎子为溺器的旧说法，似应该予以研究更正。在这里，作者是把《汉书·张骞传》注理解为：①晋灼说：饮器，即虎子。②颜师古说：虎子，饮酒之器。按《汉书·张骞传》原文为："张骞，汉中人也。建元时为郎。时匈奴降者，言匈奴破月氏王，以其头为饮器。"注说："韦昭曰：饮器，椑榼也。晋灼曰：饮器，虎子属也。或曰：饮酒之器也。师古曰，《匈奴传》云：'以所破月氏王头共饮血盟'，然则饮酒之器是也。韦云椑榼，晋云兽子，皆非也。椑榼即今之偏榼，所以盛酒耳，非用饮者也。兽子，亵器，所以溲便者也。"注文所述，都是为解释"饮器"二字。其中一共提出三说：①椑榼；②虎子；③饮酒之器。颜师古说"然则饮酒之器是也"是不同意拿虎子来解释"饮器"，而并不是拿来解释虎子，文义本来就够明白的，况且底下还加说：兽子（当即虎子），亵器，所以溲便者也。作者怀疑虎子不是亵器是可以的，但不应把文献断章取义，曲解原文。

（3）《西安附近所见的西汉石雕艺术》一文（《文物参考资料》1955 年 11 期，第 3 页）中曾介绍了西安西南郊斗门镇附近的一对西汉石雕，并推断它即是汉代昆明池侧的牵牛、织女像。但作者把牵牛、织女弄颠倒了，而且引文中有很多错乱。①从石雕的形象看，作者所称的牵牛像，发髻后挽下垂，身穿右衽大衣，实和一般常见的西汉女俑一样；而作者所称织女，却是一个面容丑怪的男相。②古代文献中，皆称牵牛立昆明池之左而织女居其右。我国古代习惯以左指东，以右指西。如汉代《三辅黄图》中的冯翊在东，扶风在西，而即把冯翊称左冯翊，扶风称右扶风。后代把山东称山左，山西称山右，仍是此意。据此，亦可见东边的石刻应为牵牛而西边的应是织女，《吕氏春秋》卷十三《有始览第一》"有始"条下说："东北曰变天，其星曰箕斗牵牛。北方曰玄天，其星曰婺女、虚危，营室。"古代观察星象后的记录是牵牛星在婺女星（即织女）的东边。汉代于昆明池侧立牵牛、织女的用意是"象天汉"，当然要根据星象的相对位置来布置它们。

如上所述，古代文献中的一些记载，对于了解这对石雕的内容是很有意义的。但是作者的引文却甚为错乱，而且正好把最关紧要的"左""右"弄颠倒了。现将作者的引文和原书所载对照如下。

作者引班固《西都赋》曰："集乎豫章之宇，临乎昆明之池，右牵牛而左织女；似云汉之无涯，南北贯通，以象天汉。"

按班固《西都赋》见于二处，一为《后汉书》，一为《文选》。

《后汉书》卷七十上《班固传》中所载《西都赋》为："集乎豫章之宇，临乎昆明之池，左牵牛而右织女，似云汉之无涯。茂树荫蔚，芳草被堤，兰茝发色，哗哗猗猗，若摛锦布绣，烛耀乎其陂。"

《文选》卷一所载《西都赋》同上，兹不再录。

作者引张衡《西京赋》为："昆明灵沼，黑水玄沚，牵牛在其右，织女在其左。"

按《文选》卷一所载《西京赋》为："乃有昆明灵沼，黑水玄沚，周以金堤，树以柳杞，豫章珍馆，揭焉中峙，牵牛立其左，织女处其右，日月于是乎出入，象扶桑与濛汜。"

作者引《三辅故事》为："昆明池三百二十五顷，池中有豫章台及石鲸；立石牵牛，织女于池之东西，以象天汉。""今有石父、石婆祠在废池，疑此是也。"

《艺文类聚》引《三辅故事》为："昆明池中豫章台及石鲸。"……《关辅古语》曰："昆明池中有二石人，立牵牛织女于池之东西，以象天河。"张衡《西京赋》曰："昆明灵沼，黑水玄址，牵牛立其右，织女居其左。""今有石父，石婆神祠在废池，疑此是也。"（据《二酉堂丛书》中清人张樹辑本）

昆明池有若干顷之言，则应从《玉海》中出。《玉海》卷二七一引《三辅故事》："昆明池地三百三十二顷。"

这里，仅《三辅故事》中引张衡《西京赋》作"牵牛立其右，织女居其左。"当系抄讹，而应据《文选》所载为正。其中所引《关辅古语》中"立牵牛、织女于池之东西"之语，以行文惯例推之，当作牵牛立于池之东，织女立于池之西解释。

上述错误，如果作者能细心地检阅文献，都是可以避免的。

（原载《考古通讯》1957 年 2 期）

西汉石雕牵牛织女辨

汤 池

陕西省长安县斗门镇附近，保存着两座用火成岩雕成的大型石刻圆雕，其一在常家庄村北，其二在斗门镇棉绒加工厂内，两者东西间距约三千米。据历代文献记载，这两座石雕是汉武帝元狩三年（前 120 年）"发谪吏穿昆明池"[①] 时建立的牵牛织女像。

这两座石雕的雕凿年代，比兴平县道常村霍去病墓前的石刻组雕早三年，是我国迄今所知大型石雕遗物时代最早的[②]，在我国雕刻艺术史上占有重要地位。然而，对于这两座石雕中孰为牵牛、孰为织女的问题，却存在两种不同的看法：

第一种看法，认为斗门镇内的石雕是牵牛像，俗称"石父"或"石爷"；认为常家庄村北的石雕是织女像，俗称"石婆"[③]。

第二种看法，和上述看法恰恰相反，认为常家庄村北的石雕是牵牛像，斗门镇内的石雕才是织女像，即汉昆明池"东边的石刻应为牵牛而西边的应是织女"[④]。

鉴于辨明孰为牵牛、孰为织女的问题，不仅关系到对这两座石像造型意境的认识，而且也关系到对西汉石雕艺术成就的评价，因此，笔者认为有必要就这个问题谈谈个人的几点粗浅看法。

首先，从石雕作品本身具有的形象特征来看。立在常家庄村北的石像，下半身埋于地下，目前仅露上半身在地表之上，高约 190 厘米（图一）。此像保存较好，五官清晰，头发的刀痕尚历历在目，身着交襟式衣服，腰间束带（从侧视图上可见束带迹象）。它具有挺立的短发，宽阔的前额，刚健的眉弓，硕壮的下颌，充分显示出男性的脸型特征。保存在斗门镇内的石像，身着右衽交襟长衣，双手环垂于腹前，整体作跽坐状，高约 230 厘米（图二）。此像鼻口部分已经后人重装，估计

---

① 见《汉书·武帝纪》。

② 我国新石器时代和商周时代，就有了玉石雕刻，但体形较小。大型的石雕作品约出现于战国晚期，如传说秦蜀郡太守李冰在建造都江堰时，曾雕刻石牛，又据《三辅黄图》卷六的记载，秦代在建造渭桥时，曾雕刻力士孟贲的石像．但这两件大型石雕，今已无存。因此，就我国现存的古代大型石雕而论，当以陕西省长安县斗门镇附近的牵牛、织女石雕为最早。

③ 把斗门镇内的石雕视为牵牛，把常家庄村北的石雕视作织女的论著有：顾铁符：《西安附近所见的西汉石雕艺术》，《文物参考资料》1955 年 11 期；陕西省博物馆：《西安历史述略》第三、五章，陕西人民出版社，1959 年；藤田国雄：《汉代の雕刻》，《世界美术全集》（第 13 卷），日本东京角川书店，1962 年；《考古》1962 年 6 期 305 页图一及 333 页图一。

④ 俞伟超：《应当慎重引用古代文献》，《考古通讯》1957 年 2 期。

图一　西汉石雕牵牛像　　　　　　　　　图二　西汉石雕织女像
1. 正视　2. 侧视　　　　　　　　　　　　1. 半正视　2. 侧视

与原状相去不远；颈部有断裂痕，左臂及后背风化剥蚀较严重。它具有后垂的发辫、圆润的脸庞等女性的形象特征。这座石像的姿态造型和临潼、广州等地出土的秦汉时代的女坐俑^①颇为接近。

我国关于牵牛织女的神话传说，由来已久。周代的《诗经·小雅·大东》说："维天有汉，监亦有光。跂彼织女，终日七襄。虽则七襄，不成报章。睆彼牵牛，不以服箱。"秦代在营建都城过程中，"引渭水贯都，以象天汉。横桥南渡，以法牵牛"^②。到了西汉初期，民间流传着《迢迢牵牛星》这首脍炙人口的古诗："迢迢牵牛星，皎皎河汉女。纤纤濯素手，扎扎弄机杼。终日不成章，泣涕零如雨。河汉清且浅，相去复几许？盈盈一水间，脉脉不得语。"^③鲁迅先生曾把这首古诗誉之为"天质自然""意志自深"^④的佳作。

牵牛织女这个美好的神话传说，在汉代的美术作品中得到广泛的表现。例如，河南洛阳1957年发现的西汉晚期壁画墓，在前室顶脊上绘有牵牛（河鼓三星）、织女星^⑤。东汉画像石中，还刻画出牛郎、织女的具体形象。如南阳有一块画像石（图三），画面右上方刻画河鼓三星，其下刻画着叉腿而立的牛郎，右手持鞭上举，左手握缰牵牛，形象栩栩如生；画面左下方，有四颗星连成不规则的∏形，是二十八宿中的女宿，其中有一挽着高髻作踞坐状的妇女，当是织女形象^⑥。再如山东肥城孝堂山郭氏祠三角形石梁底面，有日月星象石刻，在以金乌作标志的日象内侧，刻着连成∧形的织女三星，其下刻画着坐在机杼前操机织锦的织女^⑦。从这两幅东汉画像石刻中，不难发现如下的造型规律：牛郎作站着牵牛的姿态；织女像则不论是正在织锦也罢，或是废织也罢，总是作坐着的姿态。

---

①　临潼出土的秦代陶质女坐俑，见《考古》1975年6期338页图三；广州出土的西汉鎏金铜女坐俑，见《文物》1961年2期，图版肆。

②　《校正〈三辅黄图〉》卷一"咸阳故城"条，古典文学出版社，1958年。

③　梁萧统编：《文选》卷二九。

④　鲁迅：《汉文学史纲要》第八篇。

⑤　夏鼐：《洛阳西汉壁画墓中的星象图》，《考古》1965年2期。

⑥　参阅周到：《南阳汉画象石中的几幅天象图》，《考古》1975年1期。

⑦　罗哲文：《孝堂山郭氏墓石祠》，《文物》1961年4、5期合刊，图二。

图三　南阳汉画像石牛郎织女星宿（摹本）

现在，我们来看图一所示常家庄村北的石雕立像，从它那微向左侧的头部，曲肘上举作持鞭状的右手，以及紧贴腹前作用力握缰状的左手等富于生活气息的动作中，观众自然会产生如下的艺术联想：石像注视的右前方，仿佛伫立着一头倔强的老牛。这种以人物的特定动态去唤起观众的艺术联想，从而收到以少胜多的效果，正是造型艺术上的比、兴手法，也是作者巧妙地运用雕刻艺术手段的高明之处。此外，作者还通过炯炯有神的双目和紧抿的嘴唇等细部形象的刻画，出色地表现了牛郎坚毅刚强、憨厚质朴的性格。总之，从这座石雕的神态和造型意境来看，应该是牵牛像。

我们再来看图二所示斗门镇内的石雕坐像，其姿态和南阳画象石刻中的织女非常相似。它那微蹙的眉头和下撇的嘴角，活现出被银河阻隔、不得与牛郎团聚的织女所独具的痛苦神情。这座袖手而坐、悲愤填膺的石像，无疑是"终日不成章，泣涕零如雨"的织女像。

其次，从"左牵牛而右织女"的文献记载来看。班固《西都赋》云："集乎豫章之宇，临乎昆明之池。左牵牛而右织女，似云汉之无涯。"①

张衡《西京赋》云："乃有昆明灵沼，黑水玄阯……牵牛立其左，织女处其右，日月于是乎出入，象扶桑与濛汜。"②

《三辅黄图》卷四"汉昆明池"条，引《关辅古语》说："昆明池中有二石人。立牵牛织女于池之东西，以象天河。"

据此，立在昆明池左岸的是牵牛像，处于右岸的是织女像。我国古代有以左指东、以右指西的习惯。例如：《礼记·曲礼》用"前朱雀而后玄武，左青龙而右白虎"来记载南北东西的方位神；司马相如在《上林赋》中，也以"左苍梧，右西极，丹水更其南，紫渊径其北"来描写上林苑东西南北的景色。所以，"左牵牛而右织女"，等于东牵牛而西织女。《关辅古语》："立牵牛织女于池之东西"，也充分证实了这一点。

基于以上两个方面的分析，可以肯定，今常家庄村北——汉昆明池东边的石雕是牵牛像，斗门镇内——汉昆明池西边的石雕是织女像。

（原载《文物》1979 年 2 期）

---

① 班固：《西都赋》，《后汉书·班彪列传》及《文选》卷一。

② 张衡：《西京赋》，《文选》卷二。

试析长安斗门汉牛郎织女石刻像的艺术价值

田 军 陈雪华

有文献可考的中国古代宫苑陵墓雕塑当在秦汉时期。《三辅黄图》载："秦始皇初即位，尽收天下兵器，铸为铜人十二，列置咸阳宫司马门前。汉世犹在长乐宫门见之。"它是我国古代关于宫苑陵墓雕塑最早的记载。

秦汉宫苑陵墓雕刻，是我国古代雕塑艺术发展的初期阶段，遗存主要分布在陕西、四川、河南、山东等地，对我国现代雕塑艺术的发展产生了深远的影响，并在中国美术雕塑史上占据着重要地位，其中陕西西汉时期的石刻较为著名。

被后世称之为汉代石刻艺术代表作的西汉霍去病墓前的大型石刻群，位于陕西兴平汉武帝茂陵东北 1 千米处。霍去病是汉武帝时的骠骑将军，曾大败匈奴，英年早逝，汉武帝为彰其军功，给予陪葬茂陵的荣誉，并为之起坟象征祁连山，以为纪念。又因祁连山一带原是"水草肥美，六畜蕃息"的放牧地，特命能工巧匠雕凿诸多石马、石牛、石虎等动物置于其上，以增强霍去病墓"祁连山"的真实性和山区气氛。但这组石雕多是利用天然石块不规则的形状，稍加雕凿而成，没有进行过多的修饰。主要用阴阳线刻和浅浮雕的表现手法，颇具汉代画像石、画像砖的艺术特点，又因与陵墓有千丝万缕的联系，所以后世往往将其归类到陵墓雕塑中。

所以说，迄今为止，真正意义上的中国秦汉宫苑圆雕石刻造像遗存应是汉昆明池的牵牛、织女石雕，它是我国园林雕塑的鼻祖。

据《汉书·武帝纪》记载，为征伐西南的昆明国，汉武帝于元狩三年（前 120 年）在长安城西南郊修凿了周回四十里的昆明池，"以习水战"。《三辅黄图》卷四引《关辅古语》说："昆明池中有二石人，立牵牛、织女于池之东西，以象天河。"显然，汉武帝是以昆明池来象征天河，而以两个石人来象征天河东西的牵牛星和织女星，从一开始就带有一定的神话色彩。东汉著名的文学家和史学家班固曾经在《西都赋》中写道："集乎豫章之宇，临乎昆明之池，左牵牛而右织女，似云汉之无涯。"张衡在《西京赋》中也说："乃有昆明灵沼，黑水玄阯。周以金堤，树以柳杞。豫章珍馆，揭焉中峙。牵牛立其左，织女处其右，日月于是乎出入，象扶桑与濛汜。"牛郎、织女分立两岸，隔湖相望，取传说中牛郎、织女隔天河"盈盈一水间，脉脉不得语"之意。因处昆明池畔，有时也被称为汉昆明池石刻。

西汉昆明池遗址位于今西安市长安区的斗门镇一带。在镇东街登高远望，东南方是一片平坦而广阔的洼地，处于南丰村、石匣口村、斗门镇和万村之间，范围东西约 4.25 千米，南北约 5.69 千米，沿岸一周长约 17.6 千米，面积约 16.6 平方千米，这就是历史上闻名天下的昆明池遗址。原来放置在昆明池东西两岸的牵牛、织女石像，现仍保留在当地，只是随时代变迁被后人称为石爷、石婆，并设庙供奉。

在中国古代雕塑艺术史上，从秦、汉时代起，所有的雕塑作品，一般只划分为陵墓雕塑和宗教雕塑两大类。经实地考察，昆明池畔的牛郎、织女石刻似乎另当别类。因其建造于上林苑皇家园林中，故观赏功能是其首选，应该属于中国古代早期园林装饰雕塑的代表作。

牛郎石像高约 230 厘米。眼睛、眉弓等面部五官轮廓清晰，双眼圆睁，脸部向右前方凝视。鼻子下方有明显胡须状隆起痕迹，具男性特征。左耳及左脸部较右侧残缺．风化严重。头发沿发髻线以浅浮雕高出脸部以示界限区分，头发以线刻手法完成，发顶已残，无法睹其原样。左手残缺似贴腹前，右手置胸前，五指已残，仍可见手掌心向前。服饰衣襟、腰带均清晰可辨，也是以线刻雕凿出衣褶大体走势。身体与双腿结构清晰，身体呈踞坐状，与踞坐之物以线刻区分，踞坐物前方有衣纹状线刻纹饰，臀部下方有着方履之双足。身体及神态较为生动而且有身形变化，造型较为刚劲。

织女像高约 190 厘米。眼睛仍以线刻雕凿出轮廓，依稀可见线眉。鼻梁、鼻头比例略显宽大，鼻下、下颌处残毁严重，已被后人以水泥修补，依稀可见面部饱满的造型。头发同样是浅浮雕高出面部，双耳旁可见方大鬓角，长发于双耳后垂于背部，具汉代特有的发辫样式。双手作笼袖姿态置于身前，身体亦成踞坐状。发型、坐姿均与其他汉墓出土的踞坐女俑相近，神态安详。

牛郎、织女石像的创作年代略早于霍去病墓石刻，同属汉代早期石刻作品，材质均为陕西秦岭山中盛产的花岗岩。区别在于霍去病墓石刻充分利用了原石块的原始造型，经简单加工雕凿而成，很多地方还可见到天然石块留下的痕迹。而牛郎织女石像则比较细致地雕凿出身体轮廓及结构变化，是典型的圆雕作品，其艺术风格更为古拙简略，在细节的刻画上较霍去病墓石刻更加精致。在这组圆雕上，可以看出对面部五官、头发等关键性细节做了细致的雕凿，虽有斧凿痕迹，却不失精细，具有高度的概括性。人物形象生动写意，灵活地运用了圆雕、浮雕和线刻相结合的综合表现手段。运用线与面、粗与细、繁与简的雕刻艺术表现手法，其艺术风格更为鲜明。只可惜因风化剥蚀严重，并经过后人修补，有些部位或残缺严重，或大为失真。但即使这样仍然能够依稀看出汉代早期石雕艺术遒劲、质朴、浑厚的风格面貌和西汉工匠高超的雕刻技巧。

牛郎、织女石刻雕像的艺术价值和史料意义不仅限于此。以往我们通常认为的西汉石刻艺术的代表作——霍去病墓石刻，具有纪念碑意义的马踏匈奴虽然也有匈奴人像，然而昂首挺立的战马形象却一直是人们注目的焦点，人物成了陪衬，整体风格更具浪漫主义色彩。陕西、四川等地亦出土了一些汉陶俑，其中不乏神态生动者（如出土的一些汉说唱俑）。其他的如周亚夫墓以及近来汉阳陵出土的汉兵马俑，其中绝大部分是模塑，因而俑像从面貌看显得有些雷同，轮廓也显模糊。由于属于墓葬明器，体量上远不及牛郎织女石刻雕像。在这一点上，可以说牛郎、织女石像填补了以往历史上西汉无大型人像石刻记载的空白，应该是中国古代已发现的最古老的大型人物石刻圆雕艺术作品。而从取材上看，这组石雕来源于民间传说，将如此优美的爱情传说物化为石雕艺术品，这就注定了他们与人的关系更为亲近，它们的出现与西汉时期陵墓纪念性雕刻形成了鲜明的对比，所以可以肯定地说它们是我国现代园林雕塑的鼻祖。

代易时移，沧海桑田，昔日烟波浩渺的昆明池如今早已不复存在，演变为如今的阡陌农田和村舍，唯有牛郎、织女石刻历经两千余年风雨依然伫立于原址。随着时间的推移，被后人尊奉为"石爷""石婆"，香火延续千百年。

（原载《美术观察》2007 年 10 期）

牛郎织女传说源地探微

肖爱玲

在 2006 年 5 月 20 日国务院批准文化部确定的第一批国家级非物质文化遗产名录中，民间文学类所列白蛇传传说、梁祝传说、孟姜女传说的起源地都得到了确认，而与其共同构成中国民间四大爱情传说故事的牛郎织女传说榜上无名。而名录中在三大民间传说之后的"董永传说"则由山西省万荣县、江苏省东台市、河南省武陟县、湖北省孝感市共同申报成功，对此，笔者有很多疑问。众所周知，"董永传说"是以"卖身葬父"出名的孝子故事，是世间较为流行的"二十四孝"之一。很显然"董永传说"与以爱情故事为主题的白蛇传、梁祝、孟姜女传说非属同类。正因为如此，各地在开发旅游文化资源和获得更大商业利益观念的驱使下，积极争取成为牛郎织女传说的起源地，所以到目前为止已经出现了十余处牛郎织女传说的起源地。因此，很有必要对牛郎织女传说故事做系统研究，探明其真正的起源地。

一

牛郎织女传说是中国流传时间长、影响范围广、凄美动人的爱情故事，可谓是感天动地。在其发展演化过程中经历了由星象向神人、再由神人向人人恋爱的发展历程。对应于历史时段的发展，则大致从《诗经》时代的先秦时期至汉魏时期再至唐宋时期。概括已有的十余种说法，在其论证过程中存在着理论依据和逻辑思维的一致性，主要体现在三个方面：①传说发展史及传说本身情节，即关于牛郎织女传说起点的理论依据均追溯至《诗经》记载，认可西汉武帝的牛郎、织女石像与牛郎织女传说有某些联系；②寻找与故事情节相似的自然景观；③当地传承下来的七夕活动习俗。

首先，对于牛郎织女传说发展阶段，综观已有的十余处故事原型发生地的起始时间大多及于唐宋时期。那么这一史实也就说明了在经过魏晋南北朝的动荡之后，牛郎织女故事情节满足了人们渴望安定与美好爱情生活的心理需求，使之在不同地区生根发芽，并从神话传说向世俗发展，尤其到了社会经济高度发展的唐代，文化的繁荣从浩瀚的《全唐诗》《全唐文》上略窥一斑，加之佛、道教的盛行，各种各样光怪陆离的故事也大量问世，也为这一传说故事的传播与发展提供了广泛的社会空间。而且唐代实行科举选拔制度之后，新兴的庶族地主对门阀世族的强烈冲击，不甘心退出历史舞台的世族贵族为保持和维护其特权，在儿女婚姻问题上更加强调门第相当，世族贵族女性是不能下嫁庶族的，平民百姓更无由高攀了。传统戏曲里王三姐住寒窑的故事，就发生在这一时期，作为宰相之女的王三姐宝钏因向往自由的爱情生活而在长安城东南寒窑里一住就是 18 年。这要比一年一聚的牛郎织女不知道要幸福多少倍了。

其次，对于第②条根本不需要做过多解释，原因是我国区域范围广阔以及自然地理环境的多样性和复杂性，与牛郎织女传说中生活场景相似的地理景观并不难找，该条不能作为探索牛女传说源地的立论依据。

再次，对于第③条而言，我国是一个长期统一、连绵不断的多民族国家，在民族融合过程中，七夕活动作为一个喜庆的节日而广泛传播，不同地区、民族根据当地的自然、人文条件形成了各具特色的活动习俗，但在形式和功能上则有着明显的一致性。最早的七夕活动的主要内容是为了乞巧、乞福、乞寿、乞子，而与牛郎织女传说中乞求获得美好爱情的意图既有相似的地方，又存在着显著差异。由此笔者认为，此两点也不能作为牛郎织女传说起源地的立论依据，只能作为各地区七夕文化开发的内容。

二

最早记载牛郎织女的文献记载就是《诗经·小雅·大东》："维天有汉，监亦有光。跂彼织女，终日七襄。虽则七襄，不成报章。睆彼牵牛，不以服箱。东有启明，西有长庚。有捄天毕，载施之行。维南有箕，不可以簸扬；维北有斗，不可以挹酒浆。"这是牛郎织女传说产生的雏形时期，此时牛郎、织女仅仅是茫茫星海之二，两星之间也只存在空间位置关系，而不具有情感关系。这一点已成为学术界之共识。

其次，在湖北云梦睡虎地出土的战国末至秦始皇三十年的秦代占卜简书《日书甲种》中的"牛郎织女占"，说明牛郎、织女已经有了性别特征，可以婚配，然不能确定牛郎、织女的星神，或者人的身份，尚不能确定处所，至于秦咸阳都城"'引渭水贯都，以象天汉。横桥南渡，以法牵牛'的意境，只能认为是秦始皇帝意在附会天象，企图赋予都城一种神秘色彩的做法"，而与牛女传说起源地无关[①]。

再次，与牛郎织女传说起源地紧密相关的则是西汉武帝时开挖的昆明池。汉武帝元狩三年（前 120 年），"减陇西、北地、上郡戍卒之半，发谪吏穿昆明池"。而且，汉武帝在开挖昆明池的同时，还塑有牵牛、织女二石像[②]。《三辅黄图》引《关辅古语》曰："昆明池中有二石人，立牵牛、织女于池之东西，以象天河。"班固《西都赋》中有云："集乎豫章之宇，临乎昆明之池，左牵牛而右织女，似云汉之无涯。"李善注引《汉宫阙疏》："昆明池有二石人牵牛织女象。"张衡《西京赋》也有"豫章珍馆，揭焉中峙。牵牛立其左，织女处其右"之语，可见昆明池旁有牵牛、织女二石像在汉代已为不少文人所熟知，中华人民共和国成立后的考古调查也印证了文献记载的正确性。据考证，昆明池遗址大体位于今长安区南丰村、石匣口村、斗门镇和万村之间，遗址范围内有普渡、花园、

---

① 睡虎地秦墓竹简整理小组：《睡虎地秦墓竹简》，文物出版社，1990 年。

② 何清谷校注：《三辅黄图校注》，三秦出版社，2006 年。

南寨子、下店等 20 多个村庄。遗址东西约 4.25 千米，南北约 5.69 千米，沿岸周长约 17.6 千米，面积约 16.6 平方千米，比西安城墙内的面积还大 [①]。

尽管汉武帝的"以象天河"与秦始皇的"以象天汉"都蕴涵着法天象地的思想，但存在着本质上的差异。秦始皇的"象天"是一种意象，而汉武帝的"象天"除意象之外，还有神似特征，天空中的星体摇身一变而成了具有人间神态的人物形象，牵牛、织女身份特征发生了彻底的改变，由两颗星宿演变成了两个有一定社会关系的"石人"，可见牵牛织女的传说已逐渐有了内核。在此我们不妨进一步分析一下：汉武帝要与越嶲昆明国作战，为了训练水军开挖了昆明池，为何要在昆明池两岸塑牛郎、织女的石像呢？难道仅仅是出于象天意识吗？对这一系列问题的认识和理解，将是我们究明牛郎织女传说探源工程的关键。

众所周知，汉武帝是一位具有雄才大略的皇帝，其在位期间使汉朝的版图急剧扩张，在征伐西南夷之前，相继收服了北边匈奴，所以此时的他正是雄心勃勃之际，好大喜功的心理要得到适当的释放，把天上的银河、牵牛、织女等星象搬到人间，正体现了其为真命天子、天上人间由其主宰的立意，同时也暗含了战胜西南夷的意图。"牵牛"还是地域空间的象征，《史记·天官书》记载："牵牛为牺牲。"《史记正义》注曰："牵牛为牺牲，亦为关梁。其北二星，一曰即路，一曰聚火。又上一星，主道路；次二星，主关梁；次三星，主南越。占：明大，关梁通；不明，不通，天下牛疫死；移入汉中，天下乃乱。" [②] 正是由于在牵牛星周围有三颗星主南越，牵牛石雕的修造与昆明池的建造意境融为一体，预示着其收服南越的必然性。另外，在牵牛星之北是河鼓星，《史记索隐》引《尔雅》云："河鼓谓之牵牛。"《史记·天官书》云："河鼓大星，上将；左右，左右将。"《史记正义》注曰："河鼓三星，在牵牛北，主军鼓。盖天子三将军，中央大星大将军，其南左星左将军，其北右星右将军，所以备关梁而拒难也。" [②] 刘宗迪先生已经论述此时的牵牛是星宿的名字，而河鼓星才是前文的那颗牵牛星。汉武帝把代表大将的河鼓星放在昆明池岸，不正暗含了其收服西南夷的决心和信心吗？

此时，我们看到了孤零零的一员大将——牵牛矗立在渺茫的昆明池岸边，越加感觉其孤单和凄凉，随后多情的汉武帝为牵牛星找来了他的另一半——织女星来陪伴他，只是汉武帝并没有把两座石像放在一起，而将织女像放在了昆明池的对岸。直观上看，他是根据银河系原型进行设计的，但其真正用意大概只有武帝本人才能知晓。记得南北朝殷芸《小说·月令广义》"七月令"记有："天河之东有织女，天帝之女也。年年机杼劳役，织成云锦天衣，容貌不暇整。天帝怜其独处，许嫁河西牵牛郎，嫁后遂废织纴。天帝怒，责令归河东，许一年一度相会。"意思是说，天河东岸的织女星，是天帝的女儿，年年在机杼上纺织，织成了锦缎般的云霞天衣，由于劳累，没时间修整容貌。天帝见她独居十分可怜，便把她许配给河西的牵牛。但出嫁后，织女遂废机杼，天帝大怒，责令她回到河东，允许他们一年相会一次。这一记载向我们交代了牵牛、织女相爱却不能终日相守的原因：原来可以将五彩丝线织成云霞锦缎、轻柔幔帐的织女，嫁给牵牛后却废了机杼，不再勤于织

---

① 班固：《汉书·武帝纪》，中华书局，1962 年。

② 司马迁：《史记·天官书》，中华书局，1959 年。

布。汉武帝修建昆明池即便有此私心，当不会担心织女沉迷爱情而辍织，应当是担心牵牛——河鼓恋家而无心征战。无论如何，在汉武帝的安排下织女下嫁给了牛郎，这与汉武帝把他的姐姐平阳公主下嫁给大将卫青如出一辙。这里不论织女是天帝之女，或者天帝之孙，或者天帝之姊妹，下嫁给比其地位较低者，对其人都代表着恩宠与荣耀。尽管如此，清且浅的银河阻隔了近在咫尺的一对夫妻，其与当时常年征战沙场的将军和苦苦在家等待的爱妻的情景是多么的相似！

由此后世有许多用"牛郎织女"之典来描绘征夫思妇的诗篇，如曹丕的《燕歌行》与曹植的《西北有织妇》即是此类诗歌的代表。《燕歌行》："秋风萧瑟天气凉，草木摇落露为霜。群燕辞归雁南翔，念君客游多思肠。慊慊思归恋故乡，君何淹留寄他方？贱妾茕茕守空房，忧来思君不敢忘。不觉泪下沾衣裳。援琴鸣弦发清商，短歌微吟不能长。明月皎皎照我床，星汉西流夜未央。牛郎织女遥相望，尔独何辜限河梁。"《西北有织妇》："西北有织妇，绮缟何缤纷。明晨秉机杼，日昃不成文。太息经长夜，悲啸入青云。妾身守空闺，良人行从军。自期三年归，今已历九春。飞鸟绕树翔，嗷嗷鸣索群。愿为南流景，驰光见我君。"浓化了牛郎织女传说中分离相思主题的艺术情韵。

从以上对汉武帝修筑昆明池和塑造牵牛织女石像用意的分析来看，很明显地反映出汉武帝作为大汉天子的神采以及其真命天子的身份，他拥有主宰宇宙空间的一切权力，能够把天上的牛郎、织女两星神下凡到人间，并按照人间社会习俗为二人组建家庭。从此，牛郎织女就在长安落了户。

三

两千多年前的牛郎织女至今仍矗立在汉昆明池的两岸。汉代的昆明池到唐代得以扩展，至宋时废弃，元骆天骧《类编长安志》载："汉昆明池，在长安县（今西安市，引者注）西南三十里，丰邑乡鸛鹊庄。昆明池今为陆地，有织女石，身长丈余，土埋至膝，竖发，戟手怒目，土人屋而祭之，号为石婆神庙。"唐人童翰卿的《昆明池织女石》曰："一片昆明池，千秋织女名。见人虚脉脉，临水更盈盈。苔用青衣色，波为促杼声。岸云连鬒湿，沙月对眉生。有脸连同笑，无心鸟不惊。还如朝镜里，形影两分明。"由此可知织女庙出现于宋元之际，而人们也将牵牛、织女称为"石父"和"石婆"。据当地居民讲，中华人民共和国成立后，牛郎织女像曾短暂停留于碑林博物馆（1978年），随后迁往户县草堂寺，至1986年迁回旧址。

用现在地名来说，牛郎（石爷庙）位于西安市长安区斗门镇棉花厂院内，织女（石婆庙）位于斗门镇常家庄村北田地中，二者相距2千米。织女庙，当地人叫"石婆庙"，又名"织女寺"。一进石婆庙的大门，院落中立石碑一块，上书"陕西第一批重点文物保护单位牛郎织女石刻，陕西省西安市人民政府1956年8月6日立"。其碑阴刻有："汉武帝元狩三年（前120年），为训练水师，在长安斗门镇一带，开凿了昆明池，池中刻置石鲸，两岸刻置牛郎、织女，以象征天河。两千多年的变迁，昆明池早已变为良田，但屹立在斗门镇街东的牛郎和镇东六里常家庄村北的织女石刻，却准确地标明了昆明池东西两岸。"沧海桑田，当年烟波缥缈的昆明池早已化为良田，石像站立于此已经2127年了。织女石像高2.9米，位于大殿中央，今人按照传统服饰，已给她穿上了华丽的衣服。石像前的香烛排成一线，表明人们祭拜时的敬仰之心。两边的墙壁上分别彩绘着牛郎织女的"凡间恩爱""鹊桥相会"等经典传说故事情节。

相对于石婆庙，石爷庙则显得比较寒酸、冷清。石爷庙在斗门镇棉花厂院内一座面积约5平方米的小庙中，高达2.3米的牛郎石像憨憨地立在小屋内，尽管和织女石像一样，今人给他穿上了华丽的衣服，但从石像前香火的繁盛程度来看，这里来人较少。笔者于2007年七夕前夕有意去考察了石婆庙、石爷庙等地，石爷庙很显然要比石婆庙冷清得多，两种不同境遇是否与石婆（织女）在我国传统的七夕文化内涵中的地位有关呢？

据2007年8月19日《西安新闻网——西安晚报》报道，8月18日位于长安区斗门街办的"石婆庙"四周人山人海，热闹非凡，以"让爱永驻人间"为主题的首届长安七夕文化节开幕，有77对情侣鹊桥相会、民间艺人赛巧等活动……七夕乞巧活动在汉代已有，千百年来在民间广为流传。昨天，众多民间艺人相约在此，一字排开竞展技艺。69岁的老艺人张雪萍的剪纸作品不仅有传统的生肖、福寿，五个活泼可爱的福娃更让人爱不释手。民间艺人季小娟创作的木雕花色泽鲜艳，灵动自然。其他民间艺人现场表演的面塑、刺绣、木雕花、手工制作的布老虎等也是各具特色。在赛巧活动一旁，七对男女书画家正在画案前忙着泼墨挥毫，墨香四溢。更多的人则涌向"石婆庙"，在这里举行的民间传统七夕祈福活动异常热闹。

我国是历史悠久的文明古国，拥有丰富多彩的文化遗产。非物质文化遗产是文化遗产的重要组成部分，是我国历史的见证和中华文化的重要载体，蕴含着中华民族特有的精神价值、思维方式、想象力和文化意识，体现着中华民族的生命力和创造力。保护和利用好非物质文化遗产，对于继承和发扬民族优秀文化传统、增进民族团结和维护国家统一、增强民族自信心和凝聚力、促进社会主义精神文明建设都具有重要而深远的意义。由此，对我国四大爱情故事之一的牛郎织女传说源地的探索无疑具有极为重要的现实意义。斗转星移，光阴已逝，历经两千余年的风吹日晒，石像依然矗立在当年汉武帝指定的地方，尽管昆明观鱼的事情时有发生，昆明劫灰却早已随着岁月流逝而了无痕迹。那么，留给后人的则是人类对美好生活的憧憬和追求，看今朝牛郎织女携手共创和谐明天。

（原载《唐都学刊》2008年5期）

汉长安城太液池、昆明池石鲸考

晏新志

图一

陕西历史博物馆前门水池中安置的一巨型石雕，1973 年 2 月发现于西安市西郊三桥镇北高堡子村的汉太液池遗址北岸，出土时即被称为石鱼。原简讯称：该石雕砂石质，两头细、中间粗，略似橄榄形，长 4.9 米，中间直径约 1 米，头径 0.59 米，尾径 0.47 米，鱼头部雕出一只眼睛，出土后移至原陕西省博物馆的石刻艺术馆一侧安置[①]（图一）。

1988 年文物普查人员在汉长安城西南长安区斗门乡马营寨村西的昆明池中遗址也发现了被称为"石鲸鱼"的石雕，汇集普查成果的《陕西文物地图集》相关条目对所发现的"鱼形"石雕描述如下："火成岩质，断为鲸体、鲸尾两截，鲸体通体浑圆，头部雕出鲸眼，长 5 米，最大径 0.96 米。鲸尾呈半弯状，鳞纹依稀，长 1.1 米，最大径 0.40 米……鲸体始迁至客省庄，今存陕西历史博物馆，鲸尾仍在此地。《三辅黄图》卷四引《三辅故事》昆明池中'刻石为鲸鱼，长三丈'即为此。"[②]

对昆明池、太液池中的石雕，陈直先生说：昆明池"鲸鱼刻石今尚在，原在长安县开瑞庄，现移陕西省碑林博物馆"[③]；刘庆柱、李毓芳先生称在昆明池、太液池旁均有发现："考古工作者在太液池东边曾发现一件西汉时期的巨大石雕——石鱼，长 4.9、身径 1 米，大概即文献记载的太液池岸边的长三丈、高五尺的石鲸……在昆明池西岸，今马营寨曾出土了汉代石鲸，……长 1.6、最大径 0.96 米。头部雕出鲸眼，尾部弯曲，鲸体鳞纹仍依稀可辨。"[④]郑岩先生认为现藏陕西历史博物馆的石鲸鱼出自西安西郊三桥高堡子村[⑤]，林通雁先生认同昆明池、太液池各有石

① 黑光：《西安汉太液池出土一件巨形石鱼》，《文物》1975 年 6 期，92 页；刘庆柱、李毓芳：《汉长安城》，文物出版社，2003 年，187 页。

② 中国国家文物局：《中国文物地图集·陕西分册》（下），西安地图出版社，1998 年，102 页。

③ 陈直：《三辅黄图校证》，陕西人民出版社，1980 年，94 页。

④ 刘庆柱、李毓芳：《汉长安城》，文物出版社，2003 年，187、197 页。

⑤ 郑岩：《风格背后——西汉霍去病墓石刻新探》，《陕西历史博物馆馆刊》（第 18 辑），三秦出版社 2011 年，140 页。

鱼①。这样一来，古籍记载汉长安城周边和今天的考古调查所见到的石鲸鱼共有两件，发现地位于汉长安城西面和西南面。1991年陕西历史博物馆建成开放，原安置在陕西省博物馆的巨型石雕鲸鱼随其他文物一并移至陕西历史博物馆展示，石鲸鱼即被放置在陕西历史博物馆前门水池之中（图二）。据笔者查证，目前，西安碑林博物馆没有上述石鲸鱼之类的藏品收藏，陕西历史博物馆亦仅此一件。那么，当今学者对陕西历史博物馆南门水池中这件石雕出处的不同说法究竟孰是孰非？它源自汉代太液池还是昆明池？现存的这件石雕是否就是鲸鱼的造型呢？笔者以为有必要加以厘清。

图二

一、秦汉时期长安周边池沼中有关鲸鱼的记载

长安之地原是秦都咸阳的离宫中的村落，长安之名源自秦始皇的兄弟成峤长安君的封地。汉高祖五年（前202年），丞相萧何在秦朝兴乐宫的基础上修筑的长乐宫竣工，刘邦自栎阳移住至此，西汉始以长安城为都。其后，汉惠帝修筑城墙，汉武帝建建章宫、桂宫、明光宫，扩建北宫，广开上林苑，开凿昆明池等，长安城作为西汉都城方完成布局、形成规模。

昆明池，故址在今西安市长安区斗门镇附近。西周时是都城丰镐附近郊区的苑囿，亦称周文王囿、灵沼。秦代属秦上林苑，西汉亦属上林苑，范围更广。《汉书》卷六《武帝纪》载，元狩三年"减陇西、北地、上郡戍卒半，发谪吏，穿昆明池"。以戍卒以及受责罚官吏为主体力量对旧有灵沼进行了扩建、开凿、疏浚，引潏水（交水）入池，又在沣、滈二水上筑堰引水入湖，使得昆明池水量大增，首都长安城的供水得以保证。昆明池故址现为一洼地，低于周边2~4米，规模庞大，其四至范围为北到北常家庄以南，南达细柳原北，东到孟家寨、万村之西，西至张村和马营寨之东，面积约10平方千米②。

在开凿疏浚昆明池的过程中，汉武帝兼顾了水军操练的需要和景观的营造，于是，池中除游船外，还建有豫章台、灵波殿等亭台楼阁等设施，石鲸等亦是此时所置。《三辅黄图》卷四引《三辅故事》昆明池中"刻石为鲸鱼，长三丈"③。

太液池，是西汉长安城建章宫旁边的池沼，汉武帝太初元年（前104年）营建建章宫后引昆明池水灌注而成人工湖。同时，在湖岸边放置石雕等造景物件，《三辅黄图》载："太液池在长安故城西、建章宫北、未央宫西南……，建章宫北有池，以象北海，刻石为鲸，长三丈。"《汉书·郊祀志》颜师古注引《三辅故事》云：太液池"北岸有石鱼，长二丈，高五尺，西岸有石鳖三枚，长六尺"。

①　林通雁：《西汉霍去病墓石雕群的三个问题》，《美术观察》2009年3期，104页。

②　刘庆柱、李毓芳：《汉长安城》，文物出版社，2003年，38页。

③　何清谷：《三辅黄图校注》，中华书局，2006年。

兰池，秦汉离宫之一，位于今咸阳市渭城区正阳乡柏家嘴村附近，《史记·秦始皇本纪》《集解》引《地理志》云：渭城县有兰池宫。《正义》引《括地志》云：兰池陂即古之兰池，在咸阳县界。《秦记》云："'始皇都长安，引渭水为池，筑为蓬、瀛，刻石为鲸，长二百丈'逢盗之处也。"清代毕沅《关中胜迹图志》："兰池宫在咸阳东二十五里。"秦始皇修长池时，引渭水入池成人工河道，兰池便是河道中一个湖，湖中建蓬莱山景，西汉时仍然沿用。典籍中有关兰池中放置鲸鱼的记述延续不断，宋代宋敏求《长安志》称："池北岸有石鱼，长三丈，高五尺；西岸有石龟二枚，长六尺。"清代毕沅称。"池北岸有石鱼，长二丈，广五尺，西岸有石龟二枚，各长六尺。"舒其绅《西安府志》载："始皇引渭水为长池，东西二百里，南北二十里，筑为蓬莱山，刻石为鲸鱼，长二百尺。亦为兰池陂。"

上述昆明池、太液池、兰池三处池沼均有放置石鲸鱼的历史文献记载，按放置年代先后，依次为兰池、昆明池、太液池。但在记述和文献转引中，同一个对象的记述有所不同，昆明池的石鲸鱼长三丈，记载一致；太液池有三丈、二丈的记述；兰池的石鲸则有长三丈、二丈、二百尺三种记述。这或许与文献作者因时代早晚差异、对历史史实的判断和史料取舍的个人因素有关，也可能是引用史料刊刻时的疏漏所致，但大体上表现出晚期文献表述文字沿引前人记述而成的现象。而现代的文物考古和调查工作，印证了上述历史文献记载中的昆明池、太液池遗址中的确有石雕鲸鱼存在的史实，佐证了文献记载的可靠性。昆明池中的石鲸鱼到唐代还依然是怡人景观，杜甫有诗赞曰"昆明池水汉时功，武帝旌旗在眼中；织女机丝虚夜月，石鲸鳞甲动秋风"（杜甫《秋兴八首》之七）。兰池宫遗址有秦代"兰池宫当"等砖瓦发现，池中秦始皇时期所置石鲸鱼是否存在则尚待今后考古调查工作的范围和规模的扩大。

二、汉代石雕鲸鱼的特点与风格

在佛教传入我国之前，大型石雕并不是中国雕塑艺术的主流。秦汉时期，陶塑艺术又有了长足的发展和进步，秦始皇兵马俑、西汉阳陵以及杨家湾汉兵马俑等的出土都让我们见识了秦汉雕塑艺术的高超技艺和艺术魅力。随着铁制工具等更广泛地应用，处在石雕艺术早期阶段的西汉王朝，则出现了诸如汉武帝茂陵陪葬墓霍去病墓前的马踏匈奴等著名石雕，但此时的石雕总体上以粗率圆雕为主要手法，因材而琢，象征性特点突出，雕塑作品主要表现的是气势，营造的是一种氛围。这些石雕与当今考古发掘茂陵陵园出土的陶俑和杨家湾出土的兵马俑同属一个时期，但后者在创作手法和艺术表现力等方面显得更加丰富，感染力更强。

陕西历史博物馆展示的石鲸鱼，是目前史料记载和考古调查可以互证的西汉湖池遗址中石鲸鱼之一，通体呈不规则圆柱状，两头稍细，中间略粗，形似纺锤。目前，鲸鱼的头、眼、尾特征虽已荡然无存，但其雕刻手法简洁，与汉武帝茂陵霍去病墓前石雕风格大体一致，应该反映了西汉石雕艺术水平的真实面貌，结合其出土地点的重要性和汉武帝赋予其在湖池中的特殊作用，现在所见的石鱼虽然造型粗犷，表面斑驳沧桑，但它是两千多年前中国石雕作品风格与艺术水平的代表之一，依然具有极高的文物和历史艺术价值。

三、关于太液池、昆明池中鲸鱼的物种考辨

鲸鱼属于哺乳动物，据动物学家研究，现今世界海洋中有 80 多种，分须鲸、齿鲸两类，须鲸有 11 种、齿鲸有 70 多种。我国海域内有 30 多种鲸鱼，位于鲸鱼头顶的鼻孔可喷出水柱。《三辅故事》曰："（昆明）池中有豫章台及石鲸，刻石为鲸鱼，长三丈，每至雷雨，常鸣吼，鬐尾皆动。"刘歆《西京杂记》卷一云："昆明池刻玉石为鱼，每至雷雨鱼常鸣吼，鬐尾皆动。汉世祭之以祈雨，往往有验。"据此，从文献所说石雕鲸鱼有鬣或鬐、尾，可发出吼叫声的基本特征来看，应属于须鲸类。汉代在湖泊中放置石刻鲸鱼，祭祀天地、祈雨求瑞也是赋予石鲸鱼的一项重要功能。展示在陕西历史博物馆的这件石鱼历经岁月和风雨的洗礼，通体作圆柱状，鱼头、鱼尾已无明显特征，无法看出两千多年前的原貌，更无法推测当时祈雨的仪轨。因此，西汉时期雕刻的石鲸鱼的完整形态究竟如何？工匠雕刻时造型的依据又是哪种鲸鱼？笔者以为有探讨的空间。

现今生活在海洋中的鲸鱼，前肢呈鳍状，尾巴也退化为鳍。古代文献中所描述的石鲸鱼的鬐、鬣是指鲸鱼颌部的鬐，鬐通鳍；尾即指鱼尾。鲸鱼游动时摆动尾巴，可加快游动前进速度，但在今存的石鲸鱼身体上这些器官痕迹皆无，试想当年工匠要在石头上雕刻出鱼的鬐须也并非易事，或者当时雕刻的有，未能保存到今天。当然，文献中有关石雕的鲸鱼能够摆动鬐、尾，能发声吼叫的描述更多的成分应是想象和传说。

秦汉时期，中国人的海洋意识和观念已有了极大的发展，西汉时期的版图和势力范围比秦代更为广大，现在中国的海疆范围在当时已全部涵盖。秦始皇五次巡游天下，其中四次临海，三次登临琅琊台，展示了其"示强威、服海内"的理想[①]。汉武帝六次封禅泰山、开拓海疆、置蓬莱仙景于长安，期望长生不老的思想应不输于秦始皇。鲸鱼是海洋动物，秦汉相继在皇家园林湖泊中放置石雕鲸鱼当与人们对自然界认识的进步有关，西汉时期的人们见过并捕获海洋里的鲸鱼也应该正常。但是鲸鱼由陆入海，在 1000 万年前即已进化到与今天的鲸类基本相同，完全适应了海洋生活，大型鲸鱼已无法在内陆淡水湖泊中存活，那么太液池、昆明池里的石雕鲸鱼雕刻所依据的范本究竟是海洋中的鲸鱼还是淡水河流以及湖泊中的巨型鱼类呢？对于鲸鱼的研究表明，海洋中体型最小的鲸鱼也不小于 6 米，同属鲸鱼目海豚科的各种海豚、江豚、白豚，体量虽有 1.2～4.2 米，但其属于齿鲸类，无鬣，中国特有的、能在江河湖泊中生活的白鳍豚，体长 1.5～2.5 米，体量和外观也不符合前述历史文献所说石鲸鱼的特征。此外，《山海经》中有关江河鱼类的记述屡见，但体量大者鲜见，只有"鼍"的体量较长，《山海经·中次九经》载："'东北三百里，曰岷山，其中多良龟、多鼍。'郭璞曰：鼍似蜥蜴，大者长二丈。有鳞彩，皮可以冒鼓。"郭郛《山海经注证》："鼍即中华鼍（扬子鳄）。"以汉代度量折合今天的长度，汉代一丈为十尺，一尺约为 23.1 厘米，《山海经》中所说的鼍，大者长二丈，折合为米是 4.62 米，而鲸鱼长三丈，即 6.93 米，鼍的长度尚达不到最小鲸鱼的

---

① 孙光圻：《中国古代航海史》，海洋出版社，2005 年。

长度，另外，鼋的身体没有鲸鱼鳍的特征，加之鼋外观丑陋，实难入选作为汉代帝王祈雨的祥瑞动物吉兽行列。汉代长安城郊外湖泊中承担着帝王游玩观景和祈雨功能的石鲸鱼应是以海中体型优美的鲸鱼为蓝本雕刻而成的，文献中所说的昆明池、太液池中的有鳍有尾的鲸鱼造型应该是我们今天看到的海洋中须鲸中的一种，这也应是古代人们对自然界生物的认识不断积累后的自然选择。鲸鱼珍稀、祥瑞、观赏兼具的特点使其具有了极大的象征意义，契合了汉武帝统治时期开疆拓土、积极进取的时代精神。当然，文献中昆明池或太液池中安置的石鲸鱼能够吼叫并感应天地喜降甘霖的记述，则只能当作人们美好愿景的神话传说对待了。

图三

综上所述，秦汉时期，在都城郊外的人工湖泊中安置鱼类石刻雕塑有着一定的传统和延续性；汉代昆明池中放置石鲸鱼时间早于太液池；文物调查时所见昆明池中鲸鱼断为体、尾两截，尾巴弯曲，而陕西历史博物馆放置的石鲸鱼，通体作纺锤状，无断折痕迹，辅以当时文博工作者公开发表的文物简讯和图片，应系西汉太液池出土而非昆明池；陈直先生著述以及《陕西文物地图集》文物条目说明等关于原陕西省博物馆所存石鲸鱼来自昆明池的记述有误，昆明池岸边的石鱼残件还在原地（图三）；汉代石鲸鱼造型应源自海洋中的须鲸。海洋中的须鲸体形优美，从鼻孔喷出的水柱又直又高，选择以它雕塑成湖中景观和祈雨瑞物符合古代人们对自然界特定动物的景仰膜拜心理和科学认知水平，也是汉代人不断追求丰富而多彩精神世界时代特色的表现。因此，石雕鲸鱼的历史、文物和艺术价值是不言而喻的。

　　附记：此文在写作过程中，笔者向原陕西省博物馆保管部的李域铮、关双喜、省文保中心的秦建明等先生进行了求证，并请刘瑞向刘庆柱先生做了讨教。2015年10月笔者与西安市文物考古研究院的赵凤燕、翟霖林两同志赴长安区马营村实地查找石鲸，在村民王千友住宅北墙窗下找到了刘庆柱先生书中所记石鲸的尾部，现仅露出地面约30厘米（如图三），鱼身未见。据现场两位60～80岁的村民说，自1957年村庄迁建于此，石鱼（尾）即在此处，鱼身被砸毁。另外，触动石鱼即会打雷下雨的传说在当地民间依然流传。在此向上述同仁一并致谢。

（原载《文物天地》2016年6期）

西汉大型石刻的功用探讨

蒲汀汀

西汉是我国历史上一个重要的时期，其工艺水平也较之前有了巨大的进步。特别是雕刻工艺也有了很大的进步，小型的玉石雕刻多有发现。不过本文重点讲述大型的石刻，由于年代久发现的数量十分有限，在下文一一列举，并试着探讨其功用等。

一、西汉大型石刻的发现和介绍

石刻是雕刻艺术中运用雕刻技法在石质材料上创造出的具有实在体积的各类艺术品，包括动物及人物等内容的石刻，还有大量文字石刻。给后来的历史研究者提供了大量的资料。在西汉，石刻技术的代表性文物是大量的画像石等石刻艺术。不过画像石等用途明确的较小的石刻，和朱山石刻等年代不甚明确的石刻不在本文的讨论范围之列。

（一）赵佗先人墓石刻

我国境内年代最早的西汉石是赵佗先人墓附近之跽坐石人[1]，于 1985 年在河北省石家庄市西北郊小安舍村发现的一对裸体石人，皆用青石雕成，其一为男像，高 174 厘米；另一为女像，高 160厘米。两像造型相似，皆为椭圆脸，尖下巴，大眼，直鼻，小口，头戴平巾帻，腰间系带，身上无衣纹。其跽坐姿态及古朴风格，与西汉昆明池石刻牵牛、织女像相近，而与山东曲阜等地出土作站立姿态的东汉石人相异。虽然有的学者认为其年代不明[2]，但是由于石像所在地距西汉南粤王赵佗先人墓仅 3 千米，《史记·南越列传》中有汉文帝元年（前 179 年）修治赵佗先人墓的记载[3]，因此，这一对石人应该是文帝时期雕刻的，将西汉的大型石刻的考古发现历史提前了半个世纪。

（二）昆明池牛郎织女石刻

在《关辅古语》中记载："昆明池中有二石人，立牵牛、织女于池之东西，以象天汉。"[4]而后经

---

① 河北省石家庄市文保所：《石家庄发现汉代石雕裸体人像》。

② 郑岩：《逝者的面具》。

③ 司马迁：《史记·南越列传》。

④ 《关辅古语》：《三辅黄图》卷四。

过考察发现两座石刻均在昆明池的遗址附近，即今西安市长安区的斗门镇一带。织女石刻位于长安区常家庄村西，现已建成石婆庙。织女像高约 190 厘米。眼睛仍以线刻雕凿出轮廓，依稀可见线眉，面部饱满。双耳旁可见方大鬓角，长发于双耳后垂于背部，具汉代特有的发辫样式。身体亦呈跽坐状。

牛郎石像高约 230 厘米。五官轮廓清晰，双眼圆睁，鼻子下方有明显胡须状隆起痕迹，具男性特征。左手残缺似贴腹前，右手置胸前，五指已残，仍可见手掌心向前。服饰衣襟、腰带均清晰可辨。身体与双腿结构清晰，身体呈跽坐状。造型较为刚劲。两座石刻均具有西汉时刻的典型风格，年代也比霍去病陵墓石刻早 3 年。

（三）霍去病陵墓石刻

霍去病墓，于武帝元鼎元年（前 116 年）建，位于茂陵东约 1 千米处，即今兴平市南位镇道常村西北，墓为祁连山山形。该墓有封土堆，封土堆为覆斗形。霍去病墓石刻包括马踏匈奴、卧马、跃马、卧虎、卧象、石蛙、石鱼二、野人、野兽食羊、卧牛、人与熊、野猪、卧蟾等 14 件，另有题铭刻石 2 件。其中马踏匈奴、跃马和卧马为雕像的主题。其中马踏匈奴高 1.68 米，长 1.9 米，使用一人一马对比的形式，构成一个高下悬殊的抗衡场面。跃马高 1.5 米，长 2.4 米。马的胸前用"分层减地"法雕凿成型，其他部位则运用线刻技法，惟妙惟肖地表现了一匹骏马腾跃时的瞬间动作。卧马高 1.14 米，长 2.6 米。马那修剪得整齐的短鬃，短而尖的双耳，以及警觉的神态，都流露出作者的寓意。另外几件石刻与这三件风格相似。

这些石刻现在都别放在霍去病墓前的亭子之下，整齐排放成一排。

（四）昆明池和太液池石鲸

汉武帝时期在昆明池和太液湖均放有石鲸，"池（昆明池）中有豫章台及石鲸。刻石为鲸鱼，长三丈，每至雷雨，常鸣吼，鬐尾皆动"[1]。昆明池中石鲸原在长安县斗门镇马营村西，断为鲸体鲸尾两截[2]。鲸体通体浑圆，头部雕有鲸眼，长五米。鲸尾呈半弯状刀法简洁，造型风格粗犷。鲸体始迁至客省庄，今存陕西省西安碑林博物馆。鲸尾仍在原地[3]。太液池的石鲸原本位于今天六村堡街道办高堡子村，长 4.9 米，现存于陕西历史博物馆。

以上就是西汉时期年代明确而且现在保存下来的大型石刻。其风格粗犷豪放，颇有西汉王朝的风格。

二、大型石刻的功用探讨

关于西汉大型石刻的功用探讨，也已经有很多观点。汉代流行修仙，对于仙山也是极为推崇，

---

① 《三辅黄图·池沼》。
② 《中国文物地图集·陕西分册》。
③ 《西安昆明池的民间守护者》。

在当时流行的博山炉上就能看到人们对于仙山的幻想①。所以有学者认为的主要功能是"修仙"。而笔者认为其为大型景观的一部分。大型景观也被称作"大地艺术"②，简单来说就是修造一个整体工程，而这些大型石刻就是这些景观的组成部分。

首先讨论霍去病的陵墓石刻，司马迁的《史记》中记载过："天子悼之。发属国玄甲，军陈自长安至茂陵，为冢象祁连山。"③而在《汉书》中有注说："在茂陵旁，冢上有竖石，冢前有石人马者是也。"上面森林密布，各样的奇珍异兽参差其中（不过也有部分学者认为其原是排列有序的④）。所以有学者认为霍去病墓石刻的用途是已经修成祁连山状的墓画龙点睛⑤，而且这些石刻粗糙的雕刻技法是有意而为之，目的也是将石头仙化，将藏身在其中的仙灵点化出来⑥。

《史记》的古注中写道："案：崔浩云'去病破昆邪于此山，故令为冢象以旌功也'。"其中很明显地写道将其坟墓建立为"祁连山"的目的是表彰霍去病平叛匈奴的功绩，这也是众所周知的。不过很奇怪的一点是，霍墓是十分典型的覆斗式封土堆，外观和此起彼伏的祁连山脉相去甚远。所以使得这样一个封土堆能够与祁连山相似的话，只有靠那些原本错落在树林间的石雕了。

更值得思考的一点是，在这一组石雕中最核心的部分是"马踏匈奴"，似乎与"修仙"的关联并不明显，这组石雕的存在直接证明了其纪念性。赵佗先人墓的石人也同霍去病墓的石雕一样，应用于墓葬艺术，可是却没有明显的痕迹表现出与"修仙"的关系。虽然并未摆脱"大型景观"的概念，不过在墓葬环境中的纪念性的确是不能忽视的。

而石鲸则不然，在《史记·平准书》说："是时越欲与汉用船战逐，乃大修昆明池，列观环之。"而前文提到的牛郎织女的石雕也是出现在昆明池遗址的附近。昆明池原本是为了征战而练兵的场所，为了和当地兵民作战而使其"穿昆明池，象滇河"⑦。也许和霍去病的"祁连山"一样，由于种种原因无法使之与原景还原，所以也要借用一些石雕来表现其中的意味。而后虽然《西京杂记》中："昆明池刻玉石为鱼，每至雷雨，鱼常鸣吼，鳍尾皆动。汉世祭祀之以雨，往往有验。"⑧不过《西京杂记》成书年代较晚，不免有使这些石头神化的文学色彩，而且中国人向来喜欢借物喻人，认为万物皆有其灵性，早期的文学作品——如《诗经》《楚辞》等有很多比喻类的修辞。所以笔者认为无论是石鲸还是牛郎织女，也许一开始只是为了建造一个整体环境，而后衍生出来的神仙鬼怪之说，可能也只是后人在这些冷冰的石头上寄托了自己的理想。

（原载《人间》2016 年 23 期）

---

① 林通雁：《西汉霍去病墓石雕群的三个问题》。

② Annpaludan, "An New Look at The Tomb of Huoqubing," Orientations, 1992: 74-89.

③ 司马迁：《史记》，2940 页。

④ 程征：《为冢象祁连山——霍去病墓石刻群总体设计之探讨》，《西北美术》，17 页。

⑤ 郑岩：《逝者的面具》。

⑥ 傅天仇：《陕西兴平县霍去病墓前的西汉石雕艺术》。

⑦ 杨雄：《羽猎赋》。

⑧ 刘歆：《西京杂记》。

6.昆明池与镐京

由昆明池而溯及镐京与丰邑

陈子怡

去长安西南二十余里，有昆明池；汉迹已湮，止有二石人在，唐代规模尚可追寻。至近代居民所建设者，有东西南北四丰镐村，旧属斗门厫。斗门厫者此厫首邑在斗门镇也。即以斗牛宫故，而制此村名。夫镐上而冠之以丰，此与称鄠县曰鄠杜，同一笼统；故建村之地，指为镐京遗址，实不敢信。若曰昆明观在此，犹德其仿佛耳。

文王迁丰，武王迁镐；按时代论，自当先叙丰邑，后言镐京。但地理上之遗迹，时古者率多湮没，惟较近者尚存梗概。在考证上溯流穷流，先致力于近者，较为易明，且少误解；故此篇文字，用逆溯之法，而先述镐京。

今于未述镐京以前，有一事当预先证明者，即昆明池是。此而不明，对于镐京即不能按部指实；故今先加一楔子，以为讲昆明池之地步。

昆明池，汉武所凿，以习水战也。未凿以前，此地原为上古之灵沼及周代之滈池。然皆规模狭小；汉武帝掘而大之，借潏水正流，又堰交水以助之，遂成径十里之大湖。此昆明池之成因也。故今按此次序，于昆明之前，先述灵沼滈池二水，以明其因由。

（一）灵沼

此水开始不详；查"劫灰"之说，及今岸下灰层，其来源当在史前。《三辅黄图》《三秦记》曰："昆明池中有灵沼，名神池；云尧时治水，常停船于此池。通白鹿原，原人钓鱼，绝纶而去，梦于武帝，求去其钓。三日戏于池上，见大鱼衔索；帝曰：'岂不穀昨所梦耶？'乃取钩放之。间三日，帝复游池滨，得明珠一双；帝曰：'岂昔鱼之报耶？'"

《长安志》："昆明池，尧时已有污池。"注《关中记》曰，"昆明池武帝习水战也。中有灵沼神池，云尧治水，停船此池。盖尧时已有污池，汉代因深广耳。"

在尧时曰污池，在汉以后曰灵沼；随人爱憎，地理上亦变而灵蠢已。但尧时已有，其有当在尧前；今再为追溯之。

《高僧传》初集："竺法兰中天竺人。昔汉武帝穿昆明池，底得黑灰；问东方朔，朔云不知，可问西域胡人。后法兰既至，众人追以问之；兰云：世界终尽洞烧，此灰是也。朔言有徵，信者甚众。"

《三辅黄图》："武帝初穿昆明池，得黑土；帝问东方朔，朔曰西域胡人知；乃问胡人，胡人曰：劫烧之余灰也。"

《长安志》："曹毗《志怪》曰，汉武帝凿昆明池，极深，悉是灰墨，无复土。举朝不解，以问东方朔；曰，臣愚不足以知之，可试问西域胡。帝以朔不知，难以核问。至后汉明帝外国道人入来洛阳；时有忆方朔言者，乃试以武帝时灰墨问之；胡人曰，经云天地大劫将尽，则劫烧，此劫灰之余。乃知朔言有自。"

地层下灰土，自是太古先民经过遗迹。今可取证地质学，不必再访胡经也。近以调查至昆明池，见东方岸下一带，灰土层极富；中含螺殻及红色灰色砂质等陶片甚多。红色者大似仰韶秦王砦等地出品；但仓促间未得检出石器残块耳。螺殻颇异于常见者。今据此，知此地在太古渔猎时代，已有居人。螺壳之留，乃湖边人食物所遗也。汉凿昆明，黑灰之说，自是纪实。尧时已有污池，其说更可信已。此地盖在太古之时，乃一大淡水浅湖；中产动植物甚富，因皆生死其中，故池水变污。至尧时尚停船，水犹可观；下及西汉，池水将竭，故武帝因势利导，加以开凿，始成其大也。

（二）滈池

此池显于周秦，盖与尧时灵沼同为一大湖所遗。因未凿昆明以前，此池已为名人所经营；故在汉以前，其名已显也。

1. 周之滈池

滈、镐、鄗三字相通。滈池与镐京在一地，故自来言滈池者，皆包括镐京在内。

《水经注》："渭水又东北与鄗水合。水上承鄗池于昆明池北，周武王所都也。自汉武帝穿昆明池于是，地基沦褫，今无可究。鄗水又北流，西北注，与滮池合。北径灵台西，又径磁石门西，又北注于渭。"

《三辅黄图》："滈池在昆明池之北，即周之故都也。庙记曰，长安城西有镐池，在昆明池北，周匝二十二里，溉地三十三顷。"

《长安志》："镐水由长安县西北十八里镐池。"《帝王世纪》曰："今鄗池即周之故都也。"《庙记》曰："长安城西有镐池，在昆明池北，周匝二十一里。"《后汉志》曰："镐在上林苑中。孟康曰，长安西南有镐池。"《古史考》曰："武王迁镐，长安丰亭镐池也。"

以上各书所引，原书即存，亦不再言，以免繁复。镐池固在昆明池北；而汉武穿昆明池，竟至地基无考，则所谓北者，乃池身本体之北，非池外之北方也。昆明池成，镐池即不复能辨；其包括镐池在内明矣。

2. 秦之滈池

因遗滈池君璧故，知其仍存；余无可言也。

《史记》："使者望见素车白马，自华山下；持璧与客曰，为我遗滈池君。集解孟康曰，长安西南有镐池。"

《水经注》："春秋后传使者郑容入柏谷关，至平舒置，见华山有素车白马，问郑容安之？答曰，之咸阳。车上人曰，吾华山使者，愿托书致鄗池君。子之咸阳，过鄗池，见大梓树下有文石，取以钦列梓，当有应者。以书与之，勿妄发。致之得所欲。郑容行至鄗池，见一梓下，果有文石；取以款梓，应曰，诺。郑容如睡觉，而见宫阙若王者之居焉。谒者出，受书：入，有顷，闻语声言，祖龙死。神道茫昧，理难测辨，故无以精其幽致矣。"

下此即至汉武帝凿昆明之时期。前此有名之滈池，至是为昆明所吞并矣。此后即详述西汉一代关于昆明池之史迹。

《汉书》武帝纪元狩三年，"减陇西北地上郡戍卒半，发谪吏，穿昆明池。注臣瓒曰，西南夷有越巂昆明国，有滇池方三百里。汉使求身毒国而为昆明所闭；令欲伐之，故作昆明池象之，以习水战。在长安西南，周回四十里。"

又《食货志》："于是除千夫五大夫为吏，不欲者，出马。故吏皆适令伐棘上林，作昆明池。"

又，"是时粤欲与汉用兵战逐，乃大修昆明池，列馆环之。治楼船，高十余丈，旗织加其上甚壮。注师古曰，织读曰帜。"

《西京杂记》："武帝作昆明池，欲伐昆明夷，教习水战，因而于上游戏养鱼。鱼给长安诸陵庙祭祀；余付长安市卖之。周回四十里。"

《三辅黄图》："昆明池，武帝元狩四年穿；在长安西南，周回十里。西南夷传曰，天子遣使求身毒国市竹，而为昆明所闭。天子欲伐之，越巂昆明国有滇池，方三百里；故作昆明池象之，以习水战：因名曰昆明池。《食货志》曰，时越欲与汉用船战逐，乃大修昆明池也。《三辅旧事》曰，昆明池地三百三十顷，中有戈船，各数十，楼船百艘；船上建戈矛，四角悉垂幡旄，葆麾盖，照烛涯涘。《图》曰，上林苑有昆明池周匝四十里。《庙记》曰，池中复作豫章大船，可载万人。上起宫室，因欲游戏养鱼，以给诸陵祭祀，余付长安。《三辅故事》又曰池中有豫章台，及石鲸。刻石为鲸鱼，长三丈；每至雷雨常鸣吼，鬐尾皆动。一说甘泉宫南有昆明池，池中有灵波殿，皆以桂为殿柱，风来自香。又曰，池中有龙首船，常令宫女泛舟池中，张凤盖，建华旗，作棹歌，杂以鼓吹；帝御豫章观临观焉。《关辅古语》曰，昆明池中有二人，立牵牛织女于池之东西，以象天河。张衡《西京赋》曰，昆明灵沼，黑水元沚。牵牛立其右，织女居其左。今有石父石婆神祠，疑即此也。"愚按甘泉云云于此无涉。

《长安志》："昆明池有二石牵牛织女像，见汉宫阙疏。"

又，"昆明池大鱼衔钩"，文同《三辅黄图》，不重赘。

又，"昆明池养鱼以给诸陵，注《三辅故事》曰，汉武帝作昆明池，武帝崩后，于池中养鱼以给诸陵祀，余付长安市。《庙记》曰，池盖二百二十顷，后作豫章大船，可载万人。上起宫室、因欲游戏养鱼以给诸陵祭祀，余付长安市中。"

又《昆明观注》："又有昆明观，《三辅黄图》曰，上林苑有昆明观，盖汉武所置。桓谭《新论》曰，元帝被病，求方士；汉中送道士王仲都，诏问所能，对曰能忍寒暑。乃以隆冬盛暑日，今祖载驰马车于上林昆明池上，环冰而驰。御者厚衣狐裘，寒战，而仲都无变色。卧于池台上，晔然自若。夏大暑目，使曝坐，环以十炉火，不言热，又身不汗。池台即观也。"愚按池台即观也之观，究在何虚？今按之水经注本文，及杨守敬水经图，并现在地形；西丰镐村附近，正当其地。盖台若筑此，潏水田其东，池水出其西，虽立池滨，宛在水中央矣。

　　昆明池既以灵沼滈池合并，东凿西堰，以还其太古之形势；故至今略同西文字 B 之形。为下必因川泽川，固古有明文也。不知者每以为昆明池由平地开凿而成，此则揣测之误也。即吾在昔，亦如是云尔。试想十里之池，由平地掘成；其旁当筑五里高山，乃可以容纳此余士；今其旁地势皆不坦如故，同昆明之原由，可以爽然矣。此理于下文考镐京时，大有用处，切勿认为间言也。且昆明之凿，亦非澄泓一池，独处上林苑中已也。南有来源，北吐长流，皆与此池息息相通。观昆明者而不注意此相关各水，不能领略创始之人，别有深意也。但汉时旧文，对于此节无详细记载；至水经注记载较详，而池上情景，已略改本来面目。至于今，在研究上所凭借者，亦只得取材于此，而穷其本源。倘不将北魏以前之沿革皆考查明白，在研究上实无法下手也。今以此故，汉时有关昆明各流，只得待叙至南北朝以后，再加讨论。南北朝时，各国分立，兴灭无常；在读史上次序甚难记忆。今从习惯，仍以晋为主，而按时期以记之。

　　晋大兴三年，起陵霄殿于滈池。

　　《通鉴》："晋大兴三年，刘曜作酆明观，及西宫，及起陵霄殿于滈池。"（司马彪曰，镐池在上林苑中。孟康曰，长安西南有镐池。《古史考》曰，武王迁镐长安丰亭镐池也。滈与镐同。又于霸陵西南起寿陵。侍中乔豫和苞上疏谏，悉罢宫室诸役：秦陵制度，一遵霸陵之法。又省沛水囿以与贫民。（丰水出京兆南山，东北流注于渭。曜立囿于丰水左右）。

　　晋太元以后，昆明池竭。

　　《长安志》："昆明池至秦姚兴时竭。"

　　晋元嘉十七年，魏浚昆明池。

　　《魏书·世祖纪》："太平真君元年，浚昆明池。"

　　大地水分，自开辟以来，陆地上皆渐渐减少；故膏腴变而枯燥，下湿变而肥沃：此自然之理也。古时池沼，近来桑田，固在有之矣。然亦其来有渐，决非人生寿命所可待也。刘曜起陵霄殿于滈池；至秦姚兴之世，不过七十余年耳；前之汪洋大观，七八十年，绝无告枯之理。且刘曜作殿时，不曰昆明而曰镐池；则昆明之竭，此时即甚显著。初汉武作堰，并灵沼镐池两泽，而灌以潏交二水，以成其大；故灵沼镐池皆失其踪。至东晋时，年代已远，池水逐渐枯缩；曩者为昆明所没之镐池，至是又复现形；故刘曜得作殿于上，而以滈池标识之也。此时昆明即存，亦不过向南一部，保持灵沼旧形尔。微乎其微之一言，可谓昆明相赠矣。故延至秦姚兴时，而以枯竭告也。再后太平真君元年，而有浚治之举。距姚兴枯竭时，又四十余年矣。此一役也，始末不详，故不能明其究竟。但比之汉代，大不相侔，此可断言已。因汉时潏水灌入昆明，又复流出，以灌京师。北魏时潏水不及新池，仅由故池之边经过，则新池规模之小可知。（详见下文）此层读史者亦须留意；不然，认新池为故池，以管相窥，不见全体矣。

　　自开辟以来，至元魏之世，昆明池之历史既明；则水经注及与此书相等之记载，所叙有关昆明池各水，可于此下一讨论之。欲深明汉代连通昆明各流，亦可于此中求得之也。

　　一丰水：正流不入昆明，在南有枝津通交水；至昆明正西，又有小沟通昆明池凡此皆以为昆明池水调济盈绌之用也。

《水经注》："丰水出丰溪西，西北流分为二水；一水东北流为枝津，一水西北流，又北交水自东入焉。又北昆明池水注之。又北径灵台西。又北至石墩注于渭。"愚按《长安志》引《水经注》，"交水又西南流，与丰水枝津合"。则此一枝津只借丰交二流，以交灌成渠；故知与昆明池西一水沟皆仅有调济之作用也。又北径灵台西，此汉灵台也。在汉长安城东南，唐为修真坊地；故丰流经其西。若文王灵台，在秦渡镇北，丰水经其东矣。愚又按今之丰水由太平峪水高冠峪水丰溪三水合流为上源；北流有皂河一枝西注而入之。其地在今乾河及堰头之南。乾河当即汉故渠也；而此枝流正当其南，水经注枝渠之道，大约即在此耳。

《禹贡锥指》："渭南诸川，惟丰为大。自汉鸿嘉中，王商穿长安城，引丰水注其第中，而其流渐微。"愚按此说本汉元后传。其实所引者为滈水，特上源乃丰耳。愚别有文，详论此事。

《长安志》："丰水出县西南五十五里终南丰谷。其源阔一十五步，其下阔六十步，水深三尺。自鄠县界来，经县界，由马坊村入咸阳。"

二交水：在汉为昆明池南源；其水出山北注后，西通丰水枝津。东以两渠相并，而通滈水。正流由昆明池正南牛女之间入池。

《长安志》："福水即交水也。《水经注》水承樊川御宿川诸水，出县南山石壁谷南三十里，与真谷水合亦名子午谷水。"又，"交水又西南流，与丰水支津合。其北又有汉故渠出焉。又石闼堰在县西南三十里。水经注交水西至石堨，分为二水；一水西流注丰，一水自石堨北径细柳诸原，北流入昆明池。"又，"交水西至石堨；汉武帝元狩三年穿昆明池所造。"愚按《水经注》各文，今本已佚；幸长安志载之，交水梗概，今犹得以考见耳。石堨即石闼堰也，后世仅呼为石堨焉。

《太平寰宇记》："万年县，福水即交水也。上承樊川御宿川诸水，出县南石壁谷南三十里，与道谷水合，即子午谷水。"

《通鉴》注："武帝作石闼堰，堰交水为昆明池。"池基高，故其下流尚可雍邀以为都城之用；于是并城疏列三派，城内外皆赖之。唐太和后堰废而昆明涸。愚按昆明池地势本高；西南两面，皆以堰堰起，故雍而为池。其实池底之地，犹高于西方之田也。胡氏云云，信然。所谓三派者；昆明池水为一派，滈水为一派，滴本为一派也。详见下文。

昆明池南源由石闼堰之作用，堰交水由正南流入，今斗门镇东有石父即牛郎也；在东有石婆即织女；左右分列，其间地势颇下；汉时交水故道宛然。自唐人复修后，他迹皆无；只以牛女为凭，犹得知其梗概耳。

一沉水：即滴水也。今名皂河，即漕河之转音。其流由昆明故池之东，入而复出。在汉亦是昆明主流。特北魏新浚之后，池不及古；此水遂遗于池外耳。

《水经注》："渭水又东径渭城南；有沉水注之。水上承皇子陂于樊川；其水西北流，径杜县之杜京西。西北流，经杜伯冢南，沉水又西北径下杜城。沉水又西北，技合故渠。渠有二流，上承交水，合于高阳原；而北径河池陂东，而北注沉水。沉水又北与昆明故池会。又北径秦通六基东。又北径堨水陂东。又东得陂水。水上承其陂；东北流，入于沉水。沉水又北径长安城西，与昆明池水合。沉水又北径凤阙东。沉水又北分为二水；一水东北流；一水径神明台东。沉水又北流注渭。"愚按东北流一水，即所谓沉水枝津也。详见下文。

《水经注》："渭水又东与沆水枝津合。水上承沆水，东北流，径邓艾祠南。又东分为二水：一水东入逍遥园，注藕池；其一北流，注于渭。"愚按此与前节乃一水分叙而互见者。汉时赖有此水灌池；故堰入交水之半，已足应用。隋以后此水东改，以灌京都；是以规复汉制，必须交丰二水悉纳于池中焉。

一昆明故渠：出昆明池东口所开之渠也。在汉为漕运所需而穿此渠；故此渠穿过沆水，又在长安东与沆水枝津所灌之王渠西合；又于邓艾祠西北，虎圈西北，与渭水通；又于虎圈之东入霸；盖交通上最要之水线也。

《水经注》："渭水东合昆明故渠；渠上承昆明池东口，东径河池陂北，亦曰女观陂，又东合沆水。亦曰漕渠。又东径长安县南，东径明堂南。故渠又东而北径青门外，与沆水枝津会。渠上承沆水于章门西飞渠引水入城东为仓池。又东径未央宫北；未央宫北，即桂宫也。故渠出二宫之间，谓之明渠也。又东历武库北。明渠又东径汉高祖长乐宫北。故渠又东出分为二渠；即汉书所谓王渠也。苏林曰，王渠官渠也，犹今御沟矣。晋灼曰；渠名也，在城东覆盎门外。一水径杨桥下，即青门桥也。侧城北径邓艾祠西，北注渭。其一水右入昆明故渠，东径奉明县广城乡之廉明苑南。故渠东北径汉太尉夏侯婴冢西。故渠又北分为二渠；东径虎圈东而东入霸，一水北合渭，今无水。"愚按此一水关系汉京转运甚大，则汉武穿渠，不仅以备游观，实便首都交通矣。

昆明池水：渠由昆明北口流出之水也。下流入塬水陂而由陂入沆。

《水经注》："沆水又北径长安城西，与昆明池水合。水上承池于昆明台。水北径鄗京东，秦阿房宫西；其水又屈而径其北；东北流注塬水陂。陂水北出径汉武帝建章宫东，于凤阙南，东注沆水。"

镐水：由镐池北出径镐京西又北而与滈池合者也。又北径清冷台西与磁石门西，北入渭。

《水经注》："渭水又东北与镐水合。水上承鄗池北；周武之所都也。自汉武帝穿昆明池于是地，基构沦褫，今无可究。鄗水又北流，西北注，与滈池水合。水出鄗池西北，而北流入于鄗。鄗水北径清冷台西。又径磁石门西。鄗水又北注于渭。"

《长安志》："镐水出县西北十八里镐池。"愚按镐水出县西南，西北入渭，乃经过之地也。此文记载不正确。

北魏之水道，大概如是；今据以推测西汉水道，其实际果何如乎？汉代昆明池水盛旺，在本身上已不能不小有异同，如尔时昆明池镐池不可分别，沆水直接入而复出，与昆明故渠无穿插之形迹皆是。因后世穿插地点，尔时皆在边线已内，故无以现出焉。但昆明故渠，用以转漕，自是大流，所需水量甚多，而北出之沆水昆明池水镐水是否受此影响，而有微弱之虞？此不可不注意也。查城中之水：有沧池，有明渠；城外又有太液池唐中池孤树池琳池等，皆借沆水以灌成，则沆水由昆明池北出，当为大流无疑。且以上各池，所需水量实多；沆水即大，恐亦难以应求；借昆明池水之助，以竟其功，亦时尔所必有事也。况因凿池而伤及镐京，则镐京东阿房西一流，正含此作用；与昆明俱有可知。故沆水北段及昆明池水一流，汉时即已先有，无可疑也。沆水有池北一段出于昆明，则池南一段入于昆明自相因而至。至石闼堰之堰交水，此固经有明文，不必赘也。唯滈池没入昆明，无迹可寻；因其有流出之一道，故后人犹得以识其名；皇甫谧《帝王世纪》：今镐池即周之故都，此例可证也。今为核括言之：即汉时昆明池甚大，沆水入而复出，以灌京师。丰水则不入昆明。交水自石闼堰堰其一部入昆明池，一部入丰水。昆明池本身则东面开一大渠，以周灌京城，北面则流出一枝入沈以济建章各池。至西北一角有口尚可溉田，故镐池之名仍存。此固水量与地势相就，而成此形象也。继汉而大兴者，当推唐代；虽不都汉城，而相距不过数里：经营国都，当亦有相同之点。其对于将竭之昆明，当如何处理乎？一言以蔽之曰，追寻汉制而已。《括地志》：贞观中修昆明池，丰镐二水皆悉堰入，无复流派。愚按此时所堰乃丰水余流，正流则入交也。愚别有文详论此事。

《方舆纪要》："昆明池深入寻，袤十里。贞元十三年，命京兆尹韩皋浚之，追汉制，引交河及丰水合流于池。又修石炭贺兰两堰，并造大堰以汇众流。太和九年复浚之。雍胜录云，池在长安故城西十八里云云。自宋以后，不加浚治，遂埋为民田。胡氏曰武帝作石闼堰，堰交水为池。昆明基高，故其下流尚可壅激以为都城之用。于是并城疏列三派，城内外皆赖之。唐太和以后，石闼堰废，而昆明涸矣。"

《旧志》："上林苑有波浪二水，武帝因凿为昆明池。"愚按此二水当是灵沼滴池别名。

《清一统志》："昆明池至秦姚兴时竭。唐德宗贞元十三年，命京兆尹韩皋浚之；追循汉制，引交河丰河合流入池。在长安县西二十里，今为民田。又石闼堰在县西南三十二里。县志在县西南十三里。地名鹳鹊庄。"

唐时继北魏而修昆明池者，为贞观中之堰丰镐二水，悉皆壅入，不使他流。迨贞元中追寻汉制，交水又复堰入，其形势更为扩大矣。然既追寻汉制，为何不如前此之上源淹贯，下流通达，而竟成为几类无吐口之湖泊乎？此地理上使之然也。求剑不可刻舟；止求其实，虚名难拘矣。今欲说明此理，有两段故事，不可不知矣。

隋文帝修西京，引交水为永安渠，引沈水为清明渠。

《长安志》："次南大安坊，大安亭，越王台，西街永安渠注隋开皇三年，引交水西北流入城，自此经流大通信义永安延福崇贤延康六坊之西，又经西市之东，又北流经布政颁政辅兴崇德四坊，及兴福寺之西。又北流入芳林园，又北流入苑；注之于渭。"

又，"东街清明渠；注开皇初引沈水西北流，又屈而东北流入城，当此坊南街。又屈而东流，至安乐坊之西南隅，曲而北流，经安乐昌明丰安安义怀真崇德兴化通义太平九坊之西，又北流经布政坊之东，右金吾卫之东南，屈而东南流入皇城，经大社北。又东至含光门后，又屈而北流，经尚食局东，又北流经将作监内侍省东，又北流入宫城。"

《清一统志》："清明渠在长安县西南，由咸宁至县界。《太平寰宇记》，清明渠在大安坊。开皇初引沈水西流入城，经大社尚食局将作监内侍省而入宫城。《长安志》：长安县清明渠东南自万年县流入。西北流，又屈而东北流，入京城。玉海清明渠导交水由大安坊东街入城，由皇城入太极宫。"

又，"永安渠在长安县西。《长安志》：永安渠隋开皇三年开，在县南。引交水西北入城，经西市入苑。坑水自南入焉。有福堰下分为二水：一水合交水；一水西北流为永安渎。《玉海》：永安渠自城南导交水从大安坊西街入城，北流入苑，注于渭。"

《唐两京城坊考》："永安渠隋开皇三年开，亦谓之交渠（《唐会要》，元和八年，修城南交渠），引交水西北流，入京城之南，经大安坊之西街。又北流，经大通敦义永安延福崇贤延康六坊之西。

又经西市之东。又北流经布政颁政辅兴修德四坊，及兴福寺之西。又北流入芳林园，又北流入苑。又北注于渭。"

又，"清明渠在永安渠东，亦隋开皇初年开。引沈水自丈八沟分支经杜城之北，屈而东北流，入京城之南，经大安坊之东街。又屈而东，经安乐坊之西南隅。屈而北流，经安乐昌明丰安宜义怀贞崇德兴化通义太平九坊之西。又北经布政坊之东，右金吾卫之东，东屈而东南流，入皇城大社北。又东至含光门西。又屈而北流，经尚食局东，又北经将作监内侍省东。又北入宫城广运门，注为南海。又北注为西海。又北注为北海。"

沈水交水曩者灌昆明池之大源也。亦借其下流以灌京师。自开皇营东都，地址移于今长安城，地位较汉城为东；则灌城之水，不得不随之而东；故开清明渠以引沈水，开永安渠以引交水。前代入昆明东边之沈水，及石闼堰所堰之交水入昆明之处，至此皆随渠东移，不得复入昆明矣。昆明告竭，此时当比任何代皆甚也。

（三）永安公主之凿定昆池

《唐书・武延秀传》："延秀令杨务廉于城西造定昆池于其庄，延袤数里。"

《长安志》："定昆池注神龙中安乐公主恃宠，请定昆池，中宗不与；主怒，自以家财穿池，号曰定昆池。"

《方舆记要》："定昆池府西南十五里。唐景隆三年，安乐公主恃宠，请昆明池为私沼，帝不许，自凿定昆池，袤数里；即此也。今亦废。《朝野金载》，定昆明池方四十九里，直抵南云山。"

《清一统志》："定昆池在长安县西南。唐《景龙文馆记》，安乐公主西庄，在京城西延平门外二十里。司农卿赵履温种植，将作大监杨务廉引流凿沼，延袤十数里；时号定昆池。"《唐书・安乐公主传》："当请昆明池为私沼，帝曰，先帝未有以与人者。主不悦，自作定昆池；言可以抗订之也。"

此池也，延袤十里，亦洋洋大观矣。其地本为河池陂，但水量有限，今凿为大湖，所需水源果何自来乎？此时交水已东引为永安渠，并堰丰水由贺兰流入，以助其量；则定昆之凿，除交水外，已别无水可引。因丰水余流，入昆明者，已微乎其微；南方为贺兰堰所阻，一切山泉，皆不得通过；止有东南引交以益其量耳。今按其地势，由定昆以至昆明，尚有一水道可通：此定昆灌昆明之旧迹也。盖当时以定昆为名者，必以此流能通昆明；昆明水势大小，可以此测定云尔。说者以抗订为解，义既不达，势亦太慢矣。

前之二事既明，可复回而再论唐制。沈交二水，隋文帝时已东移为清明永安二渠，以灌京师，当唐初年，丰之正流，实入交水，故《括地志》云，"丰水渠今名贺兰渠，东北流，注交水。"如是，则贞观时之堰丰镐入昆明者，亦只堰其余流而已（即非正源之小泉）。少后，中宗时，交之一枝入昆明者，复由定昆经过，截留其水；此时之昆明特不竭已耳；洋洋大风，非所望也；故由定昆可以定之。总之：此时之昆明，所余无几；以视西汉之时，不及远矣。迨贞元浚治，水源并未增加；以已移入京城之水，其势不能回复故。然其所加大者，止集中丰交二水，不复他溢，使注入昆明者为量较多耳。其时三堰之制，即由贺兰堰堰丰以入于交；复由石闼堰堰交以入于昆明，更大堰昆明西南二面，使注入之水，停蓄不漏焉。(《方舆纪要》之石炭堰即石闼堰之俗转) 至入池之水不复得出，则唐代始终如是，丰交二水既皆由堰致则中途之取引可免，而注入得以尽量。入池之水，不使漏出，则一时即小，时久自成大观。贞元时之浚治，实在此情形之下，设法使成大湖；此所以不能如西汉之源源而来，荡荡而去也。如此成沼在水利上未免独占；故大力之下，尚可维持；一旦国势变迁，此等权利复为民有，则汪洋大池立见枯竭矣。

昆明池之历史，至此已尽；宋元明清皆为耕田与民居，形势上无大变化，特遗迹少有消灭耳。但随处皆可插足，在考订上转比有水时为便利也。即如镐京一地，在昔各流皆通时，遗迹当比今为多；然而当时之人，竟不能查出，此必为水泥所阻，苇芦所蔽也。今则无处不可行走；东岸灰层，西岸残堰，在在皆得细观；吾人考查史迹，殊为幸事也。

昆明池既明，吾人可继此而讨论镐京。镐京制度，诸书虽不详备；但赫赫宗周，为中国政治文化中心者三四百年；其规模当自不小。自《水经注》有"基构沦褫"之说，读史者异地悬揣，每每认为已沉水底；此实不用思之过也。盖惹大名城，平毁则可，池非沧海，讵能没此大物乎? 今为考定如左:

《水经注》:"镐池周武王之所都也。故《诗》云'考卜惟王，宅是镐京，惟龟正之。'自汉武穿昆明池于是地，基构沦褫，今无可考。"

《长安志》:"镐《括地志》，周武王宫，即镐京也。皇甫谧《帝王世纪》，武王自丰居镐，诸侯宗之，是为宗周。今丰水之东，长安之南三十里，去鄠二十五里，镐池，即其故都也。按此即幽王为犬戎所杀，平王东迁，镐京沦陷，宫室荒芜矣。《水经注》，自汉武帝穿昆明池于此，镐京基构沦陷，今无可究。按郦元镐京，盖在镐池之西南，昆明池是也。沅按，张揖曰，镐在昆明池北。《三辅决录》曰，镐在丰水东，敏求之说本此。"

《雍录》:"诸家皆言自汉武帝穿昆明池后，镐京故基皆沦入于池，无复可究；独梁载言《十道志》曰，镐池一名元阯，在昆明池北，始皇毁之。"

《方舆纪要》:"《十道志》，镐池在长安城西，昆明池北，即周故都。《诗》'考卜惟王，宅是镐京'。《书传》云'文王作丰，武王理镐'。郑康成曰，'镐在丰东，丰镐相去盖二十五里'。秦始皇时，镐京故址毁；汉武帝穿昆明池，而故址益无可究。唐贞观中以镐池并入昆明池；堰丰镐二水入昆明；二水于是断流。"

以上各说，大概可分为两派：一以《水经注》为宗，认为镐京故址，已沦入池底，今无迹可求。一以《十道志》为据，认为镐京故址，在昆明池北，尚有迹象可求，云云。究竟某说可凭，此不可以理想测也。言地理而付之理想，此无异疑人说梦矣。今据调查所得而讨论之，比之专凭纸片为断者，所见总较切实可靠也。

周自武王迁镐以后，下及犬戎之难，总以镐京为首都。懿王槐里，不过暂为变动而已。王城九里，周宫虽不可凭；然而数百年来皆为共主，朝聘会盟，悉于是举行之；局面太小，实不能容之也。今假定边阔九里，确是宗周之制；则昆明池之大小，中置一城，亦仅能容之。设镐京故基沦入池底者，则池外必造一大山，(约为五里) 方能消纳此等余土。今既不然，则镐京不得沦褫池底矣。细想《水经注》之说，当亦不误；乃借字形容，后人因而误解尔。沦褫二字，不必沉溺也。凡含有毁坏之意者，皆可以此等字形容之焉。

镐京遗迹，既不在水底；复次，当于池上求之矣。前既证明镐池在昆明池之北，则今时镐京观已北，当即其地矣。镐京遗址，当更在其北。前者调查至此，见镐池之北，地势高亢；壁垒虽湮，形势犹存；尔时在此周转数次，见西方岸下，犹有版筑遗迹：所含砖瓦碎片，亦确为周时遗物。于此知镐京遗迹，犹未尽泯也。今既得此，则镐京形势，可确切言之矣。再证以《水经注》之文，曰昆明池水上承池于昆明台。水北径镐京东，秦阿房宫西，又屈而径其北，东北流。其地点正符合矣。数百年云雾，一日拨扫净尽，亦读史之一快事也。今依次述之：城址四面，南方当两次毁削，损伤不少。即所云"秦始皇时镐京故址毁"，"汉武帝穿昆明池，基沟沦褫，益无可考"者也。北方东方，皆芟夷为平坡；当是修阿房宫台基时，将此处之土取用；故今皆倚斜向内减缩，而当时人工遗迹尽泯。唯西面当镐水之上，基址较高，毁削者幸未及此，故稍留遗迹，吾人至今犹得取证。此些小版筑者，一若造物于千载之前，故藏此一角，以俟吾人之追求：斯真大可感之事矣。由此推测：知镐京基址，原来甚大；镐池甚小。秦汉大扩镐池，屡削城址，至于现在，遂成仅存难考之形势。使非今日学术进步，略为地质之讨论，此镐京遗址，硕果仅存，无处问津矣（图一）。

昆明池正北高原，曰镐京遗址；则中一台基，自是后世之陵霄观。由此西行，原尽，转向西南，顺堰而进，至泉上村，唐昆明池已尽；有横竖两堰可证。再进至俗所传"玩花台"者，池外堰水之堤也。若汉之昆明池则边犹在南；直至斗门镇西，石匣口北，其池始完。再南进，略依丰水方向，至大荆村北，则有台基一丛聚列，而方向难辨；此即古之丰刑也。刑荆通用，古文大抵然也。更南，近三十里，至秦渡镇；其北约有二里，屹立于丰水之西者，则有平等旧寺；即文王灵台遗址也。文王作邑于丰，而筑是台；台之所在，即丰邑所在也。

如是，欲求丰邑，当先证明灵台；以灵台乃丰邑之标识也。但灵台一物，周汉各有，皆在长安；后之言地理者，往往互相混视，里数错乱；此层不先考定，则根本先误，推测皆不得其准矣。今先将周汉灵台所在，及其距长安里数，一一考正如左；但考正之书，所据旧文，彼此重复者甚多；一一罗列，未免繁复可厌。今只取《史记》《长安志》《方舆纪要》《清一统志》四书所详，以为研究之资；因存佚各文，此四书中收纳略尽也。

《史记》："明年伐崇侯虎，作丰邑。《集解》徐广曰，丰在鄠县京兆，东有灵台。镐在上林昆明北，去丰二十五里。皆在长安南数十里。《正义》：《括地志云》，周丰宫，文王宫也，在雍州鄠县东三十五里。镐在雍州西南三十二里。"

《长安志》："灵台民始附也。文王受命，而民乐有灵

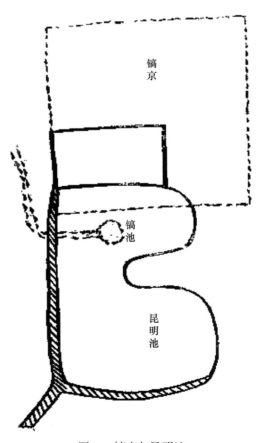

图一　镐京与昆明池

德以及鸟兽昆虫焉。郑玄曰，天子有灵台者，所以视祲象，察气之妖祥也。文王受命，而作邑于丰，立灵台。《正义》：灵台所处，在国之西郊。刘向《新序》曰，周文王作灵台，及为池沼，掘得死人之骨：吏以闻于文王，文王曰，更葬之。吏曰，此无主矣。文王曰，有天下者，天下之主也。有一国者，一国之主也。寡人固其主矣，又安求主。遂令吏以衣冠更葬之。天下皆曰，文王贤矣；泽及朽骨，而又况于人乎？《水经注》，丰水北经灵台西：文王又引水为辟雍灵沼。《括地志》曰，今悉无复据所，唯灵台孤立。今按高二丈，周四百二十步。"愚按鄠县秦渡镇北门外，少西，有一冢，相传为枯骨冢；有清人立石在。枯骨得更葬，亦云幸矣；而又大其冢，不意太奢乎。盖文王自羑里归后，其志已大。处处借事以收人心，所谓阴行仁政也。则枯骨有冢，于理可信。盖不如是，不能传远也。灵台在秦渡镇北门外，东北二里，丰水之西岸。地为长安县所管。其西北约三里有大丰堡小丰堡，地属鄠县。大小丰堡东北约五里，有海子里即灵沼也。属长安。古今相传，虽不甚准确，大致相近之。《长安志》所引《水经注》之文，今已佚，不知上下文云何？但所云丰水者北经灵台西者，则大误，今固明明在东，其西更无旧道也。

《长安志》："朱雀街西第五街，即皇城西之第三街。街西从北第一修真坊，坊有汉灵台余址。注崇五尺，周一百二十步。《述征记》曰，长安宫南灵台上有相风铜鸟，或曰此鸟遇千里风乃动。"

《方舆纪要》："长安县灵台在府西四十里，汉灵台也。高二十丈，周回百二十丈。《三辅故事》，周灵台在鄠县丰水东，汉灵台在长安故城西北八里；本秦之清台，汉曰灵台。郭缘生《述征记》，长安宫中有灵台，高十五仞。《水经注》汉灵台在秦阿房宫南，南去明堂三百步。镐水经其西。汉文帝元始四年立。《黄图》，长安西有周灵台误。"愚按此文颇知周汉两代灵台之别；但府西四十里之说则大误。盖汉灵台在唐为修真坊地，距今长安城四里有零耳。又曰在长安故城西北八里更误。高二十丈，周回二十丈，与崇五尺，周一百二十步，亦相差太远。此台久已无迹，若高二十丈，周一百二十丈，与贞女楼相比，今当仍存也。故知其数不确矣。又所云周灵台在丰水东，此误前已辨之，至所云汉灵台在长安宫中，又在阿房宫南镐水经其西云云，皆其误显然，不必辨也。

《方舆纪要》："鄠县酆城在县东五里，殷为崇侯虎国。文王伐之，故《诗》云'既伐于崇，作邑于酆'也。酆宫在焉。周武王虽迁镐，而宫不改。《书》云'步自宗周至于丰'。《左传》昭公四年，楚椒举曰，'康有丰宫之朝'。杜预曰，'丰宫东有灵台，康王于是朝诸侯'。孔颖达曰，'丰在长安西镐池南二十五里'。《括地志》'鄠县东三十五里，有文王丰宫'。"

又，鄠县，"灵台在县东北，周灵台也。《志》云，丰宫又东二十五里，即灵囿之地，中有灵台。《诗》所称经始灵台者。《春秋》僖公十五年，秦晋战于韩。秦获晋侯以归，舍诸灵台；是也。"愚按杜预云丰宫东有灵台，《括地志》鄠县东三十五里有丰宫，此固然矣；乃志又云丰宫又东二十五里即灵囿，中有灵台。如是则灵台去鄠县不亦六十里乎？鄠县东至界不过三十里；里展一倍，何以容之耶？盖《括地志》之误在里数少差，删去五字即合。志书所云，是循俗说以县东五里兆丰桥为丰宫也。其说合否，下文另详。《方舆纪要》，不加分别，而误认为一，此所以数量大一倍，而地不能容也。

《清一统志》："灵台在长安县西，接鄠县界。《诗大·雅经》始灵台，经之营之。《左传》僖公十五年，秦获晋侯以归，舍诸灵台。杜预注，在京兆鄠县，周之故台也。《三辅黄图》，周文王灵台在长安西北四十里，高二丈，周回百二十步。颜师古《汉书》注，今长安西北界有灵台乡，在丰水上，即古灵台处。《括地志》文王引水为辟雍灵沼，今悉无处所，惟灵台孤立，其址尚存。《三辅黄图》，汉灵台在长安西北八里，始曰清台，本为候者观阴阳天文之变，更名曰灵台。郭缘生《述征记》曰，长安宫南有灵台，高五十仞。《水经注》长安县南明堂北三百步，有灵台，是汉成帝永始四年立。《长安志》朱雀街西第五街，从北第一，修真坊有汉灵台遗址，崇五尺，周一百二十步。"愚按周灵台在长安西南约五十里，在与鄠县接界处；汉灵台在长安西约四里余，无迹。《黄图》颜师古指西北为周灵台者，皆是仅据文字而误认汉为周也。各书言汉灵台者，里数亦差；因非本题所论，故不详及。今者脚踏实地以讨论之，汉灵台当在今土门村附近；宋敏求作《长安志》时当见之。（据《河南志》例，正文大书故。但今传《长安志》非原本，此说亦不必拘）。今已无迹。周灵台在长安西南边境上（距鄠县秦渡北门约二里，故《鄠县志》古迹内亦收之；但实际在长安界内）。后建为寺；初曰胜国，又改平等，今仍之，但后殿仍供文王木主。其地高不过七八尺，大不过三四亩；台边灰层甚多，此地自是古代所筑。盖在古只因地为台，故太古遗迹压于其中。厥后，四周之地，皆为居民起土掘低，而此地以文王故得保持原状；所以台虽不高，而下含史前遗迹甚富也。以此情形，指为文王旧台，当可取信。因绝非秦汉以来所能建故。灵台地位既定，丰邑所在，可据以推测矣。今再举数典以实之：

《长安志》："古丰镐之地，周文武之所都。《毛诗》曰，作邑于丰。又曰宅是镐京（丰邑在丰水之西，镐京在丰水之东，武王作邑在镐京）。《汉书》曰，文王作丰（师古曰，今长安西北界灵台乡丰水上是）。《世本》曰，武王在丰（杜预左氏传注曰，丰在始平鄠县东）。"愚按师古曰丰今长安西北灵台乡丰水上误，前已证之。又，丰宫文王宫也。《诗》曰，既伐于崇，作邑于丰。《笺》丰邑在丰水之西。镐京在丰水之东。《春秋左氏传》，康王有丰宫之朝。其宫今在鄠县。

《方舆纪要》："鄠县丰城在县东五里，殷为崇虎国，文王伐之，故《诗》云，既伐于崇，作邑于丰也。丰宫在焉。周武王虽迁镐而丰宫不改。《书》云步自宗周至于丰。《左传》昭四康王有丰宫之朝。杜预曰，丰宫东有灵台，康王于是朝诸侯。孔颖达曰，丰去长安西镐池二十五里。《括地志》，鄠县东三十五里有文王丰宫。"

《清一统志》："古丰邑在鄠县东，即古崇国也。《诗·大雅》，既伐于崇，作邑于丰，《左传》康有丰宫之朝。《史记·周本纪》，西伯伐崇候虎而作丰邑；自岐下迁都丰。《后汉书·郡国志》，丰在杜陵西南。杜预《左传注》，丰在鄠县东有灵台。《括地志》，周丰宫在鄠县东三十五里。"

《寰宇记》，"文王作丰，今长安县西北灵台乡丰水上游是。"《雍录》，"武王改邑于鄗，丰宫元不移徙，每遇大事，如伐商作洛之类，皆步自宗周而往，以其事告于丰庙。"《鄠县志》，"周丰宫在丰水西，去县三十里。"

以上云云，存佚各书，所收亦不为少。若再录几种，亦只见其繁复，于研究上亦不大生关系。据个人意见所欲知者，即由灵台形式以考见当时丰邑之制度。

朱子《孟子注》，"灵囿灵沼，台下有囿，囿中有沼也。"此说是主张台囿皆在都城之外者。其注《诗》云，国之有台，所以望氛祲，察灾祥，时观游，节劳佚也。《诗序灵台疏》云，此灵台所处，在国之西郊云云。盖望氛之台，自然要在空旷之地；文王之台，因建都而立，且其制甚卑，就高原之地，四周略为凿削即成；拟以今之院中月台，殊为相类。所云不日成之者，自是实言。此种台当不为望氛之用，乃朝会之地尔。《左传》昭公四年，康有丰宫之朝，杜注，在始平鄠县东有灵台，康王于是朝诸侯。又僖公十五年，乃合诸灵台。杜注在京兆鄠县，周之故台，亦所以抗绝今不得通内外。则此种台为朝会所用明矣。《史记·秦本纪》，孝公十二年，作咸阳筑冀阙徙都之。此冀阙者，即宫阙也。故与作咸阳连类以及。《诗灵·台序疏》，"又解文王作灵台之处，故曰，文王受命，而作邑于丰立灵台；此灵台在丰邑之都也。含神雾曰，作邑于丰，起灵台。《易乾凿度》亦云，伐崇作灵台。是灵台在丰邑之都文也。"以是而言，灵台所在，即丰城所在，亦即丰宫所在，不必列台沼于苑囿之中，更于他处别求丰宫丰城也。武王迁镐，此处虽为丰庙以祀文王，而朝会之地，则仍然存在，故康王得以朝诸侯，秦时犹借以舍晋君也。或疑文王以侯伯之位经营丰邑，规模当不宏大；武王以后，为中国共主，仍前旧作，不亦太因陋就简乎？《诗》"筑城减伊，作丰伊匹。匪棘其欲，遹追来孝"。《笺》云方十里曰成，减其汉也。东都王城，不过九里，此而十里，云何为陋？"王公伊濯，维丰之垣。四方攸同，王后维翰"，则城内宫室，亦不小矣。总之周人翦商，蓄谋已久，特其先势小，不敢声张；治文王羑里归后，羽翼已成，商固无如之何？而周亦以王者自居矣。《史记》云，西伯受命之年称王即此。在臣节之下，自然理说不出；故诗人诡其辞曰，匪棘其欲，遹追来孝。使曹孟德生当文字不发达之时，子孙所传，亦如是矣。总之丰镐二地，建设相等，在文王作丰邑时，实即以帝王自居，而周之后王，亦不固定于镐京。懿王居槐里而外，以在丰者为多，但不必尽在丰城之内。如后世汉唐君王于各处多建宫殿，事亦略同。特文字记载不详，且为言礼教者所诠饰：此事后人遂不多知耳。《雍录》云；"武王改邑于镐，丰宫元不移徙，每遇大事，如伐商作洛之类，皆步自宗周而往，以其事告于丰庙。"若成王康王之在丰则不能一例而视。诸侯即位，必告于王朝，受其封号，而其位始定。周自文王羑里归后，已建王号，而不受商之命令矣。然犹有商在，他国视之，名义上仍是侯伯也。迨武王即位，既不能自称王号，亦不受商之封号：无已，止有仍奉文王名义为主，而借以指挥一切焉。此所以即位不改元，奉文王本主亦伐商也。既请命而往，功成而回，到丰反命，此一定之理也。若成康之时，名号已定，则不必举动如是。成王在丰，亦自爱居丰耳。

《书序》："成王在丰，欲宅洛邑，使召公先相宅。"《尚书》云："惟二月既望，月六日乙未，王朝步自周，则至于丰。"

又，"成王既绌殷命，灭淮夷，归还在丰作周宫。"

《史记》："既绌殷命，袭淮夷归在丰作周宫。"

《汉书·律历志》："康王十二年，六月戊辰，朔三日庚午，故革命丰刑，曰，惟十有二年，六月庚午胐，王命作册书丰刑。"

《鄠县志》："周丰宫在丰水西，去县三十里。"又孙《志》，秦渡镇即周丰宫，据前志皆以秦渡镇为丰宫所在，父老相传久矣；而顾栋高《春秋大事》表谓县东五里有丰宫，顾祖禹《方舆纪要》亦云然。今考兆丰桥村，旧有文王庙，在今治东五里，似即其地。又按《书序》言，周公老于丰，成王还归在丰作周官。《逸周书》载惟十有二年，六月庚午胐，王命作册丰刑。大名崔述《丰镐考信录》，谓《史记》《书序》并云，康王命作册，毕公分居里城周郊，作毕命。崔玉理《读书劄记》

谓鄠有周官坊在周之郊，当时成王曾作周官于此，毕公因以居之，命作华命耳。今兆丰桥村东三里许，有村曰周贵坊，或即周官坊之讹欤？以在周郊证之，兆丰桥为丰宫，似亦可信，姑而存之，以待好古者考定焉。

《鄠县志》据近人各说，而加以分析，心思似细。然而对于丰地未免拘泥；故仍无术以解。今细思之，成王居丰，不必要在文王故宫；随地营建一殿台，在太平之世，民乐物阜，不谓过侈。周贵坊即周官坊，是已。今查其地水浅土沃，林木丰盛；造成风景，幽雅之至。当日成王必建别殿于此，以试行新官制；故地因之以得名。此固丰地，然而不必强与丰宫合一。斗门镇南，丰水之东，有大荆村者，俗呼大吉村。此村不因荆姓得名也。荆刑古字可以相通，当即丰刑之地。村北有土丘一丛，排列不整；当是宫殿遗址。想康王作册，必在此也。故丰刑之地，亦不必强与丰宫相合。至兆丰桥一村，当亦由来甚古，而不必以桥得名，盖桥在明初，本一山水上小土桥耳，修为石桥一空，当由村中繁盛，而造此风景耳。村西有三王庙，所供者文王牛王马王也，亦粗俗可笑矣。此村为兆丰操首庄，其兴盛必久。桥之与庙，皆由村名附会，知此村必有来历；然而不可强解矣。康王丰宫之朝，固在灵台礼法之地，以彰天威。若所居之地，亦不必由旧。灵台西里余，亦有上丘数个，当是殿台之基。为康王所造与否，则不可知也。

要之：西周君王，亦是血气之伦；故行动当亦由人。只因文字失载，后之言礼者，遂饰为超人之行，故宫室真像，亦因此多难考见矣。

（原载陈子怡：《西京访古丛考》，西京筹备委员会，1935 年）

周都丰镐与金文中的莽京

黄盛璋

一、引　言

　　本文通过讨论，希望解决两个主要问题：①周都丰、镐的应在范围跟位置，②金文中的莽京究竟应该在哪个地方。第一项关于丰、镐的位置，有明清以来相传旧说之遗址存在，虽当地父老言之确凿，但未经学术上的鉴定，确否迄无定论，我们主要的工作是重新找出古代计算丰、镐的距离方向的基点，从这个计算基点出发，就可以考察丰、镐应在的范围与位置；另一方面我们也对相传旧说的遗址予以重新估价，提出证据加以肯定或否定，以便于今后在考古学上更好地勘查、发掘这两个周都遗址。第二项关于金文中的莽京是近几十年引起争论的问题，先后提出好几种不同的说法，我们主要的工作是确定哪一个说法对，哪一个说法不对，并为对的说法提出肯定的证据，为不对的说法提出否定的证据，希望莽京的问题从此肯定下来。在第二项的后头我们还附带讨论周初的迁都以及迁都以后丰京为什么仍然相当重要，周王常常往来丰、镐之间，说清楚这一点，对于了解周都及丰、镐间关系有一些好处。

　　关于丰、镐的取材方面有一点要先在这里说明一下，自平王东迁至秦孝公迁都丰、镐附近之咸阳，中间已经过四百多年，岁久年湮，周旧京的宫室城郭，当然荒废。镐京历经破坏，其遗址部分沦于昆明池，六朝时即不能辨究，所存者唯附近的滈池，丰京附近所存亦止灵台。我们清楚地知道从汉代一直到唐代滈池与灵台的遗址还完全保存，当时的人不成问题能够看到，唐以前的故书中说的丰、镐，大都就灵台与滈池而言，因为它们事实上是连在一起的，以此当彼，没有什么问题。灵台与滈池大致是唐以后才湮灭的，以后记载多因袭旧文，实际上的有无，我们既无法证明，因此关于丰、镐所在的记载，只断自唐代，以后既不复引作论证的根据。

二、论镐京的位置

　　镐京故基曾经两次破坏：一次在秦始皇时，大约跟在镐京附近（东北面）建筑阿房宫有关，梁载言《十道志》：

　　　　镐池一名元阯，在昆明池北，始皇毁之[①]。

------

　　① 《雍录》卷一《镐》下引（关中丛书本）。

第二次在汉武帝元狩四年，是因开凿昆明池的关系，《水经注·渭水》：

> 渭水又东，北与鄗水合，水上承鄗池于昆明池北。周武王之所都也。……自汉武帝穿昆明池于是地，基构沦褫，今无可究。

破坏最大就是这一次，以郦道元之究心古迹，都说基构无可究，可证遗址破坏程度相当大，以致不容易辨认[①]。但镐京附近的滈池却一直保存很久，今举三证如下：

（1）刘昭《续汉书·郡国志》京兆尹下"镐在上林苑中"注引谯周《古史考》："武王迁镐，长安丰亭镐池也。"

（2）魏王泰《括地志》："滈水源出雍州长安县西北镐池。"郦道元《水经注》云："滈水承滈池北流入渭，今按滈池水流入来通[②]渠，盖道元误矣。"

（3）颜师古《汉书·地理志》"武王治镐"下注："今昆明池北，镐陂是。"《通典》卷一七三"京兆府长安县"下，注同。

从这几条文字上不难看出：他们所说的都是当时实际情形。镐池及其水流，直到李唐还完全保存，这是毫无疑问的。

汉以后诸家叙述之镐京，实际上都是指镐池，上引谯周、颜师古等人对镐京的解释就是明证[③]。根据文献材料的归纳，镐京的位置可以从三方面考察。

（1）昆明池，根据《水经注》，镐京、镐池都在昆明池北，《三辅黄图》引《庙记》："长安城西有镐池，在昆明池北，周匝二十二里，溉地三十三顷。"镐池范围也很确定。例如徐广、《三辅黄图》、颜师古等都说镐池在昆明池北。

（2）汉长安故城，《帝王世纪》："武王自酆居镐，诸侯宗之，是为宗周，今沣水之东，长安之南三十里[④]，去酆二十五里，镐池既其故都也。"

（3）唐长安城，《括地志》："镐在雍州西南三十二里。"[⑤]又《元和郡县志》长安县下："周武王宫即镐京也，在县西十八里，自汉武帝穿昆明池于此，镐京遗址沦陷焉。"

昆明池今虽沦为民田，但其遗迹现在还可以看到，昆明池的南边是石匣口，这是汉石闼堰堰交水入昆明池之口。"石匣"即"石堨"的音变，昆明池北边在斗门镇及丰镐村南，据石璋如实地考察："昆明池深约五公尺至七公尺，从西向东遗迹尚存。"[⑥]昆明池北面就是丰镐村、镐京观，镐京观

[①]　《长安志》卷十一"昆明池"条下引曹毗《志怪》："汉武帝凿昆明池极深，悉是灰墨，无复土。"石璋如说："灰墨当即灰土，可见遗址的部分挖去不少。"此事他书亦载之，《三辅故事》引张衡《西京赋》："昆明、灵沼、黑水、元阯，……武帝初穿池得黑土，帝问东方朔云云。"元阯即镐池，黑水当与黑土有关。

[②]　《史记》卷六，《秦始皇本纪》"滈池君"下《正义》引，按"来通"是"永通"之讹。

[③]　朱右曾《诗地理征》卷四"宗周镐京"条引孟康、谯周《郡国志》诸说后，因谓"盖秦汉以来，经营池囿，镐京遗址，不可深考，恃有镐池、镐水以识别耳"，甚为有见。

[④]　《长安志》卷三引《诗二南谱疏》引作"南二十里"，此"三十"当为"二十"之讹。

[⑤]　《史记》卷四《周本纪》作"丰邑"下《正义》引。

[⑥]　石璋如：《传说中周都的实地考察》《"中央研究院"历史语言研究所集刊》第二十本，下册，1949年，115页。

的西北是一洼地遗址，当地人称"小昆明池"，镐京观东北约二千米是阿房宫村，相传秦阿房宫遗址就在这一块。清代志书都以为镐京就在丰镐村，而本地父老相传，丰镐村之镐京观即周武王之都城，根据昆明池的关系考察，方位是符合的，《水经注·渭水》篇：

　　　　（昆明池）水上承池于昆明台，……池水北径鄗京东，秦阿房宫西，……其水又屈而径其北。

据此鄗池在昆明池北，而阿房宫又在鄗池的东北，现在丰镐村正在昆明池的北面，阿房宫又在它的东北面，情形正相吻合（图一）。

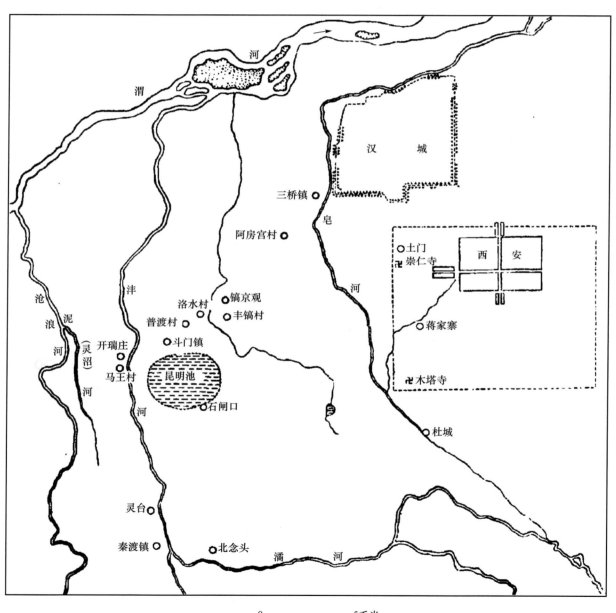

图一　丰镐地形图

靠昆明池的关系只能确定镐京的部位，我们进一步确定它的位置，是用唐长安城的关系，但材料本身略有错讹，应先加以校正。

《括地志》说"镐在雍州西南三十二里"，而《元和志》则说"镐在长安县西北十八里"，二者好像悬殊，实际上他们所说方向都是对的，里距则《括地志》"三"字为"二"字之误刻或误抄，这一点我们有充分的证据：①《元和志》"长安县"下除记载这个距离外，还记载"长安故城在县西北十三里"；"秦阿房宫在县西北十四里"；"汉长乐宫在县西北十五里，未央宫在县西北十四里，并在长安故城中"；"上林苑在县西北十四里"；"汉建章宫在县西北二十里，长安故城西。"拿这些里距数字来考察镐京的距离，可以证明"西北十八里"并没有错，尤其是"阿房宫在县西北十四里"，《括地志》亦有此条，所记正同。镐京、阿房宫相距实只有数里，《括地志》记阿房宫里距只有十四，镐京里距就不能有三十二，悬殊不能有如此之大，"三十二"无疑是错的。唐长安县廨在长寿坊的西南隅，雍州京兆府廨在光德坊的东南隅，府在县的东北，韦述《两京新记》说，县"去府六里"，参考徐松《唐两京城坊考》卷一《唐西京外郭城图》可以知道：从县到府要经过一条横街（约四里），折北经过一条直街（约二里）①，距离恰为六里，但它们水平距离（东西距）只有四里，垂直距离（南北距）只有二里，十八里再加上距雍州府水平距离四里，恰恰是二十二里，所以三十二里不成问题是二十二里之讹。②《通鉴·地理通释》卷一引《括地志》："滈水源出长安县西北滈池。"此可证《元和志》"西北"两字不误，但《括地志》"西南"两字也没有错，《元和志》镐京是以长安县为计算基点的，而《括地志》的镐京是以雍州府为计算基点的，所以距离就得加四里，方向也由西北改为西南。《史记·秦始皇本纪》："先作前殿阿房"下《正义》引《括地志》云："秦阿房宫亦曰阿城，在雍州长安县西北一十四里。按宫在上林苑中雍州郭城西南隅，既阿房宫城东面也。"也是从雍州府计算起，就改为西南。此外还有一条也可以证明唐代长安附近各地距离、方向推算极为精确，绝不马虎。昆明池紧接在滈池之南，可是志书就说，"昆明池在长安县西二十里"②，垂直距离至多不过相差二里，方向就改成"西"而不是"西北"，里数也予改动（图二）。

上述唐代记镐京的距离、方向既精确可信，那么现在正可以好好利用，找出原来计算的基点，以确定周都的位置。唐长安城今虽不在，但西城垣还不难推知，唐城西南角在木塔寨，这是唐永阳坊大庄严寺（今名木塔寺）所在，西城垣有一边在大土门南边的崇仁寺（原名崇圣寺），这是唐义宁坊波斯胡寺所在，据嘉庆修《咸宁县志》卷三说，此寺之西"有墙断续迤南，既唐城西垣"。唐城西、南两边既可据此恢复，而现在西安城西垣即唐皇城西垣一部分，根据这几个基点恢复的结

---

① 依吕大防《长安图》所记，这条横街是两个长寿坊东西长度加中间一条直街之长，等于1400步，约唐里四里弱。这条直街是两个长寿坊南北长度加上中间一条横街之长，等于八百步，约唐里二里强。

② 《长安志》卷十一《长安县》下："昆明池在县西二十里，镐在县西北十八里。"按此皆承袭唐代志书而来，倘就宋城（跟今城范围一样）论，方向都该改为西南，距离也应加好几里。

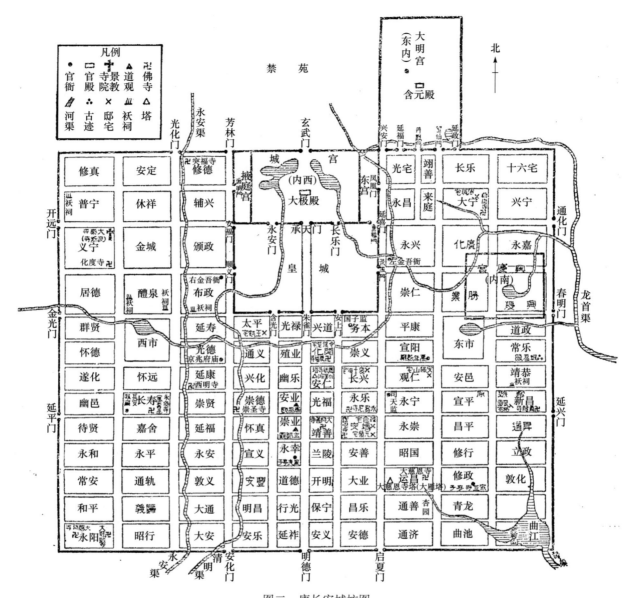

图二　唐长安城坊图

（《汉学论丛》，1951 年，巴黎大学北京汉学研究所）

果，唐长安县廨应在今蒋家寨，虽不中也相差不远[①]。兹既定为计算基点，自此至丰镐村约十千米，当唐里十八里要多一点[②]。方向是西稍偏点北，而昆明池遗址则在正西；自此向东北取水平距四里，

---

　　① 从崇仁寺西边至木塔寨画一南北直线，作为唐城西垣，自木塔寨向东画一直线与上线垂直作为唐城南垣，再将今城西垣引长就是唐皇城与朱府门西第三直街，唐长安县所在之长寿坊就是在这两条南北直线中间，相距各为 750 步（1125 米）；南距南城垣约为 2000 步（3 千米）（都加上中间街道距离计算）。县在此坊的西南角，所以上面的数字恰代表它跟西、南两城垣的距离。现在蒋家寨距南城垣假定线为三千米，距西城垣的假定线为 1100 米，可知地位是很恰当的（唐城的恢复与长安县廨的测定据二万分一及一万分一西安地形图）。

　　② 自蒋家寨至唐城外各地距离的测定，据十万分之一地形图，采取直线测量，实际距离当较此略远。唐尺一尺（大尺）据阎文儒先生推定为 0.3 米，唐里一里为 540 米，十八里应为 9700 米，10 千米（1 万米）比此数大 280 米。

垂直距二里之地作为唐雍州府所在，丰镐村的方向就改变正西稍偏点南，根据这么推算，我们可以肯定镐京（镐池）的范围应在丰镐村附近。

当地父老相传以为镐京观就是周武王的都城，而 1943 年石璋如的实地考察，亦承认此点，并发现遗址的暴露面就是在镐京观的西北面断崖上。关于镐京具体位置，我们意见容许与旧说有点出入，我们以为镐京部分遗址为昆明池破坏既是肯定的，因此勘查镐京必须跟昆明池的北边一同考察。镐京观及其遗址都偏在丰镐村的北面，去昆明池遗址较远，而根据我们采取直线测量，自蒋家寨至此已超过十千米，比唐里十八里要多出一些，因此我们认为镐京的遗址，应该自丰镐村的东南边至昆明池遗址北边一带，连同昆明池一同勘查。

三、论丰京的位置

丰京的城邑宫室大概很早就荒湮，所在者惟附近之灵台，《左传·僖公十五年》记："（秦晋）战于韩原，……秦获晋侯以归，……舍诸灵台。"此可证周地入秦以后，灵台房舍仍保存完好，自此一直到李唐，灵台遗址都一直保存。

（1）《魏书·地形志》京北郡"长安县"下注："有……周灵台。"

（2）《括地志》："辟雍灵沼，今悉无复处，唯灵台孤立，高二丈，周四百二十步。"

（3）《汉书·地理志》"文王作丰"下"颜注"："今长安西北灵台乡，丰水上是。"《通典》京兆府长安县下，文字略同。

丰京遗址虽不像镐京那样破坏剧烈，但由于附近宫室惟灵台巍然存在，因此汉以后一般对丰京位置的解说多据灵台为说，如《史记·周本纪》"明年代崇侯虎而作丰邑"下《集解》引徐广说："丰在京兆鄠县东，有灵台。"《左传·昭公四年》："康有酆宫之朝。"杜注："酆在始平鄠县东，有灵台。"倘就正文字面，只需解释丰地即可，可是他们都提到灵台。他如上引颜师古、杜佑等解释"丰"，也都以灵台为据，这些都是证明。根据文献记载归纳，丰京跟灵台的位置可知者约有三点。

（1）灵台在丰水之东。《水经注》："自丰水北径灵台西，文王又引水为辟雍、灵台。"《三辅故事》："周作灵台，在丰水东。"①

（2）丰在丰水之西。《诗·大雅·灵台·文王有声》"宅是镐京"下《郑笺》："丰邑在丰水之西，镐京在丰水之东。"《帝王世纪》："丰在京兆鄠县东，丰水之西。"②

---

① 皆《玉海》卷一六二"周灵台"条引。

② 《诗二南孔疏》引。丰与灵台分据丰水东西岸，此点为前人论丰、镐者所忽略，灵台实在郊区，与丰非属一处，郑玄曾经正确地解释此点：《大雅·灵台》一篇之诗，有灵台，有灵囿，有灵沼，有辟雍，其如是也，则辟雍及三灵同处在郊矣。"（《诗·大雅·灵台》孔疏引）灵台、灵沼都在灵囿之中，囿是域养禽兽的，当然不能在城内而在郊外。据此便可知周代灵囿应在丰水之东，与镐京同在一边。

（3）丰、镐相去二十五里。虞挚《三辅决录注》："镐在丰水东，丰在滈水西 [①]，相去二十五里。"此外皇甫谧、徐广等都说丰、镐相去二十五里。

丰水南北沿流甚长，自镐京故地到丰水两岸相距二十五里之地，其处非一，考察丰京的具体位置，必须另寻材料。《三辅黄图》：

> 周文王灵台，在长安西北四十里，……高二丈，周回百二十步。
>
> 周灵囿，文王囿也……在长安西（北）四十二里（"二"当讹，《玉海》他处又引作四十里是）。
>
> 文王辟雍，在长安西北四十里。

以上三条都是《玉海》卷一六二所引。程大昌曾经指出《三辅黄图》经过唐人改动，中间杂有不少唐人的东西 [②]。《玉海》所引《三辅黄图》这几条曾经有人误会为汉魏人的手笔 [③]，这是不对的，一则诸家都说周灵台是在汉长安的西南，再则《玉海》所引《三辅黄图》还有：

> 汉灵台，长安西北八里。
>
> 汉辟雍，在长安西北七里。
>
> 汉太学，在长安西北七里。

根据《水经注·渭水》篇，汉辟雍在鼎路门（南面东头第二个门）南，其北三百步就是灵台，这里说在长安西北，显然不是汉长安城；再据韦述《两京新记》所载，"修真坊内有汉灵台"，修真坊南为普宁坊，"坊西街有汉太学余址，次东汉辟雍"，修真坊是唐长安城最北最西的一个坊，修真坊南面第七个坊是丰邑坊，此坊之东就是长安县廨所在之长寿坊，汉灵台、辟雍等正是在长安县的西北，由长寿坊到普宁坊也差不多是七里，灵台在辟雍北三百步，所以它的距离就是八里 [④]，《玉海》所引《三辅黄图》这几个长安都是唐城，可说是没有疑问。

距离计算的基点既已解决，下面就可以判断现在传说的灵台遗址是否正确以及周灵台究竟应该在什么地方。

---

① 刘昭《续汉书·郡国志》注引。这里的"滈水"当为"丰水"之讹，因为"滈水之西"有两种可能解释：一是在滈西、丰东，那就跟镐一样，同在丰水东，无从区别。这样的注释既不合情理，也与注疏上所不容，其情形必然属二，即在滈西、丰西，那么为什么不采取丰水来说明呢？丰在丰水西，自来实无异词，其可疑者除此条外尚有《通典》卷一七三《古雍州》下："丰在丰水（当脱"西"字），镐在丰水东"一条，皆有脱误。

② 《雍录》卷一"三辅黄图"条。

③ 孙星衍所辑《三辅黄图》既全录上述各条。又《读史方舆纪要》卷五三长安灵台下，谓"汉辟雍在长安故城西北八里，以长安城为汉城"，既误信《三辅旧事》等书为汉人著作，不加抉择所致。

④ 自长寿坊到普宁坊共历七个坊，至修真坊为八个坊，七里、八里当大约以一坊为一里计算，按之实际距离，自长寿至普宁比七里要多一点。

明清以来传统的说法，是以丰水上游秦渡镇西边平定寺附近的灵台为周灵台遗址[①]，直到1948年石璋如的《传说中周都的实地考察》，经过实地调查仍认为这个灵台就是丰京遗址，"大概没有问题"，现在我们可以完全否定这个灵台遗址，周灵台一定不在这里，下面列举三证。

（1）周灵台在唐长安县的西北，不止《三辅黄图》如此说，上引颜师古《汉书·地理志》注跟杜佑《通典》长安县下都如此说，灵台遗址唐代既还存在，则唐人的记载当然是可信的，可是现在的灵台不在唐长安城的西北，而在西南，单凭这一点就可以把它的真实性完全推翻。

（2）自汉迄唐都一致说灵台在丰水东，可是这个灵台却在丰水西岸。丰水确曾向东移动，古代丰水在今丰河之西，但移动的部分主要在下游，从丰水发源到秦渡镇这一段是没有变更的。《元和郡县志》卷二《鄠县》下："丰水出县东南终南山，自发源北流，经县东二十八里，北流入渭。"隋唐的鄠县治就是现在的鄠县城，秦渡镇正在鄠县的正东，我们从地图上测量，从鄠县到秦渡镇的丰河，恰恰是十四千米多一点，相当于唐代二十八里，这是秦渡镇附近丰河未经改流的一个很好见证，现在的灵台不在丰水东岸，而在西岸，这说明它跟记载不符。

（3）《括地志》跟《元和志》都说周丰宫在鄠县东三十五里[②]，而现在的灵台西距鄠县只有三十华里，距离也不符。

现在的灵台无论从哪一方面都说明它不是唐代所见的周灵台遗址，那么周丰京与灵台位置必得另外寻求，寻求必须依据两个原则：一是丰水的沿岸，二是唐长安县西北的方向。

丰水下游不断向东移动改流，其经过另在《西安附近水系的变迁》中详之，这里所要说的宋丰河下游故道为清高桥渠，宋丰河入渭在宋村，在咸阳西南十一里，唐以前丰河入渭处更在其西九里，《水经注》引地说，谓丰河入渭在短阴山内，据《长安志》，"短阴山"原在咸阳西南二十里，清嘉庆修《长安县志》因谓古丰河故道在今丰河西二十里，如此推算，并结合现在地形考察，唐以前丰河的下游应该就是今泥河及沧浪河的下游，泥河上游有一沮洳地，俗名灵沼，泥河下游就跟沧浪河合流入渭，周丰京应于此河流域中求之。其次，周灵台在唐长安县西北，它的方向就只能在昆明池北，不能在其南，《长安志》卷十一引《水经注》："（丰水）又北，交水自东注焉；又北，昆明池水注之；又北，径灵台西；又北，至石墩入渭。"好像也显示这一点，交水跟昆明池水都是自东来合丰水，丰水经灵台西是在昆明池水来会的北面，丰水过灵台后就注入渭河，可证灵台应该在丰水下游、昆明池以北求之，而现在灵台乃在古交水会丰水处[③]，其谬妄不足信是不待辩的。

周灵台确切位置究竟在哪里，今实不能确指，但我们可以画出一个大致的范围，作为今后考古学上发掘的参考。斗门镇紧接在昆明池北，斗门镇之西沿丰河有开瑞庄跟蒋家寨东西相对，兹

---

① 此说不知始于何时，《明统志》既著之，而南宋以前不见。《太平寰宇记》："文王作丰，今长安西北灵台乡、丰水上游是也。"此全据《通典》，而误衍一"游"字（其下即接"武王理镐……"一段，亦全属《通典》文字可证），既在长安西北，即不能在丰水上游。《诗地理考》卷四引朱〔熹〕氏说："丰在鄠县……终南山北。"颇与今灵台位置相合，今本《诗经集注》只云丰在"鄠县杜陵西南"，与王氏所引异。朱说非凭目验，出于想象，故前后异其词.陕西自为金、元所据，周汉故迹渐多失明，古迹的意说与伪造，多半出于此后，周灵台当亦其中之一也。

② 《括地志》，见《诗地理考》卷四"丰"下引，《元和志》见卷二"鄠县周丰宫"条。

③ 现在潏河会丰河处，即《水经注》所记交水会丰水处，详拙著《西安附近水系的变迁》。

取为基点向西画一东西间直线达于泥河，灵台遗址应该沿此河东岸，南不过此线，北不至渭河滩，南北不超过五千米之地，自蒋家寨至此采取直线测量，差不多可达到二十二千米，相当于唐里四十里。

四、莽京的位置及西周丰、镐两都关系的考察

金文中有莽京，见于"臣辰盉""麦尊""遹殷""静殷""静卣""小臣静彝""史懋壶"诸器。此外，"卯殷""召伯虎殷"也出现"莽""莽宫""莽人"等。据郭沫若《两周金文辞大系考释》考订各器年代："臣辰盉"为成王时器，"麦尊"为康王时器，"遹殷""静殷""静卣""小臣静彝"均为穆王时器，"卯殷""史懋壶"为懿王时器，而"召伯虎殷"则为宣王时器，皆在平王东迁以前，因此其地必须于渭水流域中求之。

自清末迄今，关于莽京的考释，不同之说有五。

（1）镐京说：吴大澂《说文古籀补》释莽。

（2）蒲坂（方）说：王国维《周莽京考》（《观堂集林》卷十二）。

（3）丰京说：郭沫若《臣辰盉铭考释》（《金文丛考》第324～326页；又见《两周金文辞大系考释》；"臣辰盉""麦尊""遹殷"诸器后）。

（4）豳说：唐兰《莽京新考》（《史学论丛》第一期）。

（5）范宫说：温廷敬《莽京考》（《中山大学史学专刊》第一卷第四期）。

据诸器记载之"莽"，其特点约有五。

（1）其地距宗周甚近，最多不得超过一日路程（"麦尊"记井侯见王于宗周，第二天他们就同在莽京之辟雍乘舟）。

（2）莽地位甚重要，王常出居于此，会大臣或命事，这里并可举行酹祀（"麦尊""召伯虎殷"）。

（3）有辟雍，大池（"麦尊""遹殷""静殷"）。

（4）有宫，宫之名可知者为"莽宫"（"卯殷"）与"湿宫"（"史懋壶"）。

（5）王常于此举行各种娱乐，如乘舟（"麦尊"）、呼渔（"遹殷"）、射箭（"静殷"）、猎禽兽（"麦尊"），其地当为一可供天子行乐之胜地。

据文献记载，有辟雍之地，只有丰、镐，丰为文王所建之都，镐为武王所建之都，西周可以称京也只有丰、镐，两地在周初地位都很重要，王常往来两都间有如唐代之东西两京；两地相去又很近，只有二十五里，故王常得相往来，根据这些情况判断，莽不是丰就是镐，不可能是其余诸地。①王国维谓莽即《诗·小雅·六月》"侵镐及方，至于泾阳"之"方"，并谓其地即秦汉时之蒲坂（今永济附近）。莽、蒲声相近，韵为阳；鱼阴阳对转故得相假，蒲坂附近有张杨池，既莽京之大池，案王氏所释之字，尚可有取（详附录《诗》"侵镐及方""地望解"）。至于所释之地，谓莽在蒲坂，则绝不可信：其一，蒲坂去西安清里在三百里以上，非一日所能达，与"麦尊"所记之莽京情形全不相符。其二，辟雍据秦汉时人的说法，唯天子之都得有之，秦以后辟雍都在首都；传统的说法又谓辟雍与太学、明堂等同在一处，而"静殷"正记静教射于大池之学宫，足证传统关于辟雍

之说法实有根据，周代旧都既无一与蒲坂有涉，于文献又毫无可征信，其谬误是不待辩的。②幽虽为周之旧都，然自建都渭南以后，丰、镐去幽皆三数百里，不可能常相往来于此命事，其地位重要于文献亦无征，自灭殷以后即不见文献中有关幽之任何记载。③穆王居郑只见于臣瓒说，而郑之范宫亦唯《穆天子传》载之，正式史料从未提到，其地位绝非重要可知，又去丰、镐亦远，这两点都跟金文记载之莽京情形不类，谓莽京为范宫尤有一事不能解释，即莽成康彝器中即已出现，其地非郑不待考虑可知。总括起来看，"蒲坂""幽""范"三说立论的基础，都只有文字声韵上通假，而确定莽京地望，必须靠史实支持；诸说既经不住事实的对验，那就没存在之余地。

镐京说提出最早，附和之人亦最多，归纳其理由，不外两点：①镐可以称"京"，丰则文献中无称"京"者，吴大澂就是凭"他邑不得京"，断定"莽为镐京无疑"，丁山等人也都是根据这一点来肯定莽是镐非丰的[1]。据我们推测，丰在西周应该称"京"，后面还有详说，即使先置此点不谈，吴、丁诸人的论证方法也很有问题，丰京没有在文献中出现，并不一定等于丰不能称京，我们既不能根据文献断丰根本不能称京，那么这个现象最多只有参考的价值，拿来做主要的判断根据，无疑是危险的；②镐有镐池与"遹毁""静毁"中莽京之大池相符合，"镐京辟雍"又见于"诗"，辟雍既在镐地，莽京一定就是镐京了；这个证据是丁山首先提出来的，但只拿来证明镐与莽京情形同，用来做主要的判断根据并加以发挥的是陈梦家的《西周铜器断代（二）》，下面是陈文的主要论点：

> 金文镐京之镐作莽，字不能分析其音义所从来。所以决定它是镐字者，诗书称丰、丰邑，而镐称京；"文王有声"曰："镐京辟雍"，而辟雍即大池，西周金文的大池皆在镐京，详前第一器释文中，该器作于武王之时，则武王都镐之说不误，而武王时的镐京已有辟雍大池。"诗""灵台序"以为文王之事，文王都丰之后乃作辟雍，是可能的[2]。

陈文最后出，但立说也最武断，又曲解史实，其谬误应加纠正。莽字肯定可以分析，有文字声韵上的证据，其说详后。陈决定莽为镐字有两个理由：第一个全承吴、丁之说，驳已见上，现在所要说的是第二个。丰有辟雍，以唐代为断，材料确切无疑的至少有好几条，《诗》中《灵台》所述之辟雍，跟灵台、灵沼等在一起，明明是在丰地，与镐京之辟雍有别，所以"诗序"以为文王时事，不知道陈氏何以忽然要把它搬了家跟另一篇"文王有声"的"镐京辟雍"连起来解释？这已经够异想天开的了，而陈氏又无睹于《玉海》所引《水经注》"丰水又径灵台西，文王又引水为辟雍、灵沼"这一事实（此条为今本所佚，故陈没有看到）。郦氏生长北魏，长安、洛阳附近水道经流为所亲见，《水经注》中水道记载最详细的就是这两个地方，实与耳实不同，我们想无法抱怨记载不明确或不可靠。陈断定"西周金文大池皆在镐京"，凭什么证据能得到这样的结论呢？他的证明办法具见"天亡毁"（即陈文编号之第一器）解释，兹照录于下：

> 《封禅书》述秦制曰："丰、镐有昭明、天子辟池。"《索隐》云："乐产云：闻（璋案

---

① 丁山：《由三代都邑论其民族文化》（《"中央研究院"历史语言研究所集刊》第五本第一分 1935 年 1 期）。

② 陈梦家：《西周铜器断代（二）》，《考古学报》1955 年 10 期，141 页。

此处有脱误），顾氏以璧池即滈池……，武王都镐，既立灵台，故有辟雍耳。张衡亦以辟
池为雍。"……水的部分（璋按指辟雍之水）有不同的各称谓：璧池、辟池、大池、滈池
和灵沼（灵台），……因辟池在镐，所以又称滈池①。

这么一说好像《索隐》作者司马贞、张衡都一致同意顾氏璧池即滈池的说法，而辟雍只镐京
有，那么陈说就很有根据的了，我们不妨再看看《索隐》的原文究竟是怎样的：

乐产云：闻，顾氏以为璧池即滈池，所谓华阴平舒道逢使者持璧以遗滈池君，故曰璧
池。今案谓"天子辟池"既周天子辟雍之地（当为"池"字之误），故周文王都酆，武王
都滈，既立灵台，则亦有辟雍耳，张衡亦以辟池为（当脱"辟"字）雍也②。

《史记》明明说沣、滈都有天子辟雍，顾氏拿持璧遗滈池君来解释璧池即滈池，无疑是荒唐的，
与《史记》正文亦违背。显然《索隐》作者是不赞成顾氏的说法，他认为辟池即辟雍，所以引张衡
之说为证。"既立灵台，则亦有辟雍耳。"这两句主要是辨明辟雍不止镐有，丰亦有，文王既立灵台
（自来记载，都只记文王立灵台），所以其都亦有辟雍，《索隐》意在注释史文，如此解释就与《史
记》正文全合。两相比较不难看出陈氏有意歪曲原文至如何程度，他把《索隐》的主要论点完全挖
了去，结果反面的意见就一变而成正面的意见，为了彻底消灭这个痕迹，最后不得不改动《索隐》
的原文，"则亦有辟雍耳"，"亦"是说明两个都有，而且根据上文，此句原来是说明丰京的，陈文
改为"故有辟雍耳"，与"武王都镐"相连，就变成说明镐京，只能肯定镐京有。显然，"亦"字不
改掉，文意就不连属，很容易露出马脚，而且也不能证明辟雍在镐京的说法，陈氏改动无疑是有意
的，这是什么态度呢？辟雍与灵沼本是两回事，《玉海》所引《水经注》及《括地志》清楚说明这
一点（这证明陈氏没有看见这些记载，而滈池与辟雍（辟池）亦有区别，自来记载向未混淆，陈氏
胡乱地把璧池、辟池、大池、滈池、灵沼等放在一起，认为都是辟雍之水的部分不同名称，断定
辟池（辟雍）、大池就是滈池，只镐京有，因而莽京一定就是镐京，其推论逻辑，实是离奇。总之，
陈文东拼西凑的结果，除了证明他的武断以外，我们实在找不出为他辩护的第二个理由。

"莽"绝对不是镐京，有两个证据最显著不过：①"臣辰盉"与"麦尊"都记"王自宗周至
莽"，而自来记载一致都说西周之宗周为镐京，汉儒并谓镐京所以称为宗周者，是因武王灭殷以
后，为天下所宗，解释也很合理；②周灭殷以后，首都既在镐，而"臣辰盉"记"王徝（出）饔
（馆）莽京"，"麦尊"记"王客莽京"，莽非首都可知。决定莽京为镐，除了牵强附会以外，这两
条根本没法解释。

莽京可以肯定就是丰京，我们考察首先从历史地理角度出发。

"史懋壶"记"王在莽京湿宫"，这是一个重要的考察线索，西安附近为一小型平原，南为秦
岭，东为骊山山脉（实即秦岭向北伸延之山脉），北为渭河，地势是南高北低，东高西低，平原东

---

① 陈梦家：《西周铜器断代（二）》，《考古学报》1954 年 10 期，151、152 页（着重点为引者加，示陈改动
之处）。

② 现在所能看到的较好的本子如宋本、明本清殿本、《史记会注考证》本，都检查过，没有异文。

边狭窄，愈往西愈开广，也愈低下，临潼附近骊山余脉，曾直抵渭滨，倘以临潼北面的渭河为起点，向西至秦渡镇画一直线，则渭河与丰河恰构成一直角三角形之勾股两边，而北直线即为其弦（斜边），平原就是沿着这条直线向西开拓，古今都邑分布都是在此线以西或正当此线之上，平原最开广处就是在丰河流域，此处地势远较东边为低下，就丰河论，下游（北）又远较上游（南）为低，秦渡镇在丰河上游距丰河出山不远，可是附近地势已较低下，石璋如经实地考察，已经证实这一点："秦渡镇的地势较低，往往受丰水之害，目前是靠着河堤来保护。"①

至于丰河下游，尤其是西边泥河一带，地势更低，往往有沮洳地出现。丰京既在古丰河的下游，其地势低下，因而一定潮湿，这是不成问题的，菶京的湿宫正是符合这个情形。

至于镐京附近地势，情形就恰恰跟丰京相反，镐京跟昆明池都在高阳原的北面，昆明池地当渭河南岸的第二台地，海拔在四百米以上，昆明池所在地势较高，远出汉城之上，很早时候就有人指出这一点，如宋程大昌就说："昆明〔池地〕基高，故其下游尚可壅激以为都城之用。"②

正因为如此，所以汉武帝才选择这里作为全城的水源的总蓄水库与总控制机构。

镐之本字就是高，作镐、作滈、作鄗皆其后起字，所以可互为通假。朱右曾《诗地理征》谓"镐通作鄗"，又举汉光武改鄗为高邑。《史记·秦始皇本纪》滈池君读若"高"，证明"镐""高"可以通假③，其说虽是，但尚未洞揭此字之本原。镐京附近《水经注》谓之"高阳原"、西安附近的"原"，都是指高平之地，散布在各河流之间，实丘陵之蚀余，此原在镐京之南，"高阳"实即镐阳④，《水经注》又谓"滈水下游，汉又谓之高都水"，此水即经镐京附近流出长安城，高都亦即镐都。镐之得名由于地高，这一点没有疑问。

以上事实可以说明金文的菶京应该是丰，不应该是镐，但我们肯定菶京就是丰京，主要是因文献记载完全支持我们的说法，下面是金文中的菶京跟文献中之丰完全相符合的几条事实。

（1）《诗·大雅·灵台》篇叙述周王经营灵台，提到灵沼、灵囿，还提到辟雍。《孟子》中已引此诗，属之文王。丰地有辟雍，自来皆无异辞，古今也找不到第二个人把它跟镐京之辟雍混为一谈。我们还清楚地知道自秦到6世纪初，丰之辟雍都还存在，直到7世纪初才看不到。秦时丰、镐都有辟池即辟雍，具详上引《史记·封禅书》及《索隐》说，《水经注》记丰水径灵台西时，明确地提到辟雍、灵沼，是其时尚存之证（要是不在或只存痕迹，依《水经注》通例，一般都加"故"字，尤其是长安附近水道，《水经注》记载最详，无一例外），可是《玉海》引《水经注》此条之后，接着就引《括地志》："今悉无复处，惟灵台孤立。"可证丰辟雍之湮失就是自北魏宣帝到唐太宗贞观初年这一段期间之内。现在"麦尊"记菶京有辟雍，"遹簋"记菶京有大池，不正与文献中之丰情形符合？辟雍既可称为辟池，则此大池即辟雍之池，无须附会到滈池上去。

（2）迁镐以后，丰之地位仍很重要。《尚书·召诰》曾记"王朝步自周，则至于丰"，命召公往

---

① 《传说中周都的实地考察》。

② 《雍录》卷六"昆明池"条。

③ 《诗地理征》卷二"镐"条。

④ 据嘉庆修《长安县志》；高阳原即在丰镐村之南，与《水经注》所记之高阳原地望略有差池，或者原之范围广狭古今有所不同，而同在镐京之南，则未有变异。

洛相宅。《左传·昭公四年》，"康有酆宫之朝"，会四方诸侯在丰，不在镐。《尚书大传》跟《史记》都记周公老死于此。此外，据今本《竹书纪年》，周天子自周至丰还有好几次，可证周初镐之与丰犹如唐代的西京与东都，所以司马迁谓周营洛邑以后，复都丰、镐。西周金文中王居住最多之地为周与宗周（既镐京），其次即为成周与莽京，据吴其昌《金文历朔疏证》附录之"王在王格表"，王在周或宗周之记载明确可知者在四十次以上，在莽京十一次，成周九次①，莽京尚较成周为多。莽并非首都但王常馆此或客此命事，接见大臣，举行酌祀，可见其地位甚为重要，据此情形推断，莽京非丰莫属。

（3）丰、镐相去二十五里，所以成王能朝步至丰。"臣辰盉"记"王大仑（禴）于宗周"后，即"出馆莽京"，"麦尊"记井侯见于宗周，立刻就会客莽京之王。第二天他同在辟雍乘舟，宗周既是镐京，而莽乃王客居之地，莽亦非丰莫属，郭沫若氏据此点断定莽是丰非鄗，是完全正确的②。

丰可以借莽，于声韵学可无问题，此点郭氏亦言之：莽从方声，"尹卣"有"王初饔旁，唯还在周"，其字作旁，亦可证莽从方声无误。"方"、"旁"与"丰"古纽相近，其韵亦相近，"召伯虎𣪘"莽正与广为韵③。按载"大夫始鼎"有"王在邦"，"王在邦宫"，"邦"即"丰"，"邦宫"即"丰宫"，丰既可以借邦，那么当然这就可借旁、莽，这在金文中是毫不足异的。

丰是不是可以称"京"呢？这一点根据我们考察，也是没有多大问题的，丰最初称邑，迁都以后就该称"京"，这个问题因牵涉问题较多，当另在"关于金文中周都的几个问题"中详之，这里只撮其要证如下：①《白虎通·号》篇，《诗》云：'命此文王，于周于京'，此改号为周，改邑为京也。"孙星衍云："据此则文王已称周京，故武王都镐，亦曰京也。"④称"周"称"京"都不是自文王始，但他们至少都说明在文王时已经有称"京"的事实。"京"与"周"原来都是地名，"周"为太王所都之周原，"京"即公刘所都之鄗，其后"周""京"都随国都移动，周有"岐周""京周""成周"，东周时代之"周"跟"宗周"并非指镐京而是指当时周之首都事实至为明显。京也是如此，《诗·公刘》篇的"于京斯作"的"京"指鄗，《大明》篇之"曰婿于京"与《思齐》篇之"京室之妇"（均记文王母太任来归）之"京"指岐周。《白虎通》所引《诗·大明》之"于周之京"，此"京"多半指岐周，然亦有指丰之可能，《文王》篇之"殷士肤敏，裸将于京"与《下武》篇之"王配于京"所指非丰即镐。杨树达谓《文王》篇为"记殷士助祭文王于明堂"，其说可信，若然则此京很可能是丰。据记载周祀文王常于明堂，晚周诗人并谓明堂即文王庙所在，而文王之庙据汉人的说法固在丰不在镐。②《左传·庄公二十八年》："凡邑有宗庙先君之主曰都，无曰邑。"《尚书大传》："凡宗庙有先王之主曰都，无曰邑。"⑤两者都是依周代已有的制度而说，所以解释是可

---

① 吴表所列之器间有真伪问题，考释也有可商，统计只取大较，姑依之。

② 《两周金文辞大系考释》，41页"麦尊"后。

③ 《两周金文辞大系考释》，23页"臣辰盉"后。据董同龢《上古音误表稿》，丰：P'iong（中），方：Piwang（阳）旁：b'iang（阳）邦：Pung（东）。

④ 孙星衍：《今古文尚书疏证》，卷二。

⑤ 陈介祺：《尚书大传定本》（四部丛刊本），此条辑自唐释湛然《止观辅行宏法传》卷四之三。陈云："传文'宗庙'疑有误。"陈盖不知《左传》已有此说，原文当如《左传》："凡邑有宗庙先王之主曰都。"

信的。都可以通用于诸侯之国，如《左传》所释是。天子之都就是"京"，《尚书大传》的"都"应该是就天子之都说的。根据这个定义考察，无论都或京都可以不止一个，西周时周地可以称京或都的，只能有三处：一是镐京（周或宗周），二是东都（成周），这里都有先王之庙及太庙（据金文）；第三个就是丰京，因为这里也有先王之庙及太庙（据文献）①。蒡京之"京"，既不可能是镐京与成周两地，那么除丰以外，就找不出第二个适当的地方足以当之。汉以后文献中称丰有时称"丰邑"，也有个理由，那就是承《诗》"既伐于崇，作邑于丰"之文而来，"作邑"一词常见于甲骨文，金文也有，成为殷周之际一个熟语，同时这个丰邑也很容易解释，成周之地本名洛师（见《尚书》）或成师（见金文），初作之时犹名"洛邑""大邑""新邑"，后来改称成周或东都，显然是因此地建立有宗庙，地位与西都丰、镐同等重要，丰京当初作之时，宗庙未迁，实同成周之例，只能称为丰邑，称京自在国都迁来之后。

附带讨论一下周初为什么要迁都以及迁都以后丰、镐之关系。周之统一事业，实奠基于文王，文王七年五伐，最后就是灭丰、镐之间之崇。周之辖地本在渭北，自文王灭崇以后，即扩向渭南，迁都于丰正好适应新形势的发展，便于统治新开辟之地区与继续向东方经略，其情形正同秦孝公不断向东方驱逐韩、魏等国在关中的势力，等东部辖地日广，最后就是自雍迁咸阳，作为继续向东方侵略的大本营。渭南平原最广阔之地就是丰河流域，而丰水又是渭南最大之河，便于大都市的大量引水，大部落的发生应该在丰河沿岸，《史记》记文王伐崇，《韩非子》作"酆"字，朱右曾因谓"酆"即"崇"②，古代常以国都所在代表其国，丰地附近或当为崇国都所在，所以韩非子得以酆当崇，文王于此另建新都，实根据自然与人为的两方面的基础。

周都每有双城，西都有丰、镐，东都有成周与王城，皆相去很近，其原因不尽可考，唯西都则略有可说。宋代人曾推测武王所以迁镐京是"为四方来朝者，丰地不足以容之"③，今据丰、镐所在地势考察，自丰迁镐，实与丰河地形有关，丰河中下游都很低下，丰京所在地势一定低下，这是肯定的；丰河下游又常常改道，容易泛滥，所以丰所在之地虽有其有利条件，但也有其不利条件，等到形势发展，都城需要扩大的时候，其地或不便再事扩建，不如另迁至较高燥之镐为较合宜。丰京基地并未遭受破坏，但自秦汉以来从未见有关于丰京遗址的任何记载，未始不是丰河下游容易泛滥、改道，有以破坏之。

迁镐以后，丰京仍很重要，司马迁与皇甫谧都说周营洛邑后，复都丰、镐，文献与金文也都证实这个说法是正确的。丰地所以重要，一是因文王之故都，为周代发祥起家之地，二是因此地有先王之庙，特别是有文王之庙，每遇大事需要告文王庙时就得来此地举行④，此外，丰京之所以能吸引周代天子常来此地，还有一个重要理由，那就是这里是一个风景之区，周王行乐的一个胜地。如上

---

① 丰有文王庙，见《史记集解》引马融说，有成王之庙，见《史记集解》引服虔说；有太庙见今本《竹书纪年》。

② 《诗地理征》卷四"崇"条。

③ 王应麟《诗地理考》卷四引戴氏说；朱熹《诗经集传》说亦同。

④ 汉人马融、郑玄等已有此说。《雍录》卷一："武王继文，虽改邑于镐，而丰宫元不移徙，每遇大事，如伐商作洛之类，皆步自宗周而住，以其事告于丰庙，不敢专也。……康王虽仍都镐，而其受朝仍在丰地，是亦循武王宗丰之意也。"程氏此说实总结前人对丰、镐关系的看法。

文所述，丰京郊区，有灵囿、灵沼、灵台，又有辟雍，它们都在一起。文王当初经营丰邑时，于此区费过一番心力，故《诗》《灵台》篇记文王经营，只提灵台，此区建筑或甚壮丽，所以灵台能保持时间较久。台在春秋战国以及汉魏时代仍为统治者游乐观玩之地，其例无烦列举，而三灵所在之区风景优胜，在周初为文王行乐之地，于文献亦不无可征，《灵台》篇："王在灵囿，麀鹿攸伏，麀鹿濯濯，白鸟翯翯；王在灵沼，于牣鱼跃。"下面它还叙述辟雍之内各种音乐设备，与音乐声音之美。《庄子》中曾经提到文王辟雍之乐，可见这里的音乐很有名，而灵囿也相当大，齐宣王曾经问过孟子，文王之囿是不是真有方七十里，孟子对他说，"于传有之"，则此囿之著名由来已久。以这样一个大囿，其中栽植畜养动植物一定很多，据《诗·灵台》跟《孟子》所记，知道灵囿中有麀鹿、白鸟、雉兔、茂林丰草，灵沼中有很多鱼类，辟雍中又有各种音乐设备，它无疑就是后代的上林苑或御苑。灵囿既在丰水东岸，而丰、镐相去又只有二十五里，首都虽移动，灵囿则无烦更筑①，也就是因为这个缘故，所以西周时代各王常常馆居于此，或客居于此，其情形犹如清代皇帝夏秋两季常出居圆明园跟颐和园一样，据诸器所记王客荐京时代；"臣辰盉"在五月，"麦尊"在二月，"遹段""静段"在六月，"静卣""召伯虎段"在四月，"史懋壶"在八月，都是自仲春到仲秋六个月内，正是春秋行乐，或避暑的好时节，只有"小臣静彝"在十三月，情形有点特殊，或有他事故，今不得而详。"麦尊"记"王在辟雍大池乘舟并射大龏禽"，"遹段"记"穆王在荐京呼渔于大池"，"静段"记"王在荐京同众臣射于大池"，跟《诗》《灵台》所记灵囿情形合。过去出土金文不见有王在囿行乐之记载，只最近西安斗门镇普渡村出土之"长甶盉"，颇有解释为王在囿之可能，案铭文云："惟三月初吉丁亥，穆王在下减屄（居），穆王飨醴，即邢伯大祝射。……"②"减"字见于《诗经·文王有声》"筑城伊减，作丰伊辟"。传："减成沟也。"《笺》："方十里曰成，减其沟也。"此"减"即丰京城外之濠，王何以居于城濠之上，"下减"当与城濠无涉，今谓"长甶盉"之"减"即"囿"字，古"囿""域"互假，毛传："囿所以域养禽兽也。"孔疏云，"囿者筑墙为界域，而禽兽在其中，故云囿所以域养禽兽也。"囿必有界域，灵囿范围既大，孔谓筑墙，恐非古代能力所及，最合理当是以水域之。下减即下囿（当与上囿相对）。金文中记王射之地，一为射庐（当即《谷梁传》申鄘谓"射宫"）一为学宫，其地在周（镐京）大池，其地在荐，大池即辟雍，据《说文》，"天子飨饮辟雍"，"泮，诸侯飨射之宫"，则飨与射都应该在辟雍举行，"遹段"与"静段"一记穆王在辟雍大池飨酒，一记穆王在辟雍大池射，与《说文》说合。"长甶盉"既记穆王飨醴，又记射，与"遹段""静段"所记穆王在荐或属同年事（时间相差三月），地点即在荐之辟雍附近。辟雍即在灵囿之内，与"王在下减（囿）屄（居）"并不矛盾。

五、结 论

本文讨论周都丰、镐的位置，肯定相传的镐京说，否定相传的丰京（灵台）说，并进一步提供

---

① 《国语·周语》："杜伯射王于鄗。"韦注引《周春秋》："后二年宣王会诸侯田于圃"（据宋明道本，他书"圃"或作"囿"）此囿疑即灵囿，因与镐相近，故得田于此。

② 据郭沫若《长甶盉释文》（《文物参考资料》1955年2期）。李亚农有注释，见《考古学报》第九册。

勘查丰、镐的原则及其应在的范围；证明金文中的䓵京确为丰京，而不可能是镐京或其他诸地；最后并解释周初迁都的原因以及迁镐以后周王所以仍时常来居丰京的理由。它的考察角度主要是从历史地理出发，为考古学、历史学提供若干材料、证据和意见。总结全文讨论，可以归纳为下列几点。

（1）周镐京在唐长安县西北十八里，昆明池的北面。唐长安县廨在长寿坊的西南隅，我们依据文献予以恢复的结果，当时的县廨应在现在的蒋家寨，从这个计算基点来考察镐京，我们认为它的范围就在丰镐村附近，相传旧说周镐京在这里，肯定是对的，至于镐京的实际位置，应自此村的东南至昆明池北面一带，连同昆明池遗址一同考察。

（2）周丰京的位置在唐长安县的西北四十里，传说中的周灵台遗址完全是错误的。周丰京应在的范围当在昆明池西北，丰河的西边，靠近泥河、沧浪河下游沿岸，倘自开瑞庄向西画一东西直线至沧浪河，周丰京的位置，南不出此线，北不到渭河滩，南北不超过四五千米之地。将来勘查丰京，即应以此为范围，沿泥河（沧浪河）的下游求之。

（3）金文的䓵京，根据：①有辟雍大池，②去宗周（镐京）很近，③地位重要，王常出居于此，但其地并非首都，④有湿宫（地势较低下），⑤王常于此举行渔猎、射箭各种娱乐等五个特点，依据文献与地形情况我们肯定它就是丰京，不可能是镐京或其他诸地。我们并论证丰实在可以称京，汉及汉以后文献中有称丰为丰邑，是承《诗》"作邑于丰"之旧文而来，并不能代表邑已作成，国都迁来以后情形。

附记：郭沫若先生于此文金文**䓵**京一节有所指示，历史研究编辑部也提供一些意见，都有所启发，一并致谢于此。

附录　《诗·侵镐及方》地望解

《诗·六月》："猃狁匪茹，整居焦获，侵镐及方，至于泾阳。"由于其下文又有"来归自镐，我行永久"，因此古来对于此"方"与"镐"的位置争论者多，而终不能解决。郭沫若氏曾拟方、镐连文，怀疑方即丰，倘其说果是，实解决历史地理上一个争论不决的问题，作者是赞成这一说法的，今试为证明如次。

（1）《尔雅·释地》："周有焦获。"孙炎注："周，岐周也。《诗·六月》云：'猃狁匪茹，整居焦获是也，时人谓之瓠中也。'"郭璞注："今扶风池阳县瓠中是也。"《元和郡县志》卷二"京兆泾阳县"下："焦薮亦名瓠口。"所指都是一地，其处为郑渠引泾水之口，泾口后来不断向西移动，但都在这一块，故地位约略可知，诸家所述猃狁整居之焦获位置是完全可信的，金文可以为证。"兮甲盘"："佳王三月既死霸，庚寅王初各（略）伐猃狁于䇘卢，兮甲从王。"兮甲即《六月》诗中之吉甫，王即宣王，与《六月》诗实同时事。䇘卢，王国维考证即彭衙，可信。"虢季子白盘"："薄伐猃狁，于洛之阳。"此洛为北洛水，彭衙即在北洛水流域，其地在今陕西白水县东北，泾阳之东，与焦获实相近，总之当时猃狁势力可以伸达渭水北岸、泾水与洛水的中下游是无疑问的。

　　猃狁所盘据之老巢既定，则此泾阳"必须在焦获之南"。先儒不解焦获所在，而以泾阳置于平凉附近，又将镐与方置于千里之外，这是完全不对的。"泾阳"者既泾水北岸之意，实无确定之地点，沿泾水谷地是古来关中通西北一条通道，汉唐时代这条泾水谷道也是西北敌人入侵关中的几条道路中重要路线之一，作者在《历史上关中与西北的交通》中已有考证。猃狁一定是沿着谷道入侵丰、镐，所谓"侵镐及方"，是指入侵的目的地，非谓到达其地。

　　（2）焦获与泾阳地位既定，则此镐与方非镐京与丰京莫属。猃狁既已到达彭衙，其入侵的箭头显然是指向周都城丰、镐两京，此地已距丰、镐不远，故形势紧急，《六月》诗明明说："猃狁孔炽，我是用急。"可见当时猃狁入侵，实猖狂之至，倘不近在眉睫，而远在千里之外，周王即不会用急而亲自出征，诗人也不会有此两句。今本《竹书纪年》中曾记穆王十四年翟人侵毕，懿王七年，西戎侵镐，厉王二十四年猃狁侵宗周西鄙，此书虽出后辑，但不尽无据，可能一部分即根据残缺不全之古本，而并据他书补充。此三条他书皆不见，颇疑为古本之旧，依彭衙的地望推测，猃狁入侵至宗周镐京西鄙是可能的。

　　（3）镐、方既即镐、丰，问题就在于如何解释吉甫之"来归自镐"。要是上说完全没有问题，可能就只能有两种：①"自"字是"至"字之误；②王此时不在镐京而在另外地方，吉甫归来经过镐京再至于王所。第一种可能因汉人所见，即同今本，现无其他证据，先置不提。第二种可能又有两种情形：一是王在丰京，二是王在成周。第一种情形金文有旁证，"召伯虎殷"："佳六年四月甲子，王在莽，召伯虎曰：余告庆。"此为召伯虎平定淮夷，归而"告庆于王"（即《诗》之"告成于王"），《诗·大雅·江汉》即记此事，在吉甫挞伐猃狁之后一年，此时王在丰京。吉甫薄伐所至之太原，自来有两说：一为晋阳，一为平凉，王在丰。如前说自晋阳归来告成于王，必先经过镐京；第二种情形据"兮甲盘"，王令甲（吉甫）到成周征治委积，后来王也可能亲自来到成周，而先遣吉甫率戎车出征至太原，如后说在平凉。则自太原归来，必须先经过镐京而至成周。究竟属于哪一种，现在实无法肯定。

　　魏王肃曾以镐京之镐释此诗之镐，王基据刘向"千里之镐，犹以为远"之说以驳之，郑玄亦以方、镐为北方地名，今据金文情形看，刘、郑两说未必是，由刘、郑不明焦获与泾阳之实际位置故也。

　　金文中有莽京，其地为丰京，确无可疑，其字从"方"声，有为"芳"字古文的可能，王国维《周莽京考》以为"莽"即"方"字，莽京即《诗》"侵镐及方"之"方"，并定其地在蒲坂。今按王氏所考之地肯定是不对的，莽京必须在丰，这个位置为史实所决定无丝毫移动的可能；至于所释之字，根据字形、音韵的分析，是可以接受，"方"可以写作"莽"，亦犹"镐"之可写作"鄗"、"滈"。莽京既是丰京，则《诗经》中"侵镐及方"之"方"，即金文中之"莽"，其地必须在丰，这说明"方"即丰京，除文献记载的材料外，并有地下材料，可为佐证。

补　记

　　（1）元骆天骧《类编长安志》卷五"周文王庙"条："《周地图》云：'王庙在长安西北五十

里。'《新说》曰：'丰水与渭水合处，属咸阳县元村短阴山，地形高爽，古庙犹存，松柏森然。'"又卷六"丰水"条："《水经注》：'丰水出南山丰谷，北流至长安县西北堰头元村周文王庙西，合于渭。'"按《周地图》记为周隋间人所著，短阴山为《水经注》所记丰水合渭水处，唐宋时丰河入渭早向东迁移，这里所记丰水北流至周文王庙西合于渭，当是据《水经注》撮述。又据是书前所附《西安西路州县图》，有文王庙及辟雍，均在丰河下游合渭河处之西，文王庙所以建立在此，当因其地附近为周丰京故址，图中辟雍在文王庙旁即其证。据此推测，周丰京当去渭河不甚远。是书世不多见，顷来南京获见全帙（南京图书馆藏丁氏八千卷楼钞本），亟补志于此，以证丰京在丰河下游是确无可疑的。

（2）《长安志》卷十一引《括地志》："镐京在今县治西北十八里镐地是，杜伯国在今县治东南九里下杜城是。"根据这一条，一则可证镐京与雍州府廨的里距，"三十二里"确为"二十二里"之讹，再则把唐长安县廨定在蒋家寨，位置相当适当，从此至下杜城采取直线测量，约为四千八百米，适为唐里五里，方向为正南稍偏东。

（3）《天下郡国利病书》引范守己《雍谈》以为《诗》"侵镐及方"，地望正指镐京。

丁山也主张方即丰，谓"盖以协下文阳、央、行数韵，口说相传，丰认为方"（《由三代都邑论其民族文化》），实则方、丰去声，韵皆近，例可相通，不必以讹传为说。丁文曾举两事，均可补本文之缺。①《六月》诗曰："我服既成，于三十里。""于三十里者，言其迫近丰、镐也。"②"不娶毁"铭："……余命汝追御于䇒（读如洛），汝以我车宕伐厥允于高陵，汝多折首执讯。""高陵即冯翊高陵县，西至池阳不过四十余里。"按丁举此证明当时猃狁实寇近宗周，方应该就是丰，是完全正确的。一时疏忽，文成后始检视及之，一并附识于此，以证方即丰说是可以成立的。

（原载《历史研究》1956年10期）

周都丰镐位置商榷

王世民

《历史研究》1956 年第 10 期刊有黄盛璋同志的《周都丰镐与金文中的莽京》一文，提出丰京在长安西北泥河沧浪河下游沿岸、镐京在丰镐村东南的意见。根据实地调查和文献记载，我们提出一些不同的看法和作者商榷。

一、丰 京 位 置

黄盛璋同志认为："周丰京的位置在唐长安县的西北四十里，传说中的周灵台遗址完全是错误的。周丰京应在的范围当在昆明池西北，丰河的西边，靠近泥河、沧浪也下游沿岸，倘自开瑞庄向西画一东西直线至沧浪河，周丰京的位置，南不出此线，北不到渭河滩，南北不超过 4.5 千米之地。"

但是，根据考古工作者调查的结果，丰河下游，特别是较近渭河的地方，"地势低，水位浅，碱滩又多，而且常常被河流泛滥的灾害所波及，由地理的条件来看不宜于古代人类的住居"[1]。在这一地区我们没有发现古代文化遗址[2]。因此，很难设想丰京会在这个地方。

有关丰京的文献材料，往往提到灵台。因为灵台即在丰[3]，所以可由灵台推定丰的位置。黄盛璋同志所举史料断至唐代是对的，去古未远的记载应该是较可靠的，我们在征引时也采取这一原则。现在分类列举有关丰京位置的史料（以时代先后为序）。

（一）丰京在唐长安西南（即鄠县东、杜陵西南）

许慎《说文解字》："酆，周文王所都，在京兆杜陵西南。[4]

皇甫谧《帝王世纪》："丰在京兆鄠县东，丰水之西，文王自程徙此。"[5]

---

① 石兴邦：《丰镐一带考古调查简报》，《考古通讯》1955 年 1 期。

② 同上书文；又苏秉琦、吴汝祚：《西安附近古文化遗存的类型和分布》，《考古通讯》1956 年 2 期。

③ 《诗灵台正义》引《含神雾》："作邑于丰，起灵台。"又引《干凿度》："伐崇作灵台。"是明指灵台在丰。据世界书局影印阮刻《十三经注疏》本，以下凡引《诗》者均此。

④ 据平津馆仿宋小字本。

⑤ 《诗·二南谱正义》引。

杜预《左传·僖公十五年》"乃舍诸灵台"注："在京兆鄠县，周之故台。"①

又《左传·僖公二十四年》"文之昭也"注："酆国在始平鄠县东。"

又《左传·昭公四年》"康有酆宫之朝"注："酆在始平鄠县东，有灵台，康王于是朝诸侯。"

司马彪《后汉书·郡国志》："杜陵，酆在西南。"②

裴骃《史记·周本纪》："明年伐崇侯虎而作丰邑"《集解》："徐广曰：丰在京兆鄠县东，有灵台；镐在上林昆明北，有镐池，去丰二十五里，皆在长安（汉城，在今长安西北——引用者）南数十里。"

魏王泰《括地志》："周丰宫，周文王宫也，在雍州鄠县东三十五里。"③

司马贞《史记·鲁周公世家》"王朝步自周至丰"《索隐》："按丰在鄠县东，临丰水，东去镐二十五里也。"

李吉甫《元和郡县志》卷二《鄠县》："周酆宫，周文王宫也，在县东三十五里。"④

以上自汉迄唐十条史料可分三种：①杜陵西南，②鄠县东，③鄠县东三十五里。且多谓在丰水西，去镐二十五里。按杜陵为汉宣陵邑，在今西安城东南三兆村之南⑤。《长安志》卷十一《万年县》下有："杜陵故城在县东南一十五里。"⑥杜陵西南和鄠县东，所指是一。

（二）丰京在唐长安西北

《三辅黄图》："（周灵台）在长安西北四十里，高二十丈，周四百二十步。"⑦

颜师古《汉书·地理志》"文王作丰"注："今长安西北界灵台乡丰水上是。"⑧

杜佑《通典》卷一七三《长安县》下："周文王作酆，今县西北灵台乡丰水上是也。"⑨

以上三条均属唐代（《三辅黄图》详下），即较前述之长安西南说为后出。此三条可分二种：①长安西北四十里，②长安西北灵台乡丰水上。

（三）泛指汉长安西南或丰水西

高诱《吕氏春秋简选》"西至酆郭"注："酆郭在长安西南。"⑩

---

① 据世界书局影印《十三经注疏》本。

② 据百衲本，以下凡引《二十四史》者均此。

③ 《史记》，《周本纪正义》引。

④ 据光绪六年金陵书局刊本。

⑤ 嘉陵二十四年重修《咸宁县志》。

⑥ 据灵岩山馆毕氏校刻本。

⑦ 《玉海》卷一六二"周灵台"条引，据光绪九年浙江书局刊本。又《诗地理考》卷四，"灵台"条引，同此，据津逮秘书本。孙星衍辑本《黄图》作"高二丈，周回百二十步"。

⑧ 黄文所引，脱"界"字。今据百衲本、殿本、长沙王氏补注本校正，以下均此。

⑨ 据光绪丙申浙江书局刊本。

⑩ 据《四部丛刊》本，经训堂毕氏校刊本。

郑玄：《诗·文王有声》笺，"丰邑在丰水之西，镐京在丰水之东。"

皇甫谧《帝王世纪》："丰镐皆在长安之西南。"①

虞挚《三辅决录》注："镐在丰水东，丰在滈水西，相去二十五里。"②

以上三条泛指汉长安西南，丰水之西，无确处。

（四）丰京在丰水东

《三辅故事》："周作灵台在丰水东。"③

《水经注》："自丰水北径灵台西，文王又引水为辟雍、灵沼。"④

以上二条亦无确处。

前举十九条史料，主丰京在唐长安西南者自汉迄唐有十条，在唐长安西北者有唐代三条，无确处者六条。前说出现最早，当较可信。

黄盛璋同志据以作出结论的理由有四，现一一分析。

（1）"周灵台在唐长安县的西北，不止《三辅黄图》如此说，上引颜师古《汉书·地理志》注跟杜佑《通典·长安县》下都如此说，灵台遗址唐代既还存在，则唐人的记载当然是可信的，可是现在的灵台不在唐长安城的西北，而在西南，单凭这一点就可以把它的真实性完全推翻。"

1）《三辅黄图》："在长安西北四十里。"

此条仅见于王应麟的《玉海》和《诗地理考》⑤。在此以前的《水经注》《史记三家注》《两汉书注》《初学记》《艺文类聚》《文选注》《太平御览》《太平寰宇记》《长安志》《雍录》等书均引《三辅黄图》多条，而于丰京、灵台下独不引此，即主长安西北说之《汉志》颜注亦未引及⑥。可见此条史料时代甚晚。《三辅黄图》一书始著录于《隋书·经籍志》⑦，曾经唐人增续，且有引颜师古语为据者，讹谬极多，前人论之颇详⑧。据此，并证以此条所指长安为唐长安，则此条史料似应不早于唐代。黄盛璋同志所指丰京位置距唐长安不足四十里，是与《三辅黄图》之文并不相合，我们怀疑"西北"或为"西南"之讹，如是则与鄠县东地望相当。

2）颜师古："今长安西北界灵台乡丰水上是。"

按《汉书·郊祀志》颜注作"丰，今长安城西丰水上"与《地理志注》文字稍异。值得注意的是《郊祀志注》直指丰水上即曰长安城西，《地理志》举灵台乡则曰长安西北界，或与灵台乡治位置有

---

① 《诗·文王有声正义》引。

② 刘昭《后汉书·郡国志》注引，据百衲本。

③ 《玉海》卷一六二"周灵台"条引。

④ 同上书。

⑤ 据《津逮秘书》本。

⑥ 黄文曾论及，不赘。

⑦ 《隋书·经籍志》："《黄图》一卷，记三辅宫观、陵庙、明堂、辟雍、郊畤等事。"据百衲本。

⑧ 程大昌：《雍录》卷一，《三辅黄图》条（据《古今逸史》本）；汪昭：《三辅黄图》跋（经训堂本）；毕沅：《重刊三辅黄图序》（经训堂本）；孙星衍：《三辅黄图新校正序》（据平津馆本）。

关。《长安志》谓唐长安有五十九乡，乡名及地望均佚。我们既不能确知灵台乡位置，而二志注文又有"西北界"和"城西"之差，一时难以核定孰是孰非。《汉书·地理志》及颜注问题极多，前人每有稽疑校补之作，我们虽不敢妄疑颜注，但丰在鄠县东自汉迄唐无异说，即与师古同时之魏王泰，晚于师古之司马贞、李吉甫亦主之，似不当以此孤证推翻旧说，更重要的是与实地考察结果，不相符合。

3）《通典》："今京兆府长安县西北灵台乡丰水上是。"

《通典》成书在颜师古后，且其书"统前史之书志，而撰述取法乎官礼。"[1]而此条与《汉志》之文略同，当从师古。则此兴颜注实为一条，说已见前，不赘。

根据以上所说，我们认为《三辅黄图》《颜注》《通典》都是时代较晚的文献，不足为据；而灵台遗址唐代是否存在也是问题。如此，则黄盛璋同志的第一条理由难以成立。

（2）"自汉迄唐都一致说灵台在丰水东，可是这个灵台却在丰水西岸。"

按"灵台在丰水东"仅见于《玉海》引《水经注》、《三辅故事》，在此以前杜预、徐广均谓灵台在丰水西，非"自汉迄唐都一致说灵台在丰水东"。且丰京在丰水西自古迄今无异说，而灵台即在丰，因此不能据《玉海》否定此说。

黄盛璋同志又据郑玄"辟雍及三灵同处在郊矣"，谓灵囿在丰水之东，而灵台、灵沼都在灵囿中，以合《水经注》"丰水北径灵台西"之文。按郑玄仅谓三灵在郊，何以见得一定要在丰水之东。如此，则第二条理由也难成立。

（3）"《括地志》跟《元和志》都金周丰宫在鄠县东三十五里，而现在的灵台西距鄠县只有三十华里，距离也是不符。"

计算两地距离是不能仅仅在地图上直线测量，由于地势起伏，实际距离往往比"直线测量"所得要稍远些，因此文献记载的数目是容许和直线测量所得有一定出入的。即文献记载里数，古今亦有不同。

《长安志》卷十五《鄠县》："秦渡镇在县东四十里。"（原注：一作四十五里）

又："周酆宫在县东三十五里。"（原注：沅案旧本脱"三十"二字）

《鄠县新志》卷一："周丰宫，旧志一名酆宫，在丰水西，去县三十里。灵台在丰宫北。"又："〔东乡〕三十里曰秦渡镇，即周丰宫，四堡。"[2]

据此，我们认为文献记载的里数容许有一定出入。问题不在于现在的灵台是否周灵台，而在于丰京和灵台在鄠县东靠近丰水的地方是否可靠。如此，第三条理由也难以成立。

（4）黄盛璋同志文章中的补记（一）引元骆天骧《类编长安志》卷五"周文王庙"条有："《周地图》云：王庙在长安西北五十里。"《新说》曰："丰水与渭水合处，属咸阳县元村短阴山，地形高爽，古庙犹存，松柏森然。"

按《周地图》作于北周[3]，所谓长安当指汉长安，则"长安西北五十里"当为咸阳县境。《魏

---

① 章学诚语，见《文史通义》卷四，《释通》。

② 据武功孙景烈编，乾隆丁酉仲夏鄠县本衙刊本。

③ 据王庸：《中国地理学史》，商务印书馆1955年，重印本，174、192页。

书·地形志》："（咸阳郡）石安、石勒置，……有……周文王祠。"按魏石安即今咸阳 [1]《周地图》所谓"王庙"似即指此，亦即讹传之周文王陵庙。[2]《新说》所云与此无关，兹不论。又《类编长安志》卷六"丰水"条有："《水经注》：丰水出南山丰谷，北流至长安县西北堰头元村周文王庙西，合于渭。"

按此条今本《水经注》已佚，亦未见引于他处，姑存疑，而所谓之周文王庙亦未审所指。文献确有"丰，文王庙所在" [3] 之记载，但谓文王庙即丰，于逻辑推理似有不合，假设这样的推论可以成立，是否可以因"虢有黄帝子周文武祠"，[4] 而谓丰镐在虢呢？而以上所云文王庙均在丰水入渭处，与黄盛璋同志所谓"北不到渭河滩"并不相符。如此，则第四条理由也难以成立。

总之，我们认为黄盛璋同志说周丰京在唐长安城西北是缺乏有力根据，否定西南说的理由也是难于成立的。丰京在唐长安城西南是自汉迄暨唐的定说，应该是比较可靠的，我们仍然坚持这一说法。

有关丰京的考古工作主要有：中华人民共和国成立前北平研究院史学研究会 [5] 和石璋如的调查 [6]，中华人民共和国成立后考古研究所 1951 年和 1953 年丰河两岸调查 [7]，1955 年以来客省庄、张家坡一带的发掘 [8]。现有材料大致如下。

1）客省庄俗郿坞岭以北丰河下游，亦即黄盛璋同志所指地域，没有发现过古代文化遗存。

2）秦渡镇附近的灵台，根据我们最近调查有仰韶文化、龙山文化和西周时代的文化遗存。

3）客省庄、马王村、张家坡、大原村、西王村、冯村一带为西周遗址密集地，西周陶片俯拾皆是，且历代常出西周铜器 [9]。近年客省庄、张家坡一带的发掘，有许多重要的遗迹和遗物发现。

据此，我们认为丰京不可能在丰河下游，即唐长安城西北，应当在长安西南，即客省庄以南秦渡镇以北地域，虽然它的确切位置尚待于今后发掘来确定。

二、镐京位置

黄盛璋同志认为："镐京观及其遗址都偏在丰镐村的北面，去昆明池遗址较远，而根据我们采

---

① 《读史方舆纪要》，卷五三，"陕西咸阳县"条，据通行本。

② 参看孙星衍：《毕原毕陌考》，《问字堂集》卷三，见《皇清经解》。

③ 《史记·鲁周公世家》《集解》引马融曰。

④ 《汉书·地理志》右扶风下，《补注》引《一统志》："故城今宝鸡县东。"

⑤ 徐炳昶、常惠：《陕西调查古迹报告》（刊《"国立"北平研究院院务汇报》四卷六期），又《"国立"北平研究院五周年工作报告》，史学研究会部分。

⑥ 石璋如：《传说中周都的实地考察》（刊《历史语言研究所集刊》，第二十本下册），《关中考古调查报告》（刊《历史语言研究所集刊》第二十七本，1956 年台湾出版）。

⑦ 正式报告未刊，简报有《一九五一年春季陕西考古调查工作简报》（刊《科学通报》二卷九期）。又《丰镐一带考古调查简报》、《西安附近古文化遗存的类型和分布》（参见 63 页，注①②）。

⑧ 报告在编写中。《光明日报》1957 年 3 月 4 日第 2 版有简讯。

⑨ 陈梦家：《西周铜器断代（二）》，《考古学报》1954 年 10 期，140 页。

取直线测量，自蒋家寨至此已超过十千米，比唐里十八里要多出一些，因此我们认为镐京的遗址，应该自丰镐村的东南边至昆明池遗址北边一带，连同昆明池一同勘查。"

按丰镐有东、西、南、北四堡，"丰镐村的东南边"当指南丰镐村一带。根据考古工作者调查的结果，那里也没有西周的文化遗存[①]。因此，黄盛璋同志的论断值得商榷。

有关镐京位置的史料向谓镐在昆明池北之镐也。列举如下。

《水经注》："渭水又东北与镐水合，水上承镐池于昆明池北，周武王之所都也。……自汉武帝穿昆明池于是地，基构沦裴，今无究考。[②]

《帝王世纪》："镐池即周之故都也。"[③]

《庙记》："长安城西有滈池，在昆明池北，周匝二十一里，盖地二十三顷。"[④]

《三辅黄图》："镐池在昆明池北，即周之故都也。"[⑤]

颜师古《汉书·地理志》"武王治镐"注："今昆明池北镐陂是。"

可见要确定镐京位置必须先弄清楚昆明池的所在。

黄盛璋同志说："昆明池今虽沦为民田，但其遗迹现在还可以看到，昆明池的南边是石匣口，这是汉石闼堰堰交水入昆明池之口，'石匣'即'石闼'的音变。昆明池北边在斗门镇及丰镐村南。"

即认定昆明池在石匣口、斗门镇之间，该文所附之"丰镐地形图"[⑥]亦将昆明池画在该处。但就地形观察，实无遗迹可寻。昆明池的位置，史有明文：

《括地志》"昆明池在雍州长安县西十八里。"[⑦]

《长安志》："昆明池在县西二十里，今为民田。"

而黄盛璋同志所说昆明池位置明在长安县西南，距离亦不止二十里。黄盛璋同志确定"昆明池的南边是石匣口"，是根据了"石匣"为"石闼"的音变，即"汉石闼堰堰交水入昆明之口"。按汉作石碣以分交水，见于《水经注》：

> 交水……又西至石碣，分为二水，一水西流注丰，一水自碣石北经细柳诸原，北流入
> 昆明池。
>
> 交水西至石碣，汉武帝元狩三年穿昆明池所造。

是明谓石碣在细柳原南，交水滨，而石匣口在细柳原北，距交水甚远。《长安志》卷十二有"石闼堰在县西南三十二里"，石匣口不及此数，所以石匣口决非汉石闼堰。据《水经注》《长安志》所记地望，当在交水滨。又《水经注》明谓"自碣石北经细柳诸原，北流入昆明池"，则碣

---

① 同前页注⑤⑥⑦。
② 据王先谦合校本。
③ 《太平寰宇记》卷二五引，据光绪八年金陵书局刊本。
④ 同上书卷。
⑤ 据平津馆校刻本，未查得原出处。
⑥ 按地形图当有等高线，该图无之，当名之曰"位置图"。
⑦ 《玉海》卷一七一，《汉昆明池》条引。

石决非昆明南缘，其间尚隔有"细柳诸原"。因此，说昆明池在今石匣口、斗门镇间是缺乏根据的。

今传说之昆明池遗址在斗门镇东，常家庄西，丰镐村南，南缘在斗门镇稍南，该处地势较低，而以白家庄附近为甚，夏秋之交常有积水。与"长安县西十八里"之文大致相合。

昆明池侧有牵牛、织女石像，分列池之东西：

班固《西都赋》："集乎豫章之宇，临乎昆明之池，左牵牛而右织女，似云汉之无涯。"①

张衡《西京赋》："乃有昆明灵沼，黑水玄沚，……牵牛立其左，织女处其右。……"②

今北常家庄附近有石婆庙，斗门镇东南有石爷庙，二石像半陷土中，雕刻古朴，确为汉代遗物，当即牛女③。虽然我们不能肯定牛、女的位置未曾移动，但亦未见曾经移动之记载，而石爷、石婆之庙由来已久④，似当相去不远。如是则今之昆明池遗址正在其间，而黄盛璋同志所说昆明位置则在其南甚远。

陈子怡先生遗著，《由昆明池而溯及镐京与丰邑》⑤详考昆明沿革，而以今之小昆明池为镐池故址，甚为有见。正合"镐池在昆明池北"之文。根据考古工作者实地调查的结果，小昆明池西南，昆明池西北一带，西周时代文化遗址密集，灰层很厚，且当有铜器出土。因此，我们认为镐京当在小昆明池附近。

三、结　　论

以上根据文献和实地调查的材料进行考察结果，黄盛璋同志所说丰、镐位置无遗迹可寻，与文献材料亦有不合。我们认为：①丰京在唐长安城西南，即郿坞岭以南、秦渡镇以北地域。②镐京在唐长安城西，即小昆明池附近（图一）。

我们的意见就是这样，请黄盛璋同志和其他同志指正。

附记：本文撰写中承诸师友多所指教，又承郭义孚同志代绘地图，志此以表谢忱。

　　　　　　　　　　　　　　　　　　　　　　　1957 年 2 月 28 日初稿

　　　　　　　　　　　　　　　　　　　　　　　10 月 25 日改定

---

① 《文选》卷一，据通行本。又《后汉书班固传》。

② 《文选》，卷一。

③ 唯后世传讹，以牵牛为石婆，以织女为石爷，但实地考察，"石婆"为男相，"石爷"为女相，是仍为牵牛在东，织女在西。

④ 《长安志》卷十二载之，唯石爷庙作石父庙。

⑤ 见《西京访古丛稿》（《西京筹备委员会丛刊》之一，1935 年刊）。

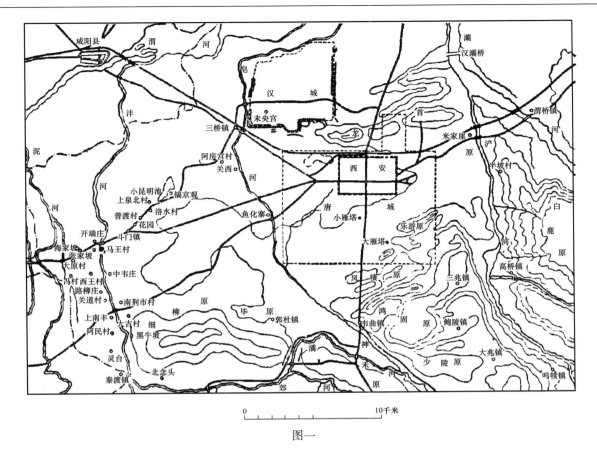

图一

（原载《历史研究》，1958 年 2 期）

丰镐地区诸水道的踏察

——兼论周都丰镐位置

胡谦盈

一、引　　言

丰邑建于周文王，镐京建于周武王。故《诗》云："文王受命，有此武功，既伐于崇，作邑于丰，文王烝哉。……考卜维王，宅是镐京，维龟正之，武王成之，武王烝哉。"[①] 从武王至幽王历十一世（十二王）和一个共和，约二百五十多年，周人似无易都事迹，或许镐为周京是与整个西周王朝相终始的[②]。丰邑距镐京甚近，且周王居镐以后，丰邑仍然保留着周王宗庙，故西周诸王常客于丰或在丰料理国事。《尚书·召诰》云："惟二月既望，越六日乙未，王（成王）朝步自周，则至于丰。"[③]《史记·周本纪》云："成王在丰，使召公复营洛邑，如武王之意。……既绌殷命，袭淮夷，归在丰，作周官。"[④]《左传·昭公四年》云："康有丰宫之朝。"[⑤] 此外，西周金文中的"荼京"是丰的说法，是可信的。臣辰盉（成王时器）、麦尊（康王时器）、通簋、静簋、静卣、小臣静彝（穆王时器）、史懋壶（懿王时器）、召伯虎簋（宣王时器）等铜器，都曾记王客于"荼京"或在"荼京"赏赐功臣[⑥] 之事。所以史家向来将丰、镐并称，或说二者是周都双城，是很有道理的。

周都丰、镐湮没过程，古史无详细记载。不过就现有认识来说，自平王东迁洛邑之后，丰、镐因失都位而衰落了。丰、镐都部分或大部分宫室毁于周幽王被杀之役，是完全可能的。其中镐京湮没年代似早一些，因为古史无涉及镐京在西周以后的情况，且至今在镐京应在位置的遗址内也没有发现东周遗存。丰邑完全被废弃的年代较晚。《左传·僖公十五年》："晋饥，秦输之粟；秦饥，晋闭之籴，故秦伯伐晋侯。……秦获晋侯以归。……乃舍诸灵台。"杜注："在京兆鄠县，周之故

---

① 《诗·文王有声》，《十三经注疏》，世界书局，1935 年。以下凡引《诗》者均此。

② 按：西周自穆王以后是否都过郑，是一个讼而未决的问题。不过按此说首见于《竹书纪年》，而《诗》《书》似无记载。出土金文，记王在郑者仅一见——兔卣，记王在丰、镐者凡数十见，且不限于某一个周王。郑是西周封国井叔食邑，周王实无都郑之理。至于在某种情况下，某王曾在郑居住过，甚至在那里有"离宫别苑"一类的建筑，是可能的，但这不等于周王都于郑了。

③ 《十三经注疏》，世界书局，1935 年。

④ 《二十四史》，百衲本，商务印书馆，1958 年。以下凡引《史记》者均此。

⑤ 《十三经注疏》，世界书局，1935 年。以下凡引《左传》者均此。

⑥ "荼京"释丰和铜器断代均从郭沫若院长说，见《两周金文辞大系图录考释》，科学出版社，1958 年。

台。"由是可见，丰邑在东周时尚保留着部分建筑，或旧址仍然被继续使用。时至秦始皇或更早一些，丰、镐都址显然已完全废弃和荒芜了。故《史记·秦始皇本纪》云："吾闻文王都丰，武王都镐，丰、镐之间，帝王之都也。乃营作朝宫渭南上林苑中。"再过百年，一般的人似乎只能据文献或传说知道丰、镐的相对地望，但不能确认二都故址的具体位置及其范围了。如汉武帝穿昆明池时破坏了镐京故址，当时却出现"举朝不解"的故事[①]，似可说明这一点。

自汉迄唐，史地学家辨认和记录周都丰、镐位置，皆以都址附近诸水道——丰水、鄗水、滈池和昆明池为据；另外，还指出它们和当时的城邑如汉城、唐城或鄠县城的相互方位关系。到唐末，和镐京关系极其密切的昆明池日渐荒湮，沦为民田；鄗水和滈池湮没年代更在昆明池之前。此外，世传"丰邑在丰水之西"，而北宋以后人们就莫能分辨古丰水的位置。这样，周都丰、镐地望就完全失传不能确指其地了。明清以来，人们试图解决周都丰、镐的位置问题，曾经做过很多的努力，但由于二都荒湮年代久远，且经历代起土破坏，同时又未能弄清丰水、鄗水、滈池和昆明池的位置，所以二都应在位置问题迄今未得解决。本文打算从实地考察来确定丰水、鄗水、滈池、彪池和昆明池的相对位置，并在这个基础上，根据文献和现有考古资料对丰、镐都址的应在位置提出一些粗浅的意见，供同志们参考和讨论。

二、丰镐地区的水道

丰镐地区是指今西安西南沣河中游沿岸地带。为说明这个地区的古代的水道分布，我们先介绍一下沣河流域的地貌。这一地区北靠渭河，南枕秦岭山脉的终南山，整个地区的地貌是由两种完全不同的地段构成的。①沣河西岸的客省庄（又名开瑞庄）以北、沣河东岸的高阳原以西（即今斗门镇的西北）诸地尽属低洼的碱滩，是河流的冲积地，沙土质，平均深约二米即见水。②其余都是高亢的黄土原地，属"郿坞岭"岭地的一个组成部分。由于这段岭地上的河水密布，因此它又天然地被分割成几个互不连接的独立单元。沣河东岸，今斗门镇东北诸地俗称高阳原。斗门镇的东边，即介于南丰镐村和石匣口村之间，是一片面积广大的凹地。自石匣口村至郊河北岸地势高亢，俗称细柳原。郊河以南诸地地势尤高，向南和终南山北侧的余坡相接。介于沣河和灵沼河之间（即客省庄以南诸地）的地形比较简单，是一块南北纵长的黄土高地，地势越南越高，直抵终南山的北侧。灵沼河西岸诸地也属于黄土地带，但其地势比东岸原地平均低 3～4 米。

① 《三辅故事》："武帝初穿池得黑土，帝问东方朔。朔曰：西域胡人知之，乃问西域胡人。胡人曰：劫烧之余灰也。"（张澍辑：《三辅故事》，《丛书集成初编》，商务印书馆，1936年，10页。以下凡引《三辅故事》而不加注者均此。）又见曹毗《志怪》："汉武（帝）凿昆明池极深，悉是灰墨无复土（按：灰墨当是遗址内的灰土堆积），举朝不解，以问东方朔。曰：臣愚不足以知之，可试问西域胡。帝以朔不知，难以核问。至后汉明帝外国道人入来洛阳时，有意（忆）方朔言者，乃试以武帝时灰墨问之。胡曰，经云，天地大劫将尽则劫烧，此劫烧之余，乃知朔言有自。"（宋敏求：《长安志》卷四"昆明池"条引；毕校《思贤讲舍校刊》，光绪辛卯。以下凡引《宋长安志》者均此。）

（一）昆明池

　　昆明池创建于公元前 120 年。《汉书·武帝纪》："（元狩）三年春，……减陇西、北地、上郡戍卒半，发谪吏，穿昆明池。"[①] 到唐代文宗太和以后，昆明池石闼堰废，池涸 [②]。北宋初，昆明池池址早已荒湮，沦为民田 [③]。

　　关于昆明池的位置及其相对范围，史有明文记载。

　　《汉书·武帝纪》颜注："（昆明池）在长安西南，周回四十里。"

　　王森文于清嘉庆十一年在今斗门镇北看到的古残碑，记载得更加清楚和具体。"……至镇北门外，见残碑剥蚀殆尽，惟昆明池界址存，云：'北极丰镐村，南极石匣，东极园柳坡，西极斗门，'所记甚清晰。"[④]

　　我们实地踏查的结果，证明以上记载是正确的。昆明池遗址今日从地面上仍然清晰可辨。池址是一片面积十多平方千米的洼地，地势比周围岸边低 2～4 米。池址南缘就在细柳原的北侧，即今石匣口村。东界在孟家寨、万村的西边。西界在张村、马营寨、白家庄之东。北界在上泉北村和南丰镐村之间的土堤的南侧。这土堤清代人叫作"斡龙岭"[⑤]，它是一堵人工筑造起来的池堤，经过夯打；现存高度约 5 米，基底宽 40～50 米，基顶宽 10～15 米（窄的地方是因后代起土破坏了）。池堤中部的夯土内夹杂有大量的西周陶片，池堤西端下面尚压着未经扰乱过的西周窖穴堆积。

　　池址中部靠北即常家庄一带，地势较高，像是池内的孤岛。《三辅故事》云："昆明池中有豫章台。"[⑥] 这个孤岛似乎就是豫章台的所在（按：豫章台《水经注》作昆明台，《三辅黄图》作昆明观或豫章观）。

　　我们在南丰镐村、孟家寨、石匣口村、花园村、上泉北村等地，分别发现有夯土建筑故基或石柱础，地面上散布着大量的汉代瓦片。文献记载昆明池旁或其附近有宣曲宫、白杨宫、细柳宫等建筑群 [⑦]。现在我们虽然还不便粗疏地去推断哪处故基就是某宫的建筑，但它们都是昆明池旁的离宫别馆的遗迹，当不成问题。

　　昆明池附近的汉代的牛郎和织女二石像现在仍然存在。一个石像在今北常家庄石婆庙中，另一

① 《二十四史》，百衲本，商务印书馆，1958 年。以下凡引《汉书》者均此。

② 顾祖禹：《读史方舆纪要》卷五十三《昆明池》条 "胡氏曰：武帝作石闼堰，……唐太和以后，石闼堰废，而昆明（池）涸矣。"（中华书局，1955 年。以下凡引《读史方舆纪要》者均此。）

③ 宋敏求：《长安志》卷十二《长安县》内。

④ 中国科学院考古研究所：《唐长安大明宫》，科学出版社，1959 年，附录 59 页。又见清嘉庆修《长安县志·山川志下》卷十四，3 页。

⑤ 清嘉庆修《长安县志·山川志下》卷十四，4 页。

⑥ 宋敏求：《长安志》卷四《昆明池》条引。

⑦ 《三辅黄图》："白杨观，在昆明池东。"又曰 "宣曲宫，在昆明池西。"（孙星衍校本，《丛书集成初编》，商务印书馆，1936 年。）宣曲宫位于昆明池西的记载，还见于《文选·上林赋》《史记·司马相如列传》《汉书·司马相如列传》等文献的注释内。《上林赋》郭璞注："（细柳）观名也，在昆明地南。"（《文选》卷八，《万有文库》，商务印书馆，1931 年。以下凡引《文选》者均此。）

个石像在今斗门镇石爷庙中。俞伟超同志认为前者是男相，后者是女相；它们现在所处方位和古代文献记载牛郎在东，织女在西是一致的[①]。其说很是正确。

昆明池从创建到湮没历一千余年，文献指明它约经过四次较大规模的浚修。

第一次，《魏书·世祖纪》："太平真君元年（440 年），……浚昆明池。"[②]

第二次，《括地志》："贞观中修昆明池，丰、镐二水，皆悉堰入，无复流派。"[③]

第三次，《旧唐书·德宗本纪》："贞元十三年（797 年），八月，丁巳，诏京兆尹韩皋修昆明池石炭、贺兰两堰兼湖渠。"[④]

第四次，《旧唐书·文宗本纪》："（太和）九年（835 年），冬十月，……乃浚昆明、曲江二池。"

上述四次浚池动土工程规模，史书佚记或记载不详。但这里似仍然还不难得出如下结论，昆明池废弃时亦即现存池址，应该是唐代的范围。今南丰镐村一带的汉代的建筑群，部分湮没于昆明池中，当是汉以后浚池或扩建时破坏的，或许唐代昆明池的范围比汉代的范围要大一些[⑤]。

（二）鄗水、滈池和彪池

鄗水　鄗水即丰水支津——详丰水一节。自隋代开皇四年凿永通渠以后（永通渠也称富民渠），鄗水注入永通渠，永通渠以北鄗水枯竭断流[⑥]。鄗水北段和本文要解决的问题无关，在这里暂且不论。永通渠以南鄗水，河床遗迹至今犹存，是一股从西南向东北方向伸展的带状凹沟。位于高阳原西边的碱滩地上，它的南头就在今日斗门镇西北的沣河东岸，沿花园村西、普渡村西、上泉北村西、"古城址"西[⑦]，至纪杨村北边永通渠南岸止。河床东岸即高阳原的西边陲，岸高达八九米，是黄土原地；西岸地势低洼，是沙土质的碱滩地。河床现存深度（以西岸地形为准）为 0.7～1.2 米。

---

① 俞伟超：《应当慎重引用古代文献》，《考古通讯》1957 年 2 期。

② 《二十四史》，百衲本，商务印书馆，1958 年。

③ 顾祖禹：《读史方舆纪要》卷五三"昆明池"条引。

④ 《二十四史》，百衲本，商务印书馆，1958 年。以下凡引《旧唐书》者均此。

⑤ 按：关于昆明池的位置及其相对范围，陈子怡、石璋如和黄盛璋等人也曾做过探索，但其所指地望与事实都有较大的出入。如陈子怡认为今北丰镐村西边的所谓"小昆明池"（按："小昆明池"是彪池遗址——详下节）是唐昆明池的范围。汉昆明池比唐昆明池大得多，池址南缘在今石匣口村，西缘包括今日斗门镇及其以西诸地（陈子怡：《由昆明池而溯及镐京与丰邑》，《西京访古丛稿》（一册），西京筹备委员会出版，1935 年）。石璋如只笼统地提到"小昆明池"是昆明池，但未划出其范围（石璋如：《传说中周都的实地考察》，《历史语言研究所集刊》第二十本下册，1949 年。以下凡引此文者均此）。黄盛璋承袭石璋如的说法，另外也还指出池址南缘在今石匣口村。但文内插图的昆明池，是在今斗门镇南，其范围包括张村、马营村及其以西的沣河河滩（黄盛璋：《周都丰镐与金文中的蒡京》，《历史研究》1956 年 10 期。以下凡引此文者均此。）。黄盛璋于近年又作了如下补充和订正，"昆明池，汉武帝元狩二年（前 121 年）凿，唐以后湮为民田，现在遗迹还隐约可辨，其范围南迄石匣口，北在两石像南，西至斗门镇及堰下张村，惟东界现不能十分确定。"（中国科学院地理研究所：《中国古代地理名著选读·水经注·渭水》，科学出版社，1959 年。）

⑥ 清嘉庆修《长安县志·山川志下》卷十四，7 页。

⑦ 该地是一片面积广大的夯土台基址，地面上散布着很多秦代和汉代的瓦片。当地人叫它作"古城址"。

河床宽度各处不一，步测之，宽的约 100 米，窄的仅有 60 米。

滈池和彪池　今昆明池北有一片面积较大的洼地，俗称"小昆明池"。有人认为它就是滈池[①]，我们认为这个看法是值得研究的。现将这个洼地的实况介绍于下。

洼地南缘在"斡龙岭"北侧，西缘在洛水村西村边，东缘东距北丰镐村约数十米，北缘距"古城址"约 0.5 千米；总面积估计有 3 平方千米。洼地北半部（北丰镐村西北诸地）的底部呈锅底形，东、西、北三边缘整齐。东边和北边皆是高达 7 米以上的陡壁。西边靠北段是一堵夯土筑造的池堤；池堤长约 0.5 千米，高约 4 米，基底宽约 40 米，基顶宽约 7 米。所以这块洼地的北半部（面积 1 平方千米多一些）是一个古代池址是不成问题的。至于洼地的南半部，则不属于古池址的范围。因为，①在"斡龙岭"北侧没有发现"古池址淤泥堆积"，这说明池址南缘不在那里，而是在"斡龙岭"的北边。②洼地南半部地势不平坦，中部地形特别凹陷，形成一股南北向的带状凹沟，是一条渠道的遗留。这条渠道原是沟通昆明池及其以北那个池址的，今渠道南端被"斡龙岭"堵塞住，可见它在很早以前就断了流的。渠道东西两侧现在皆是斜坡地。在坡地耕土以下没有发现"古池淤泥堆积"，多是黄生土，个别地区则保存有新石器时代文化层、西周文化层或汉唐时代的建筑基址，如洛水村和北丰镐村西南等地区。因此我们推测洼地南半部即古渠道两侧的坡地，其地形原来是较高的，大部分地区是唐代以后才被挖下去的。

根据《水经注·渭水》的记载，清泠台（按：永乐大典本《水经注·渭水》作汉灵台，化龙池本《太平寰宇记·长安县》引《水经注》作清灵台，但计园本《太平寰宇记·长安县》引《水经注》和宋敏求《长安志》卷十二引《水经注》均作清泠台，故据后说校正）和昆明池之间有彪池（又名冰池）和滈池两个池址。彪池在北，靠近清泠台；滈池在南，靠近昆明池[②]。按"汉灵台（应为清泠台）在秦阿房宫南，南去明堂三百步，镐水经其西。"[③]秦阿房宫前殿位于今日阿房宫村、古城村一带，遗存至今犹在，是一个高出周围地面 4～5 米的夯土台基。夯土台基南缘就在古城村略南。如果从古城村向西划一条东西直线，则清泠台故址当在此线以南、"小昆明池"以北的高地上；其位靠高阳原西边缘，面临鄗水。也就是说，清泠台故址似乎就在传说中的"古城址"内，或在其近邻。现在介于清泠台和昆明池之间仅一个古池址。而此池靠近清泠台，且位于昆明池北略偏西，与《水经注》记载彪池的方位均吻合。所以这个池址应该是彪池。滈池是在彪池之南，故址已沦没于昆明池之中。估计其应在位置，向北不超出"斡龙岭"，向南不超出北常家庄，向东向西则不超出昆明池北半部的东、西两岸。

（三）丰水（改道问题）

丰水即今沣河，古来无异说。但丰水是否改过道？在哪里改道？却是一个讼而未决的问题。下

---

① 王世民：《周都丰镐位置商榷》，《历史研究》1958 年 2 期；中国科学院地理研究所：《中国古代地理名著选读·水经注·渭水》，科学出版社，1959 年，116 页。

② 郦道元：《水经注·渭水篇》，《永乐大典》，文学古籍刊行社，1955 年。以下凡引《水经注》而不加注者均此。

③ 顾祖禹：《读史方舆纪要》卷五三《灵台》条引《水经注》。

面我们先介绍一下今日沣河的情况。

沣河发源于终南山北侧的丰溪口，水北流入渭河。全河可分为三段，由丰溪口至秦渡镇是上游，从秦渡镇至客省庄是中游，从客省庄至渭河是下游。上游是由丰溪、高冠、太平三水汇合成流的；至秦渡镇略南，郊河从东注来。中游仅有一股水。下游于客省庄北约 1 千米处又分成两股水，一水东北流，是今沣河下游主流，从咸阳市东流入渭河。另一水西北流，在长安县西马坊村的西边流入泥河。这段河水近年已经枯竭断流，但河床尚在，即便是近年测绘的地图，也还将它绘在图纸上。

客省庄以北即沣河下游，因沿流两岸都是低洼的碱滩地，河道改过流是很自然的，也是可以理解的（它的改流情况，在讨论北魏丰水时将要论及）。至于客省庄以南即沣河上、中游，我们考察之后，认为它是未曾改流过的。其理由如下。

（1）从河床情况看，除中游东岸的中丰店、西岸的上南丰、客省庄和上游三支流的上源等地区外，沣河上、中游两岸多有宽窄不同的河滩地（宽 30～200 米）。沿流河底及其河滩皆积有数米厚的细沙，这说明它是一条十分古老的河床。另外，沿流河滩以外都是黄生土原地，这是河床未曾易流过的一个很好见证。

（2）从地形上看，上游三支流是由终南山北侧的山谷形成的，它不能往左右改流。中游东岸，从中丰店至郊河一段是细柳原，中丰店至斗门镇的东边有昆明池，沣河水是不能往东边改流的。中游西岸，从西王村（又名新旺村）至路柳庄之间是一个面积约 3 平方千米的洼地；从"灵台"至秦渡镇之间是一个面积约 2 平方千米的洼地。除这两个洼地以外，其余都属于高亢的黄土原地，地势平均高出今日沣河水面达 8～9 米，沣河水决不能横断这个高地往西改道。况且在这个高地上，古遗存分布十分稠密，如霿霓村、牛东村、北花园头、"灵台"、阿底村、上南丰、关道村、石榴村、冯村、西王村、大原村、马王村、张家坡、客省庄等地，皆发现周代以前的居址或葬地[1]。此外，我们在西王村南边那片洼地中部，也还发现汉代的建筑遗存。这也是沣河未曾在这一带易流过的有力见证。黄盛璋同志根据"泥河上游有一沮洳泥，俗称灵沼"认为古丰水似乎就在这一带改流了[2]。其实位于今日董村和海子村之间的所谓"灵沼"，是高地上的一个小洼地，雨天时常有积水。但洼地以外尽是平坦的原地，洼地东距沣河西岸约 3 千米，东北距西王村南边那片洼地也还有 1.5 千米。问题还在于沣河和所谓"灵沼"之间并无水流沟通，从地面上也看不到任何水道遗留迹象，也就是说，沣河和"灵沼"是没有什么联系的。从我们实地考察所得的结果来看，无法证明古丰水曾在这一带改道。

沣河上、中游（即客省庄以南丰水）未曾改流过，改流是在下游，文献记载也是十分清楚的。为了相互印证，我们想先谈谈唐宋时的丰水情况，后面再谈北魏时的丰水情况。

唐人高骈诗："吟社客归秦渡晚。"[3] 可见秦渡在唐代或更早一些时候就有的了。

---

① 主要参考文献有中国科学院考古研究所陕西省调查发掘团通讯组：《一九五一年春季陕西考古调查工作简报》，《科学通报》1951 年 9 期；石兴邦：《丰镐一带考古调查简报》，《考古通讯》1955 年创刊号；苏秉琦、吴汝祚：《西安附近古文化遗存的类型和分布》，《考古通讯》1956 年 2 期。

② 黄盛璋：《周都丰镐与金文中的荓京》，《历史研究》1956 年 10 期。

③ 高骈：《寄鄠杜李遂良处士》，《全唐诗》卷五九八，九册，中华书局，1960 年，6917 页。

宋敏求《长安志》卷十二《长安县》内记录丰水中游沿岸三个地点更加具体和清楚。

（1）北沣店沣水渡在县西四十里。

（2）南沣店沣水渡在县西（南）四十五里。

（3）秦社镇在县西南沣水西，四十里入鄠县路。

秦社即秦杜，今作秦渡。南沣店和北沣店在清嘉庆年间仍然沿用旧名；其中南沣店就在今日沣河东岸的中丰店附近，北沣店是在中丰店的北边[①]。现在当地人口传南沣店和北沣店的地望，也就是在那一带。由此可见，史籍中丰水中游自唐宋以来是未曾改流过的。而沣河中游仅有一股水这一点，古人早已肯定了的。《诗·小雅·白桦》注疏曰："文王有声云，丰在丰水西，镐在丰水东，然则丰水（按：水字当是镐字之误刻）之间，唯丰水耳。"

至于沣河上游，史家一致认为它发源于终南山北侧的丰谷，也就是现在的丰溪口。所以，它未曾改流过是很清楚的。

北魏丰水可以据《水经注》的记载来弄清其眉目。但现存《水经注》记载丰水流向有讹字和脱句等错误，不过我们仍然还可以根据永乐大典本《水经注》和宋敏求《长安志》引《水经注》记丰水的流向，并参照这里的古河道实况，来恢复北魏丰水的原来面目。

（1）"渭水又东会甘水。……又东丰水从南来注入。地说云：渭水又东与丰水会于短阴山内，水会无佗（他）高出异峦，所有唯原阜石激而已。……渭水又东北与鄗水合，水上承镐池于昆明池北。……鄗水又北流，西北注与彪池合。……镐水北径汉灵台西（按：汉灵台应为清泠台）。又径磁石门西。……镐水又北径于渭。……渭水又东北径渭城南（按：渭城即秦代的咸阳城）。"

（2）"丰水出丰溪。西（北）流分为二水：一水东北流为支津；一水西北流。又北，交水自东入焉。又北，昆明池水注之。又北，经灵台西。又北，至石墩注于渭。又曰，渭水东与丰水会短阴山，无他高山异峦，唯原阜石墩而已（沅按：水经注作石激）。"

以上两条引文，（1）见于《永乐大典本》《水经注·渭水》篇，（2）见于宋敏求《长安志》卷十二"丰水"条引《水经注》。其中（1）条史料脱记丰水源头及其沿流所经地点，但它却十分清楚地指明了：①并无两股丰水流入渭河，而是一股丰水和一股鄗水；②丰水在短阴山附近流入渭河；③鄗水在磁石门北流入渭河，其源头就在昆明池北附近。（2）条史料记明丰水发源地，同时也还笼统地提到丰水沿流若干地点和有两股丰水等问题。但丰水在哪里分成两股以及哪两股水分别从那里流入渭河，"灵台"和"石墩"在何处，交水和昆明池水又在何处流入丰水等，从文内是看不出来的，其中当有讹字和脱句等错误。按客省庄以南丰水（沣河上、中游）未曾易流过，而沣河中游自来只有一股水（这问题前已论述），可见丰水分成两股是在下游（两股水的位置，下面再论）。交水即今郊河，它是在秦渡镇略南从东岸流入丰水的[②]。昆明池水也是从东岸流入丰水，其地点就在今日的中丰店至上泉北村之间，因为昆明池就在那一带。至于"灵台"和"石墩"，是在昆明池水的北边，其位显然已在丰水下游了。另外，文内所记交水和昆明池水均在丰水东岸，据常理度之，"灵

① 清嘉庆修《长安县志·土地志（宋）》卷十二，10页。

② 清嘉庆修《长安县志·山川志（下）》卷十四，6页。

台"和"石墩"的位置也应在丰水东岸。问题还在于今日沣河下游两岸，即介于泥河和鄗水之间尽属低洼的碱滩，根本没有什么"灵台"和"石墩"。因此我们认为（2）条史料上所记丰水下游岸旁的"灵台"，似乎是（1）条史料上所记鄗水东岸的清泠台之讹，"石墩"是磁石门的错记。至于（2）条上的"唯原皋石墩而已"的"石墩"，当是"石激"的误刻，它是向西北流那股丰水入渭的地方。也就是说，（2）条上的丰水支津就是（1）条上的鄗水。张揖认为"镐水在昆明池北"（《史记·司马相如列传》索隐）。① 郭璞说"镐水，丰水下流也"（《史记·司马相如列传》索隐），指的就是这一股水。所以丰水分为二水，一水东北流为支津（即鄗水），一水西北流，是在今斗门镇北才开始的。这样，则（1）、（2）两条史料所记丰水内容就不自相矛盾，也才能与这一带的地形和古丰河故道相符合。

总之，北魏丰水即今沣河，其中客省庄以南丰水（即丰水上、中游）未曾改流过，下游那两股水，丰水支津即鄗水不断由东向西推移到今日的沣河。向西北流那股水，似乎就是今日已枯竭的干河床，因为在其附近没有看到古河道。同时在张家坡发现的唐代墓志指明，今日的马务村在初唐时已是一个居民点了②。

三、周都丰、镐位置的推断

（一）丰邑

《诗·灵台》正义引《含神雾》："作邑于丰，起灵台。"《左传·昭公四年》："康有酆宫之朝。"杜注："酆在始平鄠县东，有灵台，康王于是朝诸侯。"可见，酆宫和灵台即在丰。所以，史记丰、酆宫或灵台所指地望应该是一个。

自汉迄唐，史家一致认为丰邑在丰水西，靠临丰水；位于汉城西南或鄠县城东或唐城西。列举如下。

郑玄《诗文王有声笺》："丰邑在丰水之西。"

皇甫谧《帝王世纪》："丰在京兆鄠县东，丰水之西，文王自程徙此。"③ 又曰："丰、镐皆在长安

---

①　百衲本《史记·司马相如列传》索隐："张揖曰，……镐水在昆明池北。"《汉书·司马相如列传》注、《文选·上林赋》注和《史记会注考证·司马相如列传》索隐的引文，在镐下无水字。但从各书行文看，他们引张揖语都是注释所谓"八川"（灞、浐、泾、渭、酆、镐、潦、潏）中的镐水位置，并非注释周都镐京位置。所以，百衲本《史记》的引文是正确的，其他系于镐下脱水字。清人毕沅校《宋长安志》在《镐京》条按："镐在昆明池北。"毕氏未注明出处，笔者怀疑他是误抄《汉书·司马相如列传》注或《文选·上林赋》注的引文，以致曲解了作者的原意。

②　两个唐墓位于今日张家坡村东约 300 米处被发现（发掘报告在整理中）。第 214 号墓大唐故中大夫使持节龙州诸军事龙州刺史郭府君（名恒字知常）墓志铭："其年（唐中宗景龙二年）十一月十四日合葬于豊（丰）邑乡马邬原。"按：今张家坡村北约一千米处有马务村。马务当是马邬之转音。马邬原似乎是由马邬村而得名。今马务村附近的地面上，尚遗留有唐代的瓦片。第 407 号墓故东宫细引太原郭府君（暠）墓志铭："……大周凿（证）鲤（圣）元年岁次乙未舌（正）辛己朔廿二日壬寅合葬于长安县豊（丰）邑乡。"

③　《诗·二南谱》正义引。

之西南。”[①]

徐广《史记·周本纪》集解：“丰在京兆鄠县东，有灵台，……皆在长安南数十里。”

魏王泰《括地志》：“周丰宫，周文王宫也，在雍州鄠县东三十五里。”[②]

颜师古《汉书·郊祀志》注：“酆，今长安城西丰水上也。”

《史记·鲁周公世家》：“王朝步自周至丰，”司马贞索隐：“按丰在鄠县东，临丰水，……”

按汉城南墙在今马家寨南[③]。唐城南墙在今木塔寨[④]。隋唐的鄠县城即今县城，隋以前的鄠县城是在今城北二里[⑤]。所以三者所指丰邑位置是一个，即在丰河中游偏北，也就是今日客省庄、马王村、西王村一带。因为：①客省庄以南沣水未曾改流过，而该地又靠临沣河西岸河旁。②该地与“唐城西丰水上”、“汉城西南数十里”、“鄠县城东三十五里”或“鄠县城东，临丰水”等记载皆相符。③近年出土的两个初唐墓志，均指明那里是唐代丰邑乡辖地[⑥]。唐代称那里为丰邑乡，似不是偶然的，当与古传丰位就在那一带有关系。

根据现有考古资料，客省庄、马王村、西王村一带是一个面积广大、内涵丰富的周代遗址[⑦]，遗址东以沣河为界，西至灵沼河，北至客省庄、张家坡，南至西王村、冯村；总面积约六平方千米。在这个遗址内，目前除发现大量的石、陶、骨质工具和用具以外，也还发现铸铜容器的陶范和制骨、制陶、制瓦等手工业现象。在张家坡一带发现近十座为当时贵族殉葬的车马坑。1961 年冬又在马王村西约数十米处发掘了一个储藏青铜器的窖穴，穴内出土 53 件西周青铜器[⑧]。这些现象，无疑说明有相当数量的较大的贵族，生前在此活动，死后也在这一带埋葬。此外，从西周初到东周的文化遗存，在遗址内均有发现，这和史记丰邑的使用年代是一致的。因此我们认为，丰邑中心似乎不能超出这个周遗址的范围以外。

---

① 《诗·文王有声》正义引。

② 《史记·周本纪》正义引。

③ 中国科学院考古研究所：《新中国的考古收获》，文物出版社，1961 年，80 页汉城实测图。

④ 中国科学院考古研究所：《新中国的考古收获》，文物出版社，1961 年，96 页唐城实测图。

⑤ 清康熙修《鄠县志·沿革》作三里，但《元和郡县图志·鄠县》和宋敏求《长安志·鄠县》均作二里，故从后说。

⑥ 两个唐墓位于今日张家坡村东约 300 米处被发现（发掘报告在整理中）。第 214 号墓大唐故中大夫使持节龙州诸军事龙州刺史郭府君（名恒字知常）墓志铭：“其年（唐中宗景龙二年）十一月十四日合葬于豊（丰）邑乡马邬原。”按：今张家坡村北约一千米处有马务村。马务当是马邬之转音。马邬原似乎是由马邬村而得名。今马务村附近的地面上，尚遗留有唐代的瓦片。第 407 号墓唐故东宫细引太原郭府君（翯）墓志铭：“……大周凿（证） （圣）元年岁次乙未𤣩（正）辛已朔廿二日壬寅合葬于长安县豊（丰）邑乡。”

⑦ 主要参考文献有考古研究所沣西发掘队：《1955～1957 年陕西长安沣西发掘简报》，《考古》1959 年 10 期；中国科学院考古研究所沣西发掘队：《1960 年秋陕西长安张家坡发掘简报》，《考古》1962 年 1 期；中国科学院考古研究所：《新中国的考古收获》的西周部分（有关沣西方面的考古发现）。中国科学院考古研究所：《沣西发掘报告》（排印中）。

⑧ 郭沫若：《长安县张家坡铜器群铭文汇释》，《考古学报》1962 年 1 期。

石璋如认为"灵台"遗址是丰邑[1]。但是，①遗址面积太小，据石璋如测量仅有 0.23 平方千米[2]。②遗址内涵主要属于原始社会的"仰韶遗存"，周代遗物甚少。石璋如说："台的周围墙脚下，暴露着一公尺到三公尺的断面，断面内包含着有大量的灰土，灰土内蕴藏着彩陶系统的遗存（按：彩陶系统的遗存即仰韶遗存）。"[3]石兴邦同志说："在灵台北打了一条长 10 米，宽 1.5 米的探沟。掘至 1.6 米深时因配合西安东郊基本建设工程地区的文物钻探工作而中止。已掘的部分，上层是扰乱很厉害的仰韶文化遗物与零星的周代陶片混杂着，下层可能是仰韶文化堆积。"[4]③该地与史记丰邑地望不符。所以，石璋如的说法是缺乏科学根据的。

至于黄盛璋同志划定丰邑在今客省庄以北的碱滩地上的意见[5]，与实际情况也有较大的出入。因为按他所指丰邑位置，是跨在向西北流那股丰水干河床的两岸，和文献记载丰位情况完全不合。问题还在于那一带是低洼的沙土质碱滩地，根本没有周代遗址，所以丰邑故址决不能在那里。

（二）镐京

自汉迄唐史家都认为镐京位于滈池附近，亦即在昆明池北；都址大部或部分沦没于昆明池内。列举如下。

孟康曰："长安西南有镐池。"[6]

谯周《古史考》："武王迁镐，长安丰亭镐池也。"[7]

皇甫谧《帝王世纪》："镐池即周之故都也。"[8]

徐广《史记·周本纪》集解："镐。在上林昆明池北，有镐池。"

郦道元《水经注·渭水》："渭水又东北与鄗水合，水上承镐池于昆明池北，周武王之所都也。……自汉（武）帝穿昆明池于是地，基构（搆）沦褫，今无可究。"

《三辅黄图》："镐池在昆明池之北，即周之故都。"[9]

《汉书·地理志》："武王治镐。"颜师古注："今昆明池北镐坡是。"

李吉甫《元和郡县图志》："自汉武帝穿昆明池于此，镐京遗趾（址）沦陷焉。"[10]

我们在水道一节已经讨论过，今上泉北村和南丰镐村之间的土堤（即"鞍龙岭"），是昆明池的

---

[1] 石璋如：《传说中周都的实地考察》，《"中央研究院"历史语言研究所集刊》，1949 年。

[2] 石璋如：《传说中周都的实地考察》，《"中央研究院"历史语言研究所集刊》，1949 年。

[3] 石璋如：《传说中周都的实地考察》，《"中央研究院"历史语言研究所集刊》，1949 年。

[4] 石兴邦：《丰镐一带考古调查简报》，《考古通讯》1955 年创刊号。

[5] 黄盛璋：《周都丰镐与金文中的莽京》，《历史研究》1956 年 10 期。

[6] 《后汉书·郡国志一（京兆尹下）》注引，《二十四史》，百衲本，商务印书馆，1958 年。以下凡引《后汉书·郡国志》者均此。又见《史记·秦始皇本纪》集解引。

[7] 《后汉书·郡国志一（京兆尹下）》注引，《二十四史》，百衲本，商务印书馆，1958 年。以下凡引《后汉书·郡国志》者均此。又见《史记·秦始皇本纪》集解引。

[8] 乐史：《太平寰宇记》卷二五引，计澍园，藏版，嘉庆癸亥年。

[9] 王应麟：《诗地理考》卷四《镐京》条引，《丛书集成初编》，商务印书馆，1936 年。

[10] 李吉甫，孙星衍校、张驹贤考证：《元和郡县图志·长安县》，《丛书集成初编》，商务印书馆，1937 年。

北界，而滈池位置就在这土堤之南，所以文献记载的镐位置应该就在这一带。

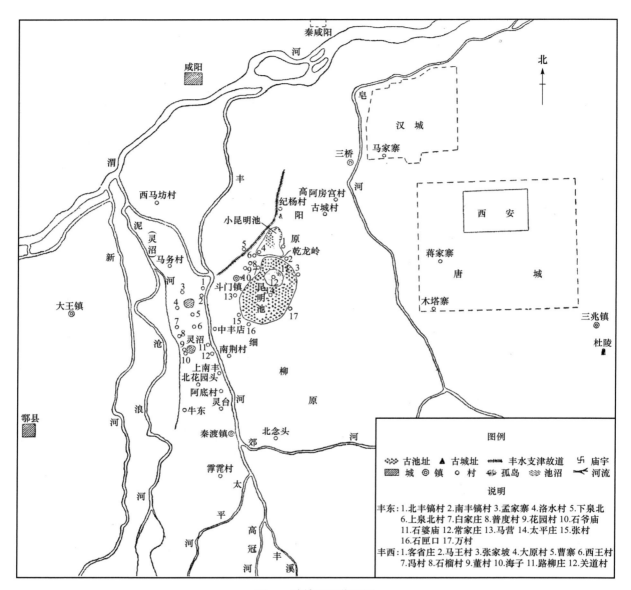

图一　沣镐地理位置图

根据现有考古资料，在昆明池西北即洛水村、上泉北村、普渡村、花园村、斗门镇一带，是一个面积广大（约4平方千米）、内涵丰富的西周遗址[①]。而且这个西周遗址，部分被昆明池破坏了。因为昆明池北界的土堤内夹杂有西周陶片，土堤西端下面尚压着未经扰乱过的西周窖穴。以上两种现象，和文献记载情况皆相合。因此，镐京中心就在这个西周遗址范围之内，大约是不成什么问题的。

---

① 主要参考文献石兴邦：《长安普渡村西周墓葬发掘记》，《考古学报》，1954 年 8 期；陕西省文物管理委员会：《长安普渡村西周墓的发掘》，《考古学报》1957 年 1 期；中国科学院考古研究所陕西省调查发掘团通讯组：《一九五一年春季陕西考古调查工作简报》，《科学通报》1951 年 9 期；石兴邦：《丰镐一带考古调查简报》，《考古通讯》1955 年创刊号；苏秉琦、吴汝祚：《西安附近古文化遗存的类型和分布》，《考古通讯》1956 年 2 期。

　　石璋如认为镐京在今北丰镐村西北一带。但我们从他发表的调查报告中，只看到那里有原始社会的"仰韶遗存"和"客省庄第二期文化遗存"，根本没有西周遗物[①]。《考古通讯》1956年第2期发表的苏秉琦、吴汝祚两先生的调查简报《西安附近古文化遗存的类型和分布》中，也没有在那里发现西周遗址。所以，石璋如的主张是缺乏依据的，镐京故址一定不在那一带。黄盛璋同志基本上同意石璋如的看法，但又力主镐京中心应在丰镐村的东南[②]。按黄同志所指镐京地望距滈池太远，和文献记载不符。问题还在于至今考古工作者并没有在那里发现过西周遗址，我们在考察中也没有看到。所以，镐京在丰镐村东南的可能性，我们认为是不存在的。

　　附记：本文插图承原陕西省考古研究所胡谨君同志绘制，谨此致谢。

（原载《考古》1963年4期）

---

① 石璋如：《传说中周都的实地考察》，《"中央研究院"历史语言研究所集刊》，1949年。
② 黄盛璋：《周都丰镐与金文中的莽京》，《历史研究》1956年10期。

论周都镐京的位置

徐锡台

关于镐京的位置，石璋如先生曾经通过实地勘察，认为在今北丰镐村（即镐京观）西北一带[1]。黄盛璋同志基本上同意石璋如先生的看法，不过，他还认为镐京的中心在南丰镐村一带[2]。根据一些史书记载，结合我们实地考察，笔者认为丰镐村的镐京观遗址与南丰镐村，皆不是周都镐京遗址，周都镐京应在斗门镇一带。本文对此做一论证。

一、文献上有关镐京位置的记载

文献上关于镐京位置的记载，一曰位于汉长安南，或西南；二曰位于唐长安西，或西北；三曰位于镐池附近；四曰位于沣水之东；五曰位于汉昆明池北。分别摘出如下。

1. 镐京位于汉长安南或西南

（1）《史记·周本纪》《集解》引徐广曰："丰在京兆户县东，有灵台。镐在上林昆明池北，有镐池，去丰二十五里。皆在长安南数十里。"[3]

（2）《史记·秦始皇本纪》注引孟康曰："长安西南有镐池。"[4]

（3）《帝王世纪》云："今沣水之东，长安南三十二里，去沣二十五里，镐池即其故都也。"[5]

2. 镐京位于唐长安西北，或雍州府西南

（1）《元和郡县图志》云："周武王宫，即镐京也，在县西北十八里。"[6]

（2）魏王泰《括地志》云："镐京在雍州西南二十五里。"

① 石璋如：《传说中周都的实地考察》，《"中央研究院"历史研究所集刊》第二十本下册，1949年。
② 黄盛璋：《周都丰镐与金文中的蒡京》，《历史研究》1956年10期。
③ 《史记会注考证·周本纪》第四，15页。
④ 《史记会注考证·秦始皇本纪》，59页。
⑤ 《帝王世纪·指海》第六集，74页。
⑥ 《元和郡县图志·长安县》。

3. 镐京位于镐池附近

（1）孟康曰，"长安西南有镐池。"①
（2）谯周《古史考》云："武王迁镐、长安丰亭镐池也。"②
（3）皇甫谧《帝王世纪》云："镐池即周之故都也。"③

4. 镐京位于沣水之东

（1）《诗经》郑笺云："邦邑在沣水之西，镐京在沣水之东。"④
（2）《后汉书·郡国志》刘昭引《决录》注云："镐在沣水东，丰在镐水西，相去二十五里。"
（3）朱熹云："镐京武王所营地，在沣水东，去丰二十五里。"⑤（按，这里的里数可能是后人的误写）

5. 镐京（并镐池）位于汉昆明池北

（1）上引《史记·周本纪》《集解》引徐广又说："镐在上林昆明北，有镐池。"
（2）郦道元《水经注·渭水》："渭水又东北与镐水合，水上承镐池于昆明池北，周武王之所都也。……自汉武帝穿昆明池于是地，基构沦褫，今无可究。"⑥
（3）《诗地理考略》引陈氏曰："长安县昆明池北有镐坡。"⑦
（4）《汉书·地理志》："武王治镐。"颜师古注："今昆明池北镐坡是。"
（5）《三辅黄图》："镐池在昆明池北，即周之故都也。"⑧《庙记》曰："长安西有镐池，在昆明池北，周匝二十二里，溉地三十三顷。"⑨
（6）李吉甫《元和郡县图志》："自汉武帝穿昆明池于此，镐京遗址沦陷焉。"⑩
（7）《舆地广记》："武王都镐，今昆明池北，镐陂是也。"⑪
（8）《汉书·郊祀志》第五下："文武兴于丰镐。"师古曰："丰在今长安城西，沣水上，镐在昆明池北。"

---

① 《后汉书·郡国志》"京兆尹下"卷二九。
② 《后汉书·郡国志》"京兆尹下"卷二九。
③ 乐史《太平寰宇记》卷二五。
④ 《毛诗郑笺》第六《文王有声》篇。
⑤ 《诗集传大雅·文王有声》篇。
⑥ 《水经释地》卷九《渭水下》。
⑦ 《诗地理考略》"宗周"。
⑧ 王应麟《诗地理考》卷四"镐京"条引。
⑨ 《三辅黄图》卷四《池沼》。
⑩ 《元和郡县图志·长安县》。
⑪ 欧阳忞撰：《舆地广记》上"陕西永兴路上""长安县"。

二、昆明池的位置

由上引文献记载可见，镐京与昆明池关系极大。如能先确定昆明池的位置，就容易找出镐京的位置。如何确定昆明池的位置呢？牛郎织女石像是一条重要的线索。

据文献记载，汉武帝元狩三年，发谪吏穿昆明池，以习水战，又在池旁立牵牛、织女石像，以象天河。

如《后汉书·班固列传》载："集乎豫章之守，临乎昆明池，左牵牛而右织女，似云汉之无崖。"注："《汉宫阁（阙）疏》曰：昆明池有二石人，牵牛、织女之象也。云汉，天河也。"

又，《雍胜录》载；"旁有二石人，象牵牛、织女，立于河东、西。"[①]

张衡《西京赋》亦载："乃有昆明灵台，黑水玄阯（沚），周以金堤，树以柳杞，豫章珍馆，揭焉中峙，牵牛立其左，织女处其右，日月于是乎出入，象扶桑与濛汜。"[②]

其他如《三辅黄图》及潘安仁的《西征赋》等都载有此事。

那末，牵牛织女有什么痕迹没有呢？据我们于1957年秋在今长安县斗门镇一带的调查，斗门镇村内东南有一所小庙，俗称石爷庙，当为牵牛；在庙之东北三里处，于北常家庄附近田间又有一所小庙，俗称石婆庙，庙中立一石像，雕刻古朴，确为汉代织女石像。牵牛、织女石像所处的位置，可能有所移动，但移动的地方不会太远。

按《汉书·武帝纪》，颜师古注："故作昆明池，象之以习水战，在长安西南，周回四十里。"又据魏王泰《括地志》云："昆明池在雍州长安西十八里。"以及王森文《汉唐都城图》与《前纪》所云："回寓朝食，至镇北门外，见残碑削蚀殆尽，惟昆明界址在，云：'北极沣镐村，南极石匣，东极园柳坡，西极斗门。'所记甚清晰。令老人指示村界，惟园柳坡不知，度以地势，当今常家村，五所寨之间，其地约周三十里，广博无村落，旷然在望，乃真所谓昆明池者。织女西地势卑洼，宽狭若渠，循其北行，直注小池，盖两地通之蜂腰，两地相连，总为昆明池水也。"[③]

这些记载与我们实地勘察基本符合。我们勘察发现，今孟家寨、万村、北常家庄以西，白家庄、斗门镇之南，马营、张村正东，石匣口北面为一片洼地，总面积达十平方里左右。这片洼地较周围岸边低2～4.5米，下钻探不到一米深即可见水。在这一大洼地内，无汉及汉以前的遗物。然而，出了这个范围，在斗门镇和白家庄等地，不但有西周遗迹和遗物，而且，还有原始社会的仰韶、龙山文化的遗迹与遗物等。在石匣口、马营、张村、常家庄、孟家寨、万村等地，虽无西周及其以前的遗物暴露，但有大量的汉代的建筑遗物的出现，如瓦等。其地势亦比较高。在它西端靠近北部斗门镇处，夯土层内夹杂有大量的西周陶器残片，于池堤夯土下还叠压着西周窖穴等。我们认为，这一大片洼地为汉昆明池遗址是毫无疑问的。

---

① 顾祖禹；《读史方舆纪要》，"昆明池"卷五三；张宗祥：《校三辅黄图》"昆明池"。

② 《文选》第二卷。

③ 中国科学院考古研究所：《唐长安大明宫》附录11～59，附图四；《长安县志·山川志下》，1959年。

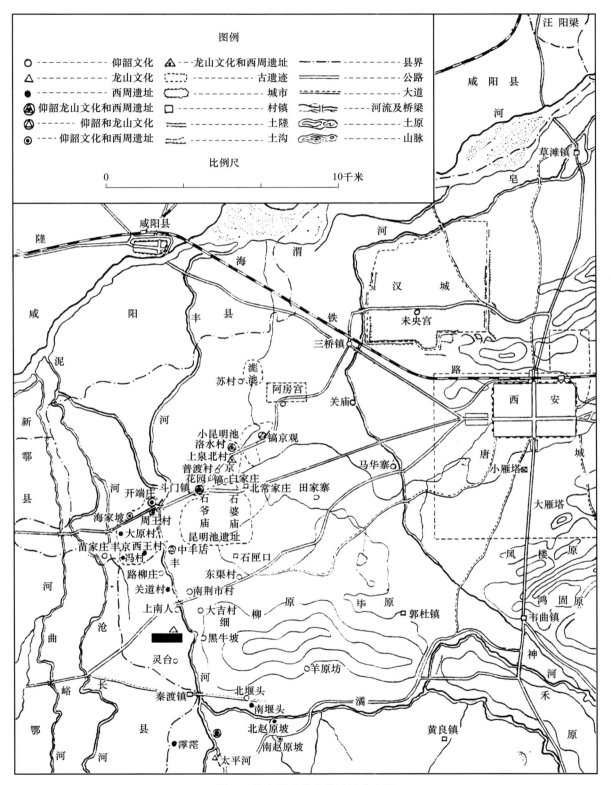

图一 长安县古代文化遗址分布图

三、沣河东岸附近的西周遗址

我们又沿沣河东岸勘察出了以下的西周遗址。

（1）兆原坡遗址（包括南、北兆原坡）位于沣河东，潏河（郊河）南岸，北与潏河北岸南堰头遗址相邻，西临金沙河。该遗址南北长八百九十米左右，东西宽约七百米。遗址中暴露有灰土层、灰土坑、房子、水井与墓葬等遗迹。遗物有西周的陶鬲、豆、盂、毁、罐等残片。

（2）南堰头遗址东西长一千三百米左右，南北宽约五百一十米。

（3）斗门镇遗址位于沣河东，昆明池遗址以西，东北和白家庄西周遗址衔接，北和西与普渡村的西周遗址连接。整个遗址面积南至北长一千二百一十五米，东西宽四百一十八米左右。遗址中暴露有仰韶、龙山文化及西周灰土层、灰坑等，深约一米五十。

（4）白家庄遗址，位于汉昆明池遗址正北，西南与斗门镇遗址连接，西北与普渡村遗址衔接。东西长五百米左右，南北宽约四百米。遗址中暴露有西周灰坑与遗物。

（5）普渡村遗址位于沣河东，南与斗门镇、花园村遗址衔接，东南与白家庄遗址连接，东北与上泉北村遗址相连接。东西长约八百九十米，南北宽约五百米左右。遗址中除暴露烧陶器窑外，还暴露出大批西周墓葬。墓葬中出土有西周青铜器。疑此地为西周墓葬区。这个地方可能就是镐聚。《史记·周本纪》裴骃《集解》引《皇览》曰："文王、武王、周公冢皆在京兆长安镐聚东社中也。""镐聚"即是上文所说的"镐坡"。普渡村位于俗称眉坞岭的高地上，这岭可能就是史书上所记载的毕原。按照河南安阳殷墟遗址中出现的宫殿与帝王贵族墓葬区相距都不太远，基本上与宫殿区相邻，可证镐京宫殿与帝王墓葬区相邻。

（6）上泉北村遗址（包括洛水村西周遗址）位于沣河东，其南与普渡村遗址相连接，东南与白家庄遗址相衔接，东北与镐京观的仰韶、龙山遗址相邻。其北面为一片洼地，俗称"小昆明池"遗址。南北长二百米左右。遗址中除暴露有西周灰坑、水井外，还出土西周板瓦与"多友鼎"青铜器。

上述六处西周遗址，除兆原坡和南堰头两处不在汉昆明池遗址以北，与昆明池遗址相距又太远，不符合上引文献所记载的镐京的方位与里程，这两处遗址应当排除之外，斗门镇村附近西周遗址正好位于汉昆明池北，这里应是镐京的所在了。这几处遗址由斗门镇至上泉北村、洛水村，南北总长一千九百一十五米左右；白家庄到花园村，东西宽约一千米，断断续续地连成一大片，构成了一个区域，一大整块遗址。

至于镐池遗址，我们以斗门镇和丰镐村等一带地势观之，镐京观西北小昆明池可能就是西周镐池遗址。这也与上述文献记载相符合的。南沣镐村以西，普渡村以东，有一条洼地，实是一条水道，并穿过郿坞岭，这条洼地很可能就是汉昆明池水流入镐池的一条水道。

镐池的范围，如《三辅黄图》引《庙记》所云："镐池在昆明池北，周匝二十二里，溉地三十三顷。"

镐水上承镐池，并非上承沣水，如《括地志》云："镐水源雍州长安西北镐池。"《雍录》引

《长安志》云："镐水出镐池。"换言之，镐池中的水，通过镐水流入滈池，如《水经注·渭水》："镐水北流滈池合也。"然后又注入渭水，如《水经注·渭水》云："渭水又东北与镐水合，水上承镐池于昆明池北"。

四、镐京的位置

斗门镇附近的西周遗址，分布很广，文化层堆积较厚，又出现建筑上所用的板瓦，并符合都城遗址的规模。这几处西周遗址不但位于沣河东岸，而且又位于汉昆明池北面，汉长安城遗址西南，唐城遗址正西。以上泉北村为起点，与汉长安城遗址西南角直线距离，合汉二十五里；距城西章城门合汉二十九里；距直城门汉三十二里。一般说来，当时的路程并非是直线，这些路程，基本上符合文献上所载的镐京遗址在汉长安西南数十里，或汉长安南三十里，或汉长安西南三十二里。若以白家庄距唐雍州京兆府廨（光德坊）二十二至二十六里，也符合《括地志》所云"镐京在雍州西南二十五里"。东南距唐长安县（长坊）十八至二十里左右。上引文献与我们勘察出的镐京、镐池、昆明池的位置，基本上是吻合的。

据此，我们认为，斗门镇、白家庄、花园村、普渡村、上泉北村、洛水村等地西周遗址，就是周都镐京遗址的一部分。估计镐京的范围定比今天斗门镇和白家庄等一带西周遗址还要广得多，可惜斗门镇和白家庄以南的西周遗址，已被汉武帝于元狩三年春穿昆明池破坏了一部分。

［原载《陕西师大学报（哲学社会科学版）》1982 年 3 期］

西周丰镐两京考

卢连成

  丰、镐两京位于今西安市区西南，是中国奴隶社会西周王朝的首都，至今已有3000多年悠久的历史。丰、镐两京与河南偃师商城、郑州商城、安阳殷墟并列，在中国古代都城发展史上，占据有相当重要的地位。20世纪40年代，开始了对西周丰、镐地区的考古学考察，近50年间，在丰、镐两京遗址地区内，许多新的考古发现层出不穷，引起世人瞩目。丰、镐地区出土的丰富的考古资料，对研究西周奴隶社会历史，研究中国早期城市的发生、发展，都具有重要的科学价值。本文主要想从考古学角度，对西周丰、镐两京的自然生态环境、城市布局、城市区划的各种社会功能进行综合讨论（图一）。

一、丰镐地区水道踏查

  丰镐地区依秦岭山脉的终南山，北临渭水，地势北低南高。整个地貌由三部分组成，南段为秦岭北麓浅山丘陵，中段是发育良好的黄土原地和渭水南岸二、三级阶地，北段是低平的渭水一级阶地和潮湿的河滩地。丰镐地区河道纵横密布，从西至东有涝河、新河、沧浪河、泥河、灵沼河（泥河支流）、丰水、镐水、潏水，细柳原南侧有洨水。这些河流多发源于南部秦岭山地，河道由南而北，将中段黄土原地和渭河阶地分别切割成许多块独立的高地，这些高地是郿鄂岭、细柳原、毕原、神禾原。丰水东岸，有一块高地，当地群众俗称高阳原，这块高地是郿鄂岭高地的延伸。五六千年以来，这些沿河的高地就成为古代居民理想的居址。西周首都丰、镐二京就筑立在丰水两岸。

  历史时期，由于自然环境的变化，丰镐地区的古河道屡经变迁。诸水道中，最重要的是丰水、镐水、镐池、灵沼河和彪（代滮，下同）池。了解历史时期这些河道、池沼的变迁，对于寻觅西周丰、镐二京的确切位置，并研究其城市布局和自然生态环境的变化，至关重要。

（一）丰水

  丰水今名丰河，源出秦岭终南山丰谷，北流至今咸阳以东鱼王村处入渭。全程可分为上、中、下游三段。上游，自丰谷至秦渡，丰水在秦岭终南山谷道中穿行，上游合高冠谷、太平谷二水。中游，自秦渡至客省庄，丰水在黄土地中穿原行，在秦渡以南，洨水西注入丰。下游，客省庄以南至鱼王村，丰水在渭水南岸一级阶地和低洼滩地中穿行，河道开阔，流水缓行。根据近年来的水文资

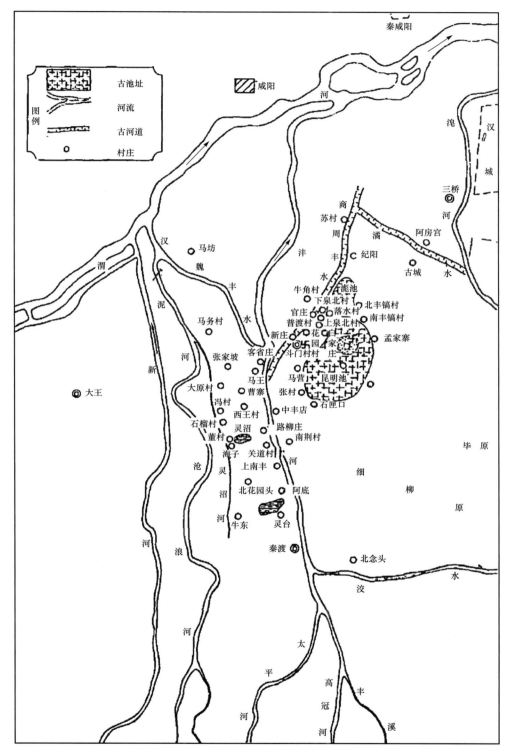

图一　丰镐地区示意图

料统计，丰水平均流量为 9.41 立方米 / 秒，年平均径流量为 29410 万立方米，是一条水量较丰富的河流。历史时期，丰水可能多次改道，中、下游水道（主要是下游水道）已和现在有较大差异。

　　丰水中游秦渡至客省庄一段，长约 10 千米，东岸界细柳原，西岸界郿鄠岭。细柳原、郿鄠岭均属渭河南岸二至三级阶地，黄土质地疏松、肥沃。丰水中游河床下切较深。根据实地踏测和卫星照片资料所反映的情况，丰水中游秦渡至客省庄一段，河床逐渐向西移动，但这种变化，是极其缓慢的。丰水改道，主要在下游河道。

1. 汉魏至唐宋时期的丰水水道

据《水经·渭水注》（殿本）记载："（渭水）又东，丰水从南来注之。丰水出丰溪，西北流分为二水：一水东流，为支津；一水西北。又北，交水自东入焉，又北，昆明池水注之。……地说云：渭水又东与丰水会于短阴山内，水会无他高山异峦，所有惟原阜石感而已。水上旧有便门桥，与便门对直，武帝建元三年造。"短阴山即短阴原，《元和郡县志》和宋敏求《长安志》都指出，短阴原在咸阳县西南20里。《三辅决录》："长安城西门曰便门，门北与便桥对，因名便桥。"《元和郡县志》："便桥在（咸阳）县西南十里，架渭水上，武帝建元三年，初作便门桥在长安北，茂陵。"唐宋时咸阳县故城约在今咸阳市东北五里。根据《元和郡县志》《长安志》《三辅决录》记载短阴山和便门桥的位置，可以知道，北魏郦道元所记述的丰水与渭水汇合处约在故城以西，今日丰水入渭的地点约在咸阳故城东南，二者有较大的距离。

据《水经注》，汉魏时期的丰水，分为两支，主流向西北，在咸阳以西短阴山处注入渭水，支流则向东流去。卫星拍摄的照片资料和考古踏察都证明。在今丰水河道以西，自客省庄以北存在一条古河道，河道宽300～500米，当地村民俗称沙河。这条河道从客省庄以北，经韩家庄、麻池头、曹坊屯西，又折向西北，经铺子村、靠子屯、西屯北，在和兴堡和泥河相交，向西北在马家寨、西张村处西入渭。这条古河道可能就是汉魏时期西北流向的丰水主流故道。民国二十一年重修的《咸阳县志》也记载："两寺渡南为钓鱼台，台南二里许即短阴原，俗名北岭，泥水入焉。"现在泥河下游的一段水道，即和兴堡附近，就是汉魏时期丰水入渭处的故道。

汉魏时期的丰水，下游主河道是流向西北的，估计在唐宋时期，丰水尚未改道。《元和郡县志》卷二户县下："丰水出（户县）东南终南山，自发源北流，经县二十八里，北流入渭。"没有直接言及丰水入渭处的确切地点。但宋敏求《长安志》却指出："丰水出县（长安县）西南五十五终南山丰谷……自户县界来，经县界由马坊屯入咸阳合渭水。"马坊屯在沙河故道北，北与渭水接，可见，宋代时丰水仍沿西北故道流入渭水。

明清时期，自客省庄以北，丰水下游河道逐渐向东移动。据清嘉庆时所编《长安县志》记载，丰水"又北经户县秦渡镇东，交水自东来注之，又北经周灵台东，又北经斗门镇西北，又北经高桥，又北经阎家村东，又北经金家村入咸阳县"。由此可知。明清时的丰水河道，与今日丰水河道基本一致。

明清至今，向西北北流的丰水故道虽已湮没，但至秋夏暴雨季节，仍有小股水流从客省庄以北，循汉魏时期丰水故道向西北流入渭水。

2. 商周时期的丰水水道

考察商周时期丰水水道的流向，对于研究丰、镐二京最为重要。根据文献记载和考古调查资料印证，商周时期丰水下游水道和汉魏时期相比，已有较大变动。直接记载商周时期丰水流向的文献资料仅有一条，即《诗·大雅·文王有声》："丰水东注，维禹之迹。"周人在颂扬文王文德武功的庙堂乐章中明确指出，当时的丰水是向东流的。

出自战国人之手的地理专著《尚书·禹贡》在描述丰水流向时，虽也提到丰水，"导渭自鸟鼠同穴，东会于丰"，"漆沮既从，水攸同"，但对丰水流向并未涉言。商周时期，丰水是一条重要的大川，在丰水东西两岸，周人建立了丰、镐二都，居住在丰水岸边的周人，对丰水的流向，应该是特别关注的。在《诗·大雅·文王有声》中，周人颂扬丰水，明确指出丰水东流，这里曾留有夏人活动的足迹，是不会有什么差错的。商人亡国，西周建国，周人自认为是夏人统治的继承者，因此，西周都邑的选择总是要循着夏人的足迹，丰镐是这样，洛邑成周也是这样。

根据《诗·大雅·文王有声》的记载，丰水东注，最晚也应是夏代开始的，一直延于商周。汉代时，丰水下游水道虽已改道流向西北，但向东流的丰水故道可能还有小股水流存在。《水经注》（殿本）云："丰水蚌溪，西北流分为二水，一水东北流为支津。"汉魏时期这条东北流向的丰水支津，估计就是夏商周时期东注的丰水主河道。

商周时期的丰水故道今日已经干涸，历年来平整土地，去高补低，故道所经地区均已辟成农田，原来面目全非。20 世纪 60 年代考古调查时曾发现从斗门至古城村西有一段古河道。为了搞清这段古河道的走向，最近，我们又多次在这一地区进行考古调查，基本查清这段古河道就是商周时期东注的丰水故道。丰水故道虽已湮没，但故道所经地带，均保留较厚的河床淤沙。从斗门至苏村一带，当地村民在丰水故道河床上开挖了三十余处沙场、沙坑、沙壕，掘取河道淤沙。这些沙场沿丰水故道所经区域连绵不断，给我们提供了数十个观察丰水故道走向、河床淤积层、河道宽度最好的探方和探沟。故道河床表面覆盖有 1～3 米厚的晚期堆积土，堆积土下均保留有较厚的河床淤沙，一般地段河床淤沙在 3～5 米，有些地段的河床淤沙可厚达 5～10 米。淤沙成层堆积，沙质较细、纯净、含泥量小，个别地段的沙层中夹杂有褐色铁矿沙带。

丰水故道在今马王村东南约 500 米处即折向东北，经新庄，沿斗门镇西、花园村西、普渡村西、官庄、下泉北村西，蜿蜒流向东北。下泉北村一段丰水故道，是沿着古彪池西部土岗向北流的。过彪池，故道又经南田村、北田村，东北伸向大苏村，在这里与从东南流来的潏水故道相汇，然后向东北入渭。丰水故道实际上是擦着高阳原西沿向东北流向的。今天的新庄村完全是建筑在丰水故道的河床上，丰水在这一段河床宽度在 500 米以上。今牛角村以东至下泉北村西，丰水故道河床宽 500～700 米，官庄村也是建筑在古河道上。丰水在下泉北村一带曾注入古彪池。

丰水故道从马王村东南开始，循高阳原西北缘流向东北。在下泉北村西到桃园村一段，因有古彪池间隔，丰水故道偏离高阳原，略向西移。高阳原是鄠户岭高地的延伸，介于丰水和潏水之间，它是由远古时期的渭水冲积而成的二级阶地。高阳原在镐京地域内是由西南向东北走向的，南连毕原和细柳原，北濒东注的丰水，原面高出丰水故道河床 10～15 米。历年来的考古调查和发掘资料表明，濒临丰水和潏水的高阳原是古代各个时期人类居住的理想地点。高阳原阶地的西北缘，在今新庄东、斗门、花园村、普渡村、上泉北村、下泉北村、落水村、北丰镐村、纪阳西村、北田村、大苏村等地都发现有仰韶文化、客省庄二期文化、西周时期的古代遗存，其中以西周时期文化遗存最为丰富。古代的聚落和居民点都是沿古河道两岸分布的,当时的社会生产力低下,人们不可能远离河道生存。天然的、充足的水源是当时人们生存和进行各种生产活动的最基本的保证。中国早期的聚落乃至早期都市都是循着河谷台地发展起来的。高阳原西北缘自仰韶文化到西周时期古代聚落和居民点的布局轨迹,恰恰勾画出丰水下游古河道东北流向的真实情况,其与丰水故道的考古踏察资料以及卫星拍摄照片上显示出的这一地区的古河道流向基本吻合。可以这样说:五六千年前至商周时期,丰水下游水道是向东北流的,《诗·大雅·文王有声》中"丰水东注"的诗句,基本反映出商周时期丰水水道的走向。

丰水故道的西北岸,迄今尚未发现秦汉以前的古代遗迹。这里介于丰水和渭水之间,当是一片低洼的碱滩地,频繁的水患,虽然不适宜早期人类居住。今天,随着渭水河道北移,丰水下游改道,这里已开辟为密集的村落。

商周时期,丰水在哪里入渭已不可考,很有可能在今三桥一带会古潏水入渭。潏水,《水经注》称为"沈水",源出秦岭大峪谷,西北流会小峪、大峪诸水,流经杜曲、韦曲、杜城,经阿房宫以东,在今西安以北草滩农场西处入渭。潏水下游,今称皂河。潏水河道在历史上变迁最大,汉唐时期,由于潏水成为长安的主要水源,因此,随着历代城址的变动及对水源的需求,对潏水下游的截流、改道屡有发生。实际上早在秦代以前,潏水下游水道应在秦阿房宫以西。我们曾在阿房宫前殿西侧殿址夯土层下,发现一段由东南向西北走向的古河道。河床宽约 500 米,淤沙厚达 5 米,河道从阿房宫前殿西侧穿过,向西北流,在纪杨村北和苏村之间,仍有河道淤沙显露。这条河道在苏村西北和丰水古道相会。由秦阿房宫夯土叠压古河床的现象可以知道,这条河道湮没的年代至迟要在秦代之前,它不可能是秦汉、隋唐或晚近时期的水道。这段河道当是商周至新石器时代潏水下游入渭处的水道。向东北流向的丰水和古潏水相汇,在今三桥一带入渭。

卫星拍摄的照片表明,在涝河入渭处,经张海坡、客省庄、斗门、阿房宫、未央宫一直向东到灞河、浐河汇合处,曾经有一条古河道,史念海先生指出,这条古河道可能是渭水的故道[1],古河道存在的时间当很久远。远古时期的渭水河道是由涝河以西地带开始向北逐渐移动的。现今渭水河道已从原有古道向北移动了 5~10 千米。远古时期的丰水、潏水应该是在今渭水南岸一级阶地南缘,即客省庄、苏村一带入渭。随着涝河以东渭水河道的不断北移,由秦岭终南山而来的水潏、潏水在客省庄至苏村以北不可能马上冲刷出新的河道,在一定时期,它们只能循着渭水旧河道继续向东北流去,这种状况至迟在商周时期依然存在,这就是周人在庙堂乐声中所歌咏的丰水水道的真实流向。

(二)灵沼河

灵沼河是泥河的支流。商周时期,灵沼河流经丰京区域,是丰京范围内比较重要、值得注意的一条水道。今天,灵沼河故道已经干涸,但旧河床遗迹犹存,从马务村溯河道而上,尚能看见全貌。

---

① 史念海:《蓝田人时期至两周之际西安附近地区自然环境的演变》,《中国古都研究》(第 2 辑),浙江人民出版社,1985 年。

灵沼河是一条没有固定水源的小河，主要靠丰水西岸的两片洼地供水。丰水西岸的秦渡至灵台之间，有一片洼地，面积约 2 平方千米。一些学者以为这片洼地就是《诗·大雅·灵台》中描述的灵沼辟雍[①]。这片洼地之北，在丰水西岸的柳林庄、董村、海子村之间也有一片较大的洼地，面积约 3 平方千米，当地村民俗称这片洼地为"海子""灵沼"。这两处洼地都距丰水较近，地势卑湿，周围是较高的岗地。在丰水堤岸尚未筑成前，雨季或暴雨时节，丰水常漫出河道，溢注洼地，很久以前，这里就形成了两处天然的池沼。实际上洼地池沼的主要水源是靠丰水补足的。灵沼河即源于秦渡至灵台间的洼地，向北流约 4 千米，汇入"海子"。河道出"海子"，略向西北，经石榴村、苗驾、冯村、擦大原村、张家坡西侧，在马务西约 1 千米外合入泥河（泥河即沧浪河下游。清嘉庆年间编纂的《长安县志》称为苍龙河）我们曾在大原村西面观察到一段灵沼河故道的河床，河床宽约 100 米，河道内积有 3～5 米厚的淤沙。从秦渡之北的洼地到与泥河相汇处，灵沼河全长不足 10 千米，河道主要在郿鄂岭岗地间的洼道中穿行。

灵沼河不见于任何文献、典籍记载，但根据两岸遗存有仰韶文化和西周遗址，可知这条河道存在的时间也很久远。河道所经的灵台、阿底村、柳林庄、石榴村、苗驾、冯村、大原村、张家坡等地都发现有面积较大、堆积丰富的仰韶文化和西周文化遗存。这些古代遗址傍列灵沼河两岸，居住在河旁的古代村落居民均要仰赖灵沼河的水源求得生存，进行各种生产活动。根据河道两岸遗址密布的程度分析，商周时期的灵沼河可能还是一条水流量丰富的河道。

过去，许多学者在研究丰镐地区诸水道时，很少注意到灵沼河的存在。丰水以西至涝河之间水道密布、纵横交错，但真正穿越丰京区域内，对生活在丰京域内西周居民具有重要影响的水道中，除丰水外，当推灵沼河了。西周时期，灵沼河水道及水道所经的两处池沼已成为西周丰京的重要水源和渔猎、游乐区。根据现存的考古调查资料可以看出，灵沼河以西，西周时期的文化遗存逐渐稀疏，远不如灵沼河东岸西周遗址、基地接连不断。所以，从一定的意义来讲，灵沼河已经成为丰京城区西部边缘的一条界河。

（三）镐池和镐水

商周时期丰水下游流向既已明晰，因之，有关镐水问题有必要重新讨论认识。

镐池是西周镐京地区的一处大池，最早明确提到镐池的文献资料当推《史记·秦始皇本纪》。秦始皇灭六国前后，因咸阳故都人多地狭，宫廷殿堂发展受到限制，因"丰镐之间，帝王之都也"，于是"乃营作朝宫渭南上林苑中"。"朝宫"即"阿房宫"，与镐池相距较近，实际上秦代在营建上林苑时已将镐池辟为上林苑中的一处风景区。《史记·秦始皇本纪》载："秦始皇三十六年，使者从关东夜至华阴县平舒道，有人持璧遮使者曰：为吾遗镐池君。"《集解》张晏曰："武王居镐，镐池君则武王也。"秦代时，镐京旧址已经废弃，但镐池尚存，所以当时人们能够清楚地指出镐池是武王都镐时镐京城内的一处大池。

西汉初年，汉武帝复修上林苑，开凿昆明池时，镐池依然存在、并未废弃。去汉稍晚一些的孟

[①]　石璋如：《传说中周都的实地考察》，《历史语言研究所集刊》第二十本下册，1949 年。

康、谯周、徐广、郦道元等人都明白无误地指出镐池在上林苑昆明池北①。《三辅黄图》引《庙记》曰："长安城西有镐池，在昆明池北，周匝二十二里，溉地三十二顷。"《庙记》不仅记载了镐池的位置、范围，而且指出当时的镐池之水，还可作水利灌溉之用。唐初的颜师古在为《汉书·地理志》作注时也指出："今昆明池北，镐陂是。"汉代至唐初，镐池和昆明池作为京都长安西南的两处重要大池、水库，十分引人注目。

镐池和汉代昆明池，在唐代晚期至北宋初年已经湮废，池涸，沦为民田，故地位置已不可确指。今天，在斗门镇东南，还可看到一片面积较大的洼地，这片洼地是唐时昆明池旧址。唐代时曾多次浚修昆明池。《旧唐书·德宗本纪》："贞元十三年八月丁巳，诏京兆尹韩皋修昆明池石炭、贺兰两堰兼湖渠。"《旧唐书·文宗本纪》："元和九年冬十月，……乃浚昆明、曲江二池。"唐代几次较大规模的浚修工作，使得昆明池范围有所扩大。胡谦盈先生的实际踏测和考古调查，指出经过几次浚修后的唐昆明池址实际上包括了汉代昆明池和西周镐池，镐池故址在唐代已沦没于唐昆明池之中②。汉代昆明池址南缘在细柳原北侧，即今石匣口，东界孟家寨，万村之西；西界在张村和马营寨之东；北缘在今北常家庄之南；池址总面积约 10 平方千米。镐池故址在汉昆明池之北，其范围向北不超过"斡龙岭"，向南不超出北常家庄，向东西两侧不超过唐代昆明池址的东西两岸。

镐池所在位置，恰处高阳原以南、斗门镇以东一片洼地。汉代至唐初，镐池的水源主要来源于汉昆明池。昆明池和镐池相去甚近。班固《西都赋》、张衡《西京赋》、潘安《西征赋》都谈到汉昆明池有"牛郎""织女"两石像，这两件标志着昆明池的西汉石雕至今尚被妥善保存。当地村民称为"石婆"的石像（即"牛郎"像），出土于北常家庄，称之为"石爷"的石像（即"织女"像）出土于斗门镇。《后汉书·班固列传》："集乎豫章之宇，临乎昆明之池，左牵牛而右织女，似云汉之无涯。"李贤注："《汉宫阙疏》曰：昆明池有二石人，牵牛、织女之像也。云汉，天河也。"西汉时，"牛郎""织女"二石像不是立在汉昆明池两旁，而是立在云汉，即所谓"天河"两岸。"牛郎"在河东，"织女"在河西，它们之间有一条南北向的河道以象征"天河"。这条河道即在北常家庄以西，斗门镇以东，是昆明池连通镐池的一条南北流向的水道。这条假作"天河"的水道，实际上是汉昆明池排水道。汉昆明池堰高水丰，急需必要的排水设施。通过排水道向镐池排水、分洪、泄洪，可以调节机制汉昆明池水量，保障京都长安的安全供水。

商周时期，昆明池尚未修建，镐池水源当别以他寻。镐池以南有细柳原高地，其东北有高阳原高地，其间不可能有进水的河道。而镐池西侧距丰水故道相距甚近，根据我们实地踏测所获考古资料分析，西周时期，镐池的水源最有可能是靠丰水供注的。今斗门镇以西发现多处沙坑，河床淤沙 5 米以上。这些迹象可以表明商周时期的丰水水道在马王村之南就已开始大幅度向东摆动。斗门镇以西地表 1 米处即可见丰水故道。故道河床高于今丰水河床约 5 米左右。三千多年前的丰水流量远比今日丰水丰富，古河道宽广，河床较高，在斗门镇附近导引东注的丰水，灌注洼地以成池沼。是

① 见《史记·周本纪·集解》引徐广语、《续汉书·郡国志》刘昭注引孟康语及谯周《古史考》、《水经·渭水注》等。

② 胡谦盈：《丰镐地区诸水道的踏察——兼论周都丰镐位置》，《考古》1963 年 4 期。

容易而又可得的事情。

镐池所处位置是在西周镐京的中心区域，镐池附近的斗门、花园村、普渡村、白家村等地都是西周遗址和墓葬比较密集的地区。《诗·大雅·文王有声》在颂诵镐京时曾提到"镐京辟雍"。辟雍，大池也。如《史记·封禅书》载："丰镐有昭明，天子辟池。"《索隐》："故周文王都丰、武王都镐。既立灵台，则亦有辟雍耳。张衡亦以辟池为雍。"《汉书·郊祀志》亦载："丰镐有昭明、天子辟池。"这处大池同滮池一样，既是镐京内的重要水源区，解决生活用水，引水灌溉农田，同时，也是西周天子、贵族渔猎、游乐的重要场所。根据西周金文和文献资料记载的西周诸王多在辟池举行射礼、飨礼和会四方诸侯。镐池是西周镐京区域内的最重要组成部分之一。

丰镐地区诸水道中有关镐水存疑最多。许多学者以为商周时期镐水已经存在，是西周京城内的一条主要水道，镐京之称得名于镐水。笔者则以为商周时镐水并不存在，镐水水道实际是西汉时期人工开凿，穿经西周镐京旧址内的一条渠道，渠道穿经镐京，故名镐水。

汉代至唐，记载镐水的资料有数条。司马相如《上林赋》在描述上林苑美丽的自然景色和壮观的宫殿馆舍时，将镐水与泾、渭、灞、浐、丰、滈、潦诸水并列为关中八水，潘岳《关中记》从其说。《上林赋》是迄今所见记载镐水最早的文献资料。汉代时，镐水已成为上林苑范围内的较大的一条水道，当无疑问。关中八水中，泾、渭、浐、灞、丰、滈、潦七水，可称为大水，这些河道或发源于秦岭南山，或发源于陇山、六盘山，相较而言，河道源远流长，绵延至今。八水中唯独镐水源头、流向模糊不清。

北魏郦道元在《水经·渭水注》中指出，镐水源出镐池。北流。西与滮池合，然后北经清泠台西，又经磁石门西，北注入渭。郦道元所描述的镐水是西汉至魏、晋、南北朝时期的镐水，至隋唐时，这种情况已经有所变化，所以，魏王泰在著《括地志》时虽也指出镐水源出镐池，但镐水下流已不复北流入渭，而被引入永通渠①。永通渠开凿于隋初，隋唐长安城西的一条重要水道，据清嘉庆修《长安县志·山川志下》考订，镐水被引入永通渠后，下游入渭之流即枯竭断流。

商周时期，东注的丰水紧靠镐京向东北流去，镐京区域内的镐池、滮池水源都是依靠丰水灌注的。丰水和滈水之间是高阳原、细柳原高地，这些高地间可能有多处洼地，但要自然形成有固定源头、流向的河道是根本不可能的。所以，商周之际在东注的丰水和滈水之间，不再可能有天然的河道流经镐京区域内，镐水水道在商周之际镐京城内并不存在。

镐水实际上是一条人工开凿的渠道，开凿的年代约在汉武帝穿昆明池之时。据《汉书·武帝纪》记载，汉武帝元狩三年开凿昆明池，目的是操练水军，讨伐西南诸国。实际上开凿昆明池的目的绝不仅此一点。昆明池开凿以后，成为汉长安西南的一处汪洋大地，既可作上林苑内的重要游乐区，同时，也成为汉长安城西南的一处重要水源区。《雍录》曾指出，从昆明池导水入城可分为三派，"城内外皆赖之"。实际上不仅是京都的供水，漕渠的水量恒定与否也要靠昆明池水接济。昆明池水周回四十里，坝高水盈。这样一处重要的水库，导水、分洪、泄洪措施必须配套。昆明池北有镐池，镐池以北又有滮池，镐池和滮池的水源，商周时期都是靠东注的丰水供注的。西汉以后，丰水改道，

_____

① 《史记·秦始皇本纪·正义》引《括地志》。

主道已向西北流去，《水经·渭水注》指出，商周时期东注的丰水主道，汉魏时已成支津。这样镐池和彪池水源都已基本断流。汉代昆明池开凿以后，向镐池、彪池排泄昆明池盈余水量，并通过彪池及时将洪水泄入渭水，已成为简易可得而又十分必要的工程。在这种情况下，镐水水道应运而生。

　　根据实地考察，镐水上段承昆明池与镐池，这段水道在北常家庄以西、斗门镇以东，即汉代时被称为"云汉"天河的一段南北流向的水道。唐代浚修、扩大昆明池时，这段水道连同镐池已沉没于昆明池中。在镐池以北，今落水村东和北丰镐村西寨子之间，有一条水道，宽约 100 米左右，向东北伸入彪池。连通镐池和彪池之间的水道，可称为镐水中段。由彪池入丰水故道，即今桃园村，北田村至苏村一带，然后又北流入渭，这段河道可称汉魏时期镐水下段。镐水下段水道实际上是沿着商周东注的丰水下游故道入渭的。所以《史记·司马相如列传·索隐》引晋人郭璞语云："镐水，丰水下流也。"这段记载描述了镐水下段借丰水故道入渭的真实情况。郦道元《水经注·渭水》所描述镐水源头、流向和入渭的情况，与实地考古踏察资料基本相符，当是可信的历史文献。

　　镐水开凿于西汉，主要目的在于借镐水水道分导、调节控制昆明池解决镐池水量、彪池的水源，使长安城郊的水道、库区布局更趋合理。镐水中上游连通昆明池、镐池、彪池，下游则循丰水故道，因这条渠道通过西周都邑镐京旧址，所以西汉时人名之曰镐水。先有镐京，后有镐水，镐水实得名于镐京。

（四）彪池

　　《诗·小雅·白华》篇中提到："彪池北流，浸彼稻田。"西周时期，彪池也是丰镐地区的一处大池，是镐京城区内的重要水源和渔猎、游乐区。历史上有关彪池的记载比较繁杂。《毛诗注》："彪、流浪也。"宋朱熹《诗集传》亦从其说，都以为丰镐之间有池沼，人并不以彪池作为专称。北魏郦道元《水经·渭水注》、唐魏王李泰《括地志》、今本《三辅黄图》以及北宋宋敏求《长安志》诸书在记录丰镐地区水道时，则指出镐京附近确有彪池。如宋敏求《长安志》云："彪池水，出（长安）县西北二十里彪池。《诗》曰：彪池北流，浸彼稻田。"《长安志》所指彪池位置大体在今西安西北，苏村至三桥一带。

　　有关文献中《水经·渭水注》时代较早，内容也比较详备。"镐水又北流，西北注与彪池合，水出镐池西，西北流入于镐。……镐水又北经清泠台西，又经磁石门西。门在阿房宫前，悉以磁石为之，故专其目。"汉清泠台，计澍园本《太平寰宇记·长安县》引《水经注》和宋敏求《长安志》卷十二引《水经注》作清泠台，化龙池本《太平寰宇记·长安县》引《水经注》作清灵台，而永乐大典本《水经注》则作汉灵台。清泠台，清灵台，当均指一地。《三辅黄图》引郭延生《述征记》曰："长安宫南有灵台，高十五仞，上有浑仪，张衡所制，又有相风铜鸟，遇风乃动。"当即《水经注》所谓"清泠台"或"清灵台"。郦道元明确指出镐京区域内有三处大池，即汉昆明池、西周镐池和彪池。它们之间的相对位置是镐池在昆明池之北，彪池又在镐池之北、汉清泠台和秦阿房宫磁石门西南；镐池和彪池之间有镐水水道相接。

　　今天，有关彪池、镐池、昆明池的关系仍是聚讼未决的问题。许多学者在研究丰镐地区水道时，多将彪池位置推定在今西安以西苏村之北，文献依据可能出自宋敏求《长安志》所指彪池位置。而将落水至北丰镐村之间的池沼确定为镐池，俗称小昆明池①。陈直、胡谦盈先生则明确指出，滈池在今长安丰镐村西北和落水村之间②，而当地群众俗称为小昆明池的池址则应该为滈池，不是镐池。这种说法和郦道元《水经注・渭水》所记滈池位置完全相合。

在"镐池和镐水"一节中，笔者已经明确谈到镐池位置在汉昆明池以北，今斗门镇以东，斡龙岭以南，北常家庄以北，故池已沦没于唐昆明池之中。镐池位置既已确定，镐池以北俗称小昆明池的池址，非滈池莫属。为了确定滈池范围及附近古文化遗存，我们曾多次沿滈池故址进行考古调查。丰水以东，高阳原从西南向东北走向，在今古城村西南王寺村一带，原头昂起，形成了一片开阔的岗地。岗地东北距阿房宫前殿夯土基址约500米左右。岗地上遗存有不少汉代砖瓦残片。根据《水经注・渭水》记载，这里有可能就是汉代清泠台故址。站在昂起的岗地上向西南眺望，滈池故址清楚地显现在眼前。滈池今已成为一片干涸的洼地，整个池址平面呈半月形，池周7～8千米，总面积约3平方千米，池址南起落水村，东靠丰镐北村，北迄西王寺村，由南向东北，随高阳原走向而弯曲成弧形，池址西部是一条南北走向的长土岗，岗高6～7米，长约1千米，这道土岗将滈池与丰水故道隔开。洼地底部呈锅底形，池底淤泥较厚。池岸东北部是高阳原陡壁，池底和高阳原高差在10米以上。

滈池形成的年代远在汉代以前。我们在高阳原西侧濒临滈池的台地上发现不少从仰韶文化到客省庄二期文化以至西周各个时期的丰富的文化遗迹和遗物，其中以落水村、北丰镐村至西王寺村一带遗迹最为密集。在高阳原西缘的断崖上有睡屋遗迹，陶窑、灰坑、墓葬和灰土连绵成片。四五千年前直到商周时期，滈池周围台地已成古代居民理想的住地。

在考古踏察时，我们发现有两条排水道与半月形滈池相连接。在落水村西北和下泉北村之间，即滈池南沿，有一条水道由西向东伸入滈池，水道宽200米左右。这条水道实际上是滈池西部南北走向的土岗南端和高阳原之间的缺口，水道附近，分布有西周遗址。毫无疑问，这条水道是商周时期唯一的进水道。滈池的水源在商周时期应该是滔滔东去的丰水。商周时期，丰水是一条水量丰富的大川，独特的自然地理条件，使滈池极易得丰水之利，而成为一处大池。滈池位于丰水下游，洼地面积开阔，蕴水量可能要丰于镐池。滈池外西北部河滩地，因有水利之便，西周时可能多已开辟成稻田，成为镐京区域内重要的粮产区。《诗・小雅・白华》"滈池北去，浸彼稻田"，这些朴素的诗句，反映了西周时滈池的真实景况。

滈池的排水道是在半月形池的北端，即今西王寺村和桃园之间。西王寺村是高阳原东北端的高地，滈池西部岗地的北端在这里几乎要和高阳原东北端高地合抱，它们之间的缺口就是滈池的排水道。这条水道现在还依稀可见，宽约150米，当地群众称这条水道为太平河，暴雨或连阴雨季节，太平河常有积水，成为当地泄洪的一条水道，由太平河向北不远，在今北田村附近即与已经干涸的丰水故道相合。

---

① 陈子怡：《由昆明池而溯及镐京丰邑》,《西京访古丛稿》,西京筹备委员会丛刊之一，1935年；又见徐锡台：《论周都镐京的位置》,《陕西师大学报（哲学社会科学版）》1982年3期。

② 胡谦盈：《丰镐地区诸水道的踏察——兼论周都丰镐位置》,《考古》1963年4期；陈直《三辅黄图校证》,陕西人民出版社，1980年。

商周时期，丰水由进水道引入镐池，汇集成大池。彪池位置恰处镐京中心区域，彪池四周密布的西周遗址可以表明这处大池已成为当时京城的主要水源区、渔猎区。除生活用水外。彪池水还被引出灌溉农田。

根据考古踏察资料，在花园村和普渡村以东还有一条由西向东北走向的渠道故址。渠道北端，在落水村东和北丰镐村西寨子之间伸入彪池。渠道南端则连接镐池和昆明池。渠道宽约100米。这条渠道当是汉代兴建的人工渠道，名曰镐水。在"丰水"一节中，我们已经讨论了历史时期丰水三次改道的情况。秦汉之际，丰水经历过一次大的改道。商周时期向东北流向的丰水主道，秦汉时已折向西北。据郦道元《水经·渭水注》记载，东北流向的丰水主河道，此时已成为支津。秦汉时丰水改道，使镐池、彪池水源发生问题，寻求新的水源是一个亟待解决的问题。西汉时开凿镐水水道连通昆明池和彪池，既可调节昆明池水量，又解决了彪池的水源问题。由于彪池在高阳原下，地势低洼北与丰水故道相连，再向北可连通渭水。暴雨、洪水季节，昆明池水可迅速通过镐水水道进入彪池，经彪池借丰水故道排入渭水。持平或干旱季节，昆明池和彪池可作为主要水源区解决都城长安的供水问题。

二、西周金文所见"丰"与丰京遗址

丰邑位于丰水西岸，因丰水而得名丰邑。史书记载，文王晚年，"作邑于丰"，武王时，都城迁于镐。丰、镐二京一河之隔相距不过十里。武王迁镐以后，丰京并未废止。这里仍有周王宗庙，历代天子常居于丰，在这里主持祭祀大典，处理国政。西周时期的丰邑仍享有京都的地位，在西周史上占据相当重要的位置。

丰邑的西周铜器铭文或刻辞中直称作"丰"。《陶斋古玉图》收录有清光绪年间陕西岐山出土的召公太保玉戈，上有刻铭：

> 六月丙寅，王在丰，今太保省南国……

召公太保玉戈的时代应在西周早期周昭王之时，铭文记载昭王在丰邑命太保召公循汉水省视南国。太保可能为召公君奭之子，第二代太保。太保玉戈铭文和安州六器铭文所反映史实相同，均为昭王经营南国，奋伐荆楚之事。又小臣宅簋：

> 惟五月壬辰，同公在丰，令宅事伯懋父。伯锡小臣……

同公，又见于沈子也簋，为西周康、昭之际重要公卿之一，宅居丰邑，派遣小臣宅服伯懋父，小臣宅受赐。又作册䰧卣：

> 惟公大史见服于宗周年，在二月既望乙亥，公大史咸见服于辟王，辨于多正。雩四月
> 既生霸庚午，王遣公大史。公大史在丰，赏作册䰧马，扬公休……

作册魅卣铭文极其重要，唐兰先生以为公大史即为小臣宅簋铭文中之同公^①。同公可能原为外服侯伯，昭王之际被召至宗周——镐京用事，任公大史之职，位在三公之列。二月被召到镐京，四月的一天即被派到丰邑用事，可见同公以大史之职，摄掌丰邑政事，为丰邑最高行政长官。五月，同公就在丰邑派遣小臣宅服事伯懋父。

以上三器时代均在西周早期，铭文揭示出武王虽已迁都镐京，但在西周早期，天子和公侯臣卿仍在丰邑举行各种重要活动，丰京设有天子宗庙、宫殿，王臣卿士在丰京也多有宅居、采地。据《尚书·序》云："成王既绌殷命，消淮夷，还归在丰，作周官。"《左传·昭公四年》："周武有孟津之誓，成有岐阳之蒐，康有丰宫之朝。"康王时，曾在丰京举行大典和会四方诸侯，《左传》把这件大事和周初武王的孟津之誓、成王的岐阳之会并列，由此可以明见丰京在西周史上的重要地位。

西周中期，丰京并未衰落，反映西周中期丰京历史地位最重要的铜器当推岐山董家村所出卫盉了。卫盉铭文：

> 惟三年三月既生霸壬寅，王筭旗于丰。

《说文》："筭，并举也。"筭旗即举旗、建旗。铭文记述三年三月壬寅一天，恭王在丰地举行建旗之礼。《仪礼·觐礼》："诸侯觐见天子，为宫，才三百步，……上介皆奉其君之旗置于宫，尚左，公侯伯子男皆就其旗而立。"建旗之礼当是周天子和会四方诸侯的大礼。恭王三年在丰京的筭旗之礼和西周早期康王时的丰宫之朝，性质是一样的。

西周中、晚期的铜器瘨鼎铭也记载有周王丰邑的活动情况，瘨鼎铭文：

> 惟三年四月庚午，王在丰，王乎虢叔召瘨，锡驹两。

以上诸器从不同角度反映出丰京在西周200余年历史中的重要地位。正如《雍录》所曾指出："武王继文，虽改邑于镐，而丰宫原不移徙。每遇大事，如伐商作洛之类，皆步自宗周而往，以其事告于丰庙，不敢专也。"

汉唐以来，历史学家对于丰京都邑区的确切位置多有论述，莫衷一是。20世纪40年代，有关丰京的考古学考察工作已经开始，中华人民共和国成立以后，又连续不断在丰西地区进行了较大规模的考古调查和发掘工作。经过半个世纪的努力，我们对丰京位置、范围、内涵和布局逐渐有了比较清楚的认识，西周时期丰京都邑区的基本轮廓已显现出来。

丰京位于丰水中游西岸，东界紧傍丰水，西至灵沼河，北极郿鄠岭岗地北缘，即今客省庄至张村坡一带，南到石榴村，方圆6~7平方千米。这一区域的客省庄、马王村、曹寨、新旺村、冯村、苗驾、石榴村、大原村、张家坡等地都是西周遗址和墓葬比较密集的地方。

张家坡高地在丰邑范围内的西北部，这里虽然也分布有西周早、中期遗址，但范围、规模都嫌太小，显然不是丰京的中心区域。近年来，先后在张家坡一带开展了规模较大的考古发掘和调查工作，结果表明，在整个西周时期，张家坡遗址是作为丰京的墓葬地长期使用的。这里已经发掘和钻

---

① 唐兰：《论周昭王时代的铜器铭刻》，《古文字研究》（二）。

探出西周各个时期的墓葬约 3000 余座。张家坡作为集中的族墓葬地应该是丰邑总体布局不可分割的一个组成部分。

张家坡村东与马王村接壤处，即今西户铁路以西的地带，遗址逐渐密集，并发现零星夯土基址。20 世纪 60 年代，这里先后出土几起西周窖藏青铜器①，表明附近地区可能是西周时期一些贵族居住的地方。

新旺村（又名西王村）位于丰京南界，这里地势高昂，是一处重要的地点，新旺村附近先后三次发现西周窖藏青铜器②，周围有比较密集的灰坑，窖穴和房屋遗迹，但迄今尚未发现规模较大，结构完整的建筑遗址。估计这里也是西周贵族居住的采地。新旺村出土的铜器形体特大，纹饰华丽，使用这些贵重青铜器的主人应是西周王朝等级身份较高贵族。

丰京的中心区域可能在客省庄、马王村一带。1977 年至今，中国社会科学院考古研究所先后在这里发现十余处大型夯土基址③。客省庄、马王村区域范围内发现的西周夯土基址建筑，紧傍丰水西岸，这里是郿鄂岭临近丰水的一片岗地，现在海拔在 401～403 米。岗地西南两侧平衍开阔。客省庄、马王村等地已发现的西周夯土基址建筑是一组或几组群体，即由许多座单体西周夯土建筑按一定布局组成的西周夯土基址筑群。四号夯土基址是其中最大的一座单体建筑，夯土基址整体平面呈丁字形，面南，东西长 61.5 米，南北最大进深 35.5 米，基址总面积 1826.98 平方米。基槽内夯土一般厚度在 2～3 米，最厚处可达 4 米之上。四号夯土基址建筑始建于西周穆王前后，毁弃于西周晚期厉、宣之际，这座建筑使用的年代将近百年。四号夯土基址所代表的建筑显然是一座高台式的中心主体建筑，在它的周围还发现其他几座大小不同的夯土建筑，建筑附近有用陶管铺设的排水设施。这座建筑也是目前所见西周时期规模较大，较为壮观的高台建筑。1976 年陕西周原凤雏村发掘的西周甲组建筑群遗址是一组包括有两进庭院的封闭性建筑群，它的总面积是 1469 平方米。凤雏甲组建筑的性质，简报执笔者认为是西周王室宗庙遗址。周原召陈村三号建筑是一座单体建筑，面积为 360 平方米，简报执笔者认为是西周王室宫室。长安客省庄已发掘的四号西周夯土基址建筑规模和壮观程度显然高于周原凤雏和召陈两处西周建筑基址。

以三号、四号夯土基址为主体，在客省庄、马王村一带分布了大大小小十几座夯土建筑，它们参差错落，组成了有一定布局的西周建筑群体。在建筑群体内有较为完善的地下排水管道。与建筑群体直接相连的则是一条宽达 15 米左右的大道。丰镐地区已经发现的其他房屋多是土窑式或半地穴式的简陋住所，了无规模。其和客省庄、马王村西周夯土建筑群之间形成鲜明对照。显然，这组

① 中国科学院考古研究所：《沣西发掘报告》，文物出版社，1963 年；中国科学院考古研究所：《长安张家坡西周铜器群》，文物出版社，1965 年；西安市文物管理处：《陕西长安新旺村、马王村出土的西周铜器》，《考古》1974 年 1 期；陕西省博物馆：《陕西长安沣西出土的遹盂》，《考古》1977 年 1 期。

② 中国科学院考古研究所：《沣西发掘报告》，文物出版社，1963 年；中国科学院考古研究所：《长安张家坡西周铜器群》，文物出版社，1965 年；西安市文物管理处：《陕西长安新旺村、马王村出土的西周铜器》，《考古》1974 年 1 期；陕西省博物馆：《陕西长安沣西出土的遹盂》，《考古》1977 年 1 期。

③ 中国社会科学院考古研究所丰镐发掘队：《陕西长安沣西客省庄四号西周夯土基址发掘报告》，《考古》1987 年 8 期。

宏大的建筑群不会是普通平民或中、小贵族的居址。这组建筑是否是丰京范围内西周王室的宗庙或宫室建筑，目前并没有确切的考古资料来证实这种推测。但可以肯定的是，这组建筑只有西周高级贵族才能够享用。客省庄、马王村一带应是丰京范围内的中心区域。

在马王村以南和曹寨一带，还发现了烧制陶器的作坊、冶铸铜器的陶范、制造骨器的作坊。这些手工业作坊都和西周建筑群密切相关，隶属于西周王室或高级贵族。

三、西周金文所见"宗周"与镐京遗址

镐京，甲骨文作"蒿"，从草，高声。陕西周原凤雏村西周甲组建筑基址的灰坑中，出土两片卜甲的刻辞上提到蒿：

　　　祠自蒿于壴（卜甲 H11：20）
　　　祠自蒿于周（卜甲 H11：117）

上引两片卜甲刻辞中，周、蒿、壴，均为地名。周，即西周金文所见"周"，太王、王季建造的都邑，地在陕西周原，岐山脚下，又名岐邑。壴，地名，不详。蒿，即指镐京。蒿字本意原指丰水岸区长满蓬莱草木的一片高地，即高阳原岗地，周人在这里披荆斩棘，建造家园，辟为宫室，遂成为西周都邑蒿。先秦典籍多称作镐京。蒿为镐京之本字，甲骨卜辞、西周金文资料都有证明。祠，《尔雅·释天》："春祭曰祠。"两片卜甲分别记述周王从蒿地（镐京）来到周邑（岐周）和壴地举行春祭。卜辞时代宜在西周初年。

镐京作"蒿"，也见于西周成王铜器德方鼎铭文。铭文记述某年三月，成王在成周（洛邑），举行祭祀武王的福祭，福祭是由蒿开始举行的，德助祭受赐，作器以志纪念。武王初治镐，一直到成王之时，早期甲骨文卜辞和西周铜器铭文都将镐京称作"蒿"。

镐京在西周铜器铭文中被称为"宗周"，是成王时期开始的。"宗周"始见于成王时期的铜器献鼎铭文：

　　　惟成王大率在宗周，商（赏）献侯鼺贝。

铭文中成王乃是生称，铭文记述成王在宗周举行奉祭，并对献侯有所赏赐。献侯鼎是周成王时代的标准铜器。

成王后期，镐京已经称作"宗周"。时代晚于献侯鼎的西周铜器如大盂鼎、作册麦尊、善鼎、大小克鼎、史颂鼎等诸铭文都将镐京称为"宗周"，而不再称"蒿"。

蒿改称为宗周，有深刻的政治含义。皇甫谧《帝王世纪》指出："武王自丰居镐，诸侯宗之，是为宗周。"周武王自丰邑迁蒿，甲子伐商，一统全国，王业大成。镐京在伐商战争中起了极为重要的作用。为了巩固已取得的天下，武王采取了许多措施，其中最重要一项措施是"封邦建国"。即广封同姓诸侯和有功勋的异姓诸侯，建立一套以宗法血缘关系为纽带的政治统治机构。周天子为天下大宗，同姓诸侯为小宗，小宗尊拥大宗，维护王室。《诗·大雅·板》篇谈到这种分封制度时

说："价人维藩，大师维垣，大邦维屏，大宗为翰。怀德为宁，宗子维城，无俾城坏。"诗中形象地描绘出大大小小的同姓诸侯和异姓诸侯像藩篱、像城垣、像屏障一样拱拥天子，维护王室。在这种政治形势下，作为行使政治权力的首都蒿京，改姓为宗周，即"诸侯宗之，是为宗周"，也就十分自然而不足为奇了。宗周，是西周王朝统治权力的象征，宗周钟铭文："我惟司配皇天，王对作宗周宝钟。"这里所指的宗周，应该是指以周天子为代表的西周王朝。宗周在西周金文中作为地名出现，则是专指行使这种政治权力的都邑"蒿"，又称镐京。

先秦典籍文献中，往往镐京、宗周并见。《尚书·毕命》："王朝步自宗周。至于丰。"《尚书·多方》："王来自奄，至于宗周。"而《诗·大雅·文王有声》则称镐京："考卜维王，宅是镐京。"秦汉以后的史籍，如《史记》《汉书》《水经注》谈到西周都邑时，则多以镐、镐京称谓，而极少再称宗周了。因为西周王朝早已覆灭，具有政治意义的都城宗周，已经随着西周王朝的灭亡而沦落，后世史学家和地理学家见到的只是一片废墟的镐京旧址和镐池。地名、水名沿袭至今，称谓不变。

宗周归属，历来多有异说。吴其昌《金文历朔疏证》一文将西周铜器铭文中的宗周和周混为一地。提出"宗周即周"。陈梦家先生在《西周铜器断代》（二）（见《考古学报》十册）一文中，也以为岐周在西周时称"宗周"，陈文云："宗周，宗庙所在，即武王时的周，在岐山。"很清楚，吴其昌、陈梦家先生否定宗周就是镐京的看法，坚持宗周应在岐周。陈、吴之说与西周铜器铭文反映史实不符。西周金文中，周、宗周并存，各有所指，而非一地。下面列举两组铜器阐明此论。

大盂鼎铭文：
惟九月，王在宗周命盂……，惟王廿又三年。
小盂鼎铭文：
惟八月既望……，王格周庙……惟五王廿又五祀。

大小盂鼎清道光年间同出陕西岐山礼村。大盂鼎铭文记载康王二十三年在宗周对盂的一次册命赏赐。小盂鼎铭文记述二十五年，康王在周庙（周地宗庙）举行荐俘之礼，并对盂有所赏赐。两器为盂一人所铸，时间仅距两年，铭文明确指出康王二十三年对盂的册命是在宗周举行的，而康王二十五年的荐之礼是在周太庙举行的，周和宗周对立、并举，可知分别应为两处都邑。

大克鼎：
王在宗周，旦，王格穆庙即立。
克钟：
王在周康刺宫。
小克鼎：
王在宗周，王命善夫克舍命于成周遹正八𠂤（师）之年。

以上三器同为克一人所铸，铭文分别记述王在宗周、王在周对克的册命赏赐。其中小克鼎铭文指出王在宗周册命克到成周去整顿成周八师军队。在这组铜器铭文中，宗周、周、成周对举，作为地名，不相混淆。大量金文资料证明，宗周就是镐京，成周即是洛邑，周则专指岐邑，三地分立，各有所称。

宗周——镐京作为西周首都，历代天子经常在这里举行重大的祭祀和各种礼的活动，如献侯鼎记："惟成王大奉在宗周。"奉，祭名。卜辞常见，有告天祈福之意，是一种很隆重的祭祀。岐山凤雏甲骨卜辞也记载有王从镐京到周举行春祭的情况。周人自称接受天命，统治中国，因此，祭天告祖是特别重要的政治活动。"国之大事，在祀在戎。"西周早期，许多重要铜器的铭文都谈到王在宗周举行各种祭祀活动。由此可以看出，宗周镐京在西周政治上处于中枢领导地位。

根据西周金文资料可知，宗周内设有大庙，穆庙等重要殿堂、寝庙，这些地点是周王执掌政事，祭天告祖的重要场所。

除了举行各种重要的祭典活动外，周王还经常在宗周册命、赏赐臣僚。诸侯、卿士亦多居宗周，以执王事。如麦尊铭文记述井侯受封为侯，来到宗周谒见天子，受到礼遇；班簋铭文则记述穆王在宗周册命毛伯统率军队东征。周王许多重要册命都是由宗周发布的，宗周镐京内应设有一套中央政权官僚机构，从这里来对全国行使统治权力。据史籍记载，镐京的中央政权机构可能是由太保召公统领，主要辖制西周人腹地。周、召二公"分陕而治"，"自陕以西，召公主之；自陕而东，周公主之"。《尚书·君奭》称誉这种局面是"召公为保，周公为师，相成王为左右"。据禹鼎铭文记载，西周王室在西土保持一支常备军队，称为"西六师"。这支军队由周王直接辖制，可能驻扎在宗周一带，守卫京师。

西周晚期，宗周镐京可能遭到大的破坏。据皇甫谧《帝王世纪》记载："自历王失政，猃狁荆蛮，交侵中国，……王（宣王）乃修复宫室。"其作为大事来书记，可见宫室毁坏程度十分严重。《诗·小雅·六月》："猃狁匪茹，整居焦获，侵镐及方，至于泾阳。"镐即宗周，方即莽京。历宣之际，猃狁势盛，已侵达泾河流域，直接威胁京师安全。内忧外患，已使西土之地很不安定。在国人暴动和猃狁西戎交互入侵之际，宗周镐京地位迅速沦落。宣、幽之时，周人已开始进行东迁洛邑的准备工作。至幽王被杀，平王东迁，镐京更遭犬戎洗劫，彻底毁于战乱兵火之中。

镐京旧址，秦时还大体可以辨识，故秦始皇在渭水南岸兴阿房宫、作上林苑时，还指出"丰、镐之间，帝王之都也"。秦末汉初，经数十年的动乱，镐京旧址荒芜废弃，已湮没无闻。汉武帝开凿昆明池时，曾挖到镐京旧址，发现不少黑土（灰土）、灰烬。对这件事，举朝上下，竟无人可知。当时的学者也只能以镐池的方位来辨识镐京了。

犬戎灭周，镐京已成废墟。秦始皇造上林苑、阿房宫，对镐京遗址也有破坏。至汉武帝开凿昆明池，破坏最甚。所以郦道元《水经注·渭水》中有"自汉（武）帝穿凿昆明池于是地，基构沦褫，今无可究"之哀叹。

镐京地区的考古调查和发掘工作开始于 20 世纪 50 年代初期。通过这些工作，基本上查清了镐京遗址的范围。镐京遗址位于高阳原上，西边濒临丰水，北界丰水和彪池，南部为汉、唐时期昆明池所毁，东至北丰镐村，面积 4～5 平方千米。镐京位置范围内的斗门、白家、花园村、花水村、上泉北村、普渡村等地都是西周遗址和墓葬密集的地区。

1986 年在斗门镇以南，西户铁路和斗门至长安韦曲公路交叉处发现一处西周窖藏铜器，内有伯太师小子诸器 20 件，这里可能是一处西周贵族的居邑。

1980 年在下泉北村西边丰水故道河床中发现西周重器多友鼎，铭文记载厉宣之际，周人与猃狁之间战争的史实。下泉北村东依高阳原岗地，估计这里也应是西周贵族的居址。

花楼子是由花园村向西延伸到丰水故道岸边的一片高地，在这里发现了面积较大的西周夯土遗迹。

在花园村和普渡以西，今斗门镇窑厂附近，也先后发现了多座西周夯土基地建筑及建筑用的板瓦、白灰面墙皮、红烧土块等。这里西北临丰水故道，东依高阳原，是丰水东岸的一、二级阶地。一些大型夯土建筑遗迹的发现，表明这里可能是西周镐京范围内的重要地区[①]。

60 年代曾在落水村、白家庄一带发现过大量的西周建筑用瓦和白灰面墙皮堆积，这些施瓦的建筑遗迹是当时西周贵族居址的重要标志。落水村、白家庄一带也是很值得注意的地区。

普渡村东南和花园村以东较高的岗地上则是比较密集的族葬墓地，这里发现了一些西周贵族的墓葬。

《水经·渭水注》曾以为镐京遗址全部沦没于昆明池之中，这种说法有片面性。考古调查和发掘资料证实，汉代昆明池毁坏的仅是镐京城区的南部。沣东地区的考古工作还大有潜力，有计划地开展这一地区的调查、钻探和发掘工作，对于进一步探索镐京城区的布局、内涵，具有重要意义。

四、丰镐两京族葬墓地的设置和王陵区位置推定

西周丰、镐两京考察的重要内容之一，即是探求西周天子陵寝区的位置，研究一般族葬墓地在两京范围内的布局及其与居址的关系。夏、商、周乃至春秋、战国之际，中国古代都邑居址都是和墓葬区紧密相连的。墓葬地分陵寝区和族葬墓地两类，王或诸侯多在都邑附近或邻近地区。选择地势高亢，土厚水深之地，作为自己的墓葬地，称为陵寝区。族葬墓地则是在都邑以内或边缘地区，设置小型墓地，用来埋葬同宗同族的各级贵族和平民。陵寝区和族葬墓地的设置，是中国古代都邑内涵的重要组成部分，需要认真考察。

丰、镐两京区域内已经发掘的西周墓葬总数已逾千座，这些墓葬分属先周至西周早、中、晚期各级贵族和平民的墓葬。各墓区均有完整的坑位布局，墓葬中出土了数以万计的随葬器物。因之，这批墓葬是研究西周丰、镐两京内族墓葬地的最好资料。

商周之际的埋葬制度浓厚地保留着史前社会聚族而葬的习俗。族葬墓地中埋葬着同一部族、同一宗族、同一家族的成员。这些人生前在同一族中从事各种政治、经济、军事活动，死后则按其生前的等级，有布局、按规格地埋葬在本族公共墓地之中。族葬墓地的使用往往可延续几代甚至十几代。根据现有的考古资料发现，商周京都内的族葬墓地，并不是远离城邑或远离居址设置的。相反，这些族葬墓地都是和城邑、贵族居址紧密相连的。西周丰京区域内居址和墓地的布局，恰是这种筑城思想的最好体现。在丰京都邑范围内的张家坡、新旺村、大原村一带，先后都发现了比较密集的贵族和平民居址遗迹，包括房屋、陶窑、窖穴、手工作坊、道路等。在发现居址的同时，往往

---

① 郑洪春：《西周建筑基址勘查》，《文博》1984 年 3 期。

发现同时代的墓葬群，显然，这种墓葬群是活动在这片居址附近一群人的公共墓地。在同一都邑中，有许多小单位的居住点和墓葬地连体分布，这正体现出商周社会以血缘关系为纽带，生前聚族而居，死后聚族而葬的社会基层组织形态。一处都邑中，往往有十几处甚至几十处这样小的族葬墓地，它们可能分属于不同的宗族或是同一部族繁衍分支的延续。

丰京西部的张家坡墓地，是迄今发现的西周时期最大的一片族葬墓地。在这片墓地中已经钻探出三千多座各个时期的大、中、小型墓葬，这种面积广大、内含丰富的墓地，不单是同一宗族或同一家族的墓地。张家坡墓地已发掘的墓葬资料表明，这片宗墓地也是由若干组小墓组成的。张家坡墓地的南区是由几座带墓道的大墓和一些中型墓穴墓、许多小墓及附属的车马坑、马坑组成的。出土的器物铭文表明，这组墓葬埋葬着几代井叔及其妻妾和他们家族的成员。井叔是西周王室宗族，周公后裔，历任王朝卿士，是地位很高的贵族。张家坡墓地的其他区域则分片埋葬许多与周天子同姓或异姓的贵族、官吏。可见，这片大墓地仍是按血缘关系为纽带划出许多大小不等的墓区。张家坡墓地和丰京遗址紧密相连，墓区内许多地点的墓葬都是建筑在已经废弃的西周早期和中期的遗址之上。张家坡墓地使用前，这里曾是西周早、中期遗址。张家坡墓地和丰京区域内其他地点的居址和小片墓葬地一起，共同构成了丰京都邑的主要内涵。

镐京区内族葬墓地的设置和丰京相似。在镐京范围内的花园村北至普渡村东约 5 万平方米的一片高地上，已经探明数百座西周墓葬和车马坑。墓地范围内还发现西周早期房屋居址和灰坑、窑穴，普渡村西墓地已经发掘一些西周贵族的墓葬，著名的西周铜器伯姜鼎等均出土于普渡村西周墓地。这里也是一片面积较大的族葬墓地，墓地分区、分组埋葬了许多西周贵族。

类似丰镐两京都邑内的这种大面积的公共族葬墓地在西周洛邑附近的庞家沟、北瑶一带和西周早期都邑周原遗址的黄堆一带都有发现。洛阳北瑶墓地面积约 25 万平方米，已经发现的墓葬有四五百座，墓葬和洛邑遗址是连在一起的。洛阳北瑶西周墓地出土有太保戈、康伯壶、毛伯戈、丰伯剑等诸器，可以判定，洛阳北瑶、庞家沟墓地，也是洛邑成周范围内一片较大的西周贵族族葬墓地。因此，在探讨商周时期中国早期都邑时，如果把居址和墓地切割开来，分别对待，可能是不符合当时实际情况的。

西周天子陵区的设置、布局一直是考古学和历史学积极探求的重要课题之一，迄今尚未发现比较明确的线索。据先秦至汉一些史籍对西周天子陵区的位置记载，一般均谓文王、武王和周公都葬于毕[①]。唯皇谧《帝王世纪》有异说，谓"（武）王崩于镐，殡于岐"，指出武王陵寝应设在岐周。

文王、武王、周公陵寝设在毕原是先秦至汉唐多数史学家的看法，但关于毕的具体方位却众说纷纭，莫衷一是。计有岐州说[②]、鄠县说[③]、咸阳北原说[④] 和丰镐附近说[⑤]。

咸阳北原说起于晋杜预，于四说中成论略晚，但于后世影响较大。宋、明、清至于晚近，论者

---

① 见《孟子·离娄下》《逸周书·作洛解》《今本竹书纪年》《尚书序》《汉书·刘向传》等书。

② 见《汉书·刘向传》颜注引李奇语等。

③ 见《汉书·刘向传》颜注引臣瓒语等。

④ 见《史记·魏世家·集解》杜预语、《汉书·刘向传》颜注、《史记·鲁周公世家·正义》引《括地志》等。

⑤ 见《孟子·离娄下》赵注、《史记·周本纪》太史公语等。

多袭其说。明清更有好事者于咸阳北原墓冢、封土前多以西周诸王名号立碑勒铭，以讹传讹。实际上这些平地起冢的墓丘多是秦汉至唐代的坟茔，根据考古调查和钻探资料，咸阳北原根本没有西周诸王的陵寝。

毕，在西周时期是相当重要的一处地点。《尚书·秦誓》记载，武王伐商前"上祭于毕"。《史记·周本纪》亦载："九年，武王上祭于毕，东观兵，至于盟津。"《尚书·泰誓》和《史记·周本纪》所载武王伐商前"上祭于毕"，已经暗示出毕地有先王陵寝。伐商是一件很重要的大事，举事前应到先王陵寝前告天告祖。在毕地祭告祖先，西周铜器铭文也有明确记载，属于西周昭穆之际的段簋铭文："惟王十又四祀十又一月丁卯，王才毕烝。"《尔雅·释天》："冬祭曰烝。"《周官》："以烝冬享先生"。在毕地举行烝祭，来祭先王是一种特别隆重的祭典，由段簋铭文可知这种祭典由周初一直延续到昭穆之际。

据《史记·魏世家》记载："毕公高与周同姓，武王之伐纣，而高封于毕，于是为毕姓。"周初，武王将毕地分给毕公。据《左传·僖公二十四年》："毕，文之昭也。"毕公高是西周初年著名公卿，《尚书序》载："成王将崩，命召、毕公率诸侯，相康王，作顾命。"成王初逝，召公、毕公为顾命大臣。康王时，毕公任作册。《史记·周本纪》："康王命作册毕公分居里，成周效，作毕命。"由此可以看出，成王后期至康王，召公、毕公很可能联合执政，辅弼王室，地位十分显荣。

考察安阳殷墟代殷陵区和凤翔雍都秦先公陵区的设置、布局可知殷代至春秋，天子或列国诸陵寝区的设置或在都邑内，但与宫殿区有严格区划；或在都邑附近，有自己特定的区域。陵寝多筑在土厚水深的高亢地带。陵区内往往埋葬几代或十几代天子或诸侯及他们的妻妾、近臣。各代王陵的位置，布局都经过着意安排。陵寝周围有防护和排水设施。陵寝上没有封土，但发现建筑遗迹，可能是墓寝时使用的享堂或墓上建筑。陵区的墓葬形制宏大，陵寝附近有杀殉坑、车坑、马坑，或其他陪葬坑。总之，王陵区埋葬着天子或诸侯，因此，陵区的位置，设施都必须体现出独尊的地位和至高无上的权力。

参照安阳殷墟和凤翔秦雍都的情况，可以推定，西周天子陵区毕地应在丰、镐都邑附近。陵寝区有自己特定的区域，与都邑居址保持一定距离。

中国古代地名多历代传袭不变。毕地因设有西周天子陵寝区，更为世人瞩目。西周毕地虽已不易确指，但考察唐代毕原的地点，可对西周毕地方位的探求有所启示。西安南郊三爻村发现有唐崔纮墓，墓志记载墓主葬于万年县之毕原。由墓志铭文可以获知，今西安市南郊三爻村一带属唐代万年县洪固乡，凤栖原与毕原相连，以今三爻村新安建材厂南部边缘为界，北为凤栖原，西南为毕原。毕原处在今西安西南，镐京东南。实际上，西汉初年的史学家已经注意到毕地与镐京的相对位置。司马迁根据其所见先秦典籍记载并经实地考察，曾明确指出毕在镐京东南杜中。汉唐至今，毕原方位并没有变动。

毕原西北连细柳原，距镐京旧址二三十里。这里原面高平，土厚水深，适宜作早期葬地和陵区。细柳原和毕原范围内的府君庙、蒿里村、祝村至郭杜一带都是值得注意的地点。探查西周王陵区的工作应该有计划地在这一地区开展起来，希望能在不远的将来，将西周王陵区的秘密揭之于世。

五、丰、镐两京外围地区的区划

对丰镐两京的考察，不能仅仅局限在两京城范围以内，应该看到以城址为中心的外延区域的社会功能和经济功能，这些不同区域的各种功能是由各自所独具的自然环境和地理条件所决定的。所以，从广义的角度上来勾画丰镐地区，它的范围西至涝河，东至潏水，北至渭水，南及秦岭北麓，是一片面积广大，山川、原、隰相依，河、湖、池、泽交错的地区。在这片广阔的地域内，根据各自社会功能，经济功能的差异，又可划分为都邑区、王陵区、农业种植区、游乐渔猎区和牧放区。

丰、镐两京位于丰水东西两岸，隔河相对，直线距离不过十里。从一定角度来看，镐京实际上是丰京的延展与扩建。丰镐地区的考古工作已经开展 30 余年，迄今，在两京城址周围还没有发现夯土城墙和用作防御的大壕沟。两京处于山水环绕的密闭地形之中，以有利的自然地理环境作为天然屏障。镐京外围南有洨水，东界潏水，西至丰水，丰水在马王村处折向东流，构成镐京的北界。三水源于秦岭终南，河水流量比较丰富，恒定，形成了护卫镐京外围的天然界河和堑沟。丰京外围也是三面靠河，南面有耸峙的秦岭作为屏障。

灵沼、海子、彪池、镐池和丰水，是两京区域内的渔猎区和天子贵族游乐区。丰镐遗址中发现有大量蛤壳、螺蛳鱼肉和用于捕鱼的石质网坠，说明渔猎已成为当时的一项重要经济活动。根据金文和文献记载，丰镐地区的几处大池也是天子、贵族习礼、习射和举行各种大礼、游乐活动的重要场所。

都城所在，人口、军队比较集中，粮草费用必多。都邑区内各居民点间已有农作区，而都邑以外的细柳原、高阳原、毕原、神禾原和渭水、涝水、新河阶地也有可能被辟为农作区，供应都城用粮。

丰镐境内有天子苑囿，专供天子射猎，是为射猎区。孟子答齐宣王问，说到文王苑囿方七十里。《诗·大雅·灵台》也记载："王在灵囿，麀鹿攸伏……"秦岭终南北麓长有茂密森林；浅山丘陵地带，野草灌木丛生，当是最理想的射猎区。丰镐地区遗址和墓葬中发现有大量的兽肉，以鹿、獐最多，墓葬中往往把整头鹿生殉于墓坑。狩猎活动，也是当时的一项重要经济活动。

丰镐地区的墓葬中，发现大量的车马坑和马坑。一些大型马坑中生殉马匹多达五六十匹，中小墓葬中也有整匹牛、马生殉。西周时期对养马业尤为重视，据《周礼》记载，当时设有专职官员管理马政。由西周金文资料可知，关中地区就有好几个直接隶属王室的大型牧场。其中有㢊、豆等地，周天子每年要到这些地方视察，并举行执驹典礼。马是车行的动力，可用于军事和役使，又是杀殉、生殉的主要对象。京都地区对马的需求量极大，这些马匹不可能全部依赖外运，应有相当数量的马匹是在丰镐邻近地区牧放。丰镐都邑以北是渭水、涝河、丰水、洨水河滩地带，这里面积开阔，因处诸河下游水道多有水患，不宜农作，但草丰水盛，则可成为理想的牧地。

六、余　论

以上，我们从各个侧面讨论了丰镐两京的内涵。

西周丰镐两京处于中国古代都城发展的初期，呈现出中国早期都市的一般特征。

（1）丰镐两京是沿河谷阶地发展起来的城市，城市设计因地而宜比较朴素、自然而强调实用功能。

（2）两京都邑区以政治为主，城区的主要面积多为王室宫殿、宗庙和贵族居址采地所占据，这里是西周王室对全国施行政治权力的中心地点。

（3）城市的商品经济功能较为薄弱。已发现的各种手工作坊多分布在重要居址附近，它们依附于西周王室和各级贵族，主要用以满足上层贵族的奢侈生活和各种享乐要求。各居住点周围多与农作区相连，呈现出一种自给自足的自然经济倾向。

（4）城市布局较为松散。在都邑内宫殿区、贵族居址和若干居民点稀疏地分布在一个较大的区域，不少居住地周围是族墓葬地，聚族而居，聚族而葬，居邑由许多这样的血缘胞体组成，如同史前社会一般村落遗址一样表现出较为浓厚的原始特征。

在结束本文之前，最后探讨一下西周都邑屡次由西东迁的缘由。

司马迁《史记·货殖列传》在记述周人都邑变迁情况时写道："公刘适邠，太王，王季在岐。文王作丰，武王治镐。"而自文王都丰，武王治镐，丰镐二京作为都邑终西周一代。西周都邑的设置与变迁，与商周之间势力消长，相互斗争有直接关系。商人势力自二里冈阶段已由豫西进入关中地区，一度席卷整个关中平原，周人被迫退居渭水、泾水上游，汧陇一带山地。随着商人势力东进，崇大约在二里岗前后或稍晚一些时候，即已在关中中部西安、户县一带立国，成为殷人在西土最重要的从属国之一，为殷人扼守西方门户。近年来，在西安老牛坡、兰田怀珍坊一带发现面积较大的商文化遗存，这里有可能是崇国的中心区域。自武丁之后，殷王朝势力由盛转衰，而偏处西土的周人却日渐兴旺。太王由邠迁岐，周都已初具规模。中经王季、文王经营，以岐下周都为基地，积极向西北，西南进行扩张。至文王晚年，诸侯降服，西土安定，周人已成为西方大国，力量足以与殷人抗衡，东进灭商，已成势在必行。

此时关中地区，以户县为界，渭河以北，户县以西，殆为周人所有；渭水以南，户县以东至西安、兰田、华阴一带为殷人与国崇侯所据。东进灭商，首先要剪灭崇国，统一关中，这是周人的既定国策。丰镐地处关中中部，比岐周更易控制关中。文王晚年，竭尽全力灭崇、灭崇后马上来都邑东迁，在崇国腹地新建都邑丰，形成了关中地区的统一局面。武王即位，又在丰水东岸把都邑扩大至镐，以丰镐为基地，最后完成灭商的大业。早期周人都邑屡次东迁，最主要的政治原因是图谋东进，问鼎中原，剪灭商人，一统天下。周人在自己的庙堂乐章《诗·大雅·文王有声》中真实记载了这段史迹："文王受命，有此武功，既伐于崇，作邑于丰……考卜维王，宅是镐京，维龟正之，武王成之。"丰镐两京作为西周都王的首要贡献，就在于奠定了灭商的大业。

周人都邑由邑下周原迁居到丰、镐，除了政治方面的原因以外，寻求更理想的自然居住区也是一个重要的因素。周原虽然开阔平衍，土地肥美，但处于渭北原区，地势高亢，比较干旱少雨。流经岐邑内的畤沟河和岐邑东部的美阳河，源出于周原以北北山山脉，源头水流量并不恒定，两河流量与发源秦岭终南山的丰水、潏水相比，差之甚远。畤沟河和美阳河河道穿越原区，汇入沣水，在干旱少雨季节，河水可能会出现断流。随着周原都邑的扩大，农业用水和城市用水矛盾日渐突出。我们在岐邑内的齐家、任家、云塘一带都发现西周时的水井，开掘水井解决生活用水已成为都邑内居民的重要手段。岐山董家出土的五年卫鼎铭文，还记载着共王令王君厉在岐邑内修筑水道之事。解决水源问题已成为都邑发展首先要考虑的问题。干旱的原区，会使农作物种类和产量增长受到较大限制，土地肥力也会急剧耗尽。与周原相比，丰镐地区具有十分优越的自然条件和水利资源。丰镐位于关中中部、渭水南岸，这里地势较为低平，田畴沃野一望无际，河道纵横交错，池沼湖泽星罗棋布，是进行渔猎活动最理想的地点。由于地近丰、渭、潏、涝诸水，都邑内供水不会发生问题。这些优越的自然条件都是周原所无可比拟的。丰镐既是西周王朝的政治中心，同时也是西周王室的主要农作区之一。

丰镐南依秦岭，适居终南怀抱之中。《汉书·东方朔传》："终南，天下之大阻也。……其山出玉石、金、银，铜、铁、豫樟、檀、柘异类之物，不可胜也。此百工所取给，万民所仰足也。"西周时期青铜器和玉器既是一种用具、装饰品，又是象征王权和等级制度的信物。同时，也是用于祭天告祖的重要宝器。由已经出土的数以十万计的大量青铜礼器、用具、工具、武器和许多精美的玉器可以看出，西周王室和各级贵族对铜矿、玉石贪婪追求，疯狂攫取。兰田美玉、商州铜矿可能早在商周之际都已开发利用。据《诗·大雅·公刘》记载，公刘之时，还由邠地横渡渭水，"涉渭为乱，取厉取锻"。秦岭、终南宝藏，早为周人瞩目。周人迁居丰镐，地近终南，亦可图其物饶丰产之惠。齐思和先生在谈到周都自西东迁时，曾指出："文王之迁丰，不徒便于向东发展，与商争霸，抑丰镐之间川渠纵横，土地肥饶，自古号称膏腴之地。"[①]齐说精辟地道出了周人迁居丰镐的真实目的。

（原载《中国历史地理论丛》1988 年 3 期）

---

① 齐思和：《西周地理考》，《燕京学报》三十册。

西周都城诸问题试解

周宏伟

提及西周王朝的都城，众所周知的是丰（邑）、镐（京），即通常所谓文王都丰、武王都镐的所在。翻一翻今人有关西周都城历史叙述的文献，不管是研究者论著[①]还是高等学校教材[②]，我们很容易发现，这种认识由来已久、影响深远，显然属于学术界的主流看法。然而，近百余年来，由于金文、简牍和古遗址等新材料的不断发现、公布，研究、关注西周历史的不少学者都知道，过去学界有关丰（邑）、镐（京）及周、宗周、成周、郑、京师等西周都城方面的很多认识，由于相互之间往往矛盾不一，其实可能是存在严重问题甚至错误的。也就是说，关于西周都城的许多问题还需要我们重新思考。

概括说来，这些问题主要表现在七个方面。其一，是西周时期都城的数量问题。学术界现在几乎一致认为，西周的王都为丰（邑）、镐（京），洛邑（成周）为陪都，或称东都。也就是说，如果视丰（邑）、镐（京）为一的话，西周时期就是两个都城；如果视丰（邑）、镐（京）为二的话，西周时期就有三个都城。也有学者意见不同，或认为"庆节国豳，古公亶父居岐下，王季宅程，文王居丰，武王都镐，成王作洛邑，穆王都西郑，又居莽京，懿王居犬邱，至于平王东居洛邑……都邑计十余迁"[③]；或认为周都有不窋故城、豳邑、岐邑、丰邑和镐京等五个[④]；或认为周都实际上有京（岐周）、丰镐和洛邑三个[⑤]。于是，西周时期都城的认定标准明显就成了问题。其二，是丰（邑）、镐（京）与莽京的关系问题。众所周知，莽（京）是发现于金文中的一个地名。就是这样一个金文中多见的地名，自清末以来的百多年里，带给了古史学者无尽的苦恼：莽京是镐（京），还

---

① 如齐思和：《西周地理考》，《燕京学报》1946 年 30 期；王世民：《周都丰镐位置商榷》，《历史研究》1958年 2 期；卢连成：《西周丰镐两京考》，《中国历史地理论丛》，1988 年 3 期；杨宽：《西周史》，上海人民出版社，1999 年，114～120 页；李峰：《西周的灭亡：中国早期国家的地理和政治危机》，上海古籍出版社，2007 年，49～55 页；沈长云：《中国历史·先秦史》，人民出版社，2006 年，98、99 页。

② 如张岂之主编：《中国历史（先秦卷）》，高等教育出版社，2001 年，50、51 页；董鉴泓主编：《中国城市建设史》（第三版），中国建筑工业出版社，2004 年，12 页。

③ 丁山：《由三代都邑论其民族文化》，《古代神话与民族》，商务印书馆，2005 年，23 页。

④ 胡谦盈：《三代都址考古纪实——丰、镐周都的发掘与研究》，中国社会科学出版社，2009 年，9 页。

⑤ 许倬云：《西周史》，生活·读书·新知三联书店，1994 年，90 页。

是丰（邑），或是其他什么地方？至今莫衷一是[①]。其三，是丰、镐（京）与宗周的关系问题。宗周即镐京，这是汉代、三国时期就开始流传的看法[②]，一直到今天，这个看法仍为绝大多数学者所认同。然而，让人困惑的是，在金文中却有宗周、莽京并举的情况（参见后），如果像大部分学者所认定的那样，莽京是镐京，那么宗周自然就不可能是镐京。于是，宗周到底是不是镐京，几十年来争执不休，让人无所适从。其四，是周的性质与位置问题。东汉以降的古代学者多认为周即镐京或成周[③]；近百余年来，由于大量金文的发现，学者对于周的看法产生分歧：有的坚持周是宗周[④]，有的坚持周是成周[⑤]，更多的学者认为周即岐周（邑）[⑥]——或以岐周为先（早）周都城[⑦]，或以岐周为西周时期的都城[⑧]；也有学者认为周的指代并不一定，有时指岐周（邑），有时指宗周（镐京），有时指成周王城[⑨]。周到底何指？近两千年来似仍无确论。其五，是丰（邑）、镐京的位置问题。从20世纪30年代以来，经过几代考古工作者的努力，周都丰（邑）的位置被确定在今陕西省西安市长安区沣河西岸的马王村、客省庄等地一带，镐（京）被确定在沣河以东的洛水村、上泉北村、普渡村、花园村、斗门镇一带[⑩]，主要依据是该区域周文化遗存分布密集，文化堆积丰厚，且二区遗址与文献记载的丰、镐相对位置大致符合。于是，学术界普遍认为，丰、镐"两京相距，近在咫尺（仅五华里之遥），仅以沣水相隔，名虽不同，实为一京的两部分"[⑪]。然而，让学者十分迷惑的是，沣西

① 黄盛璋：《关于金文中"莽京（莽）、蒿、丰、鄷"问题辨正》，《中华文史论丛》1981年4期；王玉哲：《西周莽京地望的再探讨》，《历史研究》1994年1期；王辉：《金文"莽京"即秦之"阿房"说》，《陕西历史博物馆馆刊》（第三辑），西北大学出版社，1996年，11~16、144页。

② 《十三经注疏·毛诗正义》（北京大学出版社，1999年），714页毛传，252、731页郑笺。如252页郑笺曰："宗周，镐京也，谓之西周。"三国皇甫谧《帝王世纪》（《丛书集成》，商务印书馆，1935年）有云："武王自丰居镐，诸侯宗之，谓是宗周。"

③ 东汉马融（《史记》卷三三《鲁周公世家》裴骃《集解》引，中华书局，1959年，1519页）、唐张守节（《史记》卷四《周本纪》《正义》，129页）持镐京说；唐孔颖达（《十三经注疏·尚书正义》，北京大学出版社，1999年，414页）持成周说。

④ 吴其昌：《矢彝考释》，《燕京学报》1930年9期，其"宗周"指镐京；曹玮：《也论金文中的"周"》，（《考古学研究（五）》，科学出版社，2003年，其"宗周"指丰。

⑤ 郭沫若：《两周金文辞大系考释》（1），文求堂书店，1936年，16页。

⑥ 《辞海·地理分册（历史地理）》，上海辞书出版社，1982年，157页。

⑦ 陈全方：《早周都城岐邑初探》，《文物》1979年10期；陈全方、陈敏：《周原》，文物出版社，2007年，13页。

⑧ 尹盛平：《试论金文中的"周"》，《考古与文物丛刊》（三），《陕西省考古学会第一届年会论文集》，1983年；宗德生：《试论西周金文中的"周"》，《南开学报（哲学社会科学版）》1985年2期。

⑨ 陈梦家：《西周铜器断代》（上），中华书局，2004年，366~368、405页。

⑩ 徐锡台：《论周都镐京的位置》，《陕西师大学报（哲学社会科学版）》1982年3期；另外，石璋如曾认为镐京在北丰镐村西北，《传说中周都的实地考察》，《"中央研究院"历史语言研究所集刊》第二十本下册，1949年；黄盛璋的看法近同，认为在南丰镐村一带，《周都丰镐与金文中的莽京》，《历史研究》1956年10期，等等。

⑪ 陕西省考古研究所：《镐京西周宫室》，西北大学出版社，1995年，前言1页。

马王村、客省庄的大型夯土基址，沣东普渡村、花园村的宫室遗址群 ① 却与同时期的墓葬区 ② 紧密相邻——这样的建筑布局景观好像与丰邑、镐京作为西周都城的身份很不协调，与后来《周礼·考工记·匠人》所谓"方九里，旁三门，国中九经九纬，经涂九轨，左祖右社，前朝后市，市朝一夫"的周代王都模式更是格格不入。这又让人不得不对沣东遗址是不是镐京，沣西遗址是不是丰（邑）产生严重的怀疑。其六，是郑的性质与位置问题。郑（西郑）是西周时期的重要都城，在《竹书纪年》中有明确记载，少数学者也给予肯定，但绝大部分学者仍持怀疑态度。至于郑的位置，或云在关中东部，或云在关中西部，更有说在河南叶县的，迄今无法定论 ③。其七，是槐里（犬丘）的性质与位置问题。传统一直认为槐里（犬丘）是周懿王所都 ④，但今主流学界好像对此问题极少关注。槐里（犬丘）到底是不是西周都城？具体位置何在？一直没有明确结论。

　　应该说这些问题的长期存在，使我们对西周的都城历史不能有正确的理解，对发现的可能与西周都城有关的遗址不能有正确的判断，甚至，对未来有关西周都城的考古工作和昆明池遗址公园建设工作也可能会产生十分不利的影响。这些问题之所以难以解决，笔者以为主要的原因可能有四：一是相关的历史文献记载有限，而过去的某些误解还使我们对有关历史文献（如今本《竹书纪年》⑤）的重要价值长期忽视；二是近几十年来公布的大量金文、简牍、考古报告虽然丰富了研究材料，但对这些新材料进行科学释读并不容易，使得一些重要的问题长期难有共识；三是问题之间既相互联系又矛盾丛生，单个问题的解决方案即使正确也往往难以得到认可，进行进一步的深入研究更是困难；四是对西周时期都城的认定一直没有明确的标准，使得西周时期都城研究的最基本方面也没有达成一致。显然，在这样的研究背景下，要解决与西周都城相关的一系列复杂

　　　① 中国社会科学院考古研究所沣西发掘队：《1979—1981 年长安沣西、沣东发掘简报》，《考古》1986 年 3 期；中国社会科学院考古研究所沣西发掘队：《陕西长安沣西客省庄西周夯土基址发掘报告》，《考古》1987 年 8 期；陕西省考古研究所：《镐京西周宫室》西北大学出版，1995 年，3～7 页。

　　　② 中国社会科学院考古研究所沣西发掘队：《长安张家坡西周井叔墓发掘简报》，《考古》1986 年 1 期；陕西省文物管理委员会：《西周镐京附近部分墓葬发掘简报》，《文物》1986 年 1 期；中国社会科学院考古研究所沣西发掘队：《1984 年长安普渡村西周墓葬发掘简报》，《考古》1988 年 9 期，等等。

　　　③ 传统说法认为郑在关中东部的古郑县，即今华县；唐兰首倡郑在关中西部的今扶风、宝鸡一带说（见《陕西省岐山县董家村新出西周重要铜器铭辞的译文和注释》，《文物》1976 年 5 期）；裘锡圭提出郑在今河南叶县说（见《说㲋簋的两个地名——棫林和胡》，《古文字论集（一）》，《考古与文物》编辑部，1983 年）。

　　　④ 《水经注》卷 19《渭水》。

　　　⑤ 清中期以来，今本《竹书纪年》一直被主流学界认为是伪书。近三十年来，数有学者论定今本《竹书纪年》的内容其实是基本可信的，具有十分重要的史料价值。参见陈力：《今本〈竹书纪年〉研究》，《四川大学学报丛刊》（第 28 辑），1985 年，4～15 页；Edward L.Shaughness（夏含夷）：On the Authenticity of the Bamboo Annals（《论〈竹书纪年〉的真实性》），*Harvard Journal of Asiatic Studies*，1986（1）；〔美〕夏含夷：《也谈武王的卒年——兼论〈今本竹书纪年〉的真伪》，《文史》（第 29 辑），中华书局，1988 年；杨朝明：《〈今本竹书纪年〉并非伪书说》，《齐鲁学刊》1997 年 6 期；张富祥：《今本〈竹书纪年〉纂辑考》，《文史哲》2007 年 2 期。下述本文的一些论述也能够证实今本《竹书纪年》的内容具有较高的可信度。本文所引今本《竹书纪年》采用南朝沈约注《竹书纪年》（《万有文库》（二），商务印书馆，1937 年），古本《竹书纪年》采用方诗铭、王修龄撰《古本竹书纪年辑证（修订本）》（上海古籍出版社，2005 年）。下引《竹书纪年》一般只别今本、古本，不另注。

问题，没有科学、合理的研究视角是不可能完成的。那么，什么是科学、合理的研究视角？就上述问题来说，笔者主要依靠历史、环境和语言文字的综合视角，就有可能找到较好的解决途径与方法。所谓历史视角，是指要以历史的眼光来看待上古时代的都城问题。都城既是一个当代概念，也是一个历史概念。当代意义上的都城，众所周知是一国的最高行政机关所在地。但是，西周时期的都城，其内涵却与今天的情况有很大不同。例如，《左传·庄公二十八年》云："凡邑有宗庙先君之主曰都，无曰邑。"《说文·邑部》亦云："有先君之旧宗庙曰都。"也就是说，先秦时代建有先君宗庙的城邑就可谓之都。我们如果能够从有关西周的史料中找出某地拥有周王先君宗庙，那么，即可以认定该地为西周时期的都城。显然，先君宗庙可视为西周都城的标志物，是否有先君宗庙，应当成为我们判断西周时期都城的唯一标准。所谓环境视角，是指要特别注意都城及其附近的自然与人文环境面貌。例如，依据金文的记载（参见后），莽（京）附近是有一个可以进行渔猎活动的"大池"的。显然，我们如果能够确定这个大池的性质及具体位置，对于镐（京）、莽（京）是否一地就可以提供强有力的自然环境证据。又如，同样依据金文的记载（参见后），周、成周、宗周等地除了太庙以外，还有一些不同名目的建筑物，通过比较各地建筑物的情况，我们应该就可以判定周与成周、宗周是否一地。所谓语言文字视角，是指要科学认识上古时代文献记录的语言文字特征。上古时代的文献，不管是传世文献还是出土文献，涉及有关自然、人文事物的名称记载时，由于文化传播的地域障碍、时间差异和文化传播者的知识局限，大都不可能存在十分规范、统一的语言文字表达方式，因而，在解读上古文献时，我们必须要考虑历史方言、通假字、异体字等语言文字问题所产生的影响。

基于上述思考，笔者不揣浅陋，希望能够在前人的研究基础上，解决上述与西周都城相关的一系列重要问题。下文主要围绕丰、镐、郑、周四者来进行讨论。文中或有不当之处，谨请方家不吝指正！

一、镐（京）与莽（京）

要证明古文献中记载的某地与某地是否一地，最好的办法应是抓住两地的标志性特征进行比较。因此，我们不妨对"镐（京）"和"莽（京）"二者的情况分别进行考察。

先看看关于镐（京）的相关记载。

关于"镐京"的记载并不多，皆来自传世文献。通过分析相关文献，我们大体可以知道镐京的主要地理特征与城邑功能。其一，"辟雍"本是镐京的标志性水体。《诗经·大雅·文王有声》中即有"镐京辟雍"一句（引文见后），可见镐京、辟雍关系密切。之所以说辟雍本是水体，是因为辟雍也可以叫"辟池"，辟池之"池"即与辟雍之"雍"同义。《史记·封禅书》说："沣滈有昭明天子辟池。"唐司马贞注云："顾氏以为……今所谓天子辟池，即周天子辟雍之地。张衡亦以辟池为（辟）雍。"[①] 其实，此前千多年的《诗经·周颂·振鹭》中即云："振鹭于飞，于彼西雝"，《毛传》：

---

① 《史记》卷二八《封禅书》《索隐》，所谓"顾氏"当指南朝顾野王（519~581年）《玉篇》撰者。

雖，泽也。"① 这里的雖即同雍②，也就是湖泽的意思。那么，作为水体的西周镐京辟雍，其具体位置何在？今本《三辅黄图》说辟雍"在长安西北四十里"③，显为唐人口气，自不可凭信。不过，由于辟雍是与镐京相联系的，只要知道了镐京的位置，辟雍的位置应就可以确定。《史记·周本纪》《集解》引晋徐广有曰："镐在上林（苑）昆明（池）北，有镐池。"郦道元说得更清楚："（昆明）池水北径鄗京东，秦阿房宫西。"④ 众所周知，镐、镐京、鄗京为一地，而根据近年的考古探测，汉唐昆明池遗址的准确位置被确定在今西安市西长安区斗门镇、细柳镇一带⑤（图一⑥），因而，镐（京）应在此昆明池遗址之北、镐池（昆明池水北流通道）遗址之西无疑。今昆明池遗址之北、镐池遗址之西区域是长安区洛水村、上泉北村一带。据报道，这一带存在着大量的西周文化堆积，发现有大量的西周瓦和涂抹有"白灰面"的草泥土，研究者因此认为这里当属于西周权贵人物的生活场所⑦。笔者以为，准确地说，这里应就是西周镐京遗址的所在（图一）。而镐京遗址一带除了昆明池外，没有更大的湖泊水体，昆明池的前身应当就是周代的辟雍。

　　然而，按汉《白虎通·辟雍》的说法："辟者，璧也，象璧圆以法天也；雍者，壅之以水，象教化流行也。"⑧ 汉毛亨亦说："水旋丘如璧曰辟雍。"⑨ 今天发现的汉代辟雍遗址也确实是圆的⑩。如果昆明池的前身是周辟雍，自然就不可能是圆形，这该如何解释？其实，说辟（璧）雍"象璧圆"是汉已降人们的错误理解，因为辟、璧二字仅是同音通假，辟（璧）雍的本来含义是指位于"辟"地的一片较大的积水区，与玉璧、圆形完全无关。也就是说，辟是一个地名。对此，现在从出土铭文《麦方尊》（参见后）中有"王令辟井侯"一句就可以得到充分的证明，因为，所谓"辟井侯"，与金文中的"郑井叔""丰井叔"之类称呼、传世文献中的"鲁周公""燕召公"之类称呼显然属于同样的构词方式，郑、井，丰、井，鲁、周，燕、召既皆是地名，辟、井毫无疑问也当是地名。正由于辟、井皆是地名，所以，《麦方尊》中辟井侯才又可略称为"辟侯""井侯"。顺便说，"辟"为

---

①　《毛诗正义》卷十九之三《周颂·振鹭》，中华书局，1957年，1766页。

②　如《尔雅·释地》"河西曰雝州"之雝州，《尚书·禹贡》《周礼·职方氏》中均作"雍州"。见《尚书正义》，上海古籍出版社，2007年，221页；《周礼注疏》，中华书局，1957年，1190页。

③　陈直校证：《三辅黄图》，陕西人民出版社，1980年，111页。

④　《水经注》卷十九《渭水》。

⑤　中国社会科学院考古研究所汉长安城工作队：《西安市汉唐昆明池遗址的钻探与试掘简报》，《考古》2006年10期。

⑥　本图水系参据下列诸文绘制：中国社会科学院考古研究所汉长安城工作队：《西安市汉唐昆明池遗址的钻探与试掘简报》《考古》2006年10期；李令福：《从汉唐渭河三桥的位置来看西安附近渭河的侧蚀》，史念海主编：《汉唐长安与关中平原》，《中国历史地理论丛》1999年增刊，60~83页；吕卓民：《西安城南交潏二水的历史变迁》，《中国历史地理论丛》1990年2期；中国科学院考古研究所丰镐考古队：《1961—62年陕西长安沣东试掘简报》，《考古》1963年8期。

⑦　中国科学院考古研究所丰镐考古队：《1961—62年陕西长安沣东试掘简报》，《考古》1963年8期。

⑧　《白虎通》卷二下，中华书局，131页。

⑨　《十三经注疏·毛诗正义》，1043页。

⑩　陈直校证：《三辅黄图校证》，陕西人民出版社，1980年，112页。

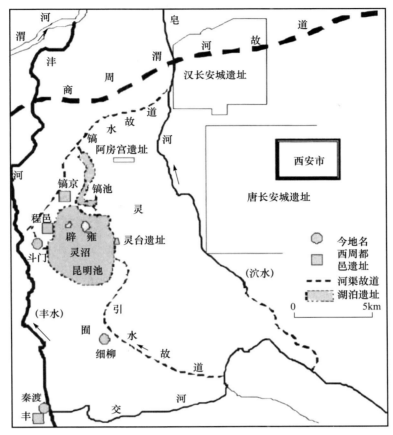

图一　西周镐京辟雍附近复原示意图

地名认识的取得，可以使早期传世文献中"辟王""辟公"的含义谜题迎刃而解。《诗经·大雅·棫朴》有云："济济辟王，左右趣之。济济辟王，左右奉璋。"郑玄笺曰："辟，君也。君王谓文王也。"[①]《诗经·周颂·载见》有云："载见辟王，曰求厥章。……烈文辟公，绥以多福，俾缉熙于纯嘏。"郑玄笺曰："诸侯始见君王，谓见成王也。……成王乃光文百辟与诸侯，安之以多福，使光明于大嘏。"[②]《诗经·周颂·烈文》亦云："烈文辟公，锡兹祉福。"郑玄笺曰："光文百辟卿士及天下诸侯者，天赐之以此祉福也。"[③]朱熹《集传》因此曰："辟公，诸侯也。"[④]也就是说，传统上是把"辟王"等同于君王、"辟公"等同于诸侯的。这样的看法，尽管是近两千年来为历代学者所一致认可的解释，但其中存在的矛盾、难解之处是显而易见的。例如，我们如果视辟公为诸侯，就会与《荀子·王制》中提到的"辟公"职责为辅助周王治理天下风俗的内容发生矛盾。《荀子·王制》如是云：

> 本政教，正法则，兼听而时稽之，度其功劳，论其庆赏，以时慎修，使百吏免尽而众庶不偷，冢宰之事也。论礼乐，正身行，广教化，美风俗，兼覆而调一之，辟公之事

① 《十三经注疏·毛诗正义》，996 页。

② 《十三经注疏·毛诗正义》，1337～1339 页。

③ 《十三经注疏·毛诗正义》，1290 页。

④ 朱熹：《诗经集传》，上海古籍出版社，1987 年，153 页。

也。全道德，致隆高，慕文理，一天下，振毫末，使天下莫不顺比从服，天王之事也。故政事乱，则冢宰之罪也；国家失俗，则辟公之过也；天下不一，诸侯俗反，则天王非其人也。

　　然而，我们如果视"辟"为地名，那么，辟王、辟公的解释就变得十分简单：第一，辟王即长住辟地的某个周王，就像《诗·大雅·韩奕》"韩侯取妻，汾王之甥"句中的"汾王"指周厉王[①]、西周早期器物铭文"周王""丰王"指周文王[②]一样。由于众所周知周武王宅镐（参见后），辟雍即在镐京附近，或者说镐京属于辟地，故知文献中所谓辟王当特指周武王，而并非君王泛称。西周晚期器伯公父簋铭文中的"辟王"[③]即其例，而后录望簋铭文"死司毕王家"句中的"毕王"，则为辟王之异写（参见后）。第二，辟公为辅佐周王治理天下的重要爵位，与西周初年著名的"周公""召公"类似。我们知道，周公为周文王子，因其采邑在周（即岐周，参见后）而称周公，周公曾以冢宰之职摄政辅佐周成王；召公亦为周文王子[④]，因其采邑在召（今陕西岐山西南）而称召公（异作"邵公"），召公曾以太保之职摄政辅佐周成王。同样，毕公也是周文王子，当因其采邑为毕而称毕公。在西周历史上，毕公主要是以辅佐周康王而知名。由于毕、辟二字上古音近同（参见后），故毕公在金文、传世文献中也写作"辟公"。如西周早期器《保员簋》有云："唯王既燎，厥伐东夷，在十又一月，公返自周。己卯，公在房，保员逦，辟公赐保员金车，曰：用事。"[⑤]该铭文中的"辟公"即当指毕公。《尚书·周书·毕命》以"王曰"的形式表述了毕公的职责：

　　王曰："呜呼！父师，今予祗命公以周公之事，往哉！旌别淑慝，表厥宅里，彰善瘅恶，树之风声。弗率训典，殊厥井疆，俾克畏慕。申画郊圻，慎固封守，以康四海。政贵有恒，辞尚体要，不惟好异。商俗靡靡，利口惟贤，余风未殄，公其念哉！我闻曰：'世禄之家，鲜克由礼'。以荡陵德，实悖天道。敝化奢丽，万世同流。兹殷庶士，席宠惟旧，怙侈灭义，服美于人。骄淫矜侉，将由恶终。虽收放心，闲之惟艰。资富能训，惟以永年。惟德惟义，时乃大训。不由古训，于何其训？"

---

　　① 《十三经注疏·毛诗正义》（1234页）郑玄笺云："汾王，厉王也。厉王流于彘，彘在汾水之上，故时人因以号之。"

　　② 康王时器小盂鼎铭文之"周王"指周文王无疑，这是因为文王先居周（岐周）地的缘故；指为西周早期铜器的《丰王斧》（11774-9）、《丰王铜泡》（11848-5、11849-5、11850-6）铭文皆有"丰王"二字，丰王亦当指文王，因为文王在灭崇（程）后徙居丰（参见后）。据中国社会科学院考古研究所《殷周金文集成释文》（第6卷），香港中文大学中国文化研究所，2001年，417、695、716~718页。

　　③ 伯公父簋铭文如下："伯太师小子伯公父作簋，择之金，唯铄唯卢，其金孔吉，亦玄亦黄，用盛糦、稻、糯、粱。我用召卿（饎）事辟王，用召诸考诸兄，用祈眉寿，多福无疆！其子子孙孙永宝用享。"（参见周原考古队：《周原出土伯公父簋》，《文物》1982年6期）所谓"卿（饎）事辟王"，即指用来祭祀先祖开国之君周武王。伯公父器与伯多父（即郑桓公。参后文）器同出陕西扶风云塘村一铜器窖藏，疑公父、多父为兄弟，皆周宣王子。

　　④ 召公是否为文王子尚有争议，今从主流说法。

　　⑤ 张光裕：《新见保员簋铭试释》，《考古》1991年7期。

显然，毕公的主要任务在于“旌别淑慝，表厥宅里，彰善瘅恶，树之风声”等[①]，与上录《荀子·王制》所谓“论礼乐，正身行，广教化，美风俗，兼覆而调一之，辟公之事也”完全一致。这进一步证实辟公、毕公确为一人而异写。

其二，镐京（辟雍）是显示周王权威、教育贵族子弟的地方。对此，《诗经·大雅·文王有声》中有明确的描述：

镐京辟雍，自西自东，自南自北，无思不服。皇王烝哉！
考卜维王，宅是镐京。维龟正之，武王成之。武王烝哉！
丰水有芑，武王岂不仕？诒厥孙谋，以燕翼子。武王烝哉！

诗中的“皇王”“武王”，分别指的周文王、周武王父子。所谓“镐京辟雍，自西自东，自南自北，无思不服”的意思，郑笺的说法是：“周武王于镐京行辟雍之礼，自四方来观者，皆感化其德，心无不归服者。”[②]这也是近两千年来古今学者一致认可的说法。但是，对照前文关于辟雍为水体的论证、皇王指周文王的共识，我们就会发现，郑玄这样的解释是无比错乱的。其实，诗中关键的“无思不服”四字，当不是“无不归服”的意思。思，可能不是传统所认为的语助词，而当与“司”通假，为主管的意思。郑玄本人释《周礼·地官·司市》“思次”二字时即云：“思当为司字。”[③]而服，《说文·舟部》云：“用也。……从舟，𠬝声。𦨈，古文服，从人。”也就是说，服的本义应该与人使用舟船有关。“镐京辟雍”句的意思大概是说：镐京辟雍，无论是东岸、西岸，还是南岸、北岸，没有文王的许可人们是不能够下水用船娱乐的。从图一可以看出，辟雍的形状接近四边形，确实是有东、西、南、北四岸的。所谓“考卜维王，宅是镐京。维龟正之，武王成之”，是说周文王做出在镐京建设居所的决定，周武王圆满完成了建设任务（参见后）。所谓“诒厥孙谋，以燕翼子”，则是指辟雍也是培训周朝统治者子孙后代的地方。

其三，镐京（辟雍）是周王居住、饮酒、渔猎和娱乐的地方。先看《诗经·小雅·鱼藻》：

鱼在在藻，有颁其首。王在在镐，岂乐饮酒。
鱼在在藻，有莘其尾。王在在镐，饮酒乐岂。
鱼在在藻，依于其蒲。王在在镐，有那其居。

诗中的“镐”，当然就是镐京。所谓“王在在镐，有那其居”，是说周王在镐京拥有安逸的住所；所谓“王在在镐，岂乐饮酒”，“王在在镐，饮酒乐岂”，则是说周王在镐京饮酒、娱乐。再看《诗经·大雅·灵台》：

① 《史记·周本纪》云：武王“命毕公释百姓之囚，表商容之闾”。这是说，周武王命令毕公释放前朝囚禁的百姓，旌表前朝贤士商容的家乡。可见，《毕命》虽可能为晋人伪作，但其所述内容并非没有依据。

② 《十三经注疏·毛诗正义》，1053页。

③ 《十三经注疏·周礼注疏》，370页。

经始灵台，经之营之。庶民攻之，不日成之。经始勿亟，庶民子来。

王在灵囿，麀鹿攸伏。麀鹿濯濯，白鸟翯翯。王在灵沼，於牣鱼跃。

虡业维枞，贲鼓维镛。于论鼓钟，于乐辟雍。

于论鼓钟，于乐辟雍。鼍鼓逢逢，蒙瞍奏公。

该诗一般认为是诗作者借百姓为周文王建造灵台的故事来歌颂文王有德，人民乐于归附，反映了周文王在灵囿狩猎、在灵沼捕鱼、在辟雍娱乐的情形。灵台、灵囿、灵沼，一直以来被认为是在丰邑附近。其实，从此诗的内容并结合相关记载来看，周初作为水体的辟雍应该与灵台、灵囿二者相近相邻，而灵沼其实就是辟雍水位降低后分割出来的周边小水体，或辟雍的孑遗。为什么这么说？

先说灵沼。《三辅黄图》有云："周文王灵沼，在长安西三十里。……《三秦记》曰：'昆明池中有灵沼，名神池，云尧时治水，当停船于此地。'"[①] 我们知道，昆明池乃是汉武帝元狩三年发谪吏所"穿"，目的是讨伐滇池所在的"昆明国"而训练水军[②]。由《三秦记》可知，汉武帝穿昆明池之前这里已经有水体，即所谓"灵沼"。灵沼所在地的水体面积原本应当不小，但自殷末以至汉代，可能受气候冷干（参见后）、泥沙淤浅、渗水（黄土的蓄水性不好）的长期影响，绝大部分时间水体面积已不是很广，故称"沼"。《说文》："沼，小池也。"《左氏》有云："雍之灵沼谓之辟雍。"[③] 这应是说殷末周文王时周人把淤浅趋干的"灵沼"壅水后称为"辟雍"（参见后）。汉初的灵沼，显然也是由很多小片水体构成的类似沼泽的低洼地带。汉武帝时要在长安附近找一片大面积的水体来训练水军，自然会想到利用这片低洼地带蓄水，因为土方工程量较小。所谓"穿"昆明池，当不是今天绝大部分学者所理解的在平地新开凿出一个昆明池，而当是指模仿周人把灵沼所在的这片洼地疏浚、注水后形成的巨大水体称为昆明池。《说文》："穿，通也。"大约正是因为此，《史记·平准书》《汉书·食货志》里换了一种说法，叫"大修昆明池"。胡谦盈曾根据昆明池遗址的地质钻探情况认为，汉昆明池原来是一个面积广大的十分古老的天然湖泊，文献记载所谓汉武帝"穿昆明池"，是对自然湖泊进行整治以及在其附近地区建筑离宫别馆，而不是在当时的地面上向下挖掘出一个"周回四十里"的人工湖[④]。这个看法大体是正确的。胡氏所谓古老的天然湖泊当然也就是"辟雍"，或金文中提到的"璧雍""大池""密永"等（参见后）。顺便说，自郦道元以

---

① 陈直校证：《三辅黄图校证》，陕西人民出版社，1980年，92、96页。按：陈直认为《三辅黄图》原书大约成书于汉末，今本为唐人补缀，甚为精当。可补证者为各古迹与"长安"的距离，如此谓"灵沼在长安西三十里"之类，皆是以唐长安（县）为中心；如果是汉长安，则当在其西南（参见附图1）。按1唐小里约等于443米，则灵沼在唐长安之西约13千米。这与自唐长安县治所在地（今西安市徐家庄）至昆明池遗址中部的距离略合。

② 《史记·西南夷传》；《汉书·武帝纪》。

③ 王应麟：《玉海》卷一六二《宫室·庭台》"周灵台"条引《左氏》，江苏古籍出版社、上海书店，1987年，2980页。

④ 胡谦盈：《〈汉昆明池及其有关遗存踏察记〉"补记"》，《胡谦盈周文化考古研究选集》，四川大学出版社，2000年，22页。

来，学者普遍认为镐京遗址之所以大部分不见，是因为汉代开凿昆明池而被破坏①，这样的说法显然是缺乏可靠依据的。

次说灵台。据汉初《毛诗序》所言："灵台，民始附也。文王受命，而人乐其有灵德，以及鸟兽昆虫焉。"稍后刘向《新序》则云：

> 周文王作灵台及为池沼，掘地得死人之骨，吏以闻于文王。文王曰："更葬之。"吏曰："此无主矣。"文王曰："有天下者，天下之主也。有一国者，一国之主也。寡人固其主，又安求主？"遂令吏以衣棺更葬之。天下闻之，皆曰："文王贤矣，泽及枯骨，又况于人乎？"或得宝以危国，文王得朽骨以喻其意，而天下归心焉②。

《诗经·灵台》的内容及其后来学人所谓"文王受命，而人乐其有灵德，以及鸟兽昆虫焉"，"文王贤矣，泽及枯骨，又况于人乎"之类的解说，主旨是讲百姓对一个传说中的好帝王的赞美与期望，但其中的"周文王作灵台及为池沼"一句，却道出了灵台的位置是与辟池（即辟雍，见后）或灵沼的位置相联系的。灵台可能是利用疏浚灵沼时取出的土方在附近堆筑而成，所以才能"不日成之"③。灵台的功能何在？《孟子》有云："文王以民力为台、沼，而民欢乐之，谓其台曰灵台，谓其沼曰灵沼，乐其有麋鹿鱼鳖。古之人与民偕乐，故能乐也。"④ 这就明确指出了灵台、灵沼所具有的娱乐功能。据《三辅黄图》所载：周灵台"高二十丈，周回四百二十步"⑤。这是说周灵台的高度大约当今 46 米，台基周长大约当今 582 米。由如此之高的高度和如此宽阔的台基，可推知灵台台基之上必然是夯土多层楼阁建筑物⑥。西安附近的关中平原地区地面较平坦，登上高高矗立的灵台可以有较广远的视野，这就决定灵台必然会成为游赏的佳处。灵台之名在春秋时期似仍然存在，如《左传·僖公十五年》有载，秦穆公（前 659～前 621 年在位）之妻穆姬就曾把俘来秦国的晋侯软禁在灵台。到战国时代，灵台之名已不见记载，取而代之的好像是"章台"。《史记·秦始皇本纪》载，秦始皇初并天下时，谓"诸庙及章台、上林皆在渭南"。秦的章台可能是由灵台改名而来，因为，《三辅黄图》所述诸台，除"周灵台"以外，其他皆为汉代兴建，并无秦代建台的记载。战国时期南方楚王建立的数处章华台，可能也是模仿灵台的产物。进入汉代，章台之名又消失了，出现在史籍中的是"豫章台"。《三辅故事》有曰："（昆明）池中有豫章台……；一说甘泉宫南有昆明池，池中有灵波殿。……池中有龙首船，常令宫女泛舟池中，张凤盖，建华旗，作棹歌，杂以鼓吹，

---

① 《水经注》卷十九《渭水》有云："自汉武帝穿昆明池于是地（指镐京），基构沦褫，今无可究。"

② 刘向撰、赵仲邑注：《新序详注》，中华书局，1997 年，147 页。

③ 《史记·封禅书》《索隐》引顾氏有曰："既立灵台，则亦有辟雍耳。"也证实了灵台与辟雍的依附关系。

④ 焦循撰：《孟子正义》卷二《梁惠王上》，中华书局，1987 年，47～49 页。按：东汉郑玄云："天子有灵台者，所以观祲象、察气之妖祥故也。"（《十三经注疏·毛诗正义》，1038 页）当是指汉时灵台的功能。

⑤ 王应麟：《玉海》卷一六二《宫室·庭台》"周灵台"条引《三辅黄图》，2980 页。今本《三辅黄图》作"周灵台，高二丈，周回百二十步"（陈直校证：《三辅黄图校证》，陕西人民出版社，1980 年，105 页），有脱讹，不取。

⑥ 按：先秦时代台榭建筑的基本技术特点是夯土为层台，逐层内缩，各层背依台壁绕台建屋，顶上建主体建筑，形成外观似为多层的大建筑群体。这样，台基面积越大，台上建筑可以越高。参见傅熹年：《战国铜器上的建筑图像研究》，《中国古代建筑十论》，复旦大学出版社，2004 年，61～94 页。

帝御豫章观临观焉。"[1] 班固《西都赋》亦云："集乎豫章之宇，临乎昆明之池。"[2] 可见汉代的豫章台（豫章观、灵波殿、昆明观）或在昆明池中，或在昆明池边。《尔雅》："豫，乐也。"《周礼·考工记·画缋》云："赤与白谓之章。"[3] 豫章一名大约就反映了豫章台的娱乐功能和台上建筑物的红白色彩。如前所述，昆明池遗址位于今陕西省西安市长安区斗门镇、细柳镇一带，而经过近年考古工作者的勘测，昆明池的遗址范围也已基本明确，但是，对于豫章台的所在并没有能够确定[4]，尽管此前已有学者指出昆明池东的建筑基址即为豫章台遗址[5]。笔者以为，说昆明池东的建筑基址（即后来的三号建筑基址）为汉代的豫章台是正确的。试看上述昆明池遗址钻探与试掘简报对三号建筑基址情况的描述：

> 三号建筑遗址位于万村西北约 760 米处的东岸上，南距万村西侧进水渠口约 850 米。现存遗址平面呈曲尺形，东西 80、南北 75 米，是一处东面连岸，其他三面环水的台榭类建筑遗址。遗址现为一片高地，最高处高出周围地面约 2.5 米。从遗址断面观察，这里的地层堆积可分三层。耕土层下即为夯土台基，台基又分上下两层：上层夯土厚约 1.5 米，夯层清晰，每层厚约 8 厘米，内含大量西汉板瓦及筒瓦残片；下层夯土在现地面以上厚约 1 米，灰土筑成，土质紧密，夯层不清晰，夯土中夹杂较多夹砂陶片。陶器多为西周时期的器物残片，如残鬲足，夹砂红陶，袋足。表面饰绳纹。残高 9、壁厚 0.8 厘米。由此分析，下层夯土在修筑时破坏了西周时期的文化堆积，可能是汉代昆明池东岸上建筑的基址；上层夯土中夹杂较多的西汉瓦片，说明在修筑时破坏了原来的西汉建筑遗址，其时代在西汉以后，应是后来（可能是唐代）重修池岸的遗存。

由此可知，三号建筑遗址位于昆明池边，三面环水，早在西周时代已经被利用，这与上述汉豫章台的演变历史和相关记载颇为符合，也与《三辅故事》"周作灵台，在丰水东"、《水经注》佚文"自丰水北迳灵台西，文王又引水为辟雍灵沼"[6] 的说法完全一致。可见，汉豫章台的前身当即周灵台（图一）。《左氏》有谓"天子灵台，在太庙之中"[7]，应是说的东周春秋时洛邑王城灵台的情形。今本《三辅黄图》所谓"周文王灵台，在长安西北四十里"文字当为唐人所补，并不可信。

三说灵囿。据《三辅黄图》卷四《苑囿》所记，周灵囿的情况大体如下：

> 周灵囿，文王囿也。《诗》曰："王在灵囿，麀鹿攸伏，麀鹿濯濯，白鸟翯翯。"毛苌

① 陈直校证：《三辅黄图校证》，陕西人民出版社，1980 年，94 页。

② 《文选》卷一《赋·班孟坚两都赋二首》。

③ 《十三经注疏·周礼注疏》，北京大学出版社，1999 年，1115 页。

④ 中国社会科学院考古研究所汉长安城工作队：《西安市汉唐昆明池遗址的钻探与试掘简报》，《考古》2006 年 10 期。

⑤ 胡谦盈：《汉昆明池及其有关遗存踏察记》，《考古与文物》1980 年创刊号。

⑥ 王应麟：《玉海》卷一六二《宫室·庭台》"周灵台"条引，2981 页。

⑦ 王应麟：《玉海》卷一六二《宫室·庭台》"周灵台"条引《左氏》，2980 页。

注云："囿，所以域养禽兽也，天子百里，诸侯四十里。灵者，言文王之有灵德也。灵囿，言道行苑囿也。"《孟子》曰："文王之囿，方七十里，刍荛者往焉，雉兔者往焉，与民同其利也。"[①]

显然，灵囿的主要功能是圈养禽兽，有些类似于今天的一个大型野生动物园：周代"方七十里"，约当今 29 平方千米，面积不可谓小。后来的上林苑应该是在灵囿的基础上发展起来的。"上林苑"的名字可能就来自于"灵囿"所改。灵，上古来母耕部，可拟 lieŋ¹；林，上古来母侵部，可拟 liəm¹[②]，二字读音近同，而苑、囿同义。《史记·秦始皇本纪》载秦始皇二十五年初并天下时已提及位于渭水南面的"上林（苑）"，到 10 年后的三十五年，"始皇以为咸阳人多，先王之宫廷小……乃营作朝宫渭南上林苑中：先作前殿阿房，东西五百步，南北五十丈，上可以坐万人，下可以建五丈旗，周驰为阁道，自殿下直抵南山，表南山之颠以为阙。为复道，自阿房渡渭，属之咸阳，以象天极阁道绝汉抵营室也"[③]。

秦上林苑的建设规模显然十分庞大。

然而，无论如何，秦上林苑是位于以阿房宫为中心的地带，而今阿房宫遗址确实离昆明池不远（图一）。汉以降，上林苑基本上保持着秦上林苑周回三百余里的面积规模，这从《三辅黄图》所述即可以看得出来：

汉上林苑，即秦之旧苑也。《汉书》云："武帝建元三年开上林苑，东南至蓝田宜春、鼎湖、御宿、昆吾，旁南山而西，至长杨、五柞，北绕黄山，濒渭水而东，周袤三百里。"离宫七十所，皆容千乘万骑。《汉宫殿疏》云："方三百四十里。"《汉旧仪》云："上林苑方三百里，苑中养百兽，天子秋冬射猎取之。"帝初修上林苑，群臣远方，各献名果异卉三千余种植其中，亦有制为美名，以标奇异[④]。

可见，秦上林苑、汉上林苑是与周灵囿一脉相承的，周灵囿与秦汉上林苑的核心地带皆位于今西安市西的昆明池遗址一带，前者是包括在后者之中的（图四）。宋程大昌《雍录》有称丰宫"今在鄠县，灵台、灵沼、灵囿皆属其地也"[⑤]，后世学者多承其说。笔者以为，程氏关于灵台、灵沼、灵囿在鄠县（治今陕西户县）的看法，既缺乏有力的史料依据支撑，今所谓灵台遗址也没有发现有

① 陈直校证：《三辅黄图校证》，陕西人民出版社，1980 年，83 页。

② 李珍华、周长楫编撰：《汉字古今音表》（修订本），中华书局，1999 年，364、427 页。

③ 《三辅黄图》有云："阿房宫，亦曰阿城，（秦）惠文王造，宫未成而亡；始皇广其宫。规恢三百余里，离宫别馆，弥山跨谷，辇道相属。阁道通骊山八十余里，表南山之颠以为阙，络樊川以为池。"（陈直校证：《三辅黄图校证》，陕西人民出版社，1980 年，14 页）所记与之有不同。按：此之"规恢三百余里……辇道相属"一句当为错简，宜删。因为，对照下录《三辅黄图》所言汉上林苑"周袤三百里""方三百四十里""方三百里"诸说，"规恢三百余里"显然是说阿房宫所在的上林苑，而不是阿房宫，因为阿房宫"东西三里，南北五百步"（《宋著长安志》卷三《宫室一》引《三辅旧事》，长安县志局印，1935 年），规模甚为明确。

④ 陈直校证：《三辅黄图校证》，陕西人民出版社，1980 年，83 页。

⑤ 程大昌撰，黄永年点校：《雍录》，中华书局，2002 年，11 页。

说服力周代的遗迹遗存，当是错误的。

传世文献中镐京及其附近的情况如此，那么，出现于金文中的莽（京）的情况又如何？

我们不妨先把出现"莽（京）"字样的 20 余器铭的时代及相关内容①罗列如下。

1. 西周早期（武、成、康、昭、穆王）器铭

（1）奢簋：唯十月初吉辛巳，公姒赐奢贝在莽京。

（2）王盂：王作莽京中寝浸盂。

（3）戒鬲：戒作莽宫明尊彝。

（4）方鼎：唯八月辰在乙亥，王在莽京。

（5）伯姜鼎：唯正月既生霸庚申，王在莽京湿宫。

（6）臣辰盂：唯王大禴于宗周、延裸莽京年，……王命士上及史寅殷于成周。

（7）麦方尊：王命辟井侯出坯，侯于井。粤若二月，侯见于宗周，无尤。合王裸莽京，彭祀。粤若翌日，在璧雍，王乘舟为大丰（礼），王射大鸿禽，侯乘于赤旗舟从，死咸。之日，王以侯入于寝，侯赐玄琱。粤王在斥，己夕，侯赐诸□臣二百家，齎用王乘车马、金□、冕衣、市、舄。唯归，扬天子休，告亡尤，用恭义宁侯显考于井侯。作册麦赐金于辟侯，麦扬，用作宝尊彝。

（8）小臣传簋：唯五月既望甲子，王（在莽）京，命师田父殷成周年。

（9）伯唐父鼎：乙卯，王裸莽京。（王）袚辟舟，临舟龙，咸袚，伯唐父告备。王格乘辟舟，临袚白旂，［用］射兕、豺虎、貉、白鹿、白狐于辟池，咸袚。

（10）鲜簋：唯王三十又四祀，唯五月，王在莽京，禘于昭王。鲜蔑历裸，王赏裸玉三品、贝二十朋。

（11）遹簋：唯六月既生霸，穆穆王在莽京，呼渔于大池。

（12）静卣：唯四月初吉丙寅，王在莽京，王赐静弓。

（13）静簋：唯六月初吉，王在莽京。丁卯，王命静司射学宫，小子及服、及小臣、及夷仆学射。粤八月初吉庚寅，王以吴幸、吕㓺合□□师、邦君，射于大池，静教无尤。王赐静鞞璲。

---

① 主要依据中国社会科学院考古研究所：《殷周金文集成释文》（第 1～6 卷），中华书局，2007；刘雨、卢岩：《近出殷周金文集录》（第 1～4 册），中华书局，2002 年；唐兰：《西周青铜器铭文分代史征》，中华书局，1986 年；陈梦家：《西周铜器断代》（上、下），中华书局，2004 年；马承源：《商周青铜器铭文选》（三、四），文物出版社，1988 年、1990 年；王辉：《商周金文》，文物出版社，2006 年。其他器铭内容与所录器铭内容重复或基本重复者不列。为方便阅读理解，释文尽量使用通行字，释文句读据文意略有修改；部分未释或已释有异议者，采用笔者讨论的结果。下录金文释文及断代出处皆同此，不另出注。

（14）小臣静簋：唯十又三月，王祼葊京，小臣静即事。王赐贝五十朋。

（15）史懋壶：唯八月既死霸戊寅，王在葊京湿宫，王亲命史懋路筮，咸。

（16）井鼎：唯七月，王在葊京。辛卯，王渔于密永①，呼井从渔，攸赐鱼。

（17）寓鼎：唯二月既生霸丁丑，王在葊京□□。

（18）弭叔簋：唯五月初吉甲戌，王在葊，格于大室，即立中廷，井叔入佑师察。王呼尹氏册命：师察，赐汝赤舄、攸勒，用楚弭伯。

2. 西周中期（恭、懿、孝、夷王）器铭

（1）卯簋：荣伯呼命卯曰：载乃先祖考夷司荣公室，昔乃祖亦既命乃父夷司葊人……今余唯命汝夷司葊宫、葊人。

（2）楚簋：唯正月初吉丁亥，王格于康宫，仲偁父入佑楚立中廷，内史尹氏册命楚赤韐、燕旂，取五锊，司葊鄙官入师舟。

3. 西周晚期（厉、宣、幽王）器铭

（1）召伯虎簋：唯六年四月甲子，王在葊。

（2）训匜：唯三月既死霸甲申，王在葊上宫。

由上可见，关于葊（京）的铭文虽然西周早、中、晚期都有，但周王在葊（京）的活动明显集中于早期，中晚期极少，甚至，葊京的名称在中晚期都被去掉了"京"字，这似乎可反映作为都城的葊京其地位在中晚期有巨大下降。而由上述铭文内容，我们无疑可以总结出葊京的以下五点特征：其一，葊京也有一个"辟雍"（麦方尊）。《三辅黄图》有云：周文王辟雍"亦曰璧雍"②。可见辟雍、璧雍为一。顺便说，葊京都城地位在中晚期的巨大下降，很可能就与中晚期辟雍的淤浅、干

---

① 按："密永"二字，原文作𔗬，为葊京的大水体名无疑，而葊京边的大水体无他，必然是指"璧雍"（《麦方尊》）、"大池"（遹簋、静簋）。"密"西周甲文或作𔗬（陈全方等：《西周甲文注》，学林出版社，2003年，66页），金文或作𔗬（虎簋盖）、𔗬（趞簋），与此首字上部同为"宀"，而首字中部"𔗬"与南宫乎钟铭文之"𔗬（必）"近同，似是"必"字异体，右下两小撇可能是表重写"必"字的符号，故疑首字为"密"字的变体；师遽方彝之"永"作𔗬，与此次字近同（金文中"永"字多见，笔画、构形常有一定变化）。以此，二字当隶作"密永"。井鼎铭文的意思是说，王去密永钓鱼，叫井随从。密永，当即辟雍之同音异写（参见后）。金文中另有地名"永"，如𠑇从盨（厉王时器）铭有云："王在永师田宫。"意思是说周王住在永邑驻军的田宫。永邑当即程邑异写，位于辟雍西岸（参见后）。《殷周金文集成释文》隶二字作"𔗬池"，前字不识，后字作"池"，却与遹簋之"池"字作𔗬形差异巨大，疑误。

② 陈直校证：《三辅黄图校证》，陕西人民出版社，1980年，111页。

涸有关[①]，因为莽京赖以为都的有利条件就是其在关中平原所具有的独特水体环境，辟雍的淤浅、干涸，也就意味着莽京对周王贵族已缺乏很大的吸引力。莽京称呼的变化似乎可以印证此点。从金文来看，西周五个具有都城功能的城邑（参见后）中，只有莽京有时带有"京"字后缀。莽京之所以称"京"，自然不是以其作为都城的标志，而可能是由于莽（镐）的附近有前述灵台的存在，因为京的本义即为土筑的高丘。《说文》云："京，人所为绝高丘也。"莽京在中晚期之所以多称莽，也有可能是由于辟雍淤浅、干涸后，辟雍岸边的灵台已失去作为观览、游憩性建筑的意义。璧雍又可以异写作"密永"（井鼎），或称"辟池"（伯唐父鼎）、"大池"（静簋）。这样一地异名的情况，其实可以帮助我们解决某些西周地名的位置之谜：一是"密""毕"的位置，一是"程"、"毕郢"[②]、"毕烝"[③]、"毕程"[④]等的位置。谜题的答案简单就是：毕、密为一地的异写，程为毕郢、毕烝、毕程的略写兼异写，毕郢、毕烝、毕程则为水体名称辟雍的聚落地名转化。这是由于上古时代，程、郢、烝三字读音近同，辟、毕、密三字读音近同所致。上古程、郢二字读音相同，清代已有学者指出[⑤]，而烝与程、郢的读音同样很近：上古烝为章母蒸部，程（郢）为定（余）母耕部，章母、定（余）母可以互谐，蒸、耕二部皆为阳声韵；而辟、毕、密三字声母皆为双唇音，韵部近同，故上古因发音近同而通用[⑥]。因此，密永、辟池、辟（璧）雍以及毕郢、毕程、毕烝等的得名，皆与密（辟、毕）地之大水池有密切关系[⑦]。其实，传世文献中我们熟知的"崇国"之崇，也当是雍、永、

----

① 按：如前文所论，早在周文王时就有疏浚"灵沼"之举，这其实反映的是作为湖泊水体的辟雍在商末时已经开始淤浅。从上录金文可见，西周中后期再也见不到"辟雍"的记载。这种情况的出现与众所周知的商周之际全新世大暖期（距今8000～3000年）的结束（参见王绍武等编著：《现代气候学概论》，气象出版社，2005年，83～86页）正好呼应。因为，距今3000年前大暖期的结束，意味着冷干气候的到来，商末辟雍湖泊水体开始的沼泽化或淤浅、趋干，其实就是关中平原区冷干气候到来所导致的结果。当然，这并不排除个别或少数年份因降水量较多而出现辟雍水面较广的情况，如穆王时期金文多次提及在辟雍（大池）的活动，可能就与此间辟雍水面较广有关。关于距今3000余年前关中平原的环境改变问题，可参见黄春长：《渭河流域3100年前资源退化与人地关系演变》，《地理科学》2001年1期。

② 《孟子·离娄下》云："文王生于岐周，卒于毕郢。"是知毕郢为文王的卒地。

③ 段簋（懿王时器）有云："唯王十又四年十又一月丁卯，王在毕烝。"

④ 《逸周书·史记解》有云："昔有毕程氏，损禄增爵，群臣貌匮，比而庆民，毕程氏以亡。"毕程氏，当指居住于毕程地方的部落首领。

⑤ 孔广森：《经学卮言》（华东师范大学出版社，2010年，122页）云："郢与程通。……毕者，程地之大名；程者，毕中之小号也。……《吕览·具备篇》云：'武王尝穷于毕程矣。'毕程即毕郢。"孔氏这样的说法大体是正确的。

⑥ 三字发音近同通用的例证如下：①毕通辟：《周礼·大司寇》："使其属辟"，郑玄注："故书'辟'作'避'。"见《十三经注疏·周礼注疏》，910页。古足、辵（辶）二部首常通用。②毕通密：《吕氏春秋·仲春纪》："寝庙必备。"毕沅注："必，《月令》作毕，古通用。"见许维遹《吕氏春秋集释》（上册），中国书店，1985年，卷2，3a页。又上古密同宓，从必得声（许慎撰、段玉裁注：《说文解字注》，339页下）。

⑦ 过去有学者认为毕地或在渭河以北，而密或密须则在今甘肃灵台。应该说，这样的看法较为晚出，都缺乏强有力的证据支持。现在，知道了辟雍、密永为一，则文献中相关的一些矛盾记载即可以迎刃而解。例如，今灵台县之所以于唐天宝元年改名，唐人说是因为该地为古密国之地（《元和郡县图志》卷三《关内道三》，中华书局，1983年，56页）。可见，唐以前民间可能就有灵台在密地的传说。这正好可辅证前文所获周灵台位置应与辟雍相依的结论，也可辅证密、辟、毕为一地异写的正确性。

炁、程、郢诸字的异写。试看《史记·周本纪》中关于周灭崇的过程记载：

> 西伯曰文王，遵后稷、公刘之业，则古公、公季之法，笃仁，敬老，慈少。礼下贤者，日中不暇食以待士，士以此多归之。……崇侯虎谮西伯于殷纣曰："西伯积善累德，诸侯皆乡之，将不利于帝。"帝纣乃囚西伯于羑里。……纣大说，……乃赦西伯。……明年，伐崇侯虎，而作丰邑，自岐下而徙都丰。

崇侯之国（邑）何在？《史记正义》引皇甫谧云："夏鲧封。虞、夏、商、周皆有崇国，崇国盖在丰、镐之间。《诗》云'既伐于崇，作邑于丰'，是国之地也。"可见，崇侯之国（邑）就在丰、镐一带。这样的位置显然会把辟雍包括在内的。但是，关中平原上的这样一个著名古国（邑），且与周人为邻为敌，却在西周甲文、金文中毫无提及，这当然很不正常，说明甲文、金文中可能有另外的名称表达。崇，上古崇母冬部，与炁、程的读音极近，当为音近异写。之所以出现雍、永、炁、程、郢、崇这样一些近音、同音异写字，当是因为不同时代不同地方记录者的方言发音、书写习惯、知识素养差异所致。当然，雍、永、炁、程、郢、崇诸字的读音虽然近同，但使用时是作水体名还是水边聚落名应有一定区别：辟雍、密永等双字连写当指湖泊水体，毕郢、毕程、毕炁、程、崇、永等名称则指湖边聚落。这与春秋战国时期常见的楚都名称"郢"的得名原因类同。最近公布的清华简《楚居》[①]有谓"至武王酓达，自宵徙居免，焉始□□□□□福。众不容于免，乃溃疆涅之陂而宇人，焉抵今曰郢"，即是说楚人名郢之地与雍（涅）水之地有关，意即"郢"为"涅"的聚落地名转化。学界一直不清楚文献中密、毕、程、崇的准确位置何在，知道了这样的关系，主要依据今本《竹书纪年》的记载，即可以比较清楚、完整地了解周人与古密（毕）人（地）关系的来龙去脉（下录冒号后文字除注明来源外皆为今本《竹书纪年》原文，［］中文字为笔者的说明）。

（1）季历时期。

殷武乙二十四年：周师伐程，战于毕，克之。［此时仅距周人自豳（邠）迁岐20余年。此为周人居岐（周原）后的首次对外军事行动。可见，程地必定对周人具有很大吸引力。这种吸引力可能来自程地所拥有的湖泊辟雍。在黄土高原区，像辟雍一样的大面积湖泊水体十分罕见。前述在距今3000年前后，全新世大暖期结束，气候逐渐变得冷干，而属于渭北草原的岐下周原一带，虽然在雨水丰沛的年份，会出现《诗经·大雅·绵》所谓"周原膴膴，堇荼如饴"的景象，但在气候冷干的背景下，这里地势偏高、水源不足，多数时间农业生产的自然条件并不优越，这大约是周人要设法夺取自然条件更好的生存空间的原因。毕即后来所谓"毕原"。《史记·魏世家》《正义》引《括地志》："毕原在雍州万年县西南二十八里。"唐万年县即在今西安市区。程即前述其他文献中所称的"崇国"。"国"为城邑之意，故上引皇甫谧谓"崇国盖在丰、镐之间"（参见图一）。

---

① 清华大学出土文献研究与保护中心编，李学勤主编：《清华大学藏战国竹简》（壹），中西书局，2010年，180～194页。

殷文丁五年：周作程邑［上距"伐程"16 年。周原甲骨卜辞 H31：5 有云，"密凶（思）城"①，是说周人想在密（毕）地修建城邑。这当就是周人"作程邑"前的占卜实录］。

（2）西伯昌（文王）时期。

殷帝辛六年：西伯（文王）初礿于毕［上距"作程邑"23 年。礿，春祭，很可能是在程邑进行］。

殷帝辛二十三年：囚西伯于羑里［崇侯虎譖西伯于殷纣王（帝辛）所致］。

殷帝辛二十九年：（帝辛）释西伯；诸侯逆西伯，归于（程）［周］［此处"程"当为"周"之误。由于文王被囚羑里 6 年，程邑在此间应为崇侯虎收复，故才有下文帝辛 33 年"密人降于周师，（西伯）遂迁于程"的情况出现。《史记·周本纪》记文王获释后事有曰："西伯阴行善，诸侯皆来决平。于是虞、芮之人有狱不能决，乃如周。"亦可证］。

殷帝辛三十一年：西伯治兵于毕，得吕尚以为师［为伐毕（密）作准备。吕尚，即姜太公］。

殷帝辛三十二年：密人侵阮，西伯帅师伐密［西伯借口密（毕）人侵阮而伐密《诗·大雅·皇矣》亦为此次战事的记录，诗云："密人不恭，敢拒大邦，侵阮徂共，王赫斯怒。……帝谓文王，……以伐崇墉。临冲闲闲，崇墉言言，执讯连连，攸馘安安。……临冲茀茀，崇墉仡仡，是伐是肆，是绝是忽，四方以无拂。"即其事。该诗中的"崇墉"其实是数十年前周人自己修建的城池程邑，而此时已变为密人抵抗周人的堡垒。可见，密、崇（程）确是联系在一起的。周原甲骨卜辞 H11：136 号有云："今秋王凶（思）克往密。"这是说该年秋天周王打算去伐密。显然，这当就是周人在制定伐密计划过程中的卜筮实录。《史记·周本纪》记作："明年，伐密须。"②］。

殷帝辛三十三年：密人降于周师，（西伯）遂迁于程［密（毕）人投降后，周文王从岐周迁居于程。《逸周书·大匡》有云"维周王宅程"，当其事。此亦进一步证明密、程是相联系的］。

殷帝辛三十四年：周师取耆及邗，遂伐崇，崇人降［此条"伐崇，崇人降"与上二条伐密、密人降为一事。这当是因《竹书纪年》作者所据原始材料来源不同而在时间记载上略有差异。西汉末年成书的《易乾凿度》作："（文王）二十九年，伐崇，作灵台。"③又略不同］。

殷帝辛三十五年：西伯自程迁于丰［《史记·周本纪》直接说文王"自岐下而徙都丰"，省略了居程的经历。文王自程迁丰可能是由于天灾。《逸周书·大匡》云："维周王宅程三年，遭天之大荒……"本年正好是周文王在程邑居住的第三年，所谓"天之大荒"自然是指年成极不好，而关中平原年成不好最有可能是干旱导致的。连年干旱很可能造成程邑旁的水体"辟雍"趋干，周文王居住于此生活不便。程邑的位置当在今长安县普渡村、花园村一带，正位于"辟雍"水体西岸，据

---

① 按："凶"为西周甲文中的常见字。陈全方等《西周甲文注》释此"密凶城"为"密为城"（68 页），即把"凶"字原文🔾字释作"为"；但另处"今秋王🔾克往密"一句，陈氏又释🔾为"西"（65 页），可见陈氏所释当误。笔者以为，李学勤、王宇信、夏含夷等学者释🔾为"思"字（参见李学勤、王宇信《周原卜辞选释》，《古文字研究》（第 4 辑），1980 年；〔美〕夏含夷：《试论周原卜辞🔾字》，《古文字研究》（第 17 辑），1989 年，可从；但"思"并不是虚词、副词、连词之类，而简单就是其本义"考虑、打算"的意思。

② "密须"之名，另见于《左传》昭公十五年、定公四年。密当为密须之略读。

③ 王应麟：《玉海》卷一六二《宫室·庭台》"周灵台"条引《易乾凿度》，2980 页。

称考古工作者在这里发现了 11 处 "镐京西周宫室夯土基址"①。但此地事实上并不是镐京，而应是程邑。皇甫谧所谓 "崇国（指程邑）盖在丰、镐之间"，与其相对位置正合（参见图一）。进入西周后，这里可能慢慢成为田猎之地。上录𩵋从盨（厉王时器）铭文有云："王在永师田宫。" 因为 "永" 亦是程、崇的异写，而 "师田宫" 是指周朝军队系统的田猎之宫，所以，作为田猎之地，前述今天考古工作者在这里发现贵族墓群是不奇怪的]。

殷帝辛三十六年：西伯使世子发营镐 [周文王都丰邑后，大概想通过在距程邑不远（约 1.5 千米）、同在辟雍湖滨的镐修建新的宫室，作为丰邑近郊的王公贵族游憩、渔猎地。工程活动由其子发（周武王）负责。今本《竹书纪年》有云："周德既隆，草木茂盛，蒿堪为宫室，因名蒿室。既有天下，遂都于镐。" 此 "营镐" 与前 1046 年灭商后 "都于镐" 在时间上约相隔 28 年]。

殷帝辛三十七年：周作辟雍 [前述商末辟雍湖泊水体已有沼泽化或淤浅、趋干的迹象。这里当指对作为自然湖泊的辟雍进行疏浚、注水。《诗经·大雅·文王有声》有 "丰水东注，维禹之绩，四方攸同，皇王维辟。皇王烝哉" 一句，其中所谓 "丰水东注" 与丰水北注渭水的自然流向明显不合。这句话的意思其实很可能是颂扬周文王为解决辟雍的水源问题而人工引丰水东流。《水经注》佚文有曰："自丰水北迳灵台西，文王又引水为辟雍灵沼。" 又曰："交水又西南流，与沣水支津合，其北又有汉故渠出焉；又西至石㙁，分为二水：一水西流注沣，一水自石㙁北径细柳诸原北流，入昆明池。"② 可见，古代沣（丰）水确实可以循今交河（沣水支津）河道东流汇古交水再北注昆明池（辟雍）的（图一）]。

殷帝辛四十年：周作灵台 [指利用疏浚辟雍挑出的堆在湖岸附近的泥土，在湖边修筑具有观览作用的高台式建筑物（见前）]。

殷帝辛四十一年：西伯昌薨 [《孟子·离娄下》云："文王生于歧周，卒于毕郢。" 西伯昌（文王）大概是在新修整的辟雍湖畔的宫殿（毕郢）休养时逝世]。

（3）武王时期（？～前 1043 年）。

九年：武王上祭于毕 [据《史记·周本纪》]。

（4）成王时期（前 1043～前 1020 年）。

元年：葬武王于毕。

二十二年：葬周文公于毕 [周文公即周公。《史记·周本纪》：太史公曰："……所谓'周公葬于毕'，毕在镐东南杜中。"]。

（5）康王时期（前 1020～前 996 年）。

十二年：王如丰，锡毕公命 [周武王克殷后，封周文王庶子高于毕（密），毕（密）成为毕公高采邑，始改为姬姓，姬或写作妀。这就是应劭所谓 "密须氏，妀姓之国"③、韦昭所谓 "康公，密国之君，姬姓也"④ 的来历（见前录《尚书·周书·毕命》）]。

---

① 陕西省考古研究所：《镐京西周宫室》，西北大学出版社，1995 年，3～7 页。

② 《玉海》卷一六二《宫室·庭台》"周灵台" 条引、《宋著长安志》卷十二《长安县·交水》引《水经注》。

③ 《史记·周本纪》"集解" 引。

④ 《国语》卷一《周语上·密康公母论小丑备物终必亡》韦注。

（6）穆王时期（前 976～前 922 年）。

十四年：翟人侵毕［翟同"狄"，指关中平原以西以北的游牧民族部落］。

（7）共（恭）王时期（前 922～前 900 年）。

四年：王师灭密［《国语·周语一》载有共王灭密康公的故事。密（毕）康公当为毕公高之后代。此后再无密（毕）的记载，亦可辅证密、毕为一］。

（8）懿王时期（前 899～前 892 年）。

七年：西戎侵镐［西戎，即指猃狁。《诗经·小雅·六月》有云："猃狁匪茹，整居焦获。侵镐及方，至于泾阳。"当指此。镐（京）宫室可能因此被毁而至荒芜］。

（9）宣王时期（前 827～前 781 年）。

三十年：有兔舞于镐京［可见镐京一带已完全荒芜。宣王时器吴虎鼎铭谓"厥西疆，莽姜及疆"，即指镐京一带其时已为姜氏居住。此后文献再无镐（京）的明确记载］。

其二，莽京有周王的宗庙和宫室。弭叔簋铭所谓"大室"，应就是太庙（见后）。卯簋、戒卣中的"莽宫"，直接以地名名宫，好比"周庙""酆宫"之名分别指周、丰（酆）二地的太庙一样，很可能也是指莽京的太庙。至于麦方尊所谓"寝"，王盂所谓"莽京中寝"，训匜所谓"莽上宫"，史懋壶、伯姜鼎所谓"莽京湿宫"，应该都是属于莽（京）在不同时期不同类型和位置的周王宫室。这些西周宫室已有一定的遗迹发现。据报道，在沣东遗址北半部的洛水村周围发现三处西周宫室建筑遗存：一是在洛水村西边村旁发现一座不辨形制的西周初期大型夯土基址和一个大卵石柱础，二是在洛水村村北靠近一处断崖的地面上发现一座不辨形制的西周大型夯土基址，基址上堆积着大量的西周板瓦碎片，三是在洛水村村北西周夯土基址附近曾发现一口西周水井，井内埋藏着大量板瓦及涂抹着"白灰面"的草筋泥土块墙皮等西周建筑遗存[①]。

其三，莽京有"学宫"存在，辟雍亦充教学场地。这可以通过上录静簋铭文反映出来。这段铭文的意思是说：六月丁卯这天，住在莽京的周（昭）王，命静在学宫教习射箭，让一批年轻的贵族子弟、低级官员跟着学习；在八月初吉庚寅这天，周（昭）王与一众贵族、君主前往大池（辟雍）中射箭，静又不厌其烦地进行讲解，于是周（昭）王赐给静一个漂亮的刀鞘。可见，汉以降的辟雍之所以发展成王朝的教育场所，虽然可能受到春秋以降的误识影响，但显然还是有一定历史依据的。

其四，周王常常来莽京喝酒、渔猎。从上引文中可以看到，臣辰盂、麦方尊、小臣静簋、伯

---

① 胡谦盈：《周文化及相关遗存的发掘与研究》，科学出版社，2010 年，25、26 页；中国科学院考古研究所丰镐考古队：《1961—62 年陕西长安沣东试掘简报》，《考古》1963 年 8 期。前已述及，今天考古工作者在斗门镇普渡村、花园村发现了 11 处西周建筑基址，而最大的五号基址总体长 59 米，宽 23 米，面积为 1357 平方米，主体建筑结构布局坐北朝南，平面呈"工"字形，由主体建筑和左右两翼附属建筑、夯土墙及墙基部分组成（陕西省考古研究所：《镐京西周宫室》，西北大学出版社，1995 年，12 页）。但是，对于五号基址的情况，胡谦盈提出严重质疑（见所著《三代都址考古纪实——丰、镐周都的发掘与研究》，中国社会科学出版社，2009 年，10 页）。笔者以为，五号基址如果属于西周宫殿，很可能是前述周人在程（永）邑所建宗庙、"师田宫"之类，不过，此地虽距莽京甚近，却是另一个城邑。

唐父鼎诸器铭中都说周王"裸莽京"。裸是什么意思？《诗经·大雅·文王》毛传谓："裸，灌鬯也。"[①]鬯即古代祭祀、宴饮用的香酒。灌鬯之礼当就是饮酒之前的一种祭礼，如以酒洒地之类[②]。这可能与西周时期周王曾明令禁止聚众酗酒，只有在祭祀时可以饮酒[③]的规定有关。因为，如果先行灌鬯之祭礼，周王贵族就可以借裸祭之名饮酒。鲜盘（簋）所谓"鲜蔑历裸，王赏裸玉三品、贝二十朋"，则说明陪同周王饮酒的人也得到了周王赏赐的饮酒玉器等。至于遹簋所谓"穆穆王在莽京，呼渔于大池"、井鼎所谓"王渔于密永，呼井从渔"，很明显是说周王在莽京辟雍钓鱼或捕鱼；麦方尊、伯唐父鼎则反映周王在辟雍进行的射猎活动（辟雍湖的水面上以及湖中的岛屿上当有鸟兽生活。参见图一）。

其五，莽京有专门的管理机构。卯簋所谓"今余唯命汝夷司莽宫、莽人"，意思是任命卯来管理莽宫、莽人。楚簋所谓"司莽鄙官"，可能就是莽京管理机构的官员之一。

综上可见，传世文献中的"镐京"与金文中的"莽京"，不但位于同样的地域"辟"地，有着同名的地理标志物——辟雍，而且发挥着几乎完全一样的功能：祭祀、居住、宴饮、娱乐、教育等。因此，镐京、莽京应是一地异写无疑。其实，莽京或镐京是相对晚出的写法，在西周早期的出土文献中，莽本是写作"蒿"的。如西周初年甲骨文有"祠，自蒿于丰"（H11：20）、"祠，自蒿于周"（H11：117）[④]字样；德方鼎也有"王在成周，延武王福自蒿，咸"[⑤]的记载。之所以称"蒿"，《大戴礼记·明堂》如此说："周时德泽洽和，蒿茂大，以为宫柱，名蒿宫也，此天子之路寝也。"前引今本《竹书纪年》的说法也差不多："周德既隆，草木茂盛，蒿堪为宫室，因名蒿室。"蒿宫、蒿室当可异写作莽宫，上录卯簋、戒鬲即有"莽宫"之名。《大戴礼记》、今本《竹书纪年》的意思其实应该是说，由于辟雍一带蒿草茂盛，于是就地取材[⑥]，修建以蒿草为主要建筑材料（如墙体材料、屋顶覆盖材料）的蒿宫。稍后，又有把莽简写作"旁"的，如周康王时器高卣铭文有"唯十又二月，王初裸旁"字样。研究者早就指出，莽、旁的读音相同[⑦]。在传世文献中，镐则明确有鄗、滈等异写[⑧]。有研究者已经论证，上古时代的关中一带，蒿（镐、鄗、滈）、莽（旁）二者的读音本

---

① 《十三经注疏·毛诗正义》，962 页。

② 《十三经注疏·尚书正义》（420 页）唐孔颖达疏有云："裸，灌也。王以圭瓒酌鬯之酒以献尸，尸受祭而灌于地，因奠不饮谓之裸。"《说文》："尸，神像也。"

③ 《尚书·酒诰》。

④ 陈全方、侯志义、陈敏：《西周甲文注》，学林出版社，2003 年，15、20 页。

⑤ 马承源主编：《商周青铜器铭文选》（三），文物出版社，1988 年，26 页。

⑥ 按：当时可能还制作有专门用于刈除蒿草的"鎛"。西周铜器有《叔司土（徒）鎛》，铭文为"叔司土（徒）北征蒿鎛"七字，唐兰理解为司徒北征到蒿（镐京）而要用鎛（唐兰：《中国古代社会使用青铜农器问题的初步研究》，《故宫博物院院刊》，1960 年，10～34 页）。笔者以为，释为司徒（从丰邑出发）北征蒿（镐）地时所使用的鎛，可能更准确（图一）。由此，可知该器的制作年代当在懿王 7 年"西戎侵镐"之时。

⑦ 吴大澂：《说文古籀补·附录》，中华书局，1988 年，69 页上。

⑧ 例如，《水经注》卷十九《渭水》中镐水又写作鄗水；《荀子·议兵》所谓"古者汤以薄，武王以滈，皆百里之地也"，在《荀子·王霸》中则作"汤以亳，武王以鄗，皆百里之地也"。

是差不多的，后来二者之间之所以出现巨大的读音差异，应是不同时代地方方音演变的结果①。这样的说法是合理的。此外，金文中出现的"减"，也当是鄙、滈（沇）等字的异写（参见后）。

二、宗周与丰（邑）

知道了传世文献中的"镐京"与金文中的"荞京"为一，为我们研究宗周是不是镐京的问题提供了很大的方便。宗周的记载同样在传世文献、出土文献中都有。

传世文献中关于宗周的记载不是很多。一是《尚书·周书·多方》有谓："唯五月丁亥，王来自奄，至于宗周。周公曰：'王若曰：猷，告尔四国多方，唯尔殷侯尹民。我唯大降尔命，尔罔不知。洪唯图天之命，弗永寅念于祀……'"这是说在五月丁亥这天，周王从奄回到了宗周，要周公向各诸侯国宣示周王的旨意。后来，这事被司马迁写入了《史记·周本纪》（见后引）。二是今本《竹书纪年》中的数处记载。如"（成王）十九年，……召康公从，归于宗周，遂正百官，黜丰侯"，是说周成王在宗周任命百官，贬黜了丰侯。丰侯应该就是以宗周所在地丰为采邑的诸侯。证之金文，除了数见"丰王"（指周文王）之外，确实只见"丰伯"之称——此或是贬黜丰侯的结果。三是《诗经》中的记载。《诗经·小雅·正月》有谓："燎之方扬，宁或灭之？赫赫宗周，褒姒灭之！"这是说褒姒把强盛的"宗周"给毁灭了。《诗经·小雅·雨无正》则谓：

> 周宗既灭，靡所止戾。正大夫离居，莫知我勚。三事大夫，莫肯夙夜。邦君诸侯，莫肯朝夕。……谓尔迁于王都，曰予未有室家。鼠思泣血，无言不疾。昔尔出居，谁从作尔室？

这里描述的是西周末年被破坏后的"周宗"（即宗周）的萧条情形：正大夫、三事大夫（即太师、太傅、太保）和邦君诸侯（各诸侯国国君）都已不在这里居住。对于传世文献中出现的宗周或周宗，如前所述，汉以来的学者都认为是镐京。但是，只要仔细阅读上述关于镐京的相关记载，我们很容易发现，镐京给我们的印象与宗周给我们的印象是明显不同的：镐京呈现的多是轻松的气息，而宗周显示的多是严肃的氛围。这一点，从下述出土器物铭文中也可以得到进一步的反映。

出土器物铭文中关于宗周的记载较传世文献多得多。为便于研究，不妨把现有金文中有"宗周"字样的简明内容分时期条列如下。

1. 西周早期（武、成、康、昭、穆王）器铭

（1）乍册睘（睘）卣：唯公大史见服于宗周年：在二月既望乙亥，公大史咸见服于辟王，辨于多正；四月既生霸庚午，王遣公大史，公大史在丰，赏乍册睘（睘）马。

（2）献侯鼎：唯成王大祓在宗周，赏献侯器、贝，用作丁侯尊彝。

———————————

① 周宏伟：《楚人源于关中平原新证——以清华简〈楚居〉相关地名的考释为中心》，《中国历史地理论丛》2012 年 2 期。

（3）大盂鼎：唯九月，王在宗周。

（4）奠方鼎：唯二月初吉庚寅，在宗周。

（5）夐尊：唯公男被于宗周，从。

（6）隩作父乙尊：唯公遹于宗周，睦从公。

（7）静方鼎：唯七月甲子，王在宗周，命师中及静省南国，相艺居。八月初吉庚申，至告于成周。月既望丁丑，王在成周大室。

（8）麦方尊：王命辟井侯出坯，侯于井。粤若二月，侯见于宗周，无尤。合王裸荛京，酌祀。

（9）臣辰盉：唯王大禴于宗周、延裸荛京年。

（10）庸伯馭簋：唯王伐逨鱼，遂伐淖。黑至，燎于宗周。

（11）堇鼎：匽（燕）侯命堇饴大保于宗周。

（12）羿彝：唯八月甲申，公中在宗周，赐羿贝五朋。

（13）匽侯旨乍父辛鼎：匽（燕）侯旨初见事于宗周，王赉旨贝廿朋。

（14）班簋：唯八月初吉在宗周；甲戌，王命毛伯更虢城公服。

（15）史叔隋器：唯王被于宗周，王姜、史叔吏于大保，赏叔隋邕、白金。

（16）善鼎：王在宗周，王格大师宫。

（17）元年师事簋：唯王元年四月既生霸，王在减居；甲寅，王各庙即立，徲公入右师事，即立中廷，王呼作册尹册命师事曰：备于大左，官司丰还（及）左右师氏。

2. 西周中期（恭、懿、孝、夷王）器铭

（1）同簋：唯十又二月初吉丁丑，王在宗周，格于大庙。荣伯佑同立中廷，北向。王命同佐佑吴大父，司场、林、虞、牧，自虒东至于河。

（2）趞簋：唯二月，王在宗周。戊寅，王格于大庙。密叔佑趞即位，内史即命。

3. 西周晚期（厉、宣、幽王）器铭

（1）大克鼎：王在宗周，旦，王格穆庙，即立。

（2）小克鼎：唯王廿又三年九月，王在宗周，王命善夫克舍命于成周。

（3）微縊鼎：唯王廿又三年九月，［王］在宗周，王命微縊鼎司九陂。

（4）史颂鼎：唯三年五月丁巳，王在宗周，命史颂……于成周。

（5）晋侯苏编钟：唯王卅又三年，王亲遹省东国、南国。正月既生霸戊午，王步自宗周。二月既望癸卯，王入格成周。

从这些材料可知，在整个西周时期，周王在宗周一直没有停止过活动，早期的活动明显较多，而中晚期的活动则相对较少。进行这些活动的场所以及活动内容大致可以归纳四点。第一，宗周有大庙、穆庙等宗庙建筑物。同簋、趞簋所谓"大庙"，即太庙，是安放周王先君神位的建筑物。大

克鼎所谓穆庙，是祭祀周穆王的建筑物（参见后）。第二，宗周有大师宫之类的官署，是大师、大保等重要官员的办公地。善鼎所谓"大师宫"，应是指太师的办公兼居住场所。太师居周初"三公"（太师、太傅、太保）之首，为辅弼周王之官。史叔隋器所谓"大保"就是太保，亦为"三公"之一。三公官署的存在，说明宗周是西周王朝重要政治事务的进行地。《诗经·国风·王风》中有一首很伤感的诗《黍离》，《毛传》释该诗的写作背景时有曰："闵宗周也。周大夫行役，至于宗周，过故宗庙宫室，尽为禾黍。闵周室之颠覆，彷徨不忍去，而作是诗也。"①可见，传世文献关于宗周有宗庙、宫室的记载，能够呼应金文中的内容。第三，宗周是各地诸侯述职的主要场所之一。如匽侯旨乍父辛鼎所谓"匽（燕）侯旨初见事于宗周"，是说燕侯在宗周向周王述职；乍册魝（畏）卣所谓"唯公大史见服于宗周"，是说公大史在宗周向周王述职。这进一步说明宗周在当时的重要政治地位。第四，宗周是举行大型祭祀活动的地方之一。如献侯鼎所谓"唯成王大袚在宗周"，臣辰盉所谓"唯王大禴于宗周"。袚为祈福祭，禴（礿）为春祭。

可见，把宗周的情况与前述镐京的情况相比，会发现二者确有很大的差异，应不会是一地。其实，有关金文中宗周与镐京同称的情况，也可以证实此点。上录麦方尊所谓"王命辟井侯出坯，侯于井。粤若二月，侯见于宗周，无尤。合王祼莽京，酌祀"一句，是说周王命令辟井侯出朝作井（荆）地的诸侯，及至二月，辟井侯在宗周拜见了周王；正好周王要去莽京举行祼祭，辟井侯于是一同前往。臣辰盉所谓"唯王大禴于宗周、延祼莽京"，是说周王在宗周举行大型春祭活动之后，接着又去莽京参加祼祭。显然，如果宗周与莽京是一处，则完全不应并称。

宗周与莽京既然不是一处，那么，宗周又在哪里？从道理上说，应该是文王所都之丰（鄷）邑。看看有关明确记载丰邑的材料，即可以发现，第一，丰邑确实是周王进行重要政治经济活动的地方。今本《竹书纪年》有载：周武王十二年牧野之战后的"夏四月，王归于丰，飨于太庙。十三年……荐殷于太庙，遂大封诸侯"。这是说周武王先后在丰邑的太庙开庆功宴会及大封诸侯。《左传》昭公四年在回顾西周诸王的重要功业时有云："周武有孟津之誓，成有岐阳之蒐，康有鄷宫之朝，穆有涂山之会。"《括地志》云："鄷宫，文王宫也。"由于文王属于周朝王室先君之列，鄷宫或文王宫应就是太庙的俗称。所谓鄷宫之朝，是说周康王在鄷宫（太庙）接受诸侯朝见。丰邑也是册命重要官员、举行重要仪式的场所。《逸周书·大开武》曰："维王一祀二月，王在丰，密命访于周公旦。"这是说武王在丰与周公旦密谋灭商之事。周公旦为周初太傅，乃"三公"之一。金文召公《玉刀铭》曰："六月丙寅，王在丰，命大保省南国……。"这是说周王在丰邑颁令大保召公南巡。大保即太保，亦为周初"三公"之一。这显然与堇鼎"匽（燕）侯命堇饴大保于宗周"、史叔隋器"王姜史叔吏于大保"的内容可以呼应。《史记·鲁周公世家》亦曰："（成）王朝步自周至丰，使太保召公先之雒相土。"裘卫盉则载有一次有周王参加的重要经济活动：

> 唯三年三月既生霸壬寅，王爯旂于丰。矩伯庶人取瑾璋于裘卫，值八十朋，厥贮其舍田十田。矩或取赤琥两、麀㦮两、㯥鞈一，值廿朋，其舍田三田。裘卫乃矢告于伯邑父、荣伯、定伯、亮伯、单伯。乃命三有司：司徒微邑、司马单𦥑、司工（空）邑人，服还授田。

---

① 《十三经注疏·毛诗正义》，252页。

　　这是说周王在丰邑举行仪式，见证矩伯与裘卫之间的土地交易。第二，丰邑建有太庙，多有西周百官贵族居住。由上引今本《竹书纪年》周武王"荐殷于太庙，遂大封诸侯"事可知，丰邑是有太庙的。而从上引《逸周书·大开武》、裘卫盉等的记载来看，丰邑也很可能是周初三公、三司（司徒、司马、司空）等重要官员和伯邑父、荣伯、定伯、亮伯、单伯等一些贵族的居住地。第三，丰置有专门的管理者"大左（祝）"。穆王时器元年师事簋有云："唯王元年四月既生霸，王在减居；甲寅，……王呼作册尹册命师事曰：备于大左，官司丰还（及）①左右师氏。"稍后的西周恭、懿时器申簋盖则云："唯正月初吉丁卯，王在周康宫，格大室，即位。……王命尹册命申：赓乃祖考疋大祝，官司丰人及九□祝。"此二器的器主师事与申很可能是爷孙关系，所以，申能袭其祖任"大左（祝）"。大左（祝）可能是属于司徒系统的官职②，其首要职责显然在于管理丰邑的土地与人民。第四，宗周即丰有较明确的文献记载。《史记·周本纪》有载：

　　　　成王既迁殷遗民，……召公为保，周公为师，东伐淮夷，残奄，迁其君薄姑。成王自奄，归在宗周，作《多方》；既绌殷命，袭淮夷，归在丰，作《周官》。兴正礼乐，度制于是改，而民和睦，颂声兴。

　　这是记周成王东伐后回归的地方，先说归在宗周，后说归在丰，好像宗周、丰是二地，历来学者也因此被误导。其实，周成王御驾东征仅有一次，约发生在成王四年至五年，往复时间大约延续半年。今本《竹书纪年》记该事时如是说："（成王四年）王师伐淮夷，遂入奄。五年春正月，王在奄，迁其君于薄姑。夏五月，王至自奄。"对比两处对同一事件的记载，即可知宗周即丰无疑。另外，西周初年器《作册般（畏）卣》有如下铭文可辅证：

　　　　唯公大史见服于宗周年：在二月既望乙亥，公大史咸见服于辟王，辨于多正；粤四月既生霸庚午，王遣公大史，公大史在丰，赏作册般（畏）马。

　　前面已经指出"辟王"就是周武王，因此，该铭文的大概意思是说：公大史在宗周述职之年，二月既望乙亥那天，向周武王汇报，回答了官员的质询；到四月既生霸庚午那天，周武王为公大史送行，公大史在丰邑，赏给作册般马匹。这里宗周与丰（邑）并称，似乎宗周与丰也不是一地，但

---

　　①　"还"（原文作▨），郭沫若释作"苑"，唐兰、李家浩释作"县"（参见李家浩：《先秦文字中的"县"》，《文史》（第28辑），1987年），似皆误。对照下申簋盖铭"官司丰人及九□祝"句，知此"还（還）"为"及（崇）"之误写无疑。崇即"遷"，遷异作遺，当因形近而误，就像前录《伯公父簋》铭文"我用召卿事辟王"句中"卿"字应为"飨"字一样。其实，这从《方言》中的有关记载也可以得到证明。例如，《方言》第十三有谓："還，积也"；第三有谓："遷，及也"。《荀子·非相篇》唐杨倞注引《方言》有云"儇，疾也。"（上海古籍出版社，1989年，24页）。积、及、疾三字上古读音当近同，由此而知，還、遷、儇三字的上古读音亦当近同，且都可借作"及"字用。参见后录《免簋》铭文。

　　②　"大祝"与"大左"音近（如今粤方言"祝"读ʧuk⁷，"左"读ʧɔ³。见李珍华、周长楫编撰：《汉字古今音表（修订本）》，中华书局，1999年，24、301页），疑为异写。《周礼·天官》有"大祝"，主掌祭祀类事，与此师事、申的主要职责明显不同。山东出土的春秋时器鲁大左司徒元鼎有"大左司徒"一名，故疑此大左或为大左司徒的略称，属于地官系统。

是，细析文意，就会发现这里的宗周与丰其实同样是一处。因为，该器铭所述为同一事件，只是作册魉在纪年时称宗周，而在纪日时改称丰。这很可能是西周早期周人以大事纪年时习惯用大名、正名，而叙述事件具体过程时习惯用小名、俗名的缘故所致。

那么，作为宗周的这个丰邑在哪里？是不是如前述在众所周知的今沣西马王村、客省庄一带？应该说，像一些学者所质疑的一样，马王村、客省庄一带的发掘情况并不能支持有关丰邑方位的文献记载。其一，是丰、镐之间的距离问题。《史记·周本纪》《集解》引晋徐广曰："镐在上林昆明北，有镐池，去丰二十五里。"这是说镐在汉上林苑的昆明池北，丰、镐二地相距 25 晋里。如前所述，按目前的主流认识，周都丰（邑）的位置大体被确定在今西安市长安区丰河西岸的马王村、客省庄等地一带，镐（京）的位置大体被确定在沣河以东的洛水村、上泉北村、普渡村、花园村、斗门镇一带，而斗门镇、花园村一带的夯土宫殿建筑基址群被部分学者认为是镐京的中心。如果马王村、客省庄一带是丰邑中心的话，那么，斗门镇、马王村二地的距离只有约 2.5 千米。显然，这个距离与文献记载的"二十五里"（约当 13 千米）差距太大。其二，是丰与鄠县之间的距离问题。汉唐间鄠县即当今户县。皇甫谧《帝王世纪》说："丰在京兆鄠县东，沣水之西，文王自程徙此。"《史记·周本纪》"正义"引《括地志》云："周丰宫，周文王宫也，在雍州鄠县东三十五里。"清乾隆《鄠县新志》亦称："周丰宫，旧志一名酆宫，在沣水西，去县三十里。"[①] 所谓"周丰（酆）宫"，自然应该在周都丰邑。唐"三十五里"、清"三十里"，皆约当今 15 千米。距今户县东 15 千米左右的地方属于该县秦渡镇附近，正在沣河西岸。让人惊讶的是，今秦渡镇附近一带确实有过较大规模的西周时期聚落存在。如该镇潭沱村遗址的情况[②] 如下：

> 潭沱村遗址位于西安市户县秦渡镇潭沱村东北 300 米沣河西岸的二级台地上。西周文化遗址。东西长约 400 米，南北宽约 300 米，面积约 120000 平方米。潭沱村遗址文化层厚 1～1.5 米。出土有石斧、鬲足、陶罐、带孔石镰和带孔蚌刀等。另采集有夹砂红、褐陶片和泥质褐陶片，纹饰主要为绳纹，可辨器型有鬲、罐等。1957 年 5 月 31 日，潭沱村遗址被陕西省人民委员会公布为第二批省级文物保护单位。由于 20 世纪六七十年代的大规模土地平整及砖厂取土，对潭沱村遗址造成很大破坏，现仅中心区域略有保存，可见少量夹砂红、褐陶片。遗址区现为耕地。

而可巧的是，今秦渡镇潭沱村遗址距前考作为镐京所在的洛水村一带正好是 13 千米左右，与晋徐广丰镐之间相距"二十五里"的说法完全一致。可见，周都丰邑（宗周）的所在应该是在户县秦渡镇潭沱村遗址一带（图一、图四），而不是在马王村、客省庄一带。众所周知，今马王村、客

---

① 乾隆《鄠县新志》卷一《地理志一》，12b 页。

② 西安市文物局、西安市广播电视局，西安电视台：《西安古遗址》，陕西人民出版社，2008 年，54 页。

省庄一带西周时期墓葬密集，但一直没有发现先（早）周宫殿遗址群[①]，之所以如此，应当是因为我们已有的考古发掘偏离了周都丰邑的中心。早在清初，已有学者明确指出，"秦渡即古丰地，沣水之西岸，丰旧城在焉"[②]，即认为今秦渡镇附近为周都丰邑的所在。笔者以为，这种认识既与早期学者的相关记载[③]完全符合，线索古老、清楚，今天又能够得到地面遗迹的支持，且秦渡镇附近位置紧邻沣河西岸，至今没有发现西周时期的任何墓葬分布，符合西周都城的自然、人文环境条件，因而是正确、可靠的。

三、郑 与 槐 里

郑是西周的重要都城，在传世文献、器物铭文中都有明确记载。

传世文献中关于周王居郑的记载如下。

（1）古本《竹书纪年》：穆王元年，筑祇宫于<u>南郑</u>。（《穆天子传》注）

（2）古本《竹书纪年》：穆王以下，都于<u>西郑</u>。（《汉书·地理志》薛瓒注）

（3）古本《竹书纪年》：穆王所居郑宫，春宫。（《太平御览》卷一百七十三）

（4）今本《竹书纪年》：（穆王元年）冬十月，筑祇宫于南郑。……以下都于<u>西郑</u>。

十八年春正月，王居祇宫，诸侯来朝。……五十五年，王陟于祇宫。

（5）今本《竹书纪年》：（懿王）元年丙寅春正月，王即位，天再旦于郑。

文献中的"西郑"可能不是西周时期的称呼——这从下录免尊等铭文皆单称"奠（郑）"即可以得到证明，而当是《竹书纪年》的作者战国时魏国史官的区别性称呼。因为，春秋时期中原有郑国存在，尽管郑都、郑国有一定联系（参见后），但如果不加前置方位词，西周之郑、春秋之郑会很容易混淆。关中之郑在中原之郑的西面，故称西郑，容易理解。需要特别说明的是南郑。从今本《竹书纪年》看，南郑显然是周穆王十分喜爱且常去居住的地方，因为从元年他初登王位即在该地筑祇宫，一直到50余年后他又在祇宫去世。《穆天子传》的最后一句谓"吉日辛卯，天子入于南郑"[④]，即可与之呼应。那么，南郑何在？为今陕西汉中市区无疑。理由有二：其一，汉中名南郑的历史可以追溯到西周时期。《水经注·沔水》引《耆旧传》云："南郑之号，始于郑桓公。桓公死于

[①] 据报道，近数十年在马王村、客省庄一带发现了一些夯土基址，最大的四号夯土基址面积甚至达到1826.98平方米，但遗憾的是，这些夯土基址上并没有发现任何柱穴、础石或墙基之类的建筑遗存，故不能称之为宫室基址；且这些夯土基址的上限年代晚于西周初期前段，与文献记载的文王自程迁丰的时间为商朝末年的早（先）周时代亦完全不合。参见胡谦盈：《周文化及相关遗存的发掘与研究》，科学出版社，2010年，23~25页；中国社会科学院考古研究所沣西发掘队：《陕西长安沣西客省庄西周夯土基址发掘报告》，《考古》1987年8期。

[②] 《古今图书集成·方舆汇编·职方典》四九八卷《西安府部·汇考八》，5页。

[③] 东汉许慎云："酆，周文王所都，在京兆杜陵西南。"见许慎撰、段玉裁注：《说文解字注》，上海书店出版社，1992年，286页下；东汉高诱云："酆郭在长安西南。"见许维遹《吕氏春秋集释》（上册），中华书局，2009年，卷八，9a页。参见图一。

[④] 郭璞注：《穆天子传》卷六，中华书局，1985年，39页。

犬戎，其民南奔，故以南郑为称。"这样的说法并不准确，因为，郑桓公与周幽王一起死于公元前771年，已是西周结束的时间，而今本《竹书纪年》明明是说周穆王元年已在南郑筑祗宫。南郑既然筑有宫室，自然需要有人管理，可能周穆王在元年都郑之后，即从新都郑邑迁徙了一部分人民南去汉中褒（国）地，这样，位于关中秦岭以南褒地的祗宫所在地就也被人们称为"南郑"。先秦时代人民迁徙新地居住，其新聚落名称往往与原居地名称有联系。其二，汉中一带冬春有较好的气候条件，适宜休养避寒。春季关中平原仍较寒冷，而汉中盆地由于有秦岭对南下冷空气的阻挡，春季平均气温往往要比关中平原高 2~3℃。因此，古本《竹书纪年》所称穆王所居的郑宫，应就是指的南郑祗宫。之所以特别称之为"春宫"，意思应当是指穆王经常在春季去那里居住。

器物铭文关于周王居郑的记载如下。

（1）免尊：唯六月初吉，王在奠（郑）。丁亥，王格大室。丼叔佑免，王蔑免历。

（2）大簋：唯六月初吉丁巳，王在奠（郑）。蔑大历。

（3）三年瘭壶：唯三年九月丁巳，王在奠（郑），飨醴。呼虢叔召瘭，赐羔俎。

免尊、大簋、三年瘭壶分别为穆王、懿王、孝王时器。由此可见，一方面，郑有"大室"建筑物存在，说明郑确实如《竹书纪年》所说为周都，因为大室即太庙（参见后），为西周都城的标志性建筑物；另一方面，穆王、懿王、孝王皆在郑地进行册命活动的情况，也相当程度上能够证明《竹书纪年》"穆王以下，都于西郑"的记载可信。

应该说，目前学术界有部分学者已认可西周时期都郑的历史事实[①]。但是，对于西周时期作为都城的郑的具体位置，他们却有相当大的分歧。如唐兰从春秋时期棫林的位置考察推测郑在泾水之西的扶风、宝鸡一带；卢连成、尚志儒等主要根据《史记·秦本纪》秦雍城（今陕西凤翔）有"大郑宫"的记载和秦雍城遗址有"棫阳"瓦当发现，进一步推测郑在今凤翔县城一带。无疑，前辈学者的上述工作对于郑都位置问题的解决十分有启发意义，但众所周知，凤翔雍城遗址明确为秦国都城遗址，在西周灭亡近百年后的秦德公元年（前677年）才正式启用，显然，以之来证明西周时期的情况说服力不强。因此，笔者以为，要确定郑都的准确位置，还是有必要从直接的文献材料考察入手。

众所周知，郑在春秋时期是著名的诸侯国。郑国的始封者被认为是西周时期的郑桓公。在大家熟知的历史文献中，相关的记载如下。

（1）《史记·郑世家》：郑桓公友者，周厉王少子而宣王庶弟也。宣王立二十二年，友初封于郑。封三十三岁，百姓皆便爱之。幽王以为司徒，和集周民，周民皆说。河、雒之间，人便思之。

宣王二十二年即前806年。从司马迁的记载看，郑桓公所封的郑，似乎与两个地方有关：一是周地，一是河雒之间。初封之地可能离周（岐周，今扶风、岐山二县交界一带。参见后）地不远，

① 唐兰：《陕西省岐山县董家村新出西周重要铜器铭辞的译文和注释》，《文物》1976年5期，55~60页；卢连成：《周都减郑考》，《古文字论集（二）》，《考古与文物》编辑部，1983年，8~11页；尚志儒：《郑、棫林之故地及其源流探讨》，《周文化论集》，三秦出版社，1993年，272~279页。

甚或是属于周地范围。不过，借助下述今本《竹书纪年》的记载，即可以较好地解决郑桓公的封地位置问题。

（2）今本《竹书纪年》：（宣王）二十二年，王锡王子多父，命居洛。……（幽王二年），晋文公同王子多父伐郐，克之，乃居郑父之丘，是为郑桓公。……八年（前774年），王锡司徒郑伯多父命。

古本《竹书纪年》的相关记载作："（晋文侯）二年（前779年），同惠王子多父伐郐，克之。乃居郑父之丘，名之曰郑，是为郑桓公。"李峰指出，今本《竹书纪年》由于没有经过引用和复原的复杂过程，较古本《竹书纪年》的记载更为可靠，而古本《竹书纪年》的内容在流传和复原中更容易出现错误，与郑相关的例子是误都郐为邻①。笔者以为，李说是正确的，因为《国语·郑语》中有"申、缯、西戎方强……若伐申，而缯与西戎会以伐周"之文，新公布的清华简《系年》②中也有"曾人乃降西戎，以攻幽王"一句，而缯、曾即郐之异写。认识到今本《竹书纪年》记载的可靠性，再比较上述《史记·郑世家》与今本《竹书纪年》中关于的郑桓公记载，就会发现今本《竹书纪年》的可信度要强于《史记·郑世家》。例如，郑桓公的名字歧异问题就是如此。郑桓公的名字，《史记·郑世家》作"友"，《竹书纪年》作"多父"。从《竹书纪年》今、古本皆作"多父"，以及1976年1月陕西扶风云塘村西周晚期墓出土的铜器有伯多父盨4件③（作器者"伯多父"当即今本《竹书纪年》中"郑伯多父"的略称，也就是郑桓公）来看，《史记·郑世家》作"友"错误。这个脱讹大约是在篆书隶变过程中因"多"、"友"二字篆书字形有时接近（如多可作 **DD**、友可作 **रर**④）所导致。又如郑桓公的始封时间和地点歧异问题也是如此。郑桓公的始封时间和地点，《史记·郑世家》作公元前806年封郑，今本《竹书纪年》作公元前806年"王锡王子多父命，居洛"、公元前780年（幽王二年）多父克郐后始居"郑父之丘"。显然，《史记·郑世家》把二事混同为一事，是错误的（参见后）。而对于"郑父之丘"名称来历的分析也能够进一步说明今本《竹书纪年》记载所具有的原典性。"郑父之丘"一名最早就出现在《竹书纪年》中，到4世纪后期的前秦时期已开始有人引用⑤，由于这个地名颇为奇怪，因而很有讨论的必要。我们知道，西周时期的地名一般为单字或双字两种表现形式，像这样的地名在文献中可谓仅见。考虑到该地为郑桓公的始封地，该地名应当是大地名"郑"和小地名"父之丘"的联称。在周代地名中，某些双字地名间可

---

① 李峰：《西周金文中的郑地和郑国东迁》，《文物》2006年9期。

② 清华大学出土文献研究与保护中心编，李学勤主编：《清华大学藏战国竹简》（贰），中西书局，2011年。

③ 陕西省考古研究所、陕西省文物管理委员会、陕西省博物馆：《陕西出土商周青铜器》（三），文物出版社，1980年，92~94页。

④ 容庚：《金文编》，科学出版社，1959年，150、385页。

⑤ 《汉书》卷二八上《地理志上》京兆尹郑县条颜师古注引臣瓒，亦作"郑父之丘"。臣瓒之言当出自西晋出土的《竹书纪年》。今《汉书》标点者以"郑父"作地名，当误。

以加"之"字，如"牧之野"即"牧野"[1]、"寝之丘"即"寝丘"[2]乃其例。因此，此"父之丘"亦即"父丘"。可是，这个父丘的位置何在？由于其他文献中并无父丘之名，似乎无从考知。其实，父丘就是犬丘之误，这个错误很可能是西晋学者在把《竹书纪年》的先秦篆书进行隶变的过程中误认"犬"作"父"所致。父、犬二字，如楚简字形分别作 、[3]，较为接近，如果字迹漫漶，很容易误认。对此，下列关于"械林"的讨论，也能够进一步证实此点。

（3）《世本·居篇》：郑桓公封械林。桓公居械林，徙拾。

东汉宋衷释曰："械林与拾，皆旧地名，封桓公，乃名为郑。"好像"郑"是西周末年才有的一个新地名。显然，宋衷的看法是错误的，因为，前录《竹书纪年》、西周中期器免尊等铭文中出现的"郑"就否定了这一点。但是，械林在郑犬丘应为无疑，因为"郑桓公封械林"与"晋文公同王子多父伐鄎，克之，乃居郑（父）［犬］之丘，是为郑桓公"讲的是一回事。知道了械林的位置，也就知道了郑的所在。因为，械林既是犬丘，犬丘也就是槐里。今本《竹书纪年》说："（懿王）十五年，王自宗周迁于槐里。"《世本》则说："懿王徙于犬邱。"班固《汉书·地理志》归纳说："槐里，周曰犬丘，懿王都之。秦更名废丘。高祖三年更名。"尽管班固的说法存在一定错漏[4]，但指槐里、犬丘为一地是无可疑问的。前录《竹书纪年》称"穆王以下，都于西郑"，意思当然是说穆、恭、懿、孝、夷、厉、宣、幽等 8 位周王皆以郑为王朝都城，而懿王徙居槐里或犬邱，其实也就是迁居于郑，这正好能够解释穆王以降都郑、都槐里二者看似有些矛盾的记载。顺便说，槐里、械林之所以为一地，当是因为槐里、械林为一名异写。按上古读音，槐从鬼得声，见纽微韵，里为来纽支韵，故槐里可拟音为 kǐwəi² lǐə²[5]；械从或得声，金文或同国，见纽职韵，林为来纽侵韵，故械林可拟音为 kuək⁴ lǐəm¹。[6] 显然，槐里、械林二名的上古读音甚是接近。械林一名在金文中也有出现。穆王时器彧簋铭文云：

唯六月初吉乙酉，（王）在京之师。戎伐□，彧率有司、师氏奔追，御戎于械林，搏戎馘"。

这个"械林"之械字原文，左部不从"木"而从"周"，可以呼应《史记·周本纪》所谓郑桓

---

① 按：《诗经·鲁颂·閟宫》、《战国策·魏策一》等作"牧之野"，《尚书·牧誓》、今本《竹书纪年》等作"牧（坶）野"。

② 《吕氏春秋·异宝》云："楚越之间有寝之丘者。"毕沅注："《列子·说符篇》、《淮南·人间训》皆作寝丘，无之字。"见许维遹《吕氏春秋集释》（上册），卷10第13b页。

③ 分别采自荆门市博物馆：《郭店楚墓竹简》33 号简，文物出版社，1998 年；湖北荆沙铁路考古队：《包山楚简》219 号简，文物出版社，1991 年。

④ 吴卓信：《汉书地理志补注》（北京出版社，2000 年）卷三有曰：《世本》懿王二年自镐徙都犬丘，《（竹书）纪年》懿王十五年自宗周迁于槐里。是周时已有槐里之名。……据《（汉书）周勃、樊哙传》，汉初有废丘，又有槐里，或其后置县，乃统谓之槐里耳。"

⑤ 李珍华、周长楫编撰：《汉字古今音表》（修订本），中华书局，1999 年，67、62 页。

⑥ 李珍华、周长楫编撰：《汉字古今音表》（修订本），中华书局，1999 年，402、427 页。

公"和集周民，周民皆说"的记载。顺便说，学者根据穆王时器长由盉有"穆王在下减居"之文，元年师事簋亦有"王在下减居"之文，周懿王时器蔡簋又有"王在减居。且，王格庙"之文，而认为其中的"减""下减"为一地，且与减林有关的看法①，可能是不正确的，因为，"减"字在《诗经·大雅·文王有声》中已有出现。《文王有声》一诗中有云：

> 文王受命，有此武功，既伐于崇，作邑于丰。文王烝哉。
> 筑城伊减，作丰伊匹，匪棘其欲，遹追来孝。王后烝哉。
> 王公伊濯，维丰之垣，四方攸同，王后维翰。王后烝哉。
> 丰水东注，维禹之绩，四方攸同，皇王维辟。皇王烝哉。

毛传云："减，成（城）沟也。"郑笺云："方十里曰成，减其沟也，广深各八尺。"孔疏云："成间有减，字又作'洫'，《韩诗》云：减，深池。"②可见，减必定是与城邑有关的水体。该诗显然是歌颂文王功业的，所谓"筑城伊减，作丰伊匹"，意思是指文王既在减水边筑城，又在丰水边作邑。对比前录今本《竹书纪年》之文："周师取耆及邘，遂伐崇，崇人降"，"西伯自程迁于丰"，"西伯使世子发营镐"，知文王伐崇后的主要功业就是迁丰营镐，因此，"筑城伊减"更准确的意思就是指在减水边修筑镐京。我们知道，镐京边有鄗池、鄗水，而鄗水又名沈水③。按上古减可二读，一是减从或得声，金文或同国，见纽职韵，可拟音 kuək[4]，而鄗，从高得声，见纽宵韵，可拟音 kau[1]，二字读音较近。一是减同洫，从血得声，晓纽质韵，可拟音 hiwet[4]，而沈，从穴得声，匣纽质韵，可拟音 riwet[4]④，二字读音同样接近。因此，周王的"减居""下减居"应该是在镐京或其附近的减水边。"王在×居"（居或释作"应"）的句式，在金文中有数见，杨树达认为×居"犹言某都也"⑤，惜其说并无依据，不取。笔者以为"王在×居"之"居"，大约相当于周王的别墅，其建筑地点可以肯定都在主要都城或其附近的环境幽雅之处。另如师虎簋有云："王在杜居，格于大室。"意思是说周王来到杜居大室，而杜居自然在杜，杜在今西安南郊河谷，本是离宗周不远的。

知道了郑、槐里、棫林、犬丘为一地，那么，其具体位置就很容易确定。《水经注·渭水》有云：

> 渭水又东径槐里县故城南。县，古犬丘邑也，周懿王都之。秦以为废丘，亦曰舒丘。中平元年，灵帝封左中郎将皇甫嵩为侯国。县南对渭水，北背通渠。……后项羽入秦，封司马欣为塞王，都栎阳；董翳为翟王，都高奴；章邯为雍王，都废丘，为三秦。汉祖北定

---

① 唐兰：《陕西省岐山县董家村新出西周重要铜器铭辞的译文和注释》，《文物》1976 年 5 期；唐复年：《师事簋新释》，《古文字论集》（二），《考古与文物》编辑部，1983 年，30～35 页；卢连成：《周都减郑考》《古文字论集》（二），《考古与文物》编辑部，1983 年；尚志儒：《郑、棫林之故地及其源流探讨》，《周文化论集》，三秦出版社，1993 年。

② 《十三经注疏·毛诗正义》，1050 页。

③ 《水经注》卷十九《渭水》。

④ 上拟音参见李珍华、周长楫编撰：《汉字古今音表》（修订本），中华书局，1999 年，275、400、256 页。

⑤ 杨树达：《积微居金文说（增订本）》，中华书局，1997 年，49 页。

三秦，引水灌城，遂灭章邯。三年，改曰槐里。王莽更名槐治也，世谓之为大槐里。晋太康中，始平郡治也。其城递带防陆，旧渠尚存，即《汉书》所谓"槐里环堤"者也。

始平，到唐代改名兴平，也就是今陕西兴平。元《类编长安志》云："槐里故城一名犬丘城，在兴平县东南一十里，周十二里，崇二丈五尺。"① 今在兴平东南，该位置发现有南佐村遗址，该遗址地面平坦开阔，采集标本以砖、半瓦当较多，有绳纹板瓦和筒瓦残片；遗址区西南念流寨村曾出土金饼②。大约是由于在该遗址地表没有发现西周遗物，有的学者认为该遗址为秦代建筑遗址，不是西周遗址。其实，由该遗址清晰的历史线索，即可知该遗址为西周槐里（犬丘）遗址无疑。之所以至今没有在遗址上发现西周遗物，一是因为汉祖北定三秦攻章邯时引水灌城而被泥沙较深掩埋所致，二是因为考古工作者从来没有在遗址上做过科学的考古发掘工作。假以时日，笔者以为该地必定当有西周遗物发现。顺便说，周穆王时之所以选择建新都于郑（槐里、犬丘），可能与该地靠近河湖、林木广阔、能猎能牧的良好自然环境条件有重要关系，因为众所周知周穆王本人性喜游玩，而周王室贵族也多爱好游猎。首先，穆王时器免簋提到郑有"林""虞""牧"的存在：

　　唯三月既生霸乙卯，王在周，命免作司土（徒）司郑，及林及虞及牧③。

周代"司土（徒）"是管理土地、人民的官员，可见在郑成为都城后，司土（徒）可能成为郑最重要的官员之一，以致幽王时其弟多父（郑桓公）被封为"郑伯"后不久，又被赐以司徒职务（参见后）。其次，当时郑的附近有较大的湖泊水体存在。《元和郡县图志》有云：

　　马牧泽，在（兴平）县东南二十里，南北广四里，东西二十一里④。

既然唐代尚有马牧泽，唐以前千数百年的西周时期该泽面积应该更为广阔。这样，该泽的位置离在"兴平县东南一十里"的槐里故城就很近。其三，郑（槐里、犬丘）城当时就在渭河北岸水滨（今犬丘故城南距渭河北岸约3.3千米，说明该段渭河河道近3000年来已大幅南迁）。这样，如前录，汉时刘邦才能"引（渭）水灌城"而灭章邯。可见，在镐京辟雍已经基本淤塞的情况下，郑显然具有接替其作为王室贵族居住、游赏、渔猎之地的自然环境条件。例如，西周中晚期器铭中发现有"郑井叔"（郑井叔甗等）、"郑羌（姜）伯"（郑羌伯鬲、郑姜伯鼎）、"郑（城）虢仲"（郑虢仲簋、城虢仲簋）、"郑义伯"（郑义伯盨）、"郑邓伯"（郑邓伯鬲）等人名，显然，井叔、羌（姜）伯、虢仲、义伯、邓伯等都应该是常年寄居于新都郑的贵族。又如，史有载穆王十四年"夏四月，王畋于军丘；……冬，蒐于萍泽"⑤，即是说穆王在军丘、萍泽狩猎。军为见纽文部，犬为溪纽元部，

　　① 骆天骧撰，黄永年点校：《类编长安志》，中华书局，1990年，226页。

　　② 咸阳市文物事业管理局：《咸阳市文物志》，三秦出版社，2008年，21页。

　　③ 按："命免作司土（徒）司郑，及林及虞及牧"句，学者原多读作"命免作司土（徒）司郑苑（或作县）林，及虞及牧"。即以郑字后"▨（還）"字作苑或县。前已释"還"即"及"字，而前录《同簋》有谓"王命同佐佑吴大父，司场林、虞、牧"一句，故知免簋此句必当读"及林及虞及牧"为句。

　　④ 李吉甫：《元和郡县图志》卷一《关内道二·京兆下·兴平县》，中华书局，1983年，25页。

　　⑤ 今本《竹书纪年》卷下《穆王》。

上古读音较近，疑"军丘"即犬丘之异写；萍泽，或为唐马牧泽的前身。到后来的汉代，位于渭北的这一带甚至仍然被包括在上林苑的范围，即前录《三辅黄图》引《汉书》所谓上林苑"旁南山而西，至长杨、五柞，北绕黄山，濒渭水而东"。长杨、五柞、黄山皆离宫名，而黄山宫明确是在汉槐里县境内的[①]（图四）。

棫林（犬丘）性质和位置的确定，一是对于正确理解郑国的建国过程很有帮助。过去，学者们依据《史记·郑世家》的说法以宣王22年（前806年）作为郑国的立国时间，现在看来，依据今本《竹书纪年》，该年只是"王锡王子多父命，居洛"，洛即洛邑成周，属"东土"。郑作为采邑赏给多父的时间应是幽王二年即前780年，如前录，该年"晋文公同王子多父伐郐，克之，乃居郑（父）[犬]之丘，是为郑桓公"。郑桓公自是郑人后来追谥，实际上应是因多父的伐郐之功，幽王把郑作为采邑赏赐给其弟多父，多父从此改爵称"郑伯"。也就是说，幽王是把周都城郑作为赏赐给郑伯多父的采邑。这种把都城所在地作为采邑赏赐给重臣的情况周初就有周公、毕（辟）公、丰侯等，周公的采邑即周，毕（辟）公的采邑当即镐，丰侯的采邑当即丰。六年后的公元前774年，郑伯多父又被任命为司徒，说明多父受到周幽王的特别器重。由于西周末年的幽王时期时局动荡，多父为了保护郑地的人民和亲眷不受战争袭扰，听从史伯的意见，于公元前773年将周都郑的人民和亲眷东迁到"虢、（郐）[鄑]之间""寄孥"，即依附王太子宜臼（周平王）所在的申（即拾，当今华县东北的古郑城[②]）地建立郑国[③]。所谓寄孥，有些类似于后世的寄籍、借居。大约由于鸠占鹊巢，"申"的名称东周以降也就被"郑"所取代，而原来的周都郑则被称为"棫林"。公元前771年由于郑伯多父与幽王一同被杀于骊山下，迁居于虢、鄑之间的郑人于是拥立多父之子袭位，是为"郑子"（即郑武公）。同年，郑子（武公）等人即在申（郑）地拥立宜臼为周平王；次年（前770年），又与晋、卫、秦等国国君一起护送周平王东徙洛邑成周。到周平王六年（前765年），郑武公才把郑人再迁于新的"溱洧"之地，也就是今河南中部新郑一带[④]。二是对于理解其他文献中关于

---

① 《汉书》卷二八上《地理志上》"槐里县"条。

② 顾祖禹：《读史方舆纪要》卷五四《陕西三》引明《（陕西）通志》有云："古郑城在（华）州东北二十五里，郑始封邑也"。《世本》所谓拾，即是汉晋间的郑县县治、明《（陕西）通志》所谓华州（今华县）古郑城。至于《竹书纪年》之"申"（西申），与《世本》之"拾"亦为一地，这当是因为拾、申二字上古读音近同（拾，声部禅纽；申，声部书纽，皆为舌上擦音，发音部位近同），可以通假。郑桓公徙拾，即是徙申，也就是徙于王太子宜臼（周平王）因母亲失宠而出奔的申。申国本是宜臼母亲的娘家。申（西申）地并不在今学术界所普遍认同的今陕西眉县，与眉县有联系的是申伯国。

③ 今本《竹书纪年》云："（幽王）五年（前777年），王世子宜臼出奔申。"清华简《系年》亦云："周幽王取妻于西申，生平王，王或（又）取褒人之女，是褒姒，生伯盘。褒姒嬖于王，王与伯盘逐平王，平王走西申。"知郑人东迁申（即拾）地之前，宜臼已在申。《史记·郑世家》云："而虢、（郐）[鄑]果献十邑，竟国之。"可见郑国建立的准确时间应为前773年。虢在今河南三门峡市一带无疑，而鄑的位置自然离申（郑）国不远。按《水经注·渭水》有云："渭水又东与东石桥水会，故沈水也。……石桥水又径郑城东，……又北径沈阳城北，注于渭。"沈、溱、湆古音近同。所谓"沈阳城"可能就是西周曾国的所在，位置约在陕西华阴的渭河南岸一带。这也就能够解释为什么曾国会与申国一道成为伐灭西周的主力，原来申、曾二国确有唇齿关系。对此，笔者有另文专论，不赘。

④ 关于郑国东迁的过程，笔者另有文论证，此不赘。

"棫林"的记载也很有帮助。例如,《左传·襄公十四年》有云:

> 夏,诸侯之大夫从晋侯伐秦,以报栎之役也。晋侯待于竟,使六卿帅诸侯之师以进。……济泾而次。秦人毒泾上流,师人多死。郑司马子蟜帅郑师以进,师皆从之,至于棫林,不获成焉。

所谓"至于棫林,不获成焉"的含义,一直不好理解,传统说法是晋与秦没有和解成功,或没有弄成战阵之事①。这样的解释显然十分勉强。按"成"可通"城",而从上录《诗经·大雅·文王有声》来看,丰、镐似皆有城垣,郑(棫林)作为西周穆王的新建都城,应该也是修筑有城墙的。因而,"不获成焉"的含义,很可能就是指晋军没有攻下棫林城。

四、周 与 岐 周

丰既然是宗周,那么,金文中多见的"周"是不是像有的学者所说的也可指"宗周"?应该说,仅从《史记·鲁周公世家》有"(成)王朝步自周至丰,使太保召公先之雒相土"一句,就可以判断周不是宗周(丰),也不是成周(雒)。这样一来,周只能是指岐(下),即俗称的岐周,旧所谓"周城",也就是众所周知的岐山之阳的周原地方②。因此,过去有学者认为周为镐京、宗周乃至成周的观点都是错误的。应该说,整个西周时期,岐周确确实实表现出它在周王朝祭祀、政治、军事活动中的极端重要性。为了证明《史记·鲁周公世家》所言不误,我们不妨把金文中关于"周"地记载的主要内容整理侈录如下。

1. 西周早期(武、成、康、昭、穆王)器铭

(1)周公东征鼎:唯周公东征,伐东夷,丰伯、薄姑咸载"公归,荐于周庙。戊辰,饮秦饮。公赏望贝百朋。用作尊鼎。

(2)史墙盘③:粤武王既厥殷,微史烈祖乃来见武王,武王则命周公舍宇于周,卑处甬。

(3)保员簋:"唯王既燎,厥伐东夷,在十又一月,辟公返自周。

(4)保卣:乙卯,王命保及殷东国五侯,诞赐六品,蔑历于保,赐宾。……遘于四方,会大祀,祓于周,在二月既望。

(5)小盂鼎:唯八月既望,辰在甲申。昧爽,三左三右,多君入。明,王格周

---

① 《十三经注疏·春秋左传正义》,920页。

② 关于周城的具体位置,传统说法略有异。《汉书·地理志》右扶风"美阳"条云:"中水乡,周大王所邑。"《水经注·渭水》云:"(周)城在岐山之阳而近西,所谓居岐之阳也。"《括地志》云:"故周城,一名美阳城,在雍州武功县西北二十五里,即太王城也。"参据今天的考古发现情况,周城的具体位置应该在以凤雏、召陈西周宫殿遗址为中心的岐山、扶风二县交界一带。参见后。

③ 史墙盘为西周中期恭王时器,因此引内容涉武王事迹而置此。

庙。……西旅□□入，燎周□。……大采三周，入服酒。……用牲，禘周王、[武] 王、
成王……。

（6）守宫盘：唯正月既生霸乙未，王在周。周师光守宫事裸，周师不䌓。

（7）柞伯簋：唯八月辰在庚申，王大射，在周。

（8）应侯见工钟："唯正月初吉，王归自成周，应侯见工遗王于周。"

（9）高卣：唯十又二月，王初裸旁，唯还在周；辰在庚申，王饮西宫。

（10）虎簋盖：唯卅年四月初吉甲戌，王在周新宫，格于大室，密叔入佑虎，即位。

（11）卫簋：唯八月既生霸庚寅，王格于康大室。卫曰：朕光尹仲侃父佑，告卫于王。

从这些材料看，西周早期在周的建筑物主要有周庙、康大室、新宫、西宫等，周王在周的活
动，除了常见的册命活动（参见后），尚有祭祀、饮酒、射猎活动。如荐（周公东征鼎）、祓（保
卣）、燎（寮）（小盂鼎）之类，即属于祭祀活动。荐乃祭祖，祓乃祈福（《说文》："祓，除恶祭
也。"），燎乃祭天（《说文》："柴，烧柴焚寮以祭天神。"）。"饮秦饮""服酒""裸""饮西宫"之类
自然属于饮酒活动，"大射"（《柞伯簋》[①]）则属于射猎活动。

2. 西周中期（恭、懿、孝、夷王）器铭

（1）二式狱簋：唯十又一月既望丁亥，王格于康大室。狱曰：朕光尹周师佑，告狱于王。

（2）狱盘：唯四月初吉丁亥，王格于师再父宫。狱曰：朕光尹周师佑，告狱于王。

（3）庚嬴鼎：唯廿又二年四月既望己酉，王格周宫，卒事。

（4）师汤父鼎：唯十又二月初吉丙午，王在周新宫，在射庐。

（5）七年趞曹鼎：唯七年十月既生霸，王在周般宫。旦，王格大室，井伯入佑趞曹，
立中廷，北向。

（6）十五年趞曹鼎：唯十又五年五月既生霸壬午，恭王在周新宫，王射于射庐。

（7）士山盘：唯王十又六年九月既生霸甲申，王在周新宫。王格大室，即位，士山入
门，立中廷，北向。

（8）师晨鼎：唯三年三月初吉甲戌，王在周师录宫。

（9）九年卫鼎：唯九年正月既死霸庚辰，王在周驹宫，格庙，眉敖、诸肤卓事见
于王。

（10）智鼎：唯王元年六月既望乙亥，王在周穆王大（室）。……王在□（杜）居。

（11）智壶盖：唯正月初吉丁亥，王格于成宫。井公入佑智，王呼尹氏册命智曰：更
乃祖考作冢司土（徒）于成周八师，赐汝秬鬯一卣、玄衮衣、赤市、幽黄、赤舄、銮勒、
銮旂。用事。

（12）免簋：唯十又二月初吉，王在周。昧爽，王格于大庙，井叔佑免即命。

① 按：柞伯簋的时代，学者多认为或在康、昭、穆时代，笔者以为可能在此前的成王时代，因为，《左
传·昭公四年》所载成王的重要功业"岐阳之蒐"，似就是指此之周地的"大射"活动。

（13）敔簋：唯四月初吉丁亥，王在周，格于大室。

（14）穆公簋盖：唯王初如□，乃自商师复还至于周，王夕缩醴于大室。

（15）师遽簋盖：唯王三祀四月既生霸辛酉，王在周，格新宫。

（16）大师虘簋：正月既望甲午，［王］在周师量宫。旦，王格大室。

（17）廿七年卫簋：唯廿又七年三月既生霸戊戌，王在周，格大室，即位。

（18）申簋盖：唯正月初吉丁卯，王在周康宫，格大室，即位。益公入佑申，立中廷，王命尹册命申："赓乃祖考足大祝，官司丰人及九□祝"。

（19）望簋：唯王十又三年六月初吉戊戌，王在周康宫新宫。旦，王格大室。……王呼史年册命望："死司毕王家。"

（20）师痕簋盖：唯二月初吉戊寅，王在周师司马宫，格大室。

（21）牧簋：唯王七年十又三月既生霸甲寅，王在周，在师汙父宫，格大室，即位，公族县入佑牧，立中廷，王呼内史吴册命牧。

（22）瘐盨：唯四年二月既生霸戊戌，王在周师录宫，格大室，即位，司马共佑瘐。

（23）盠方尊：唯八月初吉，王格于周庙，穆公佑盠立中廷，北向。王册命尹赐盠赤市、幽亢、攸勒，曰用司六师。王行三有司司徒、司马、司空，王命盠曰：瓤司六师及八师，艺。盠拜稽首。

（24）趩觯：唯三月初吉乙卯，王在周，格大室，咸井叔入佑趩。

（25）师遽方彝：唯正月既生霸丁酉，王在周康寝，缩醴，师遽蔑历侑。

（26）吴方彝盖：唯二月初吉丁亥，王在周成大室。旦，王格庙，宰朏佑作册吴入门，立中廷，北向。

（27）达盨盖：唯三年五月既生霸壬寅，王在周，执驹于滆居。

（28）走马休盘：唯廿年正月既望甲戌，王在周康宫。旦，王格大室，即位，益公佑走马休入门，立中廷，北向。

（29）宰兽簋：唯六年二月初吉甲戌，王在周师录宫。旦，王格大室，即位。司土（徒）荣伯佑宰兽入门，立中廷，北向。王呼内史尹仲册命宰兽曰："昔先王既命汝，今余唯或申京乃命，赓乃祖考事，司康宫王家臣妾仆佣外内，毋敢无闻知。"

（30）殷簋：唯王二月既生霸丁丑，王在周新宫。王格大室，即位，士戌佑殷立中廷，北向。王呼内史言命殷，赐市、朱黄。王若曰："殷，命汝赓乃祖考友，司东鄙五邑。"

显然，与前期相比，西周中期周王的主要活动内容即册命官员贵族并无改变，但活动场所除了先君宗庙、宫室，最有特色的变化是出现了属于"周师"系统的录宫、量宫、汙父宫、禹父宫、司马宫等。

3. 西周晚期（厉、宣、幽王）器铭

（1）克钟：唯十又六年九月初吉庚寅，王在周康剌（厉）宫。王呼士智召克，王亲

命：克，適泾，东至于京师。

（2）无重鼎：唯九月既望甲戌，王格于周庙，述于图室，司徒南仲佑许惠入门，立中廷，王呼史翏册命许惠。

（3）趞鼎：唯十又九年四月既望辛卯，王在周康昭宫，格于大室，即位，宰讯佑趞入门，立中廷，北向，史留受王命书。

（4）鬲攸比鼎：唯卅又二年三月初吉壬辰，王在周康宫夷大室。

（5）此鼎：唯十又七年十又二月既生霸乙卯，王在周康宫夷宫。旦，王格大室。

（6）膳夫山鼎：唯卅又七年正月初吉庚戌，王在周，格图室。南宫乎入佑膳夫山入门，立中廷，北向，王呼史桒册命山。

（7）走簋：唯王十又二年三月既望庚寅，王在周，格大室，即位。司马井伯［入］佑走。

（8）楚簋：唯正月初吉丁亥，王格于康宫，仲佣父入佑楚。

（9）元年师兑簋：唯元年五月初吉甲寅，王在周，格康庙，即位，同仲佑师兑入门，立中廷。

（10）谏簋：唯五年三月初吉庚寅，王在周师录宫。旦，王格大室。

（11）辅师嫠簋：唯王九月既生霸甲寅，王在周康宫，格大室，即位，荣伯入佑辅师嫠。

（12）伊簋：唯王廿又七年正月既望丁亥，王在周康宫。旦，王格穆大室，即位，申季入佑伊，立中廷，北向。王呼命尹封，册命伊鞠官，司康宫王臣妾百工。

（13）寰鼎：唯廿又八年五月既望庚寅，王在周康穆宫。旦，王格大室，即位。

（14）扬簋：唯九月既生霸庚寅，王在周康宫。旦，格大室，即位，司徒单伯入佑扬。

（15）鄂簋盖：唯二年正月初吉，王在周昭宫。鄂丁亥，王格于宣榭，毛伯入门，立中廷，佑祝。

（16）师颖簋：唯王元年九月既望丁亥，王在周康宫。旦，王格大室。司工（空）㳄伯入佑师颖，立中廷，北向。

（17）三年师兑簋：唯三年二月初吉丁亥，王在周，格大庙，即位，捏伯佑师兑入门，立中廷。

（18）师嫠簋：唯十又一年九月初吉丁亥，王在周，格于大室，即位，宰琱生入佑师嫠。

（19）颂簋：唯三年五月既死霸甲戌，王在周康昭宫。旦，王格大室，即位，宰引佑颂入门，立中廷，尹氏受王命书，王呼史虢生册命颂。

（20）膳夫克盨：唯十又八年十又二月初吉庚寅，王在周康穆宫。

（21）吴虎鼎：唯十又八年十又三月既生霸丙戌，王在周康宫夷宫，……申厉王命。

（22）虢季子白盘：唯十又三年正月初吉丁亥，虢季子白作宝盘。丕显子白，将武于戎功；径维四方，搏伐猃狁，于洛之阳，折首五百，执讯五十，是以先行。桓桓子白，献职于王。王孔嘉子白义，王格周庙，宣榭爰飨。

由上可见，西周晚期周王在周的活动性质基本上属于册命，活动地点主要是在"康（×）宫""大室""周庙"，而前述"周师"系统宫室、官员的作用明显弱化。这似乎可以反映康（×）宫、大室这样的建筑在此间周地具有特别重要的地位。

综合上述三部分文字，可见周王在周地的活动早、中、晚期都有，这似乎可以说明西周中晚期周（岐周）在周王朝的政治、祭祀、军事活动中具有最为重要的作用。应该说，周地作为西周时期的都城，相比丰、镐、郑、成周等，确实表现出两大特征。特征之一，是祭祀、政治、军事活动的场所最多。一是有"大庙"，如免簋、三年师兑簋所言。大庙可能就是周公东征鼎、无叀鼎、盠方尊、虢季子白盘、小盂鼎中的"周庙"、庚嬴鼎中的"周宫"。晚期大庙中还有"图室"（无叀鼎、膳夫山鼎），可能是陈列先王画像的房间；有"康庙"，如元年师兑簋；康庙应就是下述"康宫"的异名。二是有"大室"，如敔簋、穆公簋盖、走簋、廿七年卫簋、师毳簋、趞觯等所言。大室就是传世文献中的"太室"①、"京室"②、"京太室"③。西汉孔安国曰："太室，清庙。"东汉王肃曰："太室，清庙中央之室。"④意思是说，太室就是太庙，或太庙建筑（群）中居于中心位置的部分。1974年岐山凤雏村发现的始建于殷末先周时期、沿用至西周晚期的甲组宫殿建筑⑤，其中央主体为一大殿（前堂），面积达105平方米⑥。该大殿建筑东西各有厢房，按《尔雅·释宫》谓"室有东西厢曰庙"，则该建筑群亦可称"庙"（图二⑦），而建筑群的中央之室应就是"周大室"。周大室当就是周庙大室的略称，或周庙的异称。东汉蔡邕《明堂论》就曾指出周庙、太庙、太室、京太室为一。⑧这样看来，周地的所谓"大庙""周庙""周宫""大室""京室""京大室"等当是指的同一处建筑（群），只是由于不同时代或不同地方的人们对此而有不同的称呼。三是有"成大室"，如《吴方彝盖》铭文。这应是指祭祀周成王宗庙的大室，也就是成庙。曶壶盖铭中有所谓"成宫"，亦当其指。四是

① 《尚书·洛诰》有云："王入太室祼。"

② 《诗经·大雅·思齐》有云："思媚周姜，京室之妇。"周姜，周文王祖母。京，大也。

③ 《吕氏春秋·古乐》有云："周文王处岐，诸侯去殷三淫而翼文王。……武王即位，以六师伐殷。六师未至，以锐兵克之于牧野。归，乃荐俘馘于京太室，乃命周公为作《大武》。""京太室"当为后世秦人对周"京室""太室"的合并性称呼。

④ 《十三经注疏·尚书正义》，419、420页引。

⑤ 徐锡台：《周原考古工作的主要收获》，《考古与文物》1988年5、6期；王恩田：《岐山凤雏村西周建筑群基址的有关问题》，《文物》1981年1期；杨鸿勋：《西周岐邑建筑遗址初步考察》，《文物》1981年3期；杜金鹏：《周原宫殿建筑类型及相关问题探讨》，《考古学报》2009年4期。

⑥ 陈全方、陈敏：《周原》，46～65页。

⑦ 据杜金鹏《周原宫殿建筑类型及相关问题探讨》文附图，略作改注。

⑧ 《全上古三代秦汉三国六朝文·后汉》卷八十《蔡邕》，河北教育出版社，1997年，741、742页。

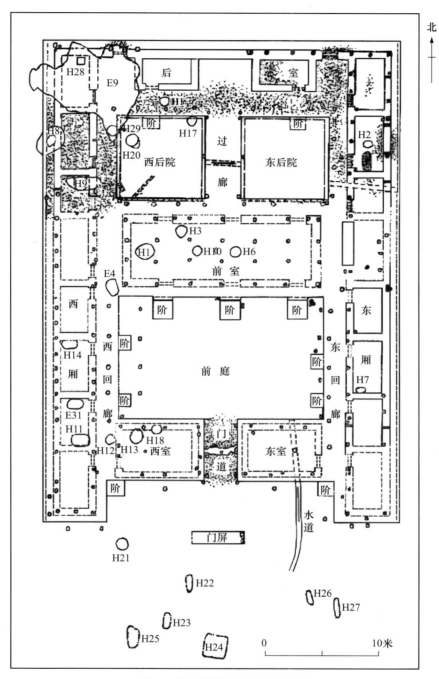

图二 岐山凤雏建筑基址平面图

有"新宫",如虎簋盖、师汤父鼎、十五年趞曹鼎、士山盘等。"新宫"大约建于穆王时,现存最早出现"新宫"一名的虎簋盖即为穆王时器。新宫可能是一个小型建筑群,因为除了必备的"大室"外,还有叫做"射庐"的建筑,射庐自是练习射术的独立性房舍(十五年趞曹鼎),但同样可以进行娱乐活动。如懿王时器匡卣铭曰:"唯四月初吉甲午,懿王在射庐作象舞,匡甫象乐二。"这个新宫与下述"康宫"建筑群中作为宗庙的"新宫"似不是一回事。五是有"康宫"建筑群,如此鼎、申簋盖、辅师嫠簋、伊簋、师颥簋、走马休盘等所言。康宫在周康王死后建成使用,为祭祀周康王的宗庙①，也可叫"康大室"。"康宫"建筑群中显然又包括有"昭宫"（趞鼎、颂簋、鄂簋盖）、"穆宫"（袁鼎、膳夫克盨）、"新宫"（望簋）、"夷宫"（此鼎）、"厉宫"（克钟）、"宣榭"（鄂簋盖、虢季子白盘）、"寝"等名目。昭、穆、新、夷、厉诸宫中都含有"大室"，如颂簋所谓"王在周康昭宫，旦，王格大室"；以此，诸宫似也可别名为"×大室"，如趞攸比鼎谓"王在周康宫夷大室"、伊簋谓"王格穆大室"；"宣榭"，后来春秋时期的成周亦有，左氏释为讲武屋②。可能由于康宫建筑群的庞大，以至于先安排有专人"司康宫王家臣妾仆佣外内"（宰兽簋），后又设置有专"司康宫王臣妾百工"的觐官（伊簋）。而从金文对康宫的多次提及，可以推测康宫应是周地十分重要的宫室群，尤其在西周中晚期。今天，在周原扶风县召陈发现的西周建筑群，已揭露出建筑基址15座，其中大型宫殿建筑基址的平面布局均为纵向分隔的三部分，中间是堂，两侧为厢夹（如图三③，注意其中的F3、F5、F8号建筑基址），研究者认为该建筑群上层建筑始建于西周中期，

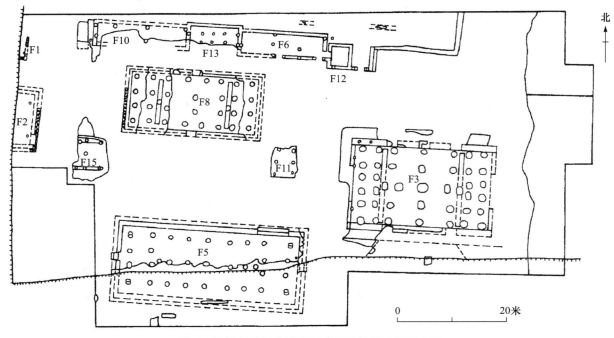

图三　扶风如陈的大型宫殿建筑基址群局部平面图

---

① 唐兰：《西周铜器断代中的"康宫"问题》，《考古学报》1962年1期。按：康宫问题经历数十年的论辩，仍没有取得一致意见。学者关于康宫性质的讨论，有死人宗庙与生人宫室二说，而宗庙说又有王室宗庙与康王之庙的区别，宫室说则有时王所居之宫与王储所居之宫的不同。笔者大体赞成死人宗庙说。因为，今本《竹书纪年》中有这样两条重要记载："（穆王）元年己未春正月，王即位。作昭宫。""（厉王）元年戊申春正月，王即位。作夷宫。"可以呼应金文内容。这是说穆王、厉王即位后的第一件事就是分别为刚刚故去的昭王、夷王建造昭宫、夷宫。可见，昭宫、夷宫是死人宗庙无疑。康宫虽出现在昭宫、夷宫之前，但性质上应该一样，即当是周昭王为故去的康王所建宗庙。不过，周人以祭祀为先，作为宗庙的康宫等，其"大室"的主要用途当在于祭祀，而两侧的厢夹并不妨碍其作为生人宫室的居住用途（参见图三）。

② 《左传·宣公十六年》。

③ 据杜金鹏《周原宫殿建筑类型及相关问题探讨》文附图。

废弃于西周晚期，为西周宫室建筑无疑，部分建筑应属与西周政治、宗教有关的礼仪建筑①。笔者以为，召陈发现的西周宫室建筑主体很可能就是康宫建筑群。因为，从时间上看，康宫建筑群主体无疑是在昭王及其以后时代才修建的，这与召陈建筑群属于西周中期基本符合；从建筑结构来说，金文所反映的康宫等存在"大室"的情况，与召陈建筑群大型宫殿建筑基址中间均为大堂的形式亦相符合（图三）。六是有"周师"宫室群，包括"录宫"（师晨鼎、谏簋、癲盨）、"量宫"（大师虘簋）、"司徒宫"（师痎簋盖）、"汸父宫"（牧簋）、"禹父宫"（狱盘）等。所谓"周师"，从狱盘有"狱曰：朕光尹周师右，告狱于王"（大意是：我很荣幸有周师护佑，来向大王汇报）一句来看，当是指周王的禁卫军，也就是指众所周知的"周六师"或"西六师"之部。这似可说明，西周中期岐周的军事力量已经增强，而周王对"周师"的依赖性同样增强。这可能是由于西周中期懿王时西戎、翟人相继侵扰镐京、岐周②的缘故。顺便说，金文中多见的某些建筑物名前置"周师"或"师"字，应是该建筑物具有军方性质或军事用途的标志，如录宫、量宫、汸父宫、禹父宫、戏大室③等；人名前置"师"字，如师虎、师痎、师察、师訇、师晨、师俞、师汤父等，则是对在"周师"中任职务者的标示性称呼④。扶风云塘、齐镇发现的西周晚期建筑基址群，正好位于凤雏与召陈之间，部分建筑基址下压有西周前中期的大型建筑基址⑤，这些前中期建筑基址有可能就属于周师宫室，因为作为周王的禁卫军，其驻扎地不应该远离周地的政治、礼仪活动中心。七是其他宫室。如"西宫"（高卣），可能是饮酒的场所；"般宫"（七年趠曹鼎），可能是用于娱乐的房子，《尔雅·释诂上》有云，"般，乐也"；"驹宫"（九年卫鼎），应当是圈养骏马的屋舍。"滴居"（达盨盖）则可能是周王在岐周的河边别墅。

特征之二，是政治、军事性活动最为频繁。这些政治、军事性活动主要是册命诸侯、官员、贵族、将领。册命是西周时期的重要制度，内容包括继承王位、分封诸侯、任命官职、赏赐臣下、诰诫臣下、指挥将帅等。西周时代，周（岐、岐周、岐下）、宗周（丰）、成周（雒、雒邑、新邑、大

① 陕西周原考古队：《扶风召陈西周建筑群基址发掘简报》，《文物》1981年3期；杜金鹏：《周原宫殿建筑类型及相关问题探讨》，《考古学报》2009年4期。另外，杨鸿勋认为召陈建筑为当时的高级设置（杨鸿勋：《西周岐邑建筑遗址初步考察》，《文物》1981年3期），傅熹年以为遗址的性质待定（傅熹年：《陕西扶风召陈西周建筑遗址初探——周原西周建筑遗址研究之二》，《文物》1981年3期）。
② 今本《竹书纪年》有云："（懿王）七年，西戎侵镐。十三年，翟人侵岐。"可证。
③ 《豆闭簋》有云："唯王二月既生霸辰在戊寅，王格于师戏大室。"师戏大室，可能是指驻扎于戏的周师军营大型宫殿建筑。戏，金文中数见，另如《师虎簋》"司左右戏、繁、荆"之类，为西周时渭水南岸的重要邑名，在今陕西临潼东北戏河边。
④ 李峰著、吴敏娜等译：《西周的政体：中国早期的官僚制度和国家》（生活·读书·新知三联书店，2010年，226～229页）认为"师"乃"前军事官员"的标志。笔者以为，"师"当为现职军事官员，这正好能反映"周师"在王朝中后期的作用加强。
⑤ 周原考古队：《陕西扶风县云塘、齐镇西周建筑基址1999～2000年度发掘简报》，《考古》2002年9期。

邑、新大邑、新邑洛、洛）①、镐京（莽京、莽、旁、蒿、镐、鄗、滈、减、下减）、郑（槐里、棫林、犬丘、军丘）、斥（寒、咸、涵）等地皆有册命活动进行。表一是现存出土金文中关于周、宗周、成周、镐京、郑、斥等地册命活动数量的大略统计②。

表一　西周主要都邑册命活动数量比较

城邑	周	宗周	成周	镐京	郑	斥
册命活动 / 次	65	28	17	20	3	4

由表一可见，在六地的册命活动中，以在周进行的册命活动占绝对优势。周作为册命活动进行得最为频繁的地方，在西周王室政治、军事生活中的地位自然最为重要。

通过把上述所录金文中有关周王在周进行册命活动的情况与在镐京、宗周进行册命活动的情况简单比较，很容易发现周不可能指镐京，也不可能指宗周。那么，周有没有可能指成周？我们不妨再看看金文中关于周王在成周进行活动的具体地点记载。

（1）何尊：唯王初迁宅于成周，复禀武王礼福自天。在四月丙戌，王诰宗小子于京室。

（2）周甲戌方鼎：唯四月，在成周。丙戌，王在京宗，赏在安□□□贝……"

（3）静方鼎：唯七月甲子，王在宗周，命师中及静省南国……；八月初吉庚申，至告于成周；月既望丁丑，王在成周大室。

（4）十三年癯壶：唯十又三年九月初吉戊寅，王在成周司土淲宫，格大室，即位。

（5）十月敔簋：唯王十月，王在成周。……唯王十又一月，王格于成周大庙。

（6）晋侯苏编钟：唯王卅又三年，王亲遹省东国、南国。正月既生霸戊午，王步自宗周。二月既望癸卯，王入格成周。……王唯返，归在成周公族整师宫。六月初吉戊寅，旦，王格大室，即位。

（7）令彝：唯八月，辰在甲申，王命周公子明保尹三事四方，受卿事寮。丁亥，令矢告于周公宫，公令出同卿事寮。唯十月月吉癸未，明公朝至于成周，出令，舍三事令，及卿事寮、及里君、及百工、及诸侯侯田男，舍四方令。既咸令，甲申，明公用牲于京宫；乙酉，用牲于康宫。咸既，用牲于王。明公归自王。

由上可见，周王在成周的活动地点包括"京室""京宗""京宫""大室""大庙""康宫""王（宫）"③"周公宫""司土淲宫""公族整师宫"等名目。与前述周地类似，"京室""京宗""京

---

①　按：西周时成周即洛（雒）邑，学界已基本形成共识。参见梁云：《成周与王城考辨》，《考古与文物》2002 年 5 期；朱凤瀚：《〈召诰〉、〈洛诰〉、何尊与成周》，《历史研究》2006 年 1 期；徐昭峰：《成周与王城考略》，《考古》2007 年 11 期，等等。

②　据中国社会科学院考古研究所《殷周金文集成释文》（第 1—6 卷），刘雨、卢岩《近出殷周金文录》（第 1~4 册），陈梦家《西周铜器断代》（一）（403～405 页）等相关材料统计。

③　按：《令彝》铭文中的两处"王"字，当指王宫，即周王在成周的住处或行宫，非指西周之后才有的"王城"。见朱凤瀚：《〈召诰〉、〈洛诰〉、何尊与成周》，《历史研究》2006 年 1 期。

宫""大室""大庙"应该也是不同时期不同人士对同一建筑成周大庙的不同称呼。比如，何尊所谓的"京室"，无疑就是周甲戌方鼎的"京宗"。"大庙"即太庙，作为安放周先君神位的建筑物，除了周、成周二地有，前述镐京、宗周、郑也有。至于"康宫""周公宫"，自是祭祀周康王、周公的宗庙。显然，如果把西周时期成周与周地的建筑物名目进行比较，就会发现，二地除了皆有太庙、康宫（庙）之外，其他的建筑物配置并不相同：成周仅有周公宫、司土（徒）滰宫、公族整师宫等，而周地则有昭宫、穆宫、新宫、夷宫、厉宫诸先王庙以及包括录宫、量宫、司徒宫、汈父宫、冄父宫等建筑在内的"周师"宫室群。

从金文记载看，西周时期的诸王，除了武王、宣王、幽王三人，在周地似乎都有宗庙，或是独立设置，如成宫；或是集合设置，如康宫。康、穆二王在周地之外还另有宗庙。康王时期成就了"酆宫之朝"的大业，天下安宁，国力强盛，这可能是在周地之外的成周（洛邑）别立宗庙祭祀康王的原因。至于周穆王，通过"涂山之会"，大合诸侯，"刑帅宇海"（史墙盘），其功业也是可以比肩康王的，这可能是周人在岐周之外的宗周（丰邑）别立宗庙祭祀穆王的原因。"司土滰宫"无疑属于名叫滰的司徒的住所或官署，"公族整师宫"则当是指在成周八师任职的名叫整的周王同族兄弟住所。

根据上录金文资料及其讨论，辅之以传世文献、简帛资料，可以把西周时代各都城可考宗庙的基本情况列为表二。

可见，上面提到的周与成周、宗周、镐京、郑，作为西周时期周王祭祀、政治、军事活动的主要地点，在不同时期不同程度地体现了西周都城的全部或部分功能，应当在西周时期具有独特的地位。西周穆王以降的金文中出现过多次专以"五邑"为名的职官，如"五邑走马御人"（虎簋盖，穆王时器）、"五邑走马"（元年师兑簋，西周晚期器）、"五邑甸人"（柞钟，西周晚期器）、"五邑守堰"（救簋，西周晚期器）、"五邑祝"（毛伯敦，西周晚期器）等，然其"五邑"所指为何一直不得而知。笔者以为，从周与成周、宗周、镐京、郑五都所具有的特殊地位以及五都格局实际形成于穆王以降的西周中晚期来看，"五邑"很可能就是指此五都（邑）。在西周五都（邑）中，毫无疑问，周是设施最为完备，功能最为齐全，地位最为突出，延续时间最为持久的祭祀、政治、军事中心，应为西周王朝的首都。传世文献中之所以没有特别提及周人以周为都，当是因为初时周部落迁居岐下建立的"小邦"（《尚书·大诰》："兴我小邦周。"），地狭人少，而邦即国，国即城（如《周礼·考工记·匠人》："国中九经九纬。"郑注："国中，城内也。"[①]），城即都（《左传·庄公二十八年》："都曰城。"），无需专门说明所致：周人都名周，与虢人都名虢、郑人都名郑等一样，为时人所周知。

表二　西周都城宗庙情况一览

序号	庙名（异称）	祭祀对象	建置地点	备注
1	大庙（周庙、大室、京室、京大室、天室）	周先君	周	"天室"，见《逸周书·世俘解》
2	大庙（酆宫、丰宫）	周先君	宗周	
3	大庙（大室、京室、京宫、京宗）	周先君	成周	

---

① 《十三经注疏·周礼注疏》，1149页。

续表

序号	庙名（异称）	祭祀对象	建置地点	备注
4	大室（蒿室、蒿宫、莽宫）	周先君	镐京	
5	大室	周先君	郑	
6	文大室	周文王	周	见清华简《耆夜》[1]
7	成宫（成大室）	周成王	周	
8	康宫（康大室、康庙）	周康王	周	
9	康宫		成周	
10	昭宫	周昭王	周	属康宫系统
11	穆宫（穆大室、穆王大室）	周康王	周	属康宫系统
12	穆庙		宗周	
13	新宫	周恭王、周懿王（？）、周孝王（？）	周	属康宫系统
14	夷宫（夷大室）	周夷王	周	属康宫系统
15	剌（厉）宫	周厉王	周	属康宫系统

注：[1] 清华简《耆夜》（清华大学出土文献研究与保护中心编，李学勤主编：《清华大学藏战国竹简》（壹），中西书局，2010 年）有云："武王八年，征伐耆，大戡之，还，乃饮至于文大室。"耆即黎。此即《尚书·西伯戡黎》所记事，在今本《竹书纪年》中则记作："（帝辛）四十四年，西伯发伐黎。"商帝辛四十四年相当于周武王四年。无论是武王四年还是八年，皆在灭商的牧野之战前。以此，文大室的地点当在岐周无疑。

汉以降，人们常把王朝首都称为"京师"，并追根溯源到西周文献中出现的京师称呼。那么，京师是不是西周时期的都城别称？回答是否定的。众所周知，西汉成书的《春秋公羊传》中有一个关于京师的著名解释："京师者何？天子之居也。京者何？大也。师者何？众也。"应该说，这样的解释可能已受到西汉时的流行理解①影响，是存在一定问题的，因为，所言"师者何？众也"的解释显然为"师"的引申义，而不是"师"的本义。师的本义或早期含义是指军队，或与军队相关。《说文》云："师，二千五百人为师。"因此，京师的本义或早期含义当是大军的意思，而不是大众的意思。西周时期的王朝大军自然就是众所周知的"周六师"（西六师）、"成周八师"（殷八师）或略称"周师"、"王师"。以此，京师实际上应就是"王师"、"周师"或"周六师"（西六师）、"成周八师"（殷八师）的别称。大约由于西周时王朝大军常常驻扎于重要都邑或其附近，而至东周时王师仅限于驻扎在王城洛邑附近②，故东周以降京师也就慢慢演变成为对王朝都城的别称。也就是说，西周时代的京师，并不是严格意义上的地名，而是王朝军队的通称，其含义与周师、王师等同。明白了这一点，对于我们确定西周时期有关材料中"京师"的指称对象很有意义。在传世文献和出土金文、简牍文中，属于西周及其以前的"京师"，大约有如下几处，试为释证。

---

① 按：《汉书·沟洫志》载有西汉时的一首著名歌谣："郑国在前，白渠起后；泾水一石，其泥数斗；且溉且粪，长我禾黍；衣食京师，亿万之口。"把其时京师与"亿万之口"联系起来，极言其人众。

② 《左传·僖公十一年》有云："夏，扬、拒、泉、皋、伊、雒之戎同伐京师，入王城，焚东门，王子带召之也。"由春秋时戎人先攻京师，再入王城的情形，知其时京师驻地与王城非一，但相邻近。

（1）《诗经·大雅·公刘》中的"京师"：

> 笃公刘，逝彼百泉，瞻彼溥原；乃陟南冈，乃觏于京。京师之野，于时处处，于时庐旅，于时言言，于时语语。

这是《诗经·大雅·公刘》的一段，一般认为该诗初成于周成王初即位时。该段意思是说：周先君公刘在观察了水源之后，还想再看看广袤的田园，于是他登上南面山冈上的高台瞭望，他看到那京师所在的原野上，到处在搭建军营，人声鼎沸。诗中的"庐旅"是说士兵在为自己搭建军营，并非如传统所解释的"寄旅"之意。《说文》："旅，军之五百人为旅。"故旅亦可泛指军队。显然，这里的"京师"应是指公刘居豳时附近驻扎的大军。至于诗中"乃觏于京"之"京"，显为名词，与前述莽（镐）京之"京"一样是指土筑的高台。京作名词的类似用法，《诗经·大雅·大明》中也有"挚仲氏任，自彼殷商；来嫁于周，曰嫔于京"（意指挚任成为岐周人）、"有命自天，命此文王，于周于京"（意指文王在岐周受天命）二处。这里的"京"与"周"并称，应当是指西周时期王都岐周用于举行重大典礼的"京室"，即太庙。例如，《诗经·大雅·思齐》所谓"思媚周姜，京室之妇"即可以作为挚任"曰嫔于京"的注脚。过去以"京"为京城的解释应当错误。

（2）彧簋铭文中的"京师"：

> 唯六月初吉乙酉，（王）在京之师。戎伐□，彧率有司、师氏奔追，御戎于械林，搏戎馘。

彧簋为穆王时器。"京之师"，原文作 🔳 🔳，有学者释为"寁师"[①]，而未知何意。其实原文首字乃"京之"合文，"京之师"即指京师。前已指出，先秦时代，双字名称之间可加"之"字，如"牧之野"即牧野、"寝之丘"即寝丘、"犬之丘"即犬丘，此"京之师"则又一类例。该铭文说的是彧为保卫周王，率军出击，在械林地方与戎兵战斗。前文已经指出械林即穆王新都郑之所在，因此，此之京师应即指驻于郑的王朝军队，"（王）在京之师"，意为周王在王师军营之中。

（3）多友鼎铭文中的"京师"：

> 唯十月，用猃狁方兴，广伐京师，告追于王。命武公：遣乃元士，羞追于京师。武公命多友率公车羞追于京师。癸未，戎伐筍，卒俘，多友西追。甲申之辰，搏于郗，多友有折首、执讯。凡以公车折首二百又□又五人，执讯廿又三人，俘戎车百乘一十又七乘，卒复筍人俘。或搏于共，折首卅又六人，执讯二人，俘车十乘。从至，追搏于世，……复夺京师之俘。多友乃献俘馘讯于公，武公乃献于王。乃曰武公曰：汝既静京师，釐汝，赐汝土田。丁酉，武公在献宫，乃命向父召多友，乃延于献宫。公亲曰多友曰：余肇使汝休不逆，有成事，多擒。汝静京师，赐汝圭瓒一、锡钟一肆、镐镁百钧。

《多友鼎》为西周晚期厉王时器。这说的是多友率兵车抗击猃狁攻击"京师"事。文中六处提

---

① 唐兰：《陕西省岐山县董家村新出西周重要铜器铭辞的译文和注释》，《文物》1976 年 5 期。

到"京师"，但只需从"复夺京师之俘"一句，就可以知道这里的"京师"是指周朝军队无疑，而不是王朝首都。所谓"复夺京师之俘"，意为多友又夺（救）回被猃狁俘虏的王师官兵。今本《竹书纪年》有云："（厉王）十四年，猃狁侵宗周西鄙。"宗周西鄙，即指宗周丰邑以西的郊野，与《多友鼎》所记"多友西追"在方向上相合，当即其事。其时宗周附近应有"京师"驻扎。

（4）克钟铭文中的"京师"：

> 唯十又六年九月初吉庚寅，王在周康剌（厉）宫。王呼士曶召克，王亲令："克，遹泾，东至于京师。"赐克甸车马乘。

克钟是西周晚期器，具体作器时间必在厉王之后。由于"遹泾"是沿着泾水的意思，因而，"东至于京师"之"京师"，很有可能是指当时驻在戏邑附近的王朝军队。戏即周幽王的死地，位于泾水入渭水处东去不远，是渭水南面交通要道上的重要城邑。（图四）西周时，确实在戏邑驻扎有王朝军队。如前引西周中期器《豆闭簋》有云："唯王二月既生霸辰在戊寅，王格于师戏大室。"所谓"师戏大室"之"师"，即指周师、王师。

（5）清华简《系年》中的"京师"：

> 邦君诸正乃立幽王之弟余臣于虢，是携惠王。立廿又一年，晋文侯仇乃杀惠王于虢。周亡王九年，邦君诸侯焉始不朝于周。晋文侯乃逆平王于少鄂，立之于京师。三年，乃东徙，止于成周。晋人焉始启于京师，郑武公亦正东方之诸侯。①

这说的是西周、东周之交的政治斗争。这里的"京师"，《系年》整理者认为指宗周，另有学者则认为指晋都，皆不确，因为传世文献中有如下相关记载：

> （1）《左传》僖公二十五年：晋侯辞秦师而下。……右师围温，左师逆王。夏四月丁巳，王入于王城。
> （2）《国语·晋语》：二年（前769年）春，（晋文）公以二军下次于阳樊，……左师迎王于郑。王入于成周，遂定之于郑。
> （3）今本《竹书纪年》：申侯、（鲁）[曾]侯②、许男、郑子立宜臼于申，虢公翰立王子余臣于携。
> （4）古本《竹书纪年》：先是申侯、（鲁）[曾]侯、许文公立平王于申。以本太子，故称天王。幽王既死，而虢公翰又立王子余臣于携。

在前面郑国建国过程讨论的基础上，对比《系年》与上传世文献中加着重号的引文内容，可知二点，一是《系年》"晋文侯乃逆平王于少鄂"之"少鄂"，当指前述郑人寄籍的古申邑（西申、拾），东周以降多称郑。少、申二字上古双声（申，书母真部；少，书母宵部），音近，当为异

---

① 清华大学出土文献研究与保护中心编，李学勤主编：《清华大学藏战国竹简》（贰），中西书局，2011 年。
② 按：原文作"鲁"，当是"曾"之形讹。这是因为西周春秋时期有"鲁公"而无"鲁侯"，鲁人也不曾参与两周之际换代立王事，而曾人与申人同是西周王朝的推翻者，一道参与扶立新王理所当然。

记①；"少鄂"之鄂，乃边界之意②，非地名组成文字。这是说晋文侯来到申邑（国）边界一带迎接平王。古申邑即今陕西华县东北的拾村附近（图四）。拾村可谓一个罕见的延续了近三千年而没有改变位置和名称的聚落。二是《系年》所谓"京师"即指驻扎在申地附近一带的王朝军队。据今本《竹书纪年》：幽王十年（前772年），"王师伐申"；清华简《系年》也说："幽王起师，回（围）平王于西申，申人弗畀。"这样，申邑附近当时必定有王朝军队营地。因此，《系年》之"京师"也同样是指的王师、周师。

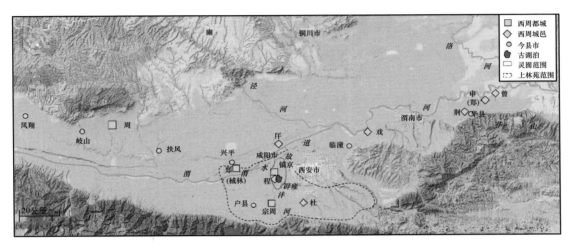

图四   西周关中地区的都邑分布

五、结   论

根据上面的讨论，笔者以为主要可以获得如下几方面结论。

其一，镐（京）即莽（京），最有力的证据是"辟雍"的存在。璧雍、密永、辟池皆为辟雍的异写，为辟（密、毕）地之大水池的意思。辟雍的大学含义是因辟雍干涸而在春秋之后产生的误识。灵沼、灵台、灵囿三者与辟雍有密切关系。程（邑）、永、崇（国）、毕程、毕郢、毕烝为一地异写，是位于辟雍湖滨的城邑。镐（蒿、鄗、莽、旁、减）是商末新建于辟雍湖滨的城邑，拥有良好的渔猎、游赏条件，很受周王、贵族喜爱，承担了西周早期周王贵族居住、宴饮、娱乐、教育和部分政治、祭祀等方面功能。蒿、镐、鄗、莽、旁、滴、减等字存在的书写和读音差异，是不同时代不同地域方音演变的结果。

其二，宗周为丰（邑），不是传统所称的镐京。金文、传世文献中有宗周与丰（邑）为一地的记载，且二者所表现出的重要政治、祭祀功能具有类同性。宗周（丰）是贯穿西周王朝的重要政治、祭祀、军事中心，设置有"三公""三司"等重要的政治、军事机构和大型祭祀、朝觐场所

---

① 按："少"，也有可能为"申"字之误。这是因为，申字古文作"钅"等，与少字形状较近，若文字漫漶，战国竹简的书写者完全有可能致误。

② "鄂"作边界、界限之义，同"咢"。《说文·土部》云："垠，地垠咢也。"段玉裁注："古者边界谓之垠、咢。"许慎撰、段玉裁注《说文解字注》第十三篇下，上海古籍出版社，1981年，690页。

"酆宫"。丰（邑）的位置不在今考古工作者所发现发掘的陕西长安区沣西马王村、客省庄一带，而在今陕西户县东境的秦渡镇左近。

其三，郑（西郑）是周穆王建立的新都无疑。郑的都城功能类似于镐（京），是西周中后期周王贵族居住、渔猎、游赏的重要场所，具有一定的政治、军事意义。郑（西郑）即是棫林（槐里）、犬丘（军丘），其故城遗址在今陕西兴平东南。穆王常居的南郑，当今陕西汉中。西周末的公元前780年，郑（西郑）被幽王作为采邑赐予郑伯多父（郑桓公）；西周灭亡前一年（前772年），郑（西郑）人东迁于拾（即申、西申，今陕西华县东北拾村一带）地寄籍；随着公元前770年周平王由申（拾、郑）迁洛（成周），周平王六年（前765年）郑人再东迁于今河南新郑一带。

其四，周即指岐周无疑。过去学者以周为镐京、宗周乃至成周的观点都是错误的。整个西周时期，岐周作为周王朝最为稳定的祭祀、政治、军事中心，拥有规模最大、名目最多的祭祀、政治、军事性设施，与镐京、宗周、成周等地的设施有显著不同。周的祭祀、政治性设施有"大庙"（或称周庙、周宫、大室、京室、京大室等），遗址很可能是陕西岐山县凤雏发现的甲组宫殿建筑基址；有"康宫"建筑群，遗址很可能是陕西扶风县召陈发现的西周建筑群基址。周的军事性建筑设施有"周师"宫室群，包括录宫、量宫、司徒宫、汈父宫、禹父宫等。

其五，《左传》所谓"凡邑有宗庙先君之主曰都"应是西周王都的判断标准。据此，西周时期符合该条件的王都只有周、宗周、成周、镐京、郑（西郑）五地[①]（参见图四）。其中，周的政治、祭祀、军事功能最为完善，应是西周王朝的首都。传世文献中之所以没有明确提及周为王都，可能是因为当时国、都名号相同所致。宗周、成周分居关中、东土，拥有较强的政治、祭祀、军事功能，相当于西周王朝的行政性陪都。镐京、郑（西郑）的主要功能在于居住、渔猎、游赏，政治、祭祀、军事功能有限，接近于游憩性陪都。

其六，西周时期的"京师"，指的是"周六师""成周八师"等周王朝军队，含义等同于"周师""王师"，不具有严格的地名意义，并不是西周时期的都城别称。西周之后，京师才逐渐演变出都城含义。

西周都城问题的上述新认识，较好地解决了西周都城研究中的主要谜题，改正了有关西周都城历史、地理传统认识中的某些错误，对于西周时期一些重要历史、地理问题的研究深入，对于今天西周都城考古的推进和昆明池遗址公园（昆明池文化生态景区[②]）的保护与建设工作，应当具有十分重要的意义。

---

① 按：师酉簋有云："唯王元年正月，王在吴，格吴大庙。"此所谓"吴"，学者多指为"虞"之异写，即吴太伯之后周章弟虞仲所封的"周之北故夏虚"（《史记·吴太伯世家》），在今山西南部。笔者疑此吴或即周章所君之吴，当今江苏苏州。据今本《竹书纪年》，周穆王时曾"伐越，至于纡"，纡即吴之异写。不过，无论是虞还是吴，西周时既已封为诸侯，其"吴大庙"自然不具有中央王朝设施意义，固无由视吴为王朝都城。

② 《西咸新区沣东新城重现千年昆明池胜景》，《西安晚报》2011年11月7日。

补　记

　　刚把本文的清样校稿交给编辑部，第二天即看见《中国社会科学报》上有这样一条报道：《陕西周原遗址发现九座大墓确认发现西周晚期周城遗址》（2014 年 1 月 13 日第 548 期），其中说："陕西省考古研究院与北京大学考古文博学院、周原博物馆组成联合考古队，对周原遗址进行了迄今最全面系统的考古调查……。此次调查总面积约 50 平方千米，调查断坎 600 条，记录遗存采集点近 3000 个，新发现了多处城墙遗存。通过航拍分析与勘查判断，首次确认在周原遗址发现了一座东西长约 1510 米，南北宽约 640 米，面积约 90 万平方米的西周晚期周城遗址。"这很大程度上为本文的主要观点之一提供了重要支持。

　　特补志于此。

2014 年 1 月 14 日

（原载《中国历史地理论丛》2014 年 1 期）

7. 昆明池保护

昆明池的历史演变及其现代开发初探

王建国

一、昆明池的历史演变

昆明池上古时已蓄水成池，称为灵沼，相传尧治水时曾停船于此。当时水量不大，规模较小。汉武帝元狩三年（前120年）减陇西、北地、上郡戍卒之半，发谪吏在周灵沼的基础上修凿成此湖，以"越嶲昆明国有滇池，方三百里，故作昆明池以象之，以习水战，因名曰昆明池"[①]。昆明池在汉武帝时期修凿后，有潏水、交水灌注，沣、滈二水又堰入池中，使水量增大，从而解决了都城长安的蓄水供水问题。当时昆明池周回四十里，烟波浩渺，水天相接。池中建有豫章台、灵波殿、石鲸和可载万人的豫章大船，是一处规模极大的以湖光水色为主的风景区。汉武帝常来此游赏，并令宫女们泛舟池中，"张凤盖，建华旗，作濯歌，杂以鼓吹"。时以昆明池以象天汉，池的东西两岸安放有男女二尊石像，以象牵牛与织女。《三辅黄图》引《关辅古语》说："昆明池中有二石人，立牵牛、织女于池之东西，以象天河。"张衡《西京赋》也说："昆明灵沼，黑水玄阯，牵牛立其左，织女处其右。"

西汉以后，曾进行过多次疏浚。延光三年（124年）东汉安帝行幸长安，历游上林与昆明池。北魏太武帝拓跋焘于太平真君元年（440年）下令"发长安五千人浚昆明池"[②]。唐太宗贞观年间，命浚修昆明池，并疏导沣、滈二水入堰注入池中。贞元十三年（797年）七月，德宗命京兆尹韩皋充使浚修，追循汉制，引交水与沣水合流注入于池。大和九年（835年），文宗亦令京兆尹修浚昆明池。经多次浚修，昆明池在唐代时期仍是一处烟水浩瀚，水产丰富，景色优美的风景区。在唐代，昆明池已不属于禁苑区域所辖，故上自官僚贵族，下及平民百姓都可来此游赏。唐代后期，长安国都地位的失去，加之昆明池堤堰崩溃和水源断绝，导致逐渐干涸。到了宋代，昆明池已成为一片农田。现今的昆明池遗址位于西安市西南的斗门镇石匣口村、万村和南丰村之间，经过考古专家的勘察"东西约4.25、南北约5.69千米，周长约17.6千米，面积约16.6平方千米"[③]。

① 何清谷：《三辅黄图校释》，中华书局，2005年，249页。
② 魏收：《魏书》，中华书局，1974年，93页。
③ 中国社会科学院考古研究所汉长安城工作队：《西安市汉唐昆明池遗址的钻探与试掘简报》，《考古》2006年10期。

二、昆明池的历史功用

1. 军事作用

昆明池的兴建，在历史上发挥了十分重要的军事作用，主要表现在水军操练和检阅上。最早提及昆明池操练水军的是《史记·平准书》，其记载：元鼎二年（前 115 年），在昆明池"治楼船，高十余丈，旗帜加其上，甚壮"。杜甫在《秋兴八首》第七首诗中写道："昆明池水汉时功，武帝旌旗在眼中。"操练水师的规模宏大，场面壮观，战船众多。《西京杂记》卷六载："昆明池中有戈船楼船各数百艘，楼船上建楼橹，戈船上建戈矛，四角悉垂幡旄旍葆麾盖，照灼涯涘，余少时犹忆见之。"昆明池在汉代作为操练水军的功能历时较为短暂，仅在武帝后期，"后昭帝年少，不能复征伐"。直至唐朝初年，唐高祖李渊才在武德九年"三月庚寅，幸昆明池，习水战"①。这之后，由于淤积问题愈发严重，时常面临干涸的危险，史料中再也没有关于在池中操练水师的记载。

2. 休闲娱乐作用

自古皇家苑囿的最主要作用就是为统治者提供一个休闲娱乐的好去处，昆明池也不例外。昆明池水域面积较为广阔，加之池中建筑独特，湖光山色，水天相接，美不胜收，因此成为帝王游赏娱乐活动的首选场所之一。史载昆明池建有灵波殿，皆以桂木为殿柱，微风吹来，香气袭人。池中备有龙首船，常令宫女泛舟池中，张凤盖，建华旗，作櫂歌，杂以鼓吹。在烟波浩渺的湖面上，盛妆宫娥在龙舟上轻歌曼舞，皇帝登临豫章台观赏取乐，宛如来到仙境。据《三辅黄图》等记载，昆明池西有宣曲宫，"孝宣帝晓音律，常于此度曲"，池东有白杨观，池南则有细柳观。宣曲宫不仅是西汉皇帝游玩的场所，也是西汉在都城外屯驻骑兵的地方。《雍录》云："其始凿也，固以习战，久之乃为游玩之地耳。"②可见，随着时间的推移，休闲游赏逐渐成为昆明池的主要作用。到唐代，名将李靖的弟弟李客师"有别业在昆明池南"，安乐公主曾请求将昆明池作为自己的"私沼"。由正史记载查阅得知，汉代以后皇帝驾幸昆明池达 13 次之多，更能说明昆明池是皇家娱乐游赏的最佳选择之一。

3. 水产养殖作用

昆明池盛产鱼类，是长安地区重要的水产养殖地。《西京杂记》："武帝作昆明池，欲伐昆明夷，教习水战，因而于上游戏养鱼。鱼给诸陵庙祭祀，余付长安市卖之。"③《三辅黄图》引《庙记》曰："养鱼以给诸陵祭祀，余付长安厨。"其引《三辅故事》云："于池中养鱼以给诸陵祠，余付长安市，鱼乃贱。"④直到唐代仍是如此，渔者、贫人都能从昆明池的自然资源中得到好处，白居易曾有

---

① 欧阳修、宋祁：《新唐书》，中华书局，1975 年。

② 程大昌：《雍录》卷六，中华书局，2002 年。

③ 葛洪：《西京杂记》，中华书局，1985 年。

④ 何清谷：《三辅黄图校释》，中华书局，2005 年，253 页。

诗曰："官家不得收其征，菰蒲无租鱼无税。"① 刘宾客《嘉话录》："昆明池者，汉孝武所制，捕鱼之利，京师赖之。"综上可见：①昆明池是京城水产品的主要供应地之一；②昆明池的水产品除供陵庙祭祀、宫廷食用外，多余的还在长安市上贩卖，足见产量之大；③由于昆明池的水产品上市，还影响到了长安城的鱼价。

4. 供水、确保水运及保护生态环境作用

汉代修建昆明池的主要原因之一，是为长安城供水并调节漕运。当然，为长安城供水、调洪、蓄洪也是昆明池所有功用中最重要的作用。西汉长安城规模宏大，人口众多，比同时代西方最大的古罗马城还大三倍，因此城市供水是个极其重要的问题。西汉统治者在修建长安城的时候，就考虑到充分利用周围的自然河流，用纵横交错的渠道和人工开掘的池塘，把周边河流连结为一个完整而有机的供水系统，使沣河、滈河、渭河、灞河等相互连通，保证了长安城正常的水源供应。《汉书》载："元狩三年夏，大旱。是岁，发天下故吏伐棘上林，穿昆明池。"② 昆明池修凿之后，有滈水交水灌注，沣、滈二水又堰入池中，使水量加大，从而解决了都城长安的蓄水供水问题。当时昆明池所处的地理位置较国都长安城更高，这样就为昆明池向长安城供水提供了便利条件。加之，昆明池水域广阔，储水量较大，又位于皇家禁苑之中，一般老百姓很难进入，这样就减少了人为的污染，确保了昆明池水质的清洁卫生。

三、对昆明池现代开发及其利用的建议

1. 全面勘察，合理规划

为了实现对昆明池的科学开发和利用，就有必要对其资源进行全面深入的考古、勘察，进而进行科学合理的规划，如若没有此步骤，一切都是纸上谈兵。因此，要加快对昆明池区的考古勘探，组织召开考古学界、史学界、水利学界、规划学界等专家学者论证会，听取不同意见，依据国家相关法律法规，尊重历史文脉，体现人与历史、现代与历史的交流，使之主体化、情景化和特色化，进而制定合理科学的保护开发规划。

2. 做好整体开发与协调发展

一是与"八水润西安"的协调。昆明池是"八水润西安"规划中"571028工程"的一部分，昆明池的远景规划也是以河流、水面、台塬、历史遗迹、自然农田景观为一体的综合景观区，空间结构是"一湖、一环、四观、四中心"。因此，必须要处理好个体与整体开发的关系，做到总体规划，协调发展。二是与周边古遗址及文化遗存的协调。昆明池周边有牛郎织女石刻、丰镐遗址等历史遗存，因此应将其纳入整体，进行开发利用。三是与周边新农村建设的协调发展。根据《昆明池

---

① 彭定求等：《全唐诗》，中华书局，1999年，4707页。
② 班固：《汉书》，中华书局，1962年，1392页。

景区规划》，昆明池水由沣惠渠引入，通过恢复沙河河道退水。水面面积 820 公顷（12300 亩），需搬迁村庄面积 153 公顷。昆明池遗址内有普渡村等 20 多个村庄，遗址周边有南沣村等 9 个村镇。因此要处理好昆明池的现代开发与周边新农村建设的协调发展。

3. 复原部分历史遗存

汉代昆明池旁边有众多离宫别馆建筑，如昆明台、宣曲宫、白杨观等归属于昆明池范围，因此有条件的情况下可对其复原。根据《三辅故事》载，汉昆明池中有石鲸，此石鲸"长三丈，每至雷雨，常鸣吼，鬐尾皆动"。这虽系夸张说法，但石刻当年在昆明池中，风雷激荡，水石相发，其形象生动可知。石鲸原立于汉昆明池遗址（长安区斗门镇马营村）。2005 年汉长安城考古工作队在对昆明池周边进行调查时发现，"在昆明池西岸的马营寨村一农户院内有一块巨石，大部分深埋土中，仅一小部分露出在外，相传为昆明池的石鲸"[①]。因此，可考虑复原昆明池中的石鲸。当然，我们更期待"汉·石鲸主题森林公园"对其的完美诠释。

4. 修建昆明池诗歌长廊（广场）和历史名人雕塑群

昆明池作为我国历史上的第一大人工湖，受到当时和后世政要名家、文人墨客的吟诵。他们借昆明池或抒发胸怀，或感慨世事，或追忆古今，留下了诸多脍炙人口、流传千古的名篇佳作。汉代，有班固的《西都赋》、张衡的《西京赋》。唐代，涌现了许多关于昆明池诗歌佳作，如白居易的《昆明春》、杜甫的《秋兴八首·昆明池水》、贾岛的《昆明池泛舟》、李世民的《冬日临昆明池》等。唐代，在昆明池还曾举行了一场由皇帝主持的赛诗会，《唐诗纪事》记其盛况云："中宗正月晦日幸昆明池赋诗，群臣应制百余篇。帐殿前结彩楼，命昭容选一首为新翻御制曲。从臣悉集其下，须臾纸落如飞。又移时，一纸飞坠，竞取而观，乃沈诗也。及闻其评曰：'二诗工力悉敌，沈诗落句云：微臣雕朽质，羞睹豫章才，盖词气已竭。'宋诗云：'不愁明月尽，自有夜珠来，犹陟健举。'沈乃伏，不敢复争。"[②] 这些诗歌和历史名人构成了昆明池深厚历史文化的一部分，因此可考虑建昆明池诗歌长廊（广场）和历史名人雕塑群，以丰富昆明池的文化内涵。

（原载《兰台世界》2014 年 22 期）

---

① 中国社会科学院考古研究所汉长安城工作队：《西安市汉唐昆明池遗址的钻探与试掘简报》，《考古》2006 年 10 期。

② 计有功：《唐诗纪事》，中华书局，1965 年，28 页。

关于汉代昆明池功能探讨

——兼谈昆明池保护与利用的历史借鉴

刘庆柱

　　昆明池是汉武帝时代，西汉王朝应政治军事、长安水运、市民用水、汉长安城上林苑发展需要而开凿的。汉长安城昆明池的开凿，在中国古代都城池苑发展史上产生了重要而深远的历史影响，是中华民族重要的文化遗产，深入研究、全面认识昆明池的历史功能，是保护好昆明池文化遗产的前提，是合理利用昆明池文化遗产的基础，是促进西安城市发展、提高城市品位、改善城市环境、造福于中华民族子子孙孙、突出西安市历史文化特色所必需的。

一、历史文献记载的昆明池概况

　　关于昆明池开凿历史，《三辅黄图》引《三秦记》载："昆明池中有灵沼，名神池。云尧时治水，尝停船于此也。"《初学记》卷七引《关中记》进一步指出：昆明池"中有灵沼神池。云尧时理水讫，停舟此池。盖尧时已有洿池，汉代因而深广耳"。《汉书》记载的昆明池建于汉武帝元狩三年（前 120 年）[①]，是不是如上述《关中记》所载为汉武帝在上古时代的唐尧之际的"洿池"基础之上兴建的，还需要开展更多田野考古工作来究明。

　　《三辅黄图》载：昆明池"在长安西南。"《长安县志》卷十四记载：昆明池的范围"北极丰镐村，南极石匣，东极园柳坡，西极斗门"。昆明池位于汉长安城西南部的上林苑之中[②]。

　　在中国古代都城的宫苑历史上，昆明池是都城所属人工池苑中规模最大的，《三辅故事》记载："昆明池，地三百三十二顷。"或曰"周回四十里"[③]。昆明池周围岸边有大量殿观亭榭，所谓

---

　　① 《汉书》卷六《武帝纪》。
　　② 《史记》卷三十《平准书》记载："故吏皆适令伐棘上林，作昆明池。"《长安志》卷四引《三辅黄图》载："上林苑有昆明池，周匝四十里。"《汉旧仪》载："上林苑中昆明池、镐池、牟首诸池，取鱼鳖给祠祀，用鱼鳖千枚，以余给太官。"
　　③ 《汉书》卷六《武帝纪》臣瓒注；《三辅黄图》卷四。

"列馆环之"①。池中有象征大海之中"神山仙境"的"豫章观"②以及石鲸③。此外，昆明池还有着2000多年前关于"牛郎织女"美好历史传说的记载与"物化载体"④。

历史文献也记载了昆明池在汉长安城的漕渠与城市及农业用水⑤方面的作用。

二、昆明池遗址的考古发现

昆明池遗址考古工作始于20世纪50年代，当时考古工作者对其进行了踏察⑥。2005年中国社会科学院考古研究所汉长安城考古队进行了汉代上林苑昆明池遗址的考古调查、勘探、发掘，初步探明了昆明池遗址的位置、范围、形制及其周围的上林苑建筑遗址以及与之相关的滴池与滮池遗址⑦。目前考古工作者正在进一步通过昆明池的田野考古工作，使这一研究更为深化、细化，从而为昆明池遗址的研究、保护与利用提供更为科学的支撑。

经考古勘察究明，昆明池故址在今长安县斗门镇附近，位于斗门镇、石匣口、万村、南丰村之间，遗址内分布有普渡村、花园村、西白家庄、南白家庄、北常家庄、常家庄、西常家庄、镐京乡、小白店、梦驾庄、常家滩、太平庄、齐家曹村、马营寨、新堡子、杨家庄、袁旗寨、谷雨庄、五星村、北寨子、南寨子、下店等村庄，遗址周边分布有大白店、蒲阳村、堰下张村、落水村、斗门镇、石匣口、万村、南丰村、上泉北村等村镇。昆明池遗址范围东西约4.25千米，南北约5.69千米，周长约17.6千米，面积16.6平方千米。故址为一片洼地，低于附近地面2～4米。其范围为：东自孟家寨、万村之西，西至张村和马营寨之东，南达细柳原北，北到北常家庄以南。

昆明池的池岸一般为生土，其外以大卵石砌筑护岸。在昆明池遗址东岸边发现进水渠2条和汉代建筑遗址3处，西岸和北岸边发现出水渠4条，昆明池遗址之中发现高地4处，南岸发现汉代建筑遗址3处。

昆明池之中的4处高地，均为生土：一号高地位于池北岸中部附近，东西50、南北195米；

① 《汉书》卷二四《食货志》载："是时越欲与汉用船战逐，乃大修昆明池，列馆环之。"

② 何清谷校注《三辅黄图校注》卷五载："豫章观，武帝造，在昆明池中，亦曰昆明观。"任昉《述异记》卷下载："汉武帝元鼎二年，立豫章观于昆明池中，作豫章水殿。"所谓"豫章水殿"，即用豫章木在昆明池中营建的宫殿。

③ 《三辅黄图》引《三辅故事》载：昆明池"中有豫章台及石鲸，刻石为鲸鱼，长三丈，每至雷雨，常鸣吼，鬣尾皆动"。《西京杂记》卷一亦载："昆明池刻石为鱼，每至雷雨，鱼常鸣吼，鬣尾皆动。汉世祭之以祈雨，往往有验。"

④ 《文选》卷一《西都赋》记载："集乎豫章之宇，临乎昆明之池。左牵牛而右织女，似云汉之无涯。"

⑤ 《汉书》卷二七《五行志》载："元狩三年夏，大旱。是岁，发天下故吏伐棘上林，穿昆明池。"《史记》卷二九《河渠书》载，郑当时云："引渭穿渠起长安，并南山下，至河三百里，径易漕，度可令三月罢；而渠下民田万余顷，又可得以溉田。"程大昌《雍录》卷六之"昆明池"条载："昆明基高，故其下流尚可壅激以为都城之用。于是并城疏别三派，城内外皆赖之。"

⑥ 胡谦盈：《丰镐地区诸水道的踏察——兼论周都丰镐位置》，《考古》1963年4期；《汉昆明池及其有关遗存踏察记》，《考古与文物》1980年1期。

⑦ 中国社会科学院考古研究所汉长安城工作队：《西安市汉唐昆明池遗址的钻探与试掘简报》，《考古》2006年10期。

二号高地在昆明池中部偏西，东西 370、南北 500 米；三号高地在昆明池中北部，东西 500、南北 660 米；四号高地在昆明池中北部偏东，东西 115、南北 260 米。二至四号高地东西并列于昆明池中北部。或许这种生土高地，是作为"海中"的"神山"而设置，这还有待进一步的研究。

根据历史文献记载，昆明池当年的岸边建筑数量不少[①]，目前考古勘探发现了 3 处，编号为一、二、三号建筑遗址。一、二号遗址均在昆明池南部偏东，一号遗址南北 245、东西 35 米；二号遗址在一号遗址以东 85 米，东西 80、南北 40 米；三号遗址在昆明池遗址东侧，其南、北、西三面与昆明池相连，属于水榭一类建筑，遗址东西 80、南北 75 米，该遗址可能就是"昆明东观"故址[②]。"昆明东观"亦称"昆明观"或"豫章观"[③]，上林苑故址之中曾出土有"上林豫章观铜鉴"铭文的铜器[④]。

《文选》卷一《西都赋》记载："集乎豫章之宇，临乎昆明之池。左牵牛而右织女，似云汉之无涯。"在昆明池遗址附近现存的两个古代石像，一个在今昆明池遗址西岸之上的斗门镇附近，另一个在北常家庄之北，后者可能不是石像的原来位置，原来应在昆明池东岸之上。

滈池在昆明池以北，滈池遗址东西约 1270、南北约 580、周长 3550 米，面积约 0.5 平方千米。滮池位于滈池以北，二池南北相连通。滮池遗址东西约 700、南北约 2980 米，周长约 7850 米，面积约 1.81 平方千米[⑤]。

三、汉代昆明池的功能

（一）政治军事功能

历史文献记载，元狩元年（前 122 年），汉武帝根据博望侯张骞建议，派王然于、柏始昌、吕越人等"间出西南夷，指求身毒国。至滇，滇王当羌乃留。为求道四岁余，皆闭昆明，莫能通"[⑥]。这也就导致了元狩三年（前 120 年），汉武帝决定开凿昆明池。《汉书》卷六《武帝纪》载：元狩三年"发谪吏穿昆明池"。臣瓒曰："《西南夷传》有越嶲、昆明国，有滇池，方三百里。汉使求身毒国，而为昆明所闭。今欲伐之，故作昆明池象之，以习水战，在长安西南，周回四十里。《食货志》又曰时越欲与汉用船战，遂乃大修昆明池也。"汉武帝所修昆明池池名就与滇之昆明池有关，《汉

---

　　① 《汉书》卷二四《食货志》载："是时越欲与汉用船战逐，乃大修昆明池，列馆环之。"

　　② 《汉书》卷二六《天文志》载：河平"二年十二月壬申，太皇太后避时昆明东观。"《汉书》卷九八《元后传》载："历东观，望昆明。"《长安志》卷四上林苑条引《三辅黄图》载："上林苑中有昆明观。"

　　③ 何清谷校注：《三辅黄图校注》卷五："豫章观，武帝造，在昆明池中，亦曰昆明观。"豫章观因在昆明池中而建，所以又称昆明观，因其位于昆明池东部，故又有"昆明东观"或"东观"之称。任昉《述异记》卷下："汉武帝元鼎二年，立豫章观于昆明池中，作豫章水殿。"所谓"豫章水殿"，即用豫章木在昆明池营建的宫殿。

　　④ 西安市文物管理委员会：《西安三桥镇高窑村出土的西汉铜器群》，《考古》1963 年 2 期。

　　⑤ 中国社会科学院考古研究所汉长安城工作队：《西安市汉唐昆明池遗址的钻探与试掘简报》，《考古》2006 年 10 期。

　　⑥ 《汉书》卷九五《西南夷传》。

书》卷第五七（上）《扬雄传》（上）："穿昆明象滇河。"滇河即滇池，亦称滇南泽、昆明湖、昆明池。昆明池开凿的直接作用是为训练水军征伐滇地。《资治通鉴》卷十九记载："上将讨昆明，以昆明有滇池方三百里，乃作昆明池以习水战。是时法既益严，吏多废免。兵革数动，民多买复及五大夫，征发之士益鲜。于是除千夫、五大夫为吏，不欲者出马，以故吏弄法，皆谪令伐棘上林，穿昆明池。"

昆明池第二次的扩修，在汉武帝元鼎元年（前116年）。扩修还是缘于军事目的，只是对象有了改变，由原来的西南夷变成了南越。《史记》卷三十《平准书》："是时越欲与汉用船战逐，乃大修昆明池，列观环之。治楼船，高十余丈，旗帜加其上，甚壮。"《史记索隐》曰："盖始穿昆明池，欲与滇王战，今乃更大修之，将与南越吕嘉战逐，故作楼船，于是杨仆有将军之号。又下云'因南方楼船卒二十余万击南越'也。昆明池有豫章馆。豫章，地名，以言将出军于豫章也。"[①]《三辅旧事》亦载：昆明池"中有戈船各数十，楼船百艘，船上建戈矛，四角悉垂幡旄葆虞麾盖，照烛涯涘"。《三辅故事》中也写道："武帝作昆明池，以习水战。后昭帝小，不能复征讨。"

据上所述，汉武帝两次开凿昆明池，都是出于为征战训练"水战"所需。

（二）长安水运需要

汉代长安漕渠是中国古代最早为都城运输粮食等物资的皇家运河工程。

汉武帝时，大司农郑当时提出了在汉代长安附近的渭河南侧开凿漕渠以解决漕运之急并改进长安以东地区的灌溉条件的建议。

《史记》卷二九《河渠书》记载漕渠是"引渭穿渠起长安"，在漕渠引昆明池水之前，漕渠的唯一水源是渭河。

如果说漕渠于汉武帝元光六年（前129年）开凿之时，水源只有渭河之水的话，那么十年之后汉武帝元狩三年（前120年）开凿昆明池[②]，使之成为漕渠的第二水源地。据有关研究认为，汉昆明池的蓄水量约为3549.7万立方米，按照现在的标准来看，也属于一座中型水库[③]。因此，昆明池可以为漕渠提供相当数量的用水。关于从昆明池引出的漕渠，历史文献称其为"昆明故渠"[④]。也有学者提出京畿地区漕渠"水源乃是昆明池，渠上承昆明池东口，所以又称昆明故渠。汉武帝所以要凿昆明池把南山诸水都集中到这里，其目的之一就是为解决漕渠水源"[⑤]。笔者认为都城长安漕渠的水源应该主要是渭河河水，漕渠属于次要的。但是，在汉武帝时期由于漕渠通行量的加大，漕渠水量

① 李令福：《古都西安城市布局及其地理基础》，人民出版社，2009年，257、258页。
② 《汉书》卷六《武帝纪》：元光六年"春，穿漕渠通渭"。又载：元狩三年"发谪吏穿昆明池"。
③ 吴庆洲：《中国古代城市的防洪研究》，中国建筑工业出版社，1995年。
④ 《水经注·渭水》："渭水东合昆明故渠，渠上承昆明池东口，东迳河池陂北，亦曰女观陂。又东和沄水，又东迳长安县南，东迳明堂南……渠南有汉故圜丘……故渠之北有白亭、博望苑……故渠又东而北屈，迳青门外，与沄水枝渠会。"
⑤ 黄盛璋：《关于〈水经注〉长安城附近复原的若干问题——兼论〈水经注〉的研究方法》，《考古》1962年6期。

需要增加，这使昆明池成为漕渠的另一重要水源。

　　昆明池东出之水汇入漕渠，在长安城南郊礼制建筑群南边流过。又经长安城东南部，又东北与清明门流出的沉水支渠——明渠相汇，漕渠又东北流至池底村南。漕渠在这里分为两支，一支北流入渭；另一支东流横绝灞水，再向东经华县、华阴至潼关，汇于渭河。这里有一个非常重要的地方——太仓，按照目前学术界的一般看法，认为太仓应该在汉长安城东南部，漕渠与太仓关系密切。太仓的粮食运输可能就是通过漕渠。由此可以看出，昆明池为漕渠补充水源对汉长安城的水运交通有重要意义。

（三）汉长安城城市用水所需

　　汉武帝时期是汉长安城的大扩展时期：都城规模空前发展。在汉长安城以西兴建了建章宫[①]、明光宫[②]、桂宫[③]，扩建了北宫[④]、上林苑[⑤]等，这些工程建设使汉长安城的城市用水量极大增加。为了保证都城及其附近用水，汉武帝在上述大多工程之前，已经着手了昆明池的开凿，从而为汉长安城的上述发展提供了有力保障。

　　昆明池水经镐京故址东和阿房宫遗址西，再向东北流入揭水陂，陂址在今西安市三桥镇一带。揭水陂是座人工水库，其作用有二：一是储水，二是控制水流。从功能上讲，后者大于前者。因昆明池与长安城地势高差较大，如对池水不加以控制，昆明池北出之水将直泻入渭，这样既使水源浪费，又使长安城用水不能得到全面保证，同时也危及都城安全。据上所述可以看出，昆明池池水通过揭水陂注入沉水，保证了长安城中的明渠、沧池和建章宫附近及长安城西部、北部的沉水水源，因此说，昆明池是长安城给水系统中的重要工程，昆明池成为都城的重要水库。

　　昆明池的开凿与漕运有密切关系，都城长安的漕渠水源即昆明池，因此漕渠又有"昆明故渠"的说法[⑥]。而漕渠又改善了京畿地区的农业灌溉条件。《汉书》卷二七《五行志》载："元狩三年夏，大旱。是岁，发天下故吏伐棘上林，穿昆明池。"《史记》卷二九《河渠书》载：郑当时云"引渭穿渠起长安，并南山下，至河三百余里，径易漕，度可令三月罢；而渠下民田万余顷，又可得以溉田"。

---

　　① 《汉书》卷六《武帝纪》：太初元年"起建章宫"。《汉书》卷二五（下）《郊祀志》（下）："作建章宫，度为千门万户。前殿度高未央。其东则凤阙，高二十余丈。其西则商中，数十里虎圈。其北治大池，渐台高二十余丈，名曰泰液，池中有蓬莱、方丈、瀛洲、壶梁，象海中神山龟鱼之属。其南有玉堂璧门大鸟之属。立神明台、井干楼，高五十丈，辇道相属焉。"

　　② 《三辅黄图》卷二载："明光宫，武帝太初四年秋起，在长乐宫后，南与长乐宫相联属。"

　　③ 《三辅黄图》卷二载："桂宫，汉武帝造，周回十余里。"

　　④ 《三辅黄图》卷二载："北宫，在长安城中，近桂宫，俱在未央宫北。周回十里。高帝时制度草创，孝武增修之。"

　　⑤ 《文选》卷八扬雄《羽猎赋·序》云："武帝广开上林，东南至宜春、鼎湖、御宿、昆吾，旁南山，西至长杨、五柞，北绕黄山，滨渭而东，周袤数百里。"

　　⑥ 黄盛璋：《关于〈水经注〉长安城附近复原的若干问题——兼论〈水经注〉的研究方法》，《考古》1962年6期。

（四）昆明池开凿是汉长安城上林苑发展需要

《汉书》卷十九（上）《百官公卿表》（上）载："少府属官有上林十池监。"今本《三辅黄图》卷四载："上林苑有初池、糜池、牛首池、蒯池、积草池、东陂池、西陂池、大壹池、当路池、郎池。"汉武帝时期，上林苑进行了大规模扩建，《汉书》卷五七（上）《扬雄传》（上）记载："武帝广开上林，南至宜春、鼎湖、御宿、昆吾，旁南山西，至长杨、五柞，北绕黄山，滨渭而东，周袤数百里。"昆明池开凿成为扩建的上林苑工程所必需的，昆明池也就是上林苑中最为重要、规模最大的池苑了。

（五）昆明池水产产业

昆明池养殖大量的鱼鳖，以供都城使用。《三辅黄图》引《庙记》载：昆明池"养鱼以给诸陵祭祀，余付长安厨。"《汉官六种·汉旧仪》卷下载："上林苑中昆明池、镐池、牟首诸池，取鱼鳖给祠祀，用鱼鳖千枚以上，余给太官。"也有文献记载，昆明池用于养殖鱼鳖，是因为汉武帝以后，这里不再作为训练水军的地方①。

综上所述，我们可以看出昆明池的功能虽然有多种，但是其不同时期并不一样。昆明池开凿根据政治、军事需要，国家的开疆拓土，西南夷的征战，中央政府对南越地区统治的恢复，这一切政治要求的保障是"水军"军力的提升，这也是昆明池开凿的初衷。当汉武帝西南夷与南越地区的军事活动达到了其政治目的，昆明池也就失去了主要作为训练"水军"的功能。与此同时，汉武帝时期是汉长安城的大建设、大发展时期，解决城市用水成为其正常运转的关键问题。昆明池也就适逢其时成为都城的"水库"，承担了向都城供水的历史使命。

四、昆明池遗址的保护与利用

昆明池遗址的保护是我们涉及昆明池遗址所有工作的"前提"，因此笔者认为这里的保护工作是第一位的。而保护又要求其"原真性"保护，不能是"变味"的保护。当然保护的目的是利用，不能说保护就是为了保护，那将是人类没有意义的活动。但是当我们谈到利用的时候，一定要牢记"科学"地利用。我们当代人对历史文化遗产的利用必须是对子孙万代"负责任"地利用，不能"竭泽而渔"地利用，更不能"唯利是图"地利用，绝不能"破坏性"地利用。

昆明池遗址的"原真性"保护，首先是其空间范围的确认，其次是历史功能的最大延续，再次是环境风貌的一致性。

当今作为建设世界"大城市"的西安市，应该充分发挥昆明池遗址给予城市建设的重要性。今天或今后的西安市，其城市规模、人口数量、经济活动等与2000多年前的汉长安城不可同日而语，

---

① 张澍辑本《三辅故事》载："武帝作昆明池以习水战。后昭帝小，不能复征讨，于池诸养鱼以给诸陵祠，余付长安市，鱼乃贱。"

二者对城市用水的需要量应该是有极大的不同，水源的多少可以说在某种程度上制约着西安市的发展。保护昆明池遗址，恢复古代昆明池的水库功能，服务于建设世界大城市，是当今保护与利用昆明池的第一要务。昆明池遗址作为当年都城"水库"功能的恢复，将再现这一中华民族都城发展史上的恢宏历史景观，也将极大地提高古都西安的历史文化地位。科学地、充分地保护好、利用好昆明池遗址，使西安市在世界大城市建设中发挥重要作用，进一步促进西安市的人文化、科学化、生态化、现代化的城市建设。

（原载陕西省西咸新区沣东新城管委会、西安历史文化名城研究会：

《昆明池研究》，陕西科学技术出版社，2014 年）

昆明池的保护与利用问题

李毓芳

一、昆明池的修建

据《汉书·西南夷传》载，元狩元年（前 122 年），汉武帝根据张骞建议，派王然于、柏始昌、吕越人等"间出西南夷，指求身毒国。至滇，滇王当羌乃留。为求道四岁余，皆闭昆明，莫能通"。元狩三年（前 120 年）汉武帝"减陇西、北地、上郡戍卒半，发谪吏，穿昆明池"。《汉书·五行志》载："元狩三年夏，大旱。是岁，发天下故吏伐棘上林，穿昆明池。"这说明了昆明池是汉武帝在元狩三年修建的。那么汉武帝出于什么目的开凿昆明池呢？《汉书·武帝纪》臣瓒注："西南夷传有越巂、昆明国，有滇池，方三百里。汉使求身毒国，而为昆明所闭，今欲伐之，故作昆明池象之，以习水战。"元鼎初年，汉武帝又一次对昆明池疏浚修建。《汉书·食货志》载："是时，越欲与汉用船战逐，乃大修昆明池，列馆环之，治楼船，高十余丈，旗帜加其上，甚壮。"这说明当时汉武帝不但增加了昆明池的面积，还在池周边修建了很多宫观建筑。考古工作者已在昆明池岸边找到了几处建筑遗址就充分证明了这一点[1]。

汉代以后，昆明池继续存在并使用着，只是在后秦末年因关中大旱，昆明池才一度枯竭[2]。在北魏太平真君元年（440 年）对昆明池做了一次疏浚的工作[3]。而大规模地对昆明池扩建和疏浚的工程是在唐代，主要有三次，分别是在太宗贞观年间（627～649 年）、德宗贞元十三年（797 年）[4]、文宗大和九年（835 年）[5]。考古工作者目前通过钻探和发掘的资料了解到，唐代昆明池的东岸线和东南岸线均比汉代昆明池的池岸线向外扩展了很多，即唐代昆明池的面积要比汉代昆明池的面积大了很多。

---

① 中国社会科学院考古研究所汉长安城工作队：《西安市汉唐昆明池遗址的钻探与试掘简报》，《考古》2006 年 10 期。

② 《魏书》记载："秦中大旱赤地，昆明池水竭，童谣讹言，国内喧扰。明年，姚兴死。"《十六国春秋》卷五八载：晋安帝义熙十一年（415 年），"大旱，昆明池竭，童谣讹言，国人不安，间一岁而秦亡"。

③ 《魏书》卷四《世祖纪》（下）记载：魏太武帝太平真君元年（440 年），"发长安五千人浚昆明池"。

④ 《旧唐书》卷十三《德宗纪》（下）："诏京兆尹韩皋修昆明池石炭、贺兰两堰兼湖渠。"

⑤ 《资治通鉴》卷二四五：唐文宗大和九年（835 年）冬十月，"发左右神策千五百人浚曲江及昆明池"。

二、昆明池的作用

扬雄《羽猎赋·序》推测，汉武帝"穿昆明池，象滇河"。滇河即滇池，亦称滇南泽、昆明湖、昆明池。汉武帝所修昆明池池名当与滇之昆明池有关。其主要目的是训练水军，习水战，提高水军战斗力伐越，当然也有攻滇的因素。但是汉武帝开凿昆明池在解决首都长安城给水和漕运方面却发挥了更大作用。

汉长安城的给水工程十分重要。西汉初年，长安城一方面利用了周秦时代的给水系统，另一方面又开发了沄水的水源。今潏河上游和滈河河道即汉代沄水故道。在章城门附近，沄水分为两支，其中一支入长安城内，称为明渠。明渠承担了长安城未央宫、"北阙甲第"、北宫和长乐宫的供水。沄水的另一分支是负责给汉武帝时修筑的"度比未央"的建章宫供水。沄水在长安城西城墙和北城墙的主流满足了西城和北城附近地区及城西北部工商业区的用水。

西汉初年，长安城内主要有未央、长乐二宫。而汉武帝继位后大兴土木，扩建了北宫①，新建了桂宫②、明光宫③和"千门万户"的建章宫④，都城规模的不断扩大，使得原来的给水系统已经无法满足首都长安城大量用水的需求，而昆明池的开凿就恰恰解决了长安城缺水的大难题，同时在漕运方面也发挥了重要作用。

昆明池故址在今西安斗门附近，根据考古资料（2005年），昆明池面积约18.9平方千米。昆明池水源是交水。交水和昆明池之间为细柳原。为了把交水引入昆明池，当时在今堰头村附近修筑了石闼堰，使交水自此北行，经西甘河等村庄穿过细柳原下至石匣口村，流入昆明池。在石匣口村东还有昆明池进水口遗迹，当地人称为"龙口道"。据传，当年此处有石构工程，村名或来源于此。

昆明池水向北流出的一支称昆明池水。该水流经镐京故址东、秦阿房宫遗址西，再向北流入揭水陂，陂址在今三桥镇一带。揭水陂就是当时修筑的一座人工水库，它起了储水和控制水流的作用。因昆明池比汉长安城地势高，如对池水不加以控制，昆明池北出之水将会直接泄入渭河，这样既浪费又难以保证长安城的用水，同时也会危及首都的安全。

揭水陂东出之水称"揭水陂水"。它向东北流至长安城西南，注入沄水，使其水量增大，这样就保证了明渠水量的需求，以便满足供应城内诸宫用水。

沄水经过章城门后，被明渠大量截流，主流水量变小。而揭水陂北出之昆明池水于双凤阙南流入沄水主流，使其水量增加，从而满足了建章宫的用水。

由上所述不难看出，昆明池水通过揭水陂注入沄水，保证了汉长安城的用水，进而可以说昆明池是汉长安城给水系统中的重要工程。换句话说，没有汉武帝开凿的昆明池，汉长安城就会处于严重缺水状态，那将会是不堪设想的。

---

① 《三辅黄图》："北宫，在长安城中，近桂宫，俱在未央宫北。周回十里。高帝时制度草创，孝武增修之。"

② 《三辅黄图》："桂宫，汉武帝造，周回十余里。"

③ 《汉书·武帝纪》：太初四年，"秋，起明光宫"。

④ 《汉书·武帝纪》：太初元年，"二月，起建章宫"。

昆明池东出之水是有名的漕渠，它东北流经今西安市的鱼化寨、大土门，从长安城南郊礼制建筑群遗址南流过。又经长安城南部，至东北与清明门流出的沄水支流——明渠相汇合，又东北流至池底村南。漕渠在这里分为两支，一支北流入渭，另一支东流横绝灞水，再向东经华县、华阴至潼关，汇于渭河。漕渠主要作用有两个：一是用于漕运，二是供长安城南郊和东郊用水。这是昆明池的另一重要功能。

三、昆明池的保护和利用

我们国家是文明古国，我们的祖先给我们留下了千千万万处宝贵的文化遗产。昆明池就是2000多年前的先人给我们留下的一处重要文物古迹。我们应该如何利用昆明池这处古代遗迹为我们的现代化建设服务？笔者认为对文物古迹利用的前提是保护，而保护的目的是利用和发展其主要功能，使它更好地服务于现代社会，服务于全体人民。

对昆明池保护的原则是什么呢？笔者认为主要就是要保证昆明池的原真性。首先就要保证在昆明池遗迹中的水面面积，这是最重要的。若没有宽阔的水面，利用就无从谈起了。我们欣喜地了解到沣东新城昆明池项目部在昆明池的建设规划中要向昆明池内注水的面积达10.4平方千米，这个水面面积虽然比古代昆明池水面面积小，但对现在严重缺水的西安市来说，这已是决策者们尽了最大努力了。希望在实际建设中保住这个10.4平方千米的水面，千万不能再缩小了。

保证昆明池原真性的另一方面就是一定要让昆明池与周边环境协调一致。在实际建设中的理念和思想要体现出上林苑是当时的皇家公园，而昆明池是上林苑中极为重要的一个景观。虽然现在不可能恢复昆明池的环池列观，但也决不能在周边建设高楼大厦、高大的游乐设施、嘈杂的商业街等，要和当年的昆明池景观保持协调一致。要保证昆明池周边有宽阔的道路和其外绿化带足够的面积。

那么现在如何利用昆明池这处古代重要的景观为我们现在服务呢？其利用的思想基础应是要把昆明池的历史功能和现实功能统一起来，现实的功能要充分尊重历史功能，可以在历史的功能之上有所发展，但决不可违背文物古迹要充分得到保护的原则。

昆明池是一个庞大的人工水库，在汉代它有供应长安城内及其周边地区用水的功能，还能满足附近灌溉用水。现在沣东新城要建成园林化的城市，而没有充足的水源是不能实现园林化的，同时附近居民也要大量用水，这些都需要充分发挥昆明池的供水功能。

昆明池注水后，将在很大程度上改善沣东新城的生存环境，宽阔的水面保证了绿化，调节了空气，使气候变得湿润，当地居民将会在较为新鲜的空气中健康、快乐地生活。

昆明池是当年皇家公园上林苑中最核心的公园，最重要的景观。现在西安市南有曲江公园，东有汉城湖，北有渭河公园，而在西安市西和西南部却没有大的水面，没有人们可以休闲的好去处。重新恢复的昆明池公园将填补这个空白，成为沣东新城中最大的公园，最核心、最有魅力的景观。它提升了沣东新城城市建设的品位，在把沣东新城建设成为花园式城市过程中将会起到重要的作用。

　　昆明池边有牛郎、织女石刻像，这里有关于牛郎织女美好爱情的传说和神话故事。班固《西都赋》载："临乎昆明之池，左牵牛而右织女，似云汉之无涯。"张衡《西京赋》亦载：昆明池"豫章珍馆，揭焉中峙。牵牛立其左，织女处其右"。在昆明池建设规划中要充分利用牛郎织女美好爱情传说这个非物质文化遗产 ①，建设一些相关的旅游设施，开展一些上档次的旅游项目，改变现在每年七夕节老百姓脏乱差、无序、封建迷信的活动。要引导人们开展文明的、健康的纪念活动。

　　当年昆明池中放养了大量鱼鳖，供应陵墓祭祀、太官和长安市场，成为重要的水产品供应基地 ②。现在在昆明池遗迹中注水形成水面后，可以适当进行生态水产即自然水产养殖，食用鱼和观赏鱼都可以放养，千万不能进行人工养殖而导致污染水面。既让人们能吃到各品种的鱼，同时又可以让人们看到在池中游弋的各种美丽、漂亮的观赏鱼。当然这一切都是在保持水面清洁无污染的前提下进行的。

　　利用昆明池弘扬汉代文化，可以在池周围（昆明池边绿化带外面）建一些仿古民居、旅游设施，但是都要体现汉代文化的特色。要与当时汉代文化一致。要恢复池边道路，复原当年绿化植物，扩大绿化面积。把昆明池恢复到当年鱼翔浅底、水鸟展翅、莲荷茂盛、池水绿波荡漾的美丽景象中去。要让昆明池在把沣东新城建设为科技之城、环保之城、田园之城过程中起到决定性作用。

（原载陕西省西咸新区沣东新城管委会、西安历史文化名城研究会：

《昆明池研究》，陕西科学技术出版社，2014 年）

---

① 《诗·小雅·大东》："维天有汉，监亦有光。跂彼织女，终日七襄。虽则七襄，不成报章。皖彼牵牛，不以服箱。"《古诗十九首》之《迢迢牵牛星》："迢迢牵牛星，皎皎河汉女。纤纤擢素手，札札弄机杼。终日不成章，泣涕零如雨。河汉清且浅，相去复几许？盈盈一水间，脉脉不得语。"曹植《九咏注》："牵牛为夫，织女为妇，织女、牵牛之星，各处一旁，七月七日得一会同矣。"见《文选》魏文帝《燕歌行》注引。

② 《西京杂记》卷一记载："武帝作昆明池，欲伐昆吾夷，教习水战。因而于上游戏养鱼，鱼给诸陵庙祭祀，余付长安市卖之。"《汉官旧仪》载："上林苑中昆明池、镐池、牟首诸池，取鱼鳖给祠祀，用鱼鳖千枚，余给太官。"

后　记

2011年4月，在新一轮西安经济大开发来临之际，西安市文物局时任局长郑育林先生到北京，与中国社会科学院考古研究所时任所长王巍先生举行工作会议，商讨如何在新的经济建设中，做好位于汉长安城遗址之外的以秦阿房宫为核心遗存的秦汉上林苑遗址的考古及一系列文物保护等工作，商定在2002~2008年中国社会科学院考古研究所与西安市文物保护考古研究所（现西安市文物保护考古研究院）联合组成的阿房宫考古队的基础上成立阿房宫与上林苑考古队，由我担任队长，阿房宫考古队的老队长、著名考古学家李毓芳先生为队员，与西安市文物考古研究所的同仁一起，系统而主动地开展秦汉遗存的考古与保护工作。

随后不久，王巍先生召开考古所工作会议，确定新成立的阿房宫与上林苑的工作范围，是在汉长安城遗址保护范围之外，工作对象是以秦汉遗址为中心。由于本属汉上林苑内的建章宫遗址，当时已被纳入汉长安城遗址保护规划而得到统一保护；户县钟官铸钱遗址在之前申报全国重点文物保护单位时是作为汉长安城遗址的"扩展项目"，因此也被纳入汉长安城遗址保护规划加以保护。故上林苑内的汉建章宫和钟官铸钱遗址，就继续由汉长安城考古工作队负责开展相关的考古工作。而2005年曾由汉长安城遗址工作队开展过数月工作的汉唐昆明池遗址，则转由新成立的阿房宫与上林苑考古队负责。这样汉唐昆明池遗址考古与研究，就责无旁贷地成为了新成立的阿房宫与上林苑考古队的工作内容。

与秦阿房宫遗址、汉长安城遗址、建章宫遗址、户县钟官铸钱遗址等均为全国重点文物保护单位不同（当时建章宫遗址尚为陕西省重点文物保护单位，但因被纳入汉长安城遗址保护规划而得到"等同"国保的"待遇"），当时乃至今日的汉唐昆明池遗址，其实一直不是任何一级文物保护单位，最多只是国家文物保护单位序列"等外"的第三次全国文物普查后著录的不可移动文物登记点。而无论从文献记载、历年学者调查和二十世纪六十年代初、2005年两次考古工作所了解的情况看，昆明池的面积均甚大，池本身至少有10~16平方千米，而算上周围的遗存面积则必然更大。因此长期以来在得不到相应的"保护级别"的身份"认证"的情况下，汉唐昆明池遗址范围之内和周边，存在并不断增加着村庄、厂房、道路、铁路、桥涵等现代建筑，因地处经济快速发展的重点开发的城郊地区，开展昆明池考古工作的难度颇大。

由于汉唐昆明池遗址并不是任何一级文物保护单位，因此对其开展考古工作就需进行一系列颇为复杂的地方协调，同时更得不到只能资助全国重点文物保护单位工作的经费支持。在这种情况下，充分利用各种在昆明池遗址所在地区开展的"配合基建"工作来获得信息，就成为昆明池考古工作的"常态"。

　　2011 年底，在陕西省西咸新区沣东新城召开的昆明池文化生态景区项目论证会上，刘庆柱、李毓芳先生指出，之前两次开展的昆明池考古工作的时间短，因此尚有不少区域和问题需要通过进一步的工作加以解决，建议在相关项目全面开展建设之前，尽快开展对汉唐昆明池遗址的全面考古工作。

　　2012 年初，在陕西省文物局、西安市文物局的大力支持下，新成立不久的阿房宫与上林苑考古队，在结束 2011 年下半年启动的阿房宫与上林苑的区域调查后，与当时拟开展的昆明池文化生态景区起步区项目的负责同志开始洽谈昆明池考古工作事宜，得到积极响应。2012 年 8 月，经过一系列必备的程序，对汉唐昆明池遗址的考古勘探与发掘工作正式启动，至今已十二载。

　　在开展包括昆明池在内的上林苑考古工作之初，我、李毓芳先生和组成考古队的西安市文物保护考古研究所张翔宇、柴怡等同仁一起，分析、研判了上林苑考古的成绩与尚待解决的问题以及"攻坚克难"的主要方向，决定在坚持开展系统田野工作的同时，要系统收集、整理已发表的考古资料和学者研究成果，形成一个个的专题文献集。这一意见得到考古队顾问刘庆柱先生的鼓励，也得到了中国社会科学院考古研究所、西安市文物保护考古研究所相关领导的大力支持。

　　2013 年 1 月，国家文物局发布《大遗址考古工作要求》，要求"高度重视考古研究和成果转化。加强考古资料整理和报告出版，推进大遗址内涵研究和价值阐释。"给我们收集、整理各遗址考古、历史研究资料的工作以巨大鼓舞。

　　我们希望通过系统收集与考古对象相关的考古学、历史学、历史地理学等多学科研究成果，让新时代的考古工作可以迅速在前人研究基础上前进，充分汲取历史经验，让我们能提前确定，在之前完成的考古和研究中，学界究竟关心什么，哪些是相关遗址考古和研究的"关键"问题，这样就可以在"有的放矢"后，少走弯路，从而"事半功倍"。

　　因此，多年来我们陆续收集、整理出版了《阿房宫考古发现与研究》（文物出版社，2014 年）、《栎阳考古发现与研究》（科学出版社，2020 年）。除这本《昆明池考古发现与研究》外，已完成收集、整理的还有《漕渠考古发现与研究》（科学出版社）、《上林苑考古发现与研究》（文物出版社），即将出版。

　　2019 年，在汉唐昆明池考古开展多年后，相关考古学、历史学、历史地理学的研究资料收集和整理工作基本完成，由于当时正整理《栎阳考古发现与研究》，故编写昆明池资料集的工作暂时缓了下来，不过在《栎阳考古发现与研究》于 2020 年底前出版后，2021 年春我们"迅速"提出了出版《昆明池考古发现与研究》的申请，很快获批。随即我们将之前完成收集、整理的与汉唐昆明池相关的考古学、历史学研究成果再作梳理，提交出版社进行录文、编排。

　　《昆明池考古发现与研究》所收资料分为考古与研究两类，对考古资料我们进行了尽可能全的收录，并收录个别报纸刊发的工作消息；对与昆明池研究的有关成果，由于数量庞大难以尽录，限于篇幅，我们只能按一定主题收集代表性成果，大体按发表时间的前后排序（均为发表的单篇论文，限于篇幅，相关专家完成的专著不在本次整理之列）。当然，限于所见和学识之不足，无论分类还是论文甄选都难免有遗珠之憾，还望大家多多批评，以在今后工作中不断改进。

　　在资料集收集、整理和校对过程中，我们尽可能地与论文作者取得联系，在慨允收录论文的同时，还幸运地得到作者支持，有的作者提供了发表的电子文本，有的将之前发表插图的原件提供给我们，使一些因发表时印刷问题而模糊的图版得以清晰呈现，对此我们诚挚感谢。当然，虽多方努力，至今尚有一些作者未取得联系，但其论述或精深或补空白，实难割爱，因此望作者若见到本书即与我们联系，以致谢忱。

由于"新冠疫情"影响，本资料集的整理、校对等工作受到较大影响，原本计划在2022年底出版的图书被迫后延。不过古人说"福祸相依"，在被迫放缓节奏的过程中，我们有了反复核查、校对的时间。为减少录文错误，阿房宫与上林苑考古队张朋祥、祝军辉、程芳、彭浩、张兴玉、龚波等技师，先后校对了书中一部分文稿。之后考古队员西安市文物保护考古研究院陈怡江、中国社会科学院考古研究所王玥、张效儒、刘云起等同志，先后通校全书，发现了一个个"隐藏"的错误，让资料集更加准确。

不过由于一些原发表文字、图版的期刊杂志并不清晰，在录文、制版植字过程中也易生失误，因此虽反复核校，但细心读者应还会发现一些未校出的问题，望能及时告诉我们，以为今后修订做好准备。

需要说明的是，由于相关研究成果形成于不同历史时期，发表的报纸期刊杂志的范围甚广，各时期体例、注释的要求和规范等都存在差异，难以按现行规范加以修改。因此为保持研究的历史面貌，在整理和校对中，对此情况就不做统一，均保持原状。原发表时的行政单位，特别是地名等有的后来出现调整，有的则是根据不同文献使用了不同写法，对此我们也保持原状，没有进行"削足适履"的修改，想来能得到大家理解。

本书内容的收集和出版是考古队的集体成果，刘瑞、李毓芳、张翔宇共同完成了论文目录的编选，刘瑞编写了前言，陈怡江、王玥、张效儒、刘云起等同事都作出了巨大贡献。

感谢中国社会科学院考古研究所陈星灿所长、西安市文物保护考古研究院冯健院长等所（院）内各级领导对汉唐昆明池遗址考古工作和本书编写工作的大力支持。

感谢科学出版社孙莉、王琳玮女士的不懈努力，让本书能疏朗悦目的呈现于我们眼前。

2023年3月27日，阿房宫考古队的老队长、阿房宫、上林苑系统考古的开创者、新时代汉唐昆明池考古的最重要参与者和保护者，著名考古学家李毓芳先生永远地离开了我们，离开了她念念不忘的考古工地，离开了与考古队近在咫尺的曾经烟波浩渺的汉唐昆明池遗址。

我们感谢她、怀念她……

刘　瑞

2024年6月12日